W0089288

KULTURGESCHICHTE
DES
ALTEN ORIENT

KULTURGESCHICHTE
DES
ALTEN ORIENT

MESOPOTAMIEN

HETHITERREICH

SYRIEN – PALÄSTINA

URARTU

IN ZUSAMMENARBEIT MIT HEINRICH OTTEN
VICTOR MAAG UND THOMAS BERAN

HERAUSGEGEBEN

VON

HARTMUT SCHMÖKEL

MIT 24 BILDTAFELN, 10 ABBILDUNGEN IM TEXT
ÜBERSICHTSKARTE UND ZEITTAFEL

[vor 1962]
s. p 698 ob.

Weltbild Verlag

Genehmigte Lizenzausgabe für
Weltbild Verlag GmbH, Augsburg 1995
© by Alfred Kröner Verlag, Stuttgart
Alle Rechte vorbehalten
Einbandgestaltung: Peter Engel, München
Gesamtherstellung: Ebner Ulm
Printed in Germany
ISBN 3-89350-747-7

INHALT

ZWEITER ABSCHNITT
DAS HETHITERREICH
von Heinrich Otten

INHALT

DRITTER ABSCHNITT
SYRIEN – PALÄSTINA
von Victor Maag

VIERTER ABSCHNITT
URARTU
von Thomas Beran

VORWORT

Der Alte Orient – Zweistromland und nördlich angrenzende Gebirgsregionen, Kleinasien und Syrien-Palästina während der vorchristlichen Jahrtausende – war trotz der Vielfalt seiner Lebensformen und Völker ein durch starke Bande miteinander verknüpfter Raum: Intensive, kaum je unterbrochene Handelsbeziehungen, Ähnlichkeit und nicht selten sogar Austausch der Kulte, gegenseitige Beeinflussung in Literatur und Kunst, die weithin gemeinsam benutzte Keilschrift, die babylonische Diplomaten- und Gelehrtensprache, politische Bündnisse und gelegentliche Großreichbildungen schlossen das alte Vorderasien in einem gewissen Maße und Sinne zusammen. Nach Jahrtausende während dem Dornröschenschlaf erscheint heute dieser – zusammen mit Ägypten älteste – Pflanzboden menschlicher Hochkultur durch die großartigen, ständig fortgesetzten Ausgrabungen immer deutlicher vor unseren Augen, und wir sehen mit Erstaunen, daß die Schöpfungen jener so weit zurückliegenden und so lange vergessenen Welt in Wirtschaft und Technik, Wissenssammlung und Literatur, Kunst und Religion die zivilisatorische und geistige Entwicklung der späteren Jahrtausende maßgeblich bestimmten und in mancher Beziehung bis heute nachwirken.

So lag der Gedanke nahe, erstmalig an eine zusammenfassende Darstellung dieser imposanten menschlichen Leistung heranzugehen; indes war ebenso deutlich, daß ein solches Unterfangen nur durch die Zusammenarbeit einer Gruppe von Fachleuten möglich sein würde. Den Bemühungen des Herausgebers – zugleich Autors des Abschnitts Mesopotamien –, Mitarbeiter für diesen Plan zu gewinnen, stellten sich nicht unerhebliche, vor allem im Zeitmangel der Gelehrten begründete Schwierigkeiten in den Weg, und so möchte er den Verfassern der drei weiteren Abschnitte des vorliegenden Buches, Herrn Professor Dr. Heinrich Otten, Universität Marburg, Herrn Professor Dr. Victor Maag, Universität Zürich und Herrn Dr. Thomas Beran, Deutsches Archäologisches Institut, für ihre Bereitschaft und die verständnisvolle Zusammenarbeit seinen Dank mit um so größerer Herzlichkeit zum Ausdruck bringen.

Das Anliegen aller war, die Kultur des Alten Orient in ihren maßgeblichen Erscheinungsformen prägnant und sachlich darzubieten.

Auf kulturphilosophische Erörterungen wurde daher weithin verzichtet; hier sprechen Tatsachen – und sie sind von solcher Kraft und Fülle, daß sie nach der Hoffnung der Verfasser dem Leser genug zu sagen haben. Der Weg geht von Sumer, Babylon und Assur zum kleinasiatischen Reich der Hethiter, führt dann in die bewegte und vielgestaltige Welt Syriens und Palästinas und endet bei jener eigenwilligen Kulturleistung Altarmeniens, die unter dem Namen Urartu steht und deren Gewicht erst heute deutlich wird. Darüber hinaus auch noch Randgebiete wie Iran, Elam oder Phrygien einzubeziehen, erwies sich leider allein aus Raumgründen als unmöglich.

Wir leben im Zeitalter der Astronauten – und der Wasserstoffbomben, in einer Art Tanz auf dem Vulkan. Der vielgepriesene und jedenfalls unaufhaltsame ›Siegeszug der Technik‹ ist in gewissen Bezirken zu reiner Hybris geworden. Um so heilsamer ist es, den Blick einmal zurückzuwenden und auf den bisherigen Weg der Menschheit zu richten. Solche Rückschau auf die geistigen Wurzeln unserer Existenz befähigt uns, die Gegenwart und die Dinge, die auf uns zukommen, klarer einzuschätzen, vielleicht sogar, die Wege zu ihrer Bewältigung leichter zu finden. Wenn das vorliegende Buch einen bescheidenen Anteil zu solcher Besinnung leisten würde und wenn es ihm darüber hinaus gelänge, das große und verpflichtende Erbe der Vergangenheit in ein helleres Licht zu rücken, wäre die hier geleistete Arbeit nicht umsonst.

Hartmut Schmökel, Northeim/Hannover

ERSTER ABSCHNITT

MESOPOTAMIEN

VON

HARTMUT SCHMÖKEL

QUELLEN UND GRUNDLAGEN

Es ist eine erstaunliche und zunächst kaum glaubhafte Erscheinung, daß die fast drei Jahrtausende während Hochkultur des alten Zweistromlandes, die zu ihrer Zeit das Bild der östlichen Welt weithin bestimmte und deren Ausstrahlungen, wie wir heute wissen, bis nach Ägypten und Jonien, Persien, Indien und Südarabien reichten, dem Gedächtnis der späteren Menschheit fast gänzlich entschwinden konnte und daß ihre Schöpfer, die Sumerer, nicht einmal dem Namen nach bekannt blieben. Unbestreitbar aber zeichnete sich die Welt des Alten Orients schon bei den griechischen Historikern nur noch recht vage ab und hinterließ auch im Alten Testament, einer Schöpfung des 1. vorchristlichen Jahrtausends, ein äußerst blasses Bild. Fragen wir nach den Gründen dieses rätselhaften Phänomens, so müssen wir zur Antwort geben, daß Jahwes Volk einerseits seine heidnischen Nachbarn bewußt übersah, daß andererseits die geistige Kultur des Griechentums sich offenbar weithin selbst genügte und das erwachende historische Denken ihrer Schriftsteller zu spät kam, um die bereits verschütteten Quellen wieder zum Fließen zu bringen. Die Zerstörung des Assyrerreichs durch Meder und Neubabylonier am Ende des 7. vorchristl. Jahrhunderts – Ninive fiel 612 v. Chr. – war eine so radikale, daß binnen kurzem seine Spuren völlig verschwanden, und das Perserreich, das Mesopotamien für 200 Jahre beherrschte, war dem Griechentum von Anfang an so bedrohlich und verhaßt, daß es sich auch seiner – wenigstens im Westen stark babylonisch getönten – Kultur bewußt und mit Abscheu verschloß. Eine tiefe Kluft hatte sich zwischen Okzident und Morgenland aufgetan, und kaum eine Brücke führte von dem einen Ufer zum anderen. Alexanders Versuch, die zwei fremden Welten zu vereinen, mißlang; das Seleukidenreich verging zwischen den beiden mächtigen Polen Roms und des Parthertums wie ein Schatten, und die Grenze im Osten erstarrte zu einem nur selten gelüfteten ›eisernen Vorhang‹. So wohl konnte es geschehen, daß in unwahrscheinlich kurzer Zeit alle Kunde von den Menschen am Euphrat und Tigris und von den Werken, die sie geschaffen hatten, verstummte oder im besten Fall zur seltsam und fremd anmutenden Fabel wurde. Der Einbruch des – selbst wenig geschichtsfreudigen – Islam erhöhte noch die Scheidewand zwischen Okzident und Orient; 1258 kamen die Mongolen und mit ihnen Grauen und Verwüstung, 1627 schließlich die Türken. Unablässig rieselte, jahrhundertelang, der von den ewigen Winden der Wüste herangewehte Sand über die Ruinen der uralten Städte, in denen nun kein Mensch mehr hauste; nur die schweifenden Beduinen schauten zu ihnen hinüber, blieben ihnen aber fern, denn böse Dämonen trieben – so glaubten sie – in den Trümmern ihr Wesen. Die Welt der großen Eroberer, Bauherren und Administratoren mit ihrem Gefolge an Händlern und Wirtschaftsleuten, aber auch an Künstlern, Schreibern und Dichtern – jene grandiose Welt, über die Götter mit so klangvollen Namen wie Anu, Enlil oder Ea, Sin, Schamasch, Ischtar, Marduk, Nabu und Assur geboten hatten – war begraben und vergessen, so wie es die eifervollen Propheten des Alten Bundes geweissagt hatten.

Zu den wenigen, die in der klassischen Griechenzeit die Mauer des Schweigens zu durchbrechen trachteten, gehörte der in Halikarnassos geborene und später als Zeitgenosse und Freund des Perikles und Sophokles in Athen lebende Herodot (etwa 490–420 v. Chr.), der auf seinen Reisen nach Vorderasien, Ägypten und Afrika wohl kurz vor der Mitte des 5. Jahrhunderts auch die damalige persische Provinzhauptstadt Babylon besuchte. Das geschah noch keine 200 Jahre nach Ninives Fall und knapp ein Jahrhundert nach dem Abgang des letzten Chaldäerkönigs Nabuna'id (entthront 539).

Aber wie dürftig und oft fehlerhaft ist das, was der große Gelehrte trotz offener Augen und Ohren in seinen ›Historien‹ von Babylonien und seinen Bewohnern zu berichten weiß! Unsere wiedergewonnene Kenntnis des Alten Orients und vor allem die Ergebnisse der deutschen Ausgrabungen in Babylon selbst[1] befähigen uns heute, Herodots Angaben kritisch zu überprüfen; das Ergebnis ist über die Maßen enttäuschend.

Was zunächst auffällt, ist Herodots wechselweise Verwendung der Begriffe ›Assyrer‹ und ›Babylonier‹. Hier freilich ist der Berichterstatter zu entschuldigen: Die persische Satrapie, deren Hauptstadt Babylon war, hieß zu seiner Zeit in der Tat Assyrien. Sodann befremdet, daß es Herodot, dem Historiker, offenbar nicht gelungen ist, etwas über die lange und ereignisreiche Geschichte des Landes zu erfahren. Ist er doch nicht einmal in der Lage, einen einzigen babylonischen Königsnamen richtig zu zitieren; sogar der letzte Chaldäerfürst, Nabuna'id, erscheint in der Mißform Labynetos. Seltsam ist ferner, daß Herodot die erste Eroberung Babylons durch Kyros 539 zugunsten der zweiten durch Dareios 522 unterschlägt. Doch mag man ihm dies alles hingehen lassen, da er die aramäische Landessprache nicht beherrschte und überhaupt mit den verbliebenen babylonischen Gelehrten anscheinend keinerlei Kontakt bekam. Schwerer wiegt schon, daß er Neujahrsfesthaus und Sommerpalast Nebukadnezars – nur 3 km nördlich vom Stadtzentrum – nicht kennt und sogar den Mauerumfang der inneren Stadt völlig falsch mit 120 Stadien, also etwa 23 km angibt, während er tatsächlich 8,5 km betrug[2]. Den bereits verfallenen doppelten Mauerring sah Herodot ferner als eine einzige dicke Mauer an, auf der, an den Türmen vorbei, ein Viergespann hätte entlangfahren können. Die farbige Herrlichkeit des Ischtartores, das er ›Tor der Semiramis‹ nennt, mit seinen imposanten Stier-, Löwen- und Schlangendrachen-Reliefs entging ihm ebenso wie die Pracht des Nebukadnezarschlosses. Offenbar verweigerte ihm hier die persische Burgbesatzung den Zutritt, und eine zuverlässige Schilderung der Burg seitens eines babylonischen Bürgers konnte er anscheinend nicht erhalten.

Auf der berühmten Prozessionsstraße mit ihrer rotweißen Quaderpflasterung lag in den Tagen von Herodots Besuch wohl schon eine hohe Schuttschicht, die von den angrenzenden Mauern stammte, so daß der griechische Reisende ahnungslos über sie hinwegschritt, und ebenso übersah er die Reste jener ›Hängenden Gärten‹, die die späteren griechischen Schriftsteller nach dem Hörensagen als Weltwunder priesen und gleichfalls der Semiramis zuschrieben. Auffälligerweise hören wir auch kein Wort über die mehr als fünfzig anderen Heiligtümer der Stadt neben dem Marduk-Bēlos-Tempel, und bei der Beschreibung des letzteren wird der ›Tieftempel‹ Esangila, Marduks zentrale Kultstätte, die immerhin 6400 qm maß, nur sehr nebensächlich erwähnt. Dem später von Alexander dem Großen abgetragenen Stufenturm (der ›Zikkurrat‹) Etemenanki schreibt Herodot die Grundmaße von je 1 Stadion = 192 m zu, dem heiligen Bezirk (*Temenos*) die doppelte Länge; tatsächlich ergaben die Ausgrabungen als Seitenlänge des Babylonischen Turmes 92, des Temenos 400 m, so daß das Verhältnis 1:4, nicht 1:2 betrug. Falsche Vorstellungen hatte Herodot weiter von dem kleinen Tempelchen, das auf der obersten Plattform der Zikkurrat stand, und ebenso von der berühmten Euphratbrücke, die die beiden Teile der Stadt verband: Natürlich wurde bei letzterer nur ein Glied des hölzernen Oberbaus zwischen zwei Sockeln aufgezogen, und das geschah gewiß nicht, wie sich Herodot erzählen ließ, um Dieben und Räubern das Herüberwechseln von einem Flußufer zum anderen zu erschweren, sondern um zu bestimmten Stunden den hochmastigen Seglern Durchlaß zu gewähren[3].

Die offenbare Leichtgläubigkeit des griechischen Gelehrten, die ihm bereits von Thukydides vorgeworfen worden ist, hat ihn des weiteren zur Aufzeichnung zweier Geschichten aus dem babylonischen Leben verleitet, die unserm heutigen, auf den keilschriftlichen Aussagen beruhenden Bilde widersprechen. Wir meinen seine Anekdoten vom ›Heiratsmarkt‹ (I, 196) und von der Hingabe der Frauen im Dienste der Ischtar, die er ›Mylitta‹ nennt (I, 199).

Indes kann notiert werden, daß solchen Fehlberichten auch

wertvolle Angaben gegenüberstehen. Zwar muß die Notiz
über den zwei- bis dreihundertfältigen Ernteertrag des im
Lande vorherrschenden Getreidebaus auf einen achtzig- bis
hunderfachen Gewinn reduziert werden, was Herodot aber
über die Ölgewinnung aus Sesam bei Fehlen des Ölbaums
sagt, trifft ebenso zu wie seine Beschreibung des heute Guffa
genannten landesüblichen einfachsten Wasserfahrzeuges, das
aus Weiden geflochten und mit Asphalt oder Leder abgedich-
tet wurde. Auch was der griechische Historiker von der
Wasserwirtschaft ›im Lande der Assyrer‹ vermeldet, ist
akzeptabel. Der Gesamteindruck von Unsicherheit und
Dürftigkeit bleibt freilich bestehen.

Daß die so berühmt gewordene ›Anabasis‹ Xenophons
(etwa 430–354 v. Chr.) in ihren Angaben über das 401–399
von den ›Zehntausend‹ durchzogene nördliche Mesopotamien[4] noch sparsamer bleibt, darf uns nicht verwundern:
dies bekannteste, etwa 100 Jahre nach Herodot geschriebene
Buch des gelehrten Sokrates-Schülers ist ja nach Art und Anlage ein Bericht über den Feldzug Kyros' des Jüngeren gegen
den persischen König Artaxerxes II. Mnemon und als solcher
für uns wenig ergiebig. Immerhin hören wir in der Erzählung
vom Zug euphratabwärts einiges über das Land – »überall
gleichmäßig eben wie ein Meer und mit Wermut bewach-
sen . . . Bäume gab es keine, aber mancherlei Tiere, am meisten
Wildesel, auch viele Strauße, ebenso kamen Trappen und
Gazellen vor« – und erhalten dabei die reizende Beschreibung des mesopotamischen Wildesels (Onager; I 5, 1–3). Die
Truppen konnten zur Verpflegung dem Lande Dattelwein
und Hirsebrot – beides reichlich – entnehmen, genossen auch
die ausgesuchten, bernsteinfarbigen Speisedatteln und den
Gipfelsproß der Palmen, von welch letzterem Nahrungsmittel sie aber ›heftiges Kopfweh‹ bekamen (II 3, 16). Kanäle
wurden auf festen oder Schiffbrücken überschritten, und bei
dieser Gelegenheit äußert sich Xenophon kurz über die
Wasserwirtschaft des Landes: »Diese Kanäle hatten ihr Wasser vom Tigris (!). Von ihm aus waren Gräben in das Land
eingeschnitten, zuerst große, dann kleinere, zuletzt nur noch
dünne Rinnsale, wie in Griechenland die für die Hirsefelder«

(II 4, 13). Auch die ›Fellflöße‹ der Eingeborenen am Tigris nahe Opis, mit denen Xenophon offenbar die Guffen meint, finden Erwähnung.

Bei der Schilderung des tigrisaufwärts gehenden Rückmarsches erwartet der Leser mit einer gewissen Spannung den Zeitpunkt, an dem das Griechenheer die Plätze der alten Assyrerhauptstädte Assur, Kalach und Ninive passiert. Hier erlebt er indes eine neue Enttäuschung: Xenophon identifizierte diese Orte nicht mehr, und es bleibt fraglich, ob er mit der »großen reichen Stadt namens Kainai, aus der die Barbaren auf Fellflößen Brot, Käse und Wein herüberbrachten« (II 4, 28), das ehemalige Assur gemeint hat. Weiter flußaufwärts fällt ihm eine ›große, verlassene Stadt‹ auf, die er Larisa nennt und als einst von den Medern(!) bewohnt bezeichnet. »Die Stadtmauer, aus gebrannten Ziegeln erbaut, war 25 Fuß breit, 100 Fuß hoch; ihr Umfang 2 Parasangen (etwa 10 km), das steinerne Fundament war 20 Fuß hoch . . . Neben dieser Stadt stand eine steinerne Pyramide von der Breite eines Plethron und der Höhe zweier Plethren (d. h. 30 bzw. 60 m).« Hier dürfte es sich um die Ruinen von Kalach (*Nimrud*), also um die heute mit so großem Erfolg wiederausgegrabene Assyrerhauptstadt des 9. und 8. Jahrhunderts, und um die Reste eines ihrer Tempeltürme handeln. Einen Tagesmarsch weiter fällt Xenophon eine verlassene Ringmauer auf, ›die eine große Stadt umgab‹; auch sie soll einst von Medern bewohnt gewesen und von den Persern erst eingenommen worden sein, als Zeus die Einwohner durch Donner erschreckte (III 4, 7–12). Wenn der Grieche, was anzunehmen ist, hier Ninive meint, so ist ihm jedenfalls der – anderen Griechen bekannte – Name Ninive nicht gesagt worden; er nennt den Ort Mespila.

Mit dem Eintritt ins Bergland verläßt das Heer, das nun auf reiche Viehherden trifft, mesopotamisches Gebiet; Xenophons karge Zeugnisse über den Bereich der zwei Ströme finden somit hier ihren Abschluß.

Daß andere Griechen von Bildung dem ihnen so fremdartig anmutenden Lande größere Aufmerksamkeit widmeten, beweisen zwei Menschenalter später Aristobul und weitere

Teilnehmer am Feldzug Alexanders des Großen, deren Eindrücke uns bei dem aus Amaseia in Pontus stammenden
Strabon (63 v. Chr. – 20 n. Chr.) erhalten geblieben sind. In
seinem 17 Bücher umfassenden Werke ›Geographika‹, dessen
vorletztes sich mit Assyrien und den angrenzenden Gebieten
befaßt, bezieht sich dieser sorgfältige Berichterstatter häufig
auf sie als seine Gewährsleute, hat aber auch andere Quellen
und (leider) auch Herodot benutzt. Von dorther stammt ebenso die hervorragende – geschichtlich in diesem Maße gewiß
unberechtigte – Rolle der Semiramis[5], die nach Strabon
(XVI 1, 2) Babylon gründete und von deren Fähigkeit noch
Bauwerke im ganzen Lande zeugen sollten. Sonst aber ist
Strabon nicht zu unterschätzen: Er hat, wenn er auch den
überlieferten fabelhaften Maßen des Mauerumfangs Babylons
nicht widerstehen konnte und die Mardukzikkurrat nur noch
als Grabmal des (Gottes) Bēlos zu deuten versteht, eine ungefähre Vorstellung von den ›Hängenden Gärten‹, die er –
wie die Grabungen zeigten, nicht unrichtig – als pfeiler- und
bogengestützte Dachgärten schildert, von der Baumarmut
des Landes und der daraus resultierenden Bauweise, kennt die
rivalisierenden priesterlichen Astronomenschulen, erläutert
die Herkunft der vom Euphrat und Tigris geführten Wassermengen und schildert zutreffend die Rolle der Dattelpalme,
die weiteren Landeserzeugnisse und die hohe Fruchtbarkeit
des bebauten Gebietes, die er mit einer gewissen Reserve als
dreihundertfältig angibt. Weiter ist ihm die Wichtigkeit des
reichlich vorkommenden Asphalts für die babylonische Wirtschaft, die Bedeutung der Sesamkultur und dies und jenes von
Sitten und Tracht der Landesbewohner bekannt. Aus ihrer
Geschichte weiß er um Ninives Schicksal – »die Stadt Ninive
verschwand sofort nach dem Sturz der Syrer (Assyrer)« – wie
auch um den durch die Gründung Seleukias veranlaßten
Niedergang Babylons. Sogar einige Kanäle, unter anderem
der berühmte, noch heute so benannte ›Königsfluß‹, sind ihm
geläufig, und in diesem Zusammenhang bietet Strabon dann
den besten Abschnitt seines Babylonienkapitels, mit dem er
Herodot weit hinter sich läßt, nämlich seine Beschreibung der
Kanalwirtschaft des Landes (XVI 1, 9f.):

»Da der Euphrat, wenn der Schnee Armeniens im Frühjahr geschmolzen ist, zu Beginn des Sommers anschwillt, würde er notwendigerweise die Felder überschwemmen und versumpfen, wenn man nicht das überschüssige Wasser in Gräben und Kanäle ableitete, geradeso wie beim Nil in Ägypten. So sind die Kanäle entstanden. Sie bedürfen aber großer Nachhilfe, denn die Erde ist tief, weich und nachgiebig, so daß sie von der Strömung leicht weggeschwemmt wird und die Ebenen entblößt, die Kanäle aber füllt, und der Schlamm leicht die Mündungen verstopft. So erzeugt dann wieder der Wasserüberschuß auf den Ebenen am Meer Seen, Sümpfe und Schilfwälder ... Solche Überschwemmungen gänzlich zu verhindern, ist zwar vielleicht nicht möglich, aber ihnen vorzubeugen guter Herrscher Pflicht. Die Aufgabe besteht darin, ein zu starkes Austreten des Flusses durch Eindämmung, die Füllung mit Schlamm durch Reinigung der Kanäle und Offenhalten ihrer Mündungen zu verhindern. Die Reinigung ist leicht, die Eindämmung aber erfordert viele Hände; denn da die Erde nachgiebig ist und weich, trägt sie den aufgeworfenen Schlamm nicht, sondern zieht ihn mit fort und veranlaßt in unangenehmer Weise ein Verstopfen der Mündung. Aber Eile tut not, die Kanäle schnell zu verschließen, damit sich nicht alles Wasser aus ihnen verläuft; denn wenn sie im Sommer austrocknen, wird auch der Fluß trocken und kann dann im Sommer, wenn es am nötigsten ist, dem durchglühten und versengten Lande die notwendigen Wassermengen nicht abgeben. Es macht dann keinen Unterschied, ob die Feldfrüchte durch Überfülle des Wassers eingehen oder durch Wassermangel vertrocknen. Aber auch die nutzbringende, durch die beiden erwähnten Schwierigkeiten gefährdete Schiffahrt kann nicht bestehen, wenn die Kanalmündungen nicht schnell geöffnet und geschlossen werden, so daß die Kanäle stets Mittelhöhe haben und das Wasser in ihnen weder überfließt noch fehlt.«

Dieser Text Strabons hat den Wert eines Standardberichtes; keilschriftlich immer wieder bestätigt, bleibt er kulturgeschichtlich hochbedeutsam. Nach Strabon können die Aussagen weiterer klassischer Autoren, von denen etwa Plinius d. Ä. (23 – 79 n. Chr.) mit seiner ›Naturalis historia‹ (V, 83 ff., VI, 116 ff.) Flavius Josephus (›Antiquitates‹ X, 11) und C. Curtius Rufus (›Hist. Alex.‹ V, 1, 24 f.) zu nennen wären, beiseite bleiben, da sie in der Hauptsache die gleichen Quellen ausschreiben und sich meist auf geographische Angaben beschränken[6].

Ältere und eingehendere Aufschlüsse über das Zweistromland und seine Bewohner sollten wir von der alttestamentlichen Literatur erwarten, die ja in der Hauptmasse mit
dem neuassyrischen und chaldäischen Reich zeitgenössisch ist.
Indes werden wir auch hier enttäuscht. Die offenbar alte Geschichte von Abrahams Kampf mit den Ostkönigen[7] in Genesis 14 ist schwer deutbar, gelegentliche historische Notizen –
etwa über Sanheribs Ermordung (2. Kön. 19, 36f. = Jes.
37, 37f.) – und die Schilderungen assyrischer und neubabylonischer Feldzüge nach Syrien und Palästina sind wenig ergiebig; und wenn wir von Jesajas Weheruf über Assur (Kap.
10) und dem Jubelgesang Nahums über Ninives Belagerung
und Fall mit einer Beschreibung der kämpfenden Heere (Kap.
2, 4–3, 7) absehen, so bleibt das Material trotz des Aufenthalts
der Judäer im babylonischen Exil von ähnlicher Dürftigkeit.
Verfolgen wir die biblischen Aussagen zum Thema nach ihrer
ungefähren zeitlichen Abfolge, so hat uns die bekannte Turm-
bauerzählung von Genesis 11 – dem ältesten jahwistischen Erzähler, also wohl dem frühen 10. Jahrhundert v. Chr. ent-
stammend – offenbar einen Eindruck von den gewaltigen
Zikkurraten und dem Völkergemisch im Zweistromland aufbewahrt, während eine Bußrede des Propheten Amos (5, 26,
um 760 v. Chr.) den Pomp mesopotamischer Götterprozes-
sionen widerspiegelt. Die Geschichte von Achans Diebstahl
(Jos. 7, 21, 8/7. Jahrhundert) kennt den Export babylonischer
Textilien nach Palästina; man verurteilt in den strengjahwi-
stischen Kreisen den zweistromländischen Kult von Sonne,
Mond und Sternen, der unter ›abgöttischen‹ Königen sogar
im Jerusalemer Tempel nachgeahmt wurde, verwirft die
babylonische Praxis der Zukunftsbestimmung durch Pfeil-,
Teraphim- und Leberorakel[8] und erzählte sich mit Abscheu
das Bemühen der nach 722 aus dem assyrischen Machtbereich
ins eroberte Samarien Umgesiedelten, ihren angestammten
Göttern neue Bilder und Kultstätten zu errichten – wobei
übrigens nur ein einziger Göttername, der des Pestgottes
Nergal von Kutha, richtig überliefert wurde (2. Kön. 17, 30).
Ezechiel, der nach 597 selbst als Deportierter in Babylon
leben mußte, nennt seine Zwangsheimat verächtlich ›Krämer-

land‹ (16, 29; 17, 4), schildert aber auch einmal die dort übliche Kleidung (23, 14), und die ›Heimattreuen‹ saßen trauernd
›an den Wassern von Babylon‹ – den zahlreichen Kanälen
(Ps. 137). In den während des Exils entstandenen Klageliedern
und den Predigten des sog. Deuterojesaja hören wir gelegentlich von Bēl (= Marduk) und dem Gotte Nabû wie auch von
der Dämonin Lilîtu (Jes. 34, 14; 46, 1), und Deuterojesaja ist
es auch, der über die babylonischen Astronomen spöttisch als
›Himmelsvermesser‹ spricht (Jes. 47, 13) und die ›schwarze
Magie‹ der Chaldäer anprangert (47, 9, 11). Noch in der
spätesten Schrift des Alten Testamentes, dem um 160 v. Chr.
entstandenen Buche Daniel (2, 2), wirkt der Eindruck der
übermächtigen Geheimwissenschaften babylonischer Provenienz nach: Es wird erzählt, wie Nebukadnezar ›Zeichendeuter, Wahrsager, Beschwörer und Chaldäer‹ zu sich berufen habe, um sich von ihnen einen quälenden Traum deuten
zu lassen.

Viel mehr läßt sich dem ersten Teile der Bibel an Aussagen
über das große Nachbarreich zwischen Euphrat und Tigris
nicht abringen, und das braucht uns an sich nicht zu verwundern: Die Schriften des Alten Testamentes haben nicht die geringste Neigung zu kulturgeschichtlichen Betrachtungen,
sondern stellen eine Sammlung religiösen Schrifttums dar,
in dem die Herrscher von Assur und Babel da, wo sie auftauchen, die Rolle von Zwingherren und ihre Städte die von
Orten wüster Abgötterei spielen. Das Land der zwei Ströme
war der israelitisch-judäischen Intelligenz – und zumal der
religiösen – suspekt; das erklärt mehr als hinreichend ihre
Zurückhaltung, die übrigens ähnlich bezüglich Ägyptens gilt.
In der neutestamentlichen Offenbarung Johannis spielt Babylon eine unverdiente Rolle als ›Mutter der Buhler und aller
Greuel der Erde‹ (16, 19; 17, 5; 18, 21).

Nun meldet sich indes ein gebildeter Babylonier selbst mit
einem in (nicht sehr gutem) Griechisch geschriebenen Werke
als Zeuge für sein Land. Es ist der Mardukpriester Berossos,
der zur Zeit des Seleukiden Antiochus I. in der 1. Hälfte des

3. Jahrhunderts v. Chr. zuerst in Babylon, später als Leiter einer Astrologenschule auf Kos lebte und 3 Bücher mit dem Titel ›Babyloniaka‹ verfaßte. So sehr man bedauern muß, daß diese Schrift verlorengegangen und uns nur durch Zitate und Exzerpte besonders bei Alexander Polyhistor und Juba von Mauretanien, daneben bei etwa zwanzig anderen hellenistischen, römischen und frühchristlichen Autoren bekannt ist[9], stellt sich doch für unsere Frage der Verlust nicht allzu erheblich heraus. Denn Berossos hat zwar vieles und, wie sich heute zeigt, in der Hauptsache Richtiges zur Geschichte seines Volkes zu sagen, schweigt aber fast völlig über seine Kulturleistungen.

So breitete sich denn das große Schweigen über Geschichte und Kultur Mesopotamiens. Es verdichtete sich im Laufe eines Jahrtausends immer mehr, bis Pilger, verirrte Kreuzfahrer und erste Reisende des Mittelalters neue Kunde von den übriggebliebenen Zeugnissen der einstigen Größe ins Abendland brachten. Es war dabei der biblische Turm von Babel, der zunächst die Gemüter bewegte. Der spanische Jude Benjamin von Tudela suchte ihn 1165 n. Chr. bei der hochaufragenden Ruine *Birs Nimrud* und war damit dem tatsächlichen Platz recht nahe; denn er befand sich in Borsippa, Babylons Schwesterstadt. Er war es auch, der in der Nähe der Stadt Mossul die Reste des alten Ninive wiederfand. Um 1400 brachte der im Kriege Sigmunds von Ungarn gegen die Türken in Gefangenschaft geratene und danach in türkische und mongolische Dienste getretene bayrische Ritter Hans Schiltberger bei seiner Heimkehr Kunde von Babylons verlassenen Mauern; im 16. Jahrhundert berichtete der deutsche Arzt Rauwolff, der auch Ninive besuchte, der Venediger Balbi und der englische Kaufmann Eldred vom babylonischen Turm, den sie in *Aqarquf* – der Kassitenhauptstadt Dur-Kurigalzu – wiedergefunden zu haben glaubten. Der Italiener Pietro de la Valle gar hielt sich 1616 in den Ruinen Babylons und 1625 in *Muqajjar* – dem alten Ur und somit nach der Bibel Abrahams Heimat – auf und brachte aus beiden Orten Keilschrifttafeln (die ersten ihrer Art, die das Abendland sah) mit nach Hause. Weitere Reiseberichte folgen im 18. Jahrhundert, und wiederum 100 Jahre später begann das neue ›Zeitalter der

Entdeckungen‹, in dem die sich aus anfänglicher planloser Schatzgräberei entwickelnde Spatenwissenschaft mit Männern wie Paul Emile Botta, Victor Place und Jules Oppert als Vertreter Frankreichs, Austen Henry Layard, Henry Creswicke Rawlinson und William Kenneth Loftus aus den Reihen der englischen Forschung die Wiedererschließung der altorientalischen Hochkultur und der Keilschrifturkunden in Angriff nahm. Als 1857 vier Gelehrte unabhängig von einander einen assyrischen Keilschrifttext fast gleichlautend übersetzten und damit die Entzifferung dieser Schriftgattung als gelungen gelten konnte, begannen die Originalurkunden zu reden. Und sie haben uns nun freilich so viel zu berichten, daß sie heute, wiederum nach einem Jahrhundert, weder verstummt noch ausgeschöpft sind, sondern uns fast mit jedem Funde Neues zu sagen wissen. Dabei wurden bisher von den vielen tausend Tells (Trümmerhügeln) des Zweistromlandes kaum ein halbes Hundert mehr oder weniger genau erforscht; ungeahnte Kunstschätze, Bauten und Urkunden jeder Art und jeden Inhalts warten noch auf ihre Entdecker.

Es kann nicht die Aufgabe dieses einführenden Abschnitts sein und würde seinen Rahmen weit übersteigen, den Gang der nun hundert Jahre währenden Ausgrabungen auf den Ruinenstätten Mesopotamiens zu schildern. Wir müssen uns hier mit der Nennung der bedeutendsten Fundorte – Ninive, Kalach, Assur, Dūr-Scharrukin, Lagasch, Babylon, Nippur, Kisch, Ur, Uruk, Mari und der Trümmerhügel am Dijala – begnügen. Der interessierte Leser sei auf die entsprechenden Titel im Literaturverzeichnis und auf die regelmäßigen, alles Wichtige zusammenfassenden Ausgrabungsberichte im ›Archiv für Orientforschung‹, herausgegeben von E. Weidner-Graz, verwiesen.

Zur Zeit, da diese Zeilen geschrieben werden, finden in Mesopotamien regelmäßige Ausgrabungen an fünf Stellen statt: Die Deutschen arbeiten unter H. J. Lenzen in Uruk und unter A. Moortgat mit dem Zweck der Aufhellung des Churriterproblems im sog. Chaburdreieck, die Franzosen in

Mari, die Briten in Nimrud und die Amerikaner in Nippur, während die Iraker selbst ihre Fachleute von Fall zu Fall und oft mit erstaunlichem Erfolg einsetzen. So besteht aller Grund zu der Hoffnung, daß die heute über eine sublime Technik verfügende Archäologie Vorderasiens auch weiterhin unser Wissen um Geschichte und Kultur des Landes an den zwei Strömen vermehren wird, und nach wie vor ist hier mit den größten Überraschungen zu rechnen.

Die vielen hundert heute meist verlassenen, über kahler Steppe aufragenden Trümmerhügel aus altorientalischer Zeit, deren einige wir soeben nannten, bezeugen die dichte Besiedlung Mesopotamiens in den drei vorchristlichen Jahrtausenden. Das Land, neben Ägypten erster Mittelpunkt menschlicher Hochkultur, erstreckt sich zwischen den nördlichen Gebirgen – Ostkurdistan, Zagros, Puscht-i-Kuh – und dem scharf markierten Wüstenabbruch im Süden fast 1000 km lang von Nordwest nach Südost, um am Persischen Golf zu enden. Die Westgrenze läßt sich nicht so leicht fixieren, ist aber am ehesten in das Flußgebiet des Belich zu verlegen, wo auch Hammurabis Reich einst endete; hier möchten wir Charrān als westlichste ›mesopotamische‹ Stadt ansprechen, während Karkemisch am Euphrat bereits mehr nach Syrien tendiert. Das unserer Betrachtung unterliegende Gebiet entspricht also mit seinen Nordost- und Ostgrenzen denen des heutigen Irak, reicht aber im Westen etwa 350 km über diesen hinaus, während es sich im Süden 200–300 km näher an den Euphratlauf hält. Wir werden seinen Umfang mit etwa 300000 qkm annähernd richtig treffen, uns dabei aber vor Augen zu halten haben, daß davon nur ein Teil bebautes Land war[10].

Die Siedlungsform war eine städtische und hielt sich an die Ufer der Flüsse und der vor allem im Mittel- und Südteil des Landes von ihnen ausgehenden Kanäle, die mit ihrem Wasser die Kultivierung ermöglichten. Im Norden (der heutigen *Dschesire*) zum syrisch-arabischen Tafelland gehörig, im Süden (dem jetzigen *Iraq Arabi*) Schwemmland der

Ströme, zeigt dies Gebiet auch klimatisch ein doppeltes Gesicht: Die nördlichen Landschaften haben kalte Winter[11] und fast regelmäßige Frühjahrs- und Herbstniederschläge; sie verfügen über gewisse Waldbestände und Steinvorkommen; die südlichen kennen Regen kaum, sind heiß und trocken und bieten als Baumaterial – bis auf ein wenig porösen Kalkstein schlechter Qualität ganz im Süden am Wüstenrand – nur den alluvialen Lehm. Ackerbau ist dort ohne, hier nur mit künstlicher Bewässerung möglich; er liefert freilich bei letzterer außerordentliche Erträge. Der Süden besitzt darin einen bedeutsamen Vorzug, daß in ihm bis zur Linie Ana-Tekrit hinauf die Dattelpalme gedeiht.

Keilschriftliche Angaben und moderne Forschungen lassen erkennen, daß die Besiedlungsdichte Mesopotamiens in der babylonisch-assyrischen Zeit den heutigen Zustand – man schätzt gegenwärtig die Einwohnerzahl des Irak auf sechs Millionen – bei weitem übertraf. Wir können das aus den Hinweisen gewisser Keilschrifttexte entnehmen. Die Duodezfürsten der Hammurabizeit verfügten immerhin über Heere von 20000 bis 30000 Mann, und Sanherib von Assur rühmte sich, bei der Eroberung Babyloniens 75 große und 420 kleine Orte eingenommen zu haben. Amerikanische Untersuchungen antiker Siedlungen zwischen Euphrat und Tigris führten im Jahre 1956/57 allein in dem Abschnitt Bagdad-Nippur (einem Gebiet von etwa 15000 qkm, das ungefähr dem alten Akkad entsprach) zur Feststellung von 1800 Ruinenhügeln, unter denen sich 180 größere Siedlungen befanden. Die meisten dieser Tells erbrachten Oberflächenfunde aus altorientalischer Zeit. Die Bevölkerung wuchs sprunghaft mit der Zunahme des bewässerten Landes und der steigenden Wirtschaftsblüte, während sie im 3. Jahrtausend naturgemäß noch verhältnismäßig gering war; für etwa 2500 v. Chr. rechnet man in Sumer mit annähernd einer halben Million Einwohner.

Die Bewohner des Landes waren im 4. Jahrtausend vorwiegend Semiten, und auch nach der kurz vor 3000 anzusetzenden Einwanderung der Sumerer behielten diese im Norden die Überhand, während der Süden für mehr als ein Jahrtausend sumerisch wurde. Immer wieder aber drängten von den Wüsten her Semitengruppen ins Land; aus den Gebirgen des Nordens und Nordostens gesellten sich ihnen Stämme anderer Rassenzugehörigkeit – Gutäer, Churriter, Kassiten – zu, so daß sich unter Berücksichtigung des Zustroms auch von fremdstämmigen Sklaven schon früh eine Mischbevölkerung gebildet haben muß. Da vom Ende des 2. Jahrtausends an die aramäische Unterwanderung immer stärker wurde, blieb in ihr jedoch das semitische Element dominant; es erfuhr auch durch die von den neuassyrischen Königen vorgenommenen Massenumsiedlungen keine wesentliche Einbuße, da die Neubürger, die freiwillig oder zwangsweise ins Land kamen, größtenteils ebenfalls Semiten waren. Kulturschöpferisch freilich waren diese letzten Gruppen nicht mehr; Zivilisation und Geisteskultur des alten Zweistromlandes sind die Leistung des Sumerertums, der westsemitischen Akkader und Altbabylonier sowie – vor allem auf dem Gebiet von Verwaltung, Kriegstechnik und Reliefkunst – der kriegerischen Assyrer. Im ständigen Auf und Ab des Völkerschicksals wechselten Blüte- und Verfallszeiten; immer wieder aber kam es unter tüchtigen Dynastengeschlechtern zu Höhepunkten der kulturellen Entwicklung, über die uns Kunst und Literatur der orientalischen Antike – so möchten wir im Gegensatz zur ›klassischen Antike‹ die Geschichte Altvorderasiens in den drei vorchristlichen Jahrtausenden benennen – heute wieder reiche Zeugnisse an die Hand geben.

Ungeheuerlich sind die Geschehnisse, die im Ablauf von zweieinhalb Jahrtausenden über das Zweistromland und seine Völker hinwegrollten; sie sprengen den Rahmen jeder Kurzdarstellung. Wenn hier dennoch ein historischer Überblick versucht wird, so geschieht das unter dem unausweichlichen Zwang, den kulturgeschichtlichen Erörterungen die Stütze eines einfachen historischen Gerüstes mitzugeben[12].

Über dem 4. Jahrtausend liegt für uns noch das Dämmerlicht der Vorgeschichte. Mit der Stufenreihe seiner in Material, Form und Bemalung wechselnden Keramik, seinen Tonidolen von Stier und Muttergöttin und der in den untersten

Schichten von Tepe Gawra und Eridu zutage getretenen Abfolge erster, raummäßig sehr kleiner Tempel läßt es die kulturelle Entwicklung zwar in groben Umrissen erkennen, deutlich aber wird das Bild erst kurz vor 3000. Die nach dem markantesten Fundort Uruk (neben Eridu und *Tell el-Uqair*) so benannte Urukzeit mit ihren Schichten VI–IV (etwa 3100–2800) betrifft den Süden des Landes und zeigt einen sprunghaften Anstieg: Wohlorganisierte Rechtecktempel von z. T. riesigen Ausmaßen (bis 80:50 m), Siegelzylinder mit formschönen Darstellungen und die ersten Tontäfelchen mit ›piktographischen‹, noch bildhaften Schriftzeichen – den ältesten der Welt – lassen Macht und Blüte früher Stadtstaaten erkennen, deren Gründung wir dem Volk der Sumerer zuschreiben. Ihre Herkunft (aus dem Osten) ist unbekannt, ihre agglutinierende Sprache mit keiner anderen verwandt; ihre Wirtschaftsstruktur läßt sich nur aus den späteren Urkunden, die der Jahrtausendmitte entstammen, erschließen. Sie war theokratisch und wird gern als ›religiöser Staatssozialismus‹ (Moortgat) bezeichnet. Schon in der Uruk- und in der ihr folgenden, durch eine veränderte Keramik bezeichneten und nach ihrem ersten Fundort so benannten Dschemdet Nasr-Zeit (2800–2700) dürfen Tendenzen zur Großreichbildung vermutet werden. Die kulturelle Ausstrahlung umfaßt nun den Nordwesten bis nach Obermesopotamien und Syrien hin, ist in Ägypten eindeutig nachweisbar und hat im Osten das südwestpersische Elam eingeschlossen.

Die folgende Zeit, etwa ein oder anderthalb Jahrhunderte umfassend, hat man bisher gern nach Mesilim, König ›von Kisch‹, als ›Mesilim-Zeit‹ bezeichnet, da dessen Inschrift lange als die älteste erhaltene galt. Heute glaubt man, früheren Zeugnissen – etwa denen des (En-)Mebaragesi – auf der Spur zu sein und wählt daher für diese Epoche lieber den Namen ›Frühdynastisch I‹. Kisch mit seinem stärker semitischen Element erhebt sich zu einem zentralen Herrschaftssitz, und auch als die Macht wieder mehr nach dem Süden abwandert, wird der Titel ›König von Kisch‹ als Umschreibung der Oberherrschaft beibehalten. Nun setzen die Schrifturkunden ein; in ihnen erscheinen Urnansche, Eannatum, Entemena –

zeitweise vielleicht bis nach Mari im Westen und nach Elam im Osten herrschend – als Fürsten von Lagasch, Mesannepadda und andere als Könige von Ur, und man hat daher sowohl von einer Lagasch- wie einer Ur I-Zeit gesprochen, welch letztere durch die prachtvollen Funde Woolleys in Ur erhellt wird. Heute bezeichnet man diesen Zeitraum bis zum Auftreten der Akkadherrscher als ›frühdynastisch II und III‹ (etwa 2550–2350). War vielleicht noch vor diesem Zeitraum eine Konzentration der Macht durch den sagenhaften König Lugalannemundu von Adab erfolgt, so gaben um 2400 Dynastenkämpfe, soziale Mißstände und Gegensätze zwischen Palast und Priesterschaften – Urukagina von Lagasch verfügte die ersten uns bekannten sozialen Reformen – Anlaß zu politischen Umwälzungen, die den Priesterfürsten von Umma, Lugalzaggesi, zu einer kurzen Machtfülle führten. Sein sumerisches Reich fiel indes bald den semitischen Akkadern zu, die ihrer – bis heute nicht wiedergefundenen – Hauptstadt, ihrem zwischen Babylon und Nippur gelegenen Kernland und schließlich auch ihrer Zeit (2350–2200) den Namen gaben und unter den mächtigen Kaisern Sargon und Naramsin die Lande von Südarabien bis Anatolien zu einem Großstaat zusammenfaßten. Indes gab sich das Sumerertum noch nicht geschlagen; als unter dem Einbruch von Barbarenstämmen aus dem nördlichen Bergland Gutium zur Zeit von Naramsins schwachen Nachfolgern das Reich von Akkad zusammenbrach, gelang ihm unter Utuchengal und Urnammu eine Restauration, die – bei zweifellos absinkender sumerischer Volkskraft – zur Gründung des Reiches von Ur III (etwa 2050–1955, sog. 3. Dynastie von Ur) führte.

Neue Semitenstürme folgten; der letzte Fürst der Dynastie, Ibbisin, unterlag einem Bündnis dieser ›Westsemiten‹, die man auch Amurriter nennt, und der Elamiter. Es folgen zweieinhalb Jahrhunderte der Kleinstaaterei mit rivalisierenden Duodezfürsten, unter denen die von Isin und Larsa mit mehr oder weniger Recht den Titel ›König von Sumer und Akkad‹ beanspruchen. In Babylon und Assur entstehen neue Dynastien, Mari erlebt eine wirtschaftliche Hochblüte; schließlich übernimmt in Larsa der Sohn eines westsemitischen Beduinenscheichs namens Rimsin für 60 Jahre die Herrschaft über Südbabylonien, während Schamschiadad I. von Assur den Nordteil des Landes einschließlich Maris erobert. Hammurabi (1728–1686) versteht es, aus kleinen Anfängen sein altbabylonisches Reich zu zimmern, in dem sich uns – mit den ungefähren Grenzen des heutigen Irak – der Muster- und Rechtsstaat des 2. vorchristlichen Jahrtausends vorstellt. Auch seiner Gründung war freilich keine Dauer beschieden. Schon sein Sohn Samsuiluna hatte sich mit dem von Nordosten hereindrängenden Bergvolk der Kassiten auseinanderzusetzen, und im Nordwesten verstärkt sich der Druck der Churriter-Invasion, die – nach einer ersten Phase bereits zur Akkadzeit – vom Van-See her jetzt Obermesopotamien und Syrien überrollt. Aufs neue beginnt eine Zeit der Kleinstaaterei; im Gebiet des Chabur und Belich entsteht das Churriterreich von Mitanni, und als 1531 der Hethiterkönig Mursili I. von Kleinasien her plündernd ins Zweistromland einbricht, Babylon ausraubt und Mari zerstört, setzen sich im Gefolge dieser Wirren die Kassiten endgültig in Babylonien fest. Bald assimiliert, herrschen sie hier bis 1160 v. Chr.

Inzwischen aber sind aus der Blutmischung von Akkadern, Westsemiten und Churritern am mittleren Tigris neue politische Energien freigeworden; das mittelassyrische Reich entsteht und fordert unter Assuruballit I. (etwa 1356–1320) und Adadnarari I. (1297–1266) seinen Teil an der Macht. Letzterer vermag die Kassiten im Süden zurückzudrängen und seinen Staat im Westen bis Karkemisch auszudehnen; er legt sich den alten Herrschertitel ›König der Gesamtheit‹ zu. Sein Sohn Salmanassar I. kassiert endgültig die Reste von Mitanni und verleibt sich Armenien ein, und unter Tukultininurta I. (1235–1198) erstreckt sich Assurs Gewalt auch über Babylonien und den ganzen Süden. Im Gegendruck werden hier die letzten Kassitenfürsten von der ›nationalen‹ Opposition verjagt, unter den schwachen Nachfolgern Tukultininurtas die Assyrer wieder verdrängt, und mit Nebukadnezar I. von Babylon (1128–1105), der Elam niederzuzwingen vermag, wird die ruhmreiche Tradition Hammurabis wiederaufgenommen.

Schon der große und brutale Eroberer Tiglatpileser I. von Assur (1116–1078), der daneben aber auch ein glänzender Organisator und Verwalter war, machte freilich diesem kurzen Glanz Babylons wieder ein Ende. Er unterwarf es und ebenso auch Syrien, bändigte die jetzt in Bewegung geratenen Aramäer und befriedete Armenien. Sein Kampf für ein Weltreich des Nationalgottes Assur scheint freilich die Kräfte des Landes übermäßig beansprucht zu haben, denn es folgen jetzt zwei historisch wenig bewegte ›dunkle‹ Jahrhunderte, bis dann mit Assurnaßirpal II. (883–859) die ebenso glänzende wie grausame Epoche des neuassyrischen Reiches beginnt – ein militärisches Zeitalter, das großartige strategische Leistungen zeigt, Hekatomben von Menschen opfert und ganze Völker deportiert, aber andererseits in der Verwaltung des riesigen, bald bis an Ägyptens Grenzen reichenden Staates und auf dem Gebiet der Kunst, vor allem der Reliefbildnerei, Erstaunliches leistet. Tiglatpileser III. (745–727) macht sich auch zum König von Babylonien, wo sonst die einheimischen Fürsten als Vasallen herrschten, unterwirft Nordarabien, stärkt die Zentralgewalt und reorganisiert das Heer. Sanherib bedroht Jerusalem, hat aber heftig mit dem zähen Babylonierkönig Mardukapaliddina II. (Merodachbaladan, etwa 722–700 v. Chr.), der sogar Beziehungen zu Hiskia von Juda aufnimmt, zu kämpfen, um endlich 689 Babylon zu zerstören. Asarhaddon baut die Mardukstadt ein Jahrzehnt später wieder auf und erobert 671 Unterägypten mit Memphis; seinem Sohn Assurbanipal gelingt für kurze Zeit nach der Einnahme von Theben sogar die Einbeziehung Oberägyptens ins assyrische Reich. Er kann auch den Feind im Osten, Elam, endgültig niederringen. Schon aber bedrohen Kimmerier und Skythen den Bestand des ausgebluteten Staates, und als sich Meder und chaldäische (aramäische) ›Neubabylonier‹ zusammenschließen, bricht Assurs Herrlichkeit zusammen. Kyaxares von Medien, Besieger der Skythen, und der ›Chaldäer‹ Nabopolassar (626–605) erobern bis 612 Ninive und das gesamte Assyrien und lassen die uralten Städte am Tigris in Schutt und Asche sinken; Nabopolassars Sohn, der Kronprinz Nebukadnezar, schlägt 605 bei Karkemisch den Pharao Necho. Meder und

Neubabylonier teilen sich das gemeinsam Eroberte, wobei der Westen bis hin nach Palästina an Babylon fällt.

Nebukadnezar II. (604–562), ein energischer, aber den Idealen Hammurabis nachstrebender und den Werken des Friedens geneigter Fürst, setzt die Bemühungen seines Vaters um eine glanzvolle Wiederherstellung Babylons fort, weiß seine Macht zu stabilisieren und schafft durch Deportierung der Juden und Zerstörung Jerusalems 587 auch in Südpalästina Ruhe. Seine Nachfolger freilich sind nicht in gleichem Maße fähig, das Riesenreich zu halten und der von Osten her drohenden persischen Gefahr zu begegnen; Priesterfehden schwächen die innere Einigkeit im babylonischen Kernlande. Der letzte Herrscher von Babel, der aus Charrān stammende Sin-Priester Nabuna'id (555–539), sieht sich gezwungen, nach neuen Stützen seiner Macht im arabischen Süden Ausschau zu halten; er hat anscheinend geplant, eine arabisch-aramäische Front gegen Kyros aufzubauen, und sich dazu acht Jahre in der Oase Tema im nördlichen Hedschas aufgehalten, wo er sogar einen Palast erbaute. Inzwischen aber hat der junge Perserkönig Kyros (546?) die Hand auch auf Lydien gelegt; die mächtige Mardukpriesterschaft wendet sich ihm zu, und am 12. Oktober 539 öffnen sich kampflos Babylons Tore, um den maßvollen Sieger einzulassen.

Obwohl sich im äußeren Bild des babylonischen Lebens zunächst kaum etwas ändert, beginnt mit diesem Datum dennoch eine andere Welt und eine neue Zeit, der Xerxes I. (486–465) nach einem Aufstand der Babylonier durch Zerstörung des Tempels Esangila und Wegführung der Markukstatue den Stempel aufprägt. Die Kultur des alten Zweistromlandes vermischte sich nun mit der iranischen und sollte anderthalb Jahrhunderte später in die der hellenistischen Welt aufgehen.

II

WOHNSTÄTTEN UND BÜRGERLICHES LEBEN, SOZIALE STRUKTUR

Die Zivilisation Altmesopotamiens war eine städtische, und es dürften drei Gründe gewesen sein, die die Seßhaften zum engen Beieinandersiedeln, zum Wohnen Wand an Wand zwangen: Einmal die stetige Bedrohung, die von den raublüsternen Nomaden der Steppen und Wüsten ausging, zum anderen die periodische Überflutung und schließlich die nur in Gemeinschaftsarbeit zu bewältigende Aufgabe der künstlichen Bewässerung, die allein Ernte und Leben garantierte. Eine Bodenwelle in unmittelbarer Nähe des Flusses war der ideale Siedlungsplatz. Mauerschutz scheint in der ältesten sumerischen Zeit ob der damals noch geringenSiedlungsdichte des Landes, das überdies durch ausgedehnte, noch nicht drainierte Sümpfe versperrt war, zunächst nicht als Notwendigkeit empfunden worden zu sein, setzt sich aber nach dem Befund der Grabungen von der frühdynastischen Zeit (ab 2600) an immer mehr durch. Zwischen diesen bald anwachsenden Städten, in deren Mitte der Markt, der Tempel und die Kornspeicher lagen, traf man gewiß auch auf dörfliche Ansiedlungen und bald auch auf Güter; indes wissen wir von solchenWohnplätzen, die jeder Feindeinwirkung schutzlos ausgeliefert waren und in ihrer leichten Bauweise bei Zerstörung kaum bleibende Spuren hinterließen, sehr wenig. In *Redau Scherki* scheint man auf die Überreste eines solchen Dorfes aus der frühen Urukzeit gestoßen zu sein: Hier gab es ummauerte Höfe, in deren Mitte eine bescheidene Behausung stand; in ihren Boden waren Vorratsgefäße eingelassen, Feuerstellen fanden sich in der Mitte wie im Hofe. Auch Uruk selbst bewahrte solche einfachen Anlagen. Der große, die tatsächliche Wohnfläche weit übersteigende Raum, den so uralte Stadtmauern wie die von Uruk einhegten, dürfte zur Aufnahme der fliehenden Landbevölkerung in Notzeiten bestimmt gewesen sein und weist so indirekt auf Dörfer und Weiler im flachen Lande hin. Im echten Sinne aber pulsierte das Leben an den zwei Strömen in den Städten, die sich durch den schnellen Verfall ihrer Lehmbauten, Wiedereinebnung und Weiterbau auf dem neugeschaffenen Plateau allmählich mehr und mehr über die Ebene erhoben.

Der Reisende, der sich ihnen – zu Fuß, zu Esel oder per Wagen auf dem Lande oder zu Schiff auf den Flüßen – näherte, erblickte vor sich die Stadt wohl etwa so, wie sich noch heute der einzige bis in unsere Zeit auf dem ursprünglichen Wohnhügel erhaltene Ort *Erbil* (Urbilum, Arbela) – 80 km östlich von Mossul an der Straße zum Urmia-See – dem Beschauer darbietet: Eine von hohen Lehmziegelmauern umgebene Siedlung auf einer Anhöhe, die vom Tempelturm überragt wurde. W. Andrae hat seine Vision von der Assyrerhauptstadt Assur, wie sie der Reisende einst von weitem erschaute, eindrucksvoll bildhaft zu machen verstanden[1].

Über eine Rampe betrat der Wanderer durch eines der meist von Türmen flankierten Tore die Stadt; rechts und links überragten weitere bezinnte Türme das feste Mauerwerk und gestatteten eine wirksame Abwehr etwaiger Angreifer. Die Umwallung selbst konnte eine ›Zingelmauer‹ sein, die eigentlich eine Doppelmauer war und Gelasse zu Wohn- und Magazinzwecken oder für die Stadtsoldaten in sich barg; oft gab es sogar zwei Mauerwehren. Das chaldäische Babylon hatte sich nach dem Befund der Grabungen in dieser Weise einzigartig geschützt. Seine Innenmauer war 6,5 m dick und besaß etwa alle 18 m abwechselnd quergestellte große Türme (9,4:11,4 m) und längsgestellte kleinere Turmbauten (9,7:8,6 m), während die Außenmauer, die sich in einem Abstand von 7,2 m erhob, 3,7 m dick war und alle 20 m Türme von 5 m Dicke aufwies. Vor ihr lag der wassergefüllte Stadtgraben. Diese Fortifikationen wurden noch verstärkt durch Nebukadnezars große Ostmauer, die den Stadtumfang von 10 auf 18 km erhöhte. Sie bestand wiederum aus zwei oder besser drei Mauerzügen: Die innere Mauer hatte eine Stärke von 7,2 m und besaß alle 50 m Kavalierstürme von 8,3 m Breite; die äußere, 12 m entfernte Mauer bestand aus

zwei dicht aneinandergefügten Zügen von 7,8 und 3,3 m
Dicke, wobei die dem Feinde zugewandte Außenseite sogar
aus solidem Brandziegelwerk bestand. Aber auch die 2000
Jahre früher errichtete Stadtmauer des sumerischen Uruk
– wahrscheinlich der Hauptstadt des ältesten Sumer – stellte
eine mächtige fortifikatorische Leistung dar. Sie war ein Dop-
pelwall: Hinter einer schwachen Vormauer lag die Hauptmauer von 4–5 m Dicke und 9,5 km Länge, die durch 800 Halb-
kreistürme gesichert und nur im Norden und Süden von je
einem Tor durchbrochen wurde; das genauer untersuchte,
feindwärts durch zwei Rechtecktürme gesicherte Südtor hatte
eine Breite von 3,5 m. Wie die ersten Verse des Gilgameschepos
berichten, sollte Gilgamesch selbst sie aus Brandziegeln errichtet haben. Die etwa der gleichen (ersten frühdynastischen) Zeit
entstammende Mauer von Tutub (*Chafadschi* am Dijala) war
6 m stark, die des etwas weiter nördlich gelegenen *Tell Adschrab* wiederum wies Türme in 19 m Abstand auf.

Die Auftürmung so ungeheurer Ziegelmassen bedeutete
eine einzigartige Gemeinschaftsleistung der Bürger; Bau und
Erhaltung dieser Mauerwerke gehörte zu den dringlichsten
und vornehmsten Pflichten der Stadtfürsten, die sich denn
auch in ihren Weihinschriften und Jahresformeln solcher
Unternehmungen immer wieder rühmen. Die Tore, die diese
monumentalen Mauerführungen durchbrachen, bildeten
bald Baukomplexe für sich mit einem langen, durch mehrere
Pforten gesicherten Durchgang, der Luftschächte und Zwi-
schenhöfe besaß und in dem dann etwa eingedrungene Angreifer von den Mauern her konzentrisch bekämpft und vernichtet werden konnten. Die gewaltige Anlage des doppelten
Ischtartores von Babylon hat Weltberühmtheit erlangt.

So weitgezogene Außenmauern wie die des sumerischen
Uruk oder wie der ›Osthaken‹ Nebukadnezars II. waren
indes eine Ausnahme; in der Regel schloß sich die Umwallung eng um die Wohnquartiere, deren Häuser gelegentlich
sogar noch die Innenmauer erkletterten. Je mehr die Bevölkerung wuchs, um so knapper wurde der bebaubare Raum. So
empfing denn den Besucher, der das Tor passiert hatte, fast
stets ein Labyrinth gewundener, enger Gassen von oft nur

2–3 m Breite, das jede Planung vermissen ließ, die Orientierung sehr erschwerte und sich nur selten zu einem Platz er-
weiterte. Straßen und Gassen waren ungepflastert – die kostbare Decke von Babylons außergewöhnlich breiter Prozessionsstraße bildete eine Ausnahme – und entbehrten der Sau-
berhaltung. Hausmauern, einzig durch die Eingangstür und
ein wohl daneben angebrachtes Guckfenster unterbrochen,
und die hohen Außenwände der Großbauten – der Tempel,
Paläste und Speicher – engten sie von beiden Seiten ein. Es
bedurfte schon radikaler Maßnahmen baulustiger Herrscher
– die dann ganze Häuserfluchten niederreißen ließen –, um das
Bild zu ändern, wie dies etwa bei Sanheribs ›Königsstraße‹ in
Ninive oder Nebukadnezars nach den großen Göttern genannten Prachtalleen in Babylon geschah.

In diesem engen Beieinander war die Anlage eines Netzes
von Abwässerkanälen unerläßlich und in der Tat weithin
durchgeführt: Sickerschächte nahmen die Abwässer auf, Ton-
rohre und Tonnengewölbe aus Ziegeln, deren Sohle und
Seiten durch eine Asphaltauflage undurchlässig gemacht
waren, leiteten sie weiter in unterirdische Senkgruben oder
– wohl meistens – in den Fluß. Die Wiederausgrabung von
Wohnvierteln in einer ganzen Reihe altorientalischer Städte
vermitteln uns ein anschauliches Bild dieser Tatbestände.
So konnte Woolley in Ur ein großes Areal der sogenannten
Isin-Larsa-Stadt, d. h. der Zeit des 19./18. Jahrhunderts v. Chr.,
freilegen; Assur, Babylon und die Orte am Dijala gestatteten
weitere instruktive Einblicke in altorientalische Wohnquartiere[2]. Staub und Abfälle, dazu der Rückstand verwitternder
Lehmziegel ließen die Straßen im Laufe der Zeit immer höher
ansteigen, so daß die Grundstücke oft nur durch abwärts führende Stufen erreichbar waren. Vergleichende Untersuchungen des Umfanges der Städte, der Wohnhäuser usw. ermöglichen den Schluß, daß die sumerische Stadt in der Mitte des
3. Jahrtausends im Durchschnitt etwa 17000 Einwohner hatte.

Die Bürger der Stadt trafen sich auf den Straßen und Markt-
plätzen, im Tor oder auf den Höfen der Tempel und Verwaltungsgebäude; das Leben der Familie aber spielte sich, orien-

talischer Zurückhaltung entsprechend im Inneren der Gehöfte ab. Die Wohnstätte Altmesopotamiens hatte sich von dem primitiven Unterschlupf aus zusammengebundenen Rohrbüscheln, der gelegentlich auf alten Siegelbildern und als archaisches Schriftzeichen erscheint, über die Schilfhütte – das ›Rohrhaus‹ des Sintflutberichtes im Gilgameschepos – und die aus Rohrmatten mit Holzgerüst und Lehmbewurf hergestellte Hauskonstruktion in einer nun seit dem 4. Jahrtausend nachprüfbaren Entwicklung zu einer Standardform entwickelt, die sich in der historischen Zeit kaum mehr änderte[3] und dem heutigen Araberhaus sehr ähnelt. Dies altorientalische Haus war des Zweistromländers Burg, deren Umfassungsmauern ihn von der übrigen Welt abschlossen, und stellt sich als Flachdach-Bau aus luftgetrockneten Lehmziegeln mit Decken aus Palmenstämmen oder dem sonstigen dürftigen Holzstangenmaterial des Landes dar. Man versah das Dach mit Matten und einer kühlhaltenden Erdschicht und verputzte es mit Lehm. Der Grundriß dieses Hauses, durch die Ausgrabungen allerorts und zu allen Zeiten belegt, ist durch einen quadratischen oder rechteckigen Innenhof mit rings um ihn angeordneten Räumen gekennzeichnet. Die Zimmer waren wegen der Kürze der zur Verfügung stehenden Deckbalken meist recht schmal, die Gesamtkonstruktion nicht eben sehr solide und liederlicher Hausbau, der dann zum Einsturz führte, offenbar häufig; gab es dabei Tote, so sah das Gesetz daher härteste Strafen vor[4].

Repräsentative Portale waren Tempeln und Palästen vorbehalten und auch dort nicht die Regel. Der Eingang ins Gehöft gab sich schlicht, schmal und niedrig, denn – wie die weitverbreiteten ›Hausomina‹ sagen – »wenn die Tore eines Hauses eng sind, wird Wohlbefinden darin herrschen, es wird reichen Gewinn sehen«. Die meist aus mehreren Holzstücken zusammengesetzte Tür öffnete sich nach innen. Der Eintretende gelangte zunächst in einen meist recht engen Vorraum, wo ein bereitgestellter Wasserkrug und ein Abflußrohr ihm (bei ›ordentlicher Wirtschaft‹) gestattete, sich Füße und Hände abzuspülen. Die zum Innenhof weiterführende Tür lag nicht auf Achse, sondern nach der Seite versetzt oder in der Seitenwand selbst. So verwehrte man den Straßenpassanten den Einblick und schützte sich vor Gassenstaub und ›fieberbringendem Wind‹.

Das Ziegelpflaster des Innenhofes fiel nach der Mitte zu etwas ab, so daß das Wasser in eine hier angelegte Abflußröhre rinnen konnte – wozu die Hausomina bemerken: »Wenn der Hof so angelegt ist, daß sich das Wasser in der Mitte sammelt, wird der Besitzer viel Glück haben.« Bei zunehmendem Wohlstand konnte man, wenn das Nebenhaus verkäuflich war, das Grundstück natürlich um weitere Räume und Höfe vergrößern; Patrizierbesitze, wie etwa das ›Große Haus‹ in Babylons Stadtteil Merkes, mochten palastartigen Umfang annehmen und mehrere Höfe und Trakte mit Dutzenden von Räumen aufweisen. Häuser in Lagasch zur Ur I-Zeit haben dagegen nur eine Größe von 23–53 qm. Ebenso variiert die Zahl der Räume; sie konnte 6, 10 oder mehr betragen. Wer es sich leisten konnte, richtete in dem der Hoftür gegenüberliegenden Raum ein Gäste- und Besuchszimmer (arabisch *liwan*) ein, das zuweilen sogar nebenan einen kleinen Waschraum mit Toilette hatte. Bei Häusern mit einem Oberstock, dessen Zimmer dann von einem balkengestützten, umlaufenden Holzbalkon aus zugänglich waren, lagen in diesem wohl die Schlafräume; im Erdgeschoß befanden sich dann die Küche mit Feuerstellen, Handmühlen und Abflußrohr, vielleicht ein Büro oder eine Werkstatt, zuweilen auch ein mit Ziegeln ausgelegtes und mit Abfluß versehenes Badezimmer, Abstellkammern und die Schlafgelasse der Sklaven. Unter der steil nach oben – auf das im Sommer gern zur Nachtruhe aufgesuchte Flachdach oder in den Oberstock – führenden engen Treppe lag die Haustoilette mit Ziegelbelag, Schlitz und in die Erde gesenktem Abflußrohr (einem tönernen Sickerschacht); gelegentlich konnten die Ausgräber sogar einen asphaltüberzogenen Sitz feststellen!

Im einfacheren Haus befand sich zur Ausnützung des Schattens an der Südfront, also mit der – besonders weiten – Türöffnung nach Norden, ein großer Raum, der das Wohnzimmer der Familie darstellte. Speicher und Stallungen bäuerlicher Gehöfte lagen wohl, soweit möglich, an einem

Nebenhof, an den dann auch die Gatter und Pferche an-
grenzten. Die Außenwände waren weiß verputzt, die Innen-
wände oft bis zur halben Höhe mit aufgelöstem Asphalt ge-
schwärzt, aber auch in rot-weiß-schwarzen oder rot-weißen
Streifen getüncht. Rot (aufgelöstes Eisenoxyd) als Schreck-
farbe gegen die Dämonen wurde für die Türrahmen bevorzugt. In wohlhabenden Häusern schmückte man die Wohn-
raumwände mit Wandmalereien oder Einlagen aus Emailziegeln. Fenster gab es im Bürgerhause kaum; die – recht
niedrigen – Türöffnungen nach dem Innenhof gaben in dem
sonnenhellen Lande Licht genug. Meist befand sich zum bequemen Wirtschaften der Hausfrau in der heißen Jahreszeit
noch ein Herd auf dem Hofe, und auch eine Bank fehlte hier
nicht. In Häusern ohne Obergeschoß war die Treppe zum
Dach vielfach durch eine einfache Leiter ersetzt. Wo es der
Grundwasserstand gestattete, fand sich im Hof auch ein Ziehbrunnen; andernfalls holte der Sklave (oder, wenn dieser
fehlte, die vielgeplagte Hausfrau) das Wasser am tief-
geschachteten Straßenbrunnen oder vom Fluß. In den ärmeren Vierteln mußten sich oft zwei oder mehrere Familien
in ein Haus teilen, und es verwundert nicht, daß es dann zu
Streitigkeiten kam und schließlich der Richter angerufen
wurde. Hier haperte es auch mit der Kanalisation; Schmutz-
wasser und Abfälle wurden einfach aus der Haustür geschüt-
tet. Lehmbauweise und stickige Hitze in den Häusern lockten
allerlei Ungeziefer an; Ratten und Mäuse bedrohten die Vorräte, Eidechsen bewohnten das Haus mit, und Schlangen
nisteten sich gern ein. Die Omina benutzten all das zu sorgfältig ausgearbeiteten Zukunftsdeutungen, deren Beobachtungen recht instruktiv sind, deren Schlüsse freilich uns Heutige sehr merkwürdig anmuten.

Die Ausstattung des Hauses war – wie sich das Leben im
alten Zweistromlande überhaupt durch Einfachheit auszeichnet – schlicht und anspruchslos. Sie bestand, wie wir
aus Funden, Bildern und Mitgiftverzeichnissen wissen, etwa
aus Bettstellen, Stühlen, Sesseln, Hockern, Fußschemeln
– diese Gegenstände oft aus dem billigen Rohr gemacht –
und einer Tischplatte, wozu dann bei reichen Leuten viel-

leicht eine kostbare Holztruhe, bei ärmeren statt dessen einige Kästen aus Ton oder Flechtwerk als Schrankersatz traten. Dann war da noch das Küchengerät, also Handmühle[5], dreifüßige Reibschalen, Kalksteinmörser mit Stößel, Kupferkessel und -töpfe, Schalen, Becher, Eimer, Wasserkrüge, Schöpflöffel, Kohlenbecken und Lampen, d. h. ölgefüllte Tonschalen mit Schwimmdocht. Das Material all dieser Gerätschaften war und blieb, soweit angängig, der Ton des Landes. Die Fußböden belegte man mit Bastmatten; zusammengerollt und an die Wand gelehnt, dienten sie auch als Sitzgelegenheiten. Material zu bunten Teppichen, Decken und Kissen lieferte die Wolle der Schafe und Ziegen. In einer Nische des Wohnraums befand sich das Hausheiligtum mit Götterbild und tönernem Altärchen, und auf einer mit einem Holzregal versehenen Lehmbank des Büros bewahrte der Hausherr seine Geschäftspapiere oder seine Bibliothek in Form von Keilschrifttäfelchen verschiedener Größe auf.

Neben der üblichen Sitte, die Toten auf großen Friedhöfen zu bestatten, hielt sich – örtlich und zeitlich wechselnd – auch der pietätvolle Brauch, die Verstorbenen in der Erde unter ihrem Hause zur Ruhe zu betten. Meist in einer der Hausecken – so daß nur zwei weitere Wände zu ziehen waren – finden sich die gewölbten Ziegelgrüfte, zu denen man durch einen steilen Stufenschacht hinabstieg. Hier bestattete man die heimgegangenen Familienmitglieder und gab ihnen Schmuck und Waffen, den Eßnapf und dies oder jenes Ölkrüglein oder Alabasterfläschchen mit. Die Verstorbenen gehörten so weiter zur Gemeinschaft des Hauses, und zuweilen wurde bei dieser letzten Ruhestätte auch eine kleine Kapelle errichtet.

Denn die Bande der Familie waren fest, und das häusliche Zusammenleben wurde hoch geschätzt. Den gelegentlichen Äußerungen der Keilschrifturkunden – sie sind nach Art der erhaltenen bzw. bis jetzt bekannten Dokumente, die kaum je die private Sphäre berühren, selten – läßt sich entnehmen, daß die menschlichen Beziehungen zwischen den Ehegatten

und zwischen Eltern und Kindern im allgemeinen kaum weniger eng waren als in unserer Zeit. Ein freundlicher Um-
gangston scheint die Regel: »Wenn ein Haus kein ›Geschrei‹
hat, geht es seinen Bewohnern gut.« Natürlich gab es einmal
Streit, aber man fürchtete ihn: »Wenn auf Mann und Frau
(die gemeinsam ruhen) eine Schlange herunterfällt, werden
die beiden sich entzweien.« Man küßte sich zur morgend-
lichen Begrüßung, der Vater nahm den Sohn aufs Knie und
herzte ihn; für die Kinder gab es reizendes Spielzeug, Tier-
figürchen etwa oder Schiffs- und Wagenmodelle. Die Mutter
bereitete das Frühstück und gab, wie wir aus einer spätsumerischen Dichtung hören, dem Jungen sein Schulbrot mit; kam
er vom Unterricht zurück, so ließ sich der Vater die Aufgaben
aufsagen und lud gelegentlich wohl auch den unzufriedenen
Lehrer zu Gaste, der dann bestens bewirtet und notfalls auch
beschenkt wurde. Schamschiadad I. von Assur (1749–1716
v. Chr.) schlug in den amtlichen Schreiben an seinen jugendlichen Sohn, den Vizekönig von Mari, gelegentlich auch sehr
persönliche Töne des Lobs und Tadels an; und wenn der
ferne Sohn an den Vater schrieb, so sparte er nicht mit
Grüßen und Segenswünschen[6].

Die Ehe war nicht unbedingt, aber im Durchschnitt monogam; die neusumerischen Gerichtsurkunden räumen der Ehefrau eine hohe Stellung ein, und als diese in der ersten westsemitischen Zeit (Isin-Larsa-Epoche) stark absank, bemühte
sich Hammurabi in seinem Gesetzwerk, die Einehe wieder
zu fördern, die Scheidung zu erschweren und in jedem Falle
das Los der geschiedenen Frau zu erleichtern. Zu allen Zeiten
aber blieb die Ehe patriarchalisch. Der Vater war der einzige
Inhaber der Familiengewalt. Wie zu allen Zeiten hing jedoch
Recht und Stellung der Frau gewiß weithin von ihrer Persönlichkeit und Fähigkeit ab. Die Omina erwägen durchaus
die Möglichkeit, daß ›die Herrin des Hauses über dem Hausherrn steht‹; Baranamtarra, die Frau des Ensi Lugalanda von
Lagasch um 2350, hatte eigene Güter und machte mit der
Frau des Ensi von Adab selbständige Geschäfte, und Urukaginas Frau Schagschag sowie seine Tochter Amattar-Sirsirra
waren Grundeigentümerinnen. Die letztere war sogar in der

Lage, einem Tempel acht männliche und drei weibliche Sklaven zu schenken! Eine energische Gattin vermochte gewiß
auch der Schwierigkeiten Herr zu werden, die von einer
attraktiven Sklavin und ihrer häufigen Rolle als Beischläferin
des Hausherrn sowie von etwaigen Nachkommen aus dieser
Verbindung in die Familie gebracht wurden. Gewisse Priesterinnen, die zwar heiraten, aber keine Kinder bekommen
durften, brachten sogar oft ihrem Ehemann gleich eine Sklavin
mit, deren Kinder dann legitimiert wurden, und unfruchtbare
Frauen kauften nicht selten ein freigeborenes Mädchen sowohl
als Dienerin wie zu dem Zwecke, durch sie ihrem Manne
Nachkommenschaft zu verschaffen.

Für die beduinische Großfamilie war im Kulturland kein
Raum; nur die engere Familie wohnte zusammen. Die Kin-
derzahl hielt sich durchaus in den üblichen Grenzen – in den
Rechtsurkunden erscheinen kaum je mehr als etwa sechs
Söhne. Das bekannte ›Familienrelief‹ des Sumererfürsten Ur-
nansche von Lagasch (um 2500) zeigt brav aufgereiht vier
Söhne und eine Tochter. Meist erfreuten sich die Söhne einer
höheren Wertschätzung; Töchter waren im allgemeinen
weniger begehrt und wurden – insbesondere von armen
Leuten – nicht selten ausgesetzt. Auch die Anzahl der Sklaven
(hier überwiegen die weiblichen) dürfen wir uns nicht hoch
vorstellen. Abgesehen von den Zeiten der großen assyrischen
Kriegszüge, wo der Sklavenanfall stark war und man die
Kriegsgefangenen zuweilen kaum absetzen konnte, dürfte
der Normalhaushalt kaum mehr als zwei bis vier Sklaven
besessen haben; in den neusumerischen Gerichtsurkunden
erscheint als Höchstzahl sechs.

Das tägliche Leben der Familie verlief in friedlichen
Zeiten wie stets nach dem von Herkunft, Sitte und Notwendigkeit diktierten Rhythmus. Der Hausherr ging seinem
Beruf nach, vollzog seine kultischen Pflichten im Tempel,
saß als Schöffe oder Zeuge im Gericht oder waltete im Rats-
kollegium seines Ehrenamtes. Die Frau verrichtete mit Töchtern und Sklaven die Arbeiten im Haus und Hof, spann oder

webte und hütete die Kinder; gehörte sie einem Bauern an,
so mußte sie freilich zur Zeit von Aussaat und Ernte wohl mit
der ganzen Familie auf dem Felde werken. Die Jungen wurden gleichfalls angestellt, mußten ein Beet umgraben oder
das offenbar wenig beliebte ›Rohrbrechen‹ – Heranschaffen
und Zerkleinern des als Heizungsmaterial begehrten trockenen Rohres – besorgen und gingen im übrigen meist beim
Vater in die Lehre; denn Enlil hatte – so war zum mindesten
die sumerische Auffassung – den Menschen bestimmt, daß
›der Sohn den Beruf des Vaters ergreifen solle‹. Die Söhne
der Gebildeten gingen den Tag über zur Schule (und wenn
sie sich nach Unterrichtsschluß in der Stadt herumtrieben,
statt sofort nach Hause zu kommen, gab es Ärger). Bürde
und Einerlei des Alltags wurden von den Feiertagen wohl-
tätig unterbrochen, an denen man sich ausruhen konnte, vielleicht in der Kühle des Abends zum Fluß spazieren ging oder
zu Hause tafelte, sang und trank. Tat man des Guten zu viel
und gab es gar starken Wein, konnten gewisse betrübliche
Folgen nicht ausbleiben, und ein Keilschriftrezept für solche
Fälle beginnt recht instruktiv: »Wenn ein Mann zu viel starken Wein getrunken hat, sein Kopf wirr ist, er seine Worte
vergißt und seine Aussprache undeutlich wird, wenn seine
Gedanken wandern und sein Auge glasig ist, dann ist folgende
Kur vorzunehmen ...« Natürlich konnten die Herren der
Schöpfung nach Maßgabe ihres Geldbeutels Bacchus auch
außerhalb des Hauses huldigen; es gab da meist von Frauen
bewirtschaftete Weinstuben mit (den Gästen gewiß gern ent-
gegenkommender) ›Damenbedienung‹, und das Treiben in
ihnen wurde zuweilen so anstößig und für die Staatssicherheit
gefährlich, daß Hammurabi gesetzliche Maßnahmen gegen
es schaffen mußte (§ 108–111); wer hier die käufliche Liebe
nicht fand, hatte es nicht weit zu Prostituierten verschiedener
Abstufung, deren Dienst meist mit dem Ischtarkult in irgend-
welchem – für uns nicht immer ganz deutlichem – Zusammenhang stand und im übrigen nicht grundsätzlich als ver-
werflich galt.

Die Jugend genoß die Freiheit mit Spielen: Als Spielzeug
sind Puppen und andere Tonfigürchen, Springschnur, Reifen,

Spielbrett, Würfel und Bogen bezeugt. Man ging wohl auch zum Baden an den Fluß, fischte oder machte einen Jagdausflug, und abends wurde getanzt, wobei die Alten bei vorgerückter Stimmung zuweilen mittaten.

Mann und Frau, Kind und Kegel, Sklave und Magd nahmen an den regelmäßig wiederkehrenden großen Kult- und Jahresfesten teil, die mit Opfern, Liturgien, kultischen Schauspielen und Prozessionen, aber auch mit fastnachtartigem Mummenschanz und orgiastischem Treiben begangen wurden und in diesen Stunden alle Standesunterschiede verwischten. Intimer feierte man bei den hohen Familienfesten, etwa der ›Taufe‹ der Kinder oder den Hochzeiten. Die Verheiratung der jungen Leute war Sache der Eltern und natürlich eine gewichtige Angelegenheit, die von langer Hand vorbereitet wurde. Meist war es der Vater, der dem Sohn die Braut auswählte und dazu – wenigstens in bestimmten Epochen – dem Vater des Mädchens einen Brautpreis von naturgemäß sehr verschiedener Höhe zahlte, während die Braut ihrerseits eine – weiterhin ihr Eigentum bleibende – Mitgift erhielt. Der Tod schließlich – als der dritte Grundakkord in der ewigen Melodie des menschlichen Lebens – erschütterte die Menschen von damals gewiß genau so – wenn nicht wegen des Fehlens jedes tröstlichen Zuges in den Jenseitsvorstellungen noch mehr – wie in unseren Tagen. Dann erhob sich im Hause die gellende Totenklage der Angehörigen, der sich Verwandte und Nachbarn anschlossen; wer die Mittel besaß, holte noch kundige ›Klagemänner und Klagefrauen‹ dazu. Trauermusik erklang, man entblößte das Haupt, zerraufte die Haare, zerbrach seinen Brustschmuck, zerriß sich die Kleider, brachte sich blutende Kratzwunden bei und zog das sackartige Trauergewand an, bis die Leiche der Erde übergeben wurde. Gilgameschs Klage über seinen toten Freund Enkidu[7] mag uns einen Begriff von der Heftigkeit der Gefühle vermitteln, in die ein Todesfall die Leidtragenden stürzte. Aber immer wieder siegte das Leben und – die Liebe. Es ist wohl irrig zu glauben, daß es in jener so weit von uns entfernten Zeit eine innige Zuneigung zwischen Jüngling und Mädchen, Mann und Frau in unserem Sinne nicht gegeben habe: Wir besitzen einen reizenden Keilschriftbrief, der seinem Inhalt nach auch heute geschrieben sein könnte[8]. Es gab denn auch neben den von den Eltern oft frühzeitig ausgehandelten und vertraglich festgelegten Vernunftehen durchaus Heiraten aus Liebe.

Die Mahlzeiten – morgens und abends – nahm man, nicht ohne sich vorher die Hände abzuspülen, möglichst gemeinsam ein, und auch hier überrascht die Bescheidenheit der Lebensführung. Da Brennmaterial in dem holzarmen Lande knapp und teuer war – es wurden vorwiegend Gestrüpp, Dornen, Rohr, Stroh und getrockneter Viehdung verwandt –, gab es wohl nur eine warme Mahlzeit am Tage, die dann vermutlich abends eingenommen wurde. Feuer schlug man dazu offenbar mit Hilfe eines Feuersteins, bemühte sich indes gewiß, das Herdfeuer in Gang zu halten; der altägyptische Feuerbohrer ist jedenfalls in Mesopotamien nicht bezeugt. Die Nahrung war vorwiegend vegetarisch, die warme Mahlzeit bestand in der Hauptsache aus Graupen-, Grütze- oder Mehlbrei, den man gern mit Dattel-, seltener Bienenhonig süßte, weiter aus Gemüsen oder Fischgerichten. Hammel-, Ziegen- oder gar Rindfleisch war kostbar und im Bürgerhaus den Feiertagen vorbehalten. Das Schwein spielte als Fleischlieferant in Sumer eine größere Rolle als bei den Semiten, die rituelle Bedenken gegen seinen Genuß hatten. Wildbret von Hirsch, Hase, Gazelle und Wassergeflügel war begehrt und wohl nur sehr begrenzt erreichbar. Da das Zweistromland die Hühnerzucht bereits kannte und auch Gänse, Enten und Tauben hielt, wird es Eierspeisen und gelegentlich Geflügelbraten gegeben haben. Die Ernährungsgrundlage aber war und blieb das Brot, das man im Hause auf dem kegelförmigen Backofen buk oder auch vom Bäcker holte; es bestand aus Gerstenmehl, und man aß es mit Zwiebeln, Käse oder Obst. Süßbrot und Kuchen aus Weizenmehl erfreute den Gaumen der ›Normalverbraucher‹ an den Feiertagen. Den reichlich vorhandenen Fisch genoß man getrocknet und zerstampft, auch kalt und in Form von Brei oder Fischbrot. Heuschrecken wurden geröstet und gern verzehrt.

Der Fetthaushalt des Körpers wurde durch Sesamöl be-

stritten, der Durst hingegen auf sehr verschiedene Art gelöscht: Wasser trank man, nachdem es in einem luftig auf-
gehängten, porösen Tongefäß gekühlt und gefiltert worden
war; dann gab es Ziegen- und in geringerem Maße Kuh-
milch, Limonaden aus Frucht-, besonders Granatapfelsäften
und vor allem Bier, das aus Gerste mit wechselnden Zusätzen
gebraut wurde – den beliebten ›Rauschtrank‹. Man zapfte
auch die Dattelpalme am oberen Stammende an und gewann
damit einen süßlichen Saft, der schon nach dreitägiger Gä-
rung starken Alkoholgehalt hatte und als Palmwein sehr
beliebt war, während Wein aus Trauben offenbar meist
Importware, daher teuer und nur den Wohlhabenden erreichbar blieb. Man aß, wie noch heute die unverfälschten Orientalen, mit den Fingern und benutzte zusätzlich allenfalls einen
Löffel und das Messer.

Öl diente nicht nur als Nahrungsmittel, sondern war in
dem heißen Lande auch zur Hautpflege notwendig und bildete ferner den Grundbestand der mannigfachen Schön-
heitsmittel und Schminken, die bei den Frauen seit alters
beliebt waren. Frauengräber der Dschemdet Nasr-Zeit bewahrten Spiegel aus Kupferscheiben von 6–12 cm, solche der
Ur I-Zeit bis zu 30 cm Durchmesser, Schmuckbehälter aus
Stein oder Ton und Auftragspatel aus Kupfer. Diese Ver-
schönerungsmittel werden gewiß von den zahlreichen Straßen-
und Tempelprostituierten des sinnenfrohen Landes besonders
geschickt gehandhabt worden sein.

Die Männer (aber gelegentlich durchaus auch emanzipierte
Frauen) trugen als Schmuck stolz ihren Siegelzylinder, der
zunächst Talisman, dann aber Zeichen ihrer Würde war, am
Hals, Gürtel oder linken Handgelenk; mit ihm markierte
man Tontafelurkunden, die mit einem Lehmklümpchen
überdeckten Krugstöpsel und zuweilen auch beim Ausgehen
die ähnlich gesicherten Türverschlüsse. Zum Männerschmuck
gehörten ferner Fingerringe und Ketten aus Perlen verschiedenen Materials, die man etwa über Kopftuch oder Turban
schlang. Frauenschmuck gab es zu allen Zeiten reichlich in
jeder Art, Form und Ausführung – als Kopfputz, Ohr-
gehänge, Halskette, Brust- und Hüftgeschmeide, Spange,

Armreif und Knöchelkette. Das Material wechselte je nach Wohlhabenheit und Geschmack; wir finden Gold und geringeres Metall, Edelsteine und Halbedelsteine wie Lapislazuli, Türkis, Karneol, Achat, Bergkristall, Chalzedon, gern zu Perlen verarbeitet, weiter Steatit (Speckstein), Muschel, Kalkstein, Fritte und einfachen Ton. Auch echte Perlen kommen vor. Amulett und Schmuckstück gingen ineinander über. Der Schönheitspflege wie dem praktischen Gebrauch diente ein aus der Ur I-Zeit belegtes Toilettenbesteck, das offenbar Mann und Frau gern am Gürtel tragen: Es handelt sich um ein kegelförmiges Täschchen, das, durch einen Ring zusammengehalten, Stichel, Messer, Pinzette und Ohrlöffel enthielt. Das Material konnte Kupfer, Silber oder Gold sein.

Haar- und Barttracht der Männer und die Frisuren der Frauen unterlagen wie eh und je der Mode und wechselten in erstaunlichem Maße. Die Sumerer der alten Zeit trugen das Haupthaar gern im Schopf und dazu bei ausrasierter Oberlippe einen halblangen, gekräuselten Bart. Der in Perückenform getriebene sogenannte Goldhelm des Meskalamdug aus den Ur I-Gräbern zeigt die Nachbildung einer komplizierten Frisur, die in zwei Lockenreihen auf die Stirn und in zahlreichen Zöpfchen auf den Nacken fällt; gegen Ende des 3. Jahrtausends bevorzugte man es nach Art Gudeas von Lagasch, Kopfhaar und Bartwuchs glattzurasieren; Ausnahmen bestätigen aber auch hier die Regel, so daß z. B. Urnammu von Ur auf seiner Stele langbärtig erscheint. Der semitische Akkader Sargon (um 2350) und seine Nachfolger wiederum legen auf einen wohlfrisierten Kopf mit über der Stirn in Locken gelegtem Haar, auf Schnurrbart und künstlich gelockten Kinnbart Wert, wie das Sargonhaupt von Ninive beweist. Hammurabi von Babylon erscheint mit vollem Haupthaar sowie Kinn- und Backenbart. Priester, Ärzte und oft auch Soldaten gingen dagegen gern glattrasiert. Die Frauen ließen im Lauf der Jahrtausende kaum eine Möglichkeit der Haartracht unbenutzt: Knoten, Dutt und Kranz begegnen ebenso wie gewaltige Lockenperücken, Hochfrisuren, ondulierte Köpfe, Schläfenlöckchen in Metallspiralen und langgelockte Dauerwellen, die bis zur Schulter und noch tiefer herabfielen und ihren jugendlichen Trägerinnen gewiß hohen Liebreiz verliehen. Reliefs und Vollplastiken geben hierüber genügend Auskunft[9].

Auch die Kleidung war naturgemäß im Laufe der Zeiten vielfachem Wandel ausgesetzt. Fell, Woll- und wohl auch Leinenstoffe aller Art wurden getragen. Die Sumerer der alten Zeit präsentieren sich mit nacktem Oberkörper und dem ›Zottenrock‹, wozu dann in kälterer Jahreszeit ein Überwurf oder Mantel gehörte; Priester gingen bei Kulthandlungen nackt. Ein langer, gegürteter ›Netzrock‹, der die Körperform durchscheinen ließ, galt vielleicht als Fürstengewand. Später trägt man eine Art Toga, die den rechten Arm freiläßt, über einem hemdartigen Untergewand. Ober- und Unterkleid waren überhaupt die Regel; es gibt ebenso den Wickelrock wie eine Art Sarong, lange, wallende Mäntel mit zierlichem Faltenwurf, ärmellose und Ärmelkleider mit oder ohne Gürtel. Metallspangen hielten die Gewänder, wo nötig, an der Schulter zusammen. Nur ein Kleidungsstück, die Hose, bleibt dem Alten Orient unbekannt, und auch der Soldat einschließlich der Kavalleristen geht im – zuweilen geschlitzten, zuweilen aufgeschürzten – längeren oder knie-kurzen Rock. Daß der arme Mann und der Sklave sich oft mit einem bescheidenen Schurz begnügen, versteht sich von selbst. Als Kopfbedeckung trägt man Bänder und Tücher, Barett, Kappen – z. B. in der Ur III-Zeit Wollkappen mit aufgerollter Krempe –, Feze und Mützen von wechselnder Höhe und Form, an den Füßen Sandalen oder feste Lederschuhe. Die Frauen, zuzeiten auch die Tempelprostituierten, bedecken sich in der Öffentlichkeit mit einem Schleier; einfache Straßendirnen und Sklavinnen freilich sind hierzu nicht berechtigt.

Es bedarf keiner besonderen Betonung, daß diese flüchtige Skizze von Leben und Gewohnheiten des Durchschnittsbürgers im alten Zweistromlande eine Abwandlung erfahren muß, wenn wir den Blick auf die reiche Oberschicht oder auf den armen, halbfreien oder gar dem Sklavenstande angehörigen Bevölkerungsteil richten. Die altsumerische Zeit des ›religiösen Staatssozialismus‹, in der jeder Bürger dem Tempel und bald auch dem Palast hörig war, schuf andere Voraus-

setzungen als die der beginnenden und sich dann immer
stärker ausbildenden Privatwirtschaft vom 2. Jahrtausend an.
Blieben indes die Zeiten friedlich, so ließ sich das Leben
allerseits ertragen; auftretende Mißstände wie etwa maßlose
Gebührenansprüche der Priester zur Zeit Urukaginas von
Lagasch fanden über kurz oder lang ihre Bereinigung. Herkunft und Sitte erwiesen sich schon im 3. Jahrtausend als so
stark, daß sich ihr fremde Eindringlinge und Eroberer bald
anpaßten. Mauern und Türme sicherten das Leben der Städte;
nachts schloß man die schweren Tore, und der Bürger konnte
ohne Furcht ruhen. Anders war es in den Kriegs-, Krisen-
und Übergangszeiten, deren der Alte Orient im Lauf der
Jahrtausende viele über sich ergehen lassen mußte. Wie in
ihnen Kriegsgreuel, Plünderung und Hungersnot das Land
um und um kehrten und jede bürgerliche Existenz vernichteten, wie die Menschen tot unter den gestürzten Mauern
lagen oder als Sklaven weggetrieben wurden, wie die Tempel
verödeten und ihre Götter klagend und heimatlos herum-
irrten, das haben vor allem spätsumerische Dichter in großen
Trauerliedern erschütternd darzustellen gewußt[10]. Aber auch
hier kam ein neuer Tag, die Überlebenden machten sich un-
verzagt ans Werk, über kurz oder lang normalisierten sich
die Verhältnisse, und eine neue Generation stellte die alten
Ordnungen wieder her. Über den eingeebneten Trümmern
der niedergelegten Häuser erhoben sich die neuen, und un-
merklich stieg der Stadthügel ein wenig höher himmelan.
Denn das Volk Mesopotamiens war zäh und fruchtbar, ver-
jüngte sich ständig durch das Einströmen neuer, dem semitischen Bevölkerungsteil meist blutsverwandter Gruppen
und lebte in einer festgeformten Gesellschaft, die in ihrer
– einer hochentwickelten Zivilisation entsprechenden – starken Differenzierung alle Kräfte der schöpferischen Restitu-
tion in sich schloß.

Diese Sozialstruktur, das Ergebnis einer langen historischen Entwicklung, erwuchs aus der schon sehr früh einsetzenden, gelenkten Arbeitsteilung, einem Erfordernis der

Flußtalkultur mit ihrer künstlichen Bewässerung. Die Bevölkerung Altmesopotamiens in drei Stände – Freie (›Patrizier‹), Halbfreie und Sklaven – aufzuteilen, ist eine gestattete, aber allzu konturlose Vereinfachung, mit der wir uns nicht begnügen können. Schon die – nur zu erschließende – soziale Ordnung des theokratischen altsumerischen Stadtstaates war vielgestaltig. Wenn wir auch dem Ensi als dem Vertreter des noch alle Lebensgebiete beherrschenden Stadtgottes die Gesamtzahl der Bürger als Hörige eben dieses Gottes gegenüberstellen dürfen, so ist doch unverkennbar, daß diese Bürgerschaft bereits ständisch unterteilt war. Der Priester, der im Auftrage des Ensi den Dienst im Tempel verrichtete, der Kommandant der Truppe, der – wieder unter dem Oberbefehl des Priesterfürsten – die Stadt gegen die schweifenden Steppenhorden oder den rivalisierenden Nachbarort verteidigte (wobei der Angriff auch hier wohl oft als die beste Verteidigung galt), die Gruppe der Rechnungsbeamten, die den Lohn der Arbeit in Form von Naturalien und Kleidung, gewiß auch bald zu einem Teil in Silber, an die Bürger verteilten und dazu die kulturgeschichtlich entscheidende Erfindung der Schrift machten, die Gehilfen des Ensi in der Landesverwaltung, der Wasserwirtschaft, der Rechtsprechung – sie alle werden nur zu bald höheres Entgelt und größeres Ansehen erworben und damit einen aus der Masse herausgehobenen Oberstand konstituiert haben. Auch der den staatlichen Handel ausübende Kaufmann, der weit über die engen Grenzen seines Heimatortes hinauskam, lernte sich vom Ackerbürger und dieser sich vom Viehhirten unterscheiden. Dann rückten Tempel und Fürst selbst auseinander; der Ensi erbaute sich einen eigenen Palast, gewann die Herrschaft über mehrere Städte und Heiligtümer und wurde zum *lugal* (›Großmensch‹), zum König. Verdiente oder bevorzugte Krieger und Beamte erhielten Landschenkungen, womit ein Lehnsadel entstand. Andererseits vermehrten die Priester, von denen es in der Frühzeit Sumers wohl zunächst nur wenige an jedem Tempel gab, ihre Zahl, ihre Rechte und Pfründen, grenzten ihre Ansprüche gegenüber dem Palast ab, überflügelten ihn bisweilen sowohl wirtschaftlich wie auch sogar macht-

politisch, und im Für und Wider bildete sich ein scharf um-
grenzter geistlicher Stand. Fast ein Jahrtausend, bis zur Hammurabi-Zeit – von der zentralisierten Epoche des Ur III-
Reiches abgesehen – blieb das Richteramt seine Domäne,
und die Macht über das einfache Volk gab er wohl kaum je ab.
Fremdherrscher, wie die Gutäer um 2200 oder die Kassiten
in der zweiten Hälfte des 2. Jahrtausends, förderten die Bildung einer Schicht ländlicher Feudalherren.

Das Seßhaftmachen der seit etwa 2000 über den oberen
und mittleren Euphratlauf verstärkt ins Land einströmenden
westsemitischen Beduinengruppen dürfte des weiteren die
soziale Schichtung in charakteristischer Weise beeinflußt
haben. Einigen dieser Clane gelingt es, sich einer Stadt zu bemächtigen und in ihr die Herrschaft zu übernehmen, und so
heißt es denn einmal »Der Steppenbewohner wird herein-
kommen und den, der in der Stadt sitzt, herausjagen«. Die
meisten dieser armen Nomaden aber werden dem Volk als
zinspflichtige Fellachen eingefügt, sie finden weiter im Heer
und bei den großen öffentlichen Bauvorhaben an Tempeln,
Mauern und Kanälen Verwendung und schaffen so einen
neuen – dem abgabe- und dienstpflichtigen Bürger Sumers in
gewisser Weise verwandten – halbfreien Stand, der in engem
Kontakt mit dem König steht und zur Zeit der Hammurabi-
Dynastie offenbar betonte Förderung genießt. Schließlich
müssen auch die der Ansiedlung widerstehenden Nomadenstämme – Chanäer, Sutäer, Maru-Jamina (›Südleute‹), Ja-
mutbal und andere, die kriegerischen, gern als Söldner an-
geworbenen Chapiru, später die stets unruhigen Aramäer-
stämme vor allem des Südens –, die mit ihren Herden weiter
durch die Steppen wanderten und gern Raubzüge unter-
nahmen, genannt werden. Sie ergänzten sich aus den angrenzenden Wüstendistrikten immer aufs neue, und der Staat
versuchte, sie sich zu Zins oder kriegerischer Hilfeleistung
dienstbar zu machen. Wir erkennen damit die Uneinheitlich-
keit der Bevölkerung des Zweistromlandes, deren man nur
durch eine – sich im Lauf der Jahrtausende mit den Verhältnissen selbst wandelnden – ständische Ordnung Herr werden konnte.

Eine Skizzierung solcher Ordnung wird durch eben diesen Wandel erschwert. Nicht alle Gruppen waren stets beieinander, auch ihr Vorrang konnte wechseln. Im alten Sumer überwog der Einfluß des Priestertums, in den ersten beiden Jahrhunderten des 2. Jahrtausends an manchen Orten anscheinend der Großkaufmann, zur Hammurabizeit das Beamtentum und in der neuassyrischen Epoche der Offiziersstand. Ein hier notwendigerweise vorzulegendes Schema wird deshalb stets nur bedingte Gültigkeit haben.

Die Spitze der Pyramide bildete in ältester Zeit der Priesterfürst, von der Mitte des 3. Jahrtausends an der König mit seiner Familie. Auch wenn wir, wie oben ausgeführt, die Zahl der Familienmitglieder nicht zu hoch ansetzen, so dürfte doch mit der Folge der Geschlechter ein Kronadel von beträchtlicher Personenzahl zusammengewachsen sein, der gewiß auch einen Dynastiewechsel oft überstand. Prinzen und Prinzessinnen hatten häufig Statthalterposten und Hohepriesterpfründen inne. Der König war von einem Hofstaat umgeben, der wohl an der bevorzugten Stellung und dem hohen Ansehen seines Herrn teilnahm, seine Ämter vererbte, und so vermutlich schnell eine Art Hofadel bildete. Wir hörten etwa, daß Zimrilim von Mari, der langjährige Verbündete Hammurabis von Babylon, 400 Höflinge hatte! War es diese vom Ansehen des – zeitweise vergöttlichten – Königtums getragene, exklusive und zahlenmäßig im Verhältnis zur Gesamtbevölkerung kleine Schicht, der im Hammurabigesetz ein besonderer Ehrenkodex zugebilligt wurde und deren Angehöriger im eigentlichen Sinn als *awīlum* (›Mensch‹), als ›Adelsmann‹ galt? Die Frage läßt sich noch nicht sicher entscheiden[11].

Es folgte die einflußreiche Oberschicht der Gouverneure und sonstigen hohen Verwaltungsbeamten und Richter, der führenden Offiziere, der – zahlenmäßig freilich wohl nie sehr bedeutenden, aus säkularisierten Priesterfürsten und den Nutznießern zeitweiligen Lehnswesens gebildeten – Gruppe der Latifundienbesitzer und schließlich der Geldleute aus dem Großkaufmannstand, welch letztere z. B. etwa im Larsa Rimsins (Hammurabizeit) oder in der Spätzeit Babylons mit ihren einflußreichen Maklerfirmen und Bankhäusern keine geringe Rolle spielten. Neben ihnen behauptet sich das Priestertum – einschließlich seiner z. T. hochangesehenen und oft den Rang von Prinzessinnen innehabenden weiblichen Vertreter – als geistliche Macht, die aber zu allen Zeiten auch einen erheblichen Teil der Beamten, Schreiber, Richter und Gelehrten stellt. Eine Stufe tiefer steht die zahlenmäßig größte, den Staat im eigentlichen Sinne tragende Schicht der Gemeinfreien. Es sind dies die Kaufleute und Gewerbetreibenden, die kleineren Beamten, freien Handwerker und Bauern, die zur Führung des Siegels berechtigt, aber natürlich steuer- und dienstpflichtig waren, aus ihrer Mitte die kommunale Obrigkeit in Verwaltung und Gerichtsbarkeit stellten und neben den meist nur kleinen stehenden Heeren im Ernstfalle den Kriegsdienst versahen. Vielleicht wurde zunächst dieses Gros der Bevölkerung zeitweise mit dem alten aus der Zeit allgemeiner sumerischer ›Gotteshörigkeit‹ stammenden Namen *muschkēnum* (›der durch Fußfall gehuldigt hat‹) bezeichnet; die Angehörigen dieser Schicht scheinen gesellschaftlich unter dem *awīlum*, materiell aber zunächst keineswegs immer schlechter als dieser zu stehen.

Seit der Hammurabizeit hat indes – wohl durch die Einordnung der zahlreichen westsemitischen Einwanderer ins soziale Gefüge und vielleicht danach auch unter dem Einfluß der kassitischen Fremdherrschaft – ein Begriffswandel eingesetzt, der nun unter dem Namen *muschkēnum*[12] den ärmeren, durch zunehmende Steuern, Lasten und Dienstpflichten zum ›Halbfreien‹ herabgesunkenen Teil der Bürgerschaft zusammenfaßte. Dieses Kleinbürgertum bestand vorwiegend aus Pächtern, seine Angehörigen taten ferner als Gendarmen oder Kuriere Dienst oder arbeiteten als Zunfthandwerker, organisierte Hirten, Fischer oder Vogelsteller, wobei bestimmten Gruppen offenbar Haus und Hof und wohl gar ein Sklave von Staats wegen gestellt wurden. Natürlich gab es auch eine besitzlose Schicht, deren einziger Vorzug in der – hier dem Wert nach gewiß zuweilen fragwürdigen – Freiheit bestand. Diesen Leuten, zu denen oft entlassene Schuldhäftlinge stießen, ging es wohl nicht selten schlechter als den immerhin ›versorgten‹ Sklaven; sie verdienten sich ihren kargen Lebensunterhalt als Mietlinge und Tagelöhner, und Hammurabi hat versucht, ihre Löhne heraufzusetzen und ihnen wenigstens einige freie Tage zu sichern. Auf diese Gruppe griff der Staat zurück, wenn es an Arbeitskräften für die Großvorhaben der öffentlichen Hand fehlte. Wir kennen ganz neuerdings einen solchen Habenichts, der dennoch Witz und Mut nicht verlor, aus der kürzlich bekanntgewordenen Schelmendichtung von Gimilninurta, dem ›Mann aus Nippur‹, der nur noch ein Gewand und nichts zu beißen hatte, den reichen Leuten aber eulenspiegelhafte Streiche zu spielen verstand[13].

Zuletzt in der sozialen Rangordnung begegnen wir dem Sklaventum. Es spielt zwar bei weitem nicht die Rolle, die ihm im römischen Altertum zukommt, verlangt aber eine genauere Betrachtung. In der sumerischen Zeit war der Sklavenbestand offenbar zunächst gering; kriegerische Zeiten wie etwa die von Akkad, die mittel- und die neuassyrische vermehrten naturgemäß den Sklavenbestand in Palast, Tempeln und Bürgerhäusern. Wohlhabende Haushalte der altbabylonischen Zeit besaßen dann manchmal zwanzig und mehr Sklaven, wobei die weiblichen stets die männlichen überwogen, sehr reiche Häuser zuweilen an die hundert. Ihr Los wechselte von skrupelloser Ausbeutung bis annähernd zum Stande eines Familienmitgliedes; ersteres war gewiß der Fall bei jenen Sklavinnen, die von ihren Herren zur wahllosen Prostitution gezwungen wurden, bei den Sklaven im Besitz gewerbsmäßiger Vermieter von Arbeitskräften, die zum Ernteeinsatz oder für öffentliche Arbeiten an den Staat abgegeben wurden, schließlich wohl bei den Sklaven der Großmühlen. Kaum besser wird es denjenigen versklavten Kriegsgefangenen ergangen sein, die nach erfolgreichen Feldzügen Besitz der Krone oder der Tempel, kaserniert und geschlossen zur Arbeit eingesetzt wurden[14]. Andererseits erfahren wir, daß unter glücklichen Umständen Sklaven zuweilen eine gehobene Position und ein gewisses Maß von Ansehen und Selbständigkeit erreicht haben.

Im Prinzip befand sich der käuflich erworbene Sklave völlig

in der Gewalt seines Besitzers und war von seinen Launen abhängig; floh er, so konnte zu seiner Wiedererlangung die Hilfe des Staates in Anspruch genommen werden. Indes war er in einem geordneten Staatswesen nicht ganz ohne Rechte[15]. Bei schwerer Mißhandlung konnte er vor Gericht gehen, wo er zum mindesten in spätsumerischer Zeit auch als Zeuge erscheinen durfte. Er besaß das Recht zur Erwerbung eines gewissen Eigenbesitzes, selbst einschließlich von Sklaven, konnte sich freikaufen und gegebenenfalls sogar eine Frau heiraten. Freilassungen waren nicht selten. Wenn wir ein erhaltenes sumerisches Gesetz richtig auslegen, konnte der Besitzer eines Sklaven, wenn letzterer bei einem anderen Bürger Zuflucht gesucht und gefunden hatte, nach Ablauf eines Monats dessen Rückkehr nicht mehr erzwingen, sondern mußte sich mit einer entsprechenden Ersatzleistung des Beschützers zufriedengeben – womit offenbar schlimmer Mißhandlung vorgebeugt und dem Sklaven eine bescheidene Möglichkeit zum Wechsel seines Herren geboten werden sollte[16]. Allerdings war dies eine tolerante Regelung Sumers, die im 2. Jahrtausend alsbald außer Kraft gesetzt wurde; Hammurabi bestimmt für ähnliche Fälle sogar die Todesstrafe – ein Gesetz, das wohl allerdings mit vielen anderen Paragraphen des Kodex nie durchgeführt worden ist.

Des weiteren ist zu berücksichtigen, daß zwischen den Sklaven selbst Unterschiede gemacht wurden. Der Kriegsgefangene oder im Ausland Gekaufte rangierte unter dem unfreien Volksgenossen, der als Schuldhäftling mit begrenzter Frist oder aus Armut freiwillig leibeigen geworden oder als Kind von einem freien Vater verkauft worden war. Auch in den Fällen, wo ausgesetzte Kleinkinder aufgezogen und als Sklaven im Hause behalten wurden, mag die Behandlung eine bessere gewesen sein. Wie in den patriarchalisch regierten Ländern des heutigen Orients oder etwa bei den Tuareg des Hoggargebirges gehörten die Haussklaven in gewissem Sinne zur Familie, und auch rein wirtschaftliche Überlegungen verboten ihre grobe Mißhandlung. Denn immerhin war der Sklave eine Kapitalsanlage und kostete nicht weniger als ein wertvolles Rind; seine Haltung war gegenüber dem auf Zeit gemieteten Tagelöhner nicht unbedingt der billigere Weg. Auch die häufige Funktion der jungen Sklavin als Beischläferin ihres Herren – sie empfand es geradezu als Zurücksetzung, wenn dieser ›ihr Gewand nicht hochhob‹, und sollte samt etwaigen Kindern nach dem Tode des Besitzers freigelassen werden – dürfte das Los dieses untersten Standes gemildert haben.

Man gab dem Sklaven tunlichst eine Frau – was ja schon im Hinblick auf den Nachwuchs an Dienerschaft und Arbeitskräften angebracht war –, und es begegnen sogar Sklaven, die zwei Frauen haben. Gestalten wie der biblische Elieser, Abrahams Hausverwalter (Gen. 24), werden im übrigen auch an den zwei Strömen nicht gefehlt haben. Dem entspricht, daß wir in den Urkunden nicht selten der Adoption von Sklaven begegnen, und im Trubel des Neujahrsfestes gar war der Sklave ›wie ein Herr‹.

Dennoch blieb das Los dieser untersten Bevölkerungsgruppe schwer, und der babylonische Kaufmann, der in der Fremde einen kriegsgefangenen Landsmann als Sklaven antraf, war wenigstens nach Hammurabis Reformgesetz gehalten, diesen freizukaufen; der dafür benötigte Betrag sollte nach dem Willen des Gesetzgebers bei Unvermögen der Angehörigen vom Stadttempel oder, wenn auch dieser zu arm war, von der Staatskasse bereitgestellt werden. Der Sklave mußte kahlgeschoren gehen und trug zum Ausweis seines Standes, wie gelegentlich bezeugt, eine Sklavenmarke, die vom Wundarzt eingebrannt oder auf Stirn bzw. Hand tätowiert wurde. Tempelsklaven wiesen z. B. häufig an den Handgelenken einen eingeätzten Stern – das Emblem der Ischtar – auf. Mindestens in bestimmten Epochen scheint für Sklaven das Mitführen eines um den Hals getragenen Tontäfelchens mit den Personalien Pflicht gewesen zu sein; ihre Namen waren zudem in einer Liste bei der Stadtverwaltung notiert. Einmal entlaufenen und dann wiedereingefangenen Sklaven durchbohrte man nach Ausweis des Hammurabigesetzes das Ohrläppchen; mehrfacher Fluchtversuch wurde zuweilen durch Anlegen einer Fußfessel geahndet – womit außerdem ein neuerliches Entweichen unmöglich gemacht war. »Was gelten der Sklavinnen Träume, was der Sklaven Gebete?«, fragt das sumerische Sprichwort und stellt nüchtern, wenn auch wohl mit einem Beiklang von Mitleid fest: »Ein abgelegtes Kleid bekommt der Sklaven Kind, nicht mehr als Plunder«. So war denn auch die Freilassungsurkunde, die Symbolisierung der ›Reinigung‹ und das ›Zerbrechen‹ des Sklaventäfelchens wohl das ersehnte Ziel fast aller Betroffenen, denn dann erst wurden sie Menschen im eigentlichen Sinne, die ihren Vatersnamen zu tragen berechtigt waren, und erhielten die Bürgerrechte ›wie ein Sohn der Stadt‹.

III

DAS WIRTSCHAFTLICHE LEBEN

Neun Zehntel und mehr der uns bisher bekannten Keilschrifturkunden sind Wirtschaftstexte – Listen und Abrechnungen der Buchhaltung, Kauf-, Pacht- und Leihverträge aller Art und anderes mehr. In dieser Tatsache manifestiert sich die erstaunliche Lebendigkeit des Wirtschaftslebens von der frühesten bis zur letzten Zeit der altmesopotamischen Kultur; sie beruht aber auch, was zur Vermeidung eines Fehlurteils anzumerken ist, auf der offensichtlichen, zudem juristisch verankerten Neigung der Kulturträger zur schriftlichen Fixierung sogar des kleinsten Handels und nicht zuletzt auf dem bürokratischen Charakter der ältesten, von den Sumerern geschaffenen Wirtschaftsform, der sog. Tempelstadt. Jedenfalls ermöglichen die zahllosen Keilschrifturkunden geschäftlichen Inhalts die Rekonstruktion des zweistromländischen Wirtschaftslebens vom 3.–1. Jahrtausend v. Chr., und zu unserm Erstaunen bemerken wir, daß dieser Zeitraum und dieser so markante Schauplatz der frühen Menschheitsgeschichte praktisch alle Wirtschaftsformen von heute bereits kannte: Wir begegnen dem gemeinwirtschaftlichen Typ mit Kollektiven und Kooperativen, Formen des wirtschaft-

lichen Absolutismus und der freien Privatwirtschaft bis hin
zu kapitalistischen Symptomen.

Der wirtschaftliche Grundtyp des sumerischen 3. Jahrtausends, der religiös motivierte Staatssozialismus der Tempelstadt, den wir als Tempelwirtschaft bezeichnen, ist uns
freilich erst in der bereits aufgelockerten Form der Jahrtausendmitte bekannt. Subtiles, durch Lückenhaftigkeit, Kürze
und Fachausdrücke erschwertes Studium der Urkunden vor
allem aus der ›Sintflutstadt‹ Schuruppak (*Fara*) und noch mehr
aus Lagasch (etwa 2500 und 2400 v. Chr.) verschaffen uns
Einblick in die sehr komplexe Wirtschaftsorganisation der
sumerischen Gemeinde, wie sie sich nach einer 500jährigen
Entwicklung darstellte; von ihr haben wir auf die altsumerische Tempelwirtschaft der Uruk- und Dschemdet Nasr-Zeit
(etwa 3000 bis 2700) zurückzuschließen. Wir dürfen das umso
mehr, als sich Urukagina von Lagasch um 2400 bei seinen
Reformen betont auf die ›alten Zeiten‹ und ihre Ordnungen
bezieht. Daß wir diese in keiner Weise als primitiv betrachten
dürfen, geht allein schon aus den monumentalen, um 3000
zu datierenden Tempelbauten von Uruk hervor; solche
Werke sind nur in der zielbewußten, einheitlich gelenkten
Gemeinschaftsarbeit eines wohlgeordneten Stadtstaates vorstellbar. In gleiche Richtung weist die Beobachtung, daß die
sumerischen Handelsbeziehungen dieses Zeitraums sich bis
nach Ägypten und Persien, wenn nicht weiter, erstreckt haben.

Mittelpunkt und Regierungssitz war der Tempel des Stadtgottes, und diesem gehörte alles bebaute oder sonstwie ge-
nutzte Land. Ihm zu dienen, machte das Wesen des Bürgers
aus, und damit wurde das Heiligtum nicht nur zum religiösen
und kultischen, sondern auch zum administrativen, rechtlichen
und wirtschaftlichen Mittelpunkt der Stadtgemeinde. Als
Vertreter des Gottes amtierte ein priesterlicher Fürst, *Ensi*
oder *Lugal* genannt[1], der im Tempel residierte. Jedem Mitglied dieser Tempelgemeinschaft war ein Landlos zugeteilt,
das ihm seinen Lebensunterhalt sicherte und für das er dem
Gotte einen Teil des Ertrages an Ernten und Vieh oder Er-
zeugnissen seiner besonderen Fertigkeit handwerklicher Art
ablieferte. Der Priesterfürst vereinigte in seiner Person das

oberste geistliche, richterliche, militärische und Verwaltungs-
amt, während ein oder mehrere Kleriker die speziell kultischen Aufgaben und ein sich bald bildender Stamm schreib-
kundiger Beamter die einzelnen Sektoren der Verwaltung
betreuten. Auch die Bürger waren bereits zu einer weit-
gehenden Arbeitsteilung gelangt: Die Autarkie des dörflichen Einzelgehöfts hatte einem sorglich abgestimmten
System mannigfacher Berufe Platz gemacht, so daß neben
den Bauern und Fischer der Hirte, Handwerker, Werkmeister
oder Obmann und der Schreiber, d. h. der Verwaltungs-
beamte, getreten war. Jedes Mitglied dieser Gemeinschaft
wurde in den Ausgabestellen des Tempels mit den ihm jeweils fehlenden Notwendigkeiten des Lebens versehen, während die magazinierten Abgaben der Gesamtheit dem Heiligtum für Kult, Ensi, Priester und Beamte, aber auch zu Handels-
zwecken zur Verfügung stand. Der Eigenbesitz der Bürger
erstreckte sich auf Wohnhaus, bewegliche Güter und vielleicht auch bereits auf Sklaven: archaische Siegelbilder zeigen
den Ensi und ihm vorgeführte, gebundene und kniende
Kriegsgefangene, deren Arbeitskraft sich natürlich in erster
Linie der Tempel gesichert haben wird. Drei Gemeinschafts-
pflichten aber betrafen jeden Bürger und hielten sich in dieser
Form bis ins 2. Jahrtausend hinein: Erhaltung und Neu-
errichtung der Kultgebäude, Bau und Pflege der Bewässerungsanlagen und – hier vielleicht schon mit Ausnahmen –
der Kriegsdienst.

Diese von uns erschlossene Ur- und Grundform der Tempelstadt[2], ›Arbeits- und Wirtschaftskollektiv, Religionsgemeinde und Staat in einem‹ (F. R. Kraus) wird durch die
geschichtliche Entwicklung wie ebenso durch das untilgbare
menschliche Eigenstreben schneller Abwandlung unterlegen
sein. Nahe beieinanderliegende Tempelsiedlungen wuchsen
infolge der natürlichen Bevölkerungszunahme friedlich zusammen – Uruk z. B. aus zwei, Lagasch gar aus vier ursprünglich selbständigen Orten mit je einem Tempel –, weiter führten aber die Notwendigkeiten einer weiträumigen Wasserwirtschaft, verbunden mit imperialistischen Tendenzen, zu
größeren Staatenbildungen, wie wir eine solche noch vor der

Jahrtausendmitte für Kisch kennen und noch weit früher für Uruk vermuten möchten. Damit würde der Ensi oder Lugal als Repräsentant des Stadtgottes Herr sowohl über mehrere Tempelgemeinschaften in der eigenen Stadt als auch Gebieter über andere Orte und deren Heiligtümer, und zugleich sahen sich die einzelnen Tempel gezwungen, ihren bisher mit dem der Stadt identischen Haushalt zu einer geschlossenen Eigenwirtschaft umzubauen. Mehrere Tempelwirtschaften stehen also nun nebeneinander, und zugleich verselbständigt sich der Haushalt des Palastes, ohne dabei freilich zunächst die traditionelle Verbindung mit dem des Stadtgottes aufzugeben. So, wie die Gottheiten in ein Familiensystem eingeordnet werden, bieten sich die Mitglieder der fürstlichen Familie als Stützen des notwendigen Zusammenhalts an: Die Frau des Ensi oder Königs wird oberste Priesterin der Gemahlin des Stadtgottes und Verwalterin ihrer Wirtschaft, und die Prinzen und Prinzessinnen betreuen die Heiligtümer der göttlichen Kinder des Stadtgottpaares. Unverkennbar leitet diese Entwicklung mit nunmehr mehreren Tempel- und Palasthaushalten – denn die eingegliederten Städte hatten ja jede auch ihren jetzt zum Vasallen oder Statthalter gewordenen Fürsten – vom einheitlichen Tempelhaushalt zur aufkommenden Privatwirtschaft hinüber.

In dieser Situation treffen wir die beiden Städte an, deren Urkunden in der Mitte des 3. Jahrtausends zu sprechen beginnen und uns einen tiefen Einblick in ihr Wirtschaftsgefüge gestatten: Schuruppak und – vielleicht ein Jahrhundert jünger – Lagasch. Dabei zeigt das Bild, das uns Lagasch bietet, bereits deutlich einen reformartigen Rückgriff auf die älteren und zeitweise schon außer Geltung geratenen Institutionen. In einer stabilen bürokratischen Ordnung steht der herrschende Fürst an der Spitze eines komplexen administrativen und sozialen Systems, dem eine große Zahl von Beamten dient und Inspektoren und Werkführer der einzelnen Berufe und Arbeitsgruppen festen Halt gewähren. Die kultische Leitung der Heiligtümer hat jeweils ein *sanga* (Oberpriester), die wirtschaftliche ein *nubanda* (Tempelvorsteher); das Land ist weiterhin offiziell Besitz der Götter, praktisch in den Händen

der einzelnen Tempel und des Palastes. Wir erhalten unsere
Aufschlüsse dabei vor allem aus den Archiven der Göttin
Baba, der Gemahlin des Stadtgottes Ningirsu von Lagasch,
die uns für einen Zeitraum von etwa 20 Jahren Auskunft
geben; dieses Heiligtum, das zweitgrößte der Stadt, dürfte
etwa 1000 bis 1200 Tempelleute (ohne Familien) gezählt
haben und wurde von der Frau des Ensi in ihrer Eigenschaft
als Oberpriesterin der Baba verwaltet. Sein Grundbesitz belief sich damals auf fast 4500 ha oder etwa 18000 Morgen;
wir erfahren des weiteren, daß der Ensi 650 Morgen, seine
Frau 250 Morgen Eigenland besaß. Die Nutzung der Tempel-
latifundien geschah in dreifacher Form: Ein Teil war par-
zelliert, und diese ›Landlose‹ wurden – bei häufiger Neuver-
teilung durch den *nubanda* – an sämtliche Mitglieder der
Tempelgemeinde, die ›Tempelpfründner‹, als ›Unterhaltsfeld‹ ausgegeben, ein zweiter Teil gegen einen zu dieser Zeit
noch recht niedrigen Zins ($1/_7$ bis $1/_6$ des Ertrages nach einem
Normalsatz) verpachtet, der dritte und letzte Teil, etwa ein
Drittel bis ein Viertel des gesamten Tempellandes, von den
Heiligtümern selbst unmittelbar genützt – womit, wie deutlich sein dürfte, der Ansatz zu einer Reihe von ›Privatwirt-
schaften‹ gegeben war. Dieser Eigenbetrieb des Tempels –
immerhin ein Gut von 4–5000 Morgen! – hatte die Bedürfnisse des Kultes (Opfer, Kultgeräte, Gewänder, Aufwand für
die Feste) zu decken und die Versorgung der Tempelangestell-
ten (etwa der Sänger, Bewahrer der Göttergewänder, der für
das Heiligtum arbeitenden Künstler und Kunsthandwerker)
sowie der Tempelsklaven und des Bestandes an Zugtieren
sicherzustellen. Als landwirtschaftliche Arbeitskräfte standen
ihm dazu eine Anzahl Sklaven, eine Gruppe von etwa 100
›Berufssoldaten‹, die in Friedenszeiten als Feld- und Kanal-
arbeiter oder Aufseher Dienst taten, und vor allem die Tempelpfründner ausschließlich bäuerlichen Berufes zur Verfügung; sie erhielten eine bescheidene Entlohnung für ihre
Leistungen.

   Wenn wir die Dinge richtig sehen, besaß somit jeder
Bürger der Stadt als Angehöriger einer der Tempelgemeinden,
als ›Mann der Ningirsu‹ oder ›Mann der Baba‹ usw., ein

Stück Land, dessen Größe freilich je nach Rang und Dienst, aber auch nach Anciennität und sozialen Erwägungen (nämlich der Größe der Familien) sehr unterschiedlich war. Das kleinste Feldstück, das nur unter Hinzunahme des Verdienstes von der etwa fünf Monate dauernden Feldarbeit auf dem Tempelland zum Leben ausreichte, umfaßte etwa 35,4 Ar oder 1,5 Morgen, manche Handwerker hatten 6 oder 9 Morgen, der Tempelverwalter selbst dagegen z. B. 15,2 ha oder gut 60 Morgen und einmal mit weiteren Grundstücken zusammen wohl sogar 31,7 ha oder 127 Morgen. Ein anderer hoher Beamter, der den Titel ›Vorsteher des Kräuterhauses‹ führt, erscheint im Besitz von 135 Morgen.

Wir haben dieses gewiß wohlausgedachte Verteilungssystem offenbar dahin zu deuten, daß dem Normalbürger der sumerischen Stadt von seinem Gotte das Existenzminimum geboten, ihm aber zur Gewinnung der höheren Annehmlichkeiten des Lebens zusätzlich Fleiß und Arbeit abgefordert wurde. Zu den monatlichen und jährlichen Kultfesten waren überdies Opfergaben und ›Geschenke‹ zu entrichten, und auch der Reinertrag der – mit Korn, Öl, Bier und Wolle – bezahlten Arbeit für die Tempelwirtschaft floß dem Heiligtum zu.

Die Listen von Schuruppak und Lagasch zeigen, daß diese Arbeit auf eine große Zahl von Berufen verteilt war. Wir kennen Ober- und Unter-Ensi, Oberpriester, Priester, Sänger, Schlangenbeschwörer, Klagemänner, Hierodulen und andere Tempeldiener, Verwalter, Inspektoren, Katasterbeamte, Buchhalter, Archivare, Magazinverwalter, Aufseher der Spinnerinnen und Wollarbeiterinnen, Kontrolleure, Händler, Offiziere(?), Soldaten, Steinschneider, Fein- und Grobschmiede (Metallarbeiter), Zimmerleute, Stellmacher-Tischler, Bleicher, Gerber, Schneider, Fleischer, Seiler, Töpfer, Korbmacher, Bäcker-Köche, Mundschenken, Frisöre, Salbenbereiter, Schiffer, Bauern, Gärtner, Pflugführer, Hirten, Eseltreiber, Ochsenknechte, Fuhrleute, Fischer, Vogelsteller usw. – es begegnen bis zu 70 Berufsbezeichnungen! Viele dieser Berufsgruppen (Fischer, Schiffer, gewisse Handwerker, Soldaten) arbeiteten unter Aufsehern, und wie die Unterhaltsfelder in genauen Abstufungen nach verschiedenen Prinzipien verteilt wurden, so war auch die feststehende Entlöhnung nach einer Art von hierarchischem System geregelt. Es besteht hier keine Gefahr, zu moderne Ausdrücke zu verwenden: die Gesellschaft, wie wir sie in Schuruppak und Lagasch um die Mitte des 3. Jahrtausends kennenlernen, ist nicht die einer einfachen Ackerbürgerstadt, sondern bis ins letzte entwickelt und entfaltet. Ihre Glieder haben nun bereits neben Haus und Einrichtung weiteren Eigenbesitz – einen Fischteich, einen Baumgarten, Esel und etwas Kleinvieh, auch den einen oder anderen Sklaven, ja gelegentlich erscheint schon privater Landbesitz: In Schuruppak sind Landverkäufe bezeugt. Die Entlöhnung erfolgt auf der Grundlage der Getreide- (Gerste-) Währung, wobei 1 *Gur* (120 l) Gerste – oder Datteln – einem Sekel (8 g) Silber entsprach; Kupfer war als Scheidemünze in Gebrauch und stand zu Silber im ungefähren Verhältnis 100:1. Bezahlung in Silber begegnet nur bei Tempelschreibern, denn auf Silber und Gold (Verhältnis etwa 6:1) hielten Tempel und Palast die Hand, um es zum Kult für Götterstatuen oder Geräte, als Sicherheit oder für den Außenhandel zu horten. Trotzdem kam Silber in bescheidenen Mengen – auf dem Wege von Kauf und Verkauf – auch bereits in die Hand des einfachen Bürgers.

Es liegt auf der Hand, daß eine ausgebildete, zentralisierte Wirtschaft dieser Art genaue Buchführung und einen riesigen Listen- und Belegaufwand zur Voraussetzung hatte. Solche Unterlagen, uns in großer Menge erhalten, wurden in den Tempelbüros von den Schreibern, deren jeder sein genau abgegrenztes Ressort hatte, bearbeitet, von den Vorstehern der Heiligtümer gesammelt und überprüft und dann der Zentrale des Ensi im Haupttempel des Stadtgottes zugeführt, wo somit alle Fäden zusammenliefen. Der in den – über die Stadt verteilten – Magazinen und Scheunen (der Baba-Tempel hatte allein davon 6) vorhandene Bestand an Gütern aller Art, die Einnahmen und die Ausgaben der Tempelwirtschaft waren somit hier bis ins Einzelne greifbar und zu kontrollieren.

Diese Listen, deren Vielfalt und Genauigkeit nur noch von denen der Ur III-Zeit um 2000 übertroffen wird, gestatten

uns einen Einblick in die Einkünfte und Ausgaben einer solchen Tempelwirtschaft. Die Eingänge bestehen zunächst aus
den Naturalerzeugnissen des Eigenlandes, die bei dem z. T.
erheblichen Umfang der Güter beträchtlich gewesen sein
müssen, aus den regelmäßigen, durch viele Texte belegten
Lieferungen der – in Lagasch etwa 500 – Fluß- und Seefischer
(und ähnlich, wenn auch von geringerer Bedeutung, der Vo-
gelfänger), die hierzu wahrscheinlich durch die Gestellung
von Kähnen und Schiffen und Gegenlieferungen an Korn, Öl,
Bier, Wolle, Kleidung und Geräten aus den Tempelmagazinen
verpflichtet waren, und aus den ebenso motivierten Lieferungen der Handwerker. Weitere Einnahmen kamen aus dem
Zins der Pächter, der in Naturalien (Korn, Gemüse, Öl,
Wolle, Schlachtvieh und -geflügel), bald z. T. auch in Silber
geleistet wurde, ferner aus den Natural- und Bareinkünften,
die der Tempel nach einem straffen Wasserrecht für die Benutzung der gemeinsamen Feldgräben und Kanäle zur Bewässerung der Äcker einzog. Auch Mietszahlungen für über-
lassene Tempelsklaven sind bezeugt. Schließlich spielten die
genormten Abgaben zu den regelmäßigen Kultfesten (›Zick-
lein-Abgabe‹) und die ›Geschenke‹ eine gewiß nicht unerhebliche Rolle; direkte Tempelsteuern scheinen dagegen nicht
erhoben worden zu sein. Alle diese Lieferungen und Gaben,
unter denen die Spenden der Fürsten und ihrer Frauen zuweilen einen beträchtlichen Wert darstellen (Zuweisung von
Sklaven!), wurden sachgemäß verwandt und eingesetzt;
Silber floß in die Tempelkasse, Naturalabgaben dienten zur
Deckung des Eigenkonsums oder wurden je nach Bedarf wieder an die Tempelleute ausgegeben oder aber dem Handel zugeführt; die Erträge des von Tempelkaufleuten betreuten
Binnen- und Außenhandels – Getreide, Öl, Wolle, Kleidung
und Handwerkserzeugnisse waren geschätzte Exportartikel –
flossen in bar oder in Form benötigter Importe wiederum
dem Tempel zu.

Waren sonach die Einkünfte einer gut geleiteten Tempelwirtschaft außerordentlich, so standen ihnen hohe Ausgaben
gegenüber. Der Etat mußte einmal einen gewiß nicht geringen Posten für die Erhaltung und gegebenenfalls für Neu-

bauten von Tempeln, Magazinen, Wohnhäusern und Kanälen enthalten, wobei zwar die Arbeitsleistung als Fron frei war, die Naturalien verschiedenster Art, insbesondere das teure ausländische Zedernholz für Balken und Türen, und die Verpflegung und Ausrüstung der Bauleute aber gestellt werden mußten. Zweitens erscheinen die Ausgaben für den Kult, und zwar einmal die besonderen, wie etwa neue Götterstatuen, Altäre, Kultgewänder für Götter und Priester, zum anderen die regelmäßigen, in Gabenlisten festgehaltenen für die täglichen Opferhandlungen und die Festgottesdienste und Tempelfeiern, wobei zahlreiche Opfertiere und große Quanten an Speisen, Getränken und Salböl für die Standbilder, die Kultdiener und die Festteilnehmer bereitzustellen waren. Ein sicher nicht kleiner Betrag an Silber, Handwerkserzeugnissen und Naturalien war drittens für den Ensi, seine Familie und sein Gesinde auszuwerfen. Dabei blieb sich gleich, ob sein Haushalt, wie dies für den Haupttempel zutraf, mit dem des Heiligtums zusammenlag und dann wohl meist gar nicht getrennt geführt wurde, oder ob es sich um die Pflichtabgabe einer der weiteren Kultstätten handelte. Stand die Stadt im Abhängigkeitsverhältnis zu einem Oberherrn, so mußten auch an diesen Natural- und Geldabgaben geleistet werden. Als vierter Posten erscheint die Verpflegung und Bekleidung des Tempelpersonals einschließlich der in den Werkstätten des Heiligtums arbeitenden Handwerker und der Sklaven, deren Rationen monatlich den Aufsehern zugeteilt und von diesen täglich ausgegeben wurden, sowie Futter und Geschirr für die Zugtiere (Esel und Ochsen) des Eigenbetriebes und in gewissen Fällen offenbar ebenso der Pächter. Auch die Erhaltung des Arbeitsgeräts einschließlich der Wagen und Kähne machte Kosten. Schließlich war mit der Ausgabe von Sonderrationen an die Tempelleute bei Festen und besonderen Anlässen, etwa beim Tode Hochgestellter und den dann zu vollziehenden Bestattungsfeierlichkeiten oder bei Neuinthronisationen in Tempel oder Palast, zu rechnen.

Die Ausarbeitung und Abstimmung eines solchen Etats war gewiß eine bedeutende rechnerische Leistung und forderte die Sachkenntnis von Wirtschaftsexperten; diese Auf-

gabe ist in allen ihren Zweigen im sumerischen Tempel gelöst worden. Ihre Meisterung schuf die Grundlage für die
Blüte des Staatswesens des 3. Jahrtausends und prägte jene
Standardformen von Wirtschaft und Handel, die auch in den
späteren Jahrhunderten ihre Tauglichkeit bewiesen und weithin in Geltung blieben. Die Bedeutung der großen Tempelstädte Sumers – Uruk, Ur, Lagasch und Umma im Süden,
Schuruppak, Adab und Nippur in Mittelbabylonien und Kisch
und Akschak im Norden – für die Wirtschaftsgeschichte ist
daher kaum zu überschätzen.

Daß schon in Sumers ›klassischer‹ Periode dennoch der
Übergang von der Gemein- zur Privatwirtschaft zwangsläufig begann, war bezüglich der Tempel-Eigenwirtschaften
und des Palastes schon angedeutet worden. Gehen zu Urukaginas Zeit in Lagasch Haupttempel und fürstlicher Haushalt
betont zusammen, so hat unter Lugalanda, dem Vorgänger
des Genannten, der Palast offensichtlich ein nicht zugunsten
der Gemeinschaft genutztes Übergewicht gehabt. Urukagina
sieht sich z. B. genötigt, das gesamte Personal der Frau des
früheren Ensi, ebenso wie Tempelland und -vieh in den Dienst
der Göttin Baba zurückzuführen. An anderen Plätzen – wie
etwa Kisch mit seinem großen Palast aus der Zeit um 2600 –
mag sich der Fürst betont von dem Tempel abgesetzt und
nicht nur politisch, sondern auch staatswirtschaftlich Selbständigkeit erstrebt haben. Damit aber tritt die Palastwirtschaft als eigene Größe neben die des Tempels oder der
Tempel: Ein selbständiger Großhaushalt der Fürsten zeichnet
sich ab, und dieser kann nicht anders als auf dem Wege einer
Art von Säkularisierung entstanden sein. Das dem Ensi ursprünglich zustehende, vermutlich recht umfangreiche Landlos wird zum unbeschränkten königlichen Eigentum, und
sein Anteil am Aufkommen der Tempelwirtschaft verwandelt
sich in eine Steuer, die sowohl von den Heiligtümern (für ihr
Eigenland) in der Residenz und den etwa sonst noch abhängigen Städten als auch von allen Bürgern (für ihr ursprüngliches Tempellos und Eigenbesitz) entrichtet werden muß. Das
Heiligtum wird sonach allmählich auf seinen Eigenbesitz und
die religiösen Abgaben beschränkt, der Bürger in einer frei-

lich zögernd fortschreitenden Entwicklung aus dem Tempel-
mann ein Untertan. Wie sich dabei die Rolle des Fürsten selbst
ändert, werden wir später (Kap. IV) zu betrachten haben. Der
König bemächtigt sich im übrigen nicht nur der Güter, die
ihm kraft seines Ranges aus der Tempelwirtschaft zustehen,
und macht sie zu Privatbesitz, sondern legt auch die Hand auf
die Landlose seiner Beamten und der Soldaten, die seit alters
zu ihm als oberstem Heerführer in einem besonders engen
Verhältnis stehen. Damit wird der Palast zur größten aller
Einzelwirtschaften, zumal bald auch Handwerkergruppen
in engen Kontakt zur Krone treten.

Die Palasteinnahmen setzen sich zunächst ähnlich zusammen wie die der Tempel. An erster Stelle stehen die Erträge
der königlichen Domänen; sodann zinsen dem Fürsten die
Heiligtümer und – auf dem Umweg über diese oder unmittelbar – alle Bürger, und auch dabei scheinen ›Festabgaben‹ eine
besondere Rolle gespielt zu haben. Wir hören von Kleinvieh
und auch zuweilen von Rindern und Eseln, die da abgeliefert
werden; Brot – ein Oberschreiber übergibt einmal 900 Brote!–,
Fische, Käse, Öl, Ziegenfelle, Krüge mit Bier oder Wein,
Töpfe, Holzgeräte usw. werden genannt. Zuweilen ist dieser
Naturalzins bereits durch Silber abgelöst. Die Magazine und
Schatzkammern des Palastes füllen sich des weiteren mit dem
Ertrag von allerlei Zöllen, der Beute etwaiger Kriegszüge
und dem Gewinn des Handels, der gleichfalls in großem Umfange von den Tempeln zum Palast abwandert. An Stelle eines
patriarchalischen Vorrangs tritt damit die absolute Macht des
autokratischen Herrschers auch im Wirtschaftssektor, und
diese Entwicklung wird durch die großen Landkäufe der
semitischen Akkadkaiser – Manischtusu z. B. erwirbt über
1200 Morgen – und gewiß auch der barbarischen Gutäer-
fürsten verstärkt. In der Großstaatzeit der 3. Dynastie von Ur,
während deren nur der fromme und traditionsfreudige Gudea
von Lagasch in relativer Selbständigkeit noch einmal und
offenbar mit Erfolg die altehrwürdige ›Tempelstadt‹ wieder-
zubeleben versuchte, hat die zentrale Palastwirtschaft ihren
Höhepunkt und einen riesigen Umfang erreicht. Obwohl die
neuen Machtzentren nach Urs Sturz – Isin, Larsa und andere,

auch Babylon unter Hammurabis Vorgängern – das System
von Ur nachzuahmen trachten, können sie sich in keiner
Weise mehr mit ihm messen.

Mit der Installisierung der Palastwirtschaft als einer selbständigen Einrichtung und mit der Zurückdrängung der
Tempelhaushalte auf den Eigenbetrieb war der Schritt zur
P r i v a t w i r t s c h a f t getan und der religiöse Staatssozialismus
der Vergangenheit zu reiner Theorie geworden. Gemeinwirtschaft bestand jetzt nur noch im Sektor der Bewässerung; der
Tempelbau wurde den Königen zum propagandistisch ge-
nützten Ausweis ihrer Frömmigkeit und Legitimität, an
Stelle der Fronarbeiter trat der Tagelöhner. Die alte, religiös begründete Agrarverfassung war mit dem Eigenbesitz
an Grund und Boden aufgelöst. Von nun an zeigt das Zweistromland wirtschaftlich eine Summe von Einzelwirtschaften
der Tempel und besitzenden Bürger, über denen die Groß-
wirtschaft der Krone – d. h. des Staates – schwebte. Sie behielt
das großartig bewährte Rationierungssystem der Magazine
für den von ihr abhängigen Teil der Untertanen bei, während
die Bedeutung der Tempelhaushalte vielfach stark absank:
Der Kodex Hammurabi setzt in § 32 den Fall voraus, daß ein
Stadttempel nicht einmal mehr in der Lage war, mit eigenen
Mitteln einen einzigen babylonischen Kriegsgefangenen aus
der Sklaverei zu lösen! Wir müssen diese Entwicklung als eine
ebenso umfassende wie folgenreiche Säkularisierung betrachten und haben diese in erster Linie auf das Eindringen und die
Machtergreifung fremder Gruppen – vor allem der Westsemiten, denen die sumerische Tempelstadt völlig fremd war –
zurückzuführen.

Wenden wir uns nach dieser einführenden Gesamtbetrach-
tung nunmehr den einzelnen Sektoren der altmesopotamischen Wirtschaft zu, so treffen wir hier in allen Epochen
Ackerbau und Viehzucht auf dem ersten Platz. Der Land-
wirt war in weiten Teilen des Landes, vor allem in seinem
Kernstück ›Sumer und Akkad‹, auf künstliche B e w ä s s e r u n g
angewiesen, und wir haben bei der Darstellung der griechi-

schen Zeugnisse bereits Strabons ebenso knappe wie treffende
Beschreibung der babylonischen Kanalwirtschaft kennengelernt (s. o. S. 9). Die Festlegung des sich im unteren Landes-
teil von Natur aus häufig verändernden Euphratlaufs, die Eindämmung der Flüsse und Kanäle gegen die Hochwasser der
Schneeschmelze und Herbstregen, die Anlage, Erhaltung und
tunliche Erweiterung des Kanalnetzes, der Staubecken und
Teiche bedurften des Einsatzes aller Kräfte unter der zentralen
Lenkung zunächst des Tempels, danach der Krone. Die Urkunden bezeugen durch zwei Jahrtausende die stete Fürsorge
der Könige für den Kanalbau[3] und ihr Bestreben, für die
nötige Kontinuität in der Betreuung der Deiche, Wasserwege und Schleusen, sowie überhaupt aller notwendigen
Pflegemaßnahmen auch im Kleinen zu sorgen[4]. Der Erfolg
solcher Anstrengungen war ein dreifacher: Neulandgewin-
nung, Erweiterung des Verkehrsnetzes an Wasserstraßen und
Steigerung der Fischereierträge. Die erforderlichen Bauarbeiten der Wasserwirtschaft, die – zur sumerischen Zeit im
allgemeinen Frondienst ohne Befreiungsmöglichkeit – vom
2. Jahrtausend an durch Arbeits- und Sklavenheere bewältigt
wurden, nahmen deshalb so viele Kräfte in Anspruch, weil
Beton noch unbekannt, die gebrannten Ziegel mangels
Feuerungsmaterials knapp und teuer, der luftgetrocknete
Lehmziegel aber gegen Feuchtigkeit äußerst anfällig war:
Alle Anlagen mußten daher ständig ausgebessert oder erneuert werden.

Die Entnahme oder Weiterleitung des Wassers aus dem
Euphrat (der Tigris kam wegen seines tiefeingeschnittenen
Bettes nur in der Gegend von Bagdad dafür in Frage) und den
schiffbaren Großkanälen in die rechtwinklig angelegten
Seitenkanäle, die noch mit flachen Kähnen oder Flößen be-
fahrbar waren, und von da in die schmalen Wassergräben und
-rinnen erfolgte auf verschiedene Weise. Lag das Flußbett auf
gleicher Höhe mit den Feldern, so genügten Durchlässe oder
bei leichten Unterschieden, die sich durch Schlammablage-
rung im Bett bilden konnten, einfache, in den Deich ein-
gelassene Schleusen. Gräben und Rinnen ließen sich mit
einigen Schaufeln Erde wieder schließen, wie das heute noch

üblich ist. Lag das Fluß- oder Kanalbett tiefer, so bedurfte es
einer Hebeeinrichtung, wofür heute *Paruane* oder *Schaduf* in
Frage kommen. Bei ersterer Anlage, die nur an schnellfließen-
dem Wasser möglich ist, handelt es sich um große, knarrende
Räder in Holzkonstruktion, die am Außenrand mit Ton-
gefäßen versehen sind und von der Strömung getrieben werden; die zweite – und nur sie scheint in Altmesopotamien bekannt gewesen zu sein – ist ein dem Ziehbrunnen mit langem
Hebelarm verwandtes einfaches Hebewerk mit einem Leder-
sack, das durch Menschenkraft betrieben wurde. Der Krug
oder Sack füllte sich bei Eintauchen mit Wasser und entleerte
sich unmittelbar in den Graben oder in Behälter, von denen
aus das Wasser weitergeleitet wurde[5]. Ob die verbesserte
Form des von Ochsen oder Eseln getriebenen *Tscherd* im
alten Zweistromland Verwendung fand, ist unsicher. Nicht
selten trat zu diesen Sorgen der Wassergewinnung und -ver-
teilung auch die gegenteilige der Entwässerung, wenn nämlich das betreffende Landstück in Flußnähe und sehr tief lag
und nach der Überschwemmung Wasser auf ihm zurück-
blieb. Dann war Drainage nötig, um einer Versumpfung vorzubeugen.

Der Ackerbau, der sich in Babylonien auf fünf bis sechs
Monate erstreckte, war die Grundlage der mesopotamischen
Wirtschaft, der Ackerboden kostbar, schon in der sumerischen Zeit von den Tempelbeamten genau vermessen und
nach Umfang, Wasserrechten und -pflichten, Grenzen und
Eigentümern bzw. Pächtern in den ›Katasterämtern‹ der örtlichen und zentralen Regierungsstellen listenmäßig erfaßt.
Man teilte das Land in ›Beete‹ von 12:12 Ellen = 36 qm als
die kleinste Einheit, ihr folgte dem vorherrschenden Sexagesimalsystem entsprechend das sumerische *Gan* bzw. das
akkadische *Iku* von 3600 qm oder etwa 1,5 Morgen und
schließlich das *Bur* von 64800 qm oder knapp 26 Morgen. Der
Kleinbesitz wurde von den Familienmitgliedern, größere
Güter unter Zuhilfenahme von Sklaven und Tagelöhnern
bewirtschaftet, Pachtland von der Ur III-Zeit an mit einem
Drittel des Ertrages in Naturalien oder Silber bezahlt; Neu-
land, das erst kultiviert werden mußte, war drei Jahre ab-

gabefrei. Der Kronbesitz an Land, den jeder Fürst zur Stärkung seiner Hausmacht zu erweitern strebte, wurde als Lehen
(*ilku*) vorwiegend an Soldaten (die in Friedenszeiten als Poli-
zeikräfte, Kuriere oder Aufseher dienten), Handwerker, Fischer, Hirten usw. vergeben und galt als unübertragbar, wodurch eine bessere Erfassung, Ausnutzung und Überwachung
sichergestellt werden sollte. Die Größe der Güter schwankte
zwischen einigen hundert und nur wenigen Morgen; zur Zeit
der Nachfolge Hammurabis besaßen die größeren Bauern
etwa 26, kleinere 8–12 Morgen, während die Sitte der Kassitenkönige, Land als steuerfreies Lehen an ihre Gefolgsleute
zu geben, Großgrundbesitz in erhöhtem Maße entstehen ließ.
Die neubabylonische Zeit leidet bereits unter deutlicher Land-
not; die Lose in der Nähe der Großstädte betrugen damals oft
nicht mehr als einen Morgen. In diesem Falle mußte das Feld
dann schon in intensivierter Gartenwirtschaft bearbeitet werden, sollte es einen Besitzer auch nur kümmerlich ernähren.

Als Ackergerät diente der – meist von Ochsen gezogene –
Holzpflug, wie er sich in abgelegenen Gegenden etwa Kurdistans bis heute erhalten hat. Er bestand aus einer langen, gekrümmten Holzschar mit zwei Sterzen und schräg ansteigen-
der Deichsel, an deren Ende quergelegt das Joch befestigt war.
Bald wurde er durch ein senkrechtstehendes, hinter der Schar
mündendes Rohr mit einem darauf befestigten Behälter verbessert, in den der Gehilfe des Pflügers das Getreide während
des Pflügens hineinschüttete; die Arbeitsgänge des Pflügens
und Säens wurden auf diese Weise zusammengelegt. Ferner
gab es eine Art Egge, den Spaten und die unvermeidliche
Hacke zur häufigen Auflockerung des Bodens. Geerntet
wurde das Getreide – eine schwere Arbeit – mit der Sichel,
das Dreschen erfolgte mit dem Flegel, durch Dreschschlitten
oder, indem man das Vieh die auf der Tenne ausgebreiteten
Ähren ausstampfen ließ; die Spreu wurde durch Worfeln
entfernt. Die Felderwirtschaft blieb bis in die neubabylonische
Zeit dreijährig.

Als wichtigste Getreidearten wurden Gerste, Emmer und
Weizen in mehreren Sorten, ferner Mohrenhirse angebaut. Die
Aussaat im November oder Dezember war infolge der Ver-

wendung des Rohrpfluges und angesichts der Bodengüte
wesentlich dünner als bei uns üblich; sie betrug nur etwa
$1/_9$ des jetzt in Mitteleuropa angesetzten Maßes und wechselte zwischen 40 und 80 l für den Hektar (4 Morgen). Die
bei normalen Verhältnissen im Mai fällige Ernte lieferte oft
das 80fache des Saatgutes; einmal wird in einer sumerischen Urkunde der 104,5fache Ertrag bezeugt. Man mag als
Durchschnittsertrag 50 hl pro Hektar annehmen. Die zentralisierte sumerische Tempelwirtschaft sammelte das Brot-
korn in Großspeichern, während der Bauer es später in hohen,
zylindrischen, siloartigen Lehmbehältern aufbewahrte; hier
war das Getreide vor Feuchtigkeit, Hitze, Ameisen und anderen Schädlingen geschützt. Als Ölfrucht wurde Sesam angebaut, der etwa ein Viertel seines Gewichts an Öl lieferte.
Wahrscheinlich wurde auch Flachs zur Gewinnung von Lein-
wand gezogen. Sanheribs Versuch, die Baumwollkultur in
Assyrien einzuführen, sei erwähnt. Der Gemüseanbau erfolgte
meist gleichfalls auf dem Felde in besonders gut bestellten
Beeten und konnte mehrere Ernten im Jahr liefern; er umfaßte Zwiebeln – die übliche Beikost zum Brot – und andere
Laucharten, Kürbisse, Melonen, Gurken, Rüben, Linsen,
Bohnen, Platterbsen und eine Reihe von Gewürzen wie Küm-
mel, Minze, Thymian, Kresse, Fenchel, Koriander, dazu auch
Futterpflanzen. Wenn die Texte von Gärten sprechen – der
Babatempel von Lagasch besaß um 2400 deren neun –, so
meinen sie damit meist die von einer Lehmmauer umgebenen
Baumgärten, deren Betreuer nach der sumerischen Liste die
höchsten Rationen erhielten, also offenbar schwerste Arbeit
zu leisten hatten. Hier zog man im Süden des Landes die hoch-
geschätzte Dattelpalme in zahlreichen Abarten. Ein männliches
Exemplar dieser zweihäusigen Palmenart, die mühselige künstliche Befruchtung erforderte, genügte für eine große Zahl
weiblicher Stämme, die bereits nach fünf Jahren Frucht trugen und bis zu 1 Gur = 120 l Datteln lieferten. Die ›hundert-
fache‹ Verwendung von Frucht und Baum wurde hoch gepriesen: Die Früchte aß man frisch und getrocknet, als Dattel-
brot und -honig; der Saft lieferte gegoren ein stark alkoholi-
sches Getränk, die noch nicht entfaltete Krone Palmkohl als

Gemüse; das Holz diente als Gebäudestütze und Brennmaterial, die Wedel wurden zum Dachdecken, der Bast als Bindfaden verwendet, die getrockneten Kerne als Feuerung besonders bei Schmelzprozessen benutzt. Neben der Dattelpalme, die 10–20 m hoch wird, zog man den Granatapfelbaum und gelegentlich auch die schwer gedeihende Feige und Weinrebe; im Norden des Landes gab es viele der auch bei uns bekannten Fruchtbäume. Zur Arbeit des Bauern gehörte schließlich die Nutzung des reichlichen Rohrs und Schilfes, das zu Bauzwecken, für allerlei Geräte und Möbel wie auch als Brennmaterial vielfache Verwendung fand. Der Anfall war so groß, daß zu seiner Bergung oft ganze Soldatentrupps oder Arbeiterkolonnen unter ihren Aufsehern eingesetzt wurden; so hören wir einmal, daß eine solche Gruppe in zwölf Tagen 2160 Rohrbündel einbrachte. Karren fuhren das Material ab, das man dann in Scheunen oder an der Stadtmauer stapelte.

Waren die ackerbaulichen Arbeiten an Euphrat und Tigris in der Hauptsache auf die Monate November bis Mai beschränkt, so erforderte die Viehzucht ständige Pflege und Überwachung. Zur Unterscheidung pflegte man die Tiere zu markieren: Die Ischtartempel z. B. verwandten dabei als Zeichen den Stern, die Mardukheiligtümer den Spaten. Das aus dem Auerochsen (*bos primigenius*) gezüchtete altorientalische Hausrind ist seit ältester Zeit bezeugt. Indes war die Rinderhaltung in dem heißen und trockenen Lande, das leicht zur Degeneration führte, nicht einfach und hielt sich in bescheidenen Grenzen: Ein Brief aus der Zeit Ammiditanas (um 1600 v.Chr.) nennt, offenbar als Zeichen von Wohlstand, die Aufzucht dreier Rinder; in der Zeit der sumerischen Tempelwirtschaft, die übrigens das Mastvieh mit Brauereiabfällen fütterte, besaß etwa der Babatempel von Lagasch 131 Stück Rindvieh, darunter 27 Milchkühe und 2 Zuchtstiere; etwas später werden an 300 Stück genannt. Die – übrigens von hinten gemolkene – Milchkuh war natürlich besonders wertvoll, lieferte sie doch die geschätzte Milch und damit die (ölartige) Butter und den Käse; das Butterfett war auch für Salben und Pomaden gefragt. Die Kastration war bekannt, der Ochse als langsames, aber starkes Zugtier für

Karren und Pflug unentbehrlich. Schlachtvieh war zur Aus-
fuhr begehrt, Rindleder für Geräte, Riemenwerk, Schuhzeug
und die Ausrüstung der Soldaten dringend benötigt. Übrigens
war neben dem europäischen Hausrind bis zur Akkadzeit
offenbar eine große Spielart des indischen Arni und durchgehend auch eine Form des Buckelrindes (Zebu) bekannt.

Als Vater des gleichfalls seit prähistorischer Zeit dome-
stizierten Esels muß nach neueren Untersuchungen nicht der –
anscheinend nur vorübergehend um 2600 zu Kriegswagen-
bespannung gezähmte – Onager (Pferdeesel), sondern der
afrikanische Hausesel gelten. Zäh, geduldig und genügsam,
war er das übliche Zug-, Reit- und Tragtier, ging als Viergespann vor den sumerischen Kriegs- und Prunkwagen und
diente dem Karawanenführer ebenso unermüdlich wie dem
Landmann. Der Babatempel von Lagasch besaß eine Esel-
herde von 113 Stück, dazu die in den Ställen oder Gattern
bereitstehenden Fahresel und die an die Bauern ausgegebenen
Zugtiere. Zuchthengste wurden importiert. Die Kreuzung
mit Pferdestuten zu Maultieren und mit Pferdehengsten zu
Mauleseln dürfte gleichfalls bereits im 3. Jahrtausend aufge-
kommen sein; die so gezüchteten Bastarde waren stärker und
bei großer Genügsamkeit damit noch leistungsfähiger. Der
sumerische Bauer freilich verachtete das Mischprodukt. Ein
neuerdings bekannt gewordenes Sprichwort sagte: »Vom
Maultier wollen weder Vater noch Mutter etwas wissen.«

Als Fleisch- und Wollieferant sowie zur Milcherzeugung
spielte das Kleinvieh, Ziegen und Schafe – wie noch heute
meist in einer Herde ausziehend –, die Hauptrolle. Es gab verschiedene Rassen; an Schafen begegnen auf den Siegelbildern
und Reliefs eine hornlose Art mit großen Hängeohren und
eine Hörnerrasse, später Fettschwanzschafe. Auch kleinere
Besitzer gaben ihr Kleinvieh an Hirten zur Betreuung, die dafür ihren Anteil an Zicklein, Lämmern, Milch und Wolle erhielten. Den anspruchslosen Tieren genügte die Steppe mit
ihrem dürftigen Bewuchs meist auch noch in der Trockenzeit; immerhin werden uns Rationen für Zusatzfütterung von
0,8 l je Stück Kleinvieh genannt. Das Hausschwein wird,
obwohl sein Fleisch in den heißen Ländern weniger bekömm-

lich ist, in der sumerischen Zeit häufig genannt, und Knochenfunde belegen seinen Konsum; es war auch später bei den
Babyloniern und Assyrern nicht so verpönt wie in Israel.
Schweinehirten erscheinen in den Tempellisten Sumers, und
wir hören, daß sie gelegentlich über 20 Sklavinnen für die
Arbeit des Weidens und Mästens unter sich hatten. Des weiteren beherbergte der altmesopotamische Bauernhof Gänse
und Enten, die ja in den Kanälen, Teichen und Gräben beste
Tummelplätze hatten, Tauben, die in den Nischen und Lö-
chern der Lehmmauern nisteten, und – im Gegensatz zum
Nilland – Hühner (›den Vogel, der jeden Tag ein Ei legt‹, wie
die Ägypter staunend vermerkten), deren reizender Darstellung
wir auf Siegelbildern begegnen. Hunde liefen, wie noch heute
in abgelegenen Gegenden des Orients, wohl vielfach halbwild
herum, dienten jedoch seit alters als Gehilfen bei der Jagd und
waren, wie zahlreiche auf sie bezogene sumerische Sprichwörter anzeigen, doch auch als Hausgenossen geschätzt.

Die Pferdehaltung war weniger Bauernarbeit als Sache
kundiger Züchter. Den Sumerern – und auch das erst in der
späteren Zeit – nur zur Kreuzung mit dem Esel bekannt, gewann das Pferd als Zugtier für den zweirädrigen Streitwagen
vom 2. Jahrtausend an Bedeutung. Seine Heimat lag in den
Steppen Innerasiens; es wurde aus den östlichen Bergländern
eingeführt, und seine Zucht kam erst mit den Churritern und
ihrer pferdeliebenden arischen Führerschicht recht in Gang.
Dann freilich wurde Mesopotamien selbst zum Pferdezucht-
gebiet, das etwa zur Kassitenzeit nach churritisch-hethiti-
schem Vorbild[5a] eigene Pflege- und Dressuranweisungen aus-
arbeitete und Rosse bis nach Ägypten exportierte. Seine Benutzung als Reittier galt zunächst als äußerst gefährlicher
Sport[6]. Erst in der mittelbabylonischen Zeit Nebukadnezars I.
(kurz vor 1100) tauchen Reiter zu militärischer Verwendung
auf, und sogar die vielabgebildete assyrische Kavallerie war
infolge Fehlens des haltgewährenden Steigbügels nur als
leichte Truppe verwendbar. Noch später dringt das Kamel
aus den Wüsten Arabiens nach Mesopotamien vor; in dem
von uns betrachteten Zeitraum spielt es hier noch keine Rolle.

Tüchtige Könige des Zweistromlandes haben, wie der

Wasserwirtschaft und dem Ackerbau, so auch der Viehzucht ihre Aufmerksamkeit und Fürsorge zugewandt. So besaß Schulgi von Ur (um 2000) eine Domäne mit einer Tierzuchtstation und Gehegen, die in erster Linie wohl der Küchenwirtschaft des Hofes dienen, daneben aber gewiß auch der Viehzucht des Landes Vorbild und Anregung geben sollte. Der Tierbestand dieses Zuchtgutes umfaßte Haus- und Wildrinder, Kleinvieh, Antilopen und Gazellen, Wildschweine und Schafe, Esel und Damhirsche und – als besonders merkwürdig – auch den syrischen Bären, der mit Bedacht gezüchtet wurde und dessen Nachwuchs als Leckerbissen auf die Tafel kam.

Erfahrungen, Sorgen und Nöte des Landmannes am Euphrat und Tigris haben, wie nicht anders zu erwarten, im Schrifttum der Keilurkunden ihren beredten Niederschlag gefunden. Wir kennen den Gartenbau aus einem babylonischen Text mit eigens diesem Thema, die Ausdeutung und Umwertung landwirtschaftlicher Erfahrungen im sumerischen und akkadischen Sprichtwort[7], sumerische ›Streitgespräche‹ zwischen Bauern und Hirten oder Sommer und Winter, einen sumerischen Mythus über die ›Erschaffung der Spitzhacke‹ und als eindrucksvollstes Zeugnis einen ›Bauernkalender‹ Sumers von über 100 Zeilen Länge, in dem ein Landmann seinem Sohn einen Leitfaden für die Feldarbeiten eines ganzen Jahres – altmesopotamisches Gegenstück zu Hesiods ›Erga‹ und Vergils ›Georgica‹ – vermittelt. Wir hören da von der Betreuung der Bewässerungsanlagen, von Entstoppeln, Jäten und Einzäunen des Feldes, der Vorsorge für das Ackergerät, Auflockern und Pflügen des Ackers, dem Säen (›zwei Finger tief, gleichmäßig‹), einem Bittgebet zur Göttin der Feldmäuse und des Ungeziefers, dreimaliger weiterer Bewässerung der wachsenden Saat, vom rechten Augenblick des Schnitts und schließlich den Drescharbeiten. Die Bildkunst hat auf Siegeldarstellungen und Reliefs die der Inanna (Innin) geweihten ›heiligen Heran Schafen und Rindern, die Verarbeitung der Milch und die Arbeit des Pflügers festgehalten[8].

Von kaum überschätzbarer Bedeutung für die Volksernährung Babyloniens und Assyriens war neben Gerstenanbau und Kleinviehzucht die Fischerei, deren Gewicht in der sumerischen Tempelwirtschaft wir schon andeuteten. Der Fischbestand der Flüsse, Kanäle und Teiche muß außerordentlich groß gewesen sein, und auch die (in den Urkunden betont unterschiedenen) Küsten-, Lagunen- und Meerfischer scheinen regelmäßig erhebliche Fänge heimgebracht zu haben: Mehr als fünfzig Fischarten – heute wird die größte bis zu 2 m lang – werden uns genannt. Diesen Reichtum des Landes nutzte eine große Zahl von Fischern, die in der sumerischen und noch in der altbabylonischen Zeit straff organisiert und kontrolliert waren. Allein der Babatempel von Lagasch verfügte über mehr als hundert, von denen ein Drittel Fluß-, der übrige Teil Meerfischer waren, und wir hören aus der Zeit Lugalandas einmal, daß (in seinem 5. Regierungsjahr) 9600 Karpfen und 3600 Fische anderer Sorten zum Export(!) geliefert wurden. In Schilfbooten, Holzkähnen und Segelschiffen gingen die Fischer ihrem Erwerb nach[9], bei dem sie Angelhaken, Fischspeere, Reusen und Netze – letztere mit Steinen oder Tonringen beschwert – verwandten; auch scheint man die Kunst verstanden zu haben, Pelikane zum Fang abzurichten. Die Ausbeute, zu der noch Schildkröten und Krebse gehörten, wurde in der Zeit der Monopolwirtschaft, abgesehen vom Eigenverbrauch, im Tempel oder Palast abgeliefert und wanderte von hier, wiederum nach Abzug des zum eigenen Unterhalt Benötigten, angesichts der leichten Verderblichkeit der Ware so schnell wie möglich auf den Markt – Larsa war für Fische der bedeutendste Handelsplatz des Südens – oder in die Werkstätten, die den Fisch dörrten, pökelten oder zu Fischmehl und -brot verarbeiteten. Erfassung, Bezahlung und Verkauf lag später, in der privatwirtschaftlichen Epoche, oft in den Händen kapitalkräftiger Vermittler, die dem Staat dafür eine Abgabe von einem Drittel des Umsatzes entrichteten. Verwunderlich ist, daß die abgabepflichtigen Fischer mit ihren regelmäßigen Lieferungen oft im Rückstand blieben und sich dann lange bemühen mußten, ihr Versäumnis abzuarbeiten, bis ihre ›Schuldtafel zerbrochen wurde‹. Diese Verhältnisse lassen sich am ehesten so erklären, daß die Tempel und später die Krone die Fi-

schereirechte monopolisiert hatten und die Konzessionen nur
gegen sehr hohe Abgaben erteilten. Wir hören, daß die Kontrolle streng und die Bewachung scharf war.

Neben einer so ausgedehnten Fischnutzung spielte die
Jagd für die Volksernährung auch in der Zeit einer noch
schwächeren Besiedlung des Landes eine untergeordnete
Rolle. Wir kennen sie aus Siegel- und Reliefdarstellungen vor
allem als Reservat der Könige und Großen, die den einst die
Herden bedrohenden Raubtieren – an erster Stelle dem heute
im Irak längst ausgerotteten Löwen[10] – nachstellten; galt
doch der Löwe als Todesdämon, dessen Erlegung gottwohl-
gefällig war. ›Königliches Wild‹ waren weiter Auerochs,
Wisent (dieser im Zweistromland selbst wohl bereits im 2.
Jahrtausend verschwunden) und auch jene geheimnisvolle
Rasse kleinwüchsiger Elefanten, die in ägyptischen und assyrischen Urkunden vom 15. bis 8. vorchristlichen Jahrhundert
für ein abgelegenes Sumpfgebiet Nordsyriens und die Cha-
burgegend in Obermesopotamien bezeugt wird. Als Nutz-
wild und Fleischlieferanten bejagte man mit Speer oder Pfeil
im Flachland Onager, Wildschwein, Hase, Oryx und die
kostbare, heute nach Indien abgedrängte Hirschziegenantilope
sowie mehrere Gazellenarten. Die windschnellen Gazellen,
deren letzte Nachkömmlinge reiche Araber heute mit Autos
zu Tode hetzen, wurden damals – ähnlich wie auch Hirsche –
in ausgestellten Netzen gefangen oder später auf dem Streitwagen verfolgt. Der Rot- oder Edelhirsch war in Mesopotamien selten; der Damhirsch[11], der halbzahm auch in
Tempelgehegen gehalten wurde, hatte offenbar größere Verbreitung. Um an anderes Wild heranzukommen oder reichere Strecken zu erzielen, mußte der Jäger das eigentliche
Kulturland verlassen und den Strauß und die Antilope in der
südlichen Wüste, Mufflon, Mähnenschaf, Steinbock, Schrau-
ben- und Bezoarziege in den nördlichen Gebirgen des Zagros
und Kurdistans aufsuchen. Ein Siegelbild der Dschemdet Nasr-
Zeit hat uns die sehr lebendige und naturgetreue Darstellung
einer solchen Jagd mit Hunden auf Bezoare in den Bergen
bewahrt[12], viele weitere Bildurkunden auf Rollsiegeln und
Reliefs (letztere besonders zahlreich in der neuassyrischen

Zeit) haben Wildstier-, Hirsch-, Onager- und vor allem Löwen-jagden festgehalten.

Das an Kanälen, Teichen und Sümpfen reiche Land bot naturgemäß zahlreichem Wassergeflügel Nahrung und Unterschlupf, und so spielte wohl der Vogelfang eine nicht ganz untergeordnete Rolle für die Volksernährung. In der Tat wird der Vogelstellerberuf in den sumerischen Texten bezeugt, wie denn auch Vögel als Opfergaben erscheinen. Da gab es Schwäne, sieben Reiherarten, Störche, Kraniche, Ibisse und Pelikane, Wildenten und Wasserhühner, z. B. das Purpurhuhn, Königsfischer und Eisvögel; und der mit Pfeil, Fangnetz und Schlingen arbeitende Vogeljäger wird gewiß auch die Kleinvogelwelt – Drosseln, Lerchen, Bienenfresser, Sperlinge oder den Bülbül, die orientalische Nachtigall – nicht verschont haben. Noch heute sind im Irak Wildtaube und Steppenhuhn nicht selten, und sehr begehrt sind und waren die weißfleischigen Frankoline – eine Wachtelart. Sumers Künstler haben die meisten der hier genannten Wildarten und zahlreiche Vertreter der Vogelwelt mit scharfen Augen beobachtet und auf den Rollen der Siegelzylinder oder dem Stein der Reliefplatten für immer in liebevoller Naturtreue festgehalten.

Waren Bauern, Gärtner, Hirten, Fischer, Jäger und Vogelsteller für die Ernährung der zahlreichen Bevölkerung tätig, so wurde sie mit ihren Bedürfnissen an Kleidung, sonstiger Ausstattung und Arbeitsgerät, an Waffen und Schmuck von einem vielfältigen Handwerk versorgt. Bäcker, Köche, Fleischer, Brauer, Korbmacher, Töpfer, Gerber, Lederarbeiter, Färber, Weber und Schneider verarbeiteten die heimischen Erzeugnisse für den Bedarf des Landes und teilweise auch für den Export; Grob- und Feinschmiede, Tischler, Stellmacher, Zimmerleute aller Art, Steinmetze und Steinschneider, zu denen auch die Bildhauer gehörten, waren andererseits auf den Import der Grundstoffe angewiesen, die sie veredelten und ebensowohl dem heimischen Markt wie dem Export zuführten. Im sumerischen Jahrtausend eng mit Tempel und Palast

verknüpft und auch zur altbabylonischen Zeit noch in nahem
Kontakt mit der Krone, waren die vielfach zunft- oder gil-
denmäßig gebundenen, ihren Beruf auf Sohn und Enkel ver-
erbenden Handwerker dennoch meist freie Leute. Sie erhielten
für ihre Leistungen zuweilen recht hohe Löhne und schlossen
eine Art von ›Werkverträgen‹. Hammurabi setzte andererseits Mindestlöhne für Steinmetze, Schmiede, Zimmerleute,
Schiffsbauer, Lederarbeiter und Maurer (Baumeister) fest,
die zu seiner Zeit offenbar sehr mäßig honoriert wurden;
wenn ein solcher Fall von Unterbezahlung anhielt, konnte es
durchaus zu Arbeitsverweigerung und einer Art Streik kommen, wie wir das aus neubabylonischer Zeit einmal von den
mit Tempelarbeiten befaßten Steinmetzen erfahren. Man verlangte vom Handwerker in Mesopotamiens Städten gute
Arbeit, und die Meister nahmen es mit der Ausbildung des
Nachwuchses sehr ernst: die Lehrzeit war genau abgegrenzt
und dauerte von 1½ bis zu 5 Jahren. Als Lehrlinge erscheinen
gelegentlich auch Sklaven, die von ihren Herren für ein Handwerk bestimmt wurden – was letzteren dann natürlich höheren Gewinn eintrug. Der Meister erhielt zwar ein Verpfle-
gungs-, aber kein Lehrgeld, er machte sich mit der Arbeit des
Adepten bezahlt. Die Werkstätten lagen zur älteren sumerischen Zeit in den Tempeln, später, wie im Orient noch
heute teilweise üblich, in nach Berufen unterteilten Basaren
und dienten zugleich als Verkaufsläden. Die handwerkliche
Kunst stieg und fiel mit den Kulturepochen, erreichte aber
bereits in der Dschemdet Nasr-Zeit eine erstaunliche Höhe.
Anregungen von außen, die mit freien Einwanderern oder
– häufiger – mit den ihrer Fähigkeit wegen verschleppten
Kriegsgefangenen ins Land kamen, erhöhten und erweiterten
nicht selten das handwerkliche Schaffen: Wir hören von Meistern aus Tilmun (*Bahrain*), Sanherib holte sich für seine
Schiffsbauten phönizische und jonische Fachkräfte, die Kunst
der Elfenbeinschnitzerei wird von den syrischen Küstenstädten in neuassyrischer Zeit an den Tigris verpflanzt, und
noch Jeremia nennt (24, 1) unter den judäischen Deportierten,
die nach Babylon wandern müssen, Stellmacher und Schmiede.
Ausreichende, klug erdachte Geräte und Werkzeuge standen

zur Verfügung und wurden immer wieder verbessert. Schon die Urukzeit (3000/2900) kennt die Töpferscheibe, wenig später wird zum Aushöhlen von Steingefäßen der Steinbohrer erfunden, und für die Siegelschneider bedeutete die gleichzeitige Schaffung des Kugelbohrers eine erhebliche Verfeinerung.

Begeben wir uns auf eine Wanderung durch die Werkstätten und Arbeitsplätze der altmesopotamischen Handwerker, so brauchen wir uns bei Bäckern, Schlachtern und Köchen nicht lange aufzuhalten. Sie traten wohl nur in Großhaushalten – Tempeln, Palästen – oder in der Gemeinschaftswirtschaft der altsumerischen Tempelfamilien, vielleicht auch in der Gruppenwirtschaft bestimmter Arbeiterverbände und -kolonnen hervor. Bei so riesigen Gastmählern, wie sie an Festen stattfanden, wurde ihnen gewiß viel abverlangt und ihr Können auf die Probe gestellt: Seit 1951 kennen wir den Stelenbericht Assurnaßirpals II. (883–859 v. Chr.) von seinem Monstre-Gastmahl mit 69 574 Geladenen, mit dem er seinen neuen Palast einweihte; die Liste besagt, daß damals 2000 Mastochsen, 10000 Schafe und 1000 Lämmer, je 500 Hirsche und Gazellen, 34000 Stück Geflügel, je 10000 Fische, Eier, Gemäße Bier und Schläuche Wein verbraucht wurden, und nennt auch das benötigte Mehl und Gemüse, die Früchte und Gewürze.

Von Mitte und Ende des 3. Jahrtausends besitzen wir aus Lagasch und Ur Belege über die Arbeit der Bierbrauer, die den hohen Stand des Braugewerbes bezeugen. Nach einer dieser Urkunden aus Lagasch unterstand je einem Meister das einfache und das Starkbier; 40 Brauburschen arbeiteten unter ihrer Leitung und bereiteten sechs Biersorten, wobei über das angelieferte Gut an Emmer, Weizen, Gerste, Malz und Gewürzkräutern und über das daraus hergestellte Getränk genau Buch zu führen war.

Unerschöpfliches Rohmaterial bot das Land dem Töpfer, der auf der Drehscheibe nicht nur alle Art von Krügen, Flaschen, Schalen, Bechern und Tellern für Haushalt, Magazine und Tempel, sondern auch Kohlenbecken, Herde, Tonsärge und – im Tempelbetrieb – die zahllosen Terrakotten

plastischer und halbplastischer Form mit der Darstellung von
Tieren, Dämonen und Göttern herstellte, die als Weihgaben
benötigt oder für die Haus- und Straßenaltäre verlangt wurden. Die Grenze zum Bildhauer war hier fließend, denn auch
die tönernen Halbformen, in denen viele dieser Gegenstände
als Massenprodukt hergestellt wurden, mußten ja erst entworfen und geschaffen werden, und die Verzierung der Keramik
zeigt oft ein erstaunliches Kunstgefühl. Das Brennen der
Töpferware im Ofen – gut gebrannte Keramik erfordert
400–800°C – war eine hohe Kunst, die der Lehrling mühsam
erlernen mußte. Brennöfen wurden bei Ausgrabungen gelegentlich freigelegt: Der bekannteste kam aus altbabylonischer Zeit in Nippur ans Licht und war 4 m lang, 2,13 m
breit und 1,2 m hoch, wobei das Gewölbe von 9 Bögen
überdeckt wurde[13].

Ebenso leicht kam der Korbmacher an seinen Grund-
stoff heran, und es war seine Aufgabe, mit dem reichlich
vorhandenen Rohr und Schilf, mit Bast und Weidenruten
den Mangel an Holz auszugleichen. So entstanden in seiner
Werkstatt Körbe, Kisten und Behälter, die mit Asphalt gedichtet wurden, Bastmatten für Fußbodenbelag und Wandbehang, aber auch für Segel, Reusen und Netze, ferner Flöße
und runde Guffen als einfachste Wasserfahrzeuge, ja, sogar
Rohrsärge für die Toten der armen Bevölkerung. Auch
Stühle, Bänke, Hocker und Tische und noch manche andere
notwendige Dinge ließen sich aus den dicken, bambusartigen
Rohrstangen herstellen, während Schilf- oder Palmbast und
Flachs zu Seilen verarbeitet wurden.

Bis zu hoher Vollkommenheit war derjenige Handwerks-
zweig entwickelt, der aus Wolle und wohl auch Leinen
Stoffe und Bekleidung herstellte und von dem ferner das
Spinnen und Weben, Walken, Färben und schließlich die
Schneiderei besorgt wurde. Die Grundverrichtungen des
Spinnens und Webens geschahen – in den Urkunden der
sumerischen Tempelurkunden belegt – im Großbetrieb durch
Sklavinnen unter fachkundigen Aufsehern; man arbeitete mit
Spindel und Webstuhl, wie letzterer aus Ägypten bekannt
ist. Über den Walker und Wäscher gelangte der Stoff zum

Färber, der vor allem Purpur, ein violettes Blau und ein
leuchtendes Gelb benutzte; kostbare Gewänder hatten schon
beim Weben einen Einschlag von Goldfäden erhalten. Schließlich gingen Schneider oder Schneiderinnen ans Werk, die
vorwiegend für die Tempel, die Höfe und den Export arbeiteten. Die Ausschmückung der Gewänder mit Stickereien ist
bezeugt und wurde vom König und den Höflingen, gewiß
aber auch für die Götterkleider und Priesterornate sehr geschätzt. Ferner muß es eine Teppichweberei gegeben haben,
die sich noch in der klassischen Antike eines großen Rufes erfreute. Hierher gehört schließlich auch die Arbeit des Hut-
machers, der Reich und Arm mit der entsprechenden, nach
Stand und Mode wechselnden Kopfbedeckung versorgte.

An Tierhäuten aller Art fehlte es nicht, und hier macht sich
der Lederarbeiter (Gerber, Schuhmacher, ›Sattler‹) ans
Werk. Sandalen und Stiefel, Taschen, Beutel und Behälter
aller Art, Form und Abzweckung, ferner Gürtel und Riemen,
Geschirr, Zaumzeug, Peitschen und der militärische Bedarf
an ledernen Panzern, Schilden, Helmkappen, Wehrgehenken
und Köchern gingen aus seiner Werkstatt hervor.

Im Gegensatz zu den bisher genannten Grundstoffen waren
Holz, Stein und Metall an den zwei Strömen Mangelware.
Der Tischler verfertigte Stühle, Sessel, Tische, Bettstellen,
Türen und Särge aus Holz, der Zimmermann Torpfosten,
Deckenstützen und Balkenwerk für die privaten und Groß-
bauten der Paläste und Heiligtümer, der ›Radtischler‹, d. h.
der Wagenbauer stellte die Gestelle und Deichseln der Fahr-
zeuge, die Scheibenräder der schwerfälligen Karren und die
Speichenräder der leichten zweirädrigen Prunk-, Kriegs- und
Jagdwagen her, während der Schiffbauer seine Boote, Kähne
und zum Segeln eingerichteten Schiffe auf Stapel legte.
Reliefbilder assyrischer Kriegsschiffe mit ihrem hohen Bug
und Heck, den zahlreichen Rudern, ihren Masten und dem
doppelten Deck beweisen hier einen beachtlichen Stand der
Technik, zu dessen Entwicklung, wie wir hörten, zum mindesten in der Assyrerzeit Fachkundige aus seefahrenden Völkern der Mittelmeerküste beigetragen haben dürften.

Bei den Steinmetzen und Steinschneidern, die neben

dem knappen einheimischen Kalk- und Sandstein vor allem importierte Hartsteine – Granit, Basalt, Dolerit, Diorit – und die kostbaren Edel- und Halbedelsteine bearbeiteten, verwischt sich die Grenze zwischen Handwerker und bildendem Künstler, und wir werden auf ihre Arbeit daher in unserer Betrachtung der altmesopotamischen Kunst (Kap. X) zurückkommen müssen. Handwerkerarbeit war gewiß das Zuhauen der Steinblöcke und Stelen, die Herstellung der Mühl- und Türangelsteine und die Schaffung einfacher Steingefäße mit Hilfe von Kronbohrer und Meißel. Da waren weiter jene zunächst als Waffe, dann als Zepter getragenen reliefierten Keulenknäufe, die uns in einigen Exemplaren erhalten blieben. Auch manche der assyrischen Reliefs sehen nach schlichter Werkmannsarbeit aus, während die wundervoll bearbeiteten Kultvasen und Reliefs schon der altsumerischen Epoche uns auf eine höhere Stufe menschlichen Schaffens führen. Das gleiche gilt für die Siegelschneider, die besonders in der Dschemdet Nasr-, Akkad- und mittelassyrischen Zeit (und noch einmal unter den Achämeniden) mit feinstem Grabstichel, Kugelbohrer, Schleifstein und anderen Instrumenten herrliche Miniaturen auf die oft nur 1 cm dicken und 1–2 cm hohen Stempel- und Zylindersiegel eingruben.

Zwischen Euphrat und Tigris gibt es keine Metallvorkommen. Dennoch haben die Metallarbeiter Erstaunliches geleistet. Schon beim Kupferschmelzen erreichten die Gießer 1000°C, man arbeitete mit Blasebalg und Lötröhren, goß, hämmerte, trieb und schmiedete, fand schon vor der Mitte des 3. Jahrtausends heraus, daß Kupfer durch die Beimischung von Antimon oder Blei einen höheren Härtegrad erreichte, und lernte schließlich, daß diese ›Bronze‹ noch fester und ein fast idealer Werkstoff wurde, wenn man dem Kupfer statt der genannten Metalle Zinn zusetzte. Dies war die Legierung, die als Gebrauchsmaterial den Alten Orient für mehr als anderthalb Jahrtausende beherrschte; die Ausgräber trafen sie bereits in den tiefsten Schichten von Kisch und Schuruppak, in den Gräbern von Ur I und Aannepaddas Tempel von el-Obed an. Die Einzelteile fügte man durch Schweißen, Löten und Nieten zusammen, und bereits die Ur III-Zeit ver-

stand es, hauchdünne Metallüberzüge herzustellen. Filigran-
und Granulationstechnik waren bekannt. Die unaufhörlichen
Kriege und die mit ihnen verbundenen Plünderungen haben
dazu geführt, daß uns große Zeugnisse für die Kunst der
Metallbearbeitung in Gold oder Silber kaum erhalten sind;
insofern bedeutete 1957 der Fund der 70 cm hohen Goldschale von Hassanlou in Persisch-Aserbeidschan mit wunderbaren getriebenen Reliefbildern aus dem 8. Jahrhundert
– mannäische Arbeit nach zweistromländischen Vorbildern –
als Ergänzung einiger schöner assyrischer Stücke aus skythischen Gräbern einen besonderen Glücksfall. Andererseits hat
das kriegerische Wesen des 2. und 1. Jahrtausends die Waffenschmiede mit Aufträgen überhäuft und zu hohen Leistungen
auf ihrem Gebiet veranlaßt – ähnlich wie dies auf einem friedlicheren Sektor durch das Schmuckbedürfnis der Frauen
geschah.

Ihnen wie ebenso den auf gutes Aussehen bedachten Männern dienten andere handwerkliche Berufszweige, die wir nur
kurz erwähnen möchten. Da war der Frisör, der die Ra-
suren vornahm und für die oft sehr anspruchsvolle Haar-
und Barttracht sorgte, oder der Seifen- und Salbenkoch
und Parfümmacher, der Seifen, Salböle, Cremes und Ge-
sichts- und Augenschminken bereitete. Er verwandte dazu
Pflanzendüfte wie Myrrhe, Zypresse, Zeder oder Safran und
stellte mit seinen Künsten schon in früher Zeit die sumerischen
Konsumenten und Kundinnen zufrieden. Zu den Handwer-
kern zählte auch der als Chirurg tätige Arzt, von dem einige
Paragraphen des Hammurabi-Gesetzes handeln, während die
Innere Medizin – wir kommen auf sie in unserm Kapitel
über die Wissenschaften zu sprechen – als Wissenschaft
geachtet wurde.

Nur aus Geheimrezepten der Zeit um 1700 hören wir von
der Glasbereitung (Glas selbst ist schon früh durch einen
Fund in Eridu und später mit einer Vase der Zeit Sargons II.
belegt), während die in mittel-, neuassyrischer und neubabylonischer Zeit in großen Wandbildern hervortretende Email-
ziegeltechnik mit ihrer eindrucksvollen bunten Farben-
wirkung nach den einzelnen Arbeitsgängen – leichtes Brennen

der geformten Ziegel, Aufsetzen der Konturen mit schwarzen Glasfäden, Auffüllen der Felder mit den gewünschten Emailfarben und Nachbrennen – im Großen als bekannt gelten kann.

Im Gegensatz zu dem nach Zahl und Bedeutung hervorragenden Handwerk, einer der Hauptstützen von Wirtschaft und Staat, kann von einer Industrie nur in annäherndem Sinne und beschränktem Maße gesprochen werden. Das ist da der Fall, wo größere Arbeitermengen unter einheitlicher Aufsicht zur Schaffung des gleichen, massenmäßig hergestellten Produkts eingesetzt waren. Diese Voraussetzungen treffen in sumerischer Zeit für die Wollverarbeitung zu. Sklavinnen mußten hier die Wolle im Großbetrieb zupfen, kämmen, waschen und entfetten, andere die Fäden spinnen, während das Weben offenbar handwerklich erfolgte. Der Babatempel von Lagasch hatte einschließlich Kindern 115–140 solche Arbeiterinnen, und nach einer vorhandenen Liste war die produzierte Wolle so reichlich, daß 736 Tempelangestellte je 3 Minen (1500 g) Wolle erhalten konnten. In der sich entfaltenden Privatwirtschaft werden Tempel und Krone solche kleinen ›Fabriken‹ weiter betrieben haben, neben denen sich aber auch kapitalkräftige private Unternehmen einschalteten.

Da die sumerische Gemeinwirtschaft einen sehr großen Bedarf an Nahrungsmitteln, besonders an Mehl, hatte, dürfte auch die Einrichtung von Großmühlen zur Versorgung der Tempelleute anzunehmen sein. Wir kennen solche aus der Ur III-Zeit, und später können die immer mehr anschwellenden Haushalte der Höfe sich nur auf ähnliche Weise versorgt haben. Wir hörten von Assurnaßirpals Gastmahl, dessen über 60000 Teilnehmer gewiß einiges an Brot verzehrt haben dürften – Mengen, die nur im Großbetrieb herzustellen waren.

Weiter darf angenommen werden, daß der tägliche hohe Anfall an Fischen und sonstigem eßbaren Wassergetier weder im Tempel und Palast noch auf dem Weg über den Markt vom ›Normalverbraucher‹ stets sofort konsumiert werden konnte. Dann aber war die industrielle Form der Verarbeitung und Konservierung notwendig; das Ausnehmen, Dörren oder Pökeln und vielleicht auch Räuchern, das Vermahlen

der Trockenware zu Fischmehl oder das Pressen des Dörr-
fisches zu ausfuhrgerechten Blöcken geschah gewiß in entsprechenden Betrieben, von denen wir allerdings noch nichts
Näheres wissen. Ebenso entzieht sich unserer Kenntnis, ob
die große Nachfrage nach tönernem Gebrauchsgeschirr hier
und da zur Industrialisierung der Töpferei geführt hat; uns
scheint das aber nahezuliegen. Als Arbeitskräfte boten sich in
erster Linie Sklaven an, und in Zeiten, wo es diese zahlreich
gab, wird man sie gewiß an den betreffenden Plätzen eingesetzt haben. Die schablonenhafte Ausführung bestimmter
Siegelzylindertypen etwa in der Ur III- und altbabylonischen
Zeit und die Tatsache, daß Siegel ein offenbar sehr gefragter
Ausfuhrartikel waren, könnte schließlich darauf schließen
lassen, daß dieses – in seinen Spitzenleistungen unbedingt zur
Künstlerarbeit gehörende – Handwerk zeitweise zu einer Art
Kleinindustrie bastardierte. Auch das bleibt freilich vorerst
hypothetisch.

Fleiß, Begabung und Arbeitskraft einer Bevölkerung von
zunehmender Dichte, gänzliches Fehlen aller Werkstoffe
außer dem Lehm des Schwemmlandes und dem Rohr, demgegenüber in friedlichen Zeiten ein Übermaß an Nahrungsmitteln, Wolle und Fertigwaren, schließlich die zentrale Lage
zwischen indischem und Mittelmeerraum haben Mesopotamien seit der frühesten Zeit zum klassischen Land des Warenaustausches im Binnen- und noch betonter im Außenhandel
gemacht: Von der altsumerischen bis zur spätbabylonischen
Zeit spielt der Handel am Euphrat und Tigris eine bestimmende Rolle. Schnell erscheint das Silber als Mittel oder
Wertmaß des Warenaustausches oder der Entlöhnung neben
dem Tauschhandel. 1 Gur = 120 l Gerste oder Datteln =
2½ Schaffelle oder die Pacht für 1 Gan, d. h. 3600 qm
(knapp 1,5 Morgen) Ackerland erhalten in der mittelsumeri-
schen Zeit den Wert von 1 Sekel (8 g) Silber, womit eine
erste Währungsgrundlage geschaffen war. Das Silber kam
als Hacksilber in Barren oder in Ringen, Drähten und
flachen Plättchen, oft zur Sicherung von Reinheit und

Gewicht gestempelt, in Umlauf; die Silberwährung blieb
fast durchgehend die Grundlage. Kupfer diente daneben
seit alters als Scheidemünze, während Sanherib als erste
Geldstücke gestempelte Halbsekel aus Bronze in Umlauf
brachte. Das zuerst sehr unterschiedliche, da von den einzelnen selbständigen Städten geschaffene und zunächst zähe
festgehaltene Gewichtssystem vereinheitlichte sich zwangsläufig; ›königliche‹ Maße und vor allem die Normen der
Schamasch- (Sonnengott-) Tempel trugen hierzu wesentlich
bei. Jede Stadt hatte bald ihren Markt, auf dem der Produ-
zent seine Erzeugnisse anbot und auch der Überschuß mono-
polisierter Waren, insbesondere Fisch, angeboten und abgesetzt wurde. Vom König festgesetzte Maximalpreise versuchten einer Überteuerung entgegenzuwirken; die von
Hammurabi geforderte Beurkundungspflicht auch einfachster
Verkäufe sollte ein reelles Geschäftsgebaren fördern, daneben freilich wohl auch die staatliche Steuereinziehung erleichtern. Großkaufleute, Einzelhändler, Handwerker und
sogar Hausierer, die ihre kleine Warenauswahl am Tragjoch
durch Stadt und Land schleppten – von einem solchen scheint
in einem neuveröffentlichten sumerischen Sprichwort die
Rede zu sein –, wetteiferten um den Zuspruch der Kundschaft
und boten die mannigfachsten Waren zum Verkauf. Sklavenhandel als ausschließlichen Berufszweig scheint es jedoch
nicht gegeben zu haben.

Einzelfunde in Ägypten[14], Syrien, Kleinasien und Elam bezeugen schon für die Dschemdet Nasr-Zeit die Ausstrah-
lungskraft der sumerischen Zivilisation und ihrer Produkte,
und bald beginnen auch die Urkunden Auskünfte über die
Reichweite der Handelsunternehmungen zu geben. Die sumerische Dichtung ›Enmerkar und der Herr von Aratta‹,
deren Erinnerungen offenbar bis hoch ins 3. Jahrtausend zurückgehen, bezeugt Handelsverkehr mit den Gebirgsländern
im Norden; Urnansche von Lagasch holte um 2500 für seine
Tempelbauten vom Amanus Zedernbalken, die den Euphrat
hinabgeflößt wurden; in der Akkadzeit (2300) erscheinen als
Importstücke Siegel aus der Industal-Kultur von Harappa,
und Sargon rühmt sich, daß die Seeschiffe vom Persischen

Golf am Kai von Akkad anlegten. Ja, die Sage will sogar
wissen, daß schon damals kleinasiatische Kaufleute aus Kappadokien sich um den Schutz des mächtigen Gottkaisers be-
warben. Bezeugtermaßen bestanden im 19. und 18. Jahrhundert v. Chr. autonome altassyrische Handelskolonien bei
einigen kappadokischen Städten (s. S. 323, 329 ff.). Einen besonders eindrucksvollen Bericht seiner erfolgreichen Handelsunternehmungen überliefert uns um 2000 Gudea, der fromme
Stadtfürst von Lagasch; in den Maribriefen des 18. Jahrhunderts erscheint u. a. das syrische Chazor, die mächtigste Kana-
anäerstadt Palästinas zwischen Genezareth und Hulesee, als
Handelspartner. Eine sehr bedeutende Rolle für den Außenhandel in östlicher Richtung spielte die Insel Tilmun (*Bahrain*,
fast 1000 km von Babylonien entfernt) als Umschlagplatz für
den Warenverkehr von und nach Südarabien, Indien, Nord-
ostafrika und Ägypten.

Ein derart ›weltumspannender‹ Handel[15] erforderte ein
hohes Maß von Organisation und beträchtliche Investitionen.
Beides muß im 3. Jahrtausend seitens Palast oder Tempel geleistet worden sein. Die reisenden Kaufleute waren damals
Angestellte des Heiligtums oder der Krone, die von ihren
Auftraggebern ausgestattet und besoldet wurden und den
Gewinn ihrer Schiffs- oder Karawanenreisen oder die ein-
getauschte Ware nach genauer Aufstellung abzuliefern hatten.
Auch in der altbabylonischen Zeit rüstet wohl der Palast
noch solche Handelsexpeditionen selbst aus, behält sich aber
in jedem Falle die Aufsicht über den Außenhandel vor und
gibt ihm seine Direktiven. Daß schon damals kapitalkräftige
und unternehmungslustige Kaufleute auf eigene Faust auf
Handelsreisen gingen oder ihre Agenten ausschickten, geht
aus Paragraphen des Hammurabigesetzes hervor, die die
Rechtsverhältnisse solcher Geschäftsreisenden – etwa bei
Totalverlust der Waren durch Raubüberfälle – festlegten.

Wer immer aber der Auftraggeber war – der Kaufmann
reiste unter dem Schutz des Königs, und es muß schon sehr
früh internationale Übereinkommen gegeben haben, die den
Fernhandelskarawanen und -flotten in den aufgesuchten Gebieten Sicherheit gewährten. Natürlich waren dafür entspre-

chende Zölle an die jeweiligen Landesherren zu entrichten, und ihnen entgingen die Händler auch im Inlande keineswegs. Dafür kümmerte sich der König in Ur, Mari, Babylon oder Assur um das Ergehen seiner auf Auslandshandelsreise befindlichen Untertanen, unternahm notfalls durch seine Vertreter an dem betreffenden Hof oder durch eine Brieftafel eine Demarche zu ihren Gunsten[16] oder traf sonstige Maßnahmen. Babylonische Gesandte, die im Ausland Dienst getan hatten, benutzten oft die günstige Gelegenheit, mit Karawanen ihres Amtssitzes zu ihrem Hof zurückzukehren, wie wir das in den Maribriefen um 1700 einmal für nach Mesopotamien bestimmte Karawanen aus Chazor und aus Qatna am Orontes hören.

Welche Güter waren es, mit denen es dieser organisierte Fernhandel zu tun hatte? Zunächst der Export: Getreide, Sesamöl, Datteln und vielleicht auch gepreßter Trockenfisch gingen in die Bergländer des Nordens und Ostens und in die hungrigen Wüstengebiete des Südens, die auch für Schlachtvieh ständige Abnehmer waren, aber ebenso nach Tilmun und weiter in die Randländer des Persischen Golfs; Wolle, Stoffe und Gewänder waren offenbar überall absetzbar und wurden bis nach Syrien und Palästina hin verlangt, und ebenso dürfen wir annehmen, daß Keramik und – als Bindemittel – der am mittleren Euphrat gewonnene Asphalt sehr gefragt war. Alle Kulturländer der Nachbarschaft schätzten ferner die Erzeugnisse des babylonischen ›Veredelungshandwerks‹, vor allem die einzigartigen Siegelzylinder. Schließlich werden sich Parfüms, Cremes, Schminken und Schmuck des Zweistromlandes großer Beliebtheit bei der ausländischen Kundschaft erfreut haben. Zur Zeit der Kassiten gingen, um nur dies noch zu erwähnen, wohldressierte Wagenpferde – und daneben Lapislazuli – nach Ägypten.

Begreiflicherweise erfahren wir aus den Urkunden mehr über die eingeführten Waren. Nach beschwerlichem Landtransport schwammen Zedernbalken vom Amanus (östlich des Golfes von Issus), später vom Libanon[17] und Antilibanon den langen Euphratlauf hinab – Sargon II. hat in Chorsabad einen solchen Zederntransport auf Reliefs abbilden lassen;

Zypressen und andere Koniferen wurden aus den armenischen
Gebirgen herabgeflößt, Buchsbaum und Ebenholz aus Nubien geholt und allerlei weitere Hölzer in Tilmun ein-
getauscht. Hartsteine – ob ihrer Schwere vermutlich in der
Hauptsache auf den Schiffstransport angewiesen – kamen
aus den Gebirgsgegenden im Norden und Westen, aber auch
aus Südarabien und Nubien herein. Silber lieferte der Taurus,
Gold wurde aus den ägyptischen Bergwerken zwischen Nil
und Rotem Meer, aus Kleinasien und Indien bezogen, Kupfer
aus Zypern, Kleinasien, Elam und Oman herangebracht,
während die Herkunft des Zinns, das die Assyrer u. a. zu
ihren Handelsplätzen nach Kleinasien transportierten, noch
unklar ist. Eisen, für das die Hethiter bis zum Untergang
ihres Reiches geradezu ein Monopol hatten, wurde seit 1200
aus Kleinasien importiert.

Die mit wachsendem Wohlstand steigende Nachfrage nach
kostbaren Steinen – die sich übrigens nach moderner Unterscheidung in der Hauptsache als Halbedelsteine erweisen –
mußte z. T. auf noch längeren Handelswegen befriedigt werden. Der vielverlangte und auch weitergehandelte dunkel-
blaue Lapislazuli (Lasurstein) kam aus Afghanistan oder dem
Pamir; aus Indien brachten die Karawanen oder Kauffahrteischiffe den roten Carneol und die verschiedenfarbigen Berylle;
den bräunlichen Jaspis holte man vom Urmiasee, Bergkristall
aus Armenien und die bläulichen Türkise aus Ägypten, das
sie im Sinai gewann. Auch Perlen sind als Schmuckstücke
bereits bekannt gewesen; Mesopotamien erhielt sie vom Persischen Golf oder Roten Meer. Zu den importierten Luxus-
artikeln müssen wir des weiteren auch alle Arten von Spe-
zereien rechnen, die als Räucherwerk oder wohlriechendes
Salböl im Kult der zahllosen Tempel unentbehrlich, aber auch
im Königspalast und vornehmen Privathaus hoch geschätzt
waren. Hier seien Weihrauch, Myrrhe, Bdellium und Narden-
gras ebenso wie Zedern-, Zypressen- und Myrtenöl genannt.
Diese Kostbarkeiten, für die später die Römer der Kaiserzeit
Millionen ausgaben, wurden vermutlich in Südarabien eingehandelt.

Für Schmuck- und Gebrauchsgegenstände sowie als Einlage für Möbelstücke war Elfenbein sehr begehrt. Um 2000 wird es von Gudea erwähnt, und da der Umschlagplatz dafür Tilmun war, liegt nahe, für das Herkunftsland vorzugsweise an Indien zu denken. In der großen Zeit der Elfenbeinkunst, die mit Assurnaßirpal II. begann, kommt das Material – auf dem Umweg über Phönizien – offenbar aus Ägypten, das es selbst wiederum aus dem Süden empfing; die kleinen Restbestände syrischer Elefanten, die wir oben (s. S. 67) erwähnten, dürften als Elfenbeinlieferanten kaum mehr ins Gewicht gefallen sein. Fügen wir noch phönizische und ägyptische Bronzeschalen und edle Weine aus Syrien, z. B. aus Karkemisch oder Aleppo – meist in Originalkrügen – oder aus dem *Tur Abdin* (dem Gebirge von *Mardin* nördlich des Chaburdreiecks) hinzu, so können wir die Liste begehrter ausländischer Artikel, die der mesopotamische Importeur im Kopf oder auf seiner Keilschrifttafel haben mußte, abschließen.

Der Sklavenhandel schließlich war, wie wir schon andeuteten, keine Branche für sich, sondern wurde, was die Einfuhr ausländischer Sklaven betrifft, vom Fernkaufmann mitbetrieben. Die hellhäutigen, gesunden Sklaven aus Gutium (einer Landschaft am Oberlauf von Dijala und Kleinem Zab) waren besonders gefragt; übrigens mußte jeder Verkäufer eine etwa drei Monate gültige Garantie für die Gesundheit und zuweilen auch gegen das Weglaufen des Sklaven übernehmen. Die Preise für diese menschliche Ware – sowohl für neueingeführte als auch für im Lande ihren Besitzer wechselnde Sklaven und Sklavinnen – waren naturgemäß sehr unterschiedlich nach Geschlecht, Gesundheit, Alter, Schönheit und Geschicklichkeit; sie betrugen in der Akkadzeit 10–15 Sekel Silber, in der 3. Dynastie von Ur bis zu 55 für den männlichen, bis zu 10 Sekel für den weiblichen Sklaven, unter Hammurabi im Durchschnitt 20–25 Sekel, wobei aber auch Preise von 6 und 10 bis zu 90 Sekeln für den männlichen, 3 und 5 bis zu 58, 65 oder 84 Sekeln für den weiblichen Sklaven genannt werden. In der neuassyrischen und neubabylonischen Zeit liegt der Durchschnittspreis bei 50–60 Sekel; für einen geschickten Sklaven gab man auch deren 90, und einmal werden sogar 120 Sekel gezahlt.

300 Schaffelle

Welchen Gewinn ein so vielfältiger und weitgespannter Handel den Kaufleuten Sumers, Babylons und Assyriens einbrachte, läßt sich nicht abschätzen. Unmittelbar – als Unternehmer selbst – oder mittelbar – auf dem Wege der Steuer – nahmen die Könige und Fürsten an ihm teil. Der Ertrag einer geglückten Handelsexpedition in ferne Lande muß so groß gewesen sein, daß er Besteuerung und Zölle und sogar den gewiß häufig einzukalkulierenden Verlust durch Raubüberfälle und durch Untergang der Schiffe im Sturm immer noch bei weitem überwog. Nur so läßt sich der rege Handelsverkehr, der lediglich in schweren Krisenzeiten zum Erliegen kam, verstehen. Daß sich übrigens auch der Mensch des alten Zweistromlandes von Handelsgeist und Profitsucht der Kaufleute zuweilen abgestoßen fühlte, lehrt uns wohl das sumerische Sprichwort: »Ein kluger Sinn hält sich von Geschäften fern.«

Es kann andererseits kein Zweifel darüber bestehen, daß die auf Wochen oder Monate berechneten Handelsreisen den Kaufleuten schwere Strapazen aufbürdeten. Das Verkehrswesen war weit davon entfernt, in unserem Sinne ›geordnet‹ zu sein. Die Strecken dehnten sich nach jeder Himmelsrichtung – außer vielleicht dem weniger begangenen Süden, wo aber Nabuna'ids Expedition zur Oase Teima und sein langjähriger Aufenthalt dort erstaunliche Perspektiven eröffnet – fast ins Endlose. Da waren zunächst die Routen in westlicher Richtung. Ein Weg führte euphrataufwärts nach Mari, weiter auf der Wüstenpiste nach Qatna am Orontes und von da zu den Stätten an der syrischen Küste, die regelmäßigen Verkehr mit Ägypten hatten, während ein anderer von Mari nach Karkemisch und von dort entweder zum Orontes, in den zedernreichen Amanus oder noch weiter hinauf nach Kleinasien ging – beide Strecken, von Südbabylonien an gerechnet, über annähernd 2000 km. Von Assur aus hatten die Kaufleute nach Kültepe und Boghazköi eine Strecke zu überwinden, die allein in der Luftlinie 1200–1500 km ausmacht; sie mußten aber der begehbaren Wege und schiffbaren Flüsse halber

wahrscheinlich einen Riesenumweg über Nisibis – Charrān –
Karkemisch nach Kilikien machen, was die Entfernung noch
um etwa 300 km vergrößerte. Für den Südverkehr stand
ihnen eine Straße zur Verfügung, die von Assur über Palmyra, Damaskus und Transjordanien zum Golf von Akaba
und von da nach Ägypten führte. Die Nordrouten folgten
dem Tigris und Großen Zab flußaufwärts ins Holz- und Stein-
land Armenien – von Babylon gerechnet 1100 km – oder am
Dijala entlang über den *Taq-i-Geira* (die ›Tore des Zagros‹
des Alexandriners Ptolemäus) nach Gutium (800 km) und
Westiran-Hamadan (1000 km). In nordöstlicher Richtung
führte die beschwerliche Straße über Hamadan durch Chora-
san nach Buchara – über 2500 km.

Für Handelsunternehmungen in den kommerziell überaus
wichtigen Südosten bot sich die bequemere Schiffsreise,
dafür verdoppelten und verdreifachten sich aber die Ent-
fernungen. Der Seeweg von Ur bis ins Rote Meer belief sich
auf mindestens 4000 km; da es sich bei den sumerischen
Kauffarteischiffen aller Wahrscheinlichkeit nach um dhau-
artige Barken, einmastige Rahsegler, gehandelt hat, die Routen
zudem in Küstennähe blieben, dürften solche Schiffsexpedi-
tionen Monate gedauert haben. Durch den Persischen Golf
fuhr der Überseekaufmann über die Umschlagplätze Failaka
(vor der Küste von Kuwait) und Bahrain nach Oman, Persien, Indien und Ceylon oder um die Arabische Halbinsel
herum nach Hadramaut, Jemen, Somaliland und hinein ins
Rote Meer, wo er den Anschluß nach Ägypten erreichte.
Seine weiten Ziele und die bezeugtermaßen heimgebrachten
Frachten lassen darauf schließen, daß Sumers Seeleute ihr
Handwerk beherrschten. Sie mußten etwas von Passat und
Monsun verstehen, wußten mit ihrer einzigen Rah hoch am
Winde zu segeln und beherrschten zweifellos die Technik,
nach Luv Raum zu gewinnen. Die noch heute lebendige,
weiträumige arabische Dhau-Segelei ist die legitime Erbin
ihrer seemännischen Erfahrung und Kunst, die natürlich
auch die umfangreiche Rand- und Flußschiffahrt im mesopotamischen Binnenland befruchtete.

Wo der Landweg unvermeidlich war, folgte er dem gang-

baren Gelände und war vielleicht von gröbsten Hindernissen
gereinigt und durch Wegezeichen markiert. An den zahlreichen Flußübergängen standen, wo eine Durchfurtung
nicht anging, Fähren zur Verfügung. Auf wasserarmen
Strecken mögen Brunnen angelegt und da, wo es der räube-
rischen Bevölkerung wegen notwendig schien, Forts zur
Sicherung der Handelswege errichtet worden sein. Nirgend
aber gab es ausgebaute Straßen im modernen Sinne. Schwer-
fällige esel- oder ochsenbespannte Karren trugen Ware, Pro-
viant und Ausrüstung, weitaus häufiger aber wurden Esel
(und später wohl Maultiere) als Tragtiere benutzt. Auch im
Zweistromlande selbst gab es außerhalb der Stadt kaum
Straßen, deren Benützung mindestens in Babylonien ohne-
dies durch die ständig zu überquerenden Wasserläufe jeder
Breite nur auf kurze Strecken möglich war; die zwei- und
vierrädrigen Karren, die wir durch Tonmodelle aus Tepe
Gawra schon für die Dschemdet Nasr-Zeit bezeugt finden,
folgten, wie später die leichteren pferdebespannten Wagen,
einfach den Spuren der früheren Benutzer. Da Brücken vollständig fehlten, hatte auch der Fußgänger bei Fehlen einer
Furt seine Not mit der Überquerung der Flüsse und Kanäle:
Er bediente sich dazu eines aufgeblasenen Schaffells, auf das
er sich mit dem Oberkörper legte. Auf diese Art haben oft
ganze assyrische Regimenter Flußüberquerungen durchgeführt, wie uns Reliefbilder erzählen.

Ersatz für das mangelnde Straßensystem boten die Flüsse
und ungezählten schiffbaren Kanäle, die in der Tat ein vor-
zügliches Verkehrsnetz darstellten. Sogar Elams Hauptstadt
Susa war vielleicht auf dem Kanalweg erreichbar. Fluß- und
kanalaufwärts – und auf Kanälen mit stehendem Wasser in
beiden Richtungen – wurden die Guffen und Flöße (diese oft
durch aufgeblasene Schafhäute noch tragfähiger gemacht)[18],
die Schilfboote, Kähne und Barken gestakt, gerudert, ge-
treidelt oder gesegelt; abwärts überließ man sich gern der
Strömung und bediente nur die Steuerung, die sich in Form
eines großen Ruders am Heck des Schiffes befand, nutzte
aber zusätzlich auch den – meist aus NW wehenden – achter-
lichen Wind zum Segeln aus. In den Städten gab es Anlege-

stellen und Kais, die das Ein- und Ausladen erleichterten.
Auch was das Verkehrswesen betrifft, haben somit Euphrat
und Tigris dem Lande, das sich nach ihnen nennt, ihren
Stempel aufgeprägt.

25. Jan. 96

IV

KÖNIGTUM, BEAMTENSCHAFT
UND VERWALTUNG

»Als das Königtum vom Himmel herabstieg, war das
Königtum in Eridu«, so beginnt die großangelegte Sumerische Königsliste[1] und sagt weiter, daß diese Institution nach
der Flut erneut erschienen sei und in Kisch Wohnung genommen habe. Zuvor aber lagen Zepter, Binde, Tiara und
Hirtenstab ›vor Anu‹.

Mit schlichter Selbstverständlichkeit wird damit seitens der
sumerischen Historiker – denen noch in der Spätzeit Berossos
mit seiner Dynastienliste folgt – die monarchistische Staatsform als die einzig bekannte, gottgewollte und vom Ur-
beginn der Zeiten an bestehende dokumentiert, und in der
Tat läßt sich trotz entsprechender Versuche einiger amerikani-
scher Gelehrter keine ernstzunehmende Spur einer ›primitiven Demokratie‹ im alten Sumer auffinden. Gilgamesch befragt zwar im Epos ›Gilgamesch und Agga von Kisch‹
Ältestenrat und Bürgerversammlung, tut aber dann mit
Selbstverständlichkeit das, was er sich vorgenommen hat[2],
und das Konzil der sumerischen Götter spiegelt nicht demo-
kratische Ordnungen des Landes wider, sondern ist das
zwangsläufige Ergebnis einer Systematisierung des Pantheons, die mit der Großreichbildung und dem Nebeneinander der ursprünglich autarken Stadtgötter notwendig
wurde. Das Königtum als ausschließliches und allgemeingültiges Ordnungsprinzip erscheint als ein Geschenk des
Himmels; Perioden des Interregnums stehen immer und
allenthalben im Verruf der ›kaiserlosen, der schrecklichen

Zeit‹. Naturgemäß haben sich Form, Wirkungskreis und
innerer Gehalt des Königtums im Verlauf der zweieinhalb
Jahrtausende altvorderasiatischer Geschichte erheblich gewandelt; sein transzendenter Ursprung und die göttliche
Berufung des Herrschers sind jedoch niemals angezweifelt
worden.

Der frühest greifbaren Erscheinungsform des Herrschers an
den zwei Strömen, dem Ensi Altsumers, sind wir bereits
bei der Betrachtung der sumerischen Tempelstadt (s. o. S. 47)
begegnet. Wie sich das Amt dieses Repräsentanten einer absoluten Theokratie herausgebildet hat, entzieht sich unserer
Betrachtung. Ein erst in der Ausgrabungskampagne 1958/59
in Warka gefundener Statuettentorso, der wahrscheinlich
noch in die letzte Urukzeit zu datieren ist und dann die früheste uns bekannte altmesopotamische Vollplastik eines
Menschen sein würde, stellt uns einen dieser frühen Herren
von Uruk vor. Das volle Haar mit über dem Nacken eingerollten Schopfe wird von einem Stirnband gehalten, der
Vollbart ist gleichmäßig quergelockt, ein sprechender Mund
belebt das Gesicht, die Hände liegen mit vorgestrecktem
Daumen, aber ohne sich zu berühren, vor der Brust. Ganz
ähnlich zeigen Rollsiegel und Reliefs der Dschemdet Nasr-
Zeit den Ensi: Da werden ihm in Fesseln hockende, mit
Schlägen traktierte Kriegsgefangene vorgeführt, der Sieger
zeigt sich in knielangem Rock, auf den mit der Spitze nach
unten gehaltenen Speer gestützt; auf der Jagdstele von Uruk
legt er, straff gegürtet, seinen Pfeil auf den mächtigen Bogen
und streckt einen anspringenden Löwen nieder oder wehrt
ihn mit dem Speer ab, und die Kultvase aus Uruk setzt ihn
an die Spitze einer Prozession, die vor der Göttin Inanna erscheint – nur die von einem Diener getragene Schleppe seines
Kultgewandes ist hier freilich erhalten. Der Ensi ist Herrscher
kraft göttlichen Rechtes, gleich den Kalifen des Islams Statthalter Gottes auf Erden und von ihm erwählt, Priester und
Fürst in einer Person: Hier liegen die Wurzeln jenes *Rex
dei gratia*, deren letzte Triebe bis in unsere Zeit hineinreichen.
Er ist der ›Herr‹ schlechtweg – und das sumerische *En*
›Herr‹ erscheint in der Tat – mit offenbar betont geistlichem

Inhalt – als Titel etwa des Fürsten von Uruk-Kullaba. Das Amt ist erblich, und die einwandernden Sumerer brachten diese theokratisch-monarchische Ordnung mit; der Ensi geht nicht etwa aus der Tempelstadt hervor, deren freie Bürger ihn – wie angenommen worden ist – aus ihrer Mitte unter dem beherrschenden Einfluß der Priester des Stadtgottes gewählt hätten, sondern er ist der Begründer der Tempelstadt im Auftrage seines Gottes, und Usurpatoren wie etwa Lugalzaggesi legen größten Wert darauf, den Besitz der für das Herrscheramt notwendigen Priesterwürde nachzuweisen.

So ist der Herr des Stadtstaates zwar nicht göttlichen Ranges, aber gottbegnadet und über die menschliche Sphäre hinausgehoben. Ob der mystisch-magische Ritus des *hieros gamos*, der ›Heiligen Hochzeit‹ vom Ursprung an in dieses Bild gehört, läßt sich nicht mit Sicherheit sagen, hat aber einige Wahrscheinlichkeit für sich; die Titulatur Eannatums von Lagasch auf der Geierstele ›geliebter Gemahl der Inanna‹ weist in der Mitte des 3. Jahrtausends auf ihn hin und läßt Rückschlüsse zum mindesten zu. Dann wurde die lebenspendende, Fruchtbarkeit bringende und das Jahr erneuernde Götterhochzeit an einem hohen kultischen Feste schon in der sumerischen Frühzeit stellvertretend vom Ensi und der Hohenpriesterin der weiblichen Stadtgottheit – diese war übrigens nicht selten mit der Frau des Ensi identisch – vollzogen und steigerte seine königliche und geistliche Würde.

Mit dem Zusammenschluß mehrerer Städte zu einem größeren Staatsgebilde wird aus der zunächst noch beibehaltenen Würde des Ensi der ›Groß-Ensi‹, wie sich Entemena und Lugalzaggesi nennen. Dann gewinnt der – vielleicht die irdische Seite der Königswürde stärker betonende – Titel *lugal* (›Großmensch‹) das Übergewicht und mindert den des Ensi zur Bezeichnung von Vasallenfürsten und Statthaltern herab. In der assyrischen Übersetzung *ischschakku* trägt ihn so die Reihe der frühen Fürsten von Assur (Ende des 3. Jahrtausends Vasallen des Ur III-Reiches), weiter Gudea von Lagasch und andere Stadtherren sowie die Beherrscher des osttigridischen Eschnunna am Dijala und die Fürsten von Larsa und Susa.

Königspaläste abseits der Tempel des 27. Jahrhunderts in Kisch und Eridu, die Schiedsrichterrolle Mesilims, ›Königs von Kisch‹, im Grenzstreit Lagasch – Umma, die epischen Kämpfe Enmerkars von Uruk gegen das iranische Aratta oder Gilgameschs gegen Enmebaragesi bzw. Agga von Kisch und die Gegenüberstellung des Königstitels gegen den des Ensi von Adab auf Mesilims Streitkolben, schließlich die Titelhäufung bei Eannatum von Lagasch und seinen Nachfolgern – all das läßt noch vor der Mitte des 3. Jahrtausends einen Strukturwandel des Königtums gewahr werden. Es mag sein, daß er sich noch eher angebahnt hat und in einer frühen Oberherrschaft des ›Herrn von Uruk‹ vorgebildet ist, doch bleibt das hypothetisch. Gewiß aber ist, daß sich im stets stärker semitisch besiedelten Kisch eine Konzentration der Macht vollzogen hat – weshalb denn auch Sumers Historiker als ›erste Dynastie nach der Flut‹ die von Kisch nennen. Aus dieser Oberherrschaft über eine Reihe von vermutlich nur locker gebundenen Vasallen hat sich binnen eines Jahrhunderts ein sumerisches Großkönigtum entwickelt, dessen Träger ihren bezeichnenden Titel von dort entlehnen und sich gern ›König von Kisch‹ nennen, auch wenn sie nicht in dieser Stadt regieren – wie das etwa Mesannepadda von Ur tut. Wenn wir oben (vgl. S. 55) das Aufkommen der eigenständigen Palastwirtschaft als einen ›Säkularisierungsprozeß‹ erkannten, so bedeutet das nicht, daß die Könige nun auf ihre göttliche Berufung geringeren Wert legten: Im Gegenteil führt die Oberherrschaft über mehrere Städte oder gar über ganz ›Sumer und Akkad‹ vielmehr zu einer Häufung religiöser Titulaturen. Der Oberkönig ist jetzt nicht allein vom Gotte seines eigenen Tempels erwählt, sondern ebenso von denen der anderen ihm untergebenen Orte berufen, und die Summe aller Titel macht nun eine dreifache Aussage: sie erhellt die gesteigerte Würde des Fürsten, der Schoßkind, Zögling, Statthalter, Liebling aller genannten Gottheiten ist, betont die Frömmigkeit des Titelträgers, der den Göttern aller seiner Städte die schuldige Reverenz erweist, und notiert schließlich nüchtern seinen Herrschaftsbereich, der die Sitze der aufgezählten Götter umfaßt.

Da wir über Mesilim – der übrigens in der Forschung zuweilen mit Mesannepadda von Ur identifiziert wird – nur die erwähnte knappe Angabe besitzen und die Historizität einer Urkunde des Begründers und einzigen Vertreters der sog. Dynastie von Adab, Lugalannemundu, angezweifelt wird[3], da wir schließlich die Könige der 1. Dynastie von Ur (2500) fast nur nach der Pracht ihrer Gräber und einem Tempelbau in el-Obed kennen, ist Eannatum in der Tat der erste historisch einwandfrei greifbare Vertreter des sumerischen Großkönigtums vor der Akkadzeit. Die Reliefs der Geierstele[4] zeigen ihn – dem übrigens die spätere sumerische Geschichtsschreibung seltsamerweise den Königstitel verweigerte – zu Fuß und zu Wagen vor der speerstarrenden Phalanx seiner behelmten Truppe mit ihren hohen rechteckigen Schilden, aber auch bei der Bestattungszeremonie für die Gefallenen, während Ningirsu, Lagaschs kriegerischer Hauptgott, seine gefangenen Feinde im Netz zappeln läßt. Die Inschrift in formschöner Monumentalschrift berichtet von seinem Sieg über das rivalisierende Umma, über Elam, das ›staunenerregende Gebirge‹, über Ur, Uruk, Akschak (bei Seleukia am Tigris) und Kisch, womit ein eindrucksvoller, offenbar feudalistisch aufgebauter Machtbereich umschrieben wird.

Eannatums zweiter Nachfolger Entemena hat Mühe, die Vasallen beim Gehorsam zu halten, und bald nach seinem Tode scheint Kisch die verlorene Vorherrschaft zurückgewonnen zu haben. Wenn sich der letzte Fürst der Dynastie von Lagasch, Urukagina, gelegentlich statt Ensi König nennt, so kann das nicht darüber hinwegtäuschen, daß dieser wirtschaftlich so tüchtige und innenpolitisch zielbewußte Reformer, der seinen Vorgänger Lugalanda vom Thron stieß, nun seinerseits den Status eines Vasallen hat.

Vasall wie Oberherr freilich erlitten das gleiche Schicksal und mußten einem Mächtigeren weichen. Der Ensi der mit Lagasch seit alters verfeindeten Nachbarstadt Umma namens Lugalzaggesi unterwirft sich in rigoroser Kriegsführung ganz Mesopotamien und darüber hinaus auch das Land bis zur syrischen Küste, so daß er fünfzig Ensis als seine Vasallen nennen kann. Wohl in Anknüpfung an die uralte Führerrolle

Uruks richtet er hier seine Residenz ein und folgt den sumerischen Traditionen auch darin, daß er sich nun als Reinigungspriester des Himmelsgottes An in den Klerus von Uruk ein-
reihen läßt. So hat er zur Macht auch die nötige geistliche
Würde, und seine umfangreiche Titulatur weist ihn als legitimen Herrscher Groß-Sumers ›vom unteren bis zum oberen
Meere‹ aus. Er nennt sich »König von Uruk, König des Landes (Sumer), Priester des An, ›Erhabener‹ der Nisaba, Sohn
des Bubu, des Ensis von Umma, des ›Erhabenen‹ der Nisaba,
der vom ›König der Länder‹ getreulich Angesehene, Groß-
Ensi des Enlil, begabt von Enki, beim Namen genannt von
Utu, Oberminister des Sin, Statthalter des Utu, Versorger der
Inanna, von Nisaba geborener Sohn, mit heiliger Milch ge-
nährt von Ninchursanga . . .«. Der also Erhobene und mit den
Göttern des Landes Verbundene entzieht sich jedoch auch der
Pflicht nicht, sein Reich gut zu verwalten und ihm Frieden zu
verschaffen, und betont in seiner Inschrift, daß er die Länder
habe ›in Sicherheit wohnen lassen‹ und sie mit ›Wassern der
Freude‹ versorgt seien. Sein am Schluß des Textes an Enlil
gerichteter Wunsch: »Das gute Schicksal, das die Götter mir
bestimmt haben – mögen sie es nicht verändern!« freilich
erfüllte sich nicht; er endete tragisch, und mit seinem Sturz,
den Sargon von Akkad um 2350 herbeiführte, fiel der letzte
Groß-Ensi und *lugal* alter Art, der in ungebrochener Tradition als Stellvertreter der Götter – nicht aber selbst vergöttert –
amtiert hatte.

Denn wenn auch das Sumertum mit Gudea von Lagasch,
Utuchengal von Uruk und der 3. Dynastie von Ur noch eine
Renaissance erleben sollte, so liegen dazwischen zweihundert
Jahre fremden Wesens und fremder Einflüsse – die Besetzung
des Thrones zunächst durch die Dynastie des Semiten Sargon,
danach durch die barbarischen Gutäer aus den Gebirgen des
Nordens, das Hervortreten neuer Götter, das Aufkommen
des Akkadischen als Schriftsprache und vor allem eine andere
Konzeption des Königtums selbst. Die Akkadkaiser – sie
geben sich in ihrer zentralisierten Regierung, ihrem univer-

salen Machtanspruch und ihrer Haltung durchaus imperial und verdienen daher diesen Titel – bleiben nicht mehr bloße Sachwalter der Götter: Sie sind selbstherrliche Gebieter aus eigener Kraft. Sargon[5] – ehemals Mundschenk, also hoher Hofbeamter des letzten, von ihm entthronten Königs von Kisch – gründet sein Reich nach glorreichem Sieg über Lugalzaggesi und dehnt es im Westen bis nach Syrien und zu den Randgebieten Kleinasiens, im Osten bis nach Elam, Tilmun und den Osttigrislanden aus. Aber die neue Schöpfung steht und fällt mit der Macht und der Fähigkeit ihrer Herrscher und der kriegerischen Kraft ihres anders bewaffneten und auf neue Art kämpfenden Heeres. Sargon errichtet denn auch seinen Thron nicht in einer der traditionsbeladenen, siebenhundertjährigen Städte Sumers, etwa in Uruk, Ur oder Kisch, sondern gründet sich in Agade-Akkad eine glänzende eigene – bis heute leider noch nicht wiederentdeckte – Residenz, auch damit das absolut Neue seines Herrschertums proklamierend.

Sargons Enkel Naramsin tut dann den entscheidenden, von einem Sumererkönig bisher nie gewagten Schritt, sich – vielleicht nach dem Vorbild der Pharaonen des Alten Reiches – als göttlichen Weltherrscher zu proklamieren. Er läßt das Gotteszeichen vor seinen Namen setzen und offenbar auch aussprechen, wird ›Gott von Akkad‹ oder auch ›der mächtige Gott von Akkad‹ genannt, legt sich den anscheinend aus dem benachbarten und nun unterworfenen Elam stammenden Titel ›der Starke‹, ›der Held‹ zu und bezeichnet sich, wie vielleicht schon einmal Lugalannemundu von Adab vor ihm, als ›König der vier Weltgegenden‹. Sein Name wird bis tief nach Kleinasien hinein zur Legende, und die altbabylonischen Omina nennen ihn mit scheuer Achtung ›den, der die Welt unterwarf‹. Ein gewiß alsbald inaugurierter Kaiserkult soll das Reich auf einen einheitlichen Nenner bringen, mächtige Pfalzen wie die in *Tell Brak* wiederaufgedeckte müssen die Herrschaft sichern. Nur im altehrwürdigen Sumer bleibt die Ensi-Organisation der Vasallenstädte bestehen, während überall sonst Prinzen als Statthalter, Prinzessinnen als Hohepriesterinnen amtieren und ausschließlich vom Kaiser abhängige Beamte und ein stehendes Heer den Staat stützen.

Naramsins 2 m hohe Kampfstele bekleidet ihn mit der göttlichen Hörnerkrone und verleiht ihm auch die überragende Größe einer Gottheit; Nachbildungen dieses Monuments wurden als Herrschaftsmarken offenbar an mehreren Plätzen seines Reiches aufgestellt: Man fand eine solche, auf der Naramsin in Lebensgröße erscheint, sogar an einer Felswand bei *Darwand-i-Gawr* an den ›Toren Asiens‹ in Südkurdistan[6].

Naramsins Sohn Scharkalischarri, der ihn nach 37 Regierungsjahren beerbt – er trägt wie Sargon einen programmatischen Thronnamen, der ›König aller Könige‹ bedeutet – nennt sich gleichfalls ›Gott‹, aber unter ihm beginnt nach kaum eineinhalb Jahrhunderten des Bestehens Sargons Reich zu zerbröckeln, und die große Konzeption eines altakkadischen Kaisertums verblaßt und vergeht. Indes ist sein Nachhall im Gottkönigtum der Fürsten von Ur III noch einmal spürbar. Der späten Nachwelt aber blieb als überwältigendes Zeugnis einer mächtigen, die Welt ihrer Zeit aus den Angeln hebenden Idee jenes majestätische Kupferhaupt erhalten, das in Ninive wiedergefunden wurde und aller Wahrscheinlichkeit nach ein echtes Porträt Sargons von Akkad darstellt.

Kämpfe um den seines geistigen Gehalts beraubten Thron und, durch sie heraufbeschworen, die Fremdherrschaft der Gutäer verdunkeln für zwei Jahrhunderte das Bild der altmesopotamischen Könige. Das Ensitum der alten Art entbehrte in dem nun wieder zu rivalisierenden Stadtstaaten auseinandergefallenen Lande der Zugkraft, ob sich auch fromme Fürsten wie Gudea von Lagasch bemühten, ihm neues Leben einzuhauchen. Denn nun stand neben Sumer das stark semitisierte Land Akkad weiter im Norden mit seiner durch die Gutäer nicht ausgelöschten eigenen Tradition, und wer über Babylonien herrschen wollte, mußte die Synthese finden. Sie gewonnen zu haben, ist das Verdienst der 3. Dynastie von Ur, insbesondere ihrer beiden ersten Herrscher Urnammu und Schulgi (um 2000).

Ihre Königsidee erscheint auf den ersten Blick von Naramsin und Scharkalischarri entlehnt. Wieder begegnen die Titel

›Held‹ und ›König der vier Weltgegenden‹, und wie Sargon
von Akkad Ischtar Anunîtu als seine Mutter nannte, so Urnammu, der Begründer der Dynastie, die Göttin Ninsun von
Uruk, deren berühmter Sohn Gilgamesch damit Utuchengals
›Bruder‹ wird. Utuchengals Sohn Schulgi übernimmt dann
auch die Deïfizierung der Akkadkaiser, und die weiteren Ur
III-Könige sind ihm darin gefolgt. Diesen Gottkönigen
von Ur werden nun Tempel gebaut, Hymnen preisen
Schulgi und Schusin als Götter, und ›Gottesbriefe‹ mit Bitten
an sie sind uns erhalten. Rollsiegeldarstellungen zeigen diese
Fürsten in der sog. ›Einführungsszene‹ als thronende Gottheiten, die ihre Bittsteller empfangen. Ihr Staat ist ständisch
gegliedert wie der Sargons, und ihre Beamten sind allgegen-
wärtig.

Bei näherem Zusehen aber verändert sich das Bild. Die
›Könige von Sumer und Akkad‹, wie ihr neugeschaffener
Titel lautet, sind keine harten Krieger, sondern eher eifrige
Werkleute der Götter nach altsumerischer Art, die allenthalben im Lande die verfallenen Tempel der Götter Sumers
neu errichten und den Reichtum einer wiederaufblühenden
Wirtschaft in prachtvoll aufragende Tempeltürme verbauen;
schon Urnammu hat in einer fast 3 m hohen, leider sehr zerstörten Stele diese hervorstechende Tätigkeit wie ein Programm darstellen lassen. Sie sind aber ebensosehr genaue
Administratoren, die den riesigen, auf den Palast zentralisierten Staatshaushalt[7] mit peinlicher Sorgfalt führen. Und
was nun ihre Vergöttlichung betrifft, so ergibt sich, daß es
mit dieser eine andere Bewandtnis hat als in Akkad – wenn
auch jenes Vorbild mitgewirkt haben mag. Jetzt nämlich
hebt sich jener wahrscheinlich schon in der Ur I-Zeit und vielleicht noch früher geübte Ritus der Heiligen Hochzeit deutlicher ab. In einem großen kultischen Mysterium wird der
König von Inanna, der Fruchtbarkeits- und Liebesgöttin –
oder von einer anderen weiblichen Gottheit ihrer Art, etwa
der Baba in Lagasch oder der Ningal in Ur, die jeweils durch
ihre Hohepriesterin vertreten sind –, umfangen; er ist ›Bräutigam‹ und ›Buhle der hohen Herrin‹ und tritt also damit in
die Rolle des Dumuzi-Tammuz, des mythischen Geliebten

der Inanna, des ›Hirten‹ und ›Herrn von Uruk-Kullaba‹, ein. Bezeichnenderweise werden die Könige von Ur III und Isin einmal im Anschluß an eine Liste der Tammuzgestalten aufgeführt; Schulgi von Ur rühmt sich, das heilige (Hochzeits-) Mahl ›mit seiner Braut, der Jungfrau Inanna, der Königin der Wonnen im Himmel und auf Erden‹ eingenommen zu haben, und sein zweiter Nachfolger Schusin wird von zwei Priesterinnen des Inannaheiligtums Eanna in Uruk als sakraler Gatte bezeichnet, ist überdies der Adressat einer Liebesdichtung, die eine dieser beiden Tempelfrauen an ihn richtete[8]. Durch diesen – real oder symbolisch vollzogenen – kultisch-mystischen Hochzeitsakt, der auch bei Gudea genannt wird, und nicht durch schlichte Selbstdeïfizierung wird der König als Gemahl der Göttin selbst zum Gott und lebenserhaltenden Heilbringer des Landes, dem nun kultische Verehrung zusteht. Die Dynastie von Isin, die – westsemitischer Herkunft – der von Ur III folgte, konnte sich zwar machtmäßig mit jener in keiner Weise mehr messen, hielt aber gerade darum und zum Beweis ihrer Legitimität an den genannten Bräuchen fest. Der Gott-Titel ist ferner von vier Königen Larsas bis gegen 1700 v. Chr. beansprucht worden, und sogar einige wenig bedeutende Fürsten von Eschnunna, Malgium, Karchar und Dêr haben ihn übernommen – letzte Erben nun bereits fast verschollener sumerischer Traditionen, die dann nur noch einmal bei gewissen Kassitenfürsten nachklangen.

Das ›amoritische‹ Westsemitentum, das von 1950 v. Chr. an in Isin und Larsa, Mari und Assur, Babylon und anderen Städten die Herrschaft der 3. Dynastie von Ur ablöste, ist, wie wir sahen, ohne Zögern in die Königstraditionen des späten Sumer eingetreten. Diesen aus der Wüste kommenden Beduinenscheichs fehlte zunächst jede umfassende Herrscherkonzeption; der einzige ihnen geläufige Titel – *abu* (›Vater‹, ›Scheich‹) – klang wenig eindrucksvoll, und so beeilten sie sich in ihrem Streben nach Legitimierung, die mit den sumerischen Thronen verbundenen Vorstellungen und Titel auf ihre eigene Person zu übertragen. In der Tat bedarf es zweier

Jahrhunderte, ehe die neue Herrscherschicht ihre eigene Form findet und sich ihres Wertes bewußt wird. Dann aber treten gleichzeitig mehrere Persönlichkeiten von Format auf die geschichtliche Bühne, die im Mit- und Gegeneinander einen neuen Typ des Königtums prägen. Diese Souveräne des 18. Jahrhunderts v. Chr. sind Rimsin von Larsa, Schamschiadad I. von Assur, Zimrilim von Mari und als größter – ein Herrscher von weltgeschichtlichen Maßen – Hammurabi von Babylon. Außer Rimsin sind sie alle durch eine große Zahl von Verwaltungsbriefen ausgewiesen, die sich in den Archiven von Sippar, Larsa und Mari erhielten und uns nun ein konturenreiches Bild ihres Wirkens vermitteln.

Lesen wir diese aus den königlichen Kanzleien stammenden Urkunden einer straff zentralisierten Administration, so sehen wir, daß hier alle Bereiche der Regierung – Kult- und Rechtspflege, Finanz- und Steuerwirtschaft, Verwaltung und Beamtentum, Heerwesen, öffentliche Arbeiten, Handel und Gewerbe, Ackerbau und Viehzucht – mit gleicher Gewissenhaftigkeit und Energie erfaßt werden. Hier ist echte (wenn auch gewiß nicht überall selbstlose) Fürsorge für Land und Volk zu spüren. Der neue Herr Assurs – in erster Linie gewiß Soldat – kümmert sich um Karawanen und Handel, siedelt Nomaden an und läßt Pflüge in großer Zahl herstellen, sorgt für Baumpflanzungen und sichert mit harter Hand die Ruhe des Landes, dabei mit Lob und Tadel seine als Vizekönige eingesetzten Söhne dirigierend. Rimsins sechzigjährige Regierung über Südbabylonien bedeutet eine Zeit der Rechtssicherheit und Wirtschaftsblüte, die Hammurabi offenbar als Vorbild diente; Zimrilim von Mari läßt sich über die Fragen der Wasserwirtschaft genau unterrichten, sorgt für den Kanalbau und überwacht die Landwirtschaft, wobei ihm Ernte- und Schafschurergebnisse ebenso wichtig sind wie die Abwehr von Seuchen oder Heuschreckenschwärmen. Vor allem aber ist es Hammurabi (1728–1686), dessen rund 150 uns erhaltenen Briefe zusammen mit denen seiner hohen Beamten ein überwältigendes Bild seiner unermüdlichen, von einer strengen Gerechtigkeit diktierten und allein der Wohlfahrt seines Reiches dienenden Regierungstätigkeit darbieten – ein

Bemühen, dem der große Fürst durch die Proklamierung
seines umfangreichen Reformgesetzes die rechtliche Stütze zu
geben versuchte[9]. Haben wir hier das erste Beispiel eines
Rechtsstaates vor uns, in dem sogar die Klage ›gegen den
Palast‹ möglich war, so erfahren wir aus Hammurabis Bau-
inschriften und dem Rahmentext seines Gesetzes auch die
Motivierung dieser seiner Leistung: Enlil hat ihm die ›Völker
seines Landes zur Herrschaft übergeben und das Zepter über
sie verliehen‹, Schamasch vertraute ihm die ›friedliche Hege
Sippars und Babylons‹ an, und als Anu und Enlil dem Erst-
geborenen Eas, Marduk, ›die göttliche Herrschaft über alle
Menschen zuerkannten‹, da ›nannten Anu und Enlil mich,
Hammurabi, den demütigen, gottesfürchtigen Fürsten, mit
Namen, daß ich dem Recht im Lande Geltung verschaffe, den
Ruchlosen und Bösen vernichte und so der Starke den Schwa-
chen nicht bedrücke und daß ich wie die Sonne über die
Schwarzköpfigen (d. h. die Menschen) aufgehe und das Land
erleuchte‹. Ganz ähnliche Formulierungen finden wir im
Epilog seines Kodex.

Damit ist der Sinn und die Größe der neuen Königsidee
umrissen; in ihr erfüllt sich ein Titel, den sich schon Lugal-
zaggesi von Uruk und Gudea von Lagasch einmal gaben und
der auch bei dem letzten Fürsten von Isin, einem König von
Eschnunna und zwei elamitischen Herrschern begegnet:
Hammurabi sieht sich als ›Hirten der Völker‹, und der
Dienst an diesem hohen Amte ist zugleich Marduks, des neuen
Reichsgottes, Triumph. Mag Hammurabi aus Gründen der
Diplomatie und in kluger Rücksicht auf Priester, Tempel und
Volk die tönenden, traditionellen Titel des abgelaufenen
Jahrtausends übernehmen, sich zum ›König der vier Weltgegenden‹ krönen und hymnisch feiern lassen, aber zur Be-
gütigung des westsemitischen Bevölkerungsteiles auch den
Namen ›Scheich der Amurru‹ tragen – es dürfte sicher sein,
daß er die Riten der ›Heiligen Hochzeit‹ abgetan und sein
hohes Selbstbewußtsein ausschließlich auf sein Werk gegründet hat. Dies allein gibt ihm das Recht, sich ›König der Gerechtigkeit‹, der wie Schamasch ›das Land erleuchtet‹, zu
nennen. Ungeachtet des langen und mühsamen Weges vom

Duodezfürsten zum Herrn eines zentralisierten Großreiches, der ihm die Lasten und Nöte zahlreicher Kriege nicht ersparte, vermeidet er prahlerische Siegesberichte und erhebt die Gestalt des Friedefürsten zum Herrscherideal, und wenn seine Söhne und Enkel seine Größe nicht erreichen und die Geschichte seinem Werke keine Dauer verliehen hat, so ist doch gewiß, daß die Gestalt dieses großen Königs als Nacheiferung heischendes Vorbild durch die Jahrhunderte weitergewirkt hat, den Typ des babylonischen Königs prägte und in den bedeutenden Fürsten Nebukadnezar I. und II., Mardukapaliddin und Nabuna'id lebendig geblieben ist: Noch dieser letzte Herrscher Babylons bezeugt dem großen Vorfahren auf dem Mardukthron seine Achtung.

Die Stärke und formende Kraft dieses Vorbildes wird um so deutlicher, als Hammurabis Reich kaum ein Dutzend Jahre nach dem Tod seines Gründers zu zerfallen begann und Vorderasien alsbald für ein halbes Jahrtausend ganz neuen Einflüssen und fremden Herrschern unterworfen wurde. Jener grandiose Siegeszug, der 1531 v. Chr. den Hethiterkönig Mursili I. bis nach Babylon führte, war zwar nur ein Zwischenspiel, bewirkte aber, daß sich in dem nun entstandenen Machtvakuum die aus dem Kaukasus kommenden, schon lange auf eine solche Gelegenheit wartenden Kassiten festsetzten. Für 400 Jahre okkupieren ihre Könige den babylonischen Thron. Noch vor ihnen hat in Obermesopotamien eine schon seit der Akkadzeit vorhandene und damals sogar bereits zu Staatengründungen geschrittene Bevölkerungsgruppe gleichfalls armenischer Herkunft, die der Churriter, durch starken neuen Zuzug die Macht an sich gebracht und zwischen Chabur und Belich mindestens einen Staat von historischer Bedeutung – Mitanni – gegründet. Die in Waschukkanni residierenden Fürsten von Mitanni und ebenso einer der Kassitenkönige Babylons tragen arische (indoiranische) Namen; ihre Siege beruhen auf der neuen Waffe des pferdebespannten leichten Kriegswagens. Der König geht bei diesen Bergvölkern aus der zu Wagen kämpfenden Adelsschicht hervor und hebt

sich von ihr eher als *primus inter pares* denn als Autokrat ab;
mit ihr gründet er seinen Staat, in dem die Mitglieder der
Nobilität große Ländereien zu Lehen erhalten. Die Rolle
der Fremdherrscher in der Geschichte der altorientalischen
Monarchie – mangels ausreichenden Urkundenmaterials noch
nicht deutlich erkennbar – dürfte also einmal in einer Säkularisierung und damit einem gewissen Machtschwund des Königtums, zum anderen in der Ausbildung eines – derart in Altvorderasien bisher unbekannten – Feudalsystems zu erkennen
sein. Zahlreiche kassitische Grenzsteine (*kudurru*) bezeugen
die Schaffung solcher Lehensgüter, deren Verleihung zwar
den Adel an den Thron band, auf der anderen Seite aber die
Zentralgewalt schwächte und die kriegerische und wirtschaftliche Kraft des kassitischen Staates über kurz oder lang herab-
minderte. Auch die churritischen Edlen, *marijanni* genannt,
setzen sich in den eroberten Städten Ostkleinasiens, Syriens
und Palästinas fest, lösen sich vom Mitannireich und erreichen
völlige Selbständigkeit, und Mitanni selbst kann sich im
Widerstreit mit dem Hethiterreich im Westen und dem erstarkenden Assur im Osten, geschwächt zudem durch dynastische Streitigkeiten, nur etwa anderthalb Jahrhunderte behaupten. Die Kassitenkönige ihrerseits vergessen im Wohlleben des reichen Euphratlandes binnen kürzester Zeit ihre
Götter und damit ihre Traditionen und sogar ihre Sprache,
und es ist kaum mehr als eine leere Form, wenn sie sich noch
›Könige der Kaschschi‹ und ›Könige von Karduniasch‹ – wie
der kassitische Name Babylons lautet – nennen. Viel wichtiger
ist ihnen alsbald der Anschluß an die Überlieferungen des Landes, von denen sie unter Übergehung der westsemitischen
Zeit mit Vorliebe die sumerischen aufnehmen: Titulieren sie
sich doch als ›Könige von Sumer und Akkad‹ und gar als
›Könige der Gesamtheit‹. Als sich in der Mitte des 12. Jahrhunderts v. Chr. die sog. 2. Dynastie von Isin auf die national-
babylonischen Traditionen besinnt und die letzten schwachen
Kassiten verjagt, ist daher die Anknüpfung an die vorkassi-
tische Epoche offenbar leicht vollziehbar, und es bleibt aus der
Zeit der Kassiten und dem peripheren Zwischenspiel einer
elamitischen Eroberung Babels unter Schutruknachchunte I.

(um 1150) kaum eine Nachwirkung – es sei denn jene Praxis der Belehnung verdienter Gefolgsleute mit Grundbesitz, der sich etwa Nebukadnezar I. nach seinen Siegen über Nordstämme und Elamiter gern bediente.

Zwischen Mitanni und Kassiten, und weiter gegen aggressive Bergstämme und das Hethiterreich, behauptete sich durch die Jahrhunderte der von Schamschiadad I. gegründete Westsemitenstaat Assur, der seinerseits Erbe und Nachfolger eines sumerisch ausgerichteten Ensitums und dann durch churritische Zuwanderer regeneriert worden war. Hier, am mittleren Tigris, sollte sich im Verlauf von acht Jahrhunderten – etwa 1400–612 – und mit den einander ablösenden Hauptstädten Assur, Kalach und Ninive die stärkste Machtzusammenballung Altvorderasiens vollziehen und hier die prägnanteste, wenn auch nicht typische Form des mesopotamischen Königtums entwickeln. Ein Auseinanderfallen in Stadtstaaten, einen Kampf der einzelnen Landesteile gegeneinander hat es im Herrschaftsbereich des Gottes Assur nie gegeben; der assyrische König ist und bleibt der unangefochtene Vertreter des Stadt- und Staatsgottes, als dessen Ensi (*Ischschakku*) sich ebenso die altassyrischen Fürsten des späten 3. Jahrtausends wie Schamschiadad und seine Nachfolger bezeichnen. Daneben freilich führen sie unter Hinwendung zum Herrschergott Sumers auch gern den Titel ›Statthalter Enlils‹, und Schamschiadad I. gibt seiner neuen Residenz den Namen *Schubat-Enlil*, ›Enlils Wohnsitz‹. Als seit Assuruballit I. – um 1350 – der Ischakku-Titel von dem des Königs abgelöst wird und Adadnarari I. um 1300 die Titulaturen ›Mächtiger König, König der Gesamtheit‹ in Anspruch nimmt, bleibt dennoch diese einhellige Verbindung zum Gott Assur unangetastet bestehen. Sie gründet sich auf eine imperiale Theologie, nach der dem Gott Assur die Weltherrschaft zukommt und der Assyrerkönig in der göttlichen Ordnung der Dinge den heiligen Auftrag hat, als Substitut Assurs die Kriege seines Gottes zur Durchsetzung dieses Anspruches zu führen. Denn wer ›an Assur sündigt‹, hat das Urteil über sich selbst gesprochen. »Laßt singen mich«, so lesen wir, »vom

Triumph Assurs, des Gewaltigen, der da in den Kampf zieht und in aller Welt den Sieg erringt«[10]. Der Assyrerkönig greift zum Schwert, weil die Völker seinem Gott den schuldigen Tribut verweigern und die pflichtgemäßen Abgaben nicht zahlen. Er leitet Assur ehrfürchtig die Berichte über seine kriegerischen Maßnahmen und Erfolge zu – wie uns das Sargon II. für seinen berühmten 8. Feldzug im Jahre 714 exemplarisch vorgeführt hat, wie es übrigens aber schon 1000 Jahre früher Zimrilim von Mari für seinen Gott Dagan tat. Die gewaltigen Herrscher der mittel- und neuassyrischen Epoche können ausgezeichnete Organisatoren und umsichtige Verwalter sein, zeigen sich zuweilen sogar als Förderer von Wissenschaft und Künsten; dennoch sind und bleiben sie vorweg Eroberer im Auftrage ihrer gnadenlosen Götter; sie sind nie und nirgends Völkerhirten und Friedensfürsten, sondern vor ihnen gehen die apokalyptischen Schrecken von Krieg und Feuer, Marter und Tod her. Inschriften und Reliefs ergehen sich mit wahrer Leidenschaft in der Darstellung ihrer grausamen Taten – aber immer steht Assur (dessen Symbol, die Flügelsonne, auf den Bildern oft als sichtbares Zeichen der Begnadung über dem König erscheint) hinter dem Assyrerherrscher, und ihm dient der Fürst mit allen seinen Taten – selbst dann, wenn er in vollem Ornat und einem offiziellen Akt dem vor ihm knienden eidbrüchigen Vasallen eigenhändig mit dem Speer die Augen aussticht[11]. War das Ziel erreicht, waren die Lande Assur unterworfen, so sind von den assyrischen Herrschern teilweise großartige zivilisatorische und kulturelle Leistungen vollbracht oder inauguriert worden.

So vielgestaltig sich das altmesopotamische Königtum in Motivierung und Ausdruck zeigte, so stark bleibt dennoch die Verwandtschaft aller seiner Formen in gewissen grundlegenden Punkten. Zu allen Zeiten wird auf die Legitimität der regierenden Fürsten größter Wert gelegt und diese in königlicher Abstammung und göttlicher Erwählung gesehen. Usurpatoren schaffen sich künstlich einen Stammbaum oder berufen sich auf göttliche Herkunft[12]. Die Gottessohnschaft wird dementsprechend häufig betont, wie wir es angefangen von Gilgamesch und dem Akkadkaiser Sargon über Gudea, Lipitischtar, Hammurabi und den Kassiten Agukakrime bis hin zu Assurbanipal sehen; sie kann auch in Form der Adoption proklamiert werden. Alle diese Titulaturen wurden offenbar von den Tempeln verliehen und waren hochbegehrt, so daß es wohl auch dem sieggekrönten König nicht einfiel, sie etwa abzulehnen. Der legitime Thronerbe legte seinerseits auf seine ›Erwählung‹ durch die Götter, die zugleich eine Begabung mit Kraft und Verstand war, größten Wert; wir sahen, wie sich daraus ganze Titelreihen entwickelten, in denen der Herrschergott Enlil eine bevorzugte Rolle spielte. Später sind hierfür Marduk, Nabû, Assur oder Ischtar besonders beliebt, und Sanherib etwa erklärt, daß ihn ›die Königin der Götter vom Mutterleibe an zur Herrschaft bestimmt‹ habe. Die feierliche Inthronisation war der irdische Ausdruck der göttlichen Berufung und wurde an einem ›günstigen Tage‹ zunächst im Palast, dann im Tempel vollzogen. Wir kennen den Ablauf eines solchen – übrigens auf einem Freskogemälde des Palastes von Mari aus dem 18. Jahrhundert wiedergegebenen – Staatsaktes aus Assur: Der Thronerbe wurde im Palast feierlich eingekleidet und nahm dann offiziell auf dem Thron Platz, um die Huldigung von Hof, Heer und Volk zu empfangen; im Tempel erfolgte darauf die von Gebeten[13] begleitete Ölsalbung(?) und Krönung mit dem Königsreif, die Proskynese der anwesenden Großen und Hofleute und wahrscheinlich eine weitere Reihe von Gebets- und Opferriten. Die Neubelehnung der höchsten Beamten, Gratulationscour und der Empfang der ausländschen Gesandten schlossen sich an; in Babylon gab beim nächsten Neujahrsfest die Zeremonie des ›Ergreifens derHände Marduks‹ im Tempel Esangila dem Thronwechsel die letzteWeihe.

Eine große Sorge der Fürsten war jeweils die Sicherung der Nachfolge. Um sie zu beheben, wurde es im neuassyrischen Reich üblich, daß der regierende Herrscher selbst schon die Großen und Vasallen des Reiches auf den erwählten Kronprinzen vereidigte – ohne daß dadurch freilich Erbfolgekämpfe ganz ausgeschlossen wurden.

Solche, sei es durch Abkunft, sei es durch göttliche Berufung gesicherte Legitimität, deren überirdischer Ursprung während der altsumerischen Epoche noch durch das Wohnen des Fürsten im heiligen Tempelbezirk dokumentiert wurde, legte dem Herrscher zu allen Zeiten hohe Pflichten auf. Stellvertreter und Sachwalter der Götter, ja, zuweilen selbst göttlichen Ranges und oft zumindest nach dem Tode als Gott verehrt[14], waren die Könige über die menschliche Ebene emporgehoben, unterlagen aber auch gesteigerten Anforderungen. Sie waren den Göttern für ihr Land verantwortlich, hatten großen Wert auf ihre kultische Reinheit zu legen und sich dazu regelmäßigen rituellen Waschungen zu unterziehen und ›trugen die Sünden ihres Volkes‹. Diese Vorstellung führte gelegentlich zur Installierung eines ›Ersatzkönigs‹, der dann nach einer kurzen Scheinregierung etwaige Vergehen des Herrschers stellvertretend mit dem Tode abzubüßen hatte, wie wir das einmal – allerdings mit unerwartetem Ergebnis[15] – bei Enlilbāni von Isin und 1000 Jahre später bei Asarhaddon erfahren. Priester, Tempelbauer und Pfleger der Kulte, Richter, Feldherrn, Administratoren und Diplomaten, hatten die Beherrscher der kleineren und größeren Staatengebilde Altmesopotamiens hohe Leistungen zu vollbringen, und aus den Inschriften geht immer wieder deutlich hervor, daß sie das Wesen einer guten Regierung sehr wohl kannten. Wie oft uns hier auch unberechtigtes Selbstlob vorgesetzt werden mag – wir ersehen aus solchen Texten doch, wie das Ideal gestaltet war, vernehmen von Urukaginas Reformen, sehen Urnansche auf seiner Weihplatte mit der ganzen Familie beim frommen Tempelbau und Urnammu auf der bekannten Stele bei gleichem Werke, vernehmen die demütigen Worte der Gründungsurkunden, können aus den Jahresformeln die Bemühungen um Kanalbau und Wasserversorgung herauslesen und aus Briefen, Gesetzen, Rechtsurkunden die Sorge für eine gerechte Verwaltung erkennen.

Agenten- und Botschafterberichte, politische Sendschreiben und Verträge zeigen uns ferner die Fürsten Altmesopotamiens als Diplomaten, die als ›Brüder‹ mit den gleichrangigen Königen und als ›Väter‹ mit ihren Vasallen – deren

Stellung sich freilich bis zur ›Sklavenschaft‹ vermindern konnte – verhandeln. Wir treffen sie beim Empfang der Abordnungen auswärtiger Potentaten, begegnen ihnen bei den offiziellen Akten im großen Königsornat, sehen sie aber ebenso beim alltäglichen Dienst in der von emsigen Schreibern besetzten Kanzlei und in den ›Fachministerien‹ mit ihrer nie endenden Verwaltungsarbeit. Auch ihre Feldzüge sind Amtshandlungen im Dienste ihres Gottes, und sogar das Lieblingsvergnügen so vieler hoher Herren, die Jagd, ist – wenigstens soweit sie schädliche Raubtiere betrifft – eine von Gott gestellte Aufgabe. In der Tat weiß sich jeder sein Amt ernst nehmende Fürst unter göttlicher Aufsicht. Die Götter fragt er daher mit Hilfe der Wahrsagepriester, die ihm ihre Omendeutungen geben, regelmäßig um Rat, und der ›Babylonische Fürstenspiegel‹ läßt Schamasch, den ›Herrn Himmels und der Erden‹, als strengen Ahnder ungerechten Tuns der Könige erscheinen. Ein so hohes Amt verlangt von seinem Träger eine sorgfältige Erziehung, und gewiß haben verantwortungsbewußte Herrscher ihren Söhnen, insbesondere dem Kronprinzen, eine solche angedeihen lassen. Wenigstens von Assurbanipal erfahren wir, daß sie sowohl den Geist als auch den Körper betraf, also Sport und Wissensbereich umfaßte.

Prinzen, Prinzessinnen und andere Familienmitglieder – wie wir in der sumerischen Zeit sahen, nicht zuletzt die Gemahlin – boten sich dem König mit Selbstverständlichkeit als Stützen seiner Verwaltung an und sind in der Tat vielfach als Vizekönige, Statthalter und in hohen Priesterämtern tätig gewesen. Indes zeigen schon um die Mitte des 3. Jahrtausends die komplexen Verwaltungsgebilde der Ensitümer, etwa Schuruppak und Lagasch, eine über diesen engsten Kreis weit hinausgehende, zahlreiche und differenzierte Beamtenschaft, die dem Staat und seinem Fürsten diente. Ihre Ausbildung erfolgte in Tempel- und bald auch in Palastschulen; die Ämter wechselten mit der Zeit und dem Ort ihre Namen, blieben sich aber im Grunde gleich. Priester hatten in der Verwaltung lange Zeit den Vorrang, zumal sich ja die Staatswirtschaft aus der Tempelwirtschaft entwickelt hatte und die Kleriker die Kunst des Lesens, Schreibens und Rechnens als erste beherrschten. Der Vezier stand dem sumerischen Fürsten am nächsten und vertrat ihn, während der *nubanda* die wirtschaftliche Verwaltung des Tempels und danach des Palastes betreute; Archivvorsteher, Schreiber und Steuerbeamte vertraten Bürokratie und Finanzwirtschaft. Die Akkadkaiser strafften das System, wozu Sargon als ehemaliger Hofbeamter des Königs von Kisch gewisse Voraussetzungen mitbrachte, und die 3. Dynastie von Ur bedeutete offenbar eine Zeit extremer Bürokratisierung mit einem ausgeprägten System vor allem der Finanzkontrolle. Aus der Zeit Hammurabis kennen wir aus vielen Briefen den Minister Awīlninurta, seine Mitarbeiter aus der Staatskanzlei und die Statthalter Siniddinam in Sippar und Schamaschchaßir in Larsa samt ihren Stäben, die engen brieflichen Kontakt mit der Zentrale hielten; in Larsa bestand der damalige Beamtenapparat aus fast 150 Personen, die in zwei Stäbe und 14 Gruppen gegliedert waren. Aus der gleichzeitigen Korrespondenz des Palastpräfekten Bachdilim von Mari erhalten wir weitere Einblicke in den Tätigkeitsbereich dieser Behörden, der vor allem die Betreuung der Landwirtschaft, der Kanäle, des Handels, der Wirtschaft, der Finanzen, des Gerichtswesens, des kultischen Sektors und der Nachrichtenübermittlung umfaßte; Subalternbeamte, Exekutivorgane und Kuriere sorgten für Ausführung der Regierungsmaßnahmen und schnelle Postübermittlung; in ihren Reihen fanden sich offenbar viele ehemalige Soldaten.

Die Gehälter bestanden aus Verpflegung, Kleidung und Geschenken bzw. dem ›Unterhaltsfeld‹, das in seiner Größe etwa zwischen 300 und 26 Morgen wechselte; Pensionen werden genannt. Die Provinzverwaltungen versorgten sich gehaltlich wahrscheinlich selbständig, und die Inhaber der einzelnen Ämter dürften sich aus den von ihnen aufgebrachten Staatseinkünften angemessen – und oft mehr als das – dotiert haben. Ämterverpachtung war mindestens zuzeiten im Schwange und hatte gewiß oft die üblichen mißlichen Folgen. Mit der Vergrößerung des Staates wuchs automatisch der Beamtenapparat, und das Assyrerreich zumal hat in mehreren

Verwaltungsreformen ein wohlausgebildetes System der Administration geschaffen, in dem die militärische Organisation weithin mit der zivilen zusammenfiel und die Provinzgouverneure unter schwachen Königen zuweilen eine große, gelegentlich sogar die Sicherheit des Gesamtstaates bedrohende Selbständigkeit gewannen; übertrafen doch die etwa seit Salmanassar III. hinzueroberten Gebiete nach Umfang und Volkszahl bei weitem die Kernlande. Ein Brief der Sargonidenzeit nennt uns die Reihenfolge der höchsten Beamten aus dem königlichen Stab und zählt ihre Bezüge auf, die nun aus Gehalt und Kleidung (›Prachtgewänder‹ und einfache Kleider) bestanden – nur daß wir nicht erfahren, für welche Zeit diese Besoldung galt. Da ist der Oberbefehlshaber des Heeres (*turtānu*) als höchstbezahlter Staatsdiener, ihm folgen der Premierminister, der oberste Richter, der zweite Minister, der Obermundschenk, Hausminister und Palastpräfekt. Die Stadtverwaltung hatte Bürgermeister und Vollzugsbeamte, die ständischen Organisationen ihre Obleute und Oberobleute, Werkmeister und Vormänner, während sich der Hof zunehmend mit Stabsoffizieren, Wirtschaftsbeamten, Musikern, Haremsaufsehern und Trabanten bevölkerte. Mehr nnd mehr setzte sich hier ein steifes Zeremoniell durch, wie wir für einen Teilausschnitt aus Hof- und Haremserlassen assyrischer Könige erfahren. Erst in der späteren assyrischen Epoche bildet sich ein Reichsrat aus den obersten Würdenträgern, der nach Befund sargonidischer Urkunden zuweilen sehr offen sprach und dem König durchaus entgegenzutreten wagte[16]. Die neubabylonische Zeit, deren Herrscher in Nebukadnezars Riesenpalast gewiß ein gewaltiges Hofgefolge unterhielten, hat anscheinend an der althergebrachten Ordnung wenig geändert, die somit für den ganzen Verlauf der zweieinhalbtausendjährigen altmesopotamischen Geschichte als kontinuierlich angesehen werden darf.

Ein dergestalt wohlausgebildeter Beamtenapparat mit alten Traditionen konnte unter einem energischen und einsatzbereiten Fürsten ohne Zweifel eine gute und reibungslos funktionierende Verwaltung sichern. Insbesondere die Archive von Mari, die Briefurkunden der Kanzlei Hammurabis und seiner Nachfolger und die in die Hunderte gehenden Verwaltungstexte der neuassyrischen Sargoniden geben uns Einblick in die hier geleistete genaue und pünktliche Arbeit. Im Vordergrund stand naturgemäß das Steuerwesen, das im totalen Anspruch des altsumerischen ›religiösen Staatssozialismus‹ begründet und somit im Gegensatz zu vielen anderen Völkern dem Zweistromländer eine Selbstverständlichkeit war. An die Stelle des Stadtgottes, dem zunächst der Ertrag aller Arbeit zukam, und des ihn repräsentierenden Tempels, der sich im Laufe der Entwicklung mit einer angemessenen Abgabe begnügte, trat der Palast, dem man nun seine Steuer zu bezahlen hatte. Sie wurde ebenso – in natura oder in Silber – von den Ackerfrüchten und dem Vieh erhoben wie von Wolle, Fisch, Vogel und Wild, und in gleicher Weise entrichteten Handwerker, Schiffer, Kaufleute und Händler ihren Zehnten. Das Erfassungssystem war bereits von der sumerischen Tempelwirtschaft virtuos ausgebildet worden; es fußte nun auf Volkszählungen und Vermögensaufnahmen, Grundbüchern, Karteien und Stammrollen, die in Keilschriftarchiven sorglich gesammelt waren und griffbereit zur Verfügung standen, und bediente sich der Einnehmer, Kontrolleure und Rechnungskammern. Zensualbücher der Personen- und Vermögensaufnahmen sind aus dem assyrischen Charrān des 7. Jahrhunderts erhalten, ähnliche Texte neuerdings in Mari entdeckt worden. Aus der Ur III–Zeit kennen wir die Stempel der königlichen Kontrollbeamten, aus der Hammurabikorrespondenz Steuerverhandlungen und Mahnungen an säumige Zahler.

Abgabepflichtig waren damals auch die Tempel, die sich aber wohl bald wieder Steuerfreiheit zu sichern verstanden: Im neuassyrischen Reich waren zum mindesten unter klerusfreundlichen Herrschern ›alle Tempel Assyriens‹ steuerfrei. Ebenso vermochten altberühmte Städte sich häufig der Steuer- und Fronlasten zu entledigen; wir hören das von Eridu, Uruk, Ur, Larsa, Babylon, Borsippa, Assur, Charrān und anderen Orten. Wo sich, wie in der Kassitenzeit, auch die

Großen des Reiches Steuerfreiheit zu sichern wußten, geschah dies zu Lasten von Krone und Staat; wurde die Zinspflicht allzusehr durchlöchert und sank die ›Steuermoral‹ gar zu tief ab, so führte das zur Desorganisation des Finanzsystems und zur Schwächung des Staates. Hingegen konnten Steuererlasse etwa im Thronbesteigungsjahr eines neuen Fürsten oder gelegentliche Maßnahmen gegen übersteigerten Steuerdruck nützlich sein; wir kennen eine solche Seisachthie, die offenbar mit groben Mißständen aufzuräumen hatte, aus dem 21. Jahre Ammisaduqas von Babylon und erfahren aus dem Text des Erlasses, daß den Steuereintreibern jede Gewaltmaßnahme untersagt sein und nicht nur die Steuer-, sondern unter gewissen Umständen sogar private Verschuldung erlassen werden sollte. Auch Urukaginas Reform in Lagasch richtete sich schon 600 Jahre früher unter anderem gegen ein Übermaß an ›schmarotzenden‹ Beamten. Daß es in Babylon und Assur Steuerpächter gegeben hat, ist nicht sicher, aber wahrscheinlich. Die Zahlungstermine lagen fest oder wurden – etwa, wenn ein Schaltmonat eingelegt werden mußte – öffentlich bekanntgegeben.

In der Hammurabizeit betrug der Steuersatz 10%, für von der Krone ausgestattete ›Halbfreie‹ 33⅓%; er stieg aber zuweilen auch für den freien Steuerzahler stark an und erreichte gelegentlich ein Drittel bis gar die Hälfte des Einkommens – eine Fehlentwicklung, die über kurz oder lang durch staatlichen Eingriff liquidiert werden mußte. Naturalabgaben wurden nach einem königlichen Tarif auf den Silberwert umgerechnet.

Neben einem bestimmten Prozentsatz seines Gewinnes hatte der Bürger – und auch das leitete sich aus dem System der sumerischen Tempelstadt her – dem Staat zunächst auch einen Teil seiner Arbeitskraft zur Verfügung zu stellen. Diese Fronarbeiten wurden für die großen öffentlichen Bauvorhaben gemeinnütziger Art, für Flußregulierungen, Deich- und Kanalanlagen, Speicher- und Festungsbauten angesetzt, dienten aber, mindestens in der älteren Zeit, ebenso der Errichtung von Heiligtümern und Tempeltürmen und kamen nicht selten auch dem Palastbau und den Domänen der

Könige zugute. Noch Nebukadnezar II. hob für seine riesigen Bauten Zwangsarbeiter in großer Zahl aus. Die Fronpflicht konnte indes offenbar bald durch eine entsprechende Geldzahlung abgelöst werden, und die gänzliche Befreiung scheint von Tempeln und privilegierten Städten zuzeiten relativ leicht erlangt worden zu sein.

Das Beispiel der gemeinnützigen Bauvorhaben zeigt, daß der altmesopotamische Staat nicht nur nahm, sondern auch gab. Wie wir schon früher ausführten, lag ihm die Wasserwirtschaft insbesondere am Herzen. Andere Pflichten der Verwaltung waren die Instandhaltung und Neuschaffung von Befestigungsanlagen, die Sicherung der Land- und Wasserwege und der Schutz der Handelskarawanen im In- und Ausland. Königliche Oberrichter und Richterkollegien und die von der Bürgerschaft gewählten und vom Hof bestätigten Rechtskollegien der Städte gewährleisteten das Recht im Lande. Großhandelsunternehmungen, in sumerischer und z. T. noch in der altbabylonischen Zeit von der Krone geplant und danach unter tüchtigen Herrschern zum mindesten von ihr kontrolliert, dienten durch In- und Export der Wirtschaft, während dem Bauern etwa durch die Förderung der Pflugproduktion und die Einfuhr von Zuchtvieh geholfen wurde. Und schließlich war da als höchste Aufgabe die Sicherung des Staatswesens nach außen in Verteidigung und Angriff, der das Heerwesen zu dienen hatte.

V

HEER UND KRIEGSWESEN

Priester und Krieger haben, wie die Geschichte lehrt, oft eine stille Liebe füreinander, und so verwundert es uns nicht, daß schon der altsumerische Fürst trotz seines primär geistlichen Charakters als Führer des städtischen Aufgebots erscheint und auch in Friedenszeiten enge Verbindung zu seinen

Soldaten hält. Sogar in der bestgeordneten und frömmsten Gemeinschaft ruht die reale Macht meist in der Hand dessen, der sich auf die Truppe verlassen kann – mag diese auch nur die Stärke einer Hundertschaft haben.

Vom ersten bis zum letzten Tage altmesopotamischer Geschichte – vom Uruk IV-Siegelbild des Triumphators bis zur Niederlage Belscharußurs (Belsazars) bei Sippar 539 – spielen Heer und Krieg ihre unausweichliche, schicksalhafte Rolle; sie kulminiert im waffenklirrenden Militärstaat des neuassyrischen Reiches. Seine reliefüberladenen Paläste haben uns ein unermeßliches Bildmaterial zum Thema bewahrt, das durch Kriegsannalen und Triumphinschriften reichlich ergänzt wird. Anderthalb Jahrtausende früher, zur Zeit der Akkadkaiser, war das kriegerische Moment offenbar von ähnlichem Gewicht, während Sumerern und Babyloniern Kampfbild und Kriegsbericht anscheinend weniger am Herzen lagen. Indes ist aus dieser Feststellung nicht zu entnehmen, daß man im Süden grundsätzlich schlechter zu fechten verstand: Eannatums Geierstele ist ein Schlachtenmonument ersten Ranges (und dazu noch die erste Urkunde dieser Art); die Ereignisse im 1. Drittel des 2. Jahrtausends einschließlich Hammurabis Staatsgründung, der assyrisch-kassitische Kleinkrieg und die Taten Nebukadnezars I., der zähe Kampf Mardukapaliddinas II. (Merodachbaladans) und die Kriegszüge Nabopolassars, Nebukadnezars II. und sogar, wie wir neuerdings wissen, noch Neriglissars (559–556) beweisen Sumers und Babylons Kampffähigkeit zur Genüge. Aufs Ganze gesehen, lassen sich Heerwesen und Kriegsführung des alten Zweistromlandes aus Urkunden und bildlichen Darstellungen fast lückenlos rekonstruieren, und nur eine Beobachtung ist dabei auffällig: die Thematik der Rollsiegelbilder hat sich bis auf ganz geringe Ausnahmen zu allen Zeiten dem Kriegsmotiv verschlossen.

Trotz aller Veränderungen, denen der militärische Sektor durch den Wechsel der Waffen und den Wandel in der Bewertung der Truppengattungen, nicht zuletzt aber auch durch seine religiöse Untermauerung ausgesetzt war, scheint der Grundsatz einer allgemeinen Wehrpflicht niemals ganz außer Kraft gesetzt worden zu sein. Das Bedürfnis nach einer stets einsatzbereiten Kerntruppe und die Rücksicht auf das wirtschaftliche Leben, dessen ungestörtes Funktionieren das Gedeihen des Gemeinwesens garantierte, lassen zwar oft und vielerorts ein stehendes Heer (auch im Kleinstformat) in Erscheinung treten, seine Ergänzung durch das allgemeine Aufgebot ist aber wohl meistens anzunehmen. Es betraf im sumerischen Stadtstaat die Masse der freien Tempelleute, von denen anscheinend nur Magazinverwalter, Köche, Brauer, Schreiber, Händler und Kultpersonal dienstbefreit waren, in Babylonien und Assyrien die Bürger; das kriegerische Assur zumal bot den ›Heerbann des ganzen Landes auf‹, wenn es militärische Großunternehmungen vorbereitete. Zunehmend freilich scheint die grundsätzliche persönliche Pflicht zur Heeresfolge durchlöchert und von einer entsprechenden finanziellen Leistung bzw. von der Ersatzgestellung eines Söldners zu Fuß, Pferde oder Wagen abgelöst worden zu sein. In der chaldäischen Zeit rückte der gedungene Ersatzmann oder gar der ausländische Söldner noch stärker in den Vordergrund. Im vielschichtigen Entwicklungsablauf von zweieinhalb Jahrtausenden ist aber ebenso dann und wann die Entstehung eines Berufssoldatentums oder einer Kriegerkaste mit feudalen Tendenzen erkennbar – ersteres etwa bei den amurritischen Gefolgsleuten der Hammurabi-Dynastie oder bei gewissen Chapiru-Gruppen, letzteres bei den wagenkämpfenden *marijannu* der Churriter oder dem Streitwagenadel der Kassiten.

Die gewiß bis ins einzelne ausgebildete O r g a n i s a t i o n des Heeres blieb sich nach ihren Grundzügen durch die Jahrhunderte gleich. Oberster Befehlshaber war und blieb der König, ohne dabei aber stets mit zu Felde zu ziehen; nur im militanten Assyrien scheint das oft der Fall gewesen zu sein. Wir erfahren, daß etwa Tiglatpileser I., Assurnaßirpal II. oder Salmanassar III. alle Strapazen mit ihren Truppen teilten. Eine Generalität im modernen Sinne gab es ebensowenig wie später in Rom, vielmehr wurden im Ernstfalle je nach den Erfordernissen die Inhaber hoher Hof- und Verwaltungsämter, insbesondere Statthalter und Provinzgouverneure, mit der Heerführung betraut. Erst in neuassyrischer Zeit scheinen dann einige Hofämter wie etwa das des *rab-schaqē* (›Obermundschenk‹) betont militärischen Charakter angenommen zu haben: Der *rab schaqē* erscheint nun etwa als Kommandeur der Leibregimenter des Königs, und auch die Befehlshaber der Gardetruppen anderer hoher Persönlichkeiten, etwa des Kronprinzen oder der Königinmutter, sogar zuweilen der Statthalter, tragen diesen Titel. Der Jes. 20, 1 genannte *turtānu* dürfte als ›Feldmarschall‹ und Oberkommandierender des Heeres anzusprechen sein. Ihm folgt in assyrischer Zeit etwa der *rab rēschi*, ›Oberst‹, und unter ihm der *rab kiṣir* (etwa ›Einheitsführer‹, wobei diese Einheit vielleicht zuweilen nur 100 oder 50 Mann umfaßte), während wir in der Hammurabi-Zeit den ›Hauptmann‹, Feldwebel (*laputtûm*) und Unteroffizier antreffen. Die Riesenheere der neuassyrischen Zeit dürften aus den oben genannten Garden und Leibregimentern – deren Angehörige zunehmend fremder Nationalität und damit dem König unbedingt ergeben waren –, den Linientruppen des stehenden Heeres und der ›Reichsarmee‹, d. h. den Kontingenten der Statthalter und Vasallen, bestanden haben.

Auf der ältesten Kriegerdarstellung der Welt, Eannatums Geierstele (um 2500), sehen wir die Phalanx der schildbewehrten Speerträger in einer geschlossenen Formation hinter dem König anrücken; neben solchen ›schweren‹ Einheiten gab es aber natürlich auch leichtbewaffnete Formationen, und beide fanden in den von Eseln gezogenen Streitwagen einen Rückhalt. Noch die neuassyrische Kriegsillustration[1] bildet häufig den Bogenschützen neben dem Speerträger ab. Mit Karren und Tragtieren versehene Trosse folgten dem Heere, und die Armee war auch von Priestern begleitet, die freilich weniger als ›Feldprediger‹, sondern mehr für die Omenverkündigung tätig waren, daneben aber auch wohl den Gebets- und Opferdienst sowie die Bestattungsfeierlichkeiten versahen. Die Garde umgab den König und war für seine Sicherheit auf dem Feldzug verantwortlich. Standarten wurden dem Heer vorangetragen; sie zeigten – schon auf der Geierstele abgebildet und wohl auch auf dem Siegesmonument Naramsins dargestellt – auf langer Stange mannigfache Embleme, etwa einen flügelbreitenden Vogel oder eine kreisrunde Scheibe mit Götterdarstellungen, unter denen der bogenschießende Assur auf zwei Stieren die bekannteste ist.

An Truppengattungen kannte Sumer Fußvolk und Abteilungen schwerer zwei- und vierrädriger, eselgezogener Streitwagen, während die semitischen Akkader offenbar nur in lockerem Verbande kämpfende Infanterie einsetzen. Auch die altbabylonische Zeit kennt den leichten, mit Speichenrädern versehenen und von Pferden gezogenen Streitwagen noch nicht; dieser kommt erst mit den pferdekundigen Churritern, Hethitern und Kassiten auf, um freilich von da an eine maßgebliche Rolle in der Kriegstechnik zu spielen. Reiter im Heer werden zuerst von Nebukadnezar I. kurz vor 1100 erwähnt; die Kavallerie gewinnt dann in der neuassyrischen und chaldäischen Zeit einige, wenn auch nicht zu überschätzende Bedeutung. Der Fortschritt der Kriegstechnik im neuassyrischen Reich hat offenbar zur Aufstellung eigener Genietruppen oder Pioniereinheiten geführt, die Wege anlegten, Brücken schlugen, Sappen bauten und die Belagerungswerkzeuge – insbesondere etwa Sturmböcke (›Widder‹) und Belagerungstürme – konstruierten und bedienten. Eine ›Kriegsmarine‹ im ausgesprochenen Sinne dürfte es trotz der abgebildeten Seeschlachten Sanheribs oder Assurbanipals bei den Assyrern, die eher Landratten als Seefahrer waren, nicht gegeben haben; bei solch maritimen Unternehmungen bediente man sich phönizischer und jonischer Schiffsbauer und Matrosen und bemannte die für unsere Begriffe plump wirkenden Schiffe – sie zeigen auf den Reliefdarstellungen einen Mast mit viereckigem Großsegel, bis zu elf Rudern auf jeder Seite, ein doppeltes Steuerruder, Rammsporn und zwei Decks – mit assyrischen Infanteristen, die ihre Schilde zum besseren Schutz außenbords hängten.

Ohne Zweifel lag die Last des Kampfes stets bei der Infanterie. Waffenfunde schon aus der ersten Hälfte des 3. Jahr-

Schichtenfolge
der Ausgrabun-
gen in Eridu
1946/49

II Babylon zur Zeit Nebukadnezars II.

tausends belehren uns über ihre Ausrüstung: Sie bestand zunächst aus der birnenförmigen Streitkeule – überschwere reliefierte Prunkkeulen der Könige blieben uns erhalten –, dem Wurfholz, dem noch mit steinerner Spitze versehenen Speer sowie Pfeil und Bogen. In der Ur I–Zeit erscheinen dann die Sichelkeule, d. h. ein S–förmig geformter Schlagstock bzw. ein Stockbündel mit oder ohne Klinge, das Sichelschwert – vielleicht dem Fürsten oder den Offizieren vorbehalten –, die Streitaxt, das Schwert und der Dolch. Fraglich bleibt, ob ein gelegentlich genanntes und auf der Geier- und Sargonstele abgebildetes Netz (man müßte es dem Feind übergeworfen und ihn so zu Falle gebracht haben) als Kampfmittel verwendet wurde. Die Wappnung der Soldaten Eannatums bestand nach Ausweis der Geierstele aus einem über die Wangen herabgezogenen Leder- oder Metallhelm, dem über die linke Schulter geworfenen Fell- oder Filzmantel und einem fast mannshohen rechteckigen Schild mit Metallbuckeln. Auf der aus den Königsgräbern von Ur I geborgenen ›Mosaikstandarte‹ wird die Ausrüstung der Krieger ganz ähnlich dargestellt.

Den schwerfälligen Hopliten Sumers und seinen ungefügen Kriegsfahrzeugen erwiesen sich die ohne Schild kämpfenden, leichtgegürteten und in lockerer Schlachtordnung angreifenden Krieger Akkads mit ihren Bögen, Kurzspeeren, Streitäxten und Keulen weitaus überlegen. Naramsins Siegesstein, ergänzt durch die sog. Kampfstele von Lagasch, stellt uns die akkadischen Soldaten lebendig dar: Ein breiter, wohl wattierter Filzschal schützt ihnen Schultern und Leibmitte, auf dem Rücken tragen sie den troddelgeschmückten Köcher; Speer, Axt und Bogen griffbereit, stürmen sie leichtfüßig bergan. Die Heere der Ur III–Zeit, von denen wir nichts wissen, werden wahrscheinlich beide Waffentypen vereinigt haben. Lipitischtar von Isin (um 1870 v. Chr.) nennt 1000 Bogenschützen und 2000 Doppelaxtkrieger in seinem Heer; die Alabasterstatuette eines Kriegers aus Mari zeigt diesen in niedrigem kappenartigen Kegelhelm mit Wangen- und Kinnschutz. Hammurabis Infanterie scheint schwere und leichte Einheiten (*rēdûm* ›Marschierer‹, ›Reisiger‹ und *ba'erum* ›Fänger‹) besessen zu haben, und auch beim assyrischen Fußvolk, das sich von etwa 1400–600 v. Chr. vom babylonischen kaum sehr unterschieden haben wird, stehen der Bogenschütze und der schildtragende Speerkämpfer nebeneinander. Zuweilen werden auf den assyrischen Reliefs auch Schleuderer abgebildet, die indes inschriftlich noch nicht belegt sind. Helm-, Schild- und Bogenformen wechseln[2]. Daß Pfeil und Bogen als Waffen des ersten Angriffs sehr geschätzt wurden und in Assyrien die Bogenschützen gar als wichtigste Truppe galten, darf wohl aus der Tatsache geschlossen werden, daß man den Gott Assur gern bogenschießend darstellte. Ähnlich der Brünne des Mittelalters bedeckte oft ein mit Metallplättchen besetzter Lederpanzer die Brust des Bogners, ohne seine Bewegungsfreiheit wesentlich zu beeinträchtigen. Die Tendenz, ihn beweglich zu halten, setzte sich immer mehr durch. Die Reliefbilder von Assurbanipals Elamfeldzug bringen die Leichtfüßigkeit und das flotte Marschtempo der Bognertruppe sehr glaubhaft zum Ausdruck[3].

Im Nahkampf hatten dann die Speerträger – zahlenmäßig vielleicht nur die Hälfte der Bogenschützen ausmachend – ihr Werk zu tun, um mit Speer und Schwert den Gegner zu überwinden. Der schwere Schild mußte Hieb und Stich abwehren, und dafür waren die widerstandsfähigen gebuckelten Bronzeschilder von kreisrunder oder Rechteckform (diese dann zum Schutz des Halses oben abgerundet) zweifellos sehr geeignet. Da indes schon der verhältnismäßig kleine metallene Rundschild von etwa 75 cm Durchmesser sehr schwer gewesen sein muß, ersetzte man ihn vielfach durch einen solchen aus Rindsleder über Korbgeflecht, wobei dann fechterisches Können den geringeren Schutz auszugleichen hatte. Große Rechteckschilde konnten ferner gleich mehreren Soldaten Schutz gegen Pfeilbeschuß bieten, und schließlich gab es noch die riesigen, am oberen Rand gegen Beschuß von der Mauer zurückgebogenen Setztartschen: Hinter ihnen bargen sich stehend oder kniend die Bogenschützen, wenn sie den Befehl zum Niederkämpfen der feindlichen Mauerbesatzungen erhielten.

König, Feldherr und Adel gingen auch im Krieg nicht gern zu Fuß, und der Wagen war wohl nicht lange erfunden, als er auch schon in den Dienst der Kampftechnik gestellt wurde. Die Streitwagentruppe wurde zur vornehmsten Waffengattung und blieb es, zumal sie auch die kostspieligste war. Altmesopotamien kennt den Kriegswagen in zweifacher Form, nämlich als schweres, eselgezogenes, mit vier oder zwei Scheibenrädern versehenes Kampffahrzeug Sumers vor allem in der frühdynastischen Zeit, und – seit etwa 1600 – als leichtes, speichenrädriges und von Pferden gezogenes Gefährt der Churriter, Kassiten, Assyrer und Chaldäer.

Die Mosaikstandarte von Ur I verherrlicht um 2500 eindrucksvoll den Einsatz des schweren, zweiachsigen Streitwagens im Kriege: Der Lenker hält, von der hochgezogenen Stirnwand des Gefährts gedeckt, die durch Doppelringe auf dem Rückengeschirr der Zughengste geführten Zügel; links am Vorderteil ist ein Köcher für Wurfspeere angebracht, während der Kämpfer hinter oder neben dem Lenker auf dem Ende der Plattform steht und von hier aus seinen Speer entsendet. Der Künstler hat nicht unterlassen, die von dem dahinrasselnden Wagen niedergewalzten Feinde darzustellen. Nach gewonnener Schlacht folgt das Fahrzeug, vom nebenherschreitenden Fahrer gelenkt, dem abgestiegenen Fürsten. In minutiöser Darstellung sind die Räder des Fahrzeuges abgebildet. Sie bestehen in Ermangelung genügend breiter Bretter aus zwei halbkreisförmigen Teilen, die durch Querhölzer untereinander verbunden sind. Ähnlich ist der Befund aus Kisch und Ur: 50–65 cm breite Scheibenräder bestehen hier aus mehreren unregelmäßig zurechtgeschnittenen Hölzern, die zusammengesetzt und mit Leder bereift waren. Eannatums Geierstele zeigt den zweirädrigen Streitwagen Sumers, auf dem der König allein steht; leider ist das Relief an dieser Stelle zur Hälfte abgebrochen. Eine Weihplatte aus Ur I führt einen ähnlichen Wagen mit geschwungener Deichsel vor[4].

Die ungestümen Akkader haben mit diesem doch recht ungefügen Kriegsgefährt, dessen Deichsel ja mit dem Kasten fest verbunden war und das daher fast nur geradeaus fahren konnte, nichts anzufangen gewußt, und auch für die Ur III-Zeit bleiben wir über seine Verwendung in Unkenntnis.

Ebensowenig erwähnen die Isin-Larsakönige und Hammurabi den Streitwagen. Seine hohe Zeit begann erst mit der
Erfindung des leichten Speichenrades und der Einführung des
Pferdes als Zugtier. Ihm verdanken Hethiter, Mitanni und
Kassiten ihre Erfolge, denn nun war der schnelle, leichte mit
zwei bis drei Mann besetzte Wagen eine Durchbruchswaffe
ersten Ranges geworden, mit der man die Schlachtreihen
sprengen, die ihres Zusammenhalts beraubten Soldaten einzeln verfolgen und Reserven und Troß überraschend erreichen
konnte. So gab es im kassitischen Babylonien Wagenpferde
›mehr als Stroh‹, wie der Hethiterkönig einmal brieflich sagt,
und die militärisch hochbegabten Assyrer wußten sich das
neue Kampfmittel bald anzueignen. Sie stellten aus ihm schnelle
Verbände auf, die zwar zahlenmäßig weit hinter der Fuß-
truppe zurückstanden (das Verhältnis Infanterie-Kavallerie-
Wagenkämpfer dürfte im Durchschnitt etwa wie 100:10:1
gewesen sein), aber kampfentscheidend zu wirken vermochten. Salmanassar I. erringt um 1250 v. Chr. allein mit einem
eilig zusammengerafften Drittel seiner Wagentruppe den Sieg
gegen die Gutäer. Da der Streitwagen zu einem Lieblings-
motiv der assyrischen wie auch der späthethitisch-syrischen
Reliefbildner wurde, sind wir über seine Form und Entwicklung weiterhin gut unterrichtet. Er war zur Zeit Assurnaßirpals II. und Salmnassars III. noch verhältnismäßig niedrig
und kleinrädrig, wurde dann aber unter Sargon II., Sanherib
und Assurbanipal bedeutend höher; die Räder – zuerst sechs-,
dann oft auch achtspeichig – erreichen zuweilen Mannshöhe.
Die Bespannung bestand aus zwei, bei hochgestellten Persönlichkeiten auch drei oder vier Pferden, die Besatzung zunächst aus zwei Mann, nämlich dem ›Zügelhalter‹ und dem
Kämpfer. Ihnen gesellte sich zum mindesten auf dem Wagen
des Königs und der hohen Offiziere bald der ›Drittmann‹
als Schildträger hinzu. Auf den Reliefs Assurbanipals erscheinen sogar Wagen mit vier Mann Besatzung, da man damals
einen zweiten Schildhalter zum Schutze des Fahrers für nötig
hielt. Köcher innen oder außen an den Seitenwänden enthielten griffbereit Bogen, Pfeile, Speere und Streitäxte; Seil-
schlingen dienten zum Festhalten. An der niedrigen Rückwand

war oft ein Schild und eine bebänderte, panierartige Lanze
schräg aufgerichtet. Die Zughengste trugen zum Schutz
gegen Pfeile auf Rücken und Flanken Woll- oder Watte-
panzer. Die soliden Ledergeschirre waren mit bunten Troddeln und runden Metallplättchen geschmückt, Doppelzügel
führten über Ringe auf dem Widerrist zur Trense. Ältere
Wagenmodelle zeigen eine zwischen Pferden und Wagen
gespannte Decke, die den aufwirbelnden und die Sicht be-
hindernden Staub abhalten sollte. Der Wagenkasten war
kurz gehalten, die Deichsel, die das Joch trug, mit dem Vorderteil fest verbunden. Der Streitwagen hatte, wenn der erste
Angriff gefahren war, möglichst schnell zu wenden – wobei
Stürze infolge der feststehenden Deichsel wohl recht häufig
waren – und dann von rückwärts zu attackieren; die Kunst
des Lenkers wurde gewiß in nicht endenden Exerzierübungen
hierauf geschult.

   Waren die Kriegswagen eine schwere Waffengattung und
gleichsam die Panzer des Altertums, so behielt die seit Assurnaßirpal II. erscheinende Kavallerie im altmesopotamischen Bereich und Zeitraum durchgehend den Charakter
einer leichten Reiterei. Denn für den schweren Lanzenreiter
fehlten zwei Vorbedingungen des notwendigen festen Sitzes:
Der Sattel und der Steigbügel. Das Pferd trug lediglich eine
festgeschnallte Decke, und der Kavallerist mußte sich auf
die Muskelkraft seiner Schenkel, die den Pferdeleib umklam-
mert hielten, verlassen. Seine Waffe blieb denn auch vorwiegend der Bogen, während die Handhabung des leichten
Speeres wohl fast artistische Fähigkeiten verlangte, um den
Rückstoß auszugleichen. Der mit Panzerhemd, Beinschienen,
Helm und kleinem Schild ausgestattete assyrische Reiter trug
als weitere Wehr das Kurzschwert; seine Vorbilder waren die
Reitervölker des Nordens und Ostens, von denen die Assyrerkönige daher auch immer wieder Söldner oder berittene Hilfstruppen anzuwerben bestrebt waren. Die ältere assyrische Zeit
kennt noch die Rolle des mit Speer und Buckelschild aus-
gestatteten Knappen, der – ähnlich wie der Speerträger den

Bogenschützen beim Fußvolk – den Bogner zu decken und beim Schuß dessen Pferd zu halten hatte; später fiel diese umständliche Regelung fort und wurde durch bessere Wappnung des Reiters ausgeglichen. Der Nachzucht von Remonten wurde viel Aufmerksamkeit gewidmet, doch reichte sie bei dem großen Bedarf und den unvermeidlichen Verlusten durch Verwundung oder Sturz nicht aus, weshalb bei den Feldzügen in die Reiterländer allergrößter Wert auf Beute an Pferdematerial gelegt wurde.

Ob die Sappeure, die ihre Stollen unter die feindlichen Mauern trieben, dann die Stützhölzer in Brand setzten und so Teile der Befestigung zum Einsturz brachten, ob weiter die Sturmbockleute und Besatzungen der Belagerungstürme eine eigene Spezialtruppe bildeten, geht weder aus Bildurkunden noch Texten hervor. Jedoch wurde ihr Einsatz vor der belagerten Stadt – das Heranrollen der mauerhohen Holztürme auf schrägen Rampen und der Kampf von diesem höchsten Bollwerk, das Vorschieben des Widders und Schwingen des Balkens, dessen metallbeschlagener Rammsporn schließlich ein Loch ins Mauerwerk schlug, und das Aufstellen und Erklettern der Sturmleitern, alles unter dem Feuerschutz starker Bognereinheiten – mit besonderer Vorliebe im Relief dargestellt[5]. Die Eroberung schwer erstürmbarer Festungen wie des hochgelegenen südjudäischen Lachisch mit seinem doppelten Mauerring durch Sanherib, des israelitischen Samaria durch Salmanassar V. oder der Inselfeste Tyrus durch Nebukadnezar II. machen indes den Einsatz besonders ausgebildeter Truppen wahrscheinlich, und in diesem Sinne dürfen wir den assyrischen und babylonischen Heeren wohl Pioniere zurechnen. Sie waren für den umfangreichen Park an Belagerungsmaschinen, deren gelegentlicher Verlust von der militärischen Führung als besonderes Unglück gewertet wurde, für ihre Erhaltung, Instandsetzung und Ergänzung, noch mehr aber für ihre sachgemäße Anwendung im Ernstfalle verantwortlich. Unter ihrer Anleitung wurde das befestigte Standlager angelegt, das, meistens oval oder kreisförmig, mit Wall, Graben und Bastionen versehen und bis zu 100:160 m groß war. Sie bedienten die Pontons zum Überschreiten breiterer Flüsse oder taten gar einen Brückenschlag; Pioniere und ihnen unterstellte ›Baukompanien‹ (vermutlich aus Kriegsgefangenen und Einwohnern der eroberten Distrikte zusammengesetzt) machten im verkehrsfeindlichen Gebirge die Pfade gangbar, so daß Tragtiere und, wenn möglich, auch die Streitwagen (notfalls auseinandergenommen) weiterkommen konnten; und bei längeren Belagerungen, z. B. der von Nisibis unter Assurdān II. (um 920) schufen sie zur Niederkämpfung der renitenten Stadt eine vollständige Umwallung von 9 Ellen Breite mit 7 Bollwerken, Graben und Mauern. Ebenso lag ihnen das Aufschütten der Dämme für die Widder und Belagerungstürme oder der sog. ›Sturmtreppen‹ ob. Solcher zeit- und kraftraubenden Maßnahmen bedurfte es in den Kriegen Sumers und des ältesten Babylon wohl noch nicht; wir haben mit dieser ausgebildeten Kriegs- und Belagerungstechnik (die kaum abgewandelt auch für Griechenland, Rom und das abendländische Mittelalter maßgeblich blieb) erst von der zweiten Hälfte des 2. Jahrtausends an zu rechnen.

Neben den eben beschriebenen, gutorganisierten und wohleinexerzierten Truppengattungen haben sich die Herrscher an Euphrat und Tigris stets um Hilfstruppen bemüht, die von verbündeten Königen zur Verfügung gestellt oder auf Grund von Vasallenverträgen seitens der abhängigen Fürsten gesandt wurden. Die schweifenden Beduinenstämme ließen sich zu solcher Hilfeleistung nur ungern herbei, waren aber ob ihres wilden Kampfesmutes recht geschätzt, wobei freilich ihre Beutegier und Unzuverlässigkeit in Rechnung gestellt werden mußte. Gern dagegen verpflichteten sich von der Ur III-Zeit an ganze Gruppen der rätselhaften Chapiru zu Militärdiensten, so daß wir ihnen in der altorientalischen Geschichte von Palästina bis nach Elam immer wieder begegnen. Das Reichsheer des neuassyrischen Staates bestand zu einem erheblichen Teile aus Angehörigen benachbarter

oder unterworfener Volksstämme. Denn nun war das Staats-
gebiet zu umfangreich geworden, um nur von Landeskindern
verteidigt zu werden, und sogar in den königlichen Garden
und Leibregimentern nahm die Zahl der ausländischen Söldner und Einheiten zu. Hatten diese doch überdies den Vorzug,
ganz vom Fürsten abhängig zu sein; der König konnte sich
daher – etwa im Kampf gegen machtlüsterne Provinzgouverneure – voll auf sie verlassen. So hören wir z. B., daß
Asarhaddon Kimmerier, Assurbanipal Philister aus Akko in
seine Garde übernahm, und die Reliefs zeigen gelegentlich
diese fremden Einheiten in ihren auffallenden Helmen und
Uniformen. Auch die Chaldäer haben sich weithin fremder
Söldner bedient.

Waffenvorräte und Bekleidung der Truppe, Belagerungsgeräte aller Art, Streitwagen und Geschirre, Troß- und Wasserfahrzeuge mußten vorsorglich für den Kriegseinsatz bereitgestellt werden, und das gleiche galt für Zugtiere, Verpflegung und Futter. Je mehr die Heere anwuchsen, um so wichtiger wurde damit das Rüstungswesen. Schon Schamschiadad I. von Assur berichtet über derlei Maßnahmen; bei
Tiglatpileser I. hören wir von verstärktem Streitwagenbau
– ›mehr als früher für die Wehrkraft des Landes‹ –, und
Assurnaßirpal II. berichtet, wie er die erbeuteten Streitwagen-
parks der späthethitischen Staaten dem eigenen Heer zu-
leitete. Die frühesten Ausgrabungen in Kalach 1842–45
führten unter anderem zur Auffindung eines Vorrats von
Eisenbarren Sargons II., der gewiß zur Waffenfabrikation
bestimmt war, und wir kennen die Arsenale Salmanassars III.
in Kalach, Sanheribs und Asarhaddons in Ninive. Man geht
mit der Annahme kaum fehl, daß die oft genannten Speicher
und Schatzhäuser Sumers und Altbabyloniens neben Handels-
gütern und Lebensmitteln ebenso – wenn auch in geringerem
Umfange – Waffen und Kriegsgerät enthielten und daß der
Metallimport weithin für die Rüstung Verwendung fand.
    War die Ausrüstung der immer größer werdenden Heere
schon ein Problem, so hat ihre Finanzierung und vor

allem die Entlöhnung der Truppe den Königen und ihren verantwortlichen Ministern wohl oft noch größeres Kopfzerbrechen bereitet. Das stehende Heer der Friedenszeit konnte, soweit es nicht als Garde am Hof, als Geleit- und Wachttruppe oder als Kuriereinheit Dienst tat, durch ein Landlos, ein ›Unterhaltsfeld‹, sichergestellt werden. Wir begegnen dieser Regelung ebenso bei Hammurabi wie in mittel- und neuassyrischer Zeit und schließlich im Chaldäerreich. War der Kriegsverlauf glücklich und der Beuteanfall groß, so mochte der offenbar mit bürokratischer Genauigkeit errechnete Anteil an diesem blutigen Gewinn, der durch den Erlös der als Sklaven verkauften Kriegsgefangenen erhöht wurde, auch den gemeinen Soldaten für noch ausstehenden Sold entschädigen. Der kämpfende Soldat besaß ferner einen Ausgleich in den ›Prämien‹, die von eifrig notierenden ›Truppenzahlmeistern‹ etwa für abgeschnittene Feindköpfe ausgezahlt wurden, und so begegnen wir denn auf den assyrischen Reliefs immer wieder der makabren Szene, wie eifrige Soldaten, einen oder zwei abgetrennte Köpfe am Haar in der Hand haltend, im Laufschritt zur Kompanieschreibstube eilen, um sich ihren grausigen Gewinn annotieren zu lassen. Ähnlich wird materiell wertvolles Beutegut honoriert worden sein; und vielleicht gab es sogar königliche Schenkungen an besonders verdiente Soldaten, die der also Ausgezeichnete stolz mit nach Hause brachte. In § 34 des Hammurabi-Gesetzes scheint von solchen Gaben die Rede zu sein. Ehe aber die Schlacht geschlagen oder eine reiche Stadt geplündert war – was oft lange dauern konnte und keineswegs immer gelang –, mußte die Truppe besoldet und verpflegt werden, und hierzu wurden die daheimgebliebenen Bürger und oft wohl auch die Tempel herangezogen, die ihre Kriegssteuern in Geld oder Naturalien zu liefern hatten. Eine geordnete, straffe Regierung mochte den reibungslosen Ablauf dieser Maßnahmen durchsetzen können; fehlte sie, so lagen die Dinge im argen, und die Soldatenhaufen begannen zu plündern. Aus der Endzeit der Regierung Nebukadnezars II. hören wir einmal von dem schlechten Versorgungszustand einer Einheit, der gewiß nicht ein einmaliger Ausnahmezustand gewesen sein wird.

Wie groß waren Altmesopotamiens Armeen in Krieg und
Frieden? Die keilschriftlichen Angaben zur Frage der Heeres-
stärken zeichnen sich nicht eben durch Präzision aus; wir
werden aber etwa richtig gehen, wenn wir Sumers Heere
nach Tausenden, die des 2. Jahrtausends nach Zehntausenden
und die des neuen Assur und der Chaldäer nach Hunderttausenden zählen. Das Aufgebot der Sumererstädte in der älteren frühdynastischen Zeit mag oft unter 1000 Mann geblieben sein; der Babatempel zu Lagasch in der Ur I-Zeit
hatte z. B. 90–100 Bewaffnete, zu denen dann die entsprechenden Kontingente der anderen Stadtheiligtümer, besonders die des Haupt- und Kriegsgottes Ningirsu, traten.
Einmal hören wir von einem Angriff auf Lagasch durch
600 Mann, Eannatum aber gibt für die Getöteten in seinem
Feldzug gegen Umma bereits die runde Zahl von 1 *Sar* =
3600 an. Sargon von Akkad hielt in dem von ihm begründeten
Militärstaat eine stehende Truppe von 1½ *Sar* = 5400 Mann;
seine Armee für die z. T. in weit abgelegene Länder gehenden
Kriegszüge und noch mehr die seines Enkels Naramsin wird
das Doppelte oder Dreifache betragen haben. Dem würde
etwa eine Angabe des Sargonsohnes Rimusch entsprechen,
der in seinen Kämpfen gegen die Aufstände von Ur und
Umma mehr als 8000 Tote und 5000 Gefangene, gegen Kazallu sogar 12000 Tote und fast 6000 Gefangene gezählt
haben will. Lipitischtars, des Königs von Isin, 1000 Bogner
und 2000 Doppelaxtkrieger brauchen nicht das gesamte Heer
umfaßt zu haben; Hammurabi und seine Gegenspieler agieren mit Armeen von 10–30000 Mann. In der mittelassyrischen Zeit hören wir – immer mit runden Zahlen –, daß Salmanassar I. in Chanigalbat (dem Nachfolgestaat Mitannis)
4 *Sar* = 14400 Gefangene macht, und die obermesopota-
misch-syrischen Gegner Tiglatpilesers stellen Kontingente von
20000 Mann gegen ihn auf. In neuassyrischer Zeit schwellen
die Heere außerordentlich an: Salmanassar III. will im Feldzug gegen die syrische Koalition von Damaskus den Euphrat
mit 120000 Mann überschritten und dem Feind Verluste von
etwa 25000 Toten beigebracht haben. Instruktiv ist eine Aufzählung Sargons II., nach der er aus der Armee von Karke-

miseh 3000 Mann Infanterie, 2000 Reiter und 50 Kriegswagen
in sein Heer überführte, und eine Mitteilung Sanheribs, der
gar je 20000 Soldaten aus Syrien, 70000 aus Westiran und
60000 aus Tilgarimmu unter seinen Befehl gestellt haben will.
Der Statthalter Sargons II. in Qummuchi befehligte als den
ihm unterstellten Teil des ›Reichsheeres‹ in seinem Land
zwischen oberem Euphrat und Tscheihan 20000 Bogner, 10000
Speerträger, 1500 Reiter und 150 Streitwagen. Assurbanipal
setzte für seinen Ägyptenfeldzug allein im westlichen Reichs-
teil ›22 Könige des Westlandes nebst ihren Streitkräften zu
Wasser und zu Lande nach Ägypten in Bewegung‹, und so
werden wir die assyrischen und neubabylonischen Heere vom
8.–6. Jahrhundert v. Chr. auf mehrere hunderttausend Mann
ansetzen dürfen.

Die Mehrzahl der nach Feldzugsende heimkehrenden Soldaten ging ins Zivilleben zurück; die stehende Truppe in
friedlichen Zeiten und in der den kriegerischen Unternehmungen ungünstigen Jahreshälfte zu beschäftigen und das
Heer im Frieden ruhig zu halten, war eine wichtige Aufgabe, die sich der Staatsführung stellte. Der bramarbasierende
Eisenfresser unter den ›aktiven‹ Offizieren und Chargen gab,
wie sogar gelegentlich aus Urkunden deutlich, wohl nicht
selten Anstoß in der Öffentlichkeit. In Sumer wurden die
Soldaten beim Fehlen militärischer Aufgaben in Gruppen von
10 oder 15 Mann unter ihren Unteroffizieren anderweitig
eingesetzt: Man beschäftigte sie auf den Palast- oder Tempel-
gütern, sie arbeiteten als Hilfskräfte, etwa als Ziegelformer,
bei den staatlichen Bauvorhaben, oder sie holzten die Röh-
richte ab und beschafften damit der Wirtschaft ein viel-
begehrtes Rohmaterial. Das altbabylonische ›Band des Königtums‹ (*kiṣir scharrūti*) – wie die stehende Truppe zur Hammurabizeit und später auch bei den Assyrern hieß – befand
sich z. T. am Hofe, wo es als Wachregiment und zu Kurier-
aufgaben diente, wurde weiterhin als militärisches Geleit für
Gesandtschaften, gelegentlich wohl auch für gefährdete Karawanen eingesetzt und war im übrigen auf Gendarmerieposten

und Militärsiedlungen im Lande verteilt. Wohlorganisiert, verrichteten die demobilisierten Soldaten hier ihren Ordnungsdienst, der ihre Zeit etwa zur Hälfte beanspruchte und ihnen im übrigen die Möglichkeit ließ, ihr kleines Lehen und gegebenenfalls weiteres Pachtland zu bebauen und sonstige Geschäfte zu treiben: Hammurabis Briefe und Gesetze sowie das kleine Archiv des Soldaten Ubarum aus der Zeit Abieschuchs (um 1640) gestatten uns gewisse Einblicke in Organisation, Dienst, Rechte, Pflichten und Alltagsleben dieser Militärkolonisten, die im Ernstfalle schnell unter Waffen treten und fechten konnten, außerdem vermutlich die Ausbildungskader für das Gesamtaufgebot stellten.

Für ein an den Grenzen ständig bedrohtes Großreich wie das assyrische genügte verständlicherweise diese Ordnung nicht mehr, sondern hier mußte zur blitzschnellen Bekämpfung der Unruheherde eine große Truppe ständig einsatzbereit unter Waffen sein: Sargon II. schlug den Aufstand von Asdod nieder, ohne die ›Masse der Truppen zu sammeln und das Heerlager zusammenzubringen‹. Offenbar traten die königlichen Leibregimenter zu Fuß, zu Pferde und zu Wagen in Aktion. Ebensolche Einsatztruppen standen auch den Provinzgouverneuren und Vasallenfürsten zur Verfügung, und diese Brigaden waren garnisoniert und wurden gewiß durch einen scharfen Exerzierdienst in Atem gehalten. Der Zwang zur Haltung eines so umfangreichen stehenden Heeres hat indes andererseits notwendigerweise zur Folge gehabt, daß vor allem in der späteren neuassyrischen Zeit der Sommerfeldzug eine Dauereinrichtung wurde. Er sollte die Armee beschäftigen und zufriedenstellen, ihre Kosten decken, darüber hinaus die leere Staatskasse füllen und mit der zu erwartenden Beute die Wirtschaft ankurbeln – eine Rechnung, die sich schließlich als ungeheure Fehlspekulation erweisen mußte.

Über die Art, wie diese Feldzüge vor sich gingen, sind wir durch die Urkunden ausreichend, wenn auch natürlich einseitig unterrichtet; hören wir doch z. B. kaum je von den eigenen Verlusten und Niederlagen. Wir lernen die altmesopotamische Kriegsführung durch gelegentliche Bemerkungen der ›Synchronistischen Geschichte‹, vorzugsweise aber durch die Feldzugsberichte und Reliefbilder der mittel- und neuassyrischen Zeit kennen. Was die Vorplanung militärischer Unternehmungen betrifft, so dürfen wir eine solche gewiß von früh an unterstellen und annehmen, daß sie sich über die Festsetzung günstiger Termine seitens der ›Tagwähler‹ und die Auskünfte der Omen- und Traumdeuter hinaus auch auf taktische Überlegungen erstreckte. Feldzüge von der Reichweite der Expeditionen eines Eannatum, Lugalzaggesi, Sargon, Naramsin oder Utuchengal sind ohne intensive Vorbereitung kaum denkbar. Die Heere des späteren Babylon und Assur wurden gewiß – schon um ihre Verpflegung während des Marsches zu erleichtern – auf verschiedenen Wegen zur Front dirigiert, um schließlich mehr oder weniger zum selben Termin am vorgesehenen Ort einzutreffen oder aber gleichzeitig mehrere Aktionen durchzuführen. Die Mari-Korrespondenz läßt erkennen, daß Spione und Agenten Kriegsrüstungen, Proviantansammlungen, Truppenbereitstellungen und -bewegungen sehr schnell an ihre Auftraggeber meldeten, daß man für Transportkähne am notwendigen Platz und passenden Zeitpunkt sorgte und den Anmarsch der Regimenter genau regelte. Die assyrischen Gouverneure und Grenztruppenbefehlshaber berichteten regelmäßig an den Hof über die Lage an der Front, so daß der Einsatz dann schnell und taktisch richtig erfolgen konnte. Kleinere Unternehmungen benötigten naturgemäß solcher Vorarbeit nicht; hier kam es auf das Überraschungsmoment und auf sofortiges Durchgreifen an, und in dieser Art sind wohl viele der Fehden zwischen den sumerischen und altbabylonischen Stadtstaaten oder zwischen Assyrern und Kassiten geführt worden. Man kennt ebenso den massierten Einsatz wie den forcierten Durchstoß und die zügige Verfolgung. Im Gegensatz zur Kampfweise des aus Hopliten bestehenden griechischen Bürgeraufgebots, das den Kampf nach errungenem Sieg abzubrechen geneigt war, hat zum mindesten die assyrische Taktik immer auf sofortige Verfolgung des geschlagenen Feindes und seine restlose Vernichtung gedrungen. Auf den Besitz von Furten und Wasserstellen legt man verständlicherweise größten Wert; gelegentlich gehört sogar eine Flußstauung zum strategischen Plan. Festungen sucht man tunlichst im Sturm zu nehmen, und nur der harte Zwang zäher Verteidigung kann den Angreifer dazu veranlassen, eine langwierige Belagerung durchzuführen.

Auf dem Schlachtfelde scheint Sumer die tiefgegliederte Phalanx der Schwerbewaffneten mit dem Rückhalt der massigen Kriegswagen, Akkad und Assur die bewegliche, lockere Kampfweise bevorzugt zu haben, doch kannte die assyrische Taktik auch den geschlossenen Angriff. Wagentruppe und Kavallerie folgten bald ihren eigenen Gesetzen. Kampfgedichte der mittelassyrischen Zeit zu Ehren Tukultininurtas I. und Tiglatpilesers I. (s. u. S. 220) lassen etwas von der Wucht eines assyrischen Angriffs schon gegen Ende des 2. Jahrtausends ahnen. Die wildbewegten Kampfszenen im Wald oder Gebirge auf den neuassyrischen Reliefs mit ihren typischen Augenblicks- und Nebenbildern |geben uns Einsicht in das Kampfgeschehen und finden sich in dieser Härte und Einprägsamkeit nur selten wieder; aber auch Nebukadnezar I. weiß aus seinem Elamfeldzug von der Furchtbarkeit des Kampfes, der glühenden Hitze am Schlachttage im Monat Tammuz (Juni/Juli), von sonnenverfinsterndem Staub und tobendem Sturm zu berichten. Zuweilen waren Wetter und Gelände stärker als die Kampfkraft des Heeres: Sanheribs Elamfeldzug mußte infolge Kälte, Regen, Schnee und der Gewalt der Gießbäche abgebrochen werden.

Der Rückhalt des Heeres war im Feindland das befestigte Lager, das uns die assyrischen Reliefs in ihrer typisch unperspektivischen Darstellung nicht selten vorführen. Es sind dies die bekannten Bilder, in denen die turmbewehrte, kreisförmige oder ovale Lagerumwallung und z. T. auch die Zelte im Grundriß, Mensch und Tier aber in der Seitenansicht gezeigt werden. Die Zelte des Königs und der Großen in der Lagermitte heben sich aus denen der einfachen Soldaten heraus, mit dem verstellbaren, hochgezogenen Sonnenschutz bieten sie einen seltsamen Anblick. Hier lag das Befehlszentrum oder der Gefechtsstand, und von hier wurden die Ak-

tionen geleitet, wenn es zum Angriff ging oder galt, den
Widerstand einer Festung zu brechen.

Solche Belagerungen sind ein weiteres Lieblingsthema der
assyrischen Reliefkünstler, und sie haben es dabei mit ihren
einfachen Mitteln zu einer erstaunlichen Lebendigkeit und
instruktiven Anschaulichkeit gebracht. Sturmtrupps laufen
die steilen Wege hinauf, tartschengeschützte Bogner schnellen
den Pfeil von der Sehne, die Belagerungstürme rollen heran,
und es entwickelt sich ein heftiger Kampf zwischen ihrer
Besatzung und den Verteidigern auf den Wällen. Die Sturmböcke wuchten gegen das Mauerwerk, Brandpfeile fliegen
und entzünden die Feuersbrunst in der Stadt, während die
Verteidiger versuchen, den Rammbock mit Ketten hochzu-
reißen und unschädlich zu machen; die Sturmleitern werden
angelegt, und ausgewählte Abteilungen erklimmen sie, um
in die Stadt einzubrechen. Siedendes Öl und brennendes
Naphta ergießt sich auf die Angreifer, aber schließlich er-
lahmt der Widerstand, schon heben die Bürger auf den
Mauern jammernd die Arme zum Zeichen der Ergebung,
und dann ist die Burg in den Händen der Assyrer. Die
Leichen der Erschlagenen liegen zuhauf, die Pyramiden ab-
geschlagener und sorgfältig zusammengetragener Köpfe
wachsen immer höher, und nun beginnt das eigentliche Straf-
gericht. Wer von den Verteidigern lebend in die Hände des
Eroberers fällt, erwartet zitternd die Entscheidung des er-
barmungslosen Siegers: ein Teil – nach den Berichten sind
es oft Hunderte – wird zur Abschreckung gepfählt, geköpft,
geschunden, lebendig eingemauert oder mit der Stadt verbrannt, und diesem Schicksal entgehen zuweilen auch die
Frauen und Kinder, die Jünglinge und Jungfrauen nicht;
andere werden geblendet, man schlägt ihnen die Hände ab
oder verstümmelt sie auf sonstige Weise. Die Übrigbleiben-
den, in der Mehrzahl Frauen und Kinder, verlassen mit geringer, schnell zusammengeraffter Habe die zerstörte Heim-
stätte. Aus allen Toren und Breschen aber strömt nun das
Heer der Plünderer, die die Kostbarkeiten des Palastes, der
Magazine, die Schätze der Tempeltresore, aber ebenso das
Gerät der Bürgerhäuser wegschleppen; Pferde, Rinder,

Kleinvieh werden abgetrieben. Denn schon brennt die Stadt nieder, Sonderkommandos hacken die Fruchtbäume ab und streuen Salpeter auf den Grund, um so die ewige Unbewohnbarkeit der ›rebellischen‹ Feste zu dokumentieren[6].

Wer den Schrecknissen entrann, wandert in die Sklaverei, und schon eine Stele Sargons von Akkad zeigt eine Reihe solcher ›Kriegsopfer‹, die man mit dem ›Halsblock‹ zusammengeschlossen wegtreibt. Von der mittelassyrischen Zeit an gehen energische Könige dazu über, die Bevölkerung unsicherer Grenzgebiete oder revoltierender Bezirke zu deportieren und damit ihres nationalen Haltes zu berauben. Noch grausiger ist laut Aussage der Urkunden aus der Assyrerzeit das Los des besiegten Königs und seiner Großen: Sie gelten als Empörer gegen den göttlichen Weltherrscher Assur und haben nicht nur den Tod, sondern zuvor noch furchtbare Folterung zu erwarten, von deren Einzelschilderung hier abgesehen werden darf. Jüngere Prinzen hingegen brachte man gern an den assyrischen Hof, wo sie ›umerzogen‹ und zu getreuen Vasallen herangebildet werden sollten. ›Den Glanz meiner Herrschaft goß ich über sie aus‹ – so schließen die Assyrerkönige häufig mit grausamer Genugtuung ihre Kriegsberichte.

Das eben entworfene Bild, wie es uns Urkunden und Reliefs an die Hand geben, ist dennoch natürlich einseitig. Gewiß gehört zum Sieg mindestens nach assyrischer Auffassung die strafende Rache, und sie darf daher in keinem Bericht fehlen, soll dieser nicht unvollständig wirken und an Überzeugungskraft verlieren[7]. Oft aber wird ein Krieg oder eine Belagerung auch mit einem Vergleich geendet haben, und nicht alle siegreichen Fürsten waren von der hemmungslosen, sadistischen Grausamkeit eines Assurnaßirpal II. oder Sanherib. Auch in jenen Zeiten sprach wohl nicht selten die Stimme der Vernunft, die ein befriedetes und nun der Krone Assurs oder Babylons eigenes Land samt seinen Einkünften und Reserven einer trostlosen Einöde oder einem rauchenden Trümmerhaufen vorzog. Assyriens Städte freilich wurden schließlich selbst ohne Ausnahme jenem grausamen Gesetz unterworfen, das ihre Könige geschaffen und so oft ohne Gnade vollstreckt

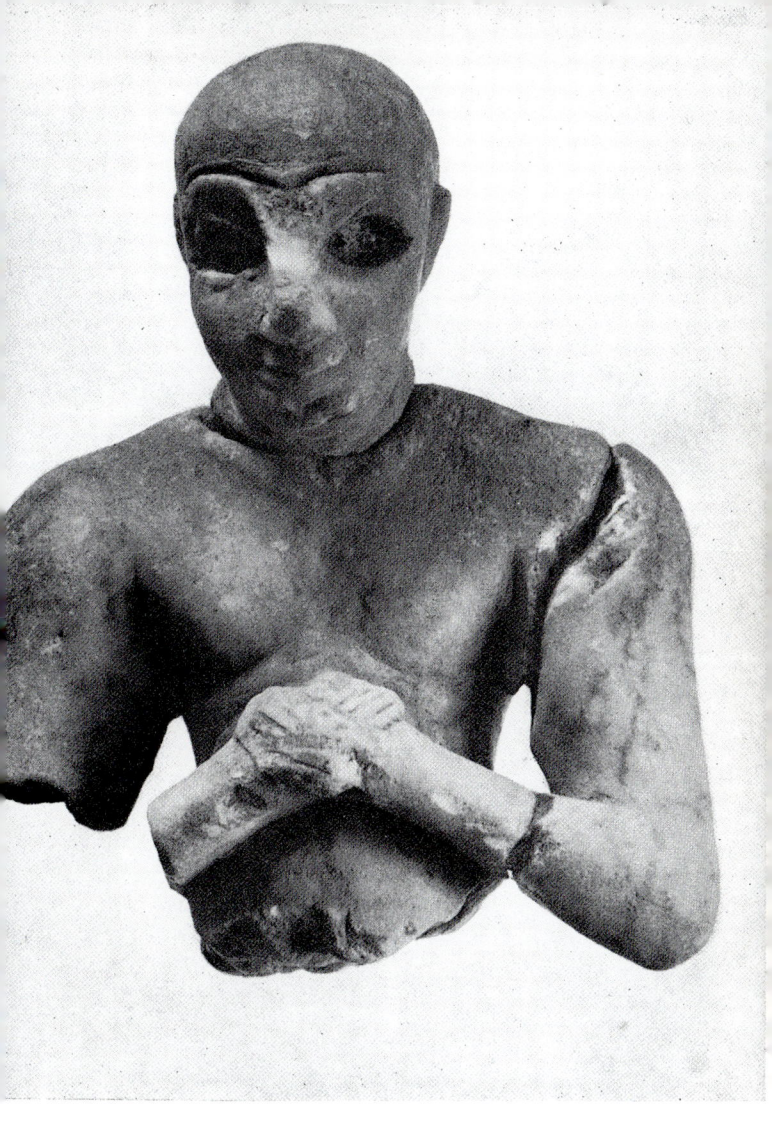

III Beter aus Chafadschi am Dijala (Mitte 3. Jahrtausend)

IV a Sumerisches Rollsiegelbild um 2600
   b Neuassyrisches Rollsiegelbild um 700

hatten: Meder und Chaldäer vollzogen an ihnen das Urteil der Geschichte, von dem sogar im fernen Juda der Prophet Nahum gesungen hat.

VI

DAS RECHT

Unter den vielen hunderttausend Keilschrifttexten, die bisher ans Licht kamen, überwiegen bei weitem die Wirtschaftstexte, die wenigstens zu einem kleinen Teil als Rechtszeugnisse im weiteren Sinne anzusprechen sind. Neben ihnen nehmen aber auch die Tontafeln und Steinstelen mit eindeutig juristischen Inhalten einen bedeutsamen Raum ein. Kontrakte jeder Art, Gerichtsurkunden, Gesetze, Briefe, Erlasse und Verträge ermöglichen einen Einblick in die verschiedensten Rechtsgeschäfte und die Verhältnisse des Personen-, Familien-, Güter- und Schuldrechtes und lassen sogar etwas vom Staats- und Völkerrecht ahnen; gerichtliche Beurkundungen und Prozeßprotokolle geben uns vom juristischen Verfahren Altmesopotamiens Kunde, und der zahlenmäßig freilich weitaus geringste Teil der Belege – Sammlungen von Gesetzen oder Fragmente solcher Zusammenstellungen – belehrt uns über die Normen und Grundlagen richterlicher Entscheidungen. Mit Hilfe aller dieser Zeugnisse vermag der Rechtshistoriker heute, über die Zeit der klassisch-antiken Rechte hinaus, mehr als 4000 Jahre in die Vergangenheit vorzudringen; der große Rechtsgelehrte P. Koschaker hat der neuen Disziplin den Namen Keilschriftrecht gegeben[1].

Die juristischen Zeugnisse beginnen mit den Wirtschaftsurkunden aus Schurruppak und Lagasch (Mitte des 3. Jahrtausends) und führen dann über den Bericht von Urukaginas ›Rechtsreform‹ und den großen Landkäufen des Akkadkaisers Manischtusu zum fragmentarischen ›Kodex‹ Urnammu, weiteren verstreuten sumerischen Gesetzen und den neusumerischen Gerichtsurkunden der Ur III-Zeit, die vorwiegend Rechtsgeschäfte und -streitigkeiten von Privatpersonen darbieten und durch die Masse der Kontrakte und sonstigen

Wirtschaftstexte dieser Epoche ergänzt werden. Drei fragmentarische Tafeln aus Kanisch (*Kültepe*) weisen uns wenigstens in Andeutungen auf die Rechtsverhältnisse in den altassyrischen Handelskolonien Kleinasiens hin, während uns ein
großer Komplex von Urkunden mit der Rechtspraxis von
Mari etwa zur Zeit Zimrilims (um 1700) bekannt macht
und Privatkontrakte und Prozeßakten aus Elam ähnliche
Dienste leisten. Gesetzliche Ordnung und Rechtsleben des
babylonischen Alltags im ersten Drittel des 2. Jahrtausends
v. Chr. werden uns aus den Gesetzsammlungen von Isin und
Eschnunna sowie vor allem aus dem ›Kodex‹ Hammurabi
und den zahlreichen Briefen, Rechts- und Wirtschaftstexten
seiner Zeit deutlich. Will man den gesamten Zeitraum bis
zum Ende der Epoche Hammurabis – rund 1000 Jahre – unter
dem Begriff ›altes Recht‹ zusammenfassen[2], so bezeichnen
die etwa 2000 Wirtschafts- und Rechtsurkunden aus Nuzi
und Arrapcha (östlich von Assur) von der Mitte des 2. Jahrtausends, weiter die kassitischen Landschenkungsurkunden
(*kudurru*) aus der 2. Hälfte dieses Millenniums, schließlich die
sog. mittelassyrischen Gesetze (13./12. Jahrh. v. Chr.) und die
barbarisch-strengen Hof- und Haremserlasse der gleichen
Zeit etwa das ›mittlere Recht‹ Altmesopotamiens. Es schließen sich als mittelbare juristische Zeugnisse ungefähr 1500
Schreiben aus der Staatskanzlei der Sargoniden-Zeit und zahlreiche Belege der juristischen Praxis des neuassyrischen Reiches an, denen (als im Rahmen unserer Betrachtung letzter
Gruppe) die überreichen neu- und spätbabylonischen Rechtsquellen – Hunderte von Briefen der Tempelverwaltung, Tausende von Kontrakten jeden Inhalts, Beurkundungen von
Schuldverhältnissen, Zeugnisse des Kreditwesens, aber auch
eine Reihe von Gesetzesparagraphen – folgen. In diesen Tontafeln aus der ersten Hälfte des 1. Jahrtausends träte uns dann
das ›Neue Recht‹ des sumero-akkadischen Zweistromlandes
entgegen.

Von einer geradlinigen Entwicklung des Rechtswesens
kann dabei freilich nicht die Rede sein. Altsumers Stadtstaaten schufen sich gewiß jeweils ein eigenes, wenn auch mit-

einander verwandtes Recht, das dann in Zeiten der Groß-
reichsbildung, etwa unter den Akkadkaisern oder den Gottkönigen von Ur III, Vereinheitlichungstendenzen unterworfen worden sein dürfte. Spätsumerisches und altbabylonisches Recht gingen nicht ohne Bruch und Rückschlag ineinander über, wie etwa im Fehlen des Talion-Prinzips bei
Urnammu, aber seinem Erscheinen im Hammurabi-Gesetz
deutlich wird. Immerhin gleichen sich die Formulare der
Kontrakte durch viele Jahrhunderte in erstaunlicher Weise
und beginnen sich erst in neubabylonischer Zeit zu ändern.
Westsemiten, Churriter, Kassiten lassen ihre Spuren im
Rechtswesen zurück, ohne indes grundsätzliche und bleibende
Wandlungen auszulösen; die ›Jurisprudenz‹ Elams scheint
weithin babylonisch beeinflußt. Im Staats- und Völkerrecht
dürften nach Maßgabe der erhalten gebliebenen Erlasse und
Verträge churritische und hethitische Anschauungen stärker
wirksam geworden sein, während sich im Verwaltungsrecht
des straff organisierten neuassyrischen Reiches notwendigerweise eigenständige Formen abzeichnen. Das ›Wirtschafts-
wunder‹ der chaldäisch-neubabylonischen Zeit schließlich,
das den israelitischen Propheten Ezechiel so sehr abstieß, hat
zu einer erstaunlichen Entwicklung des Güter- und Obligationenrechts geführt, das uns in seiner kapitalistischen Prägung oft geradezu modern anmutet. Aufs Ganze gesehen
darf somit eine allmähliche Verfeinerung des juristischen
Denkens konstatiert werden, ohne daß Rückfälle ins Primitive (etwa in der Talion des ›Kodex‹ Hammurabi oder im
mittelassyrischen Strafrecht) und Gegenentwicklungen zu
bestreiten sind. Jedoch müssen wir angesichts des so komplexen Rechtslebens, das in fast jeder Handlung des bürgerlichen Lebens einen juristischen Akt sah, feststellen, daß es
nie und nirgends zu einer Dogmatisierung, zu einer gelehrten
Spekulation und einer wissenschaftlichen Jurisprudenz gekommen ist. Gesetzgebung, Prozeßwesen, Kontraktabschluß
und Formular verharren im Bereich der Praxis und des Alltags, basieren auf Tradition und Gewohnheit und entwickeln
sich nach den Forderungen und Gegebenheiten der Zeit,
stoßen aber nie zu einer theoretischen Erfassung, Begründung

und Darlegung vor. Dies sollte tatsächlich erst in Rom geschehen.

Daß das Recht eine Gabe der Götter an die Menschen ist
und von Anbeginn ihrem Schutz untersteht, ist ein fester, nie
angefochtener Glaubenssatz des alten Zweistromlandes. Als
nach der uralten sumerischen Mythe Inanna sich bei einem
Fest in Eridu von dem berauschten Enki die ›göttlichen
Kräfte‹ erschleicht und nach ihrer Stadt Uruk bringt, da erscheinen unter diesen vom Dichter aufgezählten, über hundert
göttlichen Ordnungen oder Grundsätzen auch ›Gesetzes-
sprache‹, ›Gerechtigkeit‹, ›Gerichtsbarkeit‹ und ähnliche Begriffe des Rechtslebens, die mit der Zivilisation untrennbar
verknüpft sind. Ohne Zweifel wurde in der altsumerischen
Tempelgemeinde der jeweilige Stadtgott als Garant des Rechtes angesehen; als sich dann das Walten der Gottheiten differenzierte, lernte man bestimmte himmlische Gestalten insbesondere als Hüter der Gesetze und Schützer von Recht und
Gerechtigkeit verehren. Urukaginas Reform in Lagasch wird
von ihm als ein ›Vertrag‹ mit dem Gotte Ningirsu dargestellt,
und Urnammu von Ur richtete ›in der Macht Nannas, des
königlichen Herrn seiner Stadt, das Recht im Lande auf‹.
Ähnlich erscheinen Enlil, Utu und Sataran von Dēr sowie die
Göttinnen Nansche von Nina, Nergal, Ischtar und andere als
Wahrerinnen des Rechtes: Sataran ›ordnet das Recht der
Stadt‹, Ischtar ›regelt das Gericht der Menschen in Recht und
Gerechtigkeit‹ und ist ›am Gerichtsort‹ von gewandter Rede
›wie ein Mann‹. Seit dem 2. Jahrtausend aber rückt mit be-
sonderem Nachdruck der Sonnengott Schamasch, der ›Rich-
ter Himmels und der Erden‹, als Wahrer des Rechtes in den
Vordergrund: Er thront im Relief über dem Text der Ge-
setzesstele Hammurabis, Eidesformeln führen ihn an erster
Stelle auf, ein Geschäftsbrief der altbabylonischen Zeit be-
ginnt mit den Worten ›Mein Recht und Dein Recht möge
Schamasch richten!‹, und ein Schamasch-Tempel in Babylon trug den bezeichnenden Namen ›Haus des Richters des
Landes‹. Im sog. ›Babylonischen Fürstenspiegel‹ erscheint der
Sonnengott, dessen Strahlen alles durchdringen, als Ahnder

ungerechten Tuns, und immer wieder wird in Gebeten, Sprüchen und den zahlreichen an ihn gerichteten Hymnen Schamasch als der Gott gepriesen, der den Unterdrückten zu ihrem Recht verhilft, die Gefangenen frei macht und allenthalben für Gerechtigkeit sorgt[3]. Meineid und Ehebruch, Bestechung und Wucher, falsches Gewicht und ›böses Handeln‹ schlechtweg werden von ihm verfolgt und bestraft. Entsprechend ist die gesetzgeberische Gewalt göttlichen Ursprungs, wie in den Prologen zu den erhaltenen Rechtskörpern ehrfurchtsvoll betont wird. Versagte die Rechtsfindung irdischer Richter, so trat denn auch als letzte Instanz die göttliche Entscheidung in Gestalt eines Gottesurteils – meist eines Flußordals – in Kraft[4]. Denn die Götter sind weise, durchschauen des Menschen Rede und ›sehen das Herz‹, sind Richter, die keine Bestechung annehmen und Irregehende recht leiten, und ihr Wort ›läßt Wahrheit und Gerechtigkeit erstehen‹.

Als Repräsentant und Stellvertreter der Gottheit wird von den Tagen des altsumerischen Ensi und Lugal an der K ö n i g zur *fons iustitiae*, und häufig begegnet uns in den sumerischen und altbabylonischen Jahresdaten die auf einen legislativen Akt hinweisende Formulierung, daß der Herrscher das ›Recht im Lande hergestellt‹ habe. Bei den kleinen Verhältnissen der Stadtstaaten wird der Fürst in seinem Palast, in der ›Gerichtshalle‹ oder dem als Rechtsort beliebten Tor der Stadt mindestens die wichtigen Fälle selbst abgeurteilt haben. In vielen Gerichtsurkunden der Ur III-Zeit erscheint der Eid ›beim König‹, und noch in einem der jüngsten Texte dieser Epoche wird die Entscheidung als ›Rechtsspruch des Königs‹ (Ibbisin) bezeichnet. Ähnlich fällen Hammurabi und seine Nachfolger – vor allem in Prozessen des Vermögens- und Immobilienrechts – selbst das Urteil; § 58 des Gesetzes von Eschnunna bekundet, daß ein bestimmter Rechtsfall (Tod durch Einsturz eines schlecht gebauten Hauses) der Jurisdiktion des Königs unterliege, und eine Urkunde aus Mari über einen Felderstreit nennt Zimrilim namentlich als Richter. Eine Berufung an den Herrscher war in jedem Falle möglich. Dem Assyrerkönig müssen Prozesse wegen Zauberei gemeldet werden, und wir hören, daß verurteilte Verbrecher ›ins Palasttor‹ gebracht wurden, dem Fürsten also vorzuführen waren. In Fällen von Ehebruch konnte der betrogene Gatte den königlichen Entscheid anrufen.

Der Fürst blieb Gerichtsherr auch dann, wenn sein großer Pflichtenkreis ihm die eigenhändige Rechtssprechung nicht gestattete. Folgerichtig vollzieht sich die Delegierung der Gerichtsbarkeit zunächst an Stadtfürsten und Provinzstatthalter – eine Situation, der wir in den Gerichtsurkunden der Ur III-Zeit begegnen. Als oberste Richter ihrer Stadt oder ihres Bezirkes stehen nun in Vertretung des Herrschers diese den Gerichten vor, um jedoch alsbald ihrerseits die juristische Praxis an Berufsrichter und Schöffen abzugeben: Urlamma von Lagasch erscheint in den Texten noch selbst als beauftragter Richter seines Herrn, während später Irnanna wegen Überlastung seine juristischen Befugnisse an Richterkollegien oder Einzelrichter überträgt. Immer aber zeigen dabei die Etiketten auf den Behältern, in denen die Rechtsurkunden aufbewahrt werden, den Namen des Stadtfürsten. Eine 1950 wiederaufgefundene Tontafel belegt uns einen ähnlichen Fall aus der Isin-Larsa-Zeit um 1850 v. Chr., den sog. Mordprozeß von Nippur: König Urninurta von Isin verwies den Kapitalprozeß zur Aburteilung an die örtliche Gerichtsbarkeit, in diesem Falle an die Bürgerversammlung des Tatortes, also nach Nippur.

Den theokratischen Grundanschauungen des sumerischen Zeitalters entsprechend, gehörten Sumers Richter zunächst zweifellos dem – gebildeten und schreibkundigen – Priesterstande an, und auch später mag in Zeiten eines schwachen Königtums oder des Interregnums das Recht immer wieder an die Tempel zurückgekehrt sein. Die Trennung der Gewalten zwischen Heiligtum und Palast drängte jedoch auf eine Säkularisierung, und bereits Sargon von Akkad läßt auf einer Siegesstele den ›Richter der Stadt Barachsi‹ an seiner Seite darstellen. Zur Zeit der 3. Dynastie von Ur ist offenkundig, daß der königliche Beamte und Funktionär den Priester weit-

hin ans den Gerichtshöfen verdrängt hat. Der Tempelrichter
behält lediglich die Funktion, die am Schluß der Verhandlung
stehende Schwurleistung der Zeugen oder derjenigen Partei,
der durch richterlichen Entscheid der Eid zugeschoben wurde,
›bei den Göttern‹ vorzunehmen. Nach einem neuerlichen
stärkeren Hervortreten der Tempelgerichtsbarkeit in der –
einer umfassenden Zentralgewalt entbehrenden – Isin-Larsa-
Zeit wird dann unter der 1. Dynastie von Babylon und insbesondere seit Hammurabi der dem Laienstand angehörige
(oder, wenn er Priester war, nur als staatlicher Funktionär
amtierende) königliche Richter der anerkannte Vertreter und
Sachwalter des Rechtes im Zweistromland. Grundsätzlich
kann es sich bei ihm ebenso um einen hohen Beamten der
Krone handeln, der neben anderen Aufgaben juristische Funktionen ausübt und dessen Amtsstellung auch seinen richterlichen Rang bestimmt, wie um einen hauptberuflichen Richter.
Richterkollegien aus zwei, drei oder vier Mitgliedern scheinen
die Regel, der Einzelrichter ein seltener Fall gewesen zu sein.

Auf die Mitwirkung von Bürgern als Richter oder Schöffen
weisen in der Ur III-Zeit nur einige wenige Urkunden hin,
während in den folgenden Jahrhunderten der Gerichtshof der
Stadt – aus dem Bürgermeister als Vorsitzenden und einer
Reihe von Ältesten bestehend – eine bedeutende Rolle spielt
und in Nippur, wir wir schon hörten, eine auf noch breiterer
Grundlage ruhende ›Bürgerversammlung‹ sogar Kapital-
prozesse durchzuführen befugt war. Wir beobachten in der
altbabylonischen Zeit des weiteren ›Militärtribunale‹ unter
dem Vorsitz eines ›Amurru-Obmanns‹ und Handelsgerichte;
die königliche Justiz verfügte über ›Landgerichte‹ etwa in
Larsa, Dilbat oder Borsippa, einen wohl als Appellations-
gericht anzusprechenden Hof in Sippar und als letzte Instanz
das Kammergericht am Hof von Babylon[5]. Abieschuch,
Hammurabis Enkel, zitiert auf die Beschwerde zweier Kläger,
daß ihr Prozeß beim Handelsamt in Sippar schon zwei Jahre
verschleppt werde, den Beklagten und die Zeugen nach
Babylon, damit ihre Angelegenheit dort geprüft werde.
Vielleicht hat das gelegentlich genannte und offenbar sehr
angesehene Amt des ›Oberrichters‹ etwa dem eines Justiz-

ministers entsprochen, der den Herrscher in juristischen Fragen beriet und vertrat und die Rechtssprechung im ganzen Lande kontrollierte.

Stellung und Aufgabenbereich des Richters – zuweilen hatten auch Frauen ein Richteramt inne – dürften sich im weiteren Verlauf der altmesopotamischen Geschichte und Kulturentwicklung, für die uns entsprechende Zeugnisse fast gänzlich fehlen, nur gradweise verändert haben. In Assyrien hatten die ›Richter der Stadt‹ neben den rein juristischen offenbar auch schiedsrichterliche und pflegerische Aufgaben, und in neubabylonischer Zeit beobachten wir, daß es üblich wurde, den Richter auch bei einfachsten Rechtsgeschäften hinzuzuziehen. Gerechtigkeit, Unbestechlichkeit, unparteiisches Urteil, dazu ein ausgeprägtes soziales Verständnis waren und blieben die Anforderungen, die man an den Richter stellte; wo sie nicht erfüllt wurden, da sorgte das Gesetz selbst für die Ausmerzung eines derart ungeeigneten Rechtsvertreters, wie wir das schon im 5. Paragraphen Hammurabis lesen.

Es kann nicht wundernehmen, daß in der komplexen, betont konservativen Kultur des alten Zweistromlandes nicht nur Gestalt und Auftrag des Richters, sondern auch das Verfahren, nach dem er Recht sprach oder Verträge rechtsgültig machte, festen Regeln unterworfen war und sich durch viele Jahrhunderte nicht wesentlich veränderte. Die ›notarielle‹ Tätigkeit der Bestätigung und Sanktionierung von Verträgen jeder Art, die nach bindender Aussage beider Parteien vor Zeugen geschlossen und deren Keilschrifturkunde sodann im Tempel- oder Palastarchiv hinterlegt wurde, blieb sich in großen Zügen gleich, und dasselbe können wir an Hand zahlloser juristischer Texte aus den Metropolen Sumers, aus Mari, Larsa, Babylon, Kalach, Ninive und wie die Fundorte zwischen Euphrat und Tigris auch heißen mögen, für das Gerichtsverfahren feststellen.

Aus den zwei Gruppen der neusumerischen Gerichtsurkunden[6] – den Beurkundungen von Rechtsgeschäften und den Prozeßprotokollen mit bedingtem oder endgültigem Schlußurteil – wird zwar die Art der Prozeßeröffnung nicht klar, wir erkennen aber, daß das Verfahren durch Handlungen einer Partei oder bei Staatsinteresse durch königliche Verwaltungsstellen eingeleitet wurde. Die Beweisführung stützte sich sodann auf die Erklärungen von Sachverständigen und Honoratioren, Zeugenaussagen, die gegebenenfalls zu beeiden waren, Parteieid und den selteneren Urkundenbeweis. Es war Sache des Gerichtes, darauf zu achten, daß die streitenden Parteien für ihre Angaben hinreichende Belege anbrachten. Verweigerung des Parteieides führte zum Verlust des Prozesses; das bedingte Endurteil wurde rechtsgültig, wenn die Partei, der das Gericht den Beweiseid zugeschoben hatte, diesen im Tempel leistete. Letzterer erübrigte sich, wenn sich die Rechtslage durch eingereichte Urkunden klärte – oder wenn einer der Kontrahenten vor Gericht eine frühere Aussage zurücknahm. Eine besondere Art des Zeugeneides war der des ›Kommissars‹ (*maschkim*), der, offenbar vom Gerichtsherrn bestellt, die Voruntersuchung leitete, dem Prozeß beiwohnte und bei Neuaufrollung des Streitfalles eidlich oder uneidlich als Zeuge zitiert wurde; seine Aussage galt dann als prozeßentscheidend. Diese Kommissare entstammten offenbar dem Kreis der königlichen Funktionäre und waren zuweilen selbst Richter. Eine weitere Gruppe von Zeugen waren die ›Amtsleute‹ und die ›am Ort des Prozesses anwesenden Personen‹, die man als insbesondere für die Eidesleistung im Tempel verantwortliche ›Publizitätszeugen‹ betrachtet. Eine Urteilsbegründung erfolgt selten; wo solche Rechtsgründe genannt werden, sind sie als Ersatz fehlender neusumerischer Gerichtsnormen von besonderer Wichtigkeit. Das Urteil war bindend, dennoch kamen viele Streitfälle in dieser Zeit erneut vor den Richter, der einer vorgebrachten Klage anscheinend stets ein volles Verfahren zubilligen mußte. Die in altbabylonischer Zeit belegte Strafe für die Erhebung einer unberechtigten Klage gab es noch nicht. Die Formulierung des Urteils erfolgte meist passivisch, nur selten in aktiver Bezugnahme auf König, Stadtfürsten oder Richter und kleidete sich, wie ebenso zur altbabylonischen Zeit, in eine Notiz über den konkreten Urteilsvollzug.

Wie schon angedeutet, ist diese Art der Prozeßführung – zuzeiten erfolgte eine öffentliche Ausrufung der Verhandlung mit der Aufforderung, Ansprüche anzumelden – mit Zeugenaussagen oder Urkundenbeweis und Eid durch die Jahrhunderte gleichgeblieben, und dasselbe gilt für den Vollzug notarieller Akte, der eine weitaus größere Rolle spielte als heute. Hier war die Anwesenheit der Vertragspartner – etwa der Frau oder der Erben des Verfügenden, der Väter der Eheschließenden, der Käufer und Verkäufer, Gläubiger und Schuldner usw. – notwendig; der Vertrag wurde ›im Angesicht des Richters‹ und anderer offizieller Personen und mit Hilfe oft sehr zahlreicher Zeugen (es erscheinen bis zu zwanzig Namen auf den Urkunden) abgeschlossen, beeidet, schließlich aufgezeichnet und von den Kontrahenten und einigen Zeugen gesiegelt[7]. Die Beeidung geschah beim Gott der Stadt, des Bezirks oder bei den Hauptgottheiten des Landes, neben denen als weiterer Schwurhelfer oft der regierende Fürst erscheint. Nach den Namen der Zeugen wird stets der des Schreibers genannt; letzterer war zwar kein Funktionär der Regierung, galt aber dennoch als halboffizielle Person. Datum und Regierungsjahr des Fürsten beschließen den Vertrag. Bei Kontrakten bestimmten Inhalts – z. B. Leihe, Bürgschaft, Immobilienverkäufen – war es üblich, eine Kopie im öffentlichen Archiv, im Palast oder Tempel, niederzulegen. So entstammen die zahlreichen 1935–38 in Mari gefundenen Rechtsurkunden alle dem königlichen Palast.

Offenbar schon sehr früh hat sich für die Abfassung von Verträgen aller Art ein festes Formular herausgebildet, das ursprünglich sumerisch abgefaßt war und dann ins Akkadische übertragen wurde; nur in Mari und von da aus auch in Terqa und Eschnunna scheint es daneben eine von Anfang an semitische Form gegeben zu haben. Dieses Formular blieb fast 2000 Jahre etwa gleich. Objektiv und unpersönlich, stellt es den Gegenstand des Abkommens, also z. B. Grundbesitz, Sklaven, Waren, Braut, Kind, Erbteil, in den Vordergrund und ist meist *ex latere emptoris*, also vom Standpunkt des Erwerbenden aus – des Käufers, Entleihers, Mieters bzw. des Bräutigams, Adoptivvaters, Erben – abgefaßt. Dieses klassische Schema wird erst in neubabylonischer Zeit umgekehrt: Nunmehr handelt der Verfügende, der Verkäufer; die Urkunde ist *ex latere venditoris* formuliert und setzt das Objekt nicht mehr an den Kopf der Urkunde. Auch erscheint jetzt eine andere Kontraktform, die nur die Worte des Anbietenden und die Zustimmung des Annehmenden sowie den Empfang des ausgehandelten Preises darbietet (›Dialogkontrakt‹)[8].

Zur Sicherung wichtiger Vertragstexte, z. B. über Verkäufe oder Prozesse und bei Schuldscheinen, hielt sich weit über die altbabylonische Zeit hinaus der Gebrauch sogenannter Hüllentafeln: Die beschriftete, gesiegelte und datierte Urkunde wurde mit einem tönernen Umschlag versehen, der noch einmal den gleichen Text brachte, und mit ihm zusammen getrocknet bzw. gebrannt; entstanden Zweifel, wurde unter amtlicher Kontrolle die Hülle zerbrochen und der Text des inliegenden Täfelchens eingesehen. Bei unversehrter Hülle war dann nach menschlichem Ermessen eine Fälschung ausgeschlossen. In neuassyrischer Zeit mehren sich die Strafklauseln am Schluß der Vertragstexte, und wir lesen dann etwa: ›Wer gegen jemanden von der Gegenpartei ungesetzlich handelt: Assur ist sein Gegner im Rechtsstreit, 10 Minen Silber soll er zahlen!‹ Die Höhe dieser Summe schließt eine praktische Verwirklichung aus; durch solche Bestimmungen, in denen zuweilen auch von der Verbrennung des Erbsohnes oder der Tochter – gar in einer großen Menge ›wohlriechenden Öls der Göttin Bēlet-ßēri‹ – die Rede ist, sollte der Zorn der Götter beschworen und so die Furcht vor Vertragsbruch gesteigert werden.

So gut wie nichts erfahren wir über die Durchführung der richterlichen Urteilssprüche. Sie war in der älteren Zeit, z. B. bei den Talionbestimmungen des Hammurabigesetzes, wohl den Betroffenen oder ihren Angehörigen, vielleicht auch der Gemeinschaft oder Berufsgruppe, aus der der Geschädigte stammte, vorbehalten. Später dürfte sie durch uns unbekannte Exekutivorgane bzw. *manu militari* erfolgt sein. Fest steht jedenfalls, daß der Richter für den Strafvollzug nicht verantwortlich war – was nicht ausschließt, daß letzterer unter seiner Aufsicht oder zum mindesten in seinem Beisein erfolgte.

Ein Blick auf die Rechtsmaterie Altmesopotamiens belehrt uns über die durch Tradition, Gesetzgebung und Formular gebändigte Vielfalt seines Rechtslebens, dessen Fülle uns freilich nur nach Maßgabe der zufällig erhalten gebliebenen Urkunden und ihres Inhalts erreichbar ist. Im Bereich des Privatrechtes wird für das Personenrecht durch zahlreiche Belege deutlich, daß – wie früher schon angedeutet – vor dem Gesetz zwischen Vollfreien, Minderfreien und Sklaven geschieden wurde, innerhalb der ersten beiden Kategorien aber wenigstens theoretisch – etwa bei Hammurabi – keine Rangunterschiede galten oder gelten sollten, daß ferner sogar die Sklaven rechts-, zeugnis- und eidesfähig waren. Wurden letztere freigelassen, was meist ›vor dem Richter‹ geschah, so erlangten sie damit den Status des Bürgers. Die vom Tempel und vor allem vom Palast abhängigen Halbfreien wiederum waren zwar strafrechtlich geringer klassifiziert als die Vollbürger, genossen dafür aber im Vermögens- und Schuldrecht gewisse Vorteile, da ihr Besitz mindestens teilweise Eigentum der Krone und somit unveräußerlich war.

Die Frau, in der neusumerischen Zeit dem Manne rechtlich fast gleichgestellt – nur Verlöbnis, Eheschließung und Scheidung erfolgen ohne ihre Mitwirkung – und in mannigfachen Berufen tätig, wird in ihrem Rechtsstand offenbar unter dem Einfluß des Westsemitentums seit der altbabylonischen Zeit zurückgedrängt und befindet sich nach Ausweis der uns erhaltenen, mit der Frau befaßten mittelassyrischen Gesetze bei den Assyrern in einer ausgesprochen schlechten Position, die sie fast völlig in die Gewalt des Ehemannes gibt und für Übertretungen harte Strafen bereithält. Indes wird auch hier – wie bei Hammurabi, der in seinen Gesetzen die Lage der babylonischen Frau zu bessern sucht – für die Gattin des Kriegsgefangenen gesorgt, und das Verbot des Schleiertragens für Hierodulen, Dirnen und Sklavinnen sichert der Bürgersfrau ein gewisses Ansehen in der Öffentlichkeit. Andererseits unterliegen sie wie die Kinder im Falle der Insolvenz des Mannes den harten Gesetzen der Schuldknechtschaft, während der merkwürdigerweise in Sumer offenbar vielgeübte Brauch des Verkaufs von Kindern als Sklaven mindestens im Hammurabigesetz perhorresziert wurde, ohne deshalb freilich zu verschwinden[9]. Im täglichen Leben wird, von der gesetzlichen Ordnung wenig berührt, die Stellung der Frau wesentlich durch ihren Charakter und ihre Fähigkeit bestimmt worden sein. Wir hören von Frauen auf Statthalterposten, von dem großen Ansehen der Priesterinnen hohen Ranges und von tüchtigen Frauen in unmittelbarer Nähe des Thrones. etwa der Sammurammat – dem vermutlichen Vorbild der Semiramis in der griechischen Historie –, Asarhaddons Mutter Naqija und der in Charrān hochgeehrten und am Hofe zu Babylon einflußreichen Mutter des letzten Babylonierkönigs Nabuna'id, Addaguppi. Die Wirtschafts- und Rechtsurkunden der Chaldäerzeit beweisen eine wiederum vermehrte Aktivität und höhere Selbständigkeit der Frauen im Geschäftsleben, dem eine Besserung ihrer sozialen Stellung parallelgegangen sein dürfte.

Wie in der Öffentlichkeit, so wird die Stellung der Frau auch in ihrem Hause weithin von ihrer eigenen Tüchtigkeit bestimmt worden sein, wenn auch das Familienrecht patriarchalischen Charakter trägt. Die Tradition billigt dem *pater familias* eine überragende Gewalt zu, ohne daß diese freilich die römische erreicht. Er hat das Straf- und Züchtigungsrecht, in Babylonien aber nicht das der Tötung, auch nicht bei Ehebruch *in flagranti*. Zwar haftet die Ehefrau für Schulden des Gatten, ihre Schuldknechtschaft wird aber auf drei Jahre begrenzt. Liederliche Frauen freilich dürfen ohne Scheidungsgeld verstoßen oder als Sklavinnen im eigenen Haus behalten werden; der Mann kann dann eine andere Frau zur Gattin nehmen. In Assyrien stehen dem Mann hingegen erheblich größere Rechte, auch das der Tötung der Ehefrau, zu; das Gesetz legte hier kein einziges Recht der Frau gegen den Mann fest. Enterbung oder Erbteilminderung dagegen wurde dem Manne nur in bestimmten Fällen zugebilligt und bedurfte der richterlichen Zustimmung; Verkauf des Kindes als Sklaven gar stand ihm wenigstens nach Hammurabis Willen nur bei schweren Verstößen des Sohnes (der Verleugnung des Vaters durch das Kind) zu.

Die Ehe ist - bei Billigung zusätzlichen Konkubinats - monogam in dem Sinne, daß zwei oder mehrere Frauen nicht gleichberechtigt nebeneinander im Hause leben dürfen, und wird in Sumer vor dem Richter geschlossen; im babylonischen Bereich ist Einwilligung des Brautvaters und Vertrag Voraussetzung für die Verehelichung. Die Zahlung eines Brautpreises – er betrug in altbabylonischer Zeit durchschnittlich eine Mine Silber – ist nicht in allen Epochen einwandfrei feststellbar[10] und fällt in späterer Zeit fast ganz weg. Bruch der Eheabsprache zog in Ur III die Zahlung einer Entschädigung – einmal wird die Summe von einer Mine Silber genannt – nach sich. Die Beschwörung des Ehevertrages[11] sicherte die Stellung der Frau, deren Mitgift zusammen mit der Eheschenkung des Mannes ihr Eigentum bzw. das ihres Elternhauses blieb. Mit der Heirat trat die Frau in Haus und Familie des Mannes ein, und in Assyrien war diese Bindung auch nach dem Tode des Gatten fast unlösbar: waren Kinder vorhanden, blieb die Witwe weiter an die Sippe des Mannes gefesselt. Nach Maßgabe der mittelassyrischen Gesetze mußte (in einer der israelitischen Leviratsehe von Deuteronomium 25, 1–10 ähnlichen Regelung) bei Ableben des Gatten dessen Bruder oder, wenn ein solcher nicht vorhanden war, sogar der Vater des Verstorbenen die Frau – notfalls als zweite Gattin – zur Ehe nehmen, und diese konnte sich einer solchen Maßnahme nicht entziehen. Ja, wir hören darüber hinaus in einer assyrischen Urkunde, daß ein Neffe nach Vollendung des 10. Lebensjahres angehalten wurde, seine verwitwete Tante zu heiraten! Erst bei Tod oder Fehlen aller zum Levirat Verpflichteten wurde die assyrische Witwe frei und konnte gegebenenfalls eine neue Ehe eingehen. Besonders strengen Bindungen unterlag die Soldatenfrau: Geriet ihr Mann in Gefangenschaft und war ihr Unterhalt gesichert, so hatte sie auf die Rückkehr ihres Gatten zu warten, und nur bei Kinderlosigkeit war diese Frist auf fünf, gegebenenfalls zwei Jahre beschränkt.

Neben der eben dargelegten, üblichen Eheform findet sich sowohl im babylonischen wie im assyrischen Bereich eine Art von muntfreier Ehe: Ein Mann ohne Familie und Erbfolgerecht konnte in Babylonien als Gast in die Familie der

Frau eintreten, wenn es in dieser keinen Sohn, sondern nur
eine Tochter gab; nach Zahlung einer Brautgabe von zwei
Minen wurde er als Sohn anerkannt, und man ›legte ihm die
Erbtochter in den Schoß‹. Er hatte sein Vermögen ins Haus
des Schwiegervaters einzubringen, erhielt aber nicht die Gewalt über seine Frau. In Assyrien gab es eine Eheform ›ohne
Hausgemeinschaft‹, bei der der Mann die Frau im Hause
ihres Vaters besucht; hier aber war die persönliche Rechts-
stellung der Frau nicht geändert.

Besonderen Bestimmungen unterlag ferner die Eheschließung mit einer *nadītu* (›Ordenspriesterin‹), die zwar heirats-
berechtigt, aber zur Kinderlosigkeit verpflichtet war. Da
diese Priesterinnen Ansehen und oft auch Vermögen besaßen,
zudem über ihren Besitz frei verfügen konnten, wurden
solche Ehen nicht selten geschlossen. Die Naditu brachte ihrem
Gatten meist eine Sklavin mit, durch die sie ihn ›Kinder gewinnen ließ‹, letztere galten dann als solche der Naditu. Bei
Scheidung erfolgte eine besondere Sicherstellung. Was die
Konkubinen betrifft, so konnten sie – wenn eine legitime Ehefrau nicht im Wege stand – durch einseitigen Rechtsakt des
Mannes zu Gattinnen erhoben werden.

Gegenüber dem altbabylonischen und assyrischen Eherecht
weist das neubabylonische einige Veränderungen auf. Der
Ehevertrag wurde jetzt auf einer Art Standesamt geschlossen;
das von der Frau eingebrachte Vermögen an Geld, Hausrat,
Sklaven und Grundbesitz wurde zwar vom Gatten verwaltet
und genutzt, blieb aber in jedem Falle Eigentum der Ehefrau.
Auch die kinderlose Gattin, die bis dahin ihre Eherechte
verlor, konnte sogar dann, wenn sie keine Mitgift eingebracht
hatte, nach dem Tode des Gatten eine angemessene Summe
aus dem Nachlaß verlangen. Unverändert blieb die Braut
jedoch Objekt des zwischen Eltern des Bräutigams und
Muntwalt (Vater, Mutter, Bruder) der Frau geschlossenen
Vertrages. Ein Zurücktreten von diesem Vertrag war – bei
Zahlung einer Konventionalstrafe – beiderseits möglich.

Das Scheidungsrecht behandelt, was uns nun nicht mehr
verwundert, Mann und Frau ungleich und bevorzugt betont
den Ehegatten, dessen Vorrechte freilich ihrem Ausmaß nach

in den verschiedenen Epochen wechselten. Die neusumerischen Gerichtsurkunden nennen als Scheidungsgrund für den Mann das Verschweigen nichtvorhandener Jungfräulichkeit bei der Eheabsprache oder die Verweigerung der Beiwohnung seitens der Frau – einen Fall, den dann das Hammurabigesetz viel schwerer, nämlich mit der Todesstrafe, bedrohte. In Babylonien konnte der Mann seine Frau vor dem Richter zunächst verstoßen, wenn sie sich schwerer Vergehen schuldig gemacht hatte; dann hatte er ihr keinerlei Entschädigung zu zahlen und durfte sie gegebenenfalls sogar als Sklavin verkaufen. Ein zweiter Grund war Unfruchtbarkeit der Frau; wurde sie dieserhalb entlassen, so hatte sie Anspruch auf eine Vergütung. Gab Krankheit Anlaß zur Scheidung, so mußte der Mann der Verstoßenen Unterhalt und Wohnung gewähren. Lag keinerlei rechtlicher Grund zur Scheidung vor, so war die Mitgift zurückzuerstatten und der Richter gehalten, der Geschiedenen die Nutznießung gewisser Güter des Mannes und das Recht auf etwa vorhandene Kinder zuzusprechen. Schließlich erhielt die Frau nach Ableben ihres ehemaligen Gatten, auch wenn sie eine neue Ehe eingegangen war, einen Erbanteil.

Die Scheidung selbst jedoch blieb fast vollständig Mannesrecht; die Frau konnte sie ihrerseits nur bei schweren Verfehlungen des Mannes durchsetzen. Gelang das, behielt sie ihre Mitgift. Zum Ausdruck der Scheidung schnitt der Sumerer in einer symbolischen Geste eine Franse vom Gewand der Frau ab; in Babylonien stellte man eine entsprechende Urkunde aus. Das männlich-rauhe Assyrien ging im Scheidungsrecht – wenigstens nach dem Wortlaut des Gesetzes – übel mit den Frauen um: Hier konnte der Ehemann seine Gattin ganz nach seinem Belieben verstoßen, und es war ihm anheimgestellt, ob er eine Entschädigung zahlen wollte oder nicht. Auch da wird freilich die harte Vorschrift durch Gewohnheit und öffentliche Meinung gemildert worden sein.

Ehebruch wird in den Urkunden oft abgehandelt und war somit wohl kein seltener Fall. Er erscheint als ›Privatdelikt gegen das Herrenrecht des Mannes‹, wird also ausschließlich auf die Frau bezogen, während Umgang des Ehemannes mit

V a Bronzerelief Salmanassars III. um 850
   b Steinrelief Assurbanipals um 650

VI Ziegen am Lebens-
baum – ein unsterb-
liches Motiv
Belege aus Sumer
(2800 v. Chr.),
Frankreich (Limo-
ges, 1100 n. Chr.)
und Deutschland
(Naumburg,
15. Jahrhundert)

einer unverheirateten Frau nicht strafbar war. Wurde die
Ehefrau mit ihrem Liebhaber *in flagranti* ertappt, so wollte
Hammurabi in seinem Reformgesetz die Todesstrafe an beiden vollzogen wissen. Lag dieser Tatbestand nicht vor und
klagte der Ehemann, sollte die bezichtigte Frau das Recht auf
einen Reinigungseid haben; beschuldigte ein Dritter die Frau,
hatte sich diese einem Wasserordal zu unterziehen. Die Strafe
lautete auf Ertränken, in neubabylonischer Zeit auf (öffentliche?) Tötung ›mit dem eisernen Dolch‹; doch zeigen die
Urkunden oft mildere Strafen, wie etwa das Verkaufen in
die Sklaverei oder gar nur eine Geldentschädigung an den
Ehemann seitens der Ehebrecherin. In Assyrien stand der
Strafvollzug an der Frau, die Tötung, dem Manne zu, wenn
der Ehebruch ertappt wurde und im eigenen Hause stattgefunden hatte; den Verletzer seiner Ehe durfte der Betrogene entmannen und im Gesicht entstellen. Verzieh er aber
der Frau, mußte er freilich auch ihren Liebhaber ungestraft
lassen. In den daneben bezeugten gerichtlichen Verfahren
wegen Ehebruchs wurde die *bona fides* des Liebhabers gewertet.
Hatte ihm die Frau ihre Verehelichung verheimlicht, ging er
straffrei aus, in Zweifelsfällen zahlte er eine Geldbuße.

Eine weit größere Rolle als in unseren Tagen spielte für
den Bürger Altmesopotamiens die Adoption, durch die sich
kinderlose Ehepaare einen Nachkommen, die Altersversor-
gung und den Spender ihrer Totengaben verschafften, oder
vermittels deren Sklaven frei gemacht werden konnten. Schon
die sumerischen Familiengesetze beschäftigen sich mit diesem
Thema. Der Erbanspruch des Adoptierten nach dem Adoptanten muß hier vertraglich gesichert werden. Das adoptierte
Kind löst seine Bindungen zu den leiblichen Eltern und tritt
voll in die Familie des Adoptanten ein; seine Verpflichtungen
wie die der Adoptiveltern werden in den Texten durch Strafklauseln gesichert. Die Adoptionsurkunde hat ein festes Formular und wird vor Zeugen abgefaßt; sie nennt zunächst die
am Vertrag mitwirkenden Personen und das Adoptionsver-
hältnis, teilt danach die wichtigsten Bestimmungen mit, zu
denen in Nordbabylonien (Mari) vor allem der volle Erbanspruch des Adoptierten – auch wenn der Adoptant noch

eigene leibliche Kinder bekommt – gehört, fährt mit Strafklauseln fort und schließt mit Schwur und Datum[12]. Welche juristischen Schwierigkeiten sich angesichts der großen Zahl von Adoptionen ergaben, beleuchten die einschlägigen Paragraphen Hammurabis (§ 185f., 191). Vollfreie Kinder konnten nur von Vollfreien, halbfreie von diesen und von Minderfreien angenommen werden. Im letzteren Falle war eine Aufziehungsentschädigung an die früheren Gewalthaber zu zahlen, weshalb man kleinere Kinder bevorzugte. Adoptierte Mädchen hatten wie die leiblichen Töchter offiziell keinerlei Erbanspruch. Bei Verstoßung eines Adoptivsohnes ohne Rechtsgrund blieb sein Erbanspruch erhalten; eine Sonderregelung des in Nippur geltenden Rechtes setzte für diesen Fall eine Entschädigung fest.

Eine Bastardierung der echten Adoption stellt die vor allem aus Nuzi bekannte und dort häufig geübte, aber auch in Babylon getätigte sog. ›Verkaufsadoption‹ dar: Sie umging das zeitweise herrschende Verbot der Veräußerung bestimmter Grundstücke wohl von Lehenscharakter dadurch, daß der Verkäufer den Käufer adoptierte und letzterer seinem ›Adoptivvater‹ ein Geschenk in Höhe des Grundstückwertes machte. Es sind Belege dafür vorhanden, daß die gleichen Personen solche zwar ungesetzlichen, aber strafrechtlich offenbar nicht verfolgbaren Transaktionen vielfach (in einem Falle 81 mal!) vornahmen. Ein Recht auf Erbfolge wurde durch diese Art von Kontrakten natürlich nicht konstituiert.

Schon aus dem bisher Dargestellten haben wir einiges für das einst an Euphrat und Tigris geltende Eheg üterrecht (Familienvermögensrecht) entnehmen können und einen Eindruck von seinen minutiösen Bestimmungen gewonnen. Verwalter und Nutznießer des Familienvermögens einschließlich der von der Frau eingebrachten Mitgift war der Mann, die Haftung aber schloß die Ehefrau ein; der Gläubiger konnte sich auch am Eigentum der Frau schadlos halten und diese sowie die Kinder bis zu drei Jahren in Schuldhaft nehmen. Mitgift und Geschenke des Mannes blieben in Baby-

lonien indes Eigentum der Frau; gab es weder Mitgift noch
Geschenke, war die Gattin nach dem Ableben des Mannes aus
dem Nachlaß zu entschädigen. Die babylonische Witwe
konnte ihr Vermögen einem zweiten Ehemann einbringen.
Im Gegensatz dazu hatte die Frau in Assyrien auf das Vermögen des Mannes keinerlei Anspruch, und Aneignung von
Besitz des Gatten wurde schwer, gegebenenfalls mit dem
Tode, bestraft. Blieb die Frau ohne Kinder, mußte sie bei
Verwitwung sogar die Geschenke des Mannes wieder heraus-
geben. Von Ausnahmefällen abgesehen, war die Ehefrau in
Altmesopotamien nicht erbberechtigt[13]; schon das Erbrecht
der 3. Dynastie von Ur beschränkte dieses Recht auf leibliche
oder adoptierte Söhne des Erblassers, während die Töchter
durch Mitgift oder Schenkung als abgefunden galten und
nur beim Fehlen von Brüdern als Erben erscheinen. Priesterinnen hohen Ranges allerdings genossen besondere Rechte.
Natürlich stand es dem Manne, auch beim Vorhandensein
männlicher Erben frei, zu Lebzeiten durch rechtsgeschäftliche
Verfügung Zuwendungen an Frau, Töchter und andere Personen aus der nahen Verwandschaft zu machen. Verbind-
lichkeiten des Erblassers belasteten den Nachlaß.

Die Erbteilung konnte durch den Vater zu Lebzeiten vorgenommen werden, wonach dann die Kinder dem Vater eine
Leibrente zahlten. Geschah sie *post mortem*, so wurde sie nach
den Belegen meist freundschaftlich durchgeführt, konnte
aber auch vor Gericht erfolgen. Dabei erbten die Söhne zu
gleichen Teilen; nur für Nippur, Mari und Assyrien ist ein
Vorrecht des Erstgeborenen bezeugt, der ein Erbteil zusätzlich vorwegnimmt. Enkel erhielten ihr Anteil in Vertretung
ihres Vaters. Bei Fehlen männlicher Nachkommen und ab-
gefundenen Töchtern traten die Brüder des Mannes als Erben
ein, nach ihnen gegebenenfalls die Brüder ihres Vaters, d. h.
also die Oheime des Erblassers. Hatte letzterer Kinder von
Sklavinnen und waren diese anerkannt und frei, erbten sie
gleichberechtigt. In Assyrien erbten, wenn Söhne einer recht-
mäßigen Gattin nicht vorhanden sind, auch die Söhne von
Konkubinen. Das Vermögen der Ehefrau fiel den Söhnen zu,
während dem überlebenden Manne kein Recht an ihm zu-

stand. Willkürliche Verstoßung und damit Enterbung eines
Sohnes war seit der Sumererzeit gesetzlich ausgeschlossen
und nur bei schwerster Versündigung des Kindes gegen die
Eltern vermittels gerichtlichen Verfahrens überhaupt möglich. Insgesamt ergibt sich das Bestreben des altmesopotamischen Ehegüterrechts, das Vermögen in der männlichen
Linie zu erhalten.

Das durch fast drei Jahrtausende rege und blühende Wirtschaftsleben eines fleißigen, geschäftsfreudigen Landes mit
reicher Produktion und umfänglichem Export, Import und
Durchgangshandel, in dem das Geld schnell floß und der
Besitz rasch wechselte, hat naturgemäß alle Seiten und Formen des Schuldrechts bis ins einzelne ausgebildet und durch
die Neigung zur schriftlichen Beurkundung auch des simpel-
sten Geschäftes genau fixiert. Da einschlägige Gesetzbestim-
mungen selten sind und Lehrtexte ganz fehlen, muß sich
unsere notwendig kurze Darstellung indes auf allgemeine
Bemerkungen beschränken.

Die schriftliche Beurkundung der güterrechtlichen Trans-
aktion wurde anscheinend schon sehr früh zur Gewohnheit
und von Hammurabi in § 7 seines Gesetzes für jede Art von
Kauf und Verwahrung gefordert. Im babylonischen Recht
war dabei das gegenseitige Einverständnis – ›in der Freude
seines Herzens‹, d. h. ›freiwillig‹, lautete die Formulierung –
entscheidend, was durch den neubabylonischen ›Dialogver-
trag‹ noch unterstrichen wird. Garantien erscheinen nur beim
Sklavenverkauf. Im wesentlichen ist der Privatkontrakt Be-
weisinstrument, kann aber, besonders bei Schuldanerkennt-
nissen, auch Verfügungsakte sein. Die Bürgschaft, in den neusumerischen Gerichtsurkunden übrigens selten auftretend,
enthält die Zusicherung, bei Insolvenz des Schuldners den
Gläubiger zu befriedigen. Da die Ur III-Zeit das im alten
Babylon so häufige Grundpfand kaum kannte – fast nur
Haus und Garten waren damals Eigenbesitz –, tritt hier in
erster Linie das Sklavenpfand hervor, das man aber auch
später bis zur Höhe des tatsächlichen Kaufwertes des Sklaven

gern nahm; Tod durch Krankheit oder Flucht gingen dabei zu Lasten des Pfandgebers. Gut bekannt ist das neubabylonische Bürgschaftsrecht[14] mit seinen Verpflichtungsscheinen, Kreditverträgen usw. Das Kreditwesen spielte damals eine große Rolle; Hunderte von Rechtsurkunden handeln von Schuldverhältnissen aller Art, Schuldscheine begegnen auf Schritt und Tritt. Aber auch in der Ur III- und altbabylonischen Zeit haben Texte dieses Inhalts ihren Platz und zeigen ein festes Formular. Die zeitgenössische Gesetzgebung versucht, das Zinswesen zu normalisieren; die Urkunden der Praxis aber zeigen, daß die ›normalen‹ Zinssätze – $33\frac{1}{3}\%$ für Getreide, 20% für Silber – keineswegs eingehalten wurden.

Kauf und Verkauf, sogar gegen bar – also eine keinerlei Verpflichtung nach sich ziehende Handlung – werden als ›Band‹, ›Verpflichtung‹ bezeichnet. An echten Verpflichtungen begegnen Miete, Tausch, Hinterlegung und Gesellschaft; Miete und Pacht spielen im babylonischen Schuldrecht, wie aus den Urkunden der Praxis und den einschlägigen gesetzlichen Regelungen besonders bei Hammurabi hervorgeht, eine große Rolle. Vor allem verpachten Krone, Tempel und privater Grundbesitz ihre Felder, wobei die Pachtsumme genau festgelegt und meist auf einen Ernteanteil – oft nach Schätzung der jeweils zu erwartenden Erträge – fixiert wird. Obstgärten, Sklaven, Vieh, Boote, Arbeitstiere, Dienstleistungen sind weitere häufige Pacht- und Mietsobjekte; Häuser unterliegen dabei als Immobilien einer besonderen Terminologie. In Handel und Landwirtschaft ist der Gesellschaftsvertrag mit Sicherheiten sehr ausgebildet[15]. Aufs Ganze gesehen, wird es nur wenige Tatbestände, Vorgänge und Regelungen des modernen Güter- und Obligationenrechts geben, die sich nicht – wenigstens *in nuce* – bereits auf altmesopotamischem Boden antreffen ließen.

Steht uns über Regelung und Sicherung von Schuldverhältnissen und Verpflichtungen aller Art ein sehr weites Material zur Verfügung, so sind die Auskünfte, die uns Gesetze und Texte der Praxis über das an Euphrat und Tigris

geübte Strafrecht geben, recht knapp. Wir hören von Urukagina aus Lagasch nur, daß er seine Untertanen von Diebstahl und Mord ›befreite‹, aber nichts über die Art und
Durchführung der Strafe; in den neusumerischen Gerichtsurkunden sind die Belege dürftig: Mord und Raub treten
nicht auf, wohl aber Eigentumsdelikte. Diebstahl wird – offenbar wenn die auf ihm stehende hohe Geldstrafe nicht bezahlt
werden kann – durch Versklavung des Diebes in die Hand
des Bestohlenen bestraft, wobei gegebenenfalls auch die Frau
haften muß; war der Täter ein Sklave, so geht er in den Besitz des Betroffenen über. Im Vergleich zu Hammurabi, der
für Diebstahl stracks die Todesstrafe fordert, erweist sich das
spätsumerische Strafrecht als milde, und dem entsprechen
die drei hier anzuziehenden Paragraphen des fragmentarischen
Urnammu-Kodex, die für Körperverletzungen – im Gegensatz zu den harten Talionbestimmungen Hammurabis –
Geldstrafen ansetzen. Lipitischtars Gesetz scheint, nach zwei
Bestimmungen über Eigentumsdelikte in einem fremden
Garten zu schließen, dieser humanen Praxis gefolgt zu sein,
und das gleiche gilt für das akkadisch abgefaßte Gesetz von
Eschnunna, dessen Milde offenkundig ist.

    Ganz anders steht es mit dem ›westsemitischen‹ Reform-
gesetz Hammurabis, das in vielem noch die unerbittliche
Härte der Steppe atmet und in über 30 Fällen die Todesstrafe
anordnet. Sie gilt für eine Reihe falscher Beschuldigungen –
wegen Mord (dieser selbst erscheint nicht, er wurde selbstverständlich mit dem Tode geahndet), Zauberei, falschem
Zeugnis bei Kapitalprozessen und Hehlerei –, für Diebstahl
und Hehlerei einschließlich Kinder- und Sklavenraub, Verletzung der Beurkundungspflicht, bestimmte Vergehen von
Offizieren und Soldaten, Unredlichkeit der Gastwirtin,
Schenkenbesuch hoher Priesterinnen, fahrlässige Tötung von
Schuldhäftlingen, Ehebruch (mit Einschränkungen), Vergewaltigung der jungfräulichen Braut eines Freien, ehrloses
Verhalten der Frau eines Kriegsgefangenen, Herumtreiberei
und Widerstand der Ehefrau, Umgang mit der Schwiegertochter und der verwitweten Mutter, Verletzung einer
Schwangeren mit Todesfolge, unberechtigte Sklavenmarkie-

rung und nachlässigen Hausbau mit Todesfolge durch Einsturz. Ein Teil dieser Vergehen wird nach dem Talionprinzip unter Haftbarmachung gegebenenfalls auch des Sohnes oder der Tochter geahndet. Als Strafen erscheinen bei Hammurabi allgemein das ›Töten‹, genauer das Ertränken, Erhängen, Verbrennen oder Pfählen, weiter die Verstümmelung (Auge, Ohr, Zunge, Zahn, Brüste, Hand, Knochen), Schläge bis zu sechzig Hieben, Verbannung oder Geldzahlungen.

Noch härter gibt sich das assyrische Strafrecht, von dem wir freilich in der Hauptsache nur den ›Frauenspiegel‹ der mittelassyrischen Gesetze kennen; er läßt aber Schlüsse auf die Gesamthaltung zu. Man kann nur mit Schaudern lesen, wie gering in diesem Bereich Leib und Leben des Menschen gewertet wurde. Nicht nur Mord, Diebstahl, Hehlerei, Zauberei und Ehebruch ziehen die Todesstrafe, unter anderem die furchtbare Quälerei des Pfählens, nach sich – sogar die Ehefrau, die sich am Eigentum des Mannes vergreift, kann getötet werden, ebenso die Kupplerin, die ihrem Opfer gegenüber Zwang anwandte. Die ›milderen‹ Strafen waren kaum weniger roh: Kommt die Ehebrecherin mit dem Leben davon, kann man ihr Nase und Ohren abschneiden. Ferner erscheinen das Abtrennen der Lippen oder der Finger, das Durchbohren der Ohren, das Entstellen des Gesichts und die Kastration unter den Strafarten. Weiter konnte der Richter einmonatigen Frondienst für die Krone, 20–50 Stockhiebe, hohe Geldstrafen und ›Abgeben der Kleider‹ anordnen. Dieser gnadenlosen Haltung entsprechen neuerdings bekanntgewordene Hof- und Haremserlasse der mittelassyrischen Zeit, die aus dem 13.–11. Jahrhundert v. Chr. stammen; in ihnen werden nicht nur gotteslästerliche Reden der königlichen Gattinnen oder niederen Frauen, sondern auch einfache Verstöße gegen Hausordnung und Hofzeremoniell (sogar die mißbräuchliche Nennung des königlichen Namens) mit dem Tode oder Verstümmelung, selten nur mit Stockschlägen geahndet. Nachlässigen Ausbildern der zum persönlichen Dienst beim Herrscher bestimmten Höflinge und Eunuchen werden die Füße gebrochen, 100 Stockschläge und Verlust eines Ohres sind die Strafe für einen Höfling, der

dem Streiten von Palastfrauen zuhorcht! Prinzip und Methoden des Strafrechts werden in der neuassyrischen Zeit
kaum milder geworden sein.

Über die neubabylonische Strafordnung wissen wir – abgesehen von der schon erwähnten Tötung der Ehebrecherin
›mit eisernem Dolch‹ – nichts; der gesamten Haltung dieser
Epoche entsprechend dürfte sie sich aber humaner gegeben
und weithin auf Geldstrafen zurückgegriffen haben.

Zur Ausbildung eines Staatsrechtes im Sinne einer für
die hoheitlichen Rechtsbeziehungen geltenden Ordnung und
eines Verfassungsrechtes ist es im ganzen Alten Orient nicht
gekommen. Wohl aber begegnen mit Selbstverständlichkeit
hierher gehörige Maßnahmen, die in Altsumer vom Tempel,
später mit unbedingter Geltung vom Palast ausgehen. Solche
administrativen Akte lassen sich in den neusumerischen Gerichtsurkunden deutlich herausstellen und begegnen von da
an immer wieder. War Staatsrecht im sumerischen Stadtstaat
der Frühzeit zugleich religiöses Recht, so wurde diese Einheit
mit der Trennung der Gewalten brüchig, wenn auch das von
der Krone gewahrte Recht stets religiös gebunden blieb und
die Priester bis zuletzt ihre richterlichen Funktionen nie ganz
verloren. Der universale Herrschaftsanspruch und der Zen-
tralismus der Akkadkaiser dürften ihrem Reich auch rechtlich das Gepräge gegeben haben; Ur III kehrte zu theokratischen Formen zurück, während seit der altbabylonischen
Zeit eine Säkularisierung erkennbar ist: Die Monarchie ist
absolut, und das Recht beruht auf einer weltlichen Autorität,
die von ihrer Macht den Würdenträgern, der Gerichtsorgani-
sation, dem Lehens- und Kolonatswesen, aber auch den
Tempeln abgibt. Die *potestas* des altassyrischen Fürsten dagegen war zunächst durch den *kārum*, eine Art Ratsversamm-
lung, beschränkt; später gründete sich der königliche Machtanspruch auf die Eroberungen, fand aber seine Beschränkung
durch die Militäraristokratie, der man etwa den Erbprinzen
vorzustellen hatte, und die höchste Beamtenschaft. Bezeichnenderweise gibt der Assyrerkönig nur seinem ersten oder

zweiten (vollen) Regierungsjahr den Namen, worauf ihm dann der oberste Feldherr, der Palastvorsteher usw. folgen.

Neben dem Palast wahrt der Tempel seinen Charakter als öffentlich-rechtliche Institution, wobei ihm seine bedeutende wirtschaftliche Rolle als Bank und nicht selten wohl auch als Wohlfahrtsinstitut zur Hilfe kommt. Im Reich von Akkad und noch zur altbabylonischen Zeit von Mari scheinen Stamm-, Sippen- und Dorfgemeinschaften öffentlich-rechtlichen Charakter gehabt zu haben, was Konsequenzen für die Veräußerung des ihnen gehörenden Landbesitzes in sich schloß. Privatrechtlich bewahren die Stände und die Familie ihre juristische und soziale Stellung durch alle Epochen der altmesopotamischen Geschichte.

Der seit frühester Zeit ausgedehnte Handel des Zweistromlandes mit den Nachbarländern und das Aneinanderrücken der Staaten des Alten Orients und Ägyptens haben zwangsläufig zur Herausbildung eines Völkerrechtes im Sinne international bindender Abmachungen geführt, ohne daß ein solches jemals namentlich erwähnt wird. Schon das im alten Sumer spielende Enmerkar-Epos setzt die Unantastbarkeit des Gesandten als selbstverständlich voraus; die rege diplomatische Tätigkeit der Hammurabizeit kennt feste Spielregeln des Diplomatenaustausches, der Sicherung von Handelskarawanen jenseits der Grenzen und der politischen Demarchen, und ein Agentenbericht vom Hofe in Babylon an Zimrilim von Mari nennt einen Streitfall bei einem Festzeremoniell, der sich um die Bekleidung der Mari-Gesandten mit Ehrengewändern offenbar bei einem Empfang seitens Hammurabis drehte.

Die zwischen den Königen und Fürsten ausgetauschten Briefe unterscheiden sorgfältig zwischen dem wechselnden Status der Adressaten und verwenden feststehende Formulierung in Anrede und Gruß, und die Verträge zwischen zwei Staaten, die wir vom 2. Jahrtausend an bis in die letzte Zeit Assurs und Babylons in zunehmender Zahl kennen, unterliegen international anerkannten Vorschriften, nach denen etwa die Eide bei den Göttern beider Partner zu leisten und bei Abschluß bestimmte Opfer, Riten und Symbolhandlungen durchzuführen sind. Politische Heiraten zwischen Prinzen und Prinzessinnen oft weit entfernter Höfe werden sorgfältig ausgehandelt[16].

Mit den Diplomaten – aber ebenso auf eigene Initiative – zogen die Händler und ihre Karawanen über die Grenzen, ohne im Auslande recht- und schutzlos zu werden, und offenbar beruhte es auf internationalem Abkommen, daß diese Händler dann von ihnen angetroffene, als Sklaven verkaufte kriegsgefangene Landsleute pflichtgemäß auslösen und in die Heimat zurückbringen konnten.

Zum Schluß haben wir uns den bereits oft zitierten Gesetzen des Zweistromlandes zuzuwenden, die zur Verwunderung des modernen Juristen unter den Hunderttausenden von wiedergefundenen Keilschrifttafeln nur selten angetroffen werden. Tatsächlich bestand diese Gattung bis vor wenigen Jahren nur aus wenigen sumerischen und neubabylonischen Fragmenten, dem ›Kodex‹ Hammurabis und der mittelassyrischen Gesetzessammlung. Diese Reihe wird heute durch das Fragment des Urnammu-Kodex, das Gesetzbuch des Lipitischtar von Isin und das des Landes Eschnunna – auch sie beide nur teilweise erhalten – ergänzt, aber noch immer ist das eine spärliche Ausbeute. Sie mag zu einem Teile zufällig sein, hat aber wohl doch einen tieferen Grund: Offenbar spielte zum mindesten in Sumer und Altbabylonien das geschriebene Gesetz nicht die Rolle, die wir ihm heute zuweisen. Ja, die Sprache der Zeit hat nicht einmal einen festumrissenen Terminus für den Begriff ›Gesetz‹ geschaffen. In den Urteilen vermissen wir überall die Bezugnahme auf ein Gesetz; es war also unüblich, die Entscheidung auf Rechtssatzungen zu stützen. In der Tat sind auch die heute bekannten altmesopotamischen Gesetze einschließlich der umfangreichen Hammurabistele weit davon entfernt, die Gesamtheit des geltenden Rechtes der betreffenden Stadt oder des Landes darzubieten. Die Richter gewährten dem Volk Recht nach bestem Wissen und Gewissen und lehnten sich in ihrem Spruch an die mündliche Tradition und die in den Archiven aufbewahrten und greifbaren Sammlungen von Einzelentscheidungen an. Bei ihrer Ausbildung lernten sie solche Zusammenstellungen – als Bruchstücke derartiger Texte sind die sumerischen Gesetze und Familiengesetze erhalten – kennen und schufen später wohl selbst zu eigenem Gebrauch ›Urteilsbücher‹ dieser Art; zwei solcher Manuale wurden im ›Gerichtstor‹ von Assur gefunden und sind bis heute die einzigen Zeugnisse der assyrischen Gesetzgebung. Rechtskörper wie die drei altbabylonischen und das Gesetz Urnammus von Ur mit ihren feierlichen Pro- und Epilogen wiederum dürften als Zeugnisse legislativer Reformakte anzusehen sein, in denen ohne überzeugendes Ordnungsschema neue richtungweisende (und ältere Entscheidungen verändernde) Urteile des Königs abstrahiert und in Gesetzform gebracht werden. Nur so erklärt sich in allen erhaltenen Rechtsbüchern das völlige Fehlen vieler Themen und eines logischen Aufbaus der dargebotenen Bestimmungen.

Mit dieser Annahme soll indes in keiner Weise das Vorhandensein von Urteilsammlungen und Rechtsbüchern in den einzelnen Städten des Landes abgestritten werden; Altmesopotamiens Rechtsgeschichte erstreckte sich über zweieinhalb Jahrtausende, und neue Funde mögen weitere Überraschungen bringen. Erstaunlich ist im Gegensatz zur Vielfalt der Gesetzformulierungen etwa im israelitischen Recht – wo sich an die zehn Typen feststellen lassen – die Monotonie der zweistromländischen Fassung: Sie lautet in Ur, Isin, Eschnunna (hier mit Ausnahmen), Assur und Babylon fast durchweg nach dem Schema: ›Wenn ein Mann das und das tut, so soll er . . .‹ (folgt Strafe oder sonstiger Entscheid). Mit großartiger Konsequenz wird also die tatbestandsmäßige Formulierung eingehalten: Der Rechtsfall ist vor-, die Sanktion nachzeitig, der Bedingungssatz nennt das Vergehen, der Nachsatz die Rechtsfolge.

In dieser Form begegnet uns – wenn wir von den formal nicht greifbaren Reformmaßnahmen Urukaginas zu Anfang des 24. Jahrhundert v. Chr. absehen – zunächst die leider nur im Prolog und fünf Paragraphen erhaltene Gesetzgebung Urnammus (um 2000), die Flußordal, Rückkehr des Sklaven zu seinem Herrn und Ersatzleistungen bei Körperverletzungen behandelt[17]. Wohl auch auf die Ur III–Zeit gehen die in Schultexten bruchstückhaft erhaltenen sumerischen Gesetze zurück, deren eine Tafel in neun Abschnitten Abortus, Ersatzpflicht für ein untergegangenes Schiff, Adoptionsabsagen, Frauenraub und Haftung für einen gemieteten Ochsen behandelt, während drei andere Tafeln Garten, Haus, Sklaven und Erbrecht traktieren. Die Bestimmungen über Adoptionsabsagen finden sich fast geichlautend in den ebenfalls wohl aus Schreiberschulen stammenden sog. Sumerischen Familiengesetzen wieder, die der Praxis zahlreicher altbabylonischer Adoptionsurkunden entsprechen und in einem sumerisch-akkadischen Kompendium gesetzlicher Texte, Formeln und Ausdrücke namens *ana ittischu* erhalten blieben.

Sumerisch abgefaßt ist weiter die 1947 bekanntgewordene Gesetzsammlung Lipitischtars von Isin (um 1870 v. Chr.), deren erhaltener Teil – an die 500 Zeilen sind verloren – Gartenbau und Gartenfrevel, Haftungsbestimmungen, Sklavenhehlerei, Eigentumsverlust an Grundstücken, Ehe- und Erbrecht und Kindervermietung traktiert. Erste Spuren einer Gesetzgebung in akkadischer Sprache finden sich auf drei sehr zerstörten Tafeln aus Kanisch-*Kültepe* in Kleinasien, die offenbar Weisungen der dortigen altassyrischen Handelskolonie enthalten. Das wohl im 18. Jahrhundert akkadisch abgefaßte sog. Gesetz von Eschnunna, 1948/49 im *Tell Harmal* aufgefunden, stellt die ohne erkennbare Ordnung zusammengeschriebene Privatkopie eines Juristen dar und behandelt in sechzig Abschnitten Preise von Grundwaren (Getreide, Öl), Lohn und Zins, Sklavenfragen, Ersatzpflichten und Körperverletzungen.

Alle genannten Gesetzsammlungen weisen z. T. erhebliche Beziehungen zu Hammurabis großem juristischen Reformwerk auf. Wie seine Vorläufer mit einem volltönenden, frommen Pro- und Epilog versehen, im übrigen aber Fragen des religiösen Rechts völlig außer acht lassend, stellt es mit seinen (bei genauer Aufgliederung) 282 Paragraphen und seiner zwar unsystematischen, wohl aber den Bedürfnissen des gemeinen Mannes Rechnung tragenden Einteilung das

mächtigste Zeugnis altorientalischer Rechtssetzung dar, deren
Ziel uns einigermaßen deutlich wird: Dem König geht es um
die Sicherung des Eigentums, die Förderung der wirtschaftlich schwachen Schichten wie der Kleinbauern, Handwerker
und Tagelöhner und die Neuregelung des Zinswesens, aber
auch um den Schutz der Witwe und Frau, die Besserung der
Sitten, um Gleichheit vor dem Gesetz und Stabilität des
Wirtschaftslebens. Eine der Stelen, auf denen diese Gesetzsammlung zu allgemeiner Kenntnisnahme eingraviert war,
wurde 500 Jahre später von einem elamitischen Eroberer mit
anderen Beutestücken nach Susa verschleppt und dort 1901/02
wieder aufgefunden; später entdeckte Fragmente ergänzen
z. T. eine ausgemeißelte Lücke des Textes. Er behandelt
Verstöße gegen die Rechtsordnung und gegen das Eigentum,
bringt dann Gesetze über Land und Häuser, Leihgeschäfte
und Deposita, Heirat, Familie, Besitz, Beleidigung und
Talion, Arzt und Baumeister, Schiffer und Schiffe, Ackerbau,
Tarife für Lohnarbeiter und Handwerker und schließlich
über Sklavenangelegenheiten. Rechtsgeschichtlich und literarisch von starker Nachwirkung, scheint Hammurabis –
wiederum keineswegs das gesamte Recht des Landes umfassender – ›Kodex‹ praktisch nie in Geltung gekommen zu
sein, was sich am ehesten mit seiner Vollendung erst in den
letzten Lebensjahren des großen Königs und starken Wider-
ständen einer juristisch-priesterlichen Opposition am Hofe
und im Lande erklären mag.

Während wir das Recht der Kassitenzeit lediglich aus Urkunden der Praxis kennen – es erweist sich als dem altbabylonischen verwandt – und neubabylonische Gesetze nur in
bescheidenen Fragmenten (15 Paragraphen) erhalten sind[18],
informieren uns einige mittelassyrische Tafeln und Tafel-
bruchstücke hinreichend über bestimmte Abschnitte des
unter Tiglatpileser I. und seinen Vorgängern geltenden
Rechts, auf dessen kompromißlose Härte schon hingewiesen
wurde. Der wichtigste und besterhaltene Text enthält
60 Paragraphen und stellt eine Art ›Frauenspiegel‹ dar, wobei
zunächst von oder gegen Frauen begangene Delikte, sodann
Heirat und Eheordnung und dann noch einmal Strafsachen

behandelt werden; eine weitere Tafel enthält etwa 20 Bestimmungen zum Immobilienrecht – Nachlasse, Sicherung
des Grundeigentums und Landverkäufe –, während eine
dritte den illegalen Verkauf von verpfändeten oder hinter-
legten Personen und Sachen betrifft. Es kann sich bei diesem
mittelassyrischen Rechtsbuch nicht um einen vom König
verkündeten ›Kodex‹ nach Art des Hammurabigesetzes handeln, vielmehr liegt die Annahme nahe, daß hier eine aus tatsächlich abgegebenen Urteilen und legislativen Fragmenten
zusammengestellte Kompilation vor uns steht. Sie dürfte von
privater, wenn auch sachkundiger Hand verfaßt sein und
scheint Spuren einer Bearbeitung in Form erklärender und
ergänzender Glossen zu enthalten. Trifft diese Deutung zu,
dann würde die Sammlung allerdings – im Gegensatz zu
Babylonien – von der hohen Bedeutung geschriebener Gesetze im assyrischen Bereich zeugen. Vielleicht schimmert
das Stadtrecht von Assur bei manchen dieser Paragraphen
durch, deren Inhalt im übrigen weit hinter der humanen
Haltung der sumerischen und altbabylonischen Rechtskörper
und dem hohen rechtlichen Denkvermögen des Hammurabi-
gesetzes zurückbleibt.

                              VII

          SCHRIFT, SCHREIBER UND SCHULEN

   Hochkultur im echten Sinne beginnt da, wo das diffuse
Dämmerlicht eines nur von mündlichen Überlieferungen
und Konventionen beherrschten Lebens der wachen Klarheit
des geschriebenen Wortes weicht. Erst damit, daß die Träger
der Kultur zu schreiben beginnen, werden sie sich ihrer selbst
bewußt und überschreiten – ohne es zu ahnen – eine schicksalhafte Schwelle ihrer Entwicklung. Ein wohl einmaliges
Zusammentreffen verschiedener unumgänglicher Voraussetzungen, nämlich die große Haltbarkeit luftgetrockneten
und vor allem gebrannten Tons und die Konservierungskraft

des trockenen Sandes der nahöstlichen Landschaften, hat es
gefügt, daß wir heute das Wunder dieses einzigartigen Kultur-
geschehnisses nacherleben können. Es vollzog sich vor 5000
Jahren im südlichen Zweistromland, und eine jener eigenartigen Inkonsequenzen der Geschichte wollte es, daß der
Anlaß zu diesem für die Geisteskultur der Menschheit entscheidenden Ereignis ein sehr alltäglicher und in gar keiner
Weise heroischer war: die sumerischen Schreiber der Frühzeit
griffen nicht zu Ton und Rohrgriffel, um die Herrlichkeit
ihrer Götter, den Ruhm ihrer Fürsten, die Größe der Vergangenheit oder umstürzende Geschehnisse ihrer Zeit aufzuzeichnen, sondern sie kratzten in die rohgeformten Lehm-
täfelchen zunächst nichts anderes ein als einfache Gedächtnis-
stützen für die Abrechnungen, Quittungen und Listen ihres
täglichen wirtschaftlichen Lebens.

So ist die – im Verlauf der Menschheitsgeschichte häufig
und vielerorts wiederholte, in Sumer aber offenbar primäre –
Erfindung der Schrift durch die Bedürfnisse eines entwickelten Wirtschaftslebens inspiriert, das verständlicherweise
gleichzeitig die Ausbildung von Zahlzeichen forderte. Durch
die Auffindung eines polierten Kalksteintäfelchens von 7:7 cm
Größe in Kisch im Jahre 1922 sowie vor allem eines großen
Schatzes von fast 1000 archaischen Schrifttafeln in Schicht IVa
von Uruk (um 3000 v. Chr.) läßt sich diese Geistestat in ihren
einzelnen Phasen heute unerwartet deutlich verfolgen. Die ersten Schriftgelehrten der Menschheit ritzten oder drückten
ein (übrigens überraschend schnell stilisiertes) Zeichen – zunächst naheliegender Bilder wie das eines Menschenkopfs,
eines Fisches, einer Ähre, eines Pfluges – auf eine handliche
Tafel, die sie aus dem überall auffindbaren plastischen Ton
formten. Sie lernten schnell zu kombinieren und mit den
gegenständlichen Zeichen auch abstrakte Begriffe und Werte
auszudrücken: ›Pflug‹ konnte bald auch ›pflügen‹, ›Mund‹
auch ›sprechen‹ bedeuten. Natürlich stieg, je anspruchsvoller
diese urtümliche, der Formulierung eines ganzen Satzes
noch nicht gewachsene Schrift wurde und je mehr sie danach
strebte, sich aus der Gedächtnishilfe zum vollen Abbild des
Gesprochenen zu entwickeln, die benötigte Anzahl an Bild-

zeichen immer höher: zu Anfang des 3. Jahrtausends hat man mit annähernd 2000 sumerischen Bilderschrift-Zeichen zu rechnen. Dem ersten Schritt, verwandte Begriffe sowie Nomen *und* Verb durch ein Zeichen auszudrücken, folgte alsbald der bedeutsamere zweite, aus dem hingezeichneten Bild neben dem Sinn- auch den Lautwert herauszuhören und diesen dann selbständig für andere, schwerer darstellbare, vor allem ungegenständliche Begriffe zu verwenden, also in einem Prozeß der Abstraktion Laut- und Sinnwert von einander zu trennen. Mit dem Vollzug dieses Aktes, der – unter weiterer Beibehaltung auch des Wortsinnes – im Prinzip aus der Wort- eine Silbenschrift machte, erbrachten die Erfinder zugleich den Beweis ihres sumerischen Volkstums: Ein – im Gegensatz zu den noch nicht entzifferbaren piktographischen Täfelchen der Urukzeit – lesbarer Text der Dschemdet Nasr-Periode (2800) weist den Namen *Enlil-ti* – ›(Gott) Enlil ist Leben‹ – auf und schreibt die Silbe *ti* mit dem Zeichen für ›Pfeil‹; nur im Sumerischen aber lauten die Worte für ›Pfeil‹ und ›Leben‹ gleich. Eine erst 1957/58 in Uruk entdeckte Inschrift der frühen Dschemdet Nasr-Zeit hat denn auch jetzt den schlüssigen Beweis geliefert, daß man damals sogar schon grammatikalische Elemente der sumerischen Sprache durch in dieser Weise abstrahierte Zeichen auszudrücken verstand.

Indes ließ sich ein Nachteil der geschilderten Vereinfachung nicht vermeiden: Die Schrift Altsumers wurde vieldeutig. Man suchte dem dadurch entgegenzuwirken, daß man manchen Sinnzeichen nicht mitzulesende Deuteworte (Determinative) vor- oder nachsetzte und sie damit klassifizierte. Das geschah durch Zeichen wie ›Gott‹, ›Mann‹, ›Frau‹, ›Land‹, ›Stadt‹, ›Vogel‹, ›Fisch‹, ›Holz‹ o. ä. Weiter bot sich die Möglichkeit, den beabsichtigten ideographischen (Wort-) Sinn des Zeichens (der ja neben dem Silbenwert erhalten blieb!) durch phonetische Komplemente, ›Lesestützen‹, die den Wortausklang festlegten, zu verdeutlichen. Eine erstrebenswerte Verringerung der ursprünglichen Zeichenzahl war ferner dadurch zu erreichen, daß man seltenere Wörter durch die Zusammenstellung zweier bekannter Zeichen ersetzte: ›Löwe‹ wurde mit den Zeichen ›Hund‹ und ›groß‹ umschrieben, ›Himmel‹ und ›Wasser‹ ergab ›Regen‹. So ließen sich auch Tätigkeiten ausdrücken: ›Auge‹ und ›Wasser‹ bedeutete nun ›weinen‹, ›Mund‹ und ›Brot‹ las sich leicht als ›essen‹, ›Vogel‹ und ›Ei‹ wurde ›gebären‹ usw. In dieser Art verringerte sich der Zeichenbestand auf ungefähr 800 in den Tafeln aus Schuruppak (etwa Mitte des 3. Jahrtausends); zweihundert Jahre später sind weitere 200 Zeichen außer Gebrauch gekommen, und um 2000 enthält die sumerische Schrift nur noch etwa 500 Werte. Die akkadische Sprache kam zu ihrer schriftlichen Fixierung mit noch weniger Zeichen aus.

Dennoch – und gerade durch die Zeichenverminderung – blieb die Polyphonie der aus Keilen gebildeten kombinierten Wort- und Silbenschrift weiter bestehen. Sie wurde verständlicherweise erhöht, als man begann, die der sumerischen Sprache angepaßte Erfindung auch für das semitische Akkadisch zu verwenden, was mit Nachdruck in der Akkadzeit (ab 2350) geschah. Denn nun knüpfte sich an ein Zeichen neben dem sumerischen Sinn- und Silbenwert auch der akkadische. Da schließlich im Lauf der Zeit ähnliche Zeichen zusammenfielen, konnte es geschehen, daß ein einziges Schriftzeichen oft zehn und mehr Lesemöglichkeiten bot, von denen freilich, wie wir jetzt wissen und zu unterscheiden verstehen, nicht alle Werte zur gleichen Zeit und am gleichen Ort gültig waren.

Diese Mängel wurden jedoch durch die nunmehr erreichte Möglichkeit ausgeglichen, das gesprochene Wort genau und in vollem Umfang festzulegen. So tauchen denn allmählich – neben den wirtschaftlichen und administrativen Urkunden – über Lieferungen an Getreide und Vieh, Verteilung von Rationen, Arbeiterbestand und Arbeitsleistungen, Feldanweisungen und ähnliches – andere Texte auf. Wir begegnen um 2600 den ersten kurzen Weih- und Königsinschriften, als deren älteste heute die des Enmebaragesi und Mesilim von Kisch zu gelten haben; und noch vor 2500 ist die Keilschrift befähigt, allen Bezirken der sumerischen Kultur in vollem Umfange zu dienen. Ihr rein ökonomischer Ursprung war längst in Vergessenheit geraten, und die Sagenbildung bemächtigte sich des umstürzenden intellektuellen Vorgangs: Das große Epos ›Enmerkar und der Herr von Aratta‹ weiß zu erzählen, daß Enmerkar, der zweite König der 2. Dynastie ›nach der Flut‹ und Begründer Uruks, die Tontafelschrift erfand, um so die Verhandlungen mit seinem Gegner im elamitischen Aratta auf eine sichere Grundlage zu stellen[1]. Mindestens darin hat die Sage recht, daß der Süden Schauplatz der Schrifterfindung gewesen ist; aus dem Norden des Landes fehlen bis heute alle Zeugnisse für den Gebrauch der frühen sumerischen Schrift.

Dreitausend Jahre Schreiben im Alten Zweistromland – noch im 1. Jahrhundert n. Chr. benutzen babylonische Astronomen die Keilschrift – sind natürlich nicht ohne Einfluß auf die Form der Zeichen geblieben. Die Schriftentwicklung setzt unter dem Einfluß des gängigen Schreibmaterials, also des weichen, sich aber rasch erhärtenden Tones, schnell ein und zeitigt zunächst die Umwandlung der gekrümmten in die gerade Linie: Die sich vom ursprünglichen Bild entfernende Schrift wird linear, erreicht bald eine schöne Gleichmäßigkeit und eine fast klassische Linienführung, die bei den in Hartstein eingemeißelten oder in Metall gravierten Inschriften besonders eindrucksvoll wirkt. Das klassische Beispiel ist hier die Geierstele Eannatums mit ihrer sorgfältigen Aufteilung in Gefache und den formschönen Zeichen; der Eindruck dieser Monumentalinschrift war so nachhaltig, daß nicht nur Gudea auf seinen Statuen und Hammurabi für seine Gesetzesstele sie nachahmten, sondern auch weiterhin diese – nun schon betonte archaisierende – Form beliebt blieb: noch Nebukadnezar II. hat uns Ziegelstempel hinterlassen, die ebensogut hätten zweitausend Jahre früher geschrieben sein können.

In der Kursivschrift auf Ton hinterließ der als Schreibstift gebrauchte Rohrgriffel mit seinem zugespitzten Ende den Umriß eines schmalen Dreiecks, mit anderen Worten, eines Keiles, dessen spitzer Winkel nach unten zeigt. Weicher Ton schleppt beim Ziehen der Linien mit und weist dann unschöne rauhe Ränder auf; die Schreiber gingen deshalb dazu über, den Griffel immer neu anzusetzen und das Zeichen nicht auszuziehen, sondern durch das Nebeneinander einzelner Eindrücke wiederzugeben. So entsteht das Bild einer aus keilförmigen Zeichen zusammengesetzten Schrift, und schon in der Frühzeit der Entdeckungsgeschichte wurde daher der Begriff ›Keilschrift‹ geprägt. Während die Zeichen auf den Steininschriften noch eine Weile ihre ursprüngliche Richtung behielten, erwies sich für die Beschriftung der an Umfang zunehmenden Tontafeln, die man bald nicht mehr in der hohlen linken Hand, sondern rechtwinklig zur Körperachse vor der Brust hielt, eine Drehung der Zeichen um 90⁰ als praktisch, so daß diese jetzt nach links umgelegt erscheinen. Hatte man ferner ursprünglich in senkrechten Fächern (und ohne die Reihenfolge der Worte streng einzuhalten) von rechts nach links geschrieben, so begann man nun mit dem aufzuzeichnenden Text links oben auf der Tafel; umfangreichere Inschriften wurden in von oben nach unten laufende Fächer und von links nach rechts (auf der Rückseite umgekehrt) gehende Kolumnen eingeteilt; aus den Gefachen entwickelten sich die Zeilen.

Die Kunst des Schreibens verbreitete sich schnell, und so ist es nicht verwunderlich, daß – bei tunlicher Einhaltung der Zeichenwerte – in den verschiedenen, oft weit von einander entfernten Schreiberschulen die Schrift ein abweichendes Aussehen erhielt, hier mehr der Tradition gehuldigt, dort vereinfacht und rationalisiert wurde, daß an dem einen Platz oder in dem einen Land die Freude am Sinnwert (Ideogramm) stärker erhalten blieb, während anderswo etwa die zweiwertigen – aus nur zwei Buchstaben bestehenden – Silben bevorzugt oder gar fast ausschließlich verwendet wurden. Insbesondere haben sich dabei zwei Typen herausgebildet, deren extreme Formen gelegentlich kaum noch Ähnlichkeit miteinander haben; nämlich die dem schrägen Keil geneigte und an das alte Bildzeichen wenigstens gelegentlich noch anklingende babylonische und die aufs äußerste vereinfachte, streng stilisierte assyrische, vor allem neuassyrische Keilschrift. Die Entwicklung der Schrift von der frühen sumerischen bis zur neuassyrischen Zeit mag an einigen einfachen, bildlich noch faßbaren Zeichen erläutert werden (vgl. Abb. 1). Die Systematisierung der elementaren Keilzeichen ist im Assyrischen so weit gediehen, daß wir in ihr nur noch vier Arten von Keilen (allerdings in verschiedenen Größen) begegnen, nämlich dem waagerechten, senkrechten und schrägen Keil sowie dem sog. Winkelhaken. Dafür kann aber ein Zeichen ebensogut aus nur einem wie aus dreißig, vierzig und mehr Einzelkeilen bestehen; wahre Zeichenungetüme weisen über 50 solche Einzeleindrücke auf[2].

Bequemer war das – im Händlerlande Mesopotamien so wichtige – Schreiben von Zahlen, da man sich hier wie bei uns für den Wert der Zahl die jeweilige Stellung des Zeichens zunutze machte. Im zunächst herrschenden und stets Vorrang behaltenden sumerischen Sexagesimalsystem stellte der aufrechte Keil dann sowohl die 1 wie, wenn andere Zahlen folgen, die 60 oder die 3600 dar; im wohl ursprünglich semitischen Dezimalsystem bedeutete der Winkelhaken die 10, und aus der Verbindung beider Werte ergab sich, daß letzterer auch $10 \times 60 = 600$ und $10 \times 3600 = 36000$ darstellen konnte. Dazwischenliegende Zahlen schrieb man nach einem wohlausgedachten Additionssystem nieder oder führte durch Einfügung eines bestimmten Zeichens eine Subtraktion durch. Immerhin erwies sich mit der Zeit eine Vereinfachung als nötig; sie wurde erreicht, indem man bestimmte Grundzahlen der beiden gebräuchlichen Zahlsysteme wie 1, 60, 600, 3600, 36000 und ebenso 10, 100 oder 1000 durch besondere Zeichen ausdrückte. Auch die Bruchzahlen verstand man schon in altsumerischer Zeit bis zu hohen Brüchen eindeutig darzustellen.

Wer Gelegenheit hat, Keilschrifttafeln in die Hand zu nehmen und genau zu betrachten, ist immer wieder verblüfft über die saubere, scharfe und gleichmäßige Griffelführung, zu der es die altorientalischen Schreiber gebracht haben. Es ist daher angebracht, S c h r e i b w e i s e und M a t e r i a l der Keilschriftkünstler einer genaueren Betrachtung zu unterziehen. Ihr

Abb. 1: Entwicklung der Keilschrift
(an sinnfälligen Zeichen vorgeführt)

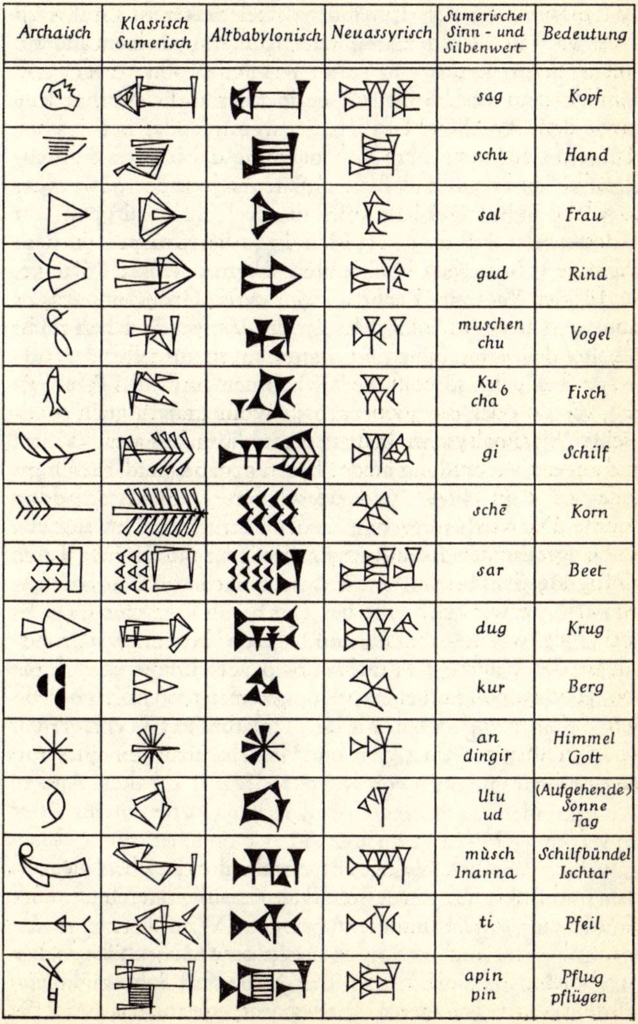

Archaisch	Klassisch Sumerisch	Altbabylonisch	Neuassyrisch	Sumerischer Sinn- und Silbenwert	Bedeutung
				sag	Kopf
				schu	Hand
				sal	Frau
				gud	Rind
				muschen chu	Vogel
				Ku₆ cha	Fisch
				gi	Schilf
				schē	Korn
				sar	Beet
				dug	Krug
				kur	Berg
				an dingir	Himmel Gott
				Utu ud	(Aufgehende) Sonne Tag
				mùsch Inanna	Schilfbündel Ischtar
				ti	Pfeil
				apin pin	Pflug pflügen

Griffel ähnelte in der archaischen Zeit vielleicht vorn etwa einer stumpfen Messerklinge, deren Spitze abgebrochen ist, und verwandelte sich allmählich – bei dickerem Griff – zu einem vorn dreikantig zugespitzten Rohrstylus, dessen anderes Ende abgeplattet war und zum Auswischen von Fehlern und Neuglätten derFläche diente. Der überall reichlich vorhandene und schnell knetbare Ton des Schwemmlandes bot sich als bequemes, billiges und nach Trocknung dauerhaftes Schreib-material derart an, daß das kostbare Leder oder gar Perga-ment (gegerbte Eselshaut) für die Keilschrift nirgends im Zweistromland benutzt worden ist. Man formte aus dem feuchten Lehm quadratische, rechteckige oder kreisförmige, leicht gewölbte oder flache Tafeln, deren Größe und Dicke wechseln; in der Urukzeit haben die Vierecktäfelchen meist 4–5 : 2,5–3 cm Umfang und waren damit im besten Wort-sinne ›handlich‹. Je nach Bedarf nehmen dann die Tafeln an Größe zu, sie zeigen etwa 11 : 10,5 cm, aber auch, wenn es der Inhalt z. B. bei ausgedehnten Bestandslisten, Wörterbüchern o. ä. verlangte, bedeutend größere Formate, und ein jüngst in Kalach entdeckter Vertrag des Assyrerkönigs Asarhaddon mit dem Mederfürsten Ramataja übertrifft an Umfang alle bisher bekannten Urkunden: Er mißt 45,8 : 30 cm. Für lange Texte bevorzugte man an Stelle der flachen Tafel Tonpris-men, -tönnchen und -zylinder. Die berühmte, 1365 Gefache füllende Bauhymne Gudeas von Lagasch war auf zwei großen Zylindern von 60 cm Höhe niedergeschrieben, und die Assyrer benutzten für ihre Königsannalen gern sechs- bis zehnseitige Tonprismen wie die Tiglatpilesers I. von 50 cm Höhe, Sanheribs von 38 cm und Assurbanipals von 49,5 cm. Tonzylinder sind noch von Nebukadnezar II. erhalten. Andere Tonurkunden haben Kegelform; ferner wurden Steinmörser und Tonnägel gern beschriftet. In erstaunlicher Weise haben die Schreiber die Fähigkeit entwickelt, ihre Zeichen klein zu halten und dadurch einen unverhältnismäßig langen Text auf handlichen Täfelchen unterzubringen. Wirtschaftstexte der Ur III-Zeit zeigen im Durchschnitt eine Zeilenhöhe von 2 mm, so daß auf einer kleinen Urkunde von 3,8 cm Höhe und 3 cm Breite bei sauberer, gut lesbarer, ›gestochener‹ Schrift und nach Bedarf vorhandenen Zwischenräumen 18–30 Zeilen erscheinen!

Diese Kleinschreibtechnik hat offenbar zu einer Art Wettbewerb geführt und das schwer enträtselbare Phänomen der Mikro-Keilschrift hervorgebracht. Wir besitzen heute eine ganze Anzahl kleinster Täfelchen und wenige Millimeter große Bruchstücke, in die mit einem sehr dünnen und harten Griffel – vielleicht einer hauchfeinen Metallnadel – winzige Keilschriftzeichen eingeprägt sind. Das größte dieser Fragmente hat nur den Umfang einer normalen Briefmarke (26:22 mm), weist aber über dreißig Zeilen Text mit 144 Zeichen auf; eine photographische Vergrößerung zeigte auf einem Quadratzentimeter nicht weniger als 54 Zeichen! Zur Erklärung dieser einzigartigen Funde kommen wir auch unter der Voraussetzung einer (im Orient häufig anzutreffenden) extremen Kurzsichtigkeit um die Annahme kaum herum, daß sich ihre virtuosen Schöpfer einer Art Lupe aus Glasfluß oder geschliffenem Bergkristall bedient haben müssen – deren Existenz bisher freilich weder durch Schriftzeugnisse noch etwa durch entsprechende Funde nachgewiesen werden kann. Die hohe, an den Siegelzylindern nachprüfbare Schleiftechnik Altmesopotamiens läßt eine solche Möglichkeit ohne Zweifel zu.

Man hat auf Ton nicht nur geschrieben, sondern auch gestempelt: Die fromme, schon um die Mitte des 3. Jahrtausends nachweisbare und bis in die letzten Tage Babylons beibehaltene Sitte, die Ziegel der Kult-, Palast- und Festungsbauten mit dem Namen des königlichen Bauherrn oder gar mit einer Weih- oder Bittinschrift zu versehen, führte zu der Rationalisierungsmaßnahme, den gewünschten Text- oft mit archaisierenden Zeichen – spiegelschriftlich in einen Ton- oder Holzstempel einzugraben und mit diesem jeden einzelnen Backstein zu versehen. Solche Stempelziegel, die für die Identifizierung von ausgegrabenen Bauwerken sehr wertvoll sind, finden sich ungezählt immer wieder auf den Trümmerhügeln an den zwei Strömen.

Zur Beschriftung von Standbildern, Stelen und Reliefs aus Stein mußte man sich des Steinmetzen bedienen, der nach

Vorlage arbeitete und daher nicht unbedingt schreibkundig zu sein brauchte. Auch der Siegelschneider brachte auf den seltenen Stempel- und den zahllosen Rollsiegeln die gewünschte Legende – den Namen des Besitzers und seines Vaters, seinen Beruf, einen Anruf an die Gottheit und zuweilen ein ganzes Gebet – in feinen Zeichen spiegelschriftlich an, und der Metallarbeiter gravierte oder trieb sie in Bronze, Silber und Gold.

Vom 8. Jahrhundert v. Chr. an ist aber die Keilschrift nicht nur auf Ton, Stein und Metall, sondern auch in ›Bücher‹ geschrieben worden. Seit dieser Zeit verwendete man nämlich neben der Tonplatte auch wachsüberzogene Holz- und (für kostbare Schriften) Elfenbeintäfelchen, deren Rand um etwa 2 mm erhöht war und deren Bienenwachsauflage durch Zusatz von Arsenblende schreibfähiger gemacht wurde; durch Lederschlaufen oder Scharniere konnte man die Einzelteile zu ›Faltbüchern‹ zusammenstellen. Solche Tafeln sind in den Texten erwähnt und auf zeitgenössischen assyrischen und syrischen Reliefs abgebildet, aber erst ein glücklicher Fund des Ausgräbers von Kalach, M. E. L. Mallowan, erbrachte 1953 Originalbelege (vgl. unten S. 412). Wahrscheinlich hat man in der neuassyrischen Zeit einen großen Teil der juristischen und Wirtschaftstexte auf wachsbezogenem Holz niedergelegt; das fast gänzliche Fehlen von Urkunden diesen Inhalts aus dem genannten Zeitraum wäre dann mit der Vergänglichkeit des Materials zu erklären.

Mit dem Vorrücken des Aramäertums seit dem Anfang des 1. vorchristlichen Jahrtausends gewann die aus der altsemitischen Buchstabenschrift (der Mutter auch unseres Alphabets; vgl. unten S. 520) entwickelte aramäische Schrift für das Zweistromland Bedeutung, wo sie, auf Bronze, Tonscherben, Elfenbein und Leder mit Tinte geschrieben, vom 8. Jahrhundert v. Chr. an nachweisbar ist. Pergament als Schreibmaterial erscheint bei den Achämeniden. Beide Schriftarten – Keilschrift und aramäische Kursive – hielten sich nebeneinander; Reliefdarstellungen Sanheribs zeigen gelegentlich Seite an Seite zwei Listenführer, von denen der eine offenbar Keilschrift auf Ton, der andere Aramäisch auf Leder schreibt.

Die mit der Erfindung der Schrift gewonnene Möglichkeit, das gesprochene Wort durch bestimmte, in Ton eingegrabene Zeichen zu fixieren, war so epochemachend, daß sich die Schreibkunst mit großer Schnelligkeit einbürgerte. Bereits in der jüngeren Urukzeit (Schicht IV a) dürfte die Verbreitung der Schrift über ganz Babylonien sicher sein, in der Dschemdet Nasr-Periode war sie Allgemeingut. Die umstürzende Idee übersprang in dieser Zeit die Grenzen des Zweistromlandes nach Westen und Osten und gab den Anstoß zur Schöpfung der Hieroglyphenschrift Ägyptens einerseits und der protoelamischen Bilderschrift in Susa und dem iranischen Hochland andererseits; die Entstehung der Hieroglyphenschrift am Nil kann heute für die Zeit der Könige des oberägyptischen Nechen, kurz vor der 1. Dynastie (etwa 2850 v. Chr.) festgelegt werden. Spätestens mit der militärischen Expansion des Reiches von Akkad gelangte die mesopotamische Keilschrift selbst nach Assyrien und Elam und wurde auch von den altchurritischen Staaten am oberen Chabur übernommen. Um 2000 erreichte sie Nordsyrien und drang von da bis nach Palästina vor, wo sie sich bis etwa 1200 v. Chr. hielt, um dann durch die altsemitische Buchstabenschrift verdrängt zu werden. Die neusumerische Form der Keilschrift gelangte zu den Hethitern Kleinasiens, während Assurs betriebsame Kaufleute eine jüngere Sonderform der altassyrischen Schreibweise im 19. Jahrhundert in ihre kappadokischen Handelskolonien mitbrachten.

In der Mitte des 2. Jahrtausends hatten Keilschrift und akkadische Sprache den Rang eines internationalen Verständigungsmittels, dessen sich sogar die Auslandskanzlei der Pharaonen des Neuen Reiches für ihren politischen Schriftwechsel mit den Fürsten Syriens, Mesopotamiens und Kleinasiens bedienten, wie uns das zuerst die berühmten Amarnatafeln bewiesen haben. Schließlich übernahm im 9. Jahrhundert v. Chr. das armenische Reich von Urartu die Keilschrift, während die Schrift des syrischen Ugarit vom 15. Jahrhundert an und der eigene Duktus der Achämeniden nur den Keil als Grundbestandteil der Zeichen entlehnten. Im Lauf der drei vorchristlichen Jahrtausende sind mindestens 12 vorder-

asiatische Sprachen in Keilschrift geschrieben worden, nämlich Sumerisch, Akkadisch, Elamitisch, Protochattisch, Hethitisch, Luwisch, Palaisch, Churritisch, Kassitisch, Ugaritisch,
Urartäisch und Aramäisch. Astronomen sind der Keilschrift
in Babylonien bis über die Zeitenwende hinaus treugeblieben.

Das Hervorwachsen der Schrift aus dem Bereich der altsumerischen Tempelwirtschaft hat auf die Stellung des
Schreibers entscheidenden Einfluß gehabt. Ensi und *Nubanda* (Tempelwirtschafts-Vorsteher), Katasterbeamte und
Magazinverwalter sowie die sonstigen höheren Funktionäre
mußten des Schreibens und Lesens kundig sein; die Schreiber
waren also Priester oder zum mindesten Tempelbeamte, und
umgekehrt gehörten alle Funktionäre dem Schreiberstande
an. Dieser offizielle oder halboffizielle Charakter des Schreibers in der frühen Zeit der sumerischen Staatswesen ist noch
lange an ihm haftengeblieben. Auf keiner halbwegs wichtigen
Urkunde, ganz gleich welchen Inhalts, fehlt am Schluß der
Name des Schreibers (sum. *dubsar*), und wir gewinnen den
Eindruck, daß mit seiner Benennung eine Art Bürgschaft
für das Geschriebene ausgedrückt werden sollte.

Als sich Palast und Tempel trennten, stellte die Priesterschaft als Hort von Wissen und Bildung dennoch weiter das
Hauptkontingent der Schreiber auch im profanen Staats-
dienst, und der an die Seite des Priesters tretende und ihn
allmählich verdrängende ›weltliche‹ Beamte ging noch lange
als Schüler durch die Hand des Klerus. Indes entwickelten
sich nun auch Schulen im Palastbereich[3], und in den ersten
Jahrhunderten des 2.Jahrtausends hat sich die Lage gar so weit
verändert, daß die meisten Schulen privat, wenn auch wohl
staatlich lizenziert waren. Die Mitglieder des Lehrerkolle-
giums waren nach Ausweis der Urkunden offenbar auf das
Schulgeld angewiesen (wenn sie auch vielleicht für das Existenzminimum ein ›Unterhaltsfeld‹ besessen haben mögen)
und lebten wirtschaftlich – wie das Los der Lehrer zu allen
Zeiten zu sein scheint – in bescheidenen Verhältnissen.

Daß Könige und Fürsten durchweg schreiben konnten, ist

kaum anzunehmen; in ›literarischen‹ Zeiten hoher Kultur
mögen mehr, in rauhen Zeitläuften und Perioden des Niedergangs weniger Vertreter der herrschenden Schichten mit dem
Schreibgriffel umzugehen verstanden haben. Schulgi von Ur
nennt sich um 2000 stolz ›Tafelschreiber der (Schul- und
Schreibergöttin) Nisaba‹ und rühmt seine wissenschaftlichen
Fähigkeiten, und ebenso gehörte Lipitischtar von Isin zu den
Schriftkundigen; Hammurabi und seine Nachfolger oder
Zimrilim von Mari kontrollierten gewiß die Schriftsätze
ihrer Kanzleien selbst, und Männer wie Tiglatpileser I., der
eine erste Bibliothek anlegte, oder Sargon II., der – wie wir
hörten – astronomische Werke für sich abschreiben ließ, sind
als Analphabeten unvorstellbar. Assurbanipal, der Schöpfer der
großen Tontafelsammlung von Ninive und ursprüngliche Prie-
sterschüler, hat uns über seine hohe Bildung selbst berichtet.

Waren danach viele Herrscher mindestens schreib- und
lesekundig, so wurde diese Fähigkeit von der Beamtenschaft
in einem geordneten Staatswesen mit Sicherheit gefordert.
Natürlich stand den hohen Beamten ein Heer schreibkun-
diger Subalterner zur Verfügung. Entsprechend gab es
Schreiber hohen und niederen Ranges, solche der königlichen
Verwaltung, der Kommunen und der Tempel, Spezialisten
für die einzelnen Ressorts und gewiß zahllose ›öffentliche‹
Schreiber, die am Markt oder im Tor saßen und – wie noch
heute im Orient – den Schriftunkundigen ihre Dienste gegen
entsprechendes Honorar zur Verfügung stellten. Zu allen
Zeiten aber war ihr Ansehen groß, und ein neuerdings bekanntgewordenes spätsumerisches Lehrgedicht preist den
Schreiberberuf mit den Worten:

> »Unter allen, die da werken,
> – Enki nannte sie mit Namen –
> Gibt es keinen, dessen Arbeit
> Gleicht der hohen Kunst des Schreibers,
> Die Gott Enki einst erschuf.«

Natürlich gesellt sich solchem Ansehen schnell ein entsprechender Hochmut zu, der zuweilen dem ungebildeten
Analphabeten das ›Menschentum‹ schlechtweg absprach,

und gar wer später das Latein Altmesopotamiens, das Sumerische, voll beherrschte, konnte sagen: »Wie kannst du dich mir gleichstellen – ich bin ein ›Sumerer‹!« In der Tat aber blieb die Zunft der Schreiber eine Kaste, die bevorrechtigt war und sich, wie wir aus Belegen der Ur III-Zeit entnehmen können, meist aus den Söhnen der wohlhabenden und einflußreichen Familien ergänzte. Ihr Gott wurde später der Herold und Schreiber der Götter, Nabû von Borsippa.

Es kann nach alldem nicht wundernehmen, daß sich das Vorhandensein von Schreiberschulen bis in die Anfänge der sumerisch-babylonischen Zivilisation zurückverfolgen läßt. Bereits aus der Urukzeit sind uns Übungstafeln mit Zusammenstellungen von – nach ihrer Ähnlichkeit geordneten – Zeichen erhalten; die darauffolgende Dschemdet Nasr-Periode liefert uns einen ›Schultext‹ aus Kisch, und nicht viel jünger ist etwa ein Dutzend Texte aus Ur mit lexikalischem Material. Die berühmten ›Schultexte‹ aus Schuruppak (Mitte des 3. Jahrtausends) sind bereits mehr als reine Schreibübungen, da sie offensichtlich Wissensstoff zusammenstellen[4]. Während uns entsprechende Belege aus der Ur III-Zeit fehlen, wird in den ersten Jahrhunderten des 2. Jahrtausends die sumerische Schule und ihr Betrieb sowohl durch Hunderte von Tafeln mit Schreibübungen aller Art und jeden Grades lexikalische Listen usw. als auch durch eine Reihe von Dichtungen meist satirischer Färbung beleuchtet. Erneut wird durch jene Übungstafeln die Praxis des Keilschrift-Unterrichts beleuchtet: Sie zeigen auf der Vorderseite die Schönschrift des Lehrers, auf der Rückseite die weniger lobenswerte Abschrift seines Schülers. Das System hat sich offenbar durch die Jahrhunderte nicht geändert: Ganz ähnliche Schulübungstexte fanden sich aus der letzten babylonischen Zeit, der Regierung Nabuna'ids, im Palast seiner Tochter, die Hohepriesterin des Mondgottes Sin in Ur war.

Die oben genannten ›Schulepen‹ lehren uns nicht nur in der schon angedeuteten Weise die Pädagogen, sondern auch ihre Institute kennen. Noch wissen wir nicht, wieviele solcher

Schulen es in den Großstädten gab; daß aber jeder Ort von einiger Bedeutung mindestens *ein* ›Tafelhaus‹ aufwies, dürfen wir als sicher annehmen. Bei den Ausgrabungen glaubt man in Sippar, Ur, Uruk und Mari auf Schulräume gestoßen zu sein. Diese Institute, die sich nach Fähigkeit und Arbeitsbereich der an ihnen Tätigen unterschieden und zuweilen den Rang wissenschaftlicher Akademien erreichten, hatten feste, überlieferte Formen in Organisation und Unterrichtsbetrieb und lehrten über die Elementarfächer von Lesen, Schreiben und Rechnen hinaus eine ganze Reihe weiterführender Disziplinen: Sumerische und akkadische Sprache und Grammatik, Theologie, Botanik und Zoologie, Geographie, Landmeßkunst, Astronomie und anderes mehr. Die größeren und angeseheneren Schulen verfügten über einen großen Stab von Lehr- und Hilfskräften. Dem mit ›Hoher Meister‹ angeredeten Schulleiter, dem ›Vater des Tafelhauses‹ unterstanden Fachlehrer, deren angesehenster wohl der ›Schreiber des Sumerischen‹ war, Hilfs- oder Junglehrer und Tutoren, die von den Schülern als ›Älterer Bruder‹ angeredet wurden, schließlich Aufseher und Pedelle, die sich alle – und dies scheint in sehr drastischer Form vor allem mit Hilfe des allgegenwärtigen Rohrstocks geschehen zu sein – um die ›Söhne des Tafelhauses‹, die Schüler, bemühten. Es gab ebenso schriftliche und mündliche Hausaufgaben wie Nachsitzen und Karzer, Dialogübungen und mehrere Prüfungen, bis nach Ablauf einer ganzen Reihe von Jahren der Schüler zum ›Jungschreiber‹ und endlich nach erneutem Examen zum Schreiber aufstieg – womit ihm dann viele angesehene Berufe offenstanden oder wonach er selbst ein Gelehrter werden konnte.

Mädchen waren zu dieser Schule nicht zugelassen; wo uns schreib- und lesekundige Frauen begegnen[5], müssen diese also ihre Kenntnisse privat erworben haben. Das bekannteste jener schon genannten ›Schulepen‹, der sog. *edubba*- (›Tafelhaus‹-)Literatur, das den Titel ›Sohn des Tafelhauses‹[6] erhalten hat, belehrt uns darüber, daß kleine Geschenke – ein Festessen, ein Kleid, ein Ring –, dem Klassenlehrer zur rechten Zeit überreicht, guten Einfluß auf den Ausgang der Prüfung haben konnten. Ein später Text aus Assur gibt das Gespräch

eines Lehrers mit seinem Famulus wieder und deutet die
Mühsal des Schulbetriebs an: »Von deiner Kinderzeit bis zu
deiner Mannbarkeit bleibst du in der Schule, denn du kennst
die Tafelschreibekunst, die Lehre der Zeichen, noch nicht...«

Mehr oder weniger gutmütiger Spott gehörte, wie noch bei
uns, so auch im alten Zweistromlande zum eisernen Bestand
der Jugenderinnerungen. Dennoch war das Ansehen der Bil-
dungsstätten nicht gering; in einer sumerischen Hymne auf
König Enlilbani von Isin (um 1800 v. Chr.) wird vom ›Tafelhaus‹ gesagt, daß es ›dem Lande Sumer die Anweisungen erteilt‹. Am Ende war der Schüler seinen Lehrern doch von
Herzen dankbar, daß sie ihm ›wie einem Hündchen‹ die
Augen geöffnet und ›in seinem Innern Bildung geschaffen‹
hatten. Und gewiß erkannten die Zöglinge, die am Ende
der Ausbildungsjahre mit ihrem Diplom die Schule ver-
ließen, fast ohne Ausnahme den Satz an, der sich in einem
einschlägigen Text findet und den Wortlaut hat:

> Die Schule währt, und niemand wird sie stürzen,
> Ja, ewig steht der Ort der Wissenschaft.

VIII

DIE WISSENSCHAFTEN

Jene eben geschilderten Lehranstalten, insbesondere wohl
die ›Tafelhäuser‹ der Metropolen politischer oder geistiger
Art, erfüllten über die reine Wissensvermittlung hinaus gewiß
noch andere Aufgaben. Wenn wir nämlich nach Ort und
Trägern wissenschaftlicher Arbeit in Altmesopotamien fragen, so richtet sich unser Blick zwangsläufig in
erster Linie auf solche Schulen, deren Wesen in der Tat von
manchen heutigen Gelehrten als das ›königlicher Akademien‹
gekennzeichnet worden ist. Im ›Tafelhaus‹ von Eridu, Uruk,
Schuruppak, Ur, Isin, Larsa, Nippur, Mari oder Babylon könnte

der Elementarunterricht – wenn er nicht überhaupt unter-
geordneten Schulen zugewiesen war – durchaus subalternen
Lehrkräften überlassen worden sein, während die Gelehrten
höheren Grades mit den schwereren Aufgaben der Wissenssammlung, der Darstellung und Forschung befaßt waren und
allenfalls den begabtesten älteren Schülern einen Platz unter
ihrem Lehrstuhl einräumten. Ihr Verhältnis zueinander war
dann wohl den Rangordnungen des Handwerks nachgebildet,
indem es dem des Meisters zu seinen Lehrlingen entsprach,
und einem solchen kleineren Kreise enthüllte der Gelehrte die
inneren Geheimnisse seines Fachs, die der großen Masse der
Normalschüler verschlossen blieben und ihr im übrigen gewiß
auch völlig uninteressant waren. Wie eh und je ging es dann
in diesen Studierklassen mit ihren einfachen Lehmbänken und
den längs der Wände aufgerichteten Tontafel-Regalen in
irgendeinem stillen Innenhof nicht um irdischen Gewinn von
Sekeln und Minen, sondern um geistige Bereicherung, und
weder Schülern noch Lehrern dieser Art werden hohe Gehälter gewinkt haben. Solche geistigen Mittelpunkte gab es
wie in den ›Tafelhäusern‹ gewiß auch in den Tempeln, wo
gelehrte, sorgsam ausgewählte Kleriker mit ihren Adepten
neben Theologie und Kosmogonie auch die besonderen priesterlichen Wissenschaften der Astronomie und Astrologie,
Hemerologie und Menologie, Mantik, Dämonenlehre und
Beschwörungskunst pflegten, und zuweilen sind wohl auch
die Tempel- und Palastarchive und -bibliotheken mit ihrem
Reichtum an historischen, juristischen, wirtschaftlichen und
literarischen Keilschrifturkunden Ort ernsthafter wissenschaftlicher Arbeit gewesen. Wurden an solchen Plätzen die
›Geisteswissenschaften‹ gepflegt, so ging es in der Werkstatt,
dem Brauhaus, dem Labor und der ›Alchimistenküche‹ so
manchen Bürgerhauses um realere Erkenntnisse auf den weiten Gebieten der Technik, Chemie oder Heilkunde. Wir
kennen die Namen dieser zweifellos oft hochgebildeten, ehr-
geizigen und von ihrer Arbeit besessenen Männer, die fast
drei Jahrtausende das Wissensgut ihres Landes und Volkes
verwalteten und förderten, nicht und erfahren ebensowenig,
aus welchen Kreisen sie sich rekrutierten. Vielleicht dürfen

wir aber hinter den häufig genannten Schreibern wichtiger Urkunden und den Archivaren bedeutender Bibliotheken zuweilen die Autoren königlicher Annalen, die Bearbeiter umfassender Sammelwerke oder Redaktoren berühmter Mythen und Epen vermuten.

Es bedarf kaum der Betonung, daß wir den modernen Begriff der Wissenschaft in den Gelehrtenstuben des Alten Orients vergeblich suchen würden. Noch gibt es nichts von der kritischen Schärfe und souveränen Selbständigkeit des antiken griechischen Geistes; weder Sumerer noch Babylonier haben den Begriff ›Wissenschaft‹ in ihrem Wortschatz, und auch diejenigen Bemühungen, die wir als wissenschaftlich bezeichnen dürfen, sind wie Kunst und Literatur meist religiös bestimmt. Ihre höchste Stufe ist nicht die abstrakte Aussage, der knappe Lehrsatz, die nüchterne Theorie, sondern betrifft im Gegenteil die geheime Kunst der Magie und Mantik. Das Wesen der altmesopotamischen Wissenschaft ist empirisch und erschöpft sich in der Zusammenfassung gegebener Daten, ohne je die Ebene der Abstraktion zu erreichen; sie reiht Tatsachen und Erkenntnisse aneinander, deren Ursprung letztlich in der göttlichen Offenbarung liegt – mit dem ausschließlichen Zweck, sie in eine gewisse Ordnung zu bringen. Niemals und nirgends ist man dazu fortgeschritten, das gesammelte Material aufzuarbeiten, die Summe zu ziehen und aus ihr eine allgemeingültige Theorie zu formen. Eine Entwicklung des wissenschaftlichen Denkens ist nicht zu beobachten, und diese Charakteristik bleibt vom 3. bis zum 1. Jahrtausend gültig. Die Philologie hat Listen und Klassifizierungen, bietet aber an keiner Stelle eine grammatische Regel oder eine Definition; die – bezeichnenderweise der Astrologie dienende und aus ihr entwickelte – Astronomie leistet in Beobachtung und Berechnung Erstaunliches, und die für sie grundlegende babylonische Mathematik ist die beste der alten Welt, aber aus reichen Tabellen, Problemstellungen und Lösungen ergeben sich weder Grundregeln noch Axiome oder Theorien. Bäume, Pflanzen, Tiere und

Gesteine werden in umfangreichen Aufstellungen und Namensammlungen erfaßt, ohne daß aus ihnen allgemeingültige Grundregeln oder biologische Gesetze erarbeitet werden. Der Jurist bewahrt Rechtsentscheidungen im Übermaß auf, stellt zahllose Einzelweisungen zu umfangreichen Gesetzbüchern zusammen – nirgends wird indes eine Rechtstheorie fixiert, und der Historiker notiert zwar die bedeutenden Ereignisse politischer, kultischer und militärischer Art sorgfältig auf und überliefert sie der Zukunft, vermag es aber kaum je, dem Ablauf des Geschehens einen höheren Sinn zu geben und es – wie dies in der israelitischen religiösen Geschichtsschreibung gelang – auf ein bestimmtes überzeitliches und überweltliches Ziel auszurichten.

Denn die Wissenschaften und ihre Erkenntnisse sind nach altorientalischer Auffassung nicht die Frucht von Fleiß, Scharfsinn und Genie vergangener Geschlechter, sondern wie alle Ordnungen des Lebens in der Urzeit den Menschen von den Göttern geschenkt – als Bestandteile jener ›göttlichen Kräfte‹, die nach der Mythe einst Inanna aus Eridu entführte und in ihre Stadt Uruk brachte. Wir vermissen entsprechend eine klare Scheidung zwischen den einzelnen Disziplinen und ihre Charakterisierung. Wenn wir uns für die folgenden Betrachtungen dennoch an die modernen Begriffe halten, so geschieht das in der Hauptsache aus Gründen der Deutlichkeit.

Alle Bestrebungen wissenschaftlicher Art bedürfen schriftlicher Aufzeichnung und des Rückgriffs auf bereits Erarbeitetes. Die Schwierigkeit des von den sumerischen Kulturschöpfern ererbten Schriftsystems und die Zweisprachigkeit[1] der Euphrat-Tigris-Kultur, für die das Sumerische lange die gleiche Rolle in Kult und Geistesleben spielte wie später das Latein für das Abendland, ließen daher schon sehr früh so etwas wie eine Grundlagen-Wissenschaft entstehen, die sich mit der sumerischen und akkadischen Schrift und Sprache beschäftigte und als eine Art von Philologie angesprochen werden darf.

Sie beginnt mit jenen schon genannten Listen von Zeichen

verwandter Form oder von Zeichengruppen mit gleichem
Anfangsglied in der Frühzeit, setzt sich in den Wörterlisten
der Schultexte aus Schuruppak und anderen Orten noch vor
2500 v. Chr. fort, die Götter, Beamte, Baulichkeiten und Gebrauchsgegenstände des täglichen Lebens zusammenstellen,
erhält nach dem Einbruch der Akkader die neue Aufgabe, die
Sprache der nunmehrigen Herrscher mit den Mitteln der sumerischen Schrift fixierbar zu machen, und geht mit der all-
mählichen Verdrängung des Sumerischen als Umgangssprache
durch das Semitische an die umfängliche und wichtige Aufgabe, die alte Kultursprache zu konservieren, zu lehren und zu
kommentieren. Das geschieht vom Anfang des 2. Jahrtausends
an durch die Anlage von sumerisch-akkadischen Zeichen-
listen, Wörterbüchern, Abschriften, Übersetzungen und zweisprachig gehaltenen Texten sowie durch Einrichtung von
Katalogen, die etwa die beiden wichtigsten Dialekte des Sumerischen – eme-sal für den Kult, eme-ku für die Profan-
sprache – nebeneinanderstellen oder die sumerischen Lite-
raturdenkmäler nach praktischen Bedürfnissen zusammenfassen. Letztere sind es stets, nach denen sich alle diese Bemühungen ausrichten: Bei der schon oben umrissenen Art und
Beschränkung der altorientalischen Wissenschaftsauffassung
suchen wir nach einer Theoretisierung, etwa einer verglei-
chenden sumerisch-akkadischen Grammatik, vergebens.

Im einzelnen enthält – einige Beispiele sind zur Verdeut-
lichung nötig – die philologische Liste einfachster Art, das sog.
Syllabar A, in der Mittelspalte das zu besprechende Silben-
zeichen, in der linken den Lautwert (die ›Buchstabierung‹)
und in der rechten den Namen, während das ›Syllabar B‹ die
Kenntnis der gebräuchlichen Ideogramme (Sinnwerte) vermittelt und dazu in gleichfalls drei Spalten links die sumerische Bedeutung, in der Mitte das Sinnzeichen und rechts
den akkadischen Begriff bringt. S^c vereinigt diese beiden
Listengruppen, indem es in einer vierten Spalte den Namen
des Zeichens hinzufügt. Eine gleichfalls vierspaltige Liste will
zusammengesetzte Zeichen und Zeichengruppen erklären,
und ein großangelegtes Listenwerk von mindestens vierzig
Tafeln ging offenbar auf Vollständigkeit aus und zielte darauf

ab, alle Keilschriftzeichen mit ihren sumerischen und akkadischen Bedeutungen zu erfassen.

Sachkataloge, die die sumerische Aussprache des betreffenden Wortes nicht mehr bringen, sind durch ihren Inhalt bestimmt. So enthält die berühmte Liste *CHAR-ra* = *chubullu*, als Abschrift auch im syrischen Ugarit belegt, auf mehreren Tafeln in zwei Kolumnen juristische Ausdrücke, hölzerne Gegenstände aller Art (auch Bäume, u. a. ausführlich die Dattelpalme), umfangreiche Tiernamen-Sammlungen usw., der dazugehörige Kommentar *CHARGUD* = *imru-ballu* in drei Kolumnen Holz und Rohr, Gefäße, Flüsse, Sterne, Menschengattungen, Tiere, Pflanzen, Steine usw. Die schon einmal genannte Serie *ana ittischu* bearbeitet sumerische Termini der Juristensprache (sogar mit Verbformen), andere Texte wieder beschäftigen sich mit der akkadischen Ausdeutung sumerischer Prae-, In- und Affixe. Weiter begegnen wir Zusammenstellungen akkadischer Synonyma; die Übernahme der Macht über Babylon durch die Kassiten gab Anlaß zur Aufstellung eines kassitisch-akkadischen Vokabulars, das sich mit den Namen kassitischer Könige beschäftigte, und sogar ein in Keilschrift verfaßtes Lehrbuch für das Ägyptische war vorhanden. Babylonische Kommentatoren befaßten sich mit Literaturwerken religiösen, astrologischen und sonstigen mantischen Inhalts, in denen sie seltene Worte durch bekannte erklärten, oder sie ergaben sich seltsamen Spekulationen über die Bedeutung der Götternamen, womit dann freilich der Bereich der exakten Wissenschaft verlassen wurde.

Alle diese Anleitungen und Lehrbücher standen in hohem Ansehen und wurden – nach ihren Anfängen in der sumerischen Epoche – vom Beginn des 2. Jahrtausends bis in die Partherzeit benutzt. Wie sorgfältig und aufschlußreich die Arbeit der sumerisch-akkadischen Philologen war, läßt sich daran ermessen, daß die von ihnen überkommenen Keilschrifttexte der modernen Sprachwissenschaft die Erschließung des – ja ohne jede Verwandtschaft, völlig isoliert dastehenden – Sumerischen ermöglicht haben.

War das Bemühen der Philologen – von gelegentlichen Dolmetscherdiensten für Fremdsprachen des eigenen oder

eines entfernteren Bereichs abgesehen – darauf gerichtet, die
alte, im Volksmund schon vor 2000 verklingende Kultursprache des Sumerischen festzuhalten und weiter zu lehren, so
mußte es ein dringendes Anliegen anderer Gelehrter sein, der
ablaufenden Zeit selbst Herr zu werden und ein Schema
(oder mehrere solche) zu finden, in dem man die Ereignisse
von einst und jetzt festlegen, einordnen und nach Epochen
und Abschnitten aufteilen konnte. Eine sagenhafte Sintflut
schied die graue Vorzeit von der allmählich deutlich werdenden Geschichte des Landes nach diesem einschneidenden Termin; schon am Anfang der Menscheit war ›das Königtum
vom Himmel herabgekommen‹, wohin es während der Sintflut zurückkehrte; als dann das Leben wieder begann, erschien
es erneut als ordnendes Prinzip, und so lag es nahe, diese
göttliche Institution zum Stützpfeiler der Chronologie zu
machen. Zuerst in der Akkadzeit nachweisbar, erhielt jedes
Regierungsjahr des Herrschers seinen Namen nach einem markanten Ereignis kultischer, politischer oder administrativer
Art. Diese Jahresformeln, die zahlreich – für manche Herrscher fast lückenlos – erhalten blieben und nach denen man
nun Rechtsgeschäfte, Kultakte, Verträge und anderes datieren
konnte, lauten etwa ›Jahr, da Naramsin die Mündung des
E-erinna-Kanals nach Nippur leitete‹, ›Jahr, da Schulgi König
wurde‹, ›Ischbierra, der König, errichtete das göttliche
Emblem Ninurtas‹ oder ›Jahr: auf das Geheiß Anus und Enlils
hin zerstörte er (Hammurabi) die Mauern von Mari und
Malgium‹[2]. Die Jahresdaten eines jeden Königs sowie die aller
Fürsten einer Dynastie wurden sodann zusammengestellt.
Wer für die Formulierung der Jahresformeln verantwortlich
zeichnete, wissen wir nicht, dürfen aber annehmen, daß dafür
eine aus königlichen Beamten und Vertretern der wichtigsten
Priesterschaften gebildete Kommission zuständig und ihr
Vorschlag dann vom König zu genehmigen war.

Die Institution der Jahresformeln blieb bis zur Kassitenzeit
in Übung; danach vereinfachte man das Verfahren und zählte
in Babylonien nun schlicht die Regierungsjahre des Herrschers, so daß wir auf den Urkunden als Jahresdatum etwa
die Bemerkung finden: ›6. Jahr Nabuna'ids, des Königs von

Babylon‹. Assyrien ging wie in manchem, so auch in der Chronologie seinen eigenen Weg, indem es die Jahre nach Eponymen (*līmu*) benannte: dem 1. oder 2. vollen Jahr seiner Regierung gab der König selbst den Namen; ihm folgten gemäß der Rangordnung seine höchsten Beamten, um je ein Jahr mit ihren Namen zu kennzeichnen. Auch solche Eponymenlisten blieben in großem Umfang erhalten und sind z. B. vom 10. bis zur Mitte des 7. Jahrhunderts fast vollständig. Mit ihnen wie mit den Sammlungen der babylonischen Jahresdaten ließ sich eine feste, natürlich relative Chronologie gewinnen.

Zur chronologischen Ordnung größerer Zeiträume boten sich die Dynastienlisten an, und mit der Kombination aller erreichbaren bzw. zugelassenen Kataloge dieses Inhalts zu durchgehenden Königslisten besaß man schließlich ein Mittel, die gesamte Geschichte des Landes bis zum Zeitpunkt der Abfassung des Werkes zu überschauen – wenn dabei auch Fehler unterlaufen konnten, indem man etwa gleichzeitig nebeneinander regierende Dynastien nacheinander einordnete. Solch ein umfassender Katalog der Könige und Herrscherhäuser ist von sumerischen Chronologen vielleicht bereits in der neusumerischen Zeit (s. o. S. 85 Anm. 1) entworfen worden und hat seine letzte Ausformung um 1760 v. Chr. erhalten. Diese ›Sumerische Königsliste‹ nannte vom sagenhaften ersten Fürsten des Landes, Alulim von Eridu, bis Sinmagir von Isin hinab 140 Herrscher mit ihren Regierungsjahren und der Dauer ihrer Dynastien unter dem Leitgedanken eines beständigen Königtums. Die Zahl der Regierungsjahre erreicht dabei vor der Sintflut mythische Höhen: Alulim soll 28 800, Dumuzi von Badtibira 108 000 Jahre regiert haben; aber auch in den ersten Herrscherhäusern nach der Flut sind die Regierungszeiten noch phantastisch und belaufen sich bis auf 1200 Jahre, um dann allmählich zu normalen Spannen herabzusinken. Historische Notizen zu den Namen einzelner Könige schlagen nun eine erste Brücke zur Geschichtsschreibung: ›Kubaba, die Schankwirtin, die den Grund von Kisch festlegte‹, Naramsin, ›der die Welt unterwarf‹; der Wechsel der Dynastien wird durch die stereotype Formel angezeigt:

»Die Stadt A schlug die Waffe, das Königtum ging auf die Stadt B über.«

Dieses große spätsumerische Herrscherverzeichnis hat offenbar Schule gemacht und wurde das Vorbild zahlreicher jüngerer Königslisten, deren Redaktoren vor allem in Babylon und Assur saßen. Das wichtigste, auch für den modernen Forscher zur Gewinnung einer absoluten Chronologie hochbedeutsame Werk dieser Art ist die große ›Assyrische Königsliste‹, in der übrigens – wie auch sonst in Assur – die babylonische Unterteilung nach Dynastien fehlt. Sie wurde 1932/33 in Chorsabad gefunden, erfuhr zur Zeit Sargons II. ihre Endredaktion und reicht von der assyrischen Frühzeit, da Assurs Fürsten noch ›Zeltbewohner‹ – also Nomaden – waren, bis Salmanassar V. (726–722)[3]. Andere assyrische Teil-Fürstenkataloge sind synchronistisch angelegt und nennen neben den eigenen auch die gleichzeitigen babylonischen Königsnamen.

Fanden wir erste tastende Ansätze einer Geschichtsschreibung in den Bemühungen der Chronologen, so dürfen wir ihre eigentliche Wurzel in den Bau- und Weihinschriften sumerischer Könige der frühdynastischen Zeit sehen, die um 2600 einsetzen. Zuerst aus nicht mehr als Namen und Titel bestehend – ›Enmebaragesi, König von Kisch‹–, erweitern sich diese ersten historischen Beurkundungen bald durch das Bestreben, eine Weihgabe oder einen Kultbau mit dem Namen des fürstlichen Stifters zu versehen und letzteren damit der Huld des beschenkten Gottes zu empfehlen: »Mesilim, König von Kisch, Erbauer des Ningirsu-Tempels, weihte dies für Ningirsu. Lugalschagengur (war damals) Ensi von Adab« oder »Urnansche, König von Lagasch, erbaute das Haus in Girsu«. Bald folgt die in einem Nebensatz untergebrachte Ergänzung, daß der König von den Göttern berufen oder erwählt sei, und andere Erweiterungen schließen sich an; so weiß der eben genannte Begründer der Dynastie von Lagasch in der Mitte des 3. Jahrtausends bereits auch über seine Kanalbauten und Zedernholz-Expeditionen zu berichten. Von seinem Enkel Eannatum ist uns dann die bekannte Geierstele mit einer langen Inschrift erhalten, die seine Siege über Umma und Kisch meldet und als die erste echte historische Urkunde angesprochen werden darf. Eannatums Neffe Entemena berichtet in seiner Kegelinschrift noch einmal ausführlich über die Taten seines Oheims, anschließend über seine eigenen Auseinandersetzungen mit Umma und über die neue Grenzfestsetzung. In seinen Weihinschriften ist von der Errichtung sakraler Bauten und der Anlage neuer Kanäle die Rede, und eine Tonnagelinschrift enthält einen Vertrag zwischen Lagasch und Uruk. Damit ist der Status einer zeitgenössischen historischen Berichterstattung erreicht und, wie im Falle Entemenas, sogar bereits überhöht. Der Usurpator Lugalzaggesi von Uruk läßt denn auch seine Kriegstaten und Friedenswerke in einer langen Inschrift darstellen, und die semitischen Akkadkaiser haben es bald danach verstanden, in zweisprachigen Dokumenten klare und genaue Rechenschaftsberichte ihrer Unternehmungen mit präzisen Zahlenangaben – etwa über Verluste oder Gefangene – zu liefern.

Die sumerische Renaissance der Ur III-Zeit hat den strengen sachlichen Stil und die vorwiegend militärischen Themen der akkadischen Geschichtsschreibung abgelehnt, und die Fürsten von Isin, Larsa und Babylon zeigen sich auch weiterhin fast ausschließlich jener friedlicheren und frommeren Dokumentierung geneigt, die von Errichtung und Restauration der Heiligtümer, Herstellung von Tempelgeräten und Weihgaben oder der Anlage von Kanälen handelte. Wäre uns nicht neuerdings aus der Marikorrespondenz bekannt geworden, wie zähe Hammurabi zwanzig Jahre lang um Gründung und Sicherung seines Reiches gekämpft hat (und zwar durchaus mit der Waffe in der Hand) – aus seinen eigenen Berichten hätten wir das nie erfahren, und in dieser Abneigung gegenüber dem Kriegsbericht sind, mit wenigen Ausnahmen, die Könige Babylons ihrem großen Vorbild bis in die letzte Zeit gefolgt. Wir besitzen daher kaum babylonische Kriegsberichte, und wo sie erscheinen, sind sie stets summarischer Art. Wohl aber haben die spätsumerischen Gelehrten der Isin-Larsa-Zeit bei ihren Bestrebungen, das verklingende Erbe

der Vergangenheit zu bewahren, wesentliches zur Geschichtsschreibung beigetragen, indem sie die Inschriften der sumerisch-akkadischen Herrscher des 3. Jahrtausends sammelten,
literarisch formten und z. T. wohl auch erweiterten. Manche
den alten Königen zugeschriebenen Urkunden mögen – etwa
auf der Grundlage alter Angaben – sogar erst von ihnen geschaffen worden sein, wie dies für den Lugalannemundu-[4]
und Utuchengal-Text, den Sargon-Roman ›König der
Schlacht‹ und die Naramsin-Erzählung vermutet wird. Solche
mit Fluch- und Segenssprüchen versehenen, fingiertenKönigs-
inschriften werden als *narû*-Literatur bezeichnet.

Die Historiographie der Akkadzeit hingegen wurde, vielleicht durch Vermittlung der Hethiter mit ihrer ausgebildeten
Annalistik, von den Assyrern wieder aufgenommen. Bei
ihnen haben wir Annalen, Kriegsberichte – nicht selten als
sog. Gottesbriefe an den Gott Assur gerichtet – und Prunkinschriften zu unterscheiden. Die Annalen, chronologisch
nach Eponymen oder Regierungsjahren geordnet, machen
zuverlässige Angaben über Anmarsch, Lagerplätze, örtliche
Gegebenheiten, Kampfhandlungen, Gefangene, Feindver-
luste, Beute, Tributempfang und Rückmarsch; nicht selten
ist auch ein Jagdbericht angefügt. Solche Annalen finden wir
zuerst bei den mittelassyrischen Königen Arikdēnilu, Tukultininurta I., Tiglatpileser I. und Assurbelkala und begegnen
ihnen nach hundertjähriger Pause dann seit Assurdān II.,
Adadnirari II. und Assurnaßirpal II. ständig. Auch kürzer ge-
faßte Texte, wie etwa die Inschrift auf Salmanassars III.
Schwarzem Obelisken, bringen präzise Angaben zeitlicher,
örtlicher und militärischer Art, während die Kriegsberichte,
gern auf Prismen verzeichnet und in gewähltem, oft schwül-
stigem Stil gehalten, die Feldzüge zu Lasten der historischen
Abfolge zusammenfassen. Die Prunkinschriften schließlich
wurden nach geographischen Gesichtspunkten – den in den
verschiedenen Himmelsrichtungen unterworfenen und aus-
geplünderten Völkern – geordnet. Was die Gottesbriefe betrifft, so sind sie der Tribut, den der König – als Beauftragter
des Reichsgottes – Assur, dem Herrn der Schlachten und Beschützer Assyriens, leistet. In poetischem Stil und mit be-

sonderen Grußworten an die Götter der Hauptstadt bringen
sie ein ausführliches Referat über einen bestimmten Feldzug.
Die Verfasser aller dieser umfangreichen Texte haben offenbar Kriegstagebücher und Beuteverzeichnisse benutzt und
wesentliche, wenn auch naturgemäß sehr einseitige Beiträge
zur Geschichtsschreibung ihrer Zeit geleistet.

Dem in Assyrien dominierenden Kriegsbericht steht im
späteren Babylonien eine andere literarische Gattung, nämlich die der Chroniken, gegenüber. In Assur nur durch die
mit proassyrischer Tendenz verfaßte und an den jeweiligen
Grenzziehungen gegen Babylon interessierte sog. Synchroni-
stische Geschichte (Zeitraum etwa 1420–1160) vertreten, sind
diese babylonischen Werke systematische Abhandlungen
über die historischen Ereignisse eines größeren Zeitraums und
zeichnen sich durch einen betont unpersönlichen Stil aus. Die
uns erhaltenen Werke dieser Art stammen alle aus neu- bzw.
spätbabylonischer Zeit, reichen aber, was die behandelten
Geschehnisse betrifft, bis zu 2000 Jahren zurück. Sie berichten
so z. B. auch über die Taten Sargons und Naramsins von
Akkad, gehen aber erst von Nabûnaßir (747–735) an – jenem
König, unter dem Babylon der assyrischen Herrschaft unterworfen wurde – mehr ins Detail. Auf Grund eines reichen
Materials werden die Beziehungen zwischen Babylon und
Assur, zuweilen unter Einschluß Elams, behandelt; ihr Ende
durch die Zerstörung Ninives 612 wird eindrucksvoll in der
sog. Nabopolassar-Chronik dargestellt. Neue Textfunde dieser Art im Britischen Museum[5] ermöglichen jetzt einen genauen Überblick über die Jahre 626–556. Die sog. chaldäische und die Nabonid-Kyros-Chronik schließen sich an;
letztere führt uns das Ende des neubabylonischen Reiches vor
Augen. Ob alle diese Texte einst Teile eines einzigen großen
Chronikwerkes waren oder ein solches bilden sollten, ist
nicht zu entscheiden, wenn auch kaum wahrscheinlich.

Nur ein bescheidener Teil der umfangreichen historischen
Literatur Altmesopotamiens war Berossos um 300 v. Chr.
noch zugänglich; sein Werk ist in der Tat kaum mehr als der
schwache Abglanz einer einst bedeutenden und kenntnis-
reichen Disziplin. Ihr eine einheitliche Zielsetzung oder einen

beherrschenden Grundgedanken unterlegen zu wollen, hält
schwer; indes scheint seit der altbabylonischen Zeit die Vorstellung an Boden zu gewinnen, daß Geschichte einen ewigen
Wechsel von Heils- und Unheilszeiten bedeute; Wohlfahrt
sei Lohn für einen den Göttern wohlgefälligen Wandel, Notzeiten kämen als Strafe für Sünde der Herrscher und des
Volkes über das Land.

Handelsunternehmungen, Kriegszüge, Diplomatenreisen
und Grenzfestlegungen waren ohne Kenntnis des Landes und
seiner Städte nicht denkbar. So hat sich sehr früh eine einfache Art von Geographie entwickelt, die solchen praktischen Zwecken diente. Karawanenführer und Generäle
ließen ihre Reise- und Marschwege aufzeichnen, und in
Lagasch gab es z. B. eine Liste aller Orte, mit denen der Tempel
Handel trieb. Altbabylonische und assyrische Itinerare nannten die täglichen Rastplätze und die dazwischenliegenden Ent-
fernungen der betreffenden Routen; ein aus der Zeit Sargons
von Akkad stammendes, in später Abschrift erhaltenes Werk
beschäftigt sich mit der Ausdehnung der von Sargon okku-
pierten Gebiete und nennt zunächst die Grenzlinien der einzelnen Länder, sodann ihre Größe – nach ›Doppelstunden‹
gemessen – und beschäftigt sich weiter mit den Gebieten
›jenseits des Oberen und des Unteren Meeres‹. Von seinem
Feldzug ins Chaburgebiet brachte Adadnirari II. von Assur
um 900 v. Chr. einen genauen Katalog seiner Marschstationen
mit, und solche oder ähnliche Ergebnisse wurden von den
mesopotamischen Geographen in umfangreichen Ortslisten
zusammengefaßt, die freilich nur zum Teil nach Ländern,
sonst auch nach ihrer lautlichen Form und sogar nach ihrer
Schreibung geordnet sind. Die mythische Vorstellung, daß
Sumer-Babylonien im Mittelpunkt der Welt liege und diese
als flache, kreisrunde Scheibe auf dem Urozean schwimme,
schien ihre Bestätigung durch die Tatsache zu finden, daß die
reisenden Kaufleute und die Eroberer überall in der Ferne
auf Meere oder große Binnenseen stießen – den Persischen
Golf, das Rote Meer, das Mittelmeer und hoch im armeni-

schen Norden den Van- und Urmiasee. Wie man Stadt-
pläne – etwa von Nippur[6] und Babylon – mit großer Genauigkeit aufzuzeichnen verstand (die Ausgrabungsbefunde
bestätigten nach 2000 oder mehr Jahren die Richtigkeit!), so
ging man auch daran, eine ›Weltkarte‹ zu entwerfen. Eine
solche, etwa 8:12 cm groß, ist uns aus Sippar erhalten[7]. Im
6. Jahrhundert v. Chr. gezeichnet, aber viel ältere Vorstellungen bewahrend, wollte sie jenenText von den sagenhaften
Eroberungen Sargons von Akkad illustrieren und zeigt, mit
keilschriftlichen Bezeichnungen versehen, die Erde als kreisrunde Fläche, den sie umschließenden Ozean (›Bitterfluß‹),
Babylon im Zentrum, Assyrien und den Euphrat, der von
den Gebirgen im Norden herabkommt und in die Sümpfe des
Mündungsgebiets strömt. Jenseits des Ozeans sind in Dreieck-
form Inseln oder Gebirge eingezeichnet – mythische Bezirke, zu denen vielleicht Heroen wie Utnapischtim (der Sint-
flutheld), Lugalbanda oder Gilgamesch gelangen konnten.
Dieses geschlossene babylonische Weltbild hat Schule gemacht und stark fortgewirkt: nicht nur die Theorie Anaxi-
manders, des großen Philosophen aus der milesischen Schule
(611–546 v. Chr.), über die Gestalt von Erde und Welt
knüpft hier an, sondern auch arabische Karten wie die des
Istachri gemahnen an die von babylonischen Geographen
geschaffenen Vorlagen.

Wie in Geschichtsschreibung und Erdkunde, so war auch
zur Erfassung anderer Wissenszweige die Ansammlung von
Namengut in Listenform das erste – und oft einzige – Mittel,
und dabei schwang ohne Zweifel die magische Anschauung
mit, daß mit Aussprechen oder Aufschreiben des Namens die
Herrschaft über das Benannte erlangt und, wo nötig, etwaiger
böser Einfluß des betreffenden Objektes abgewandt wurde.
In Medizin und Beschwörungskunst spielten Steine eine große
Rolle; sie wurden daher eingehend in den philologischen
Listen behandelt, und diese Aufzählung von Gesteinsarten
wurde Grundlage einer Art von Mineralogie, deren Kenntnis nun auch für Bildhauer, Steinschneider und Juweliere

Bedeutung hatte. Die Meister der Schmuckfabrikation hatten
gewiß ein umfängliches Wissen von edlen Steinen, und die
Steinmetzen waren Experten für Gips- und Kalkstein, Basalt,
Marmor, Dolerit und Diorit. Man teilte die Mineralien in
Klassen ein und benannte sie gern nach ihnen irgendwie ähnlichen Körperteilen von Tieren. Eine sumerische Mythe
führte die Namen der Steine und die Ordnung der Mineralien
auf den Gott Ninurta zurück, an dessen Kampf gegen seine
Feinde einst die Steine als Helfer oder Gegner teilnahmen:
Nach dem Sieg Ninurtas benannte er seine steinernen Bundesgenossen mit edlen Namen wie Marmor, Alabaster, Bergkristall oder Lapislazuli, während er seine Feinde zu gewöhnlichen Bausteinen degradierte. Babylonische Gelehrte reihten
dann die Gesteinsarten in die kanonische Liste *CHAR-ra* =
chubullu ein, wo sie in den Tafeln 10–12 und 16 erscheinen.

Dieser umfangreiche Katalog enthält ebenso eine Zusammenfassung des Namengutes der sumerisch-akkadischen
B o t a n i k , die auf sumerischen Pflanzenlisten beruht. Das
botanische Interesse war offenbar vor allem auf die Verwendung der Pflanzen, Sträucher und Bäume in der Heilkunst
gerichtet, eine grobe Einteilung nahm man nach Bäumen,
Rohr, Gemüse und sonstigen Kräutern vor. Des weiteren
unterschied man insbesondere Getreidearten, Gemüse, Kü-
chen- und Gewürzkräuter und stellte die Gewächse gern
nach der Art ihrer Früchte zusammen. Der schon früher
genannte ›Gartentext‹ des babylonischen Königs Mardukapaliddina II. (um 720) faßt einmal die Lauscharten, sodann
die Minzen und das Königskraut, schließlich Gewürze wie
Safran, Koriander, Raute, Thymian usw. zusammen und
nennt u. a. weiter verschiedene Kürbis- und Melonensorten.
Zur Salbenbereitung dienende Pflanzen sind auf einer aus Susa
stammenden Tafel notiert. Als beste Kenner der Botanik
werden wir, wie schon angedeutet, die Ärzte zu betrachten
haben, die in ihrer Praxis Dutzende von offizinellen Bäumen,
Sträuchern und Kräutern anzuwenden wußten[8].

Fragen wir nach den Kreisen, die im alten Zweistromland der
Z o o l o g i e ihr Interesse zuwandten, so müssen wir vor allem
Viehzüchter, Jäger und Wahrsager nennen. Inspektoren und

Personal des ›Tierhofs‹, den sich der Sumererkönig Schulgi in Puzrisch-Dagan eingerichtet hatte, hegten und züchteten nach Ausweis des erhaltenen Urkundenmaterials eine große Zahl von Haus- und Wildtieren und werden sich dabei auch eine gute theoretische Kenntnis angeeignet haben; die Zoos der Assyrerkönige, die besonders gern mit exotischen Tieren besetzt wurden, boten schönes Anschauungsmaterial, und die Bauern und Gutsbesitzer an den zwei Strömen verstanden gewiß einiges von Kreuzung des Rind- und Kleinviehs sowie von der Geflügelhaltung. Die Kassitenkönige befaßten sich nach hethitisch-churritischem Vorbild mit Pferdezucht und hinterließen Texte dieses Inhalts, und aus mittelassyrischer Zeit gibt es eine – leider sehr zerstörte – Anweisung über Pflege und Dressur von Wagenpferden. Der Jäger kannte das vorhandene Wild und Wildgeflügel nach seinen zahlreichen Arten, der Fischer die reiche Beute des Meeres; Jäger, Fischer und Vogelsteller gaben ihr Wissen weiter. Bedeutsamer aber war, daß die Vorzeichenkunde an Aussehen, Lebensweise und Auftreten vieler Tiere lebendigen Anteil nahm. Da die Omina sich insbesondere auf Auffälliges und Abnormes bezogen, mußten die Wahrsagepriester als Grundlage die normale Haltung und Lebensweise der betreffenden Tiere kennen, sich hier also systematische Kenntnis erwerben. Eine solche schimmert in der Tat in den beiden großen Vorzeichenwerken ›Wenn eine Stadt auf einer Höhe liegt‹[9] und ›Wenn eine Mißgeburt‹ durch. So verwundert es nicht, wenn die schon mehrfach zitierte Liste *CHAR-ra = chubullu* auf Tafel 13 und 18 Haustiere, Fische und Vögel, auf Tafel 15 sogar Körperteile in großer Zahl nennt und vor allem in Tafel 14 einen umfangreichen Namenkatalog wildlebender Tiere – über 400 Benennungen – darbietet[10]. Die Systematik freilich bleibt dabei in den Anfängen stecken und kommt über äußerliche Ähnlichkeit oder gar Namensanklänge kaum hinaus. Die überaus reichhaltige Bilddokumentation der altmesopotamischen Fauna belehrt uns darüber, daß es auch außerhalb dieser Zweckwissenschaft eine intime Kenntnis und ein liebevolles Studium der Tiere und ihres Verhaltens gab.

Haben die bisher genannten Disziplinen den Stand einer ›Listenwissenschaft‹ nicht oder kaum überschritten, so ist die Chemie über ihn hinausgewachsen. Zwar fehlen analytische und – im echten Sinne – auch synthetische Chemie, wohl aber gibt es in Babylonien und Assyrien eine Rezeptwissenschaft, die Anweisungen zur Zubereitung chemischer Verbindungen fixierte und zusammenstellte und am besten als chemische Technologie zu bezeichnen ist. Sie bewahrte enge Beziehungen zur Heilkunde, war aber auch mit der Astrologie verknüpft. Die Verarbeitung von mineralischen, pflanzlichen und tierischen Stoffen zu Metallen und Metall-Legierungen, Glas, Farbstoffen, Heilmitteln, Salben, Schminken, Laugen, Seifen und Genußmitteln – letzteres vor allem in der Bier- und Rauschtrankherstellung – hat mit den Anfängen der Kultur begonnen und auf dem Felde der Metallbearbeitung schon früh eine hohe Stufe erreicht. Tuchmacher und Färber, Kosmetiker und Mediziner lernten die Stoffe kennen und nutzen, indem sie sie auflösten, filtrierten, mischten, erhitzten oder kochten. Altbabylonische Geheimanweisungen behandeln die Glasmacherei, assyrische Texte führen Rezepte für Parfüme und Schminken auf, und andere Tontafeln der Bibliothek Assurbanipals befassen sich mit der Herstellung künstlicher Edelsteine und farbiger Emailziegel, für die statt des teuren Lapislazuli gern blauer Glasfluß benutzt wurde. Daß im weiten und geheimnisträchtigen Feld der vielgeübten Magie die Herstellung von Zaubermitteln und Liebestränken aller Art – aus oft sehr seltsamen Ingredienzien – eine große Rolle spielte, bedarf keiner Betonung und wird aus den Beschwörungssammlungen deutlich. Hier waren naturgemäß die Grenzen zwischen empirischer Wissenschaft, Scharlatanerie und Betrug fließend.

Ein wesentlicher Teil der Rezeptwissenschaft diente der Heilkunde. Die sumerisch-akkadische Medizin ist in den Bereichen der Chirurgie und der – durchaus vorhandenen – Tierheilkunde durchgehend als Handwerk eingestuft worden, lediglich die Internistik erhielt Eingang in die ›wissenschaft-

liche‹ Keilschriftliteratur. In welchem Maße bei der Kranken-
behandlung der Arzt (sum. *azu* oder *iazu*, ›Wasser-‹ bzw.
›Ölkundiger‹) mit seinen Heilmitteln und der Beschwörungspriester mit seinen Exorzismen und sonstigen Praktiken zu-
sammenarbeiteten, ob sie oft eine Person waren, ob sie im
Gegenteil miteinander rivalisierten oder gar einer den anderen
ausschloß, läßt sich bis jetzt nicht erkennen. Zu den verschiedenen Zeiten und an wechselnden Orten mag es jeden der
möglichen Typen einmal gegeben haben; indes wissen wir
neuerdings aus der Zeit um 2100, daß damals sumerische Ärzte
von jedem magischen Ballast freie Rezeptsammlungen zur
Verfügung hatten: Eine erst kürzlich publizierte Tafel enthält mehr als ein Dutzend Rezepte, zu denen Ingredienzien sowohl mineralischer Art (z. B. Natriumchlorid und Kaliumnitrat)
als auch aus dem Tierreich (Milch, Schlangenhaut,
Schildkrötenpanzer), vor allem aber aus der Pflanzenwelt verwandt wurden. Der Text nennt hier an offizinellen Bäumen
Weide, Birne, Fichte, Feige und Dattel und an Kräutern
Kassia, Myrte, Asa Foetida und Thymian. Leider werden die
Krankheiten, für die diese Salben, Filtrate und inneren Heilmittel bestimmt waren, nicht genannt; wir erfahren nur, daß
die einzunehmenden Drogen in Bier gereicht wurden[11]. Eine
reinliche Scheidung zwischen medizinischen und Beschwörungstexten ist indes nie erfolgt, und so dürfte anzunehmen
sein, daß die Therapie sich im allgemeinen beider Möglichkeiten bediente[12]. In der Tat sind in die Anweisungen gelegentlich kurze Beschwörungen eingefügt und ebenso bei
der Bereitung der Heilmittel gewisse rituelle Vorschriften
zu beachten.

Wir werden die Texte der Beschwörungspraxis, die die
Krankheit als Werk böser Dämonen betrachtete und ihnen
das Handwerk zu legen suchte, bei den ›Geheimwissenschaften‹ zu erörtern haben; hier geht es um die eigentliche medizinische (internistische) Literatur, die uns aus mittelbabyloni-
scher Zeit in hethitischen Abschriften und dann vor allem in
der Bibliothek Assurbanipals erhalten geblieben ist. Die einfachsten Kompendien dieser Art nennen in zwei Spalten
Heilmittel und entsprechende Krankheit oder in drei Ko-

lumnen die Droge, die Erkrankung und die Anwendung der
Medizin: »Sonnenblumenwurzel, als Heilmittel gegen Zahn-
schmerz, auf den Zahn zu legen.« Umfangreichere Arzt-
bücher beschreiben Krankheit, Medizin und Anwendung genauer und empfehlen oft sogar mehrere Rezepte. Sie sind
meist nach den Körperteilen geordnet, so daß das Werk
›Wenn eines Mannes Schädel Fieber erfaßt‹ z. B. Krankheiten
der Ohren, Augen und Haare sowie Fieber, Infektionen und
Irrsinn traktiert, die Sammlung von der ›großen Sehne‹
Rheumatismus und Gicht behandelt oder die Schrift ›Wenn
der Auswurf eines Mannes zu Magenschmerzen führt‹ Be-
schwerden an Leber, Galle, Herz und Magen zum Thema
nimmt. ›Wenn ein Mann‹, so lesen wir dann etwa, ›die
Schläfenkrankheit hat, so soll man Stinkgurkenkörner, Kolo-
quintenkörner, Hundezungensamen, Saffransamen, Samen der
turu- und *edu*-Pflanze und Gurkenkörner zerstoßen und zusammen vermischen, mit Limonade anrühren, Mehl von
Röstgetreide und Emmer darüberstreuen, den Brei auf eine
Haut streichen und, nachdem man den Kopf des Kranken
rasiert hat, ihn damit verbinden‹[13].

Ärzte, namentlich solche, die an Fürstenhöfen tätig waren,
treten uns in den Texten zuweilen mit Namen entgegen
und besaßen oft so hohes Ansehen, daß sie auf Wunsch
in fremde Residenzen, einmal sogar in die Hethiterhauptstadt, geschickt wurden. Das Siegel eines Hofarztes aus Lagasch
namens Urlugaledinna, der dem Fürsten Urningirsu (um
2000) diente, zeigt einen bärtigen Heilgott mit hohem Turban, dessen Rechte wohl eine Pille hält, ferner zwei an einem
Baum aufgehängte Wundnadeln, zwei auf Stangenpodesten
stehende Salbtöpfe und daneben die Inschrift »O Gott
Edinmugi, Vezier des Gottes Gir, der da den werfenden Tier-
müttern hilft! Urlugaledinna, der Arzt, ist dein Diener!«
(UAB Tafel 55). Die Ärzte Imgurru und Schumulibschi vom
Hof der Kassitenkönige im 14. Jahrhundert v. Chr. berichteten ihrem Herrn regelmäßig über das Befinden der Sänger
und noch mehr der Sängerinnen aus der Musikschule des
Palastes; aus neuassyrischer Zeit kennen wir das kostbare
Lapislazuli-Siegel des Arztes Makkurmarduk und Asarhad-

dons Leibarzt Arad-Nanā hat uns zahlreiche Anweisungen
für den alternden und leidenden König hinterlassen: »Der
König möge sich gegen den Wind salben und Zauberhand-
lungen vornehmen lassen. Das reine Wasser, mit dem sich der
König in einer Schüssel ständig die Hände reinigen soll,
darfst du nicht weggießen; dann wird das Reißen bald aufhören!« Die neuentdeckte Schelmengeschichte von Gimilninurta aus Nippur (s. u. S. 230) führt uns diesen babylonischen Eulenspiegel, kahlgeschoren, auch als falschen Arzt vor,
der seinen Gegner einer sehr schmerzhaften Behandlung
unterzieht.

Wie alles Wissen, so wurde auch die ärztliche Kunst auf die
Götter zurückgeführt. Enki hatte einst, so hieß es, das Schicksal von acht Heilpflanzen bestimmt, Ninchursang acht niedere
Gottheiten erschaffen, deren jede eine Krankheit zu heilen
verstand; die Göttinnen Gula (die ›Großärztin‹), Baba, Nin-
sianna und den Gott Ningizzida verehrte man als Beschützer
der Medizin. Wie lange sich Symbole über den Wandel der
Zeiten hinweg mit gleichem Sinn zu halten vermögen, zeigt
eine vom Ende des 3. Jahrtausends stammende Steatitvase
Gudeas aus Lagasch, die als Emblem des eben genannten
Ningizzida zwei sich um einen Stab ringelnde Schlangen –
den noch heute als Arztzeichen geltenden Äskulapstab –
zeigt[14]

Wohl die beste wissenschaftliche Leistung, der nur die auf
dem Gebiet der Astronomie zur Seite gestellt werden darf,
haben die altmesopotamischen Gelehrten in der Mathematik
vollbracht, obwohl sie auch hier nicht zu einer allgemeinen
Theorie fortschritten, sondern ohne Lehrsatz im rein Empi-
rischen verharrten. Das Bekanntwerden des berühmten sog.
›Problemtextes‹ von Tell Harmal aus altbabylonischer Zeit,
der mit weiteren mathematischen Aufgabentafeln 1949 gefunden wurde, den euklidischen Lehrsatz von ähnlichen
rechtwinkligen Dreiecken praktisch vorwegnimmt und sogar
eine Zeichnung bietet, bewies aufs neue, daß schon in Sumer
die Mathematik über die vier Grundrechnungsarten hinaus zu
Potenz und Wurzel, Flächen- und Inhaltsberechnungen vor-

gedrungen war. Die späteren Jahrhunderte haben auf dieser breiten Grundlage weitergearbeitet und eine mathematische Wissenschaft aufgebaut, die der des klassischen Altertums weit überlegen ist.

Dezimal- und Sexagesimalsystem standen nebeneinander; man zählte also sowohl nach der Reihe 1, 10, 100, 1000, 10000 usw. als auch 1, 10, 60, 600, 3600 usw. Zur Erleichterung der Berechnungen wurden Tabellen geschaffen, die neben einfachen Additions- und Subtraktionslisten vor allem Multiplikationen und Divisionen (diese übrigens stets ohne Nennung des Dividenden), aber auch Quadrat- und Kubikzahlen und -wurzeln darboten. Nach dem Sechzigersystem teilte man den Kreis durch Abmessen des Radius auf dem Kreisumfang in 6 gleichseitige Sektoren und die Kreisabschnitte in 60 Grade; die Ludolfsche Zahl π war mit 3 annähernd richtig bekannt. Flächenberechnungen gediehen bis zum Trapez, das man ›Ochsenstirn‹ nannte, solche des Volumens bis zum Kegelstumpf und zur Pyramide. Im übrigen diente die Geometrie vorwiegend praktischen Bedürfnissen der Feldmeßkunst, die schon für die Landlos-Verteilung und Grenzbestimmung der altsumerischen Tempelstadt vorausgesetzt werden muß und durch Katasterurkunden der Akkad- und Ur III-Zeit (oft mit Lageskizzen) belegt ist. Hierbei teilte man die zu berechnende Fläche mittels Hilfsfiguren in Drei- und Vierecke, zu deren Berechnung Formeln in Tabellen bereitstanden. Algebra und Arithmetik sind – zu einem Teil gewiß auch bereits in sumerischer Zeit – hochentwickelt; Gleichungen 2. Grades werden mit Könnerschaft gehandhabt.

Über das gutausgearbeitete Tabellensystem erhoben sich mathematische Lehrbücher, die sämtlich aus der altbabylonischen Zeit stammen. Es handelt sich bei ihnen um Sammlungen von Musteraufgaben, die in dreifacher Gestalt erscheinen. Die erste Art enthält nur Aufgaben – bis zu 200 auf einer Tafel –, und diese sind oft so geordnet, daß Dutzende die gleiche Lösung haben, womit ihr Gebrauch als Rechenbücher im Unterricht ausgeschlossen ist. Die zweite Gruppe bringt Aufgabe und Lösung, während die dritte noch das Rechenverfahren hinzufügt und damit wohl am ehesten für den

Unterricht geeignet war. Der Inhalt ist vorwiegend geo- und stereometrischer Art, indem er etwa die Berechnung von Strecken, Kreisbögen, Flächen- und Rauminhalten verlangt; in der Einkleidung kommt häufig noch der ursprüngliche Zusammenhang mit der Feldmessung oder anderen Erfordernissen des Alltags zum Ausdruck, ohne daß aber die Aufgaben immer im Bereich der angewandten Mathematik bleiben[15]. Inwieweit sich die Mathematik nach der altbabylonischen Epoche weiterentwickelt hat, läßt sich nicht feststellen, da spätere Belege seltsamerweise gänzlich fehlen; nur aus der Seleukidenzeit ist noch einmal ein Aufgabentext erhalten. Daß die Rechenkunst indes auf dem im ersten Drittel des 2. Jahrtausends erreichten Stand nicht stehengeblieben ist, kann im Hinblick auf ihre großartig weiterentwickelte Schwesterwissenschaft, die Sternkunde, als gewiß angenommen werden.

Von der Astronomie der sumerischen Zeit ist noch wenig bekannt. Listen von Sternen und Sternbildern aus der 3. Dynastie von Ur blieben in späteren Katalogen erhalten, und die von den Sumerern geprägten Namen der Himmelskörper, die bis zum 1. Jahrtausend gebräuchlich blieben, beweisen, daß jene die Grundlage der Wissenschaft von den Gestirnen schufen und bereits Fix- und Wandelsterne unterschieden. Die Semiten wiederum betrachteten die Astronomie weithin als Hilfswissenschaft für die Astrologie, so daß die betreffenden Texte meist in Omentafeln erscheinen. Das spricht indes nicht gegen den Wert der durchgeführten Beobachtungen und Berechnungen: Aus der Zeit Ammisaduqas (1582–1562) sind uns Venus-Aspekte für 21 aufeinanderfolgende Jahre erhalten, die die heliakischen Auf- und Untergänge dieses Gestirns enthalten.

Astronomische Werke im eigentlichen Sinne aber treffen wir erst vom Ende des 2. Jahrtausends an. Dabei handelt es sich zunächst um Sternlisten, die nach den drei ›Himmelswegen‹ geordnet sind. Man teilte den gestirnten Himmel nämlich mit Hilfe der beiden Wendekreise in drei große Herrschaftsbereiche, die Anu, Enlil und Ea zugewiesen waren.

Der ›Anu-Weg‹ zu beiden Seiten des Himmelsäquators umfaßte 33 Sterne bzw. Sternbilder, u. a. Widder, Plejaden,
Sirius und Jungfrau, der ›Enlil-Weg‹ des nördlichen Himmels
33 Sterne, z. B. Kassiopeia, Fuhrmann, Großer Bär, Wega und
Jupiter – von denen die meisten (natürlich abgesehen von
Jupiter) im 1. Jahrtausend v. Chr. tatsächlich mehr als 12°
nördlich vom Äquator standen –, und der ›Ea-Weg‹ am Süd-
himmel hatte 15 Sterne, zu denen Wassermann, Skorpion,
Antares und Schütze gehören – damals sämtlich mehr als 12°
südlich vom Äquator stehend.   Neben dem Namengut enthalten diese Listen Angaben über die Zeit, in der bestimmte
Sterne sichtbar sind, über den Termin ihres ersten Aufgangs
im Jahr und anderes mehr. Erst wesentlich später sprengte
man die Grenzen dieser rein listenmäßigen Astronomie. Nun
ging man – ursprünglich wohl, um böse und gute Konstella-
tionen zu erkunden – zur Aufzeichnung der Sternbeobach-
tungen in Form fortlaufender Reihen über, gelangte zur Erkenntnis der periodischen Wiederkehr der Sonnen- und
Mondfinsternisse und verstand die Mond- und Planeten-
bahnen fehlerfrei vorauszuberechnen. Neben Mond und
Planeten spielten die Fixsterne eine geringere Rolle, waren
aber für die Orientierung wichtig. An Wandelsternen kannte
man Venus, Jupiter, Merkur, Mars und Saturn, zählte ihnen
aber auch Sonne und Mond zu. Man wußte, daß die Planeten
ihre Bahn in unmittelbarer Nähe der Ekliptik, des ›Weges der
Sonne‹ zogen, und kannte den ›Weg des Mondes‹; ein hethitischer Text des 13. Jahrhunderts v. Chr. nennt die Sternbilder, die der Mond dabei berührte[16]. Die zwölf Tierkreiszeichen der Ekliptik von je 30' oder drei Dekaden, in denen
die Sonne monatsweise vorrückt, sind uns dagegen – nach
erstem Erscheinen der Bilder in einer Aufzeichnung über
Beobachtungen im 37. Jahre Nebukadnezars II. – mit Sicherheit erst in einem Text aus der Zeit des Darius II. (423
bis 404) bezeugt[17]. In der Tat erreichte die babylonisch-
assyrische Astronomie in der Perser- und Seleukidenzeit ihren
höchsten Stand; als ihre besten Vertreter gelten die Gelehrten
Naburimanni (um 500 v. Chr.) und Kidinnu (um 380 v. Chr.),
die als Naburianos und Kidenas auch von griechischen Astro-

nomen zitiert werden. Nur aus der Seleukidenzeit sind uns denn auch astronomische Lehrtexte mit Beispielen von Berechnungen bekannt; die Berühmtheit der Astronomenschulen von Babylon, Uruk und vielleicht auch Sippar wird durch Plinius bezeugt.

In neuassyrischen und spätbabylonischen Kopien ist uns ein umfangreicher Text überliefert, der nach dem ersten Namen den Titel ›Pflugstern‹ (d. i. Kassiopeia) trägt und eine Zusammenfassung des älteren astronomischen Wissens vom gestirnten Himmel bietet. Noch sind hier Astronomie und Astrologie nicht getrennt, die Gleichordnung des Materials ist mangelhaft, und die Genauigkeit läßt zu wünschen übrig; dennoch stellt das Werk, dessen zwei erhaltene Tafeln in je 9 Abschnitte gegliedert sind, ein eindrucksvolles, im Grundbestand wohl bis in die altbabylonische Zeit zurückgehendes Kompendium dar. Auf der ersten Tafel werden zunächst die 33 Sterne Enlils, die 23 Sterne Anus und die 15 Sterne Eas behandelt, sodann folgen die heliakischen Aufgänge der wichtigsten Fixsterne, die Gegengestirne (die zu gleicher Zeit auf- bzw. untergehen), ein Fixsternkalender mit den zeitlichen Distanzen zwischen den Aufgängen der wichtigsten Fixsterne, die in Zenitnähe kulminierenden Gestirne und die Sterne der Mondbahn. Die zweite Tafel gliedert sich wie folgt: Sonne, Planeten und Tierkreis – Sirius und die 4 Jahrespunkte – Aufgänge weiterer Fixsterne – Die Planeten und ihre Perioden – Die 4 Eckpunkte des Himmels – Die babylonische Schaltungspraxis – Gnomon-Tabellen – Dauer von Tag und Nacht am 1. und 15. jedes Monats – Fixsterne und Kometen – Omina und ähnliches[18]. Vergegenwärtigen wir uns, daß den Sternkundigen des alten Zweistromlandes an Instrumenten außer dem Suchrohr nur die Wasseruhr, der Gnomon (Sonnenuhr) und der sog. Polos – eine hohle Halbkugel mit Gradeinteilung, auf die eine in der Mitte angebrachte Nadel den Schatten wirft – zur Verfügung standen, werden wir ihren Leistungen höchste Bewunderung entgegenbringen[19].

Neben der lange gültigen astrologischen Zweckbestimmung diente die Sternbeobachtung einem sehr dringlichen praktischen Bedürfnis, nämlich der Festlegung des Kalenders,

Denn wenn sich der Tag zu zwölf Doppelstunden – wie es meist geschah – von Sonnenuntergang zu Sonnenuntergang bestimmen ließ, wurde der Monat (das Vorhandensein des Begriffes ›Woche‹ ist nicht sicher) durch die Umlaufzeit des Mondes um die Erde festgelegt, begann mit dem Erscheinen des Neumonds, kulminierte festlich bei Vollmond und endete mit einem Trauertag, wenn der Mond verschwand. Das meist mit dem Monat *Nisan* (Mitte März bis Mitte April) beginnende Jahr bestand aus 12 solchen Mond-Monaten von $29^1/_2$ oder 30 Tagen; um die Mondumlaufzeit mit den vom Sonnenjahr bestimmten Jahreszeiten in Einklang zu bringen – je Jahr verblieb ja eine Abweichung von reichlich 5 Tagen –, wurde nach gelungener Beobachtung der heliakischen Aufgänge bestimmter Fixsterne in gewissen Abständen, etwa nach 6 Jahren, ein Schaltmonat eingefügt. Kam die Zeitrechnung durch Wirren oder ausgefallene bzw. fehlerhafte Berechnungen in Unordnung, so war gelegentlich sogar die Proklamierung eines zweiten Schaltmonats notwendig. Im zentralisierten Staatswesen geschah das durch königlichen Erlaß. Wahrscheinlich unter Hammurabi, der die Vereinheitlichung seines Reiches anstrebte, erfolgte die Ablösung der Lokalkalender, wir wie sie aus Lagasch, Ur oder Umma kennen, durch einen allgemeingültigen Kalender mit den Monatsnamen von Nippur. Diese haben ihre Kraft weit über ein Jahrtausend bewahrt, sind auch vom späteren Judentum übernommen worden und uns daher z. T. aus dem Alten Testament vertraut.

Mit der Betrachtung der Astrologie treten wir in den Bezirk der Geheimwissenschaften ein und begegnen in der Sterndeutung einem ersten, hervorragenden Zweig der Vorzeichenlehre. Diese hochangesehene Kunst entsprang einmal dem geo- und anthropozentrischen Weltbild des Altertums, zum anderen jener semitischen Transponierung der Götter auf die himmlische Ebene, die die Gottheiten mit den strahlenden Gestirnen der orientalischen Nacht identifizierten – was die Überzeugungskraft der von den Sterndeutern gelesenen ›Schrift des Himmels‹ für jene Zeit zweifellos verständlich macht. Mond, Sonne, Planeten und Fixsterne (nach der Häufigkeit ihrer Behandlung aufgezählt) wurden auf außerordentliche und ungewöhnliche Erscheinungen hin beobachtet, das Sichtbarwerden des Mondes gleichzeitig mit der Sonne, die Auf- und Untergänge, Helligkeit, Bedeckung und Verfinsterungen, atmosphärische Veränderungen u. a. m. notiert und ebenso wie Gewitter, Blitz, Donner, Hagel, Regen, Erdbeben in ein mantisches System gebracht, das die Zukunft erhellen und damit eine Möglichkeit, sich auf sie zu rüsten, schaffen sollte[20]. Z. T. auf die altbabylonische Zeit zurückgehend, hat das 70-Tafel-Werk ›Als Anu und Enlil . . .‹ das gesamte astrologische Wissen seiner Zeit gesammelt; es fand sich in Assurbanipals Bibliothek, und Sargon ließ sich, wie wir hörten, diese seltsamen Texte auf Elfenbeintäfelchen kopieren. Horoskope erscheinen in ihm noch nicht; sie dürften erst in persischer Zeit (der älteste Text datiert von 410) in Übung gekommen sein. Wohl aber erfahren wir, daß sich kein Geringerer als der letzte Herr von Babylon, Nabuna'id, selbst mit astrologischen Studien beschäftigte und auf eigene Faust die Sterndeutung praktizierte.

Der Blick der Zeichendeuter – die Akkader nannten sie *bârû* ›Schauer‹, d. h. Wahrsagepriester – war indes nicht nur dem Himmel und den atmosphärischen Erscheinungen außergewöhnlicher Art zugewandt. Ein weites Feld tat sich ihnen auch bei den selbständig eintretenden Vorzeichen in der Welt der Tiere und bei den Menschen selbst auf, von deren Beobachtung und Auswertung uns seit der altbybylonischen Zeit (sumerische Omina gibt es bezeichnenderweise nicht) Listen und Lehrbücher Kunde geben. Besonderes Verhalten bestimmter Tiere – etwa von Pferden, Eseln, Rindern, Schafen, Hunden, Schweinen, Füchsen –, der Flug und der Nestbau gewisser Vögel, das Erscheinen von Schlangen, Skorpionen, Heuschrecken und bestimmten Fischen war ominös, und vor allem zogen verständlicherweise Mißgeburten bei Mensch und Tier die Aufmerksamkeit auf sich[21]. Physiognomische Omina wollen aus Gestalt, Gebaren und Denken der Menschen sein Schicksal entnehmen, Träume werden von Gilgamesch und Enkidu über Gudea bis zu Nabuna'id sorg-

sam beobachtet und nach geheimen Regeln gedeutet, Krank-
heitserscheinungen für Omina ausgewertet. Jedes Gebiet erhielt von der mittelbabylonischen Zeit an sein eigenes
kanonisches Werk. Die berühmtesten dieser großen Sammlungen sind die Serien ›Wenn eine Stadt auf einer Höhe liegt‹
mit weit über 100 Tafeln, ›Wenn eine Mißgeburt‹ – hier
allein mehr als 100 Anomalien der Ohren! – oder ›Wenn ein
Beschwörer zum Hause des Kranken geht‹.

In der Gattung der künstlich erwirkten Vorzeichen spielt
die Beobachtung der Figuren des aufsteigenden Rauches
(Libanomantie) und des in Wasser gegossenen Öls (Lekano-
mantie oder Becherweissagung, meist auf das Heer oder einen
Kranken bezogen) nur in der älteren Zeit eine Rolle und trat
dann vor der allesbeherrschenden Leberschau zurück. Die
variationsreiche Leber insbesondere des geopferten Schafes
galt als Sinnbild der gesamten Umwelt, erhielt für jeden ihrer
Teile einen Namen, wurde in Zonen gegliedert und in beschrifteten Tonmodellen nachgebildet; solche Lebermodelle
sind uns mehrfach aus altorientalischer Zeit, auch bei den
Hethitern, erhalten und durch den Fund von Piacenza sogar
für die Etrusker bezeugt, die diese ›Wissenschaft‹ den Römern
weitergaben. Lehrbücher unterrichteten die Experten über die
Ausdeutungsmöglichkeiten, und die Assurbanipal-Biblio-
thek bewahrte ganze Serien von – nach den einzelnen Leber-
teilen geordneten – Omina, neben denen es auch solche aus
der Galle und anderen Eingeweiden gab[22]. Könige wie Asarhaddon und Assurbanipal scheinen keine wichtige Entscheidung ohne Bemühung des Leberschaupriesters gefällt zu
haben, wobei das Ergebnis unter Hinzufügung der entsprechenden Anfrage dann meist dem Sonnengott Schamasch vorgelegt wurde. Der Prophet Ezechiel hat Kap. 21 V. 26 den
König von Babel dargestellt, wie er zur Gewinnung eines
Orakels ›die Pfeile schüttelt, die Teraphim befragt, die Leber
beschaut‹. Die seltsame Kunst, die natürlich jeder Art von
Betrug Tor und Tür öffnete, hat sich weit nach West und
Ost, wahrscheinlich sogar bis nach China, ausbreiten können.

Einen weiteren, auf den beschriebenen Disziplinen beruhenden Zweig der Geheimwissenschaften lernen wir mit

der Tagwählerei oder Hemerologie kennen. Ihr lag die
Anschauung zugrunde, daß eine jede Handlung ihre günstigen und ungünstigen Tage habe – was sogar für die Vor-
zeichengebung selbst angenommen wurde. Könige und Pri-
vatleute ließen es sich daher angelegen sein, den geeigneten
Monat (etwa für einen Feldzug oder einen Tempelbau) und
den besten Tag für Eidleistung, Opfer oder Hofaudienz feststellen zu lassen, was durch die Mittel der Vorzeichenkunde
geschah. Das so konstruierte Wissen fand sowohl in Omen-
werken als auch in eigenen Sammlungen seinen Niederschlag.
Der bedeutendste Text dieser Art trägt nach seinen Anfangs-
worten den Namen ›Wenn er einreißt, wenn er aufbaut . . .‹,
doch gab es neben diesem unübersichtlichen und daher schwer
verwendbaren Werk auch eine mehr für die Praxis bestimmte, kurze Tafelserie, die in Feststellung und Anordnung für
jeden Tag festlegt, was an ihm getan werden dürfte und was
zu unterlassen sei. An den ›Siebenertagen‹ des Monats etwa
galten bestimmte Speise-, Kleider- und Opferverbote, war
die Herrschertätigkeit eingeschränkt und jede Orakelanfrage
selbst untersagt. Aber der Furchtsame konnte sich noch
viel genaueren Vorschriften unterziehen, die ihm dann
freilich den letzten Rest von Sorglosigkeit raubten: Am 1.
Taschrîtu z. B. sollte er sich auf dem Felde ja nicht in den
Wind stellen, auch keinen Knoblauch essen, am 2. weder
aufs Dach noch in eine Grube steigen sowie kein gebratenes
Fleisch zu sich nehmen, am 3. sich der Liebe und des Fisch-
und Dattelgenusses enthalten, anderenfalls er Herz- und
Magenbeschwerden oder Aussatz bekäme, impotent würde
oder sonstige Unannehmlichkeiten hätte; am 8. Tage müsse
er sich reinigen, saubere Wäsche anziehen, bestimmte Kult-
verpflichtungen einlösen, und so geht das ins Endlose fort –
Weisungen, für die auch zu ihrer Zeit die Gebildeten gewiß
oft nur ein Lächeln gehabt haben dürften.

Zum Schluß haben wir den Blick auf die Magie oder Beschwörungskunst zu richten, wenn diese auch den Namen
einer Wissenschaft noch weniger als die in den letzten Abschnitten behandelten Künste verdient und vielmehr weithin
in die Bezirke krassesten Aberglaubens zu verweisen ist.

Nichtsdestoweniger besaß sie höchstes Ansehen und außerordentlichen Einfluß, war sie doch eine offizielle Einrichtung Altmesopotamiens, die in Tempeln durch Beschwörungspriester ausgeübt wurde und vor allem als wesentlicher Teil der Heilkunst galt. Neben dieser ›weißen‹ Magie, die den Menschen aus der unheimlichen Gewalt der Dämonen befreien wollte und sich dazu der Hilfe guter Geister bediente, gab es freilich auch noch die ›schwarze‹ Magie der Zauberer und Hexen, gegen die es die rettende Macht der Beschwörung einzusetzen galt – wenn nicht energische Fürsten rundweg alle Zauberer, die ihr Volk quälten, aus der Stadt vertreiben ließen, wie dies einst Gudea von Lagasch tat. Enki-Ea und Marduk waren die Lehrer und Meister dieser rettenden magischen Künste. Viele Beschwörungen beginnen deshalb damit, daß der Betroffene oder der helfende Priester Marduk sein Leid klagt, dieser dann zu seinem Vater Ea geht und von ihm Rat erbittet und erhält; andererseits erscheinen Nergal und nach ihm die zahllosen furchtbaren Dämonen als Objekte der Beschwörungen. Ist doch jede Krankheit das Werk böser Geister oder schlimmer Zauberer und Hexen, die sich Macht über die Dämonen verschafft haben, und der Arzt kann daher, wie schon früher angedeutet, ohne Exorzismen selten des Leidens Herr werden. Die Identifizierung war dabei eine so vollkommene, daß viele Krankheiten einfach mit dem Namen des schuldigen Dämons bezeichnet wurden; einer nüchterneren Einstellung bedeutete dann freilich der Name des Dämonen vielleicht oft auch nichts weiter als die Krankheit, die es zu heilen galt. Der Durchschnittsmensch an den zwei Strömen glaubte indes Himmel, Erde und Unterwelt von Dämonen erfüllt, die sogar den Göttern Schaden tun konnten. Sie waren Kinder des obersten, menschenfeindlichen Gottes Anu, höllische Wesen oder Totengeister, kamen des Nachts aus den Höhlen, Gräbern, Ruinenstätten und Wüsten hervor, drangen durch den engsten Spalt in der Wand und kletterten über die höchsten Mauern. Eine ungeheure Literatur an Beschwörungstexten, mit deren Hilfe man der Dämonennöte Herr werden wollte, hatte sich mit der Zeit angesammelt, und Meister in der Kunst des Bannens waren so begehrt, daß ein-

mal sogar der Hethiterkönig Muwatalli (um 1300 v. Chr.)
seinen kassitischen Kollegen um die Überlassung eines Be-
schwörungspriesters bat, ihn auch erhielt und mit seinem
Wirken offenbar zufrieden war.

Sumerische und akkadische, nicht selten sogar in beiden
Sprachen abgefaßte Rituale dieses Inhalts – übrigens auch
manche Dämonendarstellungen und einige Bilder von Exorzismen – blieben uns erhalten; ein späteres Kompendium der
Beschwörungskunst aus dem babylonischen Marduktempel
Esangila, das den Titel solcher Werke aufführt, zeigt uns
jedoch, daß die einschlägige Literatur noch weit umfangreicher
war. Da gab es Serien wie ›Bann zu lösen‹, ›Die Lamaschtu
zu packen‹, ›Einen bösen Traum gutzumachen‹, ›Mit Mehl-
wasser Böses zu lösen‹, aber auch ›Kopfkrankheit‹, ›Die Man-
neskraft zu heben‹, ›Eine Schwangere, die gebunden ist‹, ›Die
Hürde der Kühe, Schafe und Pferde zu reinigen‹ und viele
andere, vor allem jedoch die beiden Standardwerke ›Die bösen
Utukkē‹ (16 Tafeln) und ›Die schlimmen Asakkē‹ (12 Tafeln)
für die Dämonenabwehr sowie die beiden Sammlungen gegen
das Treiben der Hexen *Schurpu* (›Verbrennung‹, 9 Tafeln) und
Maqlû (›Verzehrung‹, 8 Tafeln). Der Einzeltext, der gern
möglichst zahlreiche Dämonen nennt, um auf jeden Fall
den richtigen zu treffen, und ebenso eine große Menge hilf-
reicher Götter anruft, besteht meist aus der eigentlichen
Beschwörung, der Anweisung für die notwendigen Symbolhandlungen sowie oft einem Hymnus auf den helfenden Gott.

Um dem verderblichen Treiben böser Mächte vorzubeugen, stellte man die Bilder freundlicher Geister oder auch
solche böser Dämonen, die durch Bannsprüche in den Dienst
der Menschen gezwungen waren, an den Haustüren auf –
das bärtige *papsukkal*-Männchen und andere seltsame, oft
schaudererregende Gestalten mit Menschenleib, Vogelkrallen,
langen Schwänzen, Flügeln und den Köpfen von Löwen oder
Leoparden, Adlern, Stieren, Widdern, Ziegen oder Schlangen. Abstruse Handlungen wurden in den Beschwörungs-
anweisungen[23] vorgeschrieben und aufs genaueste ausgeführt,
und gewiß stand oft viel Glauben und Hoffen furchtgeplag-

ter, verzweifelter Menschen hinter der peinlichen Befolgung der Vorschriften, die diese sonderbare ›Wissenschaft‹ für die Hilfesuchenden bereithielt.

Das so vielfältige, sorgsam aufgezeichnete Wissensgut, dem wir im Verlauf unserer Betrachtung begegneten, wurde liebevoll gehortet und nach dem Vorbild sumerischer Tempelwirtschafts- und Prozeßbelege in Archiven und Bibliotheken aufbewahrt. In Ninive, Lagasch, Nippur, Babylon, Uruk, Mari und Sultantepe stießen glückbegünstigte Ausgräber auf solche Tontafelsammlungen, und gelegentlich ergab sich dabei die Möglichkeit, die Aufbewahrungsräume in Palästen, Privathäusern und (seltener) Tempeln zu rekonstruieren: Sie wiesen längs der Wände Lehmsockel auf, und diese trugen Holzregale, auf denen die Keilschrifttafeln nach Abteilungen und Serien geordnet lagen oder – wie im Falle der neusumerischen Gerichtsurkunden nachweisbar – in Tonkrügen oder rohrgeflochtenen Behältern (hier nach Jahren, Richtern oder Stadtfürsten aufgeteilt) verwahrt wurden.

Während diese Archive wohl eine systematische Ordnung vermissen ließen und in der Hauptsache luftgetrocknete Tafeln enthielten, dürfen wir als Bibliotheken solche Sammlungen ansprechen, in denen die Tonurkunden grundsätzlich durch Brennen dauerhaft gemacht und nach einem bestimmten Ordnungsprinzip zusammengestellt waren. Gehörte eine Tafel zu einer Serie, so wurde der Name des betreffenden Werkes notiert, und die Folgetafel wiederholte die letzte Zeile der vorhergehenden, so daß die Reihenfolge leicht herzustellen war. Abschriften nannten Aufbewahrungsort und Zustand der Originale und enthielten zuweilen die Versicherung, daß beide Texte miteinander verglichen worden seien. Es gab Schlußnotizen, Datums- und Eigentumsvermerke, und der Name des Schreibers fehlte nicht. Die zur Aufbewahrung dienenden Krüge und Körbe trugen tönerne Siegel und Etiketten mit einem Inhaltshinweis, und Kataloge zählten die vorhandenen Serien und Einzeltexte auf. Ein halbes Dutzend derartiger Bibliothekskataloge der spätsumerischen, altbabylonischen und kassitischen Zeit aus Nippur und Ur sind uns bekannt; ein solches Täfelchen von 6,3 : 3,8 cm Größe aus Nippur (jetzt in Philadelphia) enthält z. B. in sehr kleiner Schrift die Titel von 62 literarischen Werken. In einer anderen Bibliotheksurkunde unbekannter Herkunft werden Götterhymnen aufgezählt und diese z. T. nach Gottheiten, z. T. nach den begleitenden Musikinstrumenten und noch anderen Prinzipien eingeteilt.

Die älteste assyrische Bibliothek scheint Tiglatpileser I. angelegt zu haben; die berühmteste ist natürlich die riesige Sammlung Assurbanipals, deren eine Hälfte im Palast, deren andere im Nabûtempel Ezida untergebracht war. Hier ist man ganz systematisch vorgegangen und hat zielbewußt in Originalen oder Abschriften alle erreichbaren Texte bis etwa zum Jahre 2000 zusammenzubringen gesucht, wie entsprechende Weisungen des Herrschers und Briefe und Berichte der Bibliotheksbeamten an den König beweisen[24]. Im Jahre 1951/52 entdeckte man ferner auf dem Sultantepe bei Charrān im Hause des Priesters Qurdinergal (7. Jahrhundert v. Chr.) eine Bibliothek, die 600 Tafeln mit vorwiegend literarischen Texten enthielt. Es ist nicht abzuschätzen, wieviel ähnliche Sammlungen aus privatem, staatlichem und priesterlichem Besitz noch unter den Trümmerhügeln am Euphrat und Tigris auf ihre Freilegung warten – Bibliotheken, deren Schätze auch unsere Kenntnis von der Wissenschaft jener Zeit weiter bereichern werden.

IX

DICHTUNG UND MUSIK

Wie anderswo, so ist auch im Zweistromland der Schriftpoesie eine Zeit des Singens und Sagens voraufgegangen, die hier allerdings offenbar schon gegen Ende des 3. Jahrtausends ihr Ende fand. Solange uns nicht überraschende Ausgrabungsergebnisse eines Besseren belehren, dürfen wir annehmen, daß vorher die Sumerer ihren poetischen Besitz in der mündlichen Tradition sicher genug geborgen wußten und nur in besonderen Fällen zur Aufzeichnung von Dichtungen schritten; einer solchen Ausnahme verdanken wir vielleicht den Text jenes Klagegesanges, der die Zerstörung von Lagasch und seiner Tempel durch Lugalzaggesi um 2360 zum Inhalt hat[1].

Erst in der Ur III-Zeit scheinen es berufene Priester und Rezitatoren unter dem Eindruck des Erlöschens von Sumers eigenständiger Lebenskraft und der zunehmenden Übermacht des Semitentums auch in den geistigen Bereichen an der Zeit gefunden zu haben, die Fülle der ererbten poetischen Schöpfungen wie auch neue Dichtungen durch Aufzeichnung zu sichern und damit eine schriftliche Überlieferung zu schaffen. Wie vor allem aus den glücklichen Funden der Amerikaner in Nippur eindeutig hervorgeht, ist es das Verdienst der Gelehrten aus der Isin-Larsa-Zeit (19./18. Jahrh.), das dichterische Gut ihrer tausendjährigen Vergangenheit systematisch aufgezeichnet und damit vor allem Sumers Mythen und Epen bewahrt zu haben – ein einzigartiges Unternehmen, das uns die älteste Mythologie der Welt[2] erhielt.

In der Tat ist ihr Werk kaum zu überschätzen. Denn wenn wir das Gefälle der altmesopotamischen Dichtkunst betrachten, so bemerken wir mit Staunen und Bewunderung, daß das 3. und die erste Hälfte des 2. Jahrtausends mit den Schöpfungen der sumerischen, altakkadischen und altbabylonischen Literatur den initiativen, wesentlichen und charakteristischen Beitrag zur gesamten in Keilschrift aufgezeichneten Dichtung geleistet haben. Nach dem Sturz der Hammurabi-Dynastie und dem Eindringen der Bergvölker – Churriter und Kassiten – im Norden und Süden tritt das Schöpferische vor jenem Streben nach Sammlung, Auslese und Kanonisierung zurück, das die Kassitenzeit kennzeichnet; und wiederum nach dem Einbruch der Elamiter und der steigenden politischen Macht Assurs – das dichterisch selbst kaum hervortritt – bedeutet schließlich das 1. vorchristliche Jahrtausend im Zweistromland kaum mehr als eine Epoche des Epigonentums und der Nachlese.

Schätzen wir die Bezirke mesopotamischer Dichtung ab, so hebt sich als der vielseitigste, eindrucksvollste und – abgesehen von der Kultpoesie – auch umfangreichste der der **Mythen und Epen** ab. In ihm wiegt, wie wir erst neuerdings zu erkennen vermögen, das sumerische Erbe am schwersten, wenn auch bei der Aufzeichnung und Bearbeitung der Dichtungen des 3. Jahrtausends die semitische Hand nicht ganz übersehen werden darf. Die Akkorde, die hier angeschlagen werden, sind unserem Ohr gewiß zuweilen fremd, und die häufigen Wiederholungen (heute recht unschön ›parallele Reihung‹ genannt) wirken für unser Empfinden oft fast unerträglich; dennoch stehen wir hier vor echter Poesie in einer vom Alltagsidiom abgesetzten Hochsprache, die zwar den Reim und die quantitierende Metrik vermissen läßt, wohl aber die hervorstechenden Kunstmittel dichterischen Ausdrucks – Wiederholung und Parallelismus, Metapher und Gleichnis, Chor, Refrain, Vers und Strophe – kennt und virtuos handhabt. In dieser überhöhten Form sind – dramatisch, durch Dialoge, jedoch nie erläuternd oder betrachtend – die Schöpfung von Kosmos, Göttern und Menschen, der Ursprung der irdischen Dinge, Begriffe und Werte, die Schicksale der Gottheiten, Heroen und mythischen Könige, die Paradiesvorstellung und vieles andere mehr dargestellt und besungen.

Sumers mythisch-episch Literatur in eine systematische Ordnung zu bringen hält, zumal ihre Veröffentlichung noch im Gange ist, vorerst schwer. Der amerikanische Sumerologe S. N. Kramer[3], dem die Erschließung der einschlägigen Texte (man spricht von etwa 2000 Tafeln und Tafelfragmenten) in erster Linie zu danken ist, möchte die Mythen in solche einmal über Ursprung und Ordnung des Kosmos, zum anderen über die Unterwelt und schließlich in ›sonstige‹ aufgliedern, während sich die Ependichtung insbesondere um die Helden Enmerkar, Lugalbanda und Gilgamesch kristallisiert. Wollen wir uns auch für die Mythen an das Ordnungsprinzip der tragenden Gestalten halten, so ergeben sich hier – natürlich keineswegs in sauberer Abgrenzung – drei Haupterzählungskreise, in deren Mittelpunkt Enki, der uralte, weise und gütige

Gott von Eridu, Enlil, der strenge Herrschergott von Nippur,
und Inanna, die Liebes- und Fruchtbarkeitsgöttin von Uruk,
stehen und deren Herkunft wohl mit den drei genannten
hervorragenden Kultorten in Verbindung gebracht werden
darf. Diesen drei Themengruppen haben wir uns zunächst zu
widmen.

Die im Zusammenhang erst 1960 veröffentlichte Mythe
›Enki und die Weltordnung‹ berichtet, eingangs leider zerstört, von dem segensreichen, kulturschaffenden Wirken des
(von den Akkadern später *Ea* genannten) ›Herrn des Unteren‹
Enki, der in der Wassertiefe des Urozeans *Apsû* gebietet und
aus ihm emporsteigt, um der Erde ihre Ordnung zu geben,
aber ebenso mit dem Himmelsgott An und dem Beherrscher
der Oberwelt, Enlil, im hohen Himmelsheiligtum seinen
Platz hat. Er bestimmt das Schicksal Sumers und der – zur
Zeit der Dichtung hervorragenden – Stadt Ur, begnadet aber
ebenso Meluchcha (wohl das Industal), beschenkt die Lande
am Euphrat und Tigris mit fruchtbarem Wasser, weist dem
Meer, den Winden und Flüssen ihre Ordnung zu, schafft
Vegetation und Tierleben und begründet die zivilisatorischen
Künste von Landwirtschaft, Viehzucht und Baukunst. Ähnlich wird in der Mythe ›Enki und Ninchursang‹ Enkis Fürsorge für Tilmun-Bahrain besungen, wo paradiesische Zustände herrschen und lediglich das Wasser von Enki gespendet
werden muß. Als das in diesem Urelement angeschaute
schaffende Prinzip zeugt Enki mit Ninchursang, einer
mächtigen weiblichen Urgottheiten, sodann mit der aus dieser Verbindung hervorgegangenen Tochter und wiederum
mit deren Tochter Götter, im Umgang mit der Urenkelin
aber acht Pflanzen, deren Genuß ihm Ninchursangs Fluch
und unheilbares Siechtum einträgt; erst dank Enlils, des
großen Herrschergotts, Einschreiten und der Hilfe des schlau-
en Fuchses kann er genesen, da die versöhnte Ninchursang
acht entsprechende Heilpflanzen schafft . . . Wahrscheinlich
darf aus einem leider sehr zerstörten Text geschlossen werden,
daß man Enki auch die Erschaffung der Menschen als Diener
der Götter zuschrieb – bei welchem Werk freilich Fehl-
schöpfungen nicht ausblieben. Eine andere Enki-Dichtung

preist seinen Palast, das ›Haus der Wassertiefe‹ in Eridu, und erzählt von der Reise des Gottes zu Enlil nach Nippur; hier wird ein Thema angeschlagen, das im sumerischen Mythus immer wieder auftritt, nämlich das der ›Götterbesuche‹, die nach Ausweis sumerischer Wirtschaftsurkunden in der Tat als Anlaß zu Kultfesten in jener Zeit eine große Rolle spielten. Daß Enki, dem Poseidon ähnlich, auch in einem Drachenkampf-Mythus erschien, läßt sich aus einem Text des sumerischen Gilgamesch-Zyklus ablesen, wo – offenbar wegen des Raubes einer Göttin durch das Ungeheuer – Enki von einem Boote aus gegen dieses streitet.

In den Enki-Mythen begegnete uns bereits mehrfach Enlil, der Herr von Nippur, der als Herrscher der Erdoberfläche und des Luftraumes bald zum obersten aller Götter aufsteigt und von den Menschen hoch verehrt, aber auch sehr gefürchtet wird. Er errichtete die Erde und schied sie vom Himmel, und ein mit 152 Zeilen fast vollständig erhaltenes Poem ›Enlil und Ninlil‹ erzählt von den Verwandlungen des Gottes, in denen er sich der Ninlil nahte, um mit ihr den Mondgott Nanna und drei Unterweltsgottheiten zu zeugen. Enlil ist aber ebenso der Held des Gedichtes von der ›Schöpfung der Hacke‹, das in über 100 Zeilen die Ordnung des Kosmos und die Erschaffung der – als grundlegendes Handwerkszeug der Zivilisation gepriesenen – Rodehacke durch Enlil besingt; denn, so heißt es gegen Ende des Textes, ›die Hacke und der Korb erbauten Städte; sie schuf das feste Haus, die ständige Wohnung . . .‹ Mit Enki zusammen verpflanzte Enlil weiter Ackerbau und Viehzucht als himmlische Institutionen auf die Erde, wie uns die Mythe ›Vieh und Korn‹ erzählt, und in der Dichtung ›Emesch und Enten‹ (›Hirten- und Bauerngott‹) wird von ihm ein Vorrangstreit der beiden notwendigen und sich ergänzenden Berufe gütlich beigelegt.

Die dritte Hauptgottheit Sumers, Inanna, wird in einer gewiß aus Uruk stammenden Göttergeschichte verherrlicht, die man mit dem Titel ›Inanna und Enki‹ bezeichnen kann. Sie erzählt ohne Bedenken, wie die reizvolle Göttin und ›Himmelskönigin‹ Enki in Eridu besuchte, auf dem darob veranstalteten Fest dem Berauschten die ›Göttlichen Kräfte‹

abschwatzte und diesen kostbaren Besitz in ihre Stadt Uruk
brachte, ohne daß der ernüchterte, geprellte Gott ihn ihr
wieder abzujagen vermochte: So wurde Uruk zum Mittelpunkt der Kultur. Indes verstand Inanna mehr, als nur mit
Weibeslist zu handeln. Der Text ›Inanna und Ebech‹ schildert
ihren Kampf gegen den Gott des feindlichen Nordgebirges,
den sie trotz der Warnungen ihres Vaters An aufnimmt und
siegreich besteht. Der Schukallituda-Text berichtet von
Inannas Rache am Menschengeschlecht (dabei unter anderem
auch von der später aus Ex. 7 V. 17ff. bekanntgewordenen
Blutplage) für die ihr vom Gärtner Schukallituda angetane
Schmach; die reizende Bauernmythe ›Inanna, Enkimdu und
Dumuzi‹ hinwiederum erzählt in z. T. sehr kunstvollem
Versbau von der Gattenwahl der Göttin, bei der sie nach an-
fänglichem Schwanken schließlich dem Hirten Dumuzi vor
dem Bauern Enkimdu den Vorzug gibt. Und damit ist
Inannas berühmter Liebespartner, der ›Hirtengott‹ und König
von Uruk, Dumuzi-Tammuz, eingeführt, der mit ihr zusammen – freilich stets in ihrem Schatten – eine so große,
wenn auch bisher nicht klar erkennbare Rolle für die Frucht-
barkeitskulte Sumers spielte. Ihn beklagt die Göttin in der
Geschichte von ›Inanna und Bilulu‹, als sie ihn auf dem Felde
bei den Herden erschlagen findet, besingt seine Schönheit und
schwört, ihn zu rächen, und ihm begegnen wir aufs neue in
dem vielzitierten sumerischen Epos ‹Inannas Gang in die
Unterwelt‹, dessen akkadische Fassung schon lange bekannt
war, dessen vollständige sumerische Form aber erst neuerdings zurückgewonnen werden konnte. Nach ihr unternahm
die Göttin den gefahrvollen Weg keineswegs – wie bisher
angenommen –, um ihren Gatten aus dem Schattenreich zu
retten, gab ihm vielmehr, von ihrer Feindin Ereschkigal im
Hades festgehalten und gepeinigt, den dämonischen Häschern
des Todes preis, um sich selbst damit auszulösen, und sah zu,
wie diese ihn von seinem Thronsitz in Uruk-Kullaba weg-
holten[4]. Reue und Sehnsucht freilich verfolgten sie, und man
sang ihre Klagelieder alljährlich zur Zeit der beginnenden
Sommerdürre in der Erinnerung an den Tag, da Dumuzi die
Oberwelt verlassen mußte.

Neben diesen höchsten Göttern Sumers erscheinen im Mittelpunkt mythischer Dichtungen natürlich noch weitere Gottheiten. Da ist der später so vielverehrte Mondgott von Ur, Nanna-Sin, von Enlil erzeugt und selbst Vater des Sonnengottes Utu-Schamasch, dessen Besuch bei Enlil in Nippur Gegenstand einer Dichtung wurde. Da ist der Kriegs- und Jagdgott Ninurta, dessen Schöpfungs- und Heldentaten – leichte Vorklänge des akkadischen Weltschöpfungsepos – in einem 600 Zeilen langen Werk gepriesen werden, oder der Westsemitengott Martu-Amurru, dessen Hochzeit mit der Tochter des Numuschda, des sumerischen Stadtgottes von Kazallu, man besang. Aber auch so bekannte Themen wie die der Sintflut sind von der sumerischen Mythe – noch ohne Zusammenhang mit der Geschichte Gilgameschs, eher mit der des Atrachasīs – behandelt worden; eine unglücklicherweise sehr fragmentarische Tafel von sechs Kolumnen erzählt von diesem furchtbaren Ereignis und seinem Helden Ziusudra, den die Akkader später Utnapischtim oder Atrachasīs nannten.

Sumers Epen, in deren Mittelpunkt nicht Götter, sondern Halbgötter und Helden (aber nirgends irdische Frauen) stehen, ranken sich um die Sagenhelden und Könige der Vorzeit. Dem umfangreichen Epos von Enmerkar und seinem Handel mit dem elamitischen Aratta waren wir gelegentlich schon begegnet (s. o. S. 77, 162); eine andere Geschichte über diesen Helden bezieht sich auf einen ähnlichen Streit mit Aratta. Der 400-Zeilen-Text ›Lugalbanda und Enmerkar‹ hingegen rückt den Erstgenannten in den Vordergrund, entzieht sich aber vorerst weithin unserem Verständnis und bevorzugt anscheinend märchenhafte Züge: Lugalbanda, ein Gefolgsmann Enmerkars von Uruk, befindet sich gezwungenermaßen im Fremdland, weiß aber den Vogel Imdugud für sich zu gewinnen, der ihm die Heimkehr ermöglicht. Hier wartet seiner ein neues Gebot: Er soll für seinen bedrängten Herrn ›über die sieben Berge‹ nach Aratta gehen und Enmerkars Schwester, die Inanna von Aratta, um Hilfe bitten. Die beschwerliche Reise gelingt, Inanna heißt ihn willkommen und gibt ihm, um ihrem Bruder zu helfen, geheimnisvolle Aufträge, bei denen es sich um den Fang eines seltsamen Fisches, um die Herstellung bestimmter Gefäße und die Ansiedlung von Steinmetzen und Metallarbeitern zu handeln scheint. Eine andere Dichtung ›Lugalbanda und der Churrum-Berg‹, an die 400 Verse lang, spielt wiederum in Aratta und berichtet von den Abenteuern des Helden in den Bergen und Steppen des Nordostens.

Die Annahme, daß sich auch um den Begründer der 3. Dynastie von Ur, Urnammu, ein Sagenkranz gebildet hat, muß nach Überprüfung der einschlägigen Texte aufgegeben werden[5]. Wohl aber kennen wir heute bereits fünf sumerische Gilgamesch-Dichtungen, die – verbunden mit der schon genannten Sintflut-Erzählung – später z. T. bei der Schaffung des semitischen Gilgamesch-Epos mitverwandt worden sind. Der Text ›Gilgamesch und Chumbaba‹[6] hat die Angst vor dem Tode und ihren Ausgleich durch die Hoffnung auf einen unsterblichen Namen zum Inhalt und zeichnet sich durch seinen geistigen Gehalt ebenso aus wie durch seine schöne Form; er behandelt den Zug des Helden und seines Freundes Enkidu mit 50 Gefolgsleuten zum Zederngebirge und die Erlegung eines Riesen, die ihm ewigen Ruhm sichert. Die Erzählung ›Gilgamesch und der Himmelsstier‹ ist nur zu einem geringen Teil bekannt: Der Held lehnt einen Liebesantrag Inannas mit Schmähworten ab, diese bittet sich daraufhin von ihrem Vater An den Himmelsstier aus und läßt ihn Gilgameschs Stadt Uruk verwüsten; im fehlenden Schlußteil wird dann gewiß von der Besiegung des Monstrums durch Gilgamesch berichtet. Das mit seinen 115 Zeilen kürzeste, fast voll erhaltene Epos ›Gilgamesch und Agga von Kisch‹ entbehrt jeder mythischen Färbung und scheint mit seiner Erzählung von einem Streit zwischen Uruk und Kisch frühe sumerische Stadtkämpfe widerzuspiegeln: Während der Ältestenrat vom Kampf abrät, stimmt die Versammlung der Wehrhaften der Absicht des Königs, Kisch anzugreifen, bei; die Kriegspartei muß zwar erleben, daß ihre Stadt eingeschlossen wird, das Ende der Geschichte, die im akkadischen Epos keine Spur hinterlassen hat, scheint dann aber doch Gilgamesch als Sieger zu zeigen. Im Vergleich zu diesem recht realen Bericht ist der Sang vom *Chuluppu*-Baum –

etwas umständlich auch ›Gilgamesch, Enkidu und die Unterwelt‹ betitelt – eine bunte Märchendichtung. Mit 200 Zeilen etwa zu vier Fünfteln erhalten, führt er Inanna und Gilgamesch noch in voller Eintracht vor: Einst verpflanzte die Göttin ein windgepeitschtes Bäumchen vom Euphratufer in ihren Tempelgarten zu Uruk; dort aber nahmen drei Dämonen von ihm Besitz und verweigerten ihr, als der Baum herangewachsen war, die Verwendung seines Holzes zur Herstellung von Thronsitz und Bett. Gilgamesch und Enkidu halfen ihr, dabei aber geriet Enkidu in die Unterwelt. Dem untröstlichen Gilgamesch gestattete schließlich der gütige Enki, daß ihm der Freund noch einmal erscheine. Und nun folgt jene den 11. Gesang der ›Odyssee‹ mit seiner Teiresias-Zitierung vorwegnehmende, düstere Szene, in der Gilgamesch den zu kurzem Leben erweckten Freund nach dem Geschick der Toten in Kurnugea, dem ›Lande, aus dem es keine Wiederkehr gibt‹, fragt – Verse, die fast wörtlich in die 12. Tafel des akkadischen Epos übernommen wurden (s. u. S. 215). Der letzte hier zu nennende, sehr zerstörte Text schließlich, ›Gilgameschs Tod‹, läßt den Helden durch Enlils Einwirken die Vergeblichkeit seines Strebens nach ewigem Leben erkennen, zugleich aber den Trost erfahren, daß sein Königtum und seine Siegeskraft auf dieser Welt unerschütterlich sein werde. Gilgamesch erkrankt, stirbt und wird von seinem Volk betrauert; wir hören von seiner Familie und den Gaben für die Hadesfürsten und erfahren, daß er von nun an als Gott an ihrer Seite herrschen werde.

Daß gegenüber den eben kurz skizzierten Texten das akkadische Gilgamesch-Epos eine selbständige und bewundernswerte Schöpfung darstellt, bedarf keiner besonderen Betonung. In ihm begegnen wir zum ersten Male der semitischen Dichtung, die sich zusätzlich zu den poetischen Mitteln des Sumerischen eines genuinen Rhythmus bedient. Er setzt eine Reihe von Hebungen ohne Berücksichtigung der zwischen ihnen liegenden 1–4 Senkungen zu einer metrischen Einheit zusammen, die meist aus 2, aber auch aus 3 oder 4 Hebungen besteht, und verbindet zwei, seltener drei solcher Einheiten zu einem Vers (Distichon, Tristichon) – ähnlich, wie das in der hebräischen Poesie der Bibel geschieht. Zwei solche Zeilen, der Doppelvers, sind dabei die bevorzugte rhythmische Einheit, aus der sodann Strophen aufgebaut werden.

Die Entstehung des Gilgamesch-Epos gehört in die altbabylonische Zeit, seine endgültige Ausformung ans Ende des 2. Jahrtausends; letztere ist uns in der sog. ninivitischen Fassung aus Assurbanipals Bibliothek erhalten. Indes besitzen wir auch Reste einer hethitischen und einer churritischen Übersetzung (vgl. u. S. 417f.), und immer wieder erscheinen bei Textfunden, wie z. B. neuerdings in Tell Harmal, in Sultantepe bei Charrān oder im palästinischen Megiddo, neue Abschriftfragmente. Unter das Leitmotiv der Lebenssuche gestellt, erzählen die zwölf Tafeln des grandiosen Werkes zunächst von Gilgameschs Mauerbau in Uruk, seiner gottgewollten Begegnung mit dem ›Tiermenschen‹ Enkidu und der Freundschaft des ungleichen Paares, von dem gemeinsamen Kampf gegen Chumbaba, der glorreichen Rückkehr, Ischtars Antrag und Verschmähung und dem Kampf mit dem Himmelsstier. Wir hören dann von den Angstträumen, die Enkidu nach der ruhmreichen Heimkehr des Heldenpaares befallen und seinen Tod ankündigen, von seinem Ende, Gilgameschs maßloser Trauer und der Todesangst, die ihn nunmehr ergreift; sie führt ihn zu seinem unsterblich gewordenen Ahnen Utnapischtim, der jenseits aller von Menschen bewohnten Bezirke wohnt, und hier erfährt er dessen Geschichte – die der Arche und der Sintflut. Erst nach langem Bitten läßt sich der Flutheld erweichen und enthüllt Gilgamesch einen Weg, dem Tode zu entgehen: Sieben Tage ohne Schlaf zu bleiben. Der Versuch mißlingt, aber noch einmal erbarmt sich Utnapischtim und erzählt seinem Nachkommen vom Kraut des Namens ›Als Greis wird der Mensch wieder jung‹, das auf dem Boden des Meeres wächst. Gilgamesch holt es herauf, aber eine Schlange raubt es ihm wieder, so daß auch diese Möglichkeit verscherzt ist. Verzweifelt nach Uruk zurückgekehrt, beschwört Gilgamesch seinen toten Freund, der ihm vom Leben in der Unterwelt erzählen muß. Mit dieser düsteren Schilderung, die keine Hoffnung läßt, bricht das Epos, ähnlich wie ›Ilias‹ und ›Odyssee‹, unvermittelt ab:

»Sahst einen du, der fiel im Schlachtgetümmel?«
»Ich sah ihn wohl, die teuren Eltern hielten
Sein Haupt, es neigt sich ihm die Gattin zu!«
»Sahst einen du, des Leichnam in die Steppe
Man warf?« »Weh mir, auch diesen sah ich wohl:
Ganz ruhlos ist sein Schatten in der Erde!«
»Sahst einen du, des' Geist ohn' Pflege ist?«
»Ich sah ihn wohl: Den Speiserest im Topfe,
Den Brocken auf der Straße muß er essen!«

Die große literarische Nachwirkung des Epos ist deutlich,
darf aber nicht überschätzt werden. Mit der gesamten sumerisch-babylonischen Geschichte und Kultur fiel es der
Vergessenheit anheim, Gilgamesch wurde in seleukidisch-
parthischer Zeit von Herakles abgelöst, und mehr als zwei
Jahrtausende zeugte, von Berossos abgesehen, nur der biblische Sintflutbericht (Gen. 6,5–7,22) ungewollt und unerkannt
von der größten Dichtung Altmesopotamiens[7].

Nicht nur die sumerischen Mythen und Epen gingen dank
der Bemühungen der Gelehrten aus der Isin-Larsa-Zeit ohne
Bruch in die babylonische Tradition über, sondern auch das,
was an alten semitischen Dichtungen vorhanden war, wurde
von ihnen bewahrt. Das galt insbesondere von dem Sagenkranz, der sich um die beiden großen Akkadkaiser Sargon
und Naramsin gelegt hatte und offenbar schon in der Ur
III-Zeit, der Epoche von ›Sumer und Akkad‹, zum Allgemeingut der nun aus beiden Stämmen gemischten Bevölkerung geworden war. Der Sargonroman ›König der
Schlacht‹, vor allem durch einen im ägyptischen Amarna
gefundenen Keilschrifttext belegt, schildert unter besonderer
Betonung des Wunderbaren und Abenteuerlichen den Zug
des großen Akkadkaisers nach Kleinasien, und die leider sehr
fragmentarischen Naramsin-Erzählungen, die auch den
Hethitern bekannt waren, berichten von seinem Ringen mit
aufständischen Städten Babyloniens und seinem siegreichen
Kampf gegen 17 Länder, wollen ihn aber andererseits auch
als Unheilsherrscher dartun, dessen viele Mühen vergeblich
waren.

Eine neue Blüte erlebte die mythisch-epische Literatur in

der altbabylonischen Zeit, die – nunmehr betont semitisch – durch das Hineinwachsen der jungen amurritischen Schicht in die zweistromländische Kultur gekennzeichnet wird. Wir haben Grund zu der Annahme, daß die meisten, uns heute vorwiegend in späteren Abschriften bekannten Texte des genannten Inhalts in diesem Zeitraum (18.–16. Jahrhundert) geschaffen worden sind. Allen voran steht ob seiner eindrucksvollen Mächtigkeit und seines Nachwirkens das am 4. Tage des babylonischen Neujahrsfestes regelmäßig verlesene Weltschöpfungsepos, das nach seinen ersten Worten mit dem Titel ›Als droben‹ (*Enūma elíš*) bezeichnet wird. Die sieben Tafeln umfassende, metrische Dichtung hat offenbar nur geringe sumerische Vorlagen benutzt und darf als die bedeutendste mythische Schöpfung des semitischen Zweistromlandes bewertet werden. Wir hören in ihr von der Urzeit, ehe Himmel und Erde geschaffen wurden, mehreren uralten Göttergenerationen, von dem Kampf des Easohnes Marduk mit der Chaosmacht Tiamat – der Tehōm des biblischen Schöpfungsberichtes – und ihrem Anhang, von Marduks Sieg und Erhöhung zum obersten Gott, seiner Weltordnung und dem Dank der erlösten Götter, die ihm seinen Tempel Esangila mit dem Stufenturm Etemenanki in Babylon erbauen.

> Als droben noch die Himmel unbenannt,
> Als drunten noch die Erde ohne Namen,
> Apsû, Erzeuger von Uranfang, und
> Mummu-Tiamat, erste Mutter aller,
> Zusammenfließen ließen ihre Wasser,
> Als sich kein Rohrwuchs noch, kein Sumpfland zeigte,
> Als nirgends Götter waren, ihre Namen
> Noch ungeahnt, ihr Schicksal ohne Lauf –
> Da stiegen aus den Wassern Götter auf . . .

Liegt über dieser grandiosen Dichtung die positive Stimmung des Triumphes ob des Sieges der ›guten‹ Götter, so kehrt ein anderes Werk zum Pessimismus des Gilgamesch-Epos zurück. Der Adapa-Mythus, dessen bester Beleg – ein Keilschrift-Schultext von 1360 v. Chr. – wiederum in Pharao Echnatons Residenz Amarna in Ägypten gefunden wurde, erzählt die tragische Geschichte vom weisen Ea-Sohn und ›Sproß der Menschheit‹, d. h. wohl erstem Menschen, Adapa, der für sich und alle Irdischen durch einen Zufall das ewige Leben verlor. Wegen einer Jähzorntat gegen den Südwind vor den Himmelsherrn Anu zitiert, verweigert er auf Rat Eas die ihm dort gereichte Zehrung in dem Glauben, daß es sich um tödliche Genüsse handele; tatsächlich aber bot ihm der versöhnte Anu Lebensspeise und Lebenstrank, durch deren Ablehnung er nun das ewige Leben verscherzte.

Ebenfalls einer ägyptischen Schultafel für Keilschriftstudenten[8] verdanken wir die Erhaltung der Mythe von Nergal und Ereschkigal, die die Erhöhung des Erstgenannten zum Herrn des Totenreiches schildert: Als einst der Bote der Unterweltsgöttin anläßlich eines Gastmahles im Himmel von Nergal beleidigt wurde, forderte Ereschkigal ihn zur Bestrafung in den Hades; Ea aber gab Nergal 14 Krankheitsdämonen mit, so daß dieser im Höllenkampf Sieger blieb und von der Unterlegenen zum Gemahl und Mitherrscher erhoben wurde.

In die himmlischen Gefilde führt uns die Geschichte von Etana, dem königlichen Hirten aus der sagenhaften ersten, in Kisch residierenden Dynastie ›nach der Flut‹ – eine Mythe, die augenscheinlich sehr beliebt war, schon auf Siegelzylindern der Akkadzeit dargestellt wurde und in der Sagentradition bis zu Alexander dem Großen nachwirkte. In altbabylonischer sowie mittel- und neuassyrischer Version erhalten, schildert das Epos Etanas Suche nach dem ›Kraut des Gebärens‹, das seiner Frau die Niederkunft erleichtern sollte. Mit Hilfe des ihm zu Dank verpflichteten Adlers stieg der Held zum Himmel auf, sah unter sich Meer und Erde immer weiter entschwinden, wurde hoch im ›Himmel der Ischtar‹ auf des Adlers Flügeln von Furcht überwältigt und stürzte herab. Den Ausgang der Geschichte erfahren wir nicht; da aber die Königslisten dem Etana einen Sohn und Erben zuordnen, mag der Sagenschluß nicht die ganze Resignation des Gilgameschepos geatmet haben.

Andere Mythen und Epen, auf die hier nicht mehr eingegangen werden kann, ranken sich um Ninurta, den Sturmvogel Zû, der die Schicksalstafeln raubte, oder Atrachasis,

der wahrscheinlich der ursprüngliche Sintfluthed war, be-
singen – in einer wohl erst aus kassitischer Zeit stammenden
Dichtung – Inannas Erhöhung zur Herrin des Himmels oder
handeln vom Pestgott Erra (Era, Irra). Diese letzte Mythe
nimmt in zweifacher Weise eine Sonderstellung ein: Einmal
nennt sie den Namen des Dichters[9], zum anderen bemerken
wir, daß das Werk eine bestimmte politische Situation zum
Hintergrund hat. Es schildert das Wüten des finsteren Erra
und seiner sieben dämonischen Helfer, die da ›Verderben
bringen, die Schwarzköpfigen töten und das Vieh des Feldes
erschlagen‹; die großen Städte – sündige wie Nippur oder
Uruk und unschuldige wie Babylon – sinken in Trümmer,
die Völker vertilgen einander, die Lande veröden. Schließlich aber legt Erras Vezier Fürsprache ein, Babylon wird be-
gnadigt, neu aufgebaut und zur Beherrscherin der Welt er-
koren. Mythische, paränetische und politische Töne klingen
in dieser Dichtung, die vielleicht aus der Regierung des Babylonierkönigs Nabûapalidinna, des Zeitgenossen Assurnaßirpals II., um 800 stammt, zusammen; ja, der Text preist
sich selbst als magisch wirksam: Wer die Tafel im Hause hat,
wird verschont bleiben, wer sie rezitieren kann, zu hohen
Ehren kommen. Deutlich wird hier eine Note fühlbar, die
sich schon im Weltschöpfungsepos bemerkbar machte und
aus der Sphäre reiner Dichtung in die politisch-religiöse Pro-
paganda weist.

In dieser Art zweckbestimmte Schöpfungen hat es seit alters
im Zweistromlande gegeben, und mehr als das: sie waren
bestimmende Komponenten beim Ursprung der Poesie überhaupt. Wir meinen die höfische und politische Dichtung, die ihren Sitz vorzugsweise im Palast, aber auch im
Tempel hatte. Als Hofpoesie diente sie dem Fürsten mit –
außerhalb des eigentlichen Kultes stehenden – Preisliedern,
die etwa die spätsumerischen Herrscher von Ur oder die
Könige von Isin und Larsa als göttlich oder von den Göttern
berufen, als gute Hirten, Retter des Landes oder Gatten der
Inanna-Ischtar besangen. Solche Herrscherhymnen (vgl. auch

S. 93, 96) wurden ohne Zweifel bereits auf die kultisch verehrten Gottkaiser von Akkad gedichtet, ohne daß Texte dieser Art bisher aufgetaucht sind. Zuweilen nahm der verherrlichte Fürst in ihnen selbst das Wort, und in Rücksicht auf die Tradition hat sogar Hammurabi von Babylon trotz seiner offenbar abweichenden Einstellung das Absingen eines entsprechenden Preisliedes für sich zugelassen[10]. Man schuf ferner so umfangreiche Kompositionen wie die berühmte Tempelbauhymne Gudeas von Lagasch, zu deren Niederschrift zwei stattliche Tonzylinder gerade ausreichten: In dieser längsten sumerischen Dichtung wird die Vorgeschichte, der Bau und die Einrichtung des Ningirsu-Heiligtums Eninnu in Lagasch besungen, der Einzug des Gottes, seiner Gemahlin Baba und seines Hofstaates geschildert und die ›gute Schicksalsentscheidung‹ Ningirsus für Heiligtum, Stadt und vor allem den Bauherrn gepriesen.

Neben solchen höfischen Dichtungen gab es aber ausgesprochen politische Erzeugnisse der Poesie, denen natürlich eine religiöse Motivierung nicht fehlen durfte. Als erste Schöpfung dieser Art können wir vielleicht jene schon einmal (o. S. 206) angezogene Klage eines – echten oder fiktiven – Zeitgenossen Urukaginas und Lugalzaggesis betrachten, die den letzteren der Sünde wider Lagasch und dessen Gott Ningirsu zeiht.

Aus spätsumerischer Zeit ist uns eine Reihe weiterer Gesänge ähnlichen Klanges erhalten, die sich auf die Zerstörung von Akkad, den Weggang Ibbisins, des letzten Königs von Ur, und die Verödung seiner Residenz beziehen. Mindestens die zwei letzteren Texte gehören der religiös-politischen Gattung an und haben wohl beide ursprünglich die gleichen Ereignisse des Jahres 1955 v. Chr. im Auge. In dem großen, über 400 Zeilen umfassenden, in 11 Abschnitte aufgeteilten Miserere um Ur erleben wir, wie Sumers Götter ihre altheiligen Städte Ur, Nippur, Lagasch, Isin, Uruk und Eridu verlassen, wie Ningal ihrem göttlichen Gemahl Nanna die Zerstörung ihres Tempels und das Elend des Landes klagt – nun eine Fremde an fremdem Ort –, und bewundern das tiefe Empfinden des Dichters für das Unglück seines Landes.

In der Ibbisin-Klage um den in östliche Verbannung ziehen-
den letzten Herrscher einer zu Ende gehenden Epoche greift
dieser tragische Ton womöglich noch stärker ans Herz[11].

Über ein halbes Jahrtausend jünger ist die größere von
zwei uns erhaltenen mittelassyrischen Propagandaschriften,
die – nur fragmentarisch überkommen – einst wohl 700 Zeilen
umfaßte und augenscheinlich im Auftrage Tukultininurtas I.
(1235–1198) abgefaßt worden ist. Dieses sog. Tukultininurta-
Epos schildert die Beziehungen zwischen Assur und dem kassitischen Babylon während des 14./13. Jahrhunderts v. Chr.
in einseitig assyrischer Sicht, indem es das Kassitenreich als
kampfgierigen Friedensbrecher hinstellt, die Assyrerfürsten dagegen als von Gott erwählt und Tukultininurta insbesondere
als idealen Weltherrscher und Kämpfer für Assur preist – womit der königliche Auftraggeber des Werkes, der Babylon eroberte und seine Mauern schleifen ließ, wohl einer babelfreund-
lichen Partei in seinem Lande entgegenwirken wollte. Als
politische Dichtung zum Lobe des unbesieglichen Assur
möchten wir auch den als Jagdlied gestalteten Preisgesang
auf Tiglatpilesers I. (?) Kampf gegen Murattasch betrachten,
in dem der König (ohne Namensnennung) als ›Fänger‹, seine
Feinde als die ›Esel des Gebirges‹ erscheinen. In dramatischer
Gegenüberstellung erleben wir den ›Fänger‹ am Schleifstein
beim Wetzen seines Schwertes und die Wildesel, wie sie sich
in den Bergen zusammenscharen und gegenseitig ermutigen,
aber:

> Drei Tage Weges zog er gegen sie,
> Vor Sonnenaufgang war ihr Land verbrannt . . .
> Wer gegen Assur fehlt, der stürzt in Trümmer!

Auch Sanherib hat sich der politischen Dichtung bedient,
um seinen in der Zerstörung Babylons gipfelnden Haß gegen
Stadt und Heiligtum Marduks zu befriedigen. Ein lange
falsch gedeuteter assyrischer Kommentar erweist sich, wie
von Soden neuerdings dargetan hat, als die Schilderung eines
Göttergerichtes über Marduk, das die von Sanherib erstrebte
Ausschaltung Babylons rechtfertigen sollte.

Daß die Dichtkunst indes nicht nur in monarchistischer
und national-religiöser Tendenz bemüht wurde, sondern auch

in innerpolitischen Fehden ihre Stimme erhob, erkennen wir aus der Absicht des ›Babylonischen Fürstenspiegels‹, der im Gewande der Omen-Literatur die Forderung auf Steuerfreiheit der alten Städte Nippur, Sippar und Babylon erhebt. Als recht üble Propagandaschrift erscheint schließlich das strophische Schmähgedicht gegen den letzten Babylonierkönig Nabuna'id – ein von der Mardukpriesterschaft abgefaßtes Pamphlet, aus dem die Erbitterung über die Vernachlässigung des eigenen und die Bevorzugung des Sin-Kultes seitens des Herrschers spricht: Es wirft dem Fürst religiöse Delikte vor, die er nun durch den Verlust des Thrones sühnen müsse, und preist Kyros als den gottgewollten Weltherrscher. Man darf es bedauern, daß das letzte Erzeugnis der babylonischen Poesie unrühmlichem Priestergezänk dienen mußte.

Es wird bereits deutlich geworden sein, daß die gesamte Literatur Altmesopotamiens weitgehend – wenn auch nicht durchweg – religiös bestimmt oder zum mindesten beeinflußt ist. Auf die religiöse Dichtung im engeren Sinne, die Kultpoesie, werden wir in Kap. XI bezug zu nehmen haben; sie kann hier nur kurz abgehandelt werden. Von den beiden Literatursprachen des Zweistromlandes, dem Sumerischen und dem Akkadischen, hat im Gottesdienst das Sumerische einen deutlichen Vorrang, der *mutatis mutandis* mit der Rolle des Latein im katholischen Kultus der ganzen Welt verglichen werden darf und bis ins 1. Jahrtausend v. Chr. anhielt. Die Kultdichtung begegnet uns in zwei Typen, nämlich dem spätsumerisch-altbabylonischen bis etwa 1600 v. Chr. und dem ›gereinigten‹ und kanonisierten – nach einer Überlieferungslücke während der ›dunklen Jahrhunderte‹ – von etwa 1300 v.Chr. an, mit Nachklängen bis zur Seleukidenzeit. Einem notwendigen Schema folgend, teilen wir sie in Götterhymnen, Buß- und Klagelieder und Gebete ein; von den wenigstens zum Teil der Kultdichtung zugehörigen Beschwörungen ist schon früher in anderem Zusammenhange (s. o. S. 201 ff., vgl. auch S. 289) die Rede gewesen.

Das gottesdienstliche Lied in sumerischer Sprache bediente

sich mit – im Laufe der Zeit zunehmender – Vorliebe eines
bestimmten hymnischen ›Dialektes‹, des *emesal* (›Streit-
sprache‹), der von Haus aus den Frauen zugehörte[12] und zunächst offenbar tatsächlich für von Priesterinnen und Sängerinnen vorgetragene Lieder gebraucht wurde – einer Hochsprache, die dem im Tempel gesungenen oder rezitierten
Lied auf die Götter (oft mit einer Bitte für den Herrscher) und
die Tempel eine eigene, feierliche und ehrwürdige Note
verlieh. Sumer selbst teilte die Kultgesänge nach der musikalischen Vortragsart – die aber wohl auch etwas über den
Inhalt aussagte – in ›Lieder zur Leier‹ (Preislieder), ›Lieder zur
Pauke‹ (Götterlieder), ›lange Lieder‹, ›Heldenlieder‹ und andere Gattungen, deren Namen uns nicht viel sagen und die
nur zum Teil in die spätere Liturgik übernommen wurden.
Dafür kennt diese ›nach-altbabylonische Zeit‹ einige neue
sumerische Gattungen, so die ›Utu-Beschwörung ‹mit Gebeten
an den Sonnengott, das ›Handerhebungslied‹ mit Beschwörungen um Erlösung von Krankheit und Unheil, die mit einer Anrufung beginnen und mit einem Lobpreis enden, und schließlich das ›Herzberuhigungslied‹ – Bußpsalmen (gelegentlich mit
Sündenkatalog), die den ergrimmten Gott besänftigen sollen.
   Die akkadische Kultpoesie bedient sich zwar weithin der
von den Sumerern geprägten Formen, Gedanken und Vorstellungen, ist aber über die einfache Kopie weit hinausgelangt, wenigstens zeitweise prägnanter im Ausdruck und
weniger formelhaft; andererseits führt die vom 1. Jahrtausend
an beliebt werdende Verwendung des Akrostichon, das dann
einen religiösen Spruch oder einen Königsnamen mit prei-
senden Attributen ergibt, zu Breite und Künstelei. Unter
den Hymnen begegnen das Ruhmeslied, der – meist der
Ischtar in den Mund gelegte – Selbsthymnus, der Festpsalm
und das Danklied; die Bauinschriften beginnen oft mit einer
hymnischen Einleitung. Ähnliche Abschnitte finden sich auch
in den Klage- und Bußpsalmen, in denen der Klage über
Leid und Krankheit zuweilen ein Sündenbekenntnis und sodann die Bitte um Heilung und Lösung der Sünden folgt. Es
handelt sich hier freilich nur selten um persönliche Buß-
gebete, vielmehr meist um Texte öffentlicher Bußliturgien,

die mit Sühneriten verbunden waren. Gebete im eigentlichen Sinne sind daran erkennbar, daß der Preis des erwählten Gottes zugunsten der gehäuften Bitten aufs stärkste verkürzt ist und am Schluß Lob und Dank ganz fehlen. Während die häufigsten Typen des offiziellen Gebetes die Opferschau- und die Königsgebete sind, findet sich die persönliche Bitte an die Götter vor allem in den sog. Gebetsbeschwörungen, die etwa seit 1400 v. Chr. in Gebrauch kommen; sie haben gleichfalls ein festes Schema, das hymnische Anrufung der Gottheit, Lobpreis, Klage, Bitte und abschließend Dank- und Segensworte enthält. Auch in Ritualtexten sind unter starker Betonung des magischen Elements solche Gebete, die sich um eine möglichst reichhaltige Aufzählung von Krankheiten und Unglücksfällen bemühen, enthalten.

Eine Sonderstellung nehmen die – ob ihres Mysteriencharakters und vielleicht auch infolge einer irgendwann vorgenommenen sittenstrengen Reinigung – nur bruchstückhaft erhaltenen kultischen Liebeslieder ein, die sich auf göttliche Liebespaare oder Heilige Hochzeit beziehen und nach Art des biblischen Hohenliedes Liebeslust und Reize des Partners preisen oder, wie in der bekannten Tammuzklage Inannas, den Verlust des Geliebten betrauern[13].

Daß angesichts der ungeheuren Zahl der sumerisch-akkadischen Gottheiten (es sind mehrere tausend) die Kultpoesie aller Gattungen eine starke Uniformität annimmt, kann nicht verwundern. Der unerhörte Reichtum schmückender Beiworte, der den Hauptinhalt etwa der Hymnen ausmacht, wird unbedenklich wechselweise fast auf jeden Gott angewandt, Bitte und Dank der Gebete ohne markante Unterschiede der jeweils erwählten Gottheit dargebracht. Dennoch lesen wir dann und wann – am ehesten in den Schamasch- und Mardukliedern – Verse von hoher dichterischer Schönheit, hören zuweilen Töne einer persönlichen Frömmigkeit heraus und spüren gelegentlich echtes Sünden- und Reuebewußtsein (vgl. dazu S. 295 ff.). Das sind gewiß seltene, aber deshalb umso eindrucksvollere Gipfelpunkte der religiösen Lyrik Altmesopotamiens, die dann an die Hochpoesie alttestamentlicher Psalmen gemahnen[14].

Unter den überlieferten Kultdichtungen dürften sich, bisher unerkannt, Stücke befinden, die – ähnlich wie nachweisbar für Rituale – als Begleittexte kultischer Dramen oder Mysterienspiele an bestimmten, regelmäßig wiederkehrenden Tempelfeiern gedient haben. Das babylonische Neujahrsfest mit seinen Entsühnungsriten für den König und dem Empfang zahlreicher Götter, die mit ihren Kultbildern von anderen Heiligtümern der Stadt und des Landes zur Feier erschienen, bot gewiß mannigfache Gelegenheit zu musikalisch ausgeschmückten Aufführungen, bei denen das gesprochene Wort nicht fehlen durfte. Für die sumerische Zeit darf ferner mit hoher Wahrscheinlichkeit an den meisten Tempeln des Landes regelmäßig einmal im Jahr die kultische Zelebrierung der ›Heiligen Hochzeit‹ zwischen Stadtgott und -göttin angenommen werden; sie wird in Pantomimen, Symbolhandlungen (z. B. dem feierlichen gemeinsamen Mahl des Paares), Gesang, Orchestermusik und Dialogen bestanden haben. Die damals gleichfalls fest im Kult verankerten regelmäßigen Götterbesuche, die uns schon bei der Betrachtung der Mythen begegneten und gewiß Anlaß rauschender Tempelfeste waren, sind ebenso nicht gut ohne Rede und Gegenrede und dramatisches Zeremoniell vorstellbar. Es wurde also im kultischen Rahmen und Gewande Theater gespielt, womit die Annahme einer wenigstens in Ansätzen vorhandenen altmesopotamischen Dramendichtung unerläßlich wird. Nähere Untersuchungen für den kultischen Bereich stehen noch aus. Hingegen hat der französische Sumerologe M. Lambert den einleuchtenden Versuch gemacht, das schon oben besprochene Epos ›Enmerkar und der Herr von Aratta‹ (vgl. S. 211) als weltliches Drama zu erklären, das an einem Königshof der Isin-Larsa-Zeit aufgeführt worden sein könnte. Von hier aus ist es nur ein kleiner Schritt, eine eigenartige, erst neuerdings bekanntgewordene Dichtung als höfisches Schauspiel zu deuten: Wir meinen das ›Zwiegespräch Hammurabis mit einer Frau‹[15], auf das wir weiter unten noch einmal kurz zurückkommen und das vielleicht einstmals im Palast zu Babylon – wenn auch dort wohl nicht gerade zu Lebzeiten Hammurabis – oder an einem konkurrierenden Hofe über die Bretter ging.

Bleibt in dieser Frage noch manches hypothetisch, so läßt sich der Dialog als poetische Stilform einwandfrei bereits in der sumerischen Literatur gegen Ende des 3.Jahrtausends nachweisen. Hier spielte er als ›Streitgespräch‹ eine nicht geringe Rolle. Bisher sind 7 Texte dieser Art bekannt, in denen zwei Partner, meist nach einer mythologischen Einleitung, gegeneinander ihre Vorzüge rühmen und die des Gegners herabsetzen. Es geht in einer Art Popularphilosophie meist um zivilisatorische Wertfragen, und wir betreten damit das Gebiet der Weisheitsliteratur – so benannt nach dem Vorbild des alttestamentlichen Schrifttums verwandten Inhalts, in dem die ›Weisheit‹ der Sprüche, des Predigers und des Hiobbuches geradezu als Hypostase erscheint. Da streiten sich etwa in der Dichtung ›Emesch und Enten‹ (eigentlich ›Ernte und Winter‹) der Hirte und der Bauer um den Vorrang, wobei Enlil den letzteren bevorzugt. Eine andere, leider nur zum Teil erhaltene Dichtung stellt den Gott der Schafzucht, Lachar, seiner Schwester, der Getreidegöttin Aschnan, gegenüber; beide bringen den Menschen die Segnungen ihres Herrschaftsbereiches vom Himmel herab, werden sich aber dabei über den Wert ihrer Gaben uneins. In ähnlicher Weise sind Themen wie ›Hacke und Pflug‹, ›Baum und Schilf‹, ›Vogel und Fisch‹ oder ›Silber und Kupfer‹ behandelt worden. Die akkadische Literatur übernahm den Typ des Streit- oder Zwiegesprächs einmal in der Form der Fabel, in der sich etwa Rind und Pferd oder Dattelpalme und Tamariske messen, des weiteren aber mit Texten ganz anderen Inhalts, nämlich der ›religiös-weltanschaulichen Auseinandersetzung‹ (von Soden), als deren typisches Beispiel das Zwiegespräch zweier Freunde über die göttliche Gerechtigkeit, die sog. ›Babylonische Theodizee‹ gelten darf. Einen anderen Dialog, der zwischen einem Herrn und seinem Sklaven stattfindet, möchten wir als humoristische Dichtung auffassen und in diesem Zusammenhang besprechen (s. u. S. 229).

Jener Disput zweier Freunde, den wir eben nannten, geht um das Hiobproblem, ein vieldiskutiertes Thema der sumerisch-akkadischen Weisheitslehre. Wie, so fragte man, solle sich der Fromme, der sich ohne Schuld fühlt, im Unglück

verhalten; das Problem vertiefte sich, als im Verlauf des
2. Jahrtausends die göttliche Gerechtigkeit zur Glaubens-
maxime geworden war, und lautete nun: Wie verträgt sich
diese Eigenschaft der Götter mit dem Leiden der Unschul-
digen auf Erden? Erst seit 1953 kennen wir einen Text des
erstgenannten Typs, der die Behandlung der Theodizee
schon in Sumer nachweist. Dieser ›Sumerische Hiob‹ – Vorbild für den Prosa-Rahmentext des alttestamentlichen Buches –
bringt in seinem etwa 90 Verse umfassenden Kernstück die
Klage des namenlosen Dulders vor seinen (Schutz-)Gott:
Seine Tage seien dunkel, das Leid habe ihn überwältigt und
Trauer sei ihm bestimmt; Mutter, Schwester, Gattin und die
Klagemänner mögen mit ihm wehklagen – wie lange noch
solle er den göttlichen Schutz missen, zumal er sich keineswegs überhebe, sondern wohl wisse, daß ›noch nie eine Mutter
ein sündenloses Kind geboren‹ habe? Diesem Sündenbekenntnis folgt die positive Lösung: der durch Klage und Trauer
milde gestimmte Gott ›nahm seine Hand von dem bösen
Spruch zurück‹, des Dulders Leid wandelte sich in Freude,
und er ließ nicht ab, seines Gottes Gnade und Herrlichkeit zu preisen.

Die in der jetzigen Form im 18. Jahrh. v. Chr. aufgezeichnete, wohl vom Ende des 3. Jahrtausends stammende sumerische Dichtung hat ihr akkadisches Gegenstück in dem berühmten Werk ›Ich will preisen den Herrn der Weisheit‹
(*ludlul bēl nēmeqi*), in dem ein kranker und verzweifelter
Mensch sein Elend beklagt, seine stetige Frömmigkeit bezeugt und die Unbegreiflichkeit der göttlichen Fügung betont, schließlich aber seine Errettung durch das Eingreifen
der himmlischen Mächte (sie geschieht in den Bahnen der
Magie) erzählen kann. Gehört dieser Text in die zweite
Hälfte des 2. Jahrtausends, so mag die schon bei den Streit-
gesprächen genannte ›Babylonische Theodizee‹[16] – auch
Babylonischer Kohelet (›Prediger‹) genannt – noch später,
vielleicht sogar erst nach 800 v. Chr. entstanden sein. Sie
bietet in großartiger Rhetorik den Dialog zweier hoch-
gebildeter Männer, deren einer dem Freunde sein unver-
schuldetes Elend klagt, während sein Partner ganz wie Hiobs

Freunde in der Bibel ihm die Fraglichkeit menschlichen Frommseins entgegenhält und die zürnenden Götter zu versöhnen rät.

Rühren Dichtungen solchen Inhalts an die tiefsten Probleme des menschlichen Lebens, so wandte sich die Weisheitslehre ungleich häufiger dem alltäglichen Bereich praktischer Lebensklugheit zu und bediente sich dabei vorzugsweise der Tier- oder Pflanzenfabel und des Sprichworts. Fabeln dieser Art haben wir schon bei den ›Zwiegesprächen‹ (s. o. S. 225) angetroffen und kennen sowohl aus sumerischer wie aus späterer Zeit andere, in denen etwa der brünstige Hengst und die Mauleselin, die Mücke und der Elefant oder der Löwe und die Ziege auftreten. Ein ganzes Tierepos scheint den schlauen Fuchs zum Helden gemacht zu haben, und hier erinnert so vieles an den niederdeutschen Reinecke Voß, daß ein Zusammenhang schwerlich abzustreiten ist, zumal die Griechen das Motiv ebenso übernahmen wie jenen Dialog zwischen Dattelpalme und Tamariske. Letzterer ist zwar von Kallimachos in einen solchen zwischen Lorbeer und Ölbaum abgewandelt, zeigt aber eine erstaunliche, oft wörtliche Übereinstimmung. Wie prägnant, klug und witzig schon der sumerische Fabeldichter formulierte, dafür hier nur ein neuerdings bekanntgewordenes Beispiel, das den schlauen Schiedsrichter apostrophiert:

Neun Wölfe und ein zehnter rissen einige Schafe. Der zehnte aber war listig, er hielt die übrigen vom Fressen zurück, überlegte und sprach: »Ich werde teilen! Ihr seid neun, also bekommt ihr ein Schaf; ich bin einer und nehme die neun anderen als meinen Teil!«[17]

Die uns seit langem aus den alttestamentlichen Proverbien und ägyptischen Sammlungen bekannte altorientalische Spruchweisheit hatte auch in der keilschriftlichen Volkspoesie ihren anerkannten Platz. Mit feiner Beobachtungsgabe, Treffsicherheit und oft humorvoller Abstraktionsfähigkeit umfaßte sie die ganze Fülle der Erscheinungen des täglichen Lebens an den zwei Strömen und erreichte dabei eine Allgemeingültigkeit, die die in kurzen Versen eingefangenen

Wahrheiten dem Leser auch nach drei- und viertausend Jahren noch eingehen lassen. Uns sind nun, wenn auch fragmentarisch, wieder ganze Spruchsammlungen sowohl in sumerischer wie in akkadischer Sprache bekannt. War ihr Inhalt paränetischer Art, so konnten sie sich zu moralischen Traktaten auswachsen; ein solcher wurde z. B. auf den Sintfluthelden Utnapischtim, der ihn für seine Nachkommen hinterlassen habe, zurückgeführt (s. u. S. 298, 300). Neue Forschungen insbesondere S. N. Kramers und E. I. Gordons in Philadelphia identifizierten an die 80 Nippurtafeln als sumerische Spruchtexte. Diese kurzgefaßten Volksweisheiten vom Ende des 3. oder Anfang des 2. Jahrtausends v. Chr., Vorbilder der späteren akkadischen Spruchlehre, sind noch uns Heutigen ›Spiegelbilder unserer eigenen Handlungen, Fehler und Schwächen, Irrungen und Wirrungen‹ (Kramer). Ebensowenig wie wir ahnte der Mann aus Sumer, was das Leben noch für ihn bereithielt, darum sagte er:

> Wir sterben alle, darum laßt uns prassen –
> Wir werden lange leben: Laßt uns sparen!

Auch damals schon hieß es ›Borgen macht Sorgen‹, und erntete der Arme gutmütigen Spott:

> Dem Armen ging' es besser, wär' er tot,
> Denn hat er Brot, so fehlt dazu das Salz,
> Und hat er Salz, dann ist kein Brot mehr da!

Unser ›Wie du mir, so ich dir‹ drückte man in der akkadischen Spruchweisheit – um auch diese zu Worte kommen zu lassen – dergestalt aus:

> Machst du dich auf und nimmst dem Feind sein Feld,
> So kommt der Feind zurück und raubt das Deine!

Und der feige Prahlhans wird im Bilde des geflohenen und wiedereingefangenen Sklaven abgetan:

> Entlaufen, tatst du wie ein wilder Stier
> Und wedelst doch, gefangen, hündisch mit dem Schwanz!

Wie die in so vielen Sprüchen eingefangene Bauernweisheit als Belehrung eines Landmanns für seinen Sohn zu einem

prächtigen sumerischen ›Georgikon‹ wurde, hatten wir schon
gesehen (s. o. S. 65), und ebenso sind wir bereits sumerischen
und assyrischen Lehrstücken über Schule und Erziehung begegnet.

Sprichwörter und gelegentlich überlieferte Witze waren
bis vor kurzem die einzigen Belege für die humoristische
Seite in Leben und Dichtung der altorientalischen Welt.
Heute liegen die Dinge anders: Die immer intimer werdende
Kenntnis der Keilschriftliteratur hat uns in der letzten Zeit
mit Texten bekanntgemacht, auf die die Begriffe Humor
und Burleske angewandt werden dürfen. In dem sumerischen Schulepos ›Sohn des Tafelhauses‹ (s. o. S. 173) lesen
wir Szenen, die gewiß auf die Lachmuskeln der Zuhörer oder
Leser wirkten, und Ähnliches wird von dem Disput des ob
der Bummelei seines Sprößlings ergrimmten Vaters mit dem
verstockten Schüler in einem sumerischen Poem vom ›Miß-
ratenen Sohn‹ gelten. Humoristisch aufzufassen ist weiter,
wie E. A. Speiser erst neuerdings nachgewiesen hat, die bisher
fälschlich zur pessimistischen Weisheitsliteratur gerechnete
akkadische Dialogdichtung ›Herr und Sklave‹, die den spei-
chelleckenden Diener und damit alle kriecherischen Untergebenen karikiert, aber auch die ›guten Ratschläge‹ und
den unsicheren Boden eines jeden Entschlusses bespöttelt.
In elf Abschnitten unterhalten sich hier Herr und Knecht – mit
dem Erfolg, daß der Veranlasser der Unterredung am Schluß
so klug (oder ratlos) ist wie zuvor. Ähnlich sind neuerdings
ein ›Gottesbrief‹ als Schreiberulk, ein religiös klingender
Text als eine Art Clown-Spaß und ein Heldengedicht als
Grotesk-Parodie gedeutet worden.

Vielleicht gehen wir in unserer Deutung nicht fehl, wenn
wir auch den oben (S. 224) als dramatische Dichtung angesprochenen Text ›Zwiegespräch Hammurabis mit einer
Frau‹ humoristisch betrachten. Er scheint einmal mit der
Schwäche des verliebten Mannes, auch wenn er das Prunk-
gewand des Herrschers trägt, andererseits mit der unbegrenz-
ten Macht, die die begehrte Frau gegenüber dem ihr verfallenen Bewerber besitzt, zu agieren.

Den eindeutigsten, unbezweifelbaren Beleg humoristischer
Literatur und einer ganz neuen, bisher unbekannten Gattung
dieser Richtung beizubringen, blieb indes dem englischen
Archäologen Seton Lloyd vorbehalten, der unter den Schätzen jener schon mehrfach genannten Privatbibliothek vom
Sultantepe im Jahre 1951/52 eine Schelmendichtung burles-
ker Art von 160 Zeilen Länge entdeckte. Das kostbare
Dokument, das sich nach Ausweis eines wiedergefundenen
Bruchstücks auch in Assurbanipals Bibliothek befand, ist im
Jahre 701 kopiert worden, stammt aus dem 2. Jahrtausend
und spielt in Nippur. Sein Held, ein babylonischer Eulenspiegel namens Gimilninurta, ist ein Habenichts, der sich aber
seinen guten Mut bewahrt und, mehr als das, erlittene Demü-
tigungen durch listige und recht robuste Streiche an den reichen Leuten rächt.

Eine dergestalt vielseitige und umfangreiche Literatur aus
ungezählten Jahrhunderten sumerisch-akkadischer Geschichte,
getreulich gesammelt und immer aufs neue kopiert, mußte
irgendwann ihre bestellten Hüter dazu führen, sie einer wer-
tenden Durchsicht zu unterziehen. Theologen mochten dabei
Gewicht darauf legen, gewisse, einer fortgeschrittenen Got-
tesauffassung anstößige Texte zu entfernen und andere zu
kommentieren, Historiker mußten danach streben, geschichtliche Belege zusammenzustellen, und Literaturfreunde
schlechthin danach trachten, die ererbten großen Dichtungen
aller Art in kompletten Serien zu vereinen und lebendig zu
erhalten. Ein solches Werk der Kanonisierung hat in der
Tat offensichtlich stattgefunden, ohne daß wir es aber genauer
zu erkennen vermögen. Man darf annehmen, daß es im Zeitalter der ›nachaltbabylonischen Literatur‹, d. h. in der Kassitenzeit, vor sich gegangen ist. Sicher ist, daß die sumerisch-alt-
babylonischen Literaturwerke einem Ausleseprozeß unterworfen wurden. Diesem Eingriff fielen alle jene Dichtungen,
in denen Hinweise auf die Göttlichkeit der neusumerischen
und Isin-Larsa-Herrscher enthalten waren, d. h. vorzüglich
die Königslieder, sowie eine große Zahl von Mythen und

Epen mit überholten Vorstellungen von den Göttern zum Opfer. Texte dieser Art wurden von der Weiterüberlieferung ausgeschlossen und erscheinen seither nicht mehr auf den Tontafeln, während Kompendien von Beschwörungen, Lieder und Klagegesänge, Sprichwortsammlungen und gewisse Lehrgedichte und Epen die Reinigung überstanden. Das Gilgamesch-Epos z. B. galt bereits als so sakrosankt, daß es unangetastet blieb und keinerlei Spuren späterer Umgestaltung aufweist. Autorität, Energie und Reichweite solcher Kanonisierungsbestrebungen entziehen sich unserem Urteil; ob tatsächlich eine systematische Auswahl aus der überlieferten Literatur und eine zielbewußte Erstellung maßgeblicher Texte erfolgte, muß zweifelhaft bleiben. Es ist mit Recht darauf hingewiesen worden, daß gerade ein so angesehenes und vielbenutztes Werk wie das Weltschöpfungsepos bis zuletzt in mehreren Fassungen umging.

★

Im Verlauf unserer Betrachtung sind wir – und das wird noch weiter geschehen – schon mehrfach auf Tanz, Gesang und Instrumente, also auf die M u s i k gestoßen und konnten feststellen, daß es an Beweisen für ein reges Musikleben im alten Zweistromlande nicht fehlt. ›Tanze und musiziere‹, empfahl man zu fröhlichen Stunden, Mietmusikanten erfreuten die Gäste eines Festes im Garten oder bei einer Lustfahrt in Barken auf dem Fluß, spielten zu Hochzeiten auf, begleiteten aber auch die Trauerriten bei Sterbefällen. Bei Staatsakten wie der offiziellen Teilnahme des Herrschers am Tempelbau oder dem Einzug des siegreichen Königs nach gelungenem Feldzug wirkte die königliche Musikkapelle unter der Leitung ihres Musikmeisters mit, und gelegentlich gab dieses Ensemble auch ein Platzkonzert, um ›das Herz der Leute von Assur zu erfreuen‹. In kleiner Besetzung spielte es zur Hoftafel oder im Palastpark auf: Beim Siegesmahl des Königs auf der Mosaikstandarte von Ur I fehlen Harfenspieler und Sänger nicht, aber ebenso hören noch Assurbanipal und seine Gemahlin in der Weinlaube den Darbietungen eines Septetts von drei Harfen, zwei Flöten, einer

Laute und einer Handpauke zu, wie das berühmte ninivitische
Relief zeigt. Auf einer anderen assyrischen Darstellung sehen
wir ein Quartett aus zwei verschiedenen Harfen, einem Tamburin und Schellen beim Spiel, und sogar die elamitische Hof-
kapelle, die Assurbanipal nach Niederlage und Tod des
Königs Tëuman empfängt, wird uns auf einem prächtigen
Reliefbild vorgestellt: Sie besteht aus 15 Sängern und Sängerinnen und 11 Musikern – 7 Harfen, 2 Doppelflöten, einem
Hackbrett und einer Handtrommel[18]. Die Hofkapellen erfreuten sich der Fürsorge (und die jungen Sängerinnen der
besonderen Vorliebe) der Fürsten. Wir hören, daß Schamschiadad I. von Assur (1748–1716 v. Chr.) die Töchter des
beseitigten Königs Jarimlim von Mari seiner Musikschule zu-
führt, und kennen ärztliche Berichte über den Gesundheitszu-
stand der Musikantinnen am Kassitenhof (s. o. S. 192). Daß
die Gesangskunst von den Kassiten gepflegt wurde, geht auch
daraus hervor, daß es am assyrischen Königshof Salmanassars III. einen aus Kassiten bestehenden Männerchor gab.

Daß die sumerischen Tempelhymnen nach den sie begleitenden Musikinstrumenten bezeichnet wurden, hatten wir
(o. S. 222) schon erfahren. Gesangspriester verschiedenen
Grades, Sängerinnen und geweihte Musikanten beiderlei
Geschlechts pflegten seit alters Instrumentalmusik und Chor-
gesang an den Tempeln und genossen offenbar hohes Ansehen: Eine Tochter des Akkadkaisers Naramsin ist ›Harfen-
spielerin des Mondgottes‹. Die Ausbildung war entsprechend
sorgsam und dauerte für den Tempelmusikanten drei Jahre.
Die Liturgien aller Art – sogar Opferhandlungen konnten
unter Musikbegleitung stattfinden – beruhten auf wechselnden Chören und dem Spiel der Instrumente; der Erra-Mythus
wurde, wie ausdrücklich notiert ist, von Rezitationspriestern
gesungen, und aus dem Tagesablauf des Tempeldienstes war
Musik nicht wegdenkbar. »Morgens und abends erfreuen die
Musikanten das Herz der Götter und stimmen beruhigende
Wehklagen an.« An den Kultfesten verstärkte sich dieser
Einsatz zum Lobpreise der ›Hoheit der Götter‹, und so finden
wir denn schon auf einem der frühesten Zeugnisse altmesopotamischer Malerei, dem Fragment eines großen Mischkruges

aus Chafadschi am Dijala (um 2600) unter anderen Festszenen, die sich offenbar auf die Agierung der Heiligen Hochzeit beziehen, das Schlagen einer Pauke und einer neunsaitigen Handharfe[19]. Auch die mehrfach auf Reliefs, Harfen-Einlegearbeiten und Siegelabrollungen (z. B. aus Ur und 1700 Jahre später aus Tell Halāf) erhaltenen ›Tierkapellen‹, die eine Reihe von Tieren bei der Bedienung von Musikinstrumenten darstellen, weisen auf die Rolle der Tempelorchester hin.

Wie diese Musik, wie dieser Gesang klang, nach welchen Gesetzen man komponierte und in welcher Weise Singstimme und Instrumente einander ergänzten, können wir nicht einmal ahnen, denn die Musiktheorie des Alten Orients bleibt uns verschlossen. Das Vorhandensein von Keilschriftnoten ist behauptet worden, läßt sich aber bisher durch nichts beweisen; wenn das geschähe, wären Entzifferung und Fixierung weiterhin problematisch.

Sicheren Boden erreichen wir erst wieder in der Frage nach den Instrumenten selbst, und diese erscheinen allerdings bereits in den ältesten Darstellungen schon vom ersten Drittel des 3. Jahrtausends so durchgebildet, daß sie auf eine lange Vorgeschichte zurückblicken und einen hohen Stand erreicht haben müssen. Unter ihnen dürften die aus den schlichten Hirteninstrumenten entwickelte einfache und doppelte Rohrflöte – dann auch aus Bein und später aus Metall hergestellt –, das Tympanon (Tamburin, Handpauke) und die einfache Leier die ältesten sein.

Nehmen wir zu der genannten Flöte in zwei Typen das bisher nicht belegte, aber sicher gebrauchte Widder- und Rinderhorn sowie eine auf einem Relief Sanheribs erscheinende Trompete zum Abgeben von Signalen[20] hinzu, so haben wir damit die Blasinstrumente bereits genannt. An Schlaginstrumenten begegnen Trommeln – sämtlich mit der Hand bedient – von zylindrischer oder konischer Form, Tamburins, Pauken und als dumpfhallende Tempelinstrumente zum Herbeirufen der Gläubigen, aber auch wohl zum Vertreiben der Dämonen große kreisrunde Gongs, deren älteste Darstellung ein schönes Relief aus Lagasch bewahrt hat. Zum Schlagzeug im weiteren Sinn gehören noch Cymbal (Becken) und Schellen – beide auf assyrischen Reliefs belegt – sowie das Sistron (die Rassel).

Unter den Saiteninstrumenten vermissen wir die Geige auch der einfachsten Art, während Zupfinstrumente in Hülle und Fülle erscheinen. Bilddarstellungen zeigen sie seit der ersten frühdynastischen Zeit, und in den Königsgräbern von Ur I kamen mehrere kostbare, mit Gold- und Intarsienschmuck verzierte und z. T. sogar mit den kostbaren Nachbildungen von Stierköpfen ausgestattete Harfen und Leiern – eine davon aus Silber – ans Licht. Ein Relief der Ur III-Zeit zeigt eine sitzende Standharfen-Spielerin an ihrem elfsaitigen Instrument, assyrische Bilder führen uns Stand- und Tragharfen mit bis zu 16 Saiten vor. Die bequemer zu handhabende Leier begegnet in drei- und viereckiger sowie in geschweifter Form; ihr verwandt ist das meist mit dem Plektron gespielte, zitherähnliche Hackbrett mit leicht gewölbtem Resonanzboden, das schon auf einem archaischen Vasenfragment aus Adab, aber ebenso noch in spätassyrischer Zeit dargestellt wird. Schließlich fehlt die Laute – mit kleinem Klangkörper und auffallend langem Hals – nicht; ein in Nippur gefundenes Relieffragment stellt einen sitzenden Hirten dar, der seiner Herde die Laute schlägt, und man hörte sie, wie es heißt, viel auf den Spielplätzen der Jugend[21].

X

DIE BILDENDE KUNST

Die mesopotamischen Kernlande Sumer und Akkad (Süd- und Mittelbabylonien) besaßen kaum Steine und keinerlei Metalle. Als Werkstoff zum Bauen und Bilden bot sich ihnen – und ähnlich dem gesamten Tiefland an den zwei Strömen – zunächst nur der überall reichlich vorhandene Lehm an, dessen eintöniges Gelbbraun der Maler sodann mit seinen Farben beleben konnte. Der gut knetbare, in der Sonne steinhart trocknende oder gar im Ofen gebrannte Ton ergab einen guten und billigen Baustoff, den man sehr schnell virtuos zu handhaben lernte; er stand aber ebenso der schöpferischen Hand des Künstlers für plastische und halbplastische Werke zur Verfügung. Darüber hinaus konnten Baumeister wie bildender Künstler in beschränktem Maße auf den hier und da im Lande vorkommenden Kalk- und Gipsstein (Alabaster) zurückgreifen; diese dankbar ausgewertete Bereicherung schlug die Brücke zur letzten Vervollkommnung, nämlich zur Meisterung der von fernher importierten und daher sehr kostbaren Hartsteine und Metalle. Bildwerke aus gebranntem Ton, Stein und Metall vermochten zu überdauern und können uns damit ihr Zeugnis ablegen; Kulturschutt und deckende Sandschichten bewahrten Grundrisse und Mauerstümpfe der Luft- und Brandziegelbauten in unübersehbarer Zahl, während Beispiele der altmesopotamischen Malerei – von der Kleinkunst der Buntkeramik abgesehen – infolge von Überschwemmungsfeuchte und Lufteinwirkung nur in seltenen Ausnahmefällen auf uns gekommen sind. Naturkatastrophen, verheerende Kriegsereignisse und Barbareninvasionen haben zuweilen die Entwicklung der Künste gehemmt, rückläufig gemacht oder gar unterbrochen; ihre mannigfachen Zweige erlebten im Verlauf der Jahrtausende zeitliche und örtliche Höhepunkte und Niedergänge. In keinem Falle kann von einer dem Zeitablauf entsprechenden Aufwärtsentwicklung die Rede sein, vielmehr bewahren in vielen Bereichen künstlerischen Schaffens gewisse Epochen des sumerischen 3. Jahrtausends ihren Vorrang.

Die Architektur, die man die ›primäre und vorbildliche Gestaltungskraft‹ genannt hat, ist in Sumer, Babylon und Assur eine solche der Tempel und Paläste, während beim Bürgerhaus von Baukunst im höheren Sinne nicht gesprochen werden kann. In ganz seltenen Fällen – so bei einem frühen Tempel in Uruk um 3000 – wurde als Baumaterial Kalkstein verwandt, sonst war es durchweg der luftgetrocknete Lehmziegel, der vom primitiven Lehmpatzen sehr schnell zu einem in Kastenform gepreßten rechteckigen oder quadratischen Normaltyp verfeinert wurde. Seine Maße zeigen in den verschiedenen Zeiträumen naturgemäß erhebliche Unterschiede; die Frühzeit z. B. verwendete gern große Flachziegel

(27:12:7 cm) oder schmale ›Riemchen‹, die erste Periode der
frühdynastischen Zeit den auf der Oberfläche hochgewölbten
sog. plankonvexen Ziegel von etwa 30:20 cm Seitenlänge.
Allmählich setzte sich ein etwa unseren Ziegelgrößen entsprechender Typ durch, neben dem indes z. B. in Assur der
quadratische ›Zweihänder‹ von durchschnittlich 37 cm Seitenlänge und 9–10 cm Dicke beliebt blieb. Zum besseren Zusammenhalt fügte man dem Lehm gern gehäckseltes Stroh
oder Dung bei. Die Verlegung erfolgte üblicherweise in
Mörtel oder – seltener – Asphalt; daneben kannte man die
mörtellose Schichtung des noch nicht völlig angetrockneten
Lehmziegels. Herodot berichtet, daß zur Entfeuchtung nach
je dreißig Ziegellagen eine Mattenschicht eingelegt wurde;
solche Schilfmatten wurden in der Tat bei den Ausgrabungen
des öfteren festgestellt. Halb- und zuweilen auch Viertelsteine
waren zum Kantenverband in Gebrauch. Luft- und feuchtig-
keitsharte Brandziegel wurden für die Außenwände bevor-
zugter Bauten verwandt.

Die Mauer stand in der Frühzeit auf einer planierten Fläche, vom 2. Drittel des 3. Jahrtausends an auf einer Unter-
gründung aus Lehmziegeln (der Ausfüllung der Baugruben),
die bis zum festen Boden reichte und bei Kultbauten der frühdynastischen Zeit gern auf einer Aufschüttung ›reinen‹ Sandes
errichtet wurde. Später trat, vor allem im an Steinen reiche-
ren Assyrien, als feste Unterlage ein bis über Fußbodenhöhe
reichendes Steinfundament hinzu, das den Mauerfuß gegen
Nässe schützen sollte. Das oft sehr dicke Mauerwerk der
Tempel und Paläste und noch mehr den Lehmkern der Stufentürme suchte man durch ein System von Drainageröhren
aus gebranntem Ton trocken zu halten. Außen und innen besaßen die Mauern einen einfachen oder doppelten Verputz
und weiße Tünche bzw. farbigen Anstrich. An den Großtempeln insbesondere der altsumerischen Zeit lockerte eine
bis ins letzte ausgebildete Nischenarchitektur, mit ihrer Licht-
und Schatten-Wirkung, die einförmige Massigkeit der riesigen Wände auf; Reihen hochangebrachter, oft dreieckiger
Fensteröffnungen und ornamentaler Schmuck des Lehmver-
putzes erbrachten weitere Abwechslung. Zeitgenössische

Siegelbilder und Tonmodelle geben den Eindruck solcher Ziermauern recht anschaulich wieder. Massive oder aus Tonsegmenten zusammengesetzte, schließlich mit einer dicken Mörtelschicht überzogene Säulen sowie Viereckpfeiler dienten als Stützen, betonten die Portale und brachten weitere Abwechslung in die architektonische Linie. Die Räume wurden mit flachen Holzbalken gedeckt, jedoch beweisen bereits die Schachtgräber der Ur I-Zeit auch die Kenntnis des Krag- und Tonnengewölbes und vielleicht sogar des Kuppelbaus.

Freigelegte Fundamente und Grundmauern, bildliche Darstellungen und Fragmente von Tonmodellen, schließlich gelegentliche Beschreibungen und die Hinweise in den königlichen Bauberichten lehren uns die Architektur der altmesopotamischen Tempel kennen und zeigen sie als überdimensionale Wohnhäuser, in denen man die Götter des Himmels und der Tiefe, versinnbildlicht durch Kultsymbole oder Statuen, anwesend oder erreichbar glaubte. In der Entwicklung der Kultbauten spiegelt sich der Aufstieg der Zivilisation: Mindestens acht noch dem 4. Jahrtausend angehörige Tempelgrundrisse in Eridu, die von irakischen Archäologen freigelegt werden konnten (vgl. Tafel 1), zeigen den Weg vom schlichten quadratischen Einraumtempel mit nur 3 m Seitenfläche zur vielräumigen, um einen Hof gelagerten sakralen Anlage und schlugen zusammen mit ähnlichen Bauten im nordmesopotamischen Tepe Gawra die Brücke zum altsumerischen Heiligtum und von da zu den späteren Schöpfungen der sakralen Architektur.

Es geht hier nicht an, den Tempelbau in all seiner Mannigfaltigkeit durch drei Jahrtausende zu verfolgen; wir müssen uns daher mit Herausstellung der vier Haupttypen begnügen, die sich im Lauf der Entwicklung neben vielen Misch- und Sonderformen ergeben haben. Da begegnet uns zunächst – als monumentale Fortsetzung der Sakralbauten von Eridu – der altsumerische Rechtecktempel von Uruk mit der Cella in der Mitte der Stirnseite und langgestrecktem Mittelhof – eine großartige symmetrische Anlage mit spiegelbildlich gleichen Räumen zu beiden Seiten des Hofes, die damit gleichsam drei Schiffe ergibt. Die Aufgliederung, die Größe (54–80 m Länge,

29–50 m Breite) und mehrere auf Achse liegende Eingänge in
den Längsseiten zeichnen die Uruktempel aus, deren langgestreckte Mauern durch die beschriebene Nischenarchitektur
zu ›klingender Beschwingtheit‹ (Lenzen) aufgelöst sind. Als
zweiten Typ bildet das osttigridische Dijalagebiet den sog.
Herdhaus-, besser Herdraumtempel aus, dessen Langraum
(mit Opferstätte) das Postament – oft in einer Nische – an
einer der Schmalseiten zeigt, während der einzige Eingang
möglichst weit von ihm entfernt an der einen Längsseite liegt;
an letztere ist ein ummauerter Hof angelehnt. Die Ur III-Zeit
entwickelt, offenbar unter akkadischem Einfluß, den sog.
Hofhaustempel, der dann für Babylonien bis zur chaldäischen
Epoche maßgeblich bleibt; er hat eine rechteckige oder
quadratische Grundfläche, einen Mittelhof und rechtwinklig
um ihn geordnete Raumgruppen mit weiteren Höfen; das
Ganze wird von einer starken Mauer umschlossen. Die Cella –
oft mit Vorcella – bildet hier einen Breitraum, dessen Eingang in der Mitte der einen Längswand liegt. Ihm gegenüber
ist das Postament errichtet; die Türen von Cella und Vorcella
sind auf Achse gelegt, so daß das Götterbild vom Hofe aus
sichtbar ist. Schließlich hat der Norden – Ischtschali am Dijala
und das spätere Assur[1] – als letzten Haupttyp eine Sonderform des Herdraumtempels ausgebildet, bei der die Langraum-
cella (zuweilen mit davorgesetzter Breitraum-Vorcella) zwar
das Götterbild an der Schmalseite – bzw. in einer erhöhten
und getreppten Nische der Schmalseite – beläßt, den Eingang aber an die gegenüberliegende Schmalseite verlegt
(vgl. Abb. 2)[2]. Die Kultgebäude waren (und wurden meist
weiter) nach den Himmelsgegenden in der Weise ausgerich-
tet, daß die vier Ecken nach Norden, Osten, Süden und
Westen zeigten.

Hochterrassen, auf denen die frühen Tempel standen und
die, wie in Tell Brak und im Falle des sog. Weißen Tempels
in Uruk, wieder freigelegt wurden, sind die Urformen jener
charakteristischen Stufentürme, die sich in der biblischen
Turmbausage von Gen. 11 und vielleicht auch in Gen. 28, 12
widerspiegeln und einst wohl alle größeren Orte an den zwei
Strömen überragten. Heute kennen wir solche Zikkurrate

aus frühester Zeit in Kisch, Nippur und Uruk, weiter in Chafadschi, Eridu und Ur, in Larsa, Mari, Babylon, Borsippa,
Dūr-Kurigalzu (heute noch 57 m hoch) und den assyrischen
Metropolen, neuerdings auch sehr eindrucksvoll im elamitischen *Tschoga Zambil* bei Susa. Einige von ihnen erheben
sich nach Freilegung wieder bis zur zweiten oder dritten Stufe
und stellen sich damit als Tempeltürme im eigentlichen Sinne
dar, die einst drei-, fünf- oder mehrstöckig aufragten und auf
der Plattform einen – verhältnismäßig kleinen – Tempel
trugen. Man darf diese riesigen Bauten, die man früher gern
als künstliche Berge ansprach, wohl als überdimensionale
Altäre auffassen, auf deren Spitze dem Hauptgott der Stadt
Opfer dargebracht wurden. Der Übergang von der Tempel-
terrasse zum Stufenturm war fließend – die Mauerreste eines
verfallenen Tempels auf der 3–6 m hohen Hochterrasse konnten, planiert und durch Böschungsmauern gestützt, ohne
weiteres eine zweite Stufe erbringen – und ist daher zeitlich
schwer festzulegen, dürfte aber schon für die Ur I-Zeit anzusetzen sein. Urnammus und Schulgis Architekten konnten
jedenfalls um 2000 ihre großartigen Vorhaben, die Tempeltürme in Ur, Uruk, Eridu und anderswo, bereits über älteren
Bauten errichten. Wir kennen ihr Werk dank Woolleys Ausgrabungen am besten von der Zikkurrat des Mondgottes
Nanna in Ur: Hier entstand durch geschickte Drainierung des
Lehmziegelkerns und seine 2,5 m dicke Brandziegelumklei-
dung jener imposante, dauerhafte Bau, der – ähnlich wie in
Uruk – den Jahrtausenden standhielt. Unter Verwendung
von Ziegeln des Formats 25:16:6,5 errichteten die Bauleute
die unterste Stufe im Umfang von 62:43 m und lockerten
ihre 11 m hohen, geböschten und durch Risalite gegliederten
Mauern im Abstand von je 4,4 m durch 2,6 m breite, aber nur
40 cm vorstehende Pfeiler auf; die zweite Stufe war 36:26 m
groß und etwa 6 m hoch, während das oberste, vom Hochtempel gekrönte Stockwerk mit 20:11 m Umfang und etwa
3 m Höhe berechnet worden ist. Der ganze Bau ragte also
über 20 m empor. Man stieg zu ihm auf einer bis zur Spitze
durchgeführten Freitreppe hinauf, die etwa auf der Höhe der
1. Stufe in einem gefälligen Torbau zwei dem Bauwerk an-

Abb. 2 Altmesopotamische Tempeltypen

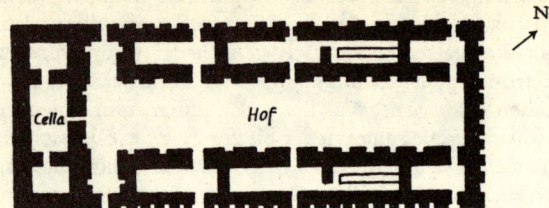

Typ I: Altsumerischer Rechtecktempel.
Kalksteintempel in Uruk (um 3000), 29 : 75 m

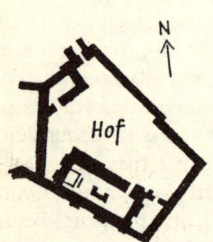

Typ II: Herdraumtempel mit an-
liegendem Hof. Nìntu-Tempel IV in
Chafadschi (um 2500). Cella 12 : 6 m

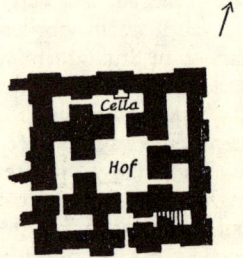

Typ III: Babylonischer Hofhaustempel.
Heiligtum am Palast von Tell Asmar
(um 2000). Seitenlänge etwa 29 m

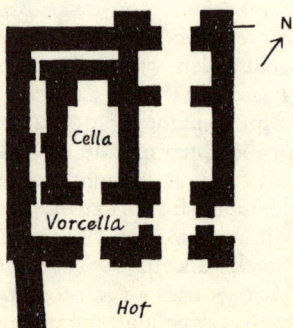

Typ IV: Assyrischer Langraumtempel. Westflügel des Sin-
Schamaschtempels in Assur (um 700). Cella 15 : 7 m

gelegte Seitentreppen aufnahm. Der Eindruck dieses gewaltigen Stufenbaus muß in dem großartigen Zusammenspiel der Linien und mit der verschiedenen Bemalung der einzelnen Absätze von faszinierender Kraft gewesen sein. Die Blicke der Gläubigen wurden mit magischer Gewalt zur Spitze des Stufenturms, dem Platz von Opfer und Gebet für den fernen Gott, emporgezogen[3].

Gestalt und Architektur der zahlreichen anderen Stufentürme des 3. und 2. Jahrtausends – auch die der noch heute über 14 m über dem Hofniveau aufragenden, aber durch keine Brandziegelschicht geschützten Zikkurrat von Uruk – sind uns in weit geringerem Maße bekannt, und gar der berühmteste aller dieser Großbauten, Etemenanki, der Turm von Babel, kann nur aus babylonischen Angaben und griechischen Beschreibungen rekonstruiert werden. Sein von Nebukadnezar II. durchgeführter Neubau, eins der sieben Weltwunder des Altertums, ist jedoch – anderthalb Jahrtausende nach der Ur III-Zeit – als vielleicht großartigste Leistung altmesopotamischer Baukunst anzusprechen. In fünf quadratischen Stockwerken von jeweils 90, 78, 60, 51 und 42 m Seitenlänge und 33, 18 und dreimal 6 m Höhe stieg er gewaltig empor und trug auf seiner Plattform den zweistöckigen, lapislazuliblauen Hochtempel, Marduks ›Hochzeitsgemach‹, dessen unteres Stockwerk 33 m Seitenlänge und 6 m Höhe hatte, während der Oberstock noch einmal 21:21 m Umfang und 15 m Höhe erreichte. Wer das Dach des Tempels betrat, schaute aus Pyramidenhöhe (90 m) weit über das Euphratland. Vom Südosten her stieg eine gewaltige Freitreppe himmelan; die einzelnen Stockwerke waren überdies durch an die Wände gelegte Seitentreppen miteinander verbunden. Ein mächtiger quadratischer, von Mauern umschlossener Hof mit 400 m Seitenlänge gab dem Mardukturm seinen angemessenen Rahmen und steigerte die imponierende Mächtigkeit der Anlage (vgl. Tafel II).

Vom Beginn der frühdynastischen Zeit an erobert sich der Palastbau seinen Platz an der Seite der sakralen Architektur, um letztere später zeitweise zu überflügeln. Reiche Ausgrabungsbefunde zeigen, daß auf diesem Feld die Bautraditionen fast ohne Bruch bis zur chaldäischen Epoche fortgesetzt worden sind, einzig bereichert vielleicht durch das – ursprünglich syrische? – *chilāni*-Haus, das durch den vorgesetzten Säulentrakt charakterisiert ist und in neuassyrischer Zeit beliebt wird. Verständlicherweise ist hier der Wohnhaustyp noch stärker als beim Tempel gewahrt; nur Zahl und Größe der Höfe und Zimmer sowie das Vorhandensein repräsentativer Hallen und Säle zeichnen den Fürstensitz vor dem des Bürgers aus. Die Gruppierung Hof – Thronsaal – Halle scheint typisch zu sein, die Grundrisse sind und bleiben fast durchweg rechteckig bis quadratisch, die Aufgliederung ist rechtwinklig und die Form der Räume, schon auf Grund der verfügbaren Balkenlänge für die Decken, rechtwinklig, d. h. lang und schmal. Bereits die ältesten Beispiele – Palast A in Kisch und zwei sehr ähnliche Bauten in Eridu um 2600 – unterscheiden sich im Prinzip nicht von den Großpalästen der neuassyrischen und chaldäischen Könige, und Zimrilims Residenz in Mari (etwa 125:200 m groß mit wohl über 300 Räumen) braucht sich vor Sargons II. Musteranlage in Chorsabad (200 Räume) nicht zu verstecken.

Schon jener älteste Königssitz in Kisch setzt durch Umfang und architektonische Schönheit in Erstaunen: Aus einem größeren Nord- und einem kleineren Südbau bestehend, prunkt er mit einem breiten Treppenaufgang und einem (einzigen) monumentalen Portal, das von zwei Türmen flankiert wird. 73:40 m groß, wird das Nordpalais durch eine starke, vom Hauptbau nur 2 m entfernte Mauer geschützt und macht damit einen überaus wehrhaften Eindruck. Hinter Toranlage, Empfangsräumen und Wohntrakt liegt ein großer Hof, den Magazine umgeben. Der Südbau besaß an der Westseite eine Halle, deren Wände mit Einlegefriesen geschmückt waren; neben ihr lag ein fast 22:8 m großer Saal, in dessen Mittelachse vier Säulen von 1,5 m Durchmesser die Decke trugen. Einen Palast der Akkadzeit lernen wir in Tell Brak (an einem der Quellflüsse des Chabur) kennen: Naramsin erbaute ihn als wuchtige Festung mit 10 m dicken Umfassungsmauern und fast 95:108 m Umfang. Um einen quadratischen Haupthof von 40 m Seitenlänge und vier kleine Höfe

gruppieren sich in straffer Gliederung über 40 schmale Recht-
eckräume. Diese ›militärische‹ Architektur der Akkadkaiser
weicht in der Ur III-Zeit einer aufgelockerten Grundrißgestaltung, wie sie uns der – bescheidene – Königssitz von
Eschnunna mit Halle, Hof, großer Palastkapelle und angebau-
tem, durch einen Sondergang unmittelbar erreichbaren Tempel zeigt. Und gar der großartige, zu seiner Zeit weltberühm-
te[4], 3,5 ha bedeckende Palast Zimrilims von Mari (um 1700)
ist mit seinem riesigen Haupthof (50:33 m), dem Thronsaal
von 25:11 m, der sogar eine Tribüne hatte, dem etwa 20
Zimmer umfassenden Privattrakt am ›Blauen Hof‹, den
Archiven, Magazinen und Schulzimmern und dem Schmuck
schöner Wandgemälde zum Schauplatz jenes bewegten höfischen und politischen Lebens geworden, von dem wir aus der
Briefliteratur seiner Zeit Kunde haben.

Angesichts solcher großer und wohlgeplanter Bauten verwundert es nicht, daß sich Babylons und Assurs Architekten
auch weiterhin den gesteigerten Ansprüchen einer immer
größer werdenden Hofhaltung anzupassen verstanden. Es
entstehen die Königspaläste von Dūr-Kurigalzu (um 1380),
Kar-Tukultininurta (um 1200), Assur[5], schließlich die prunkvollen Schlösser Assurnaßirpals II. in Kalach sowie Sanheribs
und Assurbanipals in Ninive. Da sind weiter die Residenzen
in großen Provinzhauptstädten wie Til Barsib oder Chadatu
und die Riesenbauten der neubabylonischen Ära, insbesondere
der ›Band der Völker‹ genannte feste Großpalast Nabopolassars und Nebukadnezars II. in Babylon mit Nord- und Süd-
burg. Wir erinnern schließlich nur noch an jenes wunderbare,
freilich kurzlebige und nie ganz vollendete Projekt Sargons
II., der um 710 v. Chr. mit ungeheuren Mitteln im Hügelland nördlich Ninives eine eigene Stadt, ›Sargonsburg‹, aus
dem Boden stampfte und Zitadelle und Palast mit 5 m hohen
Stier-, Gilgamesch- und Lamassu-Figuren, ungezählten Reliefbildern, Wandgemälden und Schmelzziegelfriesen aus-
schmückte. Meisterliche Rekonstruktionsdarstellungen[6] ermöglichen uns heute einen Überblick über die 630 m lange,
3 qkm umfassende Anlage mit den betürmten Mauern,
Höfen, Wohn- und Wirtschaftsbauten und ihrem Mittel-

punkt, dem auf einer 14 m hohen künstlichen Terrasse gelegenen und auf breiter Rampe erreichbaren Palast: Mit einer
größten Ausdehnung von 314:244 m bildete er wiederum ein
ganzes Stadtviertel für sich und umfaßte in einem ersten Bezirk den Hof des Gesindes mit Wirtschafts- und Wohn-
räumen, sodann – nur durch ein einziges Tor zugänglich –
Audienz- und Verwaltungsgebäude und den Wohntrakt des
Königs, schließlich im dritten und letzten Teil die Tempel und
Kapellen des königlichen Pantheons mit einer quadratischen,
auf umlaufender Rampe ersteigbaren siebenstufigen Zikkurrat von 43 m Seitenlänge –, vielleicht die in Aufriß und Ausführung schönste Leistung der assyrischen Baukunst.

Es bedarf keiner besonderen Betonung, daß sich die altorientalischen Architekten auch im Mauer-, Turm- und Torbau des Befestigungswesens, bei den Deich-, Kanal- und
Kaianlagen, bei den kultischen und königlichen Pracht-
straßen, den Grabbauten, im Brückenschlag und sogar in
Entwurf und Ausführung von Aquädukten[7] bewährten; wir
sind diesen ihren Leistungen im Verlaufe unserer Betrachtung
hier und da begegnet. Die zeitweise riesigen Tempel- und
Palastanlagen, die himmelstürmenden Stufentürme und nicht
zuletzt Sanheribs prahlerische Reliefs vom Transport der
Steinkolosse für seinen Mammutpalast belehren uns darüber,
daß den Baumeistern neben schöpferischer Kraft und tech-
nischem Können auch ein Höchstmaß an Organisations-
talent abverlangt wurde.

Gewaschener Lehm ließ sich nicht nur in Ziegelformen
streichen, sondern auch zu Figuren kneten, ja, er forderte
geradezu zum Modellieren auf – und die heiße Sonne des
Orients sorgte dann ohne weiteres menschliches Zutun für das
Hartwerden des Gebildes. Die einfachen Notwendigkeiten
des archaischen Hausstandes erschufen Schale, Becher, Topf,
Krug und Lampe, die man bald durch Brand und Glasur
wasserdicht und feuerfest zu machen lernte; der Drang zur
Form ließ im Verein mit angeborenem Schönheitsempfinden
die Tonware zum ersten Objekt der Plastik werden. Der

schöne, ausgeglichene Schwung von Wandung und Henkel
verwandelten das Zweckgefäß in einen Kunstgegenstand, der
durch ornamentale Ritzung und bunte Farbauflage vervoll-
kommnet wurde; wir werden auf diese über das Handwerkliche hinausgewachsene Buntkeramik noch kurz bei der Betrachtung der Malerei (s. u. Seite 268 f.) zurückkommen.

Ton bot auch den Stoff für die plastischen und halbplasti-
schen Schöpfungen der frühen – und später weiter der volkstümlichen (und billigen) Bildhauerei, deren Zeugnisse uns
vom 4.–1. Jahrtausend immer wieder begegnen. Alle Kunst
ist im Grunde Ikonographie, sagt G. B. Shaw, und in der Tat
ist die Tonplastik des Alten Orients weithin dem religiös-
kultischen Bereich zuzurechnen. Da sind die Räucherständer
und Tonaltärchen, die zahllosen tönernen Muttergöttinnen
mit oder ohne Kind – zuweilen mit schlangen- oder katzen-
ähnlichem Kopf, wie solche von Woolley aus der Obed-Zeit
Urs entdeckt wurden; da finden wir die nackten mädchen-
haften oder üppigen Frauenfiguren mit vollen Brüsten, betonten Hüften und markierter Schambehaarung, die Symbole von Fruchtbarkeit und Zeugungskraft in der Gestalt
von Stieren, aber ebenso die Augenidole von Tell Brak und
Tell Chuēra, die Wagenmodelle aus dem letztgenannten
Trümmerhügel und aus Kisch oder die reizenden kleinen
Boote aus Eridu. Daneben gab es Tonplastiken in Großfor-
mat, für die die neuerdings in Tell Harmal ausgegrabenen
Terrakotta-Löwen Zeugnis ablegen. Erhebt sich bei manch
reizender Kleinplastik die Frage, ob es sich dabei nicht auch
um schlichtes Kinderspielzeug handeln kann, so dürften die
vielfach erscheinenden Tonschafe als Votivgaben, als Beleg
für das draußen auf der Opferstätte der Gottheit gespendete
Schlachttier – oder vielleicht als vom Tempel überreichte,
preiswerte ›Quittung‹ für den Empfang der frommen Gabe? –
anzusehen sein. Volksfrömmigkeit und Aberglaube verlangten nach erschwinglichen Symbolen und Talismanen, die
man, schön bunt bemalt, für einige Sekel erwerben und mit
nach Hause nehmen konnte. Als ›*Papsukkal*-Männchen‹
brachte man sie zur Abwehr böser Geister am Haustor an oder
legte sie unter die Türschwelle; als tröstliche, fromme Zei-

chen steckten sie in den Lehmwänden der Zimmer oder standen sie auf dem Hausaltar neben den anspruchslosen Terrakotta-Statuetten der in der Familie besonders verehrten Gottheiten. Natürlich haben sich aber auch Meisterbildhauer zuweilen des Tons bedient: Es gibt einen in Lagasch gefundenen Götterkopf der Akkadzeit mit Hörnerkrone und markanten Zügen (den »Cros-Kopf«, so genannt nach dem Entdecker), und aus der kassitischen Epoche sind ein ähnliches Terrakotta-Köpfchen sowie die künstlerische Tonplastik eines Wolfes und eines Löwen erhalten.

Neben solchen Zeugnissen der Rundbildnerei in Ton stehen die zahllosen reliefierten Terrakottaplatten gleich volkstümlicher Prägung. Auch hier wieder begegnet Inanna-Ischtar oder eine ihr verwandte Göttin als Herrin der Liebe oder Schützerin der Mutterschaft; da ist weiter die Geburtsgöttin Nintu mit Polos und Falbelrock, zu deren Füßen in antithetischer Anordnung zwei Greise hocken, oder das große, 75 cm hohe, sehr schöne Relief der Isin-Larsa-Zeit aus Ur, das wohl in einer Straßen- oder Brunnenkapelle aufgestellt war und eine langlöckige Göttin mit stilisiertem Lebenswasser zeigt. Wir treffen weiter – wie zum Beleg eigenen frommen Tuns – den Adoranten, der sein Opferschaf zum Tempel trägt, stehende und thronende Gottheiten, Heroen, Löwenkämpfer, Hundeführer, Lebenssymbole wie gegenständig dargestellte Ziegen am heiligen Baum, Schlangengreifen, den ›Drachen‹ von Nippur oder Babylon, Flügelstiere oder die Schutzgottheit Lamassu, die unheilabwehrend den Zeigefinger der Rechten vorstreckt. Indes fehlen auch die weltlichen Themen keineswegs. Es gibt reizende Bilder von sitzenden Harfenspielern, Musikantinnen mit Handpauke und Leier, schöne Jagdszenen, bespannte und unbespannte Wagen, galoppierende Pferde, das Mutterschwein mit seinen Ferkeln, Hühner und Tauben – kurz, einen reichen Schatz der Genrekunst, in dem sich die Freude am Schauen und Bilden aus allen Zeiten widerspiegelt.

Viele dieser Terrakotten wurden mit Hilfe gleichfalls tongebrannter Formen als Massenware hergestellt; die Ausgrabungen erbrachten sowohl solche ›Prägestöcke‹ oder Matrizen – neben denen übrigens auch die Technik der ›verlorenen Form‹ bekannt war – als auch reichliche Belege identischer Abdrücke in freilich meist fragmentarischem Erhaltungszustand. Dem bildenden Künstler war hierbei dann die negative Mutterform zu danken; und das galt auch für jene Sondererzeugnisse der Töpferkunst, denen wir am Ischtartempel des Kassitenkönigs Karaïndasch (um 1420) in Uruk oder am etwa zweieinhalb Jahrhunderte jüngeren Inschuschinak-Heiligtum in Susa begegnen. Mit entsprechenden Teilstücken des geplanten Reliefs versehene Ziegel wurden hier mosaikartig zu eindrucksvollen Fassaden – in Uruk ist eine Reihe von Berg- und Wassergottheiten – zusammengesetzt[8].

Vom vergänglichen und gewiß nicht sehr geachteten Lehm drängte es den Bildhauer wie seine Auftraggeber zu dauerhafterem Material, als welches sich, wenn auch knapp, im Lande Kalkstein (so auch Marmor) und Gipsstein, darunter Alabaster, anbot; noch beliebter waren verständlicherweise die von fernher importierten Hartsteine sowie Kupfer und Bronze. Nur Tempel und Palast konnten sich diese kostbaren Grundstoffe leisten: Die Stein- und Metallplastik Altmesopotamiens ist eine sakrale und königliche Kunst. Altsumers wohlhabende Tempelstädte vermochten den bildenden Künstlern solches Material zur Verfügung zu stellen, und glücklicherweise sind einige ihrer Werke erhalten geblieben. Sie zeigen die frühe Plastik auf einer hohen Stufe ihres Könnens. Noch in die letzte Urukzeit (2900) gehört wahrscheinlich – als damit älteste menschliche Vollplastik Sumers – die erst 1958/59 gefundene Kalkstein-Statuette eines bärtigen Ensi mit vollem, seltsam frisierten Haupthaar, sprechendem Mund und sich vor der Brust nähernden Händen, deren Daumen ausgestreckt sind. Die Dschemdet Nasr-Zeit bietet uns neben zahlreichen Kleinplastiken, vor allem von Tieren aller Art, den berühmten lebensgroßen ›Warka-Kopf‹ aus Marmor, der – im Februar 1939 ans Licht gekommen – nur den Vorderteil des Hauptes wiedergibt. Wir haben hier das echte Porträt einer Priesterin oder Fürstin aus der ersten Periode menschlicher Hochkultur vor uns, dessen jugendliches, ernstes Antlitz ebenso Hoheit und Wissen wie Trauer und Entsagung ausstrahlt und mit dieser spannungsgeladenen Beseeltheit in der altorientalischen Bildkunst seinesgleichen nicht hat. Die Ausdruckskraft des Warka-Kopfes ist durch die (anzunehmende) Auflage einer Goldperücke, Bemalung und eingelegte Augen und Brauen nicht abgeschwächt, sondern vielleicht eher noch erhöht worden; er steht mit seiner Prägung edlen Menschentums in krassem Gegensatz zu einer gleichzeitigen Maske aus Tell Brak, die in ihrer abstoßenden Fratzenhaftigkeit nur Furcht erregen kann[9]. Welche Höhe auch die Reliefkunst dieser glänzenden Epoche sumerischer Kultur erreichte, wird durch eine 20 cm hohe Libationskanne aus gelblichem Kalksandstein beleuchtet, die am Ausguß fast rundplastische, naturgetreue Löwenfiguren und an der Wandung Löwen und Stiere im Hochrelief mit fast vollplastisch aus der Bildfläche heraustretenden Köpfen zeigt. Ihr steht die mit Flachrelief überzogene, fast 1 m hohe alabasterne Kultvase aus Uruk nicht nach; sie bietet – ein steingewordenes Glaubensbekenntnis Altsumers – in drei übereinanderliegenden Bändern Pflanzen und Tiere, Opferträger und den Ensi in einer Kultszene vor Inanna dar. Die prächtige Muskelzeichnung der nackten Diener, die Behandlung der Pflanzen- und Tierfiguren und die Gesamtkomposition des Reliefbandes machen das aus vielen Scherben fast restlos wiederzusammengefügte Stück zu einer einzigartigen Kostbarkeit, während die 70 cm hohe Jagdstele von Uruk, die Darstellung eines mit Bogen und Speer gegen Löwen kämpfenden Ensi, zwar nicht minder eindrucksvoll, doch von gröberer Ausführung ist.

Die lebensbejahende, formschöne und naturnahe Kunst der sumerischen Frühzeit mit ihrer besonderen Vorliebe für die rundplastische Tierdarstellung ist in der ersten frühdynastischen Zeit einer stilisierenden, abstrahierenden und in gewissem Sinne expressionistischen Darstellungsweise gewichen, für die neben dem ›Figurenband‹ der Rollsiegel (s. u. S. 259) die berühmten ›Beter‹ insbesondere aus den Dijalastädten, Zeugnis ablegen. Nicht aus mangelndem Können, sondern in zielbewußter Absicht sind dort die 20–90 cm hohen Alabaster- oder Kalksteinfiguren von Männern und Frauen, die man zu ständiger Fürbitte für die mit ihnen dargestellte Person in den Tempeln aufstellte, entmaterialisiert. Bärte und Glieder weisen geometrische Formen auf, die Körper erinnern an die Gestalt der Sanduhr, die eingelegten, übergroßen Augen blicken seltsam starr gleichsam in eine andere Welt, und die ineinander verflochtenen Hände machen in Verbindung mit der zuweilen fast verkrampften Haltung der Köpfe die Beterfiguren zu eigenartig faszinierenden, auf den ersten Blick gewiß freilich oft skurril wirkenden Verkörperungen der Idee des Gebetes, denen indes Sonderzüge – Furcht und Demut, Versenkung, Zuversicht und Vertrauen – nicht fehlen (vgl. Tafel III). Die in besonders großer Zahl wiedergefundenen Köpfe dieser Statuetten belehren uns im übrigen darüber, wie weit der Bildhauer noch vor der Mitte des 3. Jahrtausends in der Erfassung und Wiedergabe individueller Züge, d. h. aber in der Gestaltung eines echten Porträts, gelangt war[10].

Auch die Metallplastik ist um die Mitte des 3. Jahrtausends bereits hoch entwickelt. Im Tempeloval von Chafadschi kamen Bronzeständer von 55 cm Höhe zum Vorschein, die wohl zum Tragen von Räucherschalen dienten. Sie haben die Gestalt von nackten Betern mit Bart und nach vorn gedrehten Haarlocken. Im gleichen Ort bewahrte das Nintu-Heiligtum eine wohl als Weihgabe zweier Artisten anzusehende kupferne Ringergruppe (10,2 cm), deren zwei Gestalten je einen riesigen Tonkrug auf dem Kopf tragen, und der Tell Adschrab lieferte die berühmte, nur 7,2 cm hohe Kupferquadriga, die als ein Meisterwerk der Kleinplastik angesehen werden darf. Deutet sich in diesem Bereich der Zug der Zeit von der wirklichkeitsnahen Darstellung zum stilisierten Ausdruck nur in den betont gestreckten Ständerfiguren an, so wird sie im Reliefbild – allerdings auf Kosten einer starken Schematisierung – deutlicher. Wir beobachten das an den sog. Weihplatten – in der Mitte durchlochten, quadratischen oder rechteckigen Reliefs von etwa 30 cm Seitenlänge, die an vielen Plätzen zutage kamen und wohl von den Fürsten zur Bezeugung ihrer kultischen oder politischen Verdienste an den Tempelwänden aufgehängt wurden. In übereinanderliegenden Bändern stellen sie meist Fest- oder Opferszenen dar und be-

fremden (bei sorgfältiger Ausarbeitung des Details) durch die
steife Ungelöstheit der dargestellten Menschen und Tiere.

Mag auch der nur mit dem Oberkörper aus einem Trachyt-
block herausgearbeitete hockende Beter von el-Obed mit den
riesigen (diesmal nicht eingelegten) Augen und der eigenwilligen Lippenführung, mag die Tempelsängerin Urnansche
von Mari noch etwas von der hintergründigen Starrheit dieser
Kunstrichtung bewahren – die wirtschaftlich blühende und
politisch vergleichsweise ruhige Ur I-Zeit kehrt zur natur-
nahen, lebensbejahenden Realistik zurück, als deren klassisches
Zeugnis das prächtige, fast fröhlich anmutende Sitzbild des
Palastvogts Ebichil von Mari (Alabaster, 52 cm hoch) gelten
darf. Sein Kopf ist kahlrasiert, der Oberkörper nackt; er trägt
einen gepflegten Kinnbart und einen wohlgeglätteten Zottenrock und sitzt, Zufriedenheit mit dieser Welt ausstrahlend,
fast elegant auf seinem Hocker. Ihm gegenüber wirkt der
Kalkstein-Lammträger des Berliner Museums (35 cm) be-
häbig-gemütlich. Die silbernen Esel- und Stierfiguren auf den
Zügelringen der Königsgräber von Ur und die kleinen Gold-
figürchen von ruhenden Hirschen und Wisenten gleichen
Fundorts zeigen des weiteren eine liebevolle Meisterung des
Tierbildes, goldene Vasen und Schalen die Neigung zur
schönen Form, während die Goldperücke des Meskalamdug
mit der in minutiöser Punzarbeit wiedergegebenen, kunstvollen Frisur den hohen Stand der Feinschmiedekunst erweist. Über alles Technische hinaus erkennen wir am Relief
einer Kultvase Entemenas das Streben ihres Schöpfers, das
Jenseitig-Erhabene in die Sprache des skulpierten Steins zu
übertragen: das 25 cm hohe Bildwerk zeigt eine thronende,
großäugige Göttin mit Blütenkrone, die eine Palmenrispe in
der rechten Hand hält; sechs Mohnkolben – weitere Zeichen
der Fruchtbarkeit – sprießen aus den haarumwallten Schultern
hervor. In welcher Weise die Darstellungskraft jener Epoche
andererseits auch den Begebenheiten einer harten Wirklichkeit gerecht wurde, läßt sich an den einprägsamen, klaren und
realistischen Szenen von Eannatums Geierstele – jenem
»ersten reinen Historienbild in der Weltgeschichte der Kunst«
(L. Curtius) – ablesen.

Eine dennoch aufkommende Gefahr des Formalismus bannt das in der Kunstprovinz neue, unverbrauchte Akkadertum, dessen elementare, in der ersten Großstaat-Gründung sichtbar werdende Kraft sich nun auch hier Bahn bricht. Eine Reihe sprechender Kopfplastiken lehren uns die Menschen kennen, die sie schufen. Wir denken da etwa an ein reizendes Mädchenköpfchen aus Assur von nur 7 cm Höhe oder an die hinreißende Kupferplastik von 35 cm Höhe aus Ninive, in der man ein Porträt des Reichsgründers Sargon von Akkad vermutet. Mag der Schöpfer des letztgenannten Bildwerkes auch großen Wert auf die Äußerlichkeiten einer kunstvollen Haar- und Barttracht gelegt haben, so gelang ihm darüber hinaus – in den dichten, hochgewölbten Brauen, den Querfalten der Stirn, in der Führung der sinnlichen Lippen und der Wiedergabe der kühnen Nase – der überzeugende Ausdruck menschenverachtender, hoheitsvoller Klugheit und (im Profil besonders deutlich) gestrafften, harten Willens. Erst tausend Jahre später – beim elamitischen Fürstenhaupt von Ekbatana (s. u. S. 254) – finden wir eine ähnliche Leistung. Wie die Körper gestaltet waren, die solche Häupter trugen, läßt uns der Torso einer Weihfigur Manischtusus, des Sohnes und 2. Nachfolgers Sargons, erkennen; in dem beschwingten Faltenwurf des fußlangen Fransengewandes ist nichts mehr von der überkommenen Steifheit, kündigt sich vielmehr schon etwas von der beglückenden Lebendigkeit klassischer Statuen an.

Zu gleich hoher Leistung schwingt sich die akkadische Reliefkunst empor. Die leidenschaftlich bewegte Kampfszene des 2 m hohen Naramsin-Steins[11], die in grandioser Komposition den – übergroß dargestellten – Gottkaiser zum Mittelpunkt des kriegerischen Geschehens macht, bedeutet hier einen Höhepunkt altorientalischer Halbplastik, die in Komposition, Ausdruckskraft und sparsamer Strenge auch von den mächtigsten assyrischen Reliefbildern nie erreicht wird und bis heute kaum übertroffen wurde.

Die sumerische Renaissance der Ur III-Periode kehrt mit der unbewußten Schwermut einer Spätzeit noch einmal zur gesammelten Würde und zum verhaltenen Ausdruck des frühen Sumer zurück. Wuchtige Löwenplastiken von 1,6 m

Länge aus schwarzem Basalt flankierten wahrscheinlich das Portal des Enki-Tempels in Eridu; Urnammu läßt sich auf seiner 3 m hohen Stele, von der freilich nur ein Band vollständig erhalten ist, in archaischer Haltung beim Opfer für seine Götter, aber auch beim frommen Werk des Tempelbaus darstellen, und in Lagasch – dem Hauptfundort der Ur III-Plastiken – hebt auf Gudeas Kultvase die spendende Göttin mit unnachahmlicher Gebärde die Krüge mit dem Lebenswasser. Vor allem aber sagen uns Gudeas und Urningirsus Statuen und Sitzbilder, worum es diesen Fürsten und ihren Künstlern geht: Auf die Ausmodellierung des Körpers wird fast verzichtet, nur die im Gebet zusammengelegten Hände und das individuell geprägte Antlitz verkünden in beredter Sprache das Anliegen, gesammelte, verinnerlichte Frömmigkeit und das Wissen um eine tausendjährige Tradition zum Ausdruck zu bringen. Wie diese Plastiken (allein von Gudea über 30!), so zeugen auch andere Büsten der Ur III-Zeit von der Gestaltungskraft der spätsumerischen Bildhauerei und ihrer Fähigkeit, in der Form der Stirn, in Augen und Kinn die Persönlichkeit des Porträtierten darzustellen[12]. Wie nachhaltig ihre auf machtvoller Überlieferung und verjüngter Kraft ruhende Kunst nachgewirkt hat und wie weit sie ausstrahlte, zeigt ein alabasterner, fast lebensgroßer Kriegerkopf mit Helm und Wangenschutz, ein Steatit-Weihbild des Idiilum mit großartiger Wiedergabe des Prachtgewandes und ein ähnliches Diorit-Standbild des Statthalters Puzurischtar – alle aus Mari (18. Jahrh.) –, schließlich die 149 cm hohe wasserspendende Göttin (aus dem von ihr gehaltenen Gefäß konnte durch einen sinnreichen Mechanismus tatsächlich ‹Lebenswasser› strömen), aber auch jenes in Susa wiedergefundene 15 cm hohe Königshaupt des Louvre aus Diorit, in dem man Hammurabi von Babylon wiederzuerkennen glaubt[13]. Unter der üblichen schlichten Königskappe sehen wir hier ein bärtiges Greisenantlitz mit schweren Lidern, Tränensäcken und schlaffer Haut, dessen Augen schon in eine andere Welt zu schauen scheinen und das von Sorge und Entsagung geprägt ist; wir dürfen annehmen, daß der Bildhauer den großen Herrscher in dessen letzter Lebenszeit porträtiert hat.

Weitere Belege der altbabylonischen Rundplastik verdanken wir der damals offenbar hoch in Blüte stehenden Metallurgik. Es sind dies Erzeugnisse der Kleinkunst von dennoch künstlerischem Format, etwa viergesichtige Götter und Göttinnen von erstaunlicher Bewegtheit des Ausdrucks aus Ischtschali, eine gold- und silberplattierte Steinbockgruppe von 22,5 cm Höhe aus Larsa und vor allem der berühmte, ebendaher stammende kniende Beter, ein Weihgeschenk für Hammurabis Leben von vollendeter Formschöne und edler Belebtheit. Als reizendes Kleinbildwerk aus Stein sei das nur 8 cm hohe Figürchen eines hockenden Äffchens von erstaunlicher Naturwahrheit wenigstens erwähnt. Auf Hammurabis bekanntem Relief, das seine Gesetzesstele krönt, sind die Köpfe mit nahezu vollplastischer Wirkung herausgearbeitet. Hier steht der Fürst in anbetender, doch keineswegs devoter Haltung dem thronenden Schamasch gegenüber; der großartige, fließende Faltenwurf des langen Königsmantels verleiht dem anbetenden Herrscher eine zusätzliche, strenge und bewußte Würde.

Für Jahrhunderte läßt uns nunmehr die Großplastik ohne Belege. Von der Kunst der Kassiten zeugen – wenn wir von den nicht sehr eindrucksvollen Fragmenten einer Kolossalstatue Kurigalzus I. und den schon genannten Terrakotten absehen – fast nur die Kudurru-Reliefs, die sich auf eine Anhäufung von minutiös wiedergegebenen Götteremblemen in oft mehrfach übereinandergelegten Bändern sowie gelegentliche Darstellungen von Gottheiten und Königen beschränken. Das schönste dieser Stücke stammt aus Susa und dürfte damit auch elamitische Elemente mit enthalten: Es zeigt unter den üblichen Symbolen eine Prozession, die Opfertiere und einen zahmen Löwen mit sich führt und aus lautespielenden Männern und einer Frau mit Handpauke besteht. Hier geht die Bearbeitung des Reliefs über das Handwerkliche hinaus, und die Einfügung einer als Abschluß gedachten mannshohen Zierpflanze sowie einer sich um den Sockel ringelnden Hörnerschlange bezeugt eigenwillige Kompositionskraft. Eine neuerdings 1953/54 in Uruk gefundene, für den König Nazimaruttasch (um 1300 v. Chr.) geweihte Stele bewahrte uns das formschöne Relief einer Schutzgöttin mit erhobenen Händen und Hörnerkrone, im Profil dargestellt; es beweist uns, wir stark damals noch die Stileinflüsse der Ur III- und altbabylonischen Zeit wirksam waren.

Daß sich in Elam, dem von den Völkerstürmen des 2. Jahrtausends weniger betroffenen östlichen Nachbarlande Mesopotamiens, die großen Traditionen aus spätsumerischer und altbabylonischer Zeit nicht nur hielten, sondern fruchtbar und eigenständig weiterentwickelten, ersehen wir aus dem 1,3 m hohen Bronzetorso der Königin Napirasu (13. Jahrh. v. Chr.) und einem etwa gleichzeitigen Porträtkopf gleichen Materials von Ekbatana: Jenes hauptlose Torso bezaubert durch die gelockerte Lebendigkeit der Arm- und Handhaltung und die liebevolle Wiedergabe des Gewandes der Fürstin; der markante Kopf hinwiederum trägt in der Formung der Ohren, der Gestaltung von Augenpartie und Mund alle Züge eines lebensechten Abbilds und kann sich mit dem Sargon- und Hammurabihaupt messen.

Solcher Könnerschaft hat die mittel- und neuassyrische wie auch die spätbabylonische Rundplastik nichts Gleichwertiges mehr entgegenzusetzen. Die Kleinbronzen – vielleicht abgesehen von der des Dämons *Pazuzu* –, die Torlaibungsorthostaten in Gestalt überlebensgroßer Löwen, Stiere und Fabelwesen mit vollplastischem Vorderteil, die Lamassu-(Schutzgöttin-)köpfe, Götterbilder wie die ausnahmsweise guterhaltene Statue des Nabu und die bekannten Standbilder neuassyrischer Könige (Assurnaßirpals II., Salmanassars III.) in ihrer starren und unfreien Haltung gehen kaum je über – unbezweifelbares – handwerkliches Können hinaus. Die von der hethitischen und der nur andeutungsweise bekannten churritischen Plastik beeinflußte Rundbildnerei der mesopotamischen Aramäerstaaten, wie sie uns besonders aus Kaparas Residenz in Tell Halāf (um 800 v. Chr.) belegt ist, darf trotz ihrer geradezu archaischen Starrheit und ihres provinziellen Charakters als eindrucksvoll bezeichnet werden. Die Kleinkunst hat zuweilen – wie etwa bei dem als Falkenkopf geformten Griff einer neuassyrischen Steinlampe – Schöpfungen von in ihrer schlichten Art vollendeter Schönheit hervor-

gebracht[14]. Das letzte Zeugnis altmesopotamischer Vollplastik, der steinerne, über einen hingestreckten Feind gelagerte
Löwe von Babylon aus der Zeit Nebukadnezars II., der noch
heute den Platz der versunkenen Stadt bewacht und spät-
hethitisch-aramäische Stileinflüsse verrät, wirkt mit seinen
großflächig zugehauenen Formen in sich geschlossen und
erhebt sich als sinnfälliger Ausdruck gebändigter Kraft noch
einmal zu zeitloser Monumentalität.

Wenn indes von assyrischer Bildhauerei die Rede ist, denken wir in erster Linie an die riesige Zahl der in den Königs-
palästen wiederentdeckten Reliefs mit ihren Hauptthemen
von Krieg, Jagd und mythisch-kultischen Szenen, und hier
liegt tatsächlich die Domäne der assyrischen Plastik, in der sie
es vom 9. bis 7. Jahrhundert zu bewundernswerter Meisterschaft brachte. Dem Reliefschmuck der Prunksäle und -hallen
entsprach draußen das dicke, im Vorderteil fast vollplastische Hochrelief der Monstrefiguren an den Portalen und
Fassaden: Unglück bannende Genien, Heroen, Fabelwesen
und Tiere (Stiere oder Löwen) darstellend. In die Wände der
Tempel- und Palasthallen waren flacher reliefierte Stelen mit
Götter- oder Königsbildern eingelassen; wir begegnen Assur
auf dem Löwen, Adad auf dem Stier oder den Herrschern
wie Assurnaßirpal II., Schamschiadad V., Sargon II., Asarhaddon und Assurbanipal. In den Höfen und Wandelgängen
erhoben sich die Obelisken, die in umlaufenden Bändern von
den Triumphen der Herrscher, ihren Feldzügen, Jagden und
Tributen sowie mancher Nebenszene berichteten. Neben dem
Stein erscheint auch das Metall als Material: Da sind die in
13 Fächern reliefierten Bronzetore Salmanassars III. von Im-
gurenlil (*Balawat*) mit Szenen von den Expeditionen des
Königs, und da gab es kostbares Gerät aus Edelmetallen –
Prunkschalen, Schwertscheiden und anderes – mit getriebenen Reliefdarstellungen, von dem einige herrliche Stücke
sogar in Skythengräbern Südrußlands erhalten blieben[15].

Von den ersten Belegen – dem ›Symbolsockel‹ Tukultininurtas I., der den König stehend und kniend vor einem
ebensolchen Aufsatz für Götterembleme zeigt, ähnlichen
Kultreliefs und den Torstieren und Orthostaten Tiglatpilesers

I. – bis zum Ende Ninives, also durch sechs Jahrhunderte, hat
sich der Stil der assyrischen Flachbildnerei natürlich mehrfach
gewandelt. Ihre erste Blüte unter Assurnaßirpal II. zeigt die
(als dauerhaften Ersatz für die vergänglichen Wandgemälde
gedachten und teilweise bunt ausgemalten) Reliefs sehr flach
gearbeitet, die Figuren gedrungen und an den nackten Körperteilen überbetont muskulös; die höfischen, kultischen,
kriegerischen und Jagdszenen deuten Landschaft und Bäume
nur schematisch an, während der schwarze Obelisk Salmanassars III. offenbar auf eine naturechte Darstellung der
Hirsche, Löwen und vor allem der exotischen Tiere (Kamele,
Elefanten, Affen) großen Wert legt. Tiglatpileser III. entfernt sich von der Konvention, läßt sich auf seinen Streitwagen in richtiger Seitensicht wiedergeben und Menschen,
Tiere und Bäume in ihrer charakteristischen Art heraus-
arbeiten; sogar eine gewisse Komposition und Tiefe der
Bilder wird zuweilen erreicht. Demgegenüber wirken die
Reliefs Sargons II. in Chorsabad, die insgesamt über 7000 qm
bedecken und, aneinandergereiht, 2 km lang wären, wieder
konservativer, ohne freilich dadurch an Eindruckskraft zu
verlieren. Die Dimensionen nehmen – bei Verringerung des
Beiwerks – zu, die Figur wird stärker von der Fläche abge-
hoben, die Kampfszenen sind von großer Lebendigkeit, und
das sog. Turiner Relief von 89 cm Höhe, den Kopf des Königs
selbst im Linksprofil wiedergebend, vermittelt trotz der Betonung der traditionellen Haar- und Barttracht einen nachhaltigen Eindruck vom Wesen des Herrschers. Sanheribs
Künstler vermehren die Zahl der dargestellten Personen etwa
in den Kriegsszenen außerordentlich, lassen sie schlanker werden und heben den König kaum noch durch einen Größen-
unterschied heraus. Die Landschaft wird hier betont ins Bild
einbezogen und seine Lebhaftigkeit noch gesteigert. Szenen
wie Seeschlachten, die Erstürmung eines steilen Berges oder
der Transport der Tierkolosse für den königlichen Palast namens
›Ohnegleichen‹ werden mit besonderer Liebe und reichem
Detail ausgeführt. Der letzte große Kunstfreund auf Assurs
Thron, Assurbanipal, schließlich überlastet die Schlachtenbil-
der durch die ungeheure Zahl der auftretenden Personen.

Seine Zeit, deren Menschendarstellung nach wie vor schablonenhaft ist, hat aber in der Einzelszene und vor allem im
Tierbild den Gipfel altorientalischer Reliefkunst erreicht. Den
galoppierenden Pferden, flüchtenden Onagern und gar den
anspringenden, niedersinkenden und sterbenden Löwen (vgl.
Tafel V a), aber auch der träge unter einem Baum ruhenden
Löwin dieser umfangreichen Jagdreliefs ist Ebenbürtiges
kaum gegenüberzustellen.

Wandel und Entwicklung der assyrischen Flachbildnerei
(vgl. Tafel V) verwischen nicht die Grundnormen, unter denen
sie stand. Die Gesetze der Perspektive blieben ihr verschlossen, sie ignorierte die Wahrnehmung und ersetzte sie beim
Bildentwurf durch die gedankliche Vorstellung. Der ungeheuren Fülle der Eindrücke – etwa eines Nahkampfes, einer
Belagerung, eines großen Jagdunternehmens oder einer Bauaktion – können die Künstler nur durch eine unbegrenzte
Häufung gleichgeordneter Szenen Herr werden. Das sich
in Augenhöhe darbietende Bild der Dinge und Geschehnisse
wird unbedenklich mit dem aus der Vogelschau gemischt,
und Mensch und Tier erscheinen beim Flachrelief stets im
Profil, nie en face. Daß bei der ungeheuren Zahl der geforderten Bildwerke sehr viele im Handwerklichen blieben und
künstlerisch ohne Wert sind, kann nicht verwundern; die
großen, anonymen Meister mußten sich auf den Entwurf beschränken und konnten sich nur einige Kernszenen oder zentrale Figuren vorbehalten. Wo diese erscheinen, reden sie die
zeitlose Sprache des großen Kunstwerks.

Darf man die Tonplastik der Terrakotten als volkstümliche
oder für den einfachen Mann bestimmte Kunst einstufen und
ist die Rund- und Flachbildnerei in Stein und Metall sakrale
und königliche Domäne, so können wir die ungeheuer
reiche – fast ausschließlich altmesopotamische – Glyptik
(Steinschneidekunst) der Rollsiegel[16], soweit solche Verallgemeinerungen statthaft sind, als vorwiegend bürgerlich bezeichnen. Offenbar um 3000 erfunden, sind die oft aus kostbarem Stein[17], zuweilen auch aus Gold geschnittenen Siegel-

zylinder zunächst naturgemäß im Besitz der Fürsten und hohen Priester, gelangen aber bald auch in die Hand von ›siegelfähigen‹ Bürgern und werden schließlich Allgemeingut der Freien und mit ihnen auch der selbständig handelnden Frauen insbesondere Sumers, wie uns schon im 24. Jahrhundert das Siegel Baranamtarras beweist. Der Größe nach von – in der Frühzeit – 7–8 cm bis zu 1,1 cm wechselnd und von verschiedener Dicke, zuweilen auch mit einer winzigen Aufsatzfigur versehen, zeigen die Rollsiegel naturgemäß eine sehr wechselnde Technik in der Tiefe und Ausführung der Gravierung, der Anwendung des Kugelbohrers usw. Aber ebenso unterliegen in den einzelnen Kulturepochen der altmesopotamischen Geschichte Stil, Komposition, Grad der Flächenfüllung, Ausführung der Figuren, Vorhandensein oder Fehlen einer – auf dem Siegel natürlich spiegelschriftlichen – längeren oder kürzeren Legende und vor allem die Motivwahl des Siegelbildes einem ständigen und starken Wandel. Der Motivkreis ist von außerordentlicher Weite und reicht von Mythos und Kult bis zum Alltagsleben, wo er den Jäger auf der Pirsch und den Bauern bei seiner Arbeit zeigt, umfaßt Tierleben und Pflanzenwelt und weist eine kunstvolle Ornamentik auf, so daß die Glyptik des Zweistromlandes – der seltsamerweise nur die Kinderszene vollkommen fehlt – ein vielfältiges Bild vom Glauben, Schauen und Schaffen der drei vorchristlichen Jahrtausende vermittelt.

Schon die frühen Epochen der Uruk- und Dschemdet Nasr-Zeit zeigen die Siegelschneidekunst in hoher Blüte. Ornamentale Muster zeugen von Einfallskraft und Sinn für formale Schönheit. Aus dem mythischen Bereich stammen Fabelwesen mit verschlungenen Hälsen, Tierhelden und Tierbeschützer; den Kult bezeichnen ziehende oder in Tempelgehegen weidende ›heilige Herden‹ von Schafen und Rindern, adorierende Frauen oder Schiffsprozessionen; es erscheint der siegreiche Ensi vor den am Boden hockenden, gefesselten Kriegsgefangenen, der Bauer, wie er mit dem Zugstier vom Felde heimkehrt, der Hirte, der eine kalbende Kuh mit langem Speer vor dem anspringenden Löwen verteidigt, der Jäger auf der Wildziegenjagd im Gebirge – ein Bild besonders beredter Aussagekraft[18] – und mit deutlicher Vorliebe die Tierdarstellung von oft bezaubernder Schönheit in naturalistischer oder stilisierter Form.

Demgegenüber tritt als Eigenheit der ersten frühdynastischen Zeit, die entsprechend der stilisierten Beterplastik auch in der Glyptik nach Entnaturalisierung und Abstraktion drängt, die Reihung langgestreckter, oft geradezu schemenhafter Gestalten von Heroen, Menschen und Tieren zu einem flächefüllenden ›Figurenband‹ auf. Vor allem sind es der aus Stier und beschützendem Hirten zusammengeflossene, als Schutzheros gedachte ›Stiermensch‹ mit Wisentkörper, ferner der Löwe und der Stier, die uns hier entgegentreten, wobei sich Löwen und Stiere aufgerichtet mit zurückgebogenem Hals packen, umfassen oder zerreißen – ein offenbares Symbol des nie endenden Kampfes in der Tier-, Menschen- und Geisterwelt. Auch die Ur I-Zeit bleibt noch gern bei der Umrißzeichnung, beginnt aber den Raum des Siegelfeldes zu ordnen, was sogar gelegentlich durch zwei übereinandergelegte Felder geschieht, füllt ihn im Übermaß an und nennt zuweilen in kurzer Legende bereits den Namen des Siegelinhabers. Kultische Gastmahlszenen und erste Darstellungen sitzender, durch ihren Kopfschmuck hervorgehobener Gottheiten bereichern den Motivschatz.

Zu neuer Blüte erhebt sich die Glyptik mit der realistischen, tief gravierten – und damit auf der Abrollung ein hohes Relief ergebenden – Siegelschneidekunst der Akkadzeit, die ihre Bilder mit bewunderungswürdiger Klarheit und Kraft auszustatten und, oft zusammen mit einer Legende in schöner Monumentalschrift, unter Beschränkung auf wenige Hauptfiguren hervorragend zu komponieren versteht. Heros und Löwe oder Stier (Arni bzw. Wisent), Ischtar als Helferin des Löwenbezwingers, Schamasch zwischen zwei Bergen emporsteigend, Anbetung eines Schlangengottes, ein gefesselter Vogelmensch vor Enki, Etana auf dem Adler zum Himmel fliegend, Anbetungs- und erste ›Einführungs‹-Szenen, bei denen ein Schutzgott den Adoranten vor die thronende Gottheit geleitet – dies sind einige Motive akkadischer Glyptik, als deren schönstes Stück vielleicht der Tierbeschüt-

zer beim Tränken von Arnibüffeln[19] anzusehen ist. Ur III-
und altbabylonische Zeit bedeuten dann einen Abstieg des
Siegelbildes, das sich in der Eintönigkeit stereotyper Einführungsszenen erschöpft und nur selten – so etwa bei dem schönen
Arztsiegel aus Lagasch (s. o. S. 192) um 2000 – über tech-
nisches und formales Können hinausgeht. Ein neuer Bildstil
entwickelt sich erst in der späteren Kassitenzeit: Ein eingra-
vierter Rand oder gar eine Schriftzeile schließen das Bild oben
und unten ab; wieder begegnet, offenbar vom Churritischen
her beeinflußt, eine starke Raumfüllung, zu der Embleme aus
dem Motivschatz der Bergvölker – Kreuze verschiedener Form
(darunter auch das Malteser- oder ›Eiserne‹ Kreuz), Rosetten,
Rauten, Bienen, Heuschrecken, Hunde usw. – verwandt werden, ein neues Bedürfnis nach Symbol und Abstraktion macht
sich bemerkbar, der Bildschatz steigert sich, und die Legende
nimmt zuweilen den Umfang eines vollständigen Gebetes an[20].

Auch in der dritten Blütezeit altmesopotamischer Glyptik,
der mittelassyrischen, der sich – außerhalb unserer Betrachtung – nur noch die achämenidische zur Seite stellen darf,
bleibt die betonte Raumfüllung erhalten, während eine Legende nur noch selten auftritt. Sauber gearbeitet, klar und
formschön, kehren die Siegelbilder dieser Epoche am Ende
des 2. Jahrtausends mit Vorliebe zum lebensnahen Tierbild
der Dschemdet Nasr-Zeit zurück und schaffen hier mit der
liebevollen Darstellung von Damhirschen, Straußen, Pferden (die, zuweilen geflügelt, nun in den mythischen Bezirk
vorgedrungen sind), Löwen, Gazellen usw. einzigartige
Naturdokumente, verharren mit Pflüger- und Pferdepflege-
szenen beim Alltag des Bauern, räumen den Mischwesen
churritischer Provenienz – dem geflügelten Kentauren, dem
Skorpionenmenschen und Flügelstier – einen gebührenden
Raum ein, schildern Tempel- und Zikkurratbau, vernachläs-
sigen aber dabei die ererbten Motive der Einführungs-, An-
betungs-, Tierkampf- und Lebensbaumszene keineswegs[21].
Diese Fülle der Motive bleibt auch in der neuassyrischen Zeit
erhalten, die ihrerseits wieder stärker zur Auflockerung des
Körperhaften, zu Symbol und Stilisierung drängt; es ist eine
Neigung, die in den gutgeprägten Rollsiegeln der chal-

däischen Epoche mit ihrer Bevorzugung kultischer und mythischer Szenen beibehalten wird. Ganz gleich aber, welcher
Zeit die liebenswerten Schöpfungen der Siegelbildner des
Zweistromlandes entstammen – immer bleibt diese heute
verlorengegangene, minutiöse Kunst der Glyptik mit ihrer
auf kleinstem Raum zusammengedrängten, erstaunlichen
Ausdruckskraft und Ideenfülle eines der bewunderungswür-
digsten, ja, vielleicht das schönste Zeugnis der schöpferischen
Fähigkeiten, die der Kultur Altmesopotamiens innewohnte
(vgl. Tafel IV und VIa).

Ganz im Gegensatz zum Rollsiegel ist die Elfenbeinschnitzerei nicht mesopotamischen, sondern syrisch-phö-
nizischen Ursprungs; in der Tat wurde sie erst von Assurnaßirpals Zeit an in Assyrien heimisch, als syrische Beutestücke und Tribute, deportierte Meister dieser Kunst und
die von ihnen in Kalach und Ninive ausgebildeten einheimischen Schulen den elfenbeinernen Zierat an Möbeln, Klein-
gerät und als Bandfries in Mode brachten. Es hat sich deshalb
ein eigenständiger Stil kaum ausgebildet; er blieb vielmehr
phönizisch und brachte über die syrische Vermittlung sogar
ägyptische Motive, vor allem den Sphinx, zum Tigris und
Euphrat. In der plastischen Form der Gemme oder als durch-
brochenes Schnitzwerk füllte kostbares Elfenbein, oft mit
Gold, Silber und buntem Stein geschmückt, die Paläste Assurnaßirpals II., Salmanassars III., Asarhaddons und Assurbanipals. Layards Finderglück vor hundert Jahren in Nimrud
wurde seit dem 2. Weltkrieg durch M. E. Mallowan erneuert und durch die Ausbeute des assyrischen Provinz-
palastes von Chadatu (nordöstlich von Karkemisch, heute Ar-
slan Tasch) ergänzt. War die dem Elfenbeinschnitzer zur Verfügung stehende Fläche auch größer als die des Siegelzylin-
ders und formte er auch nicht spiegelbildlich, so blieb seine
Kunst doch Feinstarbeit, und wir bewundern das liebevolle
Geschick und die souveräne Formgebung an den geflügelten
Genien, bekrönten Sphingen, Dämonenköpfen und den Darstellungen von Königen und Göttern (z. B. Adad auf dem
Stier aus Arslan-Tasch), von Soldaten, Hirschen, Kühen und
Kälbern oder der ›Frau im Fenster‹. Das Filigranwerk, in das

viele dieser Figuren eingebettet sind, zeigt eine souveräne Beherrschung der Ornamentik. Vielleicht das schönste aller erhaltenen Elfenbeinwerke ist, zum mindesten was die Kraft des
Ausdrucks anbelangt, jene archaisch lächelnde ›Mona Lisa‹
von Nimrud, ein Frauenhaupt, das 1952 aus einem Brunnen-
schacht ans Licht kam und, etwa 715 entstanden, die Brücke
schlägt zu dem ostgriechischen Marmorkopf von Ephesus aus
der Zeit von 520 v. Chr.

Ein kurzer Blick sei uns noch gestattet auf einen Neben-
zweig künstlerischen Bildschaffens, der gewiß vorwiegend
technischer Art ist und in den Bereich der Malerei hineinragt,
aber doch bei der Betrachtung der bildenden Kunst nicht vergessen werden darf. Wir meinen das altmesopotamische Gegenstück zur Intarsienkunst, die Einlegearbeit des farbigen
Mosaikbildes. Es hat seinen Ursprung in jenen Stiftmosaiken
der alten Uruktempel, die man durch Einstecken gebrann-
ter Tonnägel mit farbigem Kopf in die Lehmkern herstellte.
Schwarz, weiß und rot, bildeten sie in Uruk vorwiegend Zick-
zack- und Rautenmuster, die einen Wandbehang aus Flecht-
matten nachahmten, während an einem Tempelpodest von
Tell Uqair in Mittelbabylonien (Dschemdet Nasr-Zeit) auf
diese Weise sogar die Pfeiler und Nischen eines Sakralbaus
nachgeahmt wurden. Menschen- und Tierfiguren aus Stein
oder Metall gaben Anlaß zu Einlegearbeiten anderer Art, die
die Lebendigkeit der Bildwerke erhöhen sollten: Bei Beterstatuetten bildete man die Frisur in Asphalt nach oder setzte
eine Goldperücke auf das Haupt; die Augenbrauen wurden
mit Asphalt, die Augäpfel mit weißer Muschel, die Pupillen
mit Asphalt, schwärzlichem Stein oder Lapislazuli eingesetzt,
und in el-Obed fand Hall 1918 vier lebensgroße Löwenfiguren, deren Zähne im aufgerissenen Rachen aus weißer Muschel-
masse bestanden, während die Zunge und die Pupillen aus rotem Jaspis, die Augäpfel aus Muschel und die Lider aus blauem
Schiefer nachgebildet waren. Die Königsgräber von Ur I zeigen diese Kunst auf dem Höhepunkt. Harfen und Leiern laufen
in Widder- und Stierköpfe aus Bronze, Lapislazuli und farbigem Stein aus; die Schallkästen zeigen Einlegearbeiten, die
geometrische Muster sowie Bilder von Tierhelden und Tier-

kapellen darstellten, ein hölzernes Spielbrett hatte bebilderte Felder, auf denen in Muschel und Lapis abwechselnd Löwen mit Hirschen oder Steinböcken, Ziegen am Lebensbaum und in einem Quadrat eine Rosette erscheinen, und ein anderes Spielbrett besitzt zwanzig mit ornamentalen Mustern von sechs Typen gekennzeichnete Felder. Der schönste Beleg für die Einlegetechnik der Ur I-Zeit, die uns auch im Ninchursang-Tempel von el-Obed begegnet, aber ist die sog. Mosaikstandarte, ein Holzkasten von 47:22 cm Größe, der – neben kleineren Bildwerken an den Schmalwänden – auf je drei Bändern der Vorder- und Rückseite in glänzender Arbeit Kriegszug und Siegesfest eines Sumererfürsten verherrlicht. In einer auf das Holz aufgetragenen Asphaltschicht sind als Untergrund blaue Lapisplättchen eingesetzt, gegen den sich die Figuren aus gelben Muschelstücken abheben; die Rinder tragen eine Decke aus rotem Kalkstein, Haare und Bart der dargestellten Männer sind schwarz eingelegt, und die Bildstreifen werden abwechselnd durch Rautenmuster-Leisten aus Lapislazuli und rotem Kalkstein gegeneinander bzw. vom Rand abgesetzt. Mit geritzter Innenzeichnung ist eine sehr lebhafte und plastische Bildwirkung erreicht, die dem vorhergehenden Entwurf des Künstlers gewiß Ehre machte und uns eine Vorstellung von echten Wandgemälden jener Zeit vermittelt[22]. Hierher gehört schließlich auch die chrysolithe Arbeit jener prächtigen Weihfigur von rd. 50 cm Höhe, die zwei antithetisch geordnete Ziegenböcke am stilisierten Lebensbaum darstellt und gleichfalls aus den Königsgräbern stammt. Der Baum besteht aus Gold (Elektron) auf Holzkern, die Figur des Bockes hat ebenso einen hölzernen Körper, der mit Silber überzogen ist, während Kopf und Glieder feine Goldplatten aufweisen. Für Hörner, Schulterteil und Bart sowie – in Verbindung mit Muschel – für die Augen wurde Lapislazuli verwandt, das Rückenfell schließlich in sorgsamer Schichtung aus weißer Muschel aufgelegt[23]. Aus späterer Zeit fehlen uns Belege dieser Technik; wir dürfen aber annehmen, daß die uns aus Reliefs, Siegelbildern und farbigen Wand- und Emailziegelgemälden bekannten großen Götterstatuen in ähnlicher Weise gearbeitet waren.

Weniger in Zerstörung und Plünderung, als vielmehr in der Vergänglichkeit der Farbstoffe[24] liegt es begründet, daß wir für die Malerei des orientalischen Altertums nur geringe Belege haben. Dies gilt um so mehr, als sogar durch günstige Bedingungen ausnahmsweise erhalten gebliebene Malwerke bei der Wiederfreilegung binnen Stunden verbleichen und nur durch sehr moderne und sofortige Methoden[25] zu konservieren sind. Günstiger liegen die Dinge bei der durch Brennen dauerhaft gemachten Buntkeramik des 4. und frühen 3. Jahrtausends, die in mehreren Stilprovinzen (Samarra, Tell Haláf, el-Obed, Dschemdet Nasr) und den Grundfarben Schwarz, Rot und Weiß, dazu den Zwischenfarben Braun, Orange, Gelb, Pflaumenrot und Violett arbeitete. Im geometrischen Muster wie im stilisierten Pflanzen- und Tiermotiv offenbaren sich hier schöpferische Ausdruckskraft und hoher Schönheitssinn.

Einige dieser wieder ans Licht gebrachten Stücke – sie sind z. T. durch Kriegseinwirkung endgültig verloren und nur noch im Bild erhalten – überschreiten die Grenze bester Handwerksarbeit und gehören unanfechtbar dem Reich der Kunst an. Aus Tell Haláf und dem frühen 4. Jahrtausend stammt ein wohl einst 30 cm hohes Trichterrandgefäß, das auf braunem Untergrund in Glanzmalerei und aufgesetztem Weiß eindrucksvolle Ornamentik zeigt, aus Samarra und etwa der gleichen Zeit eine 26 cm breite Schale in Mattmalerei mit Tiermotiven und einer hakenkreuzähnlichen Umrandung, und in Susa blieb ein herrlicher Becher erhalten, der (um 3200) mit dunklem Muster auf hellem Grund und in großartiger Band- und Felderteilung jagende Hunde, schwebende Großvögel und stehende, stilisierte Steinböcke mit riesigem, fast kreisförmigem Gehörn darstellt[26]. Noch einmal, ehe Relief, Rundplastik und Wandgemälde die Vasenmalerei vom Felde der Kunst verdrängen, hat diese 600 Jahre später in der ersten frühdynastischen Zeit bedeutsame Werke geschaffen, von denen je eins in Chafadschi und Tell Adschrab aufgefunden wurde. Es handelt sich einmal um einen etwa 40 cm hohen Mischkrug der sog. Scharlach-Ware mit mehrfarbiger Bemalung, dessen erhalten gebliebene Fragmente von 20 cm Höhe die Fläche durch breite Bänder aufteilen und diese Felder mit originellen geometrischen Mustern, stilisierten Pflanzen und Tieren, vor allem aber mit fünf Festszenen (vielleicht der ›Heiligen Hochzeit‹) ausfüllen. Da ist der Tierbeschützer mit zwei Ziegen, deren eine ein Zicklein säugt, eine Musikkapelle, das sich gegenübersitzende und mit Saugrohren aus einem stehenden Mischkrug trinkende Paar und als größtes Bild ein Viergespann mit doppelter Bemannung (wohl Fürst und Lenker); über die einzelnen Bilder verteilt, begegnen weitere Nebenfiguren wie Skorpion, Wildschwein, Vogel, Fisch und Fohlen. Alle Gestalten entfernen sich, der Stilneigung jener Epoche entsprechend, betont von der natürlichen Form, und die menschlichen Körper zumal sind nach dem sog. Sanduhr-Schema wiedergegeben. Das andere Belegstück (30 cm hoch) – gleichfalls sog. Scharlachware, die das ganze Gefäß mit einem hellen Scharlachrot überzieht, auf diese Grundfarbe dann große gelbweiße Felder bzw. breite Bänder setzt und in sie die Figuren rot oder schwarz hineinkomponiert – zeigt in geradezu moderner Stilisierung Sumpfpflanzen, Fische, Wasservögel und ziegen- oder antilopenartige Tiere, die um den Gefäßbauch herum einen zusammenhängenden Fries bilden.

Ein außerordentlicher Glücksumstand belehrte uns darüber, daß die altsumerische Blütezeit zu Beginn des 3. Jahrtausends durchaus auch die Wandmalerei kannte: An einer Podestwand des Heiligtums im mittelbabylonischen Tell Uqair blieb überraschenderweise in Wasserfarben – Orange, Rot, Scharlach, Gelb und Schwarz – auf weißem Grund das 90 cm hohe naturgetreue Bild eines sitzenden Leoparden und ebendort auf einer Treppenwange eine Wandmalerei erhalten, die eine zum Dach des Tempels hinaufsteigende Prozession von Priestern darstellt. Vier oder fünf Jahrhunderte jünger ist die Bemalung auf dem 20 cm hohen Fragment eines Stuckreliefs, das sich im archaischen Ischtartempel von Assur fand. Es zeigt die Göttin vor der farbigen Andeutung eines Wandteppichs als zierliche Frau mit schmaler Taille, breiter Hüfte, vollen Brüsten, schlankem Hals und verhältnismäßig großem Kopf und beweist insbesondere in der Wiedergabe des Hauptes

faszinierende Eigenart: Unter den stilisierten Lockenschnek-
ken der Frisur, die in rundlichen Haarwülsten endet, liegen
riesige Augen von gleichsam überirdischer Sehkraft, die weit
über die Modellierung des Kopfes hinausgezeichnet sind. Die
Bemalung ist in Schwarz, Rot und Weiß ausgeführt und deutet
eine getupftes Fransenhalstuch, weißen Mantel, Lendentuch
und reichlichen Schmuck an; die Körperbemalung erstreckt
sich auf Augen, Brauen, Brustwarzen und Nabel[27]. Das kostbare Fragment ahmt wohl eine Tempelstatue der Inanna-
Ischtar nach und gibt uns einen Einblick in Art und Umfang
der sakralen Malerei, der um so wertvoller ist, als nunmehr
bis zur nächsten Bezeugung ein Zeitabschnitt von fast
600 Jahren liegt.

Denn erst um 1700 meldet sich die altmesopotamische Malerei erneut zu Worte. Im Palaste Zimrilims von Mari konnten
vor allem an der Südmauer des quadratischen Haupthofes umfangreiche Stücke von Fresken auf weißem Gipsputz freigelegt und konserviert werden, die mit der Wiedergabe von
Randstreifen, Webekanten und zu Troddeln verknoteten
Fransen deutlich Wandteppiche nachahmen und deren Farben – vor allem Schwarz, Weiß, Rot und Ocker, daneben
Blau und Grün – noch heute von außerordentlicher Leucht-
kraft sind. Auf den erhaltenen Fragmenten (das umfangreichste ist etwa 3,36:3 m groß) werden die Investitur des
Königs vor Ischtar, Dattelernte, Quellgöttinnen und fürbittende Gottheiten, Vögel, Fische, Fabeltiere und Palmettbäume dargestellt; andere Fragmente zeigen einen Fischer
und eine doppelreihige Opferprozession, die von einer übermenschlich großen Gestalt (wohl dem König) angeführt
wird[28]. Tracht und Gesichtszüge der dargestellten Personen
deuten ebenso wie die Maltechnik darauf hin, daß hier neue,
westsemitische Einflüsse wirksam sind, und in der Tat gibt es
ähnliche Fragmente von Wandgemälden im zeitgenössischen
syrischen Alalah (Tell *Atschana*), die ihrerseits wiederum nach
Kreta hinüberweisen. Wir wissen nicht, inwieweit die zu
ihrer Zeit wohl sehr bewunderte Malkunst von Mari Schule
machte; daß ihre Art, Gobelins zu imitieren, Nachahmung
fand, sehen wir im 14. und 13. Jahrhundert v. Chr. an Wand-

gemälden in den Palastkorridoren des kassitischen Dūr-Kurigalzu, die in ungefährer Lebensgröße und den Farben Weiß, Gelb, Grau, Rot, Scharlach, Kobalt- und Preußisch-Blau sowie Schwarz lange Reihen von Höflingen und Offizieren abbilden. In anderer Weise waren – um 1450 – die Wände des Statthalterpalastes in der Churriterstadt Nuzi (bei Kerkuk) geschmückt. Hier fanden sich auf metopenartigen Feldern kleinen Ausmaßes in Rot, Rosa, Weiß und Schwarz die Darstellungen von Stierköpfen (Bukranien), hathor-ähnlichen Frauenhäuptern und Volutenbäumen.

Die mittel- und neuassyrische Wandmalerei hat dem technisch nichts grundlegend Neues hinzuzufügen, und auch thematisch zeigt sie sich wenigstens in Kar-Tukultininurta (um 1200) noch stark an die Überlieferung gebunden. Man malte auf Lehmputz mit dünner Stuckschicht, bediente sich der Farben Weiß, Rot, Blau und Schwarz, wählte als Ornamente Palmettwipfel, Lotos und Rosette und huldigte dem überkommenen Motiv des Lebensbaumes, der von Ziegen oder Vogelmenschen flankiert wird.

400 Jahre später begegnen wir den assyrischen Malern wieder, die nun die reliefierten Orthostatenreihen der Palastwände farbig gestalten, aber auch – als Ersatz oder Gegenstück zum Reliefschmuck – aus eigener Kraft die Wandsockelstreifen mit ihren Entwürfen verzieren. Ihre Motive, die wir aus den Provinzpalästen von Til Barsib bei Karkemisch (heute *Tell Achmar*), von Chadatu, aus Dūr-Scharrukin und Kalach kennen, beziehen sich, wie für diese Zeit nicht verwunderlich, auf den König, den Genien und Schutzdämonen umgeben und der als siegreicher Feldherr und großer Jäger gefeiert wird. Eine dieser Reihen aus dem Palast von Til Barsib, die in drei Abschnitten und mit den Farben Schwarz, Rot, Blau und Violett die Vorführung von Kriegsgefangenen darstellt, ist nicht weniger als 22 m lang. Ornamentfriese dienen zur Vervollständigung und künstlerischen Ergänzung der Wirkung. Im Sargonpalast von Chorsabad, wo das Blau vor Rot, Grün, Schwarz und Weiß vorherrscht, erreichen diese Friese die Breite von 5–6 m und werden stelenartig von einem noch einmal 5 m emporragenden, oben

abgerundeten Rechteck mit der Darstellung des anbetenden
Herrschers von Assur bekrönt – eine Komposition, die zum
mindesten durch ihre Farbenpracht und Monumentalität
großen Eindruck auf den Beschauer gemacht haben wird.
Künstlerisch bedeutsamer sind Reiterstudien von großer Lebendigkeit, die sich – in leider sehr schlechtem Erhaltungs-
zustande – unter den Malereien von Til Barsib fanden.

Besser konservierten sich durch ihre dauerhafte Glasur die
Schmelzziegelgemälde an den Mauern neuassyrischer und
chaldäischer Herrschersitze und Prachttore sowie ähnlich ge-
fertigte Kultgeräte – etwa ein Altar aus buntglasierten Ziegeln
in Tell Haláf – und Prunkgefäße, die z. T. heute noch in
strahlender Farbenpracht erscheinen. Wohl ägyptischen Ursprungs und im Zweistromlande etwa seit Adadnarari I.
(um 1300) heimisch, begegnet diese Emailmalerei an der
Front des Reichsgottheiligtums in Assur, im Palast Assurnaßirpals II. zu Kalach, im dortigen Südostpalast und in
Dūr-Scharrukin, wo Portale und Eingangsfassaden mit monumentalen Reliefs aus Emailziegeln geschmückt waren. In der
Farbskala rückt Türkis- und Dunkelblau in den Vordergrund,
nach ihm rangieren Schwarz, Weiß, Gelb und Grün, während das Rot zurücktritt und überdies durch Verwitterung
heute oft als Grün erscheint. Zur Zeit Salmanassars III. waren
auch die Mauerzinnen von Assur mit Emailfarben verziert,
und ebenso leuchteten die als ornamentale Elemente in der
assyrischen Architektur beliebten Wandknäufe (*sikkáti*) in
bunten Schmelzfarben. Ihren Höhepunkt erreichte diese
Fayencemalerei im Babylon Nebukadnezars II., wo die Fassade des Stadtschlosses, das Ischtartor und die Prozessionsstraße oberhalb des Sockels großartige, bis 2,5 m hohe Relief-
friese in Schmelzfarben trugen. Je ein Wildstier und ein
Marduk-Drache (*muschchuschschû*) bewachten, die Häupter
gegen die Toröffnung gerichtet, auf beiden Seiten in mehreren übereinanderliegenden Feldern den Eingang, und die
Prozessionsstraße trug beiderseits in schier endlosen Reihen
zwischen Rosetten und Volutenbändern die Bilder schreiten-
der Löwen mit aufgerissenen Rachen in der gleichen herrlichen Buntglasur aus den Farben Weiß, Gelb, Rot, Hell-

und Dunkelblau und Schwarz[29]. In einem assyrischen Privat-
hause des 8. Jahrhunderts fand sich des weiteren ein Ziegel-
orthostat von 56 cm Höhe mit der blau, gelb und weiß gehaltenen Fayence-Darstellung eines betenden Großen vor
dem Reichsgott, und W. Andrae konnte in Assur jene prachtvollen Emailvasen, -flaschen und -eimer mit ihren schönen
blaugrünen Tönen bergen, die zierliche Pflanzenornamente
oder die beliebten Motive der Flügelsonne, des Palmett-
wipfels, der Rosette oder des Lebensbaumes mit Wildziegen
darbieten. Der berühmte Ausgräber selbst hat sie – wie viele
andere der hier besprochenen assyrischen Malereien – in den
schönen Reproduktionen eines Mappenwerkes ›Farbige
Kunst aus Assur‹ gesammelt und damit auch diese letzte,
strahlende Provinz altmesopotamischer Bildkunst der Vergessenheit entrissen[30].

XI

GÖTTER, KULT UND FRÖMMIGKEIT

Vier Jahrhunderte lang haben Sumerer und Semiten –
offenbar meist friedlich – miteinander gelebt. Die ersteren
trafen gewisse Grundformen der Zivilisation und Kunst an,
andererseits standen die letzteren auch nach dem völkischen
Erlöschen des Sumerertums noch lange unter dem beherrschenden Einfluß der von jenen errichteten Kultur. Am stärksten gilt das für den stets besonders konservativen Bezirk
der Frömmigkeit: sumerische und babylonische Religion sind unlöslich ineinander verflochten und lassen sich
nicht säuberlich trennen. Es mag sein, daß die Sumerer mehr
den chthonischen Gottheiten geneigt, Babylonier und Assyrer stärker den astralen Göttern zugewandt waren; die betonte Hervorhebung des ethischen Charakters der Götter im
semitischen 2. und 1. Jahrtausend hinwiederum ist jedoch
gewiß nicht unter völkischen Aspekten, sondern unter solchen
der geistigen Entwicklung zu sehen. Die großen vorgeprägten

Gestalten des sumerischen Pantheon bewahrten – vergleichbar den Griechengöttern im Bannkreise Roms – vielfach bis zuletzt ihre Macht; sie wechselten gegebenenfalls ihren Namen – Schamasch statt Utu, Adad statt Ischkur, Ischtar statt Inanna bzw. Innin und verwandter Göttinnen –, ohne dabei aber ihren Grundcharakter als Kulturgottheiten wesentlich zu verändern. Ja, man kann beobachten, daß sich echte Semitengötter wie etwa Dagan oder Amurru meist nicht lange zu halten vermochten. Sogar Marduk und Nabû sind wahrscheinlich sumerischer Abkunft, und Assyriens Reichsgott konnte sich trotz der einzigartigen Machtstellung seines Staatswesens nur schwer gegen Marduk behaupten und wurde in Babylon nie verehrt. Babels letzter König, Nabuna'id, kehrte zur bevorzugten Verehrung des altehrwürdigen Mondgottes von Ur und Charrān, des sumerischen Nanna-Sin, zurück. Ausnahmen wie etwa die kriegerische Ischtar der Akkader und Assyrer und vielleicht der Wettergott Adad in seiner typischen und markanten Form bestätigen nur die Regel. Die Tempel bewahrten ihre seit Urzeiten heiligen Plätze und Bezirke, und die Beibehaltung der meisten alten Kultformen, vor allem aber des Sumerischen als gottesdienstlicher Sprache, tat ein übriges, um dem religiösen Leben Altmesopotamiens durch die Jahrtausende jeden Bruch zu ersparen. Andererseits erleichterte die altorientalische Toleranz in Glaubensdingen das Einströmen frischen Lebens und die Aufnahme neuer, naturgemäß vorwiegend semitischer Impulse, womit einem vorzeitigen Erstarren der Religion vorgebeugt wurde.

Was im allgemeinen gilt, trifft auch im einzelnen mit erstaunlicher Genauigkeit zu: Das Bild, das man sich von den Göttern machte, bleibt über lange Zeit außerordentlich konstant. Die Vorstellung von Gottheiten in Tiergestalt, die in Ägypten nie vollständig eliminiert wurde, scheint an den zwei Strömen zwar einst vorhanden, aber spätestens im Verlauf des 4. Jahrtausends abgeklungen zu sein. Nur schattenhaft wirkt in der Symbolik der Siegelbilder und Kultreliefs, den Monstrefiguren und dem Motiv der auf Tierrücken stehenden Götter die Erinnerung an solche tiergestaltigen Gottwesen (Löwe, Stier, Widder, Steinbock, Adler, Schlange, Fisch, Skorpion) nach. Die historischen Jahrtausende formen sich, soweit sie nicht überhaupt Symbolen den Vorzug geben, wie fast alle Hochkulturen ihre Götter in Menschengestalt, wobei die überirdische Allwissenheit zuweilen in Doppel- oder Viergesichtern januskopfartig zum Ausdruck gebracht wird.

Aus verständlichen Gründen blieben uns die repräsentativen Großstatuen der Tempel nicht erhalten; Hinweise für ihr ungefähres Aussehen geben uns aber zunächst einige Stand- und Sitzbilder geringeren bis kleinen Formats aus Stein oder Bronze[1]. Neben einigen wenigen Malereien und Ritzzeichnungen wie etwa den schönen Libationsszenen aus Nippur[2] haben uns sodann vor allem Reliefdarstellungen und Tausende von Rollsiegeln Götterbilder in großer Zahl bewahrt. Nach ihnen sahen die Gottheiten Sumers, Babylons und Assurs wie Könige oder Fürstinnen aus, erscheinen als Helden in kräftigem Mannesalter oder als Greise bzw. als Mädchen oder junge Frauen mit hoheitsvollem, meist unbewegtem, vorwiegend im Profil gegebenen Antlitz, das bei Göttinnen zuweilen durchaus liebliche Züge tragen kann. Auf Haar- und Barttracht – die männlichen Gottheiten haben oft einen langen Bart – ist großer Wert gelegt. Die ›nackte Göttin‹ begegnet verhältnismäßig selten und stets nur als Nebenfigur; sie wird – oft in stilisierter Strichzeichnung – en face mit langer Locke, breiter Hüfte und betontem Nabel dargestellt und hat mit Inanna-Ischtar unmittelbar nichts zu tun, scheint vielmehr oft mit Nergal verbunden zu werden.

Das hervorstechendste, wenn auch nicht unbedingt erforderliche Kennzeichen göttlichen Wesens ist die merkwürdige, bei Fruchtbarkeitsgottheiten gern mit Blüten ausgeschmückte Kopfbedeckung der Hörnerkrone – eine flache, kegel- oder tiaraförmige Mütze mit an den Seiten abstehenden oder die Stirn umrahmenden und über ihr zusammenstoßenden Rinderhörnern, die, immer paarweise, ein- bis vierfach auftreten. Die Zahl der Hörner scheint mindestens zeitweise den Rang der betreffenden Gottheit anzudeuten[3].

Ein anderes Kennzeichen übermenschlichen Wesens sind oft aus den Schultern hervortretende Attribute wie Strahlen, Blitze, Waffen, Schlangen, Drachenköpfe, Pflanzen und Wasserstrahlen, die uns besonders auf sumerischen und altbabylonischen Darstellungen begegnen. Da sind weiter die sorgfältig längsplissierten Göttergewänder, das sog. Falbelkleid mit mehreren ›Volants‹ und schließlich die Waffen oder Geräte, die sich in den Händen der Götter befinden. Als solche begegnen Szepter verschiedener Gestalt, Sichelschwerter, Streitkolben, Dolche und andere Waffen, Ring und Stab, der Pflug oder Vasen mit sprudelndem Lebenswasser; Schamasch führt gern die Säge als Erkennungszeichen. Beigegebene, meist über den Gottheiten angebrachte Embleme bestimmen sie näher. Schon aus alter Zeit kennen wir das Schilfringbündel der Inanna, das das Vorbild zu ihren Schriftzeichen abgab, und den »Ringträger«, sodann Mondstandarte, Sonnenscheibe, Flügelsonne, Mondsichel, Stern und Blitz; da gibt es Augensymbole, Lampen, Kreuze verschiedener Form und die Bilder mannigfacher Tiere wie Hund, Fisch, Skorpion, Heuschrecke, Biene oder den seltsamen ›Ziegenfisch‹ Enkis.

Die Gottheiten stehen hochaufgerichtet auf einem Podium, in einem Kultboot, dessen Vordersteven manchmal die Form eines Drachen hat, auf den Rücken von Stieren, Löwen oder Fabeltieren, Sin auf der Mondsichel; sie haben oft einen Fuß auf einen Berg oder einen lagernden Löwen gestellt; am häufigsten aber thronen sie auf ihrem erhöhten Sessel – zuweilen in einem umrißhaft gezeichneten ›Berg‹. Doch führt uns die sakrale Bildkunst die Überirdischen ebenso in Bewegung vor: Schamasch steigt aus den östlichen Bergen empor, Ackergötter pflügen, niedere oder fürbittende Gottheiten treten mit zum Gruß erhobenen Händen ein oder geleiten den Adoranten vor den thronenden Gott, andere kämpfen gegen Tiere, Fabelwesen oder Dämonen. Selten sind sie allein: Sie halten Hof, empfangen ihresgleichen oder Anbeter, trinken paarweise mit dem Saugrohr aus dem zwischen ihnen stehenden Mischkrug oder führen eine Prozession an. Tiere, Fabelwesen, heilige Bäume, Pflanzen und Embleme aller Art umgeben sie. Erst in der spätassyrischen

Zeit haben Siegelkünstler danach getrachtet, in ihrem Bild die Transzendenz der Gottheit auszudrücken: Es gibt Siegelbilder, die den Gott über der Szene – etwa einem Lebensbaum mit antithetischen Anbetern – in einer Gloriole schwebend darstellen. Wie eindrucksvoll auf den Bildwerken die farbige Bemalung wirkt, können wir aus den erhaltenen Resten von Gemälden (s. o. S. 264 ff.) entnehmen.

Begnügt sich die Volksfrömmigkeit mit dem sichtbaren Bilde, mit der diesseitigen Erscheinungsform der Götter, so stand ihr in der Hochreligion gewiß eine vergeistigte, vom Anthropomorphen wegstrebende Auffassung gegenüber, die das transzendente Wesen des Göttlichen im Emblem, im hypostasierten Namen, im Gestirn oder gar im abstrakten Begriff der Zahl zu erfassen suchte. Wo es aber auch sei – kaum je begegnen wir der Vertraulichkeit des ›Herrgottswinkels‹ oder der orthodoxen Ikone. Und in der Tat sind die bestimmenden Komponenten im Wesen der altmesopotamischen Götter unnahbare Erhabenheit und unerbittliche Strenge. Die Götter in ihrer Gesamtheit lieben die Menschen nicht, sondern lassen sie nur als untertänige Diener gelten, und die wenigsten erbarmen sich ihrer bei besonderen Gelegenheiten. Indes gibt es Ausnahmen: Schamasch hat die Gerechtigkeit auf sein Panier geschrieben und hilft den Bedrängten, und Enki-Ea sowie sein Sohn Marduk sind gütige Götter, denen sich die Irdischen mit ihren Sorgen nahen dürfen und die ihnen zu helfen geneigt sind. Doch die ehrfürchtige Scheu, die Angst der Sterblichen bleibt übermächtig: Man naht den hohen Göttern am liebsten nur mit Hilfe geringerer, umgänglicherer Gottheiten oder des persönlichen Schutzgottes, denen man seine Bitte vorträgt und die sie dann an die höhere Instanz weitergeben – wie das die ›Einführungsszenen‹ der Siegelbilder zu Hunderten zeigen. Denn der Wille der Götter ist unberechenbar und ihr Walten dem Menschengeist nicht begreiflich; zwar essen, trinken, schlafen, lieben, erkranken und streiten die Überirdischen wie Menschen, aber sie sterben nicht, stehen jenseits jeder Norm, und erst im 2. Jahrtausend setzt sich die Anschauung allgemein durch, daß sie gerecht walten. Anu und Enlil beauf-

tragen Hammurabi, dem Recht im Lande Geltung zu verschaffen, »daß der Starke den Schwachen nicht bedrücke«;
und Schamasch wird zum weisen, allwissenden Richter Himmels und der Erden. Dem widerspricht nicht, daß schon
nach sumerischem Glauben bestimmte Götter sich den Schutz
des Rechtes angedeihen ließen. Ja, ursprünglich dürfen wir
annehmen, daß jeder Stadtgott Altsumers das Recht seiner
Tempelgemeinde garantierte.

Denn offenbar haben sich Charakter und Wirkensbereich
der Götter im Zweistromland erst im Lauf der politischen
Entwicklung differenziert; zunächst vertrat der Gott als Herr
der souveränen Stadt, jeweils die ganze Fülle göttlicher
Wesenheit nach Macht, Recht und Pflichten, wie denn überhaupt die irdische Ordnung von Staat und Stadt der himmlischen entsprach und ihr – freilich unvollkommenes – Abbild
war. Hatte doch jede Gottheit von einigem Ansehen ihr Äquivalent am Sternenhimmel, der in drei Zonen aufgeteilt war
und den großen kosmischen Herrschergöttern unterstand.
Das Zusammenwachsen der autarken Städte zu Großstaaten
zog die Schaffung eines Pantheons nach sich, an dessen Spitze
der Gott der jeweils vorherrschenden Stadt stand. Jenseits
der politischen Ebene aber schufen die Theologen ein bestän-
diges System, das sich mehr und mehr durchsetzte und in
großen Götterlisten niedergelegt wurde. In ihm stellt man
der konkreten – im Emblem oder Götterbild sichtbaren –
Wesensform der Gottheiten die astrakte gegenüber, die
kosmische, chthonische oder astrale Züge, solche der Natur-
gewalten, aber auch der Berufe und Handwerke und der bestimmenden Komponenten des Menschenlebens wie Liebe,
Zeugung und Geburt in sich schloß. Der wachsende Synkretismus – die Vermischung und Gleichsetzung der Götter-
gestalten und der sie betreffenden Vorstellungen – förderte
andererseits eine monolatrische Tendenz der Art, daß der
Gläubige seine Verehrung auf den Gott seiner Stadt, seiner
Familie oder seiner freien Wahl konzentrierte und in ihm
mehr oder weniger alle anderen Götter anschaute und umfaßte.
Eine solche Entwicklung war zwangsläufig und der gegebene
Ausweg aus dem Irrgarten eines Götterhimmels, der bald nach

Hunderten und schließlich nach Tausenden von Gottheiten zählte[4]. Die babylonischen Theologen teilten sie später in je 600 Himmels- und Unterweltsgötter (Igigi und Anunnaki) ein. Natürlich wechselten die Beliebtheit und der Verehrungsgrad der Gottheiten ständig, und in einem freimütigen Eklektizismus entschied sich auch der jeweilige Herrscher für eine übersehbare Zahl von Göttern und Tempeln, denen er seine Pflege angedeihen ließ: Hammurabi nennt im ›Wohltatenkatalog‹ seines Gesetzesprologes 28 Götter bzw. Tempel, in der Fluchliste des Epilogs deren 12 (wobei Marduk auffälligerweise fehlt); Sargon II. von Assur läßt in Dūr-Scharrukin Tempel oder Kapellen für Nabû, Adad, Ea, Sin, Ningal, Ninurta und Schamasch (nicht für Assur!) errichten und ruft in seinen Inschriften mit Vorzug die Götterdreiheit Assur, Nabû und Marduk an.

Die fortschreitende Erschließung der sumerischen Literatur ermöglicht es uns heute, wenigstens einen ungefähren Eindruck von Sumers Götterwelt vor der Systematisierung des Pantheons zu gewinnen – zu einer Zeit also, da sich die Stadtgötter noch mehr oder weniger souverän gegenüberstanden und ihr Machtbereich ausschließlich politisch bestimmt war. Uruks Fürst tritt auf der Kultvase an der Spitze der Prozession vor Inanna auf; Ummas Göttin Nisaba steht zur Urukagina-Zeit gegen Ningirsu von Lagasch, Zababa handelt für Kisch, Nanna für Ur und Tischpak für Eschnunna. Jedem Gott ist eine Hauptgemahlin und bald auch eine Reihe von Nebenfrauen zugeordnet; er besitzt Kinder und Gesinde, und in einer schnellen Entwicklung ist es mit der urtümlichen Monolatrie der Tempelstadt und der Ranggleichheit der Götter binnen kurzem vorbei. Wenn Mesilim unter dem Titel eines ›Königs von Kisch‹ den Bau eines Tempels für Ningirsu, den Gott von Lagasch, anzeigt, so weist dies auf eine beginnende Pantheon-Bildung hin, und vielleicht hat schon zur Zeit der sumerischen Landnahme Enki, der Herr der ›göttlichen Kräfte‹, eine überragende Rolle gespielt, aus der er dann durch Ischtar von Uruk und später durch Enlil von Nippur verdrängt wurde. Klarheit gewinnen wir tatsächlich erst mit den Götterkatalogen; in ihnen prä-

sentiert sich uns neben zahllosen geringeren eine Reihe von
– gern zu Triaden verbundenen – Hauptgottheiten, auf deren
Betrachtung wir uns hier beschränken müssen.

Den obersten Rang nehmen dabei die großen kosmischen
Götter An, Enlil und Enki/Ea ein, deren Domänen einmal
der Himmel, zum anderen das Luftreich mit der Erde und
schließlich der die Erdscheibe tragende Süßwasser-Urozean
sind und die alle drei als Götterväter und Schöpfergottheiten
gelten. Von ihnen ist An (akkadisch Anu), dem in der Zahlen-
spekulation der Theologen die 60 als Vollzahl des Sexagesimalsystems zugeordnet wird und als dessen Symbol die auf
dem Thron ruhende Hörnerkrone gilt, der ganz Ferne, der
›Hochgott‹ und Schützer der kosmischen Ordnung; sein
heiliges Tier ist der Stier, sein himmlischer Haushalt umfaßt
an die 80 Personen. Von ihm empfangen die Götter ihre Gesetze, während er sich um die Menschen nicht kümmert, ja,
als Schöpfer furchtbarer Dämonen ihnen gar feindlich ge-
sinnt ist. Seine Gemahlin trägt den – unprägnanten – Namen
Antu, seine Tempel standen in Uruk, Dilbat, Lagasch, ferner
in Dēr und Assur, wo er freilich das Heiligtum mit dem
Schlangengott Sachan (Nirach) bzw. dem Wettergott Adad
teilen mußte. In der Tat scheint sein Kult nie bedeutend gewesen zu sein und wurde z. B. in Uruk von dem der Inanna-
Ischtar, die zur ›Himmelsherrin‹ aufrückte, vollständig über-
flügelt. Er erlebte verwunderlicherweise in der Seleukidenzeit
noch einmal einen Aufschwung, da man damals An und Antu
mit Zeus und Hera identifizierte. Ungleich aktiver und bald
der Reichsgott Sumers ist der furchtbare Sturmherr Enlil,
Besitzer der ›Schicksalstafeln‹, Schöpfer, gütiger Erhalter und
zorniger Vernichter in einem, der aus Selbstzeugung ent-
standene ›Herr der Länder‹, der bis zur altbabylonischen Zeit
unbestrittene Prävalenz hat. Ihm gehört die Zahl 50 (die er
wie seine 50 Namen später an Marduk abtritt), seine Hauptgemahlin ist Ninlil, neben der 10 weitere Gattinnen erscheinen, und er beansprucht die Vaterschaft der meisten bedeutenden Götter wie Adad, Nanna-Sin, Nergal, Ningirsu,
Ninurta, Schamasch oder Zababa. Sein Haupttheiligtum Ekur
(›Berghaus‹, so wie der Gott selbst ›Großer Berg‹ heißt) stand

in Nippur, andere Kultstätten lagen in Uruk-Kullaba, Babylon, Assur und im elamitischen Aratta. Sein Dienst wurde im Verlauf des 2. Jahrtausends durch den Marduks, in Assyrien allmählich durch den Assurs verdrängt, denen er wie An in den entsprechenden Ausgaben des Weltschöpfungsepos offiziell seine Macht überträgt. Das letzte Glied der kosmischen Trinität, der uralte, weise Enki-Ea, zeigt weit stärker als Enlil gütige Züge. Er ist der Herr des Apzû, d. h. des Süßwasser-Ozeans, der Quellen und Brunnen speist, und wird als Spender des Wassers, das auch als Reinigungsmittel im Beschwörungsritual eine beherrschende Rolle spielt, zum Meister der Entsühnungsriten. Alle Kunstfertigkeit, Schrift, Haus- und Städtebau, Landwirtschaft und jede irdische Ordnung geht auf ihn zurück. Ihm ist die Zahl 40 zu eigen, seine Gemahlin ist Ninki (›Herrin des Unteren‹) oder Damgalnunna, als sein Symbol gilt der Ziegenfisch, als sein heiliges Tier der Steinbock. Neben Tammuz, Adapa und Nansche erscheint Marduk als sein berühmtester Nachkomme. Enkis Zentraltempel stand in Eridu; aber auch in Schuruppak, Lagasch, Kisch, Larsa, Babylon, Borsippa, Assur und sogar, wie es heißt, auf der Insel Tilmun wurde sein Kult gepflegt.

Eine zweite, nicht weniger bedeutende – da den Menschen schon eher zugängliche – Götterdreiheit hat astralen Charakter und umfaßt den Mondgott Nanna-Sin, den Sonnengott Utu-Schamasch und die im Venusstern angeschaute Liebes- und Fruchtbarkeitsgöttin Inanna-Ischtar, die auch kriegerische Züge annehmen kann. Der Kult dieser drei Gottheiten, von denen Inanna auch dem chthonischen Bereich verhaftet blieb, hat sich durch fast drei Jahrtausende gehalten. Sin, vor allem in Ur und Charrān verehrt, galt als Sohn Ans und Enlils und als Vater des Schamasch; er wurde als freundlicher Erleuchter der Nacht, als Orakelspender, als ›sich selbst erneuernde Frucht‹ und ›allesgebärender Schoß‹ gepriesen. Die wechselnden Mondphasen verliehen ihm die Symbole der Sichel, des Schiffes, der Niere, der Tiara oder des gehörnten Stieres; zeigte er einen Hof, galt er als ›Besitzer der Hürde‹. Ningal war seine Hauptgemahlin, die 30 seine Zahl. Schamasch mit den Heiligtümern in Larsa und Sippar, Gatte der Aja und mit der Zahl 20 verbunden, war Kriegsgott und Erbauer von Stadt und Haus, weise und allwissend und daher seit alters vor allem der Wahrer des Rechts und der Gerechtigkeit, als welcher er zum barmherzigen Helfer und Schützer der Menschen aufrückte. Inanna-Ischtar (Zahl 15), die Göttin des Morgen- und Abendsterns, bei den Sumerern Muttergöttin, Herrin der Tiere, Geburtshelferin und Göttin der Liebe und Wollust, doch auch ›jungfräuliche‹ Himmelsherrin und als solche eng mit An verbunden, erhielt in Akkad und Assur betont kriegerische Züge, wurde aber als Ischtar von Ninive auch Heilgöttin – eine umfassende Göttergestalt, die man als Inhaberin aller göttlichen Gewalt pries und die über kurz oder lang fast alle weiblichen Gottheiten verwandten Wesens (Ninchursang, Baba, Mach [Bēlet-ilī], Nanā, Nintu, Scherua und andere) in sich aufnahm. Als ihr klassischer Geliebter gilt der »Hirte« Dumuzi-Tammuz, dessen Rolle als Vegetationsgott trotz gewisser Einwendungen kaum abstreitbar ist, und die Vereinigung dieses Paares stellt wohl den Urtyp der viel gefeierten ›Heiligen Hochzeit‹ dar, die symbolhaft Leben und Fruchtbarkeit dieser Welt erneuerte. Zwar gab die wankelmütige Göttin nach dem jetzt bekannten Schlußtext ihren Geliebten preis, beklagte aber danach bitter seinen Verlust – und die Frauen von den zwei Strömen bis nach Syrien und Palästina taten es ihr im Hitzemonat Tammuz (Juni/Juli) bis zu Ezechiels Zeit hin (Ez. 8, 14) nach. Die Ischtartempel, die in kaum einer Stadt Mesopotamiens fehlten, dürften Hauptplätze der kultischen Prostitution gewesen sein; beim Heiligtum der Göttin in Assur wurden Bleiplaketten mit obszönen Darstellungen gefunden.

Ähnlich wie Ischtar, als deren ›Brautführer‹ er erscheint, hat ein anderer großer Gott und Enlilsohn, nämlich der große Krieger Ninurta, eine Anzahl wesensverwandter Gottheiten (Ningirsu, Urasch, Zababa und andere) in sich aufgenommen. Man feierte ihn sowohl als Bauerngott wie als Drachenkämpfer und Besitzer sagenhafter Waffen und diente ihm sowohl in vielen babylonischen Städten wie vor allem in Assyrien, wo sein wichtigstes Heiligtum in Kalach stand. Seine Hauptgemahlin war die Heilgöttin Gula, die zugleich als seine Mutter galt; unter den Planeten suchte man ihn im Saturn, am Fixsternhimmel im Sirius. Vor den Herrn der Unterwelt treten wir bei Nergal, dem oft mit Erra identifizierten Pestgott, der Ereschkigal im Kampf besiegte und danach ihr Gemahl wurde; sein Haupttempel Emeslam stand in Kutha. Wohl die vernichtende Kraft der Sonne darstellend, war er der große Verderber durch Seuchen und Krieg, der von zweimal sieben tödlichen Dämonen begleitet wurde. Doch hatte auch er einen positiven Aspekt: Er half dem König im Kampf, besiegte die bösen Mächte und warf sich zuweilen sogar zum Beschützer der Menschen auf. Sein Name, der übrigens auch im Alten Testament erscheint, war noch zu nachchristlicher Zeit im Kult von Palmyra bekannt.

Alle diese großen Gottheiten – und noch hunderte andere – gehören dem sumerischen Pantheon an und gingen aus ihm in den Götterhimmel der Semiten über. Ein Herrschergott echt semitischer Abkunft dagegen war Dagan, der zur Zeit der Akkadkaiser an Enlils Stelle trat und später erneut von den Westsemiten bevorzugt wurde; am Anfang des 2. Jahrtausends spielt er in Isin, Mari, Terqa, Babylon und Assur eine bedeutende, wenn auch befristete Rolle, erscheint aber ebenso in Ugarit, Phönizien und seltsamerweise um 1100 noch einmal als Dagon bei den Philistern Südpalästinas. Langlebiger war der Westsemitengott Adad, den man mit dem sumerischen Ischkur und dem churritischen Teschup gleichsetzte und von der altbabylonischen bis zur neuassyrischen Zeit mit großer Beharrlichkeit verehrte. Gott der Wettererscheinungen, spendete er im Regen Fruchtbarkeit, doch überwogen mit Blitz, Donner, Sturm und Flut seine zerstörenden Züge, die sich in der Sintflut austobten und ihn in Assur zum Kriegsgott stempelten. Die Götterlehre verband ihn eng mit Enlil und pries ihn auch als Schicksalsbestimmer, Richter und Herrn der Orakel. Sein heiliges Tier war der Stier, auf dessen Rücken stehend man ihn gern darstellte; Blitzbündel und Axt sind seine Waffen. Gatte der Schala, hatte er seine Tempel überall im Lande; am bekanntesten waren die von Ennigi, Babel, Borsippa, Assur (hier zusammen mit An) und Aleppo. Seine heilige Zahl war die

Grundzahl des Sexagesimalsystems, die 6. Ihm gegenüber ist
Nabû, der Herr des großen Heiligtums Ezida in Borsippa,
ein weiser und barmherziger Gott, der die Weltordnung auf-
rechterhält, die Schicksalstafeln trägt, das Böse bekämpft und
vor allem Schrift und Schreiber schützt. Sein Kult gehörte
zeitweilig zu den mächtigsten im Lande, in Sargons II.
Gründung Dūr-Scharrukin hatte er einen eigenen Tempel
mit Zikkurat, und noch die großen Chaldäerherrscher führen ihn in ihrem Namen. Die babylonischen Theologen
machten ihn, dem man als Gemahlin die gnädige Fürspre-
cherin Taschmētu (›Erhörung‹) zur Seite setzte, zum Sohn
Marduks und Teilhaber seines umfassenden Kultes.

Wir sind damit bei dem babylonischen Reichsgott, der
eindrucksvollsten Gestalt des altmesopotamischen Pantheons,
dem Herrn des Großtempels Esangila und des Stufenturms
Etemenanki, angelangt, dessen Priesterschaft den bedeutendsten Einfluß ausgeübt hat und in dessen Kult die babylonische
Religion gipfelt. Dabei war Marduk zunächst – wie Assur –
ein Emporkömmling unter den Göttern des Landes, der un-
bedeutende, um 2000 zum erstenmal erwähnte Stadtgott von
Babylon, dessen Aufstieg erst mit der Reichsgründung Hammurabis begann. Und auch da vollzog er sich zögernd⁵. Dennoch begann nun ein unerhörter Aufstieg des jungen Gottes,
der ursprünglich wohl die Frühsonne verkörperte. Das
Weltschöpfungsepos pries Marduk als Überwinder des
Chaos, ließ Anu und Enlil ihm ihre Würden und Kräfte
verleihen und alle Götter dem Vernichter der Tiamat und
Neuordner des Kosmos als Dank den Tempel Esangila bauen.
Zum Sohne Eas erklärt, übernahm Marduk weiter dessen
Schöpferkraft, Weisheit, Beschwörungskenntnis und Güte,
und seine 50 Namen zeigten ihn als universalen Gott, der
dennoch ein echter Hirte der Völker und Freund der Menschen sein wollte. Eine offenbar schnell und großartig ausgebaute, publikumswirksame Theologie machte den Mar-
dukkult gegen alle Schicksalsschläge immun. Er überstand
die Plünderung Babylons 1531 durch die Hethiter und die
wohl mit ihr zusammenhängende Wegführung seines Kult-
bildes (und desjenigen seiner Gemahlin Szarpanitu, der

›Glänzenden‹) euphrataufwärts bis nach Chana[6]. Als drei
Jahrhunderte später, 1240, Tukultininurta I. Babel zerstörte
und das Mardukbild erneut wegführte, tat er dies, um ihm in
Assur gesteigerte Verehrung angedeihen zu lassen und damit
gleichsam seine eigene Herrschaft über Babylon zu legalisieren.
Denn schon längst diente man Marduk auch hier: Um 1350
tragen zwei Eponymen Marduknamen, ist ein Heiligtum des
Gottes in Assur bezeugt, und die Heiratsallianz Assuruballits I.
(um 1350) mit Babylon wird seine assyrische Verehrung nur
intensiviert haben. So glitt denn die Zerstörungswut Sanheribs, der 689 Babylon dem Erdboden gleichmachte, die
Tempel niederreißen und die Götterbilder nach Assyrien ab-
transportieren ließ, an Marduk und seinem Kult wirkungslos
ab, und schon Sanheribs der väterlichen Politik abholder
Sohn Asarhaddon baute Babylon schöner wieder auf. Sanheribs gewaltsames Ende – er starb wie jener andere Schän-
der der heiligen Stadt, Tukultininurta I., durch Mord –
stärkte nur den Glauben an Allgewalt und Unantastbarkeit
des großen Gottes, dem noch Kyros beim Einzug in Babylon
539 mit höchster Achtung begegnete und ›auf dessen Verehrung er täglich bedacht‹ war. Garant des babylonischen
Königtums, dessen Zeremonien sich auch die Herrscher des
assyrischen Großreiches meist unterzogen, war Marduk
Schöpfer und Erhalter der Weltordnung, Herrscher, Völker-
hirt und Richter, Orakelgeber, Schicksalsbestimmer und Beschwörer, und die monotheisierende theologische Spekulation seiner Priester führt dazu, die einzelnen Eigenschaften
und Fähigkeiten ihres Gottes mit dem Wesen der anderen
Götter zu indentifizieren. Fern von solchen wenig geist-
reichen Versuchen, die überragende Größe des Gottes darzutun, hat jedoch die Mardukfrömmigkeit ein hohes und
eindeutig ethisch geformtes Gottesbild geschaffen. Babylons
in Esangila verehrter Gott ist ein Feind alles Bösen, der von
den Menschen sittliches Verhalten fordert, ein gnädiger Helfer und Wohltäter, ein erhabener Weiser voller Barmherzig-
keit, der den Kranken Heilung und den Sündern Vergebung
schenkt; Gebete an Marduk haben uns Töne echter, zeitloser
Frömmigkeit aufbewahrt. Dem höchsten Herrn stand am

Himmel der Königsplanet Jupiter zu, während der Schlangen-
greif sein heiliges Tier und die Hacke sein Symbol war. Ein
Lapislazulisiegel aus der Zeit des babylonischen Königs Mar-
dukzakirschums I. (um 850) zeigt ihn langbärtig auf dem
Lebenswasser des Apsû stehend in federgeschmückter Tiara
und symbolverziertem Gewand, mit dem Sichelschwert in
der herabhängenden Rechten, Ring und Stab in der Linken
vor der Brust haltend und den ruhenden Schlangengreifen
zur Seite. Im bereits festgefügten Zahlenschema wurde ihm
zunächst keine höhere Zahl als die 10 zugewiesen[7], später
aber die 50 Enlils übertragen.

Zum Schluß haben wir uns noch mit dem zweiten ›Emporkömmling‹ im altmesopotamischen Pantheon, dem assyrischen Reichsgott Assur, zu beschäftigen, dessen Name mit
dem der ältesten Hauptstadt des Landes übereinstimmt. Seine
Bedeutung – er taucht zuerst in der Ur III-Zeit und den kappadokischen Urkunden auf – stand und fiel mit dem Assyrerreich. Zunächst als Stadtgott noch im Schatten des in Altmesopotamien hochgeehrten Enlil stehend, übernahm er mit
dem Ansteigen der assyrischen Macht dessen Eigenschaften,
Familie und Wirkensbereich, usurpierte danach, freilich ohne
nachhaltigen Erfolg, Marduks Wesen und trat schließlich in
der örtlichen Version des Weltschöpfungsepos sogar an dessen
Stelle, damit zum Weltordner und Götterherrn aufrückend.
Er ist, dem Wesen des assyrischen Imperialismus entsprechend, in erster Linie Krieger und wird in der Reichstheologie
zum Weltgott, dem alle Völker Gehorsam schulden: Auf-
lehnung gegen ihn ist Sünde, und die Feldzüge der assyrischen
Armeen dienen der Durchsetzung seines Machtanspruches.
Er bestellt und schützt den König, und sein Kult, kaum je
volkstümlich im eigentlichen Sinn, wurde zu einer Art Staatsreligion, in dem schließlich die anderen Gottheiten nur mehr
seinen Hofstaat bilden. Entsprechend erscheinen als seine Gemahlinnen neben der assyrischen Ischtar, wohl seiner ursprünglichen Partnerin, auch Ninlil, Enlils Gattin, Taschmētu,
die Frau Nabûs, Scherua und andere. Sein Heiligtum war das
Escharra in Assur mit der großen Zikkurrat, dessen Cella
›Großes Berghaus der Länder‹ hieß, sein Neujahrsfesthaus lag

vor den Toren der Metropole, und alle großen Städte Assyriens beherbergten Heiligtümer für seine Verehrung. Sein Symbol war die geflügelte Sonnenscheibe mit dem bogenschießenden Gott in ihrer Mitte, und man stellte ihn gern auf einem oder zwei Fabelwesen stehend dar. In seinem Kernlande blieb die Erinnerung an ihn bis zur Partherzeit erhalten[8].

Die Unzahl der Gottheiten des sumerisch-akkadischen Pantheons hat den Bewohnern des alten Zweistromlandes noch nicht genügt. Zwar zeigten sie sich der Aufnahme fremder Götter – mit Ausnahme einiger westsemitischer – abgeneigt oder glichen sich solche so schnell an, daß ihre Spuren nicht mehr auffindbar sind. Weder churritische noch elamitische, kassitische oder aramäische Götter haben sich halten können. Wohl aber machten sie auch mythische Helden und Könige wie Gilgamesch, Lugalbanda oder Urnammu zu Göttern, die wenigstens in der Unterwelt ihre irdische Macht behielten; die Akkadkaiser und die Fürsten der Ur III- und Isin-Larsa-Zeit ließen sich zu Lebzeiten als Götter verehren oder zum mindesten anreden, und die riesige Zahl der *Dämonen*, die als dienende Geister unumstritten zum Götterreich gehörten, vermehrten den himmlischen Hofstaat ins schier Unendliche. Unter den Geistern überwogen, wie nicht verwunderlich, die verderbenbringenden bei weitem. Da waren die ›Bösen Utukkē‹ und die ›Schlimmen Asakkē‹, die ›Bösen Sieben‹, da gab es Dämonen mit den schrecklichen Namen Namtar ›Geschick‹, Gallû ›Totengeist‹, (›Teufel?‹), Rābißu ›Lauerer‹ oder Pazuzu ›Packer‹ oder ›Beschwörungskenner‹(?), es gab den weiblichen Succubus Lilîtu, die grauenhafte Lamaschtu, die es auf die Schwangeren, die Embryonen und die Neugeborenen abgesehen hatte, und hundert andere[9]. Aber zum Glück kannte man auch menschenfreundliche Dämonen und gute Geister, vor allem den persönlichen Schutzgott – bei Königen und Fürsten natürlich höheren Ranges als bei gewöhnlichen Sterblichen –, an den man sich zu jeder Stunde hilfeflehend wenden konnte und der den Bittenden fürsorglich vor die hohen Götter geleitete. Ferner rief man den Schēdu und die Lamassu an – letztere wohl in den Löwen-

und Stierkolossen der Palastportale dargestellt –, hoffte auf den ›Gott des Hauses‹, also den guten Hausgeist, auf die ›Sieben Weisen‹ mit ihren Froschmasken und Vogelköpfen, auf die Waffendämonen oder den Skorpionenmenschen. Und gewiß war auch für den vielgeplagten Menschen Altvorderasiens neben Opfer, demütigem Lobpreis und inbrünstigem Gebet ein gutes Gewissen der beste Schutzgeist, dem er sein Leben lang vertrauen durfte.

Indes verlangten die Götter ihren Kult, und die Priester wurden verständlicherweise nicht müde zu versichern, daß die Menschen schlechthin und ausschließlich zu diesem Dienst geschaffen worden seien. Den Göttern ihre irdische Wohnung zu errichten, war die erste und vornehmlichste Aufgabe ihrer Verehrer, und vom ersten bis zum letzten Tage altmesopotamischer Geschichte spielen Bau und Ausstattung der Tempel eine hervorragende Rolle im kultischen Handeln. Je mehr das Pantheon zunahm und die Götter in verwandtschaftliche Beziehungen zueinander gesetzt wurden, um so mehr wuchsen die Tempelanlagen in die Breite und gaben Altären und Kapellen auch für die Familie und den Hofstaat des Hauptgottes Raum. Neben Großtempeln (Esangila in Babylon bedeckte schließlich etwa 16 000 qm) standen überall in den Städten – gepflegt und eifrig aufgesucht oder bei absinkendem Ansehen des hier verehrten Gottes verfallen und fast vergessen – kleinere Heiligtümer, Kapellen oder Straßenaltäre, zu denen man seine Spende bringen und wo man sein Gebet sprechen konnte. Viele dieser Kultstätten und vor allem die berühmten unter ihnen wurden immer wieder erneuert, überstanden an ihrem geheiligten Platz die Jahrtausende und lassen sich bei den archäologischen Untersuchungen – z. B. am Eanna in Uruk – zuweilen von der Seleukiden- oder Perserzeit bis zum Beginn des 3. Jahrtausends zurückverfolgen. Außerhalb der Städte gab es die ›Festhäuser‹, Ziel der prunkvollen Prozessionen an besonderen Feiertagen.

Der Klerus, dessen Vertretern wir im Verlauf unserer Darstellung schon so häufig begegneten, wuchs von zunächst nur

wenigen Kultdienern eines Heiligtums allmählich zu impo-
santer Größe an. In der alten Zeit trat der Priester nackt vor
die Gottheit, legte aber bald ein – je nach dem Range – mehr
oder weniger kostbares Ornat an, das in den Farben wechselte
und z. B. für Sühneriten rot gehalten war; eine fezförmige
Mütze von verschiedener Länge bedeckte das Haupt. Man
unterschied schließlich an die 30 Klassen von Priestern, die
sich in den einzelnen Kulten wohl nicht wesentlich voneinander unterschieden und an deren Spitze – wenigstens in der
Theorie und nur zu bestimmten feierlichen Anlässen in Aktion
tretend – als Pontifex maximus der König stand. Im normalen
Gottesdienst vertrat ihn der Hohepriester (sumerisch *ēn*), in
dessen Begleitung sich weitere hervorragende Geistliche befanden, während dem Ober- oder Aufsichtspriester (*urigallu*)
der mittlere Klerus unterstellt war. Diesem gehörten die
Gruppe der Beschwörer, Seher, Wahrsager, Ekstatiker, Klage-
und Reinigungspriester sowie die Liturgiker an, die für Gesang und Instrumentalmusik verantwortlich waren. Unter
dem dienenden Priesterpersonal befanden sich Eunuchen und
an gewissen Tempeln anscheinend auch männliche Prostituierte. An Priesterinnen und sonstigen Tempelfrauen unterschied man 20 Klassen, an deren Spitze die *entu* (Hohepriesterin)
von oft königlicher Herkunft stand; sie war es, die im Ritus
der ›Heiligen Hochzeit‹ die Braut des Gottes darstellte, und
wir hörten, daß diese Position oft von der Frau des Ensi,
später von Prinzessinnen eingenommen wurde. Die Pflege der
Kulträume und -statuen, der heiligen Gewänder, der gottesdienstlichen Musik und vielleicht auch des kultischen Tanzes
waren gewiß die Domänen bestimmter niederer Priesterinnen; vor allem aber dienten diese – wohl insbesondere an
den Tempeln der Inanna-Ischtar und ihr verwandter Göttinnen – der kultischen Prostitution, was übrigens ihr Ansehen nicht unbedingt schmälerte. Gewisse Gruppen von
Tempelfrauen wohnten in einer Art ›Kloster‹ zusammen; die
Regeln gestatteten unter Umständen eine Heirat, jedoch keine
Nachkommen, da diese als (freilich anrüchige) Götterkinder
gegolten hätten. Die Grenze zwischen der niedrigsten Hiero-
dulengruppe und der einfachen Straßendirne dürfte sich ver-

wischt haben. Die Einkünfte der Priester waren naturgemäß gestaffelt und lagen je nach Reichtum des betreffenden Heiligtums und der Wirtschaftslage des Landes verschieden hoch. Urukaginas Reformtexte und erhalten gebliebene Gehaltslisten belehren uns darüber, daß es zum mindesten den oberen Priesterklassen meist recht gut ging. Ämterhäufung in einer Hand war nicht selten.

Sinn des Kultes war, durch regelmäßige Spenden an Speise und Trank, Salböl und Räucherwerk den Gott zu betreuen, seine heiligen Tage und die mit ihnen zusammenhängenden rituellen Verpflichtungen einzuhalten, seine Feste gebührend zu feiern, ihn durch zusätzliche Gaben aller Art, durch hymnischen Lobpreis und Musik zu erfreuen und ihn durch all diesen Dienst gnädig und den menschlichen Bitten geneigt zu machen. Weihgaben, Sonderopfer und ›Gebetsbeschwörungen‹ sollten ihn dem Spender selbst oder dem, zu dessen Gunsten der Stifter das Geschenk darbrachte, besonders geneigt machen, Klagelieder und Bußriten das Erbarmen des zürnenden Gottes gewinnen. Die einzelnen Stationen des Tagesablaufs im Heiligtum vom ›Erwachen‹ bis zur ›Nachtruhe‹ der Gottheit, jedes Fest, die Gebets-, Buß- und Reinigungsakte, Zukunftsdeutungen aller Art u. a. m. hatten gewiß ihre bestimmte Liturgie, die das kultische oder magischsakramentale Geschehen begleitete. In ihrer vorwiegend hymnischen Form und der stereotypen Häufung schmückender Beiworte für den besungenen Gott waren sie, wie die Texte lehren, an den zahlreichen Tempeln des Landes überraschend ähnlich.

Königen und Fürsten gleich, nur – wenigstens dem Wunsche der Priester nach – in weitaus größerem Maße, besaßen die Götter ihre Roben (die z. B. bei Schamasch in einer Liste für jeden Monat aufgeführt werden), ihren Schmuck, Thron, Bett, Tisch und sonstiges Hausgerät, Wagen und Boot. Sache der Frommen war es, diesen Besitz zu erhalten und zu mehren, was vor allem durch die oft riesigen Spenden der Fürsten und Reichen geschah. Zum täglichen Kultdienst gehörten das Reinigen, Be- und Entkleiden der Statuen, die Rezitation der vorgeschriebenen Gebete, hymnischer Lob-

preis und Musik zur Unterhaltung der Gottheit, das Ab-
brennen wohlduftenden Räucherwerks und vor allem das
Servieren von zwei bis vier Mahlzeiten auf dem Altar vor dem
Götterbild[10]. Diese Mahlzeiten, die nach einer bestimmten
Zeit wieder abgetragen (und dann von den Priestern verzehrt) wurden, bestanden aus Hammel- und Ziegen-, seltener
aus Rindfleisch, in sumerischer Zeit auch aus Schweinernem,
viel Fisch und vielleicht ein wenig Haus- oder Wildgeflügel,
Gemüse, Mehl, Brot (zuweilen auch Getreidekörnern), Obst,
Butter, Käse, Kuchen oder Pudding; als Getränk reichte man
Bier, Limonade oder Milch, wobei für Ningirsu in Lagasch
z. B. die Milch heiliger, im Tempelgehege gehaltener Hirsch-
kühe bezeugt ist.

Aber nicht nur die Gottheiten in den zahllosen Tempeln des
Landes, auch ihre unübersehbaren Priesterscharen wollten
essen und trinken, und so wird deutlich, welche entscheidende
Rolle im altorientalischen Kult das Opfer hatte. Als Schlacht-,
Brand-, Röst-, Speise-, Trank- oder Rauchopfer dargebracht,
hatte es im Prinzip für den Adoranten die Bedeutung eines
Sühneopfers, das den Spender von seiner – vor allem aus
Krankheit und Unglück ersichtlichen – Sünde befreien sollte;
der Priester gab ›den Kopf des Lammes für den Kopf des
Menschen, den Hals des Lammes für den Hals des Menschen‹
usw. Stets mußte es sich um fehlerlose Tiere handeln; der
Darbringer hatte auf seine ›Reinheit‹ zu achten und eine
›günstige‹ Zeit zu wählen, das Ritual war aufs genaueste einzuhalten. Die Schlachtung selbst wurde in der vorgeschriebenen Weise vom Priester vorgenommen, der die für die
Gottheit bestimmten Teile auswählte, mit Weihwasser wusch,
mit Salz bestreute und auf den Altar oder Tisch des Gottes
legte. Gebetszitierung, Räucherung, Weihwassersprengung
folgten; der Gläubige erhielt in feststehender Formulierung
die Zusicherung des göttlichen Wohlwollens oder die Frei-
sprechung von seinen Sünden und durfte schließlich an der
›Mahlzeit im Tempel‹ oder wo sonst die Zeremonie statt-
fand – sie war keineswegs auf die ›Opferstätten‹ des Heiligtums beschränkt – teilnehmen.

Notwendige Ergänzung des Opfers war das Gebet, durch

dessen Worte man die Götter preisen, ehren, besänftigen und um Schutz und Hilfe bitten wollte, denn ›Gebet löst die Sünde‹. Das Bußgebet wurde von Wehklagen begleitet; der Fromme ›trat vor den Gott‹, erhob die Hände mit geöffneten Handflächen oder die geballte Rechte mit ausgestrecktem Zeigefinger, kniete oder warf sich zu Boden, ergriff den Gewandsaum der Götterstatue oder küßte ihre Füße, wie uns das Plastiken, Reliefs oder Siegelbilder ausreichend verdeutlichen. Genaue Vorschriften regelten den Ritus; für jeden Anlaß passende, festformulierte Gebete verschiedener Gattungen oder wenigstens Gebetsmuster standen für die Gläubigen bereit, denen der Priester als Mittler diente. Neben dem Klischee, das nur die Auswechslung des Gottes- und Beternamens und einiger sonstiger Worte verlangte, finden wir durchaus, wenn auch nicht oft, die persönlich empfundene und geformte Bitte; sie mag indes häufiger gewesen sein, als wir annehmen, da ja nur die mehr oder weniger offiziellen Texte überliefert wurden. Von ihnen hier als Probe den Ausschnitt einer akkadischen Gebetsbeschwörung an den Mondgott Sin[11]:

> O Sin, Du Herrlicher, Dich fragen sie,
> Du tust den Göttern Dein Orakel kund . . .
> O Namraßit, des' Kraft ist ohnegleichen
> Und dessen Ratschluß niemand noch erkannt,
> Ich schüttete Dir nächtlich reines Opfer,
> Ich goß das beste süße Bier Dir aus:
> Da bin ich, knie vor Dir, such' Dich stets,
> Sprich guten, lautren Segen über mich!
> Mein Gott und meine Göttin, die seit langem
> Des Zornes voll sich von mir abgewandt,
> Die mögen nun in Wahrheit und getreu
> Und voller Huld sich wieder zu mir kehren,
> Daß gut mein Weg sei und gerecht mein Pfad!

Reinigung, Heilung und Verlängerung des Lebens sind wohl der häufigste Gegenstand solcher Bitten an die Gottheit, die in den sumerischen und auch noch den altbabylonischen Tempeln die Beterstatuetten, zuweilen sogar mit entsprechender Inschrift, gleichsam ständig vortragen sollten. Der Name

›Gebetsbeschwörung‹ weist uns darauf hin, daß man Unglück jeder Art auf das Wirken böser Geister zurückführte. In der Tat spielten Exorzismen und sonstige magische Riten, wie wir sie schon früher (S. 201 ff.) kennenlernten, im Kult eine bedeutende Rolle; durch sie erhofften die Betroffenen vermittels der Reinigungs- und Beschwörungspriester die Hilfe der Götter gegen die Dämonen zu ›erlangen. Die oft endlosen Tiraden solcher Texte klangen etwa so aus:

Beschwörung. Ich erhebe die Fackel, ich verbrenne die Figuren
Des Utukku, des Schēdu, des ›Hockers‹, des Totengeistes,
Der Lamaschtu, des Labaßu, des Packers,
Des Nachtmännchens, des Nachtweibchens, der Nachtmagd
Und alles Bösen, was die Menschen packt –
Zertropft, zerrinnt und zerfließt!
Euer Rauch steige zum Himmel empor!
Eure Aschenglut lösche die Sonne!
Es schneide ab euren ›Spion‹ der Ea-Sohn, der Beschwörer!

Fügen wir noch die Wahrsagekünste aller Art in unser Bild ein, so ahnen wir, wie vielfältig und wie eng mit dem Leben des Alltags verbunden der Dienst an den Tempeln des Zweistromlandes gewesen sein muß.

Höhepunkte des kultischen Lebens aber waren zweifellos die Feste (›Gottestage‹), zu denen die Gläubigen aller Stände, vom König bis zum einfachen Mann und gar bis zum Sklaven, mit besonderen Spenden am Tempel ihres Gottes zusammenströmten. Hier durften sie, bei ›geöffnetem Tor‹, nun Gäste der Gottheit und mit geweihtem Süßgebäck traktiert, am liturgischen oder gar pantomimisch-dramatisch dargestellten Kultgeschehen teilnehmen, reihten sich in die Prozessionen ein, folgten den prunkvollen Umzügen, erhielten ihre Portion von der großen gemeinsamen Opfermahlzeit in der ›Banketthalle‹ oder im Hof des Heiligtums und gaben sich schließlich dem allgemeinen Festtrubel hin, der vor allem bei Götterhochzeits-, Ischtar- oder Neujahrsfesten offenbar nicht selten orgiastische Formen annahm und für die Masse in den Schenken oder bei den Hierodulen endete. Sumer und Babylon beging als ›Sonntage‹ – meist drei im Monat – die Tage

der Mondphasen (die in Assur gerade umgekehrt als Unglücks-
daten galten), feierte als Land der Ackerbauer und Viehzüchter seine jahreszeitlichen Vegetations- und Fruchtbarkeitsfeste
wie Aussaat, Flurumgang, mehrere Erntefeiern, vielleicht
auch den Lämmerwurf, und als Klagefest die Dürre des Monats Tammuz. Jeder Gott hatte gewiß seine Jahresfeier, die
man wohl oft mit jenen anderen Festen abstimmte und zu der
andere Gottheiten in Gestalt ihrer Statuen als Besucher erschienen; es gab weiter einmalige oder regelmäßig wiederholte Tempelweihen – Gudea berichtet von den Feierlichkeiten zur Einweihung des Ningirsutempels in Lagasch – und
die Götterhochzeiten, die wohl bald mit dem alten *akitu*-
Fest[12] und der Neujahrsfeier zusammenfielen und in dieser
Kombination nun Fest der Feste wurden.

Man feierte dieses Neujahrsfest im 1. oder 6. Monat, also
im Frühjahr oder Herbst als Freudentag. Seine Zelebrierung
schloß den Auszug in das außerhalb der Stadt gelegene, heute
für viele Städte Mesopotamiens nachgewiesene ›Festhaus‹,
Fruchtbarkeits-, Schicksalsbestimmungs- und Entsühnungsriten für König und Volk und mindestens in Assyrien auch
eine Heerschau in sich ein. Am bekanntesten sind – freilich
nur durch einen späten und fragmentarischen, aber durch
Belege aus Assur, Uruk und anderen Orten ergänzbaren Bericht – die 12tägigen Neujahrsfestriten zu Ehren Marduks und
seiner Gemahlin Szarpanitu in Babylon vom 1.–12. Nisan geworden, für die die persönliche Anwesenheit und Mitwirkung des Königs – in der Zeit der Oberherrschaft Assurs auch
des assyrischen – Bedingung war. Die ersten beiden Tage
scheinen hier den Reinigungs- und Eröffnungsriten vorbehalten gewesen zu sein, die in einem dreimal zu rezitierenden
Gebet des Oberpriesters an Marduk kulminierten. Am 3. Tage
erfolgte neben weiteren Gebeten und Fortführung des normalen Kultes die zeremonielle Anfertigung von zwei Holz-
figuren und ihre Ausschmückung mit Gold, Edelsteinen und
kostbaren Gewändern, während der Abend des 4. Tages die
feierliche Rezitation des Weltschöpfungsepos brachte. Einen
ersten Höhepunkt des Festes bildete der 5. Tag. Der Tempel
Esangila wurde durch den obersten Beschwörungspriester und

seine Kleriker einer rituellen Reinigung unterzogen, sodann
erfolgte die Schlachtung des ›Sündenbockes‹, die Entsühnung
der Cella durch sein Blut und die sinnbildliche Entfernung
aller Sünde: Küchenpriester und Beschwörer schafften den
Kadaver des Tieres aus dem Heiligtum und warfen ihn in den
Euphrat, worauf sie selbst bis zum Festschluß dem Tempel
fernzubleiben hatten. Nun erschien auf seiner Barke aus Borsippa Nabû, Marduks Sohn, und nahm als illustrer Gast in
seiner festlich geschmückten Kapelle Platz; der sodann auftretende König dagegen mußte sich zunächst seiner Würden
entkleiden, eine Bußzeremonie über sich ergehen lassen und
seine Unschuld beteuern, worauf er von Marduk wieder
in sein Amt eingesetzt wurde. Die Opferung eines Stieres
schloß den denkwürdigen Tag ab. Die folgenden, in dem
Ritual weniger bekannten Tage brachten zunächst das Ein-
treffen der anderen großen Götter, die Enthauptung und Verbrennung der am 3. Tage angefertigten Figuren als stellver-
tretende Entsühnung und danach den für das Volk wichtigsten Teil des Festes, nämlich den pomphaften Auszug Marduks, Szarpanitus und des gesamten Göttergefolges, der Priester und der Gläubigen zum ›Neujahrsfesthaus‹. Zu seinem
Auftakt ergriff der König – in einem hochheiligen, beim
Thronfolger die Königsweihe einschließenden Ritus – ›die
Hand Marduks‹, um ihn so aus seinem Heiligtum heraus-
zugeleiten. Über die festlich geschmückte Prozessionsstraße,
zum Arachtu-Kanal und von da zu Schiff ging es nun zum
Festhaus hinaus. Einzelheiten über das hier abrollende Programm fehlen uns noch; nach dem Charakter der Prozession
und dem Ablauf des Festes muß es aber den glanz- und freude-
vollen Höhepunkt gebildet haben. Noch einmal wurde das
Weltschöpfungsepos rezitiert und vermutlich von musikalischen Darbietungen umrahmt, man brachte die regelmäßigen und besonderen Spenden des Königs (und gewiß ebenso
des Kronprinzen und der Großen) vor den gefeierten Gott,
der auf dem ›Hohen Thron‹ Platz genommen hatte[13], Opfer
an Rindern, Schafen, Fischen, Vögeln und Süßmost wurden
dargebracht, und Wein galt ›wie Wasser‹. Gewiß segnete der
Gott – dem ursprünglichen Sinn der Prozession entsprechend

– Acker und Vieh; ein großes Festessen, ein ›Opfermahl‹, be-
schloß die Feierlichkeiten im Festhaus. Am 11. Nisan kehrten
die Götter ins Esangila zurück, wo Marduk nunmehr feierlich die Schicksale des Landes für das kommende Jahr bestimmte und als großartiger Abschluß seine Hochzeit mit
Szarpanitu (vielleicht im Hochtempel auf der Zikkurrat
Etemenanki?) gefeiert wurde[14]. Ungefähr so werden auch im
3. und 2. Jahrtausend die Neujahrsfeste mancher anderer
Gottheiten – in Ur, Uruk und Nippur, Umma und Lagasch,
Mari, Assur, Dilbat, Charrän – durchgeführt worden sein;
nicht jede Stadt freilich hat eine solche Feier, die gewiß viel
Organisationsgabe verlangte und eine starke finanzielle Be-
lastung bedeutete, begangen.

Galt den unsterblichen Göttern und Gottwesen aller Art –
den vergotteten Heroen, den deïfizierten Königen und schließlich auch den Dämonen – der offizielle Kult, so treten wir mit
der Totenverehrung in die private Sphäre Altmesopotamiens ein; wir sind ihr bei der Betrachtung des Alltagslebens (s. o. Seite 33) bereits einmal begegnet. Man gedachte
der Abgeschiedenen in einer Mischung von Pietät und Furcht.
Die Liebe zu den heimgegangenen Mitgliedern der Familie
und den Freunden dauerte über den Tod hinaus, wurde aber –
in gewiß wechselnder Stärke – überschattet von der Angst
vor den Totengeistern, als die man gewisse böse Dämonen
ansah. Sehr früh bildeten sich feste Riten der Bestattung heraus, und schon aus Urukaginas Reformmaßnahmen erfahren
wir, daß die Priesterschaft zeitweilig unmäßige Forderungen
für ihre Mitwirkung am Totenritual stellte. In der Frühzeit
noch gelegentlich feststellbare Leichenverbrennung ist in der
historischen Epoche fast ganz der Bestattung gewichen. Neben
Friedhöfen wie den berühmten von Kisch oder Ur I und etwa
den Mausoleen gewisser Kassitenfürsten in abgelegenen
Sumpfgegenden blieb das Königsgrab in oder am Palast – z. B.
die Grüfte der Ur III-Herrscher oder die Gräber neuassyrischer Könige im ›Alten Palast‹ von Assur – und die Hausbe-
stattung des Bürgers durch die Jahrhunderte die übliche Art,

den Toten ihre letzte Ruhestätte zu bereiten. Man gab ihnen Speisen, Gerät, Waffen, Schmuck und wohl auch einen Nachen zur Überquerung des Unterweltsflusses *Chubur* mit; Klage, Trauermahl und das Totenopfer waren die Haupterfordernisse des Bestattungsrituals. Doch dauerten die Pflichten gegenüber dem Verstorbenen an: Damit er huldvoll blieb und nicht als Geist den Lebenden Schaden tat, aber ebenso um ihm das Leben im Totenreich erträglich zu machen, bedurfte er der regelmäßigen Wasserspende und des Totenopfers (*kispu*), das ihm insbesondere an einer Art jährlichem Totenfest, dem Allerseelen jener Tage, darzubringen war. Dieser Dienst war so wichtig für den Abgeschiedenen, daß er von Kinderlosen oft als Grund einer Adoption genannt wird. Klagepriester vermochten am ehesten für vollkommene Ausführung aller Riten zu sorgen, und für hochgestellte Tote waren häufig Kleriker von Amts wegen in diesem Sinne tätig. Die grausige Sitte, dem gestorbenen Fürsten sein Gefolge – mehr oder weniger freiwillig – ins Grab folgen zu lassen, die wir aus Kisch und Ur I kennen, scheint dagegen bald nach der Mitte des 3. Jahrtausends aufgegeben worden zu sein.

Die Versorgungspflicht der Kinder gegenüber den verblichenen Eltern versteht sich aus den Jenseitsvorstellungen, die von einem außerordentlichen Pessimismus beherrscht sind. Als wesenloser blasser Schatten geistert der Tote durch die Hallen der Unterwelt, des ›Landes ohne Wiederkehr‹, in denen auch so berühmte Könige wie Gilgamesch oder Urnammu nur als bleiche Totenrichter erscheinen. Kaum je hören wir etwas von jenseitiger Belohnung oder Strafe für Guttaten oder Sünden auf dieser Welt. Enkidus Bericht an Gilgamesch und andere Texte lassen uns lediglich erkennen, daß die Väter vieler Söhne, die im Kampf Gebliebenen und die von ihren Nachkommen getreulich Versorgten im Hades ein wenig besser fahren. Sonst aber liegt das dunkle Schicksal gleich bitter auf Guten und Bösen, Starken und Schwachen, Weisen und Toren.

Der Verstorbene muß mit Hilfe des sturmvogelköpfigen, mit vier Händen und Füßen versehenen Fährmanns namens

›Nimm schnell hinweg‹ denUnterweltsfluß überqueren, sieben
Tore durchschreiten, ein Totengericht überstehen und nackt
und bar allen Schmucks vor die Höllenfürstin treten – und
dann umfängt ihn das ›Finstere Haus‹, wo die Abgeschiedenen
im Dunkeln hocken, Staub und Lehm essen, ewig nach
›reinem Wasser‹ dürsten und wie Vögel mit einem Feder-
gewand bekleidet sind. Nie wieder tun sich ihnen Tür und
Riegel auf, dichter Staub deckt sie zu – und gelingt es wirklich
einmal einem Totengeist zu entkommen, so muß er sich vor
dem Licht der Oberwelt in Gräbern und Klüften verstecken
und nachts als herumstreifender Dämon Übles sinnen. Wohl
dem Sintfluthelden, dem die Götter das ewige Leben schenk-
ten und der nun mit seinem Weibe in Abgeschiedenheit fern
am Ende der Welt wohnen darf!

So versprach das Jenseits den Menschen nichts, vielmehr
wurden sie von der ständigen Furcht vor dem Tode beherrscht,
und ihre Frömmigkeit war dementsprechend eine rein
diesseitige. Als Diener der Götter waren sie in die Welt gestellt und hingen ganz von ihrer Gunst und Gnade ab, die
sie durch Arbeit, Opfer, hymnischen Lobpreis, Gebet und,
wo sie Unglück traf, durch Tränen und Wehklagen zu erringen hatten. Nur zu leicht verstrickte sich der Mensch in
kultische, rituelle oder ethische Sünde und mußte nun, um der
in Krankheit und Unglück über ihn ergehenden Strafe ledig
zu werden, mit allen Kräften die Entsühnung erstreben. Er
gewann sie durch Reinigungsriten aller Art, und es ist sehr
bezeichnend, daß der bekannteste Sündenkatalog sich in der
9. Tafel der *Schurpu*-Serie – einer Ritualsammlung gegen die
verderblichen Machenschaften von Zauberern und Hexen –
findet. Ob man aber auch alle erreichbaren Götter zur ›Lösung des Bannes‹ anrief (im *Schurpu*-Text sind es über hundert), die Befreiung aus der von den bösen Geistern ver-
ursachten Not gelang dennoch keineswegs immer, und so
erhob sich für den Menschen Altmesopotamiens der Zweifel
an der göttlichen Gerechtigkeit angesichts des Leidens Un-
schuldiger, dem der Fromme mit dem Hinweis auf die Un-

erforschlichkeit des Ratschlusses der Götter und der Emp-
fehlung von demütigem Gebet, der weltläufige Philosoph
mit dem hedonistischen Rat zum unbeschränkten Lebens-
genuß und der Pessimist mit der Betonung der Eitelkeit alles
Irdischen begegnete.

Indes ist unverkennbar, daß neben Furcht und Zittern auch
Vertrauen und Hoffnung in der Brust des Frommen lebten
und er sich in der Hut seines Gottes wußte. Zahllose theophore
Eigennamen drücken diese Gewißheit aus, und in manchem
Gebet wird sie uns kundgetan. Sumers Beterstatuetten sind
in der zuweilen geradezu überwältigenden Konzentration
und Versunkenheit ihrer sparsamen Geste unmittelbare Zeugen der gläubigen Hinwendung zur helfenden Gottheit, wie
sie ähnlich auch in der edlen Haltung des ›knienden Beters‹
von Larsa zum Ausdruck kommt.

> Du hast das Leben mir gespendet,
> Du bist mein breiter Schirm, und scheu
> Will Deinen Schatten ich verehren!
> O leih, Gatumdu, meine Herrin,
> Den Schutz mir Deiner hohen Hand!,

so fleht Gudea zur ›Mutter von Lagasch‹. Eins der schönsten
sumerischen Gebete wendet sich an den Sonnengott Utu:

> O Utu, Herr des Landes Sumer,
> Der Menschen Vater! Wenn zur Ruhe
> Du gehst, so schläft mit Dir die Welt,
> Und wenn Du, Jüngling Utu, aufstehst,
> Erwacht mit Dir das Land von Schlaf!
> Bist Du nicht da, so sucht kein Vogel
> Sein Korn, noch wandelt recht der Mensch.
> Dem, der allein des Weges zieht,
> Gehst brüderlich Du an der Seite!

Und der erkrankte Assyrerkönig Assurnaßirpal I. (1052–1033)
hat uns eine Ischtarhymne hinterlassen, in der neben Werk-
gerechtigkeit auch ein echtes Sündenbewußtsein steht und
zuweilen eine innerliche Frömmigkeit anklingt[15].

Daß die in diesen und unzähligen anderen Texten erscheinende Frömmigkeit fast ausschließlich rational und aller

Mystik fern ist, läßt sich nicht verkennen. Es gibt keine Gemeinschaft mit dem Gott – zürnend oder gnädig bleibt dieser der Herr und der Mensch sein Diener. Indes ist der Gläubige einem bestimmten Gotte besonders verbunden, ohne daß wir bisher über Grund und Ursprung dieses Verhältnisses – wenn wir von der erschlossenen einfachen Situation der ursprünglichen Eingott-Tempelgemeinde Altsumers absehen – etwas aussagen können. Waren Wohnsitz, Familie, Beruf oder Amt maßgeblich? Entschied sich der Fromme frei und nach eigener Wahl für eine Gottheit? Wir wissen es nicht und können aus den überreichlich vorhandenen Siegellegenden nur feststellen, daß häufig der Siegelinhaber in seinem Namen den einen, der oft mitgenannte Vater einen anderen Gott führt und sodann der Eigentümer des Siegels sich als ›Diener‹ einer dritten Gottheit bezeichnet bzw. diese anruft und damit seine persönliche Verbundenheit mit ihr betont.

Gleichzeitig stellt sich hier die Frage, ob diese so herausgehobene besondere Beziehung zwischen dem Frommen und ›seinem‹ Gott in henotheistischem Sinne gedeutet werden darf – derart, daß unter den zahllosen Gottheiten des Landes der erwählte Gott so angerufen wurde, als sei er der einzige. Die im Verlauf der altmesopotamischen Religionsgeschichte mehrfach erscheinende prononzierte Hervorhebung eines bestimmten Gottes, etwa Marduks, Assurs, Sins oder Nabûs – »auf Nabu vertraue, auf einen anderen Gott vertraue nicht!« sagt ein Diener Adadniraris III. – könnte in die gleiche Richtung weisen, während viele Siegelinschriften und Gebete, in denen der Fromme seinen ›Herrn‹ oder ›seinen Gott‹ anredet, irreführen: Hier nämlich ist der persönliche Schutzgott gemeint. Tatsächlich handelt es sich in jenen Fällen eher um Monolatrie; man verehrt nur den erwählten Gott und läßt die anderen außer acht. Aber während die Masse die Vielzahl der Götter als Ausdruck aller das Menschenleben bestimmenden, fördernden oder bedrohenden Gewalten dumpf anerkannte, die Dämonen fürchtete und jedem Aberglauben ausgeliefert blieb, während die Priesterschaften die Macht ihres Gottes priesen, zuweilen alle anderen Gottheiten als Teilkräfte oder Ausdrucksformen dieses ihres Gottes darstellten und damit gewiß wenigstens monotheisierende Tendenzen beweisen, dürfen wir unter den Verfassern der eindrucksvollen Götterhymnen und tiefsinnigen Weisheitsdichtungen gewiß einige wenige hochgebildete und fromme Männer annehmen, die über die vielen Namen und Gestalten des Pantheons hinweg zu einem einzigen, umfassenden, sich im Wesen und Wirken aller Himmelswesen manifestierenden Gotte aufschauten. Indem wir das aussprechen, müssen wir freilich gleichzeitig feststellen, daß solche Gedanken – in frappantem Gegensatz zu Israel – an keiner Stelle der religiösen Keilschriftliteratur klar ausgesprochen worden sind.

Indes haben wir mit Begriffen wie Monolatrie, Henotheismus oder Monotheismus keine ausreichenden Kriterien zur Bestimmung echter Frömmigkeit, und die oft gehörte Frage, ob die Menschen der Antike und zumal des Alten Orients religiöser waren als die heutigen, ist falsch gestellt. Auch hierbei ist jedes Allgemeinurteil fehl am Platze. Gewiß gilt für alle Zeiten der Satz, daß aufsteigende, schöpferische Epochen und junge Völker meist positiv und gläubig, End- und Verfallsperioden der Kultur skeptisch und indifferent sind – aber auch da wieder schied sich die Jugend vom Alter, der einfache Mann vom Mächtigen, die Masse vom Gebildeten, das Weltkind vom ›Philosophen‹. Wieviel in den überlieferten Hymnen und Gebeten war Konvention, wieviel ursprüngliche Empfindung? Wenn der Dichter aus echter Religiosität geschöpft hatte – wollte und konnte der nachsprechende Beter ihm folgen? Keinem Kenner der altorientalischen Welt wird andererseits einfallen, vom finsteren Aberglauben der Dämonologie auf die Höhe (oder Tiefe) der allgemeinen Religiosität zurückzuschließen. Doch bleiben uns Einblicke in die persönliche Glaubenshaltung der Menschen Altmesopotamiens infolge der Spröde des Materials fast völlig versagt.

Um einiges klarer wird uns das Bild der Ethik, vor deren Postulate sich die Menschen an den zwei Strömen gestellt sahen. Der enge und straffe Zusammenhalt schon der altsumerischen Tempelstadt verlangte die Ausformung einer Gemeinschaftsethik, deren Grundlage Fleiß und Opferbereitschaft, Verantwortungsbewußtsein und Gerechtigkeit bildeten. Gesetzgebung und Rechtsprechung wechseln von der Humanität der spätsumerischen Kodizes über die rauhe Strenge Hammurabis zur barbarischen Härte Assurs und wieder zur Großzügigkeit der spätbabylonischen Zeit; immer aber wird von Urukagina an in den Gesetzen die soziale Seite, das Streben nach dem Schutz der Witwen, Waisen und Niederen deutlich. Das bürgerliche Sittengesetz, wie es uns im Sündenkatalog der *Schurpu*-Serie begegnet, kennt sehr wohl die unabdingbaren Maximen eines freien menschlichen Zusammenlebens. Unter den Verfehlungen erscheinen da in der Frageform ›Hat er (der zu Entsühnende) das und das getan?‹ und mit vielen Wiederholungen neben rituellen und kultischen Sünden Gotteslästerung, Anstiftung des Richters zu falschem Urteil, Trennung von (versklavten) Familienangehörigen und Freunden, Hartherzigkeit gegen Gefangene, Verletzung der Pietät, Lüge, Verleumdung und Gebrauch falscher Waage, Verstoßung rechtmäßiger Erben, falsche Grenzziehung, Umgang mit der Frau des Nächsten, Wegnahme seines Gewandes, Bluttat, Verfolgung und Bedrückung Gerechter, schwarze Magie, Vergewaltigung und Raub. Ein in wenigen sumerischen Fragmenten und Teilen einer babylonischen Übersetzung bekannter moralischer Traktat nennt unter den Tugenden Bescheidenheit und Zurückhaltung, Abkehr von vermessener Rede und bösem Tun, Wahrheitssuche und sogar die Feindesliebe. Der Text faßt gegen Ende seine Paränesen mit den Worten zusammen: »Gottesfurcht erzeugt Wohlergehen, Opfer verlängert das Leben, und Gebet löst Sünde«; er bezeugt damit, daß Frömmigkeit und Sittlichkeit die gleiche Wurzel haben. Und so nimmt es nicht wunder, wenn die berühmte akkadische Schamasch-Hymne[16] und viele andere Texte den Gott als Wahrer sittlichen Handelns preisen und auch über das Tun der Könige unbestechlich wachen lassen. Demgegenüber zeigt die bürgerliche und bäuerliche Ethik, die uns im Sprichwort begegnet, oft nüchternen Nützlichkeitscharakter, wenn sie z. B. vor der

Heirat mit einer Hierodule warnt oder den Rat gibt, sich vom
Streit auf der Straße fernzuhalten.

Eine religiös motivierte, asketischen Idealen zugeneigte
Sexualethik werden wir im erosfreudigen Alten Orient vergeblich suchen. Die Gesetze verboten den Ehebruch, d. h.
den Umgang mit einer verheirateten Frau, als Eigentums-
delikt und bestraften Kuppelei, Vergewaltigung und Inzest.
Sonst aber galt das geschlechtliche Leben als eine der göttlichen Ordnungen; Sinnenrausch, Zeugung und Empfängnis
wurden in den Riten der Heiligen Hochzeit kultisch subli-
miert und galten als Göttergeschenk. Dem Verkehr mit
Tempelprostituierten haftete offenbar nichts Unmoralisches
an, er war vielmehr im Ursprung eher eine Art kultischer
Handlung zu Ehren der Liebesgöttin. Abartige Formen der
der Liebe waren teilweise gleichfalls im Tempel sanktioniert
und wurden geduldet, andere freilich standen unter Verdikt.
Die betonte Großzügigkeit *in eroticis* entzog vielleicht dem
Laster selbst viel an Boden.

Demgegenüber sind Ansätze einer politischen und Staats-
ethik vorhanden. Ein abgeschlossener Vertrag galt als unan-
tastbar und wurde durch eindrucksvolle Kultzeremonien bekräftigt; wer ihn brach, verfiel dem Fluch der Eidgötter und
harter Strafe, die vor allem die späteren assyrischen Texte im
einzelnen auszumalen sich befleißigen. Zerstörung der eroberten Städte und Versklavung der Einwohner war Kriegs-
recht, über das es keinerlei Debatte gab; indes galt Mäßigung
auch in solchen Fällen als lobenswert und verdienstlich. Gesandte waren unverletzlich, Kriegsgefangene wurden, wo
möglich, ausgelöst, Kriegerwitwen und -waisen unterstützt.
Andererseits haben wir gesehen, zu welcher religiös-ethischen
Pervertierung ein übersteigertes Nationalgefühl und ein irre-
geleitetes Berufungsbewußtsein schon vor 3000 Jahren führen
konnte. Alle sadistischen Kriegsgreuel der assyrischen Heere
erscheinen als Strafe für die ›Rebellen gegen den Weltenherrn
Assur‹ gerechtfertigt und stehen mit dem Staatsethos im Einklang, das im Feind den Störer der göttlichen Ordnung sah
und strafte.

Solche hochpolitischen Konzeptionen staatlicher Sittenlehre blieben dem schlichten Bürger gewiß ebenso fremd, wie er wohl den exzessiven Bräuchen der erotischen Kulte mit einer gewissen Reserve gegenüberstand. Beschwörungen und Omentexte, Weisheitslehre und Sprichwort, gelegentliche Bemerkungen in den Rechts- und Wirtschaftsurkunden und so manches Gebet belehren uns darüber, daß der schlichte Mann auf der Straße oder dem Acker, das heißt aber, die Masse eines fleißigen und begabten Volkes, nach den ebenso unauffälligen wie unveränderlichen Normen eines bäuerlich-bürgerlichen Sittengesetzes lebte. Sumers und Akkads Ethik ließ dem Nächsten sein Recht, wußte um die unüberschreitbaren Grenzen, die dem Menschen in der Gemeinschaft gezogen sind, schätzte die Pietät weitaus höher als der Moderne und war überzeugt, daß Gutestun nicht nur die Götter erfreut, sondern auch das eigene Gewissen befriedigt. Wir hörten, daß die altmesopotamische Sittenlehre in ihren schönsten Äußerungen die Nächstenliebe pries und begegnen in dem schon genannten moralischen Traktat[17] einem Wort, das an christliche Maximen gemahnt:

> Deinem Widersacher tu nichts Böses,
> Wer dir Arges tut – vergelte ihm Gutes!
> Deinem Feinde bring' Gerechtigkeit entgegen!

XII

AUSSTRAHLUNGEN

Unsere Darstellung hatte im ersten Kapitel damit begonnen, daß wir ein eigenartiges Phänomen konstatierten: Die genuine und schöpferische Kultur des Zweistromlandes war mehr als zweitausend Jahre der Vergessenheit anheimgefallen, und nicht einmal der Name ihrer ersten sumerischen Träger hatte in der Erinnerung der späteren Geschlechter einen Platz behalten. Dennoch sahen wir uns im Verlauf unserer Untersuchung, die sich mit den mannigfaltigen Bezirken des kulturellen Lebens befaßte, immer wieder veranlaßt, Ausstrahlungen und Nachwirkungen von großer Stärke und Dauerhaftigkeit festzustellen und ihnen nicht selten bis auf den heutigen Tag zu folgen. Diese Einflüsse blieben durch lange Jahrhunderte unbekannt, und erst unser durch die Ausgrabungen neuerworbenes Wissen um Zivilisation und Kultur Altmesopotamiens versetzt uns in die Lage, die abgerissenen Fäden neu zu verknüpfen und das Bild eines scheinbar vollständigen Bruchs durch das einer im geheimen wirkenden, deshalb aber nicht weniger starken Verbundenheit zwischen den Urvätertagen an den zwei Strömen und dem heutigen, insbesondere abendländischen Leben zu ersetzen.

Es bedarf keiner besonderen Beweisführung für die Feststellung, daß die souveräne Ausformung des Alltags in der Erfüllung aller seiner vielfältigen Forderungen, das Wirtschaftspotential, die Geistesarbeit und dichterische Schaffenskraft, schließlich die üppige Vielfalt des religiösen Lebens in den Euphrat- und Tigrislanden einen außerordentlichen Einfluß auf die Nachbarn ausübte. Die Frage nach den Bahnen, Mittlern und Höhepunkten solcher Strahlung läßt sich naturgemäß nicht nach Art eines Rechenexempels lösen, wiewohl es an reichlichen Hinweisen nicht fehlt; wir sind ihnen im Verlauf unserer Betrachtung immer wieder begegnet. Wie im Bannkreise späterer Reiche auch, vollzog sich der unmittelbare Kultureinfluß auf den Bahnen jener großen Handelswege, die von den Macht- und Wirtschaftszentren nach allen Richtungen der Windrose ausgingen und die wir am gegebenen Ort (s. o. S. 82 f.) kennengelernt haben. Auf ihnen erreichte er die kurdischen und iranischen Gebirge des Nordens und Ostens ebenso wie die Gestade des Indischen Ozeans, wirkte auf den südlichen Karawanenpisten in das Herz der arabischen Halbinsel hinein und gelangte die Ströme aufwärts und entlang den Straßen nach Westen zum mittelmeerischen Raum. Phönizier, Kreter und Zyprioten, Hethiter und Ionier trugen das Ihre dazu bei, ihm die fernen Wege über Ägäis und Hellespont zu den Völkern Europas zu öffnen, und das erworbene Erbe wirkte hier und anderswo fruchtbar weiter.

Dem wandernden Kaufmann und reisenden Großhändler, der überall als ersterPionier erschien, an manchen Plätzen des fremden Landes ständige Faktoreien eigenen Rechts gründete und mit seinen Waren zunächst von der materiellen Kultur Sumers, Babylons und Assurs Zeugnis ablegte, folgten die Soldaten, die nicht immer nur Brandschatzung und Tod brachten, sondern deren Stützpunkte auch zivilisatorische Zentren werden konnten, und schließlich die Beamten der Verwaltung, die Recht und Ordnung ihres Landes verbreiteten. Die Gesandtschaften vermittelten fremden Höfen ein Bild von der Macht und Herrlichkeit ihrer Heimat; die Geschenke, die sie den Fürsten im Auftrag ihrer Herren überreichten, verkündeten den hohen Stand mesopotamischer Kunst, und die Schreiber ihres Gefolges machten schließlich die Keilschrift und die akkadische Sprache zum internationalen Verständigungsmittel des Alten Orients im 2. Jahrtausend. Wurden politische Ehen mit ausländischen Prinzen abgeschlossen, so brachte die erwählte Prinzessin vom Euphrat oder Tigris mit ihrem Hofstaat und ihrem Brautschatz ein Stück der heimischen Kultur an den fremden Hof mit, und die Ärzte, die die Herrscher des Zweistromlandes – wohl gar unter Beigabe heilkräftiger Götterbilder – befreundeten Königen überließen, verbreiteten Ansehen und Wissen der sumerisch-babylonischen Medizin. Ja, sogar der Kriegsgefangene, der als Sklave im Barbarenlande verblieb, mag kraft seiner höheren Kultur nicht selten ein Wegbereiter und Missionar geworden sein, der Handwerk und Künste, Literatur und Götterlehre seiner mesopotamischen Heimat weitergab.

Alle diese mannigfachen, auf vielen Wegen ausstrahlenden Einflüsse sind im Verlauf der drei vorchristlichen Jahrtausende natürlich in nach Ort und Zeit verschiedener Intensität wirksam geworden, und wenn diese Faustregel auch nicht immer zutrifft, so dürfen wir doch annehmen, daß sie am stärksten meist zu den Zeiten höchster politischer Machtentfaltung des Kulturzentrums in Erscheinung getreten sind. Als eine solche müssen wir – wenn historische Belege bis jetzt auch fehlen – schon die altsumerische Uruk- und Dschemdet

Nasr-Periode ansehen; unterägyptische Funde dürften beweisen, daß ihre Wirkung über Syrien bis an den Nil reichte. Entscheidende Bedeutung für die ›Babylonisierung‹ – man verzeihe die verfrühte Anwendung dieses Ausdrucks – des Vorderen Orients kommt offenbar der Ur I- und Akkadzeit (2500/2300) zu, die Sumers und Akkads Wesen unter dem Waffenschutz Eannatums, Lugalzaggesis, Sargons und Naramsins ›vom Unteren bis zum Oberen Meer‹ verbreitete. In den Dijalastädten entdeckte Mohendscho-Daro-Siegel beweisen Beziehungen zur altindischen Kultur, und Funde mesopotamischer Exportwaren belegen sie für Bahrain, Elam, Syrien, Kleinasien und Zypern. Im 2. Jahrtausend hat an Stelle der absinkenden politischen Macht die Wirtschaftskraft Babyloniens – und zeitweise auch Assyriens – der materiellen und geistigen Kultur Mesopotamiens den Vorrang im ganzen Nahen Osten und darüber hinaus gesichert. Überall versteht man an den Höfen und in den Handelskontoren Akkadisch und liest Keilschrift, allerorts sind Babylons Literaturwerke bekannt, und es kann kein Zweifel darüber herrschen, daß die – historisch auch heute noch weithin unklare – churritische Expansion zu neuerlicher Verbreitung der geistigen Güter und der Kulte des Zweistromlandes wesentlich beigetragen hat. Assurs Aufstieg zur Macht unter Tiglatpileser I. um 1100 und sodann vom 9. bis zum 7. Jahrhundert bedeutete den Höhepunkt dieser Entwicklung, deren äußerer Ausdruck ein von Theben in Oberägypten bis nach Susa in Elam reichendes, wenn auch kurzlebiges Imperium war. Nebukadnezars und seiner Nachfolger aramäisch getöntes Reich übernahm nach Ninives Fall das ungeheure, in zweieinhalb Jahrtausenden zusammengetragene Erbe und wahrte es für ein weiteres Jahrhundert. Aber dieses Erbe erwies sich in seinen vielfältigen Erscheinungsformen auch in der Spätzeit als noch so fest gefügt und so lebenskräftig, daß es sogar den politischen Zusammenbruch der altorientalischen Welt – die Machtübernahme seitens der Achämeniden – überstand: Esangilas Tore blieben auch nach dem Schicksalsjahr 539 weit geöffnet. Und 300 Jahre später bemühen sich gar die Seleukidenfürsten erneut um Keilschrift, mesopotamische Astro-

nomie und die Wiedererrichtung babylonischer Tempel.
Wenn diese Anliegen auch kaum mehr wirkungsvoll waren,
so hatte die Hinneigung der griechischen Herren zur ehrwürdigen Kultur ihres Landes doch in anderer Weise Bedeutung: Gerade damals, in allerletzter Stunde, floß noch einmal viel, von den Gelehrten noch immer sorgsam gehütetes
Wissens- und Glaubensgut einer nun Abschied nehmenden
Welt hinüber zu den jungen Völkern des Westens.

Nach den ausführlichen Betrachtungen der vorliegenden
Kapitel können wir uns ein Eingehen auf die nach Osten und
Westen vermittelten Güter der Zivilisation, des Geistes und
des Glaubens im einzelnen ersparen. Altmesopotamiens materielle Kultur hat das Leben der Nachbarvölker im Handwerklichen, in Wirtschaft und Handel, in Kriegskunst, Bauen
und vielen anderen Bezirken der Technik entscheidend und
für lange Zeit geprägt, und mehr als das: Über die Grenzen
von Zeit und Raum können wir ihre Spuren im Abendland
– und gewiß, für uns heute noch nicht deutlich erkennbar,
ebenso im Mittleren Osten – auch weiterhin immer wieder
auffinden. Es genügt, diesem Sachverhalt einige wenige Lichter aufzusetzen: Die Bezeichnung des hebräischen Tempels,
hechāl, stammt vom sumerischen *egal* ›Großhaus‹; die spät-
jüdischen Monatsnamen sind die Babylons; die akkadischen
Gewichtsbezeichnungen gehen ins Griechische über und bezeugen Bedeutung und Verbindlichkeit des mesopotamischen
Wirtschaftslebens und der kommerziellen Technik. Die frühchristlichen Basiliken mit ihren drei Schiffen entsprechen
einem Grundtyp des sumerischen Tempelbaus; Sappe, Sturmbock und Belagerungsturm des klassischen und mittelalterlichen Kriegswesens sind bereits auf den assyrischen Reliefs in
fast gleichen Formen bezeugt, die Grundformen des Festungs-
baus mit gesicherten Toren, bezinnten Mauern, vorspringenden Türmen, Poternen usw. bleiben von 2000 v. Chr. bis
1500 n. Chr. fast dieselben. Mit dem Zahlbegriff des Dutzends
(und des Schocks) beugen wir uns wie bei der Kreis- und Zeit-
berechnung vor Sumers Sexagesimalsystem, und wenn wir

das Wort ›Mine‹ in seinen verschiedenen Bedeutungen verwenden, so sprechen wir damit noch heute ein altmesopotamisches, wahrscheinlich sumerisches Wort aus, das dort und damals ein Gewichtsmaß – ein Pfund – bedeutete.

Noch weitaus bedeutsamer sind naturgemäß die Ausstrahlungen, die von der sumerisch-babylonischen Geisteskultur in unabsehbarer Fülle ausgegangen sind und das menschliche Denken der späteren Jahrtausende angeregt und befruchtet haben. Elam und die Churri-Länder Obermesopotamiens und Nordsyriens, Hethiter, Ugariter, Armenier und Perser haben die Keilschrift als Ganzes – oder zum mindesten ihren Grundbestandteil, das Keilzeichen – übernommen. Es war diese Schrift, die die ersten Leistungen wissenschaftlicher Art in den geistigen Zentren der zwei Ströme ermöglichte, und gewisse Disziplinen haben grundlegende Arbeit getan und starke Impulse weitergegeben. Die Medizin – wie angedeutet, noch heute durch das sumerische Symbol des Äskulapstabes gekennzeichnet – darf ihre Geschichte in der Praxis auf sumerische und babylonische Ärzte zurückführen, die zu ihrer Zeit hochgeachtet waren und einen internationalen Patientenkreis hatten; wie die moderne Geschichtsschreibung ihre Vorbilder in derjenigen Griechenlands und Roms sucht, so basierten die klassischen Historiker bewußt oder unbewußt auf den Annalen, Chroniken und Einzelberichten der Keilschrifttexte. Griechische Astronomen wie etwa Hipparch zitieren ihre babylonischen Kollegen, und kein Geringerer als Plinius rühmt die Astronomenschulen von Babel, Sippar und Uruk. Vollends die Astrologie und die Vorzeichenkunde der griechisch-römischen Welt samt ihren mittelalterlichen Nachfahren bis zur Neuzeit hin beruhte auf den am Euphrat und Tigris ausgebildeten Methoden, die ihrerseits im ganzen Alten Orient tonangebend waren. Sogar die wohlgeordneten assyrisch-babylonischen Bibliotheken dürften als Vorbild über Seleukiden (Uruk) und Ptolemäer (Alexandria) ins Abendland weitergewirkt haben.

Ferner darf als sicher gelten, daß Gesetzgebung und Rechtsprechung des Ostens von der des klassischen Altertums keineswegs durch eine tiefe Kluft getrennt waren, sondern vielmehr enge Verbindungen zur gräkoromanischen Welt aufweisen. Die noch in den Anfängen steckende Erforschung dieser Beziehungen läßt bereits erkennen, daß die durch römisches Recht begründeten richterlichen Systeme in ihrer geschichtlichen Entwicklung nicht ohne Blick auf die Keilschriftrechte zu deuten sind.

Weitaus klarer steht das Nachwirken der altmesopotamischen Literatur vor unseren Augen. Sumers wiedererstehende Mythologie spiegelt sich mit vielen überraschenden Grund- und Einzelzügen in der der Griechen wider, was angesichts der Tatsache, daß die Götter- und Heroengeschichten des Zweistromlandes Allgemeingut des ganzen Alten Orients einschließlich Ägyptens wurden, nicht verwundern kann. Wie Sumers Götter und Heroen, so steigen auch die der Hellenen zur Unterwelt hinab; auch die Götter des Olymp feiern ihre Feste und liegen doch in ewigem Zwist und Wettstreit, den dann Zeus, der Göttervater, schlichten muß; auch der Gott der Griechen neigt sich der schönen Göttin oder dem erblühenden Erdenmädchen zu, mit ihr neue Gottheiten und Heroen zu zeugen; Adonisverehrung und griechische Mysterienkulte weisen auf den Tammuzglauben Sumers zurück. Die frühe Menschheit lebt hier wie dort den Tieren gleich, bis die Weisheit der Götter sie belehrt; wie Prometheus raubt Inanna göttliche Gaben, wie Herakles ziehen Gilgamesch oder Lugalbanda durch die Welt und erfüllen sie mit ihrem Ruhm. Hinter der Gloriole des Olymp verbirgt sich vielleicht Sumers heiliger Götterhügel *Duku* in den Bergen des Ostens. Das Bild des göttlichen Stiers geistert in Sumer wie in Hellas durch die mythenbildende Phantasie und kommt der Tod, so erwartet den Dahingeschiedenen die Unterwelt, die von Sumerern und Griechen mit fast den gleichen Farben ausgemalt wird. Sogar der Styx, an dessem Ufer der schweigende Acheron mit seinem Kahn wartet, ist im *Chubur*-Fluß und seinem finsteren Fährmann von Sumer vorgebildet; in den Gräbern von Ur I fand sich das Silbermodell eines Bootes mit Sitz und Rudern, das dem toten Fürsten zur Überquerung des dunklen Stromes mitgegeben worden war. Weiter hat die babylonische Mythe von Etanas Himmelfahrt auf den Flügeln des Adlers in der Alexanderlegende des Pseudokallisthenes (um 300 n. Chr.) ihre spätgriechische Version; sogar der Adler, der sich bei schweren Geburten hilfreich erweist, begegnet uns in armenischen, jüdischen und mandäischen Märchen wieder. Das Weltschöpfungsepos *Enūma elīsch* wird bei dem griechischen Dichter Damascius zitiert, und die Menschenerschaffungs- und Sintflutgeschichte des Atrachasīs-Epos, die in Teilen später der Gilgamesch-Dichtung einverleibt wurde, läßt sich über die Bibel bis zu Ovids ›Metamorphosen‹ verfolgen. Niemand wird den Vorwurf des Panbabylonismus oder Pansumerismus gegenüber der Feststellung erheben, daß insbesondere das Gilgameschepos von außerordentlicher literarischer Nachwirkung auch im Abendland gewesen ist und zwischen den Taten des Herakles und den Abenteuern und Geschicken des Heldenpaares Gilgamesch-Enkidu enge Zusammenhänge bestehen. Daß die Gestalt des großen sumerisch-babylonischen Heros noch heute lebendig ist, beweisen die nach ihm genannten Opern von Ture Rangström (1952) und von Bohuslav Martinu (1958 in Basel uraufgeführt). Manches an altmesopotamischem Gut verbirgt sich in Hesiods ›Theogonie‹ und ›Erga‹, noch mehr – bis zu wörtlichen Übereinstimmungen – in den Tierfabeln eines Äsop, Kallimachos oder Babrios, und der schlaue Fuchs der Keilschrifttexte hat es sogar verstanden, unbemerkt – aber nunmehr unverkennbar – in das Fell des niederdeutschen Reineke Voß zu schlüpfen.

Die Frage, wie es mit Geben und Nehmen im Reich der bildenden Kunst bestellt war, ist weitaus schwerer zu beantworten. Es war uns deutlich geworden, daß der Höhepunkt der altmesopotamischen Rundplastik im sumerischen 3. Jahrtausend lag, während die Reliefbildnerei am schönsten in neuassyrischer Zeit blühte. Die größten Schöpfungen dieser beiden Epochen haben als Vorbilder eine weltweite Wirkung ausgeübt – die Geierstele gilt heute als Prototyp der ungezählten Sieges-Denkmäler späterer Jahrtausende –, während an-

dererseits die schönen Bildhauerwerke und vielleicht sogar
die Pyramiden des ägyptischen Alten Reiches wohl auf Mesopotamien zurückstrahlten. Auch Einflüsse der altindischen
Kunst von Harappa und Mohendscho-Daro scheinen sich
in den frühen Städten am Dijala nachweisen zu lassen. In der
Elfenbeinschnitzerei war Assyrien gegenüber Phönizien
offenkundig der nehmende Teil, während Sumers Nischenarchitektur anscheinend von den altägyptischen Baumeistern
aufgenommen wurde und Nebukadnezars Mardukturm
Etemenanki die monumentale Baukunst der Achämeniden
und Griechen beeinflußt hat. *Eine* Kunst indes blieb fast ausschließlich Domäne des Zweistromlandes und ging demgemäß
mit dem Verlöschen seiner genuinen Schreibtechnik auf
Tontafeln verloren: Wir meinen die Glyptik, die mit ihren
gravierten Rollsiegeln fast 3 Jahrtausende lang den Vorderen
Orient beherrschte und diese – trotz Nachahmungen im Gebiet des Nildeltas und auf Zypern – in großem Maße überall-
hin exportierte.

Es war aber nicht nur ein Kunstgegenstand Mesopotamiens,
der sich derart die Kulturwelt seiner Zeit eroberte. Weitaus
bedeutsamer wurde es, daß mit den Siegelzylindern die auf
ihnen dargestellten Motive auf die Wanderschaft gingen;
einige unter ihnen fanden einen so starken Widerhall, daß sie
in staunenswertem Maße Raum und Zeit überwanden. Insbesondere sind es die Bildgedanken des Helden oder Hirten
zwischen zwei Tieren, der im späten Altertum und im abendländischen Mittelalter als sog. Alexandermotiv wiederbegeg-
net, des Adlers zwischen zwei Tieren und der Ziegen am
Lebensbaum (vgl. Tafel 6), die auf diese Weise fast unsterblich wurden. Wir begegnen ihnen ebenso seit der Schang-
Kultur (14./12. Jahrhundert v. Chr.) in der chinesischen Provinz Schansi wie auf antiken Gemmen und keltischem
Schmuck, byzantinischen Seidenstoffen und Reliefs, in der
Kunst der Sassaniden, des frühen Islam und der Mauren, bei
den Kopten und in der äthiopischen Kirche und sodann im
Schmuck, in den Wappen und der Stein- und Holzskulptur
des abendländischen Mittelalters von Spanien und Italien bis
nach Deutschland, Rußland, Skandinavien und zu den briti-

schen Inseln. In der Volkskunst der östlichen Länder, in Ägypten und anderswo sind diese Motive noch heute lebendig[1].

Die religiösen Vorstellungen, die mit jenen Bildgedanken verknüpft oder in ihnen ausgedrückt wurden, waren wohl schon im klassischen Altertum verblaßt und bald ganz vergessen; Altmesopotamiens Religion selbst aber hat – in ihrer farbigen und vielgestaltigen Mächtigkeit, die wir kennenlernten – starke, heute freilich nur noch schwer erkennbare Wirkungen auf Glaubensvorstellungen und Kultsitten der Nachwelt ausgeübt. Wurden doch die großen, gern zu Dreiergruppen geordneten Gottheiten Anu, Antu, Enlil, Enki-Ea, Sin, Schamasch, Adad, Marduk und Ischtar im Zweistromlande bis zur Partherzeit weiter verehrt, was einem Kult von teilweise dreitausendjähriger Dauer gleichkommt, und auch der Dienst der beiden Hauptgötter, Marduk und Assur, währte weit über 1000 Jahre. Solche weitverbreiteten und beständigen Kulte haben natürlich ihre tiefgeprägten Spuren – und sei es nur in den Äußerlichkeiten von Kult, Liturgie, Priesterkleidung – hinterlassen. Wenn auch vom Jahwismus gefiltert, sind gewiß manche Vorstellungen und Anschauungen der sumerisch-babylonischen Religion in den Glauben Israels und über das Alte Testament weiter ins Christentum eingedrungen; ein anderer Weg führte über die in Athen und Rom heimisch werdenden orientalischen Kulte ins Abendland. In gewissem Maße hat sogar der Islam das uralte Erbe angetreten. Die Seleukidenherrscher, die sich der einheimischen Götterverehrung annahmen und sie gräzisierten, trugen in letzter Stunde das Ihre dazu bei, die ehrwürdigen Lehren und Bräuche in der hellenistischen Welt zu verbreiten, und offenbar hat die späte astrale Form der altmesopotamischen Theologie besonderen Eindruck auf die griechischen Denker gemacht. Dies wird z. B. in dem auf Plato zurückgeführten, tatsächlich indes wohl von Philipp von Opontos stammenden Dialog *Epinomis*, der sich mit der Göttlichkeit der Gestirne und ihrer Anbetung befaßt und in dem es an Anspielungen auf die ›Chaldäer‹ nicht fehlt, recht deutlich; und ganz allgemein dürften die religiösen Doktrinen der letzten Generationen babylonischer Priester über die

Götter als kosmische Kräfte und eine umfassende Harmonie des Alls die entsprechenden Spekulationen der griechischen Philosophie befruchtet haben. Im Bereich der Dämonologie und des Zauberwesens haben die Geheimwissenschaften der Chaldäer einen geradezu klassischen, wenn auch recht fragwürdigen Ruf erworben, und es ist kaum zu bezweifeln, daß in den dunklen Bezirken des Aberglaubens die abstrusen Theoreme und Praktiken babylonischer Beschwörer und Zauberkundiger bis in unsere Zeit weiterleben.

Der insbesondere von P. Jensen vor einem halben Jahrhundert unternommene Versuch, die Marduktheologie mit der Gestalt Christi zu verknüpfen, hat sich dagegen als unhaltbar erwiesen. Jene Zeit des Babel-Bibel-Streites und des Panbabylonismus ist vorüber und hat einer gemäßigten, indes durch die fortschreitende Erschließung der Keilschriftliteratur und ständige Funde unerhört bereicherten Betrachtung Platz gemacht. Während der Verfasser diese Zeilen abschließt, kommt die Kunde, daß bei den deutschen Grabungen in Uruk an die tausend alt- und neubabylonische Texte, darunter das Bruchstück einer späten, etwa von Assurbanipal bis zu den Seleukiden reichenden Königsliste, entdeckt wurde. ... So werden auch weiterhin neue Steinchen das Mosaikbild der großartigen altmesopotamischen Kultur ergänzen und diese gewaltige und grundlegende menschliche Leistung in immer hellerem Lichte zeigen.

ZWEITER ABSCHNITT

DAS HETHITERREICH

VON

HEINRICH OTTEN

VORWORT

Eine Darstellung des Abschnittes ›Hethitische Kulturgeschichte‹ hat davon auszugehen, daß A. Goetze mit dem
Band ›Kleinasien‹ in der ›Kulturgeschichte des Alten Orients‹
(zweite Auflage 1957) eine ausgezeichnete Zusammenfassung
des gesamten Materials mit Einzelbelegen und Literaturangaben gebracht hat. So glaubt der Verfasser, hier in seinem
Beitrag den Akzent mehr auf bestimmte, charakteristische
Zeugnisse und Entwicklungslinien legen zu dürfen, indem
vor allem neue Funde und Forschungsergebnisse der letzten
Jahre ausführlicher zu Worte kommen.

In starkem Maße ist der Verfasser auch der Grabung in
Boghazköy unter der Leitung von K. Bittel verpflichtet, an
der er seit vielen Jahren als Philologe teilnimmt. Er hatte so
steten Kontakt mit der archäologischen Forschung am Ort und
nahm teil an den sich anschließenden Diskussionen, so daß
manche der hier gebrachten Gedanken gemeinsam gewonne-
nes Ergebnis sind.

GRUNDLAGEN UND ERFORSCHUNG

Das 19. Jh. hatte durch Ausgrabungen und inschriftliche Funde die großen Kulturbereiche erschlossen: Ägypten mit Ausstrahlungen in politischer wie kultureller Hinsicht bis Palästina und zeitweise gar Syrien einschließend, und die alten Kulturen Mesopotamiens, die in Sumer und Akkad, Babylon und Assur für uns Begriffe geworden sind.

Geschichtslos blieb und bleibt die syrische Wüste, die als Heimat wandernder Nomaden ohne schriftliche Überlieferung ist. Mit stetem Einsickern einzelner Bevölkerungsgruppen in die Dörfer und Städte, mit bevölkerungsmäßig und politisch oft sich in scharfen Zäsuren abhebenden Einbrüchen in das Fruchtland, spielt auch dieser Bereich in der Entwicklung der altorientalischen Geschichte eine bedeutungvolle Rolle.

In ähnlicher Lage – als weißer Fleck auf den Geschichtskarten des Alten Orients – stand lange Zeit Kleinasien, nur mit sagenhafter Überlieferung in das Bild der bekannten Welt einbezogen. Erst intensiver Forschung des letzten Jahrhunderts ist es dann vergönnt gewesen, ein Bild vom Geschichtsablauf in Kleinasien und von der Bedeutung dieser Landschaft, die als Brücke zwischen Ost und West, zwischen Altem Orient und der Welt der Ägäis steht, zu gewinnen.

Kleinasien ist als geographischer Raum im Norden, Süden und Westen durch die Meeresgrenzen klar bestimmt. Dagegen greift das Land in seiner geschichtlichen Wirksamkeit im Osten und Südosten über diesen Bereich hinaus, indem das armenisch-kurdische Hochland ebenso mit einzubeziehen ist wie Nordsyrien mit seinen Küstengebieten und Steppen am Euphratlauf. Dabei macht ein Blick auf die Karte bereits klar, daß wir hier, auch in den kurzen Zeiträumen eines alle

Teile umfassenden Staatswesens, nicht mit einer kulturellen Einheit rechnen dürfen.

Zu stark ist das Land von Gebirgszügen zerrissen und ermangelt eines natürlichen Mittelpunktes oder einer großen, gemeinsamen Lebensader, entsprechend etwa der Bedeutung des Nil für Ägypten. Gebirgszüge – das pontische Gebirge im Norden, der Gebirgsbogen des Taurus im Süden – umfassen ein weites, reichgegliedertes Hochland und schließen dieses weitgehend vom Zugang zum Meere ab. Das gilt am Schwarzen Meer, wo drei parallel verlaufende Gebirgsketten, im Osten mit Höhen über 3000 Meter, steil zum Meere abfallen und nur einen schmalen Streifen Küstenlandes freilassen, ohne wesentliche Häfen, mit schwierigen, steilen Paßstraßen (Zigana-Paß auf der Straße Trabzon–Erzurum mit 2025 m), die zudem im Winter weitgehend unbenutzbar sind. Nur zwei Flüsse des Hochlandes durchbrechen in engen Tälern das Küstengebirge, der Kizil Irmak (Halys) und der Yeschil Irmak (Lykos), beide ohne Schiffahrtsmöglichkeit ins Innere, ja auch im engen Felsdefilé ohne eine Straße, die den Verkehr zur Hochebene ermöglichte und so etwa den an den Mündungen des ›Roten‹ und des ›Gelben Flusses‹ entstandenen Schwemmebenen eine besonders günstige Verkehrslage zum Hinterland geboten hätte. Vielmehr tendiert das Gebiet zum Sonderdasein wie Paphlagonien, oder gar zur Eigenstaatlichkeit gegenüber dem Hochland, wie der Staat des Mithridates gegenüber den Römern und Parthern, das Kaiserreich von Trapezunt gegenüber den Türken dies aufzeigen.

Der Kamm der Gebirge bildet eine deutliche Klimascheide zwischen dem feuchten pontischen Klima (mit Niederschlagsmengen über 2000 mm in Rize) und dem trockenen Binnenlandklima der Hochflächen. Die reichen Niederschläge verleihen dem Küstenstreifen große Fruchtbarkeit und fördern einen Baumwuchs, der heute noch in prächtigen Wäldern der sonst weitgehend eingesetzten Verkarstung getrotzt hat. Der Bergbau liefert seit alters her Kupfer und Silber; auch die eisenschmiedenden Chalyber der Antike waren hier zu Hause.

Entsprechend umschließt der Taurus im Süden die anatolische Hochebene. Ein stark zerklüftetes Karstgebirge steigt

steil aus dem Meere auf, und besonders das lykische Gebirgs-
massiv läßt kaum für eine Uferstraße Platz. In sich selbst
durch Gebirgszüge gegliedert und fruchtbare Hochebenen
umschließend, hat es einen stark eigenständigen Charakter.
Aber auch die beiden einzigen größeren Küstenebenen in
Pamphylien und Kilikien sind vom Binnenlande nicht leicht
zugänglich. Wohl führt von Konya eine Paßstraße am alten
Kalykadnos entlang nach Seleukia-Silifke, und insbesondere
vermittelt die Kilikische Pforte als alte Heer- und Handels-
straße von Tyana-Bor aus den Zugang nach Süden, aber
Taurus und Antitaurus bilden doch eine deutlich sichtbare
Barriere, was sich historisch durch eine stärkere Bindung
Kilikiens an Nordsyrien zeigt, wo der Amanus nicht ein so
verkehrsfeindliches Hindernis darstellt. Über Chalpa-Aleppo
und Karkemisch führen hier seit alters her die Handelswege
nach Syrien und Mesopotamien.

Das taurische Gebirgsland ist klimatisch rauh, und früh im
Herbst deckt die Höhen erster Schnee, ein eindrucksvoller
Gegensatz zum subtropisch-warmen Klima der Küstenebene
mit wiegenden Palmen und heute blühendem Anbau von
Baumwolle, Reis und Zuckerrohr.

Nach Westen öffnet sich das Hochland in den tief einschneidenden Tälern des Mäander-Menderes und des Hermos-
Gediz, die bequeme Verkehrsmöglichkeiten vom Hochland
zur reich gegliederten Küste bieten. Weite Siedlungsebenen,
wasserreiche Flüsse und das milde Mittelmeerklima gaben
somit der ägäischen Küstenlandschaft frühzeitig eine besondere Bedeutung als Siedlungsgebiet mit weitreichendem Handelsverkehr, wie das die späteren griechischen Kolonisten-
städte deutlich machen und ebenso die kulturgeschichtlich so
bedeutsame Entwicklung der Troas. Weiter im Norden bildet
die Propontis mit der bithynischen Halbinsel die nur vom
Bosporus durchschnittene Landbrücke mit Europa, die immer wieder wandernden Scharen den Einbruch nach Kleinasien ermöglicht hat.

Das Innere Anatoliens nimmt eine Hochfläche von 800 bis
1200 m über dem Meere ein. Die lykaonische Steppe, eben
und abflußlos, ist die trockenste Landschaft Kleinasiens. Als

kulturfeindlicher, wüstenähnlicher Sperriegel trennt sie das westliche Küstengebiet von Inneranatolien und zwingt die beiden großen Verkehrswege zu einer nördlichen oder südlichen Umgehungsroute (letztere über Ikonion-Konya nach Tyana leitend)[1]. Das unfruchtbare Gebiet um den heutigen Salzsee zeigt allerdings durch zahlreiche *Hüyüks*, alte Siedlungshügel, eine ehemals bessere Lebensmöglichkeit an, die erst der zunehmenden Versalzung erlegen ist.

Das nördlich sich anschließende Galatien ist durch Gebirgszüge und den gewundenen Lauf des Sakarya-Sangarios landschaftlich geformt. Hier führt auf der nördlichen Route die alte persische Königsstraße von Sardes über Gordion nach Ankyra-Ankara. Stärkere Niederschläge und die wasserreichen Täler des Sakarya und seiner Nebenflüsse bieten günstige Voraussetzungen für Landwirtschaft und menschliche Siedlungen.

Das zentrale Hochland, Kappadokien, ist reich gegliedert durch Gebirgszüge, die weite Talauen umfassen und gegeneinander abschließen. Auch der in weitem Bogen hier ziehende Fluß stellt keine Verkehrsader dar, ja fließt gar teilweise durch siedlungsarmes Erosionsgebiet. Die ihm gegebenen Namen machen dies schon deutlich: Kizil Irmak ›Roter Fluß‹ nach der Farbe des mitgeschwemmten Erdreiches; die antike Benennung Halys nimmt Bezug auf die zahlreichen Salzlager. Mit Sivas an seinem Oberlauf erreichen wir den Knotenpunkt der ostanatolischen Verkehrsstraße Samsun-Amasya-Malatya und der alten Karawanenroute über Erzurum nach Persien; ein zweites Verkehrszentrum nennen wir mit Kayseri in der fruchtbaren Ebene am Erdschijas-Mons Argaios. Der mächtige, ehemalige Vulkankegel bestimmt mit fast 4000 m Höhe weithin die Landschaft, gleichsam überleitend zu dem wild zerklüfteten armenischen Bergland, dessen Gebirgszüge, meist von Ost nach West verlaufend, insbesondere von den Quellflüssen des Euphrat durchzogen werden, gleichzeitig damit aber auch von Osten her den Zugang ins zentralanatolische Hochland öffnen.

Der fast quer dazu verlaufende Antitaurus bildet ein schwerwiegendes Verkehrshindernis; immerhin vermittelt die an seinen Nordausläufern entlangziehende Straße Sivas-Malatya den Zugang zum Oberlauf von Euphrat und Tigris und damit zur obermesopotamischen Ebene.

Das gesamte Hochland, durch die Randgebirge von den Seewinden abgeschlossen, ist durch ein ausgeprägtes Kontinentalklima mit heißen Sommern und strengen Wintern gekennzeichnet. Die Steppenlandschaft gestattet landwirtschaftlichen Anbau nur in den Talauen, läßt dagegen weiten Raum für nomadisch betriebene Viehzucht.

Neben niedriger Grasvegetation, den weiten Flächen der Artemisias-Steppe (Wermutstauden) und schütterem Buschwald an den Berghängen ist der Boden arm an Bewuchs. Gewiß hat die Erosion in letzter Zeit das Landschaftsbild gewandelt, aber die spärlichen Reste von wirklichem Waldbestand, besonders in unzugänglichen Bergregionen, daneben in gewissen Reservaten, gestatten es kaum, im Altertum allgemein dichten Waldbewuchs vorauszusetzen. Immerhin ist wohl mit einer erheblich größeren Waldverbreitung in der Antike zu rechnen, insbesondere im Bereich des niedrigen Steppengebirges. Dafür sprechen auch die Darstellung von Hirsch und Eber auf den Denkmälern des zweiten Jahrtausends v. Chr. sowie Knochen- und Geweihfunde bei den Grabungen in alten Siedlungen.

Damit haben wir in kurzen Strichen den geographischen Raum umrissen, in dem die Hethiter im Laufe des zweiten vorchristlichen Jahrtausends ein Reich errichteten – mit seinem Zentrum innerhalb des großen Halysbogens in der Hauptstadt Chattusa (beim heutigen Boghazköy, 150 km östlich von Ankara). Eine erstaunliche politische Leistung angesichts der zerrissenen geographischen Gliederung, entfernt vergleichbar somit der modernen türkischen Staatsgründung in Ankara, während sonst Anatolien im Laufe seiner Geschichte stets Teil eines größeren Reiches gewesen ist oder in mehrere Kleinstaaten regional aufgespalten war.

Die Hethiter mit ihrem staatlichen Schwerpunkt in Anatolien – das war eine überraschende Wandlung des Geschichtsbildes, hatte man doch zunächst aufgrund ihrer Nennung im

Alten Testament (Chittīm) unter diesem Volksnamen einen der zahlreichen Stämme Palästinas vor der Landnahme der Israeliten gesehen. Die Entdeckungsgeschichte des Hethiterreiches begann vor etwa 100 Jahren.

Im nördlichen Syrien, in Hama, hatte zu Anfang des 19. Jahrhunderts der Orientreisende J. L. Burckhardt einen in einem Haus eingemauerten Stein mit einer nichtägyptischen Hieroglypheninschrift entdeckt. Als sich in den 70er Jahren das wissenschaftliche Interesse an diesen Inschriften verstärkte, wachten die Einwohner fanatisch über den Verbleib der Steine, an die sich eine abergläubische Heilswirkung knüpfte. Erst eine günstige innenpolitische Situation gestattete es 1872 dem irischen Missionar Wright, die Steine für das Istanbuler Museum aus dem Mauerverband herausnehmen zu lassen und Gipsabgüsse anzufertigen.

Als weitere Steine mit der neuen Bilderschrift in Karkemisch am Euphrat, an einem Felsrelief bei Ivriz im Taurus, ja im Hochlande selbst auftauchten und schließlich 1879 A. H. Sayce auch die beiden Felsreliefs am Paß von Karabel an der Westküste, eines davon mit Inschrift, mit ihnen in Zusammenhang brachte, da war für diese weitverstreuten Denkmäler einer einheitlichen Kultur und Schrift der Name ›hethitisch‹ gegeben, der sich in der Folgezeit einbürgerte und im historischen Raum zu dem für einen englischen Gelehrten sich leicht anbietenden Begriff ›Hittite Empire‹ führte (W. Wright, The Empire of the Hittites, 1884; A. H. Sayce, The Hittites, The Story of a Forgotten Empire, 1888).

Lage und Name ihrer Hauptstadt Chattusa bei B o g h a z k ö y hatten wir bereits erwähnt. Der Entdecker der Ruine für die moderne Forschung war Ch. Texier, der 1834 hier auf der Suche nach dem klassischen Tavium eine gewaltige Stadtanlage vorfand, die älteren Datums sein mußte. Gebunden an das historische Bild seiner Zeit, konnte er die wirkliche Bedeutung nicht ahnen: So hielt er die Stadt für Pteria, vor der sich Kroisos und Kyrus nach Herodot I, 76 eine heiße Schlacht geliefert hatten; das nahe der Hauptstadt gelegene Felsheiligtum Yazilikaya mit seinen Götterreliefs galt seines Erachtens der Erinnerung an ein Treffen von Amazonen und Paphlagoniern.

Kurz nach Texier kam W. Hamilton nach Boghazköy; die gleichen Reliefs sollten nach seiner Interpretation einen Vertragsabschluß zwischen Medern und Lydern in der Erinnerung festhalten. Es folgten nach manchem anderen Reisenden insbesondere 1862 G. Perrot, dann 1882 K. Humann, dem die Wissenschaft den ersten Plan der ganzen Stadtanlage verdankt, darüber hinaus aber vor allem die bedeutsamen Abgüsse einiger Reliefs von Yazilikaya für die Berliner Museen. An seine Tätigkeit schloß sich 1894 das Gesuch der Generalverwaltung der Königlichen Museen zu Berlin an, eine Grabungserlaubnis für die Ruine Boghazköy zu bekommen.

Der Fund von Keilschrifttafeln, wie dies Leutnant Schäffer und der spätere Bericht von Chantre (Mission en Cappadoce) bezeugten, erhärtete die wissenschaftliche Notwendigkeit von Grabungen, konnte die Bedeutung der Ruine jedoch noch nicht erkennen lassen.

Da kam 1887 der zufällige Fund von mehreren hundert Tontafeln aus Tell Amarna in den Handel. Es war dies ein wesentlicher Teil des ägyptischen Staatsarchivs, Korrespondenz der Pharaone Amenophis III. und IV. mit den vorderasiatischen Herrschern und den unterworfenen Kleinfürsten Syrien-Palästinas. Diese Briefe hatte Amenophis IV.-Echnaton (etwa 1370–1350 v. Chr.) in seine neue Residenz, die er zwischen den alten Metropolen Theben und Memphis gründete, mitgenommen, wo sie nach der Restauration der alten Verhältnisse liegen blieben. Darin war nun davon die Rede, daß der König Tuschratta von Mitanni in Obermesopotamien hethitisches Gebiet erobert habe und Kriegsgefangene als Geschenk an den Pharao übersende. Syrische Herren beschuldigten Aziru, den Fürsten von Amurru, mit den Hethitern gemeinsame Sache zu machen; ja ein Schreiben des hethitischen Königs Suppiluliuma selbst lag vor und sprach seinem ›Bruder‹ Amenophis IV. die Glückwünsche zu dessen Thronbesteigung aus. Mehr als alle anderen Nachrichten sprach dieses

›Bruderschafts‹-Verhältnis von der Tatsache einer hethitischen Großmachtstellung, denn nur unter gleichgestellten Herrschern galt diese Anrede.

Neben dieser keilschriftlich in akkadischer (babylonischer) Sprache geschriebenen Korrespondenz, die das Akkadische als Diplomatensprache des Vorderen Orients auswies, fanden sich auch zwei Briefe in einer Sprache, die man nicht deuten konnte. Von diesen war der eine an den König von Arzawa, Tarchundaradu mit Namen, gerichtet. Dabei wies sowohl der im Onomastikon enthaltene Gottesname Tarchunt-/Tarkon wie auch der Landesname in das südliche Kleinasien.

Die Sprache dieser Briefe, zunächst ›Arzawa-Sprache‹ genannt, zeigte nun eine nahe Berührung mit der jener Tafelstücke, die in Boghazköy gefunden und von Chantre-Scheil publiziert worden waren. So schien einiges dafür zu sprechen, daß Boghazköy eine der führenden Städte von Arzawa gewesen sei und ihr Boden noch mehr Aufschlüsse über jene so bedeutungsvolle geschichtliche Periode des vorderasiatischen Gleichgewichts, die Amarna-Zeit, enthalten werde.

Als dann H. Winckler, zusammen mit Makridy Bey als Vertreter des Istanbuler Museums, 1905 eine erste Schürfung unternahm und im folgenden Jahre mit der Grabung begann, ergab sich bald, daß die ausgedehnte Ruine am Berghang – mit rund 6 km Mauerlänge und einem Flächeninhalt von 168 ha – die Hauptstadt des Hethiterreiches selbst gewesen war.

Gleich der erste Suchschnitt am Westhang von Büyükkale, der ›Großen Burg‹, hatte eine Tontafelsammlung mit vielen hundert Stücken zutage gebracht, unter ihnen in Keilschrift und akkadischer Sprache auch jenen Vertrag zwischen Ramses II. und Chattusili III., der eine Periode ewigen Friedens zwischen den beiden großen Staaten einleiten sollte und bis dahin nur in Hieroglyphen an den Tempelwänden in Karnak überliefert war.

Im folgenden Sommer 1907 wurde dann eine zweite Tafelsammlung, diesmal anscheinend *in situ*, gefunden, indem ›in der Kammer 11 des Großen Tempels ganze, klar geschichtete Reihen schräg liegender, ganz erhaltener Tontafeln lagen‹ (L. Curtius). Da eine der dort gefundenen Tafeln, eine Schen-

VII Bronzestatuette, Grabfund vom Horoztepe,
   Ende des 3. Jahrtausends

VIII, a Goldkanne aus der
Gegend von Amas
Ende des
3. Jahrtausends

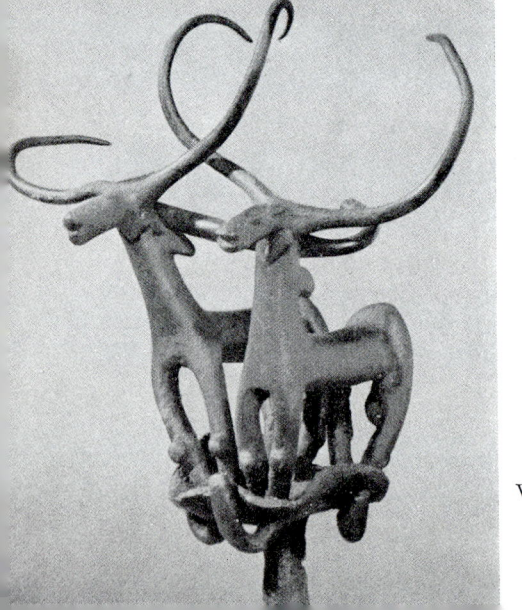

VIII, b Bronzener Standa
aufsatz, Ende des
3. Jahrtausends

IX, a Schnabelkanne
aus Boghazköy,
Zeit der assyri-
schen Handels-
tätigkeit

IX, b Reliefvase aus
Bitik, 1. Hälfte
des 2. Jahr-
tausends

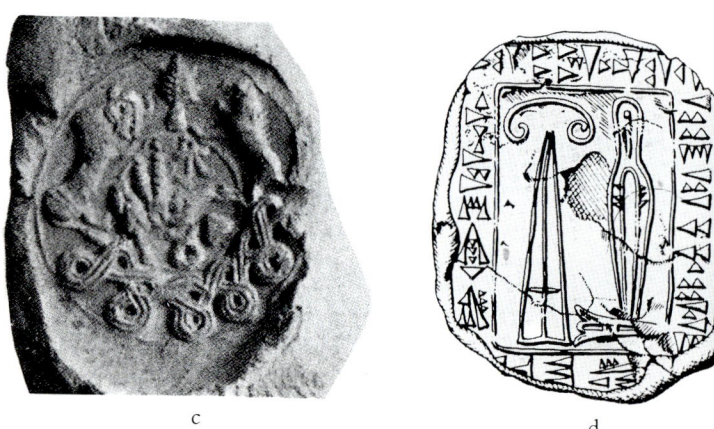

X, a Boghazköy, Tontafelfragment mit Titelangabe und eingeritzter
   Zahl ›VIII‹ für die Serieneinordnung

 b Stempelsiegel aus Boghazköy, Zeit der assyrischen Handelstätigkeit

 c Tonbulle mit Abdruck eines Hieroglyphensiegels, Zeit des hethitischen Großreiches

 d Siegel des Tutchalija, schar kischati, 2. Hälfte des 13. Jahrhunderts. Zeichnung

Mitte des 2. Jahrtausends

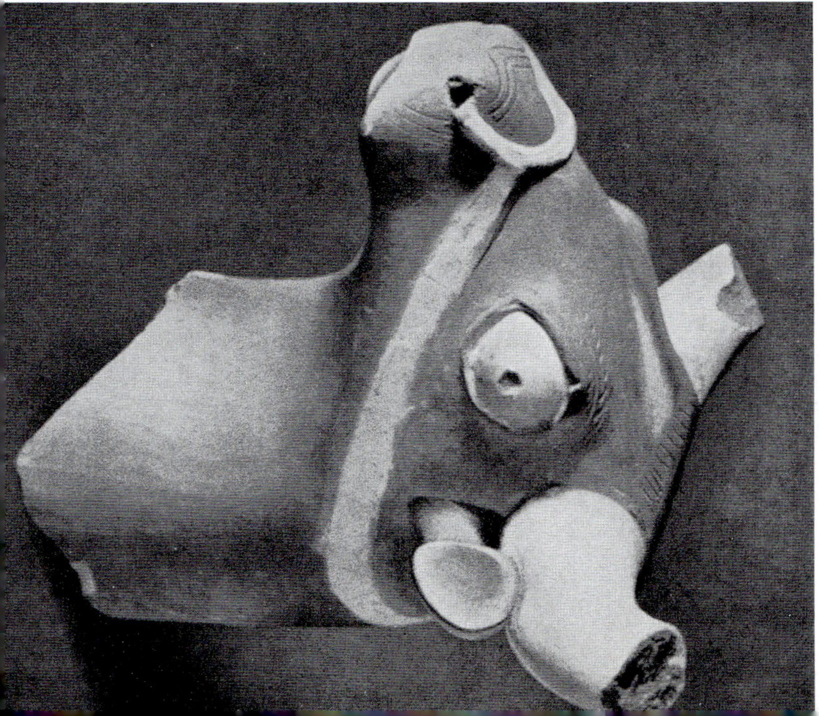

Mitte des 2. Jahrtausends

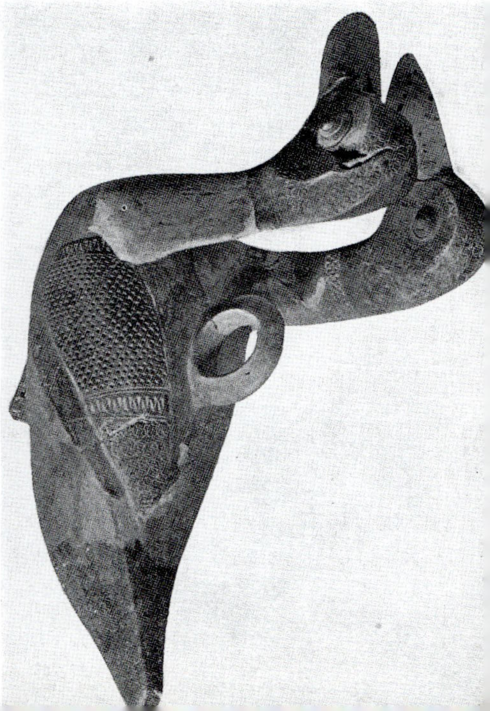

XII, a, b Elfenbeinstatuette eine
Berggottes, Boghazkö
Zeit des hethitischen
Großreiches

XII, c Goldstatuette, sitzende
Göttin, Boghazköy, Zeit
des hethitischen
Großreiches

XII, d Stierfigur aus Silber,
Boghazköy, Zeit des
hethitischen Großreiches

kungsurkunde, den Nachsatz trägt: »Diese Tafel sei niedergelegt vor dem Wettergotte von Chatti«, ist damit einer der
wenigen Hinweise zur näheren Bezeichnung der ausgegrabenen Gebäude gegeben, da jegliche Bauinschrift fehlt.

Die erste ausführliche Beschreibung der Ruinen geht auf
jenes Jahr 1907 zurück, als zusammen mit Winckler eine
Expedition des Deutschen Archäologischen Instituts unter
O. Puchstein an Ort und Stelle weilte. Ihr sind der Stadtplan,
die Aufnahmen der Mauern und Tore, die Beschreibung
der großen Tempel und Burgen in ›Boghazköy, Die Bauwerke‹ zu verdanken.

H. Wincklers letzte Kampagnen 1911 und 1912 erbrachten
in einem großen Gebäude am Westfuße der Büyükkale eine
weitere Tafelsammlung, die vor allem Vokabulare – eine
Ordnung des Wissensstoffes nach Zeichen und Wortschatz
in drei bis vier Spalten, Sumerisch, Akkadisch, Hethitisch –
enthielt. Der Ausgräber kam aber, schon schwer leidend,
nicht mehr zur Nutzung dieser sich bietenden Deutungs-
möglichkeit des hethitischen Lexikons und seiner sprachlichen
Struktur. Zudem waren die Vokabulare nach ihrem Erhaltungszustand wie nach dem Inhalt ihrer Eintragungen kein
leichtes Hilfsmittel, wie sich später herausstellte.

Denn die Deutung des Hethitischen ging von den
einsprachigen Texten aus, die in Keilschrift geschrieben, also
von Anfang an lesbar waren, indem sie dem bekannten
Schriftsystem folgten, wonach gewisse, häufig vorkommende
Begriffe, insbesondere Appellativa (Land, Stadt, König usw.)
mit Wortzeichen ausgedrückt werden, die ähnlich wie unsere
Zahlen überall gleiche Bedeutung haben und nur mit der
Lesung in den einzelnen Sprachen differieren.

Schon in seinem Tagebuch vom Jahre 1906 hatte H. Winckler eine Textstelle, die ihm eine gesetzliche Regelung zu enthalten schien, zu deuten versucht, indem er von den bekannten sumerischen Wortzeichen und den akkadischen graphi-
schen Komplementen (in Majuskeln wiedergegeben) ausgehend den Sinn kombinatorisch zu erschließen trachtete:

›Wenn die TOCHTER DES *asiwan* er nimmt, ZU SEINER FRAU
nimmt, wenn sie einen SOHN gebiert.‹ Hier sind aus dem
Kontext also die hethitischen Verben ›nehmen‹ und ›gebären‹
richtig bestimmt; falsch ist die Deutung ›wenn‹ – vielmehr
nu(-za) ›und‹ – verkannt die vorliegenden Präteritalformen
und irrig die Abtrennung von *asiwan das* und dessen Auffassung als Prädikat – vielmehr ist *asiwandas* Genitiv: ›eines
Armen‹. Es handelt sich, wie wir heute wissen, um die Episode
aus dem Illujanka-Mythus: »Und er nahm die TOCHTER EINES
Armen ZU SEINER FRAU, und sie gebar einen SOHN«.

Die Erschließung des Hethitischen ist eng mit dem Namen
des 1954 verstorbenen tschechischen Gelehrten B. Hrozný
verknüpft, der 1915 ›Die Lösung des hethitischen Problems‹
aufzeigen konnte. Damit wurde die Masse der Texte deutbar,
die H. Winckler und dann 1931–1939 und wiederum ab 1952
K. Bittel in Boghazköy ausgegraben haben und die bis heute
20000 Nummern umfassen. Neben den archäologischen Er-
gebnissen bieten sie das Hauptmaterial für eine Darstellung
der hethitischen Geschichte und Kulturgeschichte.

Kültepe (›Aschenhügel‹), 18 km nordöstlich von Kayseri
in einer fruchtbaren Ebene, nicht weit von der wichtigen Kara-
wanen-Straße nach Sivas und am Ausgangspunkt der Route
zur Ebene von Malatya und damit zum Euphrat gelegen,
war ebenfalls durch Tafelfunde, die auf dem Markt zu Kayseri
in den Handel kamen, der Wissenschaft bekannt geworden.
E. Chantre hatte 1893/94 hier kurze Schürfungen durchgeführt, ebenso von Boghazköy kommend H. Winckler 1906.
Die Bauern des benachbarten Dorfes hatten den *Tepe* am
Rande angegraben, um Asche zur Düngung ihrer Felder zu
gewinnen. Hier setzte auch B. Hrozný 1925 mit seiner Grabung ein, konnte dann allerdings trotz aller Verheimlichungs-
versuche der Bauern in Erfahrung bringen, daß die Tafeln
nicht vom Stadthügel stammten, sondern von einem nordöstlich sich daran anschließenden Feld.

Mit einem neuerlichen Fund von tausend Tafeln war nun
die Siedlungsstelle festgelegt, die in privaten Handelsarchiven

reiches Material für die Tätigkeit assyrischer Kaufleute in Anatolien während des 19./18. vorchristlichen Jahrhunderts bot. Der 1948 hier in alljährlichen Kampagnen einsetzenden neuen Grabung unter der Leitung von T. Özgüç war dann die weitere Erkenntnis zu verdanken, daß nicht eine einzige, nur kurzfristige Siedlung hier bestanden habe, sondern vier Schichten vorliegen, deren älteste (IV und III) keine Tafeln enthielten, während Schicht II und in geringem Umfang Schicht Ib durch die Tafeln der assyrischen Händler datiert waren. Die jüngste Siedlung Ia ist wiederum ohne inschriftliches Zeugnis.

Die Wohnhäuser und Kontore sind dabei vielfach mit Fußböden, Türen und aufgehendem Mauerwerk noch erhalten, darin ein reiches Inventar, vor allem an Keramik. Zudem waren unter den Fußböden vielfach Bestattungen erfolgt, die nun mit z. T. reichen Beigaben insofern ein überraschendes Bild boten, als alle materielle Hinterlassenschaft, von wenigen Importstücken aus Syrien abgesehen, sich dem anatolischen Bestand anfügen läßt. Nur die beschrifteten Tafeln erwiesen mit Sprache und Personennamen die Anwesenheit fremder, assyrischer Händler. Nach Ausweis der Tafeln hatte der Ort den Namen Kanisch getragen und die Tätigkeit der Kaufleute war durch das *kārum* als Handelszentrale geregelt. Es hat sich daher eingebürgert, das ganze Wohnquartier als kārum Kanisch zu bezeichnen.

15.2.96

Etwa halbwegs zwischen Kayseri und Boghazköy liegt im Quellgebiet des Delidsche Irmak Alischar mit einem Hüyük, der in den Jahren 1927–1932 Ziel einer Grabung des Oriental Institute der University of Chicago unter Leitung von H. von der Osten und E. F. Schmidt gewesen ist. Es war dies die erste wissenschatliche Grabung auf der Hochfläche, deren Ergebnisse in den Schichtbestimmungen daher für die weitere Arbeit maßgebend wurden.

Insbesondere gab ein Tiefschnitt über den Beginn der Siedlung an der Wende zum 3. Jahrtausend Aufschluß und vermittelte ein Bild, das für das Hochland zu verallgemeinern

ist, indem feste Siedlungen hier (wie übrigens auch weiter
westlich in Troia) erst jetzt, im Chalkolithikum, entstehen.
Die nomadische Lebensweise wird also hier später aufgegeben
als im Kulturland des Südostens. Daß mit der einsetzenden
Besiedlung nicht nur eine Änderung der wirtschaftlichen
Struktur, sondern auch eine Bevölkerungszuwanderung verbunden gewesen wäre, bleibt Hypothese. Somit zeigt die
kulturelle Entwicklung im Hochland wie im Westen verwandte Züge, während der Südosten (Mersin, Tarsus, Sak-
tschegözü) mit stärkeren Bindungen zum Zweistromland
tendiert.

Die Entwicklung von der Steinkupferzeit zur nächstjüngeren Stufe (Alischar I) scheint fließend und in lokaler Weiterentwicklung vor sich gegangen zu sein. Die Keramik ist
weiterhin handgemacht und zeigt einen roten, mehr oder
weniger polierten Überzug; an Formen sind typisch kuge-
lige Schalen, vielfach mit leicht eingezogenem Rand. Daneben kommt auch schwarze, hochglänzende Keramik vor, die
Tassen, Schnabelkännchen usw. kennt, teilweise mit weiß
eingelegten Ritzmustern. Nach Westanatolien bestehen starke
kulturelle Verbindungen.

Die Schwerpunkte dieser anatolischen Kultur lagen innerhalb des Halysbogens, d. h. im wesentlichen dort, wo uns
später die Zentren hethitischer Kultur begegnen werden. Die
ersten großen städtischen Anlagen entstanden um die Mitte
des 3. Jahrtausends, namentlich Alischar selbst, das eine Burg –
den Herrensitz – und eine Unterstadt aufweist, die beide mit
einem Mauerring umgeben sind.

Eine nicht minder große Anlage darf man in Hüyük bei
Aladscha, 35 km nördlich von Boghazköy, voraussetzen, wie
die reichen Grabfunde und die große Ausdehnung des Schutt-
hügels andeuten. Die Häuser sind rechteckig und bestehen
aus Lehmziegeln auf steinernem Sockel. Die Toten werden
in der Siedlung selbst bestattet. Neben Geräten aus Metall –
Kupfer, Blei, Silber, selten Gold – stehen Klingen und Pfeilspitzen aus Silex und Obsidian wie auch Steinäxte. An Haustieren sind Rind und Schaf häufig, auch Schwein und Hund
bekannt.

Einen überraschenden Einblick in die Kultur der inneranatolischen Fürstenhöfe dieser Zeit gestatten uns die reichen Beigaben jener 13 Gräber von Hüyük bei Aladscha, die von H. Z. Koşay 1935–1941 aufgedeckt worden sind. Von den bis 1948 fortgesetzten Grabungen ist ein Bericht erst angekündigt[2].

Die Gräber sind in die letzten Jahrhunderte des 3. Jahrtausends zu datieren. Die Seitenwände der maximal 6 × 3 m messenden, rechteckigen Kammern sind aus Stein errichtet, worüber sich eine flache Holzdecke spannte. Auf dieser fanden sich paarig angeordnete Rinderschädel, ferner Knochen von Schaf, Ziege und Schwein, wohl als Speiseopfer für den Toten, der meist mit dem Kopf nach Westen und mit angezogenen Knien bestattet war. Die Beigaben an Gegenständen aus Gold, Silber, Elektron, Bernstein, Kupfer und auch Eisen sind überraschend reich. Gefäße, Waffen, Schmuckstücke (etwa goldene Doppelspiralschieber, mit ähnlichen Stücken aus dem Großen Schatz von Troia II wie auch von Tell Brak in Obermesopotamien vergleichbar) und vor allem Embleme: vollplastische Figuren aus schwerem Kupfer, die Stiere und Hirsche darstellen, rhombische, halbkreisförmige und ovale, gegitterte Scheiben, offenbar Standartenaufsätze. Scheiben und Tierfiguren, beide auch des öfteren miteinander verbunden, hatten gewiß religiöse Bedeutung und beweisen kultische Verehrung der Sonne und von Hirsch- und Stiergottheiten. Es scheint, als seien beide Tiere selbst das göttliche Wesen, während in späterer, hethitischer Zeit der Stier als das heilige Tier des Wettergottes erscheint, der Hirsch insbesondere beim Schutzgott begegnet, beide also nur noch Begleiter, Attribute des nun anthropomorph gedachten Gottes sind.

Zum Grabinventar gehören auch menschliche Figuren, die nackt erscheinen. In einem Falle (Grab H) tragen sie vor sich ein spitzes Gefäß in den Händen, so daß es sich wohl um Dienergestalten handelt. Bei den anderen weiblichen Statuetten ist man eher geneigt, an die figürliche Darstellung einer Göttin zu denken, die zum Toten in Beziehung steht. Jedoch wurden auch die beiden Frauenstatuetten aus Grab L – deren eine ganz aus Kupfer besteht, während bei der anderen die

Brüste mit Silber aufgesetzt, die Füsse mit Goldblech plattiert sind – zusammen mit einem weiblichen Skelett gefunden. Gleichartige Grabfunde, darunter wiederum Sonnenstandarten, Hirsch- und Stierfiguren aus Bronze mit Silberauflage, auch ein Sistrum und eine weibliche Statuette mit Säugling auf den Armen, sind nunmehr aus Horoztepe nördlich Tokat bezeugt und beweisen eine einheitliche Kultur im nördlichen Kappadokien.

Die goldenen Gefäße der Gräber stimmen formal mit der gewöhnlichen Tonware der Zeit überein, wie man umgekehrt vielfach bei dem strengen Aufbau einiger Keramikformen und ihrer hochglänzenden Politur gar an Nachbildungen von Metallgefäßen denken möchte.

Bemerkenswert ist die Ähnlichkeit der Tierplastiken mit Funden aus dem Kuban-Gebiet (Maikop). Man hat selbst daran gedacht, diese kulturelle Verbindung nach Südrußland als Ergebnis früher (indogermanischer) Einwanderung aus jenem Raum werten zu können. Jedoch wird bezweifelt, daß nach Stil und Form die hethitische Bildkunst des 14. und 13. Jahrhunderts sich direkt aus diesen frühen plastischen Werken herleiten lasse, obwohl nach dem inneren Gehalt der Darstellungen eine Verbindung zum 2. Jahrtausend besteht.

Die genaue Schichtzuordnung der Fürstengräber von Hüyük ist in Anbetracht der noch ausstehenden abschließenden Publikation umstritten, ob sie zur kupferzeitlichen Schicht (Periode III) gehören, die durch eine große Brandablagerung gedeckt wird, oder nicht vielmehr zur nachfolgenden Frühen Bronzezeit (um 2000 v. Chr.), indem die Gräber in die älteren Schichten hineingeschnitten wurden. Wir befinden uns hier noch in vorgeschichtlichen Perioden; nur archäologische Parallelen nach Westen (Troia II–III) und Osten (Palast des Naramsin in Tell Brak) geben eine gewisse relative Datierungsmöglichkeit.

II

DIE GESCHICHTE UND IHRE QUELLEN

Den Boden der Historie betreten wir in den folgenden zwei Jahrhunderten, wobei die altassyrischen Tafeln das wichtigste Quellenmaterial darstellen. Diese stammen in großer Zahl vom Kültepe, aber auch mit je 60 Stück von Alischar und Boghazköy. Wie in Kültepe-Kanisch liegen diese Händlerarchive nicht im Gebiet der königlichen Burg, sondern in einem Wohnareal, das sich auf einer Terrasse anschließt.

Im Falle von Boghazköy-Chattusa ist die Streuung der Tafeln etwas größer, augenfällig ist aber doch ihre Konzentration in den Wohnvierteln der sogenannten Unterstadt. Die Untersuchungen in diesem Areal sind noch nicht abgeschlossen, so daß über die Ausdehnung der Siedlung oder ihre etwaige Begrenzung durch eine eigene Stadtmauer keine Aussage möglich ist.

Der gleichzeitige Sitz der Fürsten lag auf Büyükkale, dessen Plateau von etwa 120 × 200 m insbesondere nach Norden und Osten durch die steil abfallenden Felsen hervorragend geschützt war.

Am Nordwestfuß des Burgberges entstand die Unterstadt, die in althethitischer Zeit mit einer von der Königsburg abgehenden Mauer umschlossen war. Erst in der Zeit, da Chattusa die Hauptstadt eines Großreiches war, wurde durch eine großzügige Mauererweiterung auch die Oberstadt mit einbezogen, so daß nun mit einer Längsausdehnung von mehr als 2 km eine Stadt entstand, die an Flächeninhalt etwa Athen z. Zt. des Themistokles entsprach. Durch eine künstliche Aufhöhung des Erdwalles am südlichsten Ende der Stadt wird ein Gebiet mit einem Niveauunterschied von 280 m zu einer einheitlichen Anlage zusammengeschlossen, deren Silhouette gegen den ansteigenden Gebirgsstock sicherlich seinerzeit von großartiger Wirkung war. Die tiefe Schlucht, die dem heutigen Ort Boghazköy den Namen gab, hebt das Plateau der Königsburg heraus. Felsgruppen innerhalb des Stadtgebietes

trugen Burgen; auf den Plateaus standen, weithin ragend, die
großen Tempel der Stadt, und um das Ganze zog sich mit
Türmen, Bastionen und Toren der Kreis der Stadtmauer, die
natürliche Verteidigungsanlage, die zwei tiefe Bachtäler boten,
so noch verstärkend.

Die frühesten Nachrichten über Kleinasien stammen aus
Mesopotamien und sind legendärer Natur. In den Epen, die
sich an die Namen der beiden großen Könige von Akkad,
Sargon und seines Enkels Naramsin (2350–2200) knüpfen,
wird von Heereszügen nach Anatolien berichtet. In dem
historischen Roman ›König der Schlacht‹ drängen Kaufleute Sargon zum Zug gegen Puruschchanda, das wir aus
den Kültepe-Texten als einen der Vororte des Alten Kleinasien kennenlernen und etwa in der Konya-Ebene lokalisieren
möchten. Der Weg dorthin ist lang und beschwerlich, das
Unternehmen aber schließlich erfolgreich. – Aus Boghazköy
liegt weiterhin die hethitische Version einer fiktiven Königs-
inschrift Naramsins vor, die über eine Koalition von 17
feindlichen Königen berichtet, darunter Pamba, König von
Chatti, und Zipani, König von Kanisch, neben anderen Herrschern des Westlandes, etwa dem König von Amurru mit
dem hethitisch klingenden Namen Chuwaruwa.

Diesen literarischen Texten ist das Bestehen von Stadtstaaten zu entnehmen, deren Fürsten gelegentlich auch zu
einer Suprematie aufsteigen. Dies bezeugen gerade für Puruschchanda die Kültepe-Urkunden mit dem Titel *rubāum
rabīum* ›Großfürst‹ gegenüber der sonstigen Benennung *rubāum* für die einzelnen Fürsten, indem somit eine Art Oberherrschaft über die benachbarten Kleinfürstentümer anerkannt wird.

Wie wenig stabil aber solche territorial begrenzten Herrschaften waren, zeigt ein auf dem Kültepe selbst 1955 gefundener Brief, der gleichzeitig bezeugt, daß auch außerhalb der
Handelskontore die altassyrische Schrift und Sprache im
schriftlichen Verkehr der Fürstenhöfe untereinander Verbreitung gefunden hatte:

Folgendermaßen Anumchirbi, der Fürst von Mama, zu Warschama, dem Fürsten von Kanisch, sprich: Du hast mir folgendermaßen geschrieben: »Der ⟨Mann⟩ von Taischama ist mein Sklave, ich werde ihn zur Ruhe bringen. Aber bringst du den ⟨Mann⟩ von Schibucha, Deinen Sklaven, zur Ruhe?« Da der ⟨Mann⟩ von Taischama Dein ›Hund‹ ist, wieso handelt er da ⟨selbständig⟩ gegenüber anderen Herrschern? Der ⟨Mann⟩ von Schibucha ⟨ist⟩ mein ›Hund‹; handelt er etwa ⟨eigenmächtig⟩ gegen andere Herrscher? Soll etwa der Fürst von Taischama der dritte Fürst unter uns werden? Als mein Feind mich besiegt hatte, da ist der ⟨Mann⟩ von Taischama in mein Land eingefallen, hat zwölf meiner Städte zerstört und ihre Rinder und Schafe geraubt.

Im folgenden wird dann noch Bezug genommen auf ein friedliches Verhältnis zu Zeiten von Inar, Vater des Warschama, und auf einen zwischen beiden Staaten bestehenden Vertrag und diplomatischen Botenverkehr.

Auch dieser Fürst von Mama, der allerdings keinen kleinasiatischen sondern einen churritischen Namen trägt, hat eine größere Machtposition erreicht, als es dieser Brief von Kültepe anzeigt. Ein 1960 in Boghazköy gefundener erzählender Text in althethitischer Sprache nennt ihn neben den Fußtruppen und Wagenkämpfern der Stadt Zalpa, über die seine Götter ihm anscheinend den Sieg versprechen. Und ein Denkmal des Anumchirbi im Gebirge Amanus an einer Paßstraße erwähnt Salmanassar III. (Mitte des 9. Jahrhunderts v. Chr.) bei seinem Zuge zum Mittelmeer. Beide Überlieferungen zusammen genommen könnten von einer, vielleicht kurzfristigen Staatsbildung im südöstlichen Kleinasien zeugen, wobei eine Expansion nach Syrien in der späteren Geschichte Anatoliens ihre Entsprechung hätte.

In dieser Umwelt gehen die assyrischen Kaufleute ihren Handelsgeschäften nach, ziehen Kommissionäre von Stadt zu Stadt und sind reichbeladene Eselskarawanen auf dem Wege von Kanisch nach Assur am mittleren Tigris. Dabei hatte man die Möglichkeit, von Kanisch aus zwischen zwei Routen zum Euphratübergang zu wählen, wobei nach Ausweis der Briefe die Frage größerer Sicherheit jeweils eine Rolle gespielt haben mag. Die nördliche Straße führte über

Temelkija, Chachum, die südliche über Mama, Urschum; Orte, die im einzelnen nicht festgelegt sind.

Die Importe bestanden im wesentlichen aus Stoffen verschiedenster Art und dem Metall *anākum*, das ›Zinn‹ oder ›Blei‹ bedeutet. Da jedoch Blei in Anatolien (Taurusgebiet) reichlich vorkommt, ebenso wie Kupfer, dagegen zur Bronzeherstellung Zinn dringend benötigt wird, scheinen die assyrischen Händler dieses Monopol mit Gewinnspannen von 100% und mehr genutzt zu haben.

Ausgeführt wird vor allem das in seinem Gewinnungslande billige Kupfer. Jedoch ist eine Werkstatt für Bronzeguß mit Formen aus Stein und Ton für Flachäxte, Ärmchenbeile, Dolche und Schmuckstücke zusammen mit den Schmelztöpfen auch in Kanisch selbst gefunden worden. Damit zusammen liegende Steinbeile erweisen den Komplex als Warenlager. Gold und Silber sind Währungseinheit und stehen im Verhältnis von etwa 1:8. Vierzigmal so teuer wie Silber ist ein Metall *amūtum*, das zur Herstellung von Schmuckstücken Verwendung findet; vielleicht darf man darin Eisen, Meteoreisen, vermuten.

Daneben sprechen die Texte von Getreide, darunter Gerste und Weizen, nennen den Termin der Weinlese, erwähnen verschiedene Sorten von Öl und zählen Vieh, Wolle und Häute auf.

Mit der einheimischen Bevölkerung muß ein enger Kontakt bestanden haben, nicht nur durch den Warenaustausch, sondern auch im gemeinsamen Alltag. Das bezeugen doch wohl aufs deutlichste die Wohnquartiere von Kültepe und Boghazköy, die sich in allem als kleinasiatisch geben. Lediglich die Tontafel und das Rollsiegel bezeugen die Anwesenheit von Fremden; und es nimmt in diesem Zusammenhang nicht wunder, daß Gewichte in Entenform ihre Entsprechung ebenfalls in Mesopotamien haben. Jedoch findet auch das einheimische Stempelsiegel im Verkehr mit den Landesbewohnern bald Eingang als Beurkundungsform.

Die Keramik mit Mattmalerei der tieferen Schichten gehört eindeutig zum einheimischen Bestande, wie sie auch in Alischar III vorkommt, das gar namengebend für diese handgemachte Ware mit geometrischen Malmustern geworden ist. Charakteristisch für die bemalte wie die unbemalte Keramik sind Schnabelkannen, wobei die monochromen Stücke sich durch eine glänzendrote Politur auszeichnen.

Neben der assyrischen Datierung nach *līmu*-Jahresbeamten gilt für den internen Verkehr, insbesondere etwa für die Rückzahlung von Schuldverpflichtungen, die Angabe von lokalen Festen: ›Beim Feste der Gottheit Parka‹ bzw. Charichari oder Tuchtuchanum, wobei die letzten beiden Namen reduplizierte Bildungen darstellen, die für die Art der zugrunde liegenden Sprache bedeutungsvoll sind. Als weiteres Material für die Feststellung der einheimischen Dialekte bieten sich die Namen von Männern und Frauen an, die in den Urkunden verhältnismäßig zahlreich als Schuldner oder Sklaven genannt werden. Reduplikationsbildungen im Onomastikon wie Dudu, Kulakula gelten als kleinasiatisch-protochattisch (vgl. auch oben die Götternamen). Daneben sind mit Inar-achschu, Pirw(a)-achschu Namen vertreten, deren erster Bestandteil auch später noch verehrte Gottheiten nennt; zu dieser Gruppe gehören auch Frauennamen wie Suppiachschu-schar usw. (*suppi* heth. ›rein‹), so daß mit der Anwesenheit von indogermanisch-hethitischen Bevölkerungsteilen gerechnet werden muß. Eine andere Gruppe von Namen wird für die Luwier, das zweite indogermanische Element Anatoliens, in Anspruch genommen.

Die in den späteren Texten aus Boghazköy namentlich bezeugten S p r a c h e n scheinen damit bereits im 19. Jahrhundert in Anatolien nachweisbar. Die alte, einheimische Sprache, die man nach der Mitte des zweiten Jahrtausends schlecht und recht mit Hilfe von Bilinguen verständlich zu machen sucht, trägt nach dem geographischen Zentrum den Namen *chattili* (Chattisch), was wir, um Verwechslungen mit dem modernen wissenschaftlichen Begriff Hethitisch zu vermeiden, mit Protochattisch wiedergeben. Die Sprache arbeitet mit Prä- wie Suffixen und ist keiner bekannten Sprachgruppe anzuschließen. Als Sprache altehrwürdiger Kulte in Chattusa selbst und im nördlichen Anatolien (Wettergott von Nerik und Zippalanda), und zwar gerade der führenden Gottheiten des Reiches, wird sie von der Priesterschaft weiter tradiert, aber auch im Palastzeremoniell findet sie noch ihren Platz.

Von den indogermanischen Sprachen der Boghazköy-Texte hat das Palaische nach Ausweis des Lexikons einen stärkeren Kontakt mit dem Protochattischen gehabt. In der späteren Zeit spielt diese Grenzprovinz (Paphlagonien?) anscheinend keine besondere Rolle. – Das Luwische ist in weiten Bereichen des südlichen und südöstlichen Kleinasien nachgewiesen, so daß lexikalische und morphologische Berührungen mit dem Churritischen greifbar werden. Dagegen lassen sich die Ortsnamen auf -ss- und nd- (-nth-) nicht ohne weiteres auf jene Sprachgruppe zurückführen, was eine Ausdehnung ihrer Sprachträger über die ganze Ägäis bis nach Griechenland (*Halikarnassos*, *Korinthos*) im 3. Jahrtausend bedingen würde.

Einige der Eigennamen aus den assyrischen Urkunden von kārum Kaniš II machen somit zweifellos einen indogermanisch-hethitischen Eindruck. Man hat demnach auch in den Appellativen nach dem Einfluß dieser Sprache gesucht, ja gar zwei Lehnwörter daraus in den assyrischen Briefen festgestellt. In Geldabrechnungen heißt es einmal ›4½ Sekel Silber für seine Dienstleute ... 1½ Sekel für *ishiuli*‹, und ein andermal ›2 Minen Kupfer für den Kommissar, 10 Minen sowohl *ispatalu* als auch für das Futter des Esels ... habe ich ausgegeben‹. Beide Worte finden sich im hethitischen Vokabular wieder: *ishiul* ›Vertrag‹ mit klarer indogermanischer Etymologie (vgl. altind. *syati* ›er bindet‹), *ishiuli* als Dativ Singularis ›für den Vertrag‹ und *ispant-* ›Nacht‹ (wohl zu altind. *ksap* ›Nacht‹), also vermutlich ›Nachtherberge‹. Das indogermanisch-hethitische Element ist also bereits soweit im Lande ansässig, daß seine Sprache sich dem Händler zur Übernahme gewisser Termini anbietet. Wenn in diesen Abrechnungen der Reisekosten nun gleichzeitig die Ortsnamen Luchuzatia-Lawazantija und Ninassa, Ullamma genannt werden, so ist damit auch das Gebiet angedeutet, in dem jenes Hethitische gesprochen wurde. Es ist dies der Süden und Osten des anatolischen Hochlandes.

Aus allem wird aber deutlich, daß Indogermanen im 18. Jahrhundert bereits in größerer Zahl in Anatolien seßhaft sind. Und zwar sind sie nach Ausweis von *ishiuli* und *ispatalu* sprachlich identisch mit den späteren Hethitern. Ob sie aber über die Dardanellen von Westen, oder vielmehr durch die Kaspische Pforte von Osten aus den Boden ihrer historischen Heimat betreten haben, ist ungeklärt. Die Texte schweigen, die Hethiter selbst geben sich in ihren historischen Berichten als einheimisch, und die Archäologie kann auf Grund der Bodenfunde den Wanderweg jener ersten Indogermanen im Vorderen Orient noch nicht nachweisen. Versuche der Gleichsetzung einer bestimmten Kultur mit einem Volkstum tragen zuviel des Unsicheren und Unbeweisbaren an sich.

Erst in Anatolien selbst bildet sich anscheinend jene Kultur heraus, die wir hethitisch nennen und die zeitlich etwa seit kārum Kanisch I b durch Technik und Form der Keramik, in der Darstellung von Mensch und Tier sowie neuen Symbolen und Geräten (Ärmchenbeil) in ihren deutlichen Formen vor uns steht.

Neben den vielen tausend kaufmännischen Urkunden fand sich in der Siedlung auch eine historische Inschrift, gar in doppelter Ausfertigung, mit vielfachen Schreibversehen, so daß der literarische Text vielleicht im Schulbetrieb benutzt worden ist. Darin nennt sich Irischum, Stadtfürst von Assur, mit seinen Bauarbeiten und seinen Maßnahmen zur Rechtspflege. Irischum (um 1830 v. Chr.) ist der Großvater Sargons von Assur; mit seiner Nennung ist ein *terminus post quem* für die assyrischen Niederlassungen in Kanisch (Schicht II) gewonnen.

Die Siegelabdrücke aus der Zeit der 3. Dynastie von Ur um 2000 v. Chr., aus denen man für die älteren Schichten III und IV eine Datierung gewinnen zu können glaubte, erweisen sich dagegen als trügerisch, indem sie zwar den Königsnamen des Ibbisin tragen, aber offensichtlich wieder verwendet worden sind; in einem Falle ist der Händlername Martubani deutlich unter dem Götterthron der Bildszene nachgetragen.

Dagegen gestatten Tafeln mit der Siegelabrollung des Fürsten von Assur, wohl jenes Sargon, und der Nennung seines

Sohnes Puzurassur als Kronprinz eine klare Datierung von
kārum Kanisch II auf das 19./18. Jahrhundert, wobei mit der
Nennung von 80 Jahreseponymen die Dauer dieser Nieder-
lassung auf etwa drei Generationen zu berechnen ist.

Ebenso erlaubt es die Datierung der Tafeln mit Jahreseponymen, kārum Kanisch Ib mit den altassyrischen Niederlassungen in Boghazköy und Alischar zeitlich gleichzusetzen
und sie in die Regierungszeit Schamschiadads I. (1748 bis
1716) zu datieren, jenes Stammeshäuptlings, dem es gelang,
nicht nur Assur zu erobern, sondern ein ganz Obermesopotamien umfassendes, strafforganisiertes Reichsgebilde zu
schaffen, wie uns die Mari-Urkunden lehren.

So ist der *līmu* (Jahreseponym) Adadbani außer in den
Kültepe-Urkunden auch in Mari und Chagar-Bazar (Obermesopotamien) bezeugt; der *līmu* Ennamassur einer altassyrischen Tafel von Boghazköy begegnet wieder in Texten
der Zeit Schamschiadads aus Mari. Eine Verbindung zwischen dieser Stadt am mittleren Euphrat mit Anatolien ist
für die gleiche Zeit durch jenen Brief nachgewiesen, wo es
dem Fürsten von Mari gegenüber heißt: »Alles was man an
Schätzen, (Kunst)werken, Arbeiten (und) Kostbarkeiten aus
Kanisch, Charschamna und Chattusa herbringt . . . werde ich
dir schicken!«

Der assyrische Handel, der unter Sargon blühte, ist also
nach einer Periode der Zerstörung – die Siedlung des kārum
Kanisch II ist durch Brand zugrunde gegangen und hat einige
Zeit brachgelegen – unter Schamschiadad wieder aufgenommen worden. Ob ein stärkerer Umschwung in Anatolien
selbst stattgefunden hat, ist unsicher. Wir haben jetzt jedoch
von den Stadtkönigen eigene Urkunden, wie jenen Brief
Anumchirbis an Warschama. Im Stadthügel von Kültepe gefunden wurde auch jener ›Dolch‹, in Wirklichkeit das Blatt
einer Lanzenspitze, mit der Aufschrift ›Palast des Fürsten
Anitta‹, gleichzeitig ein weiteres Beispiel für die Benutzung
der altassyrischen Schrift durch die Fürstenhöfe der Zeit[3].

Damit ist ein einheimischer Herrscher, Anitta, mit einer
authentischen Inschrift bezeugt, der zunächst nur durch einen,

in seiner Echtheit gar bezweifelten, historischen Bericht aus Boghazköy bekannt war. Denn diese Tafel ist nicht mehr in Sprache und Schrift der altassyrischen Schreiber abgefaßt, sondern zeigt ein altertümliches Hethitisch und dürfte damit das bisher älteste Zeugnis dieser Sprache, wenn auch in z. T. erheblich jüngeren Abschriften, darstellen. Der Text lautet:

Anitta, Sohn des Pitchana, König von Kussara, sprich: Er war dem Wettergotte des Himmels lieb, und als er dem Wettergotte lieb war, da [wurde] der König von Nesa dem Könige von Kussara G[efangener]. (5) Der König von Kussara [kam] aus der Stadt herab mit großer Macht und na[hm] die Stadt Nesa während der Nacht im Sturme. Er ergriff den König von Nesa, aber keinem der Einwohner von Nesa fügte er [Bö]ses zu, [sondern] machte [sie] zu Müttern ⟨und⟩ Vätern. (10) Nach [Pit]chana, meinem Vater, in demselben Jahre, kämpfte ich den Kampf. Von ⟨der Seite⟩ der Sonne, welches Land [auch] immer sich erhob, die alle[samt bekämpft]e ich. (14) Hinterher aber ka[m] der König von Chatti [. . .] (36) Zum zweiten Male k[am] wiederum Pijusti, der König von Chatti, und wen von seinen Helfern er heranführte, diese bei der Stadt Salampa [schlug ich]. (38) Alle Länder von Zalpuwa am Binnen-Meere [ ]. Vordem hatte Uchna, König von Zalpuwa, ⟨die Statue des⟩ Gottes Siusummi von Nesa nach Zalpuwa geführt; hinterher aber habe ich, Anitta, der Großkönig, den Siusummi von Zalpuwa zurück nach Nesa ge[führt]. Und [Ch]uzzija, den König von Zalpuwa, brachte ich le[bend] nach Nesa her. Und die Stadt Chattusa [ben]agte [der] H[unger], da ließ ich sie. Als sie aber schließlich von Hunger schwer heimgesucht wurde, da übergab Siusmi sie [dem] Gotte Chalmas[uitta]; und in der Nacht nahm ich sie im Sturm. An ihre Stelle aber säte ich Unkraut. (49) Wer nach mir König wird und Chattusa wieder besiedelt, den [soll] der Wettergott des Himmels treffen! (55) Und in Nesa baute ich die Stadt (befestigung). Hinter der Stadt(befestigung) baute ich das Haus des Wettergottes des Himmels und den Tempel des Siusummi. (57) Das Haus des Gottes Chalmasuitta, das Haus des Wettergottes (meines Herrn) und das Haus des Siunasummi baute ich. Was an Gut ich vom Feldzug heimgebracht hatte, damit schmückte ich sie. (59) Ich hielt ein feierliches Gebet und [ ]. Am gleichen Tage brachte ich zwei Löwen, 70 (Wild-)Schweine, drei Röhrichtschweine, 120 Bären, seien es Leoparden, seien es Löwen, seien es Wildschafe, seien es große Wildschafe, seien es [ ] nach der Stadt Nesa zu meinen Göttern. (64) Im nächsten Jahre zog ich aber [gegen

den Fürsten von Salatiw]ara zu Felde. (73) Als ich nun [   ] zur
Schlacht zog, da [kam] der Mann von Puruschchanda zu mir zur
Huldigung, und er brachte mir Thron und Zepter aus Eisen als
Huldigungsgeschenk. Wie ich aber zurück nach Nesa zog, da
führte ich den Mann von Puruschchanda mit mir. Sobald er aber
in das Innere Gemach kommt, wird jener vor mir zur Rechten
sitzen.

Anitta und sein Vater Pitchana erscheinen auch in den altassyrischen Urkunden (kārum Kanisch Ib) bei der Beurkundung: »Durch die Hand des Fürsten Pitchana ⟨und⟩ Anittas,
des ›Großen der Treppe‹« (dies ein Hoftitel wohl für den
Kronprinzen). Andere Tafeln nennen Anitta selbst als Fürsten, ja geben ihm gar den Titel *rubāum rabīum* ›Großfürst‹.

Den Aufstieg dieses Fürstengeschlechtes zur führenden anatolischen Macht schildert auch die große historische Inschrift.
Mit göttlicher Hilfe hatte Pitchana, König von Kussara, die
Stadt Nesa erobert, den König entthront, im übrigen jedoch
die Bevölkerung denkbar gut behandelt. Beide Orte sind fürs
erste nicht lokalisierbar, Nesa hat aber der hethitischen Sprache
ihren alten Namen gegeben: Nesisch. Es liegt nahe, angesichts
dieser Namengebung an einen der alten Vororte der indogermanischen Einwanderer zu denken, deren Exponent nun
der König von Kussara wird.

Chatti scheint einer der mächtigsten Gegner und Führer
einer feindlichen Koalition zu sein. Im ersten Anlauf gelingt
jedenfalls die Unterwerfung nicht. Erst eine Hungersnot
schwächt die Verteidigungskraft so, daß die Stadt einem nächt-
lichen Sturmangriff erliegt. Ein Fluch soll für alle Zeit ihre
Wiederbesiedlung ausschließen. Der König hatte ein aus Nesa
vom Feinde geraubtes Kultbild dorthin zurückgeführt; in
Anerkennung dieser Tat hatte der Gott ihm den Sieg verliehen. Von besonderer Bedeutung ist dabei der Name dieser
Gottheit Siusmi/Siusummi, der vom hethitischen Appellati-
vum *siu* ›Gott‹ gebildet ist und als ›Unser Gott‹ die Form der
Anrufung zum Eigennamen werden läßt. Damit ist ein weiterer, wichtiger Hinweis dafür gewonnen, daß die indogermanischen Einwanderer hier in Nesa führend sind.

Der fürstliche Bauherr stattet seine neue Residenz insbesondere mit Kultbauten – auch für die alten protochattischen Götter wie Chalmasuitta – prächtig aus und überbringt dorthin seine Kriegsbeute. Ein Tiergarten dient der Bereicherung seiner königlichen Hofhaltung.

Ein weiterer Kampf schließt sich an; dabei wird eine Truppe von 1400 Kriegern und 40 Gespannen Streitwagen genannt. Das Ergebnis aller Mühen und Kämpfe ist die Anerkennung der erworbenen Vormachtstellung durch den bisherigen Inhaber dieser Macht (die Kültepe-Urkunden kannten nur einen ›Groß‹fürsten, den von Puruschchanda, s. S. 328), der freiwillig seine Insignien – aus dem wertvollen Material Eisen – dem neuen Großfürsten überträgt und dafür einen Ehrensitz in dessen Thronsaal erhält.

Mit diesem Höhepunkt schließt der Text, der den geschichtlichen Ablauf von den frühen Anfängen politischer Schwerpunktbildung bis zur Erringung und Anerkennung der Vormachtstellung führt; er ist gleichzeitig eine literarische Komposition von starker Gestaltungskraft, die – ohne mesopotamische Vorbilder – so überraschend am Anfang des hethitischen Schrifttums steht.

Die Zerstörung von Chattusa durch Anitta scheint sich abzuzeichnen in jener dichten Brandschuttschicht, welche die Wohnviertel der altassyrischen Zeit nach oben abschließt. Der Fluch, den er auf eine Wiederbesiedlung legt, hat jedoch nicht allzu lange gewirkt, wie die Ausgrabungen am Orte und die inschriftliche Überlieferung bezeugen. Zunächst scheint jedoch mit dem Aufhören der intensiven Handelsbeziehungen mit Mesopotamien auch die Schriftlichkeit zu erlöschen. Der Zusammenbruch der assyrischen Machtsphäre unter Schamschiadads Nachfolger Ischmedagan, wie er sich auch in den Mari-Urkunden andeutet, überläßt Anatolien augenscheinlich seiner eigenen Entwicklung.

Ein Jahrhundert lang schweigen die Quellen, und auch die dann einsetzende historische Überlieferung des Alten Reiches beschränkt sich auf die Rekapitulation der Ereignisse in der Einleitung des sog. Telipinu-Erlasses, der vier bis fünf

Generationen später abgefaßt ist. Unter dem Gesichtspunkt, wie Einigkeit in der herrschenden Familie auch dem Staat als Ganzem gedient habe, beginnt der historische Rückblick:

§ 1 Folgendermaßen (spricht) Tabarna (= Herrscher) Telipinu, der Großkönig: Ehemals war Labarna Großkönig. Da waren seine Söhne, seine Brüder und seine Verwandten, die Leute seiner Sippe und seine Truppen vereinigt.

§ 2 Land war wenig. Wohin er aber zu Felde zog, da hielt er das feindliche Land mit starkem Arm besiegt.

§ 3 Er vernichtete (immer wieder) das Land; er machte das Land ohnmächtig. Er machte sie zu Grenzen (Grenznachbarn?) des Meeres. Wenn er vom Feldzug aber zurückkommt, geht jeder seiner Söhne in irgendein Land.

§ 4 (Die Städte) Chupisna, Tuwanuwa, Nenassa, Landa, Zallara, Parschuchanta, Lusna, (diese) Länder verwalteten sie; die großen Städte waren (in ihre Hand) gelegt.

§ 5 Danach herrschte Chattusili als König. Da waren seine Söhne, seine Brüder, seine Verwandten, die Leute seiner Sippe und seine Truppen vereinigt. Wohin er aber zu Felde zieht, da hielt er auch jenes feindliche Land mit starkem Arm besiegt.

§ 6 Er vernichtete (immer wieder) das Land; er machte das Land ohnmächtig. Er machte sie zu Grenzen (Grenznachbarn?) des Meeres. Wenn er vom Feldzug zurückkommt, geht jeder seiner Söhne in irgendein Land. In ihre Hand waren die großen Städte gelegt.

§ 7 Als aber hinterher die Knechte der Prinzen betrügerisch wurden, begannen sie ihre Häuser zu fressen (= verwirtschaften?), gegen ihre Herren (immer wieder) zu konspirieren und ihr Blut (immer wieder) zu vergießen.

Die Angaben sind knapp und bedienen sich sogar teils formelhafter Wendungen. Die Frage ist berechtigt, ob für die ältere Zeit vertrauenswürdige Unterlagen zur Verfügung standen. Es bleibt: Ausgang der Staatsgründung von einer kleinen Landschaft, das Streben nach territorialer Abgrenzung in Richtung auf das Meer, Einsetzung der Prinzen als Vertreter der königlichen Gewalt in den bisher selbständigen Fürstensitzen, von denen insbesondere Parschuchanta = Puruschchanda auf eine lange eigene Geschichte zurückschauen kann. Die Stadt Kussar wird nicht genannt; offensichtlich ist sie aber Sitz der alten Dynastie, wird doch insbesondere Chattusili in den späteren Texten ›König von Kussar‹ genannt. Sein Vorgänger Labarna steht am Anfang der historischen Überlieferung, sein Name Labarna/Tabarna dient nachfolgenden Geschlechtern ähnlich dem römischen ›Caesar‹ als Titel. Auch der zweite Herrscher trägt ursprünglich wohl nur diesen Namen, während Chattusili zunächst eher einen Beinamen darstellte, ›der von Chattusa‹, da der König vermutlich als erster wieder hier residierte, etwa 150 Jahre nach der Zerstörung und Verfluchung durch Anitta.

Was alles an historischen Ereignissen sich hinter den knappen Angaben des Telipinu-Erlasses verbirgt, macht die 1957 bei den Grabungen in Boghazköy auf der königlichen Burg Büyükkale gefundene Bilingue Chattusilis I. deutlich[4]. Insbesondere der akkadisch abgefaßte Text bezeugt durch seine sprachlichen Eigentümlichkeiten, die ihn an die Mari-Periode anschließen heißen, das relative Alter der Inschrift, so daß auch für die hethitische Fassung wohl mit späteren Abschriften, nicht aber mit einer späteren Komposition zu rechnen ist.

Der Großkönig Tabarna übte in Chattusa die Königsherrschaft aus, der Tawananna Brudersohn. Nach Sachuitta zog ich, zerstörte ⟨die Stadt⟩ aber nicht, jedoch vernichtete ich ihr Gebiet. Meine Truppen ließ ich an zwei Stellen zurück und gab ihnen jegliches Gut . . .

Im nächsten Jahre zog ich gegen Alalach und vernichtete es. Hinterher zog ich gegen Urschu, von Urschu zog ich nach Igakalisch, von der Stadt Igakalisch marschierte ich nach Tischchinija. Auf meinem Rückwege vernichtete ich das Land Urschu und füllte mein Haus mit Schätzen an.

Im nächsten Jahre zog ich gegen das Land Arzawi, Rinder und Schafe nahm ich ⟨ihnen⟩ fort. In meinem Rücken aber drang der Feind des Landes Chanigalbat in mein Land, und die Länder insgesamt fielen von mir ab. Nur die Stadt Chattusa als einzige blieb übrig. Den Großkönig Tabarna, den Geliebten der Sonnengottheit – auf ihren Schoß setzte sie ihn, seine Hand ergriff sie und lief ⟨im Kampfe⟩ vor ihm her.

Im folgenden Jahre zog ich gegen die Stadt Zaruna und vernichtete Zaruna. Gegen die Stadt Chaschu zog ich. Vor ihm (dem

Großkönig) nahm ⟨der Feind⟩ Aufstellung, und Truppen der Stadt Chalap ⟨waren⟩ bei ihm. Am Gebirge Adalur bereitete ich ihre Niederlage.

In ⟨jenen⟩ Tagen zog er los, wie ein Löwe überschritt der Großkönig den Fluß Puran, die Stadt Chaschu überwältigte er wie ein Löwe mit seiner Pranke. Staub häufte er darauf und mit ihrem Besitz füllte er Chattusa. Das Silber und Gold hatte nicht Anfang ⟨noch⟩ Ende. Den Wettergott, Herrn von *armaruk*, den Wettergott, Herrn von Chalap, Allatum, Adalur ⟨und⟩ Liluri, 2 Stiere aus Silber, 3 Statuen aus Silber und Gold brachte ich zur Sonnengöttin von Arinna hinauf. Die Tochter der Göttin Allatum, Chepat, 3 Statuen aus Silber, 2 Statuen aus Gold, die brachte ich in den Tempel der Mezulla hinauf.

Der Großkönig Tabarna, nach Zippaschna marschierte ich, und die Stadt Chachu wie ein Löwe [schlug ich nieder]. Die Stadt Zippaschna vernichtete ich, und ihre Götter brachte ich hinauf zur Sonnengöttin von Arinna. (Dann) zog ich gegen Chachu, und gegen das Stadttor trug ich dreimal den Kampf und zerstörte ⟨die Stadt⟩. Ihr Hab und Gut brachte ich nach Chattusa, meiner Stadt. Zwei Lastwagen mit Gold, 2 *majaltum*-Wagen aus Silber, 1 Tisch aus Gold, 1 Tisch aus Silber. Diese Götter von Chachu, 1 silbernen mächtigen Stier, 1 Schiff, dessen Bug mit Silber ⟨belegt war⟩, führte der Großkönig Tabarna aus der Stadt Chachu fort und brachte (sie) zur Sonnengöttin hinauf.

Der Großkönig Tabarna nahm die Hände ihrer Sklavinnen vom Mahlstein und nahm die Hände ihrer Sklaven von ihrem Tagewerk. Ihre Hüfte löste er. In den Tempel der Sonnengöttin von Arinna überstellte ich sie und unter dem Himmel setzte ich ihre Freiheit fest.

Den Euphrat hatte noch niemand überschritten. Der Großkönig Tabarna überschritt ihn zu Fuß und seine Truppen hinter ihm überquerten ihn zu Fuß. Die Truppen von Chachu schlug er. ⟨Böses⟩ hat man der Stadt Chachu niemals zugefügt, Feuer nicht ⟨hinein⟩ geworfen, Rauch zum Wettergott nicht aufsteigen lassen(?). — Als der Großkönig Tabarna den König von Chaschu, den König von Chachu vernichtete, hat er Feuer ⟨in die Städte⟩ geworfen und den Rauch zur Sonnengottheit des Himmels und zum Wettergott aufsteigen lassen(?). Und den König von Chachu spannte ich vor den Lastwagen!

Deutlich ist die annalenartige Gliederung durch die jeweilige Einleitung des neuen Feldzuges mit den Worten ›im nächsten Jahre aber‹. Der König gibt also einenSelbstbericht seiner ersten Regierungszeit. Er nennt sich Tabarna; daß er in Chattusa residiert, wird ausdrücklich gesagt. Auch wenn Beweggründe für die einzelnen militärischen Unternehmen nicht gegeben werden, sind doch die Handlungen logisch miteinander verknüpft. Nur die Taten des Königs werden gewürdigt; etwaiger erfolgreicher Widerstand des Gegners ist nur zwischen den Zeilen zu lesen, wie im Falle des Feldzuges gegen Urschu, wo die hethitische Armee nur das flache Land zu plündern vermag.

Aus kleinen Anfängen beginnt des Königs Herrschaft. Im Vertrauen auf die Gottheit vermag er auch eine kritische Situation zu meistern, wie sie besonders beim Einfall der Churri (so sagt der hethitische Text statt Chanigalbat) sich ergibt, als der König weit im Südwesten operiert und nun bis auf das Kernland alles Gebiet verlorengeht.Vielleicht hat eine solche militärisch-politische Situation die Verteidigungslage des Zentralgebietes im Bogen des Delidsche Irmak mit dem Zentrum um Chattusa besonders deutlich werden lassen und Veranlassung zur Verlegung der Hauptstadt hierher gegeben[5].

Die übliche Beute von Feldzügen in Anatolien besteht aus Vieh; erst die großen Eroberungen in Nordsyrien nennen Silber und Gold in reicher Menge als Beutegut. Dieses wie auch Kultgerät wird in die Tempel nach Chattusa überführt. So werden sicher schon früh fremde, churritische Einflüsse auf den einheimischen Kult, zumindest in der Form der Götterbilder, wirksam.

Der Text ist jedoch kein Rechenschaftsbericht gegenüber den Göttern, wie vielfach assyrische Königsinschriften. Vielmehr steht die Leistung des Königs im Vordergrund und ist Thema der Inschrift. Dies wird besonders deutlich aus dem Schlußabschnitt. Mit dem Zug bis zum Euphrat hatte Chattusili den jungen Staat in die Weltpolitik eingeführt. Die Brandruinen zweier mächtiger, bisher unbesiegter Städte, die ehemals wichtige Umschlagplätze des altassyrischen Handels gewesen waren, zeichnen den Siegesweg der hethitischen Armee; der König der vernichteten Stadt wird als Zeichen äußerster Erniedrigung vor den Lastwagen gespannt.

Bis zu diesem Höhepunkt der militärischen Leistung Chattusilis führt die Schilderung. In der Einleitung des Telipinu-Erlasses war von Unruhen unter seiner Regierung die Rede. Aus einem anderen Text in akkadischer Sprache wissen wir von seiner unglücklichen Belagerung von Urschu oder glauben auf ein fehlgeschlagenes Unternehmen gegen Chalpa schließen zu sollen, wo der König vielleicht gar den Tod fand.

Das gehört jedoch nicht mehr zum Thema der Darstellung, die bis zu einem erzählenden Höhepunkt führt. Es ist die gleiche Komposition, wie sie im Anitta-Text vorliegt: Zweifellos in der ordnenden historischen Darstellung wie in der sprachlich-literarischen Gestaltung eine großartige Leistung der frühen Zeit.

Wie stark gerade die Frühzeit der hethitischen Geschichte zur schriftlichen Darstellung drängte, haben Textfunde der letzten Kampagnen in Boghazköy klar werden lassen. Denn mit der Schilderung der Ereignisse des sechsten Jahres in den Annalen: »Gegen die Stadt Chaschu zog ich. Vor (dem Großkönig) nahm (der Feind) Aufstellung, und Truppen der Stadt Chalap (waren) bei ihm« läßt sich ein 1952 auf Büyükkale in alter Schicht gefundenes Stück einer historischen Erzählung vergleichen, wo wohl die gleichen Ereignisse in epischer Breite geschildert werden: »[Der Fürst] von Chaschu kam dem König entgegen zur Schlacht ... Zaludi, der Große der Manda-Krieger (und) Zukraschi, der General [des Königs von] Chalap kamen mitsamt ihren Truppen und Streitwagen aus der Stadt Chalpa [herbei].«

Der General Zukraschi ist auch in einer Urkunde aus Alalach (= Tell Atschana in der Amq-Ebene) Schicht VII bezeugt. Damit ist ein wichtiger Synchronismus gewonnen, um so mehr, als der im zweiten Jahr geschilderte Feldzug gegen Alalach und die Zerstörung der Stadt sich auf jene durch Brand untergegangene Stadt der Schicht VII beziehen dürfte. Damit wäre die lebhaft umstrittene Datierung der Schicht Alalach VII auf den Anfang der Regierung Chattusilis festzulegen.

Vom gleichen König stammt, wieder zweisprachig akkadisch-hethitisch abgefaßt, sein politisches Testament. Der

schwer erkrankte Herrscher wendet sich darin an seine Würdenträger und den Adel. Die Designierung eines Schwester-
sohnes als Nachfolger wird wegen dessen ungehörigen und
gefühllosen Betragens rückgängig gemacht, die Adoption auf-
gehoben. Statt dessen heißt es:

Seht hier, Mursili ist nun mein Sohn! De[n müßt ihr anerken-
nen], den auf den Thron setzen! Sind ihm doch auch [von der
Gottheit reichlich Gaben ins Herz] gelegt! [Nur einen Löwen
wird die Gott]heit auf des Löwen Platz stellen! Als einen Hel[den-
könig] zieht ihn euch heran! Falls ihr [ihn noch als Knaben] mit
ins Feld nehmt, [daß ihr ihn wohlbehalten] zurückbringt! Und eure
Sippe sei [eins] wie die des Wolfes!

Die für die prinzliche Erziehung verantwortlichen Männer
sollen ihm auch als künftigen König nicht alles hingehen
lassen. Weder dürfen die Großen einander beim Herrscher aus-
spielen, noch die Bürger von Chatti und anderen Städten ihre
lokalen Interessen verfolgen. Zu deutlich lehrt die Geschichte
der letzten Ereignisse, wie Einflüsterungen gegenüber dem
jungen Prinzen Chuzzija zu Abfall, Plünderung und Mord
geführt haben.

Dennoch wird Chattusili nicht Gleiches mit Gleichem ver-
gelten; Verbannung der Schuldigen bei ausreichendem Lebensunterhalt scheint Strafe genug.

Bis jetzt hat niemand [von meiner Familie] mein Willensgebot
befolgt, [du aber bist mein Sohn] Mursili, tu du es! Bewahre des
Vaters Worte! Solange du so tust, wirst du [nur Brot ess]en und
Wasser trinken. Wenn die Zeit des reifen Mannes [kommt], so
iß den Tag über zwei-, dreimal und pflege dich gut! [Wenn aber]
auch noch das Greisenalter in dein Herz kommt, dann trinke dich
satt! Ihr seid nun meine obersten Diener! Und meine, des Königs,
Worte müßt ihr [bewahren]! Ihr werdet Brot essen und Wasser
trinken. [So wird die Stadt Chatt]usa ragend dastehen wie auch
mein Land [in Frieden ru]hen! Sobald ihr aber die Worte des
Königs nicht bewahrt, werdet ihr [künftighin] nicht am Leben
bleiben – ihr seid verloren!

Den Göttern soll man ihre täglichen Opfer geben, jegliches Versäumnis würde das alte Unheil wieder heraufbe-
schwören. Allmonatlich ist die Tafel dem jungen Fürsten vor-

zulesen, damit die Worte der Weisheit sich ihm ins Herz ein-
prägen.

Lebendig und persönlich ist der Stil dieses Dokumentes;
warnende Beispiele und einprägsame Bilder (›einig wie ein
Wolfsrudel‹) charakterisieren seine Darstellung. So erweist
sich die hethitische Sprache als reich und ausgebildet genug,
um auch kompliziertem Sachverhalt Ausdruck zu geben. Das
Akkadische, das sicher zusammen mit der Entlehnung der
Schrift nach Chattusa gekommen ist, dient für offiziellere
Niederschriften.

Für die historischen Ereignisse der Folgezeit sind wir wiederum auf die Einleitung des Telipinu-Erlasses angewiesen, der
fortfährt:

§ 8 Wie Mursili in Chattusa als König herrschte, da waren seine
Söhne, seine Brüder, seine Verwandten, die Leute seiner Sippe und
seine Truppen vereinigt. Er hielt das feindliche Land mit starkem
Arm besiegt. Er machte das Land ohnmächtig, er machte sie zu
Grenzen (Grenznachbarn?) des Meeres.

§ 9 Dann zog er nach Chalpa (Aleppo). Er vernichtete Chalpa
und brachte die Gefangenen und die Güter Chalpas nach Chattusa.
Danach zog er nach Babylon und vernichtete Babylon. Er schlug
die Churriter und hielt die Gefangenen und die Güter Babylons
in Chattusa.

§ 10 Und Chantili war Mundschenk. Er hatte Charapsili, die
Schwester Mursilis, zur Gemahlin.

§ 11 Nun machte sich Zidanta an Chantili heran, und sie begingen eine Untat. Sie töteten Mursili und verrichteten eine Bluttat.

Mit den knappen Sätzen von § 9 ist angedeutet, wie die von
Chattusili begonnene Gewinnung Nordsyriens nun mit der
Eroberung von Aleppo zu einem glücklichen Abschluß
kommt. Mit Aleppo und der Euphratlinie sind die wichtigen
Handelswege nach Syrien, Mesopotamien und Babylonien in
hethitischer Hand. Mit den großen städtischen Zentren fällt
aber nicht nur eine reiche Beute dem jungen König zu, sondern wohl auch ein politisches Erbe, das zu vertreten nun zu
seinen königlichen Aufgaben gehört. In diesem Sinne möchten wir den Zug nach Babylon verstehen, der von Anatolien
aus gesehen so peripher erscheint.

Von Nordsyrien aus war dagegen Babylon, Kultur- und Machtsymbol, räumlich auf der Euphratstraße, vor allem mit Hilfe der halbseßhaften Beduinenstämme, in greifbare Nähe gerückt[6]. Nicht nur Handelskarawanen hatten hier ihren Weg von Nord nach Süd genommen, sondern auch militärische Kontingente des Königs von Mari waren dort marschiert. Sogar machtpolitische Ansprüche hatte man in Babylonien zu vertreten, wie ein Brief des Königs von Aleppo im Mari-Archiv bezeugt:

Zu Jaschubjachad sprich, folgendermaßen Jarimlim, dein Bruder: Der Sonnengott möge meine und deine ⟨Sache⟩ untersuchen und entscheiden! Wie Vater und Bruder verhalte ich mich dir gegenüber. Du aber verhälst dich zu mir wie ein Bösewicht und Feind. Wozu noch eine Guttat ⟨begehen⟩, indem ich mit den Waffen Addus und Jarimlims die Stadt Babylon gerettet und das Leben deinem Lande und dir gegeben habe. Ohne Addu und Jarimlim wärest du seit 15 Jahren fortgeblasen worden ⟨aus deiner⟩ Stadt Dēr wie Spreu. Ich hätte es nicht einmal bemerkt, und du hättest derartiges mir nicht antun ⟨können⟩. Fürwahr, Singamil, König von Diniktum, hat ⟨genau⟩ wie du mit Feindschaft und Widerwärtigkeiten mir vergolten. ⟨Dabei⟩ habe ich 500 kleine Boote im Hafen von Diniktum anlegen lassen. Zwölf Jahre lang habe ich sein Land und ihn ⟨selbst⟩ ... Jetzt vergiltst du mir ⟨genau⟩ wie er mit Feindschaft und Widerwärtigkeiten. Geschworen habe ich dir bei Addu, dem Gott meiner Stadt, und bei Sin, dem Gott meines Hauptes: ⟨Verflucht will ich sein⟩, wenn ich nachlasse, bis ich dein Land und dich vernichten werde! Jetzt, zu Frühlingsanfang, werde ich losziehen und in das Innere deines Stadttores eindringen. Und sehen lassen werde ich dich die scharfen Waffen des Addu und des Jarimlim.

Mit dem Zug nach Babylon verfolgt demnach Mursili wohl rechtlich alte Machtansprüche Aleppos. Das Unternehmen bringt nicht nur der hethitischen Armee und ihren Hilfskontingenten reiche Beute, sondern festigt sicher auch die Stellung des Königs in Nordsyrien selbst. Denn in Babylonien führt der Zug Mursilis zum Sturz der Hammurabi-Dynastie, wie die babylonische Chronik berichtet: »Zur Zeit des Samsuditana zog der Chatti-Mann nach Akkad.« Und wenn der Kassitenkönig Agum II. später berichtet,

er habe die Statuen der babylonischen Gottheiten Marduk
und Szarpanitum aus dem fernen Chana in den Tempel
Esangila nach Babylon zurückgebracht, so könnte es sich um
Kultbilder handeln, die Mursili beim Rückmarsch mit sich
geführt hatte, so wie Chattusili nach seinem Bericht die
Götterbilder unterworfener Städte nach Chattusa zu bringen
pflegte.

Den Rückmarsch aus Babylonien hatten churritische Scharen zu behindern gesucht, sicherlich ihrerseits auch begierig
auf die reiche Beute. Es sind dies die gleichen Bevölkerungsgruppen, die westlich des Euphrat in Chaschu, Urschu und
Chalap seit etwa zwei Jahrhunderten seßhaft sind und die als
Churri-Chanigalbat zu Anfang der Regierung Chattusilis
weit nach Anatolien vorgestoßen waren.

Beschwörend hatte Chattusili in seinem politischen Testament zu Einigkeit gemahnt. Jetzt, da der Palast zu Chattusa
sich mit dem reichen Beutegut der nordsyrischen Feldzüge
füllt, der König sicher lange Jahre außerhalb weilt, ist die
Verlockung zur Konspiration übergroß. Ihr fällt Mursili zum
Opfer; wie lange nach seinem Babylonzug, ob gar bei seiner
Rückkehr in die Hauptstadt, bleibt unklar.

Mit dem Recht des Stärkeren wird nun der Thron von
Usurpatoren besetzt, deren Namen der Telipinu-Erlaß auf-
zählt: Chantili, der zunächst noch glücklich in Nordsyrien
kämpft; ihm folgt Zidanta, sein Schwiegersohn, der nach
kurzer Regierung von seinem eigenen Sohn Ammuna ermordet wird. Mißwachs und militärischer Mißerfolg beglei-
ten seine Regierung. Der neue König Chuzzija verübt einen
Mordanschlag auf seinen Schwager Telipinu, dem dieser
aber entgeht und selbst nun die Herrschaft antritt:

›Als ich mich auf den Thron meines Vaters setzte‹, ohne
daß damit sein Verhältnis zur Dynastie klar würde. Der Gedanke einer Verbindung von menschlichem Vergehen und
göttlicher Strafe, wie er in dieser Darstellung zum Ausdruck
kommt, ist inbesondere aus Babylonien als ordnendes, ge-
schichtsphilosophisches Prinzip wohl bezeugt.

Die Geschichte von Chantilis Regierungszeit wird im
Telipinutext verhältnismäßig ausführlich berichtet; leider

ist jedoch die Überlieferung sehr bruchstückhaft. Aschtata, eine Landschaft am Euphrat, und Karkemisch werden genannt, ebenso die Churriter. Diese scheinen die Königin und ihre Söhne gefangengenommen und nach Schug(az)zija gebracht zu haben, wo sie umkamen.

Diese politische Unsicherheit im Lande und an den Grenzen läßt Nachrichten einer späteren Zeit verständlich werden, so, wenn Chattusili III. sagt: »Die Stadt Nerik, die seit den Tagen Chantilis zerstört war, baute ich wieder auf« und: »Die Stadt Tiliura war seit den Tagen Chantilis unbesiedelt; diese hat mein Vater Mursili wieder aufgebaut.« Es geht hier um die Kaska, Stämme des pontischen Berglandes, die für mehrere Jahrhunderte das Reichszentrum bedrohen. Daß der König aus dieser Situation die notwendigen Folgerungen zieht, besagt ein weiterer Text:

[Im Lande] Chatti befestigte Städte hat [vordem nie]mand gebaut. [So habe] ich [Chantili] im [gesam]ten Lande [befestigte Städte] angelegt. Auch die [Stadt Chattusa] habe [ich, Chanti]li, befestigt.

Man möchte demnach daran denken, die Burgmaueranlage von Büyükkale auf jenen Bauplan Chantilis zurückzuführen. Eine ältere Befestigung mit Steinsockel, einem Holzbalkenrost und quadratischen, luftgetrockneten Ziegeln, scheint der kültepezeitlichen Burg anzugehören. Die jüngere Anlage besteht dagegen aus einer 8,4 m starken Kastenmauer aus Bruchsteinen, die in ihren tiefen Bettungen auf dem Felsgrund und in ihrer selbständigen Mauerführung eine große, neue Planung verrät. Die sog. Poternen-Mauer, die Burg und Unterstadt miteinander verbindet, könnte gleichzeitig errichtet sein (s. S. 327 f., 384).

Daß uns von den folgenden Königen des Mittleren Reiches nicht mehr als ihre Namen überliefert sind, kann angesichts der turbulenten Geschehnisse innerhalb des Herrscherhauses kaum verwundern. Erst Telipinu gewinnt für uns wieder Gestalt. In seinem Thronfolgeerlaß berichtet er von seinem Weg zur Herrschaft. Wer gegen ihn gefehlt, wird verbannt; Blut darf innerhalb der königlichen Familie nicht mehr vergossen werden. So ist es der Wille der Götter. Wer sich in Zukunft dagegen vergeht, wird der Gerichtsbarkeit der Adelsversammlung unterstellt. Selbst dem König droht dann die Todesstrafe, durch rechtmäßiges Urteil; Sippenhaftung gibt es nicht.

Die Unterstellung des Königs unter eine Adelsgerichtsbarkeit ist eine Neuerung und beschränkt auf den Mordfall innerhalb der königlichen Familie. Ebenso neu ist nun die Festsetzung der deszendenten Thronfolge statt der bisher geübten freien Designation des Würdigsten durch den Herrscher, wie wir es bei Chattusili und Mursili gesehen hatten:

König soll der erstgeborene Prinz werden. Ist ein erstgeborener Prinz nicht vorhanden, so soll ein Sohn zweiten Ranges König werden. Wenn ein männlicher Thronfolger nicht vorhanden ist, so soll man der ersten Tochter einen einheiratenden Ehemann geben und jener soll König werden!

Diese Thronfolgeordnung, die das Erbrecht auch der Tochter festlegt, ist wohl durch ein Zugeständnis des Adels wirksam geworden. Für Telipinu selbst hing der Bestand seiner Dynastie daran, waren doch Königin und Prinz vor ihm verstorben. Nur durch die Prinzessin Charapsili war die Thronfolge seiner Familie zu sichern.

Entsprechend seiner Festlegung der Thronfolge in einem umfangreichen Edikt hat man dem König Telipinu auch die Fixierung der hethitischen Gesetzessammlungen mit knapp 200 Paragraphen zuschreiben wollen. Ein Verfasser ist dort nicht angegeben; lediglich eine Tafelunterschrift sagt ›Vom Vater der Sonne‹ (Bezeichnung der königlichen Majestät). Der ›Vater des Königs‹ erscheint nun auch in anekdotenhaften Erzählungen der Zeit Chattusilis-Mursilis. Es kommt hinzu, daß einige Exemplare der hethitischen Gesetze einen Duktus aufweisen, der dem der Zukraschi-Tafel ähnelt, die wir glaubten auf die gleichen Könige datieren zu können (s. S. 342). Möglicherweise sind also die Gesetze in ihrer schriftlichen Fixierung älter als bisher angenommen[7], wobei hinzukommt, daß des öfteren neben einem jetzt gültigen auch noch ein früheres Recht aufgeführt wird.

Für die außenpolitisch-diplomatische Aktivität ist vielleicht die Tatsache bezeichnend, daß von Telipinu der erste Staatsvertrag bezeugt ist, den er mit Isputachschu von Kizzuwatna geschlossen hat. Vom Text selbst, in hethitischer und akkadischer Sprache, ist kaum etwas erhalten; aber ein Tafelkatalog späterer Zeit führt unter den Beständen der Bibliothek auf: »Eine Tafel, Vertrag: Als Isputachschu, König von Kizzuwatna und Telipinu, König von Chatti, einen Vertrag schlossen: Vollständig.«

Der gleiche König ist auf einer gesiegelten Tonbulle genannt, die bei den amerikanischen Grabungen in Tarsus gefunden worden ist, was gleichzeitig die Lokalisierung von Kizzuwatna in das spätere Kilikien ermöglicht. Der Keilschriftring nennt Isputachschu, Großkönig, Sohn des Parijawatri, und sichert durch seine Zeichenformen für das Siegel ein relativ hohes Alter, so daß wir es unbedenklich auf den Kontrahenten Telipinus beziehen können. Der Siegelinhaber betont seine unabhängige Stellung; auch der Vertrag dürfte eine Vereinbarung zweier selbständiger Staaten gewesen sein.

Die Siegelmitte zeigt zwischen den Symbolzeichen Kreuzschleife und Dreieck die Hieroglyphen ›Wettergott‹ und ›König‹. Eine eigentliche Lesung dieser Inschrift scheint noch unmöglich. Für die Frage des Alters und der Entstehung dieser sog. hethitischen Bilderschrift ist aber darauf zu verweisen, daß bereits in kārum Kanisch Ib ein Gefäß aufgemalte Zeichen trägt, deren eines mit dem Symbol ›Gott‹ identisch ist, ja daß bereits Stempelsiegel aus Schicht II solche bildhethitischen Zeichen aufzuweisen scheinen. Weitere alte Vorkommen, besonders auf Fundstücken aus Westanatolien, sind stärker umstritten.

Gleichaltrig mit jener Siegelbulle des Isputachschu dürften die frühesten Urkunden mit königlichem Siegel aus Boghazköy sein. Es sind dies die sog. Tabarna-Siegel: »Siegel des Tabarna, des Großkönigs/ wer (es) vertauscht, wird sterben.« Der Abdruck erscheint negativ; weder die beiden Schriftringe noch das Mittelfeld zeigen eine Umgrenzung, was man als archaische Merkmale werten möchte. Auch die Anordnung der Symbole Kreuzschleife, Dreieck und achtblättrige Rosette in der Mitte des Siegelfeldes wirkt unbeholfen.

Das aus Kompositionsgründen als nächstjüngeres Siegel zu bezeichnende Stück hat nur noch die achtblättrige Rosette im jetzt umrandeten Mittelfeld. Der doppelte Keilschriftring mit positiv erscheinender Schrift nennt auch den Namen des Königs, muß ihn jedoch aus Raumschwierigkeiten ungeschickt auf beide Kreise verteilen: »Siegel des Großkönigs Tabarna Alluwa/mana; wer (es) vertauscht, wird sterben.«

Das aus den gleichen Gesichtspunkten jüngste Siegel grenzt durch Kreislinien beide Schriftringe und das Mittelfeld gegeneinander ab. Die Textverteilung ist durch einen Zusatz im Innenring harmonisiert: »Siegel des Tabarna, des Großkönigs Chuzzija/ wer die Worte vertauscht, wird sterben.«

Demnach stehen die Siegel mit der allgemeineren Nennung des Tabarna am Anfang, während diejenigen mit der Angabe der Eigennamen Alluwamna und Chuzzija eine spätere Entwicklungsstufe zeigen.

Diese Abschweifung war notwendig, um eine Textgruppe als Leitfaden der geschichtlichen Darstellung nehmen zu können, deren Wertung nicht unumstritten ist. Es handelt sich um die Opferlisten für verstorbene und damit vergöttlichte hethitische Könige, die im großen und ganzen nach ihrer geschichtlichen Folge aufgezählt werden.

Eine dieser Opferzurüstungen nennt nun nacheinander: Alluwamna und Gemahlin Charapsili, Chantili, Zidanta-Ijaja, Chuzzija-Summiri (es folgen Tutchalija und Arnuwanda als Vorfahren der Suppiluliuma-Dynastie). Die Einordnung dieser Namen wird ermöglicht durch eine zweite Opferliste, die noch die Namensanfänge T[elipinu]-I[staparija], Al[luwamna]-Char[apsili] und Chan[tili] aufführt.

Alluwamna, der als Königsname nur einmal auftritt, ist, wie wir oben gesehen haben, durch zwei Originalurkunden mit seinem Siegel aus Boghazköy bezeugt; das gleiche gilt für Chuzzija. Dieser muß nach der stilistischen Einordnung seines Siegels jünger sein als Alluwamna, kann also nicht Chuzzija I. meinen, der im Telipinu-Erlaß kurz und ohne Herrschertaten erwähnt war. Damit dürfte eine klare Bezeugung der Nachfolger Telipinus auf dem Königsthron von Chattusa gewonnen sein, kommt doch wohl der Vertrag zwischen Zidanta und Pallija/Pillija von Kizzuwatna hinzu, so daß für jeden der mit eigener Tawananna durch die Opferlisten bezeugten Könige dieser Periode auch authentische Urkunden nachweisbar sind[8].

Der Gesichtspunkt, daß man kaum in der Königsfamilie die Herrschernamen der Unglücksperiode vor Telipinu wiedererwarten dürfe, muß also fallengelassen werden. Vielleicht war die Wiederaufnahme der Namen geradezu als Art der Entsühnung gedacht.

Für eine noch so knappe Geschichtsschreibung reicht die Quellenlage keinesfalls aus. Die Landschenkungsurkunden scheinen im Innern eine Situation aufzuzeigen, in der die Herrscher bemüht sind, durch Schenkungen und Lehen verdiente Persönlichkeiten an sich zu binden, auch wenn in den Urkunden eine Verpflichtung des Empfängers nicht ausdrücklich genannt wird.

Die Form der gesiegelten Urkunde und die Nennung der Beamten als Zeugen der Ausfertigung erweisen einen differenzierten Verwaltungsapparat. Das Wort des Königs gilt als unverbrüchlich. Durch einen erneuerten Staatsvertrag ist man anscheinend bemüht, aufgrund paritätischer Respektierung der jeweiligen Rechte das gute Verhältnis zu Kizzuwatna wiederherzustellen:

Die Majestät, der Großkönig Zidanta, König des Landes Cha[tti und Pillija,] König des Landes Kizzuwatna, haben einen (Friedens-) Vertrag geschlossen. Folgendermaßen haben sie vereinbart: Die Städte, die [Pillija eingenommen hat,] die sollen wiederum der Majestät gehören; [diejenigen des] Pi[llija, die] ich genommen habe, die [sollen] wiederum dem Pillija gehö[ren.]

Aber die wechselnde machtpolitische Lage hier an der Südostgrenze von Chatti deutet nicht nur dieser Text an, sondern auch die Tatsache häufiger Vertragsabschlüsse, so etwa der in akkadischer Sprache vorliegende Vertrag eines hethitischen Königs mit Paddatischu von Kizzuwatna. Es wird auch im

Kizzuwatna-Vertrag Suppiluliumas im historischen Rückblick
ausdrücklich gesagt:

> Früher, zur Vorzeit meines Großvaters, ist das Land Kizzuwatna
> (ein Teil) des Landes Chatti gewesen. Späterhin trennte sich das
> Land Kizzuwatna vom Lande Chatti und wandte sich dem Lande
> Churri zu.

Eine gesiegelte Tafel des Vertrages zwischen Pillija und
Idrimi von Alalach ist bei den Grabungen in Tell Atschana,
Schicht IV gefunden worden. Vereinbart wird der Austausch
von Flüchtlingen, das Gebiet des Pillija grenzt also an Alalach;
Pillija mag demnach mit jenem oben genannten Könige von
Kizzuwatna identisch sein, was einen Synchronismus Zidan-
ta II. – Pillija – Idrimi gestattete. Die Tafel aus Alalach nimmt
zum Schluß noch Bezug auf eine Eidesleistung zwischen
Idrimi und Paratarna in Erneuerung eines traditionellen Treue-
verhältnisses gegenüber dem König der Churriter. Dieser
Paratarna ist auch aus einer Tafel von Nuzi bekannt, wo die
Angabe ›zur Zeit als Paratarna starb und verbrannt wurde‹ als
datumsmäßige Jahresbenennung erscheint.

Ebenso ist einer der späteren Könige von Mitanni, Sauschat-
tar, mit schriftlichen Urkunden aus dem Westen und Osten
seines Reiches bezeugt. In Alalach entscheidet der König gegenüber dem Sohn und Nachfolger Idrimis namens Niqmepa
einen Rechtsfall über die Zugehörigkeit eines Untertanen zum
Staate Chanigalbat. In Nuzi handelt es sich um Gutsbesitz
des Königs im nordöstlichen Bergland. Assur war von ihm
geplündert und eine kostbare Tür aus Silber und Gold fortgeführt und in der Mitanni-Hauptstadt Waschukanni aufgestellt worden. Von seinem Nachfolger Artatama heißt es in
den Amarna-Briefen, er habe erst nach siebenmaliger Werbung Thutmosis' IV. seine Tochter an den ägyptischen Hof
geschickt – ein Zeichen politischer Unabhängigkeitsbetonung
dieses obermesopotamischen Staates, der nun während dreier
Generationen mit dem ägyptischen Hofe in freundschaft-
lichem Brief- und Geschenkaustausch steht.

Das Chatti-Land konnte unter diesen Gegebenheiten, zumindest in Richtung zum Euphrat und in Nordsyrien, keine

kraftvolle Politik treiben. Die wenigen Quellen aus Boghazköy haben wir schon genannt. An auswärtigen Urkunden läßt sich wiederum die Inschrift des Idrimi von Alalach nennen, der nach Anerkennung der Oberhoheit des Mitanni-Königs nun nordwärts marschiert, ins Chatti-Land. Sieben befestigte Marktstädte nimmt er ein, darunter Zaruna, das seinerzeit von Chattusili erobert worden war. Mit reicher Beute kann er heimziehen, wobei er betont: »Das Land Chatti mobilisierte nicht und marschierte nicht gegen mich. Wie es mir gefiel, verfuhr ich.«

Ähnlich kraftlos wird die hethitische Lage in einem späteren Briefe Amenophis III. mit den Worten geschildert: »Und auch das Land Chattusa ist zersplittert.« Von Bedeutung ist dabei ferner, daß dieser Brief an den König von Arzawa gerichtet ist, eine Landschaft im Südwesten Kleinasiens, die seit den Tagen Chattusilis I. zum Interessengebiet der hethitischen Zentralmacht gehört, wenn es auch bis ins 13. Jahrhundert steter Waffengänge bedarf, um die Arzawa-Länder zu unterwerfen.

Es spricht alles dafür, daß die herrschende politische Macht in der Mitte des zweiten Jahrtausends die Churri-Mitanni waren. Ihr kultureller Einfluß ist in der Folgezeit denn auch in Anatolien deutlich feststellbar. Machtpolitisch dagegen setzt sich das kleinasiatische Hethiterreich gegen den Mitanni-Staat durch. Für Boghazköy ist uns die Dynastie Tutchalija-Chattusili-Tutchalija-Suppiluliuma überliefert, ohne daß deren Bindung an die alten Könige auf dem Throne von Chattusa deutlich würde.

Wieder geht der Kampf wie zu Anfang des Alten Reiches um die Machtposition in Nordsyrien. Die historische Einleitung des Aleppo-Vertrages, den Mursili II. abschließt, nimmt so auch ausdrücklich Bezug auf jene alten Ereignisse unter Chattusili I. und Mursili I. Er fährt dann fort, indem er das folgende Jahrhundert mit Schweigen übergeht:

Als Tutchalija, der große König, auf den Thron der Königsherrschaft sich erhob, ... trat der König vom Lande Chalap mit den Königen vom Lande Chanigalbat ins Einvernehmen. Aber den

König von Chanigalbat wie den König von Chalap hat er aus diesem Grunde sa[mt ihren Ländern] vernichtet und die Stadt Chalap zerstört.

Der König von Chalap hatte sich der Sünde mit dem Könige von
Chanigalbat schuldig gemacht. Aber gegen Chattusili [, den König
von] Chatti, versündigte er sich ganz [besonders].

Der Anschluß Chalpas an Chanigalbat wird somit von
hethitischer Seite als Abfall und Empörung verstanden. Die
besondere Sünde Chalpas gegenüber Chattusili besteht, wie
näher ausgeführt wird, im Abschluß eines förmlichen Vertrages mit Mitanni. Zur Zeit von Suppiluliumas Großvater
bricht also, wie auch der Kizzuwatna-Vertrag gezeigt hatte,
die hethitische Herrschaft im Südosten zusammen. Tutchalija
muß einen Kult von Kizzuwatna nach Samucha verlegen,
feindliche Nachbarländer dringen von allen Seiten in Chatti
ein, selbst Chattusa wird ein Raub der Flammen.

Die allmähliche Wiedergewinnung der Großmachtstellung
ist Suppiluliuma zuzuschreiben. Schon zur Zeit seines Vaters
zeichnet er sich als Heerführer aus; freiwillig übernimmt er
in schwierigen Lagen die Führung, insbesondere bei häufiger
Erkrankung seines Vaters. Nicht nur feindliche Überfälle
sind zurückzuweisen, Grenzen zu sichern, sondern auch weite
vom Feind verwüstete und verödete Gebiete wieder zu be-
siedeln.

Es war notwendig, die Frühzeit der hethitischen Staatswerdung und die Geschichte des Alten Reiches ausführlicher
darzustellen, um neues Quellenmaterial der letzten Jahre zu
Worte kommen zu lassen. Dagegen können wir uns für die
Zeit des Großreiches mit einem Abriß seiner Geschichte
begnügen. Hier liegen die wesentlichen Textveröffentlichun-
gen schon seit längerem vor und haben demnach auch bereits
ihre Auswertung gefunden.

Suppiluliuma ist nach Ausweis der Amarna-Korrespondenz
noch Zeitgenosse Amenophis III. (etwa 1413–1377) und überlebt Tutanchamon (1358). Seine Regierungszeit wird auf
etwa 1380–1346 v. Chr. angesetzt. Sein vornehmster Gegner
ist Tuschratta von Mitanni, der von Obermesopotamien aus
das nordsyrische Gebiet fest in Händen hat. Ein erstes mili-

tärisches Unternehmen mißlingt, wie man der Mitteilung Tuschrattas an Amenophis III. entnehmen kann; aus der Beute schickt er einen Wagen, zwei Pferde, einen Jüngling und ein Mädchen an den ägyptischen Hof.

Mit Hilfe von Verträgen gelingt es nun Suppiluliuma, sich politisch freie Hand zu schaffen und den Gegner einzukreisen. Es dürften hier einzuordnen sein der Vertrag mit Chuqqanā und den Leuten von Chajasa (im Nordosten Kleinasiens), der Vertrag mit Sunassura von Kizzuwatna sowie das Abkommen mit dem mit Tuschratta rivalisierenden Artatama, König von Churri.

Der Zug Suppiluliumas von Norden über den Euphrat (über Isuwa östlich von Malatya), quer durch Obermesopotamien, erreicht Waschukanni, die Residenz Tuschrattas; dieser selbst war entflohen. Aber auf dem weiteren Zuge über den Euphrat zurück nach Westen fällt nun ganz Syrien dem Sieger zu. Es schließen sich an die Verträge mit Tette von Nuchasche und den Königen von Ugarit.

Weit nach Süden, bis nach Damaskus reicht der politische und militärische Einfluß der Hethiter. Aziru von Amurru, bisher ägyptischer Vasall, stellt sich auf die Seite Suppiluliumas; sein Vertrag in hethitischer und akkadischer Sprache ist uns erhalten. Selbst Karkemisch, die starke Festung am Euphrat, die bisher standgehalten hatte, fällt nach achttägiger Belagerung.

Von nachhaltiger Bedeutung war die folgende politische Organisation Nordsyriens, wo Suppiluliuma zwei seiner Söhne in Karkemisch und Aleppo als Unterkönige einsetzte. Damit war das neugewonnene Gebiet verwaltungsmäßig besser zu erfassen als von der fernen Zentrale in Chattusa. Militärisch bedeutete es die Sicherung der Euphratflanke und der syrischen Grenze gegen Ägypten.

Jedoch war Mitanni nach der Ermordung Tuschrattas zerfallen, der Thronerbe Mattiwaza[9] zuerst nach Babylonien, dann zu Suppiluliuma geflohen. Dieser nahm ihn huldvoll auf, band ihn durch Heirat an die Dynastie und ließ ihn von Karkemisch aus erneut als König von Mitanni in Waschukanni einsetzen. Ein Staatsvertrag regelte das neue Verhältnis.

Mitanni ist aber nun hethitischer Vasall und Pufferstaat gegen das unter Assuruballit aufstrebende Assur.

Ägypten gegenüber verfolgte Suppiluliuma, unter Bruch sogar bestehender Vertragsverhältnisse, seine expansive Politik. So stark ist seine Position, daß nach dem Tode Tutanchamons die ägyptische Königin-Witwe von Suppiluliuma einen seiner Söhne als königlichen Gemahl erbittet[10]. Dieser zögert, bis er verläßlichere Nachricht hat; der dann entsandte Prinz wird jedoch auf dem Wege ermordet.

Von den drei Gemahlinnen Suppiluliumas Duduchepa, Chenti und Tawananna, wie sie die Opferlisten und auch die Siegel nennen, ist die letzte eine Prinzessin von Babylon, wohl eine Tochter Burnabariaschs II. Wie eigenmächtig sie als Königin-Witwe später geschaltet hat, erfahren wir aus Texten Mursilis II.

Dieser folgte nach kurzer Regierung seines Bruders Arnuwanda seinem Vater auf dem Königsthron (etwa 1345–1315). Nordsyrien steht trotz zeitweiser Bedrohung durch die Gefahr eines assyrischen Angriffes mit den Sekundogenituren in Karkemisch und Aleppo fest im hethitischen Staatsverband. Dagegen sind lange Jahre steter Kämpfe in Kleinasien selbst notwendig, um die beim Thronwechsel ausbrechende Abfallbewegung zu bereinigen. Unmittelbare Gefahr droht durch die unruhigen Stämme der Kaska, die vom pontischen Gebirgsland aus stets Kappadokien bedrohen. In langwierigen Feldzügen wird aber auch das Arzawa-Land befriedet, dessen Fürst zu dem König von Achijawā flieht, von diesem aber ausgeliefert wird. So erhalten wir zum erstenmal politische Nachrichten vom Westen und Südwesten der kleinasiatischen Halbinsel.

Über die letzte Regierungszeit Mursilis sind wir durch die lückenhafte Überlieferung seiner Annalen nur schlecht unterrichtet. Seine Kraft scheint sich in alljährlichen Feldzügen und in der Fürsorge um den Kult der Götter erschöpft zu haben. Die lange Bindung Suppiluliumas durch seine syrischen Unternehmungen, die Einschleppung einer Seuche von dort durch ägyptische Kriegsgefangene, dynastische Schwierigkeiten, wie mit der Königin-Witwe seines Vaters, haben

sicher in Anatolien Verhältnisse entstehen lassen, die alle Anstrengungen des Königs erforderten, um Ruhe und Ordnung
wiederherzustellen.

Er kann aber, trotz gewisser Divergenzen in der königlichen
Familie, seinem Sohne Muwatalli (etwa ab 1315) ein gesichertes Staatswesen hinterlassen. Dem Anspruch Ägyptens unter
den kriegerischen Herrschern der 19. Dynastie auf den Besitz Syriens kann dieser mit allem Nachdruck entgegentreten.
Auch die Aufgabe der alten Hauptstadt und Verlegung der
Residenz weiter nach Südosten wird aus dieser militärischen
Konzeption verstanden werden müssen. Denn der Fürst des
Grenzgebietes Amurru namens Benteschina war abgefallen
und auf die Seite Ägyptens getreten; Ramses II. rüstete zu
einem großen Syrienfeldzug, der in seinem fünften Jahre
(1285) bei Kadesch am Orontes ein vorzeitiges Ende fand.
Muwatalli konnte nämlich, gedeckt von der Festung Kadesch,
einen Überraschungsangriff gegen die ägyptische Vorhut
tragen, dem Ramses II. sich nur mit Mühe und dank seiner
persönlichen Tapferkeit, wie die ägyptischen Chronisten berichten, entziehen konnte.

In Amurru wird ein hethitertreuer Fürst eingesetzt, dem
abgefallenen Benteschina jedoch von Chattusili, dem Bruder
des Königs, Asyl gewährt. Dieser hatte als Unterkönig an der
Kaska-Grenze eine starke Position gewonnen, die durch den
Abzug des Königs aus Chattusa sicher noch gewachsen war.
Zudem scheint er, auch durch seine Heirat mit der Priester-
tochter Puduchepa, sich der Unterstützung mächtiger Prie-
stergruppen versichert zu haben.

Muwatalli hinterließ bei seinem Tode lediglich einen Sohn
aus einer Nebenehe namens Urchiteschup. Entsprechend dem
Thronfolge-Erlaß scheint dessen Regierungsantritt jedoch
keine Schwierigkeit entgegengestanden zu haben. Auch sein
Onkel Chattusili betont seine loyale Haltung.

Die Überlieferung von diesem König ist außerordentlich
dürftig. Eigene Texte besitzen wir überhaupt nicht. Auf seinen
Staatssiegeln stellt er sich betont in die dynastische Folge,
nimmt auch als Herrschernamen den alten Namen Mursili
(III.) an. Allerdings nennen ihn die späteren Texte seines

Onkels Chattusili immer nur mit seinem prinzlichen Namen Urchiteschup.

Das Verhältnis beider war wohl von Anfang an nicht gut. Zu stark war die Stellung Chattusilis, um nicht eigenmächtige Ziele verfolgen zu lassen. Als der König ihn in die Schranken weist, ihm Herrschaftsgebiete und Truppenbefehl, ja schließlich gar das Priester-Königtum von Nerik und Chakpis nimmt, greift Chattusili zu den Waffen. Die Großen des Reiches treten vielfach auf seine Seite, obgleich Mursili III. mit der Rückführung der Residenz nach Chattusa sicherlich starken nationalen Bestrebungen Rechnung getragen hatte. Die Göttin Ischtar sei es gewesen, so sagt Chattusili in seinem Rechenschaftsbericht, die die Rechtssache zugunsten ihres Parteigängers entschieden habe. Sie läßt den heranziehenden Mursili in der Stadt Samucha einschließen, ›wie ein Schwein in seinen Kofen‹.

Der König wird abgesetzt und verbannt; seine Parteigänger werden verfolgt und enteignet, wie man wohl der Vielzahl von Siegelbullen mit dem Namen Mursilis = Urchiteschup entnehmen kann, die im königlichen Depot gefunden wurden. Die Holztafeln (?), an denen sie befestigt waren, sind bei der Zerstörung verbrannt; sie dürften durch den neuen Machthaber eingezogene Besitztitel enthalten haben.

Über die politischen Geschehnisse der Zeit wissen wir wenig. Selbst die Dauer der Regierung Urchiteschups ist ungewiß, denn die Angabe Chattusilis: ›sieben Jahre schaute ich zu‹, mag nur einen symbolischen Wert haben. Jedenfalls scheint sich aus der Korrespondenz mit Assur zu ergeben, daß Urchiteschup noch Zeitgenosse Salmanassars I. gewesen ist, mit dem er in politischem Briefwechsel gestanden hat.

Erstaunlicherweise bedingen diese inneren Auseinandersetzungen keine Schwächung Chattis in der außenpolitischen Geltung. Jedenfalls gibt es keine Zeugnisse, die Chattusilis III. entsprechende Darstellung Lügen strafen würden. Mit Babylonien unterhält der König gute Beziehungen, die anscheinend vor allem der Rückendeckung angesichts des noch andauernden feindlichen Verhältnisses mit Ägypten dienen sollen. In Amurru wird Benteschina wieder eingesetzt und durch eine dynastische Heirat an Chattusa gebunden.

Inzwischen gelingt es aber auch, mit Ägypten zu einem Friedensschluß zu kommen. Boten gehen hin und her, und es kommt im 21. Jahre Ramses' II. (1269) zur Paraphierung eines umfassenden Freundschaftsvertrages zwischen beiden Ländern, der eine gegenseitige Garantie der legitimen Thronfolge, Auslieferung politischer Flüchtlinge und militärische Hilfe vereinbart. Das Original wurde auf einer Silberplatte eingraviert; erhalten sind nur die Tontafeln aus Boghazköy und die Tempelinschriften in Karnak und im Ramesseum.

Das Bündnis wurde später, im 34. Jahre Ramses' II. (1256), weiter gefestigt durch die Aufnahme einer hethitischen Prinzessin als große königliche Gemahlin am ägyptischen Hofe. Auch daran schließt sich eine umfangreiche Korrespondenz zwischen den Königen und Königinnen, war doch anscheinend gar ein Staatsbesuch Chattusilis in Ägypten angeregt worden. Fraglich ist, ob der alternde hethitische König noch dazu kam, obgleich die Heiratsstele von Abu-Simbel ihn bei der Übergabe seiner Tochter an Ramses II. darstellt.

Chattusilis Sohn und Nachfolger Tutchalija IV. (etwa 1250–1220) konnte ein im Inneren und Äußeren gefestigtes Staatswesen übernehmen. Als Bauherr hat er in Chattusa die königliche Burg großartig gestaltet und ihr das Bild gegeben, das uns die ausgegrabenen Gebäudegrundrisse heute noch ahnen lassen. Ebenso ist er bemüht, durch Rechtsanweisungen und Instruktionen, durch Bestandsaufnahme der Tempel und Neuordnung der Kulte im Lande selbst gedeihliche Verhältnisse zu schaffen. Durch große Feldzüge nach Westen, in die Arzawa- und Assuwa-Länder, sichert er die Peripherie Kleinasiens, wo Achijawā nun eine hethiterfeindliche Politik verfolgt. Das große Relief am Paß von Karabel mag auf ihn zurückgehen und dann beweisen, daß jene Feldzüge die hethitische Armee bis an die jonische Küste geführt haben.

Nach Osten gilt Assur gegenüber eine freundnachbarliche Haltung, wie sie sich nach Anerkennung von dessen Großmachtstellung ergeben hatte. Dem jungen Tukultininurta schickt er bei dessen Thronbesteigung eine Glückwunschadresse. Das Verhältnis beider Herrscher möge so gut werden wie zur Zeit Salmanassars, wo sogar ein gegenseitiger Staats-

besuch denkbar gewesen wäre. Allerdings ist mit diesem
Schreiben auch der Wunsch verbunden, der assyrische König
möge nicht nach dem Berglande Papanchi ziehen, angeblich
wegen des sehr beschwerlichen Geländes – in Wirklichkeit
wohl, weil damit hethitisches Gebiet mittelbar gefährdet wird.

Tukultininurta hält sich nicht an diesen Vorschlag: Er
überfällt Papanchi gleich zu Anfang seiner Regierung und
deportiert ›28 800 Einwohner des Landes der Hethiter vom
jenseitigen Ufer des Euphrat‹. Jetzt ist von assyrischer Seite
der Bruch erfolgt, wodurch auch die politische Haltung der
Hethiter festgelegt ist. Im Vertrage mit Schauschgamuwa
von Amurru ist Assur der Feind, mit dem auch jeglicher
Handel verboten ist. Es wird anscheinend auch zum Feldzug
gerüstet, wie die politische Korrespondenz aus Ugarit, aber
auch Orakelanfragen in Boghazköy selbst nahelegen. Es
bleibt aber wohl bei rein politischen Maßnahmen, wozu auch
der gleiche Rechtsanspruch auf die Weltherrschaft gehört,
den der Assyrerkönig mit dem Titel *schar kischati* ›König der
Gesamtheit‹ beansprucht und der nun auch von Tutchalija
auf einem Siegel getragen wird[11].

Für den Ausklang der hethitischen Geschichte ist die Quellenlage so dürftig, daß selbst die Namen der Könige nur mühsam wiederzugewinnen sind. Wohl folgt zunächst Tutchalijas
Sohn Arnuwanda, der sich schon zu Lebzeiten seines Vaters als
Feldherr einen Namen gemacht hatte. Anzuschließen ist vielleicht ein weiterer Tutchalija, den allerdings nur die Tafelunterschrift eines rituellen Textes nennt: »Als Tutchalija,
Großkönig, Sohn des Arnuwanda, sich auf den Thron seines
Vaters setzte, da hat man dieses Opfer veranstaltet.« Man hat
deshalb auch daran gedacht, daß hier eine Inthronisation
früherer Zeit, aus dem Beginn der Suppiluliuma-Dynastie,
tradiert worden sei. Ein 1957 gefundener Text fügt allerdings zu dem Kolophon noch den Namen des Schreibers
Chanikkuili, Sohn des Nu.Gis.Sar, hinzu, der an das Ende
der uns überlieferten Schreibergenerationen gehört. Da jedoch Chanikkuili auch eine der (alten) Gesetzestafeln abgeschrieben hat, bleibt ebenfalls hier eine solche Möglichkeit
erwägenswert.

An das Ende des Reiches gehört Suppiluliuma II., der seinem kinderlos verstorbenen Bruder auf den Thron zu folgen scheint. Beschwörend klingt die Aufforderung zur Einhaltung der Legalität; der Untertan hat zu schwören: »Ich werde nur die Nachkommenschaft meines Herrn Suppiluliuma schützen. Einem anderen Manne, Nachkommen Suppiluliumas des Ersten, Nachkommen des Mursili, Nachkommen des Muwatalli und des Tutchalija werde ich mich nicht anschließen«.

Die Vielzahl der Prinzen königlichen Geblütes scheint eine innere Unsicherheit mit sich gebracht zu haben. Alle Texte, in einer flüchtigen Schrift geschrieben, gehören zu derartigen Eidesleistungen von Beamten und Landesgroßen. Nach außen muß man sich mit schriftlichen Protesten begnügen, die den abgefallenen Fürsten ins Unrecht setzen – gleicherweise nach Westen in der Anklageschrift gegen Madduwatta, wie nach Osten gegenüber Mita von Pachuwa im Gebirgsland des oberen Euphratlaufes[12].

Politisch-militärische Schwäche an den Grenzen, innere Unsicherheit im dynastischen Gefüge, und schließlich eine weitgehende völkische Zersetzung Inneranatoliens durch jahrhundertelange Deportationen aus unterworfenen Grenzgebieten bereiten den Untergang vor, der in einem Völkersturm aus dem Westen erfolgt. Zu Lande und zur See überrannten fremde Scharen, unterstützt von manchen bisherigen Vasallen, das Hethiterreich. Sie brandschatzten Syrien-Amurru und drangen bis an die Grenzen Ägyptens vor, wo Ramses III. in seinem 8. Jahre (etwa 1190) sie mit Mühe zurückweisen konnte. Und seine Inschrift im Tempel von Medinet Habu meldet: »Nicht hielt irgendein Land stand vor ihnen von Chatti an. Kode, Karkemisch, Arzawa, Alaschija waren vernichtet.«

Wie weit diese Züge unmittelbar auch das anatolische Hochland in Mitleidenschaft zogen, dafür gibt es keine Zeugnisse. Daß die Zerstörung der Hauptstadt in einer riesigen Feuersbrunst vielleicht von Kräften ausgegangen ist, die schon lange im hethitischen Kulturbereich gewohnt haben,

könnte man daraus folgern, daß die Götterreliefs von Yazilikaya nahezu unzerstört geblieben sind, so als ob eine fromme
Scheu darin ein Sakrileg gesehen hätte.

Aber größere Völkerbewegungen erfassen auch das Hochland. Tiglatpileser I. nennt um 1100 hethitische Scharen von
Kaska und Urumäern am oberen Tigris und gibt gar ein
ungefähres Datum ihres Eindringens, indem die Muschki
fünfzig Jahre vor seiner Regierung hier eingebrochen seien.
Wenigstens das alte Siedlungsgebiet der Kaska in den pontischen Bergländern ist uns bekannt; jahrhundertelang bedrohten sie das hethitische Kernland – nun ist der Damm gebrochen, der ihren Zügen eine Grenze gesetzt hatte.

In die gleiche Zeit datiert die griechische Überlieferung
die Einwanderung der Phryger von Westen her, die in den
folgenden Jahrhunderten auf kleinasiatischem Boden das
Großphrygische Reich errichteten, dem jedoch gegenüber
Assyrien in Nordsyrien kein Erfolg beschieden war. Die
Friedensgesandtschaft des phrygischen Königs Midas an Sargon von Assur schloß gleichzeitig die Periode der späthethitischen Kleinstaaten in diesem Raume ab.

Diese können nicht einfach als Weiterführung der im ehemaligen Kolonialgebiet entstandenen hethitischen Siedlungen
gelten. Die tiefgreifende Wandlung, die auch der Osten Anatoliens und Syrien in der Zeit nach 1200 erfahren haben, zeigt
sich in der neuen geographischen Nomenklatur. Lediglich
Karkemisch, Tuwanuwa = Tyana und seine Nachbarn behalten ihre Namen und ihre alte Bedeutung. Aber mit Milid =
Malatya, Marqasi = Marasch, Kummuchi, Sam'al = Sendschirli usw., Hamat schließlich weit im Süden, treten neue
politische Gebilde auf.

Dennoch bleibt der Name Hethiter erhalten; das Alte
Testament nennt ihn, und die assyrischen Annalen bezeichnen
mit ›Chatti‹ oder ›Groß-Chatti‹ einzelne Fürstentümer oder
die Vormacht einer Koalition, so Tiglatpileser I. um 1100
etwa Milid. Perioden assyrischer Schwäche gestatten es den
aramäischen Nomaden, sich in einzelnen Bereichen festzuset-
zen und die Herrschaft zu übernehmen, um 920 etwa in
Sam'al, ein Jahrhundert später in Hamat. Aber auch diese

Zuwanderer gelten den Assyrern als ›Chatti‹. Sie behalten ihre Sprache und ihre Götter, tun es aber äußerlich in Bau- und Kunstwerken den Hethitern gleich.

Diese pflegen die sog. hethitische Bilderschrift, vielleicht als bewußte nationale Unterscheidung, in wortreichen Bau- inschriften, während die aramäischen Fürsten sich des Phöni- zischen bedienen (Kilamuwa-Inschrift). Auf dem Karatepe sind die Torinschriften gar in beiden Sprachen und Schriften abgefaßt. (8. Jahrhundert.)

Da ein Zug zu gemeinsamem politischen Handeln diesen Stadtstaaten weitgehend fehlt, fallen sie jedem assyrischen Angriff zum Opfer und können nur durch Anerkennung der Oberhoheit und Tributleistungen ein gewisses Maß von Selbständigkeit wahren. Die erste Hälfte des 8. Jahrhunderts gestattet durch eine militärisch-politische Anlehnung an das erstarkende Königreich von Urartu (Armenien) eine Atem- pause. Dann werden aber alle späthethitischen Kleinstaaten nacheinander dem assyrischen Reich einverleibt: Sam'al wohl 724, Karkemisch 717 nach einem vergeblichen Aufstands- versuch mit phrygischer Rückendeckung; Marasch schließ- lich erlag Sargon II. im Jahre 711.

Die Bedeutung dieser späthethitischen Staaten liegt nicht im politischen Raum. Wohl dagegen haben hier Fürsten ein reiches Bild höfischer Kultur hinterlassen. Teils bewahren sie das Alte, nehmen auch bewußt Königsnamen der Großreichs- periode wieder auf, wie Mutallu von Kummuchi und Lubar- na von Chattina. Teils wird aus dem Nebeneinander mit Churritern, Aramäern und Assyrern ein Neues geschaffen, das nur mit großen Abstrichen noch als ›hethitisch‹ gelten kann. Hier in Nordsyrien und Kilikien = Quë sind im 8. Jahrhundert aber auch die ersten Kontakte mit dem frühen Griechentum erfolgt, so daß in bildender Kunst, Dichtung und Kultur eine stärkere Beeinflussung möglich wurde. Die alte Wettergottgestalt des Jupiter Dolichenus hat gar noch im römischen Reiche durch syrische Truppen und Kaufleute weiteste Verbreitung gefunden.

III

KÖNIGTUM

Die altassyrischen Urkunden vom Kültepe kennen neben dem ›Fürsten‹ von Assur auch eine Anzahl lokaler Herrscher, die den gleichen Titel tragen. Als gegen Ende dieser Periode aus den Stadtstaaten größere politische Einheiten entstehen, wohl stets durch die militärisch-politische Vormacht eines Herrschers, wird diesem der Titel ›Großfürst‹ zugestanden. Das deutlichste Beispiel bietet in den Urkunden von Alischar jener Anitta von Kussar, dessen Aufstieg wir durch einen historischen Bericht kennen (s. S. 334 f.).

Allerdings gibt der Herrscher sich in diesem hethitischen Text den Titel ›König‹, bzw. nennt sich nach Eroberung der umliegenden Staaten ›Großkönig‹. Es scheinen demnach die beiden Benennungen keinen Unterschied in der Rangstellung auszudrücken, vielmehr Spracheigentümlichkeiten der jeweiligen Schreiber darzustellen, indem die Benennung ›König‹ im Altbabylonischen von Nordsyrien zu Hause ist und so auch in einem altassyrischen Schreiben aus Chachum (s. S. 328 f.) erscheint wie im Briefe des lokalen Fürsten Anumchirbi und in einem Quittungsformular aus Chattusa.

Es darf demnach nicht verwundern, wenn mit dem Aufhören der assyrischen Handelskontore und ihrer Schriftlichkeit auch die alte Titulatur des Fürsten nicht beibehalten wird, sondern nun die Bezeichnung ›König‹ sich durchsetzt, für den hethitischen Herrscher allerdings schon in der Einleitung der frühesten Texte überhöht in der Benennung als ›Großkönig‹.

Der erste Herrschername, der in der Überlieferung eng mit der Schöpfung des hethitischen Staates verbunden erscheint, ist Labarna. Dieser Name wird in der Form Tabarna von den Herrschern der Folgezeit zu ihrer Titulatur gezogen: ›Folgendermaßen der Großkönig Tabarna‹ – ›Folgendermaßen Tabarna Telipinu, der Großkönig‹ (s. S. 338).

Als weiterer Titel, besonders in der Selbstbezeichnung des Herrschers, ist in der Großreichsperiode die Benennung ›Sonne‹ üblich. In der Hieroglyphen-Schreibung des Königsnamens auf Steininschriften und Siegeln bekrönt die geflügelte Sonnenscheibe die ›Aedicula‹. Dieses Symbol jedenfalls ist nicht nur in Ägypten zu Hause, sondern auch charakteristisch für die Mitanni-Siegel. Ein Einfluß von beiden Seiten in dieser neuen Titulatur ist möglich. Als früheste Belege sind zu nennen der Thronfolge-Erlaß Chattusilis I. und eine Vertragseinleitung am Ende des Alten Reiches: ›Die Sonne, der Großkönig Zidant, König des Landes Chatti‹. Damit ist die Titulatur der Großreichszeit weitgehend vorgebildet.

Soweit unsere Urkunden eine Aussage gestatten, scheint das Königtum erblich zu sein. Der Herrscher designiert seinen Nachfolger, der von den Großen des Hofes anerkannt, nun bereits zu Lebzeiten des alten Königs als Inhaber eines hohen Amtes offiziell genannt wird und so die Kontinuität der Regierung wahren soll (s. S. 343).

Die ältesten hethitischen Texte zeigen, daß der Thronfolger aus der Familie des Königs oder der Königin designiert wird. Gewiß soll der Tüchtigste gewählt werden; selbst ein bereits benannter Thronfolger kann wieder abgesetzt werden, wenn er dem König nach weiterer Prüfung ungeeignet erscheint.

Wieweit sich aus dieser Überlieferung noch ein Wahlkönigtum ableiten läßt, ist umstritten. Es wird die königliche Entscheidung der Adelsgemeinschaft (*panku*) mit aller Eindringlichkeit kundgetan; ihre Loyalität nur kann das Königtum tragen. Umgekehrt hat der König die besondere Stellung dieser Schicht zu respektieren, indem Vergehen gegen den König oder eine Gottheit vor ein eigenes Adelsgericht kommen. So ist der Hochadel der Gerichtsbarkeit des Königs entzogen.

Die Geschichte zeigt, wie die freie Thronfolgeregelung zu Konspiration und Mord innerhalb der königlichen Familie führte (s. S. 346). So war der Zeitpunkt für eine Ordnung der

Erbfolgeregelung gekommen, die Telipinu als von den Göttern sanktioniertes Gesetz verkündet. Dieses legt die deszendente Thronfolge fest; jeweils der älteste Sohn soll König werden (s. S. 348). Sogar die Anerkennung eines Erbrechtes der ältesten Prinzessin wird festgelegt, wenn kein Sohn vorhanden ist.

Diese Thronfolgeordnung hat für die gesamte Folgezeit Geltung behalten. Als Chattusili III. seinen Neffen entthront, nimmt er in einem ausführlichen Selbstbericht dazu Stellung und leitet sein Recht aus dem Auftrag seiner Göttin ab. Der eigene Sohn muß sich aber im Interesse des Staates von diesem Schritt distanzieren, indem er später beim Vertragsabschluß mit dem Fürsten Schauschgamuwa von Amurru das Beispiel seines Vaters und der Großen, die ihm folgten, als Verrat hinstellt.

Wir sehen in diesem Erlaß zur Erbfolge nur das Ergebnis einer langen Auseinandersetzung. Der Adel behält seine Rechte als eigene Gerichtsinstanz, kann diese gar erweitern, indem ausdrücklich dem *panku* die Blutgerichtsbarkeit über den König zugesprochen wird, falls dieser sich am Leben eines Sippenangehörigen vergeht. Jedoch spielt der *panku* im Jüngeren Reiche keine entsprechende Rolle mehr.

Der König wie auch die Königin werden seit alters her als Sachwalter der Gottheit auf Erden angesehen: »Das Land gehört dem Wettergott; Himmel und Erde (wie auch) die Leute gehören ebenfalls dem Wettergott. Er machte den Labarna, den König, zu seinem Regenten und gab ihm das ganze Chatti-Land. So soll der Labarna das ganze Land mit seiner Hand regieren!« – Ferner: »Mir, dem König, haben die Götter, Sonnengöttin und Wettergott, das Land und mein Haus anvertraut. Nun werde ich, der König, auch über mein Land und mein Haus herrschen«.

Die Herrscher der anderen Großmächte werden ausdrücklich als gleichberechtigt anerkannt; ihnen gegenüber gilt die Anrede ›mein Bruder‹. Politische Heiraten zwischen den Höfen stärken die gegenseitigen Bindungen. Wie wir gesehen

haben, war aber Tutchalija IV. sofort bereit, diese Konstruktion des politischen Gleichgewichtes aufzugeben, als ihn
die neuen Vormachtsansprüche Assurs dazu zwangen. Mit
dem für einen hethitischen Herrscher bis dahin unerhörten
Anspruch nennt er sich nun selbst auf einem Siegel ›König
der Gesamtheit‹ (s. S. 360) – ein deutliches Beispiel, wie die
orientalische Titulatur übernommen wird.

Der König bleibt jedoch Mensch, trotz allen Abstandes zu
seinen Untertanen. Erst beim Tode heißt es von ihm wie von
der Königin, daß sie ›Gott werden‹. Sie werden in einem
Mausoleum beigesetzt und hinfort als Gott angerufen, vor
ihren Statuen im Laufe einer Kulthandlung Opfer dargebracht. Sie behalten jedoch ihre menschlichen Namen und sind
in ihrer Bedeutung den anderen Göttern keineswegs gleichgestellt. Einem Textzeugnis kann man die Vorstellung entnehmen, daß nur der regierende König zum Gott wird; geht
er seines Thrones verlustig, führt auch sein Weg in die Unterwelt der Toten.

In seinem Leben ist der König der Auserwählte seines Gottes, was besonders deutlich in der Haltung Chattusilis III. zur
Göttin Ischtar zum Ausdruck kommt. Er ist mit göttlicher
Kraft begnadet, darum aber auch im magisch-rituellen
Vorstellungsbereich allen Gefahren der Minderung seiner
Kräfte ausgesetzt. Chattusili I. mag in seinem Testament noch
von politischen Gesichtspunkten ausgegangen sein, wenn er
den Verkehr mit den Untertanen auf ein Mindestmaß beschränkt sehen möchte. Superstitiöse Gedanken scheinen dagegen im Jüngeren Reich vorzuherrschen. Die Küchenbe-
diensteten haben allmonatlich einen Eid zu leisten, dem König
nur sauberes Wasser zu reichen; die Schuhmacher dürfen für
den König nur Leder aus dem Palast selbst verwenden. Eine
Leibwache schützt den König vor jedem unliebsamen Kontakt.

Im Fall einer besonderen Notzeit scheint ein ›Ersatzkönig‹
nach mesopotamischem Vorbild auf den Thron gesetzt zu
werden. Man salbt ihn mit dem Öl des Königtums, nennt
ihn mit seinem königlichen Namen und legt ihm die königliche Tracht an. Diese Vorschrift spiegelt sicherlich die Zere-

monien einer Thronbesteigung wider. Ob das Ritual des
Ersatzkönigs wirklich geübt worden ist oder dieses nur in
literarischen Niederschriften überliefert ist, können wir nicht
entscheiden.

Das Vorwiegen bestimmter Königsnamen (etwa Chattusili) im Zusammenhang mit dem obengenannten Ritual läßt
damit rechnen, daß sich bei Regierungsantritt der junge
König jeweils einen Thronnamen zulegte. Beweisen läßt sich
dies bei Urchiteschup, der als König den berühmten Namen
Mursili (III.) annahm. Das gleiche ergibt sich für den hethitischen Unterkönig in Karkemisch, der sowohl als (hethit.)
Pijassili wie auch als (churrit.) Scharkuschuch in den Texten
erscheint, und für die babylonische Prinzessin, die als Gemahlin Suppiluliumas den Namen Tawananna trug.

Dieser Name, unseres Wissens zuerst getragen von der Gemahlin Labarnas, wird dann wie dieser selbst gewissermaßen
zum Titel der Königin. Sie hat neben dem König eine hervorragende Stellung inne, und ihre Würde vererbt sich unabhängig von der des Königs. Eine Tawananna, die ihren Gemahl überlebt, behält ihre Stellung neben ihrem nun regierenden Sohn bei. Vielleicht ist in dieser eigenartigen, selbständigen Stellung der Tawananna ein Rest alten Mutterrech-
tes zu sehen, das auch sonst bei kleinasiatischen Völkern
bezeugt ist. Jedenfalls sicherte diese Regelung eine Kontinuität der Regierungspolitik, solange Tabarna und Tawananna
gleiche Ziele verfolgten. Schwierig wird die Situation, wenn
die Königin eigene Wege geht, wie es Chattusili I. in seinem
Testament beklagt, oder wenn Mursili ausführlich den Göttern
gegenüber schildert, daß die Tawananna-Witwe Palastbesitz
verschleudert und das Haus des Suppiluliuma zugrunde gerichtet habe. Mehr noch als das: sie trage die Schuld an des
Königs krankhaften Sprachstörungen und habe durch ihre
Machenschaften den Tod der Königin verursacht. Durch
einen Prozeß wird die Tawananna gemaßregelt. Es gab also
die Möglichkeit juristischen Einschreitens, wie später der
Prinz Chattusili sich gegen den gleichen Vorwurf der Zauberei

vor einem zu diesem Zweck eingesetzten Gericht zu rechtfertigen hatte.

Von der Art der Mitregierung der Tawananna erfahren
wir am besten aus den Urkunden über Chattusili III. und
seine Gemahlin Puduchepa. In der auswärtigen Korrespondenz ist sie nicht nur bei Fragen von Eheschließungen mit
fremden Fürstenhöfen engagiert, sondern viele weitere Briefe
liegen fast gleichlautend von König und Königin vor. Das
gilt hinsichtlich der diplomatischen Korrespondenz mit Ägypten über den Friedensvertrag, ist aber auch auf den Verkehr
mit den Vasallen-Fürstenhöfen auszudehnen; für Benteschina
von Amurru ergibt sich dies aus in Boghazköy gefundenen
Brieffragmenten. In Ugarit sind Schreiben mit Regreßan-
sprüchen des hethitischen Hofes und Anweisungen über die
Tätigkeit der Kaufleute mit dem Siegel der Königin bzw. des
Königspaares gesiegelt. Auch der große Staatsvertrag mit
Ägypten auf einer Silbertafel trug nach ägyptischer Beschreibung auf der Vorderseite das Siegel Chattusilis, auf der Rückseite das der Puduchepa. Gemeinsame Siegel von König und
Königin sind für das gesamte Jüngere Reich bekannt.

Die Geschwisterehe ist ausdrücklich verboten[13]. Lediglich
im halbbarbarischen Lande Azzi wird sie als bekannt vorausgesetzt, in Chatti aber mit dem Tode bestraft. Ebenso bedroht
schärfste Strafe jeden, der sich einer Haremsfrau nähert. Wir
kennen neben der Hauptgemahlin des Königs verschiedene
Gruppen dieser ›Eingeschlossenen‹, deren Söhne unter bestimmten Voraussetzungen gar erbberechtigt sind (s. S. 348, 357).

Auch jeder Kontakt mit weiblichen Bediensteten des Palastes, Freien wie Sklaven, ist streng verboten. Besondere
Instruktionen richten sich an die Eunuchen, die auch in ver-
traulichen Staatsangelegenheiten der Krone nahestehen. Streng
geregelt ist der Dienst der Pförtner, um so Zutritt und Verlassen des Palastes genau zu überwachen.

Die Königsburg Büyükkale mit Tor und Poterne, Außen-
und Innenhof und den einzelnen Gebäudekomplexen an besonders hervorragenden Stellen des Plateaus gibt nach der

Ausgrabung nun einen gewissen Eindruck einer solchen Palastanlage in der Hauptstadt. Aber über die Verteilung im einzelnen – Repräsentationsgebäude, Verwaltungszentrale, Wohngemächer, Harem, Küchenquartiere – ist noch keine Klarheit zu gewinnen, da der Palast auf Büyükkale vielleicht nur einer bestimmten Aufgabe gedient hat und für die Kälte der Wintermonate doch sehr exponiert lag. Vielleicht bildeten Witterungsverhältnisse auch die Veranlassung dazu, daß die Könige häufiger mit ihrem Heer an anderer Stelle überwinterten.

Grundsätzlich erwarteten aber den König nach Rückkehr vom Feldzug des Sommers seine Pflichten als oberster Priester. Für die großen Staatsgötter sind Feste und Feiern in der Hauptstadt zu begehen, für andere Kulte der Landesgötter weite Rundreisen zu unternehmen. Meist sind Königin und Kronprinz am Festritual beteiligt, wobei abermals die bedeutsame Stellung der Tawananna auch im kultisch-religiösen Bereich hervortritt.

Neben seinen Pflichten als Feldherr, Wahrer und Mehrer des Reiches und seiner Aufgabe als oberster Priester, um so dem Lande die göttliche Fürsorge zu erhalten, steht die Funktion als oberster Richter. An den König Tutchalija können die Bewohner der Hauptstadt sogar die Worte richten: »Majestät, unser Herr, ein Kriegsheld bist du! ⟨Aber⟩ im Rechtswesen hast du nicht entschieden, daß Recht (?) gesprochen (?) werde. Siehe (?), ⟨daher⟩ haben die schlechten Menschen [die Guten ?] völlig zugrunde gerichtet.«

Dem König obliegt nicht nur die Wahrung des Rechtes an sich, sondern er hat auch in besonders schweren konkreten Rechtsfällen selbst ein Urteil zu fällen. Anfechtung einer solchen königlichen Entscheidung bedeutet für den Urheber den Ruin seines Hauses; wenn jemand das Urteil eines vom König eingesetzten Würdenträgers anficht, schlägt man ihm den Kopf ab. Umgekehrt aber ist der Würdenträger zur Abhaltung eines gerechten Gerichtes, zum Schutze von Sklaven und Witwen angehalten.

Das sich durch diese Forderungen abzeichnende Ideal des

sozialen Rechtsstaates findet in der Literatur schon des Alten Reiches vielfach Ausdruck, so wenn dem König aufgetragen ist: »Leg ihnen Brot in die Hand; sorge für den Kranken, Brot und Wasser gib ihm. Wenn ihn Hitze bedrückt, bring ihn ins Kühle; wenn ihn die Kälte bedrängt, bring ihn ins Warme«. Ferner: »Dem Hungrigen gib Brot, [dem . . .] gib Salböl, dem Nackten gib ein Kleid!«

IV

GEMEINWESEN

Die Struktur des hethitischen Staates beruht vom Alten Reich an weitgehend auf dem feudalen Lehnswesen, wie dieses auch die Grundlage des benachbarten Mitanni-Reiches bildet. Prinzen werden mit der Herrschaft unterworfener Städte begabt; die ältesten Belege beziehen sich auf Labarna, jüngere auf die Söhne Suppiluliumas in Karkemisch und Aleppo. Muwatalli vertraut, wohl anläßlich der Verlegung seiner Residenz nach Tatassa, dem Großen Mitannamuwa die Stadt Chattusa an; umgekehrt setzt Chattusili nach der Rückkehr des Hofes nun in Tatassa einen Unterkönig ein.

Gegen Ende des Alten Reiches sind durch die Landschenkungsurkunden große Vergabungen bezeugt, indem der Herrscher Feld, Weide, Garten und Wald aus Palastbesitz nimmt und dem mit Namen Genannten schenkt; mit seinem unverbrüchlichen Siegel wird diese Schenkung, häufig auch für Söhne und Kindeskinder, festgelegt. Schließlich sind aus dem 13. Jahrhundert die sog. Freibriefe bekannt, die zwar ungesiegelt sind, aber doch Reste des alten Vokabulars enthalten und von der Leistung von Lehensdienst und Abgaben befreien. Gleichzeitig wird hier in der Spätzeit das Erbrecht in der Familie des Empfängers garantiert, selbst im Falle eines Majestätsverbrechens des jeweiligen Besitzers! Als Lehensverträge zu betrachten sind auch die Abmachun-

gen mit Vasallen, die einseitig vom Oberherrn diktiert sind.
Der Vasall schwört auf die Person des hethitischen Königs
sowie auf seine Dynastie, er hat Heereshilfe zu leisten, Flüchtlinge auszuliefern und alljährlich dem König zu huldigen. Im
allgemeinen ist damit auch Tributlieferung verbunden, so im
Falle von Amurru jährlich 5 Pfund geläutertes Gold – eine
Abgabe, die nach Texten aus Ugarit nicht nur dem König,
sondern auch an die Königin und höhere Würdenträger geliefert wird. Bei Vertragsbruch geht der Vasall seines Lehens
verlustig, während sonst der hethitische König die Erbfolge
garantiert.

Für alle Aufgaben, die Verwaltung und Rechtsprechung,
Kriegführung und Diplomatie erforderlich machen, war nach
und nach ein ausgebildeter Beamtenstab erwachsen. Anscheinend gab es keine scharfe Trennung zwischen den einzelnen
Ressorts; so war der Militärgouverneur für die Sicherheit
der Grenze, Bewirtschaftung der königlichen Güter, Rechtsprechung, Aufsicht über den Kult usw. verantwortlich. Die
Bezeichnung ›Beamter‹ darf man aber vielleicht aus einer
Stelle rechtfertigen, wo Chattusili III. den Söhnen des ›Ober-
tafelschreibers‹ Mitannamuwa zusichert, daß ›ihnen die Gnade
des Königs und ihre Stellung nicht umgestoßen werden sollen‹.
Das Nebeneinander der verschiedenen Verwaltungsformen
wird besonders deutlich im Falle Chattusilis III., der als
Prinz von seinem Bruder in alter Weise als Unterkönig von
Chakpis eingesetzt wird, gleichzeitig aber ein großes Gebiet
des ›Hochlandes‹, am oberen Halys, zur Verwaltung als
Statthalter übertragen bekommt. Der Neffe kann ihn dieser
Stellung als Gouverneur einer Provinz rechtens entheben,
vergeht sich allerdings in dem Augenblick, da er ihm auch
Chakpis wegzunehmen trachtet (s. S. 358).
Über den Aufbau des Staates im einzelnen wissen wir durch
das Fehlen von Urkunden wenig. In einem Vertrag des Mursili wird eine ›Gottesstadt‹ erwähnt, ohne daß wir auch hier
Näheres erfahren. Es dürfte sich dabei um einen Kultort
handeln, wie etwa die Städte Arinna, Nerik und Zippalanda
mit ihren großen, mächtigen Tempeln, deren Priesterschaften

nach dem Gesetzbuch Lastenfreiheit genießen. Denn zu den Tempeln gehören Grundbesitz und Landwirtschaften, die z. T. der Gottheit vom Königspaar vermacht worden sind.

Ebenso wird das Personal vom Königshof aus der großen Zahl der Deportierten (NAM. RA) und Kriegsgefangenen überwiesen. Deren wirtschaftliche und soziale Stellung erhellt aus einem Gelübdetext, wonach Puduchepa jährlich der Gottheit für das Leben ihres königlichen Gemahls Silber und Gold, aber auch Wirtschaftspersonal stellt. Meist sind es Frauen mit ihren Kindern, deren Männer also gefallen oder durch die Kriegsereignisse von ihnen getrennt worden sind. Um die wirtschaftliche Leistungsfähigkeit eines jeden Hauswesens zu sichern, wird ein Kriegsgefangener hinzubeordert, der aber stets namenlos ist, also nicht als Familienmitglied zählt.

Die Königin sorgt auch für die noch Halbwüchsigen, indem sie ein Mädchen einem Manne als Braut, ihren jüngeren Bruder diesem zur Erziehung übergibt. Unter diesen jüngeren Personen finden sich gelegentlich Geiseln von Würdenträgern aus den Randgebieten genannt; auch sie werden hier unter dem Personal aufgezählt. Im Gesetz werden diese NAM.RA nicht als besondere Klasse neben Freien und Sklaven erwähnt. Sie scheinen an den Ort gebunden zu sein, an dem sie wieder angesiedelt worden sind.

Entsprechend dem großen Umfange derartiger Deportationen müssen wir mit einer stets wachsenden Zahl dieser Bevölkerungsgruppe in Anatolien rechnen. So werden seit langem verlassene Siedlungen im Grenzgebiet mit solchen herangeführten neuen Bevölkerungsteilen wieder besiedelt. Für ihre erste Ausstattung mit Vieh und Saatgut hat der Provinzgouverneur zu sorgen.

Neben den Städtern und Bauern ist auch mit dem Vorhandensein von nomadischen und halbnomadischen Bevölkerungsgruppen zu rechnen, die Viehzucht treiben, in Zeltdörfern hausen und in den Grenzgebieten sich gern dem Zugriff des Großkönigs entziehen, indem sie auf das Nachbarterritorium hinüberwechseln.

Für Chattusa kennen wir ein eigenes Stadtoberhaupt, dessen wesentliche Aufgaben in der Beaufsichtigung der Wachen an den Befestigungen und Toren sowie der großen Arbeitsvorhaben bestand. Über seine Verwaltungsfunktion sind wir nicht unterrichtet; auch im Kult wird er gelegentlich erwähnt.

Für kleinere Orte werden als Rechtsinstanz ›die Ältesten‹ genannt, die sicher auch für die lokale Verwaltung zuständig waren. Im weiteren Kleinasien, außerhalb des eigentlichen hethitischen Staatsgebietes, gibt es entlegene Bereiche, die überhaupt von solchen Ältesten oder einem Adelsgremium regiert werden. Das gilt insbesondere vom Osten und Nordosten, vor allem auch von den Kaskäern, von denen berichtet wird, daß sie das Königtum eines einzelnen nicht kannten, vielmehr in eine Vielzahl von Gauen gegliedert waren. So müssen die jeweiligen Verträge denn auch mit den Adligen und Stadtoberhäuptern einer Vielzahl von Ortschaften abgeschlossen werden, die sie namentlich zu beschwören haben.

Viele Paragraphen des Gesetzes haben Bezug auf die Gegebenheiten des dörflichen Lebens: Diebstahl von Vieh, Verlaufen der Tiere in eine fremde Herde: Rinder, die auf fremdem Feld weiden, darf der Betreffende für einen Tag zur Arbeitsleistung einspannen. – Für den Alltag im Dorf wohl bezeichnend ist der Sonderfall: Wenn ein Hund Schweinefett frißt und der Besitzer des Fettes ihn findet und totschlägt, dann das Fett aus seinem Innern holt, so gibt es keine Entschädigung. Andere Paragraphen beziehen sich auf die Feldwirtschaft: Diebstahl von Weinstöcken oder Fruchtbäumen, Übergreifen eines Feuers (beim Roden?) auf einen benachbarten Acker, ungerechtfertigter Anspruch von Feldbesitz durch Aussaat auf fremdem Acker, Verrücken der Ackergrenzen – alles Delikte, wie wir sie im dörflichen Leben nur allzugut kennen.

Nicht nur mit Lehensbesitz verbunden, sondern wohl allgemein besteht die Verpflichtung zur Leistung von Fron und Abgabe dem Tempel oder der Krone gegenüber. Dazu gehört die Lieferung von Schafen, Getreide, Stroh und Wolle, die Stellung von Pferdegespannen, die Übernahme laufender Arbeitsverpflichtungen, deren Umfang bis zu einem halben

Tagewerk täglich umfaßte (›sind im Hause vier Männer, so versehen zwei Männer die Arbeitsleistung für den Palast, zwei Männer aber leisten die Arbeit für das betreffende Haus‹).

Grundlage des Zusammenlebens ist die Familie. Über die Bestimmungen des Gesetzes hinaus (s. S. 393 f.) ist wenig bekannt. Aus Chattusilis Lebensbericht, wonach die Gottheit den Gatten gegenseitige Liebe schenkt und Söhne wie Töchter dieser Verbindung entsprießen, mag man eine allgemeine Einstellung ablesen. Ebenso erzählt die Geschichte von Appu in märchenhafter Form vom Verlangen eines Fischer-Ehepaares nach dem Besitz von Söhnen. Die Tatsache, daß vielfach hethitische Prinzessinnen an Vasallen verheiratet werden, zeigt, daß Familienbande als feste soziale Ordnung angesehen worden sind.

V

HEERWESEN

Wie die Textüberlieferung zeigt, kommt dem Heer und dem Kriegswesen eine besondere Bedeutung zu. Die staatliche Zusammenfassung der einzelnen Stadtfürstentümer, die Gewinnung der natürlichen Landesgrenzen am Meer, die Wahrung der Großmachtstellung in der politisch-militärischen Auseinandersetzung in Syrien, ja schließlich die Sicherung des Kernlandes selbst gegen Kaska und Arzawa verlangte ein großes Maß an militärischer Organisation, auch wenn Angaben darüber weitgehend fehlen.

Neben seiner Leibwache dürfte der König über eine stets kampfbereite Truppe verfügt haben. Wenigstens heißt es in einer Anweisung, daß am Ende eines Feldzuges Besatzungstruppen unter den Waffen bleiben, dagegen Truppen, die zur Entlassung anstehen, demobilisiert werden. Einem Vasallen wird häufig eine hethitische Schutztruppe zugeordnet, und auch im Lande selbst begegnet gelegentlich die Ortsangabe ›Befestigtes Lager des Königs‹.

Als Waffengattungen des Heeres werden Fußtruppen und Wagenkämpfer genannt, und zwar bereits von althethitischer Zeit an. Zahlenangaben vermitteln eine gewisse Vorstellung von der Stärke dieser Kontingente. Im Anitta-Text werden 1400 Mann Fußtruppen und 40 Gespanne genannt, Suppiluliuma setzt für Kizzuwatna Gestellung eines Kontingentes von 1000 Kriegern und 100 Streitwagengespannen fest, und Mursili erwähnt auf Seiten der Feinde 10000 Mann Truppen und 700 Streitwagen. Da der Unterhalt von Wagen und Pferden hohe Anforderungen stellte, dürfte der Adel Träger des Streitwagenkorps gewesen sein. Wir können dies auch aus vereinzelten Mitteilungen anderer Art entnehmen, so etwa, daß Mattiwaza mit drei Streitwagen und wenigen Getreuen nach Chattusa geflohen sei.

Der hethitische Streitwagen war, im Gegensatz zu dem ägyptischen nach Ausweis der Reliefs von der Kadesch-Schlacht, mit drei Mann besetzt. Wagenlenker, Schildträger und Kämpfer konnten sich so ihren speziellen Aufgaben widmen. Die Waffen der Streitwagenkämpfer waren Lanze, Bogen und Pfeil. Der Aufprall eines Streitwagenkorps im Angriff mußte eine nachhaltige Wirkung haben, verlangte andererseits aber eine intensive Ausbildung für das Fahren im Verband. Hinzu kommt, daß die hethitische Strategie gern das Überraschungsmoment eines Nachtmarsches und folgenden Angriff am frühesten Morgen einsetzt. So wird verständlich, mit welcher Umständlichkeit und Akribie in den Trainingsanweisungen für Wagenpferde nicht nur Fragen der Abhärtung und der Futterrationen behandelt, sondern ebenso das Anschirren und das Treiben über weite Strecken, besonders auch des Nachts, gefordert werden.

Diese Anweisungen für das Pferdetraining sind nicht auf kleinasiatischem Boden entstanden, sondern durch die Hethiter gleich zweimal von den Mitanni übernommen wor-

den. Der (churritische) Name des Kikkuli mit seiner Berufs-
bezeichnung *assusanni* (Ableitung von indo-iranisch *asva*
›Pferd‹) samt der Herkunftsangabe als Mann aus Mitanni sind
eindeutige Zeugnisse[14]. Noch während der Periode des Großreiches waren also alle Anstrengungen nötig, um den so entscheidenden Pferdebestand auf der Höhe zu halten. In einem
Briefe nach Babylon wird von Chattusili III. sogar über den
Zustand der heimischen Pferde Klage geführt und die Bitte
ausgesprochen, abermals einen Transport junger Tiere auf
den Weg zu schicken.

Wenn die Hethiter demnach auch bei den benachbarten
Mitanni hinsichtlich des Pferdetrainings in die Schule gegangen sind, so haben sie andererseits den ritterlichen Brauch des
Wagenfahrens weiter tradiert. Ein Vasallenkönig von Isuwa
am oberen Euphrat wendet sich in einem Brief an seinen
ehemaligen Lehrmeister in Chattusa, und einem Fürsten von
Achijawā gegenüber heißt es: »Als Hofstallmeister seit Ju-
gendzeit pflegt er mit mir auf den Wagen zu steigen; auch
mit deinem Bruder und mit Tawakalawa ist er oft [auf den
Wagen] gestiegen.« Nicht nur der flüchtige Mattiwaza findet
den Weg nach Chattusa und wird dort aufgenommen; auch
andere Fürstensöhne sammeln sich in der Residenz, teils vielleicht vom hethitischen König dorthin befohlen, und üben
sich in den ritterlichen Künsten der Zeit.

Das Hauptkontingent des Heeres bestand jedoch, wie wir
gesehen haben, aus Fußtruppen. Sie rekrutierten sich gewiß
aus der Landbevölkerung, jedoch wurden auch Vasallen-
kontingente gestellt. Deren Bereitschaft wird gelegentlich
überprüft, so wenn es in einem Brief nach Ugarit heißt:
»Siehe, Talmiteschup, der Hofstallmeister der Sonne, wird zu
dir kommen, er will sehen, auf wieviel sich deine Truppen
und deine Streitwagen belaufen. Laß also die Truppen und die
Streitwagen ausrücken, die du gemäß dem Palaste zur Verfügung stellen sollst. Die Sonne wird sie zählen lassen.« Allerdings wird dann gerade im Falle von Ugarit angesichts des
lange währenden latenten Kriegszustandes mit Assyrien auf

eine Truppengestellung ausdrücklich verzichtet und statt dessen eine Kontribution von 50 Pfund Gold festgesetzt.

Heereshilfe ist eine der wesentlichen Verpflichtungen jedes Vasallenvertrages, Verweigerung der jeweiligen Kontingente gleichbedeutend mit Abfall. Die Annalen sprechen immer wieder von Feldzügen gegen derart abgefallene Gebiete und Städte. Das Ziel der Operation ist erreicht, wenn dann die Verpflichtung zur Heeresfolge wieder akzeptiert wird. ›Und sie stellten mir von da an regelmäßig Truppen‹ ist eine häufige Wendung in den historischen Berichten. Daß auf derartig gezwungene Kontingente in kritischen Gefechtslagen kein Verlaß war, ist naheliegend. Und doch werden selbst die Streitwagenverbände immer wieder auch mit solchen neu unterworfenen Bevölkerungsteilen aufgefüllt.

Auch reine Söldnerverbände werden gelegentlich in Dienst genommen. Das ist für die Zeit des Alten Reiches aus den Verträgen mit den sog. Chapiru-Truppen zu schließen, wobei diese vom König offensichtlich anderen militärischen Formationen und Chargen gleichgestellt werden. Für die Zeit des Großreiches ist die Quellenlage dürftiger, doch möchte man in Syrien bei den großen Feldzügen Suppiluliumas damit rechnen, daß auch Beduinen in Sold genommen wurden und vielleicht auch bei der Kadesch-Schlacht derartige Verbände zur Verstärkung herangezogen wurden.

Die Mobilisierung erfolgte im Frühjahr, am Sammelpunkt übernahm der König mit einer großen Heerschau den Oberbefehl. Jedoch konnte er auch einen seiner Generäle mit dem Kommando betrauen, was insbesondere notwendig war, wenn kultische Pflichten den König banden oder ein zweiter Kriegsschauplatz allseitige Bereitschaft erforderte.

Die Annalen nennen manche dieser Heerführer mit Namen. Viele von ihnen entstammen der königlichen Familie; das gilt für Scharkuschuch, den König von Karkemisch, dessen militärischer Leitung lange Jahre die nordsyrischen Truppen anvertraut waren; das gilt für Chattusili, der nach seiner Autobiographie Befehlshaber einer Truppe war und seinen Bruder in die Schlacht von Kadesch begleitete.

Das letzte Beispiel macht jedoch auch klar, wie die Möglichkeit eines illoyalen Verhaltens eines solchen Heerführers immer drohen konnte. Tutchalija verlangt demnach ausdrücklich von der Truppe, einen solchen ungetreuen General festzunehmen und der Majestät auszuliefern. Aber umgekehrt muß auch der Truppe eingeschärft werden, nicht nur dem vom König selbst geführten Unternehmen mit aller Energie zu folgen: »Wenn ich, die Sonne, nicht selbst zu Felde ziehe, so wird ein Prinz oder Großer, den ich beordere, das Heer zum Kampfe führen. Weil ich, die Sonne, aber [das Heer] in seine Hand gelegt habe, so soll das gesamte Heer ihm in allem gehorchen!«

Auch die Vasallenfürsten können sich gegebenenfalls durch einen hohen Würdenträger in der Führung ihrer Kontingente vertreten lassen. In welchen Fällen Heerespflicht besteht, wird in einzelnen Verträgen genauer ausgeführt. Dabei wird ein Unterschied gemacht zwischen Defensiv- und Offensivkriegen. Für den letzten Fall gelten genauere Bestimmungen, indem der Vasall nur bei Feldzügen gegen ein benachbartes Land aufgerufen wird. Im Falle eines feindlichen Einbruches in hethitisches Gebiet bzw. bei Empörung in Chatti hat er dagegen auch ohne besondere Aufforderung einzugreifen.

Ist so das Verhalten der Vasallen und Fürsten geregelt, bringt eine Instruktion auch noch die Vorschrift, daß der einzelne Offizier oder Soldat bei Fahnenflucht dem Palast zu übergeben ist. Kein Truppenkommandant darf den Fall gütlich regeln.

Beträchtlichen Raum nehmen in den Annalen wie den Verträgen die Berichte über die Kriegsbeute ein. Es fallen darunter vor allem die Bewohner des mit Waffengewalt unterworfenen Gebietes, die Herden an Rindern und Schafen sowie die fahrbare Habe. Bei Verträgen mit privilegierten Vasallen wird festgesetzt, daß die Beute dem gehören soll, der sie gemacht hat. Dieser Beuteanteil ist also das Entgelt für die Teilnahme am Feldzug; kein Wunder, daß bei der Eroberung des königlichen Lagers vor Kadesch jeder weitere Angriff und eine nachhaltige Verfolgung der hart bedrängten ägyptischen Armee stockt. So wird in besonderen Fällen der

Truppe, um ihren Eifer anzuspornen, die gesamte Beute zugesprochen. In den Annalen des Mursili heißt es bei der Verfolgung eines feindlichen Fürsten:

> Und sie verfolgten den Tapalazunawali hart auf dem Wege,
> nahmen ihm seine Gemahlin, seine Kinder und alle Personen als
> Beute ab und führten sie zurück. Tapalazunawali aber entkam als
> einziger. Was an Zivilgefangenen die Fußtruppen und Wagen-
> kämpfer auf dem Wege aber ergriffen hatten, das behielten sie für
> sich.

Vom Umfang der Kriegsbeute gibt etwa der historische
Bericht Chattusilis I. einen Eindruck (s. S. 339 f.). Ähnlich
melden die Annalen Mursilis II.:

> Und was ich, die Sonne, an Besiegten in den Palast geführt habe,
> das waren alles in allem 66 000 Deportierte. Was die Herren von
> Chattusa aber, Fußtruppen und Wagenkämpfer hergeführt haben,
> an Zivilgefangenen, Rindern und Schafen, das zu überzählen war
> unmöglich.

Und entsprechend heißt es bei der Eroberung von Karkemisch durch Suppiluliuma, daß der König die Tempel voll Ehrfurcht geschont habe: »Aber die Unterstadt mit Zivilgefan-
genen, Silber, Gold und Bronzegerät plünderte er und brachte
sie nach Chattusa. Und die Deportierten, die er in den Palast
brachte, das waren 3330 an der Zahl.« Ehrfurcht vor den Göttern hat Gültigkeit auch gegenüber den feindlichen Städten.
Ihre Tempel und die zugehörige Priesterschaft werden geschont:

> Weiter aber zog ich nach dem Lande Churna und das Land und
> die Stadt Churna zerstörte ich. Das Heiligtum des Wettergottes in
> Churna aber verschonte ich, und man plünderte es nicht. Auch die
> Diener der Gottheit, die noch übrig waren, ließ ich unbehelligt,
> und sie wohnten weiter dort.

Auch gegenüber den Einwohnern einer Stadt, die freiwillig
ihre Unterwerfung anbot, war Milde sittliches Gebot. Sie
entging in diesem Falle der Plünderung und hatte mit der Anerkennung der hethitischen Herrschaft die Pflichten der Truppengestellung usw. zu übernehmen. Gelegentlich wird aber

auch in einem solchen Falle Verpflanzung der Bevölkerung ins
Chatti-Land angeordnet. Man hat den Eindruck, daß derartige
Maßnahmen nicht nur der Befriedung der Grenzgebiete dienten, sondern ebenso die notwendige Zahl von Arbeitskräften
für die heimische Wirtschaft sicherstellen sollten. Dagegen ist
von Grausamkeiten, Verstümmeln und Niedermetzeln der
Waffenfähigen, von Pfählen und Schinden, wie etwa in den
assyrischen Annalen, nie die Rede.

Vom König als Heerführer werden selbstverständlich auch
persönliche Tapferkeit und Einsatz in schwierigen Lagen verlangt. So berichtet Mursili II.:

Und ich zog nach dem Gebirge Arinnanda. Besagtes Gebirge
Arinnanda aber ist sehr steil, ins Meer geht es hinaus, ferner ist es
sehr hoch und unzugänglich; ferner ist es felsig und mit Pferden
hinaufzufahren ist unmöglich. Die gesamte (feindliche) Bevölkerung aber hielt es (besetzt) und die Fußtruppen insgesamt waren
oben. Und weil zu Pferde hinaufzufahren unmöglich war, zog ich,
die Sonne, zu Fuß vor dem Heer her und zog zu Fuß auf das Gebirge
Arinnanda hinauf.

Und an anderer Stelle:

[Weil dieser aber bö]se Worte mir zu sprechen begann, eröffnete
ich [die Feind]seligkeiten gegen ihn und ich zog gegen ihn los.
Die Stadt Ura, welche [des Landes] Azzi erstes Grenzfort war – die
ist an einem steilen Orte gelegen, und wer diese Tafeln ... vorgelesen bekommt, der soll aussenden und besagte Stadt Ura [ansehen,
wie sie ge]baut war!

Hierher gehört auch die freiwillige Übernahme der Heerführung durch den Kronprinzen Suppiluliuma, als sein Vater
in kritischer Lage krank lag. Und von einem anderen König,
etwa Tutchalija IV., heißt es, daß er den Fluß Zulija allein
überquert habe gegen einen starken Gegner, der sich mit
Pfeilschüssen und Steinwürfen verteidigte.

Doch auch durch Abwarten und Aushungern einer belagerten Stadt, oder durch taktische Manöver lassen sich
strategische Erfolge erringen.

Ich, die Sonne, aber ließ das Heer gefechtsbereit marschieren. Und weil die Feinde Vorposten aufgestellt hatten, wenn ich da den Pitaggatalli hätte umzingeln wollen, weil mich da die Vorposten des Pitaggatalli gesehen hätten, hätte er mich nicht abgewartet, sondern wäre vor mir auf und davon gegangen. Da wandte ich mich in entgegengesetzter Richtung gegen Pittapara. Sowie es aber Nacht wurde, machte ich kehrt und zog gegen Pitaggatalli. Und ich marschierte die ganze Nacht, und auf der Gemarkung von Sapidduwa tagte es mir. Sowie aber die Sonne aufging, marschierte ich gegen ihn in die Schlacht.

Der König empfängt göttliche Hilfe; die Götter geben durch Wunderzeichen, atmosphärische Erscheinungen, ihren Willen kund, wie auch der König durch das Einholen von Orakeln bemüht ist, den göttlichen Ratschluß zu erforschen:

Sowie die Leute von Taggasta erfuhren, ‚die Sonne kommt euch zu überfallen', eilten sie mit Truppen zur Hilfe herbei und legten sich vor mir in einen Hinterhalt und hielten ihn mir gegenüber besetzt. Und nun erkenne, wie mir der stolze Wettergott, mein Herr, Beistand ist und mich dem Bösen nicht überläßt, sondern dem Guten anempfohlen hält! Sowie ich den Weg nach Taggasta einschlug, wenn ich da marschiert wäre – (zum Zeichen) daß da die Leute von Taggasta dergestalt vor mir einen Hinterhalt eingenommen hatten, hatte sich ein (Orakel-)Vogel erhoben. Als ich aber innehielt – was an Hilfstruppen den Leuten von Taggasta zur Unterstützung gekommen war, das zerstreute sich, blieb also vor mir nicht im Hinterhalt. Sowie sich aber die Hilfstruppen des Landes Taggasta zerstreut hatten, wurde mir aber vom (Orakel-)Vogel wieder freigestellt weiterzuziehen, und ich zog nach dem Lande Taggasta. Weil sie aber von mir erfahren hatten, zog ich also am Tage im offenen Angriff nicht hinter ihnen her, vielmehr marschierte ich bei Nacht.

Auch bei Feldzügen unter Leitung eines Generals holt der König für diesen Orakelvorzeichen ein und teilt ihm das Ergebnis mit. Umgekehrt ist es dem Vasallen untersagt, bei Anforderung der vertraglich festgelegten Waffenhilfe sich durch Orakelanfragen über den Ausgang der Kampagne erst zu vergewissern!

Die Verpflegung des Heeres wurde aus den königlichen

Magazinen gedeckt; ein Troß begleitete die Armee auch ins
Feld. Jedoch wurde die Verpflegung dort wohl weitgehend
aus Beutegut bestritten, wie es auch einmal in den Annalen des
Mursili ausdrücklich heißt: »Das Heer war anderwärts nach
Beute ausgezogen und holte Getreide und Wein.«

Bei allen Schilderungen der Kriegsgeschehnisse tritt die
Frage des Rechtes deutlich hervor. Der Gegner hat sich durch
Abfall oder Übergriffe ins Unrecht gesetzt. Durch Boten verlangt der hethitische König Wiederherstellung des alten Zustandes, Rückgabe der eigenen Untertanen usw. Erst wenn
der Gegner sich weigert, ist Grund zum militärischen Einschreiten gegeben, der Kampf nun ein Gottesgericht, das die
Götter im Sinne des Rechtes entscheiden. So ruft man in kritischer Lage zu den Göttern; in der Feldschlacht ziehen diese
dem König und seinem Heer voran.

Die Verteidigung des Landes verlangte angesichts der unsicheren Verhältnisse an allen Grenzen besondere Maßnahmen. Schon Chantili im Alten Reich berichtete von umfangreichen Befestigungarbeiten im Lande. So wird die Anlage
von Festungen und ummauerten Städten zu den jeweiligen
Aufgaben eines Königs gehört haben. Insbesondere an der
Kaskagrenze scheint wegen der Nähe zum Kernland eine
starke Postenkette eingerichtet worden zu sein. Grenzschutz-
Kommandanten tragen hier die Verantwortung für den jeweiligen Abschnitt. Landesbewohner wohl werden als Kund-
schafter eingesetzt und haben das gesamte Grenzgebiet mit
den Straßen zu beobachten und jedes Anzeichen einer feindlichen Annäherung zu melden. Der Grenzschutz-Komman-
dant hat auch für die Verproviantierung der Posten vorzu-
sorgen und die Baulichkeiten instand zu halten.

In seinen Anweisungen wie in denen für den Stadtkommandanten für Chattusa ist insbesondere auch die Bewachung
der Stadttore genau geregelt. Die Tore sind in unruhigen
Zeiten nachts zu verschließen, nachdem Feldarbeiter und
Vieh Einlaß gefunden haben. Die Wache ist sorgfältig zu
führen. Der Sicherung der Grenzzone gilt auch eine Sonder-

vorschrift für die Stadt Tiliura, die von Kaska-Leuten nicht betreten werden darf.

Da auch der Feind sich in befestigten Städten zu verteidigen sucht, muß die hethitische Armee über Belagerungsgerät verfügen; jedoch werden nur in einem alten Text einmal Sturmbock und Belagerungsturm genannt. Aber wenn eine Festung wie Karkemisch nach acht Tagen zu Fall gebracht werden kann, müssen wir das Vorhandensein solcher Belagerungsgeräte voraussetzen, zumal eine Art Pioniertruppe für Schanz- und Befestigungsarbeiten genannt wird.

Den stärksten Eindruck hethitischer Festungsbaukunst erhalten wir selbstverständlich in Chattusa selbst, wo in einer großartigen Bewältigung des felsigen Geländes Königssitz, Burgen und Stadtbefestigung geschaffen worden sind.

Die ältere Befestigung umzog die Königsburg und schloß, auf einen künstlichen Wall gestellt, die Unterstadt mit ein. Beim Bau waren dabei in der Aufschüttung unterirdische Durchgänge ausgespart worden, die in Kragsteintechnik aufgeführt, etwa 3 m hoch und 50 m lang, in Kriegszeiten eine leichte Verteidigung gestatteten, im Alltag jedoch Fußgängern wie auch wohl Vieh (Eseln, Schafen) bequemen Durchgang erlaubten. Ihr Hauptwert beruht jedoch in der Verteidigung, liegen sie doch z. T. nur 100 m auseinander, was verkehrsmäßig eine unnötige Dichte bedeutet. Jedoch konnte man so leicht Truppen vor die Mauer werfen, findet doch der Kampf jener Zeit, wie die Ilias zeigt, im freien Felde vor der Festung statt.

Auch die spätere Stadterweiterung hat an der Südfront eine hohe künstliche Aufschüttung notwendig gemacht, durch die das 80 m lange Yerkapi (›Erdtor‹) führt, das von innen nach außen fallend einen Höhenunterschied von etwa 12 m überwindet. Nachhaltig ist der Eindruck dieser Anlage, die, heute noch begehbar, aus rohen Bruchsteinen mit einem eingesetzten Keilstein als Gewölbeschluß aufgeführt ist. Außen wird der Gang durch eine zweiflügelige Tür, deren Pfeiler und Deckplatte noch in drei mächtigen Steinblöcken stehen, abgeschlossen. Der angrenzende Wall ist gepflastert, um so eine feindliche Unterminiertätigkeit zu verhindern.

Die älteste Anlage dieser Art fand sich in Alischar; sie wurde noch vor der Mitte des zweiten Jahrtausends gebaut und entspricht konstruktionsmäßig mit ihren aufliegenden großen Deckplatten der Poterne von Ras Schamra. Beeinflussung dieser nordsyrischen Anlage durch anatolische Vorbilder scheint gegeben, ist aber nicht weiter zu verallgemeinern.

Die Befestigungsmauern sind als Kastenmauern konstruiert: Zwei parallel verlaufende Mauerzüge sind durch Querstege miteinander verbunden, alles aufgeführt mit Bruchsteinwerk, während die ›Kästen‹ mit kleinsteinigem Material und Schutt ausgefüllt werden konnten. Diese materialsparende und doch stabile Bauweise ergab einen Mauersockel von 7,8 m Stärke bei der älteren, 4,25 m Stärke bei der jüngeren Stadtmauer. Große Steinblöcke mit Dübellöchern auf der Oberseite bilden den Abschluß des Sockels und weisen auf einen Oberbau aus üblichem Lehmziegelfachwerk, der einen breiten Wehrgang trug.

Vorspringende Türme sichern die Tore und Poternen, folgen aber auch in ziemlich regelmäßigen Abständen von 22 bis 26 m dem Mauerzug. Ihre Vorsprünge gestatten es dem Verteidiger, einen bis an den Mauerfuß vorgedrungenen Gegner noch mit Pfeilschüssen zu bestreichen, und verstärken den gesamten Mauerzug. Die erkennbare Entwicklung in der Bauanlage führt zu konstruktionsmäßiger Betonung und regelmäßigerer Anlage der Türme.

Einen Eindruck derartiger Befestigungen geben uns die ägyptischen Darstellungen, wenn auch lediglich im Bilde von hethitischen Festungen auf syrischem Boden. Aus Boghazköy selbst stammen Teile von Gefäßen, die uns mit Türmen und Zinnen, Fenstern und Balkenköpfen architektonische Einzelheiten vorführen und gestatten, den nur in den Fundamenten erhaltenen großartigen Zug der Stadtmauer nun auch im Oberbau eindrucksvoll zu rekonstruieren[15].

Die Befestigung der Oberstadt, nach 1400 v. Chr., ließ vor der starken Hauptmauer noch eine parallel laufende einzügige Vormauer anlegen. Das Stadtgebiet selbst ist durch Abschnittsmauern noch einmal in fortifikatorisch selbständige

Quartiere unterteilt. Zudem tragen mehrere hochragende Felskuppen kleine Burgen, die in der Grundrißgestaltung auf engstem Raum und in der Mauerführung am steilabfallenden Fels besonders eindrucksvoll das Können der hethitischen Baumeister vor Augen führen. In den Felsen eingemeißelte Zisternen sollten der Wasserversorgung in Notzeiten dienen; eine stark flankierte Wegführung deckte den Zugang.

Ja, selbst das tief eingeschnittene Bachbett nördlich der Königsburg war durch besondere Anlagen gesperrt, deren Reste in den Felsabarbeitungen und Dübellöchern einer Galerie, in der Führung eines Sperrgatters und dem Treppengang im Felsinnern auf ein Plateau noch zu erkennen sind.

VI

RECHT

Recht und Gesetz sind göttlichen Ursprungs. Insbesondere gilt der Sonnengott, der alles sieht, als Vertreter des Rechtes; seine Stellung ist jedoch wohl nicht unbeeinflußt von babylonischen Vorstellungen, wie seine Epitheta in der hymnischen Literatur beweisen:

Sonnengott, mein Herr, du bist der gerechte Herr des Gerichtes . . . Du setzest Recht und Gesetz des Landes . . . und am Orte des Gerichtes kennst du keine Ermüdung . . . Du entscheidest die Rechtssache ⟨gar⟩ von Hund und Schwein. Ja selbst die Rechtssache des Viehs, das nicht mit seinem Mund sprechen kann, selbst diese entscheidest du und setzest den Urteilsspruch für den Bösen und Schlechten.

Die Ausdehnung der Gerechtigkeit gar bis auf das Vieh hat allerdings in Mesopotamien keine Parallele.

Jedoch ist das Recht allgemein bei den Göttern zu Hause; ruft der König doch die Götter insgesamt auf, eine schwebende Rechtssache zu entscheiden. Desto auffälliger scheint, daß in

den Gesetzen kein Hinweis auf ihre göttliche Verkündung
enthalten ist. Allerdings fehlt auch jegliche Präambel, so daß
wir es wohl mit vielfachen Abschriften zu tun haben, jedoch
nicht mit dem offiziellen Gesetzestext selbst. Dazu kann man
auf die Fundstellen der wesentlichen Exemplare verweisen,
die nämlich einmal aus den Magazinen des Wettergott-
Tempels stammen, zum anderen in der Tafelsammlung auf
Büyükkale, Gebäude A, wiedergefunden worden sind – beides
Stellen, die wir nicht als Sitz des Gerichtes oder der Rechts-
verkündung ansprechen können.

Nach äußerlichen Indizien lassen sich drei verschiedene Fassungen feststellen. Das eine Exemplar ist nach Ausweis der
Schrift sicherlich ein altes Original, geschrieben etwa zur Zeit
Mursilis I. (s. S. 348). Weitere Tafeln stellen spätere Abschriften mit gewissen graphisch-sprachlichen Varianten dar, bieten aber z. T. auch einen leicht erweiterten Text, etwa hinsichtlich der Rechtsfälle beim Verlöbnis. Nach Ausweis der
Sprache dürften auch sie noch dem Alten Reich angehören
bzw. jüngere Abschriften solcher Originale sein. Die dritte
Fassung ist weitgehend modernisiert und gehört in dem vorliegenden Exemplar der Zeit Tutchalijas IV., also der zweiten
Hälfte des 13. Jahrhunderts an. Für einen getöteten Menschen
ist jetzt nicht mehr eine Ersatzperson zu geben, sondern es
wird ein Wergeld festgesetzt. Veraltete Bestimmungen werden nicht weiter aufgeführt, nur das geltende Recht ist niedergeschrieben.

Wir kennen von den Gesetzen zwei Titelangaben. Es ist dies
einmal ›Wenn ein Mann‹ (nach dem Textbeginn § 1 ›Wenn
jemand einen Mann oder eine Frau infolge eines Streites
totschlägt‹), zum anderen ›Wenn ein Weinstock‹. Ihr Inhalt
ist auf je eine oder zwei Tafeln niedergeschrieben, wobei der
erste Teil sich stärker auf das Personenrecht und Eigentumsdelikte bezieht, der zweite betrifft Schutz des Eigentums an
Feldern und landwirtschaftlichen Geräten, enthält einen Preistarif und schließt mit der Behandlung verschiedener sexueller
Delikte. Wenn beide Tafelwerke somit inhaltlich zusammengehören, so sind sie doch äußerlich nicht als Einheit bezeichnet. Ob das Bibliotheksetikett »Dritte Tafel: ›Wenn ein

Mann‹« eine solche Zusammenfassung des gesamten Gesetzes-
textes meint, oder nur eine Verteilung des einen Werkes auf
drei Tafeln bezeugt, bleibt fürs erste unklar.

Beide Tafelwerke ergänzen sich also gegenseitig, so daß sich
ihre zusammenfassende Betrachtung als ›die hethitischen
Gesetze‹ rechtfertigt. Jedoch zeigen sie auch wesentliche Unterschiede auf, indem z. B. die Todesstrafe in der zweiten
Sammlung etwa siebzehnmal angedroht wird, während die
erste Tafel sie nicht kennt, da selbst bei Totschlag und Mord
eine Buße, entweder eine Ersatzperson oder Wergeld, gefordert wird. Beide Tafeln erweisen demnach deutlich ihre
unterschiedliche Entstehungszeit und bezeugen eine Entwicklung des Rechts.
Denn die älteren Rechtsfälle zeigen die härtere Bestrafung,
auch an der Person des Delinquenten. Das beweist aus dem ersten Teil etwa der § 92: »Wenn jemand zwei Bienenstöcke
(oder) wenn er drei Bienenstöcke stiehlt, wurde er früher von
den Bienen zerstochen, jetzt gibt er 6 Sekel Silber.« An die
Stelle der hochnotpeinlichen alten Bestrafung ist eine Geldbuße getreten. Eine ähnliche Entwicklung zeigen in der zweiten Tafel §§ 51, 52, jedoch tritt hier Personalersatz an Stelle
der früheren Todesstrafe:

Wenn jemand auf ein bereits bestelltes Feld nochmals Samen
sät, stellt man auf seinen Nacken einen Pflug und man schirrt ein
Gespann Rinder an. Das Gesicht des einen wendet man hierhin, das
Gesicht des anderen dorthin. Der Mensch wird getötet, auch die
Rinder werden getötet. Und wer das Feld schon vorher besät hatte,
der nimmt es für sich. Früher verfuhr man so. – Jetzt zieht man
1 Schaf statt des Menschen (heran), 2 Schafe zieht man statt der
Rinder (heran).

Auch in den Texten des Alten Reiches ist die Todesstrafe
häufig erwähnt, gar verbunden mit der Sippenhaftung. So
schärft der König denen ein, die in der Küche Dienst tun:
»Wenn ihr es aber verheimlicht, hinterher aber wird es offenbar, so wird man euch samt euren Gattinnen (und) euren Kin-

dern einen bösen Tod geben.« Oder es heißt in einer Sammlung von derartigen Straffällen:

> Zidi war Mundschenk. Der Vater des Königs sprach einen Krug Wein der Chistajara und dem Maratta zu. Dem Könige hatte er einen guten Wein vorgewiesen, jenen aber gab er einen anderen Wein. Da meldete der eine dem König: »Nicht hat man jenen Wein gegeben, den der König gesehen hat.« Und auch der andere kam und sagte das gleiche. Den (ungetreuen Mundschenk) führte man ab, unterwarf ihn peinlicher Bestrafung, und er starb.

Die Abschaffung der Todesstrafe, wie sie aus den jüngeren Partien der Gesetze deutlich wird, hat sicherlich auch weithin Gültigkeit gefunden. In seinem Briefe an den babylonischen König kann Chattusili III. auf die Klage, babylonische Kaufleute seien auf hethitischem Vasallengebiet getötet worden, reichlich rabulistisch antworten:

> Betreffend das, was mir mein Bruder geschrieben hat: Meine Kaufleute pflegt man im Lande Amurru, im Lande Ugarit zu töten. Im Hethiterlande tötet man keine Seele. Wenn der König hört, daß irgendjemand einen Menschen getötet hat, so nimmt man den Mörder dieses Menschen gefangen und liefert ihn den Brüdern des Getöteten aus. Entweder nehmen nun diese Brüder ein Wergeld für den Getöteten. In diesem Falle [reinigt?] man den Mörder, auch reinigt man die Stadt, in der der Mensch getötet wurde. Wenn aber seine Brüder ein Wergeld nicht akzeptieren wollen, dann macht man den Mörder [zum Sklaven?]. Wenn es ein Mann ist, der gegen den König sich verfehlt, dann verkauft man ihn in ein fremdes Land. Aber (als Strafe) zu töten ist nicht Brauch. Mein Bruder, frage nach, daß man dir dies bestätige. Wie sollten nun Leute, die einen Verbrecher nicht töten, einen Kaufmann töten?[16]

Jedenfalls wird hier der Anspruch auf ein allgemein gültiges, einheitliches Recht erhoben. Andere Urkunden bezeugen jedoch die Vielfalt lokaler Rechtsbräuche. Huqqanā wird belehrt, daß in Azzi-Chajasa andere Sitten und andere Gesetze gelten als in Chattusa; der Blutschänder ›bleibt in Chattusa nicht am Leben, sondern stirbt‹. Ausdrücklich gibt die Instruktion für die Grenzschutzkommandanten die Anweisung:

Und wie von altersher in den Ländern das Gesetz gegen Greueltat erlassen ist: in einer Stadt, in der man sie hinzurichten pflegte, soll man sie weiter hinrichten, in einer Stadt aber, in der man sie zu verbannen pflegte, soll man sie weiter verbannen. Dann soll sich die Stadt hinterher reinigen.

Beide Beispiele beweisen, daß neben und mit einem Eingreifen des Gesetzes auch rituell-magische Reinigungszeremonien notwendig werden, um die Blutschuld zu tilgen und deren Folgen abzuwehren. Wie es aber mit der Todesstrafe, nicht nur im Alten Reiche, stand, wenn der König selbst und seine Sphäre betroffen waren, zeigt jenes von Suppiluliuma zitierte Exempel des Marija, der den Tod fand, weil der König ihn dabei ertappte, wie er einer Haremsfrau nachblickte. Die Todesstrafe trifft auch den, der einen Urteilsspruch des Königs oder einer von ihm eingesetzten Instanz anficht (§ 58*).

Es nimmt demnach nicht Wunder, wenn auch Vergehen gegen die Gottheit, Nachlässigkeit im Tempeldienst, mit dem Tode bedroht werden. Gleichzeitig hören wir von anderen Strafarten: ›entweder töten sie ihn oder aber sie verstümmeln seine Nase, Augen oder Ohren‹, wohl je nach Schwere der Straftat. Es kann auch eine geringere, entehrende Strafe eintreten: ›Wenn man ihn nicht tötet, so sollt ihr ihn demütigen, indem er nackt – keine Bekleidung sei auf seinem Leib – dreimal Wasser aus dem Teich des Labarna in seinen Tempel bringen soll!‹

Das Fehlen von Privaturkunden, die erst Geltung und Anwendung des kodifizierten Rechtes verdeutlichen würden, läßt eine weitere Klärung nicht zu. Wir sehen einerseits den Anspruch des Königs auf ein einheitliches hethitisches Recht, wir müssen andererseits aus den vorliegenden Texten den Schluß ziehen, daß wie in der religiösen Auffassung, wo alle Kulte des benachbarten Bereiches respektiert werden, auch die jeweiligen lokalen, und zumindest für uns schriftlosen Rechte weiterhin in Geltung bleiben.

Verantwortung des einzelnen und daneben Kollektivhaftung sind beides gültige moralische und rechtliche Prinzipien, wobei die individuelle Haftung in älterer Zeit im Vordergrund zu stehen scheint.

Für die Frage der fremden Beeinflussung der hethitischen Gesetze durch andere Rechte muß das alte protochattische Recht als Vergleichsmöglichkeit ausscheiden, da jegliches
Textzeugnis fehlt. So bleibt vor allem die Möglichkeit der
Aufnahme einzelner Rechtssatzungen aus dem Babylonischen. So wenig dies bei den unterschiedlichen wirtschaftlichen Strukturen in diesem Bereich wahrscheinlich scheint,
bietet sich doch ein Hinweis auf dem Gebiet des Eherechtes.
Im Kodex Hammurabi §§ 159f. wird die Möglichkeit der
einseitigen Lösung eines Eheversprechens nach Übergabe des
Brautpreises behandelt. Tritt der Bräutigam zurück, so geht
er jeglichen Anspruches auf Rückgabe des Brautpreises verlustig; im umgekehrten Falle muß der Brautvater das Erhaltene zweifach ersetzen. Die gleiche Regelung findet sich im
hethitischen Gesetz §§ 29f., allerdings noch nicht im ältesten
Exemplar (KBo VI 2). Erst die jüngere Fassung schiebt beide
Paragraphen zwischen eherechtliche Bestimmungen anderer
Art ein, sagt allerdings ›Vater und Mutter‹ des Mädchens
statt des semitischer Familienordnung entsprechenden ›Vater‹.

Wir können uns vorstellen, daß das Übergreifen des hethitischen Staates in die babylonische Welt unter Mursili I. auch
Einflüsse der mesopotamischen Rechte auf das kodifizierte,
eigene Recht auslöste. Und gerade Kenntnis und Übernahme
eherechtlicher Bestimmungen werden verständlich, wenn
wir damit rechnen, daß nun in größerer Zahl Frauen aus den
wohlhabenden syrischen und babylonischen Stadtstaaten
nach Chattusa geholt wurden, wie wir dies aus der Zeit des
Großreiches kennen. Im ganzen ist jedoch die Abhängigkeit
gering, verhältnismäßig deutlich nur noch im Falle der Bestrafung der ehebrecherischen Gattin greifbar: Der betroffene
Ehegatte darf die beiden in flagranti Ertappten auf der Stelle
töten. Er kann sie auch zum ›Tore des Palastes‹ bringen, wo
dann der König nach Anhören des Klägers und seines An-
trages über Leben und Tod entscheidet (§§ 83*f.).

Das ›Tor des Palastes‹ ist Gerichtsstätte und als solche
aus den kleinen Verhältnissen des Stadtstaates zu verstehen.
Instruktiv ist § 71:

Wenn jemand ein Rind, ein Pferd, ein Maultier findet, so treibt er es her zu des Königs Tor. Wenn er (es) aber im Lande findet, so weist er es den Ältesten vor. Dann darf er es für sich einspannen. Wenn sein Herr es nun findet, so kann er es richtig an sich nehmen, ihn aber nicht als Dieb ergreifen. Wenn er es den Ältesten aber nicht vorweist, so wird er ein Dieb.

Formulierungen von Gesetzesfällen, die deutlich von den kleinen Verhältnissen des alten Stadtstaates ausgehen, finden sich häufiger. So geht die Festsetzung der Belohnung für die Rückführung eines flüchtigen Sklaven wohl wie selbstverständlich vom Ort der Hauptstadt aus, wenn es § 22 heißt:

Wenn ein Sklave entflieht und ihn jemand zurückbringt, so gibt man ihm, wenn er (ihn) in der Nähe ergreift, (ein Paar) Schuhe; wenn (noch) diesseits des Flusses, gibt er 2 Sekel Silber, wenn jenseits des Flusses, so gibt er ihm 3 Sekel Silber.

Das Gesetz macht einen Unterschied zwischen Freien und Sklaven. Es wird auch für die letzteren ein Rechtsschutz ausgesprochen, jedoch werden dabei niedrigere Strafsätze festgesetzt. Allerdings sind sie auch in ihrer strafrechtlichen Verantwortung teilweise mit geringeren Geldbußen belegt, so wenn bei Diebstahl in einem Getreidespeicher ein Freier 12 Sekel Silber, ein Sklave dagegen 6 Sekel zu zahlen hat (§§ 96f.). Andererseits werden am Sklaven häufiger Strafen in Form von Verstümmelungen vollzogen: »Wenn ein Sklave ein Haus anzündet, und sein Herr für ihn Ersatz leistet, schneidet man Nase (und) Ohren des Sklaven ab [und] gibt ihn seinem Herrn zurück«.

Für die ökonomische Situation Kleinasiens zur Abfassungszeit der Gesetze ergibt sich betreffs der Rechtsmaterie, daß die Landwirtschaft mit Viehzucht, Gartenwirtschaft und Weinbau im Vordergrunde des Interesses stand (s. S. 374).

Es gibt Privatbesitz an Grund und Boden, daneben spielen Lehen eine bedeutsame Rolle hinsichtlich der Sicherung der darauf lastenden Abgaben und Fron. Die Gewerbe sind in den Städten weitgehend entwickelt; es werden etwa genannt

Töpfer, Zimmermann, Schmied, Weber und Lederarbeiter.

Unter den Rechtsgeschäften lernen wir Kauf und Miete kennen. Wieweit der Privatmann beim Kaufakt an die Schriftlichkeit der Abmachung gebunden war, ist in den Gesetzen nicht gesagt. Wohl dagegen sind Palastbeamte wie auch Tempelangehörige in dieser Hinsicht verständlicherweise streng angewiesen:

Wenn man (einem Tempelangehörigen) aus dem Palast als Geschenk Silber, Gold, Gewänder oder Bronzegerät gibt, so soll das namentlich aufgezählt sein: »Der (oder der) König hat es ihm gegeben.« Und wie hoch sein Gewicht ist, auch das soll festgelegt sein. Ferner soll folgendes noch eingesetzt werden: »An dem (und dem) Fest hat man es ihm gegeben.« Die Zeugen sollen anschließend aufgeführt sein: »Als man es ihm gab, da standen der und der dabei«.

Bietet der Bedachte etwas von diesem Geschenk zum Verkauf an, so ist wieder eine Urkunde in Gegenwart von Zeugen auszustellen und diese zu siegeln.

Ähnlich schweigsam ist das hethitische Gesetz hinsichtlich des Familienrechtes. Bestimmungen über die Adoption fehlen ganz, und von Ehe- und Erbrecht sind nur die Sonderfälle aufgeführt, aus denen der Normalfall jedoch jeweils zu erschließen ist.

Die Familie ist vaterrechtlich organisiert. Die junge Frau tritt in das Haus ihres Gatten ein, daneben gibt es eine andere Eheform, wonach der Schwiegersohn als der ›Eintretende‹ bezeichnet wird und also sich der Familie des Schwiegervaters anschließt. Unter welchen Umständen das geschehen konnte, zeigt der Sonderfall des § 36: ›Wenn ein Unfreier für einen freien Jüngling den Brautpreis entrichtet und ihn als einheiratenden Schwiegersohn ergreift . . .‹

Der Mann hat auch die Gewalt über die Kinder. Jedoch ist in dem Sonderfall einer gemischten Ehe zwischen Freien und Unfreien bei Ehescheidung eine Aufteilung der Kinder vorgesehen. Aber auch bei einer reinen Sklavenehe gehen im

Falle einer Trennung die meisten Kinder mit der Mutter; nur
ein Kind nimmt der Sklave selbst.

Der Eheschließung geht, wie wir gesehen haben, eine Art
Verlöbnis voraus. Daneben ist der Frauenraub bekannt; die
Regelung der finanziellen Ansprüche ist dann dem Gesetz
vorbehalten. Tötung bei der Verfolgung des Entführers ist
dagegen straffrei.

Ein Ehehindernis bildet nahe Verwandtschaft. Dagegen
übernimmt beim Tode des Ehemannes sein Bruder bzw. sein
Vater die Witwe, während sonst Blutschande als Greuel bezeichnet wird. Verhältnismäßig breit sind sexuelle Delikte der
Sodomie behandelt, wobei der Umgang mit Pferd oder Maultier (§ 86* a) auffälligerweise ausgeklammert wird.

Bei Mord, Totschlag und Körperverletzung kennt das hethitische Strafrecht nicht das Talionsprinzip, sondern sucht
vor allem eine Entschädigung des Betroffenen sicherzustellen.
Dazu gehören Geldentschädigung, Erstattung der Arztkosten,
Übernahme der Arbeitsleistung des Geschädigten. Auf die Ein-
ziehung einer zusätzlichen Buße hat der Palast in der jüngeren
Fassung meist verzichtet. Ist der Täter nicht feststellbar, so
tritt eine Haftpflicht dessen ein, auf dessen Grund und Boden
die Tötung erfolgt ist. Selbst die nächstgelegene Ortschaft
kann herangezogen werden; erst wenn mehr als drei Doppelstunden nach allen Seiten keine Siedlung festzustellen ist, entfällt ein Entschädigungsanspruch (§ IV).

Von ausgesprochen sozialen Bestimmungen findet sich
wenigstens in der Prämisse von § 57* der Hinweis, daß jemand
in einem Hungerjahr einen anderen, Freien oder Sklaven, mit
am Leben erhält. Die aufgewendeten Kosten sind zu ersetzen.
Über die Freilassung von Sklaven sagt das Gesetz nichts; ebenso fehlt eine Behandlung des status der sog. NAM. RA, der aus
unterworfenen Ländern Deportierten, die im Chatti-Land
wieder angesiedelt worden sind. Lediglich einmal ist von
ihrer Begabung mit Feld aus Königsbesitz die Rede; mit
deportierten Frauen ist wie mit Sklavinnen der Geschlechts-
verkehr ohne Beschränkung erlaubt.

Über das Prozeßverfahren wissen wir wenig. In den Urkunden, die wir haben, werden lediglich Unterschleif, Diebstahl usw. bei Hof abgehandelt. Als Anklägerin tritt dann auch die Königin auf:

Was an Gerät die Königin dem GAL-U, dem Sohn des Ukkura, des Aufsehers über Zehn, übergeben hatte, nämlich: Wagen, Gerät aus Kupfer und Bronze, Gewänder, Stoffe, Bogen, Pfeile, Schilde, Keulen, Deportierte, Rinder, Schafe, Pferde und Maultiere – was für Gerät er da jeweils jemandem gegeben hat, das hatte er nicht gesiegelt. Er hatte auch keine Quittung (?) und keinen Beleg (?). Folgendermaßen spricht die Königin: Die (Beamten) der Königin GAL-U und Ukkura, der Aufseher über Zehn, sollen gehen und im Tempel der Unterweltsgöttin wahrheitsgemäß einen Eid ablegen.

In älterer Zeit dient ein Ordal der Wahrheitsfindung:

Sobald eines Tages des Königs Sinn ergrimmt, und ich euch, die Küchenbeamten, alle herbeirufe, so werde ich euch dem Flusse überantworten; und wer dann rein ist, der (bleibt) des Königs Diener. Wer aber unrein ist, den begehre ich, der König, nicht (als Diener); man wird ihm samt seiner Frau und seinen Kindern einen bösen Tod geben.

Man möchte auch hier, angesichts der Bedeutung des Flußordals in der babylonischen Rechtsfindung, mit Beeinflussung von außen rechnen.

Andeutungen vom Verlauf eines Prozesses macht sodann Chattusili III. in seiner Biographie. Zweimal zieht ihn der Hof vor ein Königsgericht:

Und mein Bruder Muwatalli rief mich zum Rade (= leitete ein Verfahren gegen mich ein). Ischtar, meine Herrin, aber erschien mir im Traume: »Einem Gotte werde ich dich anvertrauen. Fürchte dich nicht!« Und dank der Gottheit wurde ich rein. Und weil die Gottheit, meine Herrin, mich an der Hand hielt, überließ sie mich einem übelgesinnten Gotte, einem übelgesinnten Gerichte niemals ... Als aber mein Bruder Muwatalli den Sachverhalt überprüft hatte, da blieb nicht das geringste Unrecht an mir, und er nahm mich wieder in Gnaden auf.

Als es aber geschah, daß vom Palaste der Prozeß etwas verschleppt wurde, da zeigte Ischtar, meine Herrin, ihr Walten auch zu dieser Zeit und führte durch ein Urteil den Prozeß zu Ende. Und an (meinem Gegner) Armadatta samt seiner Frau und seinen Söhnen fand man Zauberei.

Schwarze Magie ist aber ein todeswürdiges Verbrechen.

Vom Verfahren beim Prozeß wissen wir sonst nur durch die Gerichtsprotokolle, die – wie wir oben gesehen haben – den Beklagten mit Namen nennen ebenso wie den Gegenstand der Anklage. Es folgen dann die Aussagen des Beklagten und der jeweiligen Zeugen.

Folgendermaßen spricht Maruwa: ›Ein Maultier hat (der Beklagte) dem Eunuchen Picha-U gegeben‹. – Folgendermaßen GAL-U: ›Das gehörte zum Stall‹. – Folgendermaßen der Knappe Jarrazalma: ›Zuwappi hat ein Pferd weiterverkauft und dafür ein Talent Kupfer genommen‹. – Folgendermaßen GAL-U: ›Und mir hat er gesagt, es sei gestorben‹.

Im Hin und Her der Anschuldigungen und Antworten ergibt sich langsam ein Bild vom Umfang der Veruntreuungen. So gibt man denn auch bisweilen die Unredlichkeit zu, entschuldigt sie aber im gleichen Atemzuge: »Zehn Bronzegeräte, einen Speer, eine Waschschüssel, ein Mischgefäß aus Kupfer, ein Kupfersieb, ein großes Beil und einen bespannten Wagen habe ich genommen und dies meiner Mutter gebracht«.

Der weiteren Wahrheitsfindung dient der Eid, so wenn eine ganze Gruppe von Bediensteten nun vor den Göttern folgendermaßen spricht:

⟨Verflucht wollen wir sein⟩, wenn wir für uns Pferde und Maultiere der Königin weiterverkauft haben, oder wenn wir uns ein Tier zugeschanzt haben – wir schirren uns doch keine ⟨derartigen Tiere⟩ an, noch haben wir eines gewaltsam umgebracht. ⟨Und verflucht wollen wir sein⟩, wenn von unseren Vorgesetzten jemand Pferd oder Maultier genommen hat, oder es für sich weiter verkauft hat, oder es sich angeeignet hat, oder es umgebracht hat, wir aber [davon nichts] sagen!

Derartige Eidesleistungen, mit Ellipse der eigentlichen Fluchformel, sind außerordentlich häufig in diesen Texten. Der Eid als Mittel der Wahrheitsfindung ist auch im Gesetz selbst ausdrücklich vorgesehen, indem es § 75 heißt:

Wenn jemand Rind, Pferd, Maultier oder Esel einspannt, und es stirbt, oder der Wolf frißt es, oder es geht verloren, so gibt er vollgültigen Ersatz. Wenn er aber sagt: ›Es ist durch die Hand eines Gottes gestorben‹, so leistet er einen Eid.

Vom Ausgang eines solchen Prozesses, der Urteilsfindung und Verkündung hören wir nichts. Die Gerichtsprotokolle geben nur die Aussagen der Beteiligten, nicht dagegen die Entscheidung der richterlichen Instanz. Die Texte unterliegen auch keinem strengen Formular, wie wir es etwa aus gleichartigen Gerichtsprotokollen der älteren Periode von Alalach kennen, wo sich an die Aussagen der beiden beteiligten Parteien eine richterliche Entscheidung schließt, samt Strafandrohung für den, der erneut mit Ansprüchen aus dieser Sache auftritt.

Über die verschiedenen Gerichtshöfe des Königs selbst wie seiner Beamten, die Forderung auf unbedingte Unparteilichkeit (›Eine überlegene Rechtssache soll er nicht unterliegen lassen, eine unterlegene nicht obsiegen lassen‹), sowie die Formen der Strafe war in allgemeinen Aussagen schon vorher die Rede. Daß die richterliche Entscheidung normalerweise auf einer gesiegelten Urkunde erfolgte, wie wir dies aus den Archiven der altassyrischen Händler vom Kültepe kennen, ergibt sich wohl aus der Anweisung an die Grenzschutzkommandanten:

Wenn aber jemand einen Prozeß, auf einer Holztafel (oder) Tontafel gesiegelt, vorbringt, soll (man) den Prozeß sorgfältig entscheiden und ihn in Ordnung bringen. Wenn aber der Prozeß zu umfangreich wird, soll man ihn vor die Majestät schicken.

VII

WIRTSCHAFT

Über Produktion, Wirtschaft und Handel des alten Anatolien sind wir am besten für die Zeit der altassyrischen Handelskolonien unterrichtet. Die Händler stehen in geschäftlich engem Kontakt mit Assur, wo bei den Ausgrabungen unter W. Andrae jedoch die entsprechende Kaufmannszentrale nicht aufgefunden worden ist. Der Umschlagsplatz für Anatolien liegt bei Kanisch-Kültepe, von wo aus sich der Handel in das Gebiet des großen Halysbogens, z. B. bis Alischar und Boghazköy, erstreckte und weiter südlich bis in die Gegend des Salzsees reichte.

Diese Handelskontore hatten ihre eigene Organisation und standen durch Boten miteinander in Verbindung. Das kārum Kanisch übte die Gerichtsbarkeit aus über alle Angehörigen der Handelsstationen; geschworen und entschieden wurde dabei vor dem Dolchemblem des Gottes Assur. Ihre Tätigkeit war vertragsmäßig mit den Fürsten der anatolischen Stadtstaaten geregelt, denen aus dem Handel Zollabgaben zufielen; auch scheint der Palast ein Vorkaufsrecht besessen zu haben.

Daß es der Metallreichtum Kleinasiens war, der mit dem Export von Kupfer und dem Import von Zinn zur lokalen Herstellung der Bronzelegierungen diesen Handelsverkehr trug, war S. 330 ausgeführt worden. Auch der Stoffhandel mit einer großen Zahl von verschiedenen Sorten und Qualitäten ist umfangreich. Eine viel dürftigere Stoffauswahl (lediglich Wolle wird genannt), ja das Fehlen eines Importhandels überhaupt, gibt der Spätphase der Händlertätigkeit (kārum Kanisch Ib) ihr eigenes Gesicht.

Von einer gewissen Bedeutung sind die sich aus den Texten ergebenden Preise für Vieh; kann man diese doch mit den späteren Richtsätzen des hethitischen Gesetzes vergleichen. So beträgt der Preis eines Schafes etwa 1 Sekel Silber, einmal allerdings auch 5 Sekel; für ein Rind zahlte man $6\frac{1}{3}$–$18\frac{1}{2}$ Sekel, für einen Lastesel 4–37 Sekel – Preisdifferenzen, die sich nicht nur aus der Qualität der Tiere, sondern sicher auch teilweise aus der besonderen jeweiligen Situation erklären. Für die hethitische Zeit sind wir wiederum auf die Texte offizieller Natur angewiesen; es fehlen die instruktiven Belege des täglichen Lebens.

Die Gesetze nehmen vor allem Bezug auf Viehzucht, Landwirtschaft und Weinbau. Der Handel ist anscheinend, im Gegensatz zu den früheren Zeiten, nicht besonders ausgedehnt. Lediglich ein Paragraph behandelt jeweils den (Raub-) Mord an einem hethitischen Kaufmann. Dabei sucht man in einem Falle (§ 5) anscheinend durch eine besonders hohe Geldbuße dem reisenden Händler ein gewisses Maß an Sicherheit zu gewährleisten. Denn wie stark gerade Händler immer wieder Überfall und Plünderung ausgesetzt sind, zeigt die diplomatische Korrespondenz (S. 369, 389).

Für den Königshof ersetzen Tributlieferungen wie auch Geschenksendungen befreundeter Fürsten gewiß teilweise den kommerziellen Außenhandel, der für die Hethiter unseres Wissens kaum je über See geht. Ausführlich ist von auswärtigen Lieferungen die Rede in einem Bauritual, wo es mythologisch verbrämt heißt: »Lapislazuli brachten sie vom Berge Taknijara, Marmor brachten sie aus dem Lande Kanischcha, Jaspis brachten sie aus dem Lande Elam . . ., Kupfer und Bronze brachten sie aus Alaschja (= Zypern?) vom Berg Taggata«.

Die wirtschaftliche Basis des Landes bestand in privaten Bauernhöfen, in größerem Umfange jedoch sicherlich im Großgrundbesitz des Palastes und der Tempel. Auf die beiden letzten Wirtschaftsformen beziehen sich, dem Wesen der Sache nach, die meisten gefundenen Urkunden, die Schenkungen, wohl auch die sog. Felderlisten mit Angaben ihrer Größe, Saatfläche und genauer Lage. Weitere Einblicke sind uns verwehrt, Grundsätzliches ist S. 372 f. angeführt.

Von privatem Besitz an Grund und Boden, Haus und Vieh sprechen dagegen ausdrücklich die Gesetze (s. S. 392 f.). Auch die Gerichtsprotokolle erwähnen die Fälle, daß jemand Esel, Pferde, Maultiere aus dem Palast sich aneignet und gewiß jahrelang als Privatbesitz ausgibt.

Wertmesser ist das Silber, nur für Fleisch wird in dem betreffenden Gesetzesparagraphen (§ 72*) der Gegenwert in ›Schafen‹ angegeben. Das Silber wird dargewogen, Maßeinheit sind die babylonischen Gewichte Sekel und Mine; jedoch scheinen 40 Sekel auf eine Mine zu gehen, gegenüber dem babylonischen Maßsystem mit 60 Sekeln. Das reale Gewicht ist noch nicht festzulegen, doch werden weitere Funde von Gewichtsteinen (ovaler Form, meist aus Hämatit) einmal Klarheit bringen. Die Mine von Karkemisch späterer Zeit scheint ein Gewicht vom 300–360 Gramm gehabt zu haben.

Ein im Gesetz festgelegter, aber nach allen Erfahrungen so sicher nicht widerspruchslos geübter Preistarif setzt fest:

Preis eines Schafes oder von zwei Lämmern: 1 Sekel Silber – der Preis des Fleisches = $^1/_{10}$ Schaf, d. h. den eigentlichen Wert macht das Schaffell aus.

Preis eines Pflugrindes 12 Sekel, einer Kuh 7 Sekel, einer tragenden Kuh 8 Sekel.

Preis eines Zugpferdes 20 Sekel, der Preis eines Maultieres dagegen mit 1 Mine Silber das Doppelte, damit wohl der Schwierigkeit der Zucht dieses für ein Bergland so nützlichen Tieres Rechnung tragend.

Es folgen die Preise für Feinöl, Schweinefett, Butter, Honig, Käse, Emmer, Gerste und Wein. Kostspielig ist der Kleiderluxus: ein Linnengewand 30 Sekel, ein blaues Wollgewand 20 Sekel. Bei Metall wird für 4 Minen Kupfer = 1 Sekel Silber festgesetzt.

Funde von Metallgegenständen sind selten, da die Ruinen stets nach diesem wertvollen Material durchsucht worden sind; lediglich intakte Gräber machen eine Ausnahme (Hüyük bei Aladscha). Und selbstverständlich nennen die Texte eine große Zahl von Gegenständen aus Kupfer, Bronze, Eisen, Silber und Gold; die Gerichtsprotokolle zählen derartiges auf (S. 396f.), besonders aber geben die Kultinventare einen

nachhaltigen Eindruck von der Zahl an Götterstatuen und
Kultemblemen.

Die hohe Wertschätzung der Künstler, die derartige Bilder
anfertigten, erhellt aus der Tatsache, daß sie teilweise mit Namen uns auf Lieferungslisten genannt sind, so ein Alamuwa
und Zuzuli. Vielleicht können wir gar damit rechnen, daß
sie ähnlich wie die Tontafelschreiber ihr Werk signierten.

VIII

SCHRIFTWESEN

Die bisherigen Grabungen in Anatolien haben zwei große
Zentren schriftlicher Überlieferung aus dem zweiten vorchristlichen Jahrtausend freigelegt: einmal Kültepe mit etwa
10000 Urkunden der altassyrischen Händler, zum anderen
Boghazköy mit etwa der doppelten Zahl hethitischer Tafelfragmente. Daneben ergaben die Grabungen in Alischar und
Boghazköy je etwa 60 altassyrische Urkunden, während insgesamt 10 Texte in hethitischer Sprache, hauptsächlich Briefe,
in Amarna, Ras Schamra, Tell Atschana, Hüyük bei Aladscha,
Maschat und Tarsus zutage kamen.

Die von T. und N. Özgüç in der Siedlungsschicht II im
kārum Kanisch gefundenen Tafeln gehören zu den Handelsarchiven der altassyrischen Kaufleute. Bei größeren
Häusern dienten ein oder zwei Räume als Archiv, in kleineren
Verhältnissen mußten die Wohnräume den gleichen Zweck
mit erfüllen. Die Tafeln waren dabei in Körben, Kisten oder
besonderen Tonbehältern untergebracht; die ersten sind im
Laufe der Jahrtausende vergangen, nur die Fundlage gibt
noch einen Hinweis. Die Tonbehälter zeigen eine besondere
Form, so daß man sie als Kassetten bezeichnet hat. Mit 20
bis 30 cm Höhe ähneln sie äußerlich Hausmodellen; auf den
Außenwänden sind sie meist mit aufgesetzten menschlichen
Figuren oder Köpfen verziert. In einem Falle folgern die Ausgräber aus dem Grabungsbefund:

Im zweiten Raum vom Eingang des Hauses aus fanden sich
an die 600 Tafeln in verschiedenen Haufen. Sie lagen sicherlich auf
Gestellen aus Holz, die mit dem Haus zusammen abgebrannt
sind, wobei sie heruntergefallen sind und haufenweise in den Ruinen etwa 1 m über dem Fußbodenniveau lagen. Da sie während
des Brandes einem starken Feuer ausgesetzt waren, sind sie (in
diesem Falle) gut gebrannt.

Aus diesen Geschäftsbriefen und Urkunden ist unsere
Kenntnis zur Datierung der betreffenden Fundschichten
wie auch unser Einblick in die Handelstätigkeit der assyrischen Kaufleute und in ihr Zusammenleben mit den Anato-
liern gewonnen. Ein Teil der Archive, wie jenes des Beruwa,
stammt gar von einem einheimischen Händler selbst. Literarische Texte sind darunter ausgesprochen selten; die Inschrift des assyrischen Herrschers Irischum ermahnte zu
Rechtspflege und gehörte vielleicht zusammen mit einigen
Übungstafeln zum Schulbetrieb. Die besondere Form dieser
altassyrischen Schrift verschwindet mit den Händlern; sie
wird von den Hethitern nicht tradiert, die die Keilschrift in
einem altbabylonischenDuktus später selbständig übernehmen.

In Boghazköy waren Oberflächenfunde von Tafelfragmenten, die H. Winckler 1906 zur ersten Grabung anregten,
insbesondere am Westhang von Büyükkale zutage getreten.

Das ist ein Berg, welcher als Burganlage befestigt und in die
Stadtmauer eingezogen gewesen war, deren Nordostecke er bildete. Im Osten steil nach einem Bache abfallend, ist er gegen das
Stadtgebiet hin leichter gesenkt, und hier lagen auf dem Abhange,
deutlich mit den Trümmern herabgerollt, die gefundenen Stücke.
Die natürliche Aufgabe war, von unten beginnend den Abhang
hinaufzugehen ... Die Tafeln wurden in immer größer werdenden Stücken gefunden, je höher man kam, bis schließlich stellenweise die großen Tafeln vollkommen erhalten und mehrfach beieinander gelagert bloßgelegt wurden.

Als Aufbewahrungsort hat das jetzt auf den Plänen mit dem
Buchstaben E bezeichnete Gebäude am Westhang von Büyükkale zu gelten, in dessen zwei an der Außenseite gelegenen

Räumen eine große Menge wertvoller Tontafeln gefunden worden ist.

Über die Lagerung der Tafeln ist im einzelnen nichts bekannt. Ja selbst über die Textgattung ist nur nachträglich noch einiges zusammenzustellen. So wurden nach Mitteilungen Wincklers hier gefunden: Die Vertragstexte mit Ramses und Sunassura von Kizzuwatna, Stücke der Ägypten-Korrespondenz, Annalen des Suppiluliuma und des Mursili, der Erlaß Chattusilis III., die althethitische Hofchronik, die akkadische Fassung des Telipinu-Erlasses – aber auch die Trainingsanweisungen des Kikkuli, die Rituale des Ammichatna und des Papanikri, Omina und die Tafel mit dem Illujanka-Mythus stammen aus dieser königlichen Bibliothek.

Die zweite große Fundstelle lag in der Unterstadt, und zwar in den Ostmagazinen des Großen Tempels, die das Heiligtum rings umgeben und nur vom Tempelareal selbst zugänglich waren. Für die Fundlage war dabei weitgehend angenommen worden, daß die Tontafeln als Schutt zwischen die Fundamente gekommen seien und daß dieser aus zerstörten Gebäuden in der Nähe herrühren müsse. In seinen Lebenserinnerungen berichtet nun jedoch L. Curtius, der seinerzeit an der archäologischen Erforschung der Ruine beteiligt war:

»daß in der Kammer 11 des großen Tempels ganze, klar geschichtete Reihen schräg liegender, ganz erhaltener Tontafeln lagen ... Meine genaue Erinnerung an die geordnet reihenmäßige Lage der Tontafeln widerspricht der von Puchstein gegebenen Erklärung, sie seien als Schuttauffüllung an ihren Ort geraten. Ihre Fundlage erklärt sich nur durch die Annahme, daß sie aus der Anordnung in einem ursprünglich über jenem Kellermagazin gelegenen Archiv bei einer Brandkatastrophe in die Tiefe gerutscht sind.«

Damit wird man diese Stelle als ursprünglichen Aufbewahrungsort der Tontafeln ansprechen dürfen; daß sie unter dem anzunehmenden Fußbodenniveau lagen, das durch die erhaltenen Türschwellen gegeben ist, spricht dabei für ehemalige Holzfußböden, für die auch sonst die Grabungen Hinweise bieten.

Wieder sind wir auf eine nachträgliche Rekonstruktion des

Inhaltes dieser Fundstelle angewiesen: Die beiden Versionen des Vertrages mit Mattiwaza stammen von hier, ein Brief des Königs von Nigalbat und ein Schreiben der Naptera an Puduchepa sowie des Kadaschmanturgu an Chattusili, der Thronbesteigungsbericht Chattusilis selbst, eine ganze Anzahl von Nordsyrien-Verträgen und der Erlaß für Pijassili von Karkemisch. So besteht kein sinnfälliger Unterschied zwischen beiden Fundstellen, wenn man nicht die größere Zahl von Staatsverträgen und Erlassen dahingehend deuten will, daß sie vor der Gottheit niedergelegt worden seien, wie das im hier gefundenen Freibrief des Sachurunuwa ausdrücklich gesagt ist.

Eine dritte Fundstelle, außerhalb des Tempelareals am Westfuß von Büyükkale gelegen, wurde durch Winckler 1907 angeschnitten und 1911 weitgehend freigelegt. In den Tagebüchern der Grabung ist von ›Tafelnestern‹ die Rede, oder die Stelle wird auch als Archiv bezeichnet. Nach diesen Mitteilungen herrscht kein Zweifel, daß auch hier mit einer umfangreichen Tafelsammlung zu rechnen ist. Die Nachgrabung 1960 hat darüber hinaus eine Anzahl Tafeln gebracht, die Tutchalija IV. nennen, und somit eine gewisse Datierung ermöglichen. Es hat sich weiter gezeigt, daß insbesondere die Vokabulare, Listen von Wörtern mit ihren sumerischen Ideogrammen, akkadischer Lesung und hethitischen Entsprechungen, von hier stammen, wie auch Lieferungslisten für Feste und dergleichen. Auch das umfangreiche Ritual bei einem Todesfall von König oder Königin ist hier charakteristisch vertreten.

Ein weiterer geschlossener Tafelfund gelang K. Bittel 1931 bis 1933 in der Südecke von Büyükkale. Hier wurde nach und nach ein größeres Gebäude (A) freigelegt, das an einen langen Korridor magazinartig mehrere Räume anschließt. Diese haben eine doppelte Reihe von Pfeilerbasen, die sicherlich einmal ein zweites Stockwerk getragen haben. Die Mauern bestehen aus Bruchsteinsockeln, worauf Wände aus Lehmziegeln mit Steinpfeilern in Holzverschalung ruhen. Die durchgehende Ziegelmauer zwischen den Räumen IV und V zeigt dabei deutlich, daß das Bauwerk, wenigstens in seinem

Untergeschoß, in zwei Teile zerfiel, die untereinander keine direkte Verbindung hatten. Von den mehr als 3000 hier gefundenen Tontafelstücken fallen auf den Raum V beinahe 2000, wozu aber auch die am besten erhaltenen Tafeln zählen. Es fanden sich diese Stücke in einem sehr porösen Schutt aus faustgroßen Kalksteinen, verbrannten Lehmziegelstücken und verkohlten Holzresten, der die Räume vom gestampften Lehmfußboden bis zur erhaltenen Oberkante der Ziegelmauern ausfüllte. Wohl ist in einem nachträglichen Ausgleichen und Verteilen des Schuttes durch die Siedler des 1. Jahrtausends eine größere Streuung der Tafelstücke erfolgt; es kann aber nach diesem Befund kaum einen Zweifel geben, daß eine Tafelsammlung des 14./13. Jahrhunderts in diesem Gebäude A, und dann am wahrscheinlichsten eben in Raum V, untergebracht war. Die Erwägung, die Tafeln seien etwa in dem entsprechenden Gelaß des Obergeschosses deponiert gewesen, ist wohl durch den Grabungsbefund auszuschließen, wonach die Tafelstücke in den Räumen vielfach auf dem Fußboden lagen, während man im anderen Falle doch von einer eingestürzten Decke eine Zwischenschicht erwarten sollte. Auch von etwaigen Behältern, in denen die Tafeln aufbewahrt gewesen waren, fanden sich keine Spuren. Die Tafeln zeigen vielmehr des öfteren deutliche Spuren intensiver Brandeinwirkung, so daß sie einmal direkte Berührung mit brennendem Holz gehabt haben müssen; es spricht somit einiges dafür, daß sie auf Holzborden gestanden haben.

Noch einmal bot sich dann 1957 im Fortgang der Grabungen die Möglichkeit, die Fundumstände eines Tafeldepots genauer zu beobachten. Wenig südlich von Gebäude A war in einen vorspringenden Winkel der Burgmauer in einer späteren hethitischen Bauphase ein Gebäude K eingebaut worden, das so wohl dem gestiegenen Raumbedarf der Burg nachkommen sollte. In einem Innenraum von etwa $5 \times 4,30$ m, dessen Wände, gleicher Konstruktion wie oben bei Gebäude A geschildert, noch maximal 1,40 m hoch anstanden, fand sich auf einem Fußboden aus hartgestampftem Lehm eine Brandschuttablagerung, die erneut etwa 300 Tafelfragmente enthielt. Wieder sind zwei Kalksteinbasen Zeugnis für ein

Obergeschoß. Die Tafeln fanden sich jedoch vor allem entlang der West- und Nordwand des Raumes auf einer mit Lehm verkleideten Steinbank, zusammen mit Ziegelschutt und Resten verbrannten Holzes. Der Befund läßt nur die Deutung zu, daß die niederen Steinbänke als Sockel für hölzerne Regale gedient hatten, die an den Zimmerwänden entlang angebracht und für die Aufstellung der Tontafeln bestimmt waren. Als das Gebäude K und mit ihm dieser Raum in einer großen Feuersbrunst zugrunde ging, wurden die Holzroste sowie die Paneele der Wände und die Regale von den Flammen verzehrt. Die Regale stürzten samt den Tafeln zusammen, fielen auf den steinernen Sockel und auf die unmittelbar anschließenden Teile des Fußbodens. Die Hitze war so stark, daß sie die Luftziegel der Wände teils wie Backsteine härtete, teils zu einer pulverigen Masse verbrannte, aber auch nicht wenige Tontafeln so durchglühte, daß sie in halbverschlacktem Zustand aneinander hafteten. Einige Tafeln gerieten im östlichen Teil der Nordwand in die durch den Brand freigewordenen Lücken des Holzrostes der Ziegelwand, wo sie aus dem hartgebrannten Ziegelschutt mühsam herausgelöst werden mußten.

Nicht nur der Grabungsbefund, auch die Tafeln selbst sprechen dafür, daß hier einmal eine kleinere Tafelsammlung aufgestellt war. Finden sich doch mehrere vollständige bzw. fast ganz erhaltene Tafeln. Außerdem liegt ein Tafelkatalog vor, der zumindest mit einem Eintrag sich auf eine an gleicher Stelle gefundene Tafel bezieht: ›Wenn ein Mensch den Göttern gegenüber Böses redet.‹

Die Mehrzahl solcher Kataloge stammt allerdings aus der großen Tafelsammlung in Gebäude A, so daß wir hier am ehesten Einblick in Aufstellung, Anordnung und Verwaltung einer Bibliothek gewinnen. Die Tontafelkataloge enthalten nämlich nicht nur Angaben der ›Buchbeschreibung‹ (Anzahl der Tafeln, Titel des Werkes usw.), sondern auch des öfteren Kontrollvermerke der Art: »Zwei Tafeln. Wenn König, Königin und Prinzen der Sonnengöttin der Erde Ersatzfiguren geben. Vollendet. Die dazugehörende erste Tafel haben wir aber nicht gefunden« oder «Drei Tafeln des Frühlingsfestes der Stadt Churma. Wenn in Churma der ›Herr‹ die Feste begeht. Die erste Tafel und die zweite (?) Tafel fehlt.« Zu dieser Art von Vermerken gehört dann auch die Formulierung in einem anderen Katalog: »[Eine] Tafel über das Meer. Sie steht aber nicht aufrecht. – Zwei Tafeln des Zalipuri-Priesters. Sie stehen aber nicht aufrecht«. Wenn man diesen Ausdruck wörtlich nehmen darf, wäre damit ein Hinweis gegeben, daß die Tafeln nicht liegend, sondern, passend auch zu ihrer Form, stehend aufbewahrt worden sind.

Zu vielen dieser in den Katalogen (als vorhanden) aufgezählten Texte haben sich auch die entsprechenden Tafeln selbst gefunden, viele allerdings fehlen uns auch, und nicht nur diejenigen, bei denen bereits die Kataloge eine Lücke im Bestand verzeichnen.

Die starke Verstreuung der Tafeln nach der Zerstörung der hethitischen Stadt stellt noch viele Probleme. Wie schon bei der Besprechung der einzelnen Fundstellen hervorgehoben, ist im allgemeinen keine klare Trennung der Texte auf die einzelnen Sammlungen festzustellen. So nennt auch ein Katalogeintrag aus Gebäude A: »Eine Tafel, vollendet, über die Reinigung einer Bluttat. Wenn der Beschwörungs-Priester eine Stadt wegen einer Bluttat kultisch behandelt. Wort des Erija«. – Die Tafel gleichen Inhaltes kommt jedoch von anderer Fundstelle. Und im Falle des Katalogvermerkes: »Eine Tafel des Feinöls der Azzari, der churritischen Ärztin. Wenn ein Mann einmal die Truppen zum Kampfe gegen eine feindliche Stadt führt und man den General, der das Heer befehligt, mit Feinöl feit, dann salbt man den General, seine Pferde mitsamt dem Streitwagen und allem Kriegsgerät. Vollendet«, ist die betreffende Tafel uns gar nicht erhalten. Sie wäre aus sachlichen Gründen sicherlich recht aufschlußreich, zeigt doch schon der Katalogeintrag die Herkunft des magischen Rituals aus dem obermesopotamischen Bereich wie bei den umfangreichen Traktaten zum Training der Wagenpferde.

Als Ordnungsprinzip innerhalb der Kataloge und damit wohl sicherlich für die Aufstellung der Tafeln selbst in der

Bibliothek kann man in einem Falle die Verfassernamen nennen. Deutlich ist bei einigen weiteren Texten die Gruppierung nach Themenkreisen, so etwa bei den Gebeten und einer Sammlung königlicher Edikte. Doch ist eine solche Bibliotheksordnung keineswegs systematisch durchgeführt.

Hier halfen dem Bibliothekar dann wohl die Etiketten, von denen 12 in Boghazköy gefunden worden sind, die meisten in Raum IV/V des Archives A, also in ähnlich charakteristischer Lage wie die Tafelkataloge. Dieses sind ovale Täfelchen von 6–7 cm Breite und 4–5 cm Höhe, die nur knapp den Titel der zugehörigen Tafeln nennen. Sie hatten wohl einmal vor diesen Tafeln auf den Regalen ihren Platz gehabt und so der leichten Übersichtlichkeit der Tafelsammlung gedient. Das Etikett ›Tafeln über die Mannestaten des Mursili‹ z. B. nennt den alten Titel der bekannten Annalen dieses Königs und bezieht sich sicherlich auf die an gleicher Stelle gefundenen Texte dieser Serie.

Selbstverständlich mußten auch die einzelnen Tafeln der Bibliothek durch ein Kolophon bestimmbar sein, sowohl mit dem Titel des Werkes wie durch eine genaue Fixierung ihrer Stellung innerhalb der Serie. Gab es doch umfangreiche Werke, die sich auf viele Tafeln verteilten, wie der Katalogvermerk: ›Zweiunddreißig Tafeln über das Purullija-Fest der Stadt Nerik‹ etwa andeutet.

Fehlte diese Zahlangabe, trug die Tafel also nur den Titel der Serie, oder nannte sie, was auch möglich ist, nur das Thema des betreffenden Teilabschnittes, wie es bei der tageweisen Behandlung des Totenrituals für die hethitischen Könige bezeugt ist, so war die Tafel zwar vom Schreiber ausreichend fixiert, der Bibliothekar hatte allerdings stets die Mühe, an Hand der Übersichtstafel erst zu klären, in welcher Ordnung die einzelnen Tafeln zueinander gehörten. So sehen wir ihn geradezu vor uns, wie er ärgerlich in die bereits hartgebrannte Tafel seine ›VIII‹ einkratzt, um die folgenden Nummern festzulegen; und gleichermaßen dann ›XIV‹ bei einem anderen Exemplar, das den dreizehnten Tag des Totenrituals behandelt, da der Schreiber so wenig Rücksicht auf die Notwendigkeit der Bibliotheksordnung genommen hatte.

Von einem eigenen Stand des Bibliothekars wissen wir
nichts, es dürften Ordnung und Verwaltung der Bibliothek
zu den Obliegenheiten des ›Obertafelschreibers‹ oder eines
der Schreiber gehört haben. Diese hatten eine angesehene
Stellung bei Hofe und waren sicherlich die tragenden Kräfte
der staatlichen Verwaltung und der Diplomatie. Eine solche
Schreiberdynastie lernen wir aus der Zeit Chattusilis III. kennen, am deutlichsten in der Belehungsurkunde, die im Tempel des Wettergottes von Chatti niedergelegt war:

> Zur Zeit meines Vaters befiel mich, ein kleines Kind, eine schlimme
> Krankheit. Und mein Vater gab mich dem Mitannamuwa, dem
> Obertafelschreiber, in die Hand, und der bemühte sich um mich
> und heilte mich von der Krankheit. Mitannamuwa aber war ein
> Mann, der bei meinem Vater in Gunst stand ... Als aber mein
> Vater dahingegangen war, setzte sich Muwatalli, mein Bruder, in
> die Königsherrschaft ein ... Und dem Mitannamuwa schenkte
> Muwatalli, meinBruder, seineHuld, zeichnete ihn aus und gab ihm
> die Stadt Chattusa. Den Purandamuwa aber, den Sohn des Mitan-
> namuwa, nahm er und machte ihn zum Obertafelschreiber.

Die Aneignung derKeilschrift, und damit zusammenhängend
die Erlernung der Grundbegriffe des Sumerischen und Akkadischen, setzt eine gründliche Ausbildung des Schreibers voraus. Jedoch läßt sich bis heute eine Schreiberschule nicht
nachweisen; es fehlen auch die typischen Schülertafeln,
Übungstexte mit Listen von Schriftzeichen und dgl. Lediglich die Tafelkolophone, wo der Schreiber seine Familienzu-
gehörigkeit, aber auch den Namen seines Lehrers nennt, geben einen ersten Hinweis:

> [Hand des . . .]-Teschup, Sohnes des UR.MACH-ziti, des Ober-
> schreibers, [Enkels] des Mitannamuwa, Schüler des MACH.DIN-
> GIR.MES-na; vor UR.MACH-ziti, dem Obertafelschreiber, hat
> er dies geschrieben.

Die geläufigen Bezeichnungen der babylonischen Schreiberschule: ›Vater‹ und ›Sohn‹ für den Lehrer und Schüler (sowie
›großer Bruder‹ für den älteren Mitschüler) finden sich dann
auch in den Briefen aus Boghazköy wieder. So heißt es als
Nachtrag zu einem Brief an die Königin: ›Folgendermaßen
NU. GIS. SAR: zu Tumni, Tumnaziti und Tuttuwaili, meinen

lieben Söhnen, sprich:‹ – und dann geht es um die Vertretung privater Angelegenheiten bei Hofe. Gegen eine wörtliche Auffassung der Benennung ›Söhne‹ spricht die Tatsache, daß alle drei sich in gehobener Stellung bei Hof befinden. Deutlicher noch ist ein weiterer Brief:

> Zum Herrn Oberzeremonienmeister, meinem Herrn, sprich: Folgendermaßen der Oberpalastbeamte, Dein Diener: Vor der Königin, meiner Herrin, ist alles [wohl. Vor Dir], meinem lieben Sohn, möge alles wohl sein!

Aus dem Verhältnis der beiden Beamten in ihrer gegenwärtigen Dienststellung ist dabei die Anrede des Höherstehenden mit ›mein lieber Sohn‹ unverständlich. Dagegen entfällt der Widerspruch in diesen Benennungen, wenn wir annehmen, daß das alte Lehrer-Schüler-Verhältnis sich in den Formen der Anrede weiterhin spiegelt.

Es ist wie selbstverständlich auch vorausgesetzt, daß die Briefe an den Hof in die Hände der Angesprochenen kommen, ja diese selbst lesen und schreiben können. Das wird bei Fürsten und Königen nicht angenommen, heißt es doch da, der Text werde vorgelesen. Wir dürfen somit bei den hethitischen Hofbeamten weitgehend annehmen, daß sie durch die Tradition der babylonischen Schreiberschule gegangen seien.

Die Schreiber sind in der Lage, auch einen verderbten Text wiederherzustellen, wie es ein Kolophon sagt: »Zweite Tafel von Tutchalija, dem Großkönig, über den Eid. Vollendet. Diese Tafel war beschädigt. Vor Machuzi und Chalpaziti habe ich, Duda, sie wieder erneuert.« Jedoch zeigt sich gelegentlich, wie die gute Absicht der Textrekonstruktion zu schlimmen Irrtümern geführt hat, so wie etwa die Anfertigung von Übersetzungen zu kaum noch verstandenen protochattischen Texten eine heillose Verwirrung auslöst. Daneben hatten die Schreiber, etwa auf königlichen Wunsch, Textabschriften anzufertigen. So heißt es, gewiß nicht ohne Stolz, in einem Kolophon:

> Als die Königin Puduchepa den Obertafelschreiber UR.MACHziti beauftragte, in der Stadt Chattusa nach Tontafeln aus Kizzuwatna zu suchen, da hat er diese Tafeln über das Chisuwa-Fest damals abgeschrieben.

Doch nicht nur auf Ton wurde geschrieben; wichtige Urkunden legte man auf Metalltafeln nieder, von denen verständlicherweise, entgegen der damals damit verbundenen (magischen) Vorstellung der Dauerhaftigkeit, nichts auf uns gekommen ist. Nur auf Tontafeln sind sie erwähnt: »Ramses, der große König, der König des Landes Ägypten, hat gemacht den Vertrag auf einer Tafel aus Silber mit Chattusili, dem großen Könige, dem Könige des Landes Chatti«, sicher wie die vorliegende Urkunde geschrieben in babylonischer Sprache und Keilschrift. Ein anderer Vertrag sagt: »Was ich, die Majestät, dem Ulmiteschup, dem Könige des Landes Dattassa, gegeben und welche Grenzen ich ihm festgesetzt habe, . . . das habe ich auf einer Tafel aus Eisen niedergelegt.« Selbst bei einer historischen Darstellung, der Lebensbeschreibung des Königs Suppiluliuma, heißt es im Kolophon: ›Siebente Tafel unvollendet. Auf der Tafel aus Bronze noch nicht ausgefertigt.‹

Umgekehrt muß es auch für einen Teil der vorliegenden Tontafeln, und zwar die Festrituale, Vorlagen in Form von Holztafeln gegeben haben. Es waren also der Ritualablauf, die zu veranstaltenden Opfer, die Handlungen von König und Priester dabei weitgehend auf solchen Holztafeln festgelegt. Eine spätere Zeit hat dann in der Tontafel die sicherere und adäquatere Form der schriftlichen Überlieferung gesehen. Zum Glück für uns – denn von den Holztafeln hat sich angesichts des anatolischen Klimas nichts erhalten. Lediglich die Benennungen ›Holztafel‹ und ›Holztafelschreiber‹ sind uns überliefert.

So wird man auch die Vermutung wagen dürfen, daß das Fehlen von Wirtschaftsurkunden unter dem sonst reichen inschriftlichen Material eben darauf zurückzuführen sei, daß diese Art von Texten auf vergänglichem Material geschrieben war. Der Fund einer großen Zahl von gesiegelten Tonplomben in archivartiger Lagerung auf der Königsburg wird denn auch so verstanden, daß der eigentliche Schriftträger, an dem die Bulle mittels einer Schnur befestigt war, aus vergänglichem Material, eben Holz, bestanden habe.

Damit wird die Diskussion verständlich, ob diese Holztafelschreiber die sog. hethitischen Hieroglyphen benutzt oder ebenfalls Keilschrift geschrieben haben. Für diese Frage erbrachten nun die Grabungen des Jahres 1953 im assyrischen Kalach einen gewissen Hinweis, wo in dem gut konservierenden Schlamm eines tiefen Brunnens die Bruchstücke von Elfenbein- und Walnußholztafeln gefunden wurden. Die Elfenbeintafeln (33,5 cm lang, etwa 15 cm breit und 1,3 cm dick) haben einen erhöhten Rahmen, so daß das kreuzförmig schraffierte Brett etwa 3 mm tiefer liegt. Aushöhlungen am Rande sollten wohl zur Verbindung mehrerer Tafeln, etwa durch Lederbänder, dienen und ergaben so ein ›Buch‹. Auf der Außenseite eines der Stücke fand sich der Vermerk: »Palast Sargons, des Königs der Welt, des Königs von Assyrien. Er ließ das Werk ›Als Anu Enlil . . .‹ auf eine Elfenbeinplatte schreiben und im Palast von Chorsabad aufstellen.« Auf einem der Holzbretter, die dem gleichen Zwecke dienten, fand sich noch eine dünne Wachsschicht und darin ein winzig geschriebener Keilschrifttext eingedrückt (s. S. 168).

Es haben Holz-Wachstafeln also im mesopotamischen Bereich auch für die Niederschrift von Keilschrifttexten gedient. Auf späthethitischen Reliefs aus Marasch sind in der Hand eines Knaben dagegen neben der Holztafel wohl auch Pinsel und Farbnapf dargestellt. Das deutet doch darauf, daß hier die hethitische Bilderschrift das Schulpensum gebildet hat, zumal alle Steininschriften des Bereiches in diesen hethitischen Hieroglyphen abgefaßt sind.

Beide Schriften sind aber bereits im zweiten Jahrtausend nebeneinander bezeugt, am deutlichsten auf den bilinguen Königssiegeln. Und wenn am Nordtor, beim Zugang in das Wirtschaftsareal des Großen Tempels sich auf einem Stein die hieroglyphenhethitische Inschrift eingeritzt findet: ›Patasana, Schreiber‹, so doch wohl, weil die Bilderschrift einem größeren Kreise der Vorübergehenden verständlich war. Gleichzeitig ist damit aber auch ein Hinweis gegeben, daß der Schreiber, der hier seine Dienste für Wirtschafts- und Verwaltungsgeschäfte anbot, in hethitischen Hieroglyphen geschrieben hat.

Wir haben damit den Gebrauch von zwei Schriften und zwei Sprachen anzuerkennen: Bilderschrift und luwische Sprache (s. S. 332) für die Urkunden des internen Verkehrs, einschließlich königlicher Inschriften, sowie Keilschrift und hethitische Sprache im Bereich von Tempel und Palast. Damit wird auch verständlich, wie in die späteren Keilschrifttexte zunehmend Wortformen der gesprochenen Umgangssprache Aufnahme finden, die durch ein Glossenkeilchen aber meist als fremder Sprachbestandteil gekennzeichnet werden. Charakteristischerweise sind es meist stärker emotional bestimmte Wörter (›Ärgernis, zerstampfen‹) oder Ausdrücke bestimmter Berufsgruppen (›Fallgrube, Schweinekofen‹), für die die Hochsprache wohl kein Äquivalent bot.

IX

WISSENSCHAFTEN

Eine der stärksten Leistungen hethitischer Kultur liegt auf dem Gebiete der Geschichtsschreibung. Wenn auch formal in der Annalistik oder in der Autobiographie die zwei Jahrhunderte des Großreiches die ausgewogensten Textzeugnisse bieten, so sind doch die lebendigsten Schilderungen zweifellos im Alten Reich geschrieben worden. Schon früh haben sich feste Formen des historischen Berichtes herausgebildet und erscheinen die Ereignisse unter einheitlichen Gesichtspunkten geordnet.

Das gilt z. B. von der Einleitung des Telipinu-Erlasses (s. S. 337f.), wo die Geschichte des Landes unter der Leitidee der Einigkeit im Königshaus und in den führenden Familien gesehen wird. Nur diese Einmütigkeit hat die hethitische Macht aufgebaut, ohne sie ist der Besitzstand nicht zu wahren. Daraus resultiert dann die Verkündung einer nun gültigen festen Thronfolgeordnung.

Was hier von Telipinu in großen Zügen dargestellt ist, findet sich in einigen Momenten, besonders mit dem Gedanken der Einmütigkeit innerhalb der Herrscherfamilie, bereits hundert Jahre früher bei Chattusili I. in seinem politischen Testament ausgesprochen. Für das Thema Geschichtsschreibung ist jedoch seine 1957 gefundene Bilinguis von wesentlicher Bedeutung (s. S. 339 ff.). In annalenartiger Gliederung werden jeweils die einzelnen Kriegszüge geschildert. Die Darstellung endet mit dem erfolgreichen Feldzug über den Euphrat und der Zerstörung zweier mächtiger Staaten, deren König als Zeichen tiefster Demütigung ins Joch gespannt wird.

Das ist die literarische Formung eines historischen Stoffes, die weit über eine nüchterne Aufzählung der einzelnen Ereignisse hinausführt. Hier sind die Geschehnisse, wie auch beim Anitta-Text (s. S. 335 f.), im Zusammenhang gesehen, lebendig gestaltet und zu einem wirkungsvollen Ende geführt.

Geschichtsschreibung heißt allerdings stets nur Darstellung der eigenen Geschichte und bedeutet im Alten Orient auch jeweils Selbstbericht des Königs. Dahinter steht aber ein lebendiges historisches Bewußtsein und eine starke literarische Gestaltungskraft, die wir in der späteren Zeit in den Annalen Mursilis II. oder der Autobiographie Chattusilis III. ebenso wiederfinden. »Der Göttin Ischtar göttliches Walten will ich verkünden, und alle Welt soll es hören.« Mit diesen Worten eröffnet der Usurpator seinen Rechenschaftsbericht, der mit den Kindertagen beginnt und durch göttlichen Ratschluß bis auf den Thron von Chatti führt.

Von den älteren Texten liegen z. T. auch Fassungen in akkadischer Sprache vor, so von dem Bericht Chattusilis I. und dem Thronfolgebericht Telipinus. Wenn somit auch kaum akkadische Vorbilder bei der Entstehung der hethitischen historischen Literatur anzunehmen sind, so dürfte doch die strenge Zucht der akkadischen Sprache und ihrer syntaktischen Gliederung von Bedeutung für die Gestaltung des Themas gewesen sein.

Die Keilschrift und die Schreiberschule haben so auch babylonische ›Wissenschaft‹ nach Chattusa gelangen lassen. Besonders umfangreich ist das Schrifttum auf den Gebieten der

Omendeutung und der Astrologie. Es sind das einmal akkadische Originaltexte, aber auch hethitische Übersetzungen oder Bearbeitungen nach solchen Vorlagen. Heißt es im Omen: »Wenn am 21. Tage der Mond stirbt, so bedeutet das Sterben im Lande Elam«, so ist mit der Nennung der an Babylonien grenzenden Landschaft das Original noch deutlich greifbar. Mond-, Sonnen- und Sternomina sind ebenso zahlreich wie etwa die Textsammlung ›Wenn eine Mißgeburt‹.

Ähnlich stark ist die Abhängigkeit auf dem Gebiete der medizinischen Wissenschaft. Vor allem reisten Ärzte selbst, vielleicht um ihre medizinischen Lehren zu verbreiten, meist jedoch wohl von ihrem Herrscher geschickt, um an einem befreundeten Fürstenhofe zu helfen. So werden ägyptische Ärzte nach Kleinasien gesandt; in einem anderen Briefe beklagt sich der babylonische König bei Chattusili III., daß ein nach Chattusa gesandter Arzt noch immer nicht zurückgekehrt sei.

Neben der Behandlung mit Pflanzen und Samen, Waschungen und Umschlägen usw. steht die heilsame Beschwörung. Hier haben wir Texte, wo der Adept seine hethitisch-luwischen Glossen zu dem akkadischen Lernstoff gesetzt hat, erklärend oder auch einfach feststellend: »Diese *salabita*-Droge kenne ich nicht«. Auch die rein hethitisch abgefaßten medizinischen Texte lassen noch die schulmäßige Beschäftigung mit dem Gegenstand erkennen, so wenn am Ende der Rezeptur zwar das übliche: »Dann wird der Kranke gesund werden« steht, der Schreiber aber die neue Anweisung anfügt mit den Worten: »Wenn er davon aber nicht gesund wird, dann nehme ich . . .«[17]

Über ein Gebiet, das man mit Philologie bezeichnen könnte, war schon im vorigen Abschnitt teilweise die Rede. Für Unterrichts- und Nachschlagezwecke waren die in Form von Listen angelegten Vokabulare aus Babylonien übernommen worden. Mit der Hinzufügung einer neuen Spalte, die das hethitische Wort wiedergibt, wurden die sumerisch-akkadischen Wortlisten für die eigenen Zwecke nutzbar gemacht. Dabei mußte gelegentlich eine umständliche Umschreibung für einen akkadischen Begriff eingesetzt werden, wobei auch leichte Bedeutungsverschiebungen mit unterlaufen:

»Arbeitspensum«	»wer die tägliche Aufgabe durchführt«
»Begrüßung«	»zwei, welche einander ansprechen«
»Nachkömmling«	»noch nicht gezeugt«

Sumerische Texte sind, wohl im Schulunterricht verwandt, in syllabischer Schrift bezeugt. Teilweise ist auch eine akkadische Interlinearübersetzung hinzugefügt.

Die Korrespondenz mit dem Ausland – Babylon, Assur, aber auch mit Ägypten – wird in akkadischer Sprache geführt. Hethitisch abgefaßte Briefe von oder an diese Herrscher sind also Übersetzungen, Entwürfe, die zeigen, wie die Schreiber bei Diktat oder Vorlesen sich des Hethitischen bedienten, daneben aber auch das Akkadische der Zeit ausreichend beherrschten.

Außerdem waren die Schreiber auch in der Lage, die anderen Sprachen Anatoliens zu fixieren, insbesondere das Luwische und Churritische, die beide in umfangreichen Beschwörungsritualen bezeugt sind. Beim Protochattischen hat dagegen der Versuch, hethitische Übersetzungen anzufertigen, zu argen Mißverständnissen geführt. Augenscheinlich wurde das Protochattische, ein einheimisches Idiom des dritten Jahrtausends, in der Großreichszeit nicht mehr verstanden; die Aufgabe einer Übersetzung dieser fremden Sprache mußte die Schreiber überfordern (Vgl. auch S. 410). Von einem gewissen Streben nach sprachlicher Sauberkeit zeugt die Verwendung eines sog. Glossenkeilchens in den Fällen, wo Wörter und Wendungen der Umgangssprache in den Text aufgenommen worden sind (s. S. 413).

X

LITERATUR

Von den großen Dichtungen des Zweistromlandes ist das Gilgamesch-Epos auch am Königshof von Chattusa bekannt geworden. Die Vielfalt der Überlieferung gibt dabei bereits einen deutlichen Hinweis, auf welchem Wege der Text nach Kleinasien gekommen ist. Denn neben einer größeren Zahl von Stücken in hethitischer Sprache haben wir auch Textzeugnisse einer akkadischen und einer churritischen Version. Alle zeigen gegenüber dem jüngeren Zwölftafelepos eine kürzere Fassung auf, die zudem charakteristisch umgestaltet ist.

Beiseite gelassen ist dabei alles, was zum Lokalkolorit der sumerischen Stadt Uruk gehört[18]. Anscheinend wird auch angenommen, daß Gilgamesch als Eroberer nach Uruk kommt, was seine Zwingherrschaft ausreichend motiviert. Denn das *jus primae noctis*, wie es die altbabylonische Fassung bietet, ist zwar im hethitischen Text noch im Hintergrund erkennbar, aber sicher in seiner rechtlich-religiösen Bedingtheit unverständlich und damit einer Umdeutung unterworfen.

Enkidus Erschaffung und sein Leben mit den Tieren ist ausführlich geschildert. Der Jäger wendet sich in seiner Bedrängnis an Gilgamesch – es fehlt also die Gestalt des Vaters –, der den Rat gibt, dem Wildling eine Dirne zuzuführen. Der Text ist hier stark zerstört; entsprechend dem oben Gesagten werden jedoch wohl weder die Königin-Mutter noch die Ältesten von Uruk genannt. Episch breit ist dann wieder der Zug in den Zedernwald angelegt; nach sechs Tagen gelangen die beiden Helden zum Euphrat. Der Sonnengott steht ihnen bei, als Chuwawa sie mit drohenden Verwünschungen schreckt, indem er seine Stürme gegen ihn schickt. So gelingt der Sieg über den Unhold; er fleht um Schonung: »Du sollst mein Herr, ich will dein Knecht sein!« Aber Enkidu widerrät, und Chuwawa muß sterben.

Bis hierher führt die erste Tafel der hethitischen Fassung

des Gilgamesch-Epos, während die ninivitische Version mit dem Kampf im Zedernwald bereits die fünfte Tafel füllt. Die Geschichte vom Abenteuer mit Chuwawa scheint nach dem Umfang der Erzählung das besondere Interesse der Zuhörer gefunden zu haben, liegt doch der Zedernwald = Libanon im Gesichtskreis ihrer eigenen Welt. So nennt die churritische Tafel den Text auch geradezu mit dem Titel »Vierte Tafel, über Chuwawa«.

Auch die akkadische Version aus Boghazköy bezieht sich auf diese Episode, ist allerdings deutlich nicht unmittelbares Vorbild der hethitischen Erzählung. Auf der Vorderseite, Kol. I, deuten sich die beiden Freunde ihre Träume, die einen guten Ausgang des Zuges gegen Chuwawa ankünden. Die Rückseite, Kol. IV, berichtet von der siegreichen Heimkehr der Helden. Sie schmücken sich im Tempel, legen ihr altes Gewand ab, und Gilgamesch versichert seinem Freunde, daß es jetzt für alle Zukunft genug sei das Kampfes; Wohlleben, Dienerscharen und prächtige Gespanne sollen nun den Alltag angenehm gestalten. Dies hört die Göttin Ischtar, die den Helden flucht und von ihrem göttlichen Vater Anu den Himmelsstier zur Demütigung der Helden verlangt.

Damit zeigt die akkadische Version aus Boghazköy eine interessante Umdichtung. Nicht die Ablehnung des Angebotes der Ischtar: »Du sollst mein Gatte sein!« führt zum Zorn der Göttin – anscheinend ist die Vorstellung der Heiligen Hochzeit, die König und Göttin zusammenführt, für den Dichter und Hörer so fremd, daß er sich zu einer anderen Motivierung gedrängt sieht. Vielleicht so, daß die Kriegsgöttin im Entschluß der Helden zu einem friedlichen, höfischen Leben einen Verstoß gegen ihre Pläne sieht.

Von der Sintflutgeschichte und einer Erzählung von Atrachasis, ›dem überaus Weisen‹, finden sich nur zusammenhanglose Fragmente.

Andere mythologische Erzählungen gehen auf die Churriter zurück, worunter die Mythen vom Gott Kumarbi besonders bedeutungsvoll sind, da sie anscheinend eine weite

Ausstrahlung nach Westen gehabt haben. Da der Original-
titel der einen, nur sehr beschädigt auf uns gekommenen
Dichtung verlorengegangen ist, nennen wir das Werk nach
dem Inhalt der ersten Kol. »Mythos vom Königtum im
Himmel.« Nach einem Proömium, in dem die Götter einer
Vorzeit zum Hören aufgefordert werden, beginnt die Erzählung:

Einst in früheren Jahren, war Alalu im Himmel König. Alalu
sitzt auf dem Thron. Der starke Anu, der erste der Götter, steht vor
ihm. Zu den Füßen nieder neigt er sich. Zum Trinken die Becher
gibt er in seine Hand.

Neun gezählte Jahre war Alalu im Himmel König. Im neunten
Jahre lieferte Alalu gegen Anu einen Kampf. Er besiegte ihn,
den Alalu. Und der floh vor ihm. Und er gab ihn hinab zur dunklen Erde. Er ging hinab zur dunklen Erde. Auf den Thron aber
setzte sich Anu. Anu sitzt auf dem Thron. Der starke Kumarbi
gibt ihm zu trinken. Zu seinen Füßen nieder neigt er sich. Zum
Trinken die Becher gibt er ihm in seine Hand.

Neun gezählte Jahre war Anu im Himmel König. Im neunten
Jahre lieferte Anu gegen Kumarbi einen Kampf. Kumarbi, der
Nachkomme des Alalu, lieferte gegen Anu einen Kampf. Des Ku-
marbi Augen widerstand Anu nicht länger. Dem Kumarbi aus
seiner Hand entwand er sich. Und er floh, Anu, und er ging zum
Himmel. Hinter ihm her griff Kumarbi, und er packte ihn an den
Füßen, den Anu. Und vom Himmel herab zog er ihn.

In seine Lenden biß er; seine Mannheit verband sich mit dem
Innern Kumarbis wie Bronze. Als Kumarbi des Anu Mannheit hin-
unterschluckte, freute er sich, und er lachte. Zurück zu ihm wandte
sich Anu. Zu Kumarbi hub er an zu sprechen: »Über dein Inneres
freust du dich, daß du meine Mannheit verschluckt hast!

Freue dich nicht über dein Inneres! In dein Inneres habe ich eine
Last gelegt. Erstens habe ich dich geschwängert mit dem gewichtigen Wettergott. Zweitens aber habe ich dich geschwängert mit
dem Fluß Aranzach, dem unwiderstehlichen. Drittens habe ich
dich geschwängert mit dem schweren Gotte Tasmisu. Drei furchtbare Götter habe ich in dein Inneres hinein als Last gelegt. Und es
wird dazu kommen, daß du endest, indem du die Felsen des Berges
Tassa mit deinem Haupte schlägst!«

Als Anu zu sprechen aufgehört hatte, da g[ing] er empor zum
Himmel. Und er verbarg sich. Aus seinem Mund heraus spie
[Kumarbi], der kluge König. Aus dem Mund heraus spie er [. . .

Augenscheinlich gelingt es Kumarbi jedoch nur, den letzten Samen auszuspeien, der auf das Gebirge Kanzura fällt, das dann im folgenden auch das Kind zur Welt bringt. Mit den beiden anderen Samen dagegen geht Kumarbi schwanger, bis es wohl mit zauberkundiger Hilfe gelingt, daß er ›wie eine Frau‹ die Kinder gebiert, die nacheinander ›aus einem guten Orte‹ hervorkommen.

Die Folge der Götter, die einander in der Weltherrschaft ablösen, findet sich in gleicher Weise in Hesiods ›Theogonie‹ verbunden mit den verschiedenen Zeitaltern wieder, und zwar mit den Namen Uranos (›Himmel‹ wie babylon. Anu) – Kronos – Zeus. Kronos kommt zur Macht, nachdem er mit einer Sichel den Vater seines Gliedes beraubt hatte; aus dem auf die Erde fließenden Blute entstehen Erinnyen und Giganten. Kein Zweifel, daß Hesiod hier vorderasiatische Mythen mitverwertet hat, die ihm etwa von Phönizien her bekannt geworden waren. Kennt doch auch der Phönizier Philo von Byblos die gleichen Göttergenerationen wie der churritische Mythos vom ›Königtum im Himmel‹.

Auch nachdem der Wettergott, der churritische Teschup, die Herrschaft im Himmel angetreten hatte, ist damit die Generation der neuen Götter noch nicht in ihrer Stellung gesichert. Von dem Komplott des überwundenen ›Vaters der Götter‹ Kumarbi erzählt der Gesang von Ullikummi in wohl drei Tafeln.

Kumarbi plant Böses gegen den Wettergott, verläßt seine heilige Stadt Urkisch in Obermesopotamien und begibt sich zu einem mächtigen Felsen, der sich meilenweit erstreckt. Er schwängert den Felsen, und aus der Verbindung erwächst ein Sohn, dem der erfreute Vater den Namen Ullikummi gibt – mit dem Wunsch, dieser möge Kummija, die heilige Stadt des Wettergottes, vernichten und alle Götter aus dem Himmel wie Vögel herabschütten und sie wie leere Töpfe zerbrechen!

Damit das Steinkind unbemerkt von den großen Göttern aufwachsen kann, läßt er es im Meere dem Atlanten Upelluri

auf die Schulter setzen, wo es alsbald so schnell heranwächst,
wie es ihm sein Vater vorherbestimmt hatte. Da erblickt der
Sonnengott als erster unter den Göttern den Stein mit Staunen
und Zorn. Er sucht mit dieser gewichtigen Nachricht den
Wettergott auf, der sich mit seinem Gefährten Tasmisu nun
zur Meeresküste aufmacht, um selbst nach dem Rechten
zu sehen. Die Göttin Ischtar (= churrit. Schauschga) schließt
sich ihren Brüdern an, und gemeinsam besteigen sie den Berg
Chazzi, den *mons Casius* oder Zaphon der semitischen Erzählungen, an den sich so manche mythologische Sage knüpft.

Überwältigt vom Eindruck des furchtbaren Steinriesen,
setzt sich der Wettergott tränenüberströmt nieder. Seine Schwester jedoch versucht, durch ihre Schönheit und Musik den
Unhold zu betören, muß jedoch von einer Meereswoge
erfahren: »Für wen singst du? Der Mann ist taub, hört also
nicht; er ist blind, sieht also nicht.« So sind alle weiblichen
Künste eitel. Aber auch der nun vorbereitete Kampf, zu dem
der Wagen des Wettergottes mit seinen heiligen Stieren be-
spannt, Blitz und Unwetter herangeholt werden, und an dem
70 Götter teilnehmen, führt nahe an die Katastrophe.

Erst als man sich der Hilfe des weisen Gottes Ea versichert,
bahnt sich eine überraschende Wendung an. Denn der zauber-
kundige Gott der Wassertiefe kennt die Zusammenhänge. So
erfahren wir aus seinem Gespräch mit Upelluri auch einiges
an kosmologischen Vorstellungen, denn auf Eas Frage, ob er
nichts wisse von dem göttlichen Stein, der drohend bis zum
Himmel rage, antwortet Upelluri:

Als man Himmel und Erde auf mir baute, da bemerkte ich
nichts. Auch als es sich begab, daß man Himmel und Erde mit
einer Schneide auseinanderschnitt, merkte ich das nicht. Jetzt jedoch schmerzt etwas meine rechte Schulter, doch weiß ich nicht,
wer jener Gott ist.

Jene alte Schneide, mit der einst Himmel und Erde getrennt
worden sind, soll nun herbeigebracht werden, um Ullikummi
von seiner Basis zu lösen und so seine Kraft zu brechen. Noch
ist Ullikummi sich der veränderten Situation nicht bewußt,
denn prahlend wiederholt er Teschup und dem herannahen-

den Götterheer gegenüber, daß er nun zur Herrschaft und der Götter Vernichtung schreite. Aber – so dürfen wir den schlecht erhaltenen Textschluß wohl ergänzen – er wird vom Wettergott besiegt. Damit ist wahrscheinlich das Werk zu Ende und die Herrschaft der Götter gesichert.

Auch hier ist die Parallele zu Hesiods ›Theogonie‹ gegeben, wo Zeus nach der Gewinnung der Weltherrschaft erneut einen schweren Kampf gegen das Ungeheuer Typhon zu bestehen hat, wobei als Ort des Kampfes jener gleiche *mons Casius* genannt wird, von dem aus Teschup und Ischtar den Steinriesen zu Gesicht bekommen hatten.

Deutlich wird auch, in welchem Umfange altes mythologisches Gut hier in den hethitischen Mythen weiter tradiert ist. Nicht nur die Namen von Anu und Ea, auch ihre Funktion in der Weltordnung sowie die Vorstellung von wechselnden Göttergenerationen gehen auf Babylonien zurück. Von den Churritern sind diese Themen übernommen und in ihren mythologischen Erzählungen verwertet worden. Durch ihre Vermittlung sind diese Epen und Mythen dann nach Kleinasien gelangt.

Eine ganze Anzahl solcher übernommener Mythen und Epen sind in Bruchstücken bekannt, so das Epos von Gurparanzach, das weitgehend in der Stadt Akkad spielt und auch den Fluß Aranzach = Tigris als auftretende Person nennt, und die Geschichte vom Jäger Keschi, dem die Götter das Wild verbergen, wobei die Lösung aller Schwierigkeiten wohl durch die – nicht erhaltene – Deutung von sieben Träumen angezeigt wird. Die Beliebtheit dieser Geschichte mag daraus erhellen, daß neben den hethitischen und churritischen Textstücken aus Boghazköy auch ein Fragment in akkadischer Sprache in Tell el-Amarna gefunden wurde, wohin es vielleicht aus Syrien gelangt ist.

Aus dem gleichen Bereich stammt ein Mythus, der sich in hethitischer Sprache in Boghazköy wiederfand, aber mit den Göttern Elkunirsa (El qônê eres = El, Schöpfer der Erde) und seiner Gattin Aschertu deutlich kanaanäische Namen nennt. Die Erzählung von der Göttin, die dem jungen Wettergott (Baʿal-Hadad) ihre Liebe anträgt, während ihr Gemahl außerhalb, am Ufer des Euphrat, sein Zelt aufgeschlagen hat, zeigt aber auch in einzelnen Motiven eine Übereinstimmung mit Erzählungsgut, wie es vorwiegend aus Ugarit bekannt geworden ist.

Eine dritte Gruppe mythologischer Erzählungen ist kleinasiatischer Provenienz. In protochattischer Sprache kennen wir allerdings nur die Geschichte vom Mond, der vom Himmel fiel. Trotz einer hethitischen Übersetzung ist die Erzählung aber weitgehend unklar, die Verbindung mit einem Ritual ›Wenn der Wettergott heftig donnert‹ jedoch durch die Texteinleitung wie den Kolophon gegeben. Damit greifen wir eine der charakteristischen Eigenheiten dieser Textgruppe.

Der Illujanka-Mythus, der gar in zwei verschiedenen Versionen überliefert wird – ähnlich wie auch in den Gesetzen jetzt nicht mehr gültige Satzungen doch noch Erwähnung finden – ist mit dem Kult verbunden und dient wohl als Ätiologie für das (protochattische) Purullija-Fest. Im Kampfe gegen den Schlangendämon (Illujanka) ist der Wettergott zunächst unterlegen und wird nach der späteren Fassung der Erzählung seines Herzens und seiner Augen beraubt. Durch List kann er beide schließlich wiedergewinnen und die Schlange mit ihrer Sippe erschlagen[19]. Im rituellen Kontext ist der Lokalbezug deutlich, so wenn es etwa heißt: »Unter allen Gottheiten ist Zchapuna von der Stadt Kalasma der größte.«

Werden hier zwei Mythen anläßlich des gleichen Festes erwähnt, so zeigt die Überlieferung vom Mythus vom verschwundenen Gott, dem sog. Telipinu-Mythus, daß mehr oder weniger die gleichen Geschehnisse von verschiedenen Gottheiten, etwa vom Wettergott oder von Telipinu, erzählt werden konnten. Es gab wohl eine Art Formular, in das dann der jeweilige Gottesname nach den Notwendigkeiten des Rituals eingesetzt werden konnte.

Der Gott ist erzürnt über menschliche Vergehen – genannt wird einmal die Königin Asmunikal, die wir als Gattin eines

Arnuwanda aus dem 15. Jahrhundert kennen. Er begibt sich hinweg, und infolgedessen ›wachsen Gerste und Emmer nicht mehr, begatten sich Rinder, Schafe und Menschen nicht mehr, ja selbst die trächtig sind, können da nicht mehr gebären‹. Auch im Götterhimmel macht sich die Not bemerkbar, aber alles Suchen nach dem Verschwundenen ist erfolglos; selbst der scharfäugige Adler durchsucht vergeblich Täler und Höhen. Also wendet man sich in der allgemeinen Hilflosigkeit an die Muttergöttin, die eine Biene aussendet, der es auch tatsächlich gelingt, den Gott in einem Hain versteckt zu finden. Aber erst der Magie gelingt es, den Gott zu besänftigen und zurückzuführen.

Der Gedanke, daß dieser Mythus nahe Parallelen aufweise zum Thema vom sterbenden Gott, der alljährlich in der Sommerglut mit der Vegetation dahinscheidet, hat somit in den Textzeugnissen kaum einen Anhalt. Vielmehr knüpft die Erzählung an die Vorstellung an, daß ein Gott sich im Zorn über menschliche Vergehen abwenden kann und erst durch Beschwörung und Gebet wieder versöhnt werden muß. So beginnt ein Gebet des Königs Mursili an Telipinu mit den Worten:

Wenn du, großer Gott Telipinu, oben im Himmel unter den Göttern bist, ob du zum Meere oder in den Gebirgen unterwegs bist oder ins Feindesland zum Kampf gezogen bist: jetzt mögen dich köstlicher Zederndft und feines Salböl herbeirufen. So kehre zurück in deinen Tempel.

Auch unter diesen Gebeten und Hymnen finden sich einzelne Texte, die als literarische Schöpfung zu verstehen sind. Das gilt insbesondere für einen Gebetshymnus an den Sonnengott, wo allerdings das babylonische Vorbild noch deutlich hindurchschimmert, bei der Wendung etwa: »Sonnengott, Sohn der NIN.GAL, dein Bart ist aus Lapislazuli« oder mit der Nennung von BUNENE und ›Recht‹ als Veziere zur Rechten und Linken.

Sonnengott, mein Herr, gerechter Herr des Gerichtes, König Himmels und der Erde bist du. Die Länder leitest du immerfort

und Stärke verleihst du ... Die Himmelstür öffnet man dir täglich,
o Sonnengott, und die Tore des Himmels durchschreitest du, ge-
feierter Sonnengott. Die Götter des Himmels verneigen sich vor
dir, o Sonnengott, und die Götter der Erde stehen vor dir gebeugt
... Wenn du, Sonnengott, in der Frühe aufsteigst am Himmel,
kommt dein Licht zu den oberen und zu den unteren Ländern
allesamt.

Oder es heißt in einem anderen dieser alten Gebete, die
sich durch besondere Innigkeit und Tiefe der Gedanken auszeichnen:

Das Leben ist mit dem Tode verbunden, der Tod mit dem Leben
verknüpft. Der Menschensohn kann nicht ewig leben, die Tage
seines Daseins sind gezählt. Wenn ein Menschenkind ewiges Leben
hätte und wenn dann schwere Krankheit gegen diesen Menschen
sich erheben würde, so wäre das für ihn keine Strafe.

Für das, was man Volkspoesie nennen möchte, ist lediglich
das sog. Soldatenliedchen in einem althethitischen Text in
Anspruch genommen worden.

XI

KULT UND RELIGION

Die Tempel mit ihrem Grundbesitz als mächtige soziale
und wirtschaftliche Faktoren wurden bereits (S. 372 f. u. 399)
erwähnt. Schenkungen des Königspaares aus der Kriegsbeute
oder eingezogenen Lehen sind bezeugt; sicher hat aber auch
der einzelne durch fromme Stiftungen als Lob und Dank für
seine Gottheit zur äußeren Pracht der Heiligtümer beigetragen.

Die uns bezeugten Kulte sind Staatskulte. Lediglich bei der
Aufzählung der kleineren Heiligtümer auf dem Lande, wie sie
in den Tempelinventarlisten erscheinen, hat man bisweilen
den Eindruck, es handele sich bei den bescheidenen Opfern
mit häufig nur einem Priester um einen Kult, der nur von

einer kleinen Gemeinschaft getragen wurde. Aber auch hier greift Tutchalija IV. (um 1230) mit Anweisungen zur Ergänzung des Kultinventars, Festsetzung der Lieferungspflichtigen, Ernennung von Priestern, ja mit der Gründung bzw. Wiedererrichtung lokaler Kulte von der Zentrale her ein.

Auch in der Hauptstadt selbst gab es Kultbauten kleineren Umfanges, wie jenes dreiräumige Gebäude aus Sandstein in der jüngsten hethitischen Schicht der Unterstadt, das mitten im Wohngebiet gelegen ist. Das Bild der Stadt wird allerdings bestimmt durch die fünf großen, bis heute freigelegten Tempel. Nur einen von ihnen, den größten, können wir als Tempel des Wettergottes von Chatti mit Namen benennen. Mit einer Flächenausdehnung von maximal 64 × 42 m für das eigentliche Heiligtum und insgesamt 2 ha für das ummauerte Areal einschließlich der Magazine bietet selbst die heutige Ruine einen nachhaltigen Eindruck. Alle anderen Tempel sind uns ihrem alten Namen nach unbekannt, und es bleibt lediglich zu vermuten, daß die kleineren Gottheiten in den Heiligtümern neben dem Hauptgott eine Kultstätte fanden.

Alle Tempel haben einen zentralen Innenhof, der durch eine architektonisch besonders betonte Toranlage (mit Räumen für die Türhüter) betreten werden kann. Die Cella ist vom Hof aus mittels eines gewinkelten Zuganges durch weitere Räume zu erreichen. Damit war das Gottesbild, wie die Kulthandlung im Allerheiligsten, den Blicken der Menge entzogen – ein auffälliger Zug angesichts der tief herabreichenden Fenster des Gebäudes, die auch das Allerheiligste in helles Licht setzten. Diese Raumgruppe ist im Tempel des Wettergottes durch die Verwendung von Granitblöcken gegenüber dem sonstigen Kalksteinsockel herausgehoben. Und wenigstens in diesem Tempel auch ist die Stelle der Kultstatue durch eine mächtige Steinbasis festgelegt, die an der einen Schmalseite zwischen zwei Fenstern stand. Von den Kultbildern selbst hat sich nichts mehr gefunden.

Der Tempel ist die irdische Wohnung des Gottes. Hier thront in der Cella sein Kultbild, vor dem die Opfer nieder-

gelegt werden und das im täglichen Ritus gewartet und gewaschen wird. Neben dem Allerheiligsten steht in einem kleinen Annex sein Bett; nächtlicherweile wird hier eine Lampe
angezündet.

Das Götterbild ist weitgehend anthropomorph gedacht.
Lediglich beim Wettergott tritt auch im staatlichen Kult das
Bild des Stieres gelegentlich an seine Stelle oder wird der
Sohn des Wettergottes als ›Kalb‹ bezeichnet. Häufig werden
ebenfalls Gefäße in Tierform, *Rhyta*, sowohl als Libationsgefäße wie auch als eine Art Kultbild, wohl stellvertretend für
den durch das Tier gedachten Gott, genannt. Auf dem Lande
sind auch noch heilige Steine, *Baitylia*, an Stelle der Götterbilder bekannt. Ja, Kultschilde des Schutzgottes werden,
wenn sie in der Hauptstadt erneuert worden sind, nun aufs
Land gebracht und dort als Sinnbild des Schutzgottes selbst in
den örtlichen Heiligtümern verehrt.

Über das Aussehen derartiger Kultbilder unterrichten uns
die oben schon kurz erwähnten Inventarlisten, aus denen sich
auch, im Zusammenhang mit archäologischen Darstellungen,
ein fester Typus der betreffenden Gottheiten ableiten läßt:

Wettergott des Himmels, Bild eines Mannes, goldbelegt, sitzend,
in der rechten Hand hält er eine Keule, in der linken das ›Heil‹
aus Gold – auf zwei Bergen, Männerbildern, silberbelegt, stehend,
darunter ein Sockel aus Silber.
Schutzgott der Flur, das Götterbild ist das Bild eines Mannes,
stehend ... In der rechten Hand hält er einen Bogen aus Gold,
in der linken hält er einen Adler aus Gold und einen Hasen aus
Gold – ein Schwert aus Gold, goldene ›Früchte‹ sind ihm daran –
auf einem Hirsch aus Gold, auf allen vieren stehend, steht er.

Eine Vielzahl von Priestern verschiedener Art und Priesterinnen, darunter etwa die ›Gottesmutter‹ (letztere insbesondere im Tempel der Göttinnen genannt) sind zur Ausführung des täglichen Kultes und beim Begehen der großen Feste
notwendig. Hinzu kommt der Hofstaat des Königs, der dem
Königspaar beim Opfer assistiert, eine bunte Prozession in

festlicher Kleidung, dazu Embleme, Lanzen, Wimpel und Musiker mit ihren Instrumenten.

Die Priester sind strengen Weisungen unterworfen. Die Opfergaben sind ungeschmälert den Göttern vorzulegen. Es ist dem Priester, seinen Frauen, Kindern und Sklaven zwar erlaubt, sich Speise und Trank aus den Opfern zu nehmen, aber kein Fremder darf damit bewirtet werden. Wenn er nicht gerade im Dienst steht, kann der Priester nächtlicherweile in sein Haus gehen. Verkehr mit Frauen macht unrein; nur nach einem Bade am Morgen darf er seine kultischen Pflichten im Tempel wieder aufnehmen.

Gleiche Reinheitsvorschriften obliegen dem weiteren Tempelpersonal, den Köchen, Bäckern, Servierern usw. Strenge Anweisungen bestehen auch hinsichtlich der Wartung des Feuers, um vor allem nachts, im schwach besetzten Tempel, eine Feuersbrunst zu vermeiden. Eine nächtliche Wache, die jeweils von einem hohen Priester zu beaufsichtigen ist, patrouilliert den ganzen Bereich des Heiligtums ab. Kein Vorgesetzter darf eine Ausrede annehmen, die den Verantwortlichen entpflichtet, die festgesetzten Feste zur rechten Zeit zu begehen.

Wir kennen eine große Zahl dieser Feste mit Namen, die teils in Chattusa selbst, teils in einem der anderen Kultzentren abzuhalten sind oder schließlich in einer großen Rundreise des Königspaares an den jeweils gegebenen Orten für die betreffenden Gottheiten gefeiert werden müssen. Die meisten dieser Feste beziehen sich ihrem Namen nach auf den Lauf der Jahreszeiten, damit zusammenhängende landwirtschaftliche Arbeiten oder atmosphärische Erscheinungen (z. B. Donner). Obgleich Feste an dem vorgeschriebenen Zeitpunkt begangen werden müssen, sind Versäumnisse durch die häufig langjährige Abwesenheit des Königs im Felde nicht selten.

Die Götter sind die Herren, die Menschen ihre Knechte. Dementsprechend sind die Forderungen, die die Götter an den Menschen richten. »Wenn ein Diener vor seinen Herrn tritt, dann ist er gewaschen und hat reine Kleider angezogen. Und er gibt ihm entweder stets etwas zu essen oder er gibt ihm etwas

zu trinken. Und weil jener seinen Herrn speist und tränkt,
so ist der in seiner Stimmung gelöst« und entspricht der vor-
getragenen Bitte.

Brot und Fleisch dienen der täglichen Nahrung; ein Reicher kann Rinder schlachten lassen, bei einem Armen nimmt
die Gottheit auch mit einem Breigericht vorlieb. Bei kleinen
ländlichen Kulten werden als tägliches Opfer auch wohl nur
›eine Handvoll Mehl, ein Becher Bier‹ gefordert. – Wie
stark die Götter von Opfer und Trankspenden abhängig gedacht werden, wird in einigen Gebeten mit aller Naivität ausgesprochen: Sollte die Seuche weiter um sich greifen, dann
wird keiner übrig bleiben, der die täglichen Opfer darbringt.
So liegt ein Eingreifen der Götter in ihrem eigenen Interesse.

Neben diesen oben erwähnten Opfergaben finden sich
häufig auch Milch, Butter, Fett, Honig und Früchte genannt.
Dabei gehören insbesondere die Erstlinge den Göttern, bei
den Tieren werden makellose und junge Tiere gefordert.
Von besonderer Bedeutung ist beim Tieropfer die Blutspende;
das Fleisch wird in ausgewählten Stücken entweder roh oder
zubereitet den Göttern vorgelegt.

Sind diese Aussagen über Tempel, Fest und Kulte von allgemeiner Gültigkeit, so wird selbstverständlich den jeweiligen
Gottheiten auch eine besondere Stellung im Pantheon und
eine eigene Wirksamkeit den Menschen gegenüber zugeschrieben. Dies wird im einzelnen zweifellos zu besonderen
Kultformen und speziellen Gebetsanliegen geführt haben.

Für uns mehr oder weniger deutlich zu unterscheiden sind
vor allem die verschiedenen ethnischen Schichten, denen die
Götterkreise angehören oder entstammen. Singt doch
häufig der Sänger noch in der alten Kultsprache und tradiert
somit z. B. das dem dritten und dem Anfang des zweiten
Jahrtausends angehörende Protochattische bis in die Zeit des
hethitischen Großreiches. Dieser Schicht gehören vor allem
die großen Staatsgötter an (s. S. 331 f.).

Der ›Sänger von Kanisch‹ tritt bei einer Gruppe von Gottheiten auf, die meist einen deutlich indogermanischen Namen tragen und teilweise bereits im Onomastikon der altassyrischen Urkunden (von eben jenem Orte Kanisch) auftreten. Es handelt sich dabei um Pirwa, den Gott auf dem Pferde, Siwat ›Tag‹ und wohl auch Ispant ›Nacht‹ und die Getreidegottheit Chalki.

In luwischer Sprache wird einer kleinen Zahl von Gottheiten gesungen, die häufiger bei Beschwörungen genannt werden als im Staatskult. Sie dürften demnach stärker mit dem Lande als mit der Hauptstadt verbunden gewesen sein, was auch ihr Weiterleben im Onomastikon der hellenistisch-römischen Zeit erklärt.

Mit dem churritischen Pantheon lernen wir die expansivste religiöse Schicht kennen, die etwa von der Mitte des zweiten Jahrtausends an stets wachsenden Einfluß gewonnen hat. Diese Kulte sind weitgehend im Osten Anatoliens heimisch geworden und haben natürlich auch in der Residenz durch die Begünstigung des Königshofes einen hervorragenden Platz gefunden. Läßt doch, wie wir gesehen haben, die Königin Puduchepa nach rituellen Texten aus ihrer churritischen Heimat suchen und diese abschreiben.

An der Spitze des offiziellen Pantheons steht der Wettergott, protochattisch Taru, der, wie allerdings auch manch anderer Gott, den Titel ›König‹ führt. Als seine Gemahlin gilt Wurusemu, die Sonnengöttin von Arinna, einem der Hauptkultorte des Landes, der allerdings noch nicht lokalisierbar ist. Als weiteres Gestirn erscheint der Mondgott, dessen Sturz vom Himmel herab ein Mythus erzählt.

Sohn des Wettergottes ist Telipinu, die Hauptgestalt in einer Fassung des Mythos vom verschwundenen und wiederkehrenden Gotte. Von ihm heißt es: »Dieser mein Sohn ist tüchtig, er bricht die Schollen und pflügt; Wasser leitet er herbei, das Getreide läßt er wachsen.« Seine Gemahlin ist Chatepinu, für die als Charakteristikum aus einer Bildbeschreibung zu gewinnen ist, daß sie eine ›Tempeldirne‹ als Dienerin hat, aber auch selbst als solche dargestellt wird. – Kinder des Hauptgötterpaares sind ferner der Wettergott von

Nerik und Zippalanda, die Göttin Mezulla, als deren Tochter Zintuchi erscheint. Zum Kultkreis des Wettergottes von Nerik gehören auch Zchapuna und der Berggott Zalijanu, die im Illujanka-Mythus auftreten, wie auch die Göttin Inara, die als Helferin (Tochter?) des Wettergottes erscheint.

Unterweltsgottheiten sind Lelwani, ferner Isdustaja und Papaja; die letzteren sind Göttinnen, da sie Spindel und Spiegel, die weiblichen Attribute, in den Händen halten. Gott des Krieges und der Pest ist wohl Suli(n)katte, dessen Gestalt durch die Ideogramm-Schreibung dem babylonischen Nergal gleichgesetzt sowie durch eine Bildbeschreibung bestimmt ist[20]. Das gleiche Element *katte* ›König‹ enthält der Name des Wuru(n)katte, der der kriegerischen Gestalt des ZA.BA.BA gleichgestellt wird. Kundig der Beschwörung und Magie ist Katachzipuri, deren Gestalt in hethitischen Texten als Kamrusepa erscheint.

Von den weiteren Gottheiten seien nur noch erwähnt: Chalmasuitta, der deïfizierte Thron; Kattacha, die ›Königin‹ (fem. zu *katte*, vgl. Katach-zipuri); die Göttin Titiutti, in deren Kult neben Priester und Priesterin auch Jungfrauen, Prostituierte und die sog. Wolfsleute erscheinen.

Einen interessanten Zug bieten Texte, die für protochattische Gottheiten zwei Namen überliefern, einen ›unter den Sterblichen‹ – das ist der Name, wie er in den Texten auch sonst erscheint –, einen anderen ›unter den Göttern‹, wobei teilweise ein wirklicher zweiter Name, teils nur ein Epitheton aufgeführt wird. So trägt Tachattanuti unter den Göttern den Namen ›Mutter der Quelle‹, Wasazzili heißt ›löwenhafter König‹.

Ein fremdes Pantheon lernen wir in der Schwurgötterliste des Mitannivertrages mit den arischen Göttern Indra, Mitra, Varuna und den Nasatjas kennen. In Ritualen bezeugt ist jedoch allein Agni, dessen Identität mit dem indischen Feuergott allerdings unsicher ist.

Die Hauptgestalt des churritischen Götterhimmels ist der Wettergott Teschup, dessen Name in älteren Publikationen teilweise verallgemeinernd für den kleinasiatischen Wettergott überhaupt benutzt wird. Seine berühmtesten Kultorte,

wie auch die seiner Gemahlin Chepat, lagen im Taurusgebiet
und im nördlichen Syrien, so in Chalpa-Aleppo. Als seine Hei-
matstadt gilt im Mythus Kummija, wohl im Gebiet des oberen
Tigris gelegen. Sein heiliges Tier ist der Stier; sein Wagen wird
von einem Gespann von Stieren gezogen, die die Namen Scheri
und Churri (›Tag‹ und ›Nacht‹) führen. Seine Waffe ist auf
den kleinasiatischen Denkmälern die Keule; Blitzbündel und
Axt gehören dem Bildbestand der späthethitischen Kunst an.

Seine Gemahlin Chepat wird in einem der seltenen Zeugnisse von Synkretismus – in einem Gebet der Zeit Chattusilis
III. – mit der großen kleinasiatischen Göttin gleichgesetzt:
»Sonnengöttin von Arinna, meine Herrin, aller Länder Königin! Im Chatti-Lande setztest du dir den Namen Sonnengöttin
von Arinna, in dem Lande ferner, das du zu dem der Zeder
machtest (= Nordsyrien), setztest du dir den Namen Chepat.«

Die eindrucksvollste Darstellung dieses Götterpaares bietet
Yazilikaya, das Felsheiligtum nahe der hethitischen Hauptstadt. In der großen Gruppe der sich begegnenden beiden
Götterzüge ist die Göttin auf dem Löwen durch die hiero-
glyphen-hethitische Beischrift Che-pa-tu bestimmt, ihr
Partner mit dem Wettergottzeichen charakterisiert. Die beiden
heiligen Stiere sind antithetisch angeordnet. Der Gott steht
auf zwei Berggöttern, wohl den häufig in seiner Umgebung
genannten Namni und Chazzi, wobei wir den letzten Berg
als *mons Casius* schon im Mythus identifizierten. Doch ist uns
dieser Typus des ›Wettergottes des Himmels‹ ja auch aus
einer Bildbeschreibung schon bekannt.

Einen hervorragenden Platz im churritischen Pantheon
nimmt ferner Schauschga, eine Gestalt der Ischtar, ein. Die
›Ischtar von Samucha‹ war die besondere Schutzpatronin
Chattusilis III. In den Bildbeschreibungen erscheint sie einmal als geflügelte Göttin mit einem Becher in der Rechten
und begleitet von einem Löwen sowie ihren beiden Dienerin-
nen Ninatta und Kulitta, das andere Mal als Gott mit einer
Axt in der Rechten, sonst aber in allem dem ersten Bild entsprechend, also offensichtlich in ihrem kriegerischen Aspekt.
So kann es nicht wundernehmen, wenn beide Gestalten auch

in Yazilikaya vertreten sind, sowohl auf der Seite der Götter wie der Göttinnen.

Sohn des göttlichen Elternpaares ist Scharruma, dessen Gestalt in Yazilikaya hinter seiner Mutter, gleichfalls auf einem Löwen stehend, folgt, aber auch in den Opferlisten neben der Chepat genannt wird. Er ist der besondere Schutzgott des Königs Tutchalija, den er im Arme schützend geleitet.

Das churritische Pantheon ist außerordentlich bunt; auch mehrere babylonische Gottheiten sind darin aufgenommen worden, so Aja, die Gemahlin des Sonnengottes, Ningal, die Gemahlin des Mondgottes (im Onomastikon der Name der Königin Asmunikal) oder deïfizierte Eigenschaften wie ›Überfluß‹ oder ›Weisheit‹.

Zeugnis von der Systembildung in der Staatsreligion geben besonders die Anrufungen der tausend Götter des Reiches als Zeugen und zum Schutz der Staatsverträge. Es werden die Götter hier nicht in Familiengruppen, sondern ihrem Wesen nach zusammengefaßt. So heißt es:

Sonnengott des Himmels, König der Länder, Hirte der Menschheit; Sonnengöttin von Arinna, Königin der Länder; ... mächtiger Wettergott, König der Länder; Wettergott von Chatti, König der Länder, ...; Wettergott von Zippalanda, Wettergott von Nerik, Wettergott des Heerlagers, Wettergott von Chalap ... der Stier Scheri, der Stier Churri, Namni und Chazzi; Chepat, Königin des Himmels; Schutzgott, Schutzgott von Chatti, ... Allatum, Ea, Telipinu, Ischtar, Ischtar des Feldes; Ischtar von Ninive, Ischtar von Chattarina, Ninatta, Kulitta, Ischchara, die Königin des Eides; Zababa ... die männlichen Götter, die weiblichen Gottheiten insgesamt, ... die Berge, Flüsse, Quellen des Landes Chatti, das große Meer, Himmel und Erde.

Die Aufzählung dieser Schwurgötterlisten nennt alle bedeutenden Gottheiten des Staatskultes, wobei die Wiedergabe vieler Namen mit dem sumerischen oder babylonischen Äquivalent lediglich Angelegenheit der Schrift ist. Das gilt hinsichtlich ALLATUM, statt derer an der Parallelstelle Lelwani erscheint, wie auch bei der ISCHTAR des Feldes, die in einem großen Ritualtext churritisch *awariwi Schauschga* benannt wird. Somit ist aus diesen Namen keinesfalls auf die

Verehrung der betreffenden babylonischen Gottheiten zu
schließen; lediglich in Einzelfällen ist dies anzunehmen, wenn
etwa der ISCHTAR auf babylonisch rezitiert wird.

Aus dieser Anrufung aller tausend Götter des Reiches beim
Abschluß eines Staatsvertrages hatte man auch einmal geglaubt, Yazilikaya und seine Reliefs erklären zu können, indem hier vor den Götterbildern die Verträge beschworen
worden seien. Jedoch widerspricht dem die Bewegung der
Götterzüge, die Aufteilung des Pantheons nach männlichen
und weiblichen Gottheiten, die betonte Begegnung der beiden
Hauptgestalten, Wettergott und Chepat, und schließlich die
Benennung der Götterbilder mit churritischen Namen.

Nun hat das Heiligtum außerhalb der Hauptstadt seine besondere Lage gemeinsam mit dem Neujahrsfesthaus der babylonischen Welt, und ein hethitischer Text spricht auch deutlich von Götterversammlung und Schicksalsbestimmung:

Dem Wettergotte wurde zum Jahresanfang ein großartiges Fest
Himmels und der Erde gefeiert. Alle Götter versammelten sich und
traten in das Haus des Wettergottes . . . Nun esset bei diesem Feste,
trinket! Sättigt euch und stillt euren Durst. Des Königs und der
Königin Leben sprechet aus! Des Himmels und der Erde Leben
sprechet aus! Des Getreides [Gedeihen sprechet aus!].

So wird man damit rechnen dürfen, daß das babylonische
Neujahrsfest mit der Prozession hinaus zum *bit akiti*, wo alle
Götter sich vor dem Wettergott versammeln und für das
Königspaar, den Kreis der Festteilnehmer und das ganze
Land ›Leben‹ sprechen, durch churritische Vermittlung den
Hethitern bekannt geworden und nach Chattusa verpflanzt
worden ist. Das würde vor allem auch die auffällige Tatsache
erklären, daß die hier in unmittelbarer Nähe der hethitischen
Hauptstadt versammelten Götter churritische Namen tragen.

An die gleichen großen Götter des Reiches richten sich auch
die meisten der königlichen Gebete, die in eigener Sache –
mit der Bitte um langes Leben, Gesundheit und reiche Nach-

kommenschaft – oder um des Landes willen gesprochen werden. Der Bittsteller fühlt sich als Schützling seines Gottes, im
Vertrauen darauf kann er auch die gegenwärtige Notzeit
überstehen. Es gibt gar, vielleicht mit beeinflußt von babylonischen Gebetstypen, die besondere Form des Schutzgottes
und des Gebetsmittlers. Nicht nur das Bild des Knechtes vor
seinem Herrn (s. S. 428) ist in den Texten häufig, sondern
auch der Vergleich: »Vater und Mutter habe ich nicht, du mein
Gott, bist mir wie Vater und Mutter!«

Man erwähnt auch seine Verdienste um den Kult der Gottheit oder betont die besondere Notlage, wie: »Bei den Menschen heißt es: Einer Frau in Kindesnöten erfüllt die Gottheit
eine Bitte. Ich, Puduchepa, bin eine Frau in Kindesnöten, so
erfülle meine Bitte, Sonnengöttin von Arinna, meine Herrin!«

Züge echter Frömmigkeit möchte man dann besonders im
Eingeständnis der Sünde sehen, in der Bereitschaft, wieder-
gutzumachen. Neben der persönlichen Verantwortung des
einzelnen kommt dabei auch das Problem der Vererbbarkeit
der Sünde zum Ausdruck:

> Es ist nur zu wahr, daß der Mensch sündig ist. Mein Vater sün-
> digte und verstieß gegen das Wort des Wettergottes von Chatti,
> meines Herrn. Ich jedoch habe in keinem Falle gesündigt. Aber es ist
> wahr: Die Sünde des Vaters kommt auf den Sohn. So ist meines
> Vaters Sünde auf mich gefallen. Ich aber habe nun dem Wetter-
> gott von Chatti, meinem Herrn, und vor den Göttern, meinen Her-
> ren gestanden. Es ist wahr, wir haben es getan! Und da ich meines
> Vaters Vergehen gestanden habe, so möge sich der Sinn des Wet-
> tergottes von Chatti und der Götter, meiner Herren, wieder be-
> sänftigen!

An das Gebet schließen sich häufig Gelübde, z. T. von
Votivbildern:

> Wenn du, o Gottheit, meine Herrin, die Majestät im Laufe langer
> Jahre bei Leben und Gesundheit halten wirst, so daß er vor deiner
> Gottheit für lange Jahre wandelt, so werde ich dir jährlich ebenso
> Jahre aus Silber und Gold, Monate aus Silber und Gold sowie Tage
> aus Silber und Gold . . . und ein Bild der Majestät aus Gold geben.

Teils werden solche Gelübde auch im Traum abgegeben, häufig dann natürlich vergessen, so daß gar Unterlassungen dieser Art listenmäßig zusammengefaßt werden.

Die Gottheit kann sich also durch O r a k e l, zunächst im Traume, dem Menschen offenbaren. Es geschieht das teils spontan, teils wird es auch absichtlich herbeigeführt. In einem Beschwörungsritual soll das Erscheinen der Göttin im Traume gar die sinnliche Begierde des Kranken wecken und ihn so von seiner Impotenz heilen. Als Möglichkeiten, den Willen der Götter zu erforschen, werden zusammenfassend genannt:

Entweder möge mein Gott im Traume zu mir sprechen, möge mein Gott mir sein Herz öffnen und mir meine Sünden sagen, so daß ich sie erkenne. Oder es möge eine Seherin zu mir sprechen oder ein Wahrsagepriester des Sonnengottes mir aus der Leber weissagen!

Diese Disziplin der Eingeweideschau zeigt deutlich ihre Herkunft aus Babylonien. Das beweist die weitgehend babylonische Terminologie, aber auch eine große Zahl von Tonmodellen, die die besonderen Formen der Leber zeigen und die Deutung in Keilschrift – babylonisch geschrieben – daneben angeben.

Stärker eigenen Charakter zeigt das Vogelorakel, wo insbesondere die Flugrichtung der Vögel wohl beobachtet wird. Selbstverständlich hat man damit gerechnet, daß der römische Haruspex und Augur ihre Kunst von hier herleiten, wobei die nach der Überlieferung aus Kleinasien stammenden Etrusker diese Orakeldisziplinen mitgebracht hätten.

Neben Gebet und Opfer steht die M a g i e, um dem mannigfachen Unheil zu begegnen, das dem Menschen droht oder bereits auf ihm lastet. Das magische Ritual ist das Gebiet des Zauberpriesters, der kraft seines Amtes waltet, eröffnet aber auch ein weites Tätigkeitsfeld für die ›Weisen Frauen‹, die in den Ritualtexten aus Boghazköy eine bedeutsame Rolle spielen. Aber auch im Politischen Testament Chattusilis I. werden sie genannt, hier allerdings bedroht von dem Gebot, daß der königliche Harem sich von den Einflüsterungen dieser Wahrsageweiber und Zauberinnen abwenden solle.

Letztere behalten dennoch ihre besondere Stellung und sind uns bekannt als Verfasserinnen einer großen Zahl von Ritualen, als Beschwörungspriesterinnen oder als Wahrsagerinnen, deren Hilfe auch der König sucht. Behexung und schwarze Magie stehen unter Todesstrafe und werden somit auch im hethitischen Gesetz genannt; einmal: »Wenn jemand einen Menschen kultisch reinigt, so bringt er die Opferrückstände zum Verbrennungsplatz; wenn er sie aber zum Feld oder Haus eines anderen bringt, so ist das Zauberei und führt zum Königsgericht« (§ 44) oder (§ 55*): »Wenn jemand eine Schlange tötet und dabei den Namen eines Mannes ausspricht« als Form eines Analogiezaubers.

So bieten die erhaltenen Rituale der königlichen Archive nur Beispiele der weißen Magie, des Schutzzaubers, der kultischen Reinigung, die auch für Fälle angewandt werden kann, die sonst dem Strafrecht unterliegen, wie bei Sodomie. Andere Anlässe sind vielfach gegeben: Impotenz, kultische Verunreinigung einer Gebärenden, Familienstreit, Sterben im Lande usw. Magische Handlung und Sprüche gehen nebeneinander her, wobei Symbol- und Analogiezauber eine große Rolle spielen. Man errichtet ein Tor aus dornigem Gewächs, läßt den zu Behandelnden hindurchgehen und spricht dazu:

Du bist ein *chatalkisna*(-Gewächs). Im Frühling kleidest du dich weiß, im Herbst aber kleidest du dich blutrot (Blüte bzw. Frucht). Dem Schaf, das unter dir hinweg geht, dem rupfst du das Wollvlies, dem Rind, das unter dir hinweg geht, rupfst du die Wamme. So ziehe auch diesem ›Opferherrn‹ böse Unreinheit und Bezauberung ... fort!

Bei der rituellen Reinigung einer vom Feinde geschlagenen Truppe findet sich eines der seltenen Beispiele von Menschenopfer: ›Einen Menschen, eine Ziege, ein Hündchen und ein Ferkel schneiden sie mitten durch; und die eine Hälfte legen sie auf diese, die andere auf jene Seite‹, die Truppe marschiert hindurch und wird am Flusse noch mit Wasser besprengt. Hier in der Magie erscheinen dann auch die sonst als kultisch unrein empfundenen Tiere Hund und Schwein.

Die Parallelen zu magischen Praktiken im Alten Orient sind deutlich; auch der ›Sündenbock‹ findet sich wieder, der mit aller Unreinheit beladen dann ins Feindesland getrieben wird. Beim Bau eines Hauses werden Nachbildungen aus Metall und Stein vergraben; das Bauwerk möge so dauerhaft wie diese sein! Götter werden aus der Ferne herbeigerufen auf Pfaden, die man aus Feinmehl, Honig und Wein gezogen hat; mögen die Götter kommen, um davon zu essen und zu trinken!

Eine ausführlichere Darstellung verdient das Totenritual für den hethitischen König, das in umfangreichen Teilen eines vierzehn Tage währenden Rituals wiedergewonnen werden konnte. Eine eigene Tafel zählt einzeln alle Gegenstände aus Edelmetall auf, die dabei benötigt werden; ein anderer Text schreibt gesondert die Sprüche aus, die die ›Weise Frau‹ bei den einzelnen magischen Handlungen zu sprechen hat. Damit sind entscheidende Hinweise gewonnen, daß wir es nicht lediglich mit einem Bibliotheksexemplar von nur literarischer Geltung zu tun haben. Vielmehr ist das Ritual so auch ausgeführt worden, und die Verbrennung des Toten sowie der ihm zugedachten Gaben beruht sicherlich auf Jenseitsvorstellungen, die weit in die Vorzeit der indogermanischen Einwanderer zurückreichen – so deutlich heben sie sich von dem ab, was der Alte Orient über Tod und Jenseits gedacht hat.

Beim Tode von König oder Königin hört jegliche Festlichkeit auf. Der Tote wird verbrannt, am nächsten Morgen die Flamme des Scheiterhaufens mit Bier und Wein gelöscht. Frauen lesen die Gebeine auf, tränken sie mit Öl und sammeln sie in einem Linnentuch. Mann und Frau werden auch jetzt noch im Ritual unterschieden, denn die Gebeine des Königs legt man auf einen Stuhl, die der Königin auf einen Schemel, bevor das Totenmahl beginnt. Ein Bild aus Früchten wird angefertigt; daran schließt sich ein Disput zwischen zwei ›Weisen Frauen‹, wonach anscheinend die eine sich nicht Gold, wie ihr nahegelegt wird, sondern Lehmerde nimmt[21].

Der Tote wird dann in das ›Steinhaus‹, sein Mausoleum, überführt. Hier ist ein Bett ausgebreitet, auf das man die Gebeine legt – augenscheinlich ein Relikt alter Leichenbestattung. Eine Lampe wird neben das Bett gestellt und ein Rind und ein Schaf der ›Seele‹ des Toten geopfert. Vom Leichnam und den Gebeinen deutlich unterschieden, wird hier also die ›Seele‹ genannt, die den körperlichen Tod demnach mindestens einige Zeit überdauert.

Für das Ritual wird nun ein Bild des Toten angefertigt, das zu den einzelnen Stationen mit einem Wagen herumgefahren wird. Häufig sind Opfergaben an die Überirdischen, besonders aber an die chthonische Sonnengöttin der Erde, den ›Günstigen Tag‹, die Ahnen sowie die ›Seele‹ des Toten selbst. Neben den Klageweibern praktiziert wieder die ›Weise Frau‹; der zwölfte Tag ist benannt nach dem (Ab-) Schneiden eines tragenden Weinstockes durch einen Sippenangehörigen als symbolische Handlung.

Deutlich wird die Vorstellung, daß durch Verbrennen ihm zugedachter Gaben und eine Zueignungsformel der Tote in den Besitz von Ackergerät, Wiese, Pferden und Rindern gesetzt werden soll. Von den letzteren werden anscheinend nur die Schädel verbrannt; ein Stück Wiese wird ausgestochen und dem Toten zugeeignet mit den Worten: »Oh, Sonnengott, halte ihm diese Wiese rechtmäßig zugesprochen! Niemand soll sie ihm entreißen oder gerichtlich anfechten! Und es sollen für ihn auf dieser Wiese Rinder und Schafe, Pferde und Maultiere weiden!«

Anscheinend erwartet den König ein jenseitiges Dasein als Großherdenbesitzer. Aber auch der einfache Tote geht in eine andere Welt, und zwar endgültig. Denn wir können feststellen, daß es kein Umgehen von Gespenstern gibt, also in der Magie gerade das Beschwören von Totengeistern fehlt, das im Babylonischen einen so weiten Raum einnimmt.

Ein Text scheint jedoch das sonst nur dem König bzw. der

Königin vorbehaltene ›Gott werden‹ zu verallgemeinern, indem er sagt: ›Wenn ein Knabe oder ein Mädchen Gott wird‹. An anderer Stelle ist der Gedanke ausgesprochen, daß die Mutter dem Toten entgegengehe, ihn an der Hand nehme und ihn geleite, wie auch der Todestag als ›Tag der Mutter‹ bezeichnet wird[22].

Die bekannten Gräber von Privatpersonen sind beigabenarm. Auffällig sind die Skelettreste, meist Schädel, von Equiden und Hunden, die sich neben den Hockerleichen und Brandbestattungen finden. Beide Bestattungsarten sind gar nebeneinander am gleichen Ort bezeugt, wie die Grabungen in der Felsgrotte von Osmankayasi erweisen. Gleichzeitig wird damit deutlich, daß am Prozessionsweg nach Yazilikaya Grabanlagen für viele Jahrhunderte benutzt worden sind.

Auch die Nebenkammer von Yazilikaya, die zwar mit dem großen Heiligtum im gleichen Felskomplex liegt, aber durch einen eigenen Eingang betreten werden mußte, dürfte dem Totenkult eines Königs Tutchalija gedient haben. Seine Statue stand wohl einmal auf einem Sockel, an der dem Eintretenden entgegenblickenden Schmalwand. Die den engen Eingang bewachenden beiden Löwendämonen, das Bild des von seinem Gotte geleiteten Königs, schließlich das Dolchemblem, das wohl zur Beschwörung der Unterirdischen in den Erdboden gesteckt ist[23] – alle diese Einzelbilder sind geeignet, die Deutung der Nebenkammer als Stätte eines königlichen Totenkults zu unterstützen. Vielleicht war die Wahl eines Bestattungsortes am Prozessionsweg zum Neujahrsfesthaus, noch mehr in seiner unmittelbaren Nähe, vom starken, religiösen Glauben getragen, so auch für alle Zukunft an dem göttlichen Segen für das kommende Jahr teilzuhaben.

Ein Manenkult ist dadurch bezeugt, daß wir Opfer an die früheren Könige und Königinnen listenmäßig auf Tafeln zusammengefaßt finden. Diese Gaben werden wohl vor den Statuen der betreffenden vergöttlichten Angehörigen des Königshauses niedergelegt. Wieder haben wir, wie bei den Inventarlisten über Götterbilder, Beschreibungen derartiger Statuen: Sie sind mit Gold belegt, Teile aus Lapislazuli gefertigt, und der König hält als Zeichen seiner Würde, wie im

Leben, den Krummstab in der Hand. Bei der Verlegung der Residenz nimmt Muwatalli denn auch die ›Götter und Manen‹ auf und verbringt sie in die neue Hauptstadt.

XII

KUNST

Der Beginn der hethitologischen Forschung hatte Steindenkmäler mit Hieroglyphenaufschriften des 9. und 8. vorchristlichen Jahrhunderts zum Ausgangspunkt gehabt (s. S. 318). So hatte diese Kunst der kleinen Fürstenhöfe des ersten Jahrtausends den Namen ›hethitisch‹ an sich gezogen. Und die Menge dieser Denkmäler aus Karkemisch, Sendschirli, Malatya, Karatepe usw. bietet sich auch heute noch allzu bequem als Zeugnis hethitischer Kunst dar.

Andererseits liegt der Beginn hethitischer Staatsbildung, die Ausprägung einer eigenen Kultur zu Anfang des zweiten Jahrtausends noch zu stark im Dunkeln, um eine ›hethitische‹ Kunst klar von den älteren, einheimischen (protochattischen) Kulturtraditionen abheben zu können. Wohl scheinen die Plastiken der Fürstengräber von Hüyük bei Aladscha im künstlerischen Stil andersartig als die späteren Zeugnisse der Großreichszeit, aber auch hier ist die Diskussion im Fluß (s. S. 326). Bei den Funden von Kültepe kann man die Marmoridole in Scheibenform zwar als vor-›hethitisch‹ bezeichnen; die einfarbige, hochpolierte Keramik vom kārum Kanisch sowie die Tiergefäße finden dagegen ihre Fortsetzung späterhin und die Götteridole der Schicht I b weisen typisch ›hethitische‹ Züge auf (s. S. 333).

So wird es verständlich, daß die Diskussion um die Begriffsbestimmung ›hethitisch‹ gerade für Aussagen zu den Kunstdenkmälern noch zu keiner übereinstimmenden Meinung geführt hat. Kommt doch hinzu, daß wir für die Zeit des Großreiches den auf dem Gebiete der Literatur und der Religion unverkennbaren Einfluß des Churritertums auch für die Kunst annehmen müssen, ohne daß hier so eindeutige Kriterien wie dort zur Unterscheidung der beiden Komponenten gegeben sind.

Die Kunst dieser Großreichsperiode bietet sich uns mit den schönsten und zahlreichsten Zeugnissen in den Monumenten von Boghazköy, den Felsreliefs von Yazilikaya und den Orthostaten von Hüyük bei Aladscha dar. Es handelt sich dabei offensichtlich um Denkmäler, die im engsten Zusammenhang mit der königlichen Hofhaltung, wohl zumeist gar im Auftrage des Königs geschaffen worden sind. So sind auch hier fremde Einflüsse von vornherein wahrscheinlich, hat man sich doch anscheinend auch Künstler von anderen Fürstenhöfen ausgeliehen. Dennoch zeigen alle diese Denkmäler einen sehr ausgeprägten eigenen Stil.

Die ältesten Reliefblöcke, teils vielleicht noch aus dem 15. Jahrhundert – schlecht erhalten bzw. nur in den Konturen ausgeführt und nicht vollendet – verdienen insbesondere darum Erwähnung, weil sie in lebendigster Form Kampfhandlungen, wohl unter Göttern, wiedergeben. In einem Fall stößt eine stehende Gestalt mit beiden Händen eine Lanze in die Schoßgegend eines von oben herabstürzenden Gottes, der durch die spitze Mütze gekennzeichnet ist[24]; in der anderen Darstellung sticht ein Gott mit erhobener Lanze in den Rücken eines nach vorn taumelnden, fliehenden Gegners.

Die gleiche Erfassung der lebendigen Wirklichkeit sehen wir auf den Jagdreliefs von Hüyük oder jener Darstellung eines mit gesenktem Kopf angreifenden Stieres. Auch Ritzzeichnungen von Tierköpfen auf einem Tonwirtel oder eines Löwen bzw. zweier Köpfe auf der freien Fläche einer Tontafel geben mit wenigen Strichen das Charakteristische wieder. Die Reliefblockreihe mit Opferszenen dagegen – das Königspaar vor einem Altar und dem Kultbild eines Stieres, die herangeführten Opfertiere, der Zug der begleitenden Höflinge und Musikanten – sind zwar als kulturhistorisches Bildzeugnis sehr aufschlußreich, in der höfisch-formalen Darstellungsart dagegen etwas blaß.

Die Blöcke sind teilweise in zwei Reihen übereinanderge-
setzt, oder ein einzelner Orthostat ist auch durch eine Mittel-
linie in zwei Bildfelder aufgeteilt. Bei den herbeigeführten
Opferschafen ist dadurch und durch ein Überschneiden der
schreitenden Tiere der Eindruck einer größeren Herde wirkungsvoll wiedergegeben.

Stärker ist allerdings noch die Wirkung als Komposition
bei der Gruppe der hintereinander schreitenden zwölf Götter,
wie sie besonders gut erhalten, von einem braungelben Kalk-
steinsinter überzogen, in der Nebenkammer von Yazilikaya
auf uns gekommen ist. Die Bilder zeigen ein hohes, gerun-
detes Relief; die Gesichtszüge sind auffällig weich, auch die
Männer tragen einen großen Ohrring. So ist es verständlich,
daß man in der Anfangszeit der Forschung stärker als heute
darauf verwiesen hat, daß hier wohl das Vorbild der griechischen Amazonengestalten vorläge.

In den Einzelheiten figürlicher Darstellung folgt der Künstler einem festen Kanon. Das gilt nicht nur hinsichtlich der
Kleidung und Kopfbedeckung, die durch das kultische Bild-
thema vorgeschrieben sein dürften, sondern auch in bezug
auf die Wiedergabe von Augen, Mund, Beinmuskulatur
usw. Auch die Handhaltung ist jeweils bei den männlichen
und weiblichen Gestalten konstant. Schulter und Oberkörper werden auch bei schreitenden Figuren in Vorderansicht
wiedergegeben.

Zu den schönsten Schöpfungen gehören ferner die Skulp-
turen an den Toren der Oberstadt von Chattusa, so das
Relief eines kriegerischen Gottes, der mit einer kunstvollen
Axt in der Rechten, die Linke grüßend erhoben, hier am
Tore stand, das nach Südosten aus der Stadt führte; wahr-
scheinlich hat mancher Kriegszug nach Syrien hier seinen
Ausgang genommen.

Das Relief steht heute im Museum zu Ankara, und ebenso
haben zwei Sphingen von einem Tor über Yerkapi ihren
Weg in die Museen genommen; nur Fragmente einer dritten
liegen noch an Ort und Stelle. Auch in Hüyük stehen zwei
große Torlaibungsblöcke mit Sphinxprotomen. Auf vierkantigen, gedrungenen Vorderbeinen ruht eine mächtige

Brust, darauf ein Kopf mit weit herabhängender Hathorfrisur. Einflüsse von Ägypten sind im Kopfschmuck unverkennbar, aber die runde, weiche Formung des Gesichtes mit den großen Ohren, die Verbindung der Kopfbedeckung noch mit Hörnerkrone und einem hohen, rosettenbaumartigen Aufsatz schafft doch ein Wesen eigener Art; außerdem ist die Sphinx geflügelt dargestellt. Schlank reckt sich der lange Leib, der im Hochrelief aus dem Torpfeiler herausgearbeitet ist. Die scharf geschnittene, geschwungene Linie der Hinterbeine, ebenso wie der spielerisch hoch erhobene, am Ende eingerollte Schwanz, stehen in auffälligem Kontrast zur statischen Schwere der Vorderseite.

Ähnlich gedrungen und schwer wirken die Löwen, die mit ihren Leibern aus dem monolithen Pfeiler des Löwentores treten, mit drohend geöffneten Rachen und den mächtigen Kopf umrahmt von einem Mähnenkranz. Es kommt hier die ganze Kraft einer monumentalen Kunst zum Ausdruck, die jeden Besucher der Ruine in ihren Bann zieht.

Monumental und großartig ist auch die B a u k u n s t, wie sie insbesondere beim Tempel des Wettergottes von Chatti in mächtigen Sockelorthostaten Gestalt gefunden hat. Hier steht z. B. an der Ecke der Fassade ein Block von 5,25 m Länge, 1,40 m Höhe sowie 1,80 m Breite und mit scharfen Stoßfugen zu den anpassenden Nachbarblöcken. Gewinkelt führt der Weg vom Propylon über die gepflasterte Feststraße zum Tempeleingang und vom Innenhof zum Allerheiligsten (s. S. 426). Asymmetrie ist wesentliches Kennzeichen der baulichen Gestaltung – ein Bauprinzip, das schon in den kültepezeitlichen Häusern Geltung hat und je nach Bedarf Räume aneinanderfügt, wodurch völlig unregelmäßige Gebäudeumrisse entstehen.

Gänzlich eigene Züge trägt die hethitische G l y p t i k. Das mesopotamische Rollsiegel ist in Kleinasien nicht recht heimisch geworden, obgleich die assyrischen Händler selbstver-

ständlich diese Form der Beurkundung kannten. Einheimische benutzen das Stempelsiegel in Petschaftsform mit meist
einfachen geometrischen Mustern, in der jüngeren Periode
auch mit Tierdarstellungen: einen Hasen schlagender Adler,
doppelköpfige Adler mit ausgebreiteten Schwingen, Stiere,
Sphingen, teils umgeben von einem Flechtband oder einem
Spiralkreis.

Aus einem Grabe der jüngeren Periode stammt ein goldenes
Stempelsiegel, das eine sitzende Göttin vor einem Altar zeigt,
die im Stil der gleich zu nennenden Reliefvase von Bitik nahe
verwandt ist.

Diese rein bildlichen Siegel werden dann abgelöst durch
Siegel mit Hieroglypheninschriften, neben denen nur noch
gelegentlich ein Bild erscheint, das dann die andere Seite des
Knopfsiegels einnimmt – denn auch die Form des Siegel-
stockes hat sich gewandelt – oder auch in die Namenschrei-
bung einbezogen ist. Stilistisch stimmen diese Löwen (und
Stiere) mit der Großplastik überein und sind hervorragende
Zeugnisse einer Kleinkunst[25].

Letzte Vervollkommnung in der Komposition von Bild
und Schrift bieten dann die Königssiegel mit der wappen-
artigen Schreibung des Namens in einer Aedicula.

Große Bedeutung hatten auch Tonplastiken, die im
Kult Verwendung fanden (s. S. 427). Am häufigsten sind,
z. T. in hervorragender Ausführung, Stierfiguren von teilweise beachtlicher Größe (eine Stierterrakotte ist mit etwa
70 cm Länge zu rekonstruieren), hochrotpoliert oder mehr-
farbig, mit weißem oder cremefarbenem Überzug einzelner
Teile wie des Horns und der Hufe.

Auch von einer Löwenplastik mit etwa 50 cm Rückenhöhe
fanden sich beachtliche Teile; die breitflächige Brust mit
einem eingeritzten Mähnenmuster, die kräftigen Beine mit
aufgesetztem Knie und Sehnenband, die feinausgearbeiteten
Tatzen – all das erinnert stark an die großen Steinplastiken
vom Löwentor.

Ihre Vorläufer haben diese Terrakotten aber sicherlich in

den tierförmigen Gefäßen, wie sie vom Kültepe in reicher
Auswahl vorliegen. In den älteren Vorkommen stark stilisiert,
zeigen die Tierköpfe in kārum Kanisch Ib die gleiche natura-
listische Durchformung wie die späteren hethitischen Stücke.

Ein Wort verdienen schließlich noch die Reliefgefäße,
von denen einige Scherben aus Boghazköy bekannt sind;
darunter zeigt eine den schön modellierten Kopf eines Pferdes,
eine andere Kopf und Hände eines wohl stehenden Mannes,
wobei Finger und Haare eine rote Bemalung auf dem weißen
Bildgrund zeigen. Althethitischer Zeit gehört ein drittes
Stück mit einer Reihe von fünf kleinen, gabentragenden
Männern an, die aber künstlerisch recht grob ausgeführt sind.

Das schönste Beispiel solcher Reliefgefäße bietet jedoch die
Bitikvase, die wenig nördlich von Ankara durch Bauern auf
dem dortigen Hüyük gefunden worden ist. Der Gefäßkör-
per ist in Streifen aufgeteilt, deren oberster eine Reihe von
Männern darstellt, die Gefäße in den Armen bzw. auf dem
Rücken tragen; der untere Streifen könnte, nach den erhaltenen Resten zu schließen, einen Schwerttanz darstellen, zu dem
eine Person ein Musikinstrument schlägt. In einem rechteckigen Feld, das wohl einen Tempelraum darstellt – Archi-
tekturteile sind erhalten –, sitzen sich ein Mann und eine Frau
in langen Gewändern gegenüber; dies ist vielleicht das zentrale Bild der ganzen kultischen Darstellung.

Das Stück dürfte als althethitisch anzusprechen sein und
vielleicht noch der ausgehenden Periode der altassyrischen
Handelstätigkeit angehören. Man hat auch darauf verwiesen,
daß diese Reliefvasen auf Wanddekorationen zurückgehen,
wie die Paläste von Mari und Alalach dieser Zeit sie in ihren
Freskomalereien kennen. Wir hätten dann hier noch einmal
ein Beispiel des starken kulturellen Kontaktes, der durch alle
Perioden der hethitischen Geschichte das alte Kleinasien mit
der babylonischen Welt in Nordsyrien verbindet.

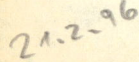

DRITTER ABSCHNITT

SYRIEN - PALÄSTINA

VON

VICTOR MAAG

I

VORGESCHICHTE

Die Kulturgeschichte Syrien-Palästinas beginnt mit der letzten Zwischeneiszeit zwischen 200 000 und 100 000 v. Chr. Damals haben Menschen, die von der Jagd und vom Sammeln pflanzlicher Nahrung lebten, das syro-palästinensische Gebiet durchzogen. Steinwerkzeuge primitivster Art zeugen von ihnen. Sie benutzten hauptsächlich das Faustbeil, einen durch Abschlagen mehrerer Teile eines runden Kieselbrockens zugespitzten oder schneidkantig geformten Stein, als Universalinstrument zum Schneiden, Spalten, Bohren und Graben. Die Archäologen weisen diese Hinterlassenschaft, wie sie südwestlich Jerusalems (Ebene Rephaim) und anderwärts in Palästina-Syrien angetroffen worden ist, der altsteinzeitlichen Stufe, dem sogenannten Paläolithikum, zu. Dieses hat seine europäische Parallele in der Chelléen-Kultur, so benannt nach den ersten sie charakterisierenden Funden in Chelles bei Paris.

Wie die frühesten Bewohner Palästina-Syriens ausgesehen haben mögen, entzieht sich unserer Kenntnis. Die ältesten menschlichen Knochen lagen erst in Ausgrabungsschichten vom Ende der paläolithischen Epoche, dem sogenannten Moustérien, das seine Bezeichnung nach dem ersten Fundort Le Moustier, im Département Dordogne in Frankreich, erhalten hat.

In der Moustérienzeit, zwischen 100 000 und 9000 v. Chr., muß in Europa der Schlag der Neandertaler gelebt haben. Gleichzeitig mit ihnen hausten auch in Vorderasien Menschen von nahezu demselben Typus. Sie bewohnten die natürlichen Höhlen des Landes, wie sie sich im Libanon, im Karmelgebiet, westlich des Tiberias-Sees und in Südpalästina finden[1]).

Bei den Ausgrabungen im Nordwinkel der Ebene Gene-

XIVa Mädchenfigur aus Chazor
(Tempeldirne?),
8. Jahrhundert v. Chr.,
israelitisch

XIVb Kultstele aus dem Allerheiligsten
eines bronzezeitlichen Tempels
in Chazor

XV Stadtanlage von Tell ed-Duweir (vermutlich das biblische Lachisch). Rekonstruktion des für das 8./7. Jahrhundert anzunehmenden Zustandes

XVIa Der erste Zeuge unserer Alphabetreihe:
Keilschriftprisma aus Ugarit, mit 30 Buchstaben (14. Jahrhundert)

Bu p 529

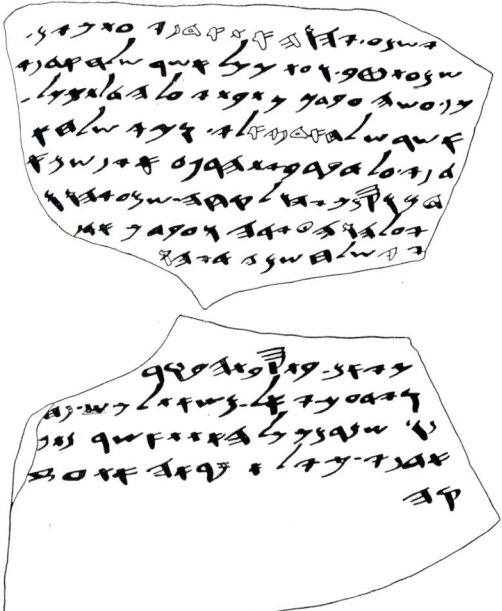

XVIb Lachisch–Ostrakon (588 v. C.

VII Reliefs aus Ugarit:
  a El empfängt das Opfer des Königs   b Ba'al
    (14. Jhdt.)   (13./12. Jhdt.)

XVIII Goldener Anhänger aus Ugarit: Die Göttin Kadesch
(14. Jhdt.?)

zareth[2] stieß ein junger Oxforder Archäologe 1923 bei seinen Sondierungen in der Moustérienschicht auf menschliche Überreste. Der Homo Galilaeensis, den er dabei entdeckte, erwies sich als ein echter Vertreter der Neandertalrasse, und von dieser Art folgten später noch etliche bei den verschiedenen archäologischen Suchungen im Land, vor allem in den Höhlen des sogenannten Höhlentales (Wadi Mughara) im Karmel.

Es sollte sich jedoch bald herausstellen, daß in derselben Schicht nicht allein Skelette vom ausgesprochenen Neandertaltypus des Homo Galilaeensis lagen, sondern auch andere von einem wesentlich höher entwickelten Schlage. Diese letzteren zeigten eine ganze Reihe von Merkmalen nicht, die den Neandertaler den Affen verhältnismäßig nahestehen lassen, sondern sind dem Cromagnon-Schlage zuzuschreiben. Der Typus wird auch in diesem Falle nach der ersten Fundstelle, Cro-Magnon, im französischen Vézère-Tal, benannt. Der Cromagnon bildete allem Anschein nach eine Vorstufe zum heutigen Europäer, ist aber als Karmelmensch im Wadi Mughara etwa 70000 Jahre früher nachweisbar als in Europa[3]. Die beiden Rassen, Neandertaler und Cromagnon, haben sich vielleicht in Syrien-Palästina über Jahrhunderte hin gleichzeitig aufgehalten, bis der Cromagnon den Neandertaler überlebte.

Haus- oder Herdentiere, Spinnen, Weben und Töpferei waren noch unbekannt. Als Jagdtiere standen Damhirsch, Steinbock, Gazelle, Wildschwein, syrischer Höhlenbär und Schildkröte zur Verfügung; aber auch Fossilien von Nashörnern, Nilpferden, Elefanten und Krokodilen trifft der Paläontologe in der gleichen Schicht: ein Beweis für ein subtropisches oder tropisches Klima im damaligen Palästina. Durchbohrte Muscheln wurden aufgereiht als Schmuck oder als Amulette getragen. Die Steinwerkzeuge sind schon vielgestaltiger als die des Altpaläolithikums. Neben dem Faustbeil treten steinerne Meißel, Schaber, Dolche von Lorbeerblattform und parallelschneidkantige Messer auf; dazu Lanzen- und Pfeilspitzen aus Feuerstein mit einer Einsteckplatte zur Einfügung in den Schlitz des hölzernen Schaftes.

Das Mesolithikum, das in Vorderasien etwa von 9000 bis 6000 gedauert hat, ist wiederum durch Höhlenfunde, besonders aus Palästina, gut belegt. Eine andere Menschenrasse scheint nun das Land bewohnt zu haben: schlanke Leute mit länglichen Schädeln, in Bau und Größe dem späteren Mittelmeertypus ähnlich. Auf die ersten Skelette dieser Art stießen die Archäologen im Wadi Natuf, nordwestlich von Jerusalem. Man bezeichnet diese Menschengruppe darum als Natufier.

Ihre Kultur war gegenüber der des Karmelmenschen bedeutend weiter entwickelt. Zur Jagd war die Fischerei getreten; das Sammeln pflanzlicher Nahrung wurde durch den Anbau von Zerealien ergänzt. Wahrscheinlich haben die Natufmenschen den ersten Weizen kultiviert. Sie fingen an, Hunde als Lebensgefährten zu züchten. Gefäße stellte man nach wie vor aus Stein her. Mit den noch immer primitiven steinernen Schneid-, Bohr- und Polierwerkzeugen schnitzten die Natufier aus Knochen und selbst aus Kalkstein bereits Schmuck- und Zierstücke, vielleicht auch Idole, von beachtlicher Schönheit. Ganz kleine, fein gearbeitete steinerne Halbmonde, dreieckige und viereckige Plättchen haben möglicherweise magisch-religiösen Charakter gehabt. Vielleicht waren es Amulette, vielleicht hingen sie auch schon mit einem Fruchtbarkeitskult zusammen[4]. Das Klima muß in der Natufzeit so trocken gewesen sein, daß sich das Leben nur noch zum geringsten Teil in den Höhlen abspielte. Die ergiebigsten Fundschichten liegen darum auch nicht in den Höhlen, sondern außerhalb.

Die Toten wurden mit allerlei Grabbeigaben versehen und mit großer Sorgfalt bestattet, ein Zeichen dafür, daß man von ihrer Fortexistenz überzeugt gewesen ist. Ein merkwürdiger Zug der Natufkultur ist noch nicht eindeutig zu erklären: In der Nähe der Herdstellen finden sich verschiedentlich Knochenreste nicht nur von Tieren, sondern auch von Menschen. Da die Knochen nach Ausweis der archäologischen Untersuchungen in frischem Zustand gebrochen worden sind, haben die Archäologen an Reste kannibalischer Mahlzeiten oder an Darbringungsopfer gedacht.

Die mesolithische Epoche geht in Palästina ungefähr von
6000 an in das Neolithikum, die jüngere Steinzeit, über. In
ihrer frühen Phase traten im Lande Menschen auf, die, wahrscheinlich noch teilweise als Höhlenbewohner, teilweise vielleicht auch in Hüttendörfern siedelnd zu denken sind. Von
ihrer äußeren Kultur und ihrer Lebensweise wissen wir wenig.
Um so überraschender ist das Schlaglicht, das ihre archäologische Hinterlassenschaft auf das Bestattungswesen und die Vorstellung vom Tode wirft. Diese neue Menschengruppe nämlich, die möglicherweise nur an verhältnismäßig wenigen
Stationen des Landes niedergelassen war, hat ihre Toten nicht
begraben, sondern sie in eigens dafür eingerichteten unterirdischen Kavernen eingeäschert[5], deren eine in Gezer wiedergefunden worden ist.

Die Gezer-Neolithiker scheinen sich des Landes nicht
lange gefreut zu haben. Sind sie ausgestorben? Hat Seuche
oder Hunger sie dahingerafft? Wir wissen nur, daß das Gezer-
Krematorium bis dahin als eine isolierte Erscheinung zu bu-
chen ist, und müssen annehmen, seine Erbauer seien weder sehr
weit verbreitet, noch lange ansässig gewesen. Sonst wären
bei der lebhaften archäologischen Arbeit vermutlich mehr
Zeugnisse ihrer Wirksamkeit zum Vorschein gekommen[6].

Vielleicht gleichzeitig, vielleicht um weniges später, sind
die Megalithleute anzusetzen. Unter Megalithen[7] versteht
die Fachsprache vereinzelte von Menschenhand aufgerichtete
oder zu charakteristischen Gruppen zusammengestellte
mächtige Felszähne oder wuchtige Felsbrocken.

In Syrien-Palästina sind Megalithmale vor allem in den am
Rande des Kulturlandes liegenden Gegenden Transjordaniens,
dann im Westen des Karmelgebietes und auf dem Berg-
rücken Mittelpalästinas bis hinab nach Gezer anzutreffen[8].

Megalithische Formen sind der einzelstehende Felszahn
oder Plattenstein (Menhir), die aus vier Platten gebildete
Kammer (Dolmen) und der durch einen Kreis von großen
Klumpensteinen eingegrenzte Platz (Cromlech). Die Bezeichnungen Menhir, Dolmen und Cromlech gehören der

Sprache der Bretonen an, in deren Land sich die Wissenschaft erstmalig mit den Megalithen befaßt hat. Überall, wo diese außerhalb Palästinas vorkommen, standen sie mit einem hochentwickelten Kultus der Toten oder anderer chthonischer Mächte im Zusammenhang. Deshalb müssen sie, wie immer man sie datiert, von einer landsässig-bäuerlichen Bevölkerung errichtet worden sein. Sie auf Nomaden zurückzuführen, widerrät die Erfahrung der allgemeinen Religionsgeschichte, nach der ein ausgesprochen religiöses Verhältnis zu Toten und chthonischen Gottheiten nur in einer vorwiegend bodenbebauenden Kultur erwächst[9]. Zudem spricht für die bäuerliche Herkunft der Parallelismus der Erscheinungen, indem die Megalithen von Malta und Westeuropa ebenfalls von bäuerlichen Völkern errichtet worden sind. Auch die heute noch Megalithgräber, vor allen Dingen Dolmen, errichtenden Stämme auf Madagaskar, in Indonesien und Hinterindien sind keine Nomaden, sondern sedentäre Pflanzer[10].

Beide Erscheinungen, die Volksgruppe von Gezer und die Megalithbauer, sind im Rahmen der bisher bekannten archäologischen Datierungen nicht unterzubringen. Es wäre an sich verlockend, die Megalithbauer mit der chalkolithischen Stadtkultur in Verbindung zu bringen. Gewisse Möglichkeiten dafür sind vorhanden, weil die ersten Städter ihre Toten in mit Steinen ausgekleideten Grabkammern bestattet haben und ihnen darum auch zuzutrauen wäre, daß sie besonders Mächtigen unter ihnen Megalithsetzungen errichtet hätten. Da aber keine eindeutig chalkolithischen Gräber megalithischer Charakteristik bekannt sind, ist die Verbindung nicht definitiv nachzuweisen[11]. Zudem ist mit der Möglichkeit zu rechnen, daß in frühen Epochen oft gleichzeitig Menschen verschiedener Kulturäußerungen getrennt voneinander in Palästina und Syrien nebeneinander gelebt haben.

Gegen das Ende der neolithischen Zeit hin beginnt die älteste Stadtkultur in Palästina. 1935/36 wurde die unterste Bauschicht von Jericho bloßgelegt, die auf das 6. Jahrtausend zurückgeht: Eine befestigte Stadt mit privaten Häu-

sern und kultischen Bauten! Alle Gebäude wiesen sehr sorgfältig hergerichtete Fußböden auf: ein Stein- und Lehmbett
war mit Kalk überzogen, gut geebnet, fein geglättet und
schließlich bemalt worden. Die Wände bestanden aus ge-
klopftem Lehm bzw. geklopfter Erde oder aus sogenannten
plankonvexen, ungebrannten, aber an der Luft getrockneten
Lehmziegeln.

Die Bewohner waren im wesentlichen eine bäuerliche Bevölkerung, die bereits verschiedene Haustiere wie Schafe,
Ziegen und schon Rindvieh und Schweine hielt und Ackerbau trieb. Die Stadt hat vermutlich bereits eine richtige ständische Ordnung aufgewiesen. Ein Gebäude kam zum Vorschein,
das außer dem als Säulenhalle mit Holzpfeilern errichteten
Zentralraum ein Vor- und Hinterzimmer enthalten haben
muß. Im Bereiche dieser Ruinen und in ihrem näheren Um-
kreis trafen die Ausgräber eine Menge von Lehmfigürchen
an: Statuetten aller üblichen Haustiere und außerdem häufig
die plastische Nachbildung menschlicher männlicher Ge-
schlechtsorgane. Wahrscheinlich waren das alles Votiv-
gegenstände, woraus sich der Charakter des Gebäudes als
Heiligtum ergibt.

Von kultischer Bedeutung war wohl auch die Familien-
darstellung, meist eine Gruppe von Vater, Mutter und Kind.
In Jericho sind zwei solcher Gruppen, aus Ton modelliert, gefunden worden. Eine andere merkwürdige Gepflogenheit war
ziemlich sicher ebenfalls religiös bedingt: Totenschädel wurden
mit Lehm gefüllt und damit auch die Gesichtszüge ergänzt,
so daß eine regelrechte und durchaus ansehnliche Plastik entstand, welche das persönliche Aussehen des Verstorbenen
festzuhalten imstande gewesen ist. Wahrscheinlich ging das
Bemühen dahin, dem Toten sein ursprüngliches Gesicht auch
für das ewige Leben zu erhalten.

Diese älteste archäologische Schicht von Jericho, zwischen
6000 und 5000, zeigt noch keinerlei Keramik. In der ihr folgenden tauchen die ersten Topfscherben im Kulturschutt auf.
Zunächst, vor 4000, ist die Keramik roh, von bloßer Hand
geformt. Sie wird aber bald feiner, ebenmäßiger und läßt
durch ihre genauen Horizontalparallelen von Fuß, Kröpfung

und Halsöffnung die Verwendung der Töpferscheibe erkennen. Daß stellenweise außer Tonscherben schon Reste von
kupfernen Gerätschaften auftreten, zeigt, daß die Leute bereits Kupfer zu gewinnen verstanden. Die Archäologen
nennen diese in Syrien-Palästina vom sechsten Jahrtausend an
sich abzeichnende Epoche die Kupfer-Steinzeit oder das
Chalkolithikum[12]. Den zu allerlei Werkzeug verarbeiteten
Flintstein wußte man kunstgerecht zu schleifen und fein zu
polieren. Allmählich erst wurde er durch das Kupfer verdrängt.

Weil die Zeugen dieser Kultur, welche der von Tell Halaf
in Mesopotamien zeitlich und charakterlich weitgehend entspricht, im ostjordanischen Teleilat-el-Ghassul zum erstenmal festgestellt wurden, bezeichnen die Archäologen sie als
›Ghassulien‹.

Zuerst schienen die Ghassul-Funde ohne weitere syrisch-
palästinensische Parallelen zu sein. Inzwischen ist deutlich geworden, daß diese Kultur der zweituntersten Stadtschicht von
Jericho entspricht und daß eine Reihe bedeutender Städte, besonders in Tieflagen bzw. in Schwemmlandbereichen, wo
eine Bewässerungskultur die gegebene Wirtschaftsform ist,
in der Ghassulzeit ebenfalls bestanden haben. So außer Jericho
auch Beth-Schean und Megiddo, ferner Affula (in der Jesreel-
Ebene) und weitere Orte in Syrien.

Die Bewohner dieser Städte scheinen die ersten Syro-Palästinenser gewesen zu sein, die den Boden durch systematische Bewässerung ertragreich zu machen verstanden. Sie
pflanzten bereits Gerste, Weizen und Hirse, entwickelten
den Gemüse- und Rebbau und zogen Oliven-, Feigen- und
andere Fruchtbäume.

Die Gebäude dieser Zeit sind rechtwinklig angelegt, von
ähnlicher Bauart wie die ältesten Jericho-Häuser, doch verfeinert und oft außen und innen mit farbigen Freskomalereien von bisweilen großer Schönheit geziert. Die Motive
dieser Fresken (geometrische Figuren, Blumen, Tier- und
Drachendarstellungen) beweisen in Technik und Stil eine
bedeutende künstlerische Begabung und eine auffallende Ver-

wandtschaft mit den Keramikmalereien von Tell Halaf in Mesopotamien. In der Halaf-Ghassul-Epoche scheinen weiträumige kulturelle Beziehungen bestanden zu haben; denn gleichzeitig sind auch drüben in Susa und Persepolis Keramikmalerei und am letzten Ort zudem Fresken ähnlich hohen Standes zu beobachten. Daß auch Phönikien mindestens in der jüngeren Ghassulzeit, der sogenannten Jesreelperiode, schon zu diesem Kulturraum gehörte, haben u. a. die Ausgrabungen Dunants in Byblos deutlich werden lassen.

Für ihre Toten haben diese Menschen gut gesorgt. Sie begruben sie pietätvoll und gaben ihnen mit Speisen gefüllte Gefäße und Schmuck ins Grab mit. Dieser sollte den Verstorbenen auf seinem Weg ins Totenreich vor allfälligen Gefahren feien, während die Speise als Wegzehrung auf dem weiten Pfade diente. Das Grab war eine kleine, sorgfältig mit Steinen ausgelegte Kammer. Man stellte sich jedenfalls vor, daß die Toten, wenn auch im Totenreich, so doch gleichzeitig auch in der Grabkammer präsent seien. Exhumierte Gebeine wurden in Truhen von oft hausförmigem Aussehen geborgen.

Infolge der Bewässerungswirtschaft entwickelte sich ein differenzierterer Lebensstil. Die Städte waren auf eine straffe Rechtsordnung angewiesen. Zudem stellte der angewachsene Reichtum für räuberische Elemente der Umgebung einen hohen Anreiz dar, der eine stetige Wehrbereitschaft des Kulturlandes erforderte. Die Annahme liegt daher nahe, es sei in der Ghassulperiode und der ihr im 5. und 4. Jahrtausend folgenden Jesreelkultur die erste Adelsherrschaft entstanden, wohl mit monarchischer Spitze, also das erste Stadtkönigtum. Diese auf archäologischen Beobachtungen basierende Vermutung wird durch die literarische Überlieferung gestützt; der Jesreelkultur nämlich entspricht im Zweistromland die Uruk- oder Warka-Kultur, und gerade in Uruk lokalisiert das babylonische Gilgameschlied seinen Helden, der »die Mauern des umfriedeten Uruk« bauen ließ. Von König Gilgamesch heißt es, er sei zu zwei Dritteln Gott und zu einem Drittel Mensch gewesen, und zu ähnlicher Würde dürften die Mächtigen der syro-palästinensischen Städte dieser ersten Blütezeit aufgerückt sein.

Den Lebensstil der Menschen aber übertrug die fromme Phantasie auf die Götterwelt, und sie dachte man sich analog der menschlichen Gesellschaft gegliedert: ein Hofstaat mit monarchischer Spitze. Nicht nur männliche Herrschaften spielten darin eine Rolle; aus dem Erbe der vorgeschichtlichen Ackerbauern hatte man die Verehrung einer Göttermutter und Muttergöttin übernommen, die unterdessen freilich auf das neue zivilisatorische Niveau gehoben worden war. Ein Ghassulfresko könnte uns über das Pantheon vielleicht Genaueres sagen, wenn es besser erhalten wäre. Aber das eine hat Albright wohl zuverlässig zu erkennen vermocht, daß es unter anderem eine thronende Göttin darstellt, deren Füße in gestickten Schuhen auf einem eleganten Schemel ruhen. Steht da in Ghassul etwa schon *in nuce* das spätere kanaanäisch-amoritische Pantheon vor uns, und geht vielleicht auf diese Zeit eine Anzahl von Einzelzügen zurück, die es mit der Götterwelt Mesopotamiens gemeinsam hat?[13]

II

DIE BEVÖLKERUNG SYRIEN-PALÄSTINAS IN DER BRONZE- UND EISENZEIT

Die chalkolithische Ghassul- und Jesreelkultur geht um etwa 3000 v. Chr. in die Bronzezeit über, innerhalb derer sich drei Hauptepochen unterscheiden lassen: Die frühe Bronzekultur (3000–rd. 2000), die mittlere (rd. 2000–1550) und die späte (1550–1200), die dann von der Eisenzeit abgelöst wird.

Einzelne Siedlungen in Syrien-Palästina gehen auf spätneolithische und chalkolithische[1], die meisten auf frühbronzezeitliche Gründungen zurück. Weil ihre ersten Erbauer keine Semiten waren, führten viele antike Städte in Palästina und Syrien auch späterhin unsemitische Namen.

Die Semiten sind früh, fast überall schon im Laufe des dritten Jahrtausends, führend in Erscheinung getreten. Sie waren von Süden und Osten her aus den nordarabischen Wüsten und Steppen gekommen und lebten zunächst während Generationen als nomadische Kleinviehhirten auf den weiten Bergtriften zwischen den einzelnen Städten.

Mit der Zeit nahmen sie, nach allmählicher Anbiederung, in den Städten Einsitz. Sie gingen auch selbst zur Gründung von Städten über und gaben diesen dann natürlich kanaanäisch-semitische Namen. So scheinen einige wichtige Hafenpunkte im Zentralabschnitt Phöniziens von Semiten erstmalig besiedelt worden zu sein: Sidon, Tyrus und Beirut, deren Namen alle semitisch sind.

Bisweilen haben vorsemitische Gründungen ihre hergebrachten Namen gegen neue, semitische, getauscht. Dies trifft sicher für Jericho, die Stadt des semitischen Mondgottes Jarich, zu, wahrscheinlich auch für das phönikische Byblos, dessen semitisch-kanaanäischer Name Gubla oder Gebāl »das (umhegte, befestigte) Gebiet« bedeutet und dessen älteste durch Dunand ausgegrabene, von Nichtsemiten stammende Schicht ins vierte Jahrtausend zurückgeht.

Der semitische Volksteil in Syrien-Palästina hat im Laufe der frühen Bronzezeit dermaßen überhand genommen, daß das Land von da an als semitisch erscheint. Seine Sprache war das Kanaanäische, ein westsemitisches Idiom, das uns nach seinen bronzezeitlichen Formen durch verschiedene Schriftdokumente aus der zweiten Hälfte des zweiten Jahrtausends v.Chr. bekannt ist[2]. Nimmt man die literarischen Zeugen des ersten Jahrtausends hinzu[3], so zeichnet sich eine Gliederung des Kanaanäischen in eine Reihe regionaler bzw. nationaler Dialekte ab. Deren wichtigste sind das Ugaritische, das Zentral-Phönikische, das Hebräische und das Moabitische.

Die Einzelheiten der bronzezeitlichen Bevölkerungsverschiebungen und Rassemischungen entziehen sich unserer Beobachtung fast vollständig. Einigermaßen deutlich läßt sich jedoch feststellen, daß nach einer Blütezeit im dritten Jahrtausend um das Jahr 2000 eine Katastrophe hereingebrochen sein muß, die das Ende der frühen Bronzezeitkultur bedeutete. In starken Wellen scheinen damals erneut Semiten das Land überflutet zu haben. Viele Städte wie Aj und Jericho sanken in Trümmer[4]. Dem westlichen Flügel dieser stürmenden Semiten fiel Palästina, dem östlichen Babylonien zum Opfer. Die Mesopotamier nannten diese Semitenscharen Amurri, d. h. Westleute, und diese Bezeichnung haben auch die Syro-Palästinenser übernommen. In Babylonien haben sich die Amurri oder Amoriter bald als stark kulturinteressiert geltend gemacht. Aus ihnen ist u. a. die 1. Dynastie von Babel hervorgegangen, deren bekanntester Vertreter Hammurabi war. Auch im Westen folgte der durch die Eroberung hervorgerufenen Verheerung des Landes bald ein erfreulicher Aufschwung: die mittlere Bronzekultur.

Eines der großen historischen Ereignisse dieses Zeitabschnittes war die Besitzergreifung des Landes durch eine von Nordosten her eingebrochene Macht nichtsemitischer Herkunft und Sprache, die Churriter. Ein einigermaßen klares Bild vermag sich das Alte Testament von ihnen nicht mehr zu machen, hat jedoch die Erinnerung an ihre Existenz in der Vorstellung bewahrt, daß vor den Israeliten die »Horiter« in Palästina gewohnt hätten.

Auf Grund der archäologischen Quellen sind uns die Umrisse ihrer Wirksamkeit erkennbar geworden.

Die Churriter scheinen der armenoiden Rasse angehört zu haben; sie waren weder Semiten noch Indogermanen, noch den Sumerern verwandt. Ihre eigentliche Heimat lag vermutlich im südkaukasischen Gebiet. Von dorther fielen sie schon im 3. Jahrtausend in Mesopotamien ein, von wo aus einzelne Gruppen nach verschiedenen Seiten in die damaligen Kulturländer weiterstießen: nach Osten bis ins Osttigrisgebiet, nach Nordwesten ins kleinasiatische Hethiterland und nach Westen bis an die Küste des Mittelmeeres. Eine solche Abteilung hat in den ersten Jahrhunderten des zweiten Jahrtausends Palästina erreicht und wahrscheinlich entweder an der Hyksosinvasion teilgehabt, die 1680 Ägypten überrumpelte, oder durch die Eroberung Palästinas wenigstens zur Auslösung der Hyksosbewegung beigetragen.

Möglicherweise war das Ausschwärmen der Churriter aus

Obermesopotamien nicht völlig freiwillig erfolgt, sondern ähnlich wie die jonische Wanderung der Hellenen unter dem Drucke neuer, in ihre bisherigen Wohnsitze eingedrungener Elemente, welche sich anschickten, in Obermesopotamien die Vorherrschaft anzutreten. Dies waren indo-iranische Streitwagenleute – vermutlich ein westlicher Zweig jener Stämmegruppe, deren südlicher Flügel die arische Herrschaft in Indien begründete. Wohin sie kamen, müssen sie zunächst lähmenden Schrecken verbreitet haben. Entweder sind die Churriter vor ihnen gewichen, oder die Indo-Arier hatten, nachdem es ihnen gelungen war, die mesopotamischen Gebiete niederzuringen, in ihrem Expansionsdrang ihre Spitzen schon nach Syrien-Palästina vorgetrieben und dabei jenen bereits entwurzelten Teil der Churriter mitgerissen.

Wie immer dem sei, Syrien-Palästina hat damals weitgehend eine churritische und an vereinzelten Punkten eine arische Oberschicht erhalten: Einen im Verhältnis zur einheimischen Bevölkerung zahlenmäßig dünnen Adel, der aber dank seiner Verwendung des Pferdes als Kriegswagentier und nicht zuletzt kraft seiner kriegerischen und organisatorischen Überlegenheit die Herrschaft an sich zu reißen vermochte. Diese beruhte auf einem Feudalsystem, das sich wie ein Netz über das Land breitete.

Die churritisch-arische Herrschaft setzte sich nicht allein in den meisten Städten des Landes fest, sondern schritt stellenweise selber zur Städtegründung. Und auf diesen Wehrburgen ist ein stolzes und standesbewußtes Leben eingezogen, das auf die ganze geistige und materielle Kultur anregend und anspornend gewirkt hat. Die Churriter waren eminent wichtige Zwischenträger für die Vermittlung sumero-babylonischer Kulturgüter. Einmal in Mesopotamien mit dessen Kulturerrungenschaften bekannt geworden, müssen die Churriter diese gelehrig übernommen und sie von da an selber gepflegt haben, wohin sie auch kamen. Den Hethitern nach Kleinasien, den Palästinensern nach dem Westen haben sie die babylonische Keilschrift und die akkadische Sprache als internationales Verständigungsmittel gebracht. Und da sie auch die babylonische Religion und Götterwelt weitgehend assimiliert hatten, gehen wohl auf die churritische Herrschaft viele Kreuzungen einheimisch-westsemitischer Symbole mit mesopotamischen zurück, wie sie uns in der Religionsgeschichte Palästina-Syriens auf Schritt und Tritt begegnen.

Als die Ägypter nach der Vertreibung der Hyksos im 16. Jahrhundert die Oberhoheit über Palästina-Syrien antraten, änderten sie nichts an dem dortigen internen politischen Status. Die bisherigen Stadtdynastien beließen sie in ihrer herrschenden Stellung und begnügten sich damit, sie als ihre Vasallen zu sehen. Die keilschriftliche Korrespondenz von Tell-el-Amarna in Ägypten[5] zeigt, daß noch im 14. Jahrhundert auf einer ganzen Anzahl von Stadtthronen Herren mit churritischen und indogermanischen Namen saßen. So nennt sich beispielsweise ein Stadtkönig der ihrem Grundbestand nach semitischen Jebusiter in Jersualem Abdichepa. Dieser Name weist seinen Träger als Verehrer der churritischen Göttin Chepa(t) aus.

Im Zusammenhang mit der Davidsgeschichte des Alten Testamentes mögen zwei Namen erwähnt werden: Der erste ist indo-arisch: Arauna, und der Mann darum wohl ebenfalls ein Nachfahr eines churro-arischen Adelsgeschlechtes. Er war der frühere Besitzer jenes Grundstückes auf dem Berg Zion mit dem heiligen Felsen, wo Salomo seinen Tempel erbaute. Der zweite Name ist der von Davids Nachbarn, dem ›Hethiter‹ Uria. Er hat zwar einen semitischen Namen; aber die Überlieferung weiß, daß er der nichtsemitischen Oberschicht Jerusalems angehört hat[6]. Ob seine Vorfahren Churriter oder Arier gewesen sind, wird aus dem alttestamentlichen Wort ›Hethiter‹ nicht klar; denn das Alte Testament kennzeichnet damit nicht eine eindeutige völkische Zuordnung, sondern nur die Zugehörigkeit zur nichtsemitischen Adelsschicht[7].

Die Patriarchenerzählung des ersten Mosebuches spricht verschiedentlich von ›Hethitern‹. Sie erscheinen als die Wortführer der kanaanäischen Bevölkerung. Auch da also ist von jenem Adel die Rede, und zeitlich spielen die politischen Vorgänge, die in den Väter-Erzählungen ihren Niederschlag gefunden haben, in der Nachbarschaft der Tell-el-Amarna-

Epoche, teilweise sogar schon früher, zwischen 1800 und 1500 v. Chr.

Im nordsyrischen Ugarit aber lebte in der Amarna-Zeit ein ansehnliches Kontingent von Churritern. Auch finden sich unter der ugaritischen Literatur, deren Sprache im allgemeinen das einheimische Nordkanaanäisch ist, einige churritisch abgefaßte Dokumente. Aus den Trümmern dieser Stadt ist eine pferdeärztliche Anleitung in unsere Hände gekommen[8]. Wie bereits oben angedeutet, wissen wir aber, daß gerade jene aus Churritern und Ariern bestehende Gesellschaftsschicht das Pferd im Vorderen Orient als Zugtier eingeführt hat.

Auf Grund all dieser Beobachtungen wird deutlich, daß die als Kanaanäer bezeichnete Bevölkerung des dritten und zweiten Jahrtausends trotz ihrer eindeutig semitischen Sprache und ihrer zahlenmäßigen Überlegenheit keineswegs reinrassig semitisch gewesen ist. Für Entwicklung und Struktur der syro-palästinensischen Kultur war dieses Zusammenströmen verschiedenen Erbgutes, verschiedener Kulturfrachten und verschieden gerichteter Impulse von unabsehbarer Bedeutung.

Diese besondern Umstände und die geographische Lage inmitten der großräumigen Kulturbezirke des Nil- und des Euphrattales haben eine eigenständige Entwicklung Syrien-Palästinas erschwert. In hundert Einzelheiten des täglichen Lebens, in materieller wie in geistiger Beziehung, stößt man auf Kulturgüter, deren Ursprung in Mesopotamien oder Ägypten oder in der kretischen und ägäischen Welt zu suchen ist. Und doch ist Syrien-Palästina nicht nur passives Sammelbecken gewesen. Seine Bevölkerung hat, obschon in mancher Hinsicht auf den ersten Blick wenig originell gestaltend, unter dem Einfluß der vielerlei Anregungen menschheitliche Aufgaben gelöst und unvergängliche Werte geschaffen.

Zwei für das Schicksal des Landes wichtige Volkselemente sind bis jetzt noch nicht genannt worden, weil sie erst am Ende der Bronzezeit bzw. am Anfang der Eisenzeit in Erscheinung getreten sind: die Philister und Israel, zwei grundverschiedene Rivalen.

Die Philister waren im Zusammenhang mit einer Völker-
wanderung in die südpalästinensische Küstenebene gekommen. Ursprünglich stammten sie wahrscheinlich aus Illyrien,
gelangten dann zunächst bis nach Kreta[9] und haben sich dort
während eines längeren Aufenthaltes der kretisch-minoischen
Kultur erschlossen. Eine neue Völkererschütterung, die in
Griechenland die dorische Wanderung ausgelöst, in Kleinasien zum Zusammenbruch des Hethiterreiches geführt und
in der Ägäis die ›Seevölker‹ aufgescheucht hatte – zu denen
auch die Philister zu rechnen sind –, ließ sie von Kreta wieder
aufbrechen. Teils setzten sie auf das Festland über und zogen
mit Ochsenkarren nach Süden. Das größere Kontingent fuhr
zu Schiff. Beiden Gruppen galt offenbar als Ziel Ägypten.
Nachdem ihr Sturm auf das Nilland von den Pharaonen
Merenptah und Ramses III. abgewehrt werden konnte, ließen sie sich gleichsam vor der Türe Ägyptens nieder, indem
sie sich in der palästinensischen Küstenebene ansiedelten und
die dortigen bronzezeitlichen Stadtstaaten übernahmen. Sie
konstituierten sich als Stadtkönigtümer, und in der hebräischen Berichterstattung hat sich noch die Erinnerung erhalten, daß sich die Philisterkönige nach griechischer Weise als
›Tyrannen‹ zu bezeichnen pflegten: Das Alte Testament nennt
sie *serānīm*. In diesem Ausdruck versteckt sich wohl das griechische *tyrannoi*. Im übrigen scheinen sie rasch kanaanäisch-
semitische Sprache und Kultur angenommen zu haben[10].

Das philistäische Element hat eine mächtige Vitalität entwickelt und ist sehr bald aktiv in Erscheinung getreten. Zwischen 1200 und 1000 v. Chr. haben die Philister offenbar bereits über den Karmelpaß vordringen können und Positionen
in der strategisch und handelsgeographisch wichtigen Jesreel-
Ebene, ja sogar Beth-Schean, östlich der Wasserscheide zwischen Mittelmeer und Jordansenke, erobert[11]. Israel schnitt
ihnen den Weg zu einer umfangreicheren Entfaltung ab und
überließ ihnen nur die Küstenebene als Aktionsfeld. Dennoch
sind sie es, nach denen wir heute das Land Palästina benennen,
indem wir Herodots Bezeichnung *hē palaistinē chōra* übernommen haben, was eigentlich »das Philisterland« heißt.

Der größte philistäische Beitrag für die Kulturgeschichte

bestand indessen nicht im Import kretischer Keramikkunst und einiger Brocken mediterraner Zivilisation, sondern darin, daß dieses Volk den frühisraelitischen Stämmen das Leben sauer machte. So mußten sich diese zu nationaler Organisation vereinen. Damit haben die Philister ungewollt und indirekt eine Entwicklung veranlaßt, die kultur- und religionsgeschichtlich unabsehbare Konsequenzen zeitigte. Denn es ist die unter dem Druck des philistäischen Expansionswillens konstituierte israelitische Nation, welche die Wiege des Monotheismus, die Wurzel des Judentums, des Christentums und des Islam werden sollte. Durch das Alte und Neue Testament sowie durch den Koran sind ethische Maßstäbe in die Menschheit eingepflanzt worden, deren ursprüngliche Verwurzelung in der Religion zwar heute, in einer säkularisierten Welt, oft nicht erkannt wird, die aber ohne die genannten heiligen Bücher nicht zur sittlichen Forderung erhoben worden wären.

Ehe von Israel als Nation gesprochen werden kann, ist eines ethnischen Elementes zu gedenken, das schon in der mittleren und späteren Bronzezeit in Palästina gewesen ist. Es sind die Hirtenstämme, die ursprünglich bei ihrem alljährlichen Weidewechsel zwischen den ost- und westjordanischen Triftgebieten hin- und herzogen. Einzelne von ihnen waren durch eine Transmigration über eine große Distanz vom mittleren Euphrat, aus der Umgebung der alten Städte Mari und Charran, nach Palästina gekommen. Am Ende der mittleren und zu Beginn der späten Bronzezeit weideten sie ihre Tiere im Niemandsland zwischen den Garten- und Ackergürteln, die sich rings um jede einzelne Stadt schmiegten. Als Kanaanäer haben sie sich nie gefühlt, noch anerkannten die Städter sie als solche. Aber sie lebten neben ihnen meist friedlich, zum Teil sogar durch Verträge liiert.

Als in der Amarna-Zeit die Stadtstaaten Palästinas in gegenseitigen Kleinkriegen ihre Kräfte vertaten, dürften einige Nomaden-Mannschaften als Söldner in den Dienst der kanaanäischen Stadtkönige getreten sein. Die Amarna-Briefe

nennen häufig solche Söldner, die sie als Chapiru-Leute bezeichnen. Als Entschädigung für die Waffenhilfe erhielten sie
da und dort Kulturland und bisweilen sogar eine eroberte
Stadt als Eigentum.

Je weiter die gegenseitige Schwächung der Kleinkönige
und ihrer Bevölkerung fortschritt, desto leichter vermochte
das sehr vitale Element dieser Chapiru wirtschaftliche Positionen zu erlangen. Erst als nach der Amarnazeit Ägypten
wieder einmal in Palästina aktiv eingriff, wendete sich das
Blatt: die Pharaonen stellten den alten kanaanäischen Status
weitgehend wieder her, wodurch die Chapiru-Leute in Bedrängnis gerieten. Aus ihren Städten wurden sie zum Teil
wieder vertrieben. Von da an herrschte eine unversöhnliche
Spannung zwischen den Kanaanäern und diesem einstigen
Nomadenelement.

Um rund 1200 erschienen, aus den südlichen Steppen
kommend, die Stämme Manasse und Ephraim. Sie waren auf
Landsuche und hatten es auf Westjordanien abgesehen. Ihr
Gott war Jahwe, dem sie mit restloser Siegeszuversicht vertrauten.

Ein ephraimitischer Scheich, Josua, gewann eine Anzahl
von den dem Kanaanäertum feindlichen Stämmen zu einem
in Sichem geschlossenen Bündnis, das sich unter den Machtschutz Jahwes, des Gottes der Ankömmlinge, stellte und als
Gegenleistung dessen alleinige Verehrung garantierte[12].
Martin Noth hat für den von Josua begründeten Städtebund
nach Analogie ähnlicher Bünde in Griechenland nicht un-
passend die Bezeichnung »Israel-Amphiktyonie« eingeführt.

Zunächst bestand diese neben den kanaanäischen Stadtstaaten und in Fehde mit ihnen. Die Amphiktyonenstämme
scheinen über nur wenige Städte verfügt zu haben. Die Sied-
lungsweise war noch auf lange hinaus die des Zeltlagers und
vermutlich da und dort die des umfriedeten Zeltdorfes[13].
Durch glückliche militärische Operationen gelang aber mehr
und mehr auch die Festsetzung in den Städten, wobei sich das
unterliegende kanaanäische Volkselement jeweils im siegreichen und wohl auch vitaleren israelitischen bald aufzulösen
pflegte.

Bis zu Beginn des 11. Jahrhunderts v. Chr. war diese Entwicklung soweit fortgeschritten, daß das von Israelstämmen einst als Weidegebiet benützte Land samt seinen Städten als israelitischer Hoheitsbereich bezeichnet werden konnte. Nur zwei kanaanäische Bollwerke hatten sich als selbständige Stadtstaaten zu halten vermocht: die außerordentlich festen Trutzburgen Jerusalem und Gezer, die, zwischen den Zentralstämmen und dem südlichen Stamme Juda gelegen, dessen Beteiligung an der Amphiktyonie verhindert zu haben scheinen.

Die Stämme der Amphiktyonie hatten anfänglich zwar ein zentrales Wallfahrtsheiligtum, aber weder zentrale Regierung noch gemeinsames Oberkommando besessen. Der einzelne Stamm war souverän, auch in Fragen von Krieg und Frieden. Etwa im Jahre 1080 v. Chr. aber erlag das Zentralgebiet der Israel-Amphiktyonie einem Vorstoß der vereinigten philistäischen Stadtkönige. Diese Katastrophe lehrte die Israelstämme die Notwendigkeit einer Koordination ihrer Kräfte. Durch die Wahl des Benjaminiten Saul zum ›König‹, d. h. in diesem Falle zum gesamtisraelitischen Befehlshaber, wurde aus dem Stämmebund der Israel-Amphiktyonie die Nation Israel. Einen eigentlichen Staat errichtete erst der zweite König, David, ungefähr um die Jahrtausendwende.

Israel war nicht der erste und einzige Nationalstaat in Syrien-Palästina. Vor ihm hatten sich im Süden die edomitischen Stämme zwischen Totem Meer und Akaba-Golf unter einer Dynastie zur Nation geeinigt; auch östlich des Toten Meeres und im Ostjordanland waren die nationalen Königreiche der Moabiter und Ammoniter erwachsen.

In Nordsyrien hatten die Hethiter noch lange nach dem Zusammenbruch ihres Reiches um 1200 feste Positionen in verschiedenen Städten inne, so in Malatya (Maldschija), Marqasi (Marasch), Sam'al (Sendschirli), Karkemisch, Arpad, Chalap (Aleppo) und bis nach Chamat, im Orontestal. Sie hielten sich in diesem Landstrich als kleine Fürstentümer. Die zeitgenössischen Assyrer bezeichneten darum dieses nordwestsyrische Gebiet als Chatti oder als Groß-Chatti.

In einem alttestamentlichen Bericht über Kriegsereignisse des 9. Jahrhunderts wird mit der Möglichkeit einer Militärallianz des Königs von Israel mit ›den Königen der Hethiter‹ gerechnet (2. Kön. 7, 6). Die hier vorausgesetzte latente Bereitschaft der späthethitischen Kleinreiche zu Feindseligkeiten gegen die A r a m ä e r entspricht der politischen Situation. Tatsächlich haben die späthethitischen Staaten vom 11. Jahrhundert an unter zunehmendem aramäischem Druck zu leiden gehabt, dem sie in der Folgezeit – zuerst in den östlichen Bezirken – erlagen. Aus den nordarabischen Steppen hatten seit langem aramäische Nomadenhorden ins Kulturland gedrängt. Allmählich waren sie seßhaft geworden, ähnlich wie vor ihnen die Israeliten in Palästina. Mit der Zeit gelang es den Aramäern, sich meist auf Kosten von ›Groß-Chatti‹ wichtiger Städte zu bemächtigen und eine Anzahl kleiner Staaten zu bilden. Diese verschmolzen freilich, obschon alle sich als Aramäer wußten, nie zu einer Nation. Nebeneinander bestanden so die syrischen Aramäerreiche von Aleppo, Sam'al, Zoba Chamat, Damaskus und andere.

Wie aber schon ›Groß-Chatti‹ dem assyrischen Griff nach Westen nur mit Mühe hatte widerstehen können, so auch diese aramäischen Staaten, die schließlich nach oft heldenhaften Freiheitskämpfen dem Assyrerreich und seinen Rechtsnachfolgern anheimfielen.

Die a r a m ä i s c h e S p r a c h e aber, ein dem Kanaanäischen nahe verwandtes Idiom, hat den politischen Zusammenbruch überdauert. Die Perser erhoben das Aramäische zur Kanzleisprache für die unter Kyros eroberten westlichen Provinzen, einschließlich des bis dahin babylonisch-assyrischen und des kanaanäischen Sprachraumes[14]. Einen hohen literarischen Aufschwung nahm das Aramäische später als Sprache des Babylonischen Talmud, ferner als Schriftsprache der Mandäer und in den als syrisch bezeichneten Ausprägungen der christlich-syrischen Kirchen- und Bibelsprache.

21.2.96

III

STADTSTAAT UND KÖNIGTUM
IN DER BRONZEZEIT

Während sich im Niltal, am Euphrat und in Kleinasien Großreiche entwickelten, war es das Schicksal Syrien-Palästinas, zwischen ihnen, im Macht- und Interessenbereich ihrer aller zu liegen. Es war seiner verkehrsgeographischen Lage nach ein Durchgangsland und als solches von allen Nachbarn begehrt. Ein wichtiger Karawanenweg führte von Elat, am Nordende des Rotmeerbusens von Akaba, über Petra und von da östlich der Jordansenke über Kir und Rabbat-Ammon nach Damaskus. Auf ihr gelangten die Handelsgüter, welche die Südaraber aus Somaliland und von den Küsten des Indischen Ozeans geholt hatten, nach Norden. Die andere bedeutende Straße zog sich von Ägypten durch die Philister-Ebene, um den Ras el-Kelb, das Karmel-Vorgebirge herum, nach den Häfen Phönikiens hinauf bis zur Orontesmündung und von da nach Kilikien und ins nordsyrische Landesinnere. Südlich des Karmelgebirges begann eine Abzweigung von dieser Küstenstraße: Über den Karmelpaß nach Megiddo, dann die Jesreel-Ebene aufwärts und über die Wasserscheide zwischen Mittelmeer und Jordantal hinab, nach Beth-Schean, östlich dieser Stadt über den Jordan und durch das Wadi el-Menadire und die Graswälder von Basan nach Damaskus und Karkemisch am Euphrat. Auf dieser Heerstraße zogen schon im 3. Jahrtausend Sumerer und Akkader und im 1. Jahrtausend die Assyrer nach Westen, um den Anschluß ihrer Reiche an das Mittelmeer zu gewinnen und um sich zugleich das für ihr waldloses Land so wichtige Libanonholz zu verschaffen.

Stieß eine Macht aus dem Zweistromland nach dem Westen Syriens vor, so geriet sie ins Einflußgebiet Ägyptens, das nicht nur auf das sinaitische Kupfer und die dortigen Türkisvorkommen schon früh im dritten Jahrtausend seine Hand gelegt hatte, sondern zudem mit seiner Holzversorgung auf den

Libanon angewiesen war. Deshalb stand es mit Phönikien in regem Verkehr, der bis gegen die Mitte des 3. Jahrtausends hinauf nachweisbar ist. Und um ihren Einfluß in Syrien zu sichern, sind die Ägypter zur Zeit der 18. Dynastie sogar auf derselben Straße, die die Mesopotamier nach Kanaan geführt hatte, bis an den Euphrat gezogen.

Von Kleinasien her aber schoben die Hethiter ihre Macht nach Nordsyrien vor. Auch das Reich von Mitanni, eine Gründung der in Obermesopotamien eingebrochenen Arier, hat nach Westen gedrängt. Zeitweise vermochte es durch Bündnisse mit westlichen Kleinstaaten Positionen in Westsyrien zu erreichen, wie die Inschrift König Idrimis von Alalach (heute Tell Atschana) zeigt. Diese im Orontesknie gelegene bedeutende Stadt war Zentrum eines Kleinstaates, der in dem Bündnis mit Mitanni jedenfalls den schwächeren Teil darstellte. Das Bündnis, von dem Idrimi spricht, dürfte *de facto* einer vertraglich geregelten und für Idrimi nicht allzu kompromittierenden Abhängigkeit Alalachs vom Mitannistaat gleichgekommen sein. Zu anderen Zeiten war die gleiche Stadt in den Händen der Hethiter.

Diese wenigen Streiflichter charakterisieren die politische Situation Syrien-Palästinas. Das war kein Land, das den ruhenden Pol seiner Politik in sich selber hatte; unablässig war es Spielfeld der umgebenden Mächte – mit Ausnahme einer einzigen kurzen Atempause um die Wende zwischen zweitem und erstem Jahrtausend. Sie nutzte der Judäer David aus, um das einzige größere unabhängige Reich aufzurichten, dessen Freiheit allerdings von kurzer Dauer sein sollte.

Die äußere Geschichte Syrien-Palästina ist durch eine jahrtausendelange Ruhelosigkeit gekennzeichnet. Immer wieder verschoben sich die Einflußsphären der Großmächte ringsum; immer wieder wechselte in einzelnen Gebieten der politische Wind. Das Land als Ganzes existierte kaum je anders als aufgespalten in verschieden orientierte Distrikte. Im 2. Jahrtausend hatte es indessen durch die churritischarische Invasion eine Herrenschicht erhalten, die vital genug war, das Beste aus den gegebenen Verhältnissen herauszuwirtschaften. Die verschiedenen Archive von Tell el-Amarna, Mari und Alalach sowie Dutzende von literarischen Einzelzeugnissen anderer Ausgrabungsstätten geben Einblick in das politische Spiel der Kleinkönige – ein Spiel um Handlungsfreiheit, zu dessen Regeln es gehörte, daß man sich *pro forma* einem Mächtigen unterordnete, betont und devot, wenn es sein mußte, um von ihm um so eher in Ruhe gelassen zu werden, den eigenen Weg zu gehen und die eigenen Geschäfte zu betreiben. Das Netz der Bündnisse ist in seiner Knüpfweise, seiner Ausdehnung, seiner Dichte und seiner Wandelbarkeit ein beredtes Zeugnis für die politische Labilität.

Aber mit Wachsamkeit und Entschlußkraft, dazu mit einem nie ermattenden Willen zur Selbstbehauptung lavierte man sich so durch, daß unter dem Schatten des wechselnden politischen Gewölkes das eigene Land gedeihen konnte. So klein die Territorien der Staaten waren – sie umfaßten oft nicht viel mehr als eine einzige Stadt und deren Umland, in anderen Fällen eine Hauptstadt mit ihren ›Tochterstädten‹ – die herrschenden Geschlechter haben in ihnen bisweilen eine erstaunliche Herrlichkeit entwickelt, nachdem sie sich durch T r u t z - b a u t e n zunächst einmal gegen vorüberziehende Gewitter abgeschirmt hatten.

Die Befestigungen durch einen oder zwei Mauergürtel und die Wucht der Toranlagen wurden ergänzt durch die Sicherung der Wasserversorgung. Diese erreichte man in Städten des Hügellandes vielerorts durch die Errichtung unterirdischer, durch den gewachsenen Fels getriebener Gänge zwischen dem Stadtinnern und den meist außerhalb der Fortifikationen, am Fuße des Stadtgürtels entspringenden Quellen.

Städte wie Gezer, Megiddo, Beth-Schean, Alalach und andere waren als strategische Stationen an den großen Durchgangswegen zugleich Schlüsselstellen des H a n d e l s und W a r e n v e r k e h r s. Ihr Reichtum beruhte nicht zuletzt auf der

Ausbeutung ihrer Verkehrslage. Andere Städte, wie die des phönikischen Küstenabschnittes, verdankten ihre Prosperität dem Import von Papyrus und dem Export von Libanonholz, Zedernöl, das von Ägypten für die Einbalsamierung der Leichen benötigt wurde, von Wein, Öl, Wolle, Linnen, Purpur und Sklaven, die man meist in wehrlosen ländlichen Gegenden raubte. Der Wohlstand von Ugarit stützte sich außerdem auf die Erzeugung von Bronze, für die ihm zyprisches Kupfer zur Verfügung stand. Ferner erzielte die Stadt bedeutende Gewinne aus dem Umschlag von Tauschgütern aus Zypern, Kreta und Ägypten, die auf dem Karawanenweg nach Osten weitergegeben wurden, während umgekehrt der Güterüberschuß des Hinterlandes nebst Kostbarkeiten aus dem ferneren Asien hier zur Verschiffung gelangte.

Der Mittelmeerhandel der syrischen Küste muß bedeutend gewesen sein. Denn vom Ägypter Wenamon erfährt man, daß beispielsweise eine Kauffahrteigruppe in Byblos über zwanzig Schiffe verfügte. Zudem waren die Phöniker als Schiffbauer berühmt und übernahmen auch ausländische Aufträge. Pharao Thutmosis III., der unermüdliche Kämpfer für den ägyptischen Einfluß in Syrien, hat in Gubla-Byblos Schiffe aus Zedernholz bauen lassen, und das dürfte kein vereinzelter Fall gewesen sein.

Diese Geschäftstüchtigkeit hat die Fürsten reich gemacht. Eine hohe Blüte entfaltete sich, von der die Ausgrabungen vor allem in Tyrus, Sidon, Beirut, Byblos, Ugarit, Alalach und Sam'al ein deutliches Bild ergeben. Der Adel scheint auch in diesen nördlicheren syrischen Städten vom churritischen Element gebildet worden zu sein. Eine wunderschöne getriebene Goldschale aus Ugarit trägt in Kranz-Anordnung die Darstellung eines wagenfahrenden Bogenschützen auf der Jagd nach Hirschen, Löwen und Büffeln. Der realistische Stil, mit sehr feinem Auge für die Physiologie der Bewegung von Mensch und Tier und der zum Ausdruck kommende geballte Wille zu Führung und Behauptung erinnern an ähnliche Szenen aus Mesopotamien. Diese intensivvitale Kunstgestaltung ist durch die Churriter nach dem Westen gekommen. Obwohl letztere hier kaum mehr als ein

Achtel der Bevölkerung ausmachten, wirkten sie dank ihrer führenden Stellung nachhaltig auf die syro-phönikische Kultur ein. Andererseits verrät diese eindrücklich, daß der stetige Verkehr mit Ägypten und der kretisch-mediterranen Welt anregend, mitunter geradezu beherrschend in Erscheinung getreten ist. Dennoch hatte das Leben auch dieses Teiles von Syrien ein überwiegend semitisches Gepräge: Die kanaanäische Sprache hat sich durchgesetzt, und die kanaanäische Religion und Mythologie erweisen sich, trotz bisweilen spürbarem churro-mesopotamischem Einschlag, ihrer Substanz nach eindeutig als siegreich.

Die materielle Kultur der Handelsstädte war bewundernswert. Ganze Viertel in Ugarit verraten die überlegene Planung des Städtebaus. Die Straßen schnitten sich rechtwinklig; für repräsentative Bauten wie Palast, Zeughaus, Tempel, war genügend freier Raum reserviert. In den Häusern der Vornehmen gruppierten sich die Zimmer und Gemächer um einen Mittelhof, wo der hauseigene Brunnen in die Tiefe getrieben war. Bade- und Toilettenanlagen mit Kanalisation waren vorhanden.

Im Kellergeschoß pflegte man die Begräbnisstätte der Familie als Kuppelbau zu gestalten.

Aus Wohnhäusern hochgestellter Ugariter wurden in den letzten Grabungsperioden durch Schaeffer mehrere Bibliotheken und Privatarchive geborgen. Unter den literarischen Schätzen befanden sich gute Abschriften babylonischer Literatur. Neben Weisheitsspruch-Sammlungen lag da auch ein Sintfluttext, der eine stellenweise wörtliche Wiedergabe der bekannten 11. Tafel der Gilgameschdichtung darstellt. Mit der kürzlich in Megiddo gefundenen 7. Tafel desselben Gedichtes zusammen wirft er ein Licht auf die verbreitete Beschäftigung der führenden Stände der kanaanäischen Bronzezeit mit der babylonischen Klassik. Außer literarischen Tafeln sind auch lexikographische in stattlicher Zahl zu verzeichnen: Keilschrift-Zeichenlisten und zwei- bis viersprachige Glossare (sumerisch-akkadisch-churritisch-ugari-

tisch). Die im Privatarchiv des Höflings Rafânu gefundene
internationale Korrespondenz zeugt von Verbindungen mit
verschiedenen syrischen Fürstenhäusern, mit Hethitern und
dem Königshof von Alaschia (Zypern), mit dem zusammen
Ugarit die Abwehr gegen Piraten organisiert hatte. All das
vermittelt, zusammengesehen mit zahlreichen Kleinfunden
und den Resten einer gepflegten Wohnlichkeit, den Eindruck
von einem großzügigen und welterschlossenen Lebensstil.

All der bauliche Stolz der Untertanen wurde natürlich weit
überboten durch den Königspalast, der auf einer Grundfläche von über 9000 Quadratmetern imposant errichtet war.
Mehrere säulengeschmückte Tore führten zu seinen zwei
Innenhöfen. In der Tiefe, als Unterbau, fanden sich die prächtig gewölbten Grabanlagen. Durch zehn z. T. monumentale
Treppen waren die beiden oberirdischen Stockwerke mit
ihren über sechzig Räumen untereinander verbunden. Das
Archiv, das allein vier Säle in Anspruch nahm, barg die Korrespondenz dieses Hofes mit aller Welt. Außerdem enthielt
es eine ganze Anzahl von Geschenken, die den Herren von
Ugarit von Pharaonen als Freundschaftszeichen übersandt
worden waren: Skarabäen und Prunkvasen mit den Namens-
kartuschen von Herrschern vorab der 18. Dynastie: Thutmosis III., Amenophis III., Echnaton und Nofretete. Auch
Haremheb und Ramses III. sind vertreten, und ebenfalls der
Ausgrabung in diesen Räumen verdanken wir das königliche
Siegel von Ugarit.

Die Fußböden von repräsentativen Räumen und Wohn-
gemächern hatten geschickte Handwerker mit Mosaiken aus-
gelegt, und die Wände täfelten sie mit Edelhölzern. Für Thronsaal und königliche Privatzimmer hatte man am Elfenbein
nicht gespart. Von dem Luxus des hier gelebten Lebens sprechen auch die Reste von reichem, kunstvoll gefertigtem Gerät – Dosen aus Karneol, Malachit und Achat, Schalen aus
Alabaster und anderen edlen Materialien sowie goldener
Schmuck, manchmal mit Edelsteinen und Halbedelsteinen
verziert.

Die geschnitzten Elfenbeintafeln, mit denen das Holz des
Bettgestells im königlichen Schlafgemach überzogen war,

konnten – freilich als eine Unzahl von Splittern – bei den Ausgrabungen geborgen und sogar teilweise noch zu fast vollständigen Bildern zusammengefügt werden. Sie führen in einer Flachplastik-Technik Szenen aus dem königlichen Leben vor: Vor dem König mit gezücktem Schwert bricht ein Gegner zusammen und erwartet, vom Fürsten an den Haaren gepackt, die Enthauptung oder den Stoß ins Herz. Eine zweite Tafel zeigt das königliche Paar in würdig-intimer Umarmung, eine dritte die Königin, ein Opfer darbringend – sei es, um das Kriegsglück ihres in den Kampf gezogenen Gemahls zu fördern, sei es, um als Gattin und Mutter die göttliche Hilfe und Gnade zu erflehen. Man wird mit Grund an dieses letztere Anliegen denken; denn ein weiteres, glücklicherweise recht gut erhaltenes Stück bildet als beherrschende Figur die Muttergöttin ab, stehend, mit hoch über die Schultern ragendem, ausgebreitetem Flügelpaar (Tafel XIII). Sie erhebt es schützend über zwei Königskinder, die schlank aufgereckt an je einer ihrer Brüste trinken. Die Göttin hat ihre Hände um die Schultern der Kinder gelegt und drückt sie sanft an sich. Noch heute sind in ihrem Gesicht der Ausdruck unendlich mütterlicher Ruhe und die madonnenhafte Strenge und Lieblichkeit des Mundes erkennbar. Sie dürfte als Aschirat-Kadesch zu deuten sein, als die alte kanaanäische Muttergottheit, die uns aus der ugaritischen Mythologie als Gemahlin des Göttervaters El bekannt ist[1]. Die tief gegen die Brust fallenden reichen und schön eingerollten Hathor-Locken schmiegen sich ihr weich um den Hals, und selbst die Kuhhörner schwächen die Erhabenheit des Bildes nicht ab. Die königlichen Sprößlinge aber erinnern an die Verheißung, die König Keret vom Göttervater El empfangen hat, wonach seine Kinder trinken werden an den Brüsten der Aschirat und der »Jungfrau« Anat[2]. Nicht nur die Hathor-Parallelen lassen an Ägypten denken. Ägyptischer Stil verrät sich ebenso deutlich aus der Haltung der trinkenden Prinzen, deren eine Hand nach der Mutterbrust greift, während die andere, zur Faust geballt – aber mit charakteristisch geradgerecktem Daumen – an gestrafftem Arm schräg nach hinten und unten gehalten wird. Die Prinzen tragen das schmucke Schurzkleid mit den Zier-

bortensäumen – eine Tracht, die in vereinfachter Machart
dem königlichen Ornat nachgebildet ist.

Die Elfenbeintafeln stammen, wenn nicht alles trügt, aus
der Zeit der höchsten Blüte Ugarits in den letzten Jahrzehnten des fünfzehnten und den ersten des vierzehnten Jahrhunderts v. Chr., deren strahlendster Exponent König Niqmad
gewesen sein dürfte. Ihm verdanken wir, mindestens zu einem
wesentlichen Teil, die schriftliche Fixierung der poetisch-
mythologischen Texte, welche unsere Kenntnis der literarischen Formen, der Weltanschauung und der Religion des
bronzezeitlichen Syrien ungemein gefördert haben.

Die syrischen Könige betätigten sich nicht nur als Poli-
tiker, Kriegsherren, Handelsmagnaten und Staatsoberhäup-
ter im profanen Sinne; sie bekleideten auch das höchste
Priesteramt ihres Staates. Der König Keret, der tragische
Held der nach ihm benannten Dichtung³, führt den Sakral-
titel ›der Opferpriester‹. In stetem Umgang mit den Göttern bildet der König grundsätzlich das Mittelglied zwischen ihrer und der irdischen Welt und lebt in intimerem
Kontakt mit ihnen als irgendeiner seiner Staatspriester. Noch
stärker als im Titel ›Opferpriester‹ drückt sich dies in anderen
Symbolen des Königtums aus. Daß Göttinnen die Königskinder hegten und ihnen gar ihre Milch spendeten, welcher
Gaben sich schon Sumers Priesterfürsten und ebenso Ägyptens Pharaonen zu rühmen pflegten, bedeutet mehr als eine
poetische Floskel oder oberflächlichen Hofstil. Der König
war Gottmensch.

Wenn sich auch in Einzelzügen der Einfluß Ägyptens geltend gemacht haben mag, wo sich die Könige mit dem Sonnengott identifizierten, ist die sakrale Stellung des Königs als
solche doch keineswegs von dort übernommen worden. Der
König in Ugarit trägt keinen Sonnennamen wie die Pharaonen. Er ist nicht Re, nicht Horus, sondern das Kind Els, des
höchsten Gottes, und seiner Gemahlin Aschirat-Kadesch.
Zwar wird er unumwunden als ›Gott‹ bezeichnet, doch wird
er durch seinen Tod nicht wie die Pharaonen zum Osiris.

Sein Sterben ist nicht Vollendung, sondern ein beklemmendes Erlöschen. Die Höflinge Kerets stehen bestürzt und fragen:

> Warum heißt denn Keret der Sohn Els,
> Der Sproß des Erbarmungsvollen und der Kadesch?
> Ob denn Götter wirklich sterben?

Wie groß der Abstand gegenüber Ägypten ist, zeigt sich gerade da, wo die Berührung mit der ägyptischen Vorstellungswelt greifbar wird: Die Höflinge am Sterbebett verwenden zwar die Formel »zum Heer der Sonne« eingehen; aber ihre Worte klingen nicht freudig, sondern gepreßt. Es ist etwas anderes, als selbst »Sonne werden«; die Unsicherheit und Brüchigkeit der bloß entliehenen Redensart haftet diesem Gedanken an, mit dem in Syrien nie Ernst gemacht worden ist.

Daß ein König sterben muß, schließt jedoch für die Dauer seines Lebens die Göttlichkeit nicht aus. Das Verhältnis zwischen dem in ihm vereinigten Göttlichen und Menschlichen wird in den uns bekannten Schriften nie rational zu bestimmen versucht[4].

Man wird diese Wesensbestimmung des Königs im Zusammenhang mit einer überall im Alten Orient lebendigen Weltsicht zu verstehen haben. Nach ihr steht im großen Kosmos von Himmel und Erde, Astralwelt und Natur der kleine Kosmos des Staates. Nicht nur örtlich; er ist vielmehr ein Teil von ihm und – im Blickfeld eines noch immer wachen magisch-mythischen Wirklichkeitsempfindens – zugleich auch ein Aspekt des Naturkosmos. Wie der Götterkönig die Mächte des Kosmos, so regiert der irdische König die der diesseitigen Welt; wie der Götterkönig durch Macht und Ordnung das Chaos von seiner Welt fernhält, so wendet der irdische Fürst von Staat und Volk das von seinen Feinden drohende Chaos ab und bekämpft die Gesetzlosigkeit unter seinen Bürgern. Als Krieger ist er ein Held wie der Gott Ba'al, der das Meerungeheuer erschlug, als es den Kosmos in seinem Werden zu zerstören bzw. zu verschlingen versuchte[5]. Und als Richter übt der König dasselbe Amt aus wie der Götterkönig, der nicht zuläßt, daß seine Weltordnung durchkreuzt

wird[6]. Die ugaritische Akhat-Dichtung läßt in archaischer
Weise den König vor dem Tore Platz nehmen, wo er ›der
Witwe und der Waise zu ihrem Rechte verhilft‹.

In allen seinen offiziellen Äußerungsweisen ist der König
kosmoserhaltende Macht. Darin liegt seine Götterverwandt-
schaft, ja eben seine Göttlichkeit.

Wie so vieles, was die Bronzezeit an Kulturformen und
geistiger Wesensprägung hervorbrachte, hat sich auch die
Anschauung über Welt und König auf die Nachfahren und
Nachfolger in der Eisenzeit vererbt. Auch als sich Israel, in
den letzten beiden Jahrhunderten des zweiten Jahrtausends
allmählich zu einer Nation geeint, als Königtum konstituierte, mußte es sich unausweichlich mit den Ideen und Formen des bronzezeitlichen Erbes auseinandersetzen, das es in
Gibeon, Chazor, Jerusalem und anderen einstigen Kanaanäer-
Königtümern vorgefunden hatte[7].

IV

STADT UND STAMM; DAS TÄGLICHE LEBEN IM EISENZEITLICHEN PALÄSTINA

Das einfache Bürgerhaus war zur Eisenzeit in Palästina
meist ein auf Steinfundamenten aufgeführter Bau aus luftgetrockneten Lehmziegeln mit einem einzigen Raum zu
ebener Erde, weniger kunstvoll als in der Ghassul- und der
Blütezeit der Bronzekultur. Eine Ecke richtete man als Schlaf-
stelle ein, indem man zusammengenähte Schaffelle auf eine
Unterlage von Stroh und Laub breitete. Das war das Lager für
die ganze Familie. Als Decke benützte der einfache Mann
den Überwurf, den er auch am Tage zu tragen pflegte. In
wohlhabenderen Häusern war die Fellbahn so lang gearbeitet,
daß sie an einer Längsseite umgeschlagen werden konnte und
für die ganze Breite der Lagerstatt als Decke diente. Dieses
Bild steht hinter Jesu Gleichnis vom unverschämten Nach-

barn, wenn der eine der Männer dem anderen erklärt: »Ich kann dir nicht willfahren, denn die Tür ist verschlossen und meine Kinder sind mit mir im Bett« (Luk. 11, 7).

Eine zweite Ecke nahm die Kochstelle ein. Neben ihr blieb ein Platz frei. In seiner Mitte breitete man zur Essenszeit eine Ledermatte aus, auf der die Speisen aufgetragen wurden, und rings um sie versammelte sich die Familie zur liegend eingenommenen Mahlzeit.

Über der Feuerstelle war in der Mauer ein Loch als Rauchabzug ausgespart. In der alttestamentlichen Erzählung von Isaak und Abimäläk von Gerar hat der König durch dieses Rauchloch einen flüchtigen Blick ins Innere getan, der ihn davon überzeugte, daß Rebekka nicht Isaaks Schwester war, wie dieser vorgegeben hatte (1. Mose 26, 8).

Das Tageslicht fiel im allgemeinen nur durch die den ganzen Tag offene Tür ein, welche nachts mit einem einfachen Holzriegel geschlossen wurde.

Wohlhabende leisteten sich ein Haus mit mehreren Zimmern um einen Innenhof. Da konnte die Küche in einem Bau für sich untergebracht werden. In Phönikien liebte man es, bei vornehmen Häusern den Hofraum so groß zu machen, daß ein Teil als offene Halle überdeckt werden konnte. Ihr Dach lag auf drei Seiten auf dem Hausgemäuer auf und wurde auf der Seite gegen den ungedeckten Hof durch Pfeiler, meist Zedernstämme, getragen. Bei einem besonders stattlichen Haus aus dem 9. Jahrhundert in Megiddo – man nimmt an, es sei der Sitz des Stadtkommandanten zur Zeit König Ahabs von Israel gewesen – war der ansehnliche Hof von zwei solchen Hallen flankiert, eine Anordnung, die sich bei dem Betreten des Hofes durch die Außenpforte stolz präsentiert haben muß.

Vom Hofraum aus führte gewöhnlich eine Stiege auf das flache Dach, von dem ein Teil bisweilen ein Obergemach trug. Dieser ›Söller‹ war beliebt als Unterbringungsort für geehrte Gäste[1]. Außerdem diente das Dach zum Ausbreiten von allerlei Dörrgut. Ein für Juda und Israel im Jahr 622 in Kraft getretenes Gesetz bestimmte, daß die Dächer, weil sie der Ort von so mancherlei täglichen Verrichtungen waren,

mit Geländern zu versehen seien (5. Mo. 22, 8). In der Geschichte von den Kundschaftern, die Josua nach Jericho
schickte (Jos. 2), entgehen die Spione der Verfolgung dadurch,
daß die Dirne Rahab, bei der sie eingekehrt sind, sie unter den
auf dem Dach zum Trocknen liegenden Flachsstengeln versteckt.

Wie leicht die Dachkonstruktion zu sein pflegte, geht aus
der Erzählung des Evangeliums vom Lahmen hervor (Mk. 2,
1–12; Luk. 5, 17–26), der von Männern auf das Dach des
Hauses befördert und durch eine von ihnen geschaffene Luke
Jesus zu Füßen gelegt wird: Etwas Deckmaterial, wohl Palm-
blätter und Stroh, waren wegzuschaffen, leichtes Astwerk
mußte beiseite geschoben werden, und zwischen zwei Längs-
balken lag das für diesen außergewöhnlichen Transport nötige
Spatium offen.

Zwischen den Häuserreihen, durch diese jedem unbefugten
Zugriff entzogen, lagen die ebenfalls aus Stein und Lehm gebauten Speicher: Es waren entweder Kammern von recht-
eckigem Grundriß oder runde, nach oben sich verengende
Silos.

Nur der kleinere Teil des Lebens pflegte sich in den Häusern abzuspielen; da war man für die Nacht, und da brachte
man regnerische Stunden oder Tage zu; sonst lebte der Kanaanäer im Freien. Mit seinen älteren Kindern zog er täglich
in der Morgenfrühe aus dem Städtlein zur Arbeit in Garten
und Feld, während aus allen Häusern der charakteristische
knarrend-reibende Ton der Handmühlen drang (Jer. 25, 10;
Offb. Joh. 18, 22), mit denen die Frauen das zum täglichen
Brotbacken nötige Getreide mahlten[2]. Zu den Obliegenheiten
der Frauen und Töchter gehörte auch die ganze Aufbereitung
von Flachs und Wolle von der Ernte bzw. der Schur bis zum
spinnfähigen Werg, ferner das Spinnen und Weben von Klei-
derstoffen, Teppichen und Decken.

Der Großteil des Besitztums lag außerhalb der Stadt, wo
jeder Bürger seinen Acker und Garten hatte; hier pflanzte er
seine Gerste, seinen Weizen, seinen Flachs, seine Lattich-,
Kohl-, Rüben- und Kürbisarten und seine Zwiebeln.

Die Bestellung der Getreideäcker erfolgte schon seit Beginn des 2. Jahrtausends mit dem von Ochsen oder Eseln gezogenen hölzernen Pflug, der vermutlich erst in der Eisenzeit eine metallene Pflugschar erhielt[3]. Der Pflüger lenkte die Pflugschar durch geeigneten Druck auf die Sterz, und gleichzeitig führte er den langen, in einen Stachel auslaufenden Ochsenstecken in der Hand, mit dem er die Tiere leitete und antrieb[4]. Dicht vor der Stadtmauer lagen die Rebgärten und die Öl-, Feigen- und Granatbaumpflanzungen. In Jericho und anderen besonders warmen Lagen des Jordangrabens und der Totmeersenke wurden auch Datteln gezogen, und der Prophet Amos, seinem Hauptberuf nach Schafzüchter, besaß einen Sykomorengarten (Am. 7, 14). Er lag wohl ebenfalls in der Totmeersenke oder in einer der Mulden am Westfuß des judäischen Berglandes, da die Maulbeerfeige auf dem Gebirge Juda nicht gedeiht.

In den Baumgärten vor der Stadt lasen die Palästinenser das spärliche Dörrholz, das sie zusätzlich zu dem Brennmaterial aus den lichten Staudenwäldern für den Backofen nötig hatten. Die Erzählung von Elia und der Witwe von Zarpath läßt darum den Propheten die holzsammelnde Frau draußen, vor dem Stadttor antreffen (1. Kön. 17, 7ff.).

Die kühle Vormittagszeit gehörte normalerweise, außer der Arbeit in Feld und Garten, der Besorgung der im äußersten Grüngürtel weidenden Rinder. Mit der Schafherde hatte der Bauer meist nur zur Schurzeit zu tun; sonst war sie dem Hirten anvertraut, der sie im Niemandsland weiden ließ. So – stellt sich die Tradition vor – habe Mose eine Zeitlang die Schafe seines Schwiegervaters Jethro gehütet, fern von der Siedlung, weit draußen in der Steppe. Bisweilen wurden die Schafe auch von den Töchtern unweit des Grüngürtels auf die Trift getrieben, abends zur Tränke an den Brunnen der Stadt geführt und für die Nacht in einen Pferch gesperrt.

Nach Erledigung der Vormittagsarbeit fand sich die Familie in den Weinlauben und unter den Bäumen ein. Hier pflegte man der Ruhe während der heißen Tageszeit, plauderte ein Weilchen, nickte ein zum Mittagsschläfchen oder hatte Muße, seinen Gedanken nachzugehen. Und einen Zustand von äußerem Frieden und Glück kennzeichnete man als ein Dasein, ›da ein jeder sitze unter seinem Weinstock und seinem Feigenbaum‹. Während der Trockenmonate brachte die Familie solcherweise täglich mehrere Stunden in ihrem Baumgarten zu.

Den späteren Nachmittag füllten nochmals leichtere Arbeiten aus, und dann zog man ins Städtchen zurück. Während sich die Männer im Speicher, der zugleich Geräteraum sein konnte, zu schaffen machten, die Frauen die Mahlzeit bereiteten, die Kleinen das Feuer mit getrocknetem Mist unterhielten – das kostbare Holz blieb dem Backfeuer vorbehalten –, zogen die Töchter, die Tonkrüge auf dem Kopf, zur Quellgrotte, um Wasser zu holen. Zu dieser Stunde trifft Elieser Rebekka am Brunnen (1. Mo. 24, 11).

Im Hause, eventuell in Hof oder Halle, fand die Hauptmahlzeit statt, die in Zeiten der Knappheit bisweilen überhaupt die einzige des Tages war. Die kurze Zeit zwischen ihr und dem Einnachten – die Dämmerung dauert in Palästina durchschnittlich nur zehn Minuten – gehört dem Feierabend auf der Gasse, wo die Kinder spielen, die Jünglinge zusammenkommen, die Töchter zum Reigen singen, die Männer das nachbarliche Gespräch über Zeitfragen und Wirtschaft führen, wo die Jüngeren, die Gespräche der Alten verfolgend, selber hineinwachsen in die Reihen der Tonangebenden und Verantwortlichen – der ›Ältesten‹ oder, wie das Kanaanäische sagt, der ›Bärtigen‹.

Ein solches Bauernstädtchen kann eine oder mehrere soziale Einheiten in seinen Toren vereinigen, wobei als Einheit eine Sippe, bestehend aus einer Handvoll blutsverwandter Familien, gilt. Wo mehrere Sippen beisammen wohnen, verteilen sie sich auf verschiedene Quartiere. Die Stadt Qirjat Arba[5] hat ihren Namen von der Vierzahl der Sippen bzw. der Quartiere, aus denen sie bestand. Ähnliches kennen wir auch aus dem Arabien von Mohammeds Tagen.

Die Sippe umfaßte eine ganze, unter Umständen weitverzweigte patrilineare Verwandtschaft. Die Verwandten mütterlicherseits galten dem Kanaanäer und dem Hebräer als sippenfremd. Wohl bestanden Bindungen der Freundschaft zur Familie der Mutter, und sie war eine beliebte Zuflucht für Menschen, die in ihrer eigenen Sippe in Schwierigkeiten geraten waren[6]. Aber die Beziehung blieb eine persönliche.

Wer in fremder Sippe – und war es die mütterliche – lebte, war für deren Mitbürger ein Fremdling[7] (gēr), d. h. ein Beisasse ohne Stimme in der Gemeinde und ohne die Möglichkeit, zu Grundeigentum zu kommen[8]. So gehörte der Fremdling wie Witwen und Waisen zu den Armen. Seinen Lebensunterhalt verdiente er als Taglöhner. In Israel stand ihm zudem das Recht zu, sich mit anderen Armen an der Nachlese zu beteiligen. Außer dem ›Fremdling‹, der im übrigen ein freier und freizügiger Mann war, lebten in einer Sippe meist auch Sklaven, z. T. gekaufte Ausländer. Sklavenhandel und Sklaveneinbringung sind ja allgemein eines der erschütterndsten Kapitel altorientalischer Geschichte. Nicht nur die Pharaonen und die mesopotamischen Kriegsherren brachten von ihren Feldzügen Scharen von Gefangenen heim, deren Los unweigerlich die Sklaverei war. Auch kleinere Herrschaften scheinen sich bisweilen zur Sanierung ihrer Wirtschaft Razzien zum Menschenfang in benachbartes Gebiet geleistet zu haben. So vernimmt man im 8. Jahrhundert aus dem Munde des Judäers Amos einen Weheruf über die Einwohner der Stadt Gaza, ›da sie eine ganze Bevölkerung forttrieben, sie an Edom auszuliefern‹ (Am. 1,6).

Außer den ausländischen gab es volkseigene Sklaven; denn wer verschuldet und zahlungsunfähig war, konnte von seinem Gläubiger als Leibeigener genommen bzw. an einen Mitbürger verkauft werden. Da Gattin und Kinder als Eigentum des Hausherrn galten, durfte er mit ihnen ebenso verfahren. Aus der Schuldsklaverei gab es ursprünglich nur eine Befreiung: den Loskauf durch einen Angehörigen der Sippe, der den erforderlichen Betrag erlegte. Wenn Israel an seine Befreiung aus Ägypten dachte, war ihm das nächstliegende Bild der Loskauf »aus dem Sklavenhause«, wie das erste Ge-

bot sich ausdrückt; und Jahwe galt in diesem Sinne als Israels
Löser, als sein Erlöser⁹.

War die Stadt dem Palästinenser Heimat, so war es in einem
noch viel intensiveren Sinne die Sippe. Mit ihr verband ihn ein
archaisches Kollektivempfinden. Sie war ihm Heim und Hort,
war sein wirtschaftlicher, politischer und moralischer Schutz.
Wer eine mächtige Sippe hinter sich hatte, durfte auftreten;
der andere war ein Niemand.

Ein flüchtiger Blick in Organisation und Geschichte Israels
scheint allerdings in andere Richtung zu weisen: Hier ist selten eine Sippe erwähnt, häufig aber und Gewichtiges wird
von den Stämmen gesagt. Daß z. B. König Saul der Sippe
Matri (1. Sam. 10, 21) angehört, erfährt man beiläufig, daß
er Benjaminit ist, gilt als wichtig; daß David ein Sproß der
Sippe Elimelech von Bethlehem ist (Ruth), tritt zurück hinter
der politisch sehr viel wichtigeren Tatsache, daß er Judäer ist.
Wo Bürgerkrieg ausbricht, geschieht es nicht zwischen einzelnen Sippen, sondern zwischen Stämmen wie Benjamin
und Ephraim. Und noch etwas weiter zurück stellt man fest,
daß schon die von Josua begründete Israel-Amphiktyonie
nicht ein Bündnis von soundsovielen Sippen, sondern von bestimmten Stämmen war.

Diese für die Bedeutung des Stammes gesammelten Beobachtungen liegen auf dem Gebiete des politischen Lebens,
nicht aber auf dem des familiären; denn die Sippe war und
blieb die soziale Einheitsgröße, die politische Aktionseinheit
aber war der Stamm. Das zur Stammes-Bildung führende
wirtschaftlich, politisch und gefühlsmäßig sich auswirkende
Moment war eine Schicksalsgemeinschaft, unter der sich die
betreffenden Sippen einander angenähert hatten. Meist beginnt die Stammeswerdung mit der lokalen Nachbarschaft.
Wurde ein Stamm zu groß oder kamen Zeiten der Weide-
knappheit über ihn, konnten einzelne Sippen oder Gruppen
von solchen ihn verlassen und auf Weidesuche ausziehen. So
stellt sich 1. Mos. 12 die Trennung Abrahams von seiner ursprünglich mesopotamischen Umgebung vor. Solche Ab-

sprengsel von Stämmen hatten die Möglichkeit, sich andernorts einem andern Stamm anzuschließen oder durch Zusammenschluß mit Schicksalsgenossen einen neuen Stamm
zu konstituieren. Aus dem frühen Israel verschwanden einzelne Stämme wie Machir oder Simeon. Dies braucht nicht
zu bedeuten, daß ihre Leute alle umgekommen seien; möglicherweise haben sich einzelne Sippen unter veränderten
wirtschaftlichen Verhältnissen anderen Stämmen angeschlossen. Auch ein durch Kriegsereignisse oder Seuche dezimierter
Stamm kann in einem benachbarten aufgehen[10].

Über alle derartigen Wandlungen war der Bestand der
Sippe erhaben. Sie blieb als Blutsgemeinschaft beisammen,
sie lebte als Ganzes oder hörte zu existieren auf, wobei etwaige Überlebende als Schutzbürger = Fremdlinge in
anderen Sippen Aufnahme fanden[11]. Die Sippe behauptete,
auch wo sie längst in einen Stammesverband fest eingegliedert war, noch immer ihren ursprünglichen Charakter als
Kultgemeinde. Nicht nur zog der Stamm sippenweise zu
seinen gemeinsam begangenen religiösen Festen; vielmehr
hütete auch jede Sippe ihre eigenen Kultfeiern. So läßt sich
David vom Hofe Sauls mit der Begründung beurlauben, er
habe an einem Sippen-Gottesdienst in Bethlehem teilzunehmen (1. Sam. 20, 28f.).

Die kanaanäische Sippe, und nach ihr die israelitische,
hütete ihren Besitz wie ihren Augapfel. Alles wurde darangesetzt, das Grundeigentum zu erhalten. War durch Unfähigkeit oder Unglück eine Familie gezwungen, Land zu
veräußern, so wurden in erster Linie die Sippenangehörigen
benachrichtigt. Wer von ihnen in der Lage war, das betreffende Stück zu kaufen, fühlte sich dazu verpflichtet (Jer.32,8f.).
Nur in ausweglöser Not ließ man zu, daß Grund und Boden
in sippenfremdes Eigentum übergingen. Aber selbst dann war
der neue Inhaber seines Besitzes keineswegs sicher; denn das
Gewohnheitsrecht erlaubte der Sippe jederzeit den Rückkauf,
natürlich ohne Zuschlag auf den einstigen Verkaufspreis[12]!
Vom Grundsatz der Eigentumserhaltung der Sippe aus ver-

steht sich erst die uralte Verpflichtung zur Schwagerehe (Leviratsehe): Starb ein Mann kinderlos, so kam dem nächsten
männlichen Verwandten, normalerweise einem Bruder des
Verstorbenen, die Pflicht zu, mit der Witwe Kinder zu zeugen,
damit »seinem Bruder Nachkommenschaft erwachse«. Die
Kinder zählten, wie die Formulierung zeigt, rechtlich als Kinder des Verstorbenen. Sie traten in Rechte und Pflichten seines
Nachlasses ein. Damit blieb dem Grundbesitz die ihn hütende
Familie erhalten[13], und es hat den Anschein, daß infolge dieser konstanten gegenseitigen Bindung von Sippe und Boden
dieselben Familien über Jahrhunderte hinweg dieselben
Städte besiedelten und denselben Erbbesitz bestellten.

Die Gleichförmigkeit des Daseins in der Kleinstadt darf
man sich nicht zu einschläfernd vorstellen. Sie erfuhr allerlei Unterbrechungen, regelmäßige und unvorhergesehene,
frohe, freundliche, traurige und bestürzende.

Schon der Gang durch das Landwirtschaftsjahr brachte
mit der Vielgestaltigkeit der Arbeit dieser palästinensischen
Selbstversorger allerlei Abwechslung.

Weizen und Gerste wurden – wie noch heute – Ende April
bis Mitte Mai reif. Man trug oder führte die Garben direkt
vom Acker auf eine luftige Anhöhe, die Tenne, wo das Getreide sofort gedroschen und geworfelt, d. h. durch Hoch-
werfen im kräftigen Abendwind von Spreu und Staub gereinigt wurde. Da man den Ertrag des Ackers nomadischen
Räubern nicht aussetzen durfte, verließ ihn die Familie vom
ersten Sichelschnitt bis zum Einbringen des gereinigten Kornes
nicht mehr. Zur kurzen Nachtruhe kehrte man darum nicht
in die Stadt zurück, sondern blieb auf den Äckern und
Tennen.

Das Büchlein Ruth vermittelt einen trefflichen Einblick in
das Brauchtum. Es zeigt, wie der wohlhabende Bauer sein
Feld nie säuberlich aberntet, sondern an den Rändern und in
den Ecken die Halme stehen und auf der ganzen Ackerfläche
die abgebrochenen Ähren am Boden liegen läßt. Das war die
den Armen zukommende Nachlese. Die Ährenleserin Ruth

folgt denn auch, wie Witwen und andere Besitzlose es zu tun pflegen, den garbenbindenden Mägden. Und schließlich begibt sie sich mit den gesammelten Ähren inmitten der ganzen Arbeitsgruppe auf die Tenne; denn sie ist darauf angewiesen, daß die Drescher des Bauern auch ihr schmales Teil unter die Flegel nehmen. Auf der Tenne ist den Armen zugleich ungesucht Gelegenheit zur Gegenleistung gegeben: Sie harren mit den dreschenden Männern aus und dienen ihnen zu bei dem Werk, das für so viele Hände Arbeit bietet. Beim Einnachten legt sich der ganze Trupp abgemühter Menschen zwischen den Haufen ausgedroschenen Strohs und den auf den nächsten Tag wartenden Garben zum Schlaf nieder.

Getreideernte war bei aller Härte der Arbeit getragen vom Glück der Sicherung des täglichen Brotes und darum von einer feierlichen Dankbarkeit begleitet.

Leichter gingen Oliven- und Obsternte vonstatten; eine besondere Fröhlichkeit aber herrschte – wie überall, wo Wein gebaut wird – bei der Traubenlese.

Schon die Zeit vorher stellte an die Familie hohe Ansprüche: Im Turnus mußten alle dem Kindesalter Entwachsenen als Hüter in den Weinberg. In seinem Zentrum befand sich ein aus Felssteinen errichtetes, als »Turm« bezeichnetes Podium, das die Lauben überragte. Es trug selber ein Dach aus Weingeranke als Sonnen- und Wetterschutz für die Hüter, die des Tages die Vögel und des Nachts unerwünschte Gäste fernhalten mußten.

Wenn die eigentliche Lese herankam, verzichtete die Familie erneut auf die abendliche Heimkehr; denn wie das Getreide, so wurden auch die Trauben zur Verarbeitung nicht eingebracht. Man kelterte sie im Weingarten. Im gewachsenen Felsen des Rebgeländes war eine Kufe ausgehauen, in welcher die Trauben von den Winzern getreten wurden. Das war eine anstrengende Arbeit. Sie wurde nach einem bestimmten Rhythmus und – wie andere Verrichtungen auch – zum Gesang von traditionellen Liedern getan. Der Saft wurde aus den Kufen in Ziegenhautschläuche geschöpft oder, wo die Kelter an einem Hang angelegt war, durch einen an ihrer Basis ausgemeißelten Ablauf abgezogen. Jesaja zeichnet mit wenigen

Strichen eine Weinberganlage, wie sie der Stolz jedes wohlhabenden Judäers gewesen ist:

Mein Freund hatte einen Weinberg an fetter Bergeshalde,den grub er um und säuberte ihn von Steinen und bepflanzte ihn mit Edelreben. Er baute einen Turm in seiner Mitte, auch eine Kelter hieb er darin aus. Und er hoffte, daß er ihm gute Trauben brächte ... (Jes. 5, 1 ff.).

Den Tagen besonderer Mühe waren besondere Festzeiten zugeordnet. Die großen religiös-nationalen Feiern, in deren Zentrum der Gottesdienst am Kultplatz des Ortes oder die Wallfahrt zum Stammes- oder Nationalheiligtum standen, verteilten sich zeitlich und thematisch auf die großen Zäsuren im Jahreslauf der Bauern[14]. Die Tempelfeiern im Zusammenhang von Getreideernte und Weinlese wurden unter Darbringung der Erstlingsgarben und des ersten Weines gefeiert. Diese im Alten Testament bezeugte und geforderte Sitte geht auf kanaanäische Bräuche zurück und hat dort freiwilligen Charakter getragen[15].

Die bäuerlichen Kultfeste waren bei den polytheistischen Kanaanäern für die Götter eine Art Freudenfeste, weil sie die Erstlingsgaben, die Zehnten und Dankopfer empfingen. Israel hat diese Kultatmosphäre zunächst aus der kanaanäischen Welt übernommen und sich an sie gewöhnt. Es bedurfte nicht nur des andauernden Protestes der großen Propheten, sondern der inneren Erschütterung und der grundlegenden Neuorientierung durch den Zusammenbruch des Staatswesens unter den Schlägen Assyriens und Babels, um der Anschauung zum Siege zu verhelfen, nach welcher Jahwe der Gaben und Genüsse nicht bedürfe.

Die israelitisch-judäischen Feste trugen freilich von jeher mehr als die kanaanäischen den Charakter der Dankesbekundung gegenüber Gott. Zudem kam der Dank für den Segen von Feld, Garten und Hürde kaum je allein zu Worte, sondern war stets begleitet vom Rückblick auf die Vorgeschichte des Volkes und vom Lobpreis für die gnädige Führung von dessen Vätern.

Wer Dankfeste begeht, tut es frohen Herzens, und so nennt

noch ein Dokument des 7. Jahrhunderts die großen Kultfeiern Israels ein ›Fröhlichsein vor Jahwe‹, und in den Festpsalmen des Alten Testaments spiegelt sich die Tatsache, daß die Unterbrechung des Arbeitslebens die leuchtenden Höhepunkte im Dasein des Palästinensers bedeutete. Wie groß auch der Unterschied in der Substanz des religiös Erlebten zwischen Kanaanäern und Israeliten gewesen ist – gemeinsam empfanden sie das kultische Ereignis als Quelle des Glückes und als etwas, das das Leben lebenswert machte. Diese regelmäßig wiederkehrende Erhebung über den Alltag war für die Menschen eine seelische Hilfe, die man kaum überschätzen kann; denn schon über den vorangehenden Wochen strahlte wie ein lichter Schimmer, der sich zu hellem Glanz verstärkte, die Vorfreude auf die Feste.

Andere Gelegenheiten, bei denen das Leben des Syro-Palästinensers über den Alltag hinausschwang, waren die Familienfeiern: Geburt, Entwöhnungsfeier, Hochzeit und Todesfall.

Die Geburt eines Kindes wirkte sich nur auf den engsten Familienkreis als besonderes Erlebnis aus. Die Höhe der Säuglingssterblichkeit dämpfte die freudige Stimmung. Auch die Beschneidungsfeierlichkeiten spielten erst in nachexilischer Zeit im Judentum eine bedeutende Rolle. Alt-Israel hat die Beschneidung zwar geübt, ihr jedoch bei weitem nicht das religiöse Gewicht beigemessen wie späterhin. Sie ist vermutlich erst im Exil ins frühe Säuglingsstadium vorgeschoben worden, weil sie nun Bekenntnischarakter und Zeichen der Zugehörigkeit zum heiligen Volk wurde[16]. Religionsgeschichtliche und ethnologische Parallelen führen zur bestimmten Annahme, daß die Zirkumzision ursprünglich mit Pubertätsriten im Zusammenhang gestanden hat[17]. Sie war möglicherweise ein Erbstück, das einzelne kanaanäische Stämme aus einer steppenjägerischen Vergangenheit ins Land gebracht hatten. Daraus würde sich auch erklären, warum sie nicht bei allen kanaanäischen Völkern Sitte war. Während sie bei Moabitern, Ammonitern und Edomitern gebräuchlich war,

scheinen die Phöniker sie nicht gekannt zu haben[18]. Lange
Zeit war für den Ritus nur das archaische Flintsteinmesser zu-
lässig.

Ein kleines Sippenfest in Form eines Gastmahles wurde
anläßlich der Entwöhnung der Knaben gefeiert, die, wie
heute noch bei vielen Orientalen, nach etwa vier Jahren erfolgte. Bei fortschreitender Verfeinerung des Lebensstils sinkt
normalerweise das Entwöhnungsalter. Die ins 2. vorchristliche Jahrhundert zu datierende Angabe des 2. Makkabäer-
buches (7, 27) setzt die Entwöhnung nach Abschluß des dritten Lebensjahres an. Juda hat damit die gleiche Regelung getroffen, wie sie aus den Hochkulturen Ägyptens und Mesopotamiens bekannt ist. An seinem Entwöhnungsfest spielt der
kleine Isaak (1. Mose 21, 8) mit den Kindern seiner Sippe vor
dem Hause.

Erst jetzt zählte ein Knabe eigentlich als künftiger Mann und
wird bald seine kleinen Aufgaben erhalten haben, etwa das
Hüten der Junglämmer und ähnliches. Etwas später vertraute
man ihm die Schafherde an, wenn die Trift nicht zu fern vom
Hause lag. Dabei begann er schon allerlei zu lernen, was ihm
als Mann nützlich sein konnte, und zum Zeitvertreib spielte
er die Hirtenflöte. So stellt sich die Legende den kleinen David vor in dem Zeitpunkt, da Samuel in Bethlehem nach
einem künftigen König Ausschau hielt (1. Sam. 16, 11).

Von der Entwöhnung an wurde der Knabe vom Vater in
dessen Erlebnis- und Arbeitsbereich hineingezogen, während
die Mädchen mehr um die Mutter blieben. So markiert dieser
Tag mit all den Veränderungen für des Knaben Lebensweise
eine starke äußere Lösung von der Mutter. Darum wählt die
Ephraimitin Hanna diesen Zeitpunkt für die Erfüllung ihres
Gelübdes, ihren Sohn Samuel dem Heiligtum zu weihen
(1. Sam. 1, 22f.).

Einen viel weiteren Kreis als die Feier um das kleine Kind
erfaßte die Hochzeit. In kleineren Städten war sie Orts-
ereignis. Bei Wohlhabenden dürfte das Fest normalerweise
eine Woche gedauert haben: sieben Tage haben die Hoch-
zeitsgäste der Simson-Erzählung für die Lösung eines ihnen von
Simson aufgegebenen Rätsels Zeit (Ri. 14, 12). Sieben Tage

dauert Jakobs Hochzeit mit Lea (1. Mose 29, 21). Sieben Tage dauert auch Tobias Hochzeitsfest (Tob. 11, 19).

Im Laufe des ersten Tages stellten sich die Gäste im Hause des Bräutigams bzw. seiner Eltern ein, wobei sich im Zeichen morgenländischer Bedächtigkeit und Gesprächigkeit der Empfang der Geladenen über Stunden hinzog. Die Hochzeitstafel und das Brautgemach wurden gerüstet. Gegen Abend setzte die Mutter dem Bräutigam den Hochzeitsturban auf (Jes. 61,10; Hohes Lied 3, 11). Dann zogen die jungen Männer, angeführt von einem Freunde des Bräutigams (Joh. 3, 29), mit diesem zur Braut (Hohes Lied 3, 6–11; 1. Makk. 9, 37–39; Ri. 14, 11; Matth. 9,15). Sie wurde entweder in ihrem Elternhause abgeholt, wo sie verschleiert auf den Bräutigam wartete, oder ihre Jugendfreundinnen begleiteten sie dem Bräutigam entgegen. Im Scheine von Fackeln und Öllampen ging es unter Jubel zum Hause des Bräutigams[19].

Vor dem Aufbruch aus dem Elternhause empfing die Braut ihres Vaters Segensspruch. Ehe Rebekka ihre Familie verläßt, um ihrem zukünftigen Manne Isaak entgegenzureisen, wird über sie das Segenswort gesprochen:

> Mögest du zu Tausend und Abertausenden werden,
> so daß deine Nachkommen das Tor ihrer Feinde besitzen
> (d. h. in der feindlichen Stadt selbst überhandnehmen
> werden. 1. Mose 24, 60).

Ein derartiger Spruch war nach kanaanäischem und weithin auch nach früh-hebräischem Verständnis mehr als ein gutgemeinter Wunsch; er wollte eine wirksame Formel sein, ohne deren Empfang die Braut sich ihrer höchsten künftigen Aufgabe, der Sippe ihres Bräutigams Kinder zu gebären, nicht gewachsen gefühlt hätte[20]. In Ugarit pflegte, wie aus dem Keret-Gedicht hervorgeht, der Bräutigamsvater zur Eröffnung der Hochzeitstafel eine entsprechende Zeremonie auszuführen, indem er als erster den Becher erhob und einen Segensspruch über den Sohn bzw. über dessen zukünftige Familie aussprach. Auch im Zentrum dieses Spruches stand die Fruchtbarkeit der künftigen Frau. Ein ugaritischer Hochzeitssegen lautete:

Die Frau, die du genommen hast, o Sohn[21],
die Frau, die du in dein Haus genommen,
das Mädchen, das du in dein Gehöft hast kommen lassen,
soll dir sieben Söhne gebären,
einen achten für dich hervorbringen,
jawohl, einen achten! . . .[22]

Wenn der Bräutigam sich von der Festtafel des ersten Abends zurückzieht, erwartet ihn die Braut geschmückt und mit dem symbolhaften Gürtel angetan im Frauengemach.

Die Festlichkeiten gehen weiter unter Gelage und Geselligkeit, unter Märchenerzählen und Rätselraten, unter Liedersingen und Reigentanz zur Musik von Hirtenflöten und Leiern und unter dem rhythmischen Schlag und Rasseln der Tambourine. Ein Grundstock von traditionellen Gesängen und Rezitationen, wohl auch von Sprichwörtern und Scherzreden hatte sich im Laufe der Zeit herausgebildet. So dürfte das Hohe Lied eine Sammlung von Hochzeitsliedern darstellen. Ursprünglich waren diese wohl beheimatet gewesen im Ritual der ›Heiligen Hochzeit‹ der Fruchtbarkeitsgötter[23], für das im Jahwe-Kult kein Raum mehr war. Nicht wesentlich anders haben die altkanaanäischen und phönikischen Liebeslieder gelautet.

Nicht nur die Segenssprüche, sondern vieles von Anspielungen in Liedern und Redensarten, vieles auch vom Brauchtum des Festes betont einen Sachverhalt, wie ihn auch Äußerungen aus anderen Lebenssphären Syrien-Palästinas erkennen lassen: Der alle anderen Bedeutungen weit überragende Sinn der Ehe war die Erzeugung von Nachkommenschaft für die Sippe des Bräutigams. Das Ansehen bei ihrer neuen Familie erwächst einer Frau daher sozusagen einzig auf Grund der Zahl ihrer Söhne. Weil dieser Gesichtspunkt allen anderen vorangeht, ist die Norm der kanaanäischen Welt, auch die im vorexilischen Israel, die Polygamie gewesen; denn sie erhöhte die Chance auf einen starken Nachwuchs. Meist leisteten sich freilich nur die Vornehmen mehrere Frauen, während der Durchschnittsbürger in Bigamie lebte[24].

Der Bräutigam erwarb die Braut durch Kauf; darum gehörte die Ehefrau zum Eigentum des Mannes. In alter Zeit war auch der Frauenraub nicht unbekannt. All diese Tatsachen führten zu einer inferioren Stellung der Palästinenserin[25]. Erst die jüdische Ehe der nachexilischen Zeit war grundsätzlich monogam; und erst aus ihr erwuchs die Familie im eigentlichen Sinne. Sie bedeutete eine Umgestaltung der Sozialstruktur; aber ebensosehr eine seelische Veränderung im Volke. Das ganz Neue bestand darin, daß die Kinder eines Vaters nicht mehr verschiedene Gruppen bildeten, deren jede sich an ihre Mutter hielt, so daß sich ganz natürlicherweise die Spannungen und Rivalitäten zwischen den Frauen auf sie übertrugen.

Gleichzeitig räumte die Monogamie der Frau ein Ansehen als Gattin, Mutter, Hausfrau ein, das der Palästinenserin der Frühzeit fremd gewesen war. In dieser gleicherweise um Vater und Mutter zentrierten Familie, in der harmlos und selbstverständlich der Geschwisterkreis heranwächst, ist die jüdische Frau zur Hüterin der Häuslichkeit und zur Treuhänderin des kultischen Lebens im Hause geworden. So erlangte sie jene dienend würdevolle Haltung, die eine der vornehmsten Quellen jüdischen Selbstbewußtseins und jüdischer Kraft darstellt.

Auch ein Todesfall führte die Sippen zusammen. Er wurde durch einen oder mehrere Ansager bekanntgegeben. Diese durchzogen die Gassen der Stadt, die Weingärten vor dem Tor und die Felder mit dem charakteristischen Ruf: ho-hoo! Ihm folgte, in althergebrachtem Hinkrhythmus, monoton-leiernd vorgetragen, die Mitteilung, wer dahingerafft worden sei. Diese Meldung, die zugleich die Aufforderung zur Teilnahme an der Totenklage der Familie war, unterbrach alles bürgerliche Tagwerk auf der Stelle. Man begab sich ins Trauerhaus, den Verstorbenen zu beweinen. Die nächsten männlichen Angehörigen hatten ihre Häupter kahl geschoren, die Familie ihre Kleider zerschlitzt, sich mit Staub und Asche bestreut. Um das Totenlager im Halbkreis versammelte sich die ganze Trauergemeinde, die hinkversigen Leichenlieder singend, zu deren Rhythmus man sich die entblößte Brust schlug. Den durch heulende Laute und dumpfes Ho-hoo unterbrochenen Klagegesang begleitete der schrille

Klang der ›phrygischen‹ Flöten. Solche ›Beweinung‹ hielt an bis nach Vollendung des Begräbnisses.

Die Bestattung erfolgte auf dem Erbgrund der Sippe. Da wurde der Tote »zu seinen Vätern versammelt«, während die Menschen, die an der Zeremonie teilnahmen, mit Gebärden und Ausrufen der Totenklage die Bestattung begleiteten. Damit glaubte man, dem Verstorbenen einen wahren letzten Liebesdienst zu erweisen; denn der Tote ging nicht nur ins Grab ein, sondern zugleich in die Unterwelt. Dies ist die tief im Weltuntergrund gelegene Totenstadt, über die der Totengott herrscht[26], wo man die Unterweltströme rauschen hört[27]. Der Klagelärm der Sippengenossen gibt ihm das Geleite. Darum erhält Ezechiel die Anweisung: »Halte Totenklage, indem du ihn hinabgeleitest [zur Unterwelt]« (Ez. 32,18). Die lauten Weherufe kündeten dem Totenreich die Ankunft eines Menschen, der den Lebenden etwas bedeutet hat. Darum empfahl das Buch Jesus Sirach, das Maß der Totenklage der sozialen Stellung des Verstorbenen anzupassen.

Die anwesenden Sippen- und Stadtgenossen wurden von den Hinterbliebenen mit Wein und Speise bewirtet. In späterer Zeit kannte man auch Klageleute, besonders Klageweiber, die für die siebentägige Totenklage angestellt und bezahlt wurden. Sie bildeten aber nur das kontinuierliche Element; jeder, der das Trauerhaus betrat, stimmte natürlich in das Klagegeschrei mit ein.

Während die skizzierten Verhältnisse für die altkanaanäische und für die vorexilisch-israelitische Bevölkerung anzunehmen sind und auch weit ins nachexilische Judentum hinein erhalten blieben, scheint in Palästina gegen die Zeitwende hin die Beteiligung der Männer am anhaltenden Klagegeheul nachgelassen zu haben[28]. Dieses blieb alleinige Sache der Klageweiber.

Im Flachland, auf einem Erdgrabe, wurde ein Grabstein aufgestellt. Eignete sich die Bodenbeschaffenheit dazu, zog man die Bestattung in einem in den Felsen gehauenen Gang- und Kammergrab vor.

Unter den Grabbeigaben spielte der Schmuck eine besondere Rolle. Vor allem waren Anhänger mit Licht- und Fruchtbarkeitssymbolen wie Möndchen, Sonnen- und Sternfiguren beliebt[29]. Im ägyptischen Einflußgebiet Palästinas und Syriens gab man auch Skarabäen und andere ägyptische Symbole von Leben und Licht mit ins Grab, wie u. a. das von Macalister in Gezer untersuchte Grab einer Philisterin zeigt. In ihm wurde vielerlei Schmuck, bei dem der Bronzespiegel, die Alabasterflasche für das Salböl und der Siegelring nicht fehlten, und verschiedene Skarabäen gefunden. Die Dame dürfte demnach zu den Vornehmen gehört haben und standesgemäß ins Totenreich eingegangen sein. Ob sie ihre Kostbarkeiten mitnehmen durfte? Ob ihr der Wächter der Unterwelt nicht auch alles, alles abnahm, wie der babylonische Torwart von Kurnugea der Ischtar getan hatte? Vielleicht war das Totenreich der Westsemiten toleranter als ›die Gesetze der Unterweltsherrin‹ Ereschkigal nach der Vorstellung der Babylonier; denn auch Jes. 14 sitzen die Könige der Völker in der Unterwelt immerhin noch auf ihren Thronen, obschon sie an einem Ort sind, da ›das Bette Moder ist und die Decke Würmer‹.

Man wird aber Fragen dieser Art nicht allzu scharfsinnig stellen dürfen; denn tatsächlich hielten sich die Toten – wie bei sehr vielen archaischen Völkern – nicht an einem einzigen Ort auf, sondern gleichzeitig im Grab und in der Totenwelt. Aus ihr gibt es keinerlei Zurück; in sie dringt kein menschlicher Ruf und keine Beschwörungskunst. Aber weil die Toten immer zugleich auch nahe waren, konnte ein tüchtiger Totenbeschwörer sie aus ihrem Grabe zitieren und sie über Dinge befragen, die den Lebenden verborgen und verschleiert waren. Ja, um das Grab her machte sich der Tote bisweilen sogar bemerkbar – mit unheimlichem, ächzendem Laut: Als die Judäer und Benjaminiten in die Verbannung müssen, hört man Rahel, Benjamins Stammutter, von ihrem Grabe in Rama her bitterlich weinen.

22.2.96

V

DAS RECHTSLEBEN

Eine von den Bürgerpflichten, welche das Selbstbewußt-sein des freien Kanaanäers am stärksten zu heben angetan wa-ren, bestand in der Rechtspflege. Sie oblag zum größten Teil der einzelnen Ortsgemeinde, war weder an einen besonderen juristischen Berufsstand noch an Verwaltungsorgane gebun-den, sondern wurde von der Einwohnerschaft als ganzer ge-übt (Laiengerichtsbarkeit).

Zur Erziehung des jungen Kanaanäers gehörte die Ein-führung in die Rechtsverhältnisse, für deren Bestand und rich-tiges Funktionieren ein jeder mitverantwortlich war. Als Bürger war man Fachmann in Zivil- und Strafrechtsfragen. Nur in Prozeß-Sachen, für deren Entscheidung der Ortsge-meinde die nötigen Unterlagen fehlten, wurde entweder das Ordale des Ortsheiligtums zur Abklärung in Anspruch ge-nommen, oder sie wurden an den königlichen Gerichtshof, meist an das persönliche Urteil des Königs verwiesen.

Rechtsfindung und Rechtsprechung folgten einer juristi-schen Tradition, die als kanaanäisches Stadtrecht be-zeichnet werden kann, da sie sich in den Stadtstaaten gebildet hatte. Seiner Substanz nach glich es in vielem dem altbaby-lonischen, altassyrischen und hethitischen Recht. Es war aus einem gemein-vorderorientalischen Verständnis von Gerech-tigkeit und Ordnung hervorgegangen, dessen Verbreitung teils auf die Churriter, teils vermutlich schon auf die weiträumige Ghassul- und Jesreelkultur zurückging. Die der Einheitlich-keit entbehrenden politischen und kulturellen Verhältnisse im bronze- und eisenzeitlichen Palästina-Syrien hatten jedoch zu regionalen Unterschieden im Rechtsleben geführt, über denen freilich die Gemeinsamkeit des Grundbestandes nicht zu über-sehen ist.

Was sich heute über das kanaanäische Stadtrecht sagen läßt,

beruht größtenteils auf Rückschlüssen aus dem Alten Testament, da aus dem übrigen syro-kanaanäischen Gebiet außer einigen Schriftzeugnissen aus Alalach und Ugarit keine juristischen Texte auf uns gekommen sind. Nach dem Alten Testament zu schließen, herrschte – wenigstens im Landesinnern Palästinas – ein weniger differenziertes juristisches Verstehen als etwa im viel bewunderten Reichsrecht Hammurabis.

Ein großer Teil der Ordnungen war wohl vielerorts nicht kodifiziert, sondern bestand als Gewohnheitsrecht. Grundstückabtretung, Grundstücktausch, Vereinbarungen über Ablösungen von Rechten und Verpflichtungen, über Servituten und Verzichte, das alles wurde in der syro-palästinensischen Stadt ebensowenig unter der Hand abgetan wie heute in unseren westlichen Gebieten. Es wurde unter Zeugen vollzogen und beurkundet, d. h. im Rahmen eines öffentlichen Rechtsgeschäftes in Geltung gesetzt.

Der Initiant der Abmachung stellte sich am Abend, bei Rückkehr der Männer von den Fluren, am Stadttor auf, wo er jeden Vorbeigehenden beobachten konnte. Der Gesuchte wurde angehalten und beiseite gebeten. Auf dem Torplatz verhandelte er mit ihm, wobei die zufällig anwesende Bürgerschaft das in alter Zeit nicht geführte Protokoll ersetzte. Im Büchlein Ruth wird auf diese Weise die Vereinbarung über die Überlassung von Grundrechten mit der Verpflichtung einer Leviratsehe getroffen – eine zweifellos bedeutungsvolle Rechtsübertragung. Die Urkunde, mit welcher in diesem Falle der Erstzuständige seinen Verzicht auf das ihm unbequeme Erbe und dessen gültige Abtretung an seinen Rechtsnachfolger bekräftigt, besteht in einer eigentümlich anmutenden Quittung: Mit dem Grundstück und der zu heiratenden Frau empfängt der ins Leviratsrecht eingetretene Boas die eine Sandale des Erstzuständigen als Ausweis für die Rechtmäßigkeit des Erworbenen[1].

Diese biedere Sitte dürfte freilich ausgestorben sein, als die Buchstabenschrift allgemein auch von Bürgersleuten gehandhabt wurde, wie dies für die israelitische Königszeit anzunehmen ist. Da werden Kontrakte über Landkauf und ähnliche Geschäfte auf Leder, bisweilen vielleicht auf Papyrus aufgezeichnet und von beiden Vertragschließenden sowie von mindestens zwei Zeugen besiegelt. Sorgfältigerweise wird das Dokument im Doppel ausgestellt. Ein Exemplar wird in einer Hülle verschlossen, das zweite bleibt als jederzeit zugänglicher Konsultativtext offen. Beide Dokumente legt der Käufer bzw. der in die Rechte neu Eingetretene in einen Tonkrug, um sie vor Zerstörung durch Feuchtigkeit, Mäuse oder allerlei anderes Ungeziefer zu schützen (Jer. 32, 11. 14).

Wenn auch an die Stelle der mündlichen Abmachung von einst das in einem kleinen Kreis ausgefertigte Dokument getreten war, hatte »das Tor«, d. h. der öffentliche Platz, als Lokalität des Rechtslebens seine Bedeutung nicht eingebüßt. Jeder Rechtsstreit wurde nach wie vor ›im Tor‹ ausgetragen. Die Bürgergemeinde tagte da unter dem Vorsitz des als Ältester anerkannten Mannes, wenn durch Klageerhebung ein Fall zur Beurteilung reif geworden war. Klage, Verteidigung und Zeugenverhör wurden von den zusammengerufenen Bürgern mitangehört, worauf der eine und andere Rechtssasse seine Ansicht in freier Rede vortrug, sich zum Anwalt der einen oder anderen Partei machend.

Das alte Syrien-Palästina hat wohl nie eine legislative Behörde gekannt. Schon darum nicht, weil das überlieferte Recht allgemein als göttliche Setzung galt und darum unveränderlich blieb. Aus dem gleichen Grunde waren auch nur Herrscher außergewöhnlichen Formates imstande, die Anpassung der Gesetze an veränderte Verhältnisse zu erwirken oder zu vollziehen.

Das Alte Testament läßt freilich einiges in dieser Richtung erkennen. Möglich, ja bis zu einem gewissen Grade wahrscheinlich ist eine königliche Legislatur bei David, unter dessen Zepter Israels Stämme zum Staate wurden. Davids Eroberung der kanaanäischen Festung Jerusalem und mehr noch seine Aneignung dieses Stadtstaates als Krongut dürfte nach einer Harmonisierung kanaanäischen und israelitischen Rechtes gerufen haben. Was freilich unter den 1. Kön. 3, 3 genannten ›Satzungen Davids‹ zu verstehen ist, bleibt ungewiß.

Dasselbe gilt von den im 2. Chronikbuch (17, 7 ff.; 19, 4 ff.) erwähnten Bemühungen König Josaphats von Juda. Bedeuteten sie eine Anpassung des Rechtes an die seit Salomos Tod und der Zweiteilung des einstigen Staates veränderte Situation?

Deutlicher faßbar ist die gemeinsame legislative Unternehmung von Hof und Tempel im Jahre 623/22 v. Chr., zur Zeit des bedeutenden Königs Josia. Der Niederschlag dieser Gesetzgebung, die das Rechtsleben dem religiös-politischen Regierungsprogramm dieses Königs adaptieren sollte, findet sich heute im Grundbestand des Deuteronomiums (5. Mose 12-27; vgl. auch 2. Kön. 22 f.).

Die Seele dieses neuen Rechtes war das Bestreben, aus Israel ein Volk zu machen, das sowohl auf Grund eines ihm gemäßen Kultlebens als auch kraft wahrer Gerechtigkeit Gott wohlgefällig sein würde. So zeichnet sich denn dieses Gesetz vor allem durch seine Bemühung um eine Vermenschlichung der Rechtspraxis aus. Folgende Bestimmungen lassen dies deutlich werden:

»Du sollst von deinem Volksgenossen keinen Zins nehmen, weder Zins für Geld, noch Zins für Speisen, noch Zins für irgendetwas, was man leihen kann« (23, 19). »Wenn du in den Weinberg deines Nächsten kommst, so magst du Trauben essen nach Herzenslust, bis du genug hast; aber in dein Geschirr sollst du nichts tun. Wenn du in das Kornfeld deines Nächsten kommst, so magst du mit der Hand Ähren abreißen; aber die Sichel sollst du nicht schwingen über das Korn deines Nächsten« (23, 24 f.). »Wenn du deinem Nächsten irgendetwas leihst, so sollst du nicht in sein Haus hineingehen und ihm ein Pfand nehmen; draußen sollst du stehenbleiben, und der, dem du leihst, soll das Pfand zu dir herausbringen. Und ist es ein armer Mann, so sollst du dich mit seinem Pfande (seinem Überwurf) nicht schlafen legen, sondern du sollst ihm sein Pfand zurückgeben, wenn die Sonne untergeht, daß er in seinem Mantel schlafen könne und dich segne; so wirst du vor dem Herrn, deinem Gott, gerecht dastehen« (24, 10 ff.). »Man soll die Handmühle oder auch nur den oberen Mühlstein nicht zum Pfande nehmen; denn damit würde man das Leben zum Pfande nehmen« (24, 6).

Stärke und Schwäche einer Rechtsprechung, die so weitgehend Sache nichtberuflicher Rechtssassen war, spiegeln sich im Alten Testament deutlich, vorab in den stets wiederholten Vorwürfen der Propheten gegen die Rechtsverdreher und die Gewissenlosen, die ›das Recht der Armen beugen‹.

Bei der fortschreitenden sozialen und wirtschaftlichen Differenzierung im Laufe der israelitischen Königszeit erwies sie sich vollends als nicht mehr befriedigend.

Schon die Einfachheit des Beweisverfahrens, das selbst für Prozesse, bei denen auf Todesstrafe erkannt werden konnte, nur zwei beliebige Zeugen forderte (5. Mose 17, 6), barg die Gefahr zu ungenügender Information der Rechtssassen, zu Justizirrtum und Justizverbrechen in sich. In der gleichen Richtung wirkte sich das Fehlen der Offizialverteidigung und eines Berufsstandes von Anwälten aus.

Der 1. Kön. 21 dargestellte Justizmord am Weinbauern Nabot von Jesreel wirft ein grelles Licht auf die Übelstände, wie sie schon im 9. Jahrhundert zutage getreten sind.

Immer wieder erheben die Propheten den Appell an das persönliche Verantwortungsbewußtsein der Bürger unter dem Hinweis darauf, daß Israel auf Grund seiner Satzungen wisse, was es zu tun habe. Die Besserung trat – auch trotz der genannten Gesetzesreform – nicht ein. Jedoch hat gerade dieses heiße Ringen um Gerechtigkeit eine sehr wertvolle Frucht getragen: Es lenkte erstmalig in der Geistesgeschichte den Blick auf die nie ganz zu umgehende Diskrepanz zwischen Gerechtigkeit und Gesetz; es öffnete die Augen dafür, daß die heilsame Wirkung jedes Gesetzes weitgehend von der lauteren Gesinnung des Volkes abhängt und daß wahre Gerechtigkeit in den Herzen geschrieben stehen muß (Jer. 31, 33).

Von altersher unterstand der Israelit wie der Kanaanäer außer dem bürgerlichen Recht auch den für ihn als Glied der Religionsgemeinde verbindlichen Vorschriften. An den verschiedenen Heiligtümern wurden Satzungen schon früh schriftlich fixiert. Dahin gehören wohl die Jos. 8, 32 erwähnten, auf Stein geschriebenen Bundessatzungen von Sichem[2],

die fälschlich als kultisches Zehngebot bezeichnete Pflichten-
liste von 2. Mose 34 oder die Listen von Pflichtopfern aus
Ugarit und Aufstellungen von Opfertarifen, wie sie dort und
in Marseille (aus Punien stammend) gefunden wurden.

Solches Sakralrecht bildete einen großen Teil der ›Gesetze‹ des Alten Testaments. In seinen Gesetzessammlungen
erscheinen Sakralvorschriften neben Paragraphen des alten
profanen Stadtrechtes. Besonders deutlich erkennbar
sind die beiden Elemente im sogenannten Bundesbuch, 2.
Mose 20, 23–23, 19, das schon in Israels früher Königszeit in
Geltung gestanden hat. Es ist nicht ausgeschlossen, daß es
seiner synthetischen Form nach auf die Legislatur der Davids-
zeit (s. o.) zurückgeht[3].

VI

DAS WEHRWESEN

Das Wehrwesen des 2. Jahrtausends v. Chr. erhielt sein
charakteristisches Gepräge durch die Churro-Arier. Der Adel
der Stadtstaaten formierte sich als Kriegswagentruppe.
Auf zweirädrigen Pferde-Zweispännern, die in Friedenszeiten
für Jagd- und Rennsport benutzt wurden, fuhren die Krieger
ins Treffen. Wie Schwerbewaffnete trugen sie Helm und
Bronzepanzer. Ihre Hauptwaffen waren Pfeil und Bogen, für
den Nahkampf Wurfspeer und Kurzschwert. Die Besatzung
bestand bei den Kanaanäern meist aus zwei Mann, dem Lenker und dem Schützen; ein Dritter fuhr bisweilen als Hilfs-
und Reservemann mit.

Die fahrende Elitetruppe, der die Churro-Arier ihre Herrschaft in Palästina-Syrien und wohl auch die Hyksos ihren
Erfolg gegen Ägypten verdankt hatten, blieb das Rückgrat
der kanaanäisch-aramäischen Taktik im Bewegungskrieg.
Und als Ägypten zur Zeit der 18. Dynastie die Beherrschung
Palästinas auf sein Programm setzte, hätte es auf das ihm durch
die Hyksos bekannt gewordene Kriegsmittel nicht verzichten

können. Es ist aber bezeichnend, daß die Ägypter verschiedene auf den Kriegswagen bezügliche Fachausdrücke der kanaanäischen Sprache entlehnt haben, wie man andererseits im ganzen semitischen Sprachraum den Wagenkrieger mit der indo-arischen Vokabel *marijannu* benannte.

Stellte die Wagentruppe das gefürchtete Instrument für die scharfe Attacke oder den raschen Abwehrhieb dar, so ruhte das Gewicht von Invasion und Belagerung auf dem Hauptkontingent, das wie überall die Fußtruppen – Leicht- und Schwerbewaffnete – bildeten. Ihnen fiel auch stets der entscheidende Einsatz zu, wo das Gelände die Entfaltung der fahrenden Streitmacht nicht erlaubte. Die Gliederung in die fahrende Adelstruppe und eine aus dem Volk zusammengezogene Infanterie erscheint schon in der ugaritischen Keret-Dichtung (Text aus dem 14. Jahrhundert v. Chr.). Da erhält König Keret vom Götterkönig El die Aufforderung:

> Beraume den Adel ein,
> ausrücken soll der Adelskrieger Truppe
> und ausrücken soll das Heer des M . . .
> . . . .
> zu Tausenden möge das Gemeinvolk ziehen,
> zu Myriaden die Trossleute.

Der Adelstruppe steht hier deutlich das Gemeinvolk gegenüber.

Dasselbe Bild ergibt sich auf Grund eines in Ugarit gefundenen, akkadisch geschriebenen Briefes des ugaritischen(?) Obersten Schumitti an den ›mächtigen König‹, in welchem dieser aufgefordert wird, ›seine Truppen und seine Streitwagen‹ heranzuführen.

Die Fußarmee bestand aus den Bürgern der Städte und den freien Bauern der Landschaft. Sie hatten schon vorlängst, mindestens in der mittleren Bronzezeit, ihre Militärorganisation entwickelt, die dann später neben der Adelstruppe bestehen blieb.

Wahrscheinlich war die Bewaffnung der Infanterie wie später in Israel so auch im alten Kanaan jedes freien Mannes

eigene Aufgabe. Zur Ausrüstung gehörten für Leichtbewaffnete: Bogen, Köcher, Holzpfeile mit Bronzespitze, Kurzschwert, ein handlicher Rundschild und ein Brustkoller, beide
aus Leder. Schwerbewaffnete trugen an Stelle des Bogens den
Speer, dazu einen fast schulterhohen Schild, ein bronzeplak-
kiertes Panzerhemd (Schuppenpanzer) und einen bronzenen
Helm. Das in der Goliath-Erzählung außerdem bezeugte Lang-
schwert war vermutlich eine Besonderheit, die die Seevölker
aus der Ägäis mitgebracht hatten, die sich aber kaum über
den philistäischen Bereich hinaus verbreitete.

Die Kanaanäer scheinen sich als Waffenschmiede einen
Namen gemacht zu haben. Ugarit, das einen wesentlichen
Teil des zyprischen Kupfers zu Bronze verarbeitete, war Sitz
eines blühenden Waffenhandwerks, das sich sogar ägyptischer
Aufträge rühmen konnte: Wir wissen, daß Pharao Meren-
ptah in Ugarit Schwerter anfertigen ließ.

Der ugaritische Gott von Kunst und Handwerk, Koschar-
wa-Chasis, der nach der Mythologie durch die Herstellung
einer wunderbaren Waffe den Chaoskampf entscheidend zum
Guten beeinflußt und damit die Weltschöpfung wesentlich
ermöglicht hatte, besaß demnach in Ugarit eine seiner würdige
Verehrerschaft.

Die bronzezeitlichen Formen und Arten der Bewaffnung
wurden im wesentlichen von der Eisenzeit-Kultur übernommen. Die ›eisernen Kriegswagen‹, welche den eben um
ihr Daseinsrecht in Palästina kämpfenden Israeliten schwere
Zeiten bereitet haben (Josua 17, 16; Richter 1, 19; 4, 3. 13),
unterschieden sich von den bronzezeitlichen durch eine
Armierung des Plattform-Schildes mit Eisentäfelchen von der
Art der Schuppen eines Schuppenpanzers. Jedenfalls ist die
Tradition solider Waffenschmiedekunst auch in der Eisenzeit
erhalten geblieben: neuassyrische Könige vergaben Aufträge
für Panzer-Lieferungen an die Werkstätten von Damaskus.

Eine hervorragende strategische Rolle kam der Befestigung der Städte zu. Darin erwiesen sich die Kanaanäer als
Meister[1]. Eine ganze Reihe ihrer Bollwerke konnte sich rüh-

men, ungeheuren Anstrengungen belagernder Heere getrotzt zu haben. Die großartigen Fortifikationen von Chazor aus dem 3. und 2. Jahrtausend v. Chr. sind durch die israelischen Ausgrabungen neuerdings freigelegt worden. Bergfesten wie Gibeon, Jerusalem und andere hatten die Unabhängigkeit ihrer kanaanäischen Bewohnerschaft über Generationen hin inmitten der israelitischen Stämme zu erhalten vermocht. Und als Davids Vetter Joab die Enklave Jerusalem zu Fall brachte, geschah es nicht durch Belagerung, sondern in einem listig verwegenen Handstreich. Samaria, die von den Omriden gegründete und ausgebaute Hauptstadt des israelitischen Nordreiches, hielt, nachdem das ganze Land von den Assyrern verwüstet und besetzt worden war, noch drei Jahre durch, bis es von Sargon im Frühjahr 721 bezwungen werden konnte. Die Bevölkerung der Inselfestung Tyrus aber ergab sich, ausgehungert und von Krankheit zermürbt, nach dreizehn Belagerungsjahren dem Babylonier Nebukadnezar um 573 v. Chr. Alexander der Große hat sich freilich nicht so lange Zeit gelassen: Er errichtete vom Festland her einen Damm gegen die Stadt und bezwang sie nach sieben Monaten.

Interessant ist die Entwicklung des Wehrwesens in Israel. In seiner vorstaatlichen Zeit, d. h. in den Jahrhunderten seines Daseins als Städte-Amphiktyonie, wurden seine Kriege ausnahmslos vom Aufgebot der einzelnen Stämme oder von Stämmegruppen ausgetragen. Es waren größtenteils Abwehrkämpfe gegen Kanaanäerfürsten, gegen philistäische Invasionsversuche und gegen landsuchende Nomadenstämme aus Transjordanien.

In jedem Falle verstand man den Krieg als religiöses Ereignis: die Feinde Israels waren die Feinde seines Gottes Jahwe. Israels Krieg war Jahwes Krieg, und die zum Kampf antretende Schar ›weihte die (bevorstehende) Schlacht‹ dem Gotte Israels. Das Alte Testament zitiert einmal eine Quelle – sie ist uns leider verloren – die ›das Buch der Kriege Jahwes‹ hieß (4. Mose 21, 14).

Bei Nomaden fällt oft heute noch dem, der im Kampfe

durch Kühnheit oder Verschlagenheit eine Entscheidung zum Guten herbeizuführen vermag, die Scheichwürde zu. In Fortsetzung solcher Nomadengepflogenheiten haben sich die seßhaft gewordenen Stämme im vorköniglichen Israel jeweils der militärischen Führung dessen unterstellt, der sich in einer Notlage als Bester und Mutigster erwiesen hatte[2].

In diesem Sinne ist die Anerkennung Sauls als Oberbefehlshaber des ganzen Israelbundes zu verstehen. Sein ›Königtum‹ war eine Art Großscheichtum, für dessen Führung er sich durch eine ebenso energische wie mutige Tat ausgewiesen hatte (1. Sam. 11), und seine Abwehrkämpfe gegen Ammoniter und Philister trugen völlig den Charakter des Heiligen Krieges.

Ob ursprünglich verschiedene Stämme ihre eigenen Kriegsheiligtümer besessen hatten, läßt sich nicht mehr erheben. Ein solches Stück aber ist jedenfalls als Stammespalladium der Ephraimiten ins Land gekommen und wurde in der Folgezeit zum Wallfahrts- und Kriegspalladium des ganzen Israel-Stämmebundes: die sogenannte ›Gottes-Lade‹ oder ›Jahwe-Lade‹, die später als ›Bundes-Lade‹ bezeichnet zu werden pflegte[3]. Sie stand im Rufe, die Gegenwart Jahwes zu garantieren. Man stellte sich die Gottheit unsichtbar in oder auf ihr weilend vor, weshalb man in alter Zeit dieses Kultobjekt in höchster Kriegsnot ins Heerlager holte. Es geschah mit der Aufforderung:

> Steh auf, Jahwe, daß deine Feinde zerstieben
> und die dich hassen, vor dir fliehen! (4. Mose 10, 35)

Nach beendigtem Kampfe wurde die Lade jeweils in großer Prozession wieder an ihren Ort, in das kleine Heiligtum von Silo gebracht und dort niedergestellt mit dem Spruche:

> Laß dich nieder, Jahwe,
> und segne die Tausende Israels! (4. Mose 10, 36)

Nachdem dieses Kriegsheiligtum um das Jahr 1080 den Philistern zur Beute gefallen war, wurde es nach deren Unterwerfung durch David nach Jerusalem geholt, blieb als höchstes Nationalheiligtum in der neuen Residenzstadt und wurde von Salomo im Allerheiligsten seines Tempels untergebracht.

Zum Kriege zog die Lade seit den schlimmen Erfahrungen des Philisterkrieges nicht mehr aus. Bei der Zerstörung des Tempels durch die Truppen des Babyloniers Nebukadnezar (587) ist sie vermutlich verbrannt.

Die militärischen Unternehmungen der Königszeit nach Saul büßten den Charakter des Heiligen Krieges mehr und mehr ein. Der Heerbann Israels trat in den Hintergrund gegenüber der durch David begründeten Berufsgarde und erst recht gegenüber dem durch Salomo ins Leben gerufenen, mit Kriegswagen ausgerüsteten Berufsheer. Damit hatte der kanaanäisch-ägyptische Stil des Militärwesens über den urisraelitischen gesiegt. Die fahrenden Truppen stationierte Salomo außer in Jerusalem u. a. in Gezer, Unter-Bethchoron, Baalat, Thamar, Megiddo und Chazor[4] (1. Kön. 9, 15 ff.), d. h. in einstigen Kanaanäerstädten, die nicht nur strategisch wichtige Punkte waren, sondern in denen bis wenige Generationen zuvor der Umgang mit Pferd und Wagen gepflegt worden war. Die Nachkommen der einstigen kanaanäischen Adelsgeschlechter der genannten Orte dürften dabei erneut als Glieder dieses Berufsheeres zum Zuge gekommen sein. Die Gesamtzahl von Salomos Kriegswagen wird mit 1400 angegeben (1. Könige 10, 26). Ahab, einer der tüchtigsten Könige des israelitischen Nordreiches, konnte sich nach einer Mitteilung Salmanassars III. mit 2000 Kriegswagen an einer antiassyrischen Koalition westlicher Könige beteiligen, während im gleichen Treffen Damaskus 1200, Chamat 700 Wagen zu stellen imstande waren.

Israel hat freilich nur in Zeiten außergewöhnlicher Prosperität Wagentruppen solchen Umfanges zu halten vermocht, und erst recht war an derartige Aufwendungen im kleinen Juda seit der nach Salomos Tod erfolgten Reichsspaltung nicht mehr zu denken, wenn auch ein paar Dutzend Kriegswagen noch immer den Schein kriegerischer Glorie vortäuschen mußten.

Der Zusammenbruch des Nordreiches um 723/21 und dessen Umwandlung in die assyrische Provinz Samerina, das drükkende Vasallenjoch, das Juda, das Südreich, seit 732 trug, nicht zuletzt aber auch die Kriegsnöte und Brandschatzungen, heraufbeschworen von einer oft ebenso kurzsichtigen wie charakterschwachen Politik judäischer Könige: Das alles hatte weite Kreise von Hof und Volk in Juda für eine Überprüfung der geistig-religiösen und der politischen Grundlagen reif gemacht. Und als zur Zeit König Josias die weltpolitische Situation infolge Assyriens Niedergang neue Möglichkeiten zu bieten begann[5], führte die Reformbereitschaft bald zu einem greifbaren Resultat: der Staats- und Kultreform des Jahres 621/20.

Ihr Anliegen war, Judas Eigenart als Volk Jahwes und die frühere religiöse und politische Selbständigkeit zurückzugewinnen, wie es die Propheten von jeher gefordert hatten.

In diesem Sinne wurden nicht nur kultische und rechtliche Reformen durchgeführt, die alle darauf abzielten, die aus einem Israel fremden, kanaanäischen oder ausländischen Geiste erwachsenen Lebensformen zugunsten eines urjahwistischen Ethos abzustoßen; vielmehr gehörte dazu auch die Neuorientierung des Wehrwesens im Sinne altisraelitischer Auffassung: Josias Wehrkonzeption war die Wiedererweckung der Idee des Heiligen Krieges. Die entsprechenden Verordnungen (5. Mose 20) sind nur aus dieser Sicht richtig zu beurteilen. Josias frühzeitiger Tod in der gegen Pharao Necho verlorenen Schlacht bei Megiddo (609) haben solchen Bestrebungen ein jähes Ende bereitet, und unfähige Nachkommen verraten ahnungslos, was davon zum Wohle des Volkes zu retten gewesen wäre.

Mit Judas wehrhafter Selbständigkeit ging es von da an rasch bergab, bis der Zusammenbruch unter dem babylonischen Ansturm von 587 erfolgte und Juda nacheinander babylonische, persische und makedonische Provinz wurde, und schließlich erst dem ägyptischen, dann dem syrischen Diadochenreiche und zuletzt Rom anheimfiel. Aber wenn auch seit 587 kein eigentliches Nationalheer mehr gebildet werden konnte, der Gedanke an den Heiligen Krieg, wie er einst zur Befreiung von Jahwes Volk geführt worden war, ließ die Gemüter nie mehr ganz los.

Gegen die zivilen und religionspolitischen Repressalien, mit denen in der ersten Hälfte des 2. vorchristlichen Jahrhunderts der Seleukide Antiochus Epiphanes seine Provinz Juda in die Knie zu zwingen versuchte, erhob sich der Heldenkampf der Makkabäer mit allen Charakterzügen eines Heiligen Krieges.

Von der bald darauf sich absondernden jüdischen Mönchsgemeinde von Qumran, welche die aufsehenerregenden ›Handschriften vom Toten Meer‹ hinterlassen hat[6], wissen wir, daß sie glaubte, die Kerntruppe eines kommenden letzten Heiligen Krieges zu sein, in welchem endlich den ›Lichtmenschen‹ (meist ›Kinder des Lichtes‹ übersetzt), der Sieg über die ›Anhänger der Finsternis‹ (›Kinder der Finsternis‹) auf übernatürliche Weise zuteil werden würde.

Wahrscheinlich standen Ideen und Überzeugungen dieses geistig weit ins Volk ausstrahlenden Ordens hinter jenen ›Zeloten‹ (= Eiferern), die den jüdischen Aufstand vom Jahre 68 n. Chr. auslösten. Er endete mit der Zerstörung Jerusalems und seines Tempels durch den Römer Titus. Vor dem Marsch gegen Jerusalem war die Ordenssiedlung am Toten Meer (heute Chirbet Qumran) eingeäschert worden; jedenfalls darum, weil sie als das geistige Zentrum der Erhebung galt.

Und noch einmal war es Simon Barkochba, von vielen seiner Anhänger als Messias, d. h. als endzeitlicher Heilbringer verehrt, der im Jahre 132 n. Chr. erneut zum Heiligen Krieg gegen die römische Oberhoheit aufrief. Simon fiel 135, und sein Aufstand brach zusammen.

VII

HANDWERK, KUNSTGEWERBE UND HANDEL

Soweit die phönikischen Hafenstädte des zweiten Jahrtausends die ›Seevölker‹-Wanderung überstanden hatten[1] – Ugarit ist, wie andere blühende Kulturzentren, in jenen Wirrnissen untergegangen – hat sich in ihnen wohl die gute alte

Tradition des Handwerks nach kurzer Depression wieder erholt.

Die phönikischen Schiffswerften, schon zur Zeit der Kolonisierung in der ersten Hälfte des 2. Jahrtausends von großer Bedeutung, bildeten das Rückgrat der auch im ersten Jahrtausend blühenden Handelsschiffahrt[2]. Ein Relief auf einem sidonischen Sarkophag des zweiten Jahrhunderts unserer Zeitrechnung zeigt ein Segelschiff. Seine Bauart entspricht der römischen, die sich wahrscheinlich aus der phönikischen entwickelt hat[3]. Auch als Glasmacher waren die Phöniker dem Altertum bekannt. Seinen Namen aber verdankt Phönikien dem Gewerbe für welches es eine Monopolstellung innehatte: der Purpurgewinnung und Purpurfärberei. Der kostbare Farbstoff wurde aus dem Drüsensaft der Purpurschnecke (*murex brandaris*) hergestellt. Die zuerst weißliche Ausscheidung färbte sich an der Sonne rot und dann schwarzviolett und mußte durch besondere chemische Behandlung zum leuchtenden violetten und roten Purpur verarbeitet werden. Eingefärbt wurden damit Wollgewebe, die Phönikien in alle Welt exportierte. Hauptzentrum war Tyrus, wo bei den Grabungen ein riesiges Lager von Purpurschneckenhäusern zum Vorschein gekommen ist.

Neben dem roten und violetten Purpur kannte man in Syrien-Palästina auch den Karmesin, der durch Trocknen und Pulverisierung von roten Schildläusen und deren Eiern gewonnen wurde. Wenn auch billiger als Purpur, war er dennoch eine große Kostbarkeit und blieb, wie dieser, fast ausschließlich der Verbrämung der Festkleider höchster staatlicher und kultischer Würdenträger vorbehalten[4].

In den bäuerlichen Gemeinwesen Syrien-Palästinas entwickelten sich während der Eisenzeit die verschiedenen Gewerbe ganz allmählich. In den Bauernstädten wurde das Handwerk je nach Neigung und besonderer Befähigung zunächst als Nebenbeschäftigung gepflegt. Der hölzerne Pflug, der Dreschschlitten, der Dreschwagen und allerlei hölzernes Gerät wird da von besonders Geschickten für ihre ganze Sippe hergestellt worden sein. In jedes Städtchen gehörte natürlich ein Schmied für Pflugschar, Axt und Waffe. Der langsamen

Ablösung des Gewerbes von der Scholle hat wahrscheinlich die Latifundienbildung Vorschub geleistet; denn sie entwurzelte viele Bauern, deren tüchtigste zum Handwerk übergingen, um nicht der Taglöhnerei zu verfallen.

Die bäuerliche Palästinenserin spann und wob selber ihre Wolle und ihren Flachs. Doch die nationalen Königshöfe, die Priesterschaften der Staatsheiligtümer, die Beamtenschaft und die der Landwirtschaft entfremdeten Bevölkerungsschichten waren Abnehmer der Erzeugnisse von Berufswebern, -walkern und -färbern. Sicher hat es da und dort auf dem Lande vereinzelte Textilhandwerker gegeben; doch ist die Beobachtung interessant, daß sich bald an einzelnen Orten gewisse Gewerbe zusammenschlossen. So war Beth Aschbea (1. Chron. 4, 21) ein Zentrum der Byssos-Weberei[5]. In Debir (heute Tell beit mirsim) wurde neben Wollweberei auch die Färberei als Kleinindustrie geübt, in Kirjat Sepher die Wollfärberei[6].

Beim ›Scherbentor‹ in Jerusalem wohnten die Töpfer (Jer. 19, 1 f.). Königliche Keramik-Werkstätten wurden in Gedara und Netajim betrieben (1. Chr. 4, 23). Ihnen fiel unter anderem vermutlich die Aufgabe zu, die geeichten Krüge für die dem Hof zu entrichtenden Wein- und Ölabgaben zu liefern. Die Gefäße waren darum mit dem königlichen Eichstempel und einer Maßaufschrift versehen.

In Jerusalem gab es eine ›Gasse der Bäcker‹ (Jer. 37, 21) und andere Straßen, in denen sich je ein Handwerk niedergelassen hatte.

Die Gerberei wird in der Bibel zwar erst in neutestamentlicher Zeit (Apg. 9, 43; 10, 6. 32) erwähnt[7]. Zweifellos handelt es sich jedoch um ein altes Handwerk. Seine Erzeugnisse fanden vielseitige Verwendung, und zu seinen Aufgaben gehörte auch das Präparieren der als Wein- und Wasserbehälter benützten Ziegenbälge, der sog. ›Schläuche‹, und der als Schreibmaterial dienenden feinen Leder. Gewöhnliches Leder wurde zu Sandalen, Gürteln, Kriegshelmen, Lederkollern, Köchern, Zaumzeug und anderen Gebrauchsgegenständen verarbeitet.

Im kleinasiatischen Pergamon wurde im 2. Jahrhundert v.

Chr. ein besonderes Verfahren zur Aufbereitung von Schreib-
leder entwickelt: Esel-, Kalb-, Ziegen- und Schaffelle rieb man
mit Kreidebrei und Bimsstein ab, wodurch sie haltbar wurden.
Ihre glatte Oberfläche lud wie kein früheres Schreibmaterial zu
kunstvoller Schriftgestaltung ein. Nach seinem ersten Herstel-
lungsort wurde es ›Pergament‹ (*pergamenum*) genannt. Bald
fabrizierte man es auch in Syrien-Palästina. Weil es steifer war
als das leicht rollbare Leder, fügte man es nicht mehr zu Rol-
len-Büchern, sondern zu Blätter-Büchern zusammen[8].

Die altorientalische Dokumentation kennt eine große Zahl
von handwerklichen Gewerben. Im Alten Testament begegnen uns außer den obengenannten Berufen auch der Schlosser,
der Müller, der Wundarzt, der Barbier, der Salbenbereiter.
Diese letzten beiden Berufsgruppen werden in den Luxus-
städten der Höfe und des Handels ihr gutes Auskommen gehabt haben. Ob sie auch die Heiligtümer mit den nach speziellen Rezepten hergestellten, profanen Zwecken entzogenen
Salbölen beliefert haben, ist ungewiß. Möglicherweise wurden diese von den Priestern selbst zubereitet.

Salben und Öle dienten den Orientalen zu allen Zeiten für
die Körperpflege. Man salbte den ganzen Leib, besonders das
Haupt (Ps. 23, 5; Pred. 9, 8) und den Bart (Ps. 133, 2). Wer
nichts anderes hatte, verwendete – wie noch heute – Olivenöl.
Zu Luxuszwecken bereiteten die Salbenmischer oder -mische-
rinnen (1. Sam. 8, 13) wohlriechende Salböle durch Zusatz
von Riechstoffen, deren kostbarster das aus Indien bzw. aus
Tibet bezogene Nardenöl war[9].

Während die teure Narde, die nach einer Auskunft des Plinius oft gefälscht wurde, für gewöhnliche Sterbliche uner-
schwinglich war, stellte auch die Myrrhe, ein Terebinthenharz
in verschieden hohen Qualitätsgraden und unterschiedlichen
Preises, ein beliebtes Ingrediens für Salböle dar. Auch Parfü-
merien in Streupuderform scheinen auf dem Markt gewesen
zu sein (Hohes Lied 3, 6: ›Gewürzstaub‹).

Außer Salben und Salbölen gab es die Schminken. Auch
Männer benutzten sie. König Keret verwendet Rotschminke,
eine Salbe mit dem aus den Blättern der Zyperstaude (*Law-
sonia alba Boissier*) gewonnenen roten Farbstoff *Henna* (Hohes

Lied 1, 14; 4, 13; 7, 6), den auch die heutigen Araberinnen unter diesem Namen kennen und mit dem sie sich Fingernägel, Handflächen und Haare rötlich färben. Eine andere Schminke ist eine mit schwarzgebranntem Antimon versetzte Salbe, mit der man Augenbrauen nachgezogen und Augenlider untermalt hat. Das Rezept dürfte nicht wesentlich anders gewesen sein als das bei den heutigen Orientalinnen für die Herstellung ihres ›kuchl‹ angewandte.

Architektur und Bauhandwerk haben in Syrien-Palästina beachtliche Leistungen erbracht. Der spätneolithische Städtebau erfuhr in Bronze- und Eisenzeit eine reiche Entfaltung. Ägyptische, churromesopotamische, ägäische und kleinasiatische Anregungen wirkten dabei mit.

Der Schutz der Städte gegen Räuber und Belagerer wurde schon früh energisch betrieben. So zeigt bereits das älteste, aus wuchtigen Feldsteinen aufgeführte Befestigungswerk von Chazor einen der Mauer vorgelagerten Graben mit einer sorgfältigen Pflasterung gegen das Versickern des in ihn geleiteten Wassers. Durch Mauerausprünge und vorgeschobene Wehrtürme erleichterte man die Verteidigung. Insbesondere wurden Tor und Zufahrtsrampe mit Bollwerken gesichert. In Lachisch bildete das Tor einen mächtigen Baukomplex, der eine äußere mit der inneren Ringmauer verband (Tafel XV). Die Anlage enthielt verschiedene Torsperren und ein geräumiges Wachtlokal, in dessen Trümmern die Lachisch-Ostraka, kurze militärische Meldebriefe, gefunden worden sind[10]. In den Blüte-Epochen der Eisenzeit wurden die Stadtmauern gelegentlich aus Quadern errichtet[11].

In der Verteidigung bei Belagerungen erfahren, verwendeten die Kanaanäer ihre Sorgfalt außer auf die meist einzige Toranlage der festen Städte auch auf die Möglichkeit zu überraschenden Ausfällen und verstohlenem Einholen von Nahrungsmitteln in die hungernde Stadt: Die Mauer wurde bisweilen mit einem wohl getarnten Ausschlupf versehen, der zu gewöhnlichen Zeiten mit Steinen aufgefüllt war.

Auch an Wasserversorgung und Kanalisation sparte man

nicht. Wenn irgend möglich, wurde das Frischwasser in die Stadt und hier selbst in den Palast und die Häuser der Vornehmen geleitet. Lagen die Quellen tiefer als das Stadtniveau und dazu, wie oft im Hügelland, außerhalb der Ringmauer, wurden sie durch in den Felsen gehauene Schacht-, Tunnel- und Treppenanlagen so zugänglich gemacht, daß sie auch in Belagerungszeiten benutzbar blieben. Schon das bronzezeitliche Jerusalem verfügte z. B. über einen derartigen Zugang zu der im Benhinnom-Tal entspringenden Gichon-Quelle[12]. Eine besonders imposante Schöpfung war der ›Teich von Gibeon‹, ein senkrechter Rundschacht von etwa 12 m Durchmesser als Wasserbehälter mit der Wand entlang spiralig geführter Treppe zur Erreichung des allmählich absinkenden Wasserspiegels. Ein etwa 60 m langer, im 8. Jahrhundert angelegter Treppentunnel mit Wandnischen für die Öllampen führte vom Grund des Schachtes weiter zum Wasserreservoir. Demselben Zeitalter gehörten auch der Tunnel von Megiddo und der von König Hiskia erstellte Siloah-Wasserstollen an – beides Werke, deren Arbeiten gleichzeitig von beiden Enden her in Angriff genommen worden sind.

Unterirdische Bauten waren von jeher auch für die Toten errichtet worden. Das bronzezeitliche Chazor weist ein ganzes Netz von Katakombengängen auf. Die auf mehreren Etagen angelegte Nekropole von Byblos ist seit Dunands Ausgrabungen berühmt. In Ugarit und anderwärts, wo die Grabanlagen nicht in den gewachsenen Felsen getrieben werden konnten, wurde der unterirdische Begräbnisraum durch Gewölbe- oder Kuppelbauten gewonnen. Auf besonders schöne Grabkammerbauten mykenischen Stils aus Quadern und Platten stießen die Archäologen in Ugarit. In vielen Fällen läßt sich von den tiefbautechnischen Leistungen viel eher ein abgerundetes Bild gewinnen als von den oberirdischen Bauten, da von diesen bei den meist vollständigen Zerstörungen nur die Fundamente intakt geblieben sind. Aus ihnen lassen sich die Anlageverhältnisse immerhin oft noch recht gut bestimmen, und über Bauten wie die Königspaläste in Ugarit, Alalach oder Samaria u. a. gibt heute die Archäologie erstaunlich genaue Auskunft.

Der Prophet Amos spricht um die Mitte des 8. Jahrhunderts von ›Wohntürmen‹ in den Städten Syrien-Palästinas (Amos 1, 4. 7 u. a.), d. h. von mehrstöckigen Häusern auf relativ kleinem Grundriß, wie sie heute noch in klassischer Bauart im südarabischen Jemen und Hadramaut üblich sind. Es ist anzunehmen, daß in Zeiten der Prosperität das Bürgerhaus, im Häuserverband der Stadt an einer Erweiterung in die Breite verhindert, in die Höhe gestrebt hat. Die Ruinen von Chazor lassen nun das Haus eines begüterten Zeitgenossen des Propheten Amos erkennen. Wahrscheinlich hieß er, wie man aus einer Kruginschrift schließt, Makbiram. Eine stattliche Steintreppe verband da das Erdgeschoß mit einem oberen Stockwerk, das in seiner massiven Bauweise vermuten läßt, es haben sich über ihm noch weitere Wohnetagen erhoben.

Die äußerst aufschlußreichen Ausgrabungen der James-A.-de-Rothschild-Expedition in Chazor haben u. a. eine baugeschichtliche Einzelheit von besonderem Interesse erkennen lassen: Schon der Baubericht des Alten Testaments (1. Kön. 6 und 7) über Salomos Tempelbau teilt mit, König Salomo habe von König Hiram von Tyrus nicht nur Bauholz aus dem Libanon bezogen, sondern auch phönikische Architekten, Steinmetzen und Kunsthandwerker mit der Ausführung betraut. Diese Angabe, zusammen mit der Beschreibung verschiedener Details der Ausschmückung, ließ keinen Zweifel daran zu, daß der erste israelitische Staatstempel in seiner Architektonik phönikisch-kanaanäischen – und vielleicht mittelbar ägyptischen – Vorbildern nacheiferte. Die Freilegung kanaanäischer Tempelruinen im bronzezeitlichen Chazor hat nun den Beweis dafür erbracht, daß der dreiteilige Grundriß des Salomonischen Heiligtums mit seinen in einer Achse liegenden Zugängen zu Vorhof, Haupthalle und Allerheiligstem im mittel-bronzezeitlichen Kanaan schon verbreitet gewesen ist. Auch für die beiden freistehenden Säulen am Vorhof-Eingang – in Salomos Tempel waren sie aus Bronze-Guß (1. Kön. 7, 15–22; 2. Chr. 3, 15–17) – haben sich wie in Beth-Schean, so nun auch in Chazor Parallelen gefunden.

Zahlreiche Rund- und Reliefplastiken stellen der syro-kanaanäischen Steinmetz-, Bildhauer- und Modellierkunst ein gutes Zeugnis aus. Nur auf ganz wenige mag im einzelnen hingewiesen werden: In Alalach hat L. Woolley zwei prächtige, aus Basalt gehauene vollplastische Tor-Löwen ausgegraben (15./14. Jahrhundert). Unter den Trümmern von Bar-Rekubs Palast im Sam'al (8. Jahrhundert) fand sich ein wunderschönes Sphingen-Paar als Säulenbasis. Von den Rundplastiken Chazors verdienen besondere Beachtung eine Frauengestalt mit Kopfreif und zurückgeschlagenem Schleier (vielleicht eine ›Kultdirne‹, 8. Jahrhundert; Tafel XIV)[13], ferner ein Terrakotta-Frauenkopf, unter den Reliefplastiken ein kauernder und ein sitzender Löwe (Kopf vollplastisch) und neben anderen eine Kultstele mit zwei anbetend zum Sonnensymbol erhobenen Händen[14] (Tafel XIV). Steinmetzarbeit von beachtlicher Schönheit zeigt ferner ein Kultbecken aus Basalt mit Spiralborte, und ein marmorner Räucherlöffel – als von einer Hand dargehaltene Schale ausgebildet – beweist, daß auch Kleinkunst in Stein mit Liebe und Ausdrucksvermögen am Werk war.

Die Glyptik kam vorab in der Gravur von Siegelsteinen und Amuletten zur Anwendung. Das Siegel des 1. Jahrtausends v. Chr. war je nach dem Schreibmaterial ein Roll- oder ein Stempelsiegel. Soweit noch Keilschrift geschrieben wurde, kam das Rollsiegel nach mesopotamischem Muster zur Anwendung. Bei Leder-, Papyrus- und Pergament-Dokumenten wurde das Stempelsiegel üblich: Es ist meist ein gravierter Stein mit Lochöse zum Durchziehen einer Schnur, an der man es um den Hals (1. Mose 38, 18) oder am Handgelenk trug (Hohes Lied 8, 6), erscheint aber auch als Fingerring (Jer. 22, 24). Da der freie Mann jederzeit in die Lage kommen konnte, als Vertragspartner oder als Zeuge Urkunden zu besiegeln, so versteht sich, daß, wer etwas auf sich hielt, ein Siegel besaß. In den Grabungsschichten des 1. Jahrtausends v. Chr. wurden Siegelsteine häufig gefunden.

Die Arbeiten der Steinschneider sind freilich von verschiedener Qualität; Stücke von der Schönheit des in Jaspis ge-

stochenen Siegels mit dem schreitenden und brüllenden Löwen, als dessen Eigentümer ein gewisser ›Schema, Knecht
Jerobeams‹ zeichnet, sind, aufs Ganze gesehen, Raritäten, obschon es bisweilen bildliche Darstellungen von Eleganz gibt.
In vielen Fällen begnügte man sich damit, seinen Namen und
den des Vaters in die Siegelfläche zu gravieren.

Während der Perserzeit, als verschiedenerorts im Reiche
Münzen geschlagen wurden, kam die Glyptik zu neuen
Ehren: Die Matrizen für die Münzen waren geschnittene
Steine. Von da an begegnet man der Münzprägung in Syrien-
Palästina immer wieder.

Zahlreiche Funde von Schmuck, Zierat und Luxus-
gefäßen aus Edelmetall, Kupfer oder Bronze zeigen, daß
sich auch die entsprechenden Gewerbe eines guten Zuspruchs
erfreuten. Als die Bronze als Gebrauchsmetall für Werkzeug
und Waffen ausschied, blieb sie ein beliebtes Material für Zier-
gegenstände, kleine Götterbilder und besondere Objekte
kultischer Bedeutung. Die beiden Säulen *Jakin* und *Boas* am
Salomonischen Tempel bestanden nach einer Angabe von
1. Kön. 7, 15 bei 18 Ellen Höhe und 12 Ellen Maximalumfang
aus vier Finger dickem Bronzeguß.

Die Gold- und Silberschmiede schufen außer getriebenen
Schüsseln, Pokalen und Vasen auch Anhänger, Ketten, Ringe,
Amulette (Jes. 3, 18 ff.) und Statuetten zu Votivzwecken und
leisteten ihren künstlerischen Beitrag an die Errichtung der
Götterstatuen für Privatkapellen und öffentliche Heiligtümer
(Jes. 40, 19 ff.; 41, 6 f.). Aus den Angaben über die Götter-
bilder wird beiläufig ersichtlich, daß auch die Holzschnitzerei
nicht unbekannt war (Jes. 44, 13).

Die Elfenbeinschnitzerei wurde in Syrien-Palästina
von frühester Zeit an gepflegt. Schon in einem Grabe der
chalkolithischen Bauschicht von Byblos fand sich ein Elfen-
beinkrug. Alle späteren Epochen sind mit Elfenbeinarbeiten
vertreten. Die Höfe des 2. Jahrtausends scheinen wie für alle

anderen handwerklichen Künste, so auch für diese einen guten Boden gebildet zu haben. Hinzuweisen ist, abgesehen von den prächtigen ugaritischen Schnitzereien des 14. Jahrhunderts[15], auf die etwa gleichzeitigen Stücke aus Alalach. Unter den wenig späteren verdienen besondere Aufmerksamkeit ein mit Löwen und Löwencheruben in Dreiviertelplastik verziertes Schmuckkästchen aus Megiddo (13. Jahrhundert) und aus Alt-Lachisch ein Parfümfläschchen, das die Form einer schlanken, mit langer Robe bekleideten Dame hat.

Diese gute Kunsttradition fand im ersten Jahrtausend ihre würdige Fortsetzung, wie besonders die Ausgrabungen in Arslan-Tasch (westlich Charran), Megiddo und Samaria zeigen. Neben Tafelschnitzereien sind auch Rundplastiken, Zierknöpfe und andere Luxusgegenstände aus Elfenbein zum Vorschein gekommen. Sie lassen das technische und formale Können der Schnitzer in einem guten Licht erscheinen und verraten eine wenn auch begrenzte, so doch bemerkenswerte stilistische Eigenständigkeit. In Motiven und Grundfiguren sind sie von ägyptischen Vorbildern abhängig; ja, bis zur Verwendung von Hieroglyphenschrift geht die ägyptisierende Manier der Schnitzer zu einer Zeit, da Syrien längst die Buchstabenschrift entwickelt hatte. Im Detail der Durchführung hingegen zeigen sie sich alle in charakteristischer Weise frei, als Exponenten einer syrischen Stilvariante, die so deutlich und so durchgängig hervortritt, daß sich keine von den Tafeln von Samaria oder Arslan-Tasch als ägyptisch ausgeben könnte.

Die Knöpfe – in Samaria haben ihnen die Künstler mit Vorliebe die Form von offenen Margeriten oder Gänseblümchen gegeben – wurden als Schmuck getragen oder als Spielsteine für Brettspiele gebraucht. Kleine Plastiken dienten als Amulette, vielleicht bisweilen als Votivgaben. Unter den Trümmern von Makbirams Haus in Chazor hoben die Ausgräber einen reizenden elfenbeinernen Schminklöffel auf, dessen Griff das stilisierte Lebensbaum-Symbol aufweist.

Am wichtigsten aber war auch im 1. Jahrtausend v. Chr. ohne Zweifel die Tafelschnitzerei. Sie arbeitete mit geschmackvollen geometrischen Rahmenmustern, Lotos- und Palmettenstilisierungen für Einfassungen von Götter-, Menschen- und

Tierdarstellungen aus der Mythologie. Einzelne Platten waren mit farbigen Steinen eingelegt und hatten stellenweise Goldplattierung. Die Tafeln waren hauptsächlich als Wandtäfelung an Königshöfen gesucht. Von einem ›Elfenbeinzimmer‹, wohl dem Thronsaal, in Ahabs Palast in Samaria weiß das 1. Königsbuch (22, 39), und aus der Prophetie des Amos (3, 15) geht hervor, daß dieser Luxus um die Mitte des 8. Jahrhunderts in Israel nicht auf den Königspalast beschränkt, sondern bei den Kaufleuten und Großgrundbesitzern verbreitet war. Elfenbeingetäfelte Polsterrahmen zeichneten die Lagerstätten aus, die in den Heiligtümern auf die Teilnehmer der kultischen Mahlzeiten warteten (Am. 6, 4), und Prunkbetten in ähnlicher Ausführung standen dort in den für die heilige Hochzeit reservierten Gemächern. Unter der assyrischen Beute, die Adadnirari III. aus Damaskus mitschleppte, ist ein *irschu schinni*, ein Elfenbeinbett, verzeichnet. Das aus dem ugaritischen Königspalast des 2. Jahrtausends v. Chr. bekannte Elfenbeinbett hatte somit nicht nur in anderen bronzezeitlichen Königsstädten, sondern auch in denen des 1. Jahrtausends v. Chr. seine Parallelstücke.

Das syro-phönikische Elfenbein-Handwerk fand seine Bewunderer auch in Assyrien, dessen Könige aus der Beute ihrer Kriegszüge gerne wertvolle Stücke ihrem eigenen Schatz zuführten, es aber auch auf die Künstler selbst abgesehen hatten, die sie als Kriegsgefangene an ihrem Hofe beschäftigten.

Die Berufsleute waren zu Zünften zusammengeschlossen, die bei öffentlichen Angelegenheiten in Erscheinung traten. So übernahmen bei Nehemias Mauerbau in Jerusalem die Goldschmiede und die Krämer je einen Abschnitt als ihre Aufgabe. Die Bildung von Berufsverbänden stellte für Israel eine wesentliche soziale Neuerung dar. Für die dem Boden Entfremdeten übten sie eine ähnliche Funktion aus wie die alten Clane für die Bauernschaft. Bezeichnenderweise nannte man den Vorsteher einer Zunft deren ›Vater‹, und der ursprünglich für eine Blutsippe gebrauchte Ausdruck *mischpacha* wurde nun auch auf die Berufsgilden angewendet.

Ähnlich wie die Handwerker waren die Krämer und Kaufleute zu Gilden vereinigt. Für Jerusalem ist eine Krämerzunft
in nachexilischer Zeit belegt (Neh. 3, 31 f.). Vermutlich exi-
stierten solche Organisationen schon im 7. und 8. Jahrhundert.
Ja, es fragt sich, ob ihre Anfänge in Israel nicht schon ins
10. Jahrhundert hinaufreichen, als Salomos Ophirfahrten alle
möglichen Güter ins Land brachten, nicht nur für den Hof,
sondern auch für den allgemeinen Markt.

Zum ersten Male nahm Israel damit am internationalen
Handel teil, der damals freilich als Transithandel in könig-
licher Regie lag – ähnlich wie der Import von Pferden aus
Kilikien und ihr Weiterverkauf an das Ausland. Im Inland
verbrauchte Importgüter werden aber wohl schon zu dieser
Zeit dem freien Handel überlassen worden sein.

Eine solche für Israel umwälzende Wirtschaftsentwicklung,
wie sie kurze Zeit schon unter Salomo spürbar geworden
war, nahm um die Mitte des 8. Jahrhunderts ihren rapiden
Fortgang: Eine Reihe von Jahrzehnten ununterbrochenen
äußeren Friedens hatte intensivere Bodenbewirtschaftung und
landwirtschaftliche Überproduktion zur Folge gehabt. Die
Überschüsse wurden exportiert. Ein neuer Stand von Zwi-
schenhändlern und Großkaufleuten wuchs heran, der einen
beachtlichen Luxus entfaltete.

Ein Beamter König Jerobeams II., namens Schema, der in
Megiddo residierte und dort wohl nicht zuletzt als Exponent
des königlichen Kornhandels eingesetzt war, führte ein wahr-
haft fürstliches Siegel.

Wenn im Geschäftsviertel des alten Gibeon, des heutigen
el Dschibb, nördlich von Jerusalem, Kelter- und Gärräume sowie Lagerkeller von über 200 000 Litern Fassungsvermögen in
den Felsen gehauen waren, so offenbart sich da ein Wein-
handels-Magnatentum, das den Kornhändlern in der Jesreel-
Ebene kaum nachgestanden hat. Als Besitzer der Kellereien
von Gibeon wird man sich einen Potentaten denken müssen,
der für Handwerker und Künstler lohnende Aufträge zu vergeben hatte.

Die Kehrseite dieser Entwicklung aber war die Verarmung vieler bäuerlicher Familien. Trat Fehlernte ein oder stockte der Absatz der Ware, auf deren Erzeugung sich die Bauern gerade eingestellt hatten, kamen sozial Schwächere in Schwierigkeiten. Geld war immer zu bekommen; versagte aber dem Bauern die erhoffte Möglichkeit zur Rückerstattung, so ging sein Hab und Gut als Pfand an den Gläubiger über.

Unter den Händen der Handelsherren fügten sich die Güter der gepfändeten Kleinbauern zu Latifundien zusammen, während sich aus den Verlierern ein ländliches Proletariat bildete. In den phönikischen Kauffahrteistädten hatte seit Menschengedenken ein zahlenmäßig bedeutendes Proletariat existiert. In Palästina erwuchs es erst aus den Verhältnissen des ebengenannten Zeitraums. Mit Entsetzen sieht der Prophet Jesaja diese Entwicklung:

> Wehe denen, die Haus an Haus reihen,
> Acker an Acker rücken,
> bis kein Raum mehr ist (für die Bauern)
> und ihr allein Besitzer seid
> inmitten des Landes. (Jes. 5, 8)

So klingt es in Juda. Schon vorher hatten Männer wie der Prophet Amos Ähnliches in Zentralisrael, im nördlichen Reiche, beobachtet. Die entmenschlichte Rücksichtslosigkeit und zugleich die Entartung der im Luxus aufgehenden Frauen dieses Handelsstandes werden greifbar in der bitteren Anrede:

> ... ihr Basankühe, auf den Bergen Samarias,
> die ihr die Geringen bedrückt,
> die Armen zermalmt,
> die ihr zu euren Männern sagt:
> ›schafft her, daß wir prassen!‹ (Am. 4,1)

Kein Wunder, daß sich das Josianische Rechtsbuch von 622 so ausgiebig gerade mit diesem sozialen Stand befassen mußte.

Als Zahlungsmittel, das dem Handel diente, war, wo die Entwicklung den Tauschhandel überholt hatte, von jeher Edelmetall in Gebrauch: Gold wurde in Form von ›Zungen‹

d. h. länglichen flachen Stücken, Silber in Klumpen oder nach
der ägyptischen Art in Ringform gehandelt, wobei man das
für die Zahlung bestimmte Metall abwog[16]. In späterer Zeit
trugen die als Zahlungsmittel zulässigen Metallstücke den
Stempel des königlichen Schatzamtes als Garantie für den
Feingehalt. Ihr Gewicht war aber nach wie vor mit der Waage
zu bestimmen. Erst die persische Zeit brachte die Münzen.

VIII

DIE SCHRIFT

Eine der größten kulturellen Errungenschaften, die das
Abendland aus der syrischen Welt empfangen hat, ist das
Alphabet. Die griechische und mit ihr die lateinische und
alle anderen westlichen Buchstabenschriften gehen auf semi-
tisch-vorderorientalische Vorbilder zurück. Am wahrscheinlichsten sind es die nordsemitischen linearen Buchstaben,
welche von den Griechen spätestens um 800 v. Chr. übernommen worden sind. Daß das Alphabet von der syrischen
Küste nach Europa gelangt sei, daß die Griechen ihr Schriftsystem nicht selber geschaffen, sondern es aus der westsemitischen Welt übernommen haben, ist eine Anschauung, die
durch den griechischen Historiker Herodot im Abendlande
heimisch geworden ist. Obwohl man des alten Historio-
graphen Angaben bezüglich der Einzelheiten dieses Vorganges
mit Vorsicht behandeln muß, wird sein Vermerk dadurch
wertvoll, daß er von einer zu seiner Zeit offenbar in der ganzen Gräzität üblichen Terminologie kündet: Er stellt fest, die
griechischen Schriftzeichen werden als *kadmeia grammata*
oder als *phoinikeia grammata* bezeichnet. Daraus geht hervor,
daß man in Griechenland selbst das Alphabet als orientalisches
oder als phönikisches benannte. Phönikische Seefahrer und
Kaufleute haben vermutlich ihre Schrift im Mittelmeerraum
verbreitet. Verschiedene Mitteilungen anderer antiker Autoren weisen in dieselbe Richtung.

Allein auch ohne diese ausdrücklichen Behauptungen alter Tradition würde sich die Wanderung der Buchstabenschrift von der syrischen Küste in die griechische Welt auf Grund des archäologischen Befundes ergeben. Die Formverwandtschaft zwischen den Zeichen der archaischen griechischen und denen der gleichzeitigen nordsemitischen Schrift ist zu durchgehend, als daß man an zufällige Übereinstimmungen denken dürfte. Ist aber die Abhängigkeit des einen Alphabets vom anderen anzunehmen, so kann aus Gründen mannigfacher Beobachtungen nicht daran gezweifelt werden, daß die Entlehnung vom Orient nach Griechenland erfolgt sein muß, nicht umgekehrt. Nur zwei Gründe seien erwähnt:

Die Namen der griechischen Buchstaben weisen darauf hin, daß sie nicht in Griechenland selbst, sondern in semitischem Sprachgebiet entwickelt worden sind. Die Zeichennamen *alpha*, *beta*, *gamma* usw. gehören weder dem hellenischen noch einem urmediterranen Sprachgut an, sondern sind unverkennbare Semitismen. In *alpha* hat sich beispielsweise die westsemitische Bezeichnung für Rind (*'alf*; hebr. *'äläf*), in *beta* die für Haus (*bajit*), in *delta*, die für Torflügel (*dalt*) erhalten. Alpha hatte denn auch ursprünglich die Form eines gehörnten Rinderkopfes, Beta die eines im Grundriß gezeichneten Hauses, Delta die eines Torflügels.

Mit den Formen und Namen der Buchstaben haben die Griechen auch schon deren Reihenfolge aus dem nordsemitischen Gebiet übernommen. Hier läßt sich diese Alphabetaufzählung, wie sie übrigens bis auf wenige Abweichungen noch bei uns üblich ist, bis ins 14. vorchristliche Jahrhundert hinauf nachweisen[1].

Diese Schrift, die Mutter der europäischen Alphabete, war auch die Grundlage mannigfaltiger Entwicklungsformen im Vorderen Orient selbst. Von ihr stammen die kanaanäischen, hebräischen, aramäischen, syrischen, nordarabischen Alpha-

bete, und ursprungsverwandt mit ihr ist auch das altsüd-
arabische. Von den syrischen Küstenstädten aus wurden die
semitischen Buchstaben nach dem afrikanischen Punien, in die
dortige phönikische Kolonie, von Südarabien aus mit den
Kolonisten nach Äthiopien getragen. Durch selbständige
weitere Ausgestaltungen haben dann die Äthiopen ihre etwas
kompliziertere Schrift geschaffen, die noch heute, vorab für
sakralen Gebrauch, üblich ist.

Waren aber die Phöniker die eigentlichen Erfinder des
Alphabets? Die Frage ist kaum eindeutig zu entscheiden; denn
die Archäologie kennt Zeugnisse von Vorformen des phönikischen Linearalphabets, die sporadisch im ganzen syrisch-
palästinensischen Gebiete anzutreffen sind. Man wird aber
sagen dürfen, daß die nordwestsemitische Kulturwelt, von der
Phönikien ja ein Teil gewesen ist, für sich den Ruhm in Anspruch nehmen kann, der Welt das Alphabet gegeben zu haben.

Auf dieser syrischen Brücke zwischen Orient, Okzident,
Ägäis und Afrika hatten Menschen wie kaum anderswo auf
Erden früh die Möglichkeit, die relativen Vorzüge und Nach-
teile verschiedener Schreibweisen kennenzulernen und gegeneinander abzuwägen. Eine gewisse Beweglichkeit im Schrift-
umgang hatte sich da ganz natürlicherweise bilden können.
Dunand glaubt, in der von ihm entdeckten Pseudohiero-
glyphenschrift von Byblos, die der ersten Blüte der Stadtkultur Phönikiens zuzuschreiben ist und die in irgendeiner
Weise als Vorläuferin der Alphabetschriften wird gelten
dürfen, ägyptische, kretische und hethitische Einflüsse zu erkennen, und ganz wesentlich war auch derjenige der akkadischen Keilschrift in Syrien und Palästina.

Wohl schon zur Zeit der Machtentfaltung der sumerischen
und der babylonischen Großherrscher wurde das palästinen-
sisch-syrische Gebiet mit der mesopotamischen Schrift bekannt. Für das 3. vorchristliche Jahrtausend anzunehmende
wirtschaftliche und wohl auch politische Beziehungen zwischen Sumer-Akkad und Syrien haben zu einer ersten Verpflanzung sumerischer Kulturgüter nach dem Westen ge-

führt. Der Einfluß war in jeder Beziehung nachhaltig und noch zu Zeiten stark wirksam, als die mesopotamische Oberhoheit den westlichen Völkern kaum mehr erinnerlich gewesen ist. Man kann sich des Eindrucks nicht erwehren, sumerisches Wesen habe sich dem kanaanäischen Menschen darum so tief einzuprägen vermocht, weil dessen eigene Zivilisation in jener Epoche noch kaum über das Stadium eines urwüchsigen Barbarentums hinausgelangt war.

Diese erste Durchsetzung Palästinas mit mesopotamischer Kultur hätte in dem bewegten Leben Syriens und Palästinas jedoch schwerlich Bestand gehabt, wäre die Einflußnahme nicht erneuert worden. Das geschah freilich nicht durch direkten Zugriff von Babylonien her, sondern durch ein Volk, das seinerseits von den Babyloniern gelernt hatte: In der ersten Hälfte des 2. Jahrtausends v. Chr. wurde die churritisch-mitannische Herrschaft über Palästina aufgerichtet[2]. Obwohl ihre Spitzen arischer Herkunft waren, sind die churritischen Herren mit der akkadischen Sprache und der Keilschrift wohlvertraut gewesen. Sie haben beides in ihrem neuen Herrschaftsgebiet verwendet und ihm im ganzen westsemitischen Raume zu allgemeiner Geltung verholfen.

Als die palästinensischen Städte zu Beginn des Neuen ägyptischen Reiches unter dessen Oberhoheit gebeugt wurden, war der Gebrauch der Keilschrift in den Kanzleien Syrien-Palästinas schon dermaßen eingebürgert, daß sich die Ägypter dazu bequemen mußten, mit ihren neuen Untertanen in diesem Schriftsystem und in akkadischer Sprache zu verkehren. Die Schriftstücke des Hofarchives Pharao Amenophis III. und IV. (Echnaton), die im ägyptischen Tell el-Amarna, dem Achet-Aton Echnatons, gefunden worden sind, gewähren einen guten Einblick in diese Verhältnisse. Es handelt sich dabei um Tontafeln, die größtenteils Briefe der kanaanäischen Stadtkönige an den Pharaonenhof darstellen. Diese Untertanenkönige aus Syrien-Palästina, von denen einzelne gebürtige Semiten, andere, nach Ausweis ihrer Namen, Nachfahren jener churritisch-arischen Herrenschicht von einst gewesen sind, schreiben ohne Unterschied in akkadischer Sprache und zeitgenössischer Keilschrift. Das ist um so auffallender, als die

ägyptische Herrschaft in Palästina damals schon auf ein zwei-
hundertjähriges Bestehen zurückblicken konnte. Daß unter
solchen Umständen nicht in hieroglyphischer oder demotisch-
ägyptischer Schrift und nicht in kanaanäischer oder ägyptischer Sprache verkehrt wurde, deutet auf einen durch lange
Gewöhnung traditionell gewordenen Gebrauch der Keilschrift in Palästina hin[3].

Bei alledem darf jedoch der Kultureinfluß Ägyptens keineswegs als gering veranschlagt werden. Stark war er vor allem
in dem direkt an Ägypten grenzenden südpalästinensischen
Raum, dann aber auch in dem seit alters her mit Ägypten in
regem Handel befindlichen Gebiete von Phönikien. Da lebten so viele Bürger, die ihrerseits Ägypten bereist hatten, daß
ägyptische Sprache und Schrift weit herum bekannt
waren. Aus dem Reisebericht des Sinuhe, eines hohen ägyptischen Beamten des Mittleren Reiches (kurz nach 2000 v. Chr.),
vernimmt man, daß ihn ein palästinensischer Fürst mit den
Worten zu sich einlädt: »Du hast es gut bei mir und hörst
ägyptische Sprache«. Es ist klar, daß bei derart intensiven
wechselseitigen Beziehungen eine gewisse Kenntnis der ägyptischen Schreibgewohnheiten nicht gefehlt haben kann. So
verstanden sich in Palästina dieselben Schreiber, die unabhängig von der jeweiligen politischen Konstellation für den
diplomatischen Gebrauch mesopotamische Keilschrift hand-
habten, vermutlich meist auch recht ordentlich auf die ägyptische Schrift, in der sich die nichtpolitische Vertrags- und
Lieferungskorrespondenz des syrisch-palästinensischen Ägyp-
tenhandels abgewickelt haben dürfte.

So groß auch ihre Verschiedenheiten im einzelnen gewesen
sind, in einem Wesenszug stimmten diese beiden in Palästina
seit alters bekannten Systeme überein: Beide hatten sich
aus reinen Bilderschriften entwickelt und waren auf einem
Status angelangt, wo sie Wortzeichen bzw. Silben- und einzelne Lautzeichen in buntem Durcheinander verwendeten.
Für die palästinensische Situation ist in diesem Zusammenhang
vor allem wichtig, daß man in Ägypten und Babylonien dazu

gekommen war, bisweilen ein Zeichen einen einzelnen Laut (statt Silbe oder Wort) wiedergeben zu lassen. Es mußte gerade dem fremdsprachigen Schreiber auffallen, daß ihm die fremde Schrift und ihre Lesung viel leichter geworden wäre, wenn er nur mit Lautzeichen zu arbeiten gehabt hätte, statt mit Wort-, Silben- und vereinzelten Lautzeichen.

Vielleicht aus diesem Grund kamen palästinensische Menschen auf den Gedanken, ein ausschließlich aus Lautzeichen bestehendes Schriftsystem zu entwickeln. Möglicherweise ist im 2. Jahrtausend die Tendenz hierzu allgemein lebendig gewesen und mag zu zeitlich parallelen Versuchen an mehreren Orten geführt haben.

Rätselhaft war lange Zeit der Charakter der pseudo-hieroglyphischen Schriftzeugnisse aus dem phönikischen Gebal-Byblos. Die Zahl der Schriftzeichen ist zu klein für eine Bilder- oder Silbenschrift, jedoch zu hoch, als daß sie die Annahme einer reinen Lautschrift zuließe. Da einzelne Zeichen denen der phönikischen Lautschrift auffallend ähnlich sind, denkt man an ein Schriftsystem, das ein Zwischenstadium vom hieroglyphischen zum alphabetischen Charakter darstellt. Die Entzifferung scheint nun auf guten Wegen zu sein.

Als erfreulich dürfen die Fortschritte in der Erforschung der eigentlichen Prototypen der Buchstabenschrift gelten. Ein besonderes Interesse verdient in diesem Zusammenhang die sogenannte protosinaitische Schrift. Von ihrer Existenz weiß man schon seit 1905. Damals entdeckte der englische Archäologe Flinders Petrie eine Gruppe von elf in Stein gemeißelten Inschriften in der Gegend des einstigen Bergbaugebietes von Serabit el-Chadem auf der Sinai-Halbinsel. Weitere derartige Funde gelangen amerikanischen Expeditionen in den Jahren 1927, 1930 und 1935 und einer finnischen 1929[4].

Die Schrift dieser Dokumente war zunächst unbekannt.

Man vermutete darin teilweise Votiv- oder Weihinschriften, die ohne große Kunstfertigkeit eingraviert worden sind. Teilweise aber handelt es sich um Grabinschriften, die den Besucher um eine gebührende Totenspende bitten. Als Urheber sind am ehesten südpalästinensische Semiten anzunehmen – westsemitische Sklaven aus dem ägyptischen Deltagebiet, die als Arbeiter im Dienste der ägyptischen Kupfer- und Türkisminen im Sinaigebiet eingesetzt waren. Aus dem territorialen Machtbereich ihrer einheimischen semitischen Gottheiten ins Einflußgebiet Ägyptens und seiner Götter eingetreten, hatten sich diese Menschen dem Schutze der die Minen behütenden ägyptischen Hathor und des ägyptischen Ptah unterstellt, indem sie die beiden Gottheiten als Parallelfiguren zu zwei Größen des kanaanäischen Pantheons verstanden: In Ptah glaubten sie ihren kanaanäischen Handwerkergott Koschar wiederzuerkennen, während sie Hathor kurzerhand als Ba῾alat bezeichneten. Bei den Ägyptern galt Hathor als die »Herrin des Türkis«, weil sie als Patronin der Sinaiminen fungierte; aber auch im westsemitischen Byblos hieß die einheimische Hauptgöttin einfach *Ba῾alat* (= Herrin).

Nach übereinstimmendem Urteil der Archäologen liegt in Serabith el-Chadem eine Alphabetschrift vor. Einzelne Buchstaben gleichen ägyptischen Schriftzeichen. Mit diesen ägyptisierenden Formen verbindet aber das Alphabet vom Sinai Züge, die einen inneren Zusammenhang mit dem späteren nordsemitischen Alphabet fast zur zwingenden Annahme machen.

Was an diesen Inschriften zunächst in die Augen springt, ist das von ihren Schöpfern angewendete Prinzip der Buchstabengewinnung. Sie verarbeiteten einfache hieroglyphische Bilder, die sie, ursprünglich vielleicht ausschließlich, der Hieroglyphenreihe Ägyptens entnommen haben. Jede solche Figur aber benutzten sie als Zeichen für den ersten Laut, den sie aussprachen, wenn sie das betreffende hieroglyphisch dargestellte Ding in ihrer kanaanäischen Muttersprache benannten. So erscheint etwa die Zeichnung des Grundrisses eines Hauses als ein *B*, weil ›Haus‹ auf kanaanäisch *bajit* heißt; oder eine Schlange bedeutet den Buchstaben N, weil eine Schlange

im Kanaanäischen als *nâchâsch* bezeichnet wird. Eine Wellen-
linie, das Symbol des Wassers, wird in diesem Schriftsystem
zum Buchstaben M, nach dem kanaanäischen *majim* für
›Wasser‹. Es ist übrigens frappant, wie diese Lautzeichen ihre
Form von jenen Frühstadien bis zum heutigen Tag verhältnismäßig sehr wenig gewandelt haben: Das sinaitische M besteht aus einer drei Wellen bildenden Linie, ähnlich wie noch
unser m aus drei Bogen besteht. Die Wissenschaft bezeichnet
dieses Prinzip als Akrophonie[5].

Obgleich der Charakter einer solchen bildhaften Buchstabenschrift für die sinaitischen Inschriften schon verhältnismäßig bald feststand, ging die Entzifferung sehr langsam vonstatten. Erschwert war sie durch den bruchstückhaften Zustand der meisten Schriftdenkmäler vom Sinai, dann aber
auch durch das Fehlen aller Anhaltspunkte für die Abgrenzung der Wörter. Die Sinai-Schrift kennt weder einen Zwi-
schenraum noch eine Trennmarke zwischen den einzelnen
Wörtern. Bedenkt man, daß die Buchstabenschriften des
semitischen Kulturraumes keine Vokale ausdrücken, sondern
nur das Konsonantengerüst der Wörter wiedergeben und
daß des öfteren Wörter von einer Zeile zur anderen hinunter-
gebrochen werden, ohne daß die Wortbrechung irgendwie
markiert worden ist, so kann man sich einen Teil der Schwierigkeiten vergegenwärtigen, die dieses Material auch dem
gewiegten Orientalisten zu bereiten angetan war[6].

Obwohl die bisherigen Ergebnisse noch weiteren Korrek-
turen zugänglich bleiben werden, so ist doch eines sicher: Die
Inschriften von Serabit haben nichts zu tun mit der Mose-
Geschichte des Alten Testaments, wie die vorschnelle Nachricht wissen wollte, mit welcher 1923 ein phantasiebegabter
Gelehrter die Presse beglückte. Nach seinen Angaben bieten
die Inschriften vom Sinai die Geschichte von Mose und der
Pharaonentochter, die Mose aus dem Nil gezogen habe. Davon ist keine Rede. Die Texte strotzen im Gegenteil von einem
blühenden Heidentum und lassen noch keinerlei Einfluß des
alttestamentlichen Gottes ahnen.

Auf eine lange Tradition blickt übrigens der Schriftgebrauch
der Sinai-Erzeugnisse offensichtlich nicht zurück. Wir haben

es hier tatsächlich mit einem Frühstadium der Buchstabenschrift zu tun; denn noch ist eine ganze Reihe von Buchstaben
von Inschrift zu Inschrift auffallend fließend geblieben. So erscheint B in einer ganzen Variationsreihe verschiedener Formen, welche den verschiedenen Möglichkeiten entsprechen,
den Grundriß eines Hauses darzustellen. Dasselbe gilt auch von
allen anderen protosinaitischen ›Buchstaben‹. Diese Beobachtung ist dahin auszulegen, daß das akrophonische Bewußtsein
dem Schreiber noch ganz vordergründig gewesen ist, das heißt,
daß er bewußt die betreffenden Figuren als ›Bilder‹ gezeichnet
hat. Und diese sind ihm vom Gegenstand ›Auge‹, ›Haus‹ usw.
noch nicht so weit abstrahiert, daß sie ihm wie jedem Benutzer einer fertigen, linearen Buchstabenschrift als bloße
Lautsymbole ohne assoziative Beziehung zu den betreffenden
Gegenständen existiert hätten.

Trotz dieser Ursprungsnähe der alphabetischen Sinaischrift
wird man diese heute kaum mehr schlechthin als die Mutter
der Alphabetschriften in Anspruch nehmen können, sondern
viel eher als Ableger einer noch im Versuchsstadium stehenden
Schreibweise, um die sich gleichzeitig ganz Syrien-Palästina
bemüht zu haben scheint. Zu dieser Auffassung führen einige
Funde, die an die Seite der Sinai-Inschriften zu stellen sind.

Zu diesen weiteren Schriftbelegen gehört eine bronzene Dolchklinge mit eingravierten Schriftzeichen aus Lachisch (Tell ed-Duwer), das Bruchstück einer Tontafel mit
einem Teil einer Schriftzeile und zwei Scherben mit Schrift-
ritzungen aus Sichem (Tall Balata), sowie eine ebensolche
Tonscherbe aus Gezer. Einige Archäologen neigen dazu, diese
Kleinfunde schon zwischen 1700 und 1550 v. Chr. zu datieren.
Vieles spricht dafür, daß sie eher älter sind als die spätbronzezeitlichen Sinai-Inschriften. Eine chronologische Einordnung
ist dadurch erschwert, daß, wie schon innerhalb der Sinai-
Schriftengruppe deutlich geworden ist, das akrophonische
Prinzip die Bilder bald realistischer, bald stilisierter behandelt.

Ebenso wichtig wie diese Funde selbst ist aber ihre Streuung vom südlich gelegenen Lachisch und Gezer bis hinauf nach

Sichem. Offenbar stehen wir einer bürgerlichen Schriftweise
gegenüber, deren sich in verschiedenen Gegenden der Töpfer
wie der Waffenschmied bedient hat, während die Kanzleien
der Höfe im Lande noch immer die Keilschrift gebrauchten.

Von diesem Frühstadium des Alphabets mit seinen durchwegs noch stark bildgebundenen Buchstaben führt eine Reihe
von Funden mit zunehmender Stilisierung zu den schon rein
kursiv gewordenen Inschriften von Gebal-Byblos. Die bisher vielleicht ältesten, wie eine Grabkammer- und eine Sar-
kophaginschrift des byblischen Königs Achiram, sind in die
Wende vom 10. zum 9. Jahrhundert zu verweisen. Am Grab-
eingang steht die Mahnung: ›Achtung! Siehe, dein Herr (befindet sich unter diesem Steindeckel‹). Es folgen eine Baum-
inschrift von König Jechimilk[7] und ein beschrifteter Spatel
eines gewissen Azarbaʿal. Ebenfalls noch im 10. Jahrhundert
hat König Abibaʿal von Byblos eine kleine Inschrift auf einer
Statue Pharao Scheschonks, eines Zeitgenossen Salomos, anbringen lassen. Und Abibaʿals Sohn, König Elibaʿal von
Byblos, hinterließ eine ähnliche von ihm beschriftete Statue
Pharao Osorkon I. (924–895), womit die Schwelle des 9.
Jahrhunderts erreicht ist. Die Namen Jechimilk und Elibaʿal
scheinen in der byblischen Dynastie immer wieder vorge-
kommen zu sein, wie die Inschrift einer Brunnenmauer zeigt,
die ein gewisser Schafatbaʿal, Sohn Elibaʿals, des Sohnes des
Jechimilk anbringen ließ. Keiner der beiden Vorfahren dürfte
mit einem der obgenannten Träger des entsprechenden Namens identisch sein.

Diese ganze Reihe byblischer Inschriften, die hier nicht voll-
zählig aufgeführt werden soll, zeigt, daß im Laufe weniger
Generationen aus noch mühsam am Bild haftenden Lautzeichen durch Stilisierungen zu bloßen Buchstaben eine brauchbare kursive Schrift geworden ist. Ihrer bedienten sich nun
auch Könige für die Aufzeichnung offizieller Dokumente.
Daneben aber gingen natürlich weiterhin jene Kreise aus dem
Volk mit ihr um, die vermutlich ursprünglich ihre alleinigen
Benützer gewesen sind. So scheint in Byblos ein Töpfer namens ʿAbdo gewirkt zu haben, der seine Erzeugnisse mit
seinem Namen versah, während eine Bronzeklinge aus Byblos

und eine in Ruwes im Libanon gefundene Pfeilspitze aus derselben Zeit den eingeritzten Namen ihrer Besitzer tragen.

Es ist freilich nicht anzunehmen, daß die lineare Schrift ihre
in diesen ältesten byblischen Inschriften konstatierte Gestalt
erst damals empfangen habe. Vielmehr dürften, wofür uns
zwar direkte Zeugnisse fehlen, bereits im 14. Jahrhundert v.
Chr. sehr ähnliche Formen erreicht worden sein.

Dies ergibt sich aus einer mit Sicherheit dahin zu datierenden Zweigform. Es ist dies die alphabetische Keilschrift
von Ugarit (Ras Schamra) an der nordsyrischen Küste. Die
Bewohner dieser nordphönikischen Stadt haben die phönikischen Buchstaben der Technik des Keilschreibens in Ton
angepaßt und so die ihnen längst vertraute Keilschrifttechnik
mit der jungen Errungenschaft des Alphabets vereinigt. Der
Vergleich einer ganzen Reihe linearphönikischer Buchstaben
mit den alphabetischen Keilschriftzeichen von Ugarit führt
fast unausweichlich zu dieser Schlußfolgerung; denn einerseits sind die Ähnlichkeiten so zahlreich, daß ein Zufall ausgeschlossen erscheint, andererseits steht der oben aufgewiesene
Zusammenhang der linearen Formen mit den akrophonischen
Bildzeichen fest. Die Keilzeichen von Ugarit können weder Vorbilder, noch selbständige Schöpfungen ohne Vorbild sein, sondern nur Nachbildungen der linearen nordsemitischen Schrift.

Unter den Schriftfunden von Ras Schamra, die vor allem
aus Briefen, Listen, Kultnotizen und mythologischen Texten
bestehen, verdient in der Geschichte des Alphabets eine kleine
Tafel von der Form eines beinahe regelmäßigen vierkantigen
Prismas Beachtung. Sie enthält die dreißig Zeichen des
ugaritischen Alphabets in der gleichen Reihenfolge wie die
phönikische Linearschrift[8]: Ein Beweis mehr dafür, daß die
ugaritische Schrift nur ein Seitengänger des phönikischen Linearalphabets ist, beschränkt auf den Raum von Ugarit und
auf die Epoche der Hochblüte dieser Stadt (Tafel XVIa).

So interessant das Keilschriftalphabet als Erscheinung seiner
Zeit ist und so wichtig die in ihm überlieferten Texte sind –

eine besondere Bedeutung für die Schriftentwicklung kommt ihm nicht zu. Das Feld hat das Linearalphabet behauptet. Seine Vorzüge gegenüber jeder Begriffs- oder Silbenschrift haben ihm eine sehr schnelle Verbreitung gesichert. Sobald es handlich und leicht ausführbar geworden war, bürgerte es sich in der ganzen damals durch gegenseitige Kontakte verbundenen Welt ein. Vom Zeitpunkt der Byblos-Inschriften an findet es sich in gemeißelten Inschriften, auf Siegeln und Gewichtssteinen und auf mit Tinte beschriebenen Tonscherben, sogenannten Ostraka.

Nicht allein zu politischen und wirtschaftlichen Zwecken wurde nun geschrieben. Das Volk gefiel sich offensichtlich in der Handhabung dieser rasch erlernbaren Schrift und verwendete sie auch zu allerlei Zeitvertreib. Dafür zeugt der sogenannte ›Bauernkalender‹ von Gezer, ein aus dem 10. Jahrhundert v. Chr. stammendes Kalksteinplättchen mit einem eingemeißelten Aufzählsprüchlein für Kinder, anhand dessen sich die Kleinen den Jahreslauf mit seinen zugehörigen Feldarbeiten merken konnten[9]. Übersetzt lautet es:

2 Monate sind (Oliven)-Ernte,
2 Monate Anpflanzzeit,
2 Monate sind Spätsaat,
1 Monat ist Flachseinheimsen,
1 Monat ist Gerstenschnitt,
1 Monat der Schnitt alles (übrigen Getreides),
2 Monate sind Rebenputzen (schneiteln),
1 Monat ist Herbstobsternte.

Für das 9. Jahrhundert sind einige vor allem für den Historiker wertvolle Inschriften zu nennen. So hat der Damaszenerkönig Ben-Hadad I. eine kleine Inschrift auf einer dem Gott Melkart von Tyrus geweihten Stele hinterlassen, die im Jahre 1940 in der Nähe von Aleppo gefunden worden ist. Aus dem antiken Sam'al, dem heutigen Sendschirli, sind einige in Stein gemeißelte Dokumente bekannt. Das älteste von ihnen ist die großsprecherische Inschrift des Königs Kilamuwa, der sich des unter seiner Regierung erwachsenen wirtschaftlichen Aufschwungs und allgemeinen Wohlstands rühmt.

Diese Inschriften beweisen, daß sich im 9. Jahrhundert die

kanaanäische Schrift den gesamten nordsemitischen Kulturraum erobert hatte. Sie war wirklich internationales Instrument geworden. Wie die Syrer im Norden, so bediente sich
ihrer im Süden des palästinischen Binnenlandes der Moabiter-
könig Mescha, als er seine historisch bedeutsame Memorial-
Inschrift auf dem berühmten Meschastein von Diban erstellen
ließ. In ihr hält er einen kurzen Rückblick auf die Tage der
nun glücklich überwundenen Untertanenschaft der Moabiter
unter dem israelitischen König Omri und seiner Nachfahren.
Kemosch, der moabitische Nationalgott, sei inzwischen seinem Volke gnädig geworden und habe es aus der israelitischen Gewalt befreit, weshalb ihm nun Mescha den Kultplatz, für den die Stele bestimmt gewesen ist, als Zeichen des
Dankes weihe. Die Angaben der Inschrift decken sich weitgehend mit denen des Alten Testaments, lassen sich aber damit auch noch ergänzen (2. Kön. 3, 4 ff.).

Die einzige größere Steininschrift aus Juda stammt vom
Ende des 8. Jahrhunderts. König Hiskia, ein Zeitgenosse des
Propheten Jesaja, ließ sie in dem von ihm angelegten Wasser-
tunnel von Siloah anbringen in der Absicht, der Nachwelt
einige Einzelheiten des technischen Vorganges zu überliefern,
auf den der König mit Recht stolz sein konnte.

Von Anfang an wurden alphabetische Aufzeichnungen, wie
erwähnt, nicht allein in Stein gemeißelt oder in frischen Ton
gezeichnet, sondern auch mit Tinte und Rohrfeder auf irgendeine geeignete Fläche geschrieben. Von den Federschriften
sind uns allerdings aus der Spanne vom 10. bis 2. Jahrhundert
ausschließlich Stücke erhalten geblieben, deren Schriftträger
der fast unverwüstliche gebrannte Ton gewesen ist.

Eine in Ajn Schems, dem biblischen Beth Schemesch, gefundene, mit Tinte beschriebene Tonscherbe aus früh-
alphabetischer Zeit läßt schon deutlich erkennen, wie die
Schrift unter dem Einfluß der Feder-Schreibtechnik die
eckigen Formen der Ritzschrift in Rundungen und Schwei-
fungen umwandelte.

Aus dem nordisraelitischen Königspalast in Samaria wurden
bei den Ausgrabungen der Harvard University dreiund-
sechzig Ostraka geborgen, welche Magazinvermerke bzw.

Lieferscheine für Wein- und Ölsendungen an das königliche Vorratshaus der Omridendynastie darstellten[10]. Sie sind z. T. sehr flüssig geschrieben. Der häufige Umgang mit Tinte und Schreibrohr hat den Schriftstil des 9. und 8. Jahrhunderts v. Chr. dermaßen geprägt, daß sich seinen runden Formen selbst die Meißelschriften anpassen mußten, wie in besonderem Grade die Abstriche der Mescha-Stele und der Siloah-Inschrift zeigen.

Das letzte schriftarchäologische Dokumentarmaterial aus dem vorexilischen Juda, die einundzwanzig Lachisch-Ostraka, führen den Leser in die Tage des verzweifelten judäischen Widerstandes gegen die Eroberungstruppen Nebukadnezars von Babel im Jahre 588 v. Chr. Großenteils sind es militärische Meldebriefe, gerichtet an den Kommandanten der unmittelbar vor ihrem Falle stehenden Festung Lachisch. Sie wurden im Schutte des Stadttor-Wachtraumes ausgegraben und verraten eine schreibgeübte Hand. Die einzelnen Buchstaben sind nicht mehr so konventionell gezeichnet wie die rund 220 Jahre älteren der samaritanischen Ostraka. Die flüssige Schreibweise drückt sich bis hinein in die völlig gerade Zeilenführung aus. Ostrakon IV hat die Identifikation des Fundortes Tell ed-Duwer mit dem alttestamentlichen Lachisch ermöglicht (Tafel XVIb).

Wahrscheinlich der gleichen Zeit gehört das schwer lesbare Ophel-Ostrakon von Jerusalem an.

Wie weitgehend sich die Alphabetschrift unterdessen in der Welt durchgesetzt hatte, ist daraus zu ersehen, daß man selbst in der alten Heimat der Keilschrift, in Mesopotamien, im 8. und 7. Jahrhundert für Alltagszwecke schon alphabetisch schrieb. Ja, am Ende des 6. oder Anfang des 5. Jahrhunderts v. Chr. konnte sich ein philistäischer Stadtkönig mit einem Gesuch in kanaanäischer Alphabetschrift sogar an den Pharaonenhof wenden, wie sein auf Papyrus ausgefertigter und in Sakkara (Ägypten) gefundener Brief beweist.

Zu den wenigen erhalten gebliebenen Papyrusdokumenten der nordsemitischen Schrift gehören auch die im 5. Jahrhundert v. Chr. abgefaßten Archivstücke der einstigen jüdischen Kolonie in Ägypten. Diese war auf der unterhalb des ersten

Nilkataraktes liegenden Insel Elephantine (Jēb) niedergelassen und pflegte ihre offizielle Korrespondenz sowie Rechtsakten, Listen u. ä. in aramäischer Sprache aufzuzeichnen. Ein Teil dieser Dokumente, die Elephantine-Papyri, sind durch einen Glücksfall auf uns gekommen. Ihre Schrift zeigt einen charakteristisch aramäischen Duktus.

Im Laufe der Zeit hatte nämlich die nordsemitische Schrift gewisse regionale Sondermerkmale entwickelt, wie sie in unseren heutigen nationalen Schrifteigentümlichkeiten ihre Parallele finden. So ließ sich allmählich ein aramäischer Typus vom eigentlichen kanaanäisch-hebräischen unterscheiden. In nachexilischer Zeit trat auch in Juda die kanaanäisch-hebräische Form hinter der aramäischen zurück. Palästina war durch seine Einbeziehung in den persischen Staat in den Gültigkeitsbereich der aramäischen Sprache versetzt worden, die im ganzen westlichen Gebiet Großpersiens als Kanzleisprache in Gebrauch stand. Mit der Einbürgerung des Aramäischen aber, das mit der Zeit die hebräische Sprache aus dem täglichen Umgang völlig verdrängte, setzte sich schließlich auch die aramäische Schrift durch. Wenn die Juden von Elephantine aramäisch, nicht hebräisch schrieben, so entsprach dies der Usanz, wie sie auch im Stammlande herrschte.

Die heiligen Schriften der Juden allerdings dürften noch während längerer Zeit mit ihrer hebräischen Sprache zugleich die alte hebräische Schrift bewahrt haben. Dafür zeugt der samaritanische Pentateuch, d. i. die Heilige Schrift der samaritanischen Kultgemeinde. Diese jüdische Sekte, die sich hauptsächlich auf den Bezirk um Sichem (Nablūs) beschränkte, und deren heute noch von einem kleinen Rest von Gläubigen gehütetes Heiligtum auf dem Garizim bei Sichem liegt, hatte sich um 400 v. Chr. vom jerusalemischen Judentum getrennt. Dabei übernahm sie als Heiliges Buch die damals schon in kanonischem Ansehen stehenden Fünf Bücher Mose. Die samaritanische Schrift, in der sie uns vorliegen, stellt eine Weiterentwicklung der althebräischen dar.

Auch die jerusalemischen Juden ihrerseits haben die alt-ehrwürdigen religiösen Texte nur zögernd in die aramäische Schrift umgeschrieben. Nachdem aber aus der gemeinüb-lichen aramäischen Form die stilisierte Quadratschrift geworden war, die Vorläuferin unserer heutigen hebräischen Bibelschrift, wurde diese in zunehmendem Maße als würdig erachtet, für die religiösen Texte verwendet zu werden.

Dennoch ging die Übertragung in die neue Schriftform bei den Büchern, deren kanonische Dignität schon früh fest-stand, vorab bei den fünf Mosebüchern, langsam vonstatten, während andere Teile des heutigen Alten Testaments, die in den vorchristlichen Jahrhunderten noch kein so hohes An-sehen genossen hatten, ihr leichter zugänglich gewesen zu sein scheinen. Selbst in der späten Epoche, in der die Qum-ran-Mönche wirkten (2. Jhd. v. Chr. bis 68 n. Chr.), scheint man die Mosebücher für den gottesdienstlichen Gebrauch in althebräischer Schrift abgeschrieben zu haben.

Das letzte althebräische Bollwerk bildete der Gottesname Jahwe, dessen vier Buchstaben JHWH man sich offensicht-lich nicht zu verändern getraute und sie darum inmitten qua-dratschriftlicher Texte noch immer in althebräischer Schrift ausführte. Auch dafür haben Schriftfunde vom Toten Meer Belege geliefert.

Am Anfang der christlichen Ära dürfte in Jerusalem die Quadratschrift schon für das ganze Alte Testament einschließ-lich der Thora (fünf Mosebücher) verwendet worden sein. Das Jesuswort von Matthäus 5, 18, wonach kein Jota oder Strichlein vom Gesetze untergehen sollte, setzt voraus, daß ›das Gesetz‹, d. h. die fünf Mosebücher, zur Zeit dieses Spruches in Quadratschrift vorlagen; denn nur in ihr ist J ein auffallend kleiner Buchstabe.

Als Meißelschrift begegnet die Quadratschrift erstmalig im 3. Jahrhundert v. Chr. auf einer leider nur mit fünf Buch-staben erhalten gebliebenen Inschrift von Araq el-Emir, östlich der Jordanmündung. Sie umfaßt nur vier quadratschriftliche Buchstaben und einen in kanaanäischer Form. Sieht man von diesem etwas kläglichen Dokument ab, so darf als ältestes gut erhaltenes Stück Quadratschrift in Stein die Inschrift des sogenannten Jakobusgrabes im Kidrontal, bei Jerusalem, aus dem 1. Jahrhundert v. Chr. bezeichnet werden. Ungefähr gleichen Alters ist ein mit Quadratschrift versehener Grenzstein von Gezer und nicht viel jünger eine Anzahl Ossuar-Aufschriften. Eine besonders schön ausgeführte Verschlußplatte meldet: »Hierher wurden gebracht die Knochen Ussijas, des Königs von Juda. Nicht öffnen!«

Die Erfindung der Buchstabenschrift hatte die Schreibkunst, zuvor ein von Berufsschreibern und Priestern allein verwaltetes Monopol, viel breiteren Volksschichten zugänglich gemacht. Von dieser Tatsache legen zunächst eine ganze Anzahl archäologischer Fundstücke beredtes Zeugnis ab. So lassen sich Kleingewerbetreibende wie Töpfer, Bronze- und Eisenschmiede als Autoren kleiner Inschriften erkennen (s. o. S. 528 f.). Im Falle der Lachisch-Ostraka hat man als Schreiber etlicher Briefe einen dem Festungskommando von Lachisch unterstellten Offizier mittleren Ranges vor sich, der ein Außenwerk bzw. die Verteidigung einer benachbarten kleineren Stadt befehligte.

Die reichste Quelle für unsere Vorstellung vom Umfang der schriftlichen Betätigung stellt aber das Alte Testament dar. Wie es in seiner Gesamterscheinung den Niederschlag nicht nur des religiösen, sondern auch des geistigen, sozialen und wirtschaftlichen Lebens in Israel der Nachwelt erhalten hat, gewährt es auch einzigartige Einblicke in die Rolle von Schrift und Schreibkunst. Damit beleuchtet es gleichermaßen die entsprechenden Verhältnisse im weiteren palästinensischen Raum. Gerade indem das Alte Testament wie kein anderes antikes Dokument seinen Leser durch Prosa und Poesie, in Erzählung und prophetischer Auseinandersetzung mit Alltag und Festtag eines vorderorientalischen Volkes bekannt macht, läßt es ganz beiläufig erkennen, wie, bei welchen Gelegenheiten und von wem geschrieben und gelesen worden ist.

Wohl betreffen diese Auskünfte zunächst Israel. Die Verhältnisse haben aber in dessen Umwelt, wenn nicht gleich, so

doch ähnlich gelegen, obwohl die soziale Struktur nicht überall dieselbe gewesen ist. Israel und Juda waren selbst in monarchischer Zeit weitgehend von einem demokratischen Lebensstil beherrscht. Demgemäß erlangten in diesen Völkern zivilisatorische Errungenschaften eine allgemeinere Verbreitung als
etwa in den Stadtstaaten Phöniziens, die neben einer Handels-
aristokratie mit monarchischer Spitze ein zahlenmäßig nicht
geringes Proletariat umfaßt haben dürften. Zwar lebte auch in
Israel immer eine Unterschicht von Armen und Taglöhnern,
die im Analphabetentum stecken blieben. Der freie Mann
jedoch war, wie das Alte Testament deutlich erkennen läßt,
seit früher Zeit des Schreibens kundig. Das gilt ebenso von
den aramäischen Kleinkönigreichen des Hinterlandes. Was
in Israel und benachbarten demokratischen Völkern an
Kulturgütern von der ganzen Bürgerschaft übernommen
werden konnte, wird man sich in Phönizien auf die sozial
tragende und deshalb kulturell wie politisch maßgebende
Schicht beschränkt denken müssen. Mit diesem Vorbehalt
darf jedoch das Alte Testament als für die ganze syrisch-
palästinensische Welt aufschlußreiche Quelle in Anspruch
genommen werden.

Den verschiedenen Gelegenheiten und Zweckbestimmun-
gen des Schreibens entsprechend, kamen unterschiedliche
Schreibmaterialien zur Verwendung. In Stein gemeißelte
Inschriften waren natürlich keine Alltagsdokumente. Eine
gewisse Feierlichkeit kam ihnen zu, und im allgemeinen blieben sie der königlichen Initiative zur Selbstverherrlichung
vorbehalten. Auch für Texte, die zur öffentlichen Aufstellung
bestimmt waren, begnügte man sich gewöhnlich mit einer
anspruchsloseren Art der Aufzeichnung. Rohe Steinplatten
wurden mit einem dicken Kalkbrei überzogen, der eine ordentlich glatte Schreibfläche abgab, und in diese hieb oder
ritzte der Schreiber mit Meißel oder eisernem Stylos die
Schrift ein. Auf dem Ebal bei Sichem sollen, wie eine israelitische Überlieferung weiß, Schriftsteine dieser Art gestanden
haben, auf denen nach der Legende von Josua 8, 32 das

›mosaische Gesetz‹ zu lesen war. Daß hier an diese Technik zu denken ist, geht aus einer Stelle des 5. Mosebuches hervor (27, 2), wo Mose dem Volke gebietet, nach seinem Einzug im Westjordanland ›große Steine aufzurichten und sie mit Kalk zu bestreichen‹, um darauf das Gesetz niederzuschreiben.

Die Nachricht spiegelt einen im Altertum weit verbreiteten Brauch wider. Wie in Griechenland und in Rom, so war es auch im Alten Orient üblich, Gesetze öffentlich aufzustellen. Freilich waren nicht alle Rechtsaufzeichnungen von der monumentalen Art jener Dioritstele, auf welcher Hammurabi von Babel seinen ›Kodex‹ hatte publizieren lassen. Und weil bisher den Archäologen in Syrien-Palästina keine steingemeißelten Gesetzesinschriften unter den Spaten gekommen sind, liegt die Vermutung nahe, der ganze Westen habe sich, soweit er nicht die Keilschrift verwendete, jener billigeren, aber bedeutend weniger haltbaren Ausfertigung der Gesetzescorpora bedient, wie sie die oben erwähnte Legende von 5. Mos. 27 bezeugt. Das gleiche Verfahren war übrigens auch in Ägypten gebräuchlich. Da eine relativ dünne, auf Stein aufgetragene Kalkschicht im palästinensischen Klima im Laufe der Zeit zerbröckelt, bleibt keine große Hoffnung, daß künftige Ausgrabungen je derartige Dokumente erbrächten.

Kleinere Urkunden, bei denen auf große Haltbarkeit ebenfalls Wert gelegt wurde, gravierte man, mindestens von der zweiten Hälfte des 1. vorchristlichen Jahrtausends an, bisweilen mit eisernem Griffel in Blei- oder Kupferplatten ein. Vielleicht spielt darauf Hiob 19, 24 an, wo als Alternative zur Metallschrift auch die Einmeißelung in Stein genannt wird[11]. Die Aufzeichnungsweise, wie sie aus späteren Jahrhunderten von den mandäischen Bleitexten und einer in Qumran gefundenen Kupferrolle bekannt sind, war wohl im ganzen Vorderen Orient üblich, wurden doch in den Ruinen von Alt-Assur auf Bleistreifen geschriebene Briefe in hethitischer Hieroglyphenschrift ausgegraben.

Öffentlich aufgestellte Texte von nur momentaner Bedeutung wurden mit Tinte auf eine glattgescheuerte Holztafel oder auf ein aufgespanntes Stück Leder geschrieben. Einer solchen ›Tafel‹ hat Jesaja in politisch hochgespannter Zeit ein paar aufrüttelnde Worte anvertraut, von denen er wollte, daß jeder in Jerusalem sie zur Kenntnis nehme (Jesaja 8, 1). Die dabei verwendete Schrift wird als ›Menschenschrift‹ bezeichnet. Gemeint ist vermutlich die für jedermann lesbare Alphabetschrift, die ›Schrift der Leute‹. Die Stelle zeigt, wenn nicht alles täuscht, daß neben der Buchstabenschrift im 8. Jahrhundert noch immer auch die nur von Berufsschreibern beherrschte mesopotamische Keilschrift gebraucht wurde. Sie dürfte demnach für den diplomatischen Verkehr in Verwendung gestanden haben. Was Jesaja aber auf die Tafel schrieb, das sollten nicht nur die der Keilschrift kundigen Kreise lesen, sondern gerade der Mann auf der Straße.

Jesajas Maßnahme setzt voraus, daß die Bürger Jerusalems die ›Leuteschrift‹ allgemein zu lesen imstande waren. Daß dies zutraf, ist aus der Erzählung im 8. Kapitel des Richterbuches (V. 14) ersichtlich, nach der ein beliebiger junger Mann aus der Bürgerschaft des kleinen palästinensischen Städtchens Sukkoth eine Namenliste von siebenundsiebzig Mann aufschreibt. Die Erzählung spielt kaum nach dem Jahre 1000 v. Chr., und es ist fraglich, ob sie mit dieser Vorstellung nicht einem Anachronismus verfallen ist. Eine so allgemeine Schreibkenntnis im vorköniglichen Israel und in so unmittelbarer Zeitnähe der ersten Alphabetinschriften von Byblos mutet doch etwas zweifelhaft an. Die Mitteilung beweist aber, daß man sich zur Zeit des Erzählers, wenige Jahrhunderte nach dem Ereignis, einen ordentlichen israelitischen Bürger nicht als Analphabeten vorstellte.

Für kurze Briefe und Notizen stand, wie der oben gegebene Hinweis auf verschiedene Ostraka zeigt, jederzeit die mit Tinte beschriebene Tonscherbe in Gebrauch. Wünschte man eine formellere Note, oder war der Text für eine Tonscherbe zu umfangreich, nahm man Papyrus oder Leder. Da jedoch beide Materialien im palästinensisch-syrischen Klima den Jahrtausenden noch weniger standzuhalten vermögen als eine Kalkschicht auf Stein, ist leider aus den ältesten Zeiten nichts auf uns gekommen. Das kann jedoch den Eindruck nicht schmälern, daß Leder und Papyrus allgemein verbreitet gewesen sind. Sie wurden in Form von Rollen verwendet, die man durch Aneinandernähen von Lederstücken oder durch Zusammenkleben von Papyrusfolien gewann[12]. Die Länge paßte man dem Umfang des Textes an.

Zum Schreiben hielt man die Rolle in der linken Hand, zog ihr Ende nach rechts aus, legte es glatt vor sich hin und schrieb von rechts nach links kurze horizontale Zeilen in vertikalen Kolumnen untereinander. War eine Kolumnenbreite fertig, rollte man vom ungebrauchten Stück eine weitere Kolumnenbreite ab und ließ dafür die beschriebene Kolumne hinter der rechten Hand sich frei zusammenrollen, oder man wickelte sie auf einen am Rollenende befestigten Rundstab. Als Tinte diente gewöhnlich eine mit Ruß versetzte Galläpfelbrühe, doch verstand man sich, wenigstens in späterer Zeit, auch auf bibliophile Extravaganzen. Der jüdische Historiograph Flavius Josephus weiß von einer Thorarolle aus Leder, die mit Goldbuchstaben geschrieben und dem Diadochenkönig Ptolemäus Philadelphos als Präsent überreicht worden sei.

Zum Schreibzeug, das der Berufsschreiber im Gürtel mit sich trug, gehörte außer einem verschließbaren Tintenbehälter das Schreibrohr und das Messer, mit dem die Rohrfeder gespitzt und Mißratenes radiert wurde.

Die alphabetischen Tontafeln von Ugarit erlauben einen Überblick über die verschiedenen Textgattungen, die man schon im Spätbronzezeitalter landläufigerweise schriftlich fixierte: außer offiziellen Briefen waren es wissenschaftliche Anleitungen, alle möglichen von Hofhaltungen, Handelshäusern und Heiligtümern geführten Listen, ferner Rituale und zum Ritual gehörige Legenden und Mythen.

Sind aus den südlicheren Gebieten archäologische Materialien mit entsprechenden Inhalten nicht erhalten[13], so ist hier sicher ihre Aufzeichnung nicht unterblieben, sondern dem der Zerstörung ausgesetzten Schreibmaterial anvertraut worden. Das bedeutendste Zeugnis für die häufige Verwendung von Schriftrollen ist das Alte Testament, und zwar nicht allein, indem es solche erwähnt und von ihrer Beschriftung ausdrücklich spricht, sondern vorab durch sein bloßes Dasein. Was uns aus Altisrael und aus jüdischer Zeit an alttestamentlichen Texten vorliegt, ist, ehe es in hellenistisch-römischer Zeit die Form des Pergament-Blätterbuches angenommen hat, in der Form von Papyrus- und Lederrollen überliefert worden. Und die heutige synagogale Usanz, die Heiligen Schriften für gottesdienstlichen Gebrauch als Rollen auszufertigen, geht in ehrwürdiger Tradition auf jene urtümliche Gestalt des palästinensisch-syrischen ›Buches‹ zurück, das je und je eine *Megilla*, eine Rolle gewesen ist.

Aus solchen Rollen haben alle nicht keilschriftlichen Tempelarchive bestanden, und wollen wir uns vergegenwärtigen, wie der Nachwelt die ältesten Schriftinhalte der Bibel erhalten geblieben sind, müssen wir uns die Priesterschaft von Jerusalem vorstellen, der wir die Bewahrung eines Teiles dieser Archivstücke verdanken: Als die Soldaten des Babyloniers Nebukadnezar nach dem Falle Jerusalems im Jahre 586 v. Chr. den Tempel in Brand steckten, haben jene Nachfahren Zadoqs die ihnen teueren Schriften aus dem brennenden Heiligtum gerettet. Und als über sie das Schicksal der schonungslosen Deportation nach Babel hereinbrach, ließen sie es sich nicht zu viel sein, was sie an Archivmaterial tragen konnten, auf dem beschwerlichen Marsch über die ausgedörrten Wüstenpfade von Jerusalem über Damaskus und Karkemisch nach Babylonien zu schleppen. Wenn in unserem Alten Testament vieles nicht in der ursprünglichen Ordnung auf uns gekommen ist, bedenke man, welche Schicksale diesen Texten beschieden waren, ehe jene Juden in Babylonien sie neu zu ordnen sich anschicken konnten.

Doch damit ist die Darstellung bereits in einen späteren Abschnitt der Geschichte hinübergeglitten und muß zunächst zurückkehren zu den Verhältnissen in den alten kanaanäischen und aramäischen Nationalstaaten vor deren Eingliederung in die Weltreiche der Perser, Makedonen und Römer. Wer sich anhand des Alten Testaments mit der Lebensweise Israel-Judas in den klassischen Tagen seiner Könige beschäftigt, stößt auf Schritt und Tritt auf Indizien für einen bedeutenden Umfang des Leder- und Papyrusschreibens. Das Alte Testament hatte lange vor seiner Kanonisierung

bereits eine komplizierte Entwicklung durchlaufen. Viele
seiner Bücher sind das Resultat einer Verarbeitung früherer
Literatur, auf die der Leser bisweilen ausdrücklich verwiesen
wird, die uns aber, vielleicht für immer, verloren ist. Die
Redaktoren der biblischen Königsbücher berufen sich auf
verschiedene historiographische Werke, welche bedeutend
mehr politische und biographische Einzelheiten geboten
haben müssen: die Hofannalen Salomos und die Hofchroni-
ken der getrennten Königreiche von Juda und Nordisrael.
Als Beispiel eines solchen Quellenverweises sei 1. Kön. 22, 39
wiedergegeben:

> Was sonst noch von Ahab zu sagen wäre, von allem, was er
> getan und von dem Elfenbeingemach, das er gebaut und von allen
> den Städten, die er befestigt hat, das steht ja geschrieben in der
> Chronik der Könige von Israel.

Das 4. Buch Mose gibt als Quelle eines kurzen Zitates (21, 14)
ein altes Bardenbuch an, das Israel die Machttaten seines Nationalgottes Jahwe in Liedern kündete, das ›Buch der Kriege
Jahwes‹. Und eine ähnliche Sammlung von uralter Helden-
poesie dürfte in dem ›Buch vom Wackeren‹ vorgelegen haben, aus welchem der Verfasser des Josuabuches 10, 12 den
Machtspruch entnommen hat, mit dem der Begründer des
palästinensischen Israelbundes Sonne und Mond gebannt haben soll, um seinen Sieg zu vollenden:

> Sonne, stehe stille über Gibeon
> und du, Mond, im Tale von Ajalon!

Dem Literarhistoriker wird aber auch oft, wo das Alte
Testament selbst keine Vermerke auf Vorliteratur bietet,
deutlich, daß solche benutzt worden ist: So steht hinter der
heutigen Daviderzählung der Samuelbücher eine – leider nur
fragmentarisch verwendete – David-Biographie[14], deren ausgewählte Stücke mit spätem, vielleicht zuvor nur mündlich überliefertem Legendenmaterial durchschossen sind.
Ähnlich sind die heutigen Mosebücher auf Grund von Geschichtsdarstellungen redigiert worden, deren älteste in der
salomonischen Ära niedergeschrieben wurden. Auch die alten

Kultlieder, deren überarbeitete Fassungen in den Psalmen
des Alten Testaments vorliegen, waren natürlich als Teile verschiedener Rituale längst in einzelnen Sammlungen schriftlich festgelegt, ehe unser Psalmbuch seine jetzige Gestalt
erhalten hatte. Ebenso sind, in Ägypten wie in Israel, Weisheitssprüche von Generationen her gesammelt und zu Nutz
und Frommen der Nachwelt aufgezeichnet worden. Noch
heute lassen sich vom literarwissenschaftlich geschulten Auge
im Psalter und im ›Buch der Sprüche Salomos‹ die Abgren-
zungen der verschiedenen primären Sammlungen verfolgen.

Eine Gelegenheit besonderer Art zur dokumentarischen
Aufzeichnung bildete die Verkündigung der Propheten. Sie
traten auf im Bewußtsein, im ausdrücklichen Auftrage der
Gottheit zu reden. Allein ihr Wort klang meist nicht erbaulich; vielmehr wandte es sich an die für das öffentliche Leben
Verantwortlichen mit Kritik und Drohung. Dunkle Zu-
kunftsbilder begleiteten die Forderung zu religiöser Einkehr
und Umkehr, Bilder von einem Schicksal, das nur der Gehorsam gegenüber Gottes Willen würde abwenden können.
Die Regel war aber, daß Priester und Volk diese religiösen
Problematiker ablehnten und ihren Anspruch, Boten Jahwes
zu sein, bestritten. Wer wollte Richter sein? Nur die Zeit vermochte zu entscheiden, ob Wahn oder Klarblick religiösen
Genies sie umtrieb, ob Irrgeist oder Gott durch sie gesprochen habe. Und weil sie das Urteil der Zukunft überlassen
mußten, bemühten sie sich, ihr auch den Wortlaut der Verkündigung zu erhalten. So schrieben sie auf, was ihnen von
ihren Äußerungen nachträglich noch erinnerlich war. Den
Kern der meisten Prophetenschriften des Alten Testaments
bilden solche Weißbücher.

Sie sind ihrer Mehrzahl nach nicht vollumfänglich und
erst recht nicht in ihrer ursprünglichen Textanordnung erhalten geblieben. Wahrscheinlich waren ihre Urschriften von
schweren Schicksalen heimgesucht worden, aus denen kaum
ein Manuskript ganz unversehrt hervorgegangen ist. Aber
was in der Prophetenliteratur des heutigen Alten Testaments
auf diese alten Weißbücher zurückgeht, ist das von der Forschung als ›echt‹ bezeichnete prophetische Textgut. Der

Begriff der ›Echtheit‹ im literarhistorischen Sinne ist kein Werturteil, sondern die an sich qualitätsmäßig neutrale Feststellung der Urheberschaft des im Buchtitel genannten Propheten, während als ›unecht‹ dem ursprünglichen Weißbuch fremde Textpartien von anderer Hand bezeichnet werden.

Für die Anlage prophetischer Weißbücher enthält das Alte Testament einige besonders wertvolle Nachrichten: Jesaja (30, 8) bekommt von Gott die Weisung, seine Verkündigung in einem Dokument festzuhalten. Es solle, heißt es, für eine künftige Zeit zum Zeugnis werden. Auf ein Weißbuch in der Art einer versiegelten Rolle deutet ein Ausspruch Jesajas hin, der bei anderer Gelegenheit gefallen ist:

> Verwahren will ich die Offenbarung,
> die Weisung versiegeln für meine Jünger
> und will auf Jahwe harren … (Jesaja 8, 16)

Jesaja hat seine prophetische Tätigkeit zu verschiedenen Malen sistiert und deren wesentliche Verkündigungsinhalte in je einem Weißbuch festgehalten, ähnlich wie wir dies auch vom Propheten Habakuk (2, 2) erfahren.

Eine noch plastischere Mitteilung bietet das 36. Kapitel des Jeremiabuches. Danach hat Jeremia seinem Freunde und Privatsekretär Baruch ein Dokument diktiert, das vom Text als *Megilla*, als Rolle bezeichnet wird. Dieses Weißbuch hatte ein dramatisches Schicksal. Es nahm zwar seinen Weg zunächst programmäßig von des Propheten Wohnung zum Tempel. Dann aber wurde es dem König Jojachim überbracht, der gerade in seiner Winterresidenz saß, das wärmende Kohlenbecken neben seinem Stuhl. Jojachim las Spalte um Spalte; statt jedoch den gelesenen Teil wieder aufzurollen, schnitt er jeweils, wenn einige Spalten erledigt waren, diese kurzerhand mit dem Messer weg und warf sie ins brennende Kohlenbecken. Seine Diener sollten erkennen, was er von den Aufzeichnungen dieses ihm Verhaßten hielt! Als aber Jeremia vom Schicksal seiner Rolle Kunde erhielt, machte er sich erneut ans Werk und erstellte eine zweite – vermehrte und verbesserte – Auflage seines Weißbuches. Die Erzählung enthält – abgesehen von ihrem literargeschichtlichen

Wert – zwischen den Zeilen einen Hinweis auf das in solchen Fällen verwendete Schreibmaterial: Wer hätte es sich im Falle Jojachims zuleide getan, eine ganze Lederrolle im offenen Holzkohlebecken im winterlich abgeschirmten Raume zu verbrennen! Jeremias Rolle bestand aus Papyrus.

IX

UGARITISCHE UND HEBRÄISCHE LITERATUR – DIE MUSIK

Von den syro-palästinensischen Völkern vorchristlicher Zeit besitzen wir nur aus dem bronzezeitlichen Ugarit[1] und aus Altisrael eine ausgedehnte Literatur.

Sieht man von den im vorigen Kapitel genannten Dokumenten wie Königsinschriften, Gesetzen, Gelegenheitsaufzeichnungen auf allerlei Gegenständen, kurzen Ostrakon-Notizen und Ähnlichem ab, so verteilt sich der weitaus größte Teil der Literatur auf zwei Hauptgruppen, eine höfische und eine sakrale.

Einen großen Umfang innerhalb der Hofliteratur nehmen Annalen, Listen und Briefe administrativen, politischen, militärischen und diplomatischen Inhaltes ein. Dabei fallen in der Amarna-Korrespondenz[2] und den ihr etwa gleichzeitigen ugaritischen Briefen gewisse gemeinsame Konventionen des Briefschreibens auf[3], die bis in die Eisenzeit hinein erhalten blieben und im 6. Jahrhundert v. Chr. in den Lachisch-Briefen[4] erneut zutage treten. Es ist ein Briefstil, der mit inhaltlicher Sachlichkeit eine sorgfältige Beobachtung bestimmter Höflichkeitsformeln verbindet; wahrscheinlich geht er auf den churritischen Adel zurück, welcher seine in Mesopotamien angenommene Lebensart dem ganzen Westen mitgeteilt hatte.

Zur Hofliteratur im weiteren Sinne wird man auch zwei Texte rechnen dürfen, die aus der charakteristischen Sorge des

Adels der mittleren und späten Bronzezeit um seinen kostbaren Pferdebestand hervorgegangen sind. Es handelt sich um Anleitungen zu pferdeärztlicher Behandlung. Trotz ihres leider äußerst fragmentarischen Zustandes vermitteln sie interessante Einblicke. Man erfährt, daß schon die Ugariter dem Pferd Medikamente durch die Nüstern einzuführen pflegten. Bemerkenswert ist im übrigen, daß sich keine Spur einer Zuhilfenahme zauberischer Praktiken findet. Die Rezepte machen einen sachlichen Eindruck und scheinen von rein pharmakologischen und medizinischen Überlegungen auszugehen. Vielleicht nahm man zur Magie erst Zuflucht, wenn die Kunst der Veterinäre versagt hatte.

Ebenfalls aus Ugarit kennen wir zwei poetische Werke größeren Umfanges. Sie stehen der Kultmythologie nahe und spiegeln die Grundelemente der Ethik dieser bronzezeitlichen Völker wider, von deren Seelenleben wir sonst so wenig erfahren. Ihre Deutung ist noch nicht abgeschlossen. Im Zentrum beider Gedichte steht das Schicksal königlicher Familien.

Das Keret-Gedicht, nach seiner Hauptperson, dem König Keret, benannt, führt in der siebenten Zeile den Leser in die Residenz und teilt mit:

> Zugrunde ging das Königshaus,
> das aus sieben Brüdern bestand,
> ja, aus acht Söhnen einer Mutter . . .[5]

Zudem ist Kerets ganzes Frauenhaus unter verschiedenen Schicksalsschlägen ausgestorben. Dem trauernden König erscheint jedoch El im Traume und gibt ihm die Weisung, mit seinem Heere nach dem Lande Udumu zu ziehen, die dortige Residenz zu belagern und eine Prinzessin von Udumu zur Braut zu gewinnen. Nachdem Keret den Göttern El und Ba'al Opfer dargebracht hat, bricht er zur glückhaften Heerfahrt auf. Am dritten Tage erreicht er Tyrus und Sidon, wo er der Muttergöttin Aschirat (Elat) opfert und dabei gelobt:

> Wenn ich Churija für mein Haus gewinne,
> sie als junge Frau in meine Wohnstatt einführe,
> werde ich ihren doppelten (Brautpreis) in Silber,
> ihren dreifachen in Gold darbringen[6]).

Am siebenten Tage kommt das Heer in der fruchtbaren Landschaft von Udumu an, dessen König Boten zu Keret sendet, ihm Frieden und Tribut anzubieten. Keret läßt dem König von Udumu antworten, er verzichte auf all die ihm angebotenen Herrlichkeiten,

> doch das, was ich nicht auch zu Hause habe, das gib mir,
> gib mir die junge Churija, die Liebliche, deine Erstgebo-
> deren Liebreiz wie der Liebreiz Anats ist,   [rene,
> deren Schönheit wie die Schönheit der Aschtart,
> deren Haar wie Lazur glänzt,
> deren Augenlid wie Alabaster.
> Im Traume gewährte mir sie El.

Der König von Udumu, beeindruckt von dem ungeheuren Heere, gibt Keret die Prinzessin, mit der dieser heimkehrt und alsbald die Hochzeitsfeier begeht.

Man hat den Eindruck, daß dabei Baʿal sogar die Rolle des Brautführers spielt, indem er El das Zeichen gibt, des Vateramtes zu walten. Darauf ergreift dieser – der Götterkönig – den Becher, wie es die kanaanäische Hochzeitsregel dem Vater des Bräutigams vorschreibt[7], und spricht über das Paar den magischen Hochzeitssegen, der Keret eine zahlreiche Nachkommenschaft verheißt.

Nach der Hochzeitsfeier ›verabschiedeten sich die Götter mit Segenssprüchen und gingen weg . . .‹

Dem König werden von der jungen Churija Söhne und Töchter geboren. Sieben Jahre lebt er glücklich[8]. Da er aber unterdessen das der Göttin Aschirat abgelegte Gelübde nicht eingelöst hat, bringt diese Krankheit über ihn. Als er schon dem Tode nahe ist, werden im Hause vielerlei rituelle Vorkehrungen getroffen, und am Heiligtum wird für ihn geopfert. Da nimmt sich der Göttervater El selbst seiner wieder an. In einem Götterrat stellt er die Frage, wer hingehen und Keret heilen wolle. Weil aber keiner der Götter sich meldet –

ein für Kerets Zukunft dunkles Omen, schafft El eigens eine Heilungsgottheit, die das Werk vollbringt. So darf Keret wieder genesen. Aber seine Regierung ist nicht mehr straff, seine Rechtspflege läßt nach. Da versucht Jazib, der Kronprinz, auf Anstiften des Haremvorstehers, den altgewordenen Keret zum Abdanken zu bewegen. Der aber – verflucht seinen Sohn:

> Zerschmettern möge (der Gott) Choron, o Sohn,
> zerschmettern möge Choron dein Haupt,
> und Aschtart-schem-Ba'al deinen Schädel!
> Stürze nieder vom Gipfel deiner Hoffart!

Das ist der Schluß. Klingt das Epos wirklich ursprünglich in dieser schrillen Dissonanz aus? Es spricht einiges dafür[9]. Dann ist das Thema des Gedichtes die Mahnung, selbst als zum Range von Göttern Erhobener seine Gelübde gegenüber diesen nicht zu vergessen; denn wer sein Gelübde nicht hält, findet kein Heil. Mag er dem Rachetod entgehen, den eine Gottheit über ihn beschlossen hat, so bricht das Unheil von anderer Seite herein.

Von den im Epos genannten Residenzstädten Kerets und seines Schwiegervaters wissen wir ebensowenig, ob sie historisch sind, wie von den Namen der handelnden Personen. Es ist immerhin zu beachten, daß auch lokalisierbare Namen wie Sidon und Tyrus vorkommen. Der Schimmer der Vorzeit liegt auf den Figuren, die in ihren übergroßen Dimensionen der Götterwelt noch näher zu stehen scheinen als ihre Nachfahren. Wenn Keret der Sohn von El und Kadesch, d. h. des höchsten Götterpaares, genannt wird, wenn seine Umgebung fragen kann, ob er als ein Gott denn sterben müsse, so hängt dies mit der im Alten Orient allgemeinen Auffassung vom König als einem göttlichen oder götterähnlichen Wesen zusammen. Wenn Kerets Kinder an den Brüsten der höchsten Göttinnen trinken dürfen[10], so denkt man daran, daß Göttinnen ihre Milch auch ägyptischen und mesopotamischen Kronprinzen gespendet haben. Unüberbietbar aber ist die Apotheose, wenn an Kerets Hochzeitsmahl das Pantheon leibhaftig zu Gaste ist, wenn da El die Stelle des Bräutigamsvaters übernimmt und wenn sich die Götter, wie die menschlichen Teilnehmer an jedem Feste, unter Segenssprüchen persönlich verabschieden, um sich in ihre Wohnungen zurückzuziehen.

Ein anderer Zug ist wichtig: Keret wird verschiedentlich als ›der Opferpriester‹ bezeichnet, das heißt als der, der die Götter mit Speise und Trank versorgt. Das erinnert an den biblischen Melkisädäk von Salem (1. Mose 14), der König und ›Priester des El Eljōn‹ gewesen sein soll[11].

24.2.96

Aus der gleichen Atmosphäre von Gottkönigtum und Mahnung zu Gottesfurcht ist das schwerblütige Dan'el-oder-Akhat-Epos hervorgegangen[12].

König Dan'el, ›der Mann von Horonajim‹[13] – auch er wird als ›der Gott‹ und als ›der Sohn der Kadesch‹ bezeichnet – trauert sieben Tage lang, da er keinen Sohn (mehr?) hat[14]. »Da kam auf sein Jammern Ba'al heran.« Als er über den Grund von Dan'els Niedergeschlagenheit unterrichtet ist, leistet er beim Götterkönig El für ihn Fürbitte. El möge Dan'el einen Sohn geben,

    der im Heiligtum die Statue des Gottes seiner Väter aufrichtet,
    der seinen Weihrauchduft aufwallen läßt vom Lande[15],
    der tapfer für ihn einsteht,
    der die Beleidigung derer zurückweist, die ihm (dem Vater
                        Dan'el) übelwollen,
    der die vertreibt, die ihm schlaflose Nächte bereiten,
    der seine Dachterrasse weiß tüncht, ist sie unansehnlich geworden,
    der sein Gewand wäscht, ward es schmutzig.

El erhört die Bitte. Als Dan'el es erfährt, lädt er die Koscharot-Göttinnen[16], die Bildnerinnen der Kinder im Mutterleibe, zu einem sieben Tage dauernden Gelage ein, um ihr Wohlwollen zu gewinnen. Ihm wird ein Sohn, Akhat, geboren, der als hoffnungsvoller Prinz heranwächst. Dan'el weiß für ihn einen wunderbaren Schießbogen aus den Händen des Schmiede- und Künstlergottes Koschar-wa-Chasis, des ugaritischen Hephästos, zu erlangen. Aber gerade dieses Göttergeschenk soll dem jungen Akhat zum Verhängnis werden. Anat, die wir aus Ugarit als kampfeskundige Göttin kennen, erblickt

eines Tages den Bogen und möchte ihn für sich haben. Sie
bietet Akhat Silber und Gold, soviel er wünsche. Allein er ver-
weist sie an Koschar-wa-Chasis: Ihn möge sie beschenken; er
werde ihr einen solchen Bogen wohl auch anfertigen können.
Anat dringt erneut in Akhat. Diesen Bogen will sie:

> Verlange Leben, o Akhat, du Kraftvoller,
> verlange Leben, ich gebe es dir,
> Unsterblichkeit, und ich verschaffe sie dir.

Aber Akhat bleibt unerbittlich. Ja, er läßt sich dazu hinreißen,
die Göttin gar zu beleidigen:

> Belüge mich nicht, o Jungfrau;
> denn einem Helden ist deine Lüge Abscheu ...
> Ich sterbe den Tod aller und werde gewißlich sterben.
> Noch etwas will ich dir sagen:
> Zweierlei Bogen gibt es: solche für Männer
> und andere, mit denen Frauen jagen!

Das ist zuviel! Der Lüge geziehen und dazu zu gering geachtet, den Bogen eines Helden zu führen: Das läßt die kämpfe-
rische Göttin sich nicht bieten[17]. Den Zorn der Anat aber
wird, hat ein Sterblicher sie beleidigt, auch El nicht dämpfen.
Durch einen ihrer Diener läßt Anat den unseligen Akhat um-
bringen.

Dan'el wird auf das Unglück aufmerksam. weil eine Dürre
das Land schmachten läßt[18]. Der Leichnam ist nicht zu finden;
aber durch magische Riten gelingt es Dan'el und seiner Tochter, Akhats Totengeist zu beschwören. Dan'el erfährt von
ihm daß ein Adler seinen Sohn überfallen, totgehackt und auf-
gefressen hat, und er ruht nicht, bis er mit Ba'als Hilfe aller
Adler habhaft wird. Er schlitzt sie auf, sucht nach den leiblichen Resten seines Sohnes und findet sie bei der Mutter der
Adler. Feierlich bestattet er die Leichenteile und hält die
Nachklage über Akhat sieben Jahre lang:

> Er ließ Klagefrauen in seinen Palast kommen,
> trauernde Weiber in seine Wohnstatt
> und (Männer), die sich die Haut aufritzten,

daß sie beweinen sollten Akhat, den Kraftvollen,
daß sie Tränen vergössen um Dan'els Sohn . . .
daß tagelang, monatelang,
monatelang, jahrelang,   [vollen.
bis zum siebenten Jahre sie weinten um Akhat, den Kraft-

Dann erheben sich Dan'el und seine Tochter aus der Klage,
und Akhats Schwester macht sich auf zur Rache an dem Diener Anats, welcher in Adlergestalt den ruchlosen Mord vollbracht hatte. Ob ihr dies gelingt, erfährt der Leser nicht, weil
der Schluß des Textes verloren ist.

Man hat die Frage erörtert, ob es sich hier um Epos oder um
Mythologie handelt. Die Unsicherheit ist verständlich. Die
Personen des Gedichtes gehen so vertraut mit Göttern um
wie mit ihresgleichen. Baʿal, auf dessen Fürbitte hin Akhat
geboren worden ist, holt für Dan'el die Adler herunter, als
wäre das alltäglich. Allein diese Züge sind im Zusammenhang
mit dem Gottkönigtum nicht erstaunlich. Ja, selbst daß die
Königstochter ›der Gerste den Tau bringt‹, soll die Prinzessin
kaum als Glied des Pantheons ausweisen. Als Kind eines Königs hatte sie genügend assoziatives Verhältnis zur Fruchtbarkeit, um mit einer Taunymphe identifiziert zu werden[19].
Daneben herrschen aber so eindeutig menschliche Züge vor,
daß man geneigt ist, dieses Gedicht als höfisches Epos tragi-
schen Inhaltes zu verstehen, das freilich die Mitglieder seiner
Dynastie eher noch stärker als das Keret-Gedicht in mensch-
lich-göttliches Zwielicht stellt.

Gemeinsamkeiten beider Epen sind unverkennbar. Sie
sind Hofliteratur, aber eine Hofliteratur, die in doppeltem
Sinne religiös ist. Erstens verliert sie keinen Augenblick den
Sakralcharakter des orientalischen Königtums aus dem Auge:
König und Götter verkehren miteinander, als ob keine Distanz zwischen ihnen läge. Und zweitens: Gerade dieser Kreis
der Erhabenen und Göttergleichen empfängt unüberhörbar
die Mahnung zur Gottesfurcht. So geneigt Götter einem
Könige sein mögen – wo er die Feindschaft eines von ihnen
erregt, wo er die ethischen Gesetze verletzt, die ihm als Menschen von den Göttern auferlegt sind, geht er zugrunde, un-
abwendbar.

Auch in Israel hat der Hof außer den üblichen Annalen[20] und Listen eine künstlerische Literatur hervorgebracht. Zwar wollte das Epos in Israel nicht gedeihen; denn seine seelische und religiöse Bindung an das unheldische Schafhirtentum seiner Vorfahren war zu stark[21]. Doch aus jenen Wurzeln hatte es einen anderen mächtigen Trieb mitbekommen: den Sinn für die Erfassung seiner Existenz als Geschichte. Während dieser Wesenszug in einer noch zu besprechenden besonderen Form der (historischen) Sakralliteratur seine umfangreiche Dokumentation gefunden hat, zeitigte er am jerusalemischen Hofe eines der beachtlichsten Prosawerke des alten Orients: die Davidbiographie[22]. Ihr anonymer Autor ist ein gewiegter Erzähler. Licht und Schatten, Liebenswertes und Abgründiges, Helden und Lumpen, Gerade und Schleicher zeichnet er mit gleicher Meisterschaft. Menschen größten Formates – einen David, einen Joab, einen Abner – versteht er in ihrer differenzierten Vielschichtigkeit. Er hat die innere Kraft, in seinem Leser die Liebe zu seinem Helden David zu erwekken, ohne daß er den Schatten von dessen tragischer Schuld schmälern müßte und umfaßt souverän die staatspolitischen Auswirkungen von allem, was in der königlichen Familie und um sie her lebt und webt. In diesem Autor fand ein Großer den ihm adäquaten Biographen. Es gibt keine vollendetere realistische Prosa im Alten Orient als die Davidbiographie. Sie gehört zum Besten der Antike überhaupt.

Auf die Hofschreiber geht auch die Aufzeichnung von allerlei gesammeltem Lied- und Spruchgut des Volkes zurück.

Wenn die Tradition das sogenannte Hohe Lied in seiner hebräischen Überschrift ›Das schönste der Lieder Salomos‹ nennt, so mag dies so zu verstehen sein, daß die Sammlung altkanaanäischer Liebes- und Hochzeitslieder an Salomos Hof begründet worden ist[23].

Mit dem Hofleben gehört auch die ältere Schicht der Weisheitsliteratur zusammen. Weisheit ist im Alten Orient nicht allein die angeborene oder im persönlichen Leben ausgereifte geistig-seelische Kraft, wie wir sie mit diesem Worte zu charakterisieren pflegen; sie ist vor allem die erlernbare Fähigkeit, in jeder Lebenslage etwas Kluges und Allgemeingültiges sagen zu können, für jede bewegende oder entscheidende Situation einen Spruch, ein Sprichwort bereit zu haben. Und schließlich gilt die Summe der klugen Redeweisen ihrerseits als »Weisheit«.

In den Weisheitsbüchern des Alten Testaments[24] liegen Sammlungen von solchen Sprüchen vor. Die Tradition führt diese Literatur weitgehend auf Salomo zurück. Vermutlich darf sie als wahren Kern für sich beanspruchen, daß dieser König, der als erster dem höfischen Leben Israels bewußt altorientalische Formen und altorientalischen Glanz verlieh, auch als erster die Erziehung der königlichen und adeligen Söhne in die Hände von berufsmäßigen Erziehern legte. Diese haben nach ausländischem, besonders wohl ägyptischem Vorbild als Grundlage ihres pädagogischen Werkes die alten Weisheitssprüche des Volkes gesammelt und aufgezeichnet.

Sie fügten eigene neue dazu, die als literarische Produkte Gebildeter die Form des schlichten, zweizeiligen Volksspruches sprengten und zu kleinen Lehrgedichten auswuchsen. Auch haben diese Weisheitslehrer ganze Spruchfolgen von anderen Höfen übernommen, wie die im Buch der ›Sprüche Salomos‹ stehende und dort mit Kapitel 31 beginnende Sammlung der ›Sprüche des Königs Lemuel‹ zeigt[25].

Unter dem Einfluß der Erzieher ging eine zweite Veränderung vor sich: Der Weisheitsspruch, welcher – der Intuition des Volkes entsprungen – eine Regel aufstellen sollte, nach der die entsprechenden Einzelfälle des Alltags sich einordnen und verstehen ließen (beschreibende Weisheit), wird durch seine Verwendung als pädagogisches Hilfsmittel selbst zum Berater (ermahnende Weisheit)[26].

Die Sakralliteratur umfaßt, soweit sie aus Ugarit erhalten geblieben ist, außer Listen von Göttern, Opferleistungen und Tempeleinkünften auch Ritualfragmente, Kultlieder und

vor allem Mythen. Diese sind im Zusammenhang mit Fest-
liturgien von den Priestern rezitiert worden. Der ausgedehn-
teste Mythenkreis ist der von Baʿal und Anat. Er spricht von
Baʿals kosmosbegründendem Kampf gegen das Urmeer-
Ungeheuer, von Baʿals Tempelbau und Tempelweihefest,
vom Sterben des Gottes und seiner Rückkehr von den Toten.
Die religiös-kultische Bedeutung der Mythologie wird in
Kapitel XI besprochen. Doch mag ein Hinweis auf die äußere
Form der Poesie hier am Platze sein. Sie stellt kein Sonder-
gut der ugaritischen Kunst dar, sondern herrscht im gesamten
syro-palästinensischen Raum und ist längst an den alttestamentlichen Liedern und Propheten beobachtet worden. Sie
beruht auf zwei miteinander kombinierten Prinzipien: dem
parallelismus membrorum und der akzentuierenden Metrik.
Akzentuierend nennt man diese Metrik, weil sie – ungleich
der aus der griechischen und lateinischen Klassik bekannten
quantitierenden Versbauweise – nicht mit Versfüßen von bestimmter Quantität arbeitet, sondern allein die Hebung eines
Verses zählt, den Rhythmus der Senkungen dagegen unbe-
achtet läßt. Das zweite Prinzip, der *parallelismus membrorum*,
besteht darin, daß der gleiche oder ein paralleler Gedanke
einer ersten Vershälfte in der zweiten mit anderen Worten
wiederkehrt. Als Beispiel der Identität und als solches der Paral-
lelität können die zwei ersten Verse von Psalm 19 dienen:

> Die Himmel erzählen die Ehre Gottes,
> und die Feste verkündigt das Werk seiner Hände.
> Ein Tag sagt es dem anderen,
> und eine Nacht tut es der anderen kund.

Statt ein Verhältnis der inhaltlichen Identität oder der Ähnlichkeit können die Parallelglieder auch ein Gegensatzpaar bilden:

> Haß weckt Streit,
> Liebe deckt alle Vergehen zu (Sprüche 10, 12).

In der ugaritischen Epik und Mythologie kommt außerdem ein Stilmittel zur Anwendung, das sich in der alttestamentlichen Poesie zu entfalten kaum Gelegenheit hatte, das
wir aber aus der mesopotamischen Poesie wohl kennen. Es

besteht in der Wiederholung ganzer Abschnitte unter Veränderung der äußeren Konstellation. Da kann eine Anweisung in allen Einzelheiten erteilt werden, worauf die Erzählung nur bemerkt, daß der Empfänger des Auftrages nun zu dessen Ausführung schreite, und dann folgt eine Erzählung dieser Ausführung in allen Einzelheiten und in aller Breite mit den gleichen Worten, in denen der Auftrag erteilt worden ist. Es macht dem Dichter gar nichts aus, die Episode zur Verstärkung ein drittes Mal, aus der Rückschau, vorzuführen, indem jemand erzählt, was sich soeben zugetragen habe.

Es ist klar, daß in einer erzählenden Poesie wie den Ba'al-Mythen diese Stileigentümlichkeit viel eher Verwendung finden kann als in einer hymnischen oder belehrenden, wie den Kultliedern oder spontan offenbarenden Prophetien.[26a]

Die Ausbeute an ugaritischen Kultliedern ist bis heute bedeutend geringer geblieben als die an mythologischen Texten. Dies mag damit zusammenhängen, daß Priester und Kultteilnehmer die Hymnen, Klage-, Buß- und Opferlieder, welche sie von Jugend an gehört und mitgesungen hatten, auswendig kannten. Da erübrigte sich die Aufzeichnung. Dagegen sind Ritualformulare auf uns gekommen, die uns trotz ihres verstümmelten Zustandes einen Begriff vom Aufbau des Kultes zu geben vermögen. Zwischen Zeilen, welche eine priesterliche Rezitation *in extenso* bieten, stehen agendarische Notizen wie »Man bringt El die Botschaft« oder »Man wiederhole dies und rezitiere fünfmal«. Außerdem kann ein solches Formular Hinweise auf die zu inkantierenden Kultgesänge enthalten, indem es deren Anfangszeilen zitiert. Eines der Rituale ist für einen Buß- und Sühnopfertag anläßlich eines politischen Unglücks zusammengestellt worden. Es enthält den vollständigen Text, der dafür *ad hoc* verfaßten Klage- und Bußlieder. Der Refrain lautet:

Wehe, verstoßen ist (unsere Stadt?)
Wehe, verstoßen ist . . .
Wehe, verstoßen ist . . .
Wehe, verstoßen sind die Bewohner der Mauern von Ugarit.

Durch ein Opfer sollen die erzürnten Götter besänftigt werden; darum:

> Ja, wahrlich, unser Opfertier, das wir schlachten,
> das Opfer, das wir darbringen,
> das Schlachtopfertier, das wir töten,
> möge emporsteigen zum Vater der Gottwesen,
> zur Wohnung der Götter . . .

Auf dem Hintergrund des sich mehrenden Wissens vom Wesen kanaanäischer Kultpoesie wird je länger desto deutlicher erkennbar, daß Liturgie und Psalmengesang der alttestamentlichen Welt auf dem Boden der schon in der Bronzezeit hochentwickelten kanaanäischen Formen erwachsen sind. Wohl hatten sich in der gottesdienstlichen Dichtung die ausschließliche Jahweverehrung und das charakteristisch israelitische Gottes- und Lebensverständnis inhaltlich und formal Geltung verschafft. Aber die Kulttradition, an die die großen Heiligtümer von Jerusalem, Bethel, Gibeon und andere anknüpften, war aus der vorisraelitischen Stadtkultur übernommen. Und ihr Eigenleben hat ebenso stark auf die von Haus aus ganz anders geartete Jahwe-Frömmigkeit zurückgewirkt, wie diese ihrerseits die kanaanäischen Begriffe von Religion und Kultus wandelte. Gerade in Israels Psalmen wird die synkretistische Situation der alttestamentlichen Religion bisweilen besonders deutlich.

Trotzdem hat Israel eine Gattung kultischer Literatur hervorgebracht, die sich einzig aus seinen eigenen Voraussetzungen erklären läßt und die darum ohne Parallelen in der übrigen Kulturgeschichte des Orients dasteht: die sakrale Geschichtserzählung, wie sie in den sogenannten historischen Büchern des Alten Testamentes vorliegt[27]. Die Wurzel der sakralen Geschichtserzählung liegt im religiösen Erlebnisbereich des hebräischen Nomadentums, das der Landsässigkeit Israels vorausgegangen war[28]. Dort hatten einzelne Israelstämme ihren Gott als den Gestalter ihrer Geschichte erfahren. Darum erzählten sie die Erlebnisse dieses ihres göttlichen Geführtseins von Geschlecht zu Geschlecht. Sie waren als Eindringlinge ins Land gelangt, und die Not der sie umgebenden kanaanäischen Feindschaft hatte dafür gesorgt, daß sie viele Generationen hindurch auf sich selber gestellt waren und darum kanaanäisches Wesen lange nicht assimiliert hatten. In diesen Zeiten – den vorköniglichen rund anderthalb Jahrhunderten – waren die Stämme alljährlich in Sichem zusammengekommen zum Feste des Bündnisses, das sie unter dem Schutz von Jahwe geschlossen hatten. Zum Ritual dieses Festes hatte es gehört, daß die Teilnehmer alle gemeinsam wieder an die Taten Jahwes in der Vorzeit erinnert wurden. Dies bedeutete nicht allein einen erhebenden Rückblick, sondern zugleich die Stärkung des Vertrauens in eine Zukunft, die man in die Hände Jahwes legen wollte. Die Vergangenheit war Unterpfand für Gottes Willen, Israel Heil erfahren zu lassen. Und mit diesem Unterpfand wagte man die Überwindung neuer Hindernisse. So hatte der Gottesdienst der Bundeserneuerung die Tradition des sakralen Geschichtsüberblickes begründet.

In der vorköniglichen Zeit hatten sich die Formen der Geschichtserzählung allmählich herausgebildet und waren von Geschlecht zu Geschlecht mündlich überliefert worden. Am Heiligtum der Davididen von Jerusalem aber schuf einer der hervorragendsten Geister unter Benutzung überlieferten Gutes erstmals eine umfassende Geschichtsdarstellung. Damit entstand die älteste Schicht innerhalb des heutigen ersten, zweiten und vierten Mosebuches.

Der Autor, ein Anonymus, den die Wissenschaft als den Jahwisten bezeichnet[29], hat in vorbildlicher Pietät die von ihm benutzten Überlieferungen möglichst in ihrer herkömmlichen Form belassen. Sein innerstes Anliegen aber war nicht das Sammeln, wie man lange Zeit geglaubt hatte, sondern bildend auf die Seele seines Volkes – und des Königshofes – einzuwirken. Dies erreichte er durch eine geeignete Anordnung und die seiner persönlichen tiefen Religiosität entsprechende Akzentuierung des ihm vorliegenden Stoffes. Sein Werk hat die Geschichtsdarstellung am Heiligtum von Jerusalem während längerer Zeit beherrscht[30]. Dadurch entstand unser heutiges Corpus der fünf Bücher Mose, das die Synagoge als die *Thora* (hebr. Gesetz) oder als *Chumasch* (das Fünfbuch) bezeichnet[31].

Der große Raum, den die erzählende Literatur im Alten Testament einnimmt und die Entstehung immer neuer sakraler Geschichtsdarstellungen in Israel und im ältesten Judentum sind bezeichnend dafür, wie stark die Jahwe-Religion von ihren Anfängen an die Menschen dazu angeregt hat, Gegenwart und Existenz von der Vergangenheit her zu verstehen: nicht um sich in ihr zu verspinnen, sondern um die aus ihr gewonnene Erfahrung für Gegenwart und Zukunft fruchtbar werden zu lassen; denn der Weg durch die Zeit wurde als Gottes Weg verstanden. Keine Religion hat darum so viel organische Selbstumwandlung durchgemacht, keine so wach Gegenwart zu erleben und zukunftgläubig zu verarbeiten vermocht wie die durch den Rückblick in die Geschichte charakterisierte geistige Orientierung des biblischen Menschen.

Zu diesem wachen Gegenwartsbewußtsein und dem Innewerden der Verantwortung für die Zukunft, die das Vertrauen in sie einschließt, haben die P r o p h e t e n einen unschätzbaren Beitrag geleistet.

Wie der übrige Alte Orient die sakrale Geschichtsliteratur nicht kennt, so hat er auch den Schriften der großen Propheten Israels nichts Ähnliches an die Seite zu stellen. Zwar wurzelte die Prophetie im Gottesdienst, ähnlich wie der Geschichtsrückblick, und wie dieser hatte der weissagende Zuspruch des am Heiligtum lebenden Propheten seinen festen Ort im Ritual. Seinem Inhalt nach war sein Wort im allgemeinen aufmunternd und in diesem Sinne erbaulich und wurde von der Kultgemeinde für gewöhnlich gut aufgenommen. Es beruhigte, gab Vertrauen und einen tröstlichen Ausblick. Es gehörte sich, daß es in spontan inspirierten Versen von einem Menschen verkündigt wurde, der spontaner Äußerung fähig war. Man nannte ihn *Nabi*, d. h. einen Sprecher der Gottheit, was das Griechische mit *prophētēs* wiedergibt. Nur Männer seltenen Formates redeten so, daß ihr Wort keinen Gefallen

erweckte, daß es vielmehr anpackte, durch erschreckende
Ahnung aufwühlte, zum Nachdenken, zur Selbstkritik, aber
auch zur Kritik an allem religiösen Betrieb und aller bloßen
kultischen Routine herausforderte. So vernimmt Amos das
Wort seines Gottes voller Entsetzen.

> Wie ein Leu brüllt Jahwe vom Zion,
> gibt Laut von Jerusalem her.
> Darum welken die Auen der Hirten,
> und der Gipfel des Karmel verdorrt. (Am. 1, 2)

Und Jesaja schließt sein sprachgewaltiges Weinberglied (5, 7)
mit dem unheimlichen Hieb:

> ... denn der Weinberg Jahwes der Heerscharen ist das
> Haus Israel,
> und die Männer Judas sind seine Lieblingspflanzung.
> Er hoffte auf Guttat – und siehe da: Bluttat,
> auf Recht-Spruch – und siehe da: Rechts-Bruch!

Diese Art Prophetie stieß an, so sehr, daß ihren Vertretern das
Wort im Kultus versagt wurde (Jer. 11, 21; Am. 7, 10–13;
Hos. 9, 7), und darum wurde sie von ihren Urhebern aufzu-
schreiben für nötig befunden. Als Leidende, als Verkannte zeichneten sie für eine Nachwelt Weißbücher auf, welche den Inhalt
der von ihrer Gegenwart verworfenen Prophetie wiedergaben. Diese Dokumente sind Perlen der Offenbarung des
individuellen Gewissens, individuellen Erkennens und Glaubens, und zugleich sind sie Zeugen dafür, wie diese Verein-
samten ihre sie belastende Schau und ihre niederdrückenden
Visionen äußerten unter dem Drängen eines Berufungs-
erlebnisses, das ihrem Verantwortungsgefühl diese Selbst-
preisgabe um der Seele des Volkes willen abforderte[32]. Andere prophetische Äußerungen, wie z. B. Ez. 37 oder Jes. 40 ff.,
wurden schriftlich festgehalten, weil sie in der geschichtlichen
Situation, in der sie gesprochen worden sind, von Vielen als
unglaubwürdig abgelehnt wurden.

Vieles von dem, was uns als gesprochenes Wort, als Gedicht überliefert ist, war in Wirklichkeit Gesang. Alltag und
Festtag, Arbeitsplatz und Tempelhof sahen nicht nur das viel-

fältige Treiben, vernahmen nicht allein, was geredet wurde, was sich als rational faßbar mitteilte, sondern hörten Menschen singen und musizieren. Kein Wunder, daß genau so, wie uns die Epen und die Vasenmalereien der griechischen Welt dafür Zeugnis ablegen, daß Musik alle Lebensäußerungen durchdrang, auch im Alten Orient unverkennbar die Spuren reicher musikalischer Betätigung zu finden sind.

Die meisten Hinweise auf sie sind freilich dem Alten Testament zu entnehmen und scheinen darum auf den ersten Blick über die anderen Völker keine Aufschlüsse ergeben zu können. Allein, es gibt eine nicht geringe Anzahl von Anzeichen dafür, daß es sich bei der alttestamentlichen Musik, von einigen israelitischen Besonderheiten abgesehen, um vorderorientalisches Gemeingut gehandelt hat.

Zu traditionellen Weisen verrichtete das Volk jenseits und diesseits des Jordans, im bergigen Palästina und an den Küsten Philistäas und Phönikiens viele seiner Arbeiten. Singend lenkte der Bauer seine pflügenden Rinder (Jes. Sir. 38, 25 hebr. Text); singend lockerten die Hirten wie die Stadtbewohner die verstopfende Schlamm- und Erdmasse am Quelloch des Sodbrunnens. Und wie dem Bauern das Ackern leichter vonstatten geht mit dem Liedchen auf den Lippen, so dem Hirten die mühselige Arbeit im Schwemmsand der Quelltiefe, wenn er den Brunnen beschwört:

> Quill empor, Brunnen!
> Singet ihm zu,
> dem Brunnen, den Fürsten gruben,
> den des Volkes Edle bohrten
> mit Scheichstab und Stöcken. (4. Mose 21, 17f.)

Vom Gesang bei der anstrengenden Arbeit der Kornernte oder der Weinlese weiß das Alte Testament zu berichten (Ri. 9, 27; Jes. 16, 10; Jer. 25, 30), und erst recht gehören Lied, Flöten- und Saitenspiel zum unbeschwerten Beisammensein:

> Ein Siegelring von Karfunkel zu einer goldenen Halskette
> ist kunstgerechter Gesang zum Weingelage.
> Goldene Fassung und Siegelstein von Smaragd
> ist Liederklang bei lieblichem Weine. (Jes. Sir. 35, 5f.)

Dem jungen Mädchen aber, das seinen Geliebten erwartet,
singt eine Nachbarin mit erhobenem Finger neckisch zugleich und ermahnend zu:

> Faßt uns die Füchse,
> die Füchse, die kleinen,
> welche die Weinberge verheeren,
> wenn unser Weinberg in Blüte steht!

(Hohes Lied 2, 15)

Jedes Fest, jede Freude, jede Not, jede Trauer, ja jede Ge-
mütsbewegung hat ihr Lied und in vielen Fällen ihr Saiten-
und Flötenspiel. Dabei waren verschiedenartigen Anlässen
verschiedene musikalische Modi zugeordnet, die den später
von den Griechen als ›dorisch‹, lydisch‹ und ›phrygisch‹ bezeichneten Tonarten entsprachen.

So wurde der ruhige, würdige dorische Modus für die Gesänge historischen Inhaltes verwendet. In dieser Tonweise hat
man sich den Erinnerungsgesang am Gedenktag großer
historischer Ereignisse vorgetragen zu denken, so das noch in
der heutigen Form seinen Archaismus verratende Debora-
Lied (Richter 5). Seinen Ort hatte es an einer vom frühisraelitischen Stämmebund begangenen jährlichen Feier des
Sieges israelitischer Stämme über den Kanaanäer Sisera bzw.
über den König Jabin von Chazor (Richter 4) und seine Verbündeten. Ebenfalls im amphiktyonischen Leben wurzelten
die vom Alten Testament als ›Jakobssegen‹ (1. Mose 49) oder
als ›Mosesegen‹ (5. Mose 33) bezeichneten Gesänge, in denen
das Schicksal einzelner Stämme seine religiöse Verarbeitung
durch die geistigen Führer des Stämmebundes gefunden hatte.
Lieder ähnlicher Art, jedoch zur Zeit des Davidisch-Salomo-
nischen Reiches erstmals vorgetragen, stellten die Bileam-
Sprüche (4. Mose 23 und 24) dar.

Zum Hochzeitsfest gehörten jauchzender Gesang und Musikanten: Flötenbläser, Leierspieler, Tamburin- und Zimbel-
schläger. Die Hochzeitsmusik war ›lydisch‹, ebenso das Siegeslied, mit dem das Heer bei seiner Rückkehr von den Frauen
und Töchtern begrüßt wurde[33]. Ihre Seelenspannung, der
lang angehaltene, von Angst gepreßte Atem entspannte sich

im gesungenen und getanzten Reigen mit Zimbeln und Tamburin. Das vielleicht älteste Lied der Jahweverehrung war ein solches von Frauen gesungenes, spontan aus der Situation erwachsenes Siegeslied, welches die Tradition Mirjam, der Schwester Moses, zuschreibt:

> Singet Jahwe;
> denn hoch und erhaben ist er:
> Roß und Fahrer stürzt er ins Meer! (2. Mose 15, 21)

Nur so kurz ist dieses Lied; doch unzählige Male wird es wiederholt, die Musik gesteigert, bis der Reigen zum Freudentaumel wird.

Zur Totenklage aber ertönten die dumpfen Handtrommeln zu ›phrygischen‹ Flöten, im phrygischen Modus. Und dasselbe Instrument, derselbe Modus erklang – les extrèmes se touchent! – bei sinnlich aufgepeitschten Festen von der Art der Ba῾alsorgien. Deswegen fand die phrygische Musik im Kultus Jahwes keinen Einlaß, wie sie auch von den Philosophen Griechenlands lange Zeit als sittenzerrüttend abgelehnt wurde.

Jeder Syro-Palästinenser sang, und die meisten verstanden sich wohl auch auf ein Instrument[34]. Meisterschaft freilich war nicht unter jedem Dache zu finden und wurde mit Königsgunst bezahlt. Ein Hof setzte seinen Stolz darein, begabte Sänger, Sängerinnen, Musiker und Tänzer, besonders aber Tänzerinnen heranzuziehen, und wirkliche Künstler scheinen allzeit so gesucht gewesen zu sein wie schöne Haremsmädchen. Als Sanherib auf seinem großen Palästinafeldzug im Jahre 701 v. Chr. Juda brandschatzte, ließ er sich als Straftribut des abtrünnigen Königs Hiskia außer allen sonstigen erdenklichen Kostbarkeiten den Harem und die Sänger und Sängerinnen des Hofes nach Ninive ausliefern. Ein assyrisches Relief zeigt eine Gruppe von Westsemiten – es sind vielleicht eher Phöniker als Judäer – vor einem assyrischen Soldaten her ins Exil wandern, ihre fünfsaitigen Leiern im Arm.

Ohne Musik wäre dem kanaanäischen Menschen ein lebenswertes Dasein undenkbar gewesen, wie denn nach seiner Vorstellung auch die Götter ihre Festlichkeiten und Gelage nicht ohne Musik begingen. Im ugaritischen Mythus stimmte ein göttlicher Aufwärter (vielleicht der Gastgeber selbst) einen – wohl traditionellen – Gesang zum Zimbelschlag an, nachdem er Baʿal, zu dessen Ehren das Fest begangen wird, den Pokal gereicht hat[35]. Wie sollten unter solchen Umständen aber die Menschen den Göttern Feste veranstalten und ihnen Opfer darbringen ohne Musik! Baʿals Großtaten wurden im ›lydischen‹ Psalmengesang gepriesen, und die gleichen Weisen erklangen, zwar mit anderen Worten, an den Heiligtümern Jahwes in Israel-Juda.

Das alles aber wurzelte letztlich in kosmologischen Anschauungen: Der kanaanäische Kultus hatte, wie der Babyloniens, wesentlich die Erhaltung der Welt, die Festigung und Stärkung der kosmischen Ordnung zum Ziele. Melodie aber, dieses merkwürdige Ineinander von im Raume schwebendem Ton und von rhythmischer Bindung im Zeitmaß, ist von je – und nicht nur im Vorderen Orient – als geheimnisbergende und geheimniskündende Manifestation der Ordnung des Weltalls empfunden worden. Zwischen Musik und Kosmos, zwischen musikalischer und welterhaltender Ordnung bestanden magische Zusammenhänge. Es ist kein Zufall, daß die erste Tat der welterschaffenden Götter im babylonischen *Enūma elîsch* (I, 24) die Inkantation eines magischen Gesanges war, und Tammuz' Flöte ist es, die in zaubermächtigem Spiele den Auftakt gibt zum großen, Leben erweckenden Liebestaumel des Frühlingsfestes.

Musik ist für den alten Orientalen Lebensmacht, ist ihrerseits eine ungreifbare, unfaßbare und doch in aller Wirklichkeit sich gestaltende Welt. Darum erfolgt die Eingliederung des Menschen in die ihn umgebenden Ordnungen unter Musik: Jede seiner Weihen – und schließlich sein Scheiden aus der Erdenwelt und sein Hinziehen zum Hades (der *sche'ōl*).

Weil Musik lebensseitig, kosmosseitig ist, hat sie heilende Wirkung, wo das Akosmische, das Chaosseitige, Finstere über einen Menschen Macht gewinnen will. Darum muß Saul in gemütskranken Stunden Musik um sich haben:

Wenn der böse Geist über Saul kam, nahm David seine Leier und spielte; dann wurde es Saul leichter und besser, und der böse Geist wich von ihm. (1. Sam. 16, 23)

Musik ist wirksam, und zwar meistens zum Guten wirksam: Wie sie Saul der Gesundung, der inneren Ruhe und dem Frieden zurückgewinnt, so eröffnet sie dem Seher Elisa den Zugang zu übersinnlicher Wahrnehmung, das heißt zur Erkenntnis einer den Menschen noch unerschlossenen, von Gott aber bereits als Schicksal konstellierten Wirklichkeit. Der Klang eines Saiteninstrumentes erhebt Elisa zu jener Trance, in welcher ihm das Verborgene sichtbar, das Unerkannte erkennbar wird. Um dieser offenbarungsmittlerischen Mächtigkeit der Musik willen traten Ekstatikergruppen, die vermutlich dem Personal von Heiligtümern angegliedert waren, in Gesellschaft von Musikanten auf, die sie mit Leier, Handpauke, Flöte und Zither stimulierten (1. Sam. 10, 5).

Der babylonische Tammuz spielt, wie es heißt, eine Flöte aus Lapislazuli, der kanaanäische Baʿal nach seiner Auferstehung ›singt schöne Lieder, und seine Umgebung erwidert den Gesang‹.

Israel soll zu seinen Fest- und Opferzeiten in die Tuba stoßen (4. Mose 10, 2f.). Unter den auf dem Relief des Titus-Triumphbogens in Rom dargestellten heiligen Geräten aus dem Tempel von Jerusalem sind deutlich die zwei ventillosen Trompeten erkennbar, von denen die genannte Bibelstelle spricht.

Vom israelitischen Neujahrsfest ist das Schofar-Blasen (*schōfār* = Widderhorn) nicht wegzudenken; denn Neujahr ist Gedächtnistag der Schöpfung, erinnert an den Sieg Gottes über Finsternis und Chaos. Und dazu gehört der Schofar-Ton, wie er immer auch zum siegreichen Aufbruch Jahwes im Heiligen Krieg erschallte (vgl. Jos. 6 u. a. und Ps. 47, 6).

X

RELIGIÖSE VORSTELLUNGEN DER FRÜHZEIT

Über die Religion der paläolithischen Neandertaler und ›Karmelmenschen‹ Palästina-Syriens[1] läßt sich nichts Bestimmtes aussagen. Sie dürften Fetischisten gewesen sein; möglicherweise verehrten sie, wie dies bei heutigen Stämmen von Jägern und Fischern der Fall zu sein pflegt, ein höchstes Wesen vom Charakter eines ›Herrn‹ oder einer ›Herrin der Tiere‹. Im palästinensischen Gezer haben sie Felszeichnungen hinterlassen, die den berühmten Höhlenmalereien von Altamira in Spanien und denen von Font-de Gaume in der Dordogne ähnlich sehen. Sie stellen Jagdtiere dar und haben wahrscheinlich kultisch-magische Bedeutung gehabt.

Auch die Funde aus der Natuf-Kultur des Mesolithikums verraten von Religion und deren Brauchtum wenig[2].

Die neolithischen Bewohner entwickelten eine Religiosität, in welcher die Bindung an den ernährenden Boden und seine Kräfte eine bedeutende Rolle gespielt haben muß. Auf Menschen dieses Zeitalters gehen unter freiem Himmel gelegene Kultplätze zurück, deren Zentrum ein heiliger Fels mit Napflöchern zu sein pflegte.

In Gezer findet sich ein derartiger Felsaltar von ungefähr 27,5 mal 24,4 m Oberfläche mit nicht weniger als 83 Schalen, die kleinste mit 15 cm, die größte mit 2,44 m Durchmesser. Ein ähnlicher, über doppelt so großer Fels in Tell ed-Dschudejda weist über hundert Schalen auf, zum Teil durch ein System von Rillen miteinander verbunden. Ein in die Höhle unter den Fels führender ausgemeißelter Kanal zeigt an, daß an der Opferspende auch die Erde selber, bzw. die Erdgottheit teil hatte, während die Schalen den überirdischen numinosen Mächten zur Erlabung gefüllt wurden. Die größte Schale wird jeweils dem Himmels- oder Regengott, dem Befruchter der Erde, vorbehalten gewesen sein, während wohl an den kleinsten alle möglichen Genien und Dämonen genippt und geschlürft haben.

Die Opfer dienten vorwiegend der Erlangung von Fruchtbarkeit. Der Erde bzw. der Erdgöttin brachte man Schweine dar. Das Schwein, das um seiner großen und häufigen Würfe willen immer und überall in archaischen Kulturen als Träger der Kräfte mütterlicher Fruchtbarkeit gegolten hat, war das beliebteste Opfertier in einem Kultus, der die Gebärkraft der Erde zu steigern und zu erhalten trachtete.

Felsheiligtümer solcher neolithischer Kulte begegnen außer an den genannten Örtlichkeiten in einer breiten Streuung in Palästina, so in Megiddo, Ta'annek, Petra. Auch der Altarcharakter des heiligen Felsens der Omarmoschee in Jerusalem, des einstigen Zionsfelsens des davidischen und zuvor des kanaanäisch-jebusitischen Heiligtums, geht höchstwahrscheinlich auf diese frühe bäuerliche Bewohnerschaft Palästinas zurück.

Ein bäuerlicher Fruchtbarkeitskult stand auch im Mittelpunkt der Religion der neolithischen Städtebewohner[3]. Figürliche Darstellungen von Haus- und Herdentieren und von menschlichen Geschlechtsorganen sind als Votivgaben an eine Fruchtbarkeit spendende Macht zu denken. Die mehrfach anzutreffende Dreiergruppe von Mann, Frau und Kind dürfte die ›heilige Familie‹ sein, die aus dem Zeugungsgott (Regengott), der Muttergöttin (Erdgottheit) und der jungen Vegetation als deren Kind besteht. Trifft diese Deutung zu, so liegt hier schon die urzeitliche Form einer für das spätere Syrien charakteristischen ›heiligen Familie‹ von Hadad, Atargatis und Simia vor[4].

Eine Besonderheit einer anderen Gruppe der neolithischen Menschen in Palästina bestand darin, daß sie ihre Toten nicht als solche der fruchtbaren Erde zurückgaben, sondern sie verbrannten[5]. Macalister ist in Gezer auf eine Höhle gestoßen, die mit ihren rauchgeschwärzten Wänden und dem durch den Fels ausgeschlagenen Kamin nur als Krematorium gedeutet werden kann. Das erlaubt einen Rückschluß: Die Menschen dieser Kulturschicht glaubten nicht an ein Fortleben und Fortwirken der Toten in einer Weise, welche der der Lebenden analog gewesen wäre. Sie haben darum auch keinerlei Totenkult geübt, keine Totenorakel befragt und nicht an die Wiederkehr der Ahnen geglaubt. Wahrscheinlich haben sie ein vegetativ-polares Vorstellungssystem entwickelt, in welchem der unteren, irdischen Welt die obere, himmlische entsprach[5a]. Dabei scheint die Erde die Rolle der weiblichen, der Himmel die der männlichen Kraft gespielt zu haben. Alles Lebendige, von diesen beiden Urmächten gezeugt, würde als der Potentialität dieser beiden Mächte teilhaftig verstanden worden sein; und so hätte man im Tode der Erde ihr Teil am Menschen und dem Himmel das seinige zurückerstattet. Solcherweise würde sich am ehesten erklären, daß der Verbrennungsraum tief im Erdinnern angelegt worden ist, wo konsequenterweise auch die Asche belassen wurde: Mutter Erde hatte ihren Teil des von ihr Geborenen wieder in ihren Leib zurückgenommen.

Die dem spätneolithischen und möglicherweise dem chalkolithischen Zeitraum, der Kupfer-Steinzeit von 4000 v. Chr. angehörenden Megalithmale[6] sind unter keinen Umständen der gleichen Bewohnerschaft zuzuschreiben, welche das Gezer-Krematorium hinterlassen hat. Denn, wie unten noch des näheren zu zeigen sein wird, stehen Megalith-Errichtungen immer im Zusammenhang mit einem Totenkult, mit der Vorstellung von der Präsenz der Toten, wie eine leichenverbrennende Menschengruppe sie nicht kennt.

Megalithen kommen im westjordanischen Gebiet in weiterer, im Ostjordanland in viel engerer Streuung vor: Ein Zeichen dafür, daß die betreffenden Menschen zuerst die östlichen Gebiete besiedelten und erst allmählich über die Jordanfurten nach Westen vorrückten.

Tatsächlich finden sich die megalithischen Male an Punkten, die eine radiäre Streuung von den Jordanfurten nach Westen erkennen lassen. Als Flußübergänge dienten damals wie in späterer Zeit immer wieder die durch Geschiebebänke von Nebenflüssen seicht gewordenen Furten des Jordans unterhalb des Tiberiassees (bzw. des Nahr el-Menadire) und unterhalb der Jabbok-Mündung (Nahr ez-Zerka). Die Megalithleute sind allmählich in das Gebiet der neolithischen Bauern eingewandert. Zeitweilig dürften beide Bevölkerungsteile nebeneinander existiert haben.

Die Megalithen in Palästina-Syrien werden Ausläufer einer Reihe von Megalith-Vorkommen sein, die sich durch ganz Kleinasien zieht; die Formen sind dieselben wie die der Ost-Westreihe von den Ostseeländern nach Skandinavien, deren westlichste Punkte in der Bretagne und in Britannien liegen. Eine dritte Reihe gibt es in Nordafrika, und die südlichsten Megalithen stehen auf Madagaskar und in Indonesien.

Die Übereinstimmung der Formen legt den Gedanken nahe, daß die Male von allmählich wandernden Völkern gemeinsamen Ursprunges stammen. Da man die nordischen und westlichen Megalithen mit den Indogermanen in Beziehung gebracht hat, glaubte man, auch für Palästina und Syrien im Neolithikum eine indogermanische Invasion annehmen zu müssen. Diese These ist aufzugeben; denn für die afrikanischen und madagassischen Megalithen läßt sich keine indogermanische Herkunft wahrscheinlich machen. Umgekehrt aber wird man auch nicht jede genetische Beziehung zwischen den verschiedenen Reihen negieren und jede von ihnen als selbständige Bildung betrachten können. Die Megalithkultur bildet eine derartig in sich geschlossene Sondererscheinung, daß ein innerer Zusammenhang wahrscheinlicher ist als bloße Analogie. Über die Rassenzugehörigkeit läßt sich freilich nichts ausmachen; Semiten, wie Benzinger vermuten möchte, waren die Megalithbauer aller Wahrscheinlichkeit nach nicht[7]. Von ihrer Religiosität wissen wir nur, daß ihnen die Toten heilig waren, daß sie sie um sich fühlten und ihnen Pflege angedeihen ließen.

Man wird natürlich nicht annehmen dürfen, jedem beliebigen Toten sei ein derartiges Steinmal errichtet worden. Das ist wohl Häuptlingen, vielleicht Priestern, Medizinmännern und anderen hervorragenden Menschen vorbehalten geblieben. Ihnen baute man Dolmen als steinerne Häuser, stellte ihnen einen einzelnen großen Felszahn oder eine Felsplatte auf, worin sie sich niederließen, oder man umgab ihr Grab, weil an ihm die einstige ›Macht‹ des Verstorbenen spürbar, vielleicht gefährlich spürbar war, mit einem Cromlech als Abschrankung. In diesen magischen Kreis wurde – jedenfalls durch ein entsprechendes Ritual – der Tote gebannt, damit er nicht herumflanierte. In einzelnen Cromlechs mögen auch ganze Sippen ihre Toten bestattet haben. Solche Cromlechs – die Semiten, die sie in Palästina antrafen, nannten sie Gilgal (= Kreis) – schließen oft eine oder mehrere Mazzeben ein, wodurch unsere Erklärung an Wahrscheinlichkeit gewinnt.

Im Rahmen archaischer Anschauungsweise, wie sie sich bei Stämmen beobachten läßt, die heute auf ihrer Stein- oder Bronzezeitstufe stehen, ist die Vorstellung, wonach z. B. ein Toter, ein Dämon oder ein Geist einem festen Gegenstand, z. B. einem Steine, innewohnen könne, nicht ungewöhnlich. Auch die Griechen kannten ›beseelte Steine‹ (*lithoi empsychoi*).

Alle Toten versah man regelmäßig mit Nahrungs- und Trankopfern. An Dolmen oder Menhiren wurde oft seitlich eine Schale zur Aufnahme der Spenden ausgehauen. So ist jede der acht Mazzeben der Stelenreihe von Gezer mit einer auf der Westseite angebrachten Schalenvertiefung versehen. Deutet dies darauf hin, daß die Megalithleute ihre Toten mit der untergehenden Sonne in Beziehung gebracht, sie vielleicht sogar mit dem Gesicht nach Westen begraben haben, ähnlich wie es in Ägypten in historischer Zeit zu geschehen pflegte? Bei der wesentlichen religiösen Rolle, welche die Sonne bei dieser Schicht neolithischer Menschen gespielt hat, und bei den kaum zu leugnenden Zusammenhängen zwischen Megalith-Grabmälern und ägyptischer Mastaba-Anlage könnte dies wohl der Fall gewesen sein.

Noch in späterer Zeit, als die Megalith-Leute längst aus Palästina und Syrien verschwunden waren, lebte die Erinnerung an sie als an ein ›Volk der Totengeister‹ fort. Die semitischen Kanaanäer, welche in Palästina die Hinterlassenschaft der Megalithbauer antrafen, nannten diese kurzerhand Refaïter. Dieser Name bedeutet, wie noch aus dem ugaritischen Vokabular zu ersehen ist, ›Totengeister‹[8]. Die ursprüngliche Bedeutung dürfte freilich dem Menschen der alttestamentlichen Zeit nicht mehr bewußt gewesen sein; denn für ihn war es ein Volk von Riesen, welches die megalithischen Kolosse aufgerichtet hatte. Nur Riesenhand, sagte man sich, habe derartige Werke zu vollbringen vermocht. Wie weit dieses Riesengeschlecht zeitlich zurückliege, darüber gehen die im Alten Testament erhalten gebliebenen Volkstraditionen auseinander. Während sich Erzählungen wie die von den Kund-

schaftern, die Mose ins Land geschickt habe, die Existenz der
›Enakskinder‹ noch in der Zeit unmittelbar vor der israelitischen Eroberung Palästinas vorstellten und damit eine ähnliche
Anschauung vertreten wie die Notiz 5. Mose 3, 11 von dem
König Og von Basan, der einen Dolmen zum Bett gehabt
habe und der zur Zeit der israelitischen Eroberung Palästinas
gelebt haben müßte, setzt eine andere Tradition die Riesen in
die vorsintflutliche Zeit und erklärt ihre Existenz sogar aus
halbgöttlicher Abstammung:

> »Als sich die Gottwesen den Menschentöchtern zugesellten, ge-
> baren ihnen diese Kinder: Das waren die Riesen, die hochberühm-
> ten, die Recken der Vorzeit9«. (1. Mose 6, 1—4)

Die durch die Megalithen als Sakralorte gekennzeichneten
Plätze sind von den späteren (semitischen) Bevölkerungs-
wellen der Kanaanäer und Israeliten und der Aramäer übernommen und deren eigener religiöser Anschauung entsprechend umgedeutet worden.

So stand ein Menhir im kanaanäischen Bethel, dem in megalithischer Zeit jedenfalls ein mächtiger Totengeist inne-
gewohnt und den Besuchern der Grabstätte Offenbarungsträume geschenkt hatte, wenn sie bei ihm schlafen gegangen
waren. Nur so erklärt es sich, daß dieser Stein von den semitischen Kanaanäern als Inkubationsheiligtum benutzt wurde,
wo die Gläubigen nächtigten, um von Gott im Traume Weisung oder Auskunft zu erhalten.

Im kanaanäischen Pantheon gab es nur einen Gott, der dafür bekannt war, daß er den Gläubigen Offenbarungsträume
schenkte: *El*, der *summus deus*10. Ihn dachten sich daher die
bronzezeitlichen Kanaanäer im Steine von Bethel hausend und
nannten diesen deshalb Beth-El (Els Haus).

Als die Jakobiden, die Vorgänger der israelitischen Ephraimiten aus den Oststeppen ins Land kamen und in der Gegend
von Bethel ansässig wurden, übernahmen auch sie den
Träume spendenden Stein samt dem um ihn gepflegten Ritus
der Salbung der Mazzebe. In der ephraimitischen Kultlegende wurde solcherweise der Erzvater Jakob zum ersten

Traumempfänger Bethels, zu dem Manne, der den Stein entdeckt und ihn aufgerichtet hatte; und als Numen, das sich hier offenbarte, nannte man den ›Gott Jakobs‹.

So war der Stein aus der spätneolithischen Zeit durch Jahrtausende heiliger Ort geblieben; geblieben war auch seine Reputation als Traumempfangsort, und gewechselt hatte nur die übermenschlich-göttliche Größe, welcher man die Offenbarungsträume verdankte. Und noch später, als etwa um 1200 v. Chr. die den Gott Jahwe verehrenden ägypto-sinaitischen Stämme ins Land westlich des Jordans einzogen und sich mit den Jakobiden und ihren Nachbarn zum großen Israel-Bund zusammenschlossen, war es schließlich Jahwe, der Nationalgott Israels, dem sich der Kult von Bethel unterstellte[11].

Die Zähigkeit, mit welcher der ursprüngliche Charakter dieses Menhirs alle Bevölkerungsbewegungen überdauert hat, hängt freilich mit dem besonders hohen Ansehen zusammen, das gerade er schon in der vorkanaanäischen Zeit genossen haben muß. Andere Malsteine sind von den Kanaanäern bisweilen im Sinne des Fruchtbarkeitskultus umgedeutet und als Symbole des männlichen Fruchtbarkeitsgottes verstanden worden. Man schrieb ihnen dann eine phallische Bedeutung zu. Möglicherweise hat eine äußere Bearbeitung noch etwas nachgeholfen, einen derart numinosen Stein zum heiligen Ba'alsbild oder – was im Effekt dasselbe gewesen ist – zum heiligen Phallus umzugestalten. Das zeigt etwa der Menhir von el-Mrerat, der in seiner nur andeutungsweisen Bearbeitung ebensogut ein heiliger Phallus wie ein primitives Gottesbild sein kann.

XI

DIE SYRO-KANAANÄISCHE RELIGION

Wo uns die kanaanäische Religion klar erfaßbar entgegentritt, im 2. vorchristlichen Jahrtausend, hat sie schon einen weiten Entwicklungsweg hinter sich, dessen Anfänge im

Dämmer der Vorzeit liegen. Immerhin lassen sich noch einige
ländliche Formen, wie sie rein bäuerliche Kulturen des palästinensischen Berglandes ausgebildet haben, von den mehr
urban gewordenen der phönikischen Handelsstädte und einzelner Königsresidenzen des Hinterlandes unterscheiden. Nur
eine Spielform der kanaanäischen Religion stellt die der Aramäer dar, welche etwas später zur Seßhaftigkeit übergingen
und deren Siedlungsgebiet nordöstlich an das der Kanaanäer
anschloß.

Als Quellen für die syrisch-palästinensische Religionsgeschichte kommen in erster Linie die archäologischen Materialien in Betracht: Für die Zeit kurz vor 1800 v. Chr. geben die
ägyptischen ›Ächtungstexte‹ einige Aufschlüsse. Von größter
Bedeutung aber sind Ruinen von Heiligtümern, Kultgegen-
stände und Religionssymbole aus Syrien-Palästina, aus Phönikien zudem eine Anzahl Inschriften, besonders die kultischen
und mythologischen Tontafeltexte von Ras Schamra-Ugarit.
Auch einigen aramäischen Inschriften verdanken wir wertvolle Angaben.

Eine wahre Fundgrube stellt das Alte Testament dar, dessen
ausdrückliche Anspielungen und oft aus feindlicher Haltung
gegenüber der kanaanäischen Kultur erwachsene Hinweise
besonders aufschlußreich sind. Andererseits hat die israelitische
Frömmigkeit – absichtslos und unbewußt – so viel kanaanäisches Kult- und Anschauungsgut in sich aufgenommen, daß
ihre Analyse ein klärendes Licht auf das kanaanäische Reli-
gionsverständnis wirft.

Schließlich kann auch der hellenistisch-syrische Darsteller
der phönikischen Religion, Philo von Byblos, mit der nötigen
Kritik verwendet, wichtige Kenntnisse vermitteln. Sein etwa
100 v. Chr. entstandenes Buch, von ihm als bloße Übersetzung einer phönikischen Schrift des angeblich zur Zeit
des Trojanischen Krieges lebenden phönikischen Priesters
Sanchunjaton deklariert, bildet den ersten Teil einer acht oder
neun Bücher umfassenden phönikischen Geschichte. Dieses
Werk ist nicht mehr im Original, sondern nur exzerptweise
in des Kirchenhistorikers Eusebius *Präeparatio Evangelica*
erhalten geblieben. Der Grad des Quellenwertes von Philos

hellenistisch verfärbter Darstellung läßt sich heute anhand der ugaritischen Materialien bestimmen.

Speziell mit Baʿal-Adonis und dem um die große Muttergöttin kreisenden Kult, wie er am Heiligtum von Hierapolis-Bambyce (Membidsch) geübt worden ist, befaßt sich der im zweiten Jahrhundert n. Chr. schreibende Lukian von Samosata in seinem Werk *De Dea Syria*.

Im folgenden werden die religiösen Vorstellungen jeweils zuerst in der Form umrissen, wie sie sich in den ugaritischen Texten des 14. Jahrhunderts spiegeln. Anschließend sollen andersartige Anschauungen und Bräuche besprochen werden, die uns aus anderen Teilen Syrien-Palästinas, zum Teil erst wesentlich später, bezeugt sind.

Aus den ugaritischen Götterlisten und Opferkatalogen zu schließen, hatten im Pantheon dieser syrischen Königsstadt mindestens zwischen zwanzig und dreißig Götter Anspruch auf reguläre Opfer. Nur wenige von ihnen aber werden uns ihrem Wesen nach klar erkennbar. Es sind die Hauptgötter, die im Staatskultus bzw. in der die öffentlichen jahreszeitlichen Opfer begleitenden Mythologie figurieren. Die Hauptmasse des bisher bekannt gewordenen mythologischen Materials besteht aus Bruchstücken von drei wichtigen Mythen: des Schöpfungsmythus, in dessen Zentrum ein Drachenkampf gestanden hat, des Jahreszeiten- oder Vegetationsmythus und des Mythus vom Tempelbau.

Nach der Vorstellungswelt dieser Texte steht über allem Sein und Werden der Götterkönig El. Er ist das Oberhaupt aller anderen Götter und ihr Gebieter, weil er *pater familias* des ganzen Göttergeschlechtes ist[1]. Als solches bezeichnet ihn das Epitheton ›Vater der Erhabenen‹. Mit der ehrwürdigen Göttermutter Aschirat hat er die Hauptgötter gezeugt, während kleinere numinose Wesen wie die Nymphen des Morgen- und Abendrotes und wohl noch viele andere aus Els Verbindung mit allerlei Nebenfrauen hervorgegangen sind.

Weil alles Existente von ihm geschaffen worden ist, heißt er ›der Schöpfer des Erschaffenen‹. Innerhalb der Schöpfung

nehmen die Menschen insofern eine Sonderstellung ein, als sie
El als ›Vater der Menschen‹ bezeichnen dürfen. Denn offenbar
hat man in Ugarit – ähnlich wie in Sumer und Babel und
im Alten Testament – den Menschen die Rolle der mit der
Gottheit irgendwie wesensverwandten Dienerschaft zugeschrieben. Dieser seiner Untertanenschaft stand El in väter-
licher Milde gegenüber.

Das bedeutet jedoch nicht unbedingt, daß die Menschen
physisch seines Geschlechtes wären, wie es die Götter sind.
Es braucht sich allerdings auch nicht um ein bloß mentales
Vater-Kind-Verhältnis zu handeln; vielmehr dürfte in der
(uns leider aus Ugarit nicht greifbaren) Menschenschöpfungs-
mythologie das Sonderverhältnis zwischen Gott und Mensch
in dem Sinne bestimmt worden sein, daß den Menschen bei
ihrer Erschaffung das göttliche Bild eingeprägt oder ein leib-
haftiger Substanzanteil oder der Lebenshauch von einer Gottheit gegeben worden ist[2].

El, dieser väterliche Gott, ist zwar Autorität, aber zugleich
überlegene Güte; und die ugaritischen Mythen bezeichnen
ihn gern als den ›huldvollen und barmherzigen El‹.

Er wird aber auch um seiner Weisheit willen gepriesen.
Sogar Götter verehren ihn mit dem hymnisch klingenden Ruf:

> Dein Wort, o El, ist weise,
> deine Weisheit währt ewig,
> Glückhaftes Leben ist dein Wort.

Liest man den Passus im Kontext, so wird deutlich, daß Els
›Wort‹ nicht in erster Linie im Sinne einer Unterweisung
oder theoretischen Erörterung, sondern – wie das ›Wort‹
Enlils in Sumer – als des Gottes weltsteuernde Verfügung verstanden werden muß.

Ein wesentlicher Anteil an der ugaritischen Mythologie entfällt auf den Jahreslauf- und Vegetationsmythus. Nach
seiner Sicht regiert für jede Jahreszeit eine besondere Gottheit
als König: In festem Turnus folgen sich die Götter Baʿal, Aschtar und Mot auf dem Thron. Jeder muß, ist seine Frist um, wieder abdanken. El aber bleibt jenseits dieses Kommens und
Gehens, jenseits dieses Wechselspiels der Jahreszeiten, ihrer

Herrschaft und ihres Niedergangs. An seinem Königtum gemessen sind die Götter des Jahreslaufes nur seine Unterkönige, über die sein Machtwort gebietet. Damit aber, daß El den Konsens zum Sturz des jeweiligen Regenten und zum Thronwechsel erteilt, bleibt der lebenerweckende, lebenerhaltende Rhythmus des Vegetationsjahres in Gang. Darum: ›Glückhaftes Leben ist dein Wort‹.

Philo Byblius hat Recht, wenn er El, um ihn der hellenistischen Welt nahezubringen, mit dem griechischen Chronos identifiziert. El ist Symbol der alles Vergängliche umfassenden und überdauernden Zeit. Dabei ist hier ›Zeit‹ der göttliche, unwandelbare Urgrund, aus dem alles Ereignishafte hervorgeht. El ist – um mit einem Ausdruck zu reden, den G. van der Leeuw auf die primitiven Urheber angewendet hat – ›die heilige Hinterwelt‹, ohne die es keinen sich bewegenden Weltenvordergrund gäbe. Els scheinbare Passivität, seine Zurückgezogenheit als *deus otiosus*, ist nicht Schwäche, sondern Überwelt.

Dieser symbolischen Stellung Els entspricht seine Lokalisation: Er wohnt nicht nur den Menschen, sondern auch den Göttern entrückt. Hat eine Gottheit mit ihm zu reden, so muß sie sich in jenes absolute Jenseits begeben. Die mythologische Formel für diesen Vorgang sagt von der betreffenden göttlichen Persönlichkeit:

Sie wandte ihr Antlitz hin (= sie brach auf)
zu El, der am Quellort der beiden Ströme wohnt,
inmitten der Betten der beiden Urtiefen.
Sie ging ein in den Bezirk Els,
trat ein in die Behausung des Königs, des Vaters der Erhabenen.

Der Weltkönig residiert an dem Ort, wo die beiden riesigen Wasser entquellen: der Himmelsstrom und der Unterweltsstrom, welche die ganze Welt umfließen. Zwischen ihnen, den beiden *tehomot*, liegt der kosmische Raum. Das Weltbild der ugaritischen Mythen hat demnach, ähnlich wie das sumerisch-babylonische, den Kosmos von Wasserfluten umlagert gesehen. Man erinnert sich unwillkürlich an die von Marduk überwundenen, gespaltenen und wie zwei Schalen einer Muschel angeordneten Wasser der babylonischen Tiamat. Auch die damit noch verwandte Darstellung von 1. Mose 1 läßt den Schöpfer eine Spaltung des Urwassers vornehmen. Die ›Feste‹ muß entstehen, um die oberen und die unteren Wasser von einander zu scheiden. So wird der kosmische Raum frei für die Erde mit ihrem Leben.

Wenn El am Quellpunkt der beiden den Kosmos umfließenden Wasser wohnt, so ist dies wohl der denkbar stärkste Ausdruck dafür, daß er als ewig gegenwärtige Ordnungsmacht gegen das Chaos Position genommen hat. Diese Ordnungsmacht braucht nichts zu tun als da zu sein, und es gelingt dem ugaritischen Mythus denn auch, sie in ihrer ganzen Überlegenheit zu charakterisieren: In Els Gemächern wohnt kein Gott, der sich gegen das Chaos stemmen müßte, sondern ein gemütlicher, ehrwürdiger, zugleich feierlicher und seiner unbedingten Herrschaft sicherer Regent. Solange er da ist, bleibt die einmal begründete Weltstruktur erhalten. Erst innerhalb dieser Struktur gibt es eine Ober- und eine Unterwelt, ein erwachendes, aufsteigendes Leben und ein dem Tode zugewandtes, absteigendes Sterben. Die Menschen von Ugarit haben in ihrem rituellen Leben, in ihren Opfern und beim Gesang ihrer begütigenden Hymnen vorab mit den geschäftigen Göttern dieses Kreislaufes zu tun. Alle Reverenz dagegen, die El erwiesen wird, ist die Reverenz, die das Wandelbare dem Unwandelbaren darbringt, wenn es nicht der Auflösung verfallen will.

Mit der irdischen Fruchtbarkeit hat El nichts zu schaffen, auch wenn ihm von den Kanaanäern das Epitheon ›Stier‹, sogar der Name ›barmherziger Stier‹ (!) beigelegt worden ist[3].

In besonderer Weise verbunden war der Götterkönig El dem irdischen Königshause. Nach allgemeiner altorientalischer Auffassung war der menschliche König eine Parallelfigur zum Götterkönig[4]. Wie dieser über den natürlichen Kosmos, so hatte der nationale König über die (immer im Zentrum der Wirklichkeit stehende) Nation zu regieren, die ihrerseits in ihrer Sozial-, Standes- und Werkordnung einen Mikrokosmos im Makrokosmos bildete. So versteht es sich, daß Keret, die Hauptperson der großen ugaritischen Königsdichtung, vor allem mit El in direktem Vertrauensverhältnis steht. Dieser nennt den König liebevoll ›den Jüngling Els‹ oder ›den göttlichen Jüngling‹. Als Keret, unglücklich eingeschlafen, von angstvollem Traume beunruhigt wurde,

stieg im Traume El zu ihm hinab,
der Vater der Erhabenen, während seines wirren Träumens.
Er trat zu ihm heran und fragte:
›Keret, was ist dir denn, o Keret?‹
›Er weint, vergießt Tränen, der Anmutige, der göttliche Jüng-
　　　　　　　　　　　　　　　ling (oder: Els Jüngling)‹.
›Trägt er etwa Verlangen nach der Königsmacht des Stiers
　　　　　　　　　　　　　　　(= Els), seines Vaters?‹

Während die großen Jahreszeitopfer den nahen Göttern der Fruchtbarkeit und der irdischen Erfüllung galten, scheint das höchste Königsopfer dem Götterkönig dargebracht worden zu sein. Eine Serpentinstele aus Ugarit zeigt den Götterkönig als den ›huldvollen Stier‹, mit bärtigem Ältestengesicht und unter der Hochmütze hervortretenden Hörnern, wie er das Trankopfer eines Mannes entgegennimmt, der durch die Attribute von Szepter und Uräusschlange eindeutig als König gekennzeichnet ist[5] (Tafel XVII a).

Dem Herzen des Kanaanäers am nächsten stand wohl allezeit der Spender aller Fruchtbarkeit, der Sturm-, Regen- und Gewittergott, der mit seinem Naß die Erdmutter begattete. Die Syrer nannten ihn im allgemeinen *Adad* oder *Haddu*[6]. Auch in Ugarit erinnerte man sich dieses Namens, hatte sich jedoch angewöhnt, den Gott meist als Baʿal zu bezeichnen. Der Ausdruck bedeutet von Haus aus ›Eigentümer‹ und ›Ehegemahl‹, da Heirat in der Frühzeit auf dem Brautkauf beruhte, durch den die Ehefrau in den Besitz des Hausherrn überging. Beides klingt im Gottesnamen Baʿal noch mit: er war der Besitzer des Landes[7] und hieß zugleich auch ›der Gatte der Ackerfurchen‹.

Als Befruchter der Erde stellte sich Baʿal allen kanaanäisch-syrischen Völkern im Symbol des Stieres dar. Aber wie es bei archaischen Menschen allgemein beobachtbar ist, schloß diese Tiergestaltigkeit gleichzeitige menschlich-persönliche Züge

keineswegs aus: So hieß dieser Gott ›der Fürst Baʿal‹[8]; er saß
auf seinem Thronsitz, betrieb einen Palastbau mit Hilfe des
göttlichen Hofarchitekten, sandte und empfing Botschaften,
hielt Gelage ab und trank aus seinem grandiosen Becher[9]; an
seinem Hofe fehlten Sänger und Sängerinnen nicht. Er fuhr
wie ein kämpferischer Feldherr auf seinem Kriegswagen, den
Wolken, einher[10]; oder er zog aufs Feld hinaus wie ein Jäger –
aber als ihm seine Schwester-Geliebte Anat daselbst vom
Himmel herabschwebend begegnet, realisiert der Leser des
mythologischen Textes plötzlich, daß die Göttin, die er sonst
als willensstarke, initiative und hingebungsvolle Gefährtin
Baʿals kennt, die Rolle eines jungen Rindes spielt, das von
Baʿal als Stier begattet wird. Die Frucht dieser Götterpaarung
ist denn auch ein göttliches Stierkalb, wahrscheinlich ursprünglich der junge Baʿal des nächsten Jahres.

Diesem zwischen göttlicher Person und göttlichem Tier
schillernden Doppelwesen Baʿals entspricht seine bildliche
Darstellung. Ugaritische Statuetten und ein schönes Relief
lassen ihn als jungen Mann mit kurzem Schurzrock und hoher
Stielmütze erscheinen. Aus der Kappe aber stoßen zwei Stier-
hörner hervor (Tafel XVII b). Diese Figur scheint nicht nur in
Ugarit, sondern in ganz Syrien und darüber hinaus konventionell geworden zu sein. In der linken Hand trägt der Gott
seinen gegen die Erde gerichteten Blitzstrahl, dessen Ober-
ende in Flammen aufgelöst erscheint, während die hoch-
erhobende Rechte die Donnerkeule schwingt[11]. Die Plastiken
lassen den Gott betont jugendlich erscheinen. Sein frisches
Ausschreiten, das Draufgängerische der Bewegung, die fast
keck anmutende Kopfhaltung verraten eine kaum verhaltene,
elementare Lebenslust. Dieser Charakteristik entspricht seine
Benennung als der jugendliche oder jugendfrische Hadad und
als ›Prinz Baʿal, der Jungmann‹.

Der Vegetationsmythus (Jahreszeiten-Mythus) weiht
den Hörer ein in die finster-unversöhnliche Feindschaft zwischen Baʿal und seinem göttlichen Gegenspieler Mot. Während
Baʿal regiert, d. h. zu der Zeit der jährlichen segenbringenden
Regen, in den Monaten des Grünens, Blühens und Wachsens
bereitet Mot seinen Sturz vor. Mot ist der Gott des Schirok-

ko, der die Quellen versiegen, die grüne Flur gilben, aber auch die Ähren reifen läßt. Er ist der Gott des Absterbens, freilich auch der des Hinreifens zu Ernte und vollem Ertrag. Im Jahreslauf ist Mots Herrschaft ebenso notwendig wie die von Baʿal. Darum läßt El ihn zu seiner Zeit über Baʿal Macht gewinnen; er gehört zum Zyklus, und daß ihm bei aller Liebe der Kanaanäer zu Baʿal Gerechtigkeit widerfahre, nennt der Mythus Mot ausdrücklich den ›Geliebten Els, den Helden‹.

Wenn Mots Stunde gekommen ist, muß Baʿal von seinem Thron steigen und von der Erdoberfläche verschwinden. Baʿal weiß es; so ist es Els Ordnung. Er lehnt sich gegen sie nicht auf. So kampffreudig und heldenhaft er sonst aufzutreten gewohnt ist – als er Mots Aufforderung abzudanken vernimmt, fügt er sich kampflos. Baʿal steigt hinab in die Unterwelt. Den verwaisten Thron bieten die Götter zunächst Aschtar an; der aber nimmt sich auf Baʿals Stuhl aus wie ein Knabe:

> Sein Kopf erreichte die Rücklehne nicht,
> sein Fuß baumelte in der Luft,
> langte nicht bis zum Schemel.

Aschtar spürt selbst, daß er auf Baʿals Thron fehl am Platze ist und verzichtet auf die Regentschaft, worauf Mot für den Rest des Jahres, d. h. während der Trockenzeit, den Thron einnimmt. Baʿals Schwester-Geliebte, die ›Jungfrau Anat‹ aber betreibt energisch und hingebend die Suche nach ihrem Bruder[12] und dessen Rückkehr aus dem Totenreich. Schließlich stellt sie Mot zur Rede und macht ihm eigenhändig den Garaus, indem sie ihm selbst das Schicksal des reifen Kornes bereitet: Wie eine Furie stürzt sie sich auf ihn,

> packt ihn, mit dem Flegel drischt sie ihn,
> mit der Schaufel worfelt sie ihn,
> in der Handmühle mahlt sie ihn, ...

Damit ist seine Macht für dieses Jahr gründlich gebrochen. Nun kann Baʿal sein Regiment wieder antreten. Er tut es in feierlicher Thronbesteigung, unter dem Jubel der huldigenden Götter, die den Ruf erheben:

> Unser König ist Alijan Baʿal[13],
> unser Richter, und keiner über ihn erhaben!

Im Sinne der realistischen Symbolik des Mythus versteht sich das dahin, daß zur Zeit der erwachenden Vegetation alle Reiche der Natur in Blühen und Wachsen dem einen Drängen zum Leben dienstbar sind.

Spiegelt der Vegetationsmythus den Jahreslauf wider, so stellt der Drachenkampf-Mythus einen Ausschnitt aus der kanaanäischen Schöpfungsmythologie dar. Er erzählt Ba'als Kampf auf Leben und Tod mit dem Urwasser-Ungeheuer Jammu. Dieser Name ist dasselbe Wort, das im Kanaanäischen und Hebräischen das Meer bedeutet. Das von Ba'al bekämpfte und besiegte Wesen ist freilich nicht das Meer in seiner heutigen Erscheinungsform, sondern das urzeitliche Chaoswasser, wie es vor der Errichtung der Welt war, symbolisiert als ein greulicher Drache mit sieben Häuptern, der seinen ganzen Ingrimm gegen Ba'al toben läßt, um ihn umzubringen. Diese Schauergestalt, die auch ›Lothan, der Vorweltdrache, der gewundene Drache mit den sieben Häuptern‹[14] heißt, ist der antikosmische Wille des Chaos, zu bleiben, was es ist und eine Weltwerdung mit Gewalt zu verhindern. In diesem Wesenszuge entspricht Jammu-Lothan dem babylonischen Apzû aus *Enūma elísch* I 36ff. Dieser letztere ist in Babylon mit einer weiblichen Chaosmacht, der Tiamat, gepaart, während der fragmentarische Mythus aus Ugarit bisher nur die männliche Gestalt als Verkörperung des Chaos erkennen läßt. Es ist aber gar nicht ausgeschlossen, daß die Ugariter auch von einer weiblichen Figur, der Chaosgemahlin des Jammu, zu erzählen wußten; denn aus dem Alten Testament geht hervor, daß die südlichen Kanaanäer tatsächlich beide gekannt haben müssen. Auch bei ihnen erzählte man vom männlichen Jām oder Leviathan und belegte ihn sogar fast mit denselben poetischen Epitheta wie in Ugarit: Auch der alttestamentliche Leviathan wird mit der Formel ›der Vorweltdrache, der gewundene Drache‹ charakterisiert (Psalm 74, 13f.; Jes. 27, 1; Hiob 26, 13), und auch ihn dachte man sich als ein vielköpfiges Ungeheuer. Aber neben ihm gehört zur Chaos-Symbolik, wie sie das Alte Testament aus kanaanäischem Erbe bewahrt hat, das weibliche Ungeheuer Rahab (Psalm 89, 11; Hiob 26, 12). Und ganz wie die babylonische Tiamat als Chaosweib ein ganzes Heer von verderblichen Mächten geboren hatte, das zu ihrem Schutze bereitstand, so besaß die kanaanäische Rahab ihre Helfer, die mit ihr den Kampf gegen den kosmoserschaffenden Gott ausgetragen haben (Hiob 9, 13).

Das ugaritische Mythenfragment nennt, wie gesagt, die Rahab nicht, sondern spricht allein von einem Zweikampf zwischen Baʿal und Jammu. Hier nun bewährt Baʿal sein Heldentum. So grimmig Jammu gegen ihn aufsteht, Baʿal weicht und wankt nicht. Seinen Endsieg aber, der nichts Geringeres ist als der Triumph der jungen, im Entstehen begriffenen Schöpfung über das schöpfungsfeindliche Chaos, sichern ihm schließlich zwei wunderbare bronzene Zauberkeulen, die der göttliche Werkmeister Koschar-wa-Chasis für ihn verfertigt hat. Auch in diesem Mythus beweist Anat ihre Verbundenheit mit Baʿal, den sie sekundiert. Sie setzt dem von ihrem Bruder zu Boden geschlagenen Jammu hart zu und wälzt den besinnungslos auf dem Ufersand liegenden Unhold ins Meer. Nach einer anderen Version des Mythus hat sie ihn sogar getötet. Damit ist die Schöpfung vor dem Chaos gerettet.

Auch im dritten um Baʿal zentrierten Mythenstück, dem Tempelbau-Mythus, handelt Anat als entschlossene und verläßliche Helferin Baʿals. Dieser Gott hat – als einziger – keinen Tempel, d. h. keine Kultwohnung bzw. keinen Palast, wie es sich für einen göttlichen König schicken würde[15]. Diesen Zustand empfindet er als demütigend. Anat, von ihm ins Vertrauen gezogen, erwirbt durch Fürsprache der Göttermutter Aschirat die Zustimmung Els zu einem Palastbau für Baʿal. Der gewiegte Koschar-wa-Chasis waltet als Baumeister, und nach Vollendung der herrlichen Residenz finden sich in ihr alle wichtigen Götter, die siebzig Kinder der Aschirat (d. h. die ganze Sippe Els), zum festlichen Einweihungsschmaus ein.

Wie Baʿal in Ugarit – und unter seinem Namen Hadad in ganz Syrien – im Mittelpunkt von Neujahrsfest und Fruchtbarkeitskult stand, so auch im südlichen Kanaan. Die Verehrung Baʿals stellte vermutlich die aller anderen Götter in den

Schatten, und wenn alttestamentliche Fromme von kanaanäischem Polytheismus sprechen, können sie darum bisweilen dessen Götter kurzerhand unter dem Namen ›Baʿale‹ zusammenfassen, einem Ausdruck, der am ehesten mit ›Baʿalsippe‹ oder ›Baʿalsgesindel‹ zu übersetzen wäre[16].

In verschiedenen Gegenden, so in Ugarit, hat Baʿal einen älteren Fruchtbarkeitsgott, Dagan, in den Hintergrund gedrängt[17]. Wenn die Ugariter Baʿal ›Sohn Dagans‹ nennen, so deuten sie damit an, daß Baʿal als jüngerer Gott in die Funktionen des älteren Dagan eingetreten sei. Wahrscheinlich war dieser Vorgang durch die Einwanderung einer Baʿal-Hadad verehrenden Bevölkerung in das Wohngebiet alteingesessener Daganverehrer verursacht worden. Die Archäologie von Ugarit veranschaulicht dieses Verhältnis: In unmittelbarer Nachbarschaft der Ruinen des großartigen Baʿalstempels liegen die eines viel archaischeren und bescheideneren Heiligtums des Dagan.

Im vorisraelitischen Palästina ist Dagan ebenfalls verehrt worden, wie aus den in den Amarna-Briefen bezeugten Eigennamen Dagan-Takala und aus dem im Josuabuch (15, 41; 19, 27) sowie in einer ägyptischen Liste Ramses' III. begegnenden Ortsnamen Beth-Dagon zu schließen ist.

In Philistäa war die Dagan-Verehrung auch späterhin bedeutend; in einzelnen Bezirken scheint die Gottheit nie durch Baʿal abgelöst worden zu sein. Das Alte Testament kennt Dagontempel im philistäischen Asdod (1. Sam. 5, 1–7) und in Gaza (Ri. 16, 23).

Ein Gott, dem bei vielen kanaanäischen Völkern hohe Bedeutung zukam, war Aschtar. In Ugarit ist er, wie die Opferlisten zeigen, im 14. Jahrhundert nicht mehr verehrt worden. Der Vegetationsmythus bewahrt zwar noch das Andenken seines Namens, läßt ihn aber die lächerliche Rolle des Inkompetenten spielen[18]. Dennoch belegt ihn derselbe Mythus mit dem Beinamen ›der Schreckliche‹. Das ist ein Anachronismus: In früheren Jahrhunderten, als die Ugariter den Gott in urtümlicher Weise verehrt hatten, ist er ihnen ein Schrecklicher gewesen. Das einst zu Recht verwendete Epitheton hatte den Abstieg der Gottheit überdauert. In den

übrigen kanaanäischen Gebieten, wo ein ähnlicher Bedeu-
tungsschwund nicht eingetreten ist, war Aschtar der gräßliche
Gott, der Kinderopfer empfing.

Die Kanaanäer hatten in ihrer nomadischen Vergangenheit
als Wanderstämme unter seinem Namen voreinst den Morgenstern verehrt. Er hatte die frühen Morgenstunden heraufgeführt, in deren Kühle sie aufbrachen, in der aber auch
feindliche Gruppen aufeinander stießen. Er war Zeuge zahlloser Fehden gewesen. So konnte er zum Symbol des Stam-
messchicksals und zum Idol der Kampfkraft werden, und bei
einzelnen seßhaft gewordenen Stämmegruppen ist er wohl
darum zum göttlichen Repräsentanten der nationalen Macht
geworden.

In dieser Stellung begegnet er uns als Staatsgott der Moabiter unter dem Namen Aschtar-Kemosch, bei den Ammonitern als Milkom, bei den vorisraelitischen Jebusitern Jerusalems als S c h a l i m oder S c h a l e m, dem diese Stadt ihren
Namen Uru-Schalim (Schalim-Stadt) verdankte[19].

Einst hieß Aschtar bei den Kanaanäern Westjordaniens
Malk oder *Mäläk*, das wie das ammonitische Milkom
›König‹ bedeutete. Auch der jerusalemische Schalem wurde
häufig einfach Mäläk genannt. Im Alten Testament ist der
Name zu Molech oder Moloch verunstaltet worden.

Der in der Patriarchen-Erzählung (1. Mose 14) genannte
Priesterkönig Melchisädäk, in dessen Eigennamen der Gottesname Mäläk enthalten ist und von dem gesagt wird, daß er
König von Schalem und ›ein Priester des höchsten Gottes‹
gewesen sei, war wohl einer der Stadtkönige des vorisraelitischen Jerusalem.

Dem Gotte Schalem ist vermutlich seit grauer Vorzeit der
als Opferaltar benutzte Zionsfels geweiht gewesen. Diesen
bevorzugten Kultplatz hat dann rund 1000 Jahre v. Chr.,
nach der Eroberung Jerusalems durch David, Jahwe, der Gott
Israels, für sich in Anspruch genommen, und der Mäläk-
Kult, zunächst von der einheimischen jebusitischen Bevölkerung natürlich weiterhin betrieben, mußte sich auf ein Neben-
heiligtum, das sogenannte *tophet*, im ben-Hinnom-Tal, südwestlich der Stadt, zurückziehen. Zum Ärger aller ernst-

haften Jahwe-Anbeter hat er sich dort noch über viele Generationen erhalten, und das Alte Testament verrät, daß noch Judäer des 8. und 7. Jahrhunderts v. Chr. dem Gotte Kinderopfer dargebracht haben – eine Kultweise, welche von der Jahwefrömmigkeit aufs schärfste bekämpft worden ist. Man nannte das ›die Kinder durchs Feuer gehen lassen‹. Der Taleinschnitt, in welchem das *tophet* lag, heißt heute noch ›das Feuertal‹ (*wadi en-Nar*)[20].

Dieser Gott führte begreiflicherweise den Beinamen ›der Schreckliche‹. Wenn ihm die Ugariter, wie oben festgestellt, keine Opfer mehr darbrachten, haben sie damit ein Stück ihres gemein-nordwestsemitischen Herkommens hinter sich gelassen und sind einer der archaischsten Seiten der altkanaanäischen Religiosität Herr geworden.

Einen anderen Weg ging die Entwicklung in Tyrus, wo Aschtar als Mälkart einen weitherum bekannten und berüchtigten Kult empfing. Hier hat er einiges vom Charakter von Ba'al-Hadad in sich aufgenommen: In erster Linie sein alljährliches Sterben und sein Wiedererstehen im Frühling. Mälkart führt als tyrischer Hauptgott den Ehrennamen ›Herr von Tyrus‹, weshalb die Wissenschaft lange Zeit seinen Namen, der eigentlich *Malk-qart* ›der König der Stadt‹ heißt, harmloser verstand, als er im alten Phönikien gemeint war. Er bezeichnet den Gott nicht nur als König von Tyrus, sondern auch als König der Unterwelt, indem mit *qart* die mächtige, befestigte Stadt des Totenreiches gemeint ist, die man sich ähnlich wie das babylonische Kurnugea, das Reich Nergals und Ereschkigals, vorgestellt haben mag.

Daß die Gottheit des Morgensterns gleichzeitig als Unterwelts- und Totengott auftritt, mag auf den ersten Blick befremden, entbehrt aber keineswegs einer inneren Logik. Der Morgenstern zieht nicht allein in Glanz und Herrlichkeit einher wie ein Fürst der Sternenschar. Sein Schicksal ist es, spät am Himmel zu stehen; und dann muß er, ohne seinen Weg vollenden zu können, verschwinden, wenn das Frührot, das große Feuer, im Osten mächtig wird. Er ist der Himmelsmächtige, der früh erbleicht, der angesichts des Tagesfeuers erstirbt. So geht er ins Totenreich ein als dessen König. Für

Menschen, die zu dieser Gottheit herkommensmäßig eine so starke Bindung besaßen, daß sie ihnen im seßhaften Leben zur Nationalgottheit geworden war, lag es nahe, die mystische Verbindung zu dem Gott durch eine Gleichgestaltung menschlichen Schicksals zu pflegen. Darum die Opferung von Menschen aus dem noch unvollendeten Tageslauf und vorab die Hingabe von Kindern, die ›durch das Feuer gehend‹ gleich Aschtar frühe ihr Leben lassen mußten.

Eine Mälkart ähnliche phönikische Gottheit war Eschmun; sein Name stellt vielleicht eine Entstellungsform des bekannten Schalim oder Schulmān dar. Wie Mälkart stirbt er, um im Frühling wieder aufzuerstehen und ist zugleich auch Unterweltgott; vor allem aber ist sein Wesen als heilende Gottheit betont worden. In der phönikischen Kolonie Karthago war Eschmun der bedeutendste Gott neben Baʿal-Hamon und dessen Gemahlin Tanit.

Mit der Unterwelt stehen zugleich verschiedene andere Götter in Beziehung; so der palästinensische und phönikische Chorōn, der auch aus Ugarit und – unter dem gräzisierten Namen Haurona – aus Delos bekannt ist. Vielleicht bedeutet sein Name ›der aus der Unterwelt‹. In verschiedenen Landstrichen verehrte man Reschef, der ursprünglich ›Herr des Blitzes, des Brandes, des Fiebers und der Pest‹ war und als solcher die Menschen in die Unterwelt holte. Wie der ihm ähnliche, vorab in Beth-Schean verehrte Mukal oder Mikal war auch er zugleich ein heilender Gott.

Ein hymnischer Text aus Ugarit besingt die Verheiratung des Mondgottes Jarich mit Nikkal[21]. Der Hymnus ist vermutlich im Zusammenhang mit Feierlichkeiten vorgetragen worden, in deren Mittelpunkt die bei den Kanaanäern weit verbreitete Verehrung des Mondgottes stand. Die Stadt mit den ältesten uns bekannten Fundamenten, Jericho, war in semitischer Zeit nach dem Mondgott so benannt. Durch die Ausgrabungen ist die Mondverehrung auch für das bronzezeitliche Chazor erwiesen. Die israelitische Sitte der Heiligung von Sabbath und Neumond ist ein kanaanäisches Erbstück.

Wie für das Verständnis vieler archaischer Völker der

Mond in engster Beziehung zur Fruchtbarkeit steht, so war es beim kanaanäischen Jarich: Das Wesentliche, wovon der ugaritische Text spricht, ist, daß Jarich Hochzeit halten, d. h. Kinder zeugen will. Und der Hymnus mündet denn auch ein in einen Lobpreis der Koscharōt, der Göttinnen, welche die Bildung des Kindes im Mutterleibe bewachen[22].

Ebenso allgemein verbreitet war die Verehrung der Sonne. Bei den Ugaritern ist sie weiblichen Geschlechtes. Sie wird ›Schapasch, die Leuchte der Götter‹ genannt. Im Vegetationsmythus ist sie der Göttin Anat bei der Suche nach dem verschwundenen Ba'al behilflich.

Im Hebräischen hingegen ist *schämäsch*, das Wort für Sonne, männlich, weil den meisten Kanaanäern die Sonne als männliche Gottheit gegolten hat. Der im Alten Testament genannte Ortsname Beth-Schämäsch (heute Ajn schems) dürfte auf ein altkanaanäisches Sonnenheiligtum zurückgehen. Man hat auch für das vorisraelitische Gibeon Sonnenkult vermutet[23]. Sichergestellt ist er für Chazor, wo im Allerheiligsten eines spät-bronzezeitlichen Tempels[24] (14./13. Jahrhundert) ein Steinmal mit der Gravur zweier anbetend zur Sonne erhobener Hände im Zentrum einer Stelenreihe stand (Tafel XIVb)[25].

In einer altaramäischen Inschrift aus Sefira erscheinen als göttliche Zeugen eines Vertragsschlusses unter anderen Schamasch und Ner, der Sonnengott und die Lichtgottheit, einander benachbart, aber dennoch unterschieden. Auch für den kanaanäischen Raum ist – mindestens strichweise – ein Kult des Ner anzunehmen: Der Feldherr Sauls, des ersten israelitischen Königs, hieß Ab-Ner. Der Name, der ursprünglich ein Bekenntnis zu Ner darstellte, wird in der Gegend, aus welcher der Mann stammte, von vorisraelitischer Zeit her gebräuchlich gewesen und darum auch von Israeliten übernommen worden sein.

Unter den weiblichen Gottheiten treten in der Mythologie von Ugarit hauptsächlich Aschirat und Anat hervor.

Die letztere ist ihrem Namen nach eine himmlische Schicksalsgöttin. In vielem gleicht sie der mesopotamischen Ischtar und teilt vor allem deren ambivalentes Wesen als Liebes- und

Kriegsgöttin. Dieser Doppelcharakter hängt wohl mit der nomadischen Herkunft der betreffenden Vorstellungen zusammen. So ließ sich bis vor kurzem beobachten, daß die tragbare, als Kamelsänfte mit Baldachin versehene *utfa* der *Rwala*-Beduinen eine Art magische Vergegenwärtigung der Kraft und des Schicksals des Stammes und zugleich Sitz der beschützenden und führenden göttlichen Macht war. In eine Schlacht um Sein oder Nichtsein zog sie auf einem Kamel den Kämpfern voran, ähnlich wie die Bundeslade nach den frühesten Reminiszenzen des Alten Testaments aufbrach, um ›die Feinde zerstieben‹ zu lassen[26]. Dieses Führungs- und Kriegsheiligtum aber war mit einem Liebespreis ›geladen‹: Unter seinem Baldachin saß eine jungfräuliche Scheichstochter. Teilweise oder ganz entkleidet, mit aufgelöstem, flatterndem Haare feuerte sie die Krieger an und versprach sich sogar bisweilen dem Tapfersten unter den Jünglingen.

Anat führt den Beinamen ›Jungfrau‹, der für sie jedoch einen jeweiligen intimen Umgang mit dem Gott ihres Herzens keineswegs ausschließt. Im Gegenteil: Die Titulatur scheint viel eher zu bedeuten, daß die Göttin fähig ist, sich je und je wie ein noch unberührtes Mädchen hinzugeben, d. h. dem Liebeserlebnis den Erstmaligkeitscharakter zu erhalten, unbeschadet erworbener Erfahrung und regelmäßig wiederkehrender Mutterschaft, wie wir es auch von der mesopotamischen Inanna-Ischtar wissen.

Nach einer Version des ugaritischen Vegetationsmythus gebiert Anat nach dem Tode ihres Bruders und Gatten einen Jungstier. Und die Meinung ist dabei offenbar, daß sie diesem jungen Baʿal des nächsten Jahres genau so wiederum als bräutliche Geliebte begegnen wird wie im Vorjahr seinem Vater[27].

Ihre am stärksten hervortretenden Züge sind unverbrüchliche Treue und Hingabe an Baʿal, für den sie sich bei jeder Gelegenheit mit Vehemenz einsetzt. In Anat dürfte die ugaritische Welt die Idealgestalt der Frau verehrt haben.

Als Kriegsgöttin aber sprengt sie jeden bürgerlichen Rahmen und jeden Vergleich mit einer Stadtbewohnerin von Ugarit. Da verrät sie die wilden Züge eines unbändigen Archaismus. Ein Textstück, dessen inhaltliche Einordnung in den mythologischen Zusammenhang zwar nicht ohne Mühe gelingt, bietet diesbezüglich wertvolle Aufschlüsse. Es zeigt die Göttin als Veranstalterin eines greulichen Gemetzels unter den Menschen:

> Unter ihr lagen Köpfe in Schwaden,
> neben ihr (abgehauene) Glieder wie Heuschreckenschwarm
> . . . .
> bald reichten ihr die Köpfe bis an den Rücken,
> ragten ihr die Glieder bis an den Schoß.
> Sie tauchte ihre Knie ins Blut der Tapferen[28].

Vor einer solchen Gottheit erschauern nicht nur die Menschen; selbst der Göttermutter Aschirat graut bisweilen, wenn sie, durchs Fenster ihres Palastes blickend, ihre Tochter auf Besuch kommen sieht. Anat scheint ihr kein bequemes Kind zu sein, und wenn sie, wie im Verlaufe des Tempelbau-Mythus, einmal friedlich und ruhig bei ihrer Mutter einkehrt, atmet diese erleichtert auf. Anat ist eben nicht allein Göttin der Liebe, der Hingabe und der menschenmordenden Schlacht, sie ist zugleich die transzendente Verkörperung jenes Eigenwillens, der sich selbst alleiniges Gesetz sein will und sich so gern der Gewalt bedient, um sich ausleben zu können.

Ein Gespräch Anats mit El ist dafür kennzeichnend. Die Göttin trägt dem Vater einen dringlichen Wunsch vor, begnügt sich aber keineswegs damit, ihn verbal zu formulieren, sondern versucht im gleichen Atemzug, den alten El unter Druck zu setzen. Sollte er nicht willfährig sein, werde sie ihm das Haupt zerschmettern, seinen grauen Bart mit Blut rot färben. Es kommt freilich nie so weit; denn Els Tod würde ja nichts Geringeres bedeuten als die Auslieferung der Welt an das Chaos, als die völlige Auflösung aller Ordnung. Aber die ugaritische Mythologie hat in vollendetem Realismus die verhängnisvolle Neigung der bewaffneten Macht erkannt, mehr zu zerstören, als ihr selbst lieb sein könnte: Ausgerechnet die kriegsgewaltige Anat verliert in einer Anwandlung hybrider Machttrunkenheit das Maß, und nur Els unerschütterlicher Ruhe ist es zu verdanken, wenn die furiose Göttin die Welt und damit sich selbst nicht gar vernichtet.

Anats Stellung dürfte in ganz Phönikien ungefähr dieselbe

gewesen sein wie in Ugarit. Ist dies bei dem engen ethnischen und kulturellen Kontakt zwischen den phönikischen Küstenstädten von vornherein wahrscheinlich, so weist auch Philo Byblius in diese Richtung, wenn er Anat als Dione-Baʿaltis, d. h. als weibliches Gegenstück zu Baʿal bezeichnet. Auch nahm in Beth-Schean, das mit dem phönikischen Sektor des Kanaanäertums in besonders enger Beziehung stand, das Anatheiligtum den Platz unmittelbar neben dem des dortigen Mikal-Reschef ein, der als Gewittergott eine ähnliche Rolle gespielt hat wie Baʿal. Daraus folgt, daß die Kanaanäer von Beth-Schean dieser ›Himmelsgöttin und Herrin aller Götter‹ eine ähnliche Rolle zuschrieben wie die Ugariter.

In einzelnen Gegenden verschmolz Anat mit anderen weiblichen Gottheiten: Im nordsyrischen Bereich hauptsächlich mit der Liebesgöttin Aschtart oder Astarte, im südkanaanäischen mit der Muttergöttin Aschirat oder Kadesch. Mit Aschtart, einer weiblichen Gottheit des Venusgestirnes und der Entsprechung des männlichen Aschtar, verband sie sich zu der Einheit, die bis in die Zeit des hellenistisch-römischen Synkretismus als Atar-Atte oder, wie die griechische Namensform lautete, als Atargatis oder Derketo bekannt war[29]. Diese Göttin finden wir beispielsweise in Byblos, Damaskus und im Raume von Aleppo, Samʾal (Sendschirli), Doliche und Hierapolis. Sie ist dort überall die Paredra des Baʿal-Hadad, und ihr kommt die Würde der ersten der Göttinnen zu.

Im genannten nordsyrischen Revier hat sich um Atargatis und ihren Gemahl Hadad ein merkwürdiger Kultus gerankt, der abgewandelt zu späterer Zeit auch im philistäischen Askalon anzutreffen war: Die Kultgemeinde zog in großer Prozession ans Meer bzw. an einen See, füllte Krüge mit Wasser und trug diese zum Heiligtum zurück, wo das Wasser ausgeschüttet wurde – ein uralter magischer Brauch zur Erlangung von Fruchtbarkeit für Feld und Hürde. Wenn bei dieser heiligen Handlung das Bild der Simia, des Kindes von Hadad und Atargatis, im kultischen Umzug mitgetragen wurde, so bedeutete dies zugleich eine Verheißung und eine magische Beeinflussung; denn diese Simia war die Frucht der Heiligen Hochzeit der beiden Götter und stand darum in einer mystischen Beziehung zur Vegetation, die man ja ebenfalls auf Grund der Heiligen Hochzeit nun bald sprossen zu sehen hoffte[30].

Im Lande südlich des Karmel scheint der Göttin Anat die Stellung, die sie in Phönikien und Nordsyrien als Gefährtin Baʿal-Hadads innehatte, versagt geblieben zu sein. Sie trat da hinter Aschirat so weitgehend zurück, daß das Alte Testament im Rahmen seiner Auseinandersetzung mit der kanaanäischen Religion von ihr nicht einmal Notiz zu nehmen braucht. Doch in der Vorzeit scheint sie, wenigstens stellenweise, in Palästina verehrt worden zu sein, worauf der Name des benjaminitischen Städtchens Anatot (heute *Bit-Anata*), des Heimatortes des Propheten Jeremia, hinweist.

Die Göttin A s c h i r a t, in den ugaritischen Texten Els Hauptgemahlin und darum die ehrwürdige Göttermutter, die auch den Namen Elat (d. h. die ›Göttin‹ schlechthin oder die ›Elsgefährtin‹) führt, war den palästinensischen Kanaanäern als Baʿals Gemahlin die Verkörperung alles natürlichen Lebens. Sie war die Herrin der Ackerfurche und darum die populärste Göttin des bäuerlichen Palästinensers. Als Gottheit einer allgemeinen und ihren Kult wesentlich charakterisierenden Orgiastik (s. unten) nannte man sie auch K a d e s c h (= die Buhle)[31]. Unter diesem Aspekt hat sie in sich eine Reihe von Zügen der Liebesgöttinnen Aschtart und Anat vereinigt. Wenn sie nach verschiedenen Darstellungen in der einen Hand eine Lilie hält, in der anderen eine oder zwei Schlangen, so weist das erste Symbol sie als Liebes-, das zweite als Muttergöttin aus. Aschtart und Aschera sind in der Kadesch eine Einheit geworden. Bisweilen wird die nackte Göttin mit aufgelöstem Haar *en face*, aufrecht auf einem schreitenden Löwen stehend, abgebildet. So gesehen scheint sie viel mehr vom Wesen der draufgängerischen Anat als von dem einer mütterlichen Göttin zu besitzen[32]. p449

Außer all den vielen Göttern, deren jeder sein Ressort in der Welt verwaltete, lebten für das Verständnis des Syro-Palästinensers hinter dem Schleier der Unsichtbarkeit alles

Unkörperlichen Scharen von Genien, Geistern und Dämonen. Das waren die ›Heerscharen‹ (hebr. *zebaoth*), deren jede unter ihrem Obmann, einer Art Dämonenfürsten, ihre segnende oder verheerende Wirksamkeit entfaltete.

In Israel sind sie alle zu bloßen Vollstreckern der Gedanken Jahwes degradiert worden. Er ist ›der Gott der Heerscharen‹, und der Ausdruck kann von der griechischen Bibel, der Septuaginta, mit dem Worte ›der Allmächtige‹ (*pantokrator*) wiedergegeben werden, weil nichts so wie die Einordnung aller einstigen Dämonen und Genien in Jahwes Wesen diesen Gott zum vollendeten Beherrscher aller Wirklichkeit werden läßt. Nur eine einzige von diesen ›Heerscharen‹ ist von Jahwe nicht absorbiert, sondern abgestoßen worden: die Gruppe der Bocksgeister, einer Art Satyrn, die auch ihren alten Obmann, Azazēl, nicht eingebüßt hat. Aber Azazēl und seine Geister lebten nicht inmitten Palästinas, sondern draußen, weit entfernt, in den unwirtlichen Wüsten, gleichsam dem Angesicht Jahwes entrückt. Dorthin jagte man nach dem jüdischen Versöhnungsritual den mit der Schuld des Volkes beladenen Sündenbock, und es ist nicht einmal ganz falsch, zu sagen, man habe ihn ›zum Teufel‹ gejagt. Nicht zufällig weist dieser noch im Mittelalter einen Bockskopf und Bocksfüße auf. Er ist der, der sich Gott nicht unterordnen wollte.

Für den außer-alttestamentlichen kanaanäischen und aramäischen Volksglauben haben die Dämonen ihr Eigenleben immer bewahrt. Ihr Walten erklärte alles mögliche Unvorhergesehene und von ungefähr sich Ereignende: War in der Stadt die Pest ausgebrochen, so hatten sich die Pestdämonen auf sie gestürzt[33]; Fieber-, Feuer- und Wirbelsturmdämonen suchten Städte und Heerlager heim. Aber auch Neid, Haß und Zwietracht wurden auf solche Einwirkungen zurückgeführt, und von gewissen Tiergattungen glaubte man, daß ihnen Dämonen einwohnten[34].

Dunkelmänner standen im Verdacht, die Dämonenwelt für ihre obskuren Zwecke in Anspruch zu nehmen, d. h. ihren Nächsten durch schwarze Magie Schaden zufügen zu können. Ein wesentliches Bemühen der Heiligtümer galt stets der Aufdeckung und der Abwehr solch verderblicher Künste. Die erste Sorge eines jeden Leidenden dürfte in Syrien-Palästina genauso wie in Babylonien der Abklärung der Krankheitsursache gegolten haben; denn nach dieser richteten sich die therapeutischen Maßnahmen. Das vom Priester eingeholte Orakel hatte zuerst herauszufinden, ob schwarze Magie im Spiele sei, oder ob eine Gottheit strafend oder mahnend eingegriffen habe. Entschied das Orakel nach der Seite der schwarzen Magie, so mußte durch rituelle Vorkehrungen der Leidende zu einer Art Immunität gegenüber der verderblichen Influenz gebracht werden.

Eine dämonische Gruppe besonderer Art scheinen die Giftschlangen gebildet zu haben. Was es mit dem in der Nähe von Jerusalem liegenden, als Heiligtum zu betrachtenden ›Schlangenstein‹ für eine Bewandtnis hatte, wissen wir nicht genau. Daß zeitweilig im Ritual des staatlichen Heiligtums von Jerusalem zu kultischen Zeremonien Zuflucht genommen wurde, welche die Schlangenplage hätten eindämmen sollen, wird aus dem Alten Testament deutlich, und der Tempel verfügte sogar über ein bronzenes Schlangenidol, eine an einem Winkelbalken aufgeringelte Schlange, die bei solchen Kulthandlungen Verwendung fand. Das Alte Testament nennt dieses Idol *nechuschtān*. Der Schlangenbeschwörungskult war ein Stück des in Israel erhalten gebliebenen altkanaanäischen Beschwörungswesens.

Vom kanaanäischen Dämonenglauben und den mit ihm in Beziehung stehenden Praktiken erhält man keine eingehenden Aufschlüsse, wenn auch das Alte Testament eine ganze Anzahl indirekter und direkter Hinweise gibt. Ebenso versagen die Unterlagen für eine systematische Darstellung der Mantik in ihren verschiedenen Verzweigungen, wie sie ebenfalls im Alten Testament angedeutet werden. Natürlich hat dabei die Befragung zitierter Totengeister eine hervorragende Rolle gespielt; aber auch Leber- und Opferschau sind praktiziert worden. Davon zeugt ein im Heiligtum von Chazor gefundenes tönernes Leber-Modell, das zu Instruktionszwecken beschriftet war.

Was aus den Quellen nicht zu erschließen ist, wird man sich freilich, ohne allzugroße Fehler einrechnen zu müssen, in Parallele zu dem wohlbekannten Beschwörungswesen und der mantischen Praxis Babyloniens ergänzen dürfen. Auf diesen Gebieten hat Syrien-Palästina kaum Außergewöhnliches hervorgebracht.

Der Kanaanäer hatte ein lebhaftes Bedürfnis, die Beziehung mit seinen Göttern stetig zu pflegen. Denn sie bestimmten ja nicht nur die Struktur der Welt und deren große Rhythmen; vielmehr hingen Gelingen oder Versagen, Gedeihen oder Verderben jedes Augenblickes von ihrem Tun und Lassen ab. In archaischer Weise empfand man die Umwelt weniger als ein Kraftfeld verstandesmäßig erfaßbarer und mit technischen Mitteln steuerbarer Faktoren, die wir physikalisch, chemisch, biologisch nennen würden, als vielmehr als das Spielfeld beseelter Mächte, deren Leben und Weben einen rings umgab. Da galt es, durch möglichst vertrauten Umgang die Zuneigung, Gnade und Hilfsbereitschaft der numinosen Wesen zu gewinnen, indem man sich ihnen angenehm, ja nützlich, wenn nicht gar unentbehrlich zu machen suchte[35].

Die Heiligtümer erlebte der kanaanäische Mensch als Örtlichkeiten, an denen die persönliche Begegnung mit den Göttern Wirklichkeit werden konnte. Ein Wink aus der göttlichen Welt hatte – so erzählten die Gründungslegenden der Kultplätze – den Vorfahren den heiligen Baum, den heiligen Quell als Objekt der Verehrung bezeichnet oder die Errichtung eines Steinmales oder Götterbildes oder den Bau eines Tempels an jenem Orte gefordert.

Das Heiligtum war die irdische Residenz der Gottheit. Da wohnte, da thronte sie, gab Audienz, erteilte Segen und Orakel. Ein ständiges Dienstpersonal, die Priesterschaft, sorgte für ihr Wohlergehen. Über die Einzelheiten sind wir aus kanaanäischem Gebiet weniger gut informiert als aus Sumer-Babel, wissen aber, daß zu ihr die allmorgendliche Begrüßung mit Preisgesang, die Salbung des Bildes oder Steinmales gehörte, das die Präsenz des Gottes symbolisierte, ferner die

Verbrennung von Wohlgerüchen und die Aufwartung mit Speise und Trank.

Zum Heiligtum zog zu gewissen Festzeiten das ganze Volk im Sinne einer Huldigungsfahrt. Und ähnlich wie man einen Königshof mit Naturalgaben versah, brachte man der Gottheit die Zehnten vom Ertrag der Felder und tierische Opfer. Hymnengesang gehörte zu den Äußerungen der Devotion, Reigentanz und Jubelruf zu denen der Ergriffenheit von der Gegenwart des Göttlichen. So konnte das Wort, das ursprünglich ›Reigen‹, ›Rundtanz‹ bedeutet, im Kanaanäischen und Hebräischen die allgemeine Bedeutung ›Kultfest‹ annehmen. Und wo das Alte Testament von diesem in freudig erlebnisnaher Weise spricht, nennt es seinen *hāmōn*, d. h. sein ›Brausen‹.

Die Verantwortlichen des Volkes – in Königsstädten Hof und Adel, sonst wohl Sippenälteste – hatten regelmäßig am sakralen Ort zur kultischen Mahlzeit zu erscheinen. Dan'el wünscht sich einen Sohn, der ihn in der für den König jedenfalls nicht wenig anstrengenden Pflicht bisweilen vertreten könne,

> der seinen Anteil isset im Tempel Ba'als,
> seinen Anteil verzehrt im Hause Els[36].

Ba'al vorab kennt man als den Gott der üppigen Gelage. Der ugaritische Mythus sagt von dem an einem Göttermahl Ba'al aufwartenden Gott:

> Er gab ihm den Becher in seine Hand,
> den Pokal in seine Faust,
> das gewaltige Trinkgefäß, das zitternd betrachtet
>   der staunende Mensch,
> den hehren Becher, den niemals eine Frau erblickte,
> den Pokal, den selbst Aschirat nie sah
> . . . .
> Dann stellte er sich hin, musizierte und sang, die
>   Zimbel in der Hand.

Der Passus bezeugt, daß das intime Kultmahl nur Männern und – zieht man die Raumverhältnisse in Betracht – nur der Führerschaft zugänglich war. Im Allerheiligsten des Tempels von Chazor stand eine Skulptur des thronenden, seinen Becher haltenden Ba'al. Man wird sich vorstellen müssen, daß hier auch das Kultgelage gehalten wurde.

Diese gottesdienstlichen Formen sind von Israel teilweise in den Jahwekult übernommen worden und erweckten den Widerstand derer, die diesen streng von dem der kanaanäischen Götter geschieden haben wollten. Der Prophet Amos weist um die Mitte des 8. Jahrhunderts auf sakrale Symposien im Heiligtum von Bethel hin, indem er deren Teilnehmer anprangert:

> Sie liegen auf Elfenbeinbetten,
> räkeln sich auf Liegepolstern.
> Sie plärren zum Klang der Harfe,
> grölen allerhand Weisen.
> Aus Opferschalen trinken sie Wein,
> versalben das Erstlingsöl. (Am. 6, 4).

Das Wort ist aus Ablehnung geboren. Trotzdem dürfte die Charakterisierung des Kultfestes zutreffen, gilt doch auch den ugaritischen Texten Ba'al als der große Zecher, dessen Pokal tausend Maß Wein faßte[37]. Und inmitten auf den Kultus bezogener Äußerungen steht im Dan'el-Gedicht, daß der königliche Vater sich einen Sohn wünsche,

> der seine (des Königs) Hand ergreift im Rausche,
> ihn auf sich lädt, ist der des Weines trunken[38].

Die kultische Mahlzeit hatte nach allem, was uns die ugaritischen Texte lehren, den Charakter einer göttlichen Königstafel. An ihr teilzunehmen, war Huldigungspflicht, bedeutete aber gleichzeitig eine Auszeichnung, die dem gewöhnlichen Bürger jedenfalls nie zuteil wurde.

Das ihm zugängliche öffentliche Festopfer bestand in der Verbrennung von Stieren und Kälbern. Als gelegentliche Einzelopfer wurden Kleintiere dargebracht. In Ugarit haben nach einer Opferanweisung des Keretgedichtes zum königlichen Opfer gehört: Ein Lamm, ein Zicklein, ein Vogel, Feinbrot, Wein und Honig, letzterer vielleicht in Form einer Met-Libation. Das Gedicht erwähnt silberne und goldene Kannen als Libationsgefäße.

Der heilige Ort konnte als Tempel oder als offener, mit einem Steinkreis (*gilgāl*) umhegter Platz ausgebildet sein. Insbesondere scheint der Baʿalskult in ältester Zeit – und in ländlichen Verhältnissen vielleicht immer – ganz im Freien stattgefunden zu haben, was von seinen besonderen Symbol- und Ritualformen her zu verstehen ist. In Palästina wurde der Baʿalsaltar nach Ausweis der Bibel meist in der Nähe eines Baumes errichtet; denn dieser war das Sinnbild und die magische Vergegenwärtigung der Baʿalsgemahlin Aschirat (hebr. Aschera) bzw. ihrer alle Dürrezeit überdauernden Gebärkraft. War kein Baum vorhanden, wurde wenigstens ein etwa mannshoher Holzpfahl als Aschera-Symbol aufgepflanzt.

Mit Vorliebe wählten die Kanaanäer für die Baʿal- und Aschera-Heiligtümer Hügellagen aus. Bei den Ugaritern war der Zaphon-Berg dem Baʿal heilig, und wo der alttestamentliche Prophet Jeremia seinem Volke den Unwillen Gottes über den im Lande noch immer nicht ausgestorbenen Götzendienst verkündet, kann er darum sagen, es treibe seine Abgötterei ›auf jedem hohen Hügel und unter jedem grünen Baum‹ (3, 6). Das Alte Testament verwendet die Bezeichnung ›Hügel‹ (*bāmā*) geradezu als *terminus technicus* für ein derartiges Heiligtum. Und wenn auf den Kulthöhen bis weit in die israelitisch-alttestamentliche Zeit hinein sexuelle Orgien bisweilen als Volksfeste gefeiert worden sind, so handelte es sich um einen Ritus von sympathetischer Magie: Die Paarung der am Heiligtum anwesenden Menschen sollte die eheliche Verbindung der beiden Götter fördern und die Fruchtbarkeit des Landes erneuern. Weil Regengott und Erdgöttin aktiviert werden mußten, fanden die Orgien im Freien statt, wie ja auch der ugaritische Vegetationsmythus die Verbindung Baʿals mit Anat ins offene Feld verlegt. Der Baʿals-Kultplatz war demnach in ursprünglichen Verhältnissen ein von der profanen Welt abgegrenzter heiliger Hain, und es mag da ein sehr rüdes Brauchtum geherrscht haben. So versteht sich, daß eine verfeinerte städtische Kultur dabei nicht bleiben mochte. Deshalb wohl des ugaritischen Baʿal dringende Forderung nach einem Tempel: Von einem Tempelritual erwartete der Gott eine straffere Reglementierung. Das heißt offenbar, daß jene Kultvorgänge als Staatsritual nicht mehr so zügellos, vor allem nicht mehr allgemein, sondern als feierliche Heilige Hochzeit eines priesterlichen Paares begangen wurden. Auch in anderen Handelsstädten nahm die Entwicklung vermutlich diese Richtung. Ein in Latakia gefundenes Rollsiegel, das aus der phönikischen Küstengegend des 14. oder 13. Jahrhunderts v. Chr. stammt, stellt vermutlich eine solche im Kultgemach zelebrierte Heilige Hochzeit dar. Auch für Chazor erweisen die Ausgrabungen, daß Baʿal ins Allerheiligste des dortigen Tempels seinen Einzug gehalten hatte.

An den bäuerlichen Heiligtümern Palästinas ist es wohl nie zu diesen Restriktionen gekommen. Vielmehr blieb da die Orgiastik unverändert bis in die römische Zeit hinein bestehen, und das Alte Testament bezeichnet darum den ganzen Baʿals- und Aschera-Dienst rundweg als ›dem Baʿal nachhuren‹.

Den Heiligtümern haben besondere Priesterinnen zur Verfügung gestanden, deren vornehmste Aufgabe die heilige Prostitution gewesen ist. Sie wurden als (der Gottheit) ›Geweihte‹ (hebr. *qedescha*) bezeichnet. Und weil die Priesterin in ihrer Funktion ja immer die magische Vergegenwärtigung von Aschera selber war, hat die Göttin ihrerseits den Namen ›die Geweihte‹ angenommen: Man nannte sie Kadesch[39].

Wo das Heiligtum ein sakraler Bau war, da hatte in ihm scheinbar nicht immer nur eine einzige Gottheit ihre Verehrung gefunden. Auf dem kleinen Raum, der in der ummauerten Stadt zur Verfügung stand, mußten sich auch mehrere Götter in denselben Tempel teilen. So finden wir in Chazor neben der Baʿal-Statue im Allerheiligsten verschiedenartige Götter-Symbole, unter anderem die in der Mitte stehende Stele der Sonnengottheit (Tafel XIV b). Damit stimmt überein, daß im Tempel von Jerusalem in der hebräischen Königszeit nicht Jahwe allein, sondern bisweilen eine ganze Reihe numinoser Wesen außer ihm verehrt wurden. Die im 2. Königsbuch (Kap. 23, 4 ff.) verzeichnete Aufzählung des von König Josia aus dem Tempel geschafften Sakralinventars gibt davon ein lebhaftes Bild.

XII

GRUNDZÜGE DER RELIGION ISRAELS

In Israel schlug die Religionsgeschichte ihre ganz besonderen Wege ein. Eine eigentliche Darstellung ihres Ablaufes und der Entwicklung ihrer mannigfaltigen Probleme würde den Rahmen dieser kulturgeschichtlichen Ausführungen sprengen. Eine Skizze mag jedoch wenigstens die konstitutiven Vorstellungen dieser Religion beleuchten, deren Gottes- und Seinsverständnis für Judentum, Christentum und Islam grundlegend geworden ist.

> Ich, Jahwe, bin dein Gott . . .
> Du sollst keine anderen Götter neben mir haben.

Dieser aus Israels Frühzeit stammende Satz, das erste der Zehn Gebote (2. Mose 20, 2; 5. Mose 5, 6 f.), erhellt schlaglichtartig den Abstand zwischen alttestamentlicher und kanaanäisch-altorientalischer Frömmigkeit. Eine fundamental andere Grundkonzeption kündet sich da an, als sie den Kanaanäern mit ihrem Götterstaat eignete.

Und wenn Israel auch viele kanaanäische Vorstellungen, Bräuche und Riten angenommen hat, die Jahwe-Frömmigkeit blieb eine vom Kanaanismus zutiefst verschiedene Religion.

Die kulturellen Voraussetzungen für den Ausnahmecharakter von Israels Religion lassen sich durch die Archäologie nicht hinlänglich erhellen. Darum nicht, weil gerade diese Sonderkräfte nicht aus der Stadtkultur stammen, die ihre archäologischen Spuren hinterlassen hat, sondern aus dem archäologisch nicht erfaßbaren Hirtenleben der Steppen zwischen Obermesopotamien und Jordantal und zwischen Ägypten, Hesdchas und Totem Meer[1]. Miteinander ins Spiel getreten sind diese Urkräfte zuerst auf dem Boden Palästinas, aber auch da nicht in den Stadtstaaten, sondern im Niemandsland, das sich als Schafweide zwischen die Städte umgebenden Gürteln von Acker- und Gartenkulturen ausdehnte.

In Palästina trafen gegen Ende der Bronzezeit (um 1200)

zwei Bevölkerungsgruppen nichtkanaanischer Herkunft
zusammen: Die eine bestand aus Stämmen, die in der
mittleren (und eventuell z. T. späteren) Bronzezeit in die
Weidebezirke westlich des Jordans eingezogen waren und
deren soziologische, wirtschaftliche und religiöse Verhältnisse
sich in den Patriarchenerzählungen (1. Mose 12ff.) spiegeln. Zu dieser Schicht gehören Namen wie Abraham,
Isaak, Jakob, Joseph usf. und religiöse Begriffe wie ›der Gott
Abrahams‹, ›der Gott Jakobs‹, ›der Hirte Israels‹ u. ä. Die
zweite Gruppe erreichte das Westjordanland um 1200 v. Chr.
Sie kam dahin aus den südlichen Steppengebieten und brachte
die Erinnerungen an den Gottesberg (Sinai oder Horeb) und
an den Auszug aus Ägypten mit sich. Das Zentrum dieser
Gruppe bildeten die den Gott Jahwe verehrenden Stäm-
m e Manasse und Ephraim.

Jede der beiden Gruppen blickte auf ein religiöses Erlebnis
ersten Ranges zurück: auf eine Nomaden-Transmigration.
    Nomaden haben für gewöhnlich eine Heimat genauso wie
seßhafte Völker; nur ist sie weiter ausgedehnt. Man durch-
weidet sie mit seinen Herden im Laufe eines Jahres, möglicherweise im Laufe mehrerer Jahre. Da zieht man in ihr von
Wasserplatz zu Wasserplatz, mit dem Esel als hauptsächlich-
stem Transportmittel und dem Zelt als Behausung[2]. Auf
dieser Weiderunde ist dem Stamm Weg und Steg so vertraut wie dem Seßhaften die eigene Flur. Man kennt jeden
Futterplatz, jede Quellstelle, jedes Grundwasserloch. Man
weiß von numinosen Steinen, unheimlichen Grotten, heiligen Bäumen, Quellgeistern, Flurdämonen und wie mit ihnen
umzugehen ist. In dieser ganzen Weite der Weiderunde ist
man in jeder Hinsicht daheim.
    Es kann aber vorkommen, daß eine Nomadengruppe ihre
Heimat verlassen muß, sei es unter dem Druck stärkerer
Stämme, sei es, weil der Bestand an Menschen und Herden an-
gewachsen ist und die Weidegründe nicht mehr ausreichen.
Dann muß ein Teil der Gruppe transmigrieren. Das gewöhnliche nomadische Gepäck wird, vermehrt um zusammenge-

raffte Futtervorräte, von Lasttieren und Menschen durch unwirtliche Gegenden getragen. So schnell als möglich werden die Herden vorangetrieben. Das ist kein gemächliches Wandern, sondern ein Vorwärtsstreben unter Aufgebot aller Kräfte. Ermüdete Jungtiere müssen getragen werden von ihren Besitzern, die sich selber kaum eine Rast gönnen dürfen, solange für die Herde nicht ausreichende Weide gefunden ist. Solche Suche nach einer neuen Nomadenheimat ist ein Unternehmen auf Leben und Tod, ein Wagnis, das ein Stamm oder Clan nur unternimmt, wenn er in seiner angestammten Heimat keine Lebensmöglichkeit mehr sieht.

Zugleich aber ist die Transmigration ein religiöser Akt. Sie wird erst unternommen, wenn der Scheich der betreffenden Gruppe auf Grund göttlicher Offenbarung in Traum, Vision oder Audition den Wink dazu erhalten hat. Solche Offenbarung bezeichnet auch die Richtung, in der eine bessere Zukunft zu erwandern ist. So hat der von Sven Hedin beobachtete Scheich des zentralasiatischen Bachtiaren-Stammes beim Rauchen der heiligen Wasserpfeife den göttlichen Befehl zum Aufbruch erhalten. Dieser Offenbarung gemäß schlug er mit seinem Stamm einen unwahrscheinlich strapaziösen Transmigrationsweg ein, gelangte aber auf ihm in ein geradezu ideales Weideland.

Die Worte, mit denen die Patriarchenerzählungen des Alten Testaments einsetzen, spiegeln getreulich die Situation der Transmigration:

»Jahwe sprach zu Abram: ›Geh weg aus deinem Lande, von deinem Clan und deiner Sippe, in das Land, das ich dir gewißlich zeigen werde ...‹« (1. Mose 12, 1). Diesem Geheiß vertrauend, gelangt Abraham, den man sich als Scheich einer transmigrierenden Gruppe seines Clans vorstellen muß, gemäß der alttestamentlichen Erzählung nach Palästina. Seine und seiner Nachkommen Religiosität besteht im Gehorsam gegenüber dem Inspiration vermittelnden Gott. Einem ebensolchen Geheiß ihres Gottes Jahwe vertrauend, zogen Stämme, die aus den Steppen zwischen Ägypten und Hedschas nach Ägypten verschlagen worden waren, auf der Suche nach einer neuen Heimat gegen Ende der Bronzezeit nach Palästina.

Transmigration ist ein Erlebnis, das voll und ganz an die Gottheit bindet, unter deren Schutz es sich vollzieht. Noch einige hundert Jahre nach dem Auszug aus Ägypten spricht der Prophet Hosea als Wort Jahwes den Satz aus:

Ich bin dein Gott von Ägypten her;
einen andern Helfer kennst du nicht,
und einen andern Retter gibt es nicht (Hos. 13, 4f.).

Das ist erhalten gebliebene Transmigrationsfrömmigkeit.

Sie hätte sich trotz allem in Palästina kaum durchzusetzen vermocht, sondern wäre allmählich in der ganz anders gearteten Religiosität der Kanaanäer versickert, wäre ihr nicht dank einer besonderen politischen Konstellation ein Hort der bewußten Pflege und Hütung erstanden.

Dies war der sogenannte Sichem-Bund. Er schloß verschiedene in Palästina nomadisierende Stämme zusammen, deren ›patriarchische‹ Gruppe aus Obermesopotamien, deren andere, die Jahwe verehrte, aus den Südsteppen und aus Ägypten transmigriert war[3]. Die Gemeinschaft, die nach Art einer griechischen Amphiktyonie organisiert war, nannte sich Israel[4], und der Gott, dem ihre weiteren Schicksale und insbesondere die bevorstehende Auseinandersetzung mit den Kanaanäern der Städte in die Hände gelegt wurden, war Jahwe.

Da Ägypten im Augenblick die Kontrolle über den Landstrich verloren hatte, kamen die kanaanäischen Städte allmählich in die Gewalt der Israeliten, die sich nun auch in ihnen endgültig niederließen. Damit war Israel aus der Abwehr des es bedrängenden Kanaanäertums zu dessen Assimilation übergegangen[5]. Im Laufe weniger Generationen verschmolzen das einstige nomadische und das kanaanäische Volkselement vollständig miteinander. Es ist selbstverständlich, daß bei diesem Vorgang die äußeren Lebensformen der bodenständigen kanaanäischen Kultur über die vom nomadischen Leben geprägten Gepflogenheiten gesiegt haben. In Wirtschaft, Alltagsbrauch und sozialer Struktur wurde Israel kanaanäisch.

Auf religiösem Gebiet hingegen waren durch die Einwurzelung der Transmigrationsnomaden im Kanaanäerland zwei religiöse Kräfte miteinander in Berührung gekommen, die sich grundsätzlich nicht vertragen konnten. Da war auf der einen Seite Jahwe, der keine anderen Götter neben sich duldete, auf der andern der ganze Götterstaat der Kanaanäer. Aber der Gegensatz zwischen jahwistischer und kanaanäischer Frömmigkeit lag noch tiefer: Jahwe ist Gott der Führung, dem gegenüber nur Vertrauen und Gehorsam gelten – die Kanaanäergötter dagegen sind Naturmächte, die magisch-rituell beeinflußt Fruchtbarkeit spenden. Jahwe gestaltet Geschichte, wie sie die Stämme auf ihren Transmigrationen erlebt haben; da wird Altes aufgegeben und Neuem zugestrebt. Die kanaanäischen Götter hingegen lebten im Kreislauf des Jahres: Jedes Jahr starb Baʿal und ging in die Unterwelt, und jedes Jahr wurde er wieder erweckt und spendete Regen und Gedeihen. Und El, der über den Kreislauf Erhabene, ist dennoch wesentlich an diesem interessiert, ist Kosmoserhalter und als solcher zwar ewig, aber geschichtslos. Kurz, das ganze Daseinsverständnis der Ackerbauern steht hier gegen die religiöse Erfahrung von Menschen, die Geschichte als Führung ihres Gottes zu nie zuvor Gewesenem erlebt hatten.

Die Spannung zwischen diesen beiden Polen hat Israel schwere innere Nöte verursacht. Von ihnen zeugen vorab die vorexilischen Propheten, die je und je die Stimme gegen das Überhandnehmen polytheistischer Frömmigkeit und fruchtbarkeitskultischer Praktiken erhoben, und die sich gegen die kanaanäische Anschauung wandten, nach der eine Gottheit durch reichliche Spenden und luxuriösen Kultus wohlgestimmt werden konnte. Und daß diese Männer nicht gegen Windmühlen kämpften, wird vom Alten Testament indirekt dadurch bestätigt, daß sich in ihm alle Schattierungen milderer und massiverer Kanaanäisierung der Jahweverehrung zu Worte melden.

Das Endresultat der Auseinandersetzung war, daß Jahwe die

Götter Palästinas überwand, indem er in den größten Teil ihrer Funktionen selbst eintrat. So wurde er, der in der Steppe nichts mit der Fruchtbarkeit zu schaffen gehabt, in der Auseinandersetzung mit dem Baʿal der Kanaanäer zum Spender von Korn, Wein, Öl und Flachs. Und da am kanaanäischen Neujahrsfest von Baʿals Sieg über die Urflut, über das Jam- oder Lothan-Ungeheuer und von Baʿals weltschöpferischem Werke gesungen wurde, übernahm Jahwe nun auch diesen ihm einst fernen Bereich und wurde in Israels Glauben zum Überwinder des Lewiathan, zum Helden, der Jam in die Schranken gewiesen, Rahab zerhauen hatte, um seine Welt zu sichern.

Allein, wenn sich auch sein Bild durch all diese aus dem Kanaanäertum übernommenen Züge amplifizierte, Jahwe blieb der Gestalter der Geschichte, der alle Schicksale ›von fernher plant‹. Er ließ sich nicht daran genügen, daß die Jahre im Zyklus von Saat und Ernte abliefen, nicht daran, daß der Naturkosmos erhalten blieb und daß mit ihm die menschlichen und staatlichen Ordnungen unwandelbar feststanden. Jahwe blieb von Israels Nomadenzeit her der Gott, der auch Neues ahnen, Neues erstreben, Neues hoffen ließ. Er war der Gott, dem man das Erreichte verdankte, der aber zugleich auf das noch nicht Erreichte, noch nicht Verwirklichte hinwies. Er war der Gott, der ausschauen lehrte – wie einst nach einer neuen Heimat, so nun nach einer neuen Zeit, wie einst nach besseren Wirtschaftsmöglichkeiten, so nun nach einer vollkommeneren Menschlichkeit. Er war der Gott, der darum heiligend hinter allen Sehnsüchten stand: der Sehnsucht nach Gerechtigkeit, der Sehnsucht nach Frieden, der Sehnsucht nach einer besseren Welt. So blieb er der Gott des nie erlahmenden Strebens.

Dieses fand seinen symbolischen Ausdruck in der Erwartung, daß Gott dereinst in der Endzeit, wenn diese Zeit der Unvollkommenheit gleichsam durchwandert sein werde, allem Guten zum Sieg und zu unangefochtener Gültigkeit verhelfen werde.

Die Macht dieses Gottesverständnisses erweist Israel vielleicht am überwältigendsten in der Weise, wie es eines der am stärksten konservativ-positivistischen liturgischen Güter des Alten Orients, das Königsritual, assimiliert und seelisch durchdrungen hat.

Die Davids-Dynastie hatte nicht allein die Residenz der bronzezeitlichen Stadtkönige in Jerusalem und den einstigen heiligen Fels des Schalim auf dem Zion übernommen[6]. Sie hatte sich vorab seit Salomo ganz dem Einfluß der jerusalemischen Priesterfamilie der Zadoqiden erschlossen. Diese aber hatte die kanaanäische Liturgie, welche die Thronbesteigung eines Königs, die Königshochzeit und die Geburt des Kronprinzen feierte, den Bedürfnissen der Jahwereligion adaptiert. Seinem Wesen nach aber war dieses Ritual, wie es nicht anders hatte sein können, von kanaanäischer Religiosität geprägt: Da sprach Gott zum König bei dessen Thronbesteigung:

> Mein Sohn bist du,
> heute habe ich dich gezeugt (Ps. 2, 7).

In Parallele zum kosmoserhaltenden Götterkönig setzte er ihn ideell zum Herrscher der Menschheit ein:

> Heische von mir, so gebe ich dir Völker zum Erbe,
> die Enden der Erde zum Eigentum. (Ps. 2, 8)

Schon der neugeborene Kronprinz war im Stile altorientalischer Ritualistik durch magisch stärkenden Spruch und geheiligtes Wort ausgerüstet worden für seine spätere Aufgabe als Hüter von Recht, Ordnung und Frieden:

> Ein Kind ist uns geboren,
> ein Sohn ist uns gegeben,
> auf dessen Schulter die Herrschaft kommen wird.
> Er wird genannt: Wunderrat, starker Gott, Ewigvater,
> Friedefürst.
> Groß wird die Herrschaft sein
> und des Friedens kein Ende auf dem Throne Davids . . .
>
> (Jes. 9, 6f.)

Diese Benediktion, die alles irdische Maß bei weitem übersteigt, ist im kanaanäischen Bereich, aus dem sie stammt, mehr als ein Produkt großsprecherischen ›Hofstils‹, sie ist kosmos- und staatserhaltende Ritualmagie. Was in Jerusalem wohl schon zur Zeit seines Stadtkönigs Abdichepa, im 14. Jahrhundert v. Chr., über den Kronprinzen gesungen worden war, erklang jetzt über den Nachkommen Davids.

Doch was sollte aus diesem massiven Erbstück altorientalischer Vielgötterei und altorientalischen Königsverständnisses in Israel werden? Etwas erstaunlich Neues. Nicht nach seiner Form freilich, wohl aber nach seiner Resonnanz im Herzen des Volkes. Bis dahin nicht an fellachische Ritualmagie gewöhnt, nicht vertraut mit der Weltanschauung, aus der solche Formen erwachsen waren, hörten die Jahweverehrer die übermenschlich hohen Lobpreisungen, die der Priester sang – und nahmen sie nicht als Magie auf, sondern nach der Weise, wie sie Gottesworte aus ihren Patriarchen- und Mosegeschichten zu verstehen gewohnt waren: als Verheißung. Aus der Ritualsphäre des einstigen kanaanäischen Königtums von Jerusalem hat Israel in seine magiefremd gebliebene Seele den Keim zur Messiaserwartung empfangen.

URARTU

VON

THOMAS BERAN

I

GESCHICHTLICHER ÜBERBLICK

Unter den Gegenkräften, gegen die Assyrien im 9. bis 7. Jahrhundert v. Chr. seine Stellung immer wieder zu behaupten hatte und an denen seine Macht sich schließlich verbrauchte, nimmt ein Reich und Volk im äußersten Osten Kleinasiens eine hervorragende Stelle ein: Urartu.

Der Name, in der etwas abgeänderten Form Uruatri, begegnet in den assyrischen Quellen schon im 13. Jahrhundert v. Chr. als Bezeichnung eines der Naïri-Länder im Norden von Assyrien, gegen die Salmanassar I. (1273–1244) Krieg führte. Auch Tiglatpileser I. (1116–1078) nennt unter seinen Feinden im Norden Uruatri. Doch keiner dieser Nachrichten läßt sich entnehmen, daß etwa zu jener Zeit schon ein Zusammenschluß der Kleinfürstentümer des Gebietes, geschweige denn die Gründung eines einheitlichen Reiches stattgefunden hätte. Vielmehr sind die Naïri-Länder, und unter ihnen auch Uruatri/Urartu, nichts anderes als Stammesfürstentümer im armenischen und westiranischen Bergland, gegen die man sich von Assur her immer wieder wendet, wenn es gilt, ohne zu großen Aufwand schnelle Beute zu machen. So werden denn auch unter den Tributen und Gütern aus den Naïri-Ländern kaum große Kostbarkeiten aufgezählt – im wesentlichen handelt es sich um Vieh. Darunter allerdings werden hervorgehoben die Pferde, vor allem Reitpferde, die in diesen Gebieten und im ganzen westlichen Iran gezüchtet wurden und deren man zur Ausrüstung der Armee so dringend bedurfte.

Diese Situation hat sich dann in der Folgezeit bis ins 9. Jahrhundert hinein gründlich verändert. Als Salmanassar III. (858–824) die Feldzüge Tiglatpilesers I. wieder aufnimmt, sich vom Jahre 856 an gegen Osten und Norden wendet und ins Land der Mannäer südlich vom Urmia-See und bis zum Tigristunnel zieht, trifft er im Gebiet der früher zersplitterten Naïri-Länder auf kräftigen Widerstand. Unter einem König

Arame haben diese Länder sich gegen den Druck der assyrischen Macht zusammengeschlossen. Zwar vermögen sie dem Ansturm der assyrischen Armee noch nicht standzuhalten; Salmanassar kann vielmehr sogar die Hauptstadt Arames, Arzaskun, nordwestlich vom Van-See, einnehmen und zerstören. Dann aber muß er die weitere Verfolgung seines Gegners bis zu dessen völliger Vernichtung aufgeben und sich aus dem unzugänglichen Bergland zurückziehen.

Im Jahre 832 läßt Salmanassar den Angriff durch seinen Feldmarschall Dajanassur wiederholen. Der Gegner ist diesmal nicht mehr Arame, sondern ein König namens Sardur (die Assyrer nennen ihn Scheduri). Auch dieser weiß sich dem Zugriff der Assyrer zu entziehen und den Bestand seines Reiches zu erhalten, so daß Dajanassur schließlich, nach den üblichen Plünderungen und Verwüstungen, wieder abziehen muß, ohne seinem Gegner entscheidenden Schaden zugefügt zu haben.

Sardur I., der im dritten Viertel des 9. Jahrhunderts regierte, ist der erste urartäische König, von dem eigene Inschriften existieren. Seine Hauptstadt ist nicht mehr Arzaskun, sondern Tuspa, das heutige Van in der Osttürkei, das er selbst gegründet und befestigt hat. Eingegraben in Steine der Befestigungswerke, findet sich die Verkündigung seiner Leistung:

Inschrift des Sardur, des Sohnes des Lutipri, des großen Königs, des mächtigen Königs, des Königs der Gesamtheit (der Völker und Länder), des Königs von Naïri, dem seinesgleichen nicht ist, des bewunderswerten Hirten, der den Kampf nicht fürchtet, des Königs, der die Unbeugsamen unterwirft.

Sardur, der Sohn des Lutipri (bin ich), der König der Könige, der von allen Königen Tribut empfing.

Sardur, der Sohn des Lutipri, verkündet also: *Ich* habe diese Steinblöcke aus der Stadt Alniunu herbeigebracht, *ich* habe diese Mauer gebaut!

An Ruhmsucht steht diese Inschrift denen der assyrischen Könige in nichts nach. Ja, in der Titulatur enthält sie ein deutliches Programm: Sardur hat – zugleich mit der assyrischen Schrift und Sprache (denn die oben zitierten Inschriften sind nicht nur mit assyrischen Keilschriftzeichen, sondern auch in assyrischer Sprache abgefaßt) – die Titulatur der assyrischen Könige nicht nur automatisch übernommen. Er nennt sich wohl eher mit voller Absicht ›König der Gesamtheit‹ und ›König der Könige‹, um auszudrücken, daß er die Suprematie Assurs nicht anerkennt und den Anspruch auf Gleichberechtigung erhebt.

Aus der Inschrift geht auch hervor, daß Sardur nicht ein Nachkomme Arames ist. Arame wird wohl seine Macht nach der Niederlage gegen Salmanassar nicht behauptet haben. Ob es dann erst Sardur war, der von neuem die Reichseinigung herbeiführte, oder schon sein Vater Lutipri, von dem außer dem Namen nichts bekannt ist[1], wissen wir nicht. Aber seit der Regierung Sardurs I. ist das von ihm gegründete Tuspa die Hauptstadt von Urartu, und seither auch gibt es eine ununterbrochene Herrscherfolge bis zum Untergang des Reiches, wenn auch nicht alle Könige der Dynastie Lutipris entstammten.

Die Schwächeperiode des assyrischen Reiches in den letzten Regierungsjahren Salmanassars III. und unter seinen Nachfolgern gab Urartu Zeit und Gelegenheit zur Festigung und Ausdehnung seiner Macht. Das ging freilich nicht ganz ohne Reibungen mit Assur ab, das immer noch über beträchtliche Machtmittel verfügte. Die Assyrer müssen wohl schon sehr bald erkannt haben, welcher Rivale ihnen in Urartu heranwuchs. Denn wozu hätte sonst Schamschiadad V. (823–810), der Nachfolger Salmanassars, seinen Feldherren Mutarrisassur einen Zug unternehmen lassen, der das assyrische Heer schließlich bis zum ›oberen Meer des Sonnenunterganges‹, also bis an die Ufer des Schwarzen Meeres, geführt hat, wenn nicht zum Zwecke der Verhinderung weiterer westlicher Ausbreitung der urartäischen Einflußsphäre? Die Assyrer rühmen sich, auf diesem Feldzug auch dem Naïri-König Uschpina 200 Ortschaften ausgeplündert und niedergebrannt zu haben.

Dieser Uschpina kann niemand anderer sein als Ispuini, der Sohn Sardurs I., der etwa zwischen 825 und 815 allein regierte. Danach zog er dann seinen Sohn Menua zum Mitregenten heran. In seinem Todesjahre ($\pm$ 806) gab es sogar einen dritten Mitregenten, Inuspua, den Sohn Menuas. Dessen Mitregentschaft dauerte aber nur ein Jahr über den Tod Ispuinis hinaus. Von da an bis etwa 790 regierte Menua allein.

Der Zug Mutarrisassurs gegen Uschpina/Ispuini kann keinen nachhaltigen Schaden bewirkt haben, vielmehr scheinen jetzt die Urartäer ihrerseits die Initiative gegen Assur ergriffen zu haben. Denn schon in den Jahren 818 bis 816 muß Schamschiadad neue Feldzüge ins obere Tigris-Gebiet unternehmen lassen – in eine Gegend, die bisher unbestritten zum assyrischen Reiche gehörte. Wer, wenn nicht Urartu, kann den Assyrern dieses Gebiet streitig gemacht haben? Es scheint, daß die Assyrer sich behaupten konnten. Dafür mußten sie aber im Nordosten erhebliche Einbußen hinnehmen. Die Urartäer dehnten ihr Einflußgebiet bis fast vor die Tore Ninives aus: Auf der bilinguen, urartäisch und assyrisch geschriebenen Stele vom Kelischin-Paß berichten Ispuini und Menua davon, wie sie in die Stadt Mußaßir, die sie urartäisch Ardini nennen, gekommen sind und dort dem urartäischen Hauptgotte Chaldi und seiner Gemahlin Bagmastu einen Tempel erbauten und Opfer stifteten. Mußaßir/Ardini aber liegt schon beinahe im assyrischen Kernland selbst, in der Nähe von Rowandiz auf heute irakischem Gebiet! Und es bleibt urartäisch bis zum Jahre 714 – so lange also konnten die Urartäer sich in der unmittelbaren Nachbarschaft des assyrischen Zentralgebietes behaupten.

Auch Adadnirari III. (809–782), der sich rühmt, auf seinem Feldzug gegen die Stämme im Osten bis ans Kaspische Meer vorgedrungen zu sein, und behauptet, ganz Naïri unterworfen zu haben, kann Urartu gerade nur an der äußersten Peripherie berührt und allenfalls einige Tributäre vorübergehend unterworfen haben. Denn die Inschriften Ispuinis und Menuas zeugen von der Macht und Größe Urartus in ihrer Zeit. Im Westen gelangte Menua bis zum Euphratknie und an die Grenzen Malatyas, das er zusammen mit anderen späthethitischen Kleinstaaten bekämpfte und tributpflichtig machte. Im Nordosten drang er über den Araxes (Aras) vor und trug den Kampf bis in die Gebiete Ostarmeniens zwischen Araxes und

Göktschay-See². Und daß er den Assyrern die Herrschaft über
das Mannäer-Land um den Urmia-See strittig machte, wird
bezeugt durch seine Inschrift bei Taschtepe am Südufer dieses
Sees.

Seine großen äußeren Erfolge, die Beute, die er nach Urartu schleppte, die Kriegsgefangenen, die er aus den unterworfenen Gebieten mitbrachte, gaben Menua Mittel und Möglichkeiten auch zum inneren Auf- und Ausbau. So ließ er den
später mit dem Namen der sagenhaften Königin Semiramis
verknüpften Menua-Kanal bauen, dessen süße Wasser damals
Tuspa (und heute noch Van) versorgen und die Grundlage
bilden für die menschlichen Siedlungen an den Ufern des
salzigen Van-Sees³. Überall im Lande baute er Burgen und
Schlösser und den Göttern setzte er die täglichen Opfer fest,
die ihnen in den Tempeln geschlachtet werden sollten.

Auf dem von Menua Erreichten aufbauend, konnte sein
Sohn und Nachfolger Argisti I. (zwischen 790 und 765) die
Macht Urartus weiter mehren⁴. Im Westen mußte er wieder
Malatya und andere ›Chatti-Länder‹ bekriegen. Die Haupt-
richtung seiner Kriegszüge führt aber nach Osten und Süd-
osten. Er ist es, der immer wieder über den Araxes vorstößt
gegen die Stämme in Ostarmenien, im Gebiete des heutigen
Leninakan und Jerevan und um den Göktschay-See herum.
Seine Vorstöße führen weit nach Transkaukasien hinein bis
an den Kur. Und immer wieder auch zog er gegen die
Mannäer, deren Gebiet dem Reich fest einzuverleiben ihm
aber nicht gelungen zu sein scheint. Aber er kam bis in das
Land Barsuai, das wohl nichts anderes ist als das Parschua der
Assyrer, Station der arischen Perser auf ihrer Wanderung
nach Fars in Südwestpersien, von wo aus sie dann ihr Weltreich gründen. Parschua/Barsuai ist wohl die Landschaft im
Quellgebiet des Dijala, also das heutige Persisch-Kurdistan.
Ohne Zusammenstöße mit den Assyrern ging das natürlich
nicht ab, und so rühmt sich denn Argisti auch verschiedener
Siege über die Assyrer. Sie fanden aber alle im nordwestper-
sischen Grenzgebiet statt und berührten den Kern des assyrischen Reiches nicht. Nichts kann deutlicher den Verfall der
assyrischen Macht zeigen als die Siegesberichte Argistis aus

Ländern und Gebieten, die noch kurz zuvor mehr oder weniger willige Tributäre des assyrischen Reiches gewesen waren.

Aber auch die urartäischen Machtansprüche blieben nicht unbestritten. Hatte schon Argisti zum guten Teil die gleichen Gegner noch einmal bekämpfen müssen, die besiegt zu haben sich Menua gerühmt hatte, so ist es unter Argistis Sohn Sardur III. (Sardur II. ist ein Sohn Ispuinis, der in Mußaßir/Ardini als Vizekönig eingesetzt wurde[5]; König des Gesamtreiches ist Sardur II. nie gewesen) nicht anders. Unter seiner Herrschaft erlangt Urartu zwar den Gipfel seiner Großmachtstellung und seine größte Ausdehnung, aber erreichen und halten läßt sich diese Stellung nur in immer erneuten Kämpfen und Auseinandersetzungen mit immer wieder den gleichen Gegnern[6]. Im Osten drang Sardur wieder über den Göktschay-See hinaus nach Transkaukasien vor. Die östlichste Inschrift in diesem Gebiet, die von Zachalu im Südosten des Göktschay-Sees, stammt von Sardur III. Und auch die Mannäer und das übrige Nordwestpersien sucht Sardur auf seinen Raub- und Beutezügen heim. Aber im Gegensatz zu der vorwiegend ostwärts gerichteten Aktivität seines Vaters lenkt er nun seine bedeutendsten Unternehmungen gegen Westen: Zuerst wird Kommagene unter seinem König Kuschtaschpi besiegt und zu Tribut- und Gefolgleistung gezwungen. Dann wendet sich Sardur gegen Chilaruwanda von Malatya, gegen den schon Argisti, offenbar erfolglos, Krieg geführt hatte. Den Sieg über Chilaruwanda verkündet die Inschrift von Izoli, die westlichste aller urartäischen Inschriften, die 1836 von dem damals in türkischen Diensten stehenden Helmuth v. Moltke, dem späteren Sieger von Königgrätz und Sedan, entdeckt worden ist[7]. Sie ist eingeschlagen auf einem Felsen an einer Furt wenig oberhalb des Euphrat-Durchbruches durch den Taurus. Auf diesem Felsen hatte Sardur eine seiner Zwingburgen errichtet, mit denen er das Gebiet und hier auch den Flußübergang unter Kontrolle halten wollte. Und schließlich fällt sogar Aleppo dem Ansturm Sardurs zum Opfer. Das Ziel des Urartäers ist klar: Assyrien soll isoliert werden, abgeschnitten vom Mittelmeer, getrennt von seinen syrischen und kleinasiatischen Vasallen. Sardur schickt sich an, die Ansprüche, die sich in der Titulatur der urartäischen Könige ausdrücken, zu verwirklichen, Urartu zur selbständigen und bestimmenden Großmacht im kleinasiatisch-syrischen Raum zu erheben und damit die Nachfolge Assurs anzutreten, dessen schwache Könige ihm keinen Widerpart zu bieten vermögen. Er nimmt so, bewußt oder unbewußt, die zu Beginn des letzten Viertels des 2. Jahrtausends v. Chr. erloschenen Traditionen des Mitanni- und des Hethiterreiches wieder auf, die beide neben den alten Mächten Ägypten und Babylon als dritte Großmacht aufgetreten waren und die Ordnung der vorderasiatischen Welt mitbestimmt hatten.

Halbherzige Unternehmen, die die Assyrer dagegen führen, haben keinen Erfolg. Assurdān III. (771–754) findet auf einem Zug gegen die abtrünnigen Vasallen den Tod, sein Nachfolger Assurnirari V. (753–746) kann keinen Sieg über Sardur verzeichnen, wohl aber nennt dieser Assurnirari unter den von ihm bezwungenen Gegnern.

Als Folge davon fallen nun wirklich die letzten syrischen und kleinasiatischen Vasallen von Assyrien ab und verbünden sich mit Sardur: Allen voran Mati'ilu von Bit-Agusi, ein Aramäerfürst, der noch kurz zuvor einen Bündnisvertrag mit Assurnirari geschlossen hatte, Sulumal, der Sohn Chilaruwandas von Malatya, Tarchulara von Gurgum (heute Marasch), Urikki von Qûe (in Kilikien), der schon genannte Kuschtaschpi von Kommagene, ja offenbar sogar auch der König von Karkemisch und Hiram von Tyrus. Wie eine Klammer umspannte Urartu nun das assyrische Reich von Parschua im Osten am ganzen südlichen Rand der kleinasiatischen Gebirge entlang bis weit den Euphrat hinab und an die Küste des Mittelmeeres.

Aber Urartu hat es so wenig verstanden wie Assur oder jemals irgendeine andere orientalische Despotie, in seinem Machtbereich etwas wirklich Dauerndes aufzubauen. Wie die urartäischen Könige in ihren Inschriften dem assyrischen Vorbilde fast sklavisch folgen, so gehen sie auch auf ihren Kriegs- und Eroberungszügen nach assyrischem Muster vor:

Eine Landschaft nach der anderen wird verheert, die Ortschaften werden niedergebrannt, Zwingburgen angelegt, die Einwohnerschaft wird niedergemacht oder in die Sklaverei verschleppt, alles Vieh fortgeführt und die Ernten vernichtet. Was zurückbleibt, ist dem Elend preisgegeben. Durch die Wegführung insbesondere der Handwerker und Künstler wird den unterworfenen Ländern die Möglichkeit genommen, sich wieder emporzuarbeiten. Sie kümmern dahin und sind schließlich nur zu bereit, sich einem Gegner ihrer Unterdrücker anzuschließen, in der Hoffnung, nun selbst an der zu erwartenden Beute teilhaben zu können. Zuverlässige Verbündete schafft man sich auf solche Weise nicht; die Unruhe bleibt bestehen, überall flackern Empörungen auf, man verbraucht beträchtliche Teile der eigenen Kraft, um die Vasallen bei der Stange zu halten. Ansätze zur Entwicklung einer wirklichen Eigenart in Staat und Kultur kommen so nicht zur Entfaltung, um so weniger, als in Assyrien nun die Periode der Schwäche zu Ende geht. Im Jahre 745 hat ein Aufstand der Militärpartei Erfolg, und am 13. April besteigt ihr Führer den Thron Assurs. Der Name, den er annimmt, enthält sein Programm: Tiglatpileser!

Tiglatpileser III. (745–727) geht ganz systematisch und zielbewußt vor. Zuerst legitimiert er sich gewissermaßen, indem er das alte Ziel seines Vorbildes Tiglatpileser I. (und schon Tukultininurtas I.), Babylon dem assyrischen Reich einzufügen, wieder aufnimmt, und zwar noch in seinem ersten Regierungsjahr. 744 sichert er dann die östliche Grenze: Parschua und die anderen Länder Nordwestpersiens werden unterworfen, ihre Dynasten hingerichtet, die Bevölkerung wird deportiert und durch Kolonen aus anderen Gebieten ersetzt. Das Ganze wird assyrische Provinz, deren Statthalter dann selbständig den Krieg gegen die immer mehr erstarkenden Meder weiterführt. Tiglatpileser hat nun die Hände frei für die Auseinandersetzung mit dem entscheidenden Gegner – Sardur III. von Urartu und der urartäisch-syrischen Koalition. Gleich 743 setzt Tiglatpileser das assyrische Heer, mit dem er, der General, umzugehen und das er einzusetzen versteht wie kaum ein zweiter, nach Westen zu in Marsch. In der Kommagene tritt ihm Sardur mit seinen Verbündeten entgegen – und wird entscheidend geschlagen.

Sardaurri von Urartu erhob sich gegen mich und machte gemeinsame Sache mit Mati'ilu. In Kischtan und Chalpi, Gebieten von Kommagene, besiegte ich ihn und nahm hinweg die Gesamtheit seines Feldlagers. Er fürchtete sich vor dem Zorn meiner Waffen und rannte davon, allein, um sein Leben zu retten. In Turuschpa, seiner Stadt, schloß ich ihn ein und erschlug viele seiner Krieger vor seinen Toren ... Auf eine Entfernung von 80 Doppelmeilen marschierte ich heldenhaft durch das weite Urartu-Land ... und fand keinen, der mir widerstand ...

Sardur konnte also nach der Niederlage bei Kischtan und Chalpi (am Euphrat in der Gegend von Samsat) knapp sein Leben retten und war gezwungen, sich über die Berge in sein Kernland um den Van-See zurückzuziehen. Aber Tiglatpileser folgte ihm bis vor die Tore von Tuspa. Dieses zu erobern gelang ihm freilich nicht – wahrscheinlich, weil die Verfolgung nur mit schnell beweglichen Truppen ohne schweres Belagerungsgeschütz unternommen worden war. Tiglatpileser muß sich begnügen, mordend und brennend durch die urartäischen Provinzen zu ziehen. Aber die Hauptgefahr ist nun beseitigt, und er kann sich, ohne ein Eingreifen Urartus befürchten zu müssen, ganz der Aufgabe der neuerlichen Unterwerfung Syriens, Kilikiens und Palästinas zuwenden. 739 zog er noch einmal gegen die Grenzen Urartus, als Warnung wohl vor einer Einmischung in die Auseinandersetzung mit Kommagene, Kappadokien und Kilikien, die alle in diesem Jahr endgültig unterworfen wurden und ein ähnliches Schicksal erlitten wie zuvor die persischen Provinzen. Auch auf seinen Zügen gegen die Meder, 737–735, berührt Tiglatpileser die Grenzen Urartus noch einmal und unternimmt wieder einen Raubzug von ›60 Doppelmeilen‹, aber neue Annektionen nimmt er dabei nicht vor. Mehr als ein Beutezug, der zugleich der Einschüchterung des Gegners dienen sollte, kann das Unternehmen also schwerlich gewesen sein.

In Urartu folgte auf diese Niederlagen eine kurze Periode der Anarchie. Die Quellen schweigen zwar über das weitere Schicksal Sardurs, doch scheint es, als habe er ein gewaltsames Ende gefunden, und mit ihm die Dynastie Lutipris. Denn der nächste König, von dem wir hören, Rusa I. (rd. 730 bis 714) stammt aus einem Ort Arbu, östlich vom Van-See in einem Gebiet gelegen, in dem sein Vater und seine Brüder als Stadt- und Stammesfürsten herrschen[8]. Als Rusa die Herrschaft antrat, mag die Macht Urartus durch die Siege Tiglatpilesers angeschlagen gewesen sein, ernstlich erschüttert aber war sie nicht. Vielmehr gelingt es Rusa, ein gut Teil dessen, was nach der Niederlage Sardurs verlorenging, wiederzugewinnen.

In Van errichtet er auf dem der Zitadelle von Tuspa benachbarten Felsen Toprakkale eine neue Königsburg, verbunden mit einem großen Tempel für den Gott Chaldi. Vom Keschisch-Gölü im Osten leitet er einen mit Staudämmen versehenen Süßwasser-Kanal herbei und gründet zu Füßen des Burgberges die ›Gartenstadt‹ Van.

Wie weit er seine Macht nach Osten zu, über den Araxes hinaus, ausdehnte, ist schwer zu verfolgen. Gegen Südosten, Persien zu, entfaltete er höchste Aktivität. Den Mannäern nimmt er das Ostufer des Urmia-Sees weg, das ganze heutige Persisch-Aserbeidschan mit Täbriz wird ihm untertan. Von hier bezieht er die Pferde für sein Heer; aber er sorgt auch für die Wirtschaft des Landes durch weitere Wasserbauten, von denen später die Assyrer bewundernd berichten. Während die Mannäer selbst anscheinend den Assyrern die Treue zu halten versuchten, vermag Rusa mehrere medische Fürsten zum Abfall zu bewegen, mit deren Hilfe er dann schließlich doch das Mannäerland unter seine Herrschaft zwingt. Sogar Mußaßir, dessen Statthalter Urzana sich, wohl nach den Siegen Tiglatpilesers, den Assyrern angeschlossen hatte, wird wieder fest einverleibt. Rusa stellt sein eigenes Bild, aus Bronze gegossen auf einem Streitwagen stehend, im Chaldi-Tempel von Mußaßir auf und versieht es mit der rühmenden Inschrift »Mit meinen beiden Pferden und mit meinem einen Wagenlenker haben meine Hände das Königtum von Urartu erobert!«.

Ob er seine Hände bei den neuerlichen Aufständen gegen

Assur im Westen auch mit im Spiel hatte, geht aus den Quellen nicht hervor. Hauptgegner der Assyrer dort ist jedenfalls Mita von Muschki, der Phrygerkönig Midas der klassischen Geschichte. Denn wie die Urartäer im Osten, so haben die Phryger im Westen in dem nach dem Untergang des Hethiterreiches machtleeren Raum Kleinasiens ein Reich gegründet, das nun nach seiner inneren Konsolidierung expansive Politik zu betreiben beginnt. Aber beiden Völkern, Urartäern wie Phrygern, sind inzwischen Gegner erwachsen, die mehr noch als der südliche Hauptfeind, Assur, zum schließlichen Ende ihrer Reiche beitragen: Nomadenstämme teils indoeuropäischer, teils asiatischer Herkunft, die vom Kaukasus und von der Kaspischen Steppe her gegen Iran und Kleinasien vordrängen, die Kimmerier und die Skythen. Während es Rusa glückt, die ersteren nach Westen abzudrängen und so die Katastrophe noch einmal abzuwenden, gelingt es ein knappes Jahrhundert später den mit den Medern verbündeten Skythen, das durch die Kämpfe mit Assyrien schon fast ruinierte Reich der Urartäer zu überrennen und auszulöschen[9].

Den entscheidenden Schlag empfing Urartu aber viel früher, noch in der Zeit Rusas I. In Assyrien hatte nach einer im Feldlager vor Samaria stattfindenden Revolte ein anderer General die Macht an sich gerissen und unter dem Namen Sargon (assyrisch Scharrukîn, das heißt ›Wahrer König‹) den Thron bestiegen. Sargon II. (721–705) nahm sogleich das Werk Tiglatpilesers wieder auf. Der Westen wurde bis nach Palästina hinein unterworfen, das erste jüdische Exil begann. 714 ist es dann endlich soweit, daß Sargon sich den östlichen Reichsteilen zuwenden kann. Dem Lauf des Großen Zab folgend, stößt er auf seinem achten Feldzug durch den Zagros ins Persische Hochland vor. Parschua, die Mannäerländer, die mit Rusa verbündeten medischen Kleinfürstentümer werden nacheinander unterworfen und verheert. Endlich stellt sich Rusa (von Sargon Ursa genannt) selbst zur Schlacht. Sein durch die Kämpfe mit den Kimmeriern geschwächtes Heer vermag der assyrischen Armee nicht standzuhalten, Rusa wird geschlagen, muß in sein Stammland fliehen und scheint sich dort selbst den Tod gegeben zu haben:

Ursa, ihr Fürst, der sich gegen Schamasch und Marduk vergangen und den Eid Assurs, des Königs der Götter, nicht geheiligt hatte, erschrak vom Gebrüll meiner mächtigen Waffen; sein Herz zitterte wie das eines Höhlenvogels, der vor dem Adler flieht. Wie ein Mann, dessen Blut davonrinnt, verließ er Turuschpa, seine Königsstadt; wie (ein Wild, das) vor dem Jäger flieht, kroch er den Hang seines Berges hinan; wie ein kreißendes Weib lag er auf sein Bett hingestreckt; sein Mund verweigerte das Essen und das Wasser; eine Krankheit ohne Rettung brachte er sich selbst bei. Ich setzte die Macht Assurs, meines Herrn, über Urartu ein für alle kommenden Zeiten, für alle Zukunft hinterließ ich dort unvergeßliche Furcht.

Und an anderer Stelle sagt Sargon, Rusa habe sich mit seinem eisernen Dolch selbst erstochen ›wie ein Schwein‹. – Der Weg nach Osten, in Rusas blühendste Provinz, ist nun frei.

Die Stadt Ulchu, eine Festung . . . ihre Einwohner . . . tranken nicht und stillten nicht ihren Hunger . . . Ursa, ihr König . . . zeigte ihnen, wo die Wasser schäumten. Einen Kanal, der diese fließenden Wasser aufnahm, grub er und . . . brachte die Fülle, wie der Euphrat. Er machte zahllose Gräben, die von seinem Bett abzweigten, und bewässerte die Fruchtgärten. In wüstes Land brachte er Frucht und Wein so reichlich wie Regen . . . Bäume . . . wie einen Wald ließ er ihre Schatten sich über die Ebene ausbreiten . . Die Erde . . . machte er wie eine Wiese . . . in Weidegründe für Pferde und Herden verwandelte er sie . . . Wie ein Gott machte er die Menschen ihre glücklichen Lieder singen.

Nachdem Sargon so geschildert hat, was Rusa geleistet hatte, fährt der Bericht fort mit der Darstellung dessen, was nun geschieht:

Im Zorn meines Herzen verwüstete ich die ganze Ausdehnung der Provinz wie ein Sturm. Vorn und an den Seiten verheerte ich sie fürchterlich. Ulchu, die Stadt der Schätze Ursas, betrat ich im Triumph . . . Die Mauern . . . zerschlug ich wie einen irdenen Topf und machte sie dem Erdboden gleich . . . Seine gefüllten Scheunen öffnete ich und ließ meine Armee die Fülle seiner Ernten verschlingen . . . Seine gehüteten Weinkeller betrat ich . . . die Krieger Assurs ließen den guten Wein . . . wie Flußwasser laufen. Den Kanal . . . seinen Fluß unterbrach ich, und seine Wasser . . . verwandelte ich in einen Morast . . . In seine Gärten, den Schmuck

seiner Stadt, die von Frucht und Wein überflossen ... meine
Krieger drangen ein, sie ließen den Lärm der Eisenäxte wider-
schallen, und ... die Früchte ohne Zahl ... fielen herab ... Kein
zitterndes Herz entkam... Seine großen Bäume... hieb ich um ...
Und ich zerstörte die Stadt seines Ruhmes und machte seine Provinz zuschanden. Die Baumstämme ... verbrannte ich ... sein
Getreide ... riß ich mit der Wurzel aus ... Seine reichen Felder ...
überrannte ich mit den Kriegswagen und Pferden ... seine Weiden ... verwandelte ich in Pflugland.

Von dieser Verwüstung hat sich der Landstrich nicht mehr
erholen können. Er wurde als erstes Beute der andringenden
Nomaden, die dann später – es mutet an wie eine Ironie des
Schicksals – Hauptinstrument der Vernichtung auch Assurs
wurden.

Auf dem Rückmarsch nach Assyrien unterwarf Sargon
dann auch noch die letzte urartäische Provinz im Osten des
Reiches, Mußaßir. Hier fand er solche Schätze vor, daß ihm
zeitweise die Worte fehlten, sie zu beschreiben. Vor allem
unermeßliche Mengen von Metallgegenständen: Räucher-
kandelaber aus Silber, bronzene Lampen, Feuerbecken, Herde,
Hunderte von Mischkrügen, »120 Gegenstände aus Bronze,
leichte und schwere, Arbeiten ihres Landes, deren Namen
schwer zu schreiben sind«, 6 goldene Weiheschilde mit
plastisch aufgesetzten Hundeköpfen, 12 silberne Weiheschilde mit Köpfen von Greifen, Löwen und Stieren, Schlüs-
sel und Türbeschläge in plastischer Ausführung, 1514 Lanzen-
spitzen, 25 212 Schilde, 305 412 bronzene Dolche. Sodann
vier Standbilder göttlicher Torwächter auf Sockeln, ein Sitzbild Sardurs II., des Sohnes des Ispuini, und eines des Argisti.
Das schon genannte Bild Rusas auf seinem Wagen und ein
von Sardur II. gestiftetes Bild einer ihr Kalb säugenden Kuh
(vgl. Abb. 2 auf S. 643). Das alles wird erbeutet und nach
Assyrien verschleppt.

Die Zeit der Großmacht ist nach dieser zweiten großen
Niederlage für Urartu endgültig vorbei. Was noch an Kraft
verbleibt, wird zur Abwehr der Kimmerier und zur Wahrung

des eigentlichen Kernlandes gebraucht. Mit Assur arrangiert man sich, indem man von Zeit zu Zeit Gesandtschaften an den Hof von Ninive schickt und Tribute zahlt. Kriegerische Auseinandersetzungen mit Assyrien gibt es nicht mehr. Überhaupt wird kaum noch Krieg geführt, und die Bedeutungslosigkeit, zu der Urartu herabgesunken ist, wird vielleicht am deutlichsten daraus, daß von den 140 urartäischen Inschriften, die in dem 1955–1957 erschienenen ›Handbuch der chaldischen Inschriften‹ von F. W. König gesammelt sind, 125 in die Zeit bis einschließlich Rusa I. gehören, nur 15 in die spätere Periode. Außerdem sind diese 15 Texte der letzten urartäischen Könige an Umfang viel kleiner als die Ruhmesinschriften der früheren Könige. Nur in einem einzigen von ihnen, verfaßt von Rusa II. (rd. 680–654), ist noch einmal von Kriegen und Siegen die Rede, die offenbar nach Westen zu, gegen die Phryger und Späthethiter, gerichtet waren.

Mit der Zerschlagung der urartäischen Macht hat aber Assur auch den Puffer beseitigt, der sich zwischen sein eigenes Land und die Aufmarsch- und Sammelgebiete der neuen Völker schob, die vom Osten her vordringen. Zur selben Zeit, da Urartu endgültig im Sturm der Skythen untergeht, hat auch für Assyrien selbst die Stunde geschlagen: Die unter Kyaxares geeinten und mit dem neu erstarkten Babylon verbündeten Meder erobern Assur, Ninive und Kalach, und nach einigen Jahren hinhaltenden Widerstandes in Nordmesopotamien hat Assyrien aufgehört zu existieren.

Die nächsten historischen Nachrichten aus dem Vansee-Gebiet stammen aus achämenidischer Zeit. Sie wissen nichts mehr von Urartu. Volk und Sprache der Urartäer sind ausgelöscht, ihr Erbe haben die indoeuropäischen Armenier angetreten, die von dieser Zeit an bis in unsere Tage das alte urartäische Kernland bewohnen.

II

KURZER ABRISS DER FORSCHUNG;
VOLK UND SPRACHE.

Will man wissen, wer die Urartäer nun eigentlich waren, welcher Völker- und Sprachengruppe sie angehörten und woher sie gekommen sein mögen, so muß man sich an zwei Quellengruppen halten: An die Inschriften und deren historisch-philologische und linguistische Interpretation und an die archäologischen Funde, die auf uns gekommenen und durch Ausgrabung gewonnenen Denkmäler der Kultur und Kunst der Urartäer.

Zum erstenmal hat der französische Forschungsreisende Saint-Martin, der 1823 Van besuchte, die Aufmerksamkeit des Abendlandes auf die Denkmäler des Vansee-Gebietes gelenkt. Auf seine Veranlassung begab sich dann der Deutsche Friedrich Eduard Schulz 1828 ins Vansee-Gebiet, um dort Altertümer zu sammeln und die Inschriften zu kopieren. Schulz wurde 1829 von kurdischen Räubern ermordet; seine Aufzeichnungen konnten aber gerettet und nach Paris gebracht werden. 1840 wurden sie von Jules Mohl im ›Journal Asiatique‹ veröffentlicht. 1850 kam der Entdecker und erste Ausgräber von Ninive und Kalach, Austen Henry Layard, auf einer seiner Forschungsreisen auch nach Van und brachte von dort neue Inschriftkopien und andere Altertümer mit. Die ersten Ausgrabungen, ausgeführt von Hormuzd Rassam, dem früheren Mitarbeiter Layards, fanden 1879 und 1880 vor allem auf dem Burgberg Toprakkale statt. Auftraggeber war das Britische Museum, das so in den Besitz der ersten größeren Sammlung urartäischer Altertümer kam. Etwa um die gleiche Zeit, 1882, begann der englische Sprachforscher A. H. Sayce mit der Veröffentlichung der ersten systematischen Sammlung aller bis dahin bekannt gewordenen urartäischen Inschriften und versuchte deren Übersetzung, nachdem Übersetzungsversuche A. Mordtmanns d. Ä., der das Urartäische vom Armenischen her erschließen wollte, nicht recht vorangekommen waren.

Die systematische und intensive Erforschung des ganzen urartäischen Bereiches, übergreifend auch auf persisches und russisches Gebiet, setzte ein mit den Forschungsreisen W. Belcks und C. F. Lehmann-Haupts gegen Ende des vergangenen Jahrhunderts. Diese beiden Gelehrten veranstalteten dann auf Anregung Rudolf Virchows in den Jahren 1898 und 1899 ausgedehnte Ausgrabungen in Van und Toprakkale, von denen wertvolle Altertümer in die Museen von Istanbul und Berlin gelangten. Vor allem aber hatten sie noch einmal alle bekannten Inschriften aufgenommen, zahlreiche neue entdeckt und Kopien und Papierabklatsche angefertigt. Die Ausgabe dieses Materials – der archäologischen Funde in den »Materialien zur älteren Geschichte Armeniens und Mesopotamiens« und der inschriftlichen in dem groß angelegten ›Corpus Inscriptionum Chaldicarum‹, mit Lichtdrucktafeln, Transkriptionen und Interpretationen aller Texte – ist leider in den Anfängen steckengeblieben. Nur je zwei Lieferungen des Text- und Tafelteiles des Corpus sind überhaupt erschienen.

Kurz vor dem 1. Weltkrieg begann sich dann auch die russische Wissenschaft für die älteste auf dem Boden des Russischen Reiches nachweisbare Hochkultur zu interessieren. Die Anfänge der russischen Urartologie sind vor allem verknüpft mit dem Namen des Sprachforschers Nikolaus J. Marr, der 1916 zusammen mit I. A. Orbeli auch neue Ausgrabungen in Van unternahm. Zwischen den beiden Kriegen traten dann I. I. Meščaninov und M. de Tsereteli hinzu.

In Deutschland wurde die Pionierarbeit Lehmann-Haupts und Belcks fortgeführt von Albrecht Goetze und vor allem von Johannes Friedrich, aus dessen Feder die erste brauchbare Darstellung der urartäischen Sprache, die ›Einführung ins Urartäische‹ (Leipzig 1933), stammt.

Nach dem letzten Kriege setzte auf sowjetischer Seite eine neue Intensivierung sowohl der Bodenforschung wie auch der Interpretation der Funde und Texte ein. Als Philologen und Linguisten taten sich neben I. M. D'jakonov auch georgische und armenische Gelehrte, wie G. A. Melikišvili, G. V. Tsereteli und N. V. Arutjunjan, hervor. Der Archäologe B.

B. Pjotrovskij wurde bekannt als Ausgräber der urartäischen
Festung Tesebaini (Ruinenhügel Karmir Blur bei Erivan).

Eine neue Veröffentlichung aller urartäischen Inschriften
mit Autographien, Umschriften, Übersetzung und einem
Vokabular besorgte der Wiener Forscher F. W. König
(›Handbuch der chaldischen Inschriften‹, Graz 1955-57).
Die modernste Grammatik, ›Urartian Phonology and Morphology‹ von Warren C. Benedict, ist 1958 in Nordamerika
veröffentlicht worden. Das Britische Archäologische Institut
in Ankara hat durch seine Stipendiaten die ganze Umgebung
des Vansees bereisen, alle zutage tretenden Ruinen aufnehmen
und Oberflächenfunde sammeln lassen als Voraussetzung für
eine systematische Bodenforschung und Ausgrabungstätig-
keit. Um die Ordnung der urartäischen Kunstdenkmäler und
ihre Interpretation haben sich, nach den Vorarbeiten C. F.
Lehmann-Haupts, E. Herzfelds und F. Schachermeyrs, in
jüngster Zeit R. D. Barnett (London) und E. Akurgal (Ankara) bemüht. Seit 1959 ist auch auf türkischem Boden, im
eigentlichen Zentralgebiet Urartus, die Forschungsarbeit im
Feld wieder aufgenommen worden. Eine Gruppe türkischer
Archäologen unter der Leitung A. Erzens und E. Bilgiçs, arbeitet in Van und Toprakkale, eine zweite unter T. Özgüç
unternimmt Ausgrabungen in der Umgebung von Erzincan.

Bevor wir uns den Inschriften und ihrer Sprache und dann
der Frage nach Herkunft und Abstammung der Urartäer zu-
wenden, gilt es noch festzustellen, daß ›Urartäer‹ und
›Urartäisch‹ Bezeichnungen sind, die von der modernen
Wissenschaft geprägt wurden, ausgehend davon, daß die As-
syrer den Namen Urartu nicht nur für das Kernland um den
Vansee, sondern später für das ganze Reich der Könige von
Van gebrauchten. Die Bewohner des Landstriches um den
Vansee haben diesen Namen selbst nie benutzt. Wo im assy-
rischen Text der zweisprachigen Inschriften die Bezeichnung
›Naïri-Länder‹ steht, findet sich im urartäischen Teil ›bia'ische
Länder‹[10]. Die übliche Titulatur der urartäischen Könige lautet
›der mächtige König, der große König, der König der bia'-

ischen Länder, der Fürst von Tuspa-Stadt‹. Manchmal wird
auch noch ein ›König der Sura-Länder‹ oder ›suraischen
Länder‹ eingefügt, dem im assyrischen Teil der Texte das bekannte, der assyrischen Königstitulatur entlehnte ›König der
Gesamtheit‹ entspricht[11]. Die Bewohner Urartus nannten ihr
Gebiet also ›bia'ische Länder‹. Dieser Terminus ist in seiner
Bedeutung nicht ganz klar; manche Gelehrte übersetzen ihn
mit ›Fruchtländer‹. Eine echte Landschaftsbezeichnung ist
er jedenfalls nicht. Wie sich die Urartäer selbst nannten und
wie ihre Sprache, das geht aus den Inschriften nicht hervor.
Sie als Biajer, und ihre Sprache als Bia'isch zu benennen, besteht also kein Anlaß, zumal in den Texten solche Termini
niemals vorkommen. Noch falscher sind die auch heute noch
gelegentlich gebräuchlichen Bezeichnungen Chalder, chal-
disch und Chaldia. Sie kamen auf, als man die Sprache der
Inschriften aus Urartu noch nicht richtig verstand und meinte,
die Urartäer hätten sich selbst mit diesem vom Namen ihres
Hauptgottes Chaldi abgeleiteten Namen bezeichnet[12]. Zudem glaubte man ein Nachleben in dem Namen der byzantinischen Theme χαλδία und ihrer Bewohner, der χάλδοι,
wiederzufinden, den *Chalti-q* der Armenier. Diese Theme liegt
aber nicht im Vansee-Gebiet, sondern weit nördlicher, an der
Schwarzmeerküste zwischen Trapezunt und Batumi – in
einem Gebiet, das wohl nie zum Urartu-Reich gehört hat.
So scheinen Urartu und Urartäer, die Namen, die in den
zeitgenössischen assyrischen Texten auftauchen, die brauch-
barsten Bezeichnungen zu sein. Um so mehr, als sie in unserem
Sprachgebrauch noch immer mit der Landschaft des alten Urartu verbunden sind: Der Name des aus der biblischen Sintflut-
Erzählung bekannten Berges Ararat (türkisch heute Aghri
Daghi), des höchsten Berges des armenischen Berglandes, ist
ja nichts anderes als eine durch falsche Vokalisierung entstan-
dene Verballhornung der assyrischen Bezeichnung Urartu!

Was uns bisher an eigenen In s c h r i f t e n der Urartäer bekannt geworden ist, sind mit ganz verschwindenden Ausnahmen Königsinschriften, in denen von Kriegszügen und

Eroberungen, von Kanal- und anderen Kulturbauten sowie von Opfern für die Götter die Rede ist. Sie sind in assyrischer Keilschrift geschrieben und daher leicht lesbar. Einige vorwiegend auf Gefäße eingeritzte hieroglyphenartige Schriftzeichen verschließen sich dagegen einstweilen noch dem Verständnis. Nur wenige von ihnen zeigen eine gewisse Ähnlichkeit mit den hethitischen Bilderschriftzeichen.

Die Erschließung der S p r a c h e ging aus von zwei Bilinguen, Aufzeichnungen ein- und desselben Textes in urartäischer und assyrischer Sprache, beide auf Stelen, die in der Gegend von Mußaßir im assyrisch-urartäischen Grenzgebiet aufgestellt waren. Außerdem schließen sich die urartäischen Königsinschriften in weiten Partien – den Titulaturen vor allem und den Fluchformeln am Ende der Texte – so eng an assyrische Vorbilder an, ja übernehmen ihre Diktion fast wörtlich, daß es möglich war, durch Vergleich der entsprechenden Passagen einen beträchtlichen Teil des Vokabulars zu verstehen. Freilich sind die Königsinschriften auch so gleichförmig, so bescheiden in ihrem Wort- und Ausdrucksschatz, daß ein wirklich tiefes Eindringen in die Sprache, und damit auch in das Wesen und Denken der Urartäer bis heute nicht möglich ist. Privaturkunden – zugleich wichtigste Quelle für die Wirtschafts- und Kulturgeschichte – fehlen noch fast ganz. Erst in allerletzter Zeit sind bei den Ausgrabungen auf sowjetischem Gebiet einige Tontafeln, hauptsächlich Kontrakte und Briefe, gefunden worden. Sollte ihre Zahl sich vermehren, besteht gute Aussicht auf ein Weiterkommen der Forschung[13].

Immerhin genügen die Königsinschriften zur Feststellung der wichtigsten Merkmale der urartäischen Sprache und ihrer Grammatik. Das Urartäische gehört zu den sogenannten agglutinierenden Sprachen. Es bildet grammatische Formen, wie Kasus, Numerus, Tempus, Modus usw., durch Anfügung von bestimmten feststehenden Suffixen oder Formativen an ihrerseits feststehende, unveränderliche Wortstämme. Eine Beugung oder Abwandlung (Deklination und Konjugation) kennt das Urartäische nicht. Da die assyrische Silbenschrift zur präzisen Wiedergabe von Lautbeständen nur mangelhaft geeignet ist, ist die Lautlehre des Urartäischen noch nicht be-

XIX Postament des Chaldi-Tempels in Tuspa (Toprakkale)

XXa Bronzenes Hausmodell aus Van
 b Bronzeschild aus Van

friedigend erforscht. Es scheint aber, als hätte das Urartäische über vier Vokale und etwa zwanzig Konsonanten verfügt. Der Wortschatz läßt sich in drei Gruppen einteilen, in Verba, Nomina und mehr oder weniger selbständige, den Worten nachgestellte Partikel, die in ihrer Funktion etwa unseren Präpositionen entsprechen. Bei den Verba gibt es zwei scharf unterschiedene Klassen, die transitiven und intransitiven Verba. Beim Nomen lassen sich sechs Kasus unterscheiden. Kasusbezeichnung und syntaktische Stellung von Subjekt und Objekt sind unterschiedlich, je nachdem, ob das Prädikat ein transitives oder intransitives Verbum ist. Adjektiva werden von den Substantiven durch besondere adjektivbildende Suffixe unterschieden.

Das Urartäische hat keinen Zusammenhang mit irgendeiner lebenden Sprache oder Sprachgruppe. Zahlreiche Übereinstimmungen und Ähnlichkeiten im Sprachbau und im Wortschatz ergeben sich aber mit dem Churritischen, der im 2. vorchristlichen Jahrtausend über weite Gebiete Obermesopotamiens (sogar des Osttigrislandes), Syriens und Südostkleinasiens verbreiteten Sprache, die auch Staatssprache des Mitanni-Reiches gewesen war. Diese Übereinstimmungen und Ähnlichkeiten gehen aber nicht so weit, daß man das Urartäische für eine Tochtersprache, für eine jüngere, dialektische Form des Churritischen halten dürfte[14]. Starke Abweichungen, besonders beim Verbum, legen vielmehr nahe, daß die Abtrennung des Churritischen und Urartäischen von einer gemeinsamen Ursprache schon vor der Zeit der ersten Aufzeichnung churritischen Sprachgutes in den keilschriftlichen Quellen, also vor dem Eindringen der Churriter ins Zweistromland, und somit spätestens um die Mitte des 3. Jahrtausends v. Chr. erfolgt sein muß.

Da man nicht einmal weiß, woher die Churriter in das altvorderasiatische Kulturgebiet einwanderten – ob, wie ein Teil der Forschung annimmt, vom Kaukasus her über das später urartäisch gewordene Bergland um den Vansee, oder aus den mittelasiatischen Steppen und Hochländern kommend

über den Iran –, kann man noch viel weniger sagen, wo die
Urartäer vor ihrem Eintritt in die Geschichte gesessen haben
mögen. Es ist ja nicht einmal sicher, ob die urartäisch sprechende Bevölkerung in den Naïri-Ländern die Majorität
bildete oder ob nicht nur eine urartäisch sprechende Oberschicht die Herrschaft über ein Gebiet mit anderssprachiger
Bevölkerung ausübte (ähnlich etwa wie die indischen Marijannu das von einer churritisch sprechenden Mehrheit be-
wohnte Mitanni-Reich beherrschten). Die assyrischen Quellen bieten keine Lösung des Problems. Aus den Angaben
Salmanassars I. aus dem 13. Jahrhundert über seine Züge gegen
die Naïri-Länder und Uruatri geht nicht hervor, welcher
Volks- und Sprachzugehörigkeit die Bewohner dieser Landstriche waren. Das gleiche gilt auch für die jüngeren assyrischen Berichte. Man muß also nach anderen Indizien suchen,
um etwas über die Herkunft oder wenigstens das ungefähre
Datum der Einwanderung der Urartäer zu erfahren.

Da sind zunächst die archäologischen Funde, vor allem die
Keramik und andere Gerätschaften des Alltagslebens. Die
Keramik – meist etwas schwere, nicht sehr dünnwandige
Gefäße aus braunem Ton mit einem scharlach- bis karmin-
roten, fein geschlämmten und polierten Überzug – ist nach
ihrem Formenschatz und ihrer Herstellungstechnik eine
durchaus kleinasiatische Ware, die sich ihrer Struktur nach
älteren anatolischen Waren des 2. und 3. Jahrtausends verbinden läßt. Von den im Mitanni-Reich gebräuchlichen meso-
potamisch-syrischen Keramik-Gattungen ist sie scharf unterschieden. Beziehungen lassen sich aber feststellen besonders zu
bestimmten Formen der phrygischen Töpferei und auch zu
Gefäßen aus Persisch-Aserbeidschan. Eine der phrygischen
vergleichbare polychrome Ware gibt es in Urartu nicht,
wohl aber Gefäße mit tongrundigem bis cremefarbenem
Grund und roter Streifenmalerei. Die sowohl im phrygischen,
wie im mannäischen Bereich sehr verbreitete schwarzpolierte
Keramik ist bisher in Urartu nicht nachgewiesen, häufig dagegen eine grobe graue Ware, die ebenfalls im phrygischen
Gebiet, aber auch in Transkaukasien Parallelen findet.

Hinzu kommt, daß die Urartäer ihre Schrift von den Assyrern erst im 1. Jahrtausend entlehnt haben und daß sie in fast allen Formen des Staatslebens ihre assyrischen Nachbarn kopieren. Die älteren Schriftübungen und Schriftformen des 2. Jahrtausends kennen sie nicht, weder die obermesopotamisch-churritischen, noch die kleinasiatisch-hethitischen[15]. Daraus läßt sich doch mit einiger Wahrscheinlichkeit ableiten, daß die Urartäer um und nach der Mitte des 2. Jahrtausends noch nicht in unmittelbarer Nachbarschaft der genannten Kulturen gesessen haben dürften. Wahrscheinlich waren sie um diese Zeit noch Nomaden ohne feste Wohnsitze und ohne feste Zivilisations- oder gar Staatsformen. Erst in der Zeit des machtpolitischen Vakuums nach dem Untergang der Großreiche des 2. Jahrtausends, also nach 1200 v. Chr. etwa, sind sie dann wohl in ihre späteren Wohnsitze eingerückt. Es ist möglich, daß ihr Weg zum Vansee sie über das Zagros-Bergland geführt hat. Das würde die enge Berührung mit den Assyrern erklären und den Umstand, daß sich der berühmte Tempel ihres Hauptgottes Chaldi in Mußaßir, also im urartäisch-assyrisch-persischen Grenzgebiet, befand.

III

RELIGION, STAAT UND WIRTSCHAFT

Die Trennung von Religion und Staat ist eine Errungenschaft des Aufklärungszeitalters, in den meisten Kulturländern der Welt erst im vorigen, zum Teil sogar erst in unserem Jahrhundert verwirklicht. Altorientalischem, ja überhaupt orientalischem Denken liegt eine solche Trennung vollkommen fern. Eines der bekanntesten Beispiele hierfür bietet uns das Alte Testament: Mose, der Führer seines Volkes auf dem Wege ins Gelobte Land, ist es allein, der mit und zu dem Gott spricht; er empfängt die Gesetze und gibt sie an die Menschen weiter, er spricht zu Gott für die ihm Anvertrauten. Die priesterlichen und herrscherlichen Funktionen sind nicht getrennt. Das ist im ganzen Alten Orient so. Selbst in einem so hochentwickelten und differenzierten Machtstaat wie dem assyrischen des 1. Jahrtausends versuchen die Könige wenigstens den Anschein zu wahren, als handelten sie im Namen ihres Gottes Assur, dessen Weltherrschaft durchzusetzen sie als Auftrag empfinden, dem alles übrige unterzuordnen ist. Widerstand gegen die Macht des Königs ist darum Sakrileg.

In dem zumindest in der Anfangszeit seiner Staatswerdung dem Partiarchenzeitalter noch sehr nahestehenden urartäischen Reich ist das noch viel schärfer ausgeprägt. So sind die Kriegsberichte der urartäischen Könige, um ein illustrierendes Beispiel anzuführen, immer wieder nach der folgenden Formel komponiert:

> Der dem Chaldi eigene Kriegswagen zog aus und suchte heim das Land Etiuni ... und warf es nieder vor Argisti. Mit dem ›Schreckensglanz‹ Chaldis, mit dem ›Schreckensglanz‹ des Kriegswagens Chaldis, durch die Größe Chaldis zog aus Argisti, der Sohn des Menua: Chaldi zog ihm voran.

Und wenige Zeilen später:

> Ich betete zu Chaldi, dem Herrn, zum Wettergott, zum Sonnengott, zu (allen) Göttern der bia'ischen Länder, damit durch die Größe des Herrn ich siegreich werde. Es erhörten mich die Götter.

Selbst in der Titulatur der Könige wird die enge Verbindung von Gott und Herrscher betont:

> Durch die Größe Chaldis (bin ich) Argisti, der Sohn des Menua, der mächtige König, der große König, der König der bia'ischen Länder, der König der Könige, der Fürst von Tuspa-Stadt.

Es versteht sich von selbst, daß bei einer solchen Auffassung auch alles Land mit allem, was darauf wächst und lebt, einschließlich der Menschen, als Eigentum der Götter angesehen wird. Die Staatsform des theokratischen Staatssozialismus, schon für die sumerische Gesellschaft des 3. Jahrtausends bezeichnend, wird im urartäischen Königtum tatsächlich noch einmal weitgehend verwirklicht[16].

In der Praxis und der historischen Entwicklung sieht das etwa so aus, daß am Beginn der urartäischen Staatswerdung eine Anzahl von Stammesfürstentümern existiert, die Naïri-Länder, deren Bevölkerung zu einem Teil als Acker- und Gartenbauer in den fruchtbaren Tälern ansässig ist, während der andere Teil aus nomadisierenden Herdenbesitzern besteht, die im Sommer mit ihren Tieren auf die hochgelegenen Almen ziehen, den Winter als ›Gäste‹ der Talbewohner in deren Gebiet verbringen. Ähnliches läßt sich noch heute im Taurus und in der Osttürkei beobachten. Der Kampf um die Erhaltung der fruchtbaren Täler und um eine Erweiterung des Weidelandes führt dann ganz von selbst zu Rivalitäten zwischen den Stammesverbänden, wobei es einzelnen Fürsten gelingen mag, ihre Nachbarn zu unterwerfen und botmäßig zu machen. Der Druck von außen, von Assyrien her, hat diesen Prozeß noch beschleunigt. So kam es denn im 9. Jahrhundert zur Bildung des ersten größeren Staates, dessen reichere Mittel dann auch eine Beschleunigung der kulturellen und gesellschaftlichen Entwicklung ermöglichten. Um den Bestand des Staates nach innen wie nach außen zu wahren, ist der König nun aber gezwungen, ein Heer aufzustellen. Und da die ihm gehörigen Länder nur bis zu einem gewissen Grade imstande sind, durch ihre Steuern und Abgaben für die Erhaltung der Armee aufzukommen, muß der König zwangsweise eine expansive Politik betreiben, weitere Gebiete hinzuerwerben, um auf diese Weise die Lebensgrundlage zu erweitern.

Im speziellen Falle der Dynastie Sardurs von Urartu muß man sich vor Augen halten, daß das Kernland um Tuspa, also die Ufer des Vansees, zwischen 1500 und 2000 Meter über dem Meeresspiegel liegt, und daß das kulturfähige Land nur einen sehr schmalen Gürtel um den See herum bildet. Der Winter dauert hier über sechs Monate, Getreidebau ist kaum möglich. Nur durch intensive, mit Bewässerung verbundene Kultivierung des Bodens lassen sich Garten-, Obst- und Weinbau verwirklichen. Die Urartäer mußten sich also anderswohin wenden, nach Westen zu in die Flußtäler der beiden Euphrat-Quellflüsse Karasu und Muratsu, nach Südosten in die Landstriche um den Urmia-See, vor allem aber nach Nordosten ins Flußgebiet des Araxes und in das Land um den Göktschay-See und das fruchtbare Gebiet am Unterlauf von Araxes und Kur.

Nicht nur weil auf sowjetischem Gebiet die archäologische Forschung in letzter Zeit intensiver und mit moderneren, sorgfältigeren Methoden durchgeführt worden ist, wissen wir mehr über die Wirtschaft und Kultur im Nordostteil des Reiches als im Kerngebiet. Die Texte sagen ja deutlich, daß die Kulturpolitik der Urartäer bevorzugt in diese Richtung zielte. Weiter oben, bei der Darstellung der Geschichte des urartäischen Reiches, ist mit den Worten Sargons II. von Assyrien geschildert worden, was Rusa I. in den persischen Provinzen geleistet hatte. Von anderen Königen, zum Beispiel von Argisti I., wissen wir aus ihren eigenen Berichten, daß sie aus den von ihnen bekriegten Ländern beträchtliche Teile der Bevölkerung fortführten und in anderen, neuerworbenen, aber noch nicht intensiv bewirtschafteten Gebieten ansiedelten, damit dort das Land bebaut werde. Über die Gründung der Stadt und Festung Irpuni, wiederentdeckt im Ruinenhügel Arinberd bei Jerevan, sagt Argisti:

> Auf Geheiß Chaldis spricht Argisti, der Sohn Menuas: Die Stadt Irpuni erbaute ich für die Größe der bia'ischen Länder ... Die Erde war (noch) unbebaut, nichts war hier gegründet worden. Ich schuf hier mächtige Werke, ich siedelte 6600 Kriegsgefangene an aus dem zum Chatti-Lande gehörigen Land Supa.

Und daß selbst in der Spätzeit des Urartu-Reiches der Staatssozialismus noch in weitem Maße Tatsache war, zeigt nichts deutlicher als der Befund der Ausgrabungen von Karmir Blur bei Jerevan, im 7. Jahrhundert Sitz des Statthalters der Gebiete um den Göktschay-See. Außer der Zitadelle, die nicht nur Festung und Verwaltungszentrum war, sondern auch riesige Vorratsmagazine und Werkstätten einschloß, gab es noch eine von einer Festungsmauer umgebene Unterstadt. Die Wohnhäuser dieser Stadt, insulaartig zu Einheiten zusammengefaßt, zeigen fast durchweg nicht mehr als zwei Räume und einen Hof. Vorratsräume oder Werkstätten ließen sich nicht feststellen. Wenn auch ein Teil der Bevölkerung aus Soldaten bestanden haben mag, so müssen doch auch die übrigen Bewohner ganz für den Staat und vom Staat gelebt haben. Ihre Arbeit fanden sie in den staatlichen Werkstätten auf der Zitadelle oder auf den dem Staat gehörenden Feldern und Gärten außerhalb der Stadt. Ihre Bedürfnisse wurden ihnen aus den staatlichen Vorräten zugeteilt; die Häuser dienten reinen Wohnzwecken.

Ackerbau und Gartenwirtschaft sind schon zur Zeit der Großmacht, aber ebenso auch noch im 7. Jahrhundert hoch entwickelt. In den Magazinen der Zitadelle von Karmir Blur sind Vorräte an Weichweizen (*Triticum vulgare vill.*), Wintergerste (*Hordeum vulgare L.*), Roggen (*Secale L.*) und Hirse (*Setaria italica*) nachgewiesen. Zwei Bohnensorten mindestens (*Cicer arictinum* und *Ervum lens*) wurden angebaut. An Obst waren Pflaumen und Granatäpfel bekannt, Melonenbau ist betrieben worden. Neben tierischen Fetten verstand man auch pflanzliche zu gewinnen, wie die reichen Vorräte an Sesamkörnern und das Vorhandensein einer Ölpresse beweisen. Sogar Reste von Gewürzen, nämlich Thymian, sind festgestellt worden.

Eine ganz überragende Rolle spielte bei den Urartäern der Weinbau. Die Anlage von Weingärten ist eine Leistung, deren sich die Könige – in einem Falle sogar auch eine Königin, eine Gemahlin Menuas – in ihren Inschriften immer wieder rühmen:

Durch die Größe Chaldis spricht Sardur, der Sohn des Argisti: Als Chaldi mir das Königtum gab, setzte ich mich auf den väterlichen Königsthron. (Noch) im selben Jahre legte ich (diesen) Weingarten an, ›Sardur-Weingarten‹ (ist sein) Name.

Daß man gewaltige Mengen Weines kelterte, geht gleichermaßen aus Inschriften wie aus Bodenfunden hervor. In den Weinkellern der Festung Tesebaini (Karmir Blur) konnten an 150000 Liter Wein vorrätig gehalten werden, und an einer Stelle seiner Inschriften rühmt Menua sich, ein Vorratsmagazin für etwa 225000 Liter angelegt zu haben!

Voraussetzung für eine solche Intensivierung der Landwirtschaft in den durchwegs gebirgigen und nicht ohne weiteres nutzbaren Gebieten Urartus waren ausgedehnte Kulturbauten in Form von Terrassierungen ganzer Berghänge und vor allem in Form eines mit großem Aufwand geschaffenen Bewässerungssystems. Zu solchen aufwendigen Unternehmungen war nur der Staat, niemals einzelne Menschen, imstande, denn Felsen mußten geschnitten, Senken gefüllt und ungeheure Arbeitsleistungen vollbracht werden. So gibt es denn auch kaum einen urartäischen König, der sich nicht solcher Kulturtaten rühmt:

Durch die Größe Chaldis spricht Argisti, der Sohn Menuas: Eine Burg für (meine) Herrschaft erbaute ich, bestimmte ihren Namen Argistichinili. Die Erde war (noch) unbebaut, (noch) nichts war hier ›eingemessen‹ worden. Ich habe vom Flusse Muna vier Kanäle hergeleitet, ich habe Weingärten (und) Obstgärten ›bestimmt‹, ich habe Gewaltiges hier vollbracht.

Van wird heute noch mit Süßwasser versorgt vom Schamiramsu, einem Kanal, dessen Bausteine immer wieder die Inschrift tragen:

Durch die Macht des Chaldi hat Menua, der Sohn Ispuinis, diesen Kanal geleitet. ›Menua-Kanal‹ (ist sein) Name.

Neben dem Ackerbau und der Gartenwirtschaft spielte die Viehhaltung eine keineswegs untergeordnete Rolle. Bei den Ausgrabungen gemachte Knochenfunde erlauben es, die Rassen der gehaltenen Tiere zu bestimmen. Neben Ziegen, die wegen ihrer Anspruchslosigkeit selbst in sonst überhaupt nicht nutzbarem Bergland noch gehalten werden können, gab es zwei Arten von Schafen, die der Milch-, Wolle- und Fleischgewinnung dienten. Bei den Rindern gab es Rassen, die dem Auerochsen noch nahestanden, daneben aber auch schon stärker domestizierte Vertreter des Hausrindes (*Bos taurus*) und Buckelrinder. Die zahlreich gehaltenen Esel gehörten den gleichen Arten an, die heute noch im armenischen Bergland angetroffen werden. Die Pferde der Urartäer waren von überraschend kleinem Wuchs, kleiner als die Pferde, deren Skelette in den Kurganen, den Grabhügeln

skythischer Fürsten, gefunden wurden. Eine nicht geringe
Rolle als Haustier spielte auch das Schwein. Selbst Hunde
hatte man domestiziert, nach den Knochenfunden kleine,
spitzartige Tiere (*Canis familiaris palustris*). Unter den auf der
Jagd erlegten Wildtieren waren nach Ausweis der Knochenfunde Hirsche, der kaukasische Steinbock (Tur, *Capra cylin-
dricornis*) und eine Gazellenart (*Gazella subgutturosa*). Die
Katze war bekannt, aber nur in ihrer Wildform, noch nicht
als Haustier.

Einen beträchtlichen Raum im Wirtschaftsleben müssen
schließlich auch das Handwerk und die Industrie eingenommen haben. Urartäische Metall-, vor allem Bronze-
erzeugnisse, waren in der ganzen damaligen Welt bekannt
und begehrt und wurden bis nach Italien (Etrurien) hin gehandelt. Auch die Bautätigkeit, die noch zu besprechen sein
wird, setzt die Fähigkeit voraus, zur Bearbeitung der Steine
und Felsen geeignete Werkzeuge zu produzieren.

Der Weg von den halbnomadischen Stammesverbänden
der Anfangszeit zu einem so durchorganisierten und differenzierten Staat, wie er uns in Urartu im 8. und 7. Jahrhundert
schließlich entgegentritt, ist ein sehr weiter. Die Urartäer
haben ihn in verhältnismäßig kurzer Zeit durchschritten.
An seinem Ende steht nicht mehr das patriarchalische Regime
eines Stammesfürsten, sondern eine komplizierte königliche
Auftragsverwaltung mit an Statthalter und andere Offizia-
len delegierter Macht. Der König ist nicht mehr ein unter seinen Leuten lebender Stammeshäuptling, sondern eine schon
beinahe der menschlichen Sphäre entrückte Figur mit fast
göttlicher Machtfülle. Seine Hauptaufgabe besteht wohl in
der Führung des Heeres und der Leitung der Machtpolitik.
Die Angehörigen des Stammes oder der Stämme, von denen
die Staatsgründung ausging, sind im Verlaufe der Entwicklung immer mehr zu einer privilegierten Klasse von Kriegern
und Beamten aufgerückt, die über eine arbeitende Bevölkerung von Andersstämmigen herrscht. Das erklärt auch die

immer erneuten Aufstände, den immer wiederholten Zwang, die schon einmal unterworfenen Gebiete und Völkerschaften aufs neue zu bekriegen, um neue Abgaben, Steuern und Arbeitskräfte für die Unterhaltung des Staates und zur Durchführung seiner Aufgaben zu gewinnen.

Gerechtfertigt wurden alle diese Maßnahmen durch die Religion, durch den Glauben an die Pflicht zur Verwirklichung des Machtanspruches der Götter, als deren Vertreter die königliche Dynastie auftritt.

An der Spitze des urartäischen Pantheons steht der Kriegs- und Herdengott Chaldi, bis zu einem gewissen Grade vergleichbar dem Jahwe der Israeliten in der Zeit vor der palästinensischen Landnahme. Ihm an Bedeutung nahe kommen der Wettergott Teseba und der Sonnengott Siwini, die beide uralte Götter der Urartäer sein müssen, mitgebracht aus der Stammheimat, da sie auch bei den Churritern begegnen in den Namensformen Teschup und Schimigi.

Sonst läßt sich über den Charakter der urartäischen Götter und über die Formen der Religion und des Kultes nur wenig sagen. Aus den großen Opferlisten erfährt man kaum mehr als die Namen der Götter und – aus der Höhe der ihnen bestimmten Opfer – ihren Rang. Während Chaldi 17 Rinder, 34 Schafe und 6 Lämmer bekommt, Teseba 6 Rinder und 12 Schafe, Siwini immerhin noch 4 Rinder und 8 Schafe, müssen die meisten anderen Götter sich mit einem Rind und zwei Schafen begnügen.

Man baut den Göttern Tempel, stellt ihnen Stelen auf und weiht ihnen Tore. Dieses letztere ist eine urartäische Besonderheit und anderswo nicht zu beobachten. Es handelt sich bei diesen Toren um in Felswände eingehauene Scheintore, in deren Wände man die Weihinschriften einmeißelt, oft verbunden mit annalenartigen Kriegs- und Tätigkeitsberichten, oder – wie im Falle des Meher-kapisi am Fuße des Felsens von Toprakkale – mit Opferfestsetzungen für die Götter. In den Tempeln werden Kultbilder der Gottheiten aufgestellt und ihnen kostbare Gefäße, Prunkwaffen und anderes Gerät geweiht. Bilder der Könige sind, wie die Statuen in den Tempeln des Zweistromlandes seit sumerischen Zeiten, Substitute des Dargestellten in ewiger Anbetung vor dem Gott.

Zur Sicherstellung der Opfer erhalten die Tempel beträchtliche Stiftungen an Landbesitz und Herden, so daß die Heiligtümer ähnlich wie die Paläste der Statthalter zu Wirtschaftszentren werden und ihrerseits einen guten Teil der Bevölkerung beschäftigen.

Auf die Opferung von Menschen (Kriegsgefangenen) im Kulte des Hauptgottes Chaldi schloß Lehmann-Haupt aus einem Befund, den er beim Chaldi-Tempel in Toprakkale angetroffen haben will. Südlich an die Südwestfront des Tempels anschließend, aber tiefer gelegen, wurde eine langgestreckte, durch Rustika-Quaderwerk verblendete Terrassenanlage freigelegt, die von Erdreich verschüttet war. Aus dieser Verschüttung, in dem Gelände angepaßten Lagen, wurden große Mengen von Tier- und vor allem Menschenknochen geborgen. Merkwürdigerweise fehlten Schädelknochen fast vollständig. Dazu fanden sich die oberen Ränder großer Vorratsgefäße (*Pithoi*) mit Maßangaben in Keilschrift und mit plastisch aufgesetzten Verzierungen in Gestalt liegender Rinder, die von Raubtieren, meist Löwen, angefallen wurden. Große Mengen kleinerer Gefäße fanden sich ebenfalls, aber auffallenderweise keine Bodenstücke von den großen Pithoi. Belck und Lehmann-Haupt meinten eine kultische Anlage vor sich zu haben und deuteten den Befund als die Überreste von Opferungen, die dem Gotte auf der Tempelplattform dargebracht und deren Reste dann den Hang hinabgestürzt wurden. Falls diese Beobachtungen und ihre Deutung zuträfen, hätten also die Urartäer ihrem Hauptgotte Menschenopfer dargebracht, indem wahrscheinlich Kriegsgefangene vor dem Tempel durch Enthaupten getötet und ihre Körper dann durch Hinabstürzen auf die genannte Terrasse und Bedecken mit Erde beseitigt wurden. In den höheren Bereichen des Hanges sollen vier, in tieferen bis zu neun Schichten von Knochen, jeweils durch Erdschichten abgedeckt, festgestellt worden sein.

Über die Jenseitsvorstellungen der Urartäer sagen uns
die Texte so gut wie nichts[17]. Und da außer einem Fürsten-
grab noch keine Begräbnisstätten bekannt sind, läßt sich auch
über die Bestattungsbräuche nichts aussagen. In den Felsen
von Vankale eingehauene mehrräumige Felsenkammer-An-
lagen sind wegen ihrer Ähnlichkeit mit späteren pontischen
Felsengräbern als Königsgräber verstanden und für Vorbilder
der pontischen und persischen Felskammergräber gehalten
worden. Ihnen allen ist gemeinsam, daß sie nur durch eine
einzige in den Felsen gehauene Tür zugänglich sind, die in
der Mitte der einen Längswand eines großen Mittelraumes
mündet, von dem aus mehrere Türen in Seitenräume führen,
deren Niveau zum Teil von dem des Hauptraumes abweicht.
In einem Falle, bei den sogenannten Argisti-Kammern (so
benannt, weil an der geglätteten Außenfront des Felsens,
neben dem Eingang zu den Kammern, die Annalen Argistis I.
eingemeißelt sind), finden sich in die Wände der Felskammern
eingehauene Scheinfenster, so daß die ganze Anlage den Eindruck eines Wohnhauses macht. Die Zuweisung der Kammern an einzelne Herrscher (›Gründer-Kammern‹, ›Menua-
Kammern‹, ›Sardur-Kammern‹) ist mit Ausnahme der schon
genannten Argisti-Kammern willkürlich. Die primitivsten
wurden für die ältesten, die sorgfältiger ausgearbeiteten für
jünger gehalten. Eine einräumige Felsenkammer, die sich
ihrer ganzen Anlage nach von den bisher genannten unterscheidet, ist durch Inschriften als Werk des Menua ausgewiesen. Bei der Ausräumung erwiesen diese Felskammern sich
als längst ausgeraubt und nur mit später eingespültem Schutt
angefüllt. Inschriftliche Hinweise darauf, daß es sich um Königsgräber handelt, gibt es nicht. Trotzdem wird man schwerlich eine andere Deutung für diese Anlagen, die, wie schon
gesagt, späteren Felskammergräbern sehr ähneln, geben können. Dies umso mehr, als neuere Untersuchungen gezeigt
haben, daß urartäische Fürstengräber tatsächlich in Form unterirdischer Kammern angelegt worden sind: Beim Bau der
anatolischen Eisenbahn in der Gegend von Erzindschan war
ein Hügel, Altıntepe, durchschnitten worden. Dabei kamen aus
in den Hügel hineingebauten Räumen einige urartäische Bron-

zegefäße ans Licht, darunter ein großer Kessel mit Stierkopf-Attaschen, auf einem Dreifuß mit Stierfüßen stehend. In den Rand des Kessels eingraviert entdeckte man eine kurze Inschrift in hethitischen Hieroglyphenzeichen[18]. 1959 hat dann die Türkische Historische Gesellschaft unter Leitung von T. Özgüç am Altintepe systematische Ausgrabungen unternehmen lassen. Bei der Freilegung fand sich ein aus drei Kammern mit gemauerten Wänden bestehendes Grab. In einem der Räume standen zwei Sarkophage. Unter den Grabbeigaben waren Möbelteile aus Bronze, zum Teil über einen Holzkern gearbeitet, mit Beinen in Gestalt von Löwen- und Stierfüßen, teilweise mit Silber überzogen, und mit reichem plastischen Schmuck versehen. Weiter fanden sich kleinere Bronzegefäße, einige importierte assyrische Fayence-Vasen und Reste von reich mit Gravierungen versehenem Pferdegeschirr. Urartäische Inschriften sind am Altintepe bisher nicht entdeckt worden. Die im Grab und seiner Umgebung gefundene Keramik gehört jedoch einwandfrei zur roten urartäischen Ware. Aus der Art der Grabbeigaben kann man schließen, daß das Grab als eine Art von ›Totenhaus‹ angesehen und wie ein Wohnhaus mit Mobiliar, Gebrauchs- und Einrichtungsgegenständen ausgestattet worden ist.

IV

KUNST UND KUNSTHANDWERK

Um die urartäische Kunst, vor allem um die Metallurgie, gibt es seit dem ersten Auftauchen von Antiquitäten aus der Gegend um Van die heftigsten Kontroversen. Noch heute spaltet sich die Wissenschaft in zwei Lager, von denen das eine, dessen prominenteste Vertreter C. F. Lehmann-Haupt und Ernst Herzfeld waren, die Meinung vertritt, die urartäische Kunstfertigkeit sei von weltweiter Bedeutung gewesen. Was beispielsweise in der assyrischen Kunst dem Urartäischen verwandte Züge aufweise, sei nicht assyrischen, sondern urartäischen Ursprungs. Urartu sei in jedem Falle der gebende und eigentlich schöpferische Teil gewesen. Dem entgegen steht die Meinung des anderen Lagers, zuletzt vertreten von Henri Frankfort, wonach die urartäische Kunst nichts weiter sei als eine provinzielle Abart der assyrischen und deswegen eine gesonderte Behandlung nicht verdiene. Beide Ansichten tragen allein schon wegen ihrer Extremheit den Ansatz zur Kritik in sich. Der ersten kann man das Argument entgegenhalten, daß ein Volk, das die Schrift und einen beträchtlichen Teil der Staats-, Kultur- und Lebensformen von den Assyrern übernommen hat, wohl schwerlich auf künstlerischen Gebieten ganz unabhängig sein oder gar umgekehrt auf die Kunst der Assyrer einen tiefgreifenden Einfluß ausgeübt haben dürfte. Der zweiten Meinung kann man entgegnen, daß sich urartäische Kunsterzeugnisse sehr wohl von assyrischen unterscheiden lassen, daß sie keineswegs minderer Qualität, im Altertum hoch geschätzt und durch Handel weit verbreitet waren.

Die ausgeprägtesten eigenen, von assyrischer Übung abweichenden Züge zeigt die urartäische Baukunst. Das mag zum Teil technisch bedingt sein: Während die Assyrer in ihrer Heimat durchweg über ebenen Baugrund verfügten und ihr bevorzugtes Baumaterial der Luftziegel war, mußten die Urartäer in ihrem Bergland vielfach den Baugrund erst durch Abarbeiten und Glätten von Felsen schaffen. Außerdem führte das reichlich vorhandene Gestein ganz von selbst zu einer im Laufe der Zeit hochentwickelten Steinbauweise. Daneben war aber auch die Ziegelarchitektur im urartäischen Bereich weit verbreitet.

Die Urartäer haben Bedeutendes vor allem in der Festungsbaukunst geleistet. Die Festungswerke der Zitadelle von Van selbst sind noch nicht eingehend daraufhin untersucht worden, was von den heute anstehenden Mauern noch bis auf urartäische Ursprünge zurückgehen mag. In der ganzen näheren und weiteren Umgebung des Vansees existieren jedoch noch heute eine große Anzahl von Felsenburgen mit kräftigem, in kyklopischer Technik errichtetem Mauerwerk.

Tief durch den Fels gehauene Tunnel und Treppengänge führten zu Wasserquellen und machten die Versorgung auch im Falle einer Belagerung möglich.

Die bedeutendste bisher untersuchte Bauanlage ist die Stadt und Festung Tesebaini (Karmir Blur), eine Gründung Rusas II.(etwa 680–654). Sie liegt auf einem vom Zanga, einem Nebenfluß des Araxes, an zwei Seiten umflossenen Hügel genau gegenüber der Abzweigung eines vom gleichen König angelegten, durch einen Felstunnel geführten Kanals, der noch heute der Bewässerung der Felder auf dem Ostufer des Zanga dient. Erobert und zerstört wurde die Stadt anscheinend am Ende des 7. Jahrhunderts von skythischen Scharen. Man fand in den Mauern steckend Pfeilspitzen eines Typs, der bei den Skythen in Verwendung war. In einigen Räumen an der Festungsmauer lagen noch die Leichen der Bewohner und Verteidiger. Auch waren zahlreiche Anzeichen dafür vorhanden, daß im letzten Augenblick vor der Zerstörung noch viele Menschen, wahrscheinlich doch die Bevölkerung der Stadt und der Umgebung, in der Zitadelle Zuflucht gefunden hatten. In aller Eile waren Vorräte an Getreide und anderen Lebensmitteln in ursprünglich zur Aufbewahrung von Flüssigkeiten bestimmten Behältern angelegt worden. Wertvolleres Gut wie Weiheschilder, Helme und Bronzeschüsseln mit Königsinschriften waren in großen Tonfässern unter Brettern verborgen. Daß überhaupt so viel Inventar erhalten blieb und bei der Ausgrabung geborgen werden konnte, ist dem Umstand zu verdanken, daß ein großer Teil der Räume beim Brand der Festung vom niederstürzenden Balkenwerk und dem Lehmauftrag der Dächer zugeschüttet und den Plünderern so unzugänglich wurde.

Die Zitadelle (Abb. 1) bedeckte eine Fläche von etwa 16000 Quadratmetern, von der bisher etwa ein Drittel ausgegraben wurden. Die Mauern sind aus großformatigen Lehmziegeln über einem Fundament aus großen, unbearbeiteten Steinen errichtet und stehen noch bis zu sieben Meter hoch an. Es ist wahrscheinlich, daß einzelne Räume Deckenhöhen bis zu zehn Metern hatten. Die Dächer waren flach und in einer noch heute im ganzen Vorderen Orient üblichen

Weise mit Lehm bedeckt; dieser war auf eine Schüttung oder
ein Geflecht von Ruten und Zweigen aufgetragen, das seinerseits auf kreuzweise gelegten Knüppeln, unterstützt und getragen von Balken aus Eichen-, Kiefern- und Pappelholz,
ruhte. An der zum Flußufer hin steil abfallenden Nordkante
des Burghügels ist die Außenmauer mit rechtwinklig vorspringenden Bastionen, an deren Spitzen sich die Mauerhöhe
überragende Türme befanden, versehen. Gegen das Stadtgebiet ist die Zitadelle abgeschlossen durch eine einfache, mit
regelmäßigen Vor- und Rücksprüngen an der Außenfront

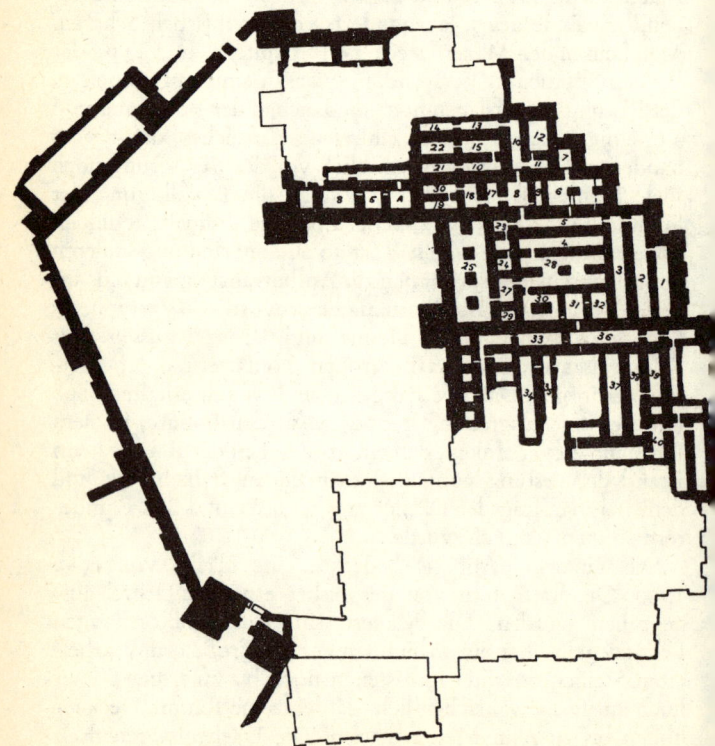

Abb. 1   Plan der Zitadelle von Karmir Blur

XIa Bronzestatuette eines
      Tempeldieners aus Van

XXIb Möbelfuß aus Bronze
      mit plastischem Aufsatz

XXIIa
Greif aus Br
Teil eines M
Aus Van

XXIIb
Gott auf Fab
wesen. Bron
Möbelteil au

nischenartig gegliederte Mauer, die noch von großen, im Grundriß quadratischen Türmen überragt wird. Zwei Durchgänge vermitteln den Verkehr zwischen Stadt und Burg: Eine kleinere, von einem vor die Mauer vorspringenden Vorwerk flankierte Pforte im Nordwesten, und ein großes, von zwei Tortürmen gesichertes Tor mit doppeltem Durchgang an der Südspitze. Beide Tore führen auf einen großen äußeren Burghof, gegen den sich der eigentliche Palast im Innern noch einmal durch eine mit Türmen und Nischengliederung versehene Gebäudefront abschließt.

Von diesen Bauten im Burginnern ist bisher etwa die Hälfte freigelegt. Der eigentliche Wohn- und Amtsteil der Zitadelle, die nach Angabe der Ausgräber Sitz des Statthalters der Provinz war, ist noch nicht ausgegraben. Genau untersucht wurde nur der in der Mitte der Nordseite gelegene Wirtschaftsteil, der vor allem der Vorratshaltung diente. In zwei riesigen Magazinräumen von über 30 m Länge bei einer Spannweite von mehr als 10 m (weswegen eine Stützung der Decke durch Mittelpfeiler nötig wurde), waren große Tonfässer (*Pithoi*) – in dem einen Raum 82 Stück – in den Boden eingelassen. Ursprünglich waren sie wohl zur Aufbewahrung von Wein bestimmt, denn in kleineren Nebenräumen fanden sich mehr als tausend rotpolierte, bauchige Kannen mit Kleeblattmündungen, die wohl zum Abfüllen des Weines gedient hatten. In anderen Vorratskammern entdeckte man Bronzebarren, Eisen- und Bronzewerkzeuge, Holzreste und Reste von Textilien und Garnen. In einem Zimmer stand eine Ölpresse, Kuchen ausgepreßter Sesamsamen lagen daneben.

Im Stadtgebiet fanden sich zu einer Art von Wohnblocks zusammengefaßte Häuser, bis zu fünf in einer Einheit, alle nach dem gleichen System angelegt. Jedes hatte einen eigenen Eingang, einen kleinen, offenen Hof und zwei Wohnräume.

Eine noch planmäßigere Gestaltung zeigt sich bei der Stadtanlage auf dem Zernaki Tepe bei Erdschisch am Nordufer des Vansees. Die fast quadratische, etwa 400 auf 450 m messende, offenbar aber nie ganz fertiggestellte Siedlung wird von einem Netz rechtwinklig aufeinander stoßender Straßen durchzogen, alle, außer der sieben Meter breiten ›Hauptstraße‹, etwa fünf Meter breit. Die Straßen grenzen quadratische, insulaartige Hauseinheiten von 18 Meter Seitenlänge gegeneinander ab. Mehr als die Fundamente der Häuser sind nie gebaut worden, zu einer Besiedlung ist es nicht mehr gekommen. Man darf aber vermuten, daß es sich bei der Anlage auf dem Zernaki Tepe um die Planung einer Stadt zur Ansiedlung von Deportierten gehandelt hat.

Vom Aufriß urartäischer Bauwerke vermitteln Bronzemodelle von Häusern einen guten Eindruck (Tafel XXa), die in Toprakkale gefunden wurden. Solche Modelle sind – das weiß man aus assyrischen Darstellungen – oft von Tributbringern dem König überreicht worden, wohl als Symbol der Übergabe einer Stadt, vergleichbar der Schlüsselübergabe in unserer Zeit. Die Modelle aus Urartu zeigen mehrstöckige Häuser mit glatten Fronten und vorgezogenen Ecken, mit schmalen Fenstern und mit Türen, die von Rundbögen überwölbt waren. Die Dächer waren flach, von Balustraden mit Durchbruchwerk und abgestuften Zinnen umgeben. An den Gebäudeecken fanden sich manchmal kleineTürme. Daß diese Modelle sehr genau der Wirklichkeit nachgebildet waren, zeigt sich daran, daß technische Details wie die Balkenköpfe der Eindeckung angegeben waren und daß assyrische Darstellungen urartäischer Städte ganz ähnliche Häuser abbilden.

Ein assyrisches Relief ist es auch, das uns den besten Eindruck vom Aussehen eines urartäischen Tempels vermittelt: Unter den Reliefs Sargons II. aus Chorsabad ist eines, das die Plünderung des Chaldi-Tempels von Mußaßir schildert (Abb. 2). Man sieht rechts Häuser der Stadt, auf deren Dächern verzweifelte Bewohner die Hände ringen. Weitere Häuser, auf Bergen stehend, sind links zu sehen. Auf dem Dach sitzt auf einem Klappstuhl ein assyrischer Offizier, der zwei Schreibern, einem Tontafelschreiber und dem auf einen Lederstreifen oder Papyrus schreibenden aramäischen Schreiber, die Aufzählung der Beute diktiert. Über dem Dach des Tempels sind assyrische Soldaten dargestellt, die die Beute, hauptsächlich mit Löwenköpfen verzierte Weiheschilder, wegschleppen. Der Tempel selbst steht auf einem erhöhten Postament. Die Front zeigt sechs Säulen oder Pfeiler, aus einzelnen voneinander abgesetzten Trommeln aufgebaut. Darauf ruht ein Spitzdach. Der Eingang zwischen den Mittelpfeilern wird von zwei menschlichen Figuren, wahrscheinlich doch den in Sargons Feldzugsbericht erwähnten Wächterstatuen, flankiert. Das im gleichen Bericht genannte Bild einer ihr Kalb säugenden Kuh ist weiter rechts auf dem Postament des Tempels zu sehen. Die Mitte des Daches wird von einer aufgesetzten, riesigen Lanzenspitze bekrönt, zwei

Abb. 2 Die Eroberung von Mußaßir durch die Assyrer.
Relief aus dem Palast Sargons II. in Chorsabad

große Lanzen stehen zu beiden Seiten der Tempeltür hinter den Wächterfiguren. An den Pfeilern und an der Tempelwand sind große runde Weiheschilde aufgehängt, die vielfach an Stelle des Mittelbuckels einen Löwenkopf tragen. Vor dem Tempel, nicht mehr auf dem Postament, stehen zwei riesige Kessel auf Dreibeingestellen mit Stierfüßen.

Das ist eine sakrale Architektur, die sich grundsätzlich von dem unterscheidet, was aus Assyrien und dem übrigen Alten Orient bekannt ist. Assyrische Tempel sind immer nach innen, auf einen Hof zu orientiert, der bei allen altvorderasiatischen Bauten den Mittelpunkt bildet. Auch bei den hethitischen Tempeln des 2. Jahrtausends ist das eigentliche Heiligtum von der Außenwelt völlig abgeschlossen und nur nach Durchschreiten eines Hofes zu betreten. Der Tempel

von Mußaßir scheint dagegen ein von allen Seiten umschreit-
bares, freistehendes Bauwerk gewesen zu sein. Unwillkürlich
fühlt man sich an einen griechischen Tempel erinnert. Doch
ist solchen Vergleichen gegenüber Zurückhaltung geboten.
Vor allem kann man nach der assyrischen Darstellung nicht
erkennen, ob der Tempel ein Giebeldach, ein Walmdach oder
ein Pyramidendach hatte. Es ist vielleicht nicht ganz unberech-
tigt, an eine Ableitung dieser Bauform vom Nomadenzelt
zu denken, bei dem auch ein Teil des Daches mit Stützen vor-
hallenartig vorgezogen wird[19].

Durchaus eigenartig und von sonstiger altorientalischer
Architektur abweichend ist auch das, was wir vom Chaldi-
Tempel von Toprakkale wissen. Rassam, der Ausgräber, hat
eine einfache Planskizze und eine mit einer Photographie
illustrierte kurze Beschreibung hinterlassen. Danach hat der
Tempel auf einem postamentartig erhöhten Fundament auf
großen, mörtellos versetzten Rustika-Quadern gestanden
(Taf. XIX). Vor dem eigentlichen Heiligtum erstreckte sich
eine Plattform von etwa 20 auf 13 m. Diese Plattform war
mit Steinplatten gepflastert, in die ein Mosaik aus konzentri-
schen Kreisen abwechselnd dunklen und hellen Gesteins eingelassen war. Eine Pfeilerstellung vor der Tempelfront, wie
in Mußaßir, fand sich nicht. Nur die Ecken des rechteckigen
Baues waren pilasterartig vorgezogen. Das Innere war verhältnismäßig klein, die Wände ungeheuer dick, so daß man
wohl auf eine beträchtliche Höhe und eine sehr schwere
Dachkonstruktion schließen kann. Aschen- und Holzkohlen-
massen deuten auf die Verwendung von viel Holz. Das
Mauerwerk des Aufbaues bestand aber aus sorgfältig behauenen und geglätteten Quadersteinen. Eine farbige Gestaltung der Fassade erreichte man dadurch, daß man abwechselnd Schichten von dunklen Basaltquadern und hellen Kalksteinen verwendete.

In der Bautechnik des Tempels von Toprakkale, einem
Werk des 7. Jahrhunderts, zeigt sich eine Beherrschung der
Steinbauweise, wie sie anderswo in der vorderasiatischen
Welt dieser Zeit nicht zu finden ist. Von einer Abhängigkeit
der urartäischen Kunst von den Nachbargebieten, besonders

von Assyrien, kann also zumindest auf dem Gebiet der Architektur nicht gesprochen werden.[19a]

Der Tempel von Toprakkale war 1880 freigelegt worden. Als Lehmann-Haupt und Belck siebzehn Jahre später hinkamen, war vom Quaderwerk des Aufbaues nichts mehr vorhanden. Heute ist auch das Fundament verschwunden, die Steine sind in modernen Häusern der Stadt Van verbaut worden.

Von den im Bericht Sargons II. über seinen achten Feldzug erwähnten Werken der urartäischen Großplastik ist, abgesehen von der Darstellung ihrer Zerstörung auf den Reliefs dieses Königs in Chorsabad, nichts auf uns gekommen[20]. Die einzigen monumentalen Bildwerke sind zwei sehr schlecht erhaltene Reliefs, die in der Gegend von Rowandiz im Irak (Herir Batas) und bei Dogu Bayazit in der Osttürkei in Felsen eingehauen sind, ferner zwei Orthostatenplatten aus Erzurum, von denen die eine einen schreitenden Löwen[21], die andere einen Mann darstellt. Zu den besten Werken urartäischer Steinplastik zählt aber der Rest einer großen Reliefdarstellung auf Basaltblöcken, die in sekundärer Verwendung als Bausteine in der seltschukischen Festung von Adildschevaz auf der Nordseite des Vansees entdeckt wurden.

Das Relief von Adildschevaz (Abb. 3) zeigt eine Götterfigur, die auf einem Stier steht, den einen Fuß auf dessen Rücken, den anderen zwischen die Hörner gestellt. Der Gott ist bekleidet mit einer nicht sehr hohen, zylinderförmigen Mütze mit zwei Hörnern, bekrönt von einer Sonnenscheibe über einer Doppelvolute. Die Hörnerkrone ist mit mehreren Reihen kleiner Rosetten geschmückt. Weiter trägt der Gott einen kurzen Leibrock und einen um die Schultern gelegten, vorn offenen Mantel, der das vorgestellte Bein frei heraustreten läßt. Beide Gewänder haben reiche Borduren mit Fransensäumen und blütenartigem Rankenwerk. Der übrige Stoff ist über und über bedeckt von einem Muster aus kleinen Rosetten, Vierecken und Blüten- und Kreuzmotiven. Wahrscheinlich darf man diese Gewandmusterung als Wiedergabe einer brokatartigen Stickerei verstehen. Der Gott ist unbärtig, sein

Abb. 3   Relief aus Adildschevaz (Rekonstruktion)

Profil zeigt eine kaum gebogene Nase ohne Einsattelung an der Wurzel und einen vollippigen Mund, das Auge ist ungewöhnlich groß und von einer sehr starken Augenbraue überwölbt. Das Haar fällt ziemlich glatt in den Nacken, der untere Abschluß ist verloren. In der vorgestreckten linken Hand scheint der Gott eine Schale gehalten zu haben, in der erhobenen rechten eine lanzettförmige Blütenknospe oder einen Staubwedel. Im Hintergrund sind vor und hinter der Götterfigur zwei stark stilisierte Bäume zu sehen mit lanzettförmigen Blüten- oder Fruchtständen der gleichen Art wie die vom Gott gehaltene Blüte. Ein weiterer Steinblock (nicht auf der Abbildung) trug Reste einer sitzenden, ähnlich gekleideten Figur, der der Gott auf dem Stier offenbar zugewandt war.

Das Motiv der Gottheit auf dem Rücken eines Tieres ist uralt. Im 2. Jahrtausend v. Chr. erfreute es sich großer Beliebtheit und Verbreitung vor allem im syrischen und hethitischen Bereich. Aber auch der assyrischen Kunst des 1. Jahrtausends ist es nicht fremd, wie die Reliefs Sanheribs bei Bawian und Maltaia beweisen, die mit dem Relief von Adildschevaz ungefähr gleichzeitig sein dürften. Auch die Gebärde des Gottes von Adildschevaz hat Vorbilder in der assyrischen Kunst: Besonders im 9. Jahrhundert, auf den Reliefs Assurnaßirpals II., finden sich immer wieder göttliche Wesen, die Gefäße halten und mit einem zapfenähnlichen Gegenstand die Blüten stilisierter Bäume befruchten – eine Übertragung des tatsächlichen Vorganges der Befruchtung der Dattelpalmen. So wird auch die Darstellung von Adildschevaz zu verstehen sein: In der von der Linken gehaltenen Schale findet sich der Samenpollen, der mit der ›Knospe‹ auf die Blüten der stilisierten Bäume gestäubt wird. Da im urartäischen Hochland Palmen nicht gedeihen und bei Obstbäumen und Weinreben eine solche künstliche Befruchtung nicht nötig ist, zeigt sich, daß die Darstellung in übertragenem Sinne gemeint ist, als Symbol der lebens- und fruchtspendenden Kraft der Gottheiten.

Im Technischen zeigen sich starke Übereinstimmungen mit assyrischen Reliefs: Die Reliefhöhe ist gering, durchschnittlich nicht mehr als 1 cm, an den höchsten Stellen nur 2 cm.

Auch die Angabe unendlich vieler, kleinster Details in einer fast an Metallbearbeitung gemahnenden Ziselierungstechnik ist durchaus nicht ohne Parallelen in der assyrischen Relief-kunst. Ein merklicher Unterschied besteht aber in den Pro-portionen, die beim urartäischen Relief viel gestreckter und schlanker wirken als bei assyrischen Beispielen. Auch zeigt das urartäische Relief eine mehr an der Oberfläche bleibende Darstellungskunst als die assyrischen, bei denen man den Eindruck hat, unter der Reliefoberfläche das Skelett der Figu-ren ahnen zu können, und die eine bedeutend stärker plastische Durcharbeitung zeigen. Abweichend von assyrischen Dar-stellungen ist auch die Gestaltung des Stieres, der wie eine Vorform achämenidischer Stierbilder anmutet. Diese Merk-male finden sich wieder bei Stierdarstellungen auf den Frag-menten eines Marmorfrieses aus Toprakkale, aber auch bei Stierdarstellungen auf Metallarbeiten.

Eine ähnliche Liebe zum Detail der Oberfläche wie beim Relief von Adildschevaz zeigt sich auch bei einem Werk der metallurgischen Kleinkunst, der Statuette eines Mannes in den Berliner Museen (Taf. XXIa), die im Chaldi-Tempel von Toprakkale von Raubgräbern gefunden wurde und vielleicht eine ungefähre Vorstellung vom Aussehen urartäischer statu-arischer Großplastik vermittelt. Dargestellt ist ein stehender Mann in einem bis auf die Füße reichenden, kurzärmeligen Gewand mit einem langen Fransensaum und einer mit Ro-setten geschmückten Bordure; darüber ist noch ein ebenfalls fransengesäumter oder wollvliesartiger Überwurf gelegt, der sich auch bei den meisten Darstellungen von Urartäern in der assyrischen Kunst findet. An den Handgelenken trägt der Mann Armringe, auf seiner Brust sind die Umrisse eines halbmond-förmigen Enkolpions (Brustschmuck) eingraviert, mit Bohrlö-chern versehen, die andeuten, daß wahrscheinlich ein Enkol-pion aus anderem, kostbarem Material angefügt war. Mit der in Brusthöhe gehaltenen Linken faßt der Mann ein stolaartig über die linke Schulter gelegtes Band oder Tuch, an dessen unterem Ende die Einlaßleere für eine farbige Einlage zu sehen ist.

Die gerade herabhängende, nicht vom Körper gelöste Rechte hält einen Federfächer. Vom Haar ist nur der untere Abschluß erhalten, ein dreifacher Kranz spiralig eingerollter Buckellöckchen, der sich in dichter Masse auf die Schultern und den Nacken legt. Das Gesicht ist aus anderem Material, weichem, weißem Gestein, eingefügt, die leeren Augenhöhlen trugen ursprünglich farbige Einlagen. Die Statuette ist in Bronzehohlguß ausgeführt, Reste einer ursprünglichen Plattierung mit Blattgold sind noch vorhanden.

Die Figuren solcher Fächerträger sind in der assyrischen Kunst wohlbekannt, meist als Diener des Königs, häufig auch mit dem über die Schulter gelegten, stolaartigen Tuch. Völlig assyrischem Vorbild nachgearbeitet ist auch die Haartracht, die zugleich einen Anhaltspunkt für die Datierung der Statuette bietet: Diese besondere Gestaltung des dicken Haarkranzes im Nacken ist ein stilistisches Merkmal, das mit den Reliefs Sargons II. im letzten Viertel des 8. Jahrhunderts aufkommt. Anders als bei assyrischen Bildwerken ist aber die Gestaltung des Gesichtes, das mit seiner weichen Fülle, mit der breiten Nase, die im Profil keine Einsattelung zeigt, mit dem großen Mund und dem derben Kinn eher Anklänge an hethitische Bildwerke des 2. Jahrtausends zeigt und durchaus parallel geht mit dem Gesichtstypus des Reliefs von Adildschevaz.

Wozu die kleine Statuette eines Tempeldieners, wie man sie wohl nennen darf, gedient hat, ob sie ein freistehendes Bildwerk war oder Teil eines größeren Ganzen, vielleicht eines Möbels oder Kultgerätes, läßt sich nicht sagen, da das Oberteil des Kopfes fehlt und somit nicht auszumachen ist, ob darauf noch etwas befestigt war.

Sicher Teile von Möbeln, und zwar von einem großen Thron, der im Tempel des Chaldi in Toprakkale stand, sind dagegen eine Anzahl von Kleinbronzen, die über Museen und Sammlungen in der ganzen Welt verstreut sind. Es befinden sich darunter Möbelfüße in Gestalt von Löwenpranken, deren Krallen aus anderem Material, wohl bunten Steinen oder Glas, eingelegt waren; mit feinziselierten Palmettfriesen und eingelegten Rosettmustern versehene Querverstrebungen und Stuhlecken; figürliche Aufsätze und Zwischenstücke in

Gestalt von Fabelwesen: mit untergeschlagenen Beinen liegende Flügelstiere, deren vielleicht menschliche Gesichter wie
bei der Statuette des Tempeldieners aus anderem Material
eingesetzt waren, wie auch die Flügel Leeren für farbige Einlagen aufwiesen; den assyrischen Torkolossen nachempfun-
dene Mischwesen mit geflügelten Stierleibern, menschlichem
Oberkörper und Gesicht, auf dem Kopfe Blattkapitelle tragend; Götterfiguren in einer dem Relief von Adildschevaz
und der Statuette des Tempeldieners ähnlichen, reichge-
musterten Tracht, stehend auf Mischwesen mit dem Hinter-
leib eines Löwen, Vorderleib eines Stieres, und Kopf eines
Löwen mit Stierhörnern (Taf. XXII, b); liegende Flügellöwen
mit Hörnern und Stiervorderbeinen (Taf. XXI, b); hervorragend gearbeitete Greifen mit ganz gefiedertem Löwenkörper
und Raubvogelfüßen (Taf. XXII, a).

Alle diese aus Bronze gegossenen, ursprünglich mit Gold
überzogenen, feinziselierten und gravierten Kleinplastiken
bildeten Teile eines großen Thrones mit einem dazu gehörigen Fußschemel, der im Tempel des Chaldi in Toprakkale
stand und von Raubgräbern in den siebziger Jahren des vorigen Jahrhunderts noch ganz vorgefunden, dann aber zer-
schlagen und in Einzelteilen in alle Welt verkauft wurde.
Den Forschern B. B. Pjotrovskij und R. D. Barnett ist es zu
danken, daß durch Sammeln aller Nachrichten über den
Thron und durch Aufspüren seiner Einzelteile eine ungefähre
Rekonstruktion versucht werden konnte (Abb. 4).

Zum Tempelgerät gehörten ferner aus Bronze gegossene
Kandelaber oder Räucherständer, die wie der Götterthron aus
plastisch gestalteten Einzelteilen zusammengesetzt waren. Ein
solcher Kandelaber bestand aus der Statuette einer Frau in
einem langen, glatten Gewand, die ihre Hände auf der Brust
zusammenlegt. Auf ihrem Kopf trägt sie ein blütenkelch-
förmiges Gefäß. Sie steht auf einer phialenförmigen Basis, von
der drei geschwungene Beine ausgehen, die in Entenköpfen
enden. Aus den Schnäbeln der Entenköpfe wachsen Stierfüße
heraus, die ihrerseits auf pinienzapfenähnlichen Gebilden
ruhen. Ein zweiter Kandelaber zeigt einen hohen, säulen-
förmigen, mit mehreren Blattkapitellen verzierten Schaft

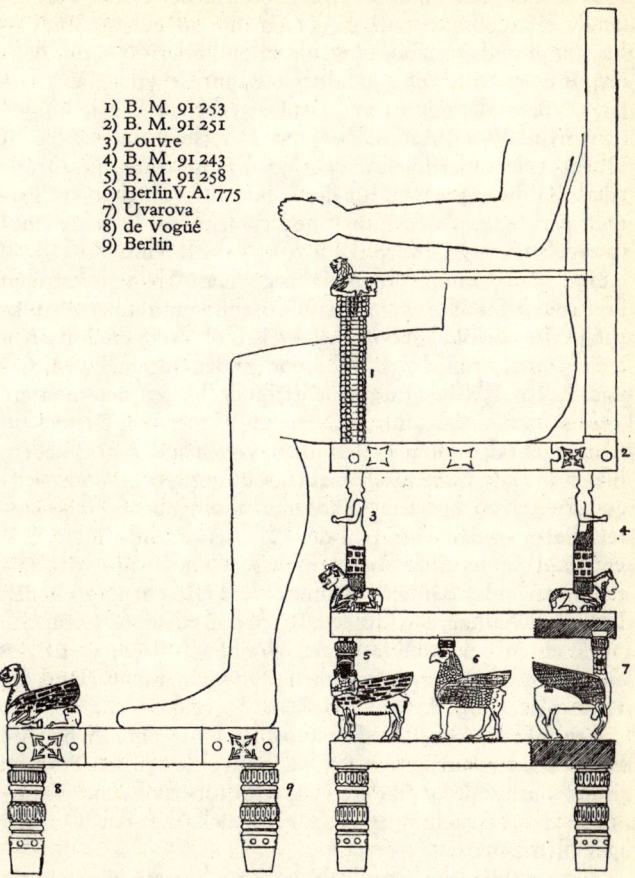

1) B. M. 91 253
2) B. M. 91 251
3) Louvre
4) B. M. 91 243
5) B. M. 91 258
6) Berlin V.A. 775
7) Uvarova
8) de Vogüé
9) Berlin

Abb. 4   Götterthron aus dem Chaldi-Tempel in Toprakkale (Rekonstruktion)

und drei Beine mit Stierfüßen, die aus den aufgerissenen Mäulern von Löwenköpfen hervorwachsen. Auf die glatten Teile der bogenförmig geschwungenen Beine sind die Figuren von drei liegenden Flügelsphinxen aufgesetzt, in ihrer Gestaltung sehr ähnlich den Figuren vom Götterthron. Diese Verbindung verschiedener tierischer Elemente in einem Stück – Entenkopf und Stierfuß, Löwenkopf und Stierfuß –, mit dem Terminus ›Zoomorphe Junktur‹ benannt, scheint eine urartäische Besonderheit zu sein. Auf assyrischen Darstellungen kann man öfter Prunkmöbel und Möbelteile sehen, die in Löwen- oder Stierfüßen enden; auch Fragmente von Originalen sind bekannt. Die für die Funde aus Van charakteristische Verbindung der Einzelglieder mehrerer verschiedener Tiere, eben die zoomorphe Junktur, jedoch fehlt.

Eine dritte Gruppe von metallurgischen Arbeiten vertreten die schon mehrfach erwähnten Weiheschilde und andere Prunkwaffen. Die Schilde sind immer kreisrund, etwa einer flachen Backschüssel ähnlich gewölbt und enden in einem Mittelbuckel (Taf. XXb). Um den Mittelbuckel legen sich mehrere konzentrische Friese, durch Ornamentbänder von Dreiecken, Palmetten oder Granatapfelblüten voneinander geschieden. In den Friesen finden sich meist leicht getriebene und nachziselierte, von scharfen Randfurchen umgebene Reliefdarstellungen, in der Mehrzahl der Fälle schreitende Tiere, Löwen und Stiere, aber auch paradeisosartige Landschaftsdarstellungen mit Bergen, Bäumen und Büschen, zwischen denen sich Wildtiere – Gazellen, Bären und Hirsche – tummeln. Die meisten der Schilde tragen Weihinschriften, so daß es leicht war, die kunstgeschichtliche Entwicklung an Hand der fest datierten Stücke zu verfolgen. Es zeigte sich, daß der Höhepunkt an künstlerischer Qualität und feiner Arbeit im 8. Jahrhundert anzusetzen ist, während sich bei den Stücken des 7. Jahrhunderts eine gewisse Vergröberung und Verarmung der Darstellungen und ein Rückgang der Qualität feststellen lassen.

Den Schilden eng verwandt sind Prunkhelme in der Form von konischen, in einer Spitze endenden Pickelhauben, deren Vorbilder assyrische Helme bilden. Diese Helme sind wie die Schilde mit nachziselierten Treibarbeiten verziert. Einer davon, ein Weihgeschenk Argistis I. aus Kamir Blur, zeigt in drei Friesen übereinander Darstellungen, die aus der assyrischen Kunst wohlbekannt sind: Palmettbäume, beiderseits von niederen Gottheiten und Flügelgenien flankiert, die ein Eimerchen und eine Blüte halten und die Gebärde des Befruchtens ausführen. Daß es sich um einen Götterhelm handelte, beweisen drei Paare von in Treibarbeit dargestellten Hörnern an den Seiten des Helmes, deren Spitzen in Löwenköpfen enden.

Ein bronzener Köcher Sardurs III., ebenfalls aus Karmir Blur, ist mit in gleicher Technik hergestellten Darstellungen von Reitern und Wagenkämpfern versehen. Die Wagen und das Geschirr der Pferde ähneln assyrischen Beispielen. Die Krieger in den Wagen und auf den Pferden tragen auf ihren Köpfen Pickelhauben ähnlich der, die eben beschrieben wurde.

Und schließlich nehmen einen erheblichen Raum in der urartäischen Metallkunst auch die Bronzegefäße ein, von denen schon die Rede gewesen ist. Die ausgeprägtesten Vertreter sind große Mischkessel, die auf Dreibeingestellen aufgestellt wurden, wie man sie auf dem Relief Sargons II. (Abb. 2) sehen kann. Ein besonderes Merkmal dieser Bronzekessel bilden plastische Aufsätze am Rand, sogenannte Attaschen, an denen oft Halteringe angebracht sind. Sie haben meist die Gestalt von Tier- oder Fabelwesenköpfen – Stiere, Löwen, Greife –, sehr häufig auch von phantastischen Mischwesen mit menschlichen Gesichtern, Vogelleibern und Flügeln, die sie am Rand des Gefäßes ausbreiten, während der Kopf ins Innere zu blicken scheint. Am Rücken dieser ›Sirenen‹ sind oft Ösen zur Aufnahme der Halteringe zu sehen (Taf. XXIV). Ein besonders schönes Beispiel solch eines Mischkessels ist der am Altintepe gefundene Bronzekessel mit seinem in Stierfüßen endenden Dreibeingestell und mit den am Rand befestigten, nach außen blickenden Stierkopfattaschen (Taf. XXIII).

Nicht von der übrigen Metallurgie abzutrennen ist auch die Juwelierkunst. Schon die beschriebenen Möbelteile mit ihren farbigen Einlagen, ihren Ziselierungen und der Goldplattierung sind ja fast Erzeugnisse der Juwelierkunst. Daneben haben die Ausgrabungen aber auch noch echte Schmuckstücke ans Licht gebracht. Verhältnismäßig einfach sind Armreifen, deren offene Endstücke zu Löwenköpfen ausgearbeitet sind. Die Beherrschung komplizierterer Techniken zeigen dann Ohrringe in Gestalt von Halbmonden oder Schiffchen, hohl gearbeitet, mit aufgelötetem Filigranwerk oder Goldgranulierung verziert. Die Typen dieser Schmuckstücke unterscheiden sich kaum von dem sowohl in Assyrien wie in den kleinasiatischen, syrischen und iranischen Kleinstaaten Üblichen. Nur eine Gattung von Schmuckstücken ist besonders in Urartu belegt: Kleine, medaillonförmige Anhänger mit einer Ringöse zum Befestigen an einer (Hals-)Kette und darauf eingravierten und gepunzten Darstellungen. Meist sind die Stücke aus Silber, die Darstellungen zeigen fast immer das Motiv der Anbetung oder Opferung vor Göttern. Die urartäische Herkunft ist leicht an der charakteristischen Musterung der Gewänder der Dargestellten mit Viereckmotiven, wie sie von den Reliefs und Statuetten bekannt sind, zu erkennen.

Ein anderer Zweig der Kleinkunst, der am Schluß noch gestreift sei, ist die Steinschneiderei. In der Glyptik haben die Urartäer keine besonderen Leistungen hervorgebracht. Es gibt zwar Siegel, die charakteristisch sind für Urartu, weil sie den Stempel mit dem Rollsiegel verbinden: Die walzen- oder zylinderförmigen Siegel haben oft eine leicht konkav eingezogene Mantelfläche, an der Oberseite sind manchmal Ringösen angearbeitet, die Unterseite trägt die Stempeldarstellung. Die Ausführung ist roh und flüchtig, in grober Ritztechnik, die Motive – meist von Tieren oder Mischwesen flankierte Bäume, einfache Anbetungs- und Opferszenen auf den Zylinderflächen, Tierdarstellungen auf dem Stempelbild – unterscheiden sich nicht eigentlich von assyrischen der gleichen Zeit. Die wenigen Siegel besserer Qualität sind leicht als Produkte assyrischer Werkstätten zu erkennen. Eines der besten davon ist das Siegel des von Sargon II. besiegten Statthalters Urzana von Mußaßir, heute im Cabinet des Médailles im Haag, zweifellos das Werk eines assyrischen Steinschneiders.

Überschaut man in einem R ü c k b l i c k den Bestand der urartäischen Kunst und was über ihre Gattungen, ihre Typen,
ihren Stil, ihre Technik, ihre Motive und ihre Verbindungen
mit der Kunst der Nachbargebiete gesagt worden ist, so
gewinnt man den Eindruck, daß die urartäische Kunst zwar
technisch einen bemerkenswerten Höchststand erreicht hat,
daß sie aber doch wenig eigene, wirklich schöpferische Züge
aufweist. Eine Ausnahme bildet nur die Baukunst. Grundriß
wie Aufbau urartäischer Tempel zum Beispiel unterscheiden
sich grundsätzlich von Gleichzeitigem in den benachbarten
Ländern, und ältere Vorbilder sind auch nicht bekannt. In der
Steinbearbeitung und in der Steinbauweise ist es den Urartäern gelungen, neue Wege zu beschreiten und Techniken zu
entwickeln, die vor ihnen nicht bekannt waren. Die Assyrer
kannten nur eine Verblendung der Mauersockel mit aufrecht
gestellten, dünnen Steinplatten, die zur Aufnahme von Reliefschmuck bestimmt waren, und sonst reines Ziegelmauer-
werk. Die Hethiter waren bedeutende Steinbaumeister, ihre
Tempel zeigen durch die ganze Mauerbreite durchbindende
Orthostatensockel, und sowohl die Bruchsteintechnik wie
die kyklopische und polygonale Mauerbautechnik erreichten
unter ihnen Höhepunkte. Präzises Quaderwerk, später von
den Griechen zur Vollendung entwickelt, begegnet im Vorderen Orient aber zum ersten Male bei den Urartäern.

Die Bildkunst zeigt dagegen ein starkes Sich-Einfügen in
die vorderasiatische, besonders die assyrische Tradition. Betrachtet man allein die Motive der urartäischen Bildwerke,
ihre ikonographischen Einzelheiten, so gibt es kaum etwas,
wofür sich nicht assyrische Vorlagen aufzählen ließen. Auch
im Technischen ist nichts Besonderes festzustellen. Die Metallurgie ist zwar hoch entwickelt, aber nicht nur in Urartu,
sondern gleichzeitig auch in anderen Gebieten der vorderasiatischen Welt. Aus assyrischen Quellen sind wir genau
unterrichtet über den hohen Stand der Metallkunst in den
späthethitischen Staaten Nordsyriens und Kleinasiens. Tabal
(Kappadokien), Karkemisch, auch syrische und palästinensische Kleinstaaten sind – und wenn auch nur durch die Schilderung der von den Assyrern weggeschleppten Beutestücke

in Inschriften und Reliefdarstellungen – als metallurgische
Zentren bekannt. Die großartigen Funde aus Gordion beweisen das hohe Niveau der phrygischen Metallkunst, die
von Sardis einen ähnlichen Stand in Lydien. Bodenfunde
haben in den letzten Jahren gezeigt, daß im mannäischen und
medischen Gebiet bedeutende Werke der Goldschmiede-
kunst entstanden sind. Und schließlich haben – entgegen den
Behauptungen urartophiler Forscher – auch die Assyrer
selbst, besonders in der Herstellung von Bronzegefäßen, Bedeutendes geleistet. Vergessen werden darf auch nicht, daß
das urartäische Gebiet schon im 2. Jahrtausend eingerahmt
war von bedeutenden metallurgischen Zentren: dem Hethiterreich im Westen, Elam im Südosten, dem Kaukasus im
Nordosten.

Die ganze Kontroverse über Bedeutung oder Unwert der
urartäischen Metallkunst wäre demnach unverständlich, wenn
es nicht eine erhebliche Anzahl Funde von außerhalb Urartus
gäbe, die auf Grund stilistischer und technischer Merkmale
als urartäische Arbeiten zu bestimmen sind. Auf Samos, auf
Kreta, in Delphi, in Olympia und auf dem italienischen
Festland in etruskischen Gräbern des 7. Jahrhunderts v. Chr.
sind Metallfunde zutage gekommen, die sich nach Urartu
zurückverfolgen lassen. Von allen diesen Fundorten sind die
für urartäische Bronzegefäße charakteristischen Henkelattaschen (besonders in Gestalt der sogenannten Sirenen) bekannt geworden. Die zugehörigen Gefäße sind nicht immer
erhalten geblieben. Nur in etruskischen Gräbern fanden sich
wohlerhaltene Bronzekessel mit ihren Ständern. Kandelaber
mit zoomorpher Junktur ähnlicher Art wie die von Toprakkale sind in Etrurien ebenfalls entdeckt worden. Besonders
bezeichnend ist aber, daß diese Importstücke offensichtlich
befruchtend auf die Entwicklung der Importgebiete einge-
wirkt haben. So findet man in der etruskischen Kunst die
zoomorphe Junktur weiter auf rein etruskischen Kunstwerken[22]. Urartäische Metallarbeiten werden, zum Teil in Terra-
kotta, von etruskischen Kunsthandwerkern nachgeahmt.
Attaschen nach dem Vorbild der urartäischen, aber in der
Einzelgestaltung doch deutlich als lokale Erzeugnisse erkenn-

XXIII Bronzekessel mit Stierkopfattaschen auf Dreibeingestell mit
Stierfüßen. Aus Altıntepe

XXIV Henkelattaschen in Gestalt von Sirenen. Aus Van

bar, sind vom 7. Jahrhundert an in der etruskischen wie griechischen Kunst üblich. Weiheschilde, die in den Zeusgrotten am Berge Ida auf Kreta gefunden wurden, zeigen zwar eine dem griechischen Kunstempfinden gemäße Umgestaltung, aber doch auch eine deutliche Abhängigkeit von einem urartäischen Ausgangspunkt. Einige Importstücke vom gleichen Fundort beweisen die Richtigkeit dieser Annahme[23].

Eine Kunstprovinz, die so weite Auswirkungen und Ausstrahlungen hervorgerufen hat, als bloßen Abklatsch der assyrischen Kunst zu bezeichnen, kann also kaum richtig sein. Vielmehr scheint es doch eher so, als habe unter den metallurgischen Zentren des Alten Orients im 8. und 7. Jahrhundert v. Chr. gerade Urartu eine besonders hervorragende Rolle gespielt. Während die anderen Gebiete – mit Ausnahme vielleicht des hethitischen Westens – mehr oder weniger nur für ihren eigenen Bedarf arbeiteten, sind urartäische Metallarbeiten in die ganze damalige Welt verschickt worden. Man hat auch glauben wollen, daß urartäische Kunsthandwerker nach den Niederlagen gegen Assyrien am Ende des 8. Jahrhunderts ausgewandert seien und im griechischen und etruskischen Bereich ihre Kunst ausgeübt und den Einheimischen vermittelt hätten. Da sich aber immer mehr herausstellt, daß wenigstens zwei Handelswege eine Verbindung zwischen den küstenfernen Gebieten Altvorderasiens und der Mittelmeerwelt herstellten, ist es durchaus möglich, daß man mit einem Handel fertiger Erzeugnisse rechnen darf. Der eine dieser Wege führte von Persien aus durch Urartu (auf dem noch heute benutzten Weg von Täbriz über Dogu Bayazit und Erzurum) zum Schwarzen Meer in der Gegend von Trapezunt, von wo aus griechische Seefahrer den Weitertransport übernahmen, der andere über den Euphrat, Karkemisch, Nordsyrien nach Minet el-Beida und von da aus über Zypern und Kreta nach dem Westen.

Auf diese Weise wurden Urartu und die urartäische Kunst zu einem der bedeutendsten Bindeglieder zwischen der Kunst des Alten Orients und der europäischen Kunstentwicklung, der sie einen Teil des orientalischen Erbes vermittelten.

ANMERKUNGEN

ERSTER ABSCHNITT: MESOPOTAMIEN

I. Quellen und Grundlagen

[1] Babylon wurde unter der Leitung Robert Koldeweys 1898–1917 wieder aufgedeckt, wobei vor allem die Stadt Nebukadnezars II. freigelegt werden konnte; ein Vordringen bis in die Schicht der Hammurabi-Zeit um 1700 v. Chr. verbot fast überall der Grundwasserstand. Vgl. dazu vor allem die Arbeiten R. Koldeweys, F. Wetzels und E. Ungers (Literaturverzeichnis).

[2] J. Oppert, der große französische Assyriologe (1825–1905), nahm Herodots Mauermaße noch für wahr und entwarf daraufhin jene Riesenstadt Babylon, die sogar die Nachbarorte Borsippa und Kisch noch einschloß. Tatsächlich sind die Maße der babylonischen Stadtmauer zur Nebukadnezarzeit folgende: Ostschenkel 1650 m, Nordschenkel 2650 m, Westschenkel 1650 m und Südschenkel 2600 m.

[3] Hingegen muß zu Herodots Entlastung festgestellt werden, daß seine Angaben, die beiden Hauptbaulichkeiten – Königsschloß und Mardukheiligtum – lägen auf verschiedenen Seiten des Euphrat (was im alten Babylon nicht zutraf), infolge einer Veränderung des Euphratlaufes wahrscheinlich für seine Zeit stimmten (vgl. Wetzel, Zeitschr. f. Assyriologie, N. F. 14, S. 48 ff.).

[4] Die Marschroute führte auf dem Hinweg nach Erreichung mesopotamischen Gebietes von Thapsakos den Euphrat abwärts bis Kunaxa etwa 50 km nordwestlich von Babylon, auf dem Rückweg tigrisaufwärts und sonach mitten durchs assyrische Kerngebiet.

[5] Sammuramat, die aus Babylon stammende Mutter des Assyrerkönigs Adadnirari III. (809–782), eine Lieblingsfigur der griechischen Sage, scheint sich zwar sehr energisch in die Regierung ihres zuerst noch minderjährigen Sohnes eingeschaltet und recht erfolgreich Krieg geführt zu haben, von einer Regentschaft im eigentlichen Sinne kann aber nach den neuen Forschungsergebnissen nicht die Rede sein.

[6] Die wichtigsten griechischen Babylonien-Texte finden sich bei R. Koldewey, Das wieder erstehende Babylon (vgl. Literaturverzeichnis), S. 306 ff. abgedruckt.

[7] Neue Identifizierungsvorschläge für drei der vier Königsnamen bei Böhl, Opera Minora, S. 339 ff., und von Soden, Die Welt des Orients, 1948, S. 198 ff.; vgl. weiter Jaritz, Zeitschr. f. d. Alttest. Wiss. 70, 1958, S. 255 f.

[8] Man vergleiche hierzu Jer. 8,2; 10,2; Zeph. 1,5; Ez. 21,26; 2. Kön. 23,5,11 u. ö.

[9] Alles Nähere über Berossos und seine Zitierung in dem grund-
gelehrten Buche von Paul Schnabel, Berossos und die babylo-
nisch-hellenistische Literatur, Leipzig-Berlin 1923.

[10] Im heutigen Irak beläuft sich der Anteil des bebauten Landes
nur auf ein Zehntel.

[11] Die Freiherr-von-Oppenheim-Expedition unter der Leitung
A.Moortgats erlebte am oberen Chabur im Oktober 1958 zwischen Mittag und Nacht Temperaturschwankungen bis zu 40° C
und hatte im November unter so großer Kälte zu leiden, daß
den Grabungsarbeitern das Kampieren in Zelten unmöglich
wurde.

[12] Für alle Einzelheiten wie auch die zahllosen Probleme sei auf
die zusammenfassende Darstellung A. Moortgats und des Verfassers (vgl. Literaturverzeichnis) hingewiesen. Die Datierung
der Ereignisse ist in der Forschung erst von der Mitte des 2. vorchristlichen Jahrtausends an einheitlich, während sie in der
1. Hälfte des 2. Jahrtausends, je weiter man von da zurückgeht,
um 50 und mehr Jahre variiert und im 3. Jahrtausend noch stärker auseinanderfällt. Von den wichtigsten Datierungsschemata,
der ›langen‹, ›mittleren‹ und ›kurzen‹ Chronologie, wird in
diesem Buche die letztere (Albright-Cornelius) als die trotz un-
verkennbarer Schwierigkeiten dennoch nächstliegende zugrun-
degelegt.

II. Wohnstätten und bürgerliches Leben; soziale Struktur

[1] Andrae, Das wiedererstandene Assur, Abb. 3, 4, 8, 14ff., 24.
Vgl. weiter E. Unger, Das Stadtbild von Assur, Der Alte Orient
27, 3, 1929.

[2] Vgl. Woolley, Ur in Chaldäa, S. 169; Preußer, Die Wohnhäuser von Assur, WVDOG 64, Tafel 9f.; Unger, Babylon, die
heilige Stadt, Abb. 7 u. 22.

[3] Vgl. Woolley, Ur in Chaldäa, S. 173 u. 178; Preußer, Die
Wohnhäuser von Assur, Tafel 2, 5f., 11–13, 17f., 21, 27a u.
das Interieur, Tafel 20g, 25g, 27b; Koldewey, Das wieder erstehende Babylon, S. 279ff. u. Abb. 235f., 241.

[4] Kodex Hammurabi § 229—231.

[5] Die Handmühle war notwendigerweise immer aus Stein –
meist aus Basalt – und damit kostbar. Sie bestand aus dem flachen ausgehöhlten Unterteil und dem Reibstein; wer es sich
leisten konnte, hatte mehrere Mühlen für die verschiedenen
Früchte, etwa für Getreide, Sesam oder Datteln.

[6] Ein altbabylonischer Brief (Ungnad, Babylonische Briefe aus
der Zeit der Hammurapi-Dynastie, Leipzig 1914, Nr. 234) enthält die Zeilen: »Schamasch und Marduk mögen Dich, meinen
Vater, am Leben erhalten, möge mein Vater wohl und gesund
sein! Der Gott, der Dich, meinen Vater, schützt, möge Dir

stets Glück bringen. Des Wohlergehens meines Vaters wegen schreibe ich dies; möge es vor Schamasch und Marduk von Dauer sein!«

[7] Gilgamesch-Epos, Beginn von Tafel 8; vgl. Schott – von Soden, Das G.-E., Stuttgart 1958, S. 67ff.

[8] Der erwähnte keilschriftliche Liebesbrief des 18. vorchristlichen Jahrhunderts lautet: »Ich schreibe Dir nur, um mich nach Deinem Befinden zu erkundigen. Schreibe mir, wie es Dir geht! Ich kam nach Babylon, habe Dich aber nicht getroffen, worüber ich sehr bestürzt war. Schreibe mir den Grund, weshalb Du fortgegangen bist, damit ich wieder froh werde!« (Ungnad, Babylonische Briefe, Nr. 160.)

[9] Vgl. besonders instruktiv Frankfort, Sculpture of the Third Millennium from Tell Asmar and Khafajah, Chicago 1939; ders., More Sculpture from the Diyala Region, Chicago 1940; auch Schmökel, Ur, Assur und Babylon, Tafel 6f., 11f., 17–28, 36f., 39, 41, 42–46, 49, 51, 53, 63–67, 82–84, 86–88, 91, 93, 97f., 100–107. An den genannten Belegen läßt sich oft auch die Kleidermode studieren.

[10] Vgl. unter S. 671 Anm. 11.

[11] Der Begriff *awīlum* hat im Kodex Hammurabi daneben auch den schlichten Sinn von ›Mann‹, ›einer‹, ›jemand‹. Die Untersuchungen hierzu sind noch im Gange.

[12] Der Name *muschkēnu* ist mit der Bedeutung ›arm‹ ins Äthiopische und Arabische gelangt und von da als *meschino* ins Italienische und als *mesquin* ins Französische weitergewandert.

[13] Zu dieser Dichtung vgl. S. 230.

[14] Urkunden des Königs Rim-Anum von Kisch aus dem Beginn des 2. Jahrtausends (Isin-Larsa-Zeit) nennen eine Art von Sklavenlager, dessen Insassen für die staatlichen und Palastarbeiten eingesetzt wurden, und aus späterer Zeit gibt es ähnliche Belege.

[15] Hammurabis Gesetz stellt z. B. die Bestrafung eines Sklaven, der seine Unfreiheit zu Unrecht bestreitet, nicht dem Eigentümer frei, sondern setzt sie selbst fest (Durchlochung des Ohres, § 282).

[16] ›Wenn ein Sklave oder eine Sklavin einem Manne in einer Stadt entläuft und gefunden wird, daß er im Haus eines anderen Mannes einen Monat geblieben ist, so soll er Sklaven für Sklaven geben; wenn er keinen Sklaven hat, soll er 25 Sekel Silber zahlen‹.

III. Das wirtschaftliche Leben

[1] *Ensi* etwa = ›Herr, der das Fundament (des Tempels) setzt‹; *lugal* = Großmensch.

[2] Die Urform der sumerischen Tempelstadt ist mit den indischen Dorfgemeinschaften noch des vorigen Jahrhunderts (studiert

von Maine, Village Communities in the East and West, London
1881) und mit den wirtschaftlich autarken frühmittelalterlichen
Klöstern etwa in Deutschland verglichen worden und hat offenbar auch gewisse Ähnlichkeit mit der Inka-Wirtschaft.

[3] Kanalbauten bezeugt etwa bei Urnansche und Entemena von
Lagasch (Mitte des 3. Jahrtausends), Naramsin von Akkad
(etwa 2250), Gudea von Lagasch (etwa 2000), Gungunum von
Larsa (etwa 1850), Sumulaïlu, Apilsin, Hammurabi und Ammi-
ditana von Babylon und so fort bis hin zu Nabuna'id, dem letzten Babylonierkönig vor dem Einbruch der Perser. Für die altbabylonische Zeit vgl. im einzelnen D. O. Edzard, Die ›Zweite
Zwischenzeit‹ Babyloniens, Wiesbaden 1957, S. 112–117.

[4] Vgl. Thureau-Dangin, F., Correspondence de Hammurabi avec
Šamašḫasir, Revue d'Assyriologie 21, 1924, Nr. 19; Driver,
Letters of the First Babylonian Dynasty, Oxford 1924, A 31 =
Schmökel, Hammurabi von Babylon, S. 98. Gesetzliche Rege-
lung: Kodex Hammurabi, § 53.

[5] Moderne Aufnahmen der beiden Arten von Wasserhebe-An-
lagen z. B. bei W. König, Neun Jahre Irak, Brünn-München-
Wien 1940, Tafel-Abb. 5 u. 6 bei S. 96/97. Paruane von 9 m
Durchmesser sind heute am Euphrat z. B. noch zwischen Hit
und Ramadi in Betrieb. Übrigens hat sich der technisch interes-
sierte Sanherib bemüht, die babylonische Einrichtung des
Schaduf auch in Assyrien einzuführen, vgl. Pritchard, ANEP,
Fig. 94.

[5a] Wir besitzen aus der Hethiterhauptstadt ein umfangreiches,
hethitisch geschriebenes, aber mit vielen indogermanischen
Fachausdrücken versehenes Pferdezuchtbuch von einem Churriter namens Kikkuli (Übersetzung bei Potratz: Das Pferd in der
Frühzeit, 1938.)

[6] Ein amüsanter Brief, von dem Minister Zimrilims von Mari
(um 1700) an seinen König gerichtet, warnt diesen davor, ein
Pferd zu besteigen; Zimrilim möge ›sein königliches Haupt
schonen‹.

[7] Hier einige (freie) Übertragungen solcher – äußerst schwer über-
setzbarer – sumerischen Sprichwörter der genannten Richtung:
»Mit Auerochsen pflügt man nicht.«
»Ein Ochse weiß sich nicht zu drehn.«
»Wenn ich immer so schwer tragen muß, gehe ich ein, sagte
das Pferd und warf den Reiter ab.«
»Läßt man einen Esel einen Sekel Silber tragen?«
»Ein Hund gehorcht, wenn du ihm sagst: Faß an! Doch nicht,
wenn du befiehlst: Laß los!«
(Vgl. Gordon, Journal of Cuneiform Studies 12, 1958, S. 1 ff.,
43 ff.)

[8] Vgl. z. B. Schmökel, Ur, Assur und Babylon (UAB), Tafel 4 b,
38, 76 a; Kramer, Tablets, S. 64, Abb. 33.

[9] Die Schilfboote Sumers sind denen des Titicaca-Sees und den früher auf der Osterinsel verwendeten erstaunlich ähnlich.

[10] *Panthera leo persica*, im Irak Anfang unseres Jahrhunderts ausgerottet. Einzelgänger vielleicht noch im persischen Arabistan, letzter (geschützter) Bestand im Waldgebiet von Gir (Kathiawar) nördlich von Bombay in Indien (unter 100 Stück).

[11] Es handelt sich um *Cervus* (Dama) *mesopotamicus Brooke*, 1875. Ebenso wie der bereits für ausgestorben gehaltene Onager 1954 in der persischen Salzwüste *Descht Kevir* wiederentdeckt und durch Hagenbecks Tierfänger in einer kleinen Herde nach Europa gebracht werden konnte – womit wahrscheinlich seinem Aussterben vorgebeugt wurde –, ist man neuerdings in Persien auch einigen schwachen Restrudeln des mesopotamischen Damhirsches auf die Spur gekommen; es gelang, ein Pärchen in das G. von Opel-Freigehege Kronberg (Taunus) zu überführen.

[12] Schmökel, UAB, Tafel 7a.

[13] Abgebildet bei Meißner, Babylonien und Assyrien I, S. 234, Abb. 55f.

[14] Vor allem der berühmte reliefierte Elfenbein-Messergriff von Dschebel el-Arak; vgl. Schmökel, UAB, Tafel 5.

[15] Daß der babylonische Handel auf dem Weg über die syrischen Küstenstädte auch ins Mittelmeer vordrang, wird durch Funde auf Zypern gesichert; altorientalische Schiffahrt bis in die Nordsee erscheint dagegen recht unwahrscheinlich, vgl. aber B. Lundmann, The Problem of Ancient Oriental Shipping in the North Sea, Journal of Near Eastern Studies 16, 1957, S. 105ff.

[16] So schreibt z. B. einmal Jasmachadad, der Sohn des Schamschiadad I. von Assur und Vizekönig von Mari, an Hammurabi in Sachen einer auf babylonischem Gebiet in Schwierigkeiten geratenen Tilmun-Karawane. (Archives royales de Mari V, 14.)

[17] Es mag den Leser interessieren, daß die durch jahrtausendelangen Raubbau fast verschwundenen Zedernbestände – die berühmtesten sind heute die von *Bscherry* und *Baronk* – nun durch Verminderung der Kleinviehherden und Zunahme der Garten- und Obstkultur in Libanon langsam wieder nachzuwachsen beginnen, vgl. A. Salomon, Wandlungen im Landschaftsbild des Libanon, Kosmos 1959, 9, S. 400–403.

[18] Der heutige Name, *Kelek*, entspricht noch völlig dem akkadischen *kalakku*.

IV. Königtum, Beamtenschaft und Verwaltung

[1] Die ›Sumerische Königsliste‹ ist etwa zur Zeit Utuchengals von Uruk (um 2060), nach anderen als Tendenzschrift unter dem Usurpator Urninurta von Isin (um 1850), aufGrund älterer Listen undÜberlieferungen entstanden und hat zur Zeit Sinmagirs von Isin (um 1760) ihre Schußredaktion erhalten. Vgl. auch S. 181.

[2] Vgl. dazu Kramer, From the Tablets of Sumer, S. 26 ff.

[3] Die Lugalannemundu-Inschrift, vielleicht ein Werk der spät-sumerischen historisierenden *narû*-Literatur, ist Nintu, der ›großen Gemahlin Enlils‹, geweiht und berichtet vom Kampf gegen 13 aufständische Fürsten, vom Bau eines Tempels für Ninurta, der Benennung seiner sieben Tore und Türme und von Riten und Opfergaben bei der Weihe des Heiligtums. Daß ihr als geschichtlicher Kern eine umfangreiche, aber wohl periphere sumerische Staatsgründung noch vor der Mitte des 3. Jahrtausends zugrundeliegt, kann kaum bezweifelt werden. Die Inschrift verleiht Lugalannemundu den Titel ›Held, Pfleger von Nippur, König von Adab und König der vier Weltgegen-den‹. Die Königsliste meldet seinen Sieg über Ur.

[4] So benannt nach einem früh gefundenen Teilstück, das Geier über den Toten des Schlachtfeldes zeigt.

[5] Sargon (*Scharru kēnu*) heißt im Akkadischen ›legitimer König‹ und ist ein Thronname; der echte Name des großen Kaisers – wie wir ihn nach Art und Werk ruhig nennen können – ist verschollen.

[6] Vergl. von der Osten, Die Welt der Perser, Stuttgart, 1956, Taf. 9. Ein ähnliches Stück vielleicht in der Sungesur-Schlucht (Rania-Ebene, Südkurdistan), vgl. J. Laessøe, The Shemshara Tablets, Kopenhagen 1959, S. 14 f.

[7] Wir hören beispielsweise einmal von einer Lieferung aus Girsu an den König, die neben Öl, Fischtran und Ziegenwolle, 1710 Palmstämme, 1233 Rinderhäute, 16 584 Bündel Rohr und 3876 hl Asphalt umfaßt.

[8] Vgl. dazu Schmökel, Heilige Hochzeit und Hoheslied, S. 13 ff.; dort weitere Hinweise.

[9] Vgl. Schmökel, Hammurabi von Babylon, München 1958.

[10] Diese Texte sind nachzulesen bei E. Ebeling, Mitteilungen der Altorientalischen Gesellschaft 12, 2, 1938, und Orientalia, Nova Series 18, 1948, S. 30 ff.

[11] Sehr eindrucksvoll hat der judäische Prophet Jesaja angesichts der Taten Sanheribs das Wesen des assyrischen Imperialismus charakterisiert (Kap. 10, V. 13 f.).

[12] Eine Ausnahme bildet hier der Begründer des neubabylonischen Reiches, Nabopolassar. Er nennt sich betont ›Sohn eines Nie-mand, den Marduk unter dem Volke nicht sah‹, fühlt sich aber doch von Marduk und Nabû berufen.

[13] Der Text dieses Gebetes lautet (nach K. F. Müller, Das assyrische Ritual, S. 12 f.): »Die Kronbinden deines Hauptes – ja, Assur und Nintu, die Herren deiner Kronbinden, mögen sie dir für hun-dert Jahre aufsetzen! Dein Fuß in Ekur und deine zu Assur, dei-nem Herrn, ausgestreckten Hände mögen sich wohlbefinden! Möge dein und deiner Söhne Priestertum das Wohlgefallen Assurs, deines Gottes, haben! Mach weit dein Land mit deinem

geraden Zepter! Schnelles Willfahren, Recht und Frieden möge
Assur dir geben!«

[14] Göttliche Verehrung des abgeschiedenen Fürsten ist u. a. für
Gilgamesch, Lugalbanda, Eannatum und Urnammu bezeugt.

[15] Die babylonische Chronik erzählt, daß Erraïmitti von Isin
gerade zur Zeit der Inthronisierung eines Ersatzkönigs starb und
dieser, Enlilbāni mit Namen, dann die Herrschaft zu behalten
verstand – ein Ereignis, das ob seiner Absonderlichkeit von der
griechischen Tradition übernommen wurde.

[16] Protest eines Ratgebers gegen abwegige Thronfolgepläne Asarhaddons: R. Pfeiffer, State Letters of Assyria, Nr. 151.

V. Heer und Kriegswesen

[1] Etwa einzusehen bei H. R. Hall, La sculpture babylonienne et
assyrienne au British Museum, Ars asiatica XI, Paris u. Brüssel
1928, oder bei A. Paterson, Assyrian Sculpture, The Palace of
Senacherib, den Haag o. J., ferner neuerdings in ausgezeichneten
Wiedergaben bei R. D. Barnett, Assyrian Palace Reliefs, London (1960).

[2] Wir finden auf den Reliefs assyrische Soldaten mit Spitz- und
kappenartigen Helmen; auch Rundhelme mit hochgezogener
Spitze erscheinen. Ferner gibt es solche mit Kamm und Raupe,
die vielleicht aus dem jonischen Bereich importiert waren.
Einige assyrische Helme haben sich erhalten und konnten bei
den Ausgrabungen geborgen werden.

[3] Man vergleiche etwa Hall, a. a. O., Tafel 42f.

[4] Vgl. UAB, Tafel 13b, 17, 39.

[5] Vgl. Hall, a. a. O., Tafel 15b, 16a (Assurnaßirpal II.), 25a (Tiglatpileser III.), 34a (Sanherib), 40 (Assurbanipal); Barnett, Reliefs, Tafel 10ff., 22f., 25, 35, 38, 40, 44, 159, 162f. (u. unsere
Tafel-Abb. Vb), 173.

[6] Vgl. etwa Luckenbill, Ancient Records I, § 443, 445, 447, 455,
462 u. ö.

[7] Die ständige Wiederkehr stereotyper Wendungen in diesen
›Zerstörungsberichten‹ verringert das Zutrauen in ihren Wahr-
heitsgehalt; auch wenn die Ereignisse im einzelnen anders, insbesondere maßvoller verliefen, ging wohl die Formulierung des
Kriegsberichts immer auf größtmögliche Propaganda- und Ab-
schreckungswirkung aus.

VI. Das Recht

[1] Es empfiehlt sich heute, diesen Begriff pluralisch zu verwenden
und von ›Keilschriftrechten‹ zu sprechen (Cardascia), denn mit
dem Fortgang der Erforschung beginnen sich die – sämtlich in
Keilschrift geschriebenen – Rechte Sumers, Babylons und Assurs,

Elams, Churris, Nordsyriens und des Hethiterreiches mehr und mehr voneinander abzuheben.

[2] So G. Cardascia (vgl. Literaturverzeichnis).

[3] Vgl. den großen Schamasch-Hymnus bei Falkenstein-von Soden, Sum. u. akkad. Hymnen u. Gebete (SAHG), S. 240ff., und W. G. Lambert, Babylonian Wisdom Literature, S. 121–138.

[4] Vgl. z. B. M. San Nicolo, Bab. Rechtsurkunden, Nr. 85, S. 145f. (652/51 v. Chr.).

[5] Ein altbabylonischer Brief lautet: »Zu Mārschamasch sprich, so sagen Saggia und Ibniamurrum: Sinatum hat uns vor die Richter von Babylon zitiert, und sie haben gegen uns entschieden. Das Feld (gib) dem Sinatum (zurück); geh nicht ungesetzlich gegen ihn vor!« (P. Kraus, Altbabylonische Briefe I, Nr. 5, S. 45f.)

[6] Diese Texte wurden erst durch A. Falkenstein 1956 zugänglich gemacht; sie dürften für das Zentralarchiv der höchsten Verwaltungsbeamten in der betreffenden Provinz bestimmt gewesen sein und wurden hier, zeitlich geordnet, in Tontafelbehältern aufbewahrt. Sie dienten also noch nicht, wie in der altbabylonischen Zeit, als Beweisurkunden der streitenden Parteien, sondern zum ›Nachschlagen‹ oder als Material zur Ausbildung des Richternachwuchses.

[7] Die Siegelung erfolgte in den meisten Fällen mit Hilfe eines Rollsiegels, also eines Zylinders, zuweilen durch ein Stempelsiegel. Abdrücke von Fingern und Gewandfransen kommen vor.

[8] Einfachstes, fast einheitliches Schema des älteren Formulars, etwa bei einem Sklavenkauf: »Den Sklaven A hat von (Verkäufer) B der (Käufer) C für den und den Preis verkauft.« Zeugen, Datum.

[9] Die uns abstoßende Sitte des Kinderverkaufs verliert vielleicht an Härte, wenn wir die zunächst relativ günstige Stellung des Sklaven in Sumer und die Möglichkeiten in Betracht ziehen, daß als freie Kinder erworbene Sklaven stärker in die Familie einbezogen und wohl gar oft adoptiert wurden. Der Brauch hielt sich jedenfalls bis in die neubabylonische Zeit und wird hier durch viele Verkaufskontrakte belegt.

[10] Die Bedeutung des Mahlschatzes oder Brautpreises (akk. *tirchatu*) ist noch umstritten, er wird als Verlobungsgeschenk, *pretium virginitatis*, Versorgungskapital der Braut oder (meist) als ursprüngliches Kaufgeld gedeutet; bei letzterer Annahme ist die Ehe zumindestens rechtlich Kaufehe.

[11] Vgl. etwa Falkenstein, Neusum. Gerichtsurkunden, Nr. 1 oder (neubabylonisch) Peiser, Keilschriftliche Bibliothek 4, S. 226ff.

[12] Vgl. etwa eine Adoptionsurkunde aus Mari (18. Jahrhundert): Archives royales de Mari VIII, Boyer, Textes juridiques, Nr. 1.

[13] Hammurabi will in seinem Reformgesetz (§ 172) der Witwe bei Nichtvorhandensein von Mitgift und Schenkungen ein Sohnesteil sichern.

[14] Beispiel eines neuassyrischen Bürgschaftsvertrages aus dem Jahr 711 v. Chr.: Kohler-Ungnad, Assyrische Rechtsurkunden, Nr. 635, S. 374.

[15] Ein neubabylonischer Gesellschaftsvertrag aus dem Jahre 624/23 v. Chr.: San Nicolo, Babylon. Rechtsurkunden, Nr. 48, S. 106f.

[16] Solche politischen Ehen wurden z. B. im 18. Jahrhundert v. Chr. zwischen dem Sohne Schamschiadads I. von Assur, Jasmachadad, Vizekönig von Mari, und der Tochter Ischchiadads von Qatna in Syrien und zwischen Zimrilim von Mari und Schibtu, der Tochter Jarimlims von Jamchad (mit der Hauptstadt Aleppo) geschlossen, während der Bruder Jasmachadads, Ischmedagan, als König von Assyrien seinen Sohn mit einer Tochter des Bergfürsten Jazija von Turukku verheiratete; im 7. Jahrhundert gab Asarhaddon von Assyrien seine Tochter einem Skythenprinzen zur Frau.

[17] Entsprechend hören wir aus Urnammus Inschriften, daß er >gemäß den gerechten Gesetzen Utus (des Sonnengottes) Gerechtigkeit herrschen<, >das Recht erstrahlen< ließ und >den Bösen faßte< und daß sein >Rechtsspruch Sumer und Akkad auf eine Linie brachte, Dieben und Räubern den Fuß auf den Nacken setzte<.

[18] Die neubabylonischen Gesetze behandeln Ersatzpflicht des säumigen Bauern, Fixierung von Kaufgeschäften besonders bei Immobilien, Haftung bei Sklavenverkauf, Holzdiebstahl, Ehe- und Erbrechtsfragen. Auch diese Sammlung stammt eher aus Schreiber- als aus Richterkreisen.

VII. Schrift, Schreiber und Schulen

[1] Die betreffende Stelle im Enmerkar-Epos lautet:
>>Da nun der Herold redeungewandt,
Nicht fähig war, die Botschaft nachzusprechen,
Nahm einen Klumpen Ton der Herr von Kullab,
Schrieb drauf die Worte wie auf eine Tafel –
Noch nie ward je ein Wort auf Ton gesetzt.
Doch nun, da's ihm der Sonnengott so eingab(?),
Geschah's, die Tafel schrieb der Herr von Kullab ...<<
(Kramer, Enmerkar and the Lord of Aratta, S. 37ff., Z. 502–507.

[2] Das Zeichen *enkum* hat 36 Keile, das aus zwei gleichen, übereinanderstehenden Keilgruppen bestehende Zeichen *karadin* hat 42, das aus 4 Keilgruppen zusammengesetzte Zeichen *gugu* gar 52 Einzelkeile, vgl. Labat, Manuel d'épigraphie (s. Literaturverzeichnis) S. 259, Mittelspalte und S. 256, rechte Spalte.

[3] Wenn auch Schultafeln fehlten (was durchaus Zufall sein kann), wird man zwei Räume des Zimrilim-Palastes von Mari (um 1700) mit großer Sicherheit als Klassenzimmer ansehen dürfen: Das größere von 8:13 m hatte 3 Bankreihen aus rohem Lehm

mit verschieden langen Bänken im Raum und dazu an zwei benachbarten Seitenwänden, vielleicht auch einen erhöhten Sitz
als Katheder; Lese- oder Schreibpulte fehlten (vgl. Parrot,
Miss. arch. de Mari II, Le palais, I, S. 186–191 u. Taf. 41f.; UAB,
Tafel 61b). Schulräume in Privathäusern weisen sich meist
durch die Auffindung von Schülertexten aus, wie sie z. B. Woolley in Ur fand (Ur in Chaldäa, S. 177).

⁴ Diese Fara-Texte sind ›Lehrsammlungen‹, die den Erfahrungs-
stoff zusammenstellen und ordnen; sie enthalten Listen von Fischen, Vögeln, Haustieren, Pflanzen, Gefäßen, Berufsbezeichnungen, Personennamen u. ä. und bringen auch eine – erste –
große Götterliste mit etwa 500 Namen von Gottheiten.

⁵ Prinzessinnen, die als Hohepriesterinnen oder Statthalterinnen
amtierten, Ensi-Frauen, die Tempelwirtschaften (und ihren umfangreichen privaten Haushalt) leiteten und selbständig Han-
delsgeschäfte tätigten, energische Königinnen und gewiß viele
kluge Frauen bürgerlichen Standes waren naturgemäß lese-
und schreibkundig; eine Orakelanfrage Assurbanipals hat die
Unterschrift: »Sieh darüber hinweg, daß dies eine Frau vor dich
gebracht hat!« In der Welt der Götter war sowohl der Schrei-
berposten des Himmels als auch der der Unterwelt wenigstens
zeitweise in weiblicher Hand: jenen hatte Nisaba, diesen Gesch-
tinanna-Ereschkigal inne.

⁶ Siehe Literaturverzeichnis unter Falkenstein und Kramer; Teile
des Textes, frei übersetzt, auch wiedergegeben UAB, S. 62f.

VIII. Die Wissenschaften

¹ Die grundlegende Zweisprachigkeit Altmesopotamiens wandelte sich – nach Einbrüchen fremder Stämme, etwa der Gutäer,
Churriter, Kassiten, Elamiter und Aramäer – zeitweilig sogar
in eine Vielsprachigkeit, die den Philologen gewiß manche
Mühe machte. Im Gegensatz dazu wurde offenbar das Nebeneinander von Sumerisch und Akkadisch als ›Symmetrie‹ gedeutet und als ›Harmonie‹ bewertet, vgl. von Soden, Bibliotheca
Orientalis 16, Leiden 1959, S. 132; ders., Zweisprachigkeit in
der geistigen Kultur Babyloniens (vgl. Literaturangaben zu
Kap. IX, Abs. 1).

² Blieb ein Regierungsjahr ohne bedeutendes Ereignis, so griff
man zu dem Ausweg, dieses Jahr noch einmal nach dem Vorjahr zu datieren: ›Jahr nach dem Jahr, in dem . . .‹

³ Ende 1953 kam in einer amerikanischen Sammlung ein – bis
dahin nicht erkannter – fast gleichlautender, vollständigerer Pa-
ralleltext zum Vorschein, und in Uruk erschien neuerdings das
Fragment einer späten Königsliste, die von Assurbanipal bis zu
den Seleukiden reicht.

⁴ Vgl. dazu Anm. 3 zu Kap. IV, S. 664.

5 Diese von D. J. Wiseman bearbeiteten Texte enthalten u. a. auch den Bericht von der ersten Eroberung Jerusalems durch Nebukadnezar II. am 16. März 597.

6 Vgl. UAB, Tafel 110.

7 Zuletzt abgebildet bei D. J. Wiseman, Zwischen Nil und Euphrat, Wuppertal-Vohwinkel 1959, S. 14.

8 Eine umfangreiche Liste von in der Medizin gebrauchten Gewächsen findet sich bei Meißner, Babylonien und Assyrien II, S. 304 ff.

9 Vgl. Literaturverzeichnis zu Kap. II unter Nötscher.

10 Wir finden in dieser Liste nicht weniger als 47 Schlangenbezeichnungen – Schlangen galten neben Schafen und gewissen Vögeln als wichtigste Vorzeichenträger –, weiter u. a. Auerochsen, Löwe, Bär, Leopard, Gepard, Wolf, Hyäne, Dachs, Fuchs, Luchs, Iltis usw., dann Wildschaf, Hirsch, Steinbock, Gazelle, Schwein, Ratte, Maus, Eidechse, Gecko, etwa ein Dutzend Heuschreckenarten, Laus, Floh, Motte, Fliege, Mücke, Wespe, Skorpion, Frosch, Kröte, schließlich allerlei Würmer, Raupen und Larven.

11 Mittel zum Einnehmen: »Birnbaumholz und die Blume(?) der ›Mond‹-Pflanze zu Pulver zermahlen, in Bier auflösen und dem Manne zu trinken geben.« Salbenrezept: »Birnbaumholz und die ›Mond‹-Pflanze zu Pulver verreiben, *kuschumma*-Wein daraufgießen, Öl und heißes Zedernöl darüber verteilen.« Filtratrezept: »Eine Wasserschlangenhaut reinigen, zu Pulver zerreiben, die Wurzel der Myrte, zerkleinertes Alkali, pulverförmige Gerste, die Haut des *kuschippu*-Vogels beifügen, dann Wasser zugießen, kochen und das Wasser ablaufen lassen, (das kranke Organ) darin baden und es mit Öl einreiben.«
(L. Busch, Das älteste medizinische Handbuch der Welt, Therapeutische Berichte 26, 144, 1954.)

12 Der Beschwörungspriester nahm hier Mittel moderner Psychotherapie – Suggestion und Hypnose, Schockwirkung, Ausnützung der Kräfte des Glaubens usw. – voraus und hatte dabei gewiß oft Erfolg.

13 Meißner, Die babyl.-assyr. Literatur, S. 77 f.; dort weitere Beispiele.

14 Ebendort S. 77, Abb. 85; UAB, Tafel 58.

15 Als Beispiel geben wir eine Aufgabe der dritten Art (Thema, Rechenverfahren, Lösung) aus einer Sammlung aus der Hammurabi-Zeit, die mit einer Figur – einem durch eine Diagonale unterteilten Rechteck – versehen ist. Der Text, von dessen zwei Lösungen hier die erste mitgeteilt wird, lautet:
›(Von einem Rechteck, dessen Breitseite 10, und dessen) zweite Langseite 40 Ellen Höhe beträgt, berechne seine Diagonale.‹ Hiervon werden zwei verschiedene Lösungen gegeben.
Die erste lautet: »Quadriere die Breitseite, (deren Länge) 10 (be-

trägt), so erhältst du 1 (× 60) + 40 (= 100). Die Quadratfläche 100 multipliziere mit der Höhe 40 Ellen, so erhältst du
1 (× 3600) + 6 (× 60)+40 (= 4000). Bei der Verdoppelung erhältst du 2 (× 3600) + 13 (× 60) + 20 (= 8000). Addiere das
zu 40 Ellen Höhe, so erhältst du 42–13–20. (So ist) die Berechnung.« (Nach Meißner, Bab. u. Ass. II, S. 393; vgl. Thureau-
Dangin, Textes mathém. babyloniens, S. 130f., Nr. 232.)

16 Diese auf kassitischen Kudurrus erscheinenden Sternbilder sind
Plejaden, Stier, Orion, Perseus, Fuhrmann, Große Zwillinge,
Krebs, Löwe, Ähre, Waage, Skorpion, Schütze, Steinbock,
Wassermann, Fischer und Widder.

17 Die spätbabylonischen Tierkreiszeichen sind: ›Lohnarbeiter‹
(= Widder), Plejaden, Zwillinge, Krebs, Löwe, ›Ähre‹
(= Jungfrau mit der Ähre), Waage, Skorpion, ›Schießender
Kentaur‹ (=Schütze), ›Ziegenfisch‹ (= Steinbock), ›Gula‹
(= Wassermann) und ›Schwänze‹ (= Fische).

18 Nach E. Weidner, RLA II, S. 411f.

19 Wie ihr – einander entsprechendes –Welt- und Himmelsbild
ausgesehen haben mag, hat E. Unger in einer Zeichnung darzustellen versucht, vgl. zuletzt Welt des Orients II, S. 464.

20 Hier einige kurze Beispiele: »Wenn der Himmel bis zum Neumond klar bleibt, wird der (günstige) Nordwind wehen, es
wird eine reiche Getreideernte geben.« –»Findet im Monat Nisan eine Mondfinsternis während der ersten Nachtwache statt,
so wird Zerstörung eintreten, und ein Bruder wird den anderen
töten.« – »Findet am 1. Elul eine Sonnenfinsternis statt, so bedeutet das Vernichtung des Palastes, des Viehs oder eines gro
ßen Heeres; Niederlage von Elam.« – »Wenn die Venus am
21. Ab bei Sonnenaufgang verschwindet und 2 Monate 11
Tage am Himmel verborgen bleibt, dann am 2. Marscheschwan
bei Sonnenuntergang wiedererscheint, wird Regen im Lande
sein, Zerstörung wird eintreten.«

21 »Kriecht eine Schlange auf den Fuß eines Mannes, so bedeutet
das langes Leben und Verschonung des Besitzes.« – »Fliegt ein
Falke in das Haus eines Mannes, so wird die Frau des Hauses
sterben.« – »Gebiert eine Frau ein Kind, das einen ›Löwenkopf‹
hat, so wird das Land einen starken König bekommen.«

22 »Wenn der ›Finger‹ (ein Leberteil) wie eine Rinderzunge ist,
werden den Fürsten seine Eunuchen ermorden.« – »Wenn der
›Finger‹ wie der Kopf eines Schafes ist, wird der Fürst vollkommen handeln.« – »Wenn die linke Niere schwarz ist, wird
der Sohn des Königs des feindlichen Landes sterben.«

23 Proben bequem einzusehen bei Meißner, Babylonien und Assyrien II, S. 217ff.

24 Der bekannteste dieser Briefe stammt wohl von Assurbanipal
und ist an seinen Archivdirektor Schadunu gerichtet; er gibt
Auftrag, bestimmte Texte aus den privaten Tafelsammlungen

sowie denen des Nabûtempels nach Babylon zu bringen und nach
weiterem geeigneten Material für die Bibliothek Ausschau zu
halten; der Bürgermeister von Borsippa sei angewiesen, dafür
zu sorgen, daß ihm keine kostbare Urkunde verweigert werde.

IX. Dichtung und Musik

[1] Vgl. Thureau-Dangin, Sum.-akk-Königsinschriften, S. 56ff.;
Schmökel, Das Land Sumer, S. 66; ders., UAB, S. 31f.

[2] Die hethitischen und ugaritischen Dichtungen sind an die 800
Jahre, die hebräischen, homerischen, indischen Rigveda- und
persischen Avesta-Texte weit über 1000 Jahre jünger.

[3] Hierzu sind vor allem S. N. Kramers Bücher ›Sumerian Mythology‹ und ›From the Tablets of Sumer‹ zu vergleichen.

[4] Vgl. Kramer, Journal of Cuneiform Studies 5, 1951, S. 1ff.
Z. 336ff.

[5] Es handelt sich, wie Castellino in Zeitschrift f. Assyriologie,
Bd. 18 und 19, nachweisen konnte, um hymnische Texte bzw.
um ein Totenritual für den König.

[6] S. N. Kramer bevorzugt den Titel ›Gilgamesh and the Land of
the Living‹.

[7] Der heutige Stand der Forschungen über das Gilgamesch-Epos
ist in der Neubearbeitung des Reclam-Bändchens von A. Schott
›Das Gilgamesch-Epos‹ (1934) durch W. von Soden 1958 kurz
zusammengefaßt.

[8] Neuerdings kam eine spätassyrische Ausgabe des Nergal-
Ereschkigal-Mythus auf dem Sultantepe zum Vorschein.

[9] Der Name lautet Kabti-ilāni-Marduk. Die Nennung des Autors
begegnet selten, sonst z. B. noch bei der sog. Babylonischen Theodizee, deren Verfasser Saggil-kīnam-ubbib heißt (vgl. Anm. 16).

[10] Man vergleiche Falkenstein-von Soden, Sumerische und akkadische Hymnen und Gebete (SAHG), S. 115-130, für die Ham-
murabi-Hymne Schmökel, Hammurabi von Babylon, S. 103f.

[11] SAHG S. 189-213; Kramer, Lamentation over the Destruction
of Ur, Chicago 1940; Schmökel, Das Land Sumer, S. 78-80.

[12] Einer ähnlichen Erscheinung begegnen wir im Sanskrit-Drama,
in dem die Männer Sanskrit, die Frauen Prakrit sprechen.

[13] Vgl. dazu Schmökel, Das Land Sumer, S. 146; ders., Heilige
Hochzeit und Hoheslied (Abhandlungen f. d. Kunde des Mor-
genlandes 32, 1), Wiesbaden 1956, S. 9, 13f., 21, 68, 72, 77;
W. G. Lambert, Divine Love Lyrics from Babylon, Journal of
Semitic Studies 4, 1959, S. 1-15.

[14] Da der in diesem Buch verfügbare Raum Zitate nicht gestattet,
nenne ich als Proben sumerisch-akkadischer Kultdichtung
Falkenstein-von Soden, SAHG Nr. 7, S. 67ff., Nr. 22, S. 109ff.;
Nr. 19, S. 272f. und Nr. 65, S. 338f.

[15] Das metrische, strophisch unterteilte Wechselgespräch bietet mit dem Nein des begehrten Mädchens an den allmächtigen König vielleicht eine humoristische Pointe.

[16] Fast 300 Zeilen – 27 Strophen zu je 11 Zeilen – mit dem Akrostichon: »Ich, Saggil-kīnam-ubbib, der Beschwörer, bin ein Verehrer von Gott und König.«

[17] Gordon, Journ. of Cun. Stud. 12, 1958, S. 52; vgl. auch Schmökel, Orion 1959, S. 820. S. weiter im Lit.-Verz. unter Gordon.

[18] Vgl. z. B. Oxford-Musiklexikon (s. Lit.-Verz.) I, Tafel. 8c.

[19] Moortgat, Altvorderas. Malerei, S. 32, Tafel 8.

[20] Meißner, Bab. u. Ass. I, Tafel-Abb. 94 (Mitte).

[21] Vgl. dazu die Abbildungen bei Pritchard, ANEP, Fig. 194–205; Parrot, Sumer, Tafel 286, 292 A. B. u. ö.

X. Die bildende Kunst

[1] Die altassyrischen Heiligtümer, z. B. der Assurtempel Schamschiadads I., sind schwer einzuordnen, da hier die Lage der Türen meist nicht mehr feststellbar war.

[2] Man vergleiche die Aufsätze von H. Lenzen und E. Heinrich (vgl. Lit.-Verz.). Altsumerische Rechteck-Heiligtümer: Die Tempel von Uruk IV; Herdraum-Typ: Tempel Tepe Gawra V sowie Sin- und Nintu-Tempel Chafadschi VI; Hofhaustempel: Frühdynastisches Abu-Heiligtum in Tell Asmar, Egipar der Ningal in Ur, Nabû-Tempel in Borsippa sowie Ninmach-, Gula- und Marduktempel in Babylon, mit denen wir bis in neubabylonische Zeit gelangen; assyrisches Langraum-Heiligtum: Ischtschali, Mari und etwa der Nabû-Ischtar-Tempel Salmanassars III., der Sin-Schamasch-Tempel Sanheribs, beide in Assur, sowie die Kapellen im Sargonpalast von Dūr-Scharrukin. Reichliche Tempelpläne bei Parrot, Archéologie mésopotamienne, Les Étapes. Die Anlage der Neujahrsfesthäuser stellte offenbar auch gärtnerische Anforderungen.

[3] Vgl. dazu die Originalpublikation Woolleys, Ur Excavations V. The Ziggurat and its Surroundings, 1939; Rekonstruktion einzusehen UAB, Tafel 57.

[4] Ein Brief des reichen Fürsten von Ugarit an der nordsyrischen Küste, in dem er den König von Aleppo bittet, ihm die Erlaubnis zu einer Besichtigung des Palastes von Mari zu verschaffen, ist erhalten.

[5] Dazu C. Preusser, Die Paläste von Assur (Wiss. Veröff. d. Deutschen Orientgesellschaft 66), Berlin 1955.

[6] Loud-Altman, Khorsabad II., Titelbild, Tafel 1, 9f., 44; UAB, Tafel 95; Frankfort, Art and Architecture, Tafel 79.

[7] Sanherib, wohl der unternehmendste aller altorientalischen Bauherren, ließ zur besseren Wasserversorgung Ninives (und gewiß vorzugsweise seines gewaltigen Palastes) – angeblich in 15 Mo-

naten – den von ihm angelegten, 50 km langen Gomel-Chosr-Kanal auf einem 280 m langen und 22 m breiten Damm über die Senke bei Dscherwan führen, wobei fünf etwa 5 m hohe, spitzbögige Tunnel dem im Tal fließenden Bach Durchlaß gewährten. Die Wasserrinne des Aquäduktes wurde mit Kalkmörtel auszementiert; die für diesen mächtigen Damm verwandten behauenen Kalksteinblöcke werden auf 2 Millionen Stück geschätzt.

[8] Vgl. Speiser, Vorderas. Kunst, Tafel 67 u. 74; UAB, Tafel 71.

[9] Zu den hier herangezogenen Bildwerken sind die im Lit.-Verzeichnis genannten Werke von A. Parrot, A. Moortgat, H. Frankfort, J. B. Pritchard, W. Speiser, L. Schnitzler sowie des Verfassers UAB einzusehen.

[10] Beter und Beterköpfe sind in großer Zahl zu vergleichen bei Frankfort, Sculpture u. More Sculpture, sowie bei Parrot, Sumer; vgl. auch UAB, Tafel 18–25. Porträtähnlichkeit wird – unseres Erachtens aus rein dogmatischen Gründen – zu Unrecht grundsätzlich bestritten; gewiß gab es aber neben solchen kostbaren Statuetten individueller Prägung auch billige Massenware, die der Gläubige am Heiligtum kaufen konnte.

[11] s. o. Kap. IV, Anm. 6.

[12] Man vergleiche z. B. die Tafeln 24–29 bei Schnitzler, Frühe Plastik im Zweistromland.

[13] Ein ähnliches, der Echtheit nach allerdings anzuzweifelndes Stück tauchte neuerdings im Kunsthandel auf und befindet sich jetzt im Museum von Kansas City; vgl. Schnitzler, Frühe Plastik, Tafel 38 f.

[14] Vgl. Schmökel, Geschichte des Alten Vorderasien, Tafel-Abb. 19.

[15] Bronzetore von Balawat (jetzt durch weitere Funde ergänzt) vgl. Pritchard, ANEP, Fig. 351–365; Barnett, Reliefs, Tafel 137–173; Goldschalen vgl. Speiser, Vorderasiatische Kunst, Tafel 104 f.

[16] Stempelsiegel erscheinen nur im ausgehenden 4. und frühen 3. Jahrtausend, danach erst wieder in neuassyrischer Zeit.

[17] Wir nennen als Material von Siegelzylindern Achat, Bergkristall, Chalcedon, Dolomit, Eisenstein, Gips, Grünstein, Hämatit, Jaspis, Kalkstein, Karneol, Kupfererz, Laspislazuli, Muschelschale, opakes Glas, Quarz, Serpentin, Skapolit, Speckstein, Steatit und Topas.

[18] UAB, Tafel 7.

[19] Schmökel, Das Land Sumer, Umschlagbild und Tafel 18.

[20] Hierzu die Untersuchung von Th. Beran (vgl. Literaturverz.).

[21] Vgl. u. a. Moortgat, Vorderasiat. Rollsiegel Nr. 564–594; UAB, Tafel 74, 76 f.

[22] UAB Tafel 39; neueste Farbwiedergaben bei Moortgat, Altvorderas. Malerei, Tafel 34, und bei Parrot, Sumer, Abb. 175–178.

[23] Die wohlgelungene bildmäßige Wiederherstellung ist als Farbtafel bei Woolley, Ur Excavations II, Tafel 88, u. neuerdings bei Parrot, Sumer, Abb. 190, einzusehen.

[24] Weiß wurde aus Kalk oder oxydiertem Zinn, Rot aus Eisenoxyd, Blau aus oxydiertem Kupfer, Schwarz aus Asphalt oder gleichfalls durch Oxydierung gewonnen. Das seltener verwandte Grün und Gelb erhielt man durch Mischprozesse. Die Farben dienten in erster Linie der Hervorhebung und nahmen auf die wirkliche Färbung des dargestellten Objektes erst in zweiter Linie Rücksicht.

[25] Neuerdings wird für die vor allem durch ›Salzauskristallisation‹ aus der Unterlage bedrohten Wandmalereien ein alkohollösliches Nylonpolymer in Anwendung gebracht; mit seiner Hilfe werden, nachdem man die Malwerke mit einer wasserdurchlässigen Sicherungsschicht fixiert hat, die schädlichen Salze ausgewaschen.

[26] Die beiden erstgenannten Belege finden sich bei Moortgat, Altvorderas. Malerei – dieses Werk ist auch späterhin zu vergleichen –, der letztere bei Schnitzler, Die Kunst des Alten Orients, Abb. 2.

[27] Vgl. Andrae, Die archaischen Ischtartempel, Leipzig 1922, Tafel 28 c.

[28] Vgl. jetzt die großartigen Reproduktionen bei Parrot, Sumer, Abb. 342–348.

[29] Man schätzt die Gesamtzahl der Löwen von der Prozessionsstraße auf fast 600; Koldewey fand noch 152 *in situ* vor. Die bekannte Wiederherstellung im Berliner Vorderasiatischen Museum ist jetzt nach schweren Kriegsschäden eindrucksvoll erneuert.

[30] Vgl. weitere Schmelzziegelgemälde – aus neubabylonischer und achämenidischer Zeit – neuerdings bei Barnett, Assyrian Palace Reliefs, Farbtafeln.

XI. Götter, Kult und Frömmigkeit

[1] Vgl. Frankfort, Art and Architecture, Tafel 57, More Sculpture, Tafel 77–81; Pritchard, ANEP, Fig. 507f.; UAB, Tafel 63, 67; Meißner, Babylonien und Assyrien I, Tafel-Abb. 189 (nach Hall, Ass. Sculpture, Tafel 24); Wiseman, The Goddes Lama at Ur, Iraq 22, 1960, S. 166 ff.

[2] Vgl. Schmökel, Geschichte des Alten Vorderasien, Tafel-Abb. 7. Weitere zeitgenössische Illustrationen zum Kult bei Pritchard, ANEP, Tafel 171–181 u. 192–210 passim.

[3] Die Gottheit auf der Ritzzeichnung von Nippur, die Wasserspenderin auf Gudeas Kultwanne, die Göttin von Mari, die Berg- und Flußgottheiten vom Ziegelfassaden-Relief des Karaïndasch in Uruk, aber auch der Gottkaiser Naramsin tragen ein

Hörnerpaar, während Schamasch, Nanna, Ischtar, Ningal oder Gula mit vier solchen ausgestattet sind. Andererseits haben die Monstrefiguren der assyrischen Flügelstiere an der Tiara zwei oder drei Hörnerpaare, und auf dem Bruchstück der Gudea-Stele erscheinen auch die dienenden oder Schutzgottheiten mit der vierfachen Hörnerkrone.

4 Schon die frühdynastische, 20 Kolumnen umfassende Götterliste von Fara (noch vor 2500) nennt an die 500 Namen, ein spätsumerisches Verzeichnis des 19. Jahrhunderts 473 und der kanonische Götterkatalog aus der Mitte des 2. Jahrtausends in 12 Doppelkolumnen etwa 2500 sumerische Gottheiten mit akkadischer Erklärung. Entsprechend führen die modernen Zusammenstellungen altmesopotamischer Götternamen wie Schneiders ›Götternamen von Ur III‹, Deimels ›Pantheon Babylonicum‹ oder Tallqvists ›Götterepitheta‹ 638 bzw. 3300 bzw. 2400 Gottheiten auf. Zu Nebukadnezars II. Zeit besaß Babylon fast 1400 Tempel, Kapellen und Altäre, davon 53 große Heiligtümer, 55 Marduk-Kapellen, 180 Ischtar-Altäre usw.; Assur hatte 34 bedeutende Tempel.

5 Vgl. dazu Schmökel, Hammurabi und Marduk, Revue d'Assyriologie 53, 1959, S. 183–204, sowie ›Hammurabi von Babylon‹, München 1958, S. 76–84.

6 Dort ließen die Hethiter die beiden – gewiß aller Kostbarkeiten beraubten – Statuen einfach stehen – als ein besiegtes und, wie es schien, verlorenes Götterpaar. Aber ihr Ansehen war damals schon so groß, daß der erste Kassitenkönig Babylons, Agukakrime, ›den Chanäern schrieb‹ und die Standbilder zurückbringen ließ, um sie neu ›mit Gold und Edelsteinen‹ schmücken und im wiedereingerichteten Tempel Esangila aufstellen zu lassen.

7 Indes mag es sein, daß der 10 als Grundzahl des wohl semitischen Dezimalsystems – im Gegensatz zum Sexagesimalsystem Sumers – dennoch eine hohe Bedeutung beigemessen wurde.

8 Für alles Weitere darf auf die sehr klare und umfassende Untersuchung von K. Tallqvist ›Der assyrische Gott‹ verwiesen werden.

9 Wie die Maler mittelalterlicher Höllenbilder den Hofstaat des Teufels, so stellten auch die alten Mesopotamier die Dämonen als furchtbare Schreckgestalten mit Menschenleibern und fratzenhaften Tierköpfen, geflügelt und mit Vogelkrallen, mit Löwenkörpern oder als sonstige Fabelwesen mit aufgerissenen Rachen, mit Hörnern, Ringelschwanz usw. dar; der grauenerregenden Phantasie waren hier kaum Grenzen gesetzt.

10 Die Vorschrift für diese tägliche Götterspeisung ist uns durch einen Ritualtext noch der Seleukiden für Anu in Uruk bekannt.

11 Nach von Soden, SAHG, S. 316f. (rhythmische Formung vom Verf.).

[12] Name noch ungedeutet; es scheint sich ursprünglich um eine Art von Flurumgang in Form einer Götterprozession zu handeln.

[13] Nabuna'id nennt als Neujahrsfestspende u. a. 307 Minen Gold, 6021 Minen Silber, 2850 Kriegsgefangene – zusätzlich zu den jährlichen Spenden aus den Tributen.

[14] Die – aus falscher Auslegung bestimmter Texte geschlossene – Annahme, daß in einem kultischen Drama Marduks Tod und Wiederauferstehung zelebriert wurde (sie spielte im sog. Babel-Bibel-Streit eine Rolle) läßt sich nicht mehr halten (vgl. auch o. S. 310).

[15] Die hier zitierten bzw. genannten Texte finden sich bei Falkenstein, RLA III, S. 158, und bei von Soden, SAHG, S. 264ff.

[16] Von Soden, SAHG, S. 240–247.

[17] Vgl. Meißner, Babylonien und Assyrien II, S. 421, dazu jetzt W. G. Lambert, Bab. Wisdom Literature, S. 92–94.

XII. Ausstrahlungen

[1] Für Nachweise kann nur auf das Literaturverzeichnis verwiesen werden. Eine umfassende Sammlung wird von meiner Schülerin, Frau Ilse Fuhr, München, vorbereitet.

ZWEITER ABSCHNITT: DAS HETHITERREICH

[1] Diese Wegführung ergibt sich jetzt auch aus den Texten, indem ein hethitischer Feldzug an die ägäische Küste – nach Achijawā – entweder durch die Arzawa-Länder im Südwesten, oder durch die Lukka-Länder (am Oberlauf des Sakarya) führte. Zur umstrittenen historischen Geographie des alten Westkleinasiens vgl. H. Otten, Journal of Cuneiform Studies 15, 1961.

[2] Mündliche Mitteilungen des Ausgräbers sind verwertet von C. F. A. Schaeffer, Stratigraphie comparée, 1948, S. 278ff.

[3] Vgl. T. Özgüç, The Dagger of Anitta in Belleten 77, 1956, S. 33ff., für die Fundzusammenhänge. Das Stück wird von H. G. Güterbock, Kanes and Neša, Two Forms of one Anatolian Place Name? in Eretz-Israel 5, 1958, S. 46ff., mit für die im Titel angegebene Gleichung benutzt.

[4] Vgl. für eine Übersetzung des Gesamttextes Mitteilungen der Deutschen Orient-Gesellschaft 91, 1958, S. 75ff.

[5] Was die Stätte des alten Chattusa darüber hinaus auszeichnet, ist der relative Wasserreichtum, der ein größeres Gemeinwesen erst ermöglicht, vgl. K. Bittel – R. Naumann, Boğazköy-Ḫattuša (WVDOG 63), 1952, S. 17.

[6] Das ist des Näheren von B. Landsberger, Assyrische Königsliste und ›Dunkles Zeitalter‹, Journal of Cuneiform Studies 8, 1954,

S. 64f., ausgeführt, der für Mursilis Zug nach Babylon in den Kassiten von Chana die natürlichen Bundesgenossen sieht.Vgl. auch hier S. 346, wonach die Kultstatue des Marduk nach Chana verschleppt worden war.

[7] Die andere Möglichkeit bestünde darin, daß die althethitischen historischen Erzählungen, einschließlich der sog. Zukraschi-Tafel, erst zur Zeit Telipinus geschrieben worden seien. Dagegen sehe ich die Argumente: 1. alle historischen Erzählungen bringen Episoden, die vor der Eroberung Chalpas und vor dem Zug nach Babylon liegen. (Hätten nicht die beiden letztgenannten Ereignisse eine spätere Zeit viel stärker noch zur Gestaltung gedrängt?). 2. die Exemplare der von Telipinu erlassenen Thronfolgeordnung scheinen sprachlich und graphisch eine andere Form zu zeigen.

[8] Mit dieser Zusammenstellung wird klar, daß die Könige des sog. Mittleren Reiches Chantili II., Zidanta II., Chuzzija II. anerkannt werden müssen. Die Kurzchronologie hatte s. Zt. für die hethitischen Quellen damit rechnen können, daß diese Königsnamen in Wirklichkeit dem Alten Reich angehörten, also jeweils Chantili I. usw. meinten, was eine Verkürzung des Zeitraumes zwischen Telipinu und den Ahnen Suppiluliumas nach der Quellenlage wahrscheinlich machte. Die jetzige Situation spricht stärker für Anerkennung der Mittleren Chronologie: Anitta um 1760, Labarna um 1650, Mursili I. um 1600, Telipinu um 1500.

[9] Die Lesung des Namens ist unsicher, da das mehrdeutige erste Wortzeichen auch einen Ansatz Schattiwaza, Kurtiwaza gestattet; H. G. Güterbock, Journal of Cuneiform Studies 10, 1956, S. 121. Der Name gehört der indoarischen Herrenschicht an, die etymologische Deutung ist aber bei fast allen Mitanninamen angesichts der ungenauen Lautwiedergabe durch die Keilschrift unsicher. Wie die hethitischen Unterkönige in Nordsyrien doppelte Namen tragen: Pijassili – Scharkuschuch (s. S. 368), so ist auch für Mattiwaza ein zweiter, churritischer Name bezeugt, nämlich Kiliteschup.

[10] Der Brief wird seinem wesentlichen Inhalt nach im Bericht über die Taten Suppiluliumas angeführt. Darin schreibt die Königin: »Mein Mann ist gestorben, einen Sohn aber habe ich nicht. Dir aber sagt man viele Söhne nach. Wenn du mir nun einen deiner Söhne geben würdest, so würde er mein Gatte werden. Einen meiner Diener möchte ich keinesfalls aufnehmen und ihn zu meinem Gatten machen.«

[11] Bekannt durch Abdruck auf einer Bulle, die 1957 in der Unterstadt von Boghazköy gefunden wurde. Das Siegel ist auch insofern ungewöhnlich, als es rechteckig geschnitten ist und in der Mitte nur Großkönigszeichen und eine Titulatur zeigt, so daß der Name sich erst aus der umlaufenden Keilschriftlegende er-

gibt. Vgl. Mitteilungen der Deutschen Orient-Gesellschaft 91, 1958, S. 56, 74.

[12] Zusammenstellung der betr. Texte mit Angabe von Editionsort und Bearbeitungen in Laroches Catalogue, Revue Hittite et Asianique 59, 1956, unter Nrn. 86–89 (Arnuwanda III.) und Nrn. 90–93 (Suppiluliuma II.).

[13] Es bleibt fürs erste die ungeklärte Angabe eines Siegels, das einen Großkönig Arnuwanda und eine Großkönigin Asmunikal als Kinder Tutchalijas bezeichnet; H. G. Güterbock, Siegel aus Boğazköy I, 1940, S. 31, 37f. – Hat etwa diese ›Geschwisterehe‹ Bezug auf die Notzeit unter diesem Herrscherpaar (s. S. 423)?

[14] Der Titel hält sich, wenn auch mit Bedeutungswandel, im Assyrischen, vgl. E. Ebeling, Bruckstücke einer mittelassyrischen Vorschriften-Sammlung für ... Wagenpferde, 1951, S. 11. Zur Textgruppe demnächst A. Kammenhuber, Hippologia Hethitica. – Neben den Eigennamen der Mitannikönige (vgl. Anm. 9), und den im Staatsvertrag mit Mattiwaza zitierten Gottheiten (vgl. S. 431) bilden die Termini der Pferdezucht die klarsten Belege des Indoarischen. Dazu gehören auch die Zahlwortkomposita *aikawartanna, terawartanna, panzawartanna, schattawartana, nawartana* ›einfache Wendung, dreifache Wendung‹ usw.

[15] Vgl. Mitteilungen der Deutschen Orient-Gesellschaft 91, 1958, S. 31 ff. mit Abb. 34–37.

[16] Vgl. B. Landsberger, Sam'al, 1948, S. 106f., Anm. 251.

[17] ›Ein akkadischer medizinischer Schülertext aus Boğazköy‹ war von F. Köcher, Archiv für Orientforschung XVI, 1952, S. 47ff., veröffentlicht worden. Einige weitere hethitische Texte sind noch unpubliziert.

[18] Als Beispiel sei die Einleitung des Gilgamesch-Epos nach der hethitischen Fassung zitiert: »Ein Preislied [auf Gilgamesch] den Helden [will ich singen:] Den Gilgamesch, da er erschaffen, [machte] an Gestalt [vollkommen] der mächtige Gott [...] Es schufen [die Götter] den Gilgamesch in seiner Gestalt. Der Sonnengott des Himmels verlieh ihm [Manneskraft,] der Wettergott aber verlieh ihm Heldensinn. [So schufen] die großen Götter den Gilgamesch. Die Gestalt [betrug] ihm elf Ellen an H[öhe,] die Brust [maß] ihm in der Breite neun Sp[annen]. Sein ... hatte eine Länge von drei [...] Alle Lande durchstreift er und kam [auch] nach Uruk ... [ ] Täglich ist er dabei, die Mannen von Uruk zu bezwingen«.

[19] Der Gesamttext dieser Version lautet: »Der Schlangendrache besiegte [den Wettergott] und nahm [ihm Herz und Augen]. Da [suchte] der Wettergott ihn [...] – Da nahm er die Tochter eines Armen zur Gattin und zeugte einen Sohn. Als der aber groß geworden war, da nahm er die Tochter des Schlangendrachen zur Ehe. – Der Wettergott weist seinen Sohn an:

›Wenn du in das Haus deiner Frau gehst, so fordere von ihnen
Herz und Augen‹ – Wie er aber ging und von ihnen das Herz
forderte, da gaben sie es ihm. Als er dann schließlich von ihnen
auch noch die Augen forderte, gaben sie ihm auch diese. Und
die brachte er seinem Vater, dem Wettergott, und der Wettergott nahm sein Herz und seine Augen wieder an sich. – Wie er
nun in seiner Gestalt wieder der alte, wieder heil geworden war,
da zog er abermals zum Meere zum Kampf. Wie er nun gegen
ihn den Kampf aufnahm, da begann er jetzt den Schlangendrachen
zu besiegen. Aber der Sohn des Wettergottes war beim Schlangendrachen und rief hinauf gen Himmel zu seinem Vater:
›Auch mich schließe ein! Schone mich nicht!‹ Und da tötete
der Wettergott den Schlangendrachen und seinen Sohn.«

20 »Der Gott Sulikatti, welcher der Gott der Stadt Tamarmara ist,
der hat ein Bild aus Silber. Gemacht aber ist er wie ein Mann.
Und er steht auf einem Löwen aus Holz. – In der rechten Hand
hält er ein Schwert (Messer) aus Silber, in der linken aber hält
er den Kopf eines Mannes; auch diese sind aus Silber.« (Mitteilungen der Deutschen Orient-Gesellschaft 76, 1938, 38f.)

21 Ein Tafelfund des Jahres 1960 bringt den Beweis, daß dieses Textstück Teil des großen königlichen Bestattungsrituals ist. Wegen
seiner engen Beziehungen zur Leichenverbrennung, wie sie bei
Homer geschildert wird, sei der Text dieses zweiten Tages hier
ausgeschrieben:
»Wenn es am zweiten Tag hell wird, gehen die Frauen zum
Scheiterhaufen, um die Knochen aufzulesen; das Feuer löschen
sie mit zehn Krügen Bier, ze[hn Krügen Wein] und zehn Krügen . . .-Getränk. Ein . . .-Gefäß aus Silber von einer halben
Mine und zwanzig ⟨Sekel Gewicht⟩ ist mit Feinöl gefüllt. Die
Knochen nehmen sie mit einem silbernen Löffel und legen sie in
das Feinöl, in das silberne . . .-Gefäß, dann nehmen sie sie aus
dem Feinöl und legen sie auf ein feines Linnen nieder, unter dem
Linnen aber liegt ein feines Tuch. Wenn sie nun mit dem Auf-
lesen der Knochen fertig sind, umhüllen sie sie mitsamt dem Linnen auch noch mit dem feinen Tuch und legen sie auf einen
Stuhl zum Sitzen. Wenn es sich aber um eine Frau handelt, legt
man sie auf einen Schemel. Um die Scheiterhaufen, auf denen
der Tote verbrannt worden ist, legen sie zwölf Laib Brot nieder;
auf die Brotlaibe legen sie ein Fettbrot. Das Feuer ist mit Bier
und Wein schon gelöscht. Vor dem Stuhl, auf dem die Knochen
liegen, stellt man einen Tisch nieder und warme Brote, . . .-Brote
und süße Brote gibt man zum Brechen. Und allen, die zum
Lesen der Knochen gekommen sind, gibt man zu essen. Dann
gibt man dreimal zu trinken und ebenfalls dreimal tränkt man
seine Seele. Brotlaibe und Inanna-Musikinstrumente sind nicht
dabei. Damit ist ⟨die Handlung⟩ vor dem Scheiterhaufen zu
E[nde]. Dann macht man folgendes: Zwischen den Scheiter-

haufen au[s Feigen,] Rosinen und Oliven [deu]ten sie ein Bild wie ⟨das⟩ eines Menschen . . . an.«

²² Man könnte daran denken, daß die Frauenfiguren aus den Fürstengräbern von Hüyük bei Aladscha, insbesondere aber die Mutter mit ihrem Kind vom Horoztepe (s. S. 326) bildliche Wiedergaben ähnlicher Gedanken sind, die dann bereits zu einer sehr frühen Zeit in Anatolien ausgebildet wären.

²³ Vgl. dazu demnächst H. Otten, Zeitschrift für Assyriologie N. F. 20, 1961, S. 148f., auf Grund eines Beschwörungsrituals churritischer Herkunft.

²⁴ Vgl. Mitteilungen der Deutschen Orient-Gesellschaft 86, 1953, S. 25ff. und Abb. 9.

²⁵ Von dieser lassen sich heute eine ganze Anzahl hervorragender Einzelstücke nennen z. B. Elfenbeinstatuette eines Berggottes von 3,68 cm Höhe (K. Bittel, Boğazköy III, S. 25ff.); goldene Figürchen einer Göttin, sitzend, von 2 cm Höhe und eines Gottes, beide mit einer Öse am Rücken, die also wohl als Anhänger getragen werden sollten (ibd. S. 29ff.); ebenso ein silberner Anhänger in Form eines Buckelrindes, 2,55 cm hoch (Mitteilungen der Deutschen Orient-Gesellschaft 91, S. 22, Abb. 19).

DRITTER ABSCHNITT: SYRIEN—PALÄSTINA

I. Vorgeschichte

¹ In Phönikien z. B.: Nahr Beirut, Ras el Kelb, Nahr Anteljâs. Als wichtigste Station am Karmel hat sich das im Südwesten des Gebirges gegen das Meer hinabziehende Wadi Mughara erwiesen.

² Mugharat el-Emira und Mugharat ez-Zuttija. McCown, The Ladder of Progress in Palestine, New York and London 1943, S. 19ff. und Bildtafeln bei S. 49; sowie Abb. 38a bei C. Kopp, Grabungen und Forschungen im Heiligen Land, 1939, Anhang S. 47.

³ Das bedeutet freilich noch nicht schlüssig, daß er in Europa nicht existiert hätte; denn aus dem bloßen Fehlen entsprechender Fundstücke darf nicht auf das Nichtvorhandensein geschlossen werden. Die Höhlen im Wadi Mughara bieten übrigens ein archäologisches Forschungsfeld, wie es sich kein Paläologe idealer wünschen könnte: eine über Jahrtausende sich erstreckende Schichtenfolge von Kulturschutt von den ältesten steinzeitlichen Epochen bis an die Grenze der Bronzezeit. Siehe McCown and Keith, The Stone Age of Mount Carmel II, S. 18; auch McCown, The Ladder of Progress, S. 45ff.

⁴ Geradezu berühmt geworden ist ein Meisterstück der Kleinkunst: ein aus einem Knochen geschnitztes Reh- oder Gazellenkälblein. In Transjordanien wurden 1932 von Nelson Glueck

sehr schöne archaische Felszeichnungen entdeckt, die an die
französischen Höhlenmalereien erinnern. Da sie sich jedoch
nicht in Höhlen befinden und kein archäologisches Begleit-
material vorliegt, lassen sie sich nicht genau datieren. Nach dem
Urteil der Fachleute können sie frühestens auf die Natufkultur
zurückgehen, möglicherweise gehören sie aber einer jüngeren
(neolithischen) Epoche an. N. Glueck, The Other Side of the
Jordan, 1945, S. 39f.

[5] Vgl. S. 565. Das Gezer-Krematorium wird von verschiedenen
Archäologen der frühen Bronzezeit zugewiesen. H. Vincent,
Canaan d'après l'exploration récente, 2. Aufl., Paris 1914, S. 210;
Abbild. 147.

[6] Es wurden zwar verschiedentlich Reste von Brandleichen ausgegraben, was allein aber noch keinen Beweis für systematisch
gehandhabte Feuerbestattung abgibt.

[7] Griechisch: Großstein.

[8] Die Reihe setzt sich im nördlichen Syrien, Kleinasien, Armenien,
Kurdistan fort; siehe auch S. 566f.

[9] Die scheinbaren Ausnahmen gegen diese Regel, nämlich die
Pflege der ›Weli‹-Gräber durch Beduinen und Halbnomaden,
wurden dem heutigen Nomadentum durch die islamische Vorstellungswelt aufgepfropft und können nicht als genuin nomadische Lebensäußerung gelten.

[10] Im Gegensatz zu dem von M. F. Homet im Amazonasgebiet
untersuchten Megalithen, welche teilweise Sonnensymbole und
andere eingemeißelte Zeichen tragen, zeigen die Megalithen
der alten Welt normalerweise keine Skulpturen. Wahrscheinlich stellen die ägyptischen Mastaba-Grabanlagen und letztlich
die Pyramiden fortgeschrittene Formen des Megalithgrabes dar.
Diese Annahme drängt sich auf, wenn man die Entwicklung
der ägyptischen Grabbauten beobachtet. Einer positiven Behauptung steht allerdings das Fehlen einer geschlossenen Reihe
von Zwischenformen entgegen. Immerhin zeigt das Hypo-
gäum von Hal-Saflieni auf Malta, welches der maltesischen
Megalithkultur zuzurechnen ist, frappante Ähnlichkeiten mit
ägyptischen Felsengräbern, und das riesenhafte Ganggrab in El
Sotto bei Trigueros in der spanischen Provinz Huelva, eine ins
Grandiose gesteigerte Dolmenanlage, beweist, daß Fortent-
wicklungen der megalithischen Formen in der Richtung auf
den ägyptischen Grabausbau hin stattgefunden haben. Vgl.
Maringer, Vorgeschichtliche Religion..., 1956, S. 51 und
256ff. und Tafel 21. Zum Megalith-Problem siehe weiter auch
G. Childe, The Dawn of European Civilization, [6]1957, S. 213ff.;
für die brasilianischen Megalithen: M. F. Homet, Die Söhne der
Sonne, 1958. Seine Zuweisung an die Cro-Magnon ist mit Vorsicht zu behandeln. Südindische Megalithen werden neuestens
auf die drawidische Einwanderung zurückgeführt.

[11] Die mit Erdhügeln bedeckten Plattengräber von el-Adeimeh bei Teleilat Ghassul (s. u.) enthalten Keramik-Beigaben, die im Unterschied zu den *auf* den Gräbern gefundenen Topfscherben nicht der Ghassul-Kultur angehören. Vgl. A. Jirku, die Ausgrabungen in Palästina und Syrien, 1956, S. 25.

[12] Griechisch: *chalkos* = Kupfer. Zu der im folgenden Alinea behandelten Ghassul-Kultur siehe außer Mallon-Koeppel-Neuville, Teleilat Ghassul, 1934, auch E. Unger, Zeitschr. d. Deutschen Palästinavereins 77, 1961, S. 72 ff. u. Tafeln (farbig). Große Ähnlichkeit mit dieser Kultur weist auch die neolithische Stadtkultur von Abu Gosch (bibl. Kirjath Jearim) auf, für die aber bis dahin noch kein Gebrauch von Metall nachgewiesen ist. J. Perrot, Syria 29, 1952, S. 119 ff.

[13] Eine vereinzelte Erscheinung des palästinensischen Chalkolithikums ist in Beerseba beobachtet worden. Diese in alttestamentlicher Zeit südlichste Siedlung des Landes, um der Fülle ihres Grundwassers willen von den Semiten ›Siebenbrunn‹ (Be'er schäba') genannt, war vorübergehend – für einige Jahrhunderte nur – schon im vierten Jahrtausend bewohnt. Offene, in die Berglehne eingebaute Räume, eine Art Kammern und Zimmer, die vielleicht nie stabil überdacht gewesen sind, finden sich hier. Wahrscheinlich wurden sie an den wenigen Regentagen des Jahres mit Zeltdecken überspannt. Reste von Vorräten – Linsen und verschiedene Getreidearten – sind von den Archäologen noch in den sorgfältig unterirdisch angelegten Speicherräumen dieser chalkolithischen Bauern gefunden worden. Die Beerseba-Menschen woben, flochten, bearbeiteten Felle und Leder und wußten aus Kupfer und Türkis ansprechendes Geschmeide zu schaffen. Ihre Totenpflege erinnert ein wenig an die der Ghassulkultur, indem sie nach der Verwesung des Leichnams die Gebeine jedes einzelnen Verstorbenen aufbewahrten. Sie scheinen eine friedliche Zeit verlebt zu haben. Wahrscheinlich hat räuberische Gewalt ihrem kriegsungewohnten Kulturdasein ein jähes Ende bereitet. Vielleicht wurden sie durch Seuchen aufgerieben, oder sie sahen sich aus anderen Gründen gezwungen, erneut zu nomadischen Lebensformen zurückzukehren. Siehe J. Perrot, Illustrated London News 23 vom 30. Juli 1960; W. Baumgartner, Neue Zürcher Zeitung vom 18. August 1960.

II. Bevölkerung

[1] Siehe oben S. 452 ff.

[2] Siehe S. 524 ff.

[3] Siehe S. 528. Ferner M. Noth, Die Welt des Alten Testaments³, S. 178 f. u. W. Baumgartner, Anthropos 35/36, 1940/41, S. 593 ff. Heute auch im Sammelband ›Zum Alten Testament und seiner Umwelt‹, 1959, S. 208 ff.

4 Der Gründungsname der Stadt Aj ist verschollen. Sie blieb vom Ende des dritten Jahrtausends an eine Ruinenstätte und wurde von der semitischen Bevölkerung der Umgebung sachgemäß ha-Aj, ›der Trümmerhaufen‹ genannt. Als sie in der Eisenzeit wieder besiedelt wurde, war unterdessen ›Trümmerhaufen‹ zum festhaftenden Ortsnamen geworden. Die Örtlichkeit nennt sich heute et-Tell, was dasselbe bedeutet. M. Noth, Das Buch Josuah, ²1953, S. 47 ff.; ders., Geschichte Israels, ²1954, S. 138, Anm. 2. Materialien bei J. Marquet-Krause, Les fouilles de 'Ay 1933–35, Paris 1949.

5 Vgl. S. 522.

6 Der Name Uria bedeutet ›Jahwe ist Licht‹. Es fällt auf, daß der vom Alten Testament als ›Hethiter‹ Bezeichnete einen Namen führt, der ihn zum Jahwe-Bekenner stempelt. Dieser Gottesname hat nach der wenige Jahre zurückliegenden Eroberung Jerusalems durch David in dieser Stadt Fuß gefaßt. Der Mann wird vor dem Fall Jerusalems (etwa 1000 v. Chr.) entweder einen churritischen oder arischen Namen getragen haben; da die Semitisierung dieser Herrenschicht im Laufe der Jahrhunderte sehr weit fortgeschritten war, könnte sein Name auch semitisch geklungen haben. Vielleicht hatte er Uri-el (›El ist Licht‹) oder Uri-schalim (›Schalim leuchtet‹) geheißen. Auf alle Fälle dürfte er seinen Namen zum Zeichen seiner Unterwerfung unter David und mittelbar unter dessen Gott Jahwe geändert haben. Diese Umbenennung war Loyalitätsgarantie.

7 Der alttestamentliche Begriff Hethiter meint ursprünglich wohl einfach Menschen nichtsemitischer Zunge bzw. solche, die ähnlich redeten wie die Hethiter und hat somit nichts zu tun mit dem im 17. Jahrhundert v. Chr. in Kleinasien gegründeten indogermanischen Hethiterreich. Dieses hatte zwar unter seinem dritten Könige, dem eroberungsfreudigen Mursli, seinen Machtbereich weit in nordsyrisches Gebiet hinein ausgedehnt. Mursli hatte Aleppo genommen, und auch die nordsyrische Küste war eine Zeitlang fest in den Händen der Hethiter. Zur Zeit Davids aber war sein Einfluß längst vorbei, und zumal in Jerusalem, so weit im Süden, dürfte er nach dem heutigen Stand der Forschung kaum je nachhaltig gewesen sein.

8 Siehe S. 545

9 Der Prophet Amos weiß noch, daß die Philister aus Kaphtor (= Kreta) gekommen seien (Am. 9, 7). Vgl. Erlenmeyer, Orientalia 29, 1960, S. 121 ff. u. S. 241 ff.; 30, 1961, S. 269 ff.

10 Ein den Philistern verwandtes Seevölkerelement waren die Teukrer, von denen eine Gruppe in Dor, südlich des Karmelgebirges, Fuß gefaßt hatte. Vgl. Breasted, Ancient Records of Egypt, Chicago 1906/07, Bd. 4, §§ 44, 64, 403.

11 Die Ausgrabungen von Affula in der Jesreel-Ebene haben charakteristische ›Philisterkeramik‹ zutage gebracht, und der Name

des im Richterbuch des Alten Testaments genannten altkanaanäischen Königs oder Feldherrn Sisera (Ri. 4) hat sich als von
illyrischer Herkunft erwiesen, was für eine philistäische Abstammung des Mannes spricht, Auf die Anwesenheit von Philistern in Beth-Schean deuten archäologische Fundstücke mediterranen Typus. A. Alt, Palästina-Jahrbuch 22, 1926, S. 118ff.,
sowie Zeitschrift f. d. Alttestamentl. Wissenschaft N. F. 19,
1944, S. 78, Anm. 3; B. Maisler, The Biblical Archaeologist 15,
1952, S. 22; M. Dothan, 'Atiqot I, 1955, S. 19ff.

[12] Ein Niederschlag des Vertragsschlusses liegt in der biblischen
Erzählung von Jos. 24 vor. Der Abschnitt ist freilich nur richtig
zu verstehen, wenn man erkennt, daß Josua, wenn er ›ich und
mein Haus‹ sagt, ganz Ephraim und Manasse meint, und daß die
als ›Ihr‹ Angesprochenen die bereits im Lande seit langem anwesenden Stämme sind, deren Vorfahren man sich gemäß den
Patriarchenerzählungen des ersten Mosebuches ›jenseits des
Euphrat‹ d. h. in der Gegend von Charran wohnhaft vorstellte.
Vgl. A. Alt, Zeitschrift f. d. Alttestamentl. Wissensch., Beiheft
66, 1936, S. 27ff.; M. Noth, Das Buch Josua, S. 135ff.

[13] Als Zeltdörfer bezeichnete man Zeltsiedlungen, die, mit Palli-
saden oder Erdwall geschützt, von einer halbnomadischen Einwohnerschaft gewöhnlich während einer längeren Zeit des
Jahres benutzt wurden. In der israelitischen Königszeit sind sie
offenbar aus dem westjordanischen Blickfeld verschwunden. Man
kannte sie aber noch als die ›Zeltdörfer Jairs‹ in Transjordanien
(Jos. 13, 30; Ri. 10, 4). Vgl. auch F. Delitzsch, Genesis, 1887,
S. 353 zu 1. Mose 25,16.

[14] Die Entwicklung zeichnet sich im Vorhandensein aramäisch
geschriebener Teile im Alten Testament ab. Ferner zeugen dafür
die aramäisch-jüdischen Papyri aus Elephantine (siehe S. 533).
Aramäisch war auch die Muttersprache Jesu und seiner Jünger.

III. Stadtstaat und Königtum in der Bronzezeit

[1] Siehe S. 572 u. 589.
[2] Von Anat hat diese Göttin die Flügel, ihre Mütterlichkeit von
Aschirat. Diese ist es auch, die mit der ägyptischen Hathor identifiziert zu werden pflegte. Die Überlagerung der verschiedenen
Symbole der kanaanäischen weiblichen Gottheiten in einem
einzigen Bilde ist in Syrien weit verbreitet. Diesbezüglich charakteristische Feststellungen bei R. Dussaud, Les religions des
Hittites et des Hourrites, des Phéniciens et des Syriens (Coll.
›Mana‹ I,2) 1949, S. 365. Instruktive Details bei M. Th. Barrelet,
Syria 35, 1958, S. 27.
[3] Siehe Seite 545ff.
[4] Damit steht die ugaritische Aussage auf archaischerem Boden
als die Gilgamesch-Dichtung, die von ihrem Helden zu sagen

weiß, er sei zu zwei Dritteln Gott, zu einem Drittel Mensch gewesen. (Gilg. Taf. I, Zl. 51).

[5] Siehe Seite 579 f.

[6] Siehe Seite 575.

[7] Siehe Seite 603.

IV. Stadt und Stamm; das tägliche Leben
im eisenzeitlichen Palästina

[1] 2. Kön. 4, 9 ff. läßt ein Ehepaar in Sunem ein Obergemach bauen, um Elisa bei sich zu Gaste haben zu können. Vgl. auch I. Kön. 17, 19). Zum eisenzeitlichen Hausbau allgemein siehe K. Galling, Bibl. Reallexikon, 1937, Sp. 266 ff.; viele Details bei W. F. Albright, Annual of the American School of Oriental Research 17, 1938, S. 22 ff. und 21/22, 1943, S. 19 ff. Für die Ausstattung des palästinensischen Hauses vgl. auch G. Dalman, Arbeit und Sitte in Palästina, Bd. VII, S. 67 ff.

[2] Die Handmühle bestand aus einem ruhenden Stein als Unterlage und einem beweglichen Oberstein. Im 12. Jahrhundert waren die beiden Steine noch plattenförmig, wobei die kleine Platte auf dem auf der Unterplatte liegenden Getreide hin und herbewegt und das Korn gerieben wurde. (Mit einem solchen Reibstein soll der erste, der ein israelitisches Stammeskönigtum in Israel zu errichten versucht hatte, Abimäläk, getötet worden sein: Eine Frau warf ihm den ›Mühlstein‹ von der Stadtmauer hinunter auf den Kopf.)

Eine spätere Verbesserung bestand darin, daß die kleine Platte in der Mitte durchbrochen wurde: In die Öffnung schüttete man eine Handvoll Körner. Durch reibende Bewegung der Oberplatte wurde ihr Inhalt allmählich gemahlen. Die mühsame und langweilige Arbeit ließ man, wenn möglich, von Sklavinnen besorgen (2. Mos. 11, 5; Jes. 47, 2); die einfache Bürgerfrau aber hatte sie selbst zu verrichten. In hellenistischer und römischer Zeit erst kamen Mühlen auf, deren Oberstein auf dem Unterstein gedreht werden konnte.

An schwereren Mühlen arbeitete man gewöhnlich zu zweit. (So setzt es Matth. 24, 41 voraus.) Auch erst dieser späten hellenistisch-römischen Zeit gehört die von einem Esel getriebene Mühle an (Matth. 18, 6 nennt den Eselsmühlstein).

Gebacken wurde gewöhnlich im *tannur.* Dies ist ein niedriger, im Freien stehender Ofen, der aus einem aus Lehm aufgebauten, sich nach oben verengenden Mantel bestand. Durch eine Tür konnte unten das Holzfeuer angelegt werden; oben blieb der Ofen unterdessen offen. Wenn das Feuer am Verglimmen war, langte man durch die obere Öffnung ins Innere und klatschte mit der Hand Teigkugeln auf die heiße Innenwand. Dann wurde der Ofen gedeckt. Die Fladen buken dann gemächlich durch, lösten sich von der Wand und fielen in die Asche nieder. Darum ›Aschenbrot‹, im Gegensatz zu dem auf einem offenen heißen Stein oder auf einem Blech über offenem Feuer oder offener Glut gebackenen Brot, wie es die Nomaden buken. Über Mühlen: G. Dalman, Arbeit und Sitte in Palästina, Bd. 3, S. 207ff., über das Backen: K. Galling, Bibl. Reallexikon, Sp. 75ff.

3 Der Ägypter Sinuhe trifft in Syrien im 19. Jahrhundert Weizenfelder an, und die Amarna-Korrespondenz des 14. Jahrhunderts bezeugt für Palästina erstmalig ausdrücklich das Pflügen. Sinuhe 84, E. Edel in K. Galling, Textbuch zur Gesch. Israels, 1950, S. 4. Über Pflug und Pflügen siehe G. Dalman, Arbeit und Sitte in Palästina, Bd. 2, S. 64ff. und K. Galling, Bibl. Reallexikon, Sp. 427.

4 Mit einem solchem Stock soll der Held Samgar sechshundert Philister umgebracht haben (Ri. 3, 31). Wenn Apg. 9, 5 dem Apostel Paulus gesagt wird, er werde schwer haben, ›gegen den Stachel zu löcken‹, evoziert dies ein Bild von größter Anschauungskraft: Christus der Pflüger, Paulus der ins Joch gespannte Pflugstier!

5 Hebräisch = Vierstadt.

6 So 1. Mose 27,42ff. (Jakob); 2. Sam. 13, 37 (3, 3) (Absalom).

7 Die Aussiedelung aus der eigenen Sippe kann aus verschiedenen Gründen erfolgen, außer aus eigenem Verschulden auch aus Mangel infolge Mißernte und Hungersnot (Ri. 11, 1; 19, 1; Ruth 1). Durch politische Umstände sahen sich bisweilen ganze Sippen zur Auswanderung genötigt (2. Sam. 4, 3) und nahmen das Fremdlingsschicksal auf sich.

8 Ob und wodurch sich der *gēr* genannte Fremdling von dem als *tōschāb* bezeichneten unterschied, ist ungewiß. Möglicherweise handelt es sich um zwei gleichbedeutende Ausdrücke.

9 Vgl. J. J. Stamm, Erlösen und Vergeben im Alten Testament, Diss. Basel 1940, S. 18ff. Zum Loskauf von Grundeigentum siehe unten S. 483f.; 495.

10 Umgekehrt ist der Stamm Benjamin (›Südleute‹) erst durch Verselbständigung des Südflügels von Ephraim entstanden. Daß im Nomadengebiet nahe Mari für das 18. Jahrhundert ein Stamm ähnlichklingenden Namens nachgewiesen ist, hat mit dem biblischen Stamme Benjamin wahrscheinlich keinen Zusammenhang. W. Baumgartner, Theol. Zeitschrift 3, 1947, S. 83f.; M. Noth, Geschichte und Altes Testament (Alt-Festschrift) 1953, S. 144; J. A. Soggin, Vetus Testamentum 11, 1961, S. 432ff.

11 Vgl. den Sauliden Meribaal, 2. Sam. 9.

12 Daß die entsprechenden Bestimmungen erst spät kodifiziert worden sind, bedeutet nicht, daß man sie vorher nicht gehandhabt habe, sondern eher, daß sie zur bürgerlichen Selbstverständlichkeit gehörten. In einem in seiner vorliegenden Form

erst nach dem Exil redigierten Gesetzbuch des Alten Testaments, dem sog. Heiligkeitsgesetz, findet sich 3. Mos. 25, 14 ff. sogar die Bestimmung, daß aller veräußerte Boden jedes fünfzigste Jahr an die ursprünglichen Eigentümer zurückzugeben sei. Diese Anordnung geht auf uralte güterrechtliche Usanzen zurück, wie sie bei ackerbauenden Beduinen *mutatis mutandis* noch heute in Kraft stehen. A. Musil, Arabia Petraea, Bd. 3, 1908, S. 293.

13 Diese güter- und familienrechtlichen Verhältnisse stehen im Hintergrund der Ruth-Erzählung des Alten Testaments. Boas übernimmt das Grundeigentum Elimelechs, des verstorbenen Mannes der Naemi, in Verwaltung; damit erwächst ihm die Pflicht, Ruth, die kinderlose und verwitwete Schwiegertochter von Elimelech und Naemi, in Leviratsehe zu nehmen. Der Sohn aus der Verbindung von Boas und Ruth zählt nicht als Nachkomme des Boas, sondern als Enkel Elimelechs und Naemis. Darum die Beglückwünschung, die Naemi erfährt: ›Der Naemi ist ein Nachkomme geboren!‹ (4, 17)

14 Israels religiöser Festkalender hatte sich im wesentlichen dem Rhythmus des kanaanäischen angeglichen. Vor Beginn der Getreideernte wurde ursprünglich das Mazzenfest begangen. Seine ideelle Verbindung mit dem Auszug aus Ägypten ist sekundär. Nach Abschluß der Getreideernte folgte das ›Wochenfest‹ oder ›Sammelfest‹, das durch die griechische Benennung der Septuaginta *Pentekoste* bei uns den Namen Pfingsten erhalten hat. An die Weinlese schloß das Laubhüttenfest an, das in seiner kanaanäischen Form in den Weinlauben vor der Stadt begangen wurde. Und dann folgte um die Zeit der im Herbst einsetzenden ›Frühregen‹ das Neujahrsfest. Der Jahresanfang im Herbst war für Palästina das Gegebene, da nach dem ersten Herbstregen die Bestellung des Ackers und die Aussaat erfolgten. Später wurde vorübergehend unter Einfluß des späteren babylonischen Kalenders die Jahreswende auf das Frühjahr verlegt.

15 Die zunehmende Reglementierung der kultischen Vorgänge und der religiösen Leistungen, die sich im Laufe der alttestamentlichen Zeit beobachten läßt, hat allmählich auch andere Güter erfaßt, die in größeren Mengen geerntet wurden, so daß schließlich Jesus darauf hinweisen kann, gewisse Fromme bildeten sich etwas darauf ein, ›Minze, Dill und Kümmel zu verzehnten‹ (Matth. 23, 23). O. Eissfeldt, Erstlinge und Zehnten, 1917, S. 131 f.

16 Die Ansetzung auf den achten Tag, wie sie 1. Mos. 17, 12 und 3. Mos. 12, 3 anordnen, ist nachexilisch. Beide Stellen gehören der späten ›Priesterschrift‹ an. Zu dieser siehe O. Eissfeldt, Einleitung in das Alte Testament, 1934, S. 229 ff.

17 1. Mos. 17, 25 steht, Abrahams Erstgeborener sei dreizehn Jahre alt gewesen, als Abraham den Befehl zur Beschneidung erhalten habe. Durch die mit Zirkumzision verbundenen Pubertäts-

riten wurde der Jüngling in alter Zeit in die Gemeinde der Erwachsenen aufgenommen. Nach Abrücken der Beschneidung von diesem Zeitpunkt blieb immer noch eine rituelle Feier des Übertritts in die Reihen der Verantwortlichen. Das Judentum hat den Sohn, ›bei welchem sich die zwei Haare zeigen‹, verpflichtet auf ›alle Gebote, die im Gesetz gesagt sind‹. (Nidda 6, 11). Damit wird der Jude *bar mizwa*: ›ein auf das Gesetz Verpflichteter‹. E. Schürer, Geschichte des jüdischen Volkes im Zeitalter Jesu Christi, 4. Aufl. Bd. 2, 1907, S. 496.

[18] Lies S. 488, Zl. 1 ›Philister‹ statt ›Phöniker‹. Diese kannten nach Herodot II, 104 die Beschneidung. Daß sie – wie dort behauptet – und Israel die Zirkumzision von den Ägyptern übernommen haben, ist eine oft vertretene Ansicht; ethnologische Gründe sprechen jedoch für gesonderte Herkunft der Sitte in Ägypten und Syrien-Palästina. Zur ethnologischen Einordnung vgl. Ad. E. Jensen, Beschneidung und Reifeerscheinungen bei Naturvölkern, 1933.

[19] Jesu Gleichnis Matth. 25 von den klugen Jungfrauen setzt die Situation der mit ihren Freundinnen des Bräutigams harrenden Braut voraus.

[20] Das jüdische Sprichwort, nach dem ›des Vaters Segen den Kindern Häuser baut‹, spielt auf diesen Tatsachenkomplex an (Sir. 3, 11).

[21] Im Original steht statt ›Sohn‹ ›Keret‹.

[22] Als Idealzahl der Söhne gilt allgemein die Sieben (Hiob 1, 2; 42, 13). Die Geburt eines achten Sohnes heißt symbolisch ›des Glückes fast zuviel‹.
Ein Segensspruch mit ähnlichem Schluß scheint auch in Südpalästina im 1. Jahrtausend v. Chr. bekannt gewesen zu sein. Auf dem Hintergrund des Keret-Segens möchte es nicht mehr zufällig erscheinen, daß die Legende von Davids Salbung durch Samuel (1. Sam. 16) David als achten Sohn Isajs vorstellt (Vs. 10ff.). Der wunderbare Ratschluß Gottes soll dadurch recht anschaulich werden, daß der gleichsam Überzählige, den sein Vater anstandshalber nicht einmal erwähnt, der von Gott Ausersehene ist. – Eine etwas andere Form der Segnung durch den Vater des Bräutigams spiegelt sich im 11. Kapitel des Buches Tobit. Da geht Tobit seiner Schwiegertochter entgegen und spricht über ihr die Segnungen aus, ehe er sie ins Haus geleitet. Die Form des Segensspruches ist unter dem Einfluß jüdischer Frömmigkeit und Geistigkeit in charakteristischer Weise verändert. Der Segensspruch lautet: ›Gepriesen sei Gott, der dich zu uns geführt hat, und dein Vater und deine Mutter!‹

[23] Wie H. Schmökel zu zeigen vermag, liegen Vorstellungswelt und Einzelformen dieser Lieder schon in sumerischen Ritualen zur Heiligen Hochzeit vor.

²⁴ Vgl. 1. Mos. 16, 1ff. (Abraham); 1. Mos. 29, 15ff. (Jakob); 1. Sam. 1, 1ff. (Elkana).

²⁵ Aus der Tatsache, daß nach einzelnen Patriarchenerzählungen die Mütter es waren, welche die Namen ihrer Kinder bestimmten, haben verschiedene Gelehrte auf ein frühisraelitisches ›Matriarchat‹, d. h. auf eine matrilinear geordnete Verwandtschaft geschlossen. Diese These ist nicht mehr zu halten. Wahrscheinlich hatte stellenweise in der seßhaften Bevölkerung Palästinas mit polygamer Ehe die Sitte bestanden, daß die Mutter ihre Kinder benennen durfte, weil diese sich für die ersten Lebensjahre fast ausschließlich an sie hielten, was jedoch keineswegs ein Matriarchat beweist. Eine matrilineare Verwandtschaftsordnung wäre höchstens für die seßhaften Nichtsemiten der Frühbronzekultur denkbar, von deren Sozialstruktur wir aber nichts Positives wissen. Für die vorwiegend semitische Kultur läßt sich dagegen nirgends eine matrilineare Konstitution nachweisen, und vollends sind die Stämme, welche als Träger israelitischen Wesens in Betracht kommen, von frühester Zeit an patriarchalisch aufgebaut gewesen. Vgl. R. de Vaux, Les institutions de l'Ancien Testament, Bd. 1, S. 37ff.

²⁶ Siehe S. 584, zu Mikal, Mälkart, Schalem, Räschäf.

²⁷ Selbst nach alttestamentlicher Vorstellung untersteht die Totenwelt dem ›König der Schrecken‹ (Hiob 18, 14); es ist dieselbe Gestalt, die Ps. 18, 5 belia'al (Nichtsnutz) heißt. (Deutscher Text meist geglättet.) Der alttestamentliche Monotheismus hatte freilich auch diese einstige Gottheit mehr und mehr verblassen lassen; aber auf weite Sicht blieb die Totenwelt wenigstens ein Bereich, der von Jahwe, dem Gott der Lebenden, völlig geschieden war. Darum kann ein Psalmist, um Erhaltung seines Lebens betend, sagen:

> ›Was nützt es dir (Gott), wenn ich sterbe,
> wenn ich zu Grabe fahre?
> Kann der Staub dich preisen,
> kann er deine Treue verkünden?‹ (Ps. 30, 10; ähnlich 6,6).

Ein anderer Psalmist sagt kurz:

> ›Die Toten preisen Jahwe nicht;
> Keiner von allen, die hinabgefahren ins Land des
> Schweigens‹. (Ps. 115, 17).

²⁸ Ein dem 4. Jahrhundert v. Chr. zugeschriebener Sarkophag aus Sidon zeigt außer klagenden Frauen auch Klagemänner; auch die vorexilische alttestamentliche Bezeugung läßt eindeutig darauf schließen, daß gewisse Männer der Leichenklage besonders kundig gewesen sind. Vgl. H. Gressmann, Altorientalische Bilder zum Alten Testament, 211, und V. Maag, Text, Wortschatz und Begriffswelt des Buches Amos, Leiden 1951, zu Am. 5, 16, S. 172, Nr. 385.

²⁹ Möndchen, in verschiedener Größe und aus verschiedenen Metallen gearbeitet, sind bei den Ausgrabungen häufig zum Vorschein gekommen. Die Lebenden trugen sie als Schmuck bzw. als Amulette; Jes. 3, 18 sind es Frauen, Ri. 8, 26 Männer, und Ri. 8, 21 bezeugt sie für die Ismaeliten als Phylakterien am Zaumzeug ihrer Kamele. Die Sternfiguren stehen, obschon sie nicht die Fünfzahl der Zacken des klassisch-mesopotamischen Ischtarsternes aufweisen, mit der Gottheit des Venusgestirnes im Zusammenhang, d. h. mit dem Gotte Aschtar (s. S. 581 ff.) oder mit der Göttin Aschtart (s. S. 588); ein goldener Anhänger aus Karthago trägt eine Inschrift, die ihn ›Aschtart und Pygmalion‹ weiht. H. Gressmann, Altorientalische Bilder z. Alten Testament, Tafel XCV, Bild 223.

V. Recht

¹ Möglicherweise ist die Überlassung der Sandale eine spezielle Formalität bei Übertragung von Rechten an Grund und Boden; denn aus Ps. 60, 10 (108, 10) – ›auf Edom werfe ich meinen Schuh‹ – scheint hervorzugehen, daß ein althergebrachter Symbolakt darin bestand, daß der Erwerber seine Sandale auf das Grundstück warf. Dann würde die Übergabe der Sandale die entsprechende Verzichtgeste darstellen.
Diese Deutung gewinnt auf dem Hintergrund einer Handänderungsformalität, wie sie in Nuzi gehandhabt worden ist, an Wahrscheinlichkeit: Der Verkäufer hatte seinen einen Fuß, der noch auf dem abzutretenden Grundstück stand, von diesem zurückzuziehen und den Fuß des Käufers an dessen Stelle zu setzen. S. R. Lacheman, Journal of Biblical Literature 56, 1937, S. 53 ff.; E. A. Speiser, Bulletin of the American Schools of Oriental Research 77, 1940, S. 15 ff.
² Vgl. S. 536.
³ Aus dem kanaanäischen Stadtrecht dürften kasuistisch formulierte Sätze stammen, wie: ›wenn jemand . . ., und wenn das und das der Fall ist, dann soll die und die Maßnahme ergriffen werden‹ (z. B. 2. Mos. 21, 28 ff. u. a.). Demgegenüber kennzeichnet die alte Sakralrechtsformel das apodiktische ›Du sollst . . .‹ bzw. ›Du sollst nicht‹, wie es für die Zehn Gebote (2. Mos. 20, 3 ff.; 5. Mos. 5, 7 ff.) charakteristisch ist. So auch Sätze wie 2. Mos. 23, 1 ff.
In späteren Rechtsbüchern des Alten Testamentes tritt die kasuistische Formulierung immer mehr hinter der zur Alleinherrschaft drängenden apodiktischen zurück, ohne je ganz zu verschwinden.

VI. Wehrwesen

¹ Siehe S. 469.
² Die ›großen‹ Richter des Richterbuches (Ehud, Barak, Gideon, Jephtah, Simson) sind Helden, die sich in vorköniglicher Zeit

durch eine Tat, die die Rettung ihres Stammes bedeutete, das lebenslängliche Vertrauen der Volksgenossen und damit eine Art Scheichwürde erworben haben. Sie waren freilich noch Stammesscheiche, und erst eine spätere Betrachtungsweise, wie sie der heutigen Darstellung des Richterbuches zugrunde liegt, hat sie sich als Führer von ganz Israel vorgestellt.

3 In Ephraims Nomadenzeit mag die ›Lade‹ ähnliche Funktionen geübt haben wie die nomadischen Stammespalladien späterer Zeiten. Diese führen bzw. weisen Weg und Richtung bei der Wanderung, und im Kriegsfall vergegenwärtigen sie die mitkämpfende Gottheit. Siehe S. 586. J. Morgenstern, The Ark, the Ephod and the ›Tent of Meeting‹, Cincinnaty 1945.

4 Wenn 1. Kön. 9, 19 von diesen Städten als ›Vorratsstädten‹ spricht, so meint es damit Militärbasen mit Zeughäusern und Verpflegungsdepots. Die in Chazor ausgegrabene Pfeilerhalle König Ahabs war ein derartiges ›Vorratshaus‹. Abbildung Y. Yadin, Hazor II., Titelbild. Möglicherweise ist die neuestens von B. Mazac u. a. am Ostufer des Tiberias-Sees entdeckte Stadtruine (Susita?), eine Davidisch-Salomonische Gründung, auch eine strategische Anlage. Siehe The Jerusalem Post Weekly, Vol. II, Nr. 111, 3. Nov. 1961, S. 7.

5 Tatsächlich hatte Assyrien seine Kontrolle über die Westprovinzen verloren, so daß Josia die Provinz *Samerina*, d. h. das einstige Gebiet des israelitischen Nordreichs *de facto* erneut der Davidskrone unterstellte und zum erstenmal seit der Reichsspaltung von 926/25 wieder das Gesamtreich Israel erstehen ließ.

6 Die den Heiligen Krieg der Endzeit betreffenden Vorstellungen und Erwartungen der Qumran-Gemeinde sind besonders in der sog. ›Kriegsrolle‹ zu finden. Vgl. F. Nötscher, Zur theologischen Terminologie der Qumran-Texte, Bonn 1956, S. 165; K. Schubert, Die Gemeinde vom Toten Meer, 1958, S. 79 ff.

VII. Handwerk, Kunstgewerbe, Handel

1 Siehe S. 462.

2 Von etwa 800 an begannen die Griechen die phönikisch-punische Seemacht zu überflügeln. Entscheidend war deren Niederlage bei Himera, gegen Gelon von Syrakus, um 480 v. Chr. Einige alte Handelszentren wie Tyrus, Sidon, Tripolis haben jedoch ein nicht geringes Ansehen behalten. Ihnen wurde bei der Einverleibung Phönikiens ins Römische Reich im Jahre 68 n. Chr. die Autonomie zugebilligt.

3 Vgl. H. Th. Bossert, Altsyrien, 1951, Abbildung Nr. 534. Wie weit Schiffbauer aus Tyrus in den von Salomo und Hiram von Tyrus gemeinsam betriebenen Werften von Ezjon-Geber am älanitischen Meerbusen eingesetzt waren, wissen wir nicht, da die Werkstätten vermutlich schon unter den edomitischen Königen der vordavidischen Zeit gearbeitet hatten und dann

mit ihrer ganzen Belegschaft von den Israeliten übernommen worden sind. Es ist aber anzunehmen, daß Hiram, der Salomos Schiffe mit Sachverständigen der Seefahrt equipierte (1. Kön. 9, 26 f.), Werkmeister auf die Werften von Ezjon-Geber abgeordnet hat. Zur Abbildung tyrischer Küstenschiffe des 8. Jahrhunderts v. Chr. auf dem Obelisk Solmanas siehe H. Gressmann, Altorientalische Bilder z. Alten Testament Nr. 126.

4 Über die Bedeutung des Namens Phönikien und Phönikier (*phoinikē* und *phoinikes*) bestehen verschiedene Auffassungen. Am wahrscheinlichsten ist die griechische Bezeichnung *phoinikē* als ›das Land der roten Farbe‹ zu deuten als Übersetzung des Namens, mit dem der Alte Orient selber dieses Gebiet belegt hatte: Kanaan. Dieser Name Kanaan hängt mit dem – vielleicht churritischen – Wort für Purpur zusammen: *kinahhu*; dann wäre *kinahha* (= Kanaan) das Purpurland, womit erst die phönikische Küste, später die ganze Städtegruppe der nordsyrischen Küste nebst der Jesreel-Ebene (Megiddo, Jesreel, Affula) und dem oberen Jordangraben (Beth-Sche'an, Chazor) und erst zuletzt ganz Palästina gemeint war. Mit *phoinix*, der Dattelpalme, hat der Name jedenfalls nichts zu tun, und daß er von der roten (!) Hautfarbe der Bevölkerung herkomme, ist erst recht unwahrscheinlich. M. Noth, Die Welt des Alten Testaments[3], S. 44 f.; H. Schmökel, Geschichte des alten Vorderasien, 1957, S. 221, Anm. 3.

5 Das griechische Wort *byssos* kommt vom kanaanäischen *bus*, das feines Linnengewebe bedeutet. L. Köhler, Kleine Lichter, Zürich 1945, S. 48 ff.

6 K. Galling, Bibl. Reallexikon, Sp. 153 ff. Daß es bei Jerusalem ein Walkerfeld gab, läßt zwar darauf schließen, daß die Walkerei als Gewerbe betrieben worden ist, beweist aber keine Ansammlung dieser Berufsgruppe.

7 Mit dem ›Walkerfeld‹ von Jes. 7, 3 ist wahrscheinlich nicht, wie vermutet worden, ein Gerberei-Areal gemeint, sondern das Feld, auf dem gewalkte Tücher zum Trocknen und Bleichen ausgespannt wurden. F. Nötscher, Biblische Altertumskunde, 1940, S. 213.

8 Siehe Seite 540. Der 2. Timotheus-Brief erwähnt solche Bücher und Pergamentblätter (*membrana*).

9 Es wurde aus Wurzeln, Stengelteilen und Blüten einer im Himalaja wachsenden Valerianazee, *Nardostachys Jatamansi* hergestellt. Der hebräische Name dafür, *nērdĕ*, ist ein nichtsemitisches Fremdwort. I. Löw, Die Flora der Juden, Bd. 3, 1924, S. 482 ff.; H. Haag, Bibel-Lexikon, Sp. 1198.

10 Siehe S. 532.

11 In Israel geschah dies unter Salomo und dann erneut unter König Ahab, wie u. a. die Ausgrabungen von Samaria und Chazor zeigen.

[12] Die Berichte über Davids Einnahme des kanaanäischen Jerusalem (2. Sam. 5, 6–8; 1. Chr. 11, 4–6) sind vermutlich dahin zu verstehen, daß Davids Feldherr Joab die Feste von innen heraus zu Fall brachte, nachdem ihm mit einer Handvoll Verwegener der Einstieg in die Stadt durch das Quellbassin und den Zugangsschacht gelungen war. E. Auerbach, Wüste und Gelobtes Land, Bd. 1, 1938, S. 215 f.

[13] Siehe S. 596.

[14] Auch als Doppelsymbol von Sonne und Mondsichel gedeutet. Oder ist es die Neumondsichel mit Ergänzung? Vgl. auch das Bar-Rekub-Relief. Schäfer-Andrae, Die Kunst des Alten Orients, 1925, Tafel 35 und S. Moscati, L'oriente antico, Tafel 24.

[15] Siehe S. 472 f.

[16] Das ›Verkrümmen‹ der Zahlwaage, nach einer Äußerung des Propheten Amos (Am. 8, 5) ein beliebter Betrügerkniff, bestand darin, daß man den einen Balken durch leichtes Verbiegen etwas verkürzte. Erleichterte man die Schale auf der Gegenseite ein wenig, war die Waage in Ruhe im Gleichgewicht, bei Belastung aber wirkte der verkürzte Balken (auf Grund des Hebelgesetzes) zu Ungunsten des Bezahlenden.

VIII. Schrift

[1] Zur Alphabettafel aus Ugarit siehe unten S. 529 u. Tafel XVI a.

[2] Siehe S. 458.

[3] Auch in den spätbronzezeitlichen Ruinen des altkanaanäischen Taʿannek und in Sichem (*Tell Balāta*) stießen die Ausgräber auf akkadisch geschriebene Keilschrifttafeln, und in Megiddo kam neuerdings ein Fragment der 7. Tafel des Gilgamesch-Liedes zum Vorschein.

[4] Schon 1868 hatte Palmer weiter südwestlich von Serabît eine derartige Inschrift entdeckt.

[5] Das Akrophonie-Prinzip wird u. a. bestritten von I. J. Gelb. Derselbe Autor läßt für die nordsemitische Schrift auch den Alphabetcharakter nicht gelten, sondern bezeichnet sie als ›silbisch‹. Von der Keilschrift zum Alphabet, 1958, S. 145.

[6] Eine der ersten Errungenschaften der Entzifferung bestand darin, daß in einer immer wiederkehrenden Buchstabengruppe *b'lt* der Göttername Baʿalat erkannt wurde, und daß eine weitere Gruppe *tnt* als Darbringung (*tint* = Votivgabe) gelesen werden konnte. Nachdem man aber jahrelang davon überzeugt gewesen war, in der Gruppe *m'hb'lt* einen Personennamen vor sich zu haben, der etwa muʾahib-baʿalat (Geliebter der Baʿalat) zu lesen wäre, hat die Lesung von Albright 1948 ergeben, daß mit größter Wahrscheinlichkeit diese Gruppe vollkommen anders zu fassen sein wird. Albright trennt sie in folgende drei Wörter

m' hb 'lt, was etwa zu lesen wäre *ma' hab 'olat*, das heißt: bitte bring ein Brandopfer dar. Die Lesung ›ba'alat‹ stammt von A. Gardiner, die von ›tint‹ von Lidzbarski und von Sethe. W. F. Albright, Bulletin of the American Schools of Oriental Research 110, 1948, S. 12ff.

7 Verschiedentlich wird Jechimilk vor Achiram gesetzt, wie denn überhaupt in bezug auf die Datierungsfragen noch keine volle Übereinstimmung besteht. Zur Achiram-Inschrift siehe W. F. Albright, Journal of the Palestine Oriental Society 21, 1947, S. 153ff. Zum Bild des Sarkophags: P. Montet, Byblos et l'Egypte. Atlas, 1929, Taf. 130, u. Gressmann, Altorientalische Bilder z. Alten Testament², 1927, Nr. 666. Zu Jehimilk: M. Dunand, Revue Biblique 39, 1930, S. 321ff.

8 Das älteste direkte Zeugnis der Alphabetfolge der phönikischen Linearschrift besteht in einer Kritzelei der ersten fünf Buchstaben auf einem Treppenstein in Lachisch (*Tell ed-Duwer*) aus dem 7. Jahrhundert v. Chr. G. R. Driver, Semitic Writing from Pictograph to Alphabet, ²1948, S. 116, Anm. 1 u. Fig. 70.

9 Das Plättchen, das Spuren einer ausgekratzten früheren Beschriftung erkennen läßt, mag eine Art Übungstafel eines Schreibschülers gewesen sein. Die gegebene Übersetzung liest jeweils *jrhw* als Dual und erhält so $2 + 2 + 2/1 + 1 + 1/2 + 1 = 12$ Monate. Abbildung: D. Diringer, Le iscrizioni antico-ebraiche palestinesi, 1934, Tafel I. Übersetzung: Albright, Ancient Near Eastern Texts, Relating to the Old Testament, ²1955, S. 320, und Kommentar: S. Moscati, L'epigraphia ebraica antica, Rom 1951, S. 8ff.

10 Nachdem die Ostraka zuerst der Regierungszeit König Ahabs, dann der des Jehuiden Jerobeam II. zugeschrieben worden sind, hat sich als wahrscheinlichstes Datum die Aera von Ahabs Sohn Joahas (814–798) ergeben.

11 Möglicherweise denkt Hi. 19, 24 an eine mit Blei ausgelegte Stein-Inschrift, wie sie G. C. Cameron für die kleinen Darius-Inschriften von Bisutun nachwies. Siehe darüber E. Weidner, Archiv f. Orientforschung 15, 1945, S. 147.

12 Ob man in Israel selber Papyrus verarbeitete, wissen wir nicht. Denkbar wäre es gewesen, da an einigen Stellen des Jordantales Papyrusstauden wachsen. Die Bestände waren aber vielleicht zu gering, als daß sich ihre kommerzielle Verwendung gelohnt hätte. So wird man mit der Möglichkeit rechnen müssen, daß der Schreibpapyrus aus Ägypten importiert wurde, entweder direkt oder über Phönikien, das von alters her Papyrus gegen Libanonholz eingehandelt hat. Der Reisebericht eines ägyptischen Gesandten namens Wen-Amon erzählt um 1100 v. Chr., daß der Pharao 500 Rollen Papyrus nach Byblos geschickt habe. Siehe K. Galling, Textbuch z. Geschichte Israels, S. 41.

13 Unter archäologischen Materialien sind antike Schriftstücke zu

verstehen. Was aus der südlich-palästinensischen Gegend, abgesehen von wenigen Stein-Inschriften, an Literatur auf uns gekommen ist, wie fast alle alttestamentlichen Texte, ist sozusagen nur auf Grund später Abschriften erhalten geblieben. Die biblischen Qumran-Funde stellen neben wenigen Papyrus-Fragmenten aus Ägypten die einzigen vorchristlichen Bibeldokumente dar. Die nächstjüngeren sind Abschriften des 8.–9. Jahrhunderts n. Chr.

[14] Siehe S. 551.

IX. *Ugaritische und hebräische Literatur – Die Musik*

[1] Als Reste der ugaritischen Literatur sind viele Hunderte von Tontafeln und Tafelfragmenten auf uns gekommen. Die meisten sind in ugaritisch-kanaanäischer Sprache und in ugaritischer Alphabet-Keilschrift abgefaßt, andere auf churritisch, ägyptisch oder hethitisch oder in akkadischer Sprache und Keilschrift. Die Grabungen in Ugarit begannen 1929, wurden durch den zweiten Weltkrieg unterbrochen und nach Sondierungen in den Jahren 1948 und 1949 seit 1950 systematisch fortgesetzt. Vgl. die fortlaufenden Berichte in ›Syria‹ seit Jahrg. 10, 1929. Seither hauptsächlich C. H. Gordon, Ugaritic Manual, 1955 (Textsammlung, Grammatik und Glossar) und Ugaritic Literature (Übersetzung); in vielen Einzelheiten aber durch zahlreiche monographische Arbeiten überholt).

[2] Siehe S. 522. Je einige Briefe übersetzt bei K. Galling, Textbuch zur Geschichte Israels, 1950, S. 19ff.; H. Gressmann, Altorientalische Texte z. Alten Testament, [2]1926, S. 371ff.; Pritchard, Albright, Ancient Near Eastern Texts, S. 482ff. Hier auch kurze Einleitung und Literaturhinweise; ferner siehe H. Haag, Bibellexikon, Sp. 56–58.

[3] Neben einigen schon bald nach Eröffnung der Grabungen in Ugarit aufgefundenen Briefen ist vor allem die 1953 ausgegrabene Korrespondenz des ugaritischen Königshofes mit verschiedenen Nachbarhöfen, hauptsächlich dem hethitischen, aufschlußreich. Die erstgenannten Briefe übersetzt bei C. H. Gordon, Ugaritic Literature, S. 116ff.; zur Korrespondenz mit den Hethitern siehe C. F. A. Schaeffer, Syria 31, 1954, S. 42ff.

[4] Siehe S. 532.

[5] Siehe Anm. 22 zu Kap. IV. Zum Keret-Gedicht jetzt auch J. Gray, The Krt-Text in the Literature of Ras Shamra, Leiden 1955, und A. Herdner, Syria 34, 1957, S. 358.

[6] Schon die Werbung wird als erster Schritt, Nachkommen zu erlangen, unter den Machtschutz der Göttin der Fruchtbarkeit gestellt.

[7] Siehe S. 489.

[8] Die Siebenzahl der Jahre darf hier nicht wörtlich genommen

werden. Sie ist als symbolische Zahl für eine abgeschlossene Lebensperiode zu denken.

[9] Unter der letztzitierten Zeile steht der sogenannte Kolophon, d. h. die Kontrollnotiz des Schreibers, die für die Vollständigkeit des Inhaltes der Tafel bürgt: ›geschrieben von Ilimilk, durchgesehen von . . .‹. Es wäre dennoch möglich, daß die Tafel eine Fortsetzung gehabt hätte; nur würde man dann deren erste Zeile als Stichzeile unten auf unserer kolophonierten Tafel erwarten.

[10] Vgl. S. 473.

[11] Vgl. S. 582.

[12] Da das Gedicht zuerst Dan'el einführt, ist es von der Forschung anfänglich als Dan'el-Gedicht bezeichnet worden. Der Name bedeutet ›El ist Richter‹ oder ›El schafft Recht‹ und scheint im kanaanäischen Bereich beliebt gewesen zu sein. In nur leicht abgewandelter Form begegnet er in der biblischen Welt als Daniel. Man neigt heute eher dazu, die Dichtung nach deren eigentlicher tragischer Hauptperson, dem Prinzen Akhat, zu benennen.

[13] Ortsbezeichnung, wahrscheinlich aber nicht identisch mit der aus dem Alten Testament bekannten palästinensischen Stadt.

[14] Es ist anzunehmen, daß die Trauer einem verstorbenen Prinzen gegolten hat. Der Text ist nur als Torso erhalten.

[15] d. h. seine Vertretung in den dem König obliegenden kultischen Pflichten übernehmen kann.

[16] Siehe S. 585.

[17] Bedenkt man, daß die ugaritische Anat mit der babylonischen Ischtar wesensverwandt ist, so ist ein gewisser Parallelismus zwischen Akhats Beleidigung der Anat und Gilgameschs Beschimpfung der Ischtar nicht zu übersehen.

[18] Die innere Logik dieses Zusammenhanges ergibt sich aus der Stellung des altorientalischen Königs zur Fruchtbarkeit des Landes: eine Katastrophe in der Dynastie, wie der Tod des Kronprinzen, hat unabweislich in der Natur, vor allem im vegetativen Bereich, Erschütterungen zur Folge.

[19] Dies spricht dafür, daß man in Ugarit ein völlig ungebrochenes Gottkönigtum kannte. Es erklärt sich vielleicht aus dem ägyptischen Einfluß.

[20] Auf Annalenwerke, die den Königsbüchern zugrunde lagen, verweisen diese oft, so auf ›die Chronik Salomos‹, die ›Chronik der Könige von Israel‹ und die ›Chronik der Könige von Juda‹. Die drei Werke sind mit der jetzigen ›Chronik‹ des Alten Testaments nicht identisch.

[21] Vgl. S. 463 f. u. 597 ff. und V. Maag, Schweiz. Theol. Umschau 28, 1958, S. 2 ff. Ders. in Supplements to Vetus Testamentum, Vol. VII, Leiden 1960, S. 134 ff.

[22] Dieses Kleinod der Kunstprosa ist im heutigen Bestande der biblischen Davidgeschichten nicht vollständig in die Samuel-

bücher aufgenommen worden, dagegen mit Stücken anderer
Herkunft teilweise mehr volkserzählerischen Charakters durchsetzt. Einige Annalenfragmente und Listen sind mit einredigiert.
Es lohnt sich aber, unter Ausschaltung alles anderen Materials,
diese Fragmente, die in Stil, Duktus, Habitus und Skopus unverkennbar zusammengehören und sich deutlich von ihrer
Textumgebung abheben, für sich zu lesen. Es sind dies: 1. Sam.
16, 14–23; 21, 1–10; 22, 1–23; 25, 1–44; 27, 1-28,2;29, 2–11; 30,
1–31; 31; 2. Sam. 1, 1–2, 7; 2, 12–3, 1; 3, 6–39; 4, 1–12; 9,
1–13; 11, 1–27; 13–19; 20, 1–22.

23 Siehe S. 490. Daß der Name Salomo nicht nur in derÜberschrift,
sondern auch als Name des Liebhabers vorkommt, erklärt sich
aus einem Brauch im späteren Israel, nach dem sich der Bräutigam in seinem Glück als der König Salomo bezeichnen und
feiern ließ. Diesen Namen hingegen als Deckchiffre für Christus
– und den der Braut Sulamith als solchen für die Kirche – zu
deuten, gehört zu den Geschmacklosigkeiten einer Auslegung,
die jede Zeile des Alten Testaments als verkappte ›Vorschat-
tung‹ des Evangeliums glaubt verstehen zu müssen. Das ehrwürdige Alter dieser Auslegungsweise – sie geht auf die Kirchen-
väter zurück – vermag ihren Mangel an Sachlichkeit und Sach-
gemäßheit nicht wettzumachen. Siehe auch Anm. 23 zu Kap. IV.

24 Als Weisheitsbücher gelten: Sprüche Salomos, Prediger Salomo und das apokryphe Buch der Weisheit des Jesus ben Sirach.
Als apokryph (im Verborgenen gehalten, vom griechischen apo-
kryptein = verbergen) bezeichnet die Wissenschaft eine der Bibel
nahestehende, vor dem Jahre 100 n. Chr. auch zur synagogalen
Unterweisung benutzte Schrift, die dem offiziellen Gebrauch
durch die jüdische Synode von Jabne-Jamnia entzogen wurde
Diese Synode legte Zahl und Umfang der alttestamentlichen
kanonischen Schriften fest, wie sie seither in der hebräischen
Bibel (und auch in unsern Übersetzungen des Alten Testaments)
enthalten sind. W. Bousset, Die Religion d. Judentums, 3. Aufl.
(herausg. von H. Gressmann) 1926, S. 142ff.; O. Eissfeldt, Einleitung in das Alte Testament, 1934, S. 614ff.

25 Wir wissen nicht, wo Lemuel gelebt hat; sicher nicht in Israel
oder Juda. Möglich wäre, daß es sich um eine Sammlung handelte, die an einem bronzezeitlichen Stadtkönigshofe – irgend-
wo in Syrien-Palästina – entstanden war und auf welche nun die
jerusalemischen Hofweisen zurückgegriffen haben.

26 Im Judentum nach dem babylonischen Exil, d. h. vom ausgehenden 6. Jahrhundert v. Chr. an, tritt die jüdische ›Weisheit‹
ganz in den Dienst einer religiösen Lehre, wie sie etwa im ersten
Psalm einen klassischen Vertreter gefunden hat: Es ist der auf
Ezechiel 18 zurückgehende Pragmatismus, welcher die Totalität
des Lebens zu deuten versucht mit den Sätzen: Schicksal ist Ver-
geltung, Glück ist der Lohn der Frommen, Unglück die Strafe

der Gottlosen. Als Ablehnung dieser Lehre und als Kampf um die Anerkennung der Geheimnistiefe in Gott, im nationalen und im persönlichen Schicksal, versteht sich die Dichtung, die heute den größten Teil des Buches Hiob ausmacht. V. Maag, Die religiöse Problematik des Buches Hiob (erscheint voraussichtlich 1962).

[26a] Inhaltliche Wiederholungen in den Erzählungen des Alten Testaments gehen meistens auf die Zusammenfügung verschiedener Quellen-Schriften zurück und haben mit dem poetischen Wiederholungsprinzip nichts zu tun. Siehe die ›Einleitungen‹ in das Alte Testament.

[27] ›Historische Bücher‹ sind: Mose, Josua, Richter, Samuel, Könige, Chronik, Esra, Nehemia. Das Büchlein Ruth hat zwar die äußere Gestalt einer Geschichtserzählung. Es ist seiner ganzen Intention nach aber nicht – wie dies bei den ›historischen Büchern‹ der Fall ist – darauf angelegt, die Führung des Volkes durch Gott ins Licht zu rücken, sondern verfolgt einen anderen Lehrzweck. In nachexilischer Zeit hatte ein religiös fanatischer Nationalismus des Blutes viel Not und Leid über Familien gebracht, welche aus Mischehen von Juden und Nichtjuden erwachsen waren. Von den jüdischen Männern wurde verlangt, daß sie ihre nichtjüdischen Frauen entließen. Da gibt der Erzähler des Ruth-Büchleins seinen eifernden Volksgenossen zu bedenken, daß gemäß ihren rassen- und religionshygienischen Vorschriften der allerseits als religiöser Heros verehrte David hätte ungeboren bleiben müssen; denn Davids Ahnfrau Ruth war nicht israelitischer, sondern moabitischer Herkunft. – Eine ähnliche Lehrerzählung ist die vom Propheten Jona, den Gott nicht zu Juden, sondern zu assyrischen Heiden geschickt habe. Dort erlebte er, daß diese Heiden auf ihn hörten und Buße taten, und daß Gott sich ihrer erbarmte. – Diese Lehrschriften sind zugleich Kampfliteratur gegen die nachexilische Idee, das Heil des Volkes sei an die Reinerhaltung der Rasse gebunden. Sie erblicken in Jahwe den Gott, der sich seiner gesamten Menschheit zuwenden will, und aus dieser Sicht bestimmen sich Menschentum und Menschenwürde neu. Zu Ruth: M. Haller, Die fünf Megilloth, Handbuch z. Alten Testament 18, 1940, S. 1ff.; zu Jona: Th. H. Robinson, Die zwölf Kleinen Propheten I, Handbuch z. Alten Testament 14, 1954, S. 117ff.

[28] Siehe S. 463 und S. 598ff.

[29] Jahwist wurde er genannt, weil er schon im ersten Mosebuch Gott mit dem Namen Jahwe nennt. Die umgebenden Textstücke sagen ›Gott‹. Siehe die ›Einleitungen‹ in das Alte Testament.

[30] Nach der Reichsspaltung vom Jahre 931 kam in Nordisrael für den Gebrauch an den dortigen Reichsheiligtümern der sogenannte Elohist auf, eine Bearbeitung des jahwistischen Werkes. Der

Niederschlag von König Josias Kultreform (Siehe S. 497) und ihren Nachwirkungen war das Buch, das heute als 5. Buch Mose (Deuteronomium) in der Bibel steht. Eine letzte Schicht, außer dem Deuteronomium die einzige, die sich von der Redaktion keine Abstriche gefallen lassen mußte und die darum vollständig in den Pentateuch eingegangen ist, ist die nachexilische sogenannte ›Priesterschrift‹; ihr gehört z. B. das erste Kapitel der Bibel an.

[31] Dieser Benennung entspricht das griechische *pentateuchos* (*penta* = fünf, *teuchos* = Buch), von der unser Fremdwort Pentateuch stammt.

[32] Vgl. die Berufungshinweise in Jes. 6, 1 ff.; Jer. 1, 4 ff.; Am. 7, 15 usw.

[33] Vgl. 1. Sam. 18, 6 ff.; R. 11, 34. Darum auch in Davids Klage um Saul und Jonathan das Wort:

> ›Saget es nicht zu Gath
> verkündiget es nicht in den Gassen zu Askalon,
> damit sich nicht freuen die Philisterinnen,
> die Töchter der Unbeschnittenen nicht frohlocken!
> (2. Sam. 1, 20).

[34] Die Liste der bisher bekannten volkstümlichen Musikinstrumente (Leier, Zither, einfache Rohrflöte, Doppelflöte, Handtrommel, Tamburin, Zimbel) vermehrt sich um eine Art Trompete, die aus einer großen Spiralmuschel (wie man sie vom Toten Meer hatte) hergestellt wurde. Ein solches Instrument wurde in Chazor ausgegraben – und von einem der Arbeiter sogleich wieder zum Klingen gebracht. Vgl. Y. Yadin, The Illustrated London News, 8. Dez. 1956, S. 993, Fig. 13.

[35] Vgl. S. 546; vgl. 489.

X. Religiöse Vorstellungen der Frühzeit

[1] Siehe oben, S. 449.

[2] Siehe oben, S. 450.

[3] Siehe oben, S. 452 f.

[4] Siehe unten, S. 588.

[5] Siehe S. 451 und Anmerkung 5 zu Kap. I.

[6] Siehe oben, S. 451 f. Schon P. Volz (Die biblischen Altertümer, 1914, S. 20) erkannte grundsätzlich richtig die vorkanaanäische Herkunft der palästinensischen Megalithen. Daß G. Ernest Wright sie in seiner ›Biblischen Archäologie‹ unbesehen der hebräischen Väterschicht zuordnet, ist wissenschaftlich nicht ernst zu nehmen.

[7] Benzinger (Hebräische Archäologie, S. 41) schließt dies lediglich aus der verbreiteten Verehrung heiliger Steine unter semitischen Völkern. Der Schluß ist aber trügerisch: Eine Bevölkerung, die dazu neigt, ihre auffallenden Steine als numinose Größen zu

empfinden, bringt ihre religiösen Gefühle selbstverständlich Steinen von der Auffälligkeit von Menhiren und Dolmen entgegen, auch wenn sie diese nicht selber aufgerichtet hat.

8 Die kanaanäische Wortwurzel *rafa* heißt ›schwach oder schlaff sein‹. Wahrscheinlich nannten die kanaanäischen Semiten die Toten ›Schwach-Gewordene‹ aus magisch-apotropäischen Gründen: Mit dieser Bezeichnung wollte man die gefürchteten Totengeister daran hindern, über die Lebenden Macht zu bekommen.

9 In dieser Auskunft verschmelzen die einheimischen Vorstellungen von den Riesen mit den in Mesopotamien und im Alten Testament noch nachweisbaren Traditionen von der übermenschlichen Langlebigkeit der vorsintflutlichen Menschen. (1. Mos. 5)

10 Siehe unten, S. 572.

11 In der alttestamentlichen Form der Kultlegende von Bethel ist es darum Jahwe, der Nationalgott Israels, der als ›Gott Abrahams und Isaaks‹ auftretend den Erzvater Jakob im Traum erscheint. Der uralte Inkubationscharakter der Kultstätte verrät sich 1. Mos. 28, 10ff. noch deutlich. – Ein anderes in der Königszeit Israels ebenfalls noch immer berühmtes Inkubationsheiligtum war in Gibeon. Von einem Menhir weiß die biblische Gibeon-Tradition allerdings nichts; dafür spricht I. Kön. 3, 4ff, ausdrücklich von Inkubation zur Nachtzeit und Traumoffenbarung und legt damit die Vermutung nahe, es habe sich auch hier um ein altes El-Heiligtum gehandelt, auch wenn man auf Grund von Jos. 10, 12f. in Gibeon ein Sonnenheiligtum vermutet hat. Möglicherweise haben die beiden Traditionen zwei verschiedene in Gibeon verehrte Götter im Auge (Vgl. S. 596). Wenn 1. Kön. 3, 4ff. an einem einstigen El-Heiligtum spielt, so deckt sich dies mit der Tatsache, daß Jahwe häufig und sozusagen ohne innere Hemmungen mit dem kanaanäischen El identifiziert worden ist. Auch ist gerade El der Gott des kanaanäischen Pantheons, der in besonders enger Beziehung zu den Königen zu stehen pflegte. Für Salomo, welcher der israelitischen Religion mit aller Vehemenz kanaanäische Sitten und Kultformen aufpfropfte, konnte es nur stilgemäß sein, den Traum seines Nationalgottes in einem einstigen El-Heiligtum zu empfangen. Für Beth-El vgl. V. Maag, Asiatische Studien 5, 1951, S. 122ff. Zur Sonnenverehrung in Gibeon: J. Dus, Vetus Testamentum 10, 1960, S. 353ff.

XI. Die syro-kanaanäische Religion

1 Nach einem – vielleicht südkanaanäischen – Mythus, der von 1. Mos. 6, 1ff. verarbeitet worden ist, sollen die Angehörigen dieser göttlichen Sippe voreinst, in den Urtagen der Welt, nach den schönen Menschenfrauen Verlangen empfunden, sich ihnen beigesellt und die Riesen gezeugt haben.

² Diese Annahme legt sich nahe auf Grund der uns nicht nur aus Mesopotamien, sondern auch aus dem palästinensisch – kanaanäischen Raume bekannten Menschenschöpfungsvorstellungen: Nach *Enūma elîsch* ist es das Blut des göttlichen Kingu, das, mit Erde vermischt, die menschliche Substanz ergibt. Nach babylonischen Texten, die auf sumerische Vorlagen zurückgehen, ist es das Abbild einer Gottheit und damit eine magisch bedingte Wesenseinheit mit einem Gott, die von der Muttergöttin in Ton gelegt und belebt wird. Im zweiten Kapitel des Alten Testaments begründet der dem Menschen eingehauchte Lebensodem Jahwes die Möglichkeit der affektiven Beziehungen zwischen Gott und Mensch. Vgl. V. Maag, Asiatische Studien 8, 1954, S. 85ff. und 9, 1955, S. 15ff.

³ Die Vorstellung von Els Stiergestaltigkeit war gemein-kanaanäisch. Sie wurde in Israels Frühzeit auch auf den mit El identifizierten Gott Israels, Jahwe, übertragen. So etwa 4. Mos. 23, 22: ›El, der dich aus Ägypten heraufgeführt hat, hat Hörner wie ein Wildstier.‹ Vgl. auch 1. Kön. 12, 28.

⁴ Siehe S. 475f.

⁵ Der Uräus am Haupte des Königs, sonst ein Attribut der Pharaonen, zeigt, wie vieles andere der ugaritischen Welt, daß Ugarit so gut wie das südliche Phönikien stark unter dem Einfluß ägyptischer Formen gestanden hat. Dies dürfte freilich für den Mann auf der Straße bedeutend weniger gelten als für das Könighaus und die Großkaufleute, die von jeher mit Ägypten Handelsbeziehungen unterhalten hatten.

⁶ Die ugaritische Schreibung *hd* läßt auf die Aussprache des Namens als ›haddu‹ schließen. Es ist derselbe Gott, der für Syrien in den Amarna-Briefen als *addu* bezeugt ist und den das Alte Testament im Zusammenhang mit dem aramäischen Königsnamen Ben-Hadad (Sohn des Hadad) kennt. Bei den mesopotamischen Amoritern und bei den Aramäern von Damaskus wurde dieselbe Gottheit auch unter dem Namen Ramman, ›der Brüller‹ bzw. ›der Donnerer‹ verehrt. Das Alte Testament kennt einen Tempel des Hadad-Ramman in Damaskus (2. Kön. 5, 18; die im heutigen hebräischen Text vorliegende Vokalisation Rimmon ist eine aus der Ablehnung der heidnischen Gottheit entsprungene absichtliche Verballhornung. Rimmon heißt ›der Granatapfel‹). In dem mitten in der Stadt gelegenen Heiligtum von Damaskus soll nach einer Angabe des arabischen Geographen Istachri (10. Jahrhundert) später griechischen und römischen Göttern gedient worden sein, ehe es dem jüdischen und schließlich dem christlichen Gottesdienst seine Pforten öffnen mußte. Von den Römern wurde nach Justinus der damaszenische Hadad mit Jupiter identifiziert und als Jupiter Damascenus verehrt, ähnlich wie sie auch dem Ba'al von Baalbek als Jupiter Heliopolitanus und in Doliche als Jupiter Dolichenus huldigten.

[7] Von alters her sind nach orientalischen Begriffen Steppe und Wüste Niemandsland. Wer solches durch Bewässerung kultivierbar macht, wird dessen Eigentümer. In diesem Sinne war der Regengott Besitzer des Landes.

[8] ›Fürst Ba'al‹ erscheint in den ugaritischen Texten als *Ba'al zabul.* Nach dem Alten Testament (2. Kön. 1, 2) führte auch der Wettergott der philistäischen Stadt Ekron diesen Titel. Nur brachten die alttestamentlichen Erzähler es nicht über sich, den verhaßten Namen ungeschändet weiterzugeben. Sie haben darum aus dem ›Fürsten Ba'al‹ dem *Ba'al zebul,* durch Veränderung eines einzigen Buchstabens einen ›Fliegengott‹, den *Ba'al zebub,* gemacht, d. h. den Gott alles eklen Geschmeisses. Kein Wunder, daß einer späteren Zeit der Belzebub‹ als Bezeichnung für den Teufel der jüdischen und christlichen Vorstellungswelt geeignet erschien.

[9] Siehe S. 594.

[10] Sein Beiname ›der Wolkenfahrer‹ ist aus kanaanäischem Erbe auf Israels Nationalgott Jahwe übertragen worden: Psalm 68, 5. (Der nach herkömmlicher Schreibung lautende Ausdruck ›der über die Steppen einherfährt‹ beruht auf einer – absichtlichen oder versehentlichen – Veränderung des ursprünglichen ›der auf den Wolken einherfährt‹).

[11] Dieser Darstellungstypus ist allmählich auch auf andere Götter übertragen worden: Eine aus Ras Schamra stammende Statuette, die den syrischen Blitz-, Pest- und Kriegsgott Räschäf darstellt (vgl. S. 584), zeigt beispielsweise dieselbe Haltung. Vgl. H. Th. Bossert, Alt-Syrien 1951, Fig. 574; aber auch 578–580. Für den hethitischen Bereich siehe die Bronzestatuette des 14. Jahrhunderts v. Chr. in ›Kunst und Kultur der Hethiter‹, Kunsthaus Zürich, 1961, Tafel 145.

[12] Dabei ist ihr besonders die Sonnengöttin Schapasch, ›die Leuchte der Götter‹ behilflich (vgl. S. 585); denn auf ihrem täglichen Lauf leuchtet sie jeweils zur Nachtzeit die Totenwelt aus, ähnlich wie der ägyptische Re-Osiris.

[13] Bisweilen wechselt mit dem bloßen Ba'alsnamen die Namensform Alijan-Ba'al, ›Ba'al der Hervorragende‹.

[14] Das kanaanäische Wort für Drache bedeutet auch die ›Schlange‹. Hier wurde der Übersetzung ›Drache‹ der Vorzug gegeben, da Lotan ein männliches Wesen ist. Dies gilt auch für die weiter unten zitierte alttestamentliche Parallele. – Eine dem Kosmos zugehörige, segensvolle Gottheit, der ›Regler der Wasseradern‹ heißt in Ugarit bisweilen ebenfalls Jam oder Jammu. Wahrscheinlich hat man sich vorzustellen, daß nach der Version, nach welcher das Ungeheuer nicht getötet worden ist, seine Domestizierung durch Ba'al erfolgte, durch welche das Chaoswasser zum Weltmeer und zum unterirdischen Speicher der Flüsse wurde. Zur Unterweltsbeziehung des Yam siehe M. Tsevat, Vetus

Testamentum 4, 1954, S. 41 ff. Außer Ba'al und Aschtar hat auch Yam wesentliche Züge zur späteren Teufelsvorstellung geliefert.

[15] Über die realen Hintergründe sowohl der kultischen Ausgangslage als auch des Wunsches Ba'als siehe S. 595 unten.

[16] In Baalbek und im Inneren Syriens hat Ba'al-Hadad als am Himmel einherziehender Gott (er heißt da auch Bel-Schamēn = der Himmelsherr) Züge einer Himmelsgottheit in sich aufgenommen, weshalb an seinen Kultorten, etwa in Baalbek, Doliche und Damaskus, in römischer Zeit Jupiter verehrt wurde (Vgl. oben Anm. 6). Die griechisch-römische Welt kannte Ba'al ferner unter dem Namen Adonis, als dessen Heimat Byblos angegeben wird. Und tatsächlich dürfte von dieser Stadt aus der Gott seine Verbreitung im Mittelmeerraum gefunden haben. Der Name Adonis ist übrigens nur die hellenisierte bzw. latinisierte Form des semitischen Wortes *ādōn*, das, ähnlich wie *ba'al*, ›der Herr‹ heißt. Die Form Adonis lehnt sich wahrscheinlich an den Ruf an, den man zur Zeit der Adonistrauer laut erhob, wenn der Gott durch den Eber getötet worden war. Der Klageruf ›*Adonī-Adonī!*‹ (mein Herr, mein Herr) dürfte dann jeweils die Gassen von Byblos erfüllt haben. An den Namen dieses Gottes knüpft sich die ostmediterrane Sitte der ›Adonisgärtchen‹: Am Karfreitag bzw. Gründonnerstag werden in Schalen schnellkeimende Samen ausgesät, in der Hoffnung, am Ostersonntag die ersten Spitzen sprießen zu sehen, was guten Ernteertrag verheißt. Einen ähnlichen Brauch bezeugt Jes. 17, 10 f. schon für die alttestamentliche Zeit. W. Baumgartner, Zum Alten Testament und seiner Umwelt, 1959, S. 247 ff.

[17] Vgl. Bibl.-historisches Handwörterbuch I, 1961, s. v. Dagon. Die Aussprache ›Dagon‹ entspricht der alttestamentlichen Sprachform.

[18] S. o. S. 578. Gaster, Thespis, Ritual, Myth and Drama in the Ancient Near East, New York 1950, S. 126 bringt ihn mit der künstlichen Bewässerung in Verbindung.

[19] Der Name findet sich in dieser Form in der Amarna-Korrespondenz (vgl. S. 522 u. 544). Zum Gott Schalim vgl. auch J. Léwy, Revue de l'histoire des religions 110, 1934, S. 61 ff. und Journal of Biblical Literature 59, 1940, S. 519 ff.

[20] Der alte Ortsname *Ge-ben-Hinnom* oder *Ge-Hinnom* ist seinerseits auch nicht ganz verschwunden. Im griechischen Neuen Testament wird er in der Form *geenna* als Bezeichnung der Hölle gebraucht. Mit der gleichen Bedeutung ist das Wort in der arabischen Lautung in den Koran eingegangen (Sure 9, 23 ff.; 67, 8) – Ob die Kultstätte, wo Abraham auf Geheiß seines Gottes statt Isaaks, seines Erstgeborenen, einen Widder geopfert und damit seinen Nachkommen die Ablösung des Kindesopfers durch ein Tieropfer vorgelebt haben soll (1. Mos. 22), ein vorzeitiges Aschtar-Heiligtum gewesen ist, läßt sich nicht mit Gewißheit sagen;

denn die von den Israeliten Morija genannte Örtlichkeit ist nicht völlig sicher topographisch bestimmbar. Die charakteristische Kinderopferung aber, die in der Erzählung offensichtlich als eine Israels Gott nicht erwünschte Gabe erklärt ist, wird sonst vom Alten Testament nur mit Mäläk-Aschtar in Zusammenhang gebracht.

21 Der Name Nikkal geht auf die sumerische Himmelsgöttin Ningal zurück, wie es auch wohl immer noch wahrscheinlich ist, daß Anat ihren Namen von der sumerischen Antu geerbt hat.

22 Siehe S. 548. Die Koscharot sind nach 2. Aqhat/II, 26 Töchter des Hēlāl, den das Alte Testament als Morgenstern (Venus) kennt (Jes. 14, 12), während ihn ein ugaritischer Text ›Herr der Sichel‹ nennt, was auf den Mond deuten könnte (wie arabisch *Hilāl* = Neumond). Auf alle Fälle steht er in enger Beziehung zur Fruchtbarkeit.

23 Vgl. S. 697, Anm. 11.

24 Siehe S. 512.

25 Siehe S. 513, aber auch Anm. 14 zu Kap. VII.

26 Siehe S. 503.

27 Sehr wahrscheinlich hängt diese Version mit der Isis-Osiris-Horus-Mythologie zusammen, und möglicherweise hat auch die ägyptische Kamephis-Vorstellung bei ihrer Ausbildung mitgewirkt.

28 Übersetzung nach Aistleitner, Die mythologischen und kultischen Texte aus Ras Schamra, 1959, S. 25. Vermutlich hängen diese Äußerungen zugleich mit einer Fruchtbarkeitssymbolik zusammen, wie denn überhaupt eine magische Verbindung zwischen Heldenkampf, Blutvergießen und Wachstum angenommen worden ist. Anat wäscht sich nach der Prozedur ›mit dem Tau des Himmels, mit dem Fett der Erde, mit dem Tau, den der Himmel träufelte, mit dem Sprühregen, den die Sterne ausgossen‹.

29 Die früher beliebte Deutung des Namens Atargatis als Verbindung der Namen Aschtart und Attis hat sich in der Wissenschaft nicht zu halten vermocht.

30 Eine andere Variante der Legende, nach welcher das Kind der Atargatis ein Knabe (nicht ein Mädchen) gewesen ist, muß trotz der dort bekannten Simia auch in Hierapolis überliefert worden sein; denn ein aus dieser Stadt nach Delos ausgewanderter Verehrer von Hadad und Atargatis erbaute den beiden Göttern und ihrem Sohne ›Asklepios‹ (= Simios) auf der Insel um 127 v. Chr. ein Heiligtum. – Schließlich erzählt Diodorus Siculus eine Legende, deren Figuren wiederum in anderer Konstellation auftreten: Derketo (Atargatis) hatte sich in den jungen Gott Simios verliebt und von ihm ein Kind geboren, als dessen Namen Diodor Semiramis angibt – gemeint ist sicher die Simia. Aus Scham setzte Derketo die Tochter in der Wüste aus, wo sie von Tauben

aufgezogen wurde. Den Geliebten verwandelte Derketo in einen Fisch, den Ichthys. Die Göttin selber stürzte sich in der Nähe von Askalon in einen See, offenbar um sich, den Blicken der Welt entzogen, mit ihrem Geliebten zu vereinigen. So weit die Legende bei Diodor. Die Bewohner von Askalon scheinen freilich in Ichthys nicht den Geliebten, sondern das Kind der Atargatis verehrt zu haben. Ichthys nimmt hier die Stelle ein, die in der nordsyrischen Variante des Mythus der Simia zukam, und in einem berühmten heiligen Teiche lebten die heiligen Fische im Reservat – gleichsam als ständig sichtbare Garantie für Derketos Fruchtbarkeit. – Die askalische Atargatis wird als Meerweib dargestellt, dessen Leib in einen Fischschwanz endigt. Das hat wohl das lange herrschende Mißverständnis verursacht, welches in Dagon, dem Gemahl der Atargatis, einen fischleibigen Gott bzw. einen Gott der Fische (*dāg*) hat sehen wollen. Diese Konstruktion hat sich in der abendländischen wissenschaftlichen Tradition eines umso höheren Kredites erfreut, als sie durch den heiligen Hieronymus, den berühmten Urheber der Vulgata, der lateinischen Bibelübersetzung, vermittelt worden ist.

[31] Siehe auch S. 596; vgl. 513. Ortsnamen, wie sie die Oase Kadesch (heute Ajn Qdejs) und die Stadt Kadesch am Orontes führten, zeugen dafür, daß an den kanaanäischen Haupttheiligtümern dieser Plätze die Kadeschverehrung zu Hause war.

[32] Siehe Tafel XVIII; ferner Bulletin of the American Schools of Oriental Research 134, 1954, S. 8 u. 26; ähnlich Gressmann, Altorientalische Bilder z. Alten Testament, Tafel 114ff. Der Löwe, der die Figur trägt, ist aus Babylonien und Assyrien u. a. als das Tier der Ischtar bekannt. Im mediterranen Raume gehört er andererseits zur alten Muttergottheit, wie dort ja auch die Schlangen von der urgebärenden Gorgo nicht zu trennen sind. Wie sehr die Kadesch-Symbolik mit mediterranen Vorstellungen verschmelzen konnte, zeigt eine Plastik aus Ugarit, welche die Fruchtbarkeitsgöttin in ganz kretisch anmutender Aufmachung, flankiert von zwei Böcken, darstellt (Tafel XVIII). Syria 10, 1929, S. 56 oder Bossert, Altsyrien, Tafel 663. D449

[33] Ihr Obmann hatte sich sogar mit dem aramäischen Wettergott Räschäf zu einer richtigen Pestgottheit vereinigen können.

[34] Es sind die Tiere, die noch dem alttestamentlichen Menschen als ›unrein‹ galten, d. h. von der Berührung mit dem Menschen und dessen Kultsphäre ferngehalten werden mußten.

[35] Im Gegensatz zum biblischen Menschenverständnis hat die altorientalische Mythologie den Menschen die Stellung einer Dienerschaft der Götter zugedacht, auf welche diese angewiesen sind, wenn anders sie auf ein götterwürdiges Dasein nicht verzichten wollen. V. Maag, Asiatische Studien 8, 1954, S. 85ff.

[36] Siehe S. 548.

[37] Siehe S. 577.

[38] Siehe S. 548.
[39] Siehe S. 589. Zum oben erwähnten Siegel aus Latakia siehe Seyrig, Syria 32, 1958, Tafel IV, 3.

XII. *Grundzüge der Religion Israels*

[1] Der Versuch wird zwar in jüngster Zeit und gegenwärtig von verschiedenen Archäologen unternommen, die archäologisch greifbaren Religionsverhältnisse der Amoriter von Mari und derer von Nuzi mit den Patriarchen des 1. Mosebuches zusammenzubringen, die nach der Tradition ja aus Obermesopotamien (wo Mari und Nuzi liegen) nach Palästina gekommen sein sollen. Eine Verwandtschaft mit jenen Amoritern ist denn auch auf Grund der den beiden gemeinsamen Weise der Namengebung nicht von der Hand zu weisen. Andererseits sollte nicht vergessen werden, daß es sich bei den Patriarchen nicht um Amoriter gehandelt haben kann, die irgendeine der bronzezeitlichen Kulturen in Palästina begründet haben. Diese waren kanaanäische Stadtkulturen, während die ›Patriarchen‹ von der Tradition des 1. Mosebuches als im Lande herumziehende Hirten bezeichnet werden. Damit stimmt überein, daß auch der von Josua begründete Sichem-Bund (s. u. S. 600) kein Bündnis von Stadtstaaten war, sondern eines von Hirtenstämmen, die erst gegen das Ende der Bronzezeit zur systematischen Eroberung der kanaanäischen Städte schritten. Von all diesen Beobachtungen aus ist es unwahrscheinlich, daß uns die Archäologie Spuren der Patriarchen zugänglich machen wird, solange sie sich auf die Überreste städtischer Siedlungen beschränken muß.

[2] Die Beobachtungen beschränken sich auf kleinviehtreibende Nomaden ohne Kamelhaltung, wie sie die israelitischen Stämme einst waren und wie sie noch heute in den Randgebieten der arabischen Wüste sowie in Innerasien anzutreffen sind.

[3] Siehe oben. – Der Kern von Josua 24 enthält noch, wenn auch stark überarbeitet, den Niederschlag der vom Ephraimiten Josua vorgelegten Bundesabmachung.

[4] Der Name war ursprünglich wohl ein Stammesname der vielleicht ältesten in der Gegend lebenden Nomadengruppe. In ihr Gebiet waren nacheinander Jakobiden, Josephiden und Ephraimiten eingewandert.

[5] Siehe S. 464.
[6] Siehe S. 582.

VIERTER ABSCHNITT: URARTU

1 F. W. König, Archiv für Völkerkunde 9, 1954, S. 49, vertritt die Meinung, Arame und Lutipri seien ein und dieselbe Person, oder vielmehr, Lutipri sei eine Titelbezeichnung. K. denkt dabei, wie andere schon vorher, an eine Verbindung mit dem churritischen Wort *ibri* ›König‹. Das urartäische Äquivalent dazu lautet aber *ewri* und kommt in den Inschriften häufig vor, so daß wir diese Theorie, für die sonst nicht viel beizubringen ist, nicht übernommen haben.

2 Amtliche sowjet. Bezeichnung jetzt Sevan-See.

3 Der Menua-Kanal heißt heute *Schamiram-su* ›Wasser der Semiramis‹ und ist noch immer in Betrieb. Einzelne Bausteine mit der Gründungsinschrift Menuas beweisen aber das Alter der Anlage.

4 Die gründlichste zusammenfassende Bearbeitung und (russ.) Übersetzung der Annalen hat zuerst N. V. Arutjunjan, Chorchorskaja letopis' Argišti I, in: Epigrafika Vostoka 7, 1953, S. 81 ff., gegeben.

5 Manche Gelehrte zählen darum auch Sardur, den Sohn des Ispuini, nicht mit unter die Könige von Urartu. Bei ihnen (z. B. der ganzen russischen Schule) erscheint unser Sardur III. als Sardur II.

6 Die erste zusammenfassende Behandlung der Inschriften Sardurs III. von M. v. Tseretheli, Die neuen haldischen Inschriften König Sardurs von Urartu, Sitzungsber. d. Heidelb. Ak. d. Wissensch. XVIII, 1927/28, Heft 5, ist heute in vielen Punkten ergänzungsbedürftig und überholt, hat bei ihrem Erscheinen jedoch das Wissen um die urartäische Geschichte (und Sprache) bedeutend weitergebracht.

7 Vgl. H. v. Moltke, Briefe über Zustände und Begebenheiten in der Türkei aus den Jahren 1835 bis 1839, Kap. 41 – In der 8. Auflage von 1917 a. S. 228. S. a. Th. Beran, Die Inschrift Sardurs III bei Izoli, in: Istanbuler Mitteilungen 7, 1957, S. 133 ff.

8 Daß Rusa I. ein Usurpator war, geht aus den Angaben Sargons II. von Assyrien über seinen achten Feldzug hervor. Besonders die weiter unten zitierte Inschrift der Weihestatue Rusas I. aus Mußaßir zeigt das sehr deutlich. In seinen Inschriften nennt Rusa sich nämlich Sohn Sardurs (III.), wohl um die Legitimität seiner Herrschaft darzutun. Derartiges kennen wir auch aus Assyrien: Tiglatpileser III. und Sargon II. haben beide ähnliche Geschichtsklitterungen vorgenommen, um die Tatsache der Usurpierung der Königsherrschaft zu verbergen.

9 Vgl. J. Lewy, Kimmerier und Skythen in Vorderasien, in: Reallexikon der Vorgeschichte, VI, 1926, S. 347 ff.

[10] So, und nicht *Biaina-Länder* muß korrekt übersetzt werden. Trotzdem halten manche Forscher an der Zusammenziehung von Stamm (*Bia-*) und adjektivbildendem Suffix (*-aini, -ni, -naste*) fest und versuchen dann auch den modernen Namen Van von der (angeblichen) urartäischen Landschaftsbeziehung *Biaina* etymologisch abzuleiten.

[11] Eine Deutung, nach der *Biaina-Länder* gleich ›Fruchtländer‹, *Sura-Länder* gleich ›Streitwagenländer‹ sei, gibt F. W. König in seinem Aufsatz ›Gesellschaftliche Verhältnisse Armeniens zur Zeit der Chalder-Dynastie‹ in: Archiv f. Völkerkunde 9, 1954, S. 21 ff., eine andere A. Goetze, Kleinasien, S. 191.

[12] Vgl. A. Goetze, Kleinasien, S. 191, Anm. 6, mit weiteren Literaturangaben.

[13] Tontafelstücke, darunter einen Brief, hatte schon Lehmann-Haupt gefunden: S. zusammenfassend F. Schachermeyr, Reallexikon der Vorgeschichte XIII, S. 494. Über die neuen Funde haben I. M. D'jakonov, Epigrafika Vostoka 2, 1948, S. 86 ff., und B. B. Pjotrovskij (in den Berichten über die Ausgrabungen von Karmir Blur) berichtet. S. jetzt auch N. V. Arutjunjan, Novaja klinopisnaja tabletka iz raskopok Karmir-Blura. In: Festschrift Joh. Friedrich, 1959, S. 35 ff.

[14] Anders A. Goetze, Kleinasien, S. 194, mit Angabe weiterer Literatur. Die Trennungen und Gegensätze sind scharf herausgearbeitet bei I. M. D'jakonov, A Comparative Survey of the Hurrian and Urartean Languages, in: Akten des XXIV. Intern. Orientalisten-Kongr. 1957, S. 165 ff. – Vgl. auch W. C. Benedict, Urartians and Hurrians, in: Journal of the American Oriental Society 53, 1960, S. 100 ff.

[15] I. M. D'jakonov hat anläßlich eines Vortrages über die in Karmir Blur gefundenen Tontafeln auf dem Internationalen Assyriologentreffen von 1958 in Paris die Meinung geäußert, das Syllabar der Tafelinschriften gehe im Gegensatz zu dem der (königlichen) Monumetalinschriften auf ältere als neuassyrische Vorlagen zurück. Vor einer Entscheidung bleibt die Veröffentlichung aller dieser Tafeln abzuwarten.

[16] Die sowjet. Schule wendet sich scharf gegen den schon von Lehmann-Haupt gebrauchten Terminus Theokratie. Gemäß der marxistischen Geschichtsauffassung sieht sie in der urartäischen Staats- und Gesellschaftsform einen ›Sklavenhalterstaat‹. Nun haben die Urartäer, genau wie alle altorientalischen und überhaupt antiken Völker, Sklaven gehalten und Unterworfene zu Sklaven gemacht. Die simplifizierende Darstellung nach dem Schema der marxistischen Geschichtsinterpretation wird aber der damaligen Wirklichkeit nicht gerecht und zwingt der antiken Denkweise von außen her erst in der Moderne geprägte Begriffe auf. Vgl. W. I. Awdijew, Gesch. d. Alten Orients, S. 368 ff., aber auch F. W. König, Gesellschaftliche Verhältnisse Armeniens

zur Zeit der Chalder-Dynastie, in: Archiv f. Völkerkunde 9, 1954, S. 21 ff.

[17] Weihungen der Könige ›für mein (bzw. sein) Leben‹ geben keinen Hinweis, sondern entsprechen nur allgemeinem altorientalischem Brauch. Vgl. z. B. die Inschriften der Statuen und Stelen des Gudea von Lagasch, die auch die Weiheformel ›für das Leben‹ enthalten und am Schluß eine Fluchformel, die sich (nach assyr. Vorbild) auch bei den meisten urartäischen Inschriften findet.

[18] Mit dieser Inschrift befaßt sich F. Steinherr, Die urartäischen Bronzen von Altintepe, in: Anatolia 3, 1958, S. 97 ff.

[19] Das Dach des Tempels von Mußaßir muß nach der assyrischen Darstellung eine Plattenbedeckung, wahrscheinlich doch aus Ziegeln, getragen haben. Das würde eine schwere, holzreiche Dachkonstruktion bedingen. Eine solche scheint beim Chaldi-Tempel von Toprakkale nach dem Ausgrabungsbericht vorgelegen zu haben. Über Ziegelplatten, die von der Eindeckung stammten, ist jedoch nichts gesagt. Es kann sein, daß man Dachziegelbruckstücke für Fragmente von Vorratsgefäßen hielt und nicht weiter beachtete.
Über Dachdeckung mit Ziegeln bei den Phrygern s. H. W. Meyer, Die phrygische Dachdeckung, in: Mitt. d. Dt. Orient-Ges. 78, 1940, S. 69 ff.

[19a] Einen ganz ähnlichen Grundriß zeigt ein Tempel, der während der Grabungen von 1960 auf dem Altintepe freigelegt wurde. Wie beim Chaldi-Tempel in Toprakkale ist der Unterbau aus behauenen Steinquadern aufgeführt; an den vier Ecken des Baues finden sich turmartige Vorsprünge; die Wände sind ungeheuer dick, um das massive Ziegelwerk des Oberbaues und die Dachkonstruktion zu tragen. Vgl. T. Özgüç, Excavations at Altintepe, in: Belleten 25, 1961, S. 278 ff.

[20] Der Torso einer lebensgroßen Steinstatue aus Van ist von Lehmann-Haupt, Materialien, S. 76 Nr. 6, veröffentlicht worden.

[21] Der Löwenorthostat, jetzt im Museum zu Ankara, ist veröffentlicht bei E. Akurgal, Urartäische Kunst, Tafel XVII.

[22] Unentschieden ist ja auch die Frage der Herkunft der Etrusker. Alternativen: autochthon, von Norden her zugewandert, aus Kleinasien stammend und über die ägäische Inselwelt nach Italien gekommen. Vgl. M. Pallottino, The Etruscans (Pelican Books), S. 49 ff. Neuerdings auch G. A. Wainwright, The Teresh, the Etruscans and Asia Minor, in: Anatolian Studies 9, 1959, S. 197 ff.

[23] Vgl. auch P. Amandry, Chaudrons à protomes de taureau en Orient et en Grèce, in: The Aegaean and the Near East, 1956, S. 239 ff., und G. M. A. Hanfmann, Four Urartian Bull's Heads, in: Anatolian Studies 6, 1956, S. 205 ff.

LITERATURVERZEICHNIS

VERZEICHNIS DER ABKÜRZUNGEN

ANEP Pritchard, J. B., The Ancient Near East in Pictures Relating to the Old Testament, Princeton 1954
ANET Pritchard, J. B., Ancient Near Eastern Texts Relating to the Old Testament, ²Princeton 1955
RLA   Reallexikon der Assyriologie I–III, 1928 ff.
UAB   Schmökel, H., Ur, Assur und Babylon, ⁵1961
SAHG Falkenstein, A., von Soden, W., Sumerische und akkadische Hymnen und Gebete, Zürich-Stuttgart 1953
ZANF Zeitschrift für Assyriologie, Neue Folge

ERSTER ABSCHNITT: MESOPOTAMIEN

ALLGEMEINES UND GESAMTDARSTELLUNGEN

CONTENAU, G., Manuel d'Archéologie orientale, 4 Bde., Paris 1927–47 – FRANKFORT-WILSON-JACOBSEN, Frühlicht des Geistes, 1954 – KRAMER, S. N., From the Tablets of Sumer, Indian Hills, Col., 1956 – DERS., The Sumerians, The Scientific American, October 1957, S. 71-83 – KRAUS, F. R., Wandel und Kontinuität in der sumerisch-babylonischen Kultur, Leiden 1954 – MEISSNER, B., Babylonien und Assyrien, 2 Bde., 1920/25 (zu allen Kapiteln heranzuziehen) – MOORTGAT, A., Die Entstehung der sumerischen Hochkultur, Der Alte Orient 43, 1945 – DERS., Grundlagen und Entfaltung der sum.-akk. Literatur, Historia Mundi II, S. 224-260, Bern 1953 – MOSCATI, S., Geschichte und Kultur der semitischen Völker, 1953 – DERS., The Face of the Ancient Orient, London 1960 – PALLIS, S. A., The Antiquity of Iraq, Kopenhagen 1956 – Reallexikon der Assyriologie (RLA), 1932 ff. – SCHMÖKEL, H., Das Land Sumer, ²1955 – DERS., Ur, Assur und Babylon (UAB), ⁵1961

I. QUELLEN UND GRUNDLAGEN

Klassische Zeugnisse

BAUMGARTNER, W., Herodots babylonische und assyrische Nachrichten, Archiv Orientální 18, 1, 2, 1950, S. 69-106 – HERODOT, Historien, übers. von A. HORNEFFER, neu herausgeg. und erläutert von H. W. HAUSSIG, KTA 224, 1955 – LEHMANN-HAUPT, Berossos, RLA II, 1938, S. 1-17 – PLINIUS, C., Secundus Major, Historiae naturalis libri, herausgeg. von D. DETLEFSEN, Quellen u. Forsch. z. alten Geschichte und Geographie, 1904 – POHLENZ, M., Herodot, 1937 – SCHNABEL, D., Berossos und die bab.-hell. Literatur,

1923 – STRABON, 16. Buch herausgeg. von A. FORBIGER, Langen-
scheidtsche Bibliothek sämtlicher griechischer und römischer Klas-
siker, Bd. 55, Kap. 1, 6. J. – XENOPHON, Der Zug der Zehntausend,
griechisch-deutsch, herausgeg. von WALTER MÜRI, 1954 – WETZEL,
F., Babylon zur Zeit Herodots, ZA NF 14, 1944, S. 45 ff.

Ausgrabungen

ANDRAE, W., Das wiedererstandene Assur, 1938 – DERS., Der
babylonische Turm, Mitteil. d. Deutschen Orient-Gesellschaft 71,
1932 – Archiv für Orientforschung, herausgeg. von E. WEIDNER,
Graz, Bd. 15 ff., 1945/51 ff. – CHRISTIAN, V., Altertumskunde des
Zweistromlandes, 1940 (bes. S. 11–88) – DELOUGAZ, P., The Temple
Oval at Khafajah, Chicago 1940 – DELOUGAZ-LLOYD, Pre-sargo-
nid Temples in the Diyala Region, Chicago 1942 – HALL-WOOLLEY,
Ur Excavations I, Al 'Ubaid, New York–London 1927 – KOLDE-
WEY, R., Das wiedererstehende Babylon, ⁴1925 – LLOYD, S., Foun-
dation in the Dust, Harmondsworth 1955 – LLOYD-JACOBSEN, The
Gimilsin-Temple and the Palace of the Rulers at Tell Asmar, Chi-
cago 1940 – LOUD, G., Khorsabad I/II, Chicago 1936/37 – MALLO-
WAN, M. E. L., Twenty-five Years of Mesopotamian Discovery,
London 1956 – OPPENHEIM, M. Freiherr von, Der Tell Halaf, 1913 –
PARROT, A., Archéologie mésopotamienne I, Les étapes, II, Tech-
nique et problèmes, Paris 1946 u. 1953 – DERS., Mari, Neuchâtel
1953 – DERS., Tello, Vingt campagnes de fouilles, Paris 1948 –
DERS., Le temple d'Ishtar, Miss. arch. de Mari I, Paris 1956; II,
Le palais, 3 Bde., 1958/59 – DERS., La tour de Babel, Paris 1953
(dort Zusammenstellung der Literatur) – DERS., Sumer, München
1960, S. 7–33 – DE SARZEC-HEUZEY, Découvertes en Chaldée, Paris
1884–1919 – UNGER, E., Babylon, die Heilige Stadt, 1931 – Vorläufige Berichte über die von der Notgemeinschaft der Deutschen
Wissenschaften in Uruk unternommenen Ausgrabungen, 1930 ff. –
Wissenschaftliche Veröffentlichungen der Deutschen Orientgesell-
schaft, Bd. 10, 23, 39, 58, 64–67 (Assur); Bd. 15, 32, 47, 54, 55, 59
(Babylon) – WOOLLEY, L., Ur Excavations II, The Royal Cemetery,
New York–London 1934; V, Ziggurat and its Surroundings, 1939 –
DERS., Ur in Chaldäa, 1954

Das Land

ADAMS, R. M., Survey of Ancient Water Courses and Settle-
ments in Central Iraq, Sumer 14, 1958, S. 101–107 – BRAIDWOOD,
R. J. und REED, Ch. A., The Achievement and Early Consequences
of Food-Produktion: A Consideration of the Archeological and
Natural Historical Evidence, Cold Spring Marbor Symposia on
Quantitive Biology 22, 1957, S. 20–30, bes. S. 27–29 – FRANKFORT,
H., The Birth of Civilisation, Blomington, Ind., 1951

Geschichte

O'Callaghan, R., Aram Naharaim, Rom 1948 – Cornelius, T., Geschichte des Alten Orients (Schaeffers Abriß aus Kultur und Geschichte I, 3), 1950 – Delaporte, L., Geschichte der Babylonier, Assyrer, Perser und Phöniker (Geschichte der führenden Völker, Bd. 3), 1933 – Edzard, D. O., Die ›Zweite Zwischenzeit‹ Babyloniens, 1957 – Gelb, I. J., Hurrians and Subarians, Chicago 1944 – Lambert, M., La période présargonique, Sumer 1952, S. 57–77, 198–216 – De Liagre-Böhl, F., Opera Minora, Groningen 1953 – Moortgat, A., Die Entstehung der sumerischen Hochkultur (Der Alte Orient Bd. 43), 1945 – Ders., Geschichte Vorderasiens bis zum Hellenismus, in Scharff-Moortgat, Ägypten und Vorderasien im Altertum, 1950 – Schmökel, H., Geschichte des Alten Vorderasien (Handbuch der Orientalistik II, 3) Leiden 1957 – Ders., Hammurabi von Babylon, 1958 – von Soden, W., Herrscher im Alten Orient (Verständliche Wissenschaft, Bd. 54), 1954 – Ders., in Ploetz, Auszug aus der Geschichte, [25]1956, S. 74–84 – Ders., Artikel ›Babylonien, I. Geschichte‹ in ›Religion in Geschichte und Gegenwart‹, 3. Aufl., I Sp. 810–812

II. WOHNSTÄTTEN UND BÜRGERLICHES LEBEN;
SOZIALE STRUKTUR

Evans, G., An Old Babylonian Soldier, Journal of Cuneiform Studies 14, 1960, S. 34–42 – Frankfort, H., Town Planning in Ancient Mesopotamia. Town Planning Revue 21, S. 98–115 – Heinrich, E., Bauwerke in der altsumerischen Bildkunst (Schriften der Max-Freiherr-von-Oppenheim-Stiftung, Heft 2), 1957 – Kupper, J. R., Les nomades en Mésopotamie, Paris 1957 – Landsberger, B., Remarks on the Archive of the Soldier Ubarum, Journal of Cuneiform Studies 9, 1950, S. 173–187 – Mendelsohn, J., Slavery in the Ancient Near East, New York 1949 – Ders., Gilds in Babylonia and Assyria, Journal of the American Oriental Society 60, 1940, S. 68–72 – Nötscher, F., Haus- und Stadtomina, Orientalia, 31, 1928; 39–42, 1929; 51–54, 1930 – Preusser, C., Die Wohnhäuser von Assur, Wiss. Veröff. d. Deutschen Orientgesellschaft, Bd. 64, 1954 – Pritchard, J. B., The Ancient Near East in Pictures Relating to the Old Testament, Princeton 1954 (= ANEP), Tf. 21–69 passim – Reimpell, W., Geschichte der babylonischen und assyrischen Kleidung, 1921 – von Soden, W., Die Jahreszeiten im Zweistromland, Studium Generale 9, 1956, S. 14–18 – Speiser, E. A., The Muškênu, Orientalia, Nova Series 27, Rom 1958, S. 19–28 – Spycket, Agnès, La Coiffure en Mésopotamie, Revue d'Assyriologie 48, 1954, S. 113–129; 49, 1955, S. 113–128 – Vgl. weiter die schon genannten Werke von Andrae, Contenau, Koldewey, Unger und Woolley

III. DAS WIRTSCHAFTLICHE LEBEN

Wirtschaftsform

DEIMEL, P., Sumerische Tempelwirtschaft, Analecta Orientalia 2, Rom 1931, bei S. 79 ff. – FALKENSTEIN, A., La cité-temple sumérienne, Cahiers d'histoire mondiale I, Paris 1954, S. 784–814 – LAMBERT, M., La période présargonique, La vie économique à Shuruppak, Sumer 9, 1957, S. 198–213; 10, 1959, S. 150–190 – SCHNEIDER, A., Die sumerische Tempelstadt, Staatswiss. Beiträge ed. J. Plenge 4, Essen 1920 – SCHWENZNER, W., Zum altbabylonischen Wirtschaftsleben, Mitteilungen der Vorderasiatisch-ägyptischen Gesellschaft 1913/14, Leipzig 1915.

Bewässerung, Ackerbau und Viehzucht

BURRINGH, P., Living Conditions in the Lower Mesopotamian Plain in Ancient Times, Sumer 19, 1957, S. 30–57 – DEIMEL, A. und MEISSNER, B., Artikel ›Ackerbau‹ im Reallexikon der Assyriologie (RLA) I S. 18–21 – EBELING, E., Bruchstücke einer mittelassyrischen Vorschriftensammlung für die Akklimatisierung und Trainierung von Wagenpferden, Berlin 1951 – DERS., Artikel ›Garten‹ in RLA III, 1959, S. 147–150 – GORDON, E. I., Sumerian Proverbs, Collection ›Four‹, Journal of the American Oriental Society 77, 1957, S. 67–79 – DERS., Sumerian Animal Proverbs and Fables, Collection ›Five‹, Journal of Cuneiform Studies 12, 1958, S. 1–21, 43–75 – HANČAR, F., Das Pferd in prähistorischer und früher historischer Zeit, München-Wien 1956 – HELBAEK, H., Ecological Effects of Irrigation in Ancient Mesopotamia, Iraq 22, 1960, S. 186–196 – JACOBSEN, TH., The Waters of Ur, ebendort S. 174 bis 185 – KRAMER, S. N., From the Tablets of Sumer, Indian Hills, Col. 1956, S. 61–65: The First ›Farmers Almanac‹ – LAESSØE, J., Reflexions on Modern and Ancient Water Works, Journal of Cuneiform Studies 7, 1953, S. 5–26 – SALONEN, A., Hippologia Accadica, Helsinki 1956, bes. S. 93–166 u. 205–247 – SAN NICOLO, M., Materialien zur Viehwirtschaft in den neubab. Tempeln I–IV, Orientalia, Nova Series 17, 18, 20, 23 – SCHMÖKEL, H., Pferdezuchtbücher des 2. Jahrtausends v. Chr., Orion 1956, 5/6, S. 213–216 – DERS., Der Tierhof König Schulgis, Orion 1955, 5/6, S. 225–230 – DERS., Raumordnung und Landesplanung im Alten Orient, Historische Raumforschung II, (Forschungs- und Sitzungsbericht der Akademie für Raumforschung und Landesplanung, Bd. X), 1958, S. 9–17.

Fischerei und Jagd

EBELING, E., Artikel ›Fisch, Fischen‹ und ›Fischerei‹ (nachsargonisch) in RLA III, S. 66–68 – LAMBERT, M., Artikel ›Fischerei‹ in RLA III, S. 68 f. – LANDSBERGER, B., Die Fauna des Alten Meso-

potamien, 1934 – Schmökel, H., Tiere der Wildbahn auf altorientalischen Siegeln, Der Zoologische Garten, Neue Folge, Bd.
33, 1957, S. 136–145 – Ders., Löwen in Altvorderasien, Orion 1957,
1, S. 39–43 – Ders., Altorientalische Rollsiegel als jagdtierkund-
liche Urkunden, Zeitschrift für Jagdwissenschaft 4, 1958, S. 93–98 –
Ders., Das Geheimnis der syrischen Elefanten, Orion 1959, 1,
S. 27–30 – van Buren, Douglas E., The Fauna of Ancient Mesopotamia, Analecta Orientalia 18, Rom 1939

Handwerk und Industrie

Andrae, W., Farbige Keramik aus Assur, 1923 – Boson, G.,
Artikel ›Edelsteine‹ in RLA II, S. 266–273 – Forbes, R. J., Metallur-
gy in Antiquity, Leiden 1950 – Hartmann, L. F., Oppenheim, A.
L., On Beer and Brewing Techniques in Ancient Mesopotamia,
Journ. of the American Oriental Society, Supplement 10, Baltimore
1950 – Huber, Artikel ›Bier‹ und ›Bierbereitung in Babylonien‹,
RLA II, S. 25–28 – Limet, H., Le travail du métal au pays de
Sumer etc., Paris 1960 – Maxwell-Hyslop, K. R., The Ur Jewel-
lery, Iraq 22, 1960, S. 105–115 – Streu, O., Zur Technik der altorientalischen Keramik, Zeitschr. d. Deutschen Morgenländ. Gesellsch. 98, 1944, S. 359–368.

Handel

Cardascia, G., Les archives des Murašu, Paris 1951 – Dubber-
stein, W. H., Comparative Prices in Later Babylonia, American
Journal of Semitic Languages 56, 1939, S. 20–43 – Köster, A.,
Das antike Seewesen, 1923 – Ders., Schiffahrt und Handelsverkehr
des östlichen Mittelmeers im 3. und 2. Jahrtausend v. Chr., Der
Alte Orient, Beiheft I, 1924 – Leemans, W. F., The Old Babylonian
Merchant (Studia et documenta III), Leiden 1950 – Lewy, J.,
Aspects of Commercial Life in Assyria and Asia Minor, Journal
of the American Oriental Society 78, 1958, S. 89–101 – Meissner, B.,
Warenpreise in Babylonien (Abhandlungen der Preußischen Aka-
demie der Wissenschaften, Phil.-hist. Klasse) 1936 – Oppenheim,
A. L., The Seafaring Merchants of Ur, Journal of the American
Oriental Society 74, 1954, S. 6–17

Verkehrswesen

Salonen, A., Die Wasserfahrzeuge in Babylonien (Studia
Orientalia 84) Helsinki 1939 – Ders., Die Landfahrzeuge des alten
Mesopotamien, Helsinki 1951 – Schmökel, H., Außenhandel,
Karawanen und Kauffahrteischiffe in Sumer, Orion 1960, 10,
S. 828–831 – Wiesner, J., Fahren und Reiten in Altmesopotamien
und im Alten Orient, 1939

IV. KÖNIGTUM, BEAMTENSCHAFT UND VERWALTUNG

Archives royales de Mari, herausgegeben von A. PARROT-G. DOSSIN, Bd. 1-8, Paris 1941 ff. – DEIMEL-EBELING-KRÜCKMANN-OPITZ, Artikel ›Beamte‹ in RLA I, S. 441-467 – DOSSIN, G., Studia Mariana, Leiden 1950 – FOLLET, R., Deuxième bureau et information diplomatique dans l'Assyrie des Sargonides, Revista degli studi orientali 32, 1957 (Furlani-Festschrift), I, S. 61-81 – FORRER, E., Die Provinzeinteilung des assyrischen Reiches, 1920 – GADD, C. J., Ideas of Divine Rule in the Ancient East, London 1948 – HALLO, W. W., Early Mesopotamian Royal Titles, New Haven 1957 – HOOKE, H. (Herausg.), Myth, Ritual and Kingship, Oxford 1958 – JACOBSEN, TH., Primitive Democracy in Ancient Babylonia, Journal of Near Eastern Studies 2, 1943, S. 159ff. – DERS., Early Political Development in Mesopotamia, ZA NF 18, 1957, S. 91-140 – KRAUS, F. R., Assyrisch Imperialisme, Ex Oriente Lux 15, 1957/58, S. 232-239 – DERS., Ein Edikt des Königs Ammi-Saduqa von Babylon, Studia et Documenta V, Leiden 1958 – LAMBERT, M., La naissance de la bureaucratie, Revue historique 224, 1960 – DERS., Le premier triomphe de la bureaucratie, ebendort 225, 1961, S. 21-46 – LABAT, R., Le caractère religieux de la royauté assyro-babylonienne, Paris 1939 – DE LIAGRE-BÖHL, F. M., King Hammurabi of Babylon in the Setting of his Time, Opera Minora, Groningen 1953, S. 339-363 – DERS., Das Zeitalter der Sargoniden, ebendort S. 384-422 – MEISSNER, B., Könige Babyloniens und Assyriens, 1926 – MÜLLER, K. F., Das assyrische Ritual I. Texte zum assyrischen Königsritual (Mitt. d. Vorderas.-äg. Gesellschaft 41, 3), 1937 – PFEIFFER, R., State Letters of Assyria, New Haven 1935 – VON SODEN, W., Herrscher im Alten Orient, 1954 – THUREAU-DANGIN, F., Sumerisch-akkadische Königsinschriften, 1907 – DERS., Correspondence de Hammurabi avec Šamašhasir, Revue d'Assyriologie 21, 1924, S. 1-58 – UNGER, E., Artikel ›Diadem und Krone‹ in RLA II, S. 201-211 – UNGNAD, A., Babylonische Briefe aus der Zeit der Hammurabi-Dynastie, Vorderasiatische Bibliothek, Bd. 6, 1914 – WEIDNER, E., Hof- und Haremserlasse assyrischer Könige, Archiv für Orientforschung 17, 1956, S. 257-293

V. HEER UND KRIEGSWESEN

BAUER, TH., Das Inschriftenwerk Assurbanipals, 1933 – BILLERBEK, A., JEREMIAS, A., Der Untergang Niniveh's etc. III, Der Festungskrieg; Beiträge zur Assyriologie 3, 1898, bes. S. 166-188 – EBELING-MEISSNER-WEIDNER, Die Inschriften der altassyrischen Könige, 1926 – LUCKENBILL, D., Ancient Records of Assyria and Babylonia, Chicago 1926/27 – MANITIUS, W., Das stehende Heer der Assyrerkönige und seine Organisation, ZA 24, 1910, S. 97-149,

185–224 – PANCRITIUS, M., Assyrische Kriegführung, Königsberger Dissertation 1904 – UNGER, E., Artikel ›Belagerungsmaschinen‹ in RLA I, S. 471 f. – WASCHOW, H., 4000 Jahre Kampf um die Mauer, 1938

VI. DAS RECHT

BOYER, G., Contribution à l'histoire juridique de la 1ʳᵉ dynastie babylonienne, Paris 1928 – DERS., Textes juridiques. Archives royales de Mari VIII, Paris 1958, bes. S. I–IV und 159–241 – CARDASCIA, G., Les droits cunéiformes. Histoire des institutions et des faits sociaux des origines à l'aube du moyen âge, ed. MONIER-CARDASCIA-IMBERT, Paris 1955, S. 17–68 – DERS., La codification en Assyrie, Revue internationale des droits de l'antiquité, 3ᵉ serie, Tome 4, 1957, S. 53–71 – CASSIN, E. M., L'adoption à Nuzi, Paris 1938 – Çığ, M., KIZILYAY, H., FALKENSTEIN, A., Neue Rechts- und Gerichtsurkunden der Ur III-Zeit aus Lagaš, ZA NF 19, 1959, S. 51–92 – CUQ, E., Etudes sur le droit babylonien, Paris 1929 – DAVID, M., Die Adoption im altbabylonischen Recht, 1927 – DERS., Artikel ›Adoption‹ in RLA I, S. 37–39 – DRIVER, G. R., MILES, J. C., The Assyrian Laws, Oxford 1935 – DIES., The Babylonian Laws, Oxford 1952/55 – EBELING, E., Artikel ›Erbe, Erbrecht, Enterbung‹, ›Familie‹ und ›Frau‹ in RLA II, S. 458–462; III, S. 9–14 u. 100–104 – EBELING, E., KOROŠEC, V., Artikel ›Ehe‹ in RLA II, S. 281–298 – EILERS, W., Die Gesetze Chammurabis, Der Alte Orient 31, 3/4, 1932 – FALKENSTEIN, A., SAN NICOLO, M., Das Gesetzbuch Lipit-Ištars von Isin, Orientalia, Nova Series 19, 1950, S. 103 ff. – FALKENSTEIN, A., Die neusumerischen Gerichtsurkunden. Abhdlg. Bayer. Ak. d. Wiss., Phil.-hist. Kl., Neue Folge 39, 40, 44 (3 Bände) 1956; vgl. bes. Bd. I, S. 146–153 – GOETZE, A., The Laws of Eshnunna, The Annals of the Am. Schools of Oriental Research 31, New Haven 1956 – JACOBSEN, TH., An Ancient Mesop. Trial of Homicide, Analecta Biblica 12, 1959, S. 130–150 – KLENGEL, H., Zu den šibûtum in altbab. Zeit, Orientalia, Nova Series 29, 1960, S. 357–375 – KLÍMA, J., Untersuchungen zum altbabylonischen Erbrecht, Prag 1940 – DERS., Urukagina, Das Altertum 3, 1957, S. 67–78 – DERS., Bericht über sowjetische Beiträge zur altorientalischen Sozialwirtschaft und zum Keilschriftrecht (in deutscher Sprache): Archiv Orientální (Prag) 25, 1957, S. 600 ff.; 26, 1958, S. 224–242 sowie passim im Journal of Juristic Papyrology (Warschau) 11/12, 1957/58, S. 175 ff. – KOHLER, J., KOSCHAKER, P., PEISER, F. E., UNGNAD, A., Hammurabis Gesetz, 6 Bde., 1904–1923 – KOHLER, J., UNGNAD, A., Assyrische Rechtsurkunden, 1913 – KOSCHAKER, P., Bab. u. ass. Bürgschaftsrecht, 1911 – KRAMER, S. N., MEEK, TH., GOETZE, A., Collections of Laws from Mesopotamia and Asia Minor, ANET², S. 159–198 – KRAMER, S. N., From the Tablets of Sumer, Indian Hills, Col. 1956, bes. S. 41–51 – KRAUS, P., Altbabylonische Briefe, Mitteilungen der Vorderasiatisch-ägyptischen Gesellschaft 35f., 1931f. – LAMBERT, M., Les réformes d'Urukagina, Revue d'Assyriologie 50, 1956, S. 169–184 – LANDSBERGER, B., Die babylonischen Termini für Gesetz und Recht, Symbolae KOSCHAKER (Studia et documenta II), Leiden 1939, S. 219–234 – MEISSNER, B., Die bab.-ass. Literatur, 1928, S. 67–76 – MUNN-RANKIN, J. M., Diplomacy in Western Asia in the Early Second Millennium, Iraq 18, 1956, S. 68–110 – PETSCHOW, H., Neubabylon. Pfandrecht, 1956 – DERS., Babylonische Rechtsurkunden aus dem 6. Jahrh. v. Chr., Abh. Bayer. Ak. d. Wiss., Phil.-hist. Kl., N. F. 51, 1960 – SAN NICOLÒ, M., Artikel ›Darlehen‹, ›Ehebruch‹, ›Eid‹ in RLA II, S. 123ff., 299ff., 305ff. – DERS., Babylonische Rechtsurkunden I (Abhdl. Bayer. Ak. d. Wiss., Phil.-hist. Kl., N.F. 34, 1951 – DERS., Beiträge zur Rechtsgeschichte im Bereich der keilschriftlichen Rechtsquellen, Oslo usw. 1931 – SCHMÖKEL, H., Hammurabi von Babylon, 1958, bes. S. 61–76 – SZLECHTER, E., Les anciennes codifications en Mésopotamie, Revue internationale des droits de l'antiquité, 3e serie, Tome 4, 1957, S. 73–92 – VAN PRAAG, M., Droit matrimonial assyro-babylonien, Amsterdam 1945 – UNGNAD, A., SAN NICOLÒ, M., Neubabylonische Rechts- und Verwaltungsurkunden, 1929–1937 – WEIDNER, E., Das Alter der mittelassyrischen Gesetztexte, Archiv für Orientforschung 12, 1937, S. 46–54 – DERS., Hof- und Haremserlasse assyrischer Könige, ebendort 17, 1955/56, S. 257–293 – WISEMAN, D. J., The Vassal-Treaties of Esarhaddon, London 1958

VII. SCHRIFT, SCHREIBER UND SCHULEN

DRIVER, G. R., Semitic Writing, London ²1954, S. 1–77 – FALKENSTEIN, A., Archaische Texte aus Uruk (Ausgrabungen der Deutschen Forschungsgemeinschaft in Uruk-Warka, Bd. 2) 1936 – DERS., Der ›Sohn des Tafelhauses‹, Die Welt des Orients 1947/52, S. 172ff. – DERS., Die babylonische Schule, Saeculum 4, 1953, S. 125–137 – DERS., Das Sumerische, Handbuch der Orientalistik I, 2, 1, Leiden 1959, S. 6–8 – GADD, C. J., Teachers and Students in the Oldest Schools (School of Oriental and African Studies, University of London), London 1956 – GELB, I. J., Von der Keilschrift zum Alphabet, 1958 – HOWARD, M., Technical Description of the Ivory Writing Boards from Nimrud, Iraq 17, 1955, S. 14–20 – JENSEN, H., Die Schrift, o. J., S. 58–70 – KRAMER, S. N., From the Tablets of Sumer, S. 3–13 – DERS., Schooldays, Journal of the American Oriental Society 69, 1949, S. 199–215 – DERS., The Sumerian School. Studies Presented to David Robinson, St. Louis 1951, S. 238–245 – DERS., School, Law, Taxes, Wisdom, Archaeology 7, 1954, S. 138–148 – DERS., A Sumerian Document with Microscopic Cuneiform. Expedition (Bulletin of the University Museum of the University of Pennsylvania) 1, 1959, S. 2f. –

LABAT, R., Manuel d'épigraphie akkadienne, Paris 1952 – MEISSNER, B., Die babylonisch-assyrische Literatur, S. 14–24 – PRITCHARD, J. B., ANEP Tf. 75–80, Fig. 237–260 – POTRATZ, J. A., Keilschrift der Babylonier, Orion 13/14, 1956, S. 505–508 – UNGER, E., Babylonisches Schrifttum, Zeitschrift des deutschen Vereins für Buchwesen und Schrifttum 3, 1920, S. 118–123, 143–147 (dazu 23 Seiten Anhang Liste von Keilschriftzeichen mit zahlreichen Photos) – Wiseman, D. J., Assyrian Writing-Boards, Iraq 17, 1955, S. 14–20

VIII. DIE WISSENSCHAFTEN

Allgemeines und Zusammenfassungen

DHORME, E., La littérature babylonienne et assyrienne, Paris 1937 – MEISSNER, B., Babylonien und Assyrien II, S. 198–418 – DERS., Die bab.-ass. Literatur, S. 53–78, 84–99 – VON SODEN, W., Leistung und Grenze sumerischer und babylonischer Wissenschaft. Die Welt als Geschichte 2, 1936, S. 411–464 u. 509–557 – DERS., Zweisprachigkeit in der geistigen Kultur Babyloniens (vgl. Literatur zu Kap. IX Absatz 1)

Philologie

LANDSBERGER, B., Materialien zum sumerischen Lexikon I–VII, Rom 1937–1959 – SCHUSTER, H. S., Die nach Zeichen geordneten sum.-akk. Vokabulare, Zeitschrift für Assyriologie, Neue Folge 10, 1938, S. 214–270

Chronologie und Geschichtsschreibung

BAUER, TH., Das Inschriftenwerk Assurbanipals, 1933 – BORGER, R., Die Inschriften Asarhaddons, Königs von Assyrien, Archiv f. Orientforsch., Beiheft 9, Graz 1956 – GADD, C. J., The Fall of Niniveh, London 1923 – GELB, I. J., Two Assyrian King Lists, Journal of Near Eastern Studies 13, 1954, S. 209–230 – JACOBSEN, TH., The Sumerian King List, Chicago 1939 – KING, L. W., Chronicles concerning Early Babylonian Kings, London 1907 – KRAMER, S. N., Sumerian Historiography, The Israel Exploration Journal 3, 1953, S. 217–232 – LANGDON, ST., Die neubabylonischen Königsinschriften, 1912 – LUCKENBILL, D. D., vgl. Literatur Kp. V – NASSOUHI, E., Grande liste des rois d'Assyrie, Archiv f. Orientforschung 4, 1927, S. 1–11 – OPPENHEIM, A. L., Babylonian and Assyrian Historical Texts, ANET² S. 265–315 – SCHMIDTKE, F., Der Aufbau der babylonischen Chronologie, 1952 – STRECK, M., Assurbanipal, 1916 – UNGNAD, A., EBELING, E., Artikel ›Datenlisten‹ in RLA II, S. 131–196 u. 256f. – UNGNAD, A., Artikel ›Eponymen‹ in RLA II, S. 412–457 – VAN DER MEER, P., The Chro-

nology of Ancient Western Asia and Egypt, Leiden 1955 – WEID-
NER, E., Die große Königsliste aus Assur, Archiv für Orientforschung 3, 1926, S. 66–77 – DERS., Die neue Königsliste aus Assur,
ebendort 4, 1927, S. 11–17 – DERS., Die Königslisten aus Chorsabad,
ebendort 14, 1944, S. 362–369 – DERS., Die Inschriften Tukulti-
Ninurtas I., und seiner Nachfolger, Archiv f. Orientforschung, Beiheft 12, Graz 1959 – WISEMAN, D. J., Chronicles of Chaldaean
Kings, London 1956.

Mineralogie, Botanik und Zoologie

BALKAN, K., Kassitenstudien I, New Haven 1954, S. 11–40 u.
123–126 (Pferdetexte) – EBELING, E., Bruchstücke einer mittelassyrischen Vorschriftensammlung für die Akklimatisierung und
Trainierung von Wagenpferden, 1951 – GELLER, S., Altorientalische Texte und Untersuchungen, herausgeg. v. B. MEISSNER, I, 4,
1917 (Ninurta-Mythus) – THOMPSON, R. C., The Assyrian Herbal,
London 1924 – DERS., A Dictionary of Assyrian Botany, 1949

Chemie

DARMSTAEDTER, E., Artikel ›Chemie‹ in RLA II, S. 88–91 –
FORBES, R. J., und HARTMANN, L. F., OPPENHEIM, A. L., s. o. unter
›Handwerk und Industrie‹ – LEVEY, M., vgl. kleinere Untersuchun-
gen zur altorientalischen Chemie, nachgewiesen Orientalia, Nova
Series 28, 1959, Bibliographie S. 26* Nr. 366–371 – THOMPSON,
R. C., On the Chemistry of the Ancient Assyrians, London 1925 –
ZIMMERN, H., Assyrische chemisch-technische Rezepte, ZA NF 2,
1925, S. 177–208

Medizin

CIVIL, M., Prescriptions médicales sumériennes, Revue d'Assyrio-
logie 54, 1960, S. 57–72 – CONTENAU, G., La médecine en Assyrie
et en Babylonie (mit umfangreichem Verzeichnis älterer Literatur),
Paris 1938 – EBELING, E., Artikel ›Arzt‹ in RLA I, S. 164f. –
SCHMÖKEL, H., Heilkunde vor 4000 Jahren, Orion 1960, 3, S.169–174
– VON SODEN, W., Die Hebamme in Babylonien und Assyrien,
Archiv f. Orientforschung 18, 1957/58, S. 119–121

Mathematik

BAQIR, T., An Important Mathematical Problem Text from
Tell Harmal, Sumer 6, 1950, S. 39ff. – BOLL, F., Kleine Schriften
zur Sternkunde des Altertums, 1950 – BRUINS, M. E., Nouvelles
découvertes sur les mathématiques babyloniennes, Université
de Paris – Les Conférences du Palais de la Découverte, Serie
D N. 11, Paris 1951 – DRENCKHAHN, F., Ein geometrischer Beitrag

zu dem mathematischen Problemtext von Tell Harmal usw., ZA NF 16, 1952, S. 151–162 – NEUGEBAUER, O., Vorlesungen über Geschichte der antiken mathematischen Wissenschaft, I. Vorgriechische Mathematik, 1934 – DERS., Mathematische Keilschrifttexte, 1935 – DERS., The Exact Sciences in Antiquity, Providence, ²1957 – NEUGEBAUER, O., SACHS, A., Mathematical Cuneiform Texts, New Haven 1945 – SAGGS, W. F., A Babylonian Geometrical Text, Revue d'Assyriologie 54, 1960, S. 131–146 – THUREAU-DANGIN, F., Textes mathématiques babyloniens, Leiden 1938 – VAN DER WAERDEN, B. L., Erwachende Wissenschaft, 1956, S. 100–130 – VOGEL, K., Vorgriechische Mathematik II, Die Mathematik der Babylonier, 1959

Astronomie

BEZOLD, A., Astronomie, Himmelsschau und Astrallehre, 1918 – GÖSSMANN, F., Planetarium Babylonicum, Rom 1950 – KUGLER F. X., Sternkunde und Sterndienst in Babel, 1907–1924 – LARGEMENT, R., Contributions à l'étude des astres errants dans l'astrologie chaldéenne, ZA NF 52, 1957, S. 253–264 – NEUGEBAUER, O., Astronomical Cuneiform Texts, London 1955 – OLMSTEAD, A. T., Babylonian Astronomy, American Journal of Semitic Languages 55, 1938, S. 113–129 – SCHOTT, A., Das Werden der babylonisch-assyrischen Positions-Astronomie, Zeitschrift d. Deutschen Morgenländischen Gesellschaft 88, 1934, S. 302–337 – UNGER, E., Die Milchstraße Nibiru, Sternbild des Marduk, Die Welt des Orients 2, 1954–1959, S. 454–464 – VAN DER WAERDEN, B. L., Babylonian Astronomy I: The Venus Aspects of Ammisaduqa, Ex Oriente Lux 10, 1948, S. 414–424; Babylonian Astronomy II: The Thirty-six Stars, Journal of Near Eastern Studies 8, 1949, S. 6–26 – VON SODEN, W., Zu den mathematischen Aufgabentexten von Tell Harmal, Sumer 8, 1952, S. 49–56 – WEIDNER, E., Beiträge zur babyl. Astronomie (Beiträge zur Assyriologie XIII, 4), 1911 – DERS., Handbuch der bab. Astronomie, 1915 – DERS., Artikel ›Ea am Himmel‹, ›Enlil am Himmel‹, ›Epinnu‹ und ›Fixsterne‹ in RLA II, S. 379–381, 387–390, 409–412; III, S. 72–82

Geheimwissenschaften

BAUER, TH., Eine Sammlung von Himmelsvorzeichen, ZA NF 9, 1936, S. 308 ff. – BOISSIER, A., Mantique babylonienne et mantique hittite, Paris 1935 – CONTENAU, G., La magie chez les Assyriens et les Babyloniens, Paris 1947 – DENNEFELD, L., Babylonisch-assyrische Geburtsomina, 1914 – EBELING, E., Liebeszauber im Alten Orient, Mitteilungen der Altorientalischen Gesellschaft I, 1, 1925 – DERS., Aus dem Tagewerk eines assyrischen Zauberpriesters, ebendort 5, 3, 1931 – FALKENSTEIN, A., Die Haupttypen der sumerischen Beschwörung, 1931 – KLAUBER, P., Politisch-religiöse Texte aus der

Sargonidenzeit, 1931, bes. S. XXVIIIff. (Leberschau) – KLENGEL,
H., Amulette gegen Lamaštu, Mitteil. d. Instituts f. Orientforschung
7, 1959, S. 334ff.; 8, 1961, S. 24ff. – KRAUS, F. R., Die physio-
gnomischen Omina der Babylonier, Mitteilungen der Vorderasiatischen Gesellschaft 40, 2, 1935 – LABAT, R., Commentaires assyro-
babyloniens sur les présages, Bordeaux 1933 – DERS., Hemérologies
et ménologies d'Assur, Paris 1939 – LANDSBERGER, B., Der kultische
Kalender der Babylonier und Assyrer I, 1915 – LANGDON, S., Baby-
lonian Menologies and the Semitic Calendars, London 1935 –
MEIER, G., Die assyrische Beschwörungsserie Maqlû, Archiv f.
Orientforschung, Beiheft 2, Graz 1937 – OPPENHEIM, L., The
Interpretation of Dreams in the Ancient Near East, Philadelphia
1956 – REINER, E., Šurpu. A Collection of Sumerian and Akkadian
Incantations, Archiv f. Orientforschung, Beiheft 11, Graz 1958 –
DIES., Fortune-Telling in Mesopotamia, Journal of Near Eastern
Studies 19, 1960, S. 23–35 – THOMPSON, R. C., The Devils and
Evil Spirits of Babylonia, London 1903 – UNGNAD, A., Die Deu-
tung der Zukunft bei den Babyloniern und Assyrern, Der Alte
Orient 10, 2, 1909 – VIROLLEAUD, C., L'astrologie chaldéenne,
Paris 1908ff. – WEIDNER, E., Die astrologische Serie Enuma Anu
Enlil, Archiv f. Orientforschung 14, 1941/44 S. 172–198 u. 308–318;
17, 1954/56, S. 71–89

Archive und Bibliotheken

KRAMER, S. N., From the Tablets of Sumer S. 254–258 –
MILKAU, F., Geschichte der Bibliotheken im Alten Orient,
1935 – OTTEN, H., Bibliotheken im Alten Orient. Das Altertum 1,
1955, S. 67–81 – PAPRITZ, J., Archive in Altmesopotamien, Archi-
valische Zeitschrift 55, 1959, S. 11–50 – SCHAWE, J., Handbuch
der Bibliothekswissenschaft, Bd. 3, ›Der alte Vorderorient‹, ³1953 –
UNGER, E., Artikel ›Archiv‹ in RLA I, S. 142 – DERS., Artikel
›Bibliothek‹ in RLA II, S. 24f. – WEIDNER, E., Die Bibliothek
Tiglatpilesers I., Archiv f. Orientforschung 16, 1953, S. 197–215 –
WEITEMEYER, M., Babylonske og assyriske arkiver og bibliotheker,
Kopenhagen 1955

IX. DICHTUNG UND MUSIK

(Vgl. auch die Angaben bei Kap. VIII unter ›Allgemeines und
Zusammenfassungen‹)

Gesamtdarstellungen und Allgemeines

FALKENSTEIN, A., Zur Chronologie der sum. Literatur, Compte
rendu de la Seconde Rencontre Assyriologique internationale,
Paris 1951, S. 12–27 – KRAMER, S. N., SPEISER, E. A., STEPHENS,

F. J., Pfeiffer, R. H., ANET² S. 37–119, 382–392, 410f., 425–427, 434–440, 449–463, 497 – Gressmann, H., Altorientalische Texte zum Alten Testament, ²1926 – Jean, Ch.-F., La littérature des Babyloniens et des Assyriens, Paris 1924 – Kramer, S. N., From the Tablets of Sumer, Kap. 3, 4, 11, 12, 14–23, 25 – Ders., Sumerian Literature and the Bible, Analecta Biblica 12, Rom 1959, S. 185 bis 204 – Ungnad, A., Die Religion der Babylonier und Assyrer, 1921 – von Soden, W., Zweisprachigkeit in der geistigen Kultur Babyloniens, Österr. Akademie der Wissenschaften, Phil.-hist. Kl., Sitzungsberichte 235, 1, Wien 1960

Mythen und Epen

Bernhardt, I., Kramer, S. N., Enki und die Weltordnung, Wiss. Zeitschr. d. Fr. Schiller-Univ. Jena 9, 1959/60, S. 231–256 – Falkenstein, A., Inannas Gang zur Unterwelt, Archiv f. Orientforschung 14, 1941/1944, S. 113–138 – Garelli, P., Gilgameš et sa légende, Paris 1960 – Garelli, P., Leibovici, M., La naissance du monde selon Akkad. In: Sources orientales, La naissance du monde, Paris 1959, S. 115–152 – Gössmann, F., Das Era-Epos, 1956 – Gurney, O. R., The Sultantepe Tablets; The Cuthaean Legend of Naramsin, Anatolian Studies 5, 1955, S. 93–103 – Güterbock, H., Die historische Tradition usw., ZA NF 8, 1934, S. 1–91 (Epos ›König der Schlacht‹ und Naramsin-Dichtungen) – Jacobsen, Th., Kramer, S. N., The Myth of Inanna and Bilulu, Journal of Near Eastern Studies 12, 1953, S. 160–188 – Knudtzon, J. A., Die El-Amarna-Tafeln I, 1915, S. 964–977 (Mythen von Adapa und Nergal-Ereschkigal) – Kramer, S. N., Sumerian Mythology, Philadelphia 1944; dazu Falkenstein, Bibliotheca Orientalis 5, 1948, S. 163–167 – Ders., Inannas Descent to the Nether World, Journal of Cuneiform Studies 5, 1951, S. 1–17 – Ders., Enmerkar and the Lord of Aratta, Philadelphia 1952 – Labat, R., Le poème babylonien de la création, Paris 1935 – Laessøe, J., The Atrachasis Epic, Bibliotheca Orientalis 13, 1956, S. 90–102 – Lambert, M., La naissance du monde selon Sumer. In: Sources orientales, La naissance du monde, Paris 1959, S. 93–113 – Lambert, W. G., New Light on the Babylonian Flood. Journal of Semitic Studies 5, 1960, S. 113–123 – Landsberger, B., Einleitung zu Muzaffer Ramazanoglu, Das Gilgameš-Epos usw., Istanbul 1942, vgl. Garelli, P., (siehe diesen) S. 31–36 – Ders., Kinnier Wilson, J. V., The Fifth Tablet of Enuma Eliš, Journal of Near Eastern Studies 20, 1961, S. 154–179 – Langdon, S., The Babylonian Epic of Creation, Oxford 1923 – de Liagre-Böhl, F. M., Das Problem ewigen Lebens im Zyklus und Epos des Gilgamesch, Opera Minora, Groningen 1953, S. 234–262 – Ders., Het Gilgamesj Epos, Paris-Amsterdam ³1958 – Ders., Die Mythe vom weisen Adapa, Die Welt d. Orients 2, 1959, S. 416–431 – Matouš, L., Die Entstehung des Gilgamesch-Epos, Das Altertum 4, 1958, S. 195–208 – Ders.,

Zur Datierung von Enuma eliš, Archiv Orientální 29, 1961, S. 30–34 – OPPENHEIM, A. L., Mesopotamian Mythology, Orientalia, Nova Series 16, 1947, S. 207–238; 17, 1948, S. 17–58; 19, 1950, S. 129–158 – ROUX, G., Adapa etc., Revue d'Assyriologie 55, 1961, S. 13–33 – SCHOTT, A., VON SODEN, W., Das Gilgamesch-Epos, 1958

Höfische und politische Dichtung

CASTELLINO, G., Urnammu, Three Religious Texts, ZA NF 18, 1957, S. 1–57; 19, 1959, S. 106–132 – EBELING, E., Bruchstücke eines politischen Propagandagedichtes usw., Mitteil. d. Altorient. Ges. 12, 2, 1938 – DERS., Ein Heldenlied auf Tiglatpileser I., Orientalia, Nova Series 18, 1949, S. 30–39 – KRAMER, S. N., Lamentation over the Destruction of Ur, Chicago 1940 – LAMBERT, W. G., Three Unpublished Fragments of the Tukulti-Ninurta-Epic, Archiv f. Orientforschung 18, 1957/58, S. 38–51 – DE LIAGRE-BÖHL, F. M., Der babylonische Fürstenspiegel, Mitt. d. Altoriental. Gesellsch. 11, 3, 1937 – OPPENHEIM, A. L., ANET², S. 312–314 (Schmähgedicht auf Nabonid) – RAPP, E. L., Schmähgedicht auf Nabonid, in: GALLING, Textbuch zur Geschichte Israels, 1950, S. 66–70 – VON SODEN, W., Gibt es ein Zeugnis dafür, daß die Babylonier an die Wiederauferstehung Marduks geglaubt haben? ZA NF 17, 1955, S. 130–166

Kultpoesie

BÖLLENRÜCHER, J., Gebete und Hymnen an Nergal, 1904 – EBELING, E., Ein Hymnenkatalog aus Assur, 1923 – FALKENSTEIN, A., Sumerische Götterlieder I; van DIJK, J., Sum. Götterlieder II, Abhdl. Heidelb. Ak. d. Wissensch., Phil.-hist. Kl. 1959, 1 und 1960, 1 – FALKENSTEIN, A., VON SODEN, W., Sumerische und akkadische Hymnen und Gebete, Zürich 1953 – KUNSTMANN, W. G., Die babylonische Gebetsbeschwörung, 1932 – LANGDON, S., Babylonian Penitential Psalms, Paris 1927 – PERRY, E. G., Hymnen und Gebete an Sin, 1907 – PINCKERT, G., Hymnen und Gebete an Nebo, 1920 – SCHOLLMEYER, A., Sumerisch-babylonische Hymnen und Gebete an Šamaš, 1912

Dramendichtung

LAMBERT, M., Le jeu d'Enmerkar, Syria 32, 1955, S. 212–221 – VON SODEN, W., Ein Zwiegespräch Chammurabis mit einer Frau, ZA NF 15, 1950, S. 151–194

Weisheitsliteratur

VAN DIJK, J., La sagesse suméro-accadienne, Leiden 1953 – EBELING, E., Ein babylonischer Kohelet, Beiträge zur Keilschriftkunde 1, 1, 1923 – DERS., Die bab. Fabel und ihre Bedeutung f. d. Literaturgeschichte, Mitteilungen der Altorientalischen Gesellschaft

2, 3, 1927 – GORDON, E. I., vgl. Lit. Verzeichnis Kap. III unter ›Be-
wässerung‹ usw. – DERS., Sumerian Proverbs, Philadelphia 1960 –
DERS., A New Look at the Wisdom of Sumer and Akkad, Bibliotheca
Orientalis 17, 1960, S. 121–152 – KRAMER, S. N., Man and his God,
Supplement to Vetus Testamentum (Rowley-Festschrift) III, 1955,
S. 170–182 – DERS., A Father and his Perverse Son, National Pro-
bation and Parole Association Journal 3, 1957, S. 170–173 – LAM-
BERT, W. G., Babylonian Wisdom Literature, Oxford 1960 –
LANDSBERGER, B., Die babylonische Theodizee, ZA NF 9, 1936,
S. 32–43 – SCHMÖKEL, H., Hiob in Sumer, Forschungen und Fort-
schritte 30, 1956, S. 74–76 – DERS., Sumerische Bauernweisheit,
Orion 1959, 10, S. 818–823

Humor und Burleske

FALKENSTEIN, A., Der Sohn des Tafelhauses, vgl. Lit.-Verz.
zu Kap. VII – GURNEY, O. R., The Tale of the Poor Man of
Nippur, Anatolian Studies 6, 1956, S. 145–164 – SPEISER, E. A.,
The Case of the Obliging Servant, Journal of Cuneiform Studies, 8,
1954, S. 98–105

Kanonisierung

FALKENSTEIN, A., Zur Chronologie der sumerischen Literatur,
Mitteilungen der Deutschen Orientgesellschaft 85, 1953, S. 1–13 –
LAMBERT, W. G., Ancestors, Authors and Canonicity, Journal of
Cuneiform Studies 11, 1957, S. 1–14 – VON SODEN, W., Das Pro-
blem der zeitlichen Einordnung akkadischer Literaturwerke, Mit-
teilungen der Deutschen Orientgesellschaft 85, 1953, S. 14–26

Die Musik

FARMER, H. G., The Music of Ancient Mesopotamia, in: Wellesz,
E., Ancient and Oriental Music (New Oxford History of Music I),
London 1957, S. 228–254 – GALPIN, F. W., The Music of the Su-
merians and the Immediate Successors, the Babylonians and
Assyrians, Cambridge 1937 – HICKMANN, H., Vorderasien und
Ägypten im musikalischen Austausch, Zeitschr. d. Deutschen
Morgenländ. Gesellschaft 111, 1961, S. 23–41 (dort weitere Lite-
ratur) – WEGNER, M., Die Musikinstrumente des Alten Orients,
1950 – DERS., Artikel ›Flöte‹ in RLA III, S. 88

X. DIE BILDENDE KUNST

Gesamtdarstellungen und Allgemeines

FALKNER, M., Die Kunst des alten Vorderasiens. Sonderabdruck
aus ›Orient und Okzident in Vergangenheit und Gegenwart‹,
Kärntner Hochschulwochen 1959 – FRANKFORT, H., Art and Archi-

tecture of the Ancient Orient, Harmondsworth 1954 – LOUD, G.,
ALTMAN, CH. B., Khorsabad II, Chicago 1938 – LLOYD, S., Die
Kunst des Alten Orients, 1961 – PARROT, A., Sumer, München
1960 – POTRATZ, J. H. A., Die Kunst des Alten Orient, KTA
323, 1961 – PRITCHARD, J. B., The Ancient Near East in Pictures
Relating to the Old Testament (ANEP), Princeton 1954 – SCHÄFER,
H., ANDRAE, W., Die Kunst des Alten Orients, (Propyläen-Kunst-
geschichte II), 1925 – SCHNITZLER, L., Die Kunst des Alten Orients,
in: Kleine Kunstgeschichte der außereuropäischen Kulturen, her-
ausgeg. von H. WEIGERT, 1957, S. 9–63 – SPEISER, W., Vorderasiatische Kunst, 1952 – UNGER, E., Sumerische und akkadische
Kunst, 1926 – DERS., Assyrische und babylonische Kunst, 1927 –
WOOLLEY, L., Mesopotamien und Vorderasien, 1961 – ZERVOS,
CH., L'art de la Mésopotamie usw., Paris 1935

Architektur

ANDRAE, W., Das Gotteshaus und die Urformen des Bauens im
Alten Orient, 1930 – BUSINK, TH. A., De Babylonische Tempel-
toren, Leiden 1949 – DERS., Darstellungen altmesopotamischer
Bauwerke, Ex Oriente Lux 15, 1957/58, S. 219–231 – EBELING, E.,
Artikel ›Festung‹ in RLA III ,S. 50–52 – HEINRICH, E., Die Stellung
der Uruktempel in der Baugeschichte, ZA NF 15, 1950, S. 21–49 –
DERS., Der Architekt von heute und die Baukunst der Vergangen-
heit. (Schriftenreihe des Architekten- und Ingenieur-Vereins zu
Berlin, Heft 8) 1956 – KOLDEWEY, R., Das wiedererstehende Baby-
lon, ⁴1925 – KRISCHEN, FR., Weltwunder der Baukunst, 1956, bes.
S. 12–49 – LENZEN, H., Die Entwicklung der Zikkurat, 1941 –
DERS., Die Tempel der Schicht Archaisch IV in Uruk, ZA NF 15,
1950, S. 1–20 – DERS., Mesopotamische Tempelanlagen von der
Frühzeit bis zum 2. Jahrtausend, ebendort 17, 1955, S. 1–36 –
PARROT, A., Mission archéologique de Mari, Vol. I, Le Temple
d'Ishtar, Paris 1956; II, Le palais, 1958 –UNGER, E., Babylon, 1931 –
DERS., Artikel ›Dur-Scharrukin‹ in RLA II, S. 249–252 – WEID-
NER-BOSON, Artikel ›Baumaterial und Bausteine‹ in RLA II,
S. 435–438 – Wissenschaftliche Veröffentlichungen der Deutschen
Orientgesellschaft, Bd. 10, 15, 17, 23, 32, 39, 47f., 54f., 58f., 64–67,
Leipzig 1910ff. (Architektur von Babylon, Assur und Kar-Tukulti-
ninurta) – Vgl. weiter Literatur zu Kap. I unter ›Ausgrabungen‹

Plastik

BARNETT, R. D., Assyrian Palace Reliefs, London (1960) – BARRE-
LET, M. T., Notes sur quelques sculptures mésopotamiennes de
l'époque d'Akkad, Syria 36, 1959, S. 20–37 – BUDGE, E., Assyrian
Sculpture in the British Museum I: The Reign of Assurnasirpal,
London 1914 – VAN BUREN, E., Clay Figurines of Babylonia and

Assyria, New Haven 1930 – FRANKFORT, H., Sculpture of the Third Millennium from Tell Asmar and Khafajah, Chicago 1939 – DERS., More Sculpture from the Dijala Region, Chicago 1943 – GADD, C. J., The Stones of Assyria, London 1936 – HEINRICH, E., Kleinfunde aus den archaischen Tempelschichten in Uruk, 1930 – KING, L. W., Babylonian Boundary Stones, London 1912 – DERS., The Gates of Shalmaneser, London 1915 – LEGRAIN, L., Terra-Cottes from Nippur, Philadelphia 1930 – LENZEN, H., Die Sumerer, 1948 – MOORTGAT, A., Frühe Bildkunst in Sumer, Mitteilungen der Vorderasiatisch-ägyptischen Gesellschaft 40, 3, 1935 – PARROT, A., Le palais de Mari, Band ›Documents et monuments‹, Paris 1959 – PATERSON, A., Assyrian Sculptures: Palace of Sinacherib, Den Haag o. J. POTRATZ, J. A. H., Die menschliche Rundskulptur in der sumero-akkadischen Kunst, Istanbul 1960 – SCHNITZLER, L., Frühe Plastik im Zweistromland, 1959 – SMITH, S., Assyrian Sculpture in the British Museum II: From Shalmaneser III. to Senacherib, London 1938 – STREU, O., Zur Technik der altorientalischen Keramik, Zeitschr. d. Morgenländischen Gesellschaft 98, 1944, S. 359–368 – UNGER, E., Zum Bronzetor von Balawat, 1912 – WEIDNER, E., Die Reliefs der assyrischen Könige, Archiv f. Orientforschung, Beiheft 4, 1939

Glyptik und sonstige Kleinbildkunst

BARNETT, R. D., The Nimrud Ivories, London 1957 – BERAN, TH., Die babylonische Glyptik der Kassitenzeit, Archiv f. Orientforschung 18, 1957/58, S. 255–278 – BOROWSKI, E., Cylindres et cachets orientaux I, Mésopotamie, Ascona 1957 – VAN BUREN, E. D., Catalogue of the Udo Sissar-Collection of Stamps and Cylinder Seals of Mesopotamia, Rom 1959 – DELAPORTE, L., Catalogue des cylindres orientaux du Musée du Louvre, Paris 1910–23 – FRANKFORT, H., Cylinder Seals, London 1939 – DERS., Stratified Cylinder Seals from the Dijala Region, Chicago 1955 – LEGRAIN, L., Ur Excavations III, Archaic Seal Impressions, London 1936 – DERS., Ur Excavations X, Seal-Cylinders, London 1951 – MOORTGAT, A., Vorderasiatische Rollsiegel, 1940 – DERS., Assyrische Glyptik des 13. Jahrhunderts, ZA NF 13, 1942, S. 50–88 – DERS., Assyrische Glyptik des 12. Jahrhunderts, ZA NF 14, 1944, S. 23–44 – MOORTGAT, A., CORRENS, U., Altorientalische Rollsiegel in der Staatlichen Münzsammlung München, Münchener Jahrbuch d. bildenden Kunst, 3. F. 6, 1955, S. 7–26 – VON DER OSTEN, H. H., Ancient Oriental Seals in the Collection of Mrs. E. T. NEWELL, Chicago 1934; . . . in the Collection of Mrs. A. B. BRETT, Chicago 1936 – DERS., Altorientalische Siegelsteine der Sammlung HANS SILVIUS VON AULOCK, Uppsala 1957 – PORADA, E., Corpus of Ancient Near Eastern Seals, Washington 1948 – SOUTHESK, J., Catalogue of the Collection of Antique Gems, London 1908 – RAVN, O. E., Oriental Seals and Impressions etc., Kopenhagen 1960 – WEBER, O., Alt-

orientalische Siegelbilder, Der Alte Orient 17/18, 1920 – WISE-
MAN, D. J., Götter und Menschen im Rollsiegel Westasiens, Prag
1958

Malerei

ANDRAE, W., Farbige Keramik aus Assur, 1923 – BOEHMER,
Artikel ›Farben‹ in RLA III, S. 20–24 – HROUDA, B., Die bemalte
Keramik des 2. Jahrtausends in Nordmesopotamien und Nord-
syrien, Istanbuler Forschungen 19, 1957 – MOORTGAT, A., Alt-
vorderasiatische Malerei, 1959 – PARROT, A., Le palais de Mari,
Band ›Peintures murales‹, Paris 1958 – STARR, R. F. S., Nuzi, Cam-
bridge/Mass. 1937/39, Tafel 128f. – THUREAU-DANGIN, F., DU-
RAND, M., Til Barsib, Paris 1936 – UNGER, E., Artikel ›Fayence‹ in
RLA III, S. 29–31

XI. GÖTTER, KULT UND FRÖMMIGKEIT

BOTTÉRO, J., La religion babylonienne (Mythes et religions 39),
Paris 1952 – DEIMEL, A., Pantheon Babylonicum, Rom 1914 –
EBELING, E., in GRESSMANN, Altorientalische Texte zum Alten
Testament, ²1926, S. 295–317 (Rituale für *akitu-* bzw. Neujahrs-
feste) – DERS., Die akkadische Gebetsserie ›Handerhebung‹, 1953 –
DERS., Artikel ›Adad‹, ›Anu‹, ›Assur, Hauptgott Assyriens‹,
›Dämonen‹, ›Enki‹ und ›Frauenhaus‹ in RLA I, S. 22–26, 115–117,
196–198; II, S. 106–113, 374–379; III, S. 108 – FALKENSTEIN, A.,
*akiti-*Fest u. *akiti-*Haus, Friedrich-Festschrift, 1959, S. 147–182 –
DERS., Artikel ›Gebet‹ I, ›Das Gebet in der sumerischen Über-
lieferung‹ in RLA III, S. 156–160 – HALDAR, A., Artikel ›Fest‹ und
›Festhaus‹ in RLA III, S. 40–43 u. 47–50 – HIRSCH, H., Untersuchun-
gen zur altassyrischen Religion, Archiv f. Orientforsch., Beiheft
13/14, 1960 – HOOKE, S. H., Babylonian and Assyrian Religion,
London 1952 – JACOBSEN, TH., Mesopotamien, in FRANKFORT-
WILSON-JACOBSEN, Frühlicht des Geistes, 1954, S. 136–241 – JAMES,
E. O., Myth and Ritual in the Ancient Near East, London 1918 –
JEAN, CH. F., La religion sumérienne, Paris 1931 – KRAMER, S. N.,
Sumerian Theology and Ethics, The Harvard Theological Review
49, 1956, S. 45–62 – DERS., Death and Nether World according to
the Sumerian Literary Texts, Iraq 22, 1960, S. 59–68 – KRAUS,
F. R., Ein Sittenkanon in Omenform, ZA NF 43, 1936, S. 77–133 –
DERS., Altmesopotamisches Lebensgefühl, Journal of Near
Eastern Studies 19, 1960, S. 117–132 – LAMBERT, W. G., Morals
in Ancient Mesopotamia, Ex Oriente Lux 15, 1957/58, S. 184–196 –
LANGDON, ST., Babylonian Liturgies, Paris 1913 – LARGEMENT, R.,
La religion suméro-akkadienne, in Histoire des religions, her-
ausgeg. von M. BRILLANT und R. AIGRAN, Bd. 4, 1956, S. 177–199 –
DE LIAGRE-BÖHL, F., Art. ›Bab. u. ass. Religion‹ in ›Religion in

Geschichte und Gegenwart‹, I, ²1957, S. 812–818 – Nötscher, F., Ellil in Sumer und Akkad, 1927 – Ders., Art. ›Enlil‹ in RLA II, S. 382–387 – Rutten, M., Les religions asiatiques, in Histoire des religions, herausgeg. von M. Brillant und R. Aigran, Bd. 4, S. 7–117 – Schlobies, H.-M., Der akkadische Wettergott in Mesopotamien, Berliner Dissertation 1925 – Schneider, N., Die Götternamen von Ur III, Analecta Orientalia 19, Rom 1939 – Schneider, N., de Liagre-Böhl, F., Christus und die Religionen der Erde, herausgeg. von Fr. König, Bd. II, Wien 1951, S. 383–498 – von Soden, W., Religion und Sittlichkeit nach den Anschauungen der Babylonier. Zeitschr. der Deutschen Morgenländischen Gesellschaft 89, 1935, S. 143–169 – Ders., Religiöse Unsicherheit, Säkularisierungstendenzen und Aberglaube zur Zeit der Sargoniden, Analecta Biblica 12, 1959, S. 356–367 – Ders., Gebet, babylonisch und assyrisch, RLA III, S. 160 ff. – Tallqvist, R., Der assyrische Gott (Studia orientalia 4, 3) Helsingfors 1932 – Ders., Akkadische Götterepitheta (Studia orientalia 7), Helsingfors 1938 – Für Pantheon und Kult auch die Literaturangaben zu Kap. IX ›Kultpoesie‹, für die Dämonenlehre zu Kap. VIII ›Geheimwissenschaften‹

XII. AUSSTRAHLUNGEN

Baltrušaitis, M., Art sumérien, art. roman, Paris 1934 – Bernheimer, R., Romanische Tierplastik und die Ursprünge ihrer Motive, 1931 – Boll, F., Bezold, C., Reflexe astrologischer Keilschriften bei griechischen Schriftstellern, Abhdl. d. Heidelbg. Ak. d. Wiss., Phil.-hist. Kl., 1911, Nr. 7 Brundage, B. C., Heracles the Levantine, a Comprehensive View, Journal of Near Eastern Studies 17, 1958, S. 225–236 – Li Chi, The Beginnings of Chinese Civilisation, Seattle 1957 (Chines. Löwentöter) – Schmökel, H., Ziegen am Lebensbaum, Archiv f. Orientforschung 18, 1957/58, S. 373–378 (dort weitere Literatur) – Volterra, E., Les rapports entre le droit romain et les droits de l'Orient, Revue internationale des droits de l'antiquité 3e série, 4, 1957, S. 135–155

ZWEITER ABSCHNITT: DAS HETHITERREICH

Allgemeines und Gesamtdarstellungen

Bittel, K., Grundzüge der Vor- und Frühgeschichte Kleinasiens, ²1950 – Goetze, A., Kleinasien, Kulturgeschichte des Alten Orients, Handbuch der Altertumswissenschaft, 3. Abschnitt, 1. Unterabschnitt, ²1957 – Naumann, R., Architektur Kleinasiens, 1955 – Schmökel, H., Geschichte des Alten Vorderasien, Handbuch der Orientalistik II, 3, Leiden 1957

Abbildungen

Bossert, H. Th., Altanatolien, 1942 – Riemschneider, M., Die Welt der Hethiter, 1954 – Kunst und Kultur der Hethiter. Ausstellung des Deutschen Kunstrates und des Rautenstrauch-Joest-Museums der Stadt Köln

I UND II. GRUNDLAGEN UND ERFORSCHUNG

DIE GESCHICHTE UND IHRE QUELLEN

Bahadir Alkim, U., Ein altes Wegenetz im südwestlichen Antitaurus-Gebiet (Anadolu Arastirmalari I, 1959, S. 207 ff.) – Balkan, K., Observations on the Chronological Problems of the Kārum Kaniš, Ankara 1955 – Ders., Letter of King Anum-Hirbi of Mama to King Warshama of Kanish, Ankara 1957. – Bittel, K., u. a., Vorläufige Berichte über die Ausgrabungen in Boğazköy, in Mitteilungen der Deutschen Orientgesellschaft 86–91 – Ders., u. a., Boğazköy III, Abhandlungen der Deutschen Orientgesellschaft, 1957 – Bossert, H. Th., Meine Sonne (Orientalia, Nova Series 26, 1957, S. 97–126) – Cornelius, F., Zur hethitischen Geographie: Die Nachbarn des Hethiterreiches (Revue hittite et asianique 62, S. 1–17) – Ders., Geographie des Hethiterreiches (Orientalia NS 27, 1958, S. 225–251, 373–398) – Dossin, G., Une lettre de Jarîm-Lim, roi d'Alep, à Jašûb-Jaḫad, roi de Dîr, (Syria 33, 1956, S. 63 ff.) – Edel, E., Die Abfassungszeit des Briefes KBo I 10 und seine Bedeutung für die Chronologie Ramses II. (Journal of Cuneiform Studies 12, 1958, S. 130–133) – Freydank, H., Eine hethitische Fassung des Vertrages zwischen dem Hethiterkönig Suppiluliuma und Aziru von Amurru (Mitteilungen des Instituts für Orientforschung 7, 1960, S. 356 ff.) – Garstang-Gurney, The Geography of the Hittite Empire, London 1959 – Goetze, A., The Roads of Northern Cappadocia in Hittite Times (Revue hittite et asianique 61, 1957, S. 91–103) – Güterbock, H. G., The Deeds of Suppiluliuma (Journal of Cuneiform Studies 10, 1956, S. 41 ff.) – Ders., Kanes and Neša: Two Forms of one Anatolian Place Name? (Eretz Israel 5, 1958, S. 46 ff.) – Ders., Toward a Definition of the Term Hittite (Oriens 10, 2, 1957, S. 233 ff.) – Ders., The North-Central Area of Hittite Anatolia (Journal of Near Eastern Studies 20, 1961, S. 88 ff.) – Kammenhuber, A., Protohattisch-Hethitisches (Münchener Studien zur Sprachwissenschaft, 14, 1959, S. 63 ff.) – Dies., Das Palaische (Revue hittite et asianique 64, 1959, S. 1 ff.) – Dies., Esquisse de grammaire palaïte (Bulletin de la Société de Linguistique 54, 1959, S. 18 ff.) – Laroche, E., Chronologie Hittite: Etat des questions (Anadolu II, 1955, S. 1 ff.) – Ders., Dictionnaire de la langue louvite, Paris 1959 – Ders., Les hiéroglyphes hittites, Paris 1960 – Lewy, J., Apropos of a Recent Study in Old Assyrian

Chronology (Orientalia, NS 26, 1957, S. 12ff.) – DERS., On Some Institutions of the Old Assyrian Empire (Hebrew Union College Annual Vol. XXVII, 1956) – OTTEN, H., Korrespondenz mit Tukulti-Ninurta I. aus Boğazköy, in E. WEIDNER, Die Inschriften Tukulti-Ninurtas I. und seiner Nachfolger, Archiv für Orientforschung, Beiheft 12, 1959 – DERS., Ein Brief aus Ḫattuša an Babu-aḫu-iddina (Archiv für Orientforschung 19, 1960, S. 39ff.) – ÖZGÜÇ, N., Marble Idols and Statuettes from the Excavations at Kültepe (Belleten 81, 1957, S. 71ff.) – ÖZGÜÇ, T., Kültepe-Kaniş, New Researches, Ankara 1959 – ÖZGÜÇ, T., AKOK, M., Horoztepe, an Early Bronze Age Settlement and Cemetery, Ankara 1958 – RIEMSCHNEIDER, K., Die hethitischen Landschenkungsurkunden (Mitteilungen des Instituts für Orientforschung 6, 1958, S. 321–381) – ROWTON, M. B., The Background of the Treaty between Ramesses II. und Ḫattušiliš III. (Journal of Cuneiform Studies 13, 1959, S. 1–11) – VON SCHULER, E., Hethitische Treaty between Ramesses II. und Ḫattuššiliš (III. (Journal of Cuneiform Studies 13, S. 1–11) – VON SCHULER, E., Hethitische Dienstanweisungen für höhere Hof- und Staatsbeamte, Archiv für Orientforschung, Beiheft 10, 1957 – DERS., Hethitische Königserlässe als Quellen der Rechtsfindung und ihr Verhältnis zum kodifizierten Recht, in Festschrift Friedrich, 1959, S. 435ff. – SOUČEK, V., Die hethitischen Feldertexte (Archiv Orientální 27, 1959, S. 5ff., 379ff.)

VI. RECHT

FRIEDRICH, J., Die hethitischen Gesetze, Leiden 1959 – HAASE, R., Ist der § 200 B der hethitischen Gesetze unvollständig überliefert? (ZA NF 19, 1959, S. 193ff.) – KOROŠEC, V., Hethitica, ein Beitrag zur Entwicklungsgeschichte des hethitischen Rechts. Laibach, Academia Scientarum Slovenica 1958 – DERS., Die Tontafel KBo VI 4 und ihr relatives Alter, in Festschrift Friedrich, 1959, S. 261–272

VIII.–X. SCHRIFTWESEN/WISSENSCHAFTEN/LITERATUR

BOSSERT, H. TH., Bild-Luwisches, in Festschrift Friedrich, 1959, S. 61ff. – FRIEDRICH, J., Zur Einordnung hethitischer Gilgamesch-Fragmente (Orientalia NS, 30, 1961, S. 90f.) – GÜTERBOCK, H. G., A Hittite Parallel to The Old-Babylonian Omen Text VAT 7525 (Archiv für Orientforschung 18, 1957/58, S. 78ff.) – DERS., The Song of Ullikummi (Journal of Cuneiform Studies 5, 1951, S. 135ff.; 6, 1952, S. 8ff.) – KAMMENHUBER, A., Die hethitische Geschichtsschreibung (Saeculum 9, Heft 2, S. 136f.) – DIES., Hippologia Hethitica, 1961 – LAROCHE, E., Noms de dignitaires. 1. Le nom hittite de ›scribe‹ et son pictogramme (Revue hittite et asianique 58, 1956, S. 26–32) – LEIBOVICI, M., Présages hittites traduits de l'akkadien (Syria 33, 1956, S. 142–146) – MACQUEEN, J. G., Hattian Mythology and Hittite Monarchy (Anatolian Studies 9, 1959, S. 171–188) – OTTEN, H., Die erste Tafel des hethitischen Gilgamesch-Epos (Istanbuler Mitteilungen, 8, 1959, S. 91 ff.) – DERS., Zur Überlieferung des Gilgameš-Epos nach den Boğazköy-Texten (Cahiers du Groupe François-Thureau-Dangin 1, 1960, S. 139 ff.) – VIEYRA, M., Le dieu Kumarbi et le syncrétisme religieux dans le Proche-Orient au second millénaire av. J. C. (Revue de l'histoire des religions 155, 1959, S. 138 f.)

XI. KULT UND RELIGION

BITTEL, K., u. a., Die hethitischen Grabfunde von Osmankayasi (Wissenschaftliche Veröffentlichungen der Deutschen Orientgesellschaft 71), 1958. – BOSSERT, H. TH., Die Schicksalsgöttinnen der Hethiter (Welt des Orients 2, 1957, S. 349 ff.) – GÜTERBOCK, H. G., The Composition of Hittite Prayers to the Sun (Journal of the American Oriental Society 78, 1958, S. 237–245) – DERS., Gedanken über das Wesen des Gottes Telipinu, in Festschrift Friedrich 1959, S. 207–211 – DERS., An Outline of the Hittite AN. TAH.SUM Festival (Journal of Near Eastern Studies 19, 1960, S. 80 ff.) – HIRSCH, H., vgl. Lit.-Verz. Abschnitt 1, Kap. XI – LAROCHE, E., Lécanomancie hittite (Revue d'Assyriologie 52, 1958, S. 150 ff.) – OTTEN, H., Hethitische Totenrituale, 1958 – DERS., Die Götter Nupatik, Pirinkir, Ḫešue und Ḫatni-Pišaišapḫi in den hethitischen Felsreliefs von Yazilikaya (Anatolia 4, 1959, S. 27–37) – DERS., Zur Kontinuität eines altanatolischen Kultes (ZA NF 19, 1959, S. 174–184) – DERS., Eine Lieferungsliste zum Totenritual der hethitischen Könige (Welt des Orients, 2, 1959, S. 477–479) – DERS., Ritual bei Erneuerung von Kultsymbolen hethitischer Schutzgottheiten, in Festschrift Friedrich, 1959, S. 351–359 – VIEYRA, M., Ištar de Ninive (Revue d'Assyriologie 51, 1957, S. 83 ff.)

XII. KUNST

BERAN, TH., Hethitische Rollsiegel der Großreichszeit (Istanbuler Mitteilungen 8, 1958, S. 137 ff.; 9/10, 1960, S. 128 ff.) – BOSSERT, H. TH., Reisebericht aus Anatolien (Orientalia NS 28, 29, 1959/60, S. 214 ff., 271 ff.) – DERS., Janus und der Mann mit der Adler- oder Greifenmaske, Istanbul 1959 – HANFMANN, G., On the Date of the Late Hittite Palace at Sakçegözü (Bulletin of the American Society of Oriental Research 160, 1960, S. 43 ff.) – ÖZGÜÇ, N., Die Siegel der Schicht Ib im Karum-Kaniş von Kültepe (Belleten 85, 1958, S. 13 ff.) – DIES., Seals from Kültepe (Anatolia 4, 1959, S. 43 ff.) – ÖZGÜÇ, T., The Bitik Vase (Anatolia 2, 1957, S. 57 ff.)

DRITTER ABSCHNITT: SYRIEN—PALÄSTINA

ALLGEMEINES UND GESAMTDARSTELLUNGEN

ABDUL-HAK, S., Die Schätze des Nationalmuseums von Damaskus, übers. v. K. AYAD, Damaskus (nach 1956) – ALBRIGHT, W. F., Von der Steinzeit zum Christentum, Bern 1948 – DERS., The Archaeology of Palestine, Harmondsworth ²1956 – DERS., Syrien, Phönizien und Palästina, in: Historia Mundi, S. 331 ff., 1954 – ANDRAE, W., Untergegangene Städte im Alten Orient. Die Welt des Orients 1, 1947–52, S. 72 ff. – ARDIEV, W. J., Geschichte des Alten Orients, 1953 – BARROIS, A. G., Manuel d'Archéologie Biblique, Paris 1939 – BENZINGER, J., Hebräische Archäologie, ³1927 – BERTHOLET, A., Kulturgeschichte Israels, 1919 – BOSSERT, H. Th., Altsyrien, 1951 – BRAIDWOOD, R. J., The Near East and the Foundation for Civilization, Oregon 1952 – BRIGHT, J., A History of Israel, Philadelphia 1959 – BURROWS, M., What mean these Stones?, New Haven 1941 – CONTENAU, G., La Civilisation phénicienne, Paris 1949 – DERS., Manuel d' Archéologie Orientale, 4 Bde, Paris 1927–47 – FINEGAN, J., Light from the Ancient Past, London ²1959 – GALLING, K., Bibl. Reallexikon, 1937 – GLUECK, N., The River Jordan, Philadelphia 1945 – GRESSMANN, H., Altoriental. Texte zum Alten Testament, ²1926 – DERS., Altoriental. Bilder zum Alten Testament, ²1956 – GROLLENBERG, L. H., Atlas de la Bible, Paris und Brüssel 1955 – JIRKU, A., Die Ausgrabungen in Palästina und Syrien, 1956 – DERS., Die Welt der Bibel (Fünf Jahrtausende in Palästina-Syrien), 1957 – HAAG, H., VAN DEN BORN u. a., Bibellexikon, Einsiedeln und Köln 1951 – HENNEQUIN, L., Fouilles et Champs de Fouilles en Palestine et en Phénicie. Supplements au Dictionnaire de la Bible (Vigouroux), Bd. 8, Paris 1936, Sp. 318 ff. – HITTI, P. K., History of Syria, London 1951 – KENYON, K. M., Archaeology of the Holy Land, London 1960 – KOPP, C., Grabungen und Forschungen im Heiligen Land 1867/1938, 1939 – LEMAIRE, P., und BALDI, D., Atlante Storico della Bibbia, 1955 (Marietti) – McCOWN, CH. CH., The Ladder of Progress in Palestine, New York und London 1943 – MOSCATI, S., L'Oriente Antico, Milano 1952 – DERS., Geschichte und Kultur der semitischen Völker, (Urban-Bücher 3) S. 89 ff., Zürich und Wien ²1955 – NOETSCHER, F., Biblische Altertumskunde, 1940 – NOTH, M., Die Welt des Alten Testaments, ³1957 – OLMSTEAD, A. T., History of Palestine and Syria, New York 1931 – PRITCHARD, J. B., Ancient Near Eastern Texts, relating the Old Testament, Princeton ²1955 – DERS., The Ancient Near East in Pictures, Princeton 1954 – ROLLA, A., L'Ambiente Biblico, Brescia 1959 – SCHÄFER, H., und ANDRAE, W., Die Kunst des Alten Orients, 1925 – SCHMIDT, H. D., Palestine Trends of Power: A Survey of Three Thousand Years of Palestine History, Journ. of Near Eastern Studies 10, 1951, S. 1 ff. – SCHMÖKEL, H.,

Geschichte des Alten Vorderasien (Handbuch der Orientalistik, herausgeg. von B. SPULER) II/3, Leiden 1957 – SIMONS, J., Opgravingen in Palestina, Roermond 1935 – THOMSEN, P., Palästina und seine Kultur in fünf Jahrtausenden, ³1931 – DE VAUX, R., Les Institutions de l'Ancient Testament, 2 Bde., Paris 1958–60 – WATZINGER, C., Denkmäler Palästinas, 2 Bde., 1933–35 – WRIGHT, G. E., Biblische Archäologie, Göttingen 1958

I. VORGESCHICHTE

BAUMGÄRTEL, E., Dolmen und Mastaba, Beihefte z. Alten Orient 6, 1920 – BAUMGARTNER, W., Beerseba heute und vor fünftausend Jahren, Neue Zürcher Zeitung vom 18. August 1960, Bl. 1, Morgenausgabe – CHILDE, G., Dawn of European Civilization, ³1927 – DALMAN, G., Petra und seine Felsheiligtümer, 1908 – DOTHAN, M., (Chronique Archéologique:) Azor (=Yazur bei Tel Aviv), Revue Biblique 67, 1960, S. 395 – GALLING, K., Der Altar in den Kulturen des Alten Orients, S. 54 ff., 1925 – DERS., Biblisches Reallexikon, 1937 – GARROD, D. A. E. und BATE, M. A., The Stone Age of Mount Carmel I, Oxford 1937 – GARROD, D. A. E., The Natufian Culture, London 1958 – GARSTANG, J., Jericho, Annuals of Archaeology and Anthropology 22 (1935), S. 143 ff.; 23 (1936), S. 67 ff.; 24 (1937), S. 35 ff. – DE GROOT, J., Palestijnse Masseben, Groningen 1913 – KARGE, P., Refaim, 1918 – KENYON, K. M., Jericho I, The Tombs, London 1960 – MAAG, V., Zum Hieros Logos von Bethel, Asiat. Studien 5, 1951, S. 122 ff. – MACALISTER, R.-A. ST., Gezer, London 1912 – MCCOWN, TH. D. und KEITH, A., The Stone Age of Mount Carmel II: The Fossil Human Remains from the Levallois-Moustérien, Oxford 1939 – MALLON, A., KOEPPEL, R., NEUVILLE, R., Teleilat Gassul I/II, Rom 1934/40 – MARINGER, J., Vorgeschichtliche Religion und Religionen im steinzeitlichen Europa, Einsiedeln 1956 – NORTH, R., (Chronique Archéologique:) Teleilat Ghassul, Revue Biblique 67, 1960, S. 368 ff. – PERROT, J., Beersheba, Illustrated London News vom 23. und 30. Juli 1960 – DERS., (Chronique Archéologique:) Beersheba, Revue Biblique 67, 1960, S. 253 ff. – POTRATZ, J. A., Vorgeschichtliche Geräte, München-Innsbruck-Basel 1957 – STÉKÉLIS, M., Les monuments mégalithiques de la Palestine, Paris 1935

II. DIE BEVÖLKERUNG SYRIEN-PALÄSTINAS

ALT, A., Die Landnahme der Israeliten in Palästina, 125 (Kleine Schriften I, 1953, S. 89 ff.), – DERS., Völker und Staaten Syriens im frühen Altertum, Der Alte Orient 34, 1936, Heft 4 – DERS.,

Megiddo im Übergang vom kanaanäischen zum israelitischen Zeitalter, Zeitschrift für die Alttestamentliche Wissenschaft, Neue Folge 19, 1944, S. 67 ff. (Kl. Schriften I, S. 256 ff., 1953) – DERS., Emiter und Moabiter, Palästina-Jahrbuch 36, 1940, S. 29 ff. (Kl. Schriften I, 1953, S. 203 ff.) – DERS., Äg. Tempel in Palästina und die Landnahme der Philister, (Zeitschrift des Deutschen Palästina-Vereins 67, 1944, S. 1 ff., (Kl. Schriften I, S. 216 ff.) – ANDRAE, W., Untergegangene Städte im Alten Orient. Die Welt des Orients I, 1947–52, S. 72 ff. – BAUMGARTNER, W., Was wir heute von der hebräischen Sprache und ihrer Geschichte wissen, Anthropos 35/36, 1940/41, S. 593 ff. (jetzt auch in BARRING, Zum Alten Testament und seiner Umwelt, Leiden 1959, S. 208 ff.) – BOTTÉRO, J., Le problème des Habiru à la quatrième rencontre assyriologique internationale. Cahiers de la Société Asiatique XII, Paris 1954 – BOWMAN, R. A., Arameans, Aramaic and the Bible, Journal of Near Eastern Studies 7/1948, S. 65 ff. – BURNEY, C. F., Israel's Settlement in Canaan, London 1921 – O'CALLAGHAN, R. T., Aram Naharaim, Rom 1948 – CAZELLES, H., Hébreu, Ubru et Hapiru, Syria 35, 1958, S. 198 ff. – DUNANT, M., Byblos au temps du Bronze Ancien et la conquête amorite, Revue Biblique 59, 1952, S. 82 ff. – DUPONT-SOMMER, A., Les Araméens, Paris 1949 – DERS., Sur les débuts de l'histoire araméenne, Suppl. to Vetus Testamentum I, Leiden 1953, S. 40 ff. – ERLENMEYER, M. L. und H., Über Philister und Kreter, Orientalia NS 29, 1960, S. 121 ff. – GELB, I. J., Hurrians and Subarians, Chicago 1944 – GOETZE, A., Hethiter, Churriter und Assyrer, Oslo 1936 – GREENBERG, M., The Hab/piru, New Haven 1955 – JADE, J. W., New Light on the Habiru-Hebrew Question, Palestine Exploration Quarterly 72, 1940, S. 95 ff. – JEPSEN, A., Die ›Hebräer‹ und ihr Recht, Archiv für Orientforschung 15, 1945–51, S. 55 ff. – KÖHLER, L., Der hebräische Mensch, 1953 – MAISLER, B., Canaan and the Canaanites, Bulletin of the American Schools of Oriental Research 102, 1946, S. 7 ff. – MALAMAT, A., The Arameans in Aram Naharaim and the Rise of their States, Jerusalem (Israel) 1952 – MARQUET-KRAUSE, J., Les Fouilles de 'Aj 1933–35, 2 Bde., Paris 1949 – MOSCATI, S., Sulle origini degli Aramei, Revista degli studi Orientali 26, 1951, S. 16 ff. – NOTH, M., Das System der zwölf Stämme Israels, 1930 – DERS., Geschichte Israels, ²1954 – DERS., Zum Ursprung der phönikischen Küstenstädte, Die Welt des Orients I, 1947–52, S. 21 ff. – DERS., Die syrisch-palästinensische Bevölkerung des 2. Jahrtausends im Lichte neuer Quellen, Zeitschrift des Deutschen Palästina-Vereins 65,1942, S. 9 ff. – PRITCHARD, J. B., Syrians as Pictured in the Paintings of the Theban Tombs, Bulletin of the American Schools of Oriental Research 122, 1951, S. 68 ff. – ROSENTHAL, F., Die aramaistische Forschung seit Th. Nöldekes Veröffentlichungen, Leiden 1939 – ROWLEY, H. H., Ras Shamra and the Habiru-Question, Palestine Exploration Quarterly 72/1940, S. 90 ff. – SÄRE-SÖDERBERGH, T., Hyksos, Journal of Egyptian Archaeology 37, 1951, S. 53 ff. –

SCHMÖKEL, H., Die ersten Arier im Alten Orient, 1940 – SPEISER, E. A., Hurrians and Subarians, Journal of the American Oriental Society 68/1948, S. 1ff. – UNGER, M. F., A History of Damascus from the Earliest Times until its Conquest by Assyria, 2 Bde., Baltimore 1946/47 – DERS., Israel and the Arameans of Damascus, London 1957 – WRIGHT, G. E., Philistine Coffins and Mercenaries, The Biblical Archaeologist 22, 1959, S. 54ff. – YADIN, Y., Hyksos Fortifications and the Battering Ram, Bulletin of the American Schools of Oriental Research 137, 1955, S. 33ff. – VAN ZYL, A. H., The Moabites, Leiden 1960

III. STADTSTAAT UND KÖNIGTUM IN DER BRONZEZEIT

ALT, A., Bemerkungen zu Verwaltungs- und Rechtsurkunden von Ugarit und Alalach, Die Welt des Orients 2, 1954–59, S. 7ff., S. 234ff., S. 338ff. – BREASTED, J. H., Ancient Records of Egypt, Bd. II, Chicago 1906, § 492 – BOWMAN, R. A., Arameans, Aramaic and the Bible, Journal of Near Eastern Studies 7, 1948, S. 65ff. – DOTHAN, M., The Excavation at Afula. 'Atiqot, Journal of the Israel Department of Antiquities I, Jerusalem 1955 – DUNAND, M., Les Fouilles de Byblos I/II, Paris 1958 – DUSSAUD, R., La commerce des anciens phéniciens, Syria 17, 1936, S. 58ff. – FRIEDRICH, J., Punische Studien, Zeitschrift der Deutschen Morgenländischen Gesellschaft, 1957, S. 282ff. – GINSBERG, H. L., Ugaritic Studies and the Bible, The Biblical Archaeologist 8, 1945, S. 21ff. – GUY, P. L. O. and ENGBERG, R. M., Megiddo Tombs, Chicago 1938 – JACOB, E., Ras-Shamra-Ugarit et l'Ancien Testament (Cahiers d'Archéologie Biblique), Neuchâtel 1960 – INGHOLT, H., Sept Campagnes de fouilles à Hama en Syrie, Kopenhagen 1949 – KAPLAN, J., A Cementary of the Bronze Age, discovered near Tel Aviv Harbour, 'Atiqot I, 1955 – DE LANGHE, R., Les textes de Ras-Shamra-Ugarit et leurs rapports avec le milieu biblique de l'Ancien Testament, 2 Bde., Gembloux/Paris 1945 – MAISLER, B., Canaan and the Canaanites, Bulletin of the American Schools of Oriental Research 102, 1946, S. 7ff. – PICARD, G., Le monde de Carthage, Paris 1956 – PRITCHARD, J. B., Discovery of the Biblical Gibeon, The University Museum Bulletin 21, Nr. 1, S. 3ff., Philadelphia, März 1957 – DERS., Gibeon's History in the Light of Excavation, Suppl. to Vetus Testamentum VII (Oxford Congr. Vol.), Leiden 1960, S. 1ff. – SCHAEFFER, C. F.-A., Ugaritica I–V, Paris 1939–61 – DERS., Neue Entdeckungen in Ugarit, Archiv für Orientforschung 19, 1959/60, S. 193ff. – SELLERS, O. R., The Citadell of Beth-Zur, Philadelphia 1933 – SMITH, S., The Statue of Idrimi, London 1949 – TOCCI, F. M., La Siria nell'Età di Mari, Roma 1960 – TUFNELL, O., Lachish IV: The Bronze Age, London 1958 – WISEMAN, D. J., The Alalakh

Tablets, London 1953 – WOOLLEY, L., A forgotten Kingdom, London 1950 – YADIN, Y., AHARONI, R., AMRAN, T., DOTHAN, J., DUNAYEVSKY, J., PERROT, J., Hazor I/II, Jerusalem/Israel 1958/60

IV. STADT UND STAMM

BUZI, D., La Composition littéraire du Cantique des Cantiques, Revue Biblique 49, 1940, S. 169ff. – CROWFOOT, J. W., The Buildings of Samaria (Samaria-Sebaste Nr. 1), London 1942 – DALMAN, G., Arbeit und Sitte in Palästina, 7 Bde., 1928–42 – EISSFELDT, O., Erstlinge und Zehnten, Beitr. zur Wissenschaft des Alten Testaments 22, 1917 – DERS., Theol. Wörterbuch zum Neuen Testament I, 1933, S. 483f. – ELHORST, H. J., Die israelitischen Trauerriten. Wellhausen-Festschrift (Beiheft 27 z. Zeitschrift für die Alttestamentliche Wissenschaft), 1914 – ELLIGER, K., Sam'al und Hamat in ihrem Verhältnis zu Hattina, Ungi und Arpad, Festschrift O. EISSFELDT, 1947, S. 69ff. – FEUILLET, R., Les villes de Iuda an temps d'Ozias, Vetus Testamentum 11, 1961, S. 270ff. – FRIEDRICH, J., Punische Studien, Zeitschr. der Deutschen Morgenländischen Gesellschaft, 1957, S. 282ff. – JAHNOW, H., Das hebräische Leichenlied im Rahmen der Völkerdichtung, 1923 – JENSEN, AD. E., Beschneidung und Reifeerscheinungen bei Naturvölkern, 1933 – KENNETT, R. H., Ancient Hebrew Social Life and Custom, 1933 – KÖHLER, L., Der hebräische Mensch, 1953 – KUHL, C., Das Hohe Lied und seine Deutung, Theol. Rundschau 9, 1937, S. 137ff. – PEDERSEN, J., Israel, its Life and Culture I, S. 1–96, Kopenhagen 1926 – PICARD, G., Le monde de Carthage, Paris 1956 – RIHBANY, A., Morgenländische Sitten im Leben Jesu, Basel 1927 – ROWLEY, H. H., The Interpretation of the Song of Songs, in ›The Servant of the Lord‹, London 1952, S. 187ff. – VAN SELMS, A., Marriage and Family Life in Ugaritic Literature, Pretoria 1954 – SCHMÖKEL, H., Heilige Hochzeit und Hoheslied, Abhandlungen für die Kunde des Morgenlandes 32/1, 1956 – STAMM, J. J., Erlösen und Vergeben im Alten Testament, 1940 – TORCZYNER, H., TUFFNELL, O., INGE, CH. H., HARDING, L., Lachish I, London 1938; Lachish II, London 1940; Lachish III, London 1953

V. RECHTSLEBEN

ALT, A., Bemerkungen zu Verwaltungs- und Rechtsurkunden von Ugarit und Alalach, Die Welt des Orients 2, 1954–59, S. 7ff., S. 234ff., S. 338ff. – DERS., Die Urspünge des israelitischen Rechts, 1934 – BOYER, G., La place des textes d'Ugarit dans l'histoire de l'ancien droit oriental, in: J. NOUGAYROL, Le Palais d'Ugarit III, Paris 1955, S. 283ff. – CAZELLES, H., Loi Israélite, in: Supplément au Dictionnaire de la Bible V, Paris 1952/53, S. 497 ff. – Ders., Etudes sur le Code d'Alliance, Paris 1946 – Daube, D., Studies in Biblical Law, Cambridge 1947 – Ders., Direct and Indirect Causation in Biblical Law, Vetus Testamentum 11, 1961, S. 246 ff. – David, M., The Codex Hammurabi and its Relation to the Provisions of Law in Exodus. Oudtestamentische Studiën 7, Leiden 1950, S. 149 ff. – Gevirtz, S., West-Semitic Curses and the Problem of the Origins of Hebrew Law, Vetus Testamentum 11, 1961, S. 137 ff. – Jirku, A., Das weltliche Recht im Alten Testament, 1930 – Köhler, L., Die hebräische Rechtsgemeinde, Zürich 1931 – Ders., Der hebräische Mensch, 1953, S. 143 ff. – Noth, M., Die Gesetze im Pentateuch, 1940, jetzt auch in: ›Gesammelte Studien zum Alten Testament‹, 1957, S. 9 ff. – van der Ploeg, J., Studies in Biblical Law, Catholic Biblical Quarterly 12, 1950, S. 248 ff., S. 416 ff.; 13, 1951, S. 28 ff., S. 164 ff., S. 296 ff. – Press, R., Ordal im alten Israel, Zeitschrift für die Alttestamentliche Wissenschaft 51, 1933, S. 121 ff., S. 227 ff. – Renaud, B., La Loi et les lois dans les livres des Maccabées, Revue Biblique 68, 1961, S. 39 ff. – Schmökel, H., Das angewandte Recht im Alten Testament, 1930 – Ders., Biblische ›Du sollst‹-Gebote und ihr historischer Ort, Zeitschr. Savigny-Stift. f. Rechtsgesch., Kanon. Abt. 34, 1950, S. 365 ff.

VI. WEHRWESEN

Abel, F. M., Stratagèmes dans le livre de Josué, Revue Biblique 56, 1949, S. 321 ff. – Albright, W. F., Mitannian *maryannu* ›Charriot Warrier‹ and the Canaanite and Egyptian Equivalents, Archiv für Orientforschung 6, 1930/31, S. 217 ff. – Beyer, G., Das Festungssystem Rehabeams, Zeitschrift des Deutschen Palästina-Vereins 54, 1931, S. 113 ff. – Bonnet, H., Die Waffen der Völker des Alten Orients, 1926 – o'Callaghan, R. T., New Light on the Maryannu as ›Charriot Warrior‹, Jahrbuch für kleinasiatische Forschung I, 1950/51, S. 309 ff. – Dougherty, R. P., Sennacherib and the Walled Cities of Palestine, Journal of Biblical Literature 49, 1930, S. 160 ff. – Dupont-Sommer, A., ›Réglement de la Guerre des Fils de Lumière‹, traduction et notes, Revue de l'Histoire des Religions 148, 1955/II, S. 25 ff., S. 141 ff. – Elliger, K., Die dreißig Helden Davids, Palästina-Jahrbuch 31, 1935, S. 29 ff. – Eissfeldt, O., Zwei verkannte militärtechnische Termini, Vetus Testamentum 5, 1955, S. 232 ff. – Frederiksson, H., Jahwe als Krieger, Lund 1945 – Junge, E., Der Wiederaufbau des Heerwesens des Reiches Juda unter Josia, 1937 – Humbert, P., La ›Terou'a‹. Analyse d'un rite biblique, Neuchâtel 1946 – Lamon, R. S., und Shipton, G. M., Megiddo I., Chicago 1939, S. 28 ff., S. 74 ff. – Malamat, A., The Last Wars of the Kingdom of Juda, Journal of Near Eastern Studies 9, 1950, S. 218 ff. – Milik, J. T., und Cross, F. M., Inscribed Javelin-Heads from the Period of the Judges, Bulletin of the American Schools of Oriental Research 134, 1954, S. 5ff. – MOLIN, G., Die Söhne des Lichtes, 1954 – DERS., What is a Kidon? Journal of Semitic Studies I, 1956, S. 334ff. – MOORTGAT, A., Der Kampf zu Wagen in der Kunst des Alten Orients, Orientalistische Literaturzeitung 33, 1930, S. 842ff. – NOUGAYROL-WEIDNER, Neue Entdeckungen in Ugarit, Archiv für Orientforschung 18, 1957, S. 69f. – VAN DER PLOEG, J., La Guerre Sainte dans la ›Règle de la Guerre‹ de Qumrân, Mélanges Bibliques rédigés en l'honneur de André Robert, Paris 1957 – POTRATZ, H. A., Das Pferd in der Frühzeit, 1938 – v. RAD, G., Der heilige Krieg im alten Israel, Zürich 1951 – SPEISER, E. A., On some Articles of Armor and their Names, Journal of the American Oriental Society 70, 1950, S. 47ff. – TUFFNELL, O., Lachish III, London 1953, S. 87ff. – WIESNER, J., Fahren und Reiten in Alteuropa und im Alten Orient, Der Alte Orient 38, Fasc. 2–4, 1939 – WILLESEN, F., The Yālīd in Hebrew Society, Studia Theologica 12, 1958, S. 192ff. – YADIN, Y., Solomon's City Wall and Gate at Gezer, Israel Exploration Journal 8, 1958, S. 80ff. – DERS., Some Aspects of the Strategy of Ahab and David, Biblica 34, 1955, S. 332ff. – YEIVIN, S., Canaanite and Hittite Strategy in the second Half of the second Millennium B. C., Journal of Near Eastern Studies 9, 1950, S. 101ff.

VII. HANDWERK

ALT, A., Schiffbau und Schiffsbezeichnungen in Ugarit, Archiv für Orientforschung 15, 1945–51, S. 69ff. – BARNETT, R. D., Phoenician and Syrian Ivory Carving, Palestine Exploration Quarterly 71, 1939, S. 4ff. – CROWFOOT, J. W. und G. M., The Buildings of Samaria, (Samaria-Sebaste, Nr. 1) London 1942 – DERS., Early Ivories from Samaria, (Samaria-Sebaste, Nr. 2), London 1938 – DERS., The Objects from Samaria (Samaria-Sebaste, Nr. 3), London 1957 – DARESSY, G., Une flottille phénicienne d'après une peinture égyptienne, Revue Archéologique 27, 1895, S. 286ff., Tf. 15 – DAVIES, N. G., und FAULKNER, R. O., A Syrian Trading Venture to Egypt, Journal of Egyptian Archaeology 33, 1947, S. 40–66, Tf. 8 – DUSSAUD, R., L'Art phénicien du IIe millénnaire, Paris 1949 – DERS., La commerce des Anciens Phéniciens, Syria 17, 1936, S. 58ff. – EISSFELDT, O., Zur Deutung von Motiven auf den 1937 gefundenen phönizischen Elfenbeinarbeiten von Megiddo, Forschungen und Fortschritte 26, 1950, S. 1ff. – FAYMONVILLE, K., Die Purpurfärberei, Diss. Heidelberg 1900 – FEUILLET, R., Les villes de Juda au temps d'Ozias, Vetus Testamentum 11, 1961, S. 270ff. – GORDON, C. H., Ugaritic Guilds and Homeric ΔΗΜΙΟΕΡΓΟΙ in Aegean and Near East, in Studies presented to Hetty GOLDMAN on the Occasion of her 75. Birthday, New York 1956 (Dem Autor nicht zugänglich; vergl. Besprechung v. A. PARROT, Syria 35, 1958, S. 133) – GLUECK, N., The Civilization of the Edomites, The Biblical Archaeologist 10, 1947, S. 77 ff. – HÖNIG, H. W., Die Bekleidung des Hebräers, Diss. Zürich 1957 – KELSO, J. L., and THORLEY, J. P., Palestinian Pottery in Bible Time, The Biblical Archaeologist 8, 1945, S. 81 ff. – KÖHLER, L., Wohnturm statt Palast, Neue Zürcher Zeitung 1943, Nr. 424 und: Kleine Lichter, Zürich 1945, S. 30 ff. – KÖSTER, A., Schiffahrt und Handelsverkehr des östlichen Mittelmeeres im 3. und 2. Jahrtausend v. Chr., Beiheft I zu Der Alte Orient, 1924 – DERS., Das antike Seewesen, 1923 – KUKAHN, E., Anthropoide Sarkophage in Beyruth und die Geschichte dieser sidonischen Sarkophagkunst, 1955 – LANDSBERGER, B., Sam'al, Studien zur Entdeckung der Ruinenstätte Karatepe, Ankara 1948 – LOUD, G., The Megiddo Ivories, Oriental Institute Publications 52, Chicago 1939 – LUCAS, A., Notes on Myrrh and Stacte, Journal of Egyptian Archaeology 23, 1937, S. 27 ff. – LUTZ, H. F., Textiles and Costumes among the Peoples of the Ancient Near East, 1923 – PRITCHARD, J. B., Gibeon's History in the Light of Excavation. Suppl. to Vetus Testamentum VII (Oxford Cong. Vol.), Leiden 1960, S. 1 ff. – DERS., (Chronique archéologique) Gabaon, Revue Biblique 67, 1960, S. 248 ff. – DERS., The Water System at Gibeon, The Biblical Archaeologist 19 – REIFENBERG, A., Ancient Hebrew Arts, New York 1950 – RYCKMANS, G., De l'or, de l'incens et de la myrrhe, Revue Biblique 58, 1951, S. 372 ff. – SCHAEFFER, C. F. A., Ugaritica I–V, Paris 1939–61 – DERS., Neue Entdeckungen in Ugarit, Archiv für Orientforschung 19, 1959/60, S. 193 ff. – SCHÄFER, H. und ANDRAE, W., Die Kunst des Alten Orients, 1925 – SCOTT, R. R. Y., Weights and Measures of the Bible, The Biblical Archaeologist 22, 1959, S. 22 ff. – TILKE, M., Studien zur Entwicklungsgeschichte des orientalischen Kostüms, 1923 – VINCENT, H., Jerousalem sous terre, Paris 1911 – WRIGHT, E., Philistine Coffins and Mercenaries, The Biblical Archaeologist 22, 1959, S. 54 ff. – YADIN, Y., The Scene of an Israelite Triumph of 3000 Years ago: Biblical Hazor, Illustrated London News, 1. Dez. 1956, S. 951 ff. – DERS., The City that Joshua destroyed ..., Illustrated London News, 8. Dez. 1956, S. 990 ff. – DERS., The City that Joshua sacked and Solomon rebuilt, Illustrated London News, 19. April 1958, S. 633 ff. – DERS., Where the Bible is the best Archaeological Handbook: Excavating the Hazor of Solomon, Ahab and Pekah, Illustrated London News, 3. Mai 1958, S. 730 ff. – DERS., The City that Joshua destroyed, Illustrated London News, 21. März 1959, S. 479 ff. – DERS., Hazor and the Idolatrous Israelites, Illustrated London News, 28. März 1959, S. 527 ff. – YADIN, Y., AHARONI, Y., AMIRAN, R., DOTHAN, T., DUNAYEVSKY, J., PERROT, J., Hazor I/II, Jerusalem/Israel 1958/60 – YEIVIN, S., The Sepulchers of the Kings of the House of David, Journal of Near Eastern Studies 7, 1948, S. 30 ff.

VIII. DIE SCHRIFT

Alt, A., Die phönikischen Inschriften von Karatepe. Die Welt des Orients I, 1947–52, S. 272 ff. – Albright, W. F., The Early Alphabetic Inscriptions from Sinai and their Decipherment, Bulletin of the American Schools of Oriental Research 87, 1942, S. 23 ff.; 102, 1946; 110, 1948, S. 12 f. – Ders., Ancient Near Eastern Texts relating to the Old Testament, herausgeg. von Pritchard, ²1955, S. 320 – Birnbaum, S., The Lachish Ostraca. Palestine Exploration Quarterly 71, 1939, S. 20 ff. und S. 91 ff. – Böhl, F. M. Th., Die bei den Ausgrabungen von Sichem gefundenen Keilschrifttafeln, Zeitschrift des Deutschen Palästina-Vereins 49, 1926, S. 321 ff. und Tafeln 44-46 – Cowley, A., Aramaic Papyri of the fifth Century b. C., Oxford 1923 – Dhorme, E., Déchiffrement des inscriptions pseudohiéroglyphiques de Byblos, Syria XXV, 1946/1948, S. 1 ff. – Diringer, D., Le iscrizioni antico-ebraiche palestinesi, Firenze 1934 – Ders., L'Alfabeto nella Storia della Civiltà, Firenze 1937 – Driver, G. R., Semitic Writing from Pictograph to Alphabet, London 1948, S. 128 f. – Dunand, M., Byblia grammata: Documents et recherches sur le développement de l'écriture en Phénicie, Beyrouth 1945 – Ders., Nouvelle inscription phénicienne archaique, Revue Biblique 39, 1930, S. 321 ff. – Ders., Bulletin du Musée de Beyrouth 1941, S. 65 ff. – Dupont-Sommer, A., Semitica I, 1948, S. 43 ff. – Dussaud, R., Syria 5, 1924, S. 135 ff.; Syria 6, 1925, Tf. XXV; Syria 19, 1938, S. 256 ff. – Ebeling, E., in Gressmann: Altorientalische Texte, 1926, S. 371 ff. – Eissfeldt, O., Ein Beleg für die Buchstabenfolge unseres Alphabets aus dem 14. Jh. v. Chr., Forschungen und Fortschritte 26, 1950, S. 217 ff. – Petrie, W. M. F., Researches in Sinai, London 1906 – Galling, K. (unter Mitarbeit von Edel, E. und Rapp, E. L.), Textbuch zur Geschichte Israels, 1950, S. 19 ff. – Ders., Die Achiram-Inschrift im Lichte der Karatepe-Texte, Die Welt des Orients I, 1947–52, S. 421 ff. – Ders., Die Grabinschrift Hiobs, Die Welt des Orients II, 1954–59, S. 3 ff. (mit Hinweis auf E. Weidner, Arch. f. Orientforschung XV, 1945/51, S. 147, und G. C. Cameron) – Gelb, J. J., Von der Keilschrift zum Alphabet, 1958 – Gordon, C. H., The New Amarna Tablets, Orientalia 16, 1947, S. 1 ff. – Ders., The Ugaritic ›ABC‹, Orientalia 19, 1950, S. 374 ff. – Gressmann, H., Altorientalische Texte, ²1926, S. 440 ff. – Hospers, J. H., cf: Vriezen, C. – Jensen, Die Schrift, 1936, S. 171 ff. – Jirku, A., Entzifferung der gublitischen Schrift durch E. Dhorme, Forschungen und Fortschritte 26, 1950, S. 90 ff. – Knudtzon, J. A., Die El-Amarna-Tafeln, 2 Bde, 1915 – Leibovitch, I., Les inscriptions protosinaïques, Mémoires présentées à l'Institut d'Egypte, Bd. XXIV, Kairo 1934, Tafeln 4-6 – Lidzbarski, M., Ephemeris für semitische Epigraphik III, 1915, S. 36 ff. und Tafel 6 – Lindblom, J., Der sogenannte Bauernkalender von Gezer, Acta Academiae Aboensis, Humaniora VII, Fasc. 5, Åbo

1931, S. 5ff. – MAISLER, B., The Historical Background of the Samaria Ostraca, Journal of the Palestine Oriental Society XXII, 1948, S. 117ff. – DERS., Two Hebrew Ostraca from Tell Qasile, Journal of Near Eastern Studies 10, 1951, S. 265ff. – MOSCATI, S., L'Epigraphia ebraica antica 1935–1950, Roma 1951 – OUDENRIJN VAN DEN, M. A., De opgravingen te Lakis en de studie van het Oude Testament, Tilburg 1947 – SACHAU, E., Aramäische Papyrus und Ostraka aus einer jüdischen Militärkolonie zu Elephantine, 1911 – SCHAEFFER, C. F.-A., Neue Entdeckungen in Ugarit, Archiv für Orientforschung 19, 1959/60, S. 193ff. – SCHMÖKEL, H., Zur Vorgeschichte des Alphabets, Forschungen und Fortschritte 26, 1950, S. 153ff. – SELLIN, E., Eine Nachlese auf dem Tell Ta'annek in Palästina, Denkschrift der Kaiserlichen Akademie der Wissenschaften in Wien, phil.-hist.-Klasse 1, 1906, S. 52 – SMEND, R., und SOCIN, A., Die Inschrift des Königs Mesa von Moab, 1886 – THOMAS, W., Journal of Theological Studies 40, 1939, S. 1–15 – TORCZINER, H., The Lachish Letters, London 1938 (= HARDING, L. u. A., The Welcome Archaeological Research Expedition to the Near East, Vol. I, Lachish I.) – VRIEZEN, C. und HOSPERS, J. H., Palestine Inscriptions, Textus Minores XVII, Leiden 1951, S. 12ff.

IX a. LITERATUR

AISTLEITNER, J., Die mythologischen und kultischen Texte aus Ras Schamra, Budapest 1959 – ALONSO-SCHÖKEL, L., Erzählkunst im Buche der Richter, Biblica 42, 1961, S. 143ff. – BAUMGARTNER, W., Ugaritische Probleme und ihre Tragweite für das Alte Testament, Theologische Zeitschrift 3, 1947, S. 81ff. – EISSFELDT, O., Einleitung in das Alte Testament, 1934 – FREEDMAN, D. N., Archaic Forms in Early Hebrew Poetry, Zeitschrift für die Alttestamentliche Wissenschaft 72, 1960, S. 101ff. – GORDON, C. H., The New Amarna Tablets, Orientalia 16, 1947, S. 1ff. – DERS., Ugaritic Literature, Rom 1949 – DERS., Ugaritic Manual (Textausgabe, Grammatik, Glossar), Rom 1955 – DERS., Canaanite Mythology, in: Mythologies of the Ancient World, edited by S. N. KRAMER, New York 1961 – HUMBERT, P., Recherches sur les sources égyptiennes de la littérature sapientiale d'Israel, Neuchâtel 1929 – KNUDTZON, J., Die El-Amarna-Tafeln, 2 Bde., 1915 – KUHL, C., Die Entstehung des Alten Testaments, Bern 1953 – LODS, A., Histoire de la littérature hébraique et juive, Paris 1950 – NOTH, M., Überlieferungsgeschichte des Pentateuch, 1940 – PFEIFFER, R. H., Introduction to the Old Testament, London 1953 – ROWLEY, H. H. (Herausgeber), The Old Testament and Modern Study, Oxford 1951 – VIROLLEAUD, CH., Pferdeärztlicher Text, Syria 15, 1934, S. 75ff. – WEISER, A., Einleitung in das Alte Testament, [2]1949 – YOUNG, G. D., Ugaritic Prosody, Journal of Near Eastern Studies 9, 1950, S. 124ff.

IX b. MUSIK

EERDMANS, B. D., The Hebrew Book of Psalms, Oudtestamen-
tische Studien 6, Leiden 1947, S. 79 ff. – FINESINGER, S. B., The
Shofar, Hebrew Union College Annual 8/9, 1931/32, S. 193 ff. –
DERS., Musical Instruments in the Old Testament, Hebrew Union
College Annual 3, 1926, S. 21 ff. – GRESSMANN, H., Musik und
Musikinstrumente im Alten Testament, 1903 – HAAS, R., Auf-
führungspraxis der Musik, Handbuch der Musikwissensch., heraus-
gegeben v. E. BÜCKEN, 1929 – IDELSOHN, A. Z., Jewish Music in its
Historical Development, New York 1948 – ROTHMÜLLER, A. M.,
Die Musik der Juden, Zürich 1951 – SACHS, C., Die Musik der
Antike, Handbuch der Musikwissenschaft, herausgegeben v. E.
BÜCKEN, 1929 – SELLERS, O. R., Musical Instruments of Israel, The
Biblical Archaeologist 4, 1941, S. 33 ff. – WEGNER, M., Die Musik-
instrumente des Alten Orients, 1950 – YADIN, Y., The Scene of an
Israelite Triumph of 3000 Years ago: Biblical Hazor, Illustrated
London News, 1. Dec. 1956, S. 953

X. RELIGION DER FRÜHZEIT

ALBRIGHT, W. F., The High Place in Ancient Palestine, Supple-
ments to Vetus Testamentum 6 (Strasbourg Congress-Vol.) 1957,
S. 142 – AMIRAN, R., The Tumuli West of Jerusalem, Israel Exploration Journal 8, 1958, S. 205 ff. – McCOWN, C. C., Hebrew High-
Places and Cult Remains, Journal of Biblical Literature 69, 1950, S.
205 ff. – DALMAN, G., Petra und seine Felsheiligtümer, 1908 – DUS,
J., Gibeon, Vetus Testamentum X, 1960, S. 353 – GALLING, K.,
Der Altar in den Kulten des Alten Orients, 1925 – LAMMENS, H.,
Le culte des Bétyles et les processions religieuses chez les Arabes
préislamites, Bulletin de l'Institut Français d'Archéologie Orientale,
17, 1920, S. 39 ff. – MAAG, V., Zum Hieros Logos von Bethel,
Asiatische Studien 5, 1951, S. 122 ff. – STÉKÉLIS, M., Les monuments
mégalithiques de Palestine, Paris 1935 – ferner die Kp. II genannte
Literatur

XI. DIE SYRO-KANAANÄISCHE RELIGION

AISTLEITNER, J., Die mythologischen und kultischen Texte aus
Ras Schamra, Budapest 1959 – ALBRIGHT, W. F., The High Place
in Ancient Palestine, Suppl. to Vetus Testamentum 6 (Congress Vol.
Strasbourg), Leiden 1957, S. 242 ff. – ANDRAE, W., Das Gotteshaus
und die Urformen des Bauens im Alten Orient, 1930 – DERS.,
Kultbau im Alten Orient, Mélanges syriens offert à M. R. DUS-
SAUD, 2 Bde., Paris 1939, S. 867 ff. – ASMUSSEN, J. P., Bemerkungen
zur sakralen Prostitution im Alten Testament, Studia Theologica

11, 1957, S. 167ff. – BARRELET, M.-TH., Deux déesses syro-phéniciennes sur un bronze du Louvre, Syria 35, 1958, S. 27ff. – BAUDISSIN, W. W., Adonis und Esmun, 1911 – BAUMGARTNER, W., Das Nachleben der Adonisgärten auf Sardinien und im übrigen Mittelmeergebiet, Schweiz. Archiv für Volkskunde 43, 1946, S. 122ff., jetzt auch mit Nachträgen in: Zum Alten Testament und seiner Umwelt, Leiden 1959, S. 247 – DERS., Der Auferstehungsglaube im Alten Orient, Zeitschrift für Missionskunde und Religionswissenschaft 48, 1933, S. 193ff. – BIRKELAND, H., Zur Erklärung von 'al'eyn in den Texten von Ras Shamra, Neutestamentliche Studien 9, 1938, S. 338ff. – BROOKS, B. A., Fertility Cult Functionaries in the Old Testament, Journal of Biblical Literature 60, 1941, S. 227ff. – CAZELLES, H., Molok, Supplément 5 au Dictionnaire de la Bible, Paris 1957, S. 1337ff. – CLEMEN, C., Die phönikische Religion nach Philo von Byblos, 1939 – CUMONT, F., Adonis et Canicule, Syria 16, 1935, S. 46ff. – DALMAN, G., Petra und seine Felsheiligtümer, 1908 – DHORME, E., Le dieu Baal et le dieu Moloch dans la tradition biblique, Anatolian Studies 6, 1956, S. 57ff. – DRIVER, G. R., Canaanite Myths and Legends, Edinburgh 1956 – DUPONT-SOMMER, M. A., Les inscriptions araméennes de Sfire, Paris 1958 – DERS., Les autels à incens de Lakish, Mélanges Isidore Lévy, Paris 1955, S. 135ff. (Annuaire de l'Institut de Philologie et de l'Histoire Orientales et Slaves 13) – DUS, J., Gibeon – eine Kultstätte des Šmš . . ., Vetus Testamentum 10, 1960, S. 353ff. – DUSSAUD, R., Les religions des Hittites et des Hourrites, des Phéniciens et des Syriens, Paris 1945 – DERS., Les origines canaanéennes du sacrifice israélite, Paris ²1941 – DERS., Précisions épigraphiques touchant les sacrifices puniques d'enfants, Comptes Rendus de l'Académie des Inscriptions et des Belles-Lettres, 1946, S. 371 – EISSFELDT, O., Sanchuniaton von Berut und Ilumilki von Ugarit, 1952 – DERS., Taautos und Sanchuniaton, 1952 – DERS., El im ugaritischen Pantheon, 1951 – DERS., Molk als Opferbegriff im Punischen und im Hebräischen und das Ende des Gottes Moloch, 1935 – FÉVRIER, J. G., Le vocabulaire sacrificiel punique, Journal Asiatique 243, 1955, S. 49ff. – GALLING, K., Der Altar in den Kulturen des Alten Orients, 1925 – GASTER, TH. H., Thespis. Ritual, Myth and Drama in the Ancient Near East, New York 1950 – DERS., The Service of the Sanctuary. A Study in Hebrew Survivals, Mélanges Syriens, offerts à M. R. DUSSAUD, Bd. 2, Paris 1939, S. 577ff. – GOOSSENS, G., Hiérapolis de Syrie, Löwen 1943 – GORDON, C. H., Ugaritic Literature, Rom 1949 – DERS., Canaanite Mythology, in: Mythologies of the Ancient World, edited by S. N. KRAMER, New York 1961, S. 183ff. – GRAY, J., The Legacy of Canaan, Suppl. to Vetus Testamentum 5, Leiden 1957 – DERS., The Canaanite God Horon, Journal of Near Eastern Studies 8, 1949, S. 27ff. – DERS., The Desert God 'Attar in the Literature and Religion of Canaan, Journal of Near Eastern Studies 8, 1949, S. 72ff. – DE GUGLIELMO, A.,

Sacrifices in the Ugaritic Texts, Catholic Biblical Quarterly 17, 1955, S. 76 ff. – JACOB, E., Ras-Shamra-Ugarit et l'Ancien Testament (Cahiers d'Archéologie Biblique 12), Neuchâtel 1960 – JAMES, E. O., The Ancient Gods. The History and Diffusion of Religion in the Ancient Near East and the Mediterranean, London 1960 – KAISER, O., Die mythische Bedeutung des Meeres in Ägypten, Ugarit und Israel, 1959 – KAPELRUD, A., Ba'al in the Ras Shamra Texts, Kopenhagen 1952 – KORNFELD, W., Der Moloch, eine Untersuchung zur Theorie O. EISSFELDTS, Wiener Zeitschrift für die Kunde des Morgenlandes 51, 1952, S. 287 ff. – DE LANGHE, R., Les textes de Ras Shamra-Ugarit et leurs rapports avec le milieu biblique de l'Ancien Testament, 2 Bde., Gembloux et Paris 1945 – LEVI DELLA VIDA, G., Les Sémites et leur rôle dans l'histoire religieuse, Paris 1938 – LOUD, G., Megiddo II., Chicago 1948, S. 73 ff. (über Kultplätze) – MAAG, V., Jahwes Heerscharen, Schweizerische Theol. Umschau 20, 1950, S. 27 ff. (Köhler-Festnummer) – DERS., Zum Hieros Logos von Bethel, Asiatische Studien 5, 1951, S. 122 ff. – DERS., Lewjathan, die Vorweltschlange, Neue Zürcher Zeitung, 7. Juni 1959, Bl. 5 (Literaturblatt) – DERS., Sumerische und babylonische Mythen von der Erschaffung der Menschen, Asiatische Studien 8, 1954, S. 85 ff. – DERS., Alttestamentliche Anthropogonie in ihrem Verhältnis zur altorientalischen Mythologie, Asiatische Studien 9, 1955, S. 15 ff. – MAY, H. G., Material Remains of Megiddo Cult, Oriental Institute Publications, Chicago 1935 – McCOWN, C. C., Hebrew High-Places and Cult Remains, Journal of Biblical Literature 69, 1950, S. 205 ff. – MOUTERDE, R., Comptes rendues de l'Académie des Inscriptions 1956, S. 46 ff. (Jupiter Heliopolitanus) – MUSIL, A., The Manners and Customs of the Rwala Bedouines, New York 1928 – NAUTIN, P., Sanchunjaton chez Philon de Byblos et chez Porphyre, Revue Biblique 56, 1949 – POPE, M. H., El in the Ugaritic Texts, Leiden 1955 – REYMOND, PH., L'eau, sa vie et sa signification dans l'Ancien Testament, Suppl. VI to Vetus Testamentum, Leiden 1958, S. 163 ff. – SCHEFTELOWITZ, J., Altpalästinensischer Bauernglaube in religionsvergleichender Bedeutung, 1925 – SCHMÖKEL, H., Der Gott Dagân, Ursprung, Verbreitung und Wesen seines Kultes, Diss. Heidelberg 1928 – DERS., Dagân, Reallexikon der Assyriologie II, S. 98 ff. – STARCKY, J., Les peuples sémites et le monothéisme, Al-Machriq 42, 1948, S. 169 bis 184 – WIDENGREN, G., Early Hebrew Myths and their Interpretation, Ritual and Kingship, ed. by S. H. HOOKE, Oxford 1958, S. 149 ff. – YADIN, Y., The City that Joshua sacked and Solomon rebuilt, Illustrated London News, 19. April 1958, S. 633 ff.

XII. GRUNDZÜGE DER RELIGION ISRAELS

ALT, A., Der Gott der Väter, Kleine Schriften zur Geschichte des Volkes Israel, Bd. 1, 1953, S. 1 ff. – ALBRIGHT, W. F., Die Religion

Israels im Lichte der archäologischen Ausgrabungen, 1956 – BENTZEN, A., Messias, Moses redivivus, Menschensohn, Zürich 1948 – DE FRAINE, J., L'aspect religieux de la royauté israélite, Rom 1954 – DERS., Individu et société dans la religion de l'Ancient Testament, Biblica 33, 1952, S. 324 ff., S. 445 ff. – GEMSER, B., Vragen rondom de Patriarchenreligie, Groningen 1958 – GRESSMANN, H., Der Messias, Göttingen 1929 – HERRMANN, W., Götterspeise und Göttertrank in Ugarit und Israel, Zeitschrift für die Alttestamentl. Wissenschaft 72, 1960, S. 205 ff. – JEPSEN, A., Die Reform des Josia, Festschrift F. BAUMGÄRTEL, Erlangen 1959, S. 97 ff. – JOHNSON, A. R., Sacral Kingship in Ancient Israel, Cardiff 1955 – KRAUS, H.-J., Die Königsherrschaft Gottes im Alten Testament, Tübingen 1951 – LESLIE, E., Old Testament Religion in the Light of its Canaanite Background, New York 1936 – MAAG, V., Eschatologie als Funktion des Geschichtserlebnisses, ›Saeculum‹, Jahrbuch für Universalgeschichte 12, 1961, S. 123 ff. – DERS., Erwägungen zur deuteronomischen Kultzentralisation, Vetus Testamentum 6, 1956, S. 10 ff. – DERS., Malkut JHWH, Suppl. to Vetus Testamentum 7 (Congress Vol. Oxford 1959), Leiden 1960, S. 130 ff. – DERS., Der Hirte Israels (Eine Skizze von Wesen und Bedeutung der Väterreligion), Schweiz. Theolog. Umschau 28, 1958, S. 1 ff. – DERS., Jahwäs Heerscharen, Schweiz. Theolog. Umschau 20, 1950, S. 36 ff. – MORGENSTERN, J., The Ark, the Ephod and the ›Tent of Meeting‹, Cincinnati 1945 – NOTH, M., Geschichte Israels, ²1954 – DERS., Das System der zwölf Stämme Israels, 1930 – DERS., Gott, König, Volk im Alten Testament, Zeitschrift für Theologie und Kirche 47, 1950, S. 157 ff., jetzt auch: Gesammelte Studien zum Alten Testament, 1956, S. 188 ff. – PEDERSEN, J., Israel, its Life and Culture, I/II Kopenhagen 1926, III/IV Kopenhagen 1940 – ROSENTHAL, I. J., Some Aspects of Hebrew Monarchy, Journal of Semit. Studies 9, 1958, S. 1 ff. – ROWLEY, H. H. (ed), The Old Testament and Modern Study, Oxford 1951 – SCHMIDT, W., Das Königtum Gottes in Ugarit und Israel, Beihefte zur Zeitschrift für die Alttestamentliche Wissenschaft 80, Berlin 1961 – WIDENGREN, G., Sakrales Königtum im Alten Testament und im Judentum, 1955 – WILDBERGER, H., Jahwes Eigentumsvolk, Zürich 1960

VIERTER ABSCHNITT: URARTU

I. GESCHICHTLICHER ÜBERBLICK

Allgemeines und Gesamtdarstellungen

GOETZE, A., Kleinasien (Kulturgeschichte des Alten Orients, Bd. III, 1, in: Handbuch der Altertumswissenschaft III, 1, 3), ²1957, S. 187 ff. (mit ausführlichen bibliographischen Angaben) – AWDI-

JEW, W. I., Geschichte des Alten Orients, 1953, S. 361 ff. (mit ausführlicher Bibliographie russischer und sowjetischer Publikationen) – KAPANCJAN, G. A., Istorija Urartu, 1940 – LEHMANN-HAUPT, C. F., Armenien einst und jetzt, 3 Bde., 1910–31 – MELIKIŠVILI, G. A., Nairi-Urartu, 1954 – PJOTROVSKIJ, B. B., Istorija i kul'tura Urartu, 1944 – DERS., Vanskoě Carstvo (Urartu), 1959 – SAYCE, A. H., The Kingdom of Van (Urartu), in: The Cambridge Ancient History, Vol. III, 1925, S. 169 ff.

Politische Geschichte

The Cambridge Ancient History, Vol. III, 1925 – LEHMANN-HAUPT, C. F., KLAUBER, E. G., Geschichte des Alten Orients, in: Weltgeschichte in gemeinverständlicher Darstellung, I. Teil, 1925, S. 137 ff. – MEYER, E., Geschichte des Altertums, Bd. II, 2, 1931, Bd. III, 1937

Assyrische Quellen

LUCKENBILL, D. D., Ancient Records of Assyria and Babylonia, I/II, 1926–27 – THUREAU-DANGIN, F., Une relation de la huitième campagne de Sargon, 1912

II. KURZER ABRISS DER FORSCHUNG. VOLK UND SPRACHE

Forschungsgeschichte

a) Zusammenfassende Darstellungen

GOETZE, A., Kleinasien (s. o. Kap. I, Allgemeines) – SCHACHER-MEYR, F., s. v. TUSCHPA in: Reallexikon der Vorgeschichte, Bd. XIII, 1929, S. 487 ff., bes. § 5 auf S. 490

b) In historischer Reihenfolge

SCHULZ, E. F., Mémoire sur le lac de Van et ses environs, Journal Asiatique, IIIme série, Tome IX, 1840, S. 257 ff. – LAYARD, A. H., Nineveh and Babylon, 1853, S. 389 ff. – RASSAM, H., Asshur and the Land of Nimrod, 1897, S. 377 ff. – BARNETT, R. D., The Excavations of the British Museum at Toprak Kale near Van, Iraq XII, 1950, S. 1 ff.; Addenda, Iraq XVI, 1954, S. 3 ff. – SAYCE, A. H., The Cuneiform Inscriptions of Van, Deciphered and Translated, Journal of the Royal Asiatic Society, 1882, S. 377 ff.; 1932, S. 593 ff. – MORDTMANN, A. D., Entzifferung und Erklärung der armenischen Keilinschriften von Van und der Umgebung, Zeitschr. d. Deutschen Morgenländ. Gesellsch. XXVI, 1872, S. 465 ff., und XXXI, 1877, S. 406 ff. – LEHMANN-HAUPT, C. F., Bericht über die Ergebnisse der von W. BELCK und C. F. LEHMANN 1898/99 ausgeführten Forschungsreise nach Armenien, Sitzungsbericht d. Kgl. Preuß.

Ak. d. Wissensch. XXIX, 1900, S. 619ff. - DERS., Materialien zur
älteren Geschichte Armeniens und Mesopotamiens, Abh. d. Kgl.
Ges. d. Wissensch. Göttingen IX, 1907 - DERS., Corpus Inscriptionum Chaldicarum, 1928-35 - MARR, N. J., ORBELI, I. A., Archeolo-
gičeskaja ekspedicija 1916 goda v Van, 1922 - MEŠČANINOV, I. I.,
Jaz'ik Vanskoj klinopisi, 2 Bde., 1932-35 - GOETZE, A., Kleinasien
(vgl. oben, Kap. I, Allgemeines),[1]1933 - DERS., Zur Kelischin-
Stele, Zeitschrift f. Assyriologue NF 5, 1930, S. 99ff. Weitere Arbeiten von A. GOETZE bei BENEDICT, s. w. u. - FRIEDRICH, J., Einführung ins Urartäische, Mitt. d. Vorderasiat. Ägypt. Ges. XXXVII,
3. Heft, 1933 - PJOTROVSKIJ, B. B., Fortschritte in der Erforschung
des Urartu-Reiches, Akten d. XXIV. Intern. Orientalisten-Kongr.
in München 1957, 1959, S. 119ff. - DERS., Karmir-Blur I-III,
Rezul'tat'i raskopok, 1950-53 - OGANESJAN, K. L., Karmir-Blur
IV, Architektura Teišebaini, 1955 - Zusammenfassung der sowjet.
Arbeiten in: BARNETT, R. D., Russian Excavations in Armenia,
Iraq XIV, 1952, S. 132ff. - DERS., Further Russian Excavations in
Armenia, Iraq XXI, 1959, S. 1ff. - MEYER, G. R., Wissenschaftl.
Annalen I, 1952, S. 407ff.; IV, 1955, S. 508ff.; VI, 1957, S. 834ff. -
MELIKIŠVILI, G. A., Urartskiě klinoobrazn'ie nadpisi, 1960 (Voll-
ständigste Sammlung aller urartäischen Inschriften, mit Einführung
in die Sprache und vollständigem Glossar; dadurch die ältere Aus-
gabe des gleichen Verf. in Vestnik Drevnej Istorii überholt) -
KÖNIG, F. W., Handbuch der chaldischen Inschriften, Archiv f.
Orientforschg., Beiheft 8, 1955-57 (mit Bibliographie und Kon-
kordanz aller älteren Inschriften-Publikationen) - BENEDICT, W. C.,
Urartian Phonology and Morphology, 1958 (mit vollständiger
Bibliographie aller sprachwissenschaftlichen Publikationen bis
1958) - BURNEY, C. A., Urartian Fortresses and Towns in the Van
Region, Anatolian Studies VII, 1957, S. 37ff. - BURNEY, C. A.,
LAWSON, G. R. J., Measured Plans of Urartian Fortresses, Anatolian
Studies X, 1960, S. 177ff. - AKURGAL, E., Urartäische Kunst, Ana-
tolia IV, 1959, S. 77ff. - ÖZGÜÇ, T., Excavations at Altintepe,
Belleten XXV, 1961, S. 253ff.

Urartäisch-churritische Beziehungen

BENEDICT, W. C., Urartians and Hurrians, Journal of the American Oriental Society 80, 1960, S. 100ff. - D'JAKONOV, I. M., A
Comparative Survey of the Hurrian and Urartean Languages,
Akten d. XXIV. Intern. Orientalisten-Kongr. 1957, 1959, S.
165ff.

Urartäische Keramik

OSTEN, H. H. v. d., Die urartäische Keramik aus Van, Orientalia
NS XXI, 1952, S. 307ff. und XXII, 1953, S. 329ff.

III. RELIGION, STAAT UND WIRTSCHAFT

Vgl. auch die unter Kap. I, Allgemeines, genannten Werke – KÖNIG, F. W., Gesellschaftliche Verhältnisse Armeniens zur Zeit der Chalder-Dynastie, Archiv f. Völkerkunde IX, 1954, S. 21 ff. – DERS., Die Götterwelt Armeniens zur Zeit der Chalder-Dynastie, Archiv f. Völkerkunde VIII, 1953, S. 142 ff. – DERS., Die Felsannalen und Kammeranlagen, Handbuch der chaldischen Inschriften, S. 261 ff. m. Tafeln 126–128 – LEHMANN-HAUPT, C. F., Armenien einst und jetzt, Bd. II, 2, S. 468 ff. (Totenterrasse in Toprakkale), ebenda, Bd. II, 1, S. 120 ff., 143 ff. (Felskammern in Vankale) – PJOTROVSKIJ, B. B., Neue Forschungen (s. o. v. Kap. II) – SCHACHERMEYR, F., a.a.O. (vgl. zu Kap. II)

Altintepe

BARNETT, R. D., GÖKCE, N., The Find of Urartian Bronzes at Altin Tepe, near Erzincan, Anatolian Studies III, 1953, S. 121 ff. – FALKNER, M., Altintepe, Archiv f. Orientforschung XIX, 1960, S. 219 (Kurzbericht über die Grabungen von 1959) – OSTEN, H. H. v. d., Neue urartäische Bronzen aus Erzincan, Bericht über den VI. Intern. Kongr. f. Archäologie, 1939, S. 225 ff. – ÖZGÜÇ, T., Excavations at Altintepe, in: Belleten XXV, 1961, S. 253 ff. – STEINHERR, F., Die urartäischen Bronzen von Altintepe, Anatolia III, 1958, S. 97 ff.

IV. KUNST UND KUNSTHANDWERK

Ausführliche und zusammenfassende Darstellungen

AKURGAL, E., Urartäische Kunst (vgl. zu Kap. II) – BARNETT, R. D., Excavations of the British Museum at Toprak Kale (vgl. zu Kap. II) – BOSSERT, H. TH., Altanatolien, 1942, S. 87 ff., Tafel 299 bis 318 – PJOTROVSKIJ, B. B., Vanskoě Carstvo (vgl. zu Kap. I) – SCHACHERMEYR, F., v. TUSCHPA, in: Reallexikon der Vorgeschichte, Bd. XIII (vgl. zu Kap. II)

Kontroverse über die urartäische Kunst

FRANKFORT, H., The Art and Architecture of the Ancient Orient, 1954, S. 102 f. – HERZFELD, E., Khattische und khaldische Bronzen, Festschrift zu C. F. LEHMANN-HAUPTS 60. Geburtstage, 1921, S. 145 ff. – LEHMANN-HAUPT, C. F., Materialien (vgl. zu Kap. II), passim – DERS., Armenien einst und jetzt, Bd. II, 2, S. 453 ff.

Baukunst

BURNEY, C. A., Urartian Fortresses and Towns in the Van Region (vgl. zu Kap. II) – BURNEY, C. A., LAWSON, G. R. J., Measured

Plans of Urartian Fortresses, in: Anatolian Studies X, 1960, S. 177 ff.
– Özgüç, T., Belleten XXV, 1961, S. 253 ff. – Pjotrovskij, B. B.,
Kreposti Armenii douratskogo i urartskogo vremeni (Die Festun-
gen Armeniens in vorurartäischer und urartäischer Zeit), 1933 –
Schachermeyr, F., a.a.O. (vgl. zu Kap. II)

Karmir-Blur

Barnett, R. D., Russian Excavations in Armenia (vgl. zu Kap.
II) – Pjotrovskij, B. B., Karmir-Blur I–III (vgl. zu Kap. II) –
Oganesjan, K. L., Karmir-Blur IV (vgl. zu Kap. II)

Zernaki-Tepe

Burney, C. A., Anatolian Studies VII, 1957, S. 49 f. mit Abb. 11 –
Burney, C. A., Lawson, G. R. J., Anatolian Studies X, 1960,
S. 185 ff.

Chaldi-Tempel, Toprakkale

Barnett, R. D., Iraq XVI, 1954, S. 3 ff. – Lehmann-Haupt, C. F.,
Armenien einst und jetzt, Bd. II, 2, S. 459, 551 ff. – Schachermeyr,
F., a.a.O., S. 492

Assyrische Darstellungen von Urartu

Botta, P. E., Flandin, E., Monument de Ninive, Tome II,
1849, Tafel 139–143 – King, L. W., Bronze Reliefs from the Gates
of Shalmaneser, King of Assyria, 1915, Tafel XXXVII–XLII

Felsreliefs

Herir Batas: Bossert, H. Th., Altanatolien, Abb. 1161 – Doğu
Bayazit: ebenda, Abb. 1162

Adildschevaz

Burney, C. A., Lawson, G. R. J., Urartian Reliefs at Adilcevaz,
on Lake Van, and a Rock Relief from the Karasu, Anatolian Studies VIII, 1958, S. 211 ff.

Möbelteile aus Bronze und Rekonstruktion des Thrones

Barnett, R. D., Iraq XII, 1950, S. 1 ff. (vgl. zu Kap. II) – Pjotrovskij, B. B., Urartskie bronzov'ie statuetki sobranja Ermitaža,
1939

Kandelaber

Bossert, H. Th., Altanatolien, Abb. 1171–1174, 1179 – Lehmann-Haupt, C. F., Der vorarmenisch-chaldische Bronzekan-

delaber des Hamburgischen Museums für Kunst und Gewerbe, Kulturgeschichtliche Studien und Skizzen aus Vergangenheit und Gegenwart, 1929, S. 212 ff.

Weiheschilde, Prunkwaffen

BARNETT, R. D., Iraq XII, Tafel IX, X – BOSSERT, H. TH., Alt-anatolien, Abb. 1195–1198 – PJOTROVSKIJ, B. B., Vanskoě Carstvo, Tafel XXXVI–XLIII

Henkelattaschen

AKURGAL, E., Urartäische Kunst, Tafel D–F, Tafel XIV–XV, XX–XXXII – KUNZE, E., Kretische Bronzereliefs, 1931, S. 267 ff.

Schmuck

BOSSERT, H. TH., Altanatolien, Abb. 1200 – PJOTROVSKIJ, B. B., Vanskoě Carstvo, Tafel XLVI–XLVII

Glyptik

BARNETT, R. D., Iraq XIV, 1952, S. 137, Abb. 7; Iraq XXI, 1959, S. 9, Abb. 6, S. 17, Abb. 15 – Siegel des Urzana: Altanatolien, Abb. 1197

Funde auf Kreta

KUNZE, E., Kretische Bronzereliefs, 1931

Funde in Etrurien

Zuletzt MAXWELL-HYSLOP, K. R., Urartian Bronzes in Etruscan Tombs, Iraq XVIII, 1956, S. 150 ff. (mit Bibliographie der älteren Arbeiten)

NACHWEIS DER ABBILDUNGEN

ZEITTAFEL (nach der sog. „Kurzen Chronologie")

MESOPOTAMIEN	HETHITERREICH	SYRIEN
ca. 3000–2800 *Uruk-Zeit*		vor 3000 Chalkolith. Stadtkulturen
ca. 2800–2700 *Dschemdet Nasr-Zeit*		um 3000 Übergang zur Bronzekultur
ca. 2600–2350 *Frühdynastische Zeit*		ab 3000 Auftreten der Semiten
»Ur I-Zeit« ca. 2500		Ägyptische und sum. Kultureinflüsse
Lagasch: Urnansche		
Eannatum		
Entemena		
Lugalanda		
Urukagina		
Adab: Lugalannemundu		
ca. 2350–2150 *Akkad-Zeit*	ca. 2300–2000 *Zeit der altanatolischen Fürstengräber*	ca. 2300 Akkadische Züge nach Nordsyrien?
Sargon		Palästina-Feldzug Phiops' I.
Rimusch		
Manischtusu		
Naramsin		
Scharkalischarri		ca. 2000 Invasion der Amoriter. Vorüberge-
ca. 2150–2070 *Gutäerzeit*		hende Krise der Stadtkultur (Fall des
Uruchengal von Uruk ca. 2070		altbronzezeitl. A] u. a.)
ca. 2065–1955 *Ur III-Zeit*		
Urnammu ⎫		
Schulgi ⎬ Gudea von Lagasch		
Amarsin ⎭		
Schusin		nach 1970 Reisebericht des Ägypters Sinuhe
Ibbisin		Ägyptische »Ächtungstexte«
ca. 1955–1700 *Isin-Larsa-Zeit*	ca. 1830–1715 *Altassyrische Niederlassung in Kanisch*	nach 1800 Churriter-Invasion
Ischbierra von Isin ca. 1959–1927	Anitta von Kussara um 1715	ab 1670 Hyksoszeit
Lipitischtar von Isin ca. 1875–1865		Entfaltung der Stadtstaaten
Sargon I. von Assur um 1780	ca. 1600–1500 *Althethitisches Reich*	ab 1570 Vertreibung der Hyksos
Rimsin von Larsa ca. 1757–1698	Labarna	Wiedererstarken des ägypt. Einflusses
Schamschiadad I. v. Assur 1748–1716	Chattusili I.	ca. 1530 Heth. Machtentfaltung in Nordsyrien
ca. 1830–1530 *Hammurabi-Dynastie*	Mursili I. um 1530	ab 1520 Pharao Thutmosis' III. Syrien-
Hammurabi (6. Herrscher) 1728–1686	Chantili	feldzüge
Samsuiluna 1685–1648	Zidanta	

26.2.96

Abieschuch 1647–1620	ca. 1500–1430 *Mittleres Reich*	ca. 1500–1420 Blüte von Alalach
Ammiditana 1619–1583	Telipinu	ca. 1440–1360 Hochblüte von Ugarit
Ammisaduqa 1582–1562	Alluwamna	ca. 1400–1350 Amarna-Zeit
Samsuditana 1561–1530	Zidanta	ca. 1350 Hethiterherrschaft über Nordsyrien
ca. 1530–1160 *Kassitenzeit*	Chuzzija	1296 Schlacht bei Kadesch
Agukakrime ca. 1530	ca. 1430–1200 *Hethitisches Großreich*	1223 Tod Ramses' II., Auszug der Ägypto-Hebräer aus Ägypten (?)
Karaindasch ca. 1420	Chattusili II.	ca. 1200 Beginn der Eisenzeit
Kurigalzu I. ca. 1390	Tuthalija III.	Seevölker – Philister
Burnaburiasch II. 1367–1346	Suppiluliuma I. etwa ab 1380	Niedergang des ägyptischen Einflusses (Wen-Amon-Bericht ca. 1130)
Kurigalzu II. 1336–1314	Mursili II. etwa ab 1345	Josua; Israel-Amphyktionie
ca. 1380–1080 *Mittelassyrisches Reich*	Muwatalli etwa ab 1315	ab 1100 Aramäer in Nord- und Ostsyrien
Assurubalit I. 1356–1320	Urchiteschup (= Mursili III.)	ca. 1020–1000 Saul
Adadnaari I. 1297–1266	Chattusili III. etwa ab 1280	ca. 1000–965(?) David
Salmanassar I. 1265–1235	Tuthalija IV. etwa ab 1250	965–922(?) Salomo. Tyrus Vormacht in Phönizien
Tukultininurta I. 1235–1198	Suppiluliuma II.	922 Reichsspaltung Israel-Juda
Nebukadnezar I. von Babylon (1128 bis ca. 1105)	ca. 1000–711 Syro-hethitische Kleinstaaten	733 Damaskus assyrische Provinz
Tiglatpileser I. 1116–1078		721 Nordisrael assyrische Provinz
909–612 *Neuassyrisches Reich*	**URARTU**	701 Sanheribs Feldzug nach Juda
Adadnirari II. 909–889	Arame von Arzaskun ca. 856	639–609 Josia König von Juda
Tukultininurta II. 888–884	Lutipri	598 Nebukadnezar II. erobert Jerusalem; 1. Deportation
Assurnasirpal II. 883–859	Sardur I., Sohn d. Lutipri 835–825	587 Zerstörung Jerusalems; 2. Deportation
Salmanassar III. 858–824	Ispuini, Sohn des Sardur 825–815	538 Edikt des Kyros betr. Neubau des Jerusalemer Tempels
Schamschiadad V. 823–810	Ispuini u. Menua, S. d. Isp. 815–807	ab 538 Rückkehr der babylonischen Juden
Adadnirari III. 809–782	Sardur II. (S. d. Ispuini, in Mußaßir) Ispuini, Menua und Inuspua, Sohn des Menua 806	
Tiglatpileser III. 745–727	Menua und Inuspua 805	
Salmanassar V. 726–722	Menua, Sohn des Ispuini 804–790	
Sargon II. 721–705	Argisti I., Sohn des Menua 790–765	
Sanherib 704–681	Sardur III., Sohn des Argisti 765–733	
Asarhaddon 680–669	Rusa I. 733–714	
Assurbanipal 668–631	Argisti II. 714–680	
625–539 *Neubabylonisches Reich*	Rusa II. Sohn des Argisti II. 680–654	
Nabopolassar 625–605	Rusa III., Sohn des Erimena 654–640	
Nebukadnezar II. 604–562	Sardur IV. 640–620	
Amēlmarduk 561–560		
Nergalscharussur 559–556		
Nabuna'id 555–539		

NAMEN- UND SACHREGISTER

Eigennamen sind kursiv gesetzt